铁路工程建设标准汇编

综　　合(上)

中国铁道出版社

2010年·北京

内 容 简 介

本汇编综合(上)收录了铁路工程结构可靠度设计统一标准、铁路工程 CAD 技术规范、铁路工程劳动安全卫生设计规范、铁路工程环境保护设计规范、铁路无人值守机房环境远程监控系统工程设计规范、铁路工程节能设计规范、铁路工程设计防火规范、铁路大型临时工程和过渡工程设计暂行规定、新建时速 200 公里客货共线铁路设计暂行规定、新建时速 200 ~ 250 公里客运专线铁路设计暂行规定(上、下)、青藏铁路高原多年冻土区工程设计暂行规定(上、下)、铁路建设项目预可行性可行性研究和设计文件编制办法、高速铁路设计规范(试行)等铁路综合类设计标准,可供相关人员参考。

图书在版编目(CIP)数据

铁路工程建设标准汇编. 综合(上)/铁路工程技术标准所编. —北京:中国铁道出版社,2009. 8
ISBN 978-7-113-09328-0

Ⅰ. 铁… Ⅱ. ①铁…②铁… Ⅲ. 铁路工程 - 工程施工 - 标准 - 汇编 - 中国 Ⅳ. U215 - 65

中国版本图书馆 CIP 数据核字(2008)第 169747 号

书　　名:铁路工程建设标准汇编
综　合(上)

作　　者:铁路工程技术标准所　编

策划编辑:江新锡　许士杰
责任编辑:江新锡　　**电话:**(010)51873018
封面设计:冯龙彬
责任校对:张玉华
责任印制:李　佳

出版发行:中国铁道出版社(100054,北京市宣武区右安门西街 8 号)
网　　址:http://www. tdpress. com
印　　刷:北京铭成印刷有限公司
版　　次:2010 年 5 月第 1 版　2010 年 5 月第 1 次印刷
开　　本:787 mm × 1 092 mm　1/16　印张:79　字数:1911 千
书　　号:ISBN 978-7-113-09328-0
定　　价:255. 00 元

前　言

铁路工程建设标准是落实铁路建设总体技术路线和目标控制要求的综合体现，是确定工程实施方案和系统技术措施的基本依据，是实现铁路建设科学化、规范化管理的重要保障。制定和实施标准，对及时总结先进、成熟、可靠、有效的科技创新成果和工程实践经验，确保工程质量和安全，促进技术进步，提高社会效益和经济效益，全面提升铁路建设水平等具有重要意义。

铁路工程建设标准包括铁路线路、轨道、路基、桥涵、隧道、站场、机务设备、通信、信号、电力、电力牵引供电、给水排水、房建与暖通、环境保护等专业，分为综合、勘察、设计、施工、验收等类别。截至2009年8月，现行铁路工程建设标准共计204项，其中国家标准7项、行业标准109项、技术指南18项、具有标准性质而未编标准号的规章和技术规定70项。

近年来，为全面落实“以人为本、服务运输、强本简末、系统优化、着眼发展”的建设理念，适应又好又快推进大规模、高标准铁路建设的需要，铁路工程建设标准工作建立了灵活机动、迅速有效的动态管理机制，铁路工程建设标准不断吸收成功的先进技术，其技术先进性、经济合理性、安全可靠性、时效性和可操作性得到了全面提升，为现代化铁路建设提供了强大的技术支撑。

为了方便铁路工程建设者学习、掌握铁路工程建设标准，并在铁路工程建设过程中准确地执行、运用标准，保证标准的权威性、严肃性落到实处，我们对现行铁路工程建设标准进行了系统整理，现汇编出版，供各级领导干部、工程技术人员、管理人员和施工操作人员使用。

铁路工程建设标准汇编收集了截至2009年8月发布的现行铁路工程建设标准，按专业共分为：综合（上、下）、地质水文、工程测量、线路轨道工程、路基工程、桥涵工程、隧道工程、混凝土工程、房屋建筑及给排水工程、站场枢纽工程。其中综合（上、下）、工程测量和桥涵工程标准收集截止2010年5月。

在铁路工程建设标准汇编整理过程中，对原版本中的内容进行了勘误，并按历次发布的局部修订文件进行了条文修订。同时，对标准中容易产生歧义的编排做了调整，以便读者准确理解标准的涵义。

科学技术在不断进步，铁路工程建设标准也会不断地更新、提高和完善。因此，读者在使用本标准汇编过程中，应注意相关工程建设标准的变化情况，并及时更新相应内容。

铁路工程技术标准所

2010年5月

总 目 录

综 合(上)

中华人民共和国国家标准

建标〔1994〕570号

铁路工程结构可靠度设计统一标准

Unified Design Standard for Reliability of Railway Engineering Structures

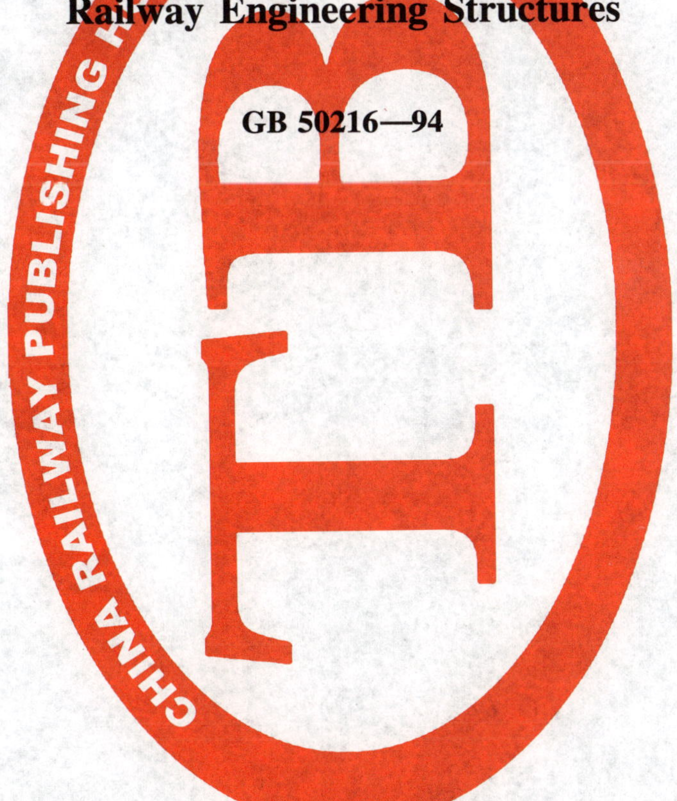

GB 50216—94

1994—09—10 发布　　　　1995—05—01 实施

国 家 技 术 监 督 局
中华人民共和国建设部　联合发布

目　次

CHINA RAILWAY PUBLISHING HOUSE

1 总 则

1.0.1 为统一铁路工程结构设计的基本原则和方法，使设计符合技术先进、经济合理、安全适用、确保质量的要求，制定本标准。

1.0.2 本标准规定了以结构可靠性理论为基础的极限状态设计基本原则和方法，应作为制定铁路桥涵、隧道、轨道、路基和支挡建筑物等铁路工程结构设计规范共同遵守的准则。同时也适用于结构的施工阶段和使用阶段，包括制作、运输、装卸和安装等。

1.0.3 铁路工程结构在规定的可靠度水平下应符合下列功能要求：

(1)能承受施工和使用中可能出现的各种作用；

(2)在正常使用和维护下，具有合适的工作性能；

(3)在正常维护下具有足够的耐腐蚀、耐冻融等耐久性；

(4)在设计规定的偶然事件发生时及发生后，仍能保持必需的整体稳定性。

1.0.4 铁路工程结构可靠度设计应结合预期使用寿命规定适当的设计基准期，设计基准期宜为50年或100年。

与列车运行直接有关的工程结构的设计基准期，可按列车通过总重确定。

1.0.5 铁路工程结构根据结构破坏可能产生后果的严重程度，应采用表1.0.5规定的安全等级。

表1.0.5 工程结构的安全等级

安全等级	破坏后果
一 级	很严重
二 级	严 重
三 级	不严重

注：对特殊的铁路工程结构其安全等级可根据具体情况确定。

1.0.6 工程结构应按破坏前有无明显变形或其他预兆，区别为延性破坏或脆性破坏两种破坏类型，其中脆性破坏的可靠度应比延性破坏的可靠度适当提高。

1.0.7 为了保证铁路工程结构具有要求的可靠性水平，应对结构的勘测设计、施工、使用与维护进行有效的质量管理与控制。

1.0.8 铁路工程结构可靠度设计，除应符合本标准要求外，尚应符合现行国家标准《工程结构可靠度设计统一标准》的有关规定。

2 术语、符号

2.1 术 语

2.1.1 可靠性 reliability

结构在规定的时间内,在规定的条件下,完成预定功能的能力。包括安全性、适用性和耐久性。当以概率来度量时,称为结构的可靠度。

2.1.2 设计基准期 design reference period

在持久设计状况下,计算结构可靠度时,考虑各项基本变量与时间关系所取用的基准时间。

2.1.3 安全等级 safety classes

为使结构具有合理的安全性,根据工程结构破坏所产生后果的严惩性而划分的设计等级。

2.1.4 延性破坏 ductile failure

结构或构件在破坏前有明显变形或其他预兆的破坏类型。

2.1.5 脆性破坏 brittle failure

结构或构件在破坏前无明显变形或其他预兆的破坏类型。

2.1.6 承载能力极限状态 ultimate limit states

结构或构件达到最大承载能力或达到不适于继续承载的较大变形的极限状态。

2.1.7 正常使用极限状态 serviceability limit states

结构或构件达到使用功能上允许的某一限值的极限状态。

2.1.8 设计状况 design situation

结构从施工到使用的全过程中所考虑的不同结构状态和环境条件称为该结构的设计状况;在设计状况所指时段内各可靠性有关数据的分布(或过程)在设计中可认为是恒定的。

2.1.9 持久状况 persistent situation

持续时间较长,与结构的设计基准期相比,属同一数量级的设计状况。

2.1.10 短暂状况 transient situation

持续时间较短,而发生概率较高的设计状况。

2.1.11 偶然状况 accidental situation

具有较短的持续时间(包括事故发生时和发生后)和较低的发生概率的设计状况。

2.1.12 基本变量 basic variable

是影响结构可靠性的各主要变量,这些变量应是可量测的物理量,一般为随机变量,包括作用、材料性能和几何参数。

2.1.13 可靠指标 reliability index

度量结构可靠性的一种数量指标,它是结构可靠概率的标准正态分布反函数。

2.1.14　失效概率　probability of structural failure

结构或构件不能完成预定功能的概率。

2.1.15　结构功能函数　function of structural performance

由各基本变量组成的，反映结构功能的函数。

2.1.16　极限状态方程　limit state equation

当结构或构件处于极限状态时，各有关基本变量的关系式。

2.1.17　校准法　calibration method

通过对现存结构、构件或现行设计规范所隐含的可靠度水平进行反演分析，以确定结构或构件设计时采用的目标可靠指标的方法。

2.1.18　风险水平类比法　analogical method of risk level

对比参与各种活动时人们所承担的风险程度以及对此所作出的反应，作为评价和确定结构或构件目标可靠指标的方法。

2.1.19　作用　action

施加在结构上的集中或分布力，或引起结构外加变形或约束变形的原因。前者称直接作用，也可称为荷载；后者称间接作用。

2.1.20　永久作用　permanent action

在给定的整个设计状况中，其量值不随时间变化或其变化与平均值相比可忽略不计的作用。

2.2.21　可变作用　variable action

在给定的整个设计状况中，其量值随时间变化且其变化与平均值相比不可忽略的作用。

2.1.22　固定作用　fixed action

在结构上具有固定分布的作用。

2.1.23　自由作用　free action

在结构上一定范围内可以任意分布的作用。

2.1.24　动态作用　dynamic action

使结构或构件产生不可忽略的加速度的作用。

2.1.25　静态作用　static action

不使结构或构件产生不可忽略的加速度的作用。

2.1.26　偶然作用　accidental action

在预计的时段内不一定出现，而一旦出现其量值很大，且持续时间较短的作用。

2.1.27　作用代表值　representative value of actions

结构或构件设计时，由于不同目的、作用所取的不同值均称为作用代表值。它包括标准值、准永久值、频遇值等。

2.1.28　作用标准值　Characteristic value of actions

作用的主要代表值。其值可根据设计基准期内极大值概率分布的某一分位值确定。

2.1.29　作用效应　effects of actions

由于作用引起的结构或构件的内力和变形等。

2.1.30　作用的组合　combination of actions

结构或构件设计时，预计可有同时出现的几种不同作用的集合。

2.1.31 作用的基本组合 fundamental combination of actions

结构或构件按承载能力极限状态设计时,永久作用与可变作用的组合。

2.1.32 作用的偶然组合 accidental combination of actions

结构或构件按承载能力极限状态设计时,永久作用、可变作用和一种偶然作用的组合。

2.1.33 准永久组合(长期组合) Quasi - permanent combination

结构或构件按正常使用极限状态设计时,永久作用和可变作用准永久值的组合。

2.1.34 频遇组合(短期组合) frequent combination

结构或构件按正常使用极限状态设计时,永久作用和可变作用频遇值的组合。

2.1.35 材料性能标准值 characteristic value of a material property

设计结构或构件时采用的材料性能的基本代表值。该值可根据符合规定标准的材料,其性能的概率分布的某一分位值确定。

2.1.36 几何参数标准值 nominal value of geometrical parameter

设计结构或构件时采用的几何参数的基本代表值。其值可按设计文件规定值确定。

2.1.37 作用设计值 design value of an action

作用代表值乘以作用分项系数后的值。

2.1.38 材料性能设计值 design value of material property

材料性能标准值除以材料性能分项系数后的值。

2.1.39 几何参数附加值 additive geometrical quantity

反映实际结构或构件的几何参数对标准值可能产生的偏差,而采用的调整值。

2.1.40 分项系数 partial coefficient

为保证所设计的结构或构件具有规定的可靠度,在结构极限状态设计表达式中采用的系数。

2.1.41 结构重要性系数 coefficient for importance of structure

根据结构的安全等级所规定的作用效应附加的调整系数。

2.1.42 作用组合系数 coefficient for combination of actions

在作用组合中,几种独立作用的最不利值同时出现概率减小的折减系数。

2.1.43 约束值 constraint value

结构或构件设计时作为极限状态标志的应力、变形等的限值。

2.1.44 疲劳可靠指标 releability index for fatigue

反映结构或构件针对疲劳失效所具有的可靠性水平。

2.1.45 疲劳承载能力极限状态 ultimate limit state for fatigue

在重复荷载作用下,结构或结构的一部分由于材料的疲劳失效,不适于继续承载的极限状态,简称疲劳承载极限状态。

2.1.46 疲劳正常使用极限状态 serviceability limit state for fatigue

在重复荷载作用下,结构或结构的一部分由于材料或细部构造的疲劳影响达到不适于正常使用的极限状态,简称疲劳使用极限状态。

2.1.47 标准荷载谱 standard load spectrum

由规范规定的在重复荷载作用下材料或细部结构的强度和频次的关系,可用表格和曲线表达。

2.1.48 设计荷载谱 design load spectrum

由标准荷载谱乘以相应的分项系数后的谱。

2.1.49 等效重复应力设计法 design method based on equivalent repeated stress with constant amplitude

结构或构件在疲劳可靠度设计中,根据线性累积损伤法则或其他适当的方法,将变幅重复应力转换为等幅重复应力进行设计的方法。

2.1.50 极限损伤度设计法 design method based on cumulative damage index

结构或构件在疲劳可靠度设计中,根据线性累积损伤法则或其他适当的方法,按材料的疲劳损伤度进行设计的方法。

2.2 符 号

2.2.1 结构可靠性

p_f——工程结构的失效概率;

R——工程结构的抗力;

S——工程结构的作用效应;

T——工程结构的设计基准期;

w_i——第 i 种结构的权系数;

X_i——第 i 个基本变量;

X_i^*——基本变量 X_i 在分位概率为 $\Phi^{-1}(\beta_{X_i})$ 处的分位值;

X'^*_i——基本变量 X_i 在分位概率为 $\Phi^{-1}(\beta_{X_i})$ 处的分位导数;

Z——工程结构的功能函数;

α_{X_i}——基本变量 X_i 的灵敏度系数;

β——工程结构的可靠指标;

β_{X_i}——基本变量 X_i 的分项可靠指标;

σ_R——抗力的标准差;

σ_S——作用效应的标准差;

σ_{X_i}——基本变量 X_i 的标准差。

2.2.2 作用和作用效应

C_F——作用效应系数,其值为作用效应 S 与作用 F 的比值。

F——作用;

F_k——作用的标准值;

F_r——作用的代表值;

G——永久作用;

G_k——永久作用的标准值;

Q——可变作用;

Q_k——可变作用的标准值;

Q_r——可变作用的代表值;

S——作用效应;

μ——可变作用达到或超过频遇值(或准永久值)的总持续时间与设计基准期之比;

σ_s——作用效应 S 的标准差；

$\psi_1 Q_k$——可变作用的频遇值；

$\psi_2 Q_k$——可变作用的准永久值。

2.2.3 材料性能和几何参数

a——几何参数；

a_k——几何参数 a 的标准值；

f——结构材料性能；

f_k——结构材料性能 f 的标准值；

δ_f——结构材料性能 f 的变异系数；

σ_a——几何参数 a 的标准差；

σ_f——结构材料性能的标准差。

2.2.4 结构极限状态设计式

a_d——几何参数 a 的设计值；

C——结构的极限约束值；

F_d——作用 F 的设计值；

f_d——材料性能 f 的设计值；

G_d——永久作用 G 的设计值；

Q_d——可变作用 Q 的设计值；

R_d——抗力 R 的设计值；

S_d——作用效应的设计值；

β_{cal}——结构的计算可靠指标；

β_{nom}——结构的目标可靠指标；

γ_0——结构的重要性系数；

γ_d——计算模型综合分项系数；

γ_F——作用 F 的分项系数；

γ_f——材料性能 f 的分项系数；

γ_G——永久作用 G 的分项系数；

γ_Q——可变作用 Q 的分项系数；

γ'_Q——可变作用的组合分项系数；

γ_R——抗力综合分项系数；

γ_{Rd}——抗力计算模型分项系数；

γ_{Sd}——作用效应计算模型分项系数；

$\gamma_{\beta d}$——结构可靠度调整系数；

Δa——几何参数 a 的分项附加值；

ψ_c——可变作用 Q 的组合系数。

2.2.5 结构疲劳可靠性

D——钢结构材料（或结构细节）以及钢筋材料的累积损伤指标；

f_{ce}、Δf_{pe}、Δf_{se}——混凝土结构验算部位混凝土、预应力钢筋和非预应力钢筋对应于循环次数为 n_e 的等幅疲劳强度（其中混凝土以应力幅值计，钢筋以应力变程计）；

f_{ced}、Δf_{ped}、Δf_{sed}——混凝土结构验算部位混凝土、预应力钢筋和非预应力钢筋对应于循环次数为 n_e 的等幅疲劳强度 f_{ce}、Δf_{pe} 和 Δf_{se} 的设计值(其中混凝土以应力幅值计,钢筋以应力变程计);

f_{cek}、Δf_{pek}、Δf_{sek}——混凝土结构验算部位混凝土、预应力钢筋和非预应力钢筋对应于循环次数为 n_e 的等幅疲劳强度 f_{ce}、Δf_{pe} 和 Δf_{se} 的标准值(其中混凝土以应力幅值计,钢筋以应力变程计);

K_{ae}——钢结构等效等幅重复应力换算系数($\Delta\sigma_{ack}$ 与 $\Delta\sigma_{ak}$ 的比值);

K_{ce}、K_{pe}、K_{se}——混凝土、预应力钢筋和非预应力钢筋的等效等幅重复应力系数,数值上分别为 $\dfrac{\sigma_{cek}}{\sigma_{ck}}$、$\dfrac{\Delta\sigma_{pek}}{\Delta\sigma_{pk}}$ 和 $\dfrac{\Delta\sigma_{sek}}{\Delta\sigma_{sk}}$ 等比值;

m——结构材料(或结构细节)"等幅疲劳强度——循环次数"曲线的斜线部分倾斜角的余切;

$\gamma_{f_{ce}}$、$\gamma_{\Delta f_{pe}}$、$\gamma_{\Delta f_{se}}$——f_{ce}、Δf_{pe} 和 Δf_{se} 的分项系数;

$\gamma_{\sigma_{ce}}$、$\gamma_{\Delta\sigma_{pe}}$、$\gamma_{\Delta\sigma_{se}}$——$\sigma_{ce}$、$\Delta\sigma_{pe}$ 和 $\Delta\sigma_{se}$ 的分项系数;

γ_{σ_c}、$\gamma_{\Delta\sigma_p}$、$\gamma_{\Delta\sigma_s}$——混凝土结构验算部位混凝土、预应力钢筋和非预应力钢筋在标准荷载作用下应力 σ_{ck}、$\Delta\sigma_{pk}$ 和 $\Delta\sigma_{sk}$ 的分项系数;

Δf_{ae}——钢结构验算部位材料(或结构细节)循环次数为 n_e 的等幅疲劳强度(以应力变程计);

Δf_{aed}——钢结构验算部位材料(或结构细节)循环次数为 n_e 的等幅疲劳强度 Δf_{ae}(以应力变程计)的设计值;

Δf_{aek}、$\gamma_{\Delta f_{ae}}$——钢结构验算部位材料(或结构细节)循环次数为 n_e 的等幅疲劳强度 Δf_{ae}(以应力变程计)的标准值和分项系数;

$\Delta\sigma_{ae}$——钢结构验算部位材料(或结构细节)循环次数为 n_e 的等效等幅重复应力变程;

$\Delta\sigma_{aek}$、$\gamma_{\Delta\sigma_{ae}}$——钢结构验算部位材料(或结构细节)循环次数为 n_e 的等效等幅重复应力变程 $\Delta\sigma_{ae}$ 的标准值和分项系数;

$\Delta\sigma_{ak}$、$\gamma_{\Delta\sigma_a}$——钢结构验算部位材料(或结构细节)在标准荷载作用下的应力变程 $\Delta\sigma_a$ 的标准值和分项系数;

σ_{ce}、$\Delta\sigma_{pe}$、$\Delta\sigma_{se}$——混凝土结构验算部位混凝土、预应力钢筋和非预应力钢筋循环次数为 n_e 的等效等幅重复应力(其中混凝土以应力幅值计,钢筋以应力变程计);

σ_{cek}、$\Delta\sigma_{pek}$、$\Delta\sigma_{sek}$——混凝土结构验算部位混凝土、预应力钢筋和非预应力钢筋循环次数为 n_e 的等效等幅重复应力 σ_{ce}、$\Delta\sigma_{pe}$、$\Delta\sigma_{se}$ 的标准值(其中混凝土以应力幅值计,钢筋以应力变程计);

σ_{ck}、$\Delta\sigma_{pk}$、$\Delta\sigma_{sk}$——混凝土结构验算部位混凝土、预应力钢筋和非预应力钢筋在标准荷载作用下的应力标准值(其中混凝土以应力幅值计,钢筋以应力变程计)。

3 极限状态设计原则和方法

3.1 一 般 规 定

3.1.1 结构的极限状态可分为承载能力极限状态和正常使用极限状态两类。

对结构或结构的一部分的各种极限状态均应规定明确的标志及限值。

3.1.2 当结构或构件出现下列状态之一时，应认为超过了承载能力极限状态：

(1)整个结构或结构的一部分作为刚体而失去平衡；

(2)整个结构或结构的一部分因静载或动载的作用，而不适于继续承载；

(3)结构转变为机动体；

(4)结构或构件丧失稳定。

3.1.3 当结构或构件出现下列状态之一时，应认为超过了正常使用极限状态：

(1)影响结构正常使用或影响外观的过大变形；

(2)引起不舒适或对设备发生影响的过大振动；

(3)使结构的耐久性降低，影响结构的有效使用或其外观的局部损坏。

3.1.4 对按特殊功能要求设计的结构，可采用其他与之相适应的极限状态。

3.1.5 工程结构设计时应明确不同的设计状况。设计状况可根据环境影响、作用和结构情况的变化，分为持久状况、短暂状况和偶然状况。

工程结构设计时，对每一种设计状况应采用相适应的结构体系，可靠度水准和设计值。

3.1.6 当按偶然状况设计时，可按承载能力极限状态对主要承重结构采用下列原则之一进行设计：

(1)按作用效应的偶然组合进行设计或采取保护措施，使主要承重结构不致因偶然事件而丧失承载能力。

(2)允许主要承重结构因偶然事件而局部破坏，但结构的剩余部分仍应具有在一段时间内不发生继发性破坏的可靠度。

3.2 基本变量和综合变量

3.2.1 结构的基本变量应包括下列要素：

(1)作用；

(2)材料和岩土的性能；

(3)几何参数。

计算模型不定性可作为附加的基本变量。

3.2.2 在结构可靠性分析和设计中，可将若干个基本变量组合为一个综合变量。

3.2.3 在结构的极限状态设计中，基本变量和综合变量是随机变量，可由若干个随机变量组合而成，其概率分布可按本标准附录 A 规定的方法确定。

3.3 极限状态设计方法

3.3.1 工程结构按极限状态设计应符合下式要求：

$$g(X_1,X_2,\cdots X_i\cdots,X_n)\geqslant 0 \tag{3.3.1—1}$$

式中 $g(\cdot)$——结构的功能函数；

X_i——基本变量（$i=1,2,\cdots n$）。

当仅有作用效应和结构抗力两个综合变量时，工程结构按极限状态设计应符合下式要求：

$$g(R,S)=R-S\geqslant 0 \tag{3.3.1—2}$$

式中 R——工程结构的抗力；

S——工程结构的作用效应。

3.3.2 在结构极限状态设计式（3.3.1—1）中，结构功能函数可用符号 Z 表示，并应符合下式要求：

$$Z=g(X_1,X_2,\cdots X_i\cdots,X_n) \tag{3.3.2—1}$$

3.3.2.1 当 $Z=0$ 时，结构处于极限状态，该式即为结构的极限状态方程；

当 $Z>0$ 时，结构满足功能要求；

当 $Z<0$ 时，结构不满足功能要求，即为失效。

3.3.2.2 结构的失效概率可用下式表达：

$$p_f=P[Z<0] \tag{3.3.2—2}$$

式中 p_f——工程结构的失效概率。

3.3.3 结构构件的可靠度宜采用可靠指标度量。结构的可靠指标与失效概率之间的关系可用下列公式表达：

$$p_f=\Phi(-\beta) \tag{3.3.3—1}$$

$$\beta=\Phi^{-1}(1-p_f) \tag{3.3.3—2}$$

式中 β——工程结构的可靠指标；

$\Phi(\cdot)$——标准正态分布函数；

$\Phi^{-1}(\cdot)$——标准正态分布函数的反函数。

3.3.4 结构的可靠指标可根据结构极限状态方程的性质和精度要求等具体情况，选用一次二阶矩中心点法、分位值法、当量正态分布法、数值积分法或蒙脱卡罗法进行计算。必要时应考虑基本变量的相关性对结构可靠指标计算值的影响。

当按分位值法进行结构可靠指标计算时，可采用本标准附录 B 规定的方法。

3.3.5 铁路工程结构构件的计算可靠指标，不宜小于规定的目标可靠指标。

铁路工程结构构件的目标可靠指标，可采用校准法、风险水平类比法或最佳效益分析法确定。当按校准法确定目标可靠指标时，可采用本标准附录 C 规定的方法。

3.3.6 当在结构系统中某些构件或细部构造对整个结构的可靠度影响较大时，其目标可靠指标可适当提高。

3.3.7 当需要对整个结构进行结构系统可靠性分析时，可在结构单元可靠性分析的基础上，根据结构系统的特点、各失效模式的失效概率，以及各失效模式之间的相关系数进行分析计算。必要时可通过结构选型和构件可靠度的调整，使整个结构具有合理的可靠度水平。

3.3.8 在结构极限状态设计中,可采用分项系数法或可靠指标验算法。

当采用分项系数法设计时,应对各基本变量分别采用规定的设计分项系数,使设计的结构符合规定的可靠度水平。

当采用可靠指标验算法设计时,其计算可靠指标应符合规定的可靠度水平。

4 作用及作用组合

4.1 作用的分类

4.1.1 作用按时间上的变异可分为永久作用、可变作用和偶然作用,并应符合下列规定:

4.1.1.1 永久作用应包括下列内容:

(1)结构自重;

(2)非承重结构部件的全部材料重量;

(3)由于自重产生的最终土压力;

(4)由于结构施工方式引起最终变形的间接作用;

(5)由于混凝土收缩、钢材焊接变形产生的间接作用;

(6)水位不变的水压力;

(7)由于支座沉陷和地基沉降形成的间接作用;

(8)预加应力;

(9)其他。

4.1.1.2 可变作用应包括下列内容:

(1)机车车辆荷载及其他可移动荷载;

(2)某些施工阶段结构的某些部分的自重;

(3)安装荷载;

(4)风荷载;

(5)温度变化及温差产生的约束作用;

(6)小于地区基本烈度的多遇地震;

(7)水位变化的水压力;

(8)冰压力或冻胀力;

(9)波浪力;

(10)其他。

4.1.1.3 偶然作用应包括下列内容:

(1)船舶撞击;

(2)机车车辆脱轨;

(3)等于或大于地区基本烈度的罕见地震;

(4)滑坡、泥石流等;

(5)其他。

4.1.2 作用按空间位置上的变异性可分为固定作用和自由作用。

4.1.3 作用按对结构的反应可分为静态作用和动态作用。

4.1.4 作用按量值界限可分为有界作用和无界作用。

4.2 作用的设计参数和作用效应

4.2.1 结构上的作用随时间的变化规律宜采用随机过程概率模型。实际应用时,也可采用其在设计基准期或设计状况持续期内的极大值或极小值的极值分布随机变最概率模型。

4.2.2 结构设计应根据各种极限状态的设计要求,采用不同的作用代表值。

4.2.2.1 永久作用采用标准值作为唯一的代表值。

4.2.2.2 可变作用有下列代表值:

(1)标准值;

(2)频遇值;

(3)准永久值。

在结构承载能力极限状态设计中,可变作用应取标准值作为代表值;在结构正常使用极限状态设计的频遇组合中,可变作用应取频遇值作为代表值;而在准永久组合中应取准永久值作为代表值。

4.2.3 永久作用和可变作用的标准值,可取作用在设计基准期内极大值(或极小值)的概率分布的某一分位值。当作用的增大对结构不利时,作用的标准值取设计基准期内作用极大值的概率分布的某一高分位值;当作用的减小对结构不利时,则应取该设计基准期内作用极小值的概率分布的某一低分位值,必要时作用的标准值也可取有关规范规定的名义值。

4.2.3.1 永久作用的标准值和概率分布可按本标准附录 D 的规定确定。

4.2.3.2 可变作用的代表值和概率分布可按本标准附录 E 的规定确定。

4.2.4 在铁路工程结构设计中,铁路列车荷载可用标准列车荷载模式表达。结构验算部位在标准列车荷载的加载作用下产生的最大荷载效应,可作为验算列车荷载效应的标准值。

在列车动活载作用下铁路工程结构的荷载效应概率分布可按本标准附录 F 的规定确定。

4.2.5 偶然作用的代表值可根据观测和试验的数据以及工程经验综合分析确定。

4.2.6 结构构件的作用效应与作用的关系,可通过计算或试验确定。

4.2.6.1 当作用与作用效应呈线性比例关系时,作用效应应符合下式要求:

$$S = C_F F \tag{4.2.6—1}$$

4.2.6.2 作用效应的代表值应符合下式要求:

$$S_r = C_F F_r \tag{4.2.6—2}$$

式中 S_r——作用效应的代表值;

C_F——作用效应系数;

F——作用;

F_r——作用的代表值。

4.3 作用的组合

4.3.1 设计铁路工程结构构件时,对可能同时出现的作用应进行组合。

4.3.2　对持久设计状况和短暂设计状况的承载能力极限状态，应取作用的基本组合；对偶然设计状况的承载能力极限状态应取作用的偶然组合。

4.3.3　正常使用极限状态设计中，当考虑结构的短期效应时，应取作用的频遇组合；当考虑结构的长期效应时，应取作用的准永久组合。

4.3.4　在结构极限状态设计中，当几个可变作用同时出现时，可采用特克斯特拉（Turkstra）规则进行组合，以确定组合可变作用效应在设计基准期或设计持续期内极大值的概率分布。当有充分依据时，也可采用其他适当的方法确定。

5 材料和岩土的性能

5.0.1 材料性能的概率分布和参数,应以实际结构构件中的材料性能确定。当以试件性能估算构件中材料性能的概率分布时,应计入试件材料性能变换为结构构件中材料性能的换算系数(或函数)。

5.0.2 材料性能的标准值,应以符合规定标准的材料的标准试件,按规定的测试方法测得的材料性能的总体分布中的某一分位值确定。对材料强度,应取分位概率为5%的分位值;而对弹性模量等物理力学性能应取分位概率为50%的分位值。材料性能概率分布应按附录G的规定确定。

5.0.3 当材料的性能受时间和环境的影响不可忽略时,应计入其影响因素。

5.0.4 岩土统计特性包括标准值和概率分布,可根据具体工点的原位测试数据统计分析确定。当缺乏条件时,可根据岩土的类别结合工程经验确定。

6 几何参数

6.0.1 几何参数可采用随机变量概率模型，其概率分布和参数应以正常生产情况下结构、构件或截面的几何尺寸的测试数据为基础，采用参数估计的方法确定。

6.0.2 当几何参数的变异性较大时，可取其概率分布中一定分位概率的分位值作为标准值；当几何参数的变异性很小时，可将其作为常量。

7 结构分析和试验

7.0.1 结构的分析应包括作用效应分析和抗力以及其他性能分析。当作用效应和抗力不能明确区分时,可对结构进行整体分析。

7.0.2 结构的分析可采用理论计算、模型试验、原型试验或将以上方法结合应用。

7.0.3 结构分析中采用的计算模型与基本假定,应符合结构本身的特性及结构到达极限状态的性状。

7.0.4 当结构的计算模型不能精确地反映结构的实际状况时,可在结构极限状态设计中采用计算模型不定性变量作为附加基本变量,其概率分布可与不同精度计算模型的计算结果相比较,经统计分析并结合工程经验判断确定。

7.0.5 当以模型试验为基础进行设计时,所采用的模型和试验方法应能正确地预测实际结构的性能,并应计入试验模型与原型之间的差异、试验误差和试验结果在统计上的不定性。

7.0.6 当以原型试验为基础进行设计时,原型试验应尽可能做到与几何尺寸、作用或环境条件等实际结构相接近。当根据原型试验结果进行结构设计时,应计入试验结果在统计上的不定性。

8　极限状态设计的分项系数法

8.1　一 般 规 定

8.1.1　当结构极限状态设计采用分项系数法时，应对结构极限状态设计式中各基本变量分别选用适当的代表值和分项系数，以反映各基本变量的不定性和变异性对结构可靠性的影响。

8.1.2　结构极限状态设计式中各基本变量应采用设计值。设计值可由各基本变量的标准值或代表值与适当的分项系数表达，并应符合下式规定：

8.1.2.1　作用的设计值：

$$F_d = \gamma_f F_r \tag{8.1.2—1}$$

式中　F_d——作用 F 的设计值；

γ_f——材料性能 f 的分项系数。

8.1.2.2　材料性能的设计值：

$$f_d = f_k / \gamma_f \tag{8.1.2—2}$$

式中　f_d——材料性能 f 的设计值；

f_k——结构材料性能 f 的标准值。

8.1.2.3　几何参数的设计值：

$$a_d = a_k \pm \Delta a \tag{8.1.2—3}$$

$$a_d = \gamma_a a_k \tag{8.1.2—4}$$

式中　a_d——几何参数 a 的设计值；

a_k——几何参数 a 的标准值；

Δa——几何参数 a 的分项附加值；

γ_a——几何参数 a 的分项系数。

8.1.3　作用效应的设计值：

$$S_d = \gamma_s S_r \tag{8.1.3}$$

式中　S_d——作用效应 S 的设计值；

γ_s——作用效应 S 的分项系数。

8.2　极限状态设计表达式

8.2.1　结构极限状态设计可采用下列表达式：

$$g(F_d, f_d, a_d, C, \gamma_o, \gamma_d) \geqslant 0 \tag{8.2.1}$$

式中　C——结构的极限约束值；

γ_o——结构的重要性系数；

γ_d——计算模型综合分项系数。

8.2.2 结构承载能力极限状态设计可采用下列表达式：

$$\gamma_o S(F_d, a_d, \gamma_{Sd}) \leqslant R(f_d, a_d, C, \gamma_{Rd}) \tag{8.2.2}$$

式中 γ_{Sd}——作用效应计算模型分项系数；

γ_{Rd}——抗力计算模型分项系数；

$S(\cdot)$——作用效应 S 的函数式；

$R(\cdot)$——抗力 R 的函数式。

8.2.3 结构正常使用极限状态设计可采用下列极限约束设计表达式：

$$S(F_d, f_d, a_d, \gamma_o, \gamma_{Sd}) \geqslant C/\gamma_{Rd} \tag{8.2.3}$$

8.3 极限状态设计以分项系数表达的实用设计式

8.3.1 在持久状况和短暂状况下的结构承载能力极限状态设计采用公式(8.2.2)时，其中的作用效应和抗力的设计值应符合下列规定：

8.3.1.1 作用效应设计值可采用下列实用设计式：

(1)以组合系数表达的作用效应设计式：

$$S_d = \gamma_o, \gamma_{Sd} S(\gamma_{G_i}, G_{ik}, \gamma_{Q_1} Q_{1k}, \psi_c \gamma_{Q_j} Q_{jk}, a_k \pm \Delta a)$$

$$(i = 1, 2, \cdots, m; j = 2, 3, \cdots, n) \tag{8.3.1—1}$$

当作用效应可线性迭加时，可采用下列实用设计式：

$$S_d = \gamma_o \gamma_{Sd} \left(\sum_{i=1}^{m} C_{G_i} \gamma_{G_i} G_{ik} + G_{Q_1}, \gamma_{Q_1}, Q_{1k} + \psi_c \sum_{j=2}^{n} C_{Q_j} \gamma_{Q_j} Q_{jk} \right)$$

$$(i = 1, 2, \cdots, m; j = 2, 3, \cdots n) \tag{8.3.1—2}$$

式中 G_k——永久作用的标准值；

Q_k——可变作用的标准值；

γ_G——永久作用的分项系数；

γ_Q——可变作用的分项系数；

ψ_c——可变作用的组合系数；

C_G——永久作用的效应系数；

C_Q——可变作用的效应系数。

(2)以组合分项系数表达的作用效应设计式：

$$S_d = \gamma_o \gamma_{Sd} S(\gamma_{G_i} G_{ik}, \gamma'_{Q_j} Q_{jk}) \tag{8.3.1—3}$$

$$(i = 1, 2, \cdots, m; j = 2, 3, \cdots, n)$$

当作用效应可线性迭加时，可采用下列实用设计式：

$$S_d = \gamma_0 \gamma_{Sd} \left(\sum_{i=1}^{m} C_{G_i} \gamma_{G_i} G_{ik} + \sum_{j=1}^{n} C_{Q_j} \gamma'_{Q_j} Q_{jk} \right) \tag{8.3.1—4}$$

$$(i = 1, 2, \cdots, m; j = 1, 2, 3, \cdots, n)$$

式中 γ'_{Q_j}——可变作用的组合分项系数。

8.3.1.2 抗力设计值可采用下列实用设计式：

(1)以材料性能分项系数表达的抗力设计式：

$$R_d = \frac{1}{\gamma_{Rd} \gamma_{\beta d}} R\left\{ \frac{f_k}{\gamma_f}, a_k \pm \Delta a \right\} \tag{8.3.1—5}$$

(2)以抗力综合分项系数表达的抗力设计式：

$$R_d = \frac{1}{\gamma_R} R(f_k, a_k) \quad (8.3.1\text{—}6)$$

式中　R_d——抗力作用 R 的设计值；

$\gamma_{\beta d}$——结构可靠度调整系数；

γ_R——抗力综合分项系数。

8.3.2　偶然状况下的结构承载能力极限状态也可采用本标准第8.3.1条所列设计式，其中偶然作用的代表值不乘分项系数，其他可能与偶然作用同时出现的可变作用，可根据观测资料或工程经验，采用适当的设计值，其分项系数的具体值应由有关标准确定。

8.3.3　当作用效应可线性迭加时，结构正常使用极限状态设计，可采用下列实用设计式：

$$\gamma_{Sd} S\left[\left(\sum_{i=1}^{m} C_{G_i} G_{ik} + \sum_{j=1}^{n} C_{Q_j}, Q_{jr}\right), f_k, a_k\right] \leqslant \frac{C}{\gamma_R} \quad (8.3.3)$$

$$(i = 1, 2, \cdots\cdots, m; j = 1, 2, \cdots\cdots n)$$

注：式中可变作用 O_j 的代表值 O_{jr}，对频遇组合取频遇值，对准永久组合取准永久值。

8.4　极限状态设计式中分项系数、组合系数和重要性系数的选定

8.4.1　结构极限状态设计式中各基本变量的分项系数和作用组合系数优选要求，应符合下列规定：

8.4.1.1　在设计式全部可行域内，结构的计算可靠指标 β_{cal} 与目标可靠指标 β_{nom} 的误差绝对值 $|\Delta\beta|$ 的加权平均值较小。

8.4.1.2　在设计式全部可行域内，结构的计算可靠指标 β_{cal} 低于目标可靠指标 β_{nom} 的值不得大于0.25(适用于结构承载能力极限状态)。

8.4.2　在选定结构极限状态设计中各基本变量的分项系数和组合系数(或组合分项系数)后，若发现结构设计式的可行域内计算可靠指标与目标可靠指标的差异过大，可将设计式的可行域分为两个或两个以上，并分别选定各基本变量的分项系数和组合系数(或组合分项系数)。

8.4.3　结构承载能力极限状态设计式中各基本变量的分项系数可按本标准附录H规定的方法选定。结构承载能力极限状态设计式中组合系数和组合分项系数可按本标准附录J规定的方法选定。

结构正常使用极限状态设计式中综合抗力分项系数可按本标准附录K规定的方法选定。

在结构极限状态设计式中，当永久作用对结构的承载能力起有利作用时，永久作用的分项系数 γ_G 不应大于1.0。

8.4.4　当结构的承载能力极限状态的可靠指标按某一安全等级作为标准时，对该安全等级的结构，结构重要性系数应定为1.0；而对高于该安全等级的结构，结构重要性系数应取大于1.0的数值；对低于该安全等级的结构，结构重要性系数可取小于1.0的数值。其具体数值可根据要求的可靠指标确定。

9 钢结构和混凝土结构的疲劳可靠性

9.1 一 般 规 定

9.1.1 承受重复荷载的铁路工程结构应验算其疲劳可靠性(包括疲劳承载极限状态和疲劳使用极限状态的可靠性)。

9.1.2 铁路工程结构在验算其疲劳承载极限状态可靠性时,宜以结构构件某危险部位的材料或结构细节达到疲劳破损或产生过大的变形作为其失效准则。

9.1.3 铁路工程结构在验算其疲劳使用极限状态可靠性时,应考虑结构的重复荷载对结构变形的不利影响。

9.1.4 承受重复荷载的铁路工程结构应选定适当的疲劳目标可靠指标,以保证其疲劳可靠性。铁路工程结构的疲劳目标可靠指标可按本标准第3.3.5条的规定方法选定。

9.1.5 铁路工程结构应根据该结构在设计基准期内变幅重复荷载或荷载效应的统计特征,由有关设计规范制定相应的标准荷载谱或标准荷载效应谱作为疲劳可靠指标验算的依据。

铁路列车标准荷载谱和标准荷载效应谱可按本标准附录L规定的方法制定。

9.2 钢结构在变幅重复荷载作用下疲劳可靠性的验算

9.2.1 铁路工程钢结构在变幅重复荷载作用下验算疲劳承载极限状态的可靠性时,可采用等效重复应力法、可靠指标验算法和极限损伤度法,并应符合下列规定:

9.2.1.1 当钢结构按等效重复应力法进行疲劳承载极限状态可靠性验算时,可采用本标准附录M第M.1节规定的方法。

9.2.1.2 当钢结构按可靠指标验算法进行疲劳承载极限状态可靠性验算时,可采用本标准附录M第M.2节规定的方法。

9.2.1.3 当钢结构按极限损伤度法进行疲劳承载极限状态可靠性验算时,可采用本标准附录M第M.3节规定的方法。

9.2.2 钢结构在变幅重复荷载作用下验算疲劳使用极限状态的可靠性时,可采用本标准附录M第M.4节规定的方法。

9.3 混凝土结构在变幅重复荷载作用下疲劳可靠性的验算

9.3.1 遇下列情况之一时,应认为混凝土结构在变幅重复荷载作用下已超过了疲劳承载极限状态:

9.3.1.1 混凝土材料在变幅重复应力下达到疲劳损伤状态或发生过大的变形;

9.3.1.2 预应力或非预应力钢筋材料在变幅重复应力下达到疲劳断裂状态或发生过

大的变形；

9.3.1.3　预应力钢筋的锚固端和混凝土承压区的疲劳破损。

9.3.2　遇下列情况之一时，应认为混凝土结构在变幅重复荷载下已超过了疲劳使用极限状态：

9.3.2.1　在永久作用和可变作用下都不容许出现裂缝的结构，使用中混凝土受拉区或主拉应力方向出现了裂缝；

9.3.2.2　在可变作用下容许出现裂缝而在永久作用下不容许出现裂缝的结构，使用中混凝土受拉区或主拉应力方向出现的特征裂缝宽度大于规定的限值；

9.3.2.3　在永久作用和可变作用下容许出现裂缝但限制其裂缝宽度的结构，使用中混凝土受拉区或主拉应力方向出现的特征裂缝宽度大于规定的限值；

9.3.2.4　混凝土结构出现大于规定限值的变形，影响正常使用；

9.3.2.5　混凝土结构出现大于规定限值的振动。

9.3.3　铁路工程混凝土结构在变幅重复荷载作用下验算疲劳承载极限状态的可靠性时，可采用等效重复应力法、可靠指标验算法和极限损伤度法，并应符合下列规定：

9.3.3.1　当混凝土结构按等效重复应力法进行疲劳承载极限状态可靠性验算时，可采用本标准附录 N 第 N.1 节规定的方法；

9.3.3.2　当混凝土结构按可靠指标验算法进行疲劳承载极限状态可靠性验算时，可采用本标准附录 N 第 N.2 节规定的方法；

9.3.3.3　当混凝土结构按极限损伤度法进行疲劳承载极限状态可靠性验算时，可采用本标准附录 N 第 N.3 节规定的方法。

9.3.4　混凝土结构在变幅重复荷载下验算疲劳使用极限状态的可靠性时，可采用本标准附录 N 第 N.4 节规定的方法。

10 质量控制

10.0.1 工程结构的勘测和设计、工程施工、使用和维护以及所涉及的材料和制品,应实行有效的质量管理和控制,以保证其具有规定的可靠度,并应避免人为误差和其他不测事件。

10.0.2 工程结构的勘测和设计的质量管理和控制应达到下列要求:

(1)资料齐全、数据准确;

(2)设计计算假定符合规定的要求和条件;

(3)计算模型和数值计算正确;

(4)设计合理、结构可靠;

(5)勘测设计图纸和其他文件与计算结果和有关规定相符合。

10.0.3 工程结构的材料、制品和工程施工的质量控制应包括下列内容:

10.0.3.1 初步控制,通过试生产确定合理的原材料组成和工艺参数,为生产控制提出材料和构件性能的统计参数;

10.0.3.2 生产控制,将生产过程或施工过程划分为若干工序,在各个工序内以及在若干中间生产环节进行质量检查,以保证生产成品和工程施工符合设计质量要求;

10.0.3.3 合格控制,按规定的质量验收标准,对材料、制品和工程施工进行合格检验。当材料、制品和工程施工按合格和不合格分类时,宜采用计数控制;当材料、制品和工程施工的质量可按某些质量特征指标检定时,宜采用计量控制。

10.0.4 质量控制可采用总体控制或统计控制两种方法,并应符合下列规定:

10.0.4.1 总体控制应对各生产单元全部进行检验,并规定明确的质量验收标准,包括质量特征指标或允许偏差。

10.0.4.2 统计控制采用抽样检验的方法进行。其质量验收标准应采用数理统计的方法制订,明确规定验收批量、抽样方法、样本容量和检验标准。

10.0.5 结构材料、制品和工程的质量控制,应以保证结构符合设计要求的可靠指标为依据。质量控制的内容、步骤和方法应在有关生产、施工和验收等规范中明确规定。

结构材料性能的质量水平可按统计检验的方法评定。检验中要求材料标准试件按标准试验方法得到的性能指标低于材料性能标准值的概率,不应大于标准规定的分位概率。

10.0.6 结构的使用应符合设计预定的使用条件。当实际使用条件与设计预定的使用条件不同时,应进行专门的评定,必要时应采取适当的保证措施。

10.0.7 结构使用中应规定适当的检查和维修制度,以保证结构在使用期内具有要求的可靠度水平。

附录 A　基本变量和综合变量的概率分布的确定方法

A.1　极限状态设计式中基本变量概率分布的确定方法

A.1.1　结构极限状态设计式中的基本变量 X，除物理性参数以外，应包括模型不定性变量和统计不定性变量等非物理性参数。在确定基本变量的概率分布时，可采用概率论和数理统计学的方法综合为一个随机变量，并可模型化为具有两个参数的正态分布、对数正态分析、极值Ⅱ型分布等适当的概率分布类型，也可模型化为具有三个参数的三参数对数正态分布和三参数韦布尔分布等概率分布类型，并应确定其分布数。

A.1.2　当基本变量（或其中的随机变量）的概率分布的上尾部或下尾部与主体分布明显不同时，可采用适当的混合型分布。当基本变量（或其中的随机变量）有明显的上界或下界时，可模型化为适当的有界概率分布或截尾分布。

A.1.3　基本变量（或其中的随机变量）的位置参数、尺度参数和形状参数等概率分布参数，可采用概率论和数理统计学的方法估算。

A.2　综合变量概率分布的确定方法

A.2.1　结构极限状态设计式中，当综合变量是由若干个基本变量和计算模型不定性变量构成时，可采用与 A.1 节相同的方法将其模型化为适当的概率分布类型，并估算其分布参数。

A.3　基本变量（或其中的随机变量）概率分布的近似确定方法

A.3.1　当统计资料不足，仅能对基本变量（或其中的随机变量）的上限、下限和大致分布情况进行估计时，可按下述方法近似确定概率分布。

当基本变量（或其中的随机变量）X 的上限、下限分别为 x_u 与 x_l，其概率分布可根据其变异情况选择概率分布类型，并按表 A.3.1 的公式估算该基本变量（或其中的随机变量）的平均值 $\overline{X}$ 和标准差 σ_x。

表 A.3.1　常用简化概率分布的平均值和标准差

概率分布类型	平均值 $\overline{X}$	标准差 σ_x
均匀分布	$\frac{1}{2}(x_l+x_u)$	$\frac{1}{2\sqrt{3}}(x_u-x_l)$
等腰三角形分布	$\frac{1}{2}(x_l+x_u)$	$\frac{1}{2\sqrt{6}}(x_u-x_l)$

续上表

概率分布类型	平均值$\overline{X}$	标准差 σ_x
上三角形分布	$\frac{1}{3}(x_1+2x_u)$	$\frac{1}{3\sqrt{2}}(x_u-x_1)$
下三角形分布	$\frac{1}{3}(2x_1+x_u)$	$\frac{1}{3\sqrt{2}}(x_u-x_1)$
正态分布	$\frac{1}{2}(x_1+x_u)$	$\frac{1}{2K}(x_u-x_1)$

附录 B　结构可靠指标计算的分位值法

B. 0. 1　对一般的结构极限状态方程，结构可靠指标可采用分位值法进行计算。

B. 0. 2　结构的极限状态方程可采用下列表达式：

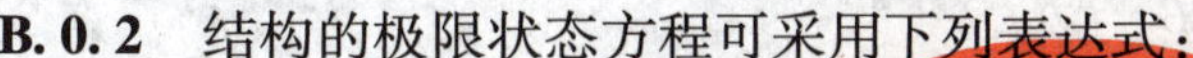

$$Z = g(X_1, X_2, \cdots X_i \cdots, X_n) = 0 \tag{B. 0. 2—1}$$

结构的可靠指标 β 可按下列公式进行迭代计算：

$$\beta = \frac{g(X_1^*, X_2^*, \cdots, X_n^*) + \sum_{i=1}^{n}\left(\left.\frac{\partial g}{\partial X_i}\right|_{P^*} \cdot X'^*_i\right)}{\left\{\sum_{i=1}^{n}\left[\left.\frac{\partial g}{\partial X_i}\right|_{P^*} \cdot X'^*_i\right]^2\right\}^{\frac{1}{2}}} \tag{B. 0. 2—2}$$

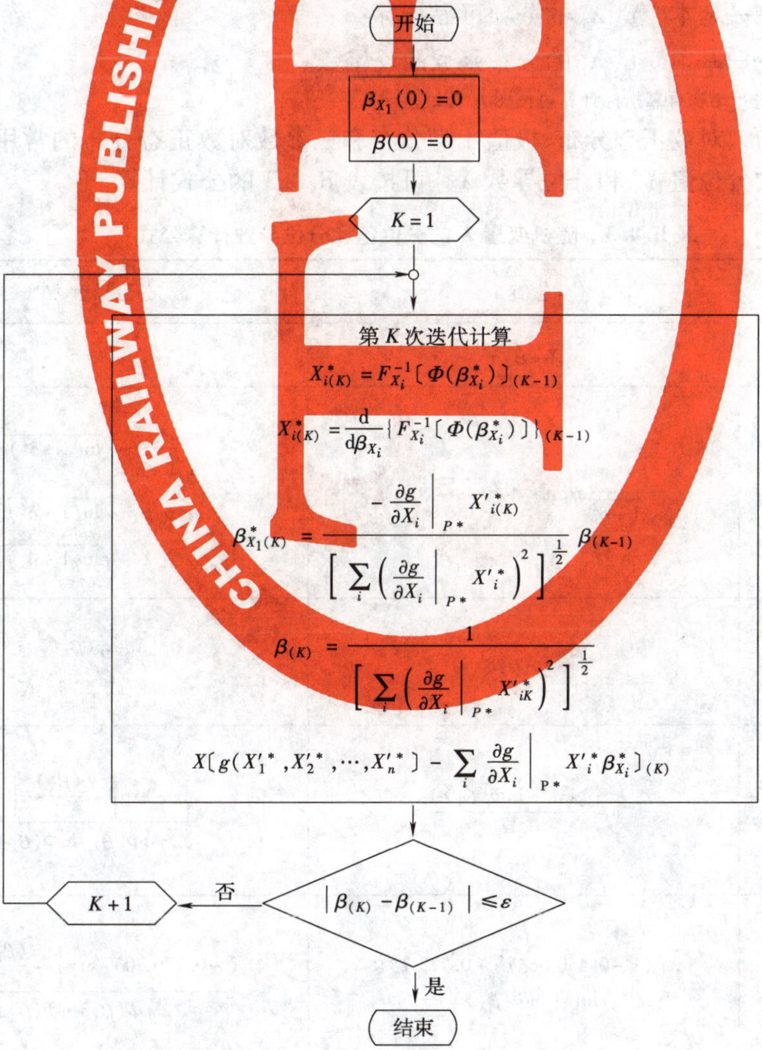

开始

$\beta_{X_1}(0) = 0$

$\beta(0) = 0$

$K = 1$

第 K 次迭代计算

$$X^*_{i(K)} = F^{-1}_{X_i}[\Phi(\beta^*_{X_i})]_{(K-1)}$$

$$X^*_{i(K)} = \frac{\mathrm{d}}{\mathrm{d}\beta_{X_i}}\{F^{-1}_{X_i}[\Phi(\beta^*_{X_i})]\}_{(K-1)}$$

$$\beta^*_{X_1(K)} = \frac{-\left.\frac{\partial g}{\partial X_i}\right|_{P^*} X'^*_{i(K)}}{\left[\sum_i\left(\left.\frac{\partial g}{\partial X_i}\right|_{P^*} X'^*_i\right)^2\right]^{\frac{1}{2}}}\beta_{(K-1)}$$

$$\beta_{(K)} = \frac{1}{\left[\sum_i\left(\left.\frac{\partial g}{\partial X_i}\right|_{P^*} X'^*_{iK}\right)^2\right]^{\frac{1}{2}}}$$

$$X[g(X'^*_1, X'^*_2, \cdots, X'^*_n] - \sum_i \left.\frac{\partial g}{\partial X_i}\right|_{P^*} X'^*_i \beta^*_{X_i}]_{(K)}$$

$|\beta_{(K)} - \beta_{(K-1)}| \leqslant \varepsilon$

否　$K+1$

是

结束

图 B. 0. 2　结构可靠指标分位值计算框图

$$\alpha_{X_i} = \frac{-\left.\frac{\partial g}{\partial X_i}\right|_{P^*} \cdot X'^{*}_i}{\left\{\sum_{i=1}^{n}\left[\left.\frac{\partial g}{\partial X_i}\right|_{P^*} \cdot X'^{*}_i\right]^2\right\}^{\frac{1}{2}}} \tag{B.0.2—3}$$

$$\beta_{X_i} = \alpha_{X_i}\beta \tag{B.0.2—4}$$

$$X_i^* = F_{X_i}^{-1}[\Phi(\beta_{X_i})] \tag{B.0.2—5}$$

$$X'^{*}_i = \frac{\mathrm{d}}{\mathrm{d}\beta_{X_i}}F_{X_i}^{-1}[\Phi(\beta_{X_i})] \tag{B.0.2—6}$$

式中 $\left.\frac{\partial g}{\partial X_i}\right|_{P^*}$——函数 $g(X_1,X_2,\cdots,X_i,\cdots,X_n)$ 在设计运算点 P^* 处的偏导数，设计运算点的坐标为 $[X_1^*,X_2^*,\cdots,X_i^*,\cdots,X_n^*]$；

X_i^*——基本变量 X_i 在分位概率为 $\Phi^{-1}(\beta_{X_i})$ 处的分位值；

X'^{*}_i——基本变量 X_i 在分位概率为 $\Phi^{-1}(\beta_{X_i})$ 处的分位导数；

α_{X_i}——基本变量 X_i 的灵敏度系数；

β_{X_i}——基本变量 X_i 的分项可靠指标；

$F_{X_i}^{-1}[\cdot]$——基本变量 X_i 的分布函数的反函数。

注：按分位值法进行结构可靠指标计算可按图 *B.0.2* 进行。

B.0.3 正态分布、对数正态分布、极值Ⅰ型分布和三参数对数正态分布的常用概率分布的随机变量 X 的分位值 X^* 和分位导数 X'^* 可按表 B.0.3 的公式计算。

表 B.0.3 随机变量 X 的分位值和分位导数计算公式

分布类型	分位值 X^*	分位导数 X'^*
正态分布	$\bar{X}+\beta_X\sigma$	σ
对数正态分布	$\frac{\bar{X}}{\sqrt{1+\delta^2}}\exp[\beta_X\sqrt{\ln(1+\delta^2)}]$	$\frac{\bar{X}}{\sqrt{1+\delta^2}}\sqrt{\ln(1+\delta^2)}\times$ $\exp[\beta_X\sqrt{\ln(1+\delta^2)}]$ 或 $X^*\sqrt{\ln(1+\delta^2)}$
对数正态分布 ($\delta<0.25$)	$\bar{X}\exp(\beta_X\delta)$	$\bar{X}\delta\exp(\beta_X\delta)$ 或 $X^*\delta$
极值Ⅰ型分布	$u-\frac{[\ln(-\ln\Phi(\beta_X))]}{\alpha}$	$\frac{-\exp\left[-\frac{(\beta_X)^2}{2}\right]}{\sqrt{2}\pi a\Phi(\beta_X)\ln\Phi(\beta_X)}$
极值Ⅰ型分布	$\bar{X}[(1-0.450\,06\delta)]-0.779\,7\delta\times$ $\ln[-\ln\Phi(\beta_X)]$	$\frac{-0.779\,70\delta\bar{X}\exp\left[-\frac{(\beta_X)^2}{2}\right]}{\sqrt{2\pi}\Phi(\beta_X)\ln\Phi(\beta_X)}$

续上表

分布类型	分位值 X^*	分位导数 X'^*
三参数对数正态分布	$\dfrac{\overline{X}-\alpha}{\sqrt{1+\left(\dfrac{\sigma}{\overline{X}-\alpha}\right)^2}}e^{W\beta X}+\alpha$ 式中　$W=\sqrt{\ln(1+\left(\dfrac{\sigma}{\overline{X}-\alpha}\right)^2}$	$\dfrac{\overline{X}-\alpha}{\sqrt{1+\left(\dfrac{\sigma}{\overline{X}-\alpha}\right)^2}}\cdot We^{W\beta X}$ 或$(X^*-\alpha)W$

注:表中$\overline{X}$——平均值;

σ——标准差;

δ——变异系数;

u——参数;

α——参数;

a——端值。

附录 C　结构目标可靠指标的选定方法——校准法

C. 0. 1　结构在持久或短暂设计状况下按校准法确定目标可靠指标的计算步骤应符合下列规定：

(1)根据目标可靠指标的适用范围选择一组具有代表性的结构构件作为校准法的计算对象。

(2)在这一组结构构件中按其在工程中用量的多少和重要性的不同，确定其权系数 w_i。各种结构构件的权系数的总和应符合下式要求：

$$\sum_i w_i = 1 \qquad (C.0.1—1)$$

式中　w_i——第 i 种结构的权系数。

(3)确定各结构构件的作用效应和抗力中各基本变量的概率分布类型和设计参数。

(4)分别计算按现行设计规范设计的各结构构件的失效概率 P_{f_j}。

(5)将求得的各结构构件的失效概率 P_{f_j} 乘以权系数，即为

按现行规范设计的各种结构的平均失效概率 $\overline{P}_{f_j}$：

$$\overline{P}_{f_j} = \sum_i w_i \overline{P}_{f_j} \qquad (C.0.1—2)$$

(6)按下式计算结构的目标可靠指标：

$$\beta_{nom} = \Phi^{-1}(1 - \overline{P}_{f_j}) \qquad (C.0.1—3)$$

式中　β_{nom}——结构的目标可靠指标。

附录 D　永久作用的标准值和概率分布的确定方法

永久作用标准值可按下列原则确定：

D.0.1　(1)结构自重的标准值可按结构的设计尺寸和材料平均单位重量计算。

对变异性较大的结构自重可视其对结构产生的不利状态，取其概率分布为 95% 的高分位值或概率分布为 5% 的低分位值作为标准值。

(2)非承载结构部件重量的标准值可按结构自重同一原则制定。当取消非承载结构部件的重量是属结构的不利状态时，该值可取为零。

(3)土压力的标准值可取主动土压力的最大值或被动土压力的最小值。当土可迁移时，土压力的消失应作为一种特殊的设计情况进行验算。

(4)预应力的标准值应规定其上限值和下限值，两值均应考虑时效影响。

(5)由于结构施工的影响或材料收缩所引起的强制变形，其标准值可规定为单一值。当取消该值为不利时，该值可取为零。

(6)由支座沉降引起的作用，其标准值可规定上限值和下限值。下限值可取为零。

D.0.2　永久作用 G 的概率分布类型可假设符合正态分布，其平均值$\overline{G}$和变异系数 δ_G 可根据观测资料采用统计推断的方法确定。

附录 E　可变作用的代表值和概率分布的确定方法

E. 0. 1　可变作用在设计基准期内极大值(或极小值)的概率分布类型和分布参数,可根据观测资料通过统计推断的方法确定,其计算步骤应符合下列规定:

(1)选择一个适当的单位观测期,在每一个单位观测期中记录可变作用的极大值(或极小值)Q_i;

(2)将 r 个单位观测期中的可变作用极大值(或极小值)的数据作为基础,用概率论和数理统计学的方法,判定其概率分布类型并估计其分布参数;

(3)将第 $E.0.1$(2)条确定的概率分布作为初始分布,用极值统计方法估算可变作用在设计基准期内的极大值(或极小值)的概率分布类型和分布参数。

注:① 铁路工程结构中某些可变作用,在设计基准期内可能有一定发展,应对可能出现的较大荷载进行预测。可根据观测的荷载乘以发展系数的方法进行预估,也可根据国家技术发展政策以可能出现的较大技术装备引起的荷载进行预估;

② 当可变作用可模型化为适当的随机过程模型时,在设计基准期内的极大值(或极小值)的概率分布函数,可用随机过程的理论和方法确定。

E. 0. 2　可变作用的准永久值 $\psi_2 Q_k$ 可按下列方法确定:

(1)选择观测期 t_0,在该观测期内观测可变作用值超过 $\psi_2 Q_k$ 的总持续时间 $\sum t_i$。

(2)若 $\sum t_i$ 与 t_0 之比 μ 符合规定值,则 $\psi_2 Q_k$ 即可作为准永久值。μ 的数值,可根据不同性质的作用和不同的设计状况取值,并不应大于 0.5。

E. 0. 3　可变作用的频遇值 $\psi_1 Q_k$ 可按下列方法之一(或同时按两种方法)确定:

E. 0. 3. 1　按准永久值的取值方法确定频遇值,但 μ 应取相当小的值。

E. 0. 3. 2　按平均跨阈率(观测期 t_0 内的跨阈率平均值)确定频遇值。对铁路桥梁,可将平均跨阈率规定为每若干次列车中平均超越 1 次计算。

附录F　铁路列车荷载效应概率分布的确定方法

F.0.1　以当前的行车条件为基础，估算结构验算部位的动活载效应的概率分布函数的步骤应符合下列规定：

F.0.1.1　选择具有代表性的铁路区段，进行调查和统计分析，并确定在当前的行车条件下，每趟列车通过时结构验算部位产生的最大动活载效应 S_{dyn} 的概率分布函数 $F_{Sdyn.T}(x)$。在进行统计分析中，除考虑机车车辆类型及其组合的不同外，尚应考虑机车车辆的自重和装载量的变异性以及动力系数（包括其变异性）和计算模型不定性等因素，其中机车车辆的静活载效应是有上界和下界的。

F.0.1.2　将每趟列车通过结构物时验算部位产生的最大动活载效应 $S_{dyn,1}$ 的概率分布函数 $F_{Sdyn.T}(x)$ 作为初始分布，通过极值统计的方法求得铁路列车在当前的行车条件下（即未考虑机车车辆的发展）设计基准期内最大动活载效应 $S'_{dyn,T}$ 的概率分布函数 $F_{Sdyn.T}(y)$。

F.0.1.3　考虑设计基准期内机车车辆的可能发展，可按当前的行车条件下求得的设计基准期内最大动活载效应 $S'_{dyn,T}$ 乘以适当的发展系数，以确定设计基准期内最大动活载效应 $S_{dyn,T}$ 的概率分布函数 $F_{Sdyn,T}(y)$，对不同的结构物可采用不同的发展系数。必要时在 $S_{dyn,T}$ 的概率分布函数的估算中，可引入适当的计算模型不定性变量。

F.0.2　根据预估行车条件，估算结构验算部位的动活载效应的概率分布函数的步骤应符合下列规定：

F.0.2.1　根据我国铁路技术发展政策，或根据其他有效的预估方法，对设计基准期内的行车条件进行预估，并估算在预估的行车条件下，每趟列车通过时验算部位产生的最大动活载效应 $S_{dyn,1}$ 的概率分布函数 $F_{Sdyn,1}(x)$。估算中应考虑机车车辆的自重和装载量及其组合的变异性以及动力系数（包括其变异性）和计算模型不定性等因素，其中机车车辆的静活载效应是有上界和下界的。

F.0.2.2　将每趟列车通过结构物时验算部位产生的最大动活载效应 $S_{dyn,1}$ 的概率分布函数 $F_{Sdyn,1}(x)$ 作为初始分布，通过极值统计的方法求得结构验算部位在设计基准期内列车最大动活载效应 $S_{dyn,T}$ 的概率分布函数 $F_{Sdyn,T}(y)$。必要时在 $S_{dyn,T}$ 的概率分布函数的估算中，可引入适当的计算模型不定性变量。

附录 G　材料性能的概率分布的确定方法

G. 0. 1　在结构极限状态设计中，材料性能的概率分布函数可按下列步骤确定：

(1)取与工程结构中相同的材料按标准试验方法制成试件，并确定该试件的材料性能，以符号 f_{spe} 表示。

(2)将测得的试件材料性能进行统计分析，通过概率论和数理统计学的方法确定其概率分布类型和分布参数。

(3)通过结构构件的材料性能 f 与试件材料性能 f_{spe} 的对比关系，按下式求得材料性能换算系数 K_{str}：

$$K_{str}=\frac{f}{f_{spe}} \tag{G.0.1—1}$$

(4)结构构件材料性能的平均值 $\bar{f}$ 和变异系数 δ_f 可在综合考虑试件材料性能 f_{spe} 和材料性能换算系数 K_{str} 的概率分布参数的基础上，按下列公式确定：

$$\bar{f}=\bar{f}_{spe}\cdot\overline{K}_{str} \tag{G.0.1—2}$$

$$\delta_f=\sqrt{\delta_{f_{spe}}^2+\delta_{K_{str}}^2} \tag{G.0.1—3}$$

式中　δ_f——结构材料性能 f 的变异系数；

$\delta_{f_{spe}}$——试件材料性能 f 的变异系数；

$\delta_{K_{str}}$——材料性能换算系数 K_{str} 的变异系数。

注：材料性能换算系数 K_{str} 是一个随机变量，也可简化为常量。

附录 H 承载能力极限状态设计式中基本变量的分项系数的选定方法

H.1 极限状态设计式中各基本变量理论分项系数的确定

H.1.1 结构极限状态设计表达式：

$$Z=g(X_1,X_2,\cdots,X_i,\cdots,X_n) \quad (H.1.1—1)$$

当式中仅有一个可变作用(或组合可变作用)时,可按分位值法或其他适当的方法确定各基本变量的理论设计值。按分位值法确定理论设计值 $\widetilde{X}_{id}$ 时,可按下列公式计算:

$$\widetilde{X}_{id}=X_i^*=F_{X_i}^{-1}[\phi(\beta_{X_i}^*)] \quad (H.1.1—2)$$

$$\beta_{X_i}^*=\frac{-\left.\frac{\partial g}{\partial X_i}\right|_{P^*}X_i'^*}{\left[\sum_{i=1}^{n}\left(\left.\frac{\partial g}{\partial X_i}\right|_{P^*}X_i'^*\right)^2\right]^{\frac{1}{2}}}\beta \quad (H.1.1—3)$$

$$X_i'^*=\frac{d}{d\beta_{X_i}}\{F_{X_i}^{-1}[\phi(\beta_{X_i}^*)]\} \quad (H.1.1—4)$$

注:上列公式可采用迭代法求解,按图 H.1.1 进行计算。

H.1.2 根据各基本变量的理论设计值 $\widetilde{X}_{id}$,按本标准第 8.1.2 条所列公式,反算相应的理论分项系数 $\widetilde{\gamma}_{X_i}$。

H.2 承载能力极限状态设计式中各基本变量设计分项系数的选定方法

H.2.1 当结构承载能力极限状态设计式采用式(H.1.1—1)时,各基本变量(包括附加基本变量)的设计分项系数可按下列步骤选定:

H.2.1.1 结构设计计算情况的选定。选择结构极限状态设计式可行域内具有代表性的若干种设计计算情况,按其对应的结构工程造价和重要性确定基权系数。

H.2.1.2 各基本变量理论设计值和理论分项系数的计算。采用第 H.1.1 条规定的分位值法或其他适当的方法,求得的结构极限状态设计式,在既定目标可靠指标和各种设计计算情况下各基本变量 X_i 的理论设计值 $\widetilde{X}_{id}$ 和理论分项系数。

H.2.1.3 根据各种设计计算情况下各基本变量的理论分项系数,采用加权平均的方法,选定相应的设计分项系数。

H.2.1.4 试算各种设计计算情况下的结构可靠指标,当某些设计计算情况下结构的计算可靠指标小于目标可靠指标减 0.25 时,应将选定的某些设计分项系数作适当的调整。当结构的计算指标在设计分项系数的可行域内相差过大时,可分为两个或两个以上的可行域。

H.2.2 当结构承载能力极限状态设计式采用:作用效应—抗力"表达式,且其中仅有一个可变作用(或组合可变作用),而抗力设计式采用本标准式(8.3.1—5)的形式时,各基本变量（包括附加基本变量）的分项系数可按下列方法选定：

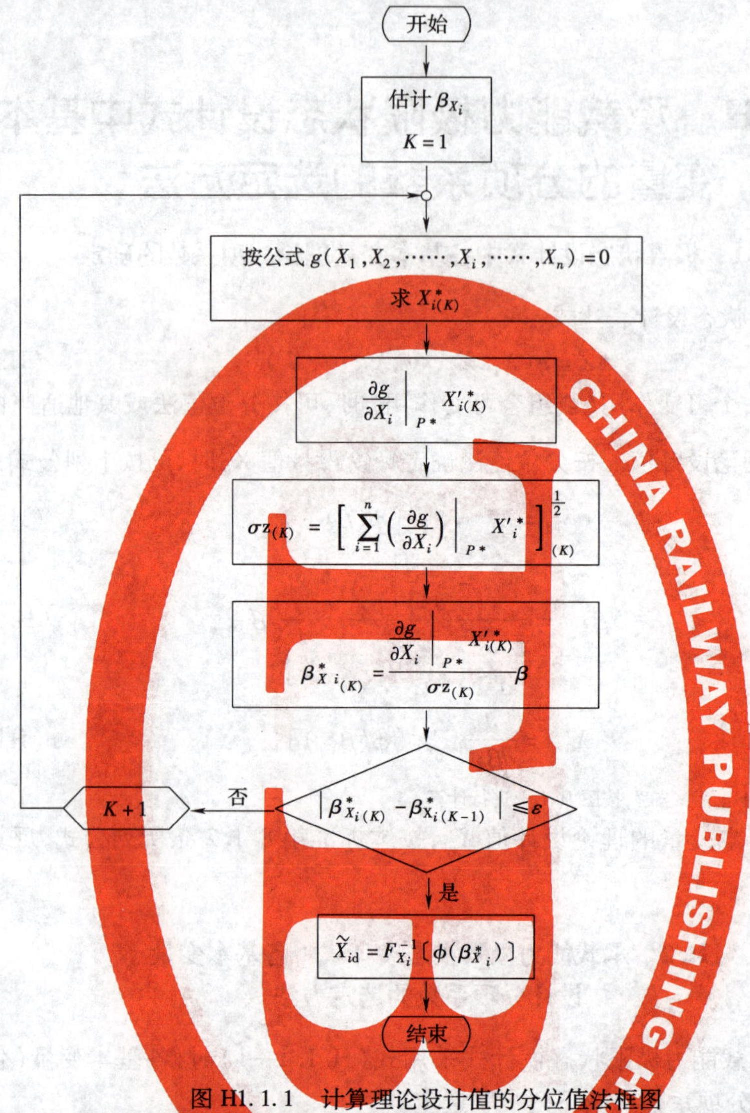

图 H1.1.1 计算理论设计值的分位值法框图

H.2.2.1 “作用效应—抗力”设计式及作用效应设计式中各基本变量理论设计值的计算和设计分项系数的选定。在编制铁路工程结构设计规范时，可将各种作用采用各自统一的设计分项系数。在这种情况下，可采用第 H.2.1 条中规定的方法，求得结构极限状态设计式可行域内各种设计计算情况下的各基本变量的理论设计值，以及作用效应设计式中作用、几何参数和作用效应计算模型不定性变量的相应设计分项系数。

H.2.2.2 结构抗力中几何参数的设计分项系数的选定。当几何参数的变异性对结构抗力的影响较小时，几何参数的设计分项附加值 Δa 可取为 0。当几何参数的变异性对结构抗力的影响不可忽略时，几何参数的设计分项附加值可采用试算的方法选定。

H.2.2.3 结构抗力计算模型设计分项系数（γ_{Rd}）的选定。在结构抗力设计式的若干种设计计算情况下，需要采用统一的结构抗力计算模型设计分项系数，则该值可采用试算的方法选定。

H.2.2.4 结构抗力设计式中材料性能设计分项系数的选定。在编制铁路工程结构设计规范时，可将若干种结构中的一些主要工程结构的材料性能，采用各自统一的设计分项系数。在这种情况下，可按下列方程式求得各种设计计算情况下抗力中材料性能的理论设计值$\bar{f}_{d.J}$的修正系数K_f（采用修正系数时应使修正后的抗力设计值与作用效应的设计值相符）：

$$\tilde{S}_{d.J}=R(K_f\bar{f}_{d.J};\bar{\alpha}_{d.J};\Omega_{Rd.J}) \tag{H.2.2—1}$$

式中　$\tilde{S}_{d.J}$——第J种设计计算情况下按既定作用效应中各基本变量的分项系数计算得出的作用效应设计值。

根据式（H.2.2—1）求得的各种设计计算情况下的材料性能理论设计值的修正值$K_f\tilde{f}_{d.J}$，按本条中的 H.2.2.2～H.2.2.4 选定材料性能的设计分项系数。

铁路工程结构中，材料性能的设计分项系数，也可在综合考虑国内外有关标准的情况下适当选定。

H.2.2.5　结构可靠度调整系数（$\gamma_{\beta d}$）的选定。当结构承载能力极限状态设计式中各基本变量，包括作用、材料性能、几何参数和计算模型不定性变量分别采用统一规定的设计分项系数时，可在抗力设计式中引入结构可靠度调整系数$\gamma_{\beta d}$，使结构极限状态设计式中隐含的可靠指标与目标可靠指标的偏差不致过大。结构可靠度调整系数的选定方法如下：

（1）按分位值法或其他适当的方法，求得在结构极限状态设计式可行域内各种具有代表性的设计计算情况下结构抗力中一个关键性几何参数的理论设计值$\tilde{A}_{i,J}$，以及极限状态设计式中其他基本变量的理论设计值。然后根据采用结构可靠度调整系数$\gamma_{\beta d}$后，结构的计算可靠指标符合目标可靠指标的条件，反算各种设计计算情况下结构的可靠度调整系数的理论值$\gamma_{\beta d.J}$。

（2）根据各种设计计算情况下求得的结构可靠度调整系数$\tilde{\gamma}_{\beta d.J}$，采用加权平均的方法，选定结构可靠度调整系数$\gamma_{\beta d}$。

H.2.3　当结构承载能力极限状态设计式采用“作用效应—抗力”表达式，其中作用效应仅含一个可变作用（或组合可变作用）而抗力设计式采用本标准式（8.3.1—6）的形式时，各基本变量（包括附加基本变量）的分项系数可按以下方法选定：

H.2.3.1　作用效应设计式中各基本变量设计分项系数的选定。同第 H.2.2 条中规定的方法。

H.2.3.2　结构抗力设计式中抗力综合分项系数γ_R的选定：

（1）按分位值法或其他适当的方法，求得在结构极限状态设计式可行域内各种具有代表性的设计计算情况下结构抗力一个关键性几何参数的理论设计值，以及极限状态设计式中其他基本变量的理论设计值。然后根据采用抗力综合分项系数后，结构的计算可靠指标符合目标可靠指标的条件，反算各种设计计算情况下抗力综合分项系数的理论值$\tilde{\gamma}_{R.J}$；

（2）根据各种设计计算情况下求得的抗力综合分项系数$\tilde{\gamma}_{R.J}$，采用加权平均的方法选定抗力综合分项系数γ_R。

附录 J 承载能力极限状态设计式中组合系数和组合分项系数的选定方法

J. 0. 1 当结构承载能力极限状态设计式采用以组合系数表达的作用效应设计公式(8. 3. 1—2)时,可变作用的组合系数 ψ_c 可按下列步骤进行选定:

J. 0. 1. 1 选择具有代表性的若干种设计计算情况,按其对应的结构的工程造价和重要性确定其权系数。

J. 0. 1. 2 按常用的作用组合方法求得各种设计计算情况下各个可变作用组合成的组合可变作用效应 $S_{M,J}$ 在设计基准期内最大值 $S_{MT,J}$ 的概率分布函数。

J. 0. 1. 3 将组合可变作用效应 $S_{MT,J}$ 作为一个单一的可变作用效应,根据既定的目标可靠指标按本标准第 H. 0. 1 条提供的方法或其他适当的方法,求得各种设计计算情况下结构承载能力极限状态设计式中各个永久作用效应的理论设计值 $\tilde{S}_{G_{id},J}$ 和组合可变作用效应的理论设计值 $\tilde{S}_{MT_d,J}$(脚标 J 表示设计计算情况序列号)。

J. 0. 1. 4 根据作用效应设计式采用组合可变作用效应理论设计值 $\tilde{S}_{MT_d,J}$ 的作用效应理论设计值与采用组合系数的作用效应理论设计值相等的原则,确定各种设计计算情况下的理论组合系数 $\tilde{\psi}_{C,J}$。当采用式(8. 3. 1—2)的设计表达式时,相应的组合系数 $\tilde{\psi}_{C,J}$,可按下式求得:

$$\tilde{\psi}_{C,J} = \left.\frac{\sum_{i=1}^{m} \tilde{S}_{G_{id}} + \tilde{S}_{MTd} - \sum_{i=1}^{m} C_{G_i}\gamma_{G_i}G_{ik} - C_{Q_1}\gamma_{Q_1}Q_{1k}}{\sum_{j=2}^{n} C_{Q_j}\gamma_{Q_j}Q_{jk}}\right|_J \tag{J. 0. 1}$$

式中 γ_{G_i} 和 γ_{Q_i} 为永久作用 G_i 和主导可变作用 Q_1 在简单组合情况下(即仅有可变作用 Q_1 与永久作用 G_i 组合)的设计分项系数;γ_{Q_j} 为可变作用 Q_j($j=2,3,\cdots,n$)在简单组合情况下的设计分项系数。

J. 0. 1. 5 根据各种设计计算情况求得的理论组合系数 $\tilde{\psi}_{C,J}$,采用加权平均的方法,求得可变作用的设计组合系数 ψ_C。

J. 0. 2 当结构承载能力极限状态设计式采用以组合分项系数表达的作用效应设计式(8. 3. 1—4)时,可变作用的组合分项系数 γ'_{Q_j} ($j=1,2,\cdots,n$)可按下列方法选定:

J. 0. 2. 1 同本标准第 J. 0. 1. 1 ~ J. 0. 1. 3 款的规定。

J. 0. 2. 2 按下列公式求得各种设计计算情况下组合可变作用效应 $S_{MT,J}$ 的修正理论设计值 $\tilde{\tilde{S}}_{MT_d,J}$:

$$\tilde{\tilde{S}}_{MT_d,J} = \sum_{i=1}^{m} \tilde{S}_{G_{id},J} + \tilde{S}_{MT_d,J} - \left.\sum_{i=1}^{m} C_{G_i}\gamma_{G_i}G_{ik}\right|_J \tag{J. 0. 2—1}$$

式中 γ_{G_i}——永久作用 G_i 的设计分项系数。

J.0.2.3　按下列公式求得各种设计计算情况下可变作用效应的理论设计值 $\tilde{S}_{Q_{id},J}$：

$$\tilde{S}_{Q_{id},J}=\bar{S}_{Q_i,J}+\frac{\sigma_{S_{Qi,J}}}{\left[\sum_{j=1}^{n}\bar{\sigma}^{2}_{S_{Qj,J}}\right]^{\frac{1}{2}}}\tilde{\beta}_{S_{MT,J}} \tag{J.0.2—2}$$

其中

$$\bar{\beta}_{S_{MT,J}}=\frac{\tilde{\bar{S}}_{MT_d,J}-\sum_{j=1}^{n}\bar{S}_{Q_j,J}}{\left[\sum_{j=1}^{n}\bar{\sigma}^{2}_{S_{Qj,J}}\right]^{\frac{1}{2}}} \tag{J.0.2—3}$$

式中　$\bar{S}_{Q_j,J}$、$\sigma_{S_{Qj,J}}$——第 J 种设计计算情况下可变作用效应 $S_{Q_j,J}$ 的平均值和标准差。

$\tilde{\beta}_{S_{MT,J}}$——第 J 种设计计算情况下可变作用 $S_{Q_j,J}$ 组合而成的组合作用效应 $S_{MT,J}$ 在设计基准期内极大值的理论设计值。

J.0.2.4　根据组合可变作用效应的理论设计值 $\tilde{S}_{Q_{jd}}$ 按下式确定相应的理论组合分项系数 $\tilde{\gamma}'_{Q_j,J}$：

$$\gamma'_{Q_j,J}=\frac{\tilde{S}_{Q_{jd},J}}{C_{Q_j}Q_{jk}} \tag{J.0.2—4}$$

J.0.2.5　根据各种设计计算情况下可变作用 $Q_j(j=1,2,\cdots,n)$ 的理论组合分项系数 $\tilde{\gamma}'_{Q_j}$，用加权平均的方法选定相应的组合分项系数 $\tilde{\gamma}'_{Q_j}$。

附录 K　正常使用极限状态设计式中综合抗力分项系数的选定方法

K. 0. 1　当结构正常使用极限状态设计式(8. 3. 3)中仅有一个可变作用(或组合可变作用)Q 时,抗力综合分项系数 γ_R 可按下列步骤确定:

K. 0. 1. 1　选择结构极限状态设计可行域内具有代表性的若干种设计计算情况,按其对应的结构的工程造价和重要性确定其权系数。

K. 0. 1. 2　按本标准附录第 H. 0. 1 条的方法,根据各种设计计算情况下的要求目标可靠指标,求得极限状态设计式中各基本变量的理论设计值 $\tilde{G}_{id,J}$,$\tilde{Q}_{d,J}$,$\tilde{f}_{d,J}$,$\tilde{a}_{d,J}$,以及作用效应计算模型不定性的理论分项系数$\tilde{\gamma}_{Sd,J}$(脚标 J 表示设计计算情况的序列号)。

K. 0. 1. 3　根据采用抗力综合分项系数后结构的计算可靠性指标符合目标可靠指标的条件,反算各种设计计算情况下抗力综合分项系数的理论值$\tilde{\gamma}_{R,J}$。

K. 0. 1. 4　根据各种设计计算情况下的结构抗力综合分项系数的理论值$\tilde{\gamma}_R$,采用加权平均的方法,选定极限状态设计式中抗力综合分项系数γ_R。

K. 0. 1. 5　试算各种设计计算情况下的结构可靠指标,当结构的计算可靠指标与目标可靠指标偏差过大时,抗力综合分项系数γ_R可作适当的调整。

K. 0. 2　当结构正常使用极限状态设计式中有多个可变作用时,相应的组合系数和组合分项系数可按本标准附录 J 的原则进行选定。

附录 L　铁路列车标准荷载谱和标准荷载效应谱的制定方法

L.0.1　铁路列车荷载的标准荷载谱和标准荷载效应谱可通过疲劳列车法，按下列步骤确定：

L.0.1.1　选择具有代表性的铁路线路进行通过列车的调查，将各种类型的列车归纳成几种典型的疲劳列车（如煤车、油罐车、普通货车和客车等），并分别规定各种疲劳列车的车辆数、轴重、轴距和行车速度。对不同等级的线路，可根据其设计基准期内的年运量和通过的车种（考虑发展）定出疲劳列车的组成和通过次数。

L.0.1.2　选择具有代表性的铁路结构物，计算出在全部设计基准期内各种疲劳列车通过时，结构或其部件的荷载效应和相应的重复次数。并可编制成标准荷载效应谱表，以反映不同量级的荷载效应与重复次数的关系。

L.0.1.3　在实际设计使用中，可将标准荷载效应谱中各级重复荷载效应除以结构承载极限状态设计中采用的铁路列车荷载效应标准值，得到按疲劳列车求得的各级重复荷载效应与列车荷载效应标准值的比值，称为荷载效应比，并将荷载效应比与重复次数的关系编制成标准荷载效应比频谱。

L.0.2　有条件时，铁路列车荷载的标准荷载谱或标准荷载效应谱可通过实测法确定。其具体方法如下：

选择具有代表性的结构物，进行铁路列车荷载或荷载效应的测定。通过统计分析，得出结构物或其部件在设计基准期内各级荷载或荷载效应循环次数。并在考虑适当的发展系数的基础上，编制相应的标准荷载谱或标准荷载效应谱。

附录 M　钢结构疲劳可靠性的验算方法

M.1　钢结构疲劳承载极限状态可靠性验算的等效重复应力法

M.1.1　铁路工程中的钢结构按等效重复应力法进行疲劳承载极限状态可靠性验算时，可采用以下的一般设计验算式：

$$\gamma_0 \gamma_{\Delta\sigma_{ae}} \Delta\sigma_{aek} \leq \frac{\Delta f_{aek}}{\gamma_{\Delta f_{ae}}} \tag{M.1.1}$$

M.1.2　铁路钢桥按等效重复应力法进行疲劳承载极限状态可靠性验算时，可采用以下的实用设计验算式：

$$\gamma_0 \gamma_{\Delta\sigma_{ae}} K_{ae} \Delta\sigma_{ak} \leqslant \frac{\Delta f_{aek}}{\gamma_{\Delta f_{ae}}} \tag{M.1.2—1}$$

$$K_{ae} = K_1 \cdot K_2 \cdot K_3 \cdot K_4 \tag{M.1.2—2}$$

式中　K_{ae}——等效应力综合换算系数；

K_1——等效重复应力换算系数；

K_2——力形系数；

K_3——构造系数；

K_4——双线系数。

M.1.3　在钢结构疲劳承载极限状态设计验算式（M.1.1）中，各设计参数可按下列方法确定：

M.1.3.1　等效等幅重复应力循环次数 n_e 的选定。进行钢结构疲劳承载极限状态可靠性验算时，等效等幅重复应力的循环次数 n_e 可选为 10^7 次，必要时也可选用其他能较好反映变幅重复应力循环特征的次数。

M.1.3.2　钢结构验算部位标准应力谱的制定。根据钢结构的标准荷载谱（或荷载效应谱）求得验算部位材料的标准应力变程谱（简称标准应力谱），标准应力变程谱中应力变程 $\Delta\sigma_a$ 按下式计算：

$$\Delta\sigma_a = \sigma_{max} - K\sigma_{min} \tag{M.1.3}$$

式中　σ_{max}，σ_{min}——验算部位材料（或结构细节）在重复荷载作用下的最大应力和最小应力；

K——应力修正系数，对焊接构件：拉拉应力和拉压应力 $K=1$；对非焊接构件：拉拉应力 $K=1$，拉压应力 $K=0.6$。

M.1.3.3　钢结构验算部位等效等幅重复应力标准值 $\Delta\sigma_{aek}$ 的确定。根据钢结构的验算部位的标准应力谱，按线性累积损伤准则或其他适当的方法，计算对应于循环次数为 n_e 的等效等幅重复应力变程的标准值 $\Delta\sigma_{aek}$。

M.1.3.4　钢结构验算部位材料（或结构细节）的等幅疲劳强度标准值 Δf_{aek} 的确定。

根据钢结构验算部位材料（或结构细节）的标准 S—N 曲线，取循环次数为 n_e 的等幅疲劳强度（以应力变程计）作为验算部位材料（或结构细节）的等幅疲劳强度标准值 Δf_{aek}。

M.1.3.5　钢结构疲劳验算式（M.1.1）中分项系数 $\gamma_{\Delta\sigma_{ae}}$ 的概率分布和等幅疲劳强度

Δf_{ae}的概率分布,可按本标准第 8. 4 节提供的方法,选定分项系数 $\gamma_{\Delta\sigma_{ae}}$和 $\gamma_{\Delta f_{ae}}$。

M. 1. 4　在铁路钢桥疲劳承载极限状态设计验算式(M. 1. 2)中,各设计参数可按下列方法确定:

M. 1. 4. 1　等效等幅重复应力循环次数 n_e 的选定。同设计验算式(M. 1. 1)的选定方法。

M. 1. 4. 2　铁路桥梁标准荷载效应比频谱的制定。按本标准附录 L 的方法制定各种跨度桥梁标准部位荷载效应的标准荷载效应比频谱。

M. 1. 4. 3　铁路钢桥验算部位应力变程标准值 $\Delta\sigma_{ak}$的确定。根据铁路钢桥在桥梁标准荷载作用下的荷载效应,计算验算部位的应力变程 $\Delta\sigma_{ak}$,按式(M. 1. 3)取修正应力变程,并考虑列车动力系数。

M. 1. 4. 4　等效重复应力换算系数 K_1 的确定。当钢结构材料(或结构细节)符合曼纳线性累积损伤准则时,可根据列车标准荷载效应比频谱中荷载效应比 ρ_i 与相应的循环次数 n_i,按下式求得等效重复应力换算系数 K_1:

$$K_1 = \sqrt[m]{\frac{n_i \rho_i^m}{n_e}} \tag{M. 1. 4}$$

式中　m——结构材料(或结构细节)“等幅疲劳强度—循环次数”曲线的斜线部分倾斜角的余切。

M. 1. 4. 5　力形系数 K_2 的确定。因钢桥验算部位的应力谱与按标准荷载效应比频谱求得的应力谱不同,其等效重复应力的换算系数可引入适当的力形系数 K_2 进行修正,其值可按等损伤度的原则确定。

M. 1. 4. 6　构造系数 K_3。当按结构设计规范规定方法,求得的计算应力与实际应力有显著差异时,可引入适当的构造系数 K_3 进行修正。

M. 1. 4. 7　双线系数 K_4。可根据铁路列车通过双线桥梁时,两片主梁的受力比确定。

M. 1. 4. 8　铁路钢桥验算部位的综合等效应力系数 K_{ae}按式(M. 1. 2—2)确定。

M. 1. 4. 9　铁路钢桥验算部位材料(或结构细节)的等幅疲劳强度标准值 Δf_{aek}的确定,同设计验算式(M. 1. 1)的确定方法。

M. 1. 4. 10　铁路钢桥疲劳验算式(M. 1. 2)中分项系数 $\gamma_{\Delta\sigma_{ae}}$和 $\gamma_{\Delta f_{ae}}$的选定,同设计验算式(M. 1. 1)的选定方法。

M. 2　钢结构疲劳承载极限状态可靠性验算的可靠指标验算法

M. 2. 1　当铁路工程钢结构按可靠指标验算法进行疲劳承载极限状态可靠性验算时,可建立验算部位材料(或结构细节)的等效等幅重复应力$\Delta\sigma_{ae}$和等幅疲劳强度Δf_{ae}的极限状态方程:

$$\Delta f_{ae} - \Delta\sigma_{ae} = 0 \tag{M. 2. 1—1}$$

根据上列极限状态方程,按本标准第 3. 3. 4 条求得钢结构验算部位材料(或结构细节)的疲劳计算可靠指标 β_{cal}。当 β_{cal}大于验算部位的疲劳目标可靠指标 β_{nom}减 0. 25 时,可认为符合设计要求。

当Δf_{ae}和$\Delta\sigma_{ae}$均可假设符合对数正态分布时,疲劳计算可靠指标可按下式求得:

$$\beta_{cal} = \frac{\ln \Delta\breve{f}_{ae} - \ln \Delta\breve{\sigma}_{ae}}{\sqrt{\delta^2_{\Delta f_{ae}} + \delta^2_{\Delta\sigma_{ae}}}} \tag{M. 2. 1—2}$$

式中　$\breve{\Delta\sigma}_{ae}$、$\delta_{\Delta\sigma_{ae}}$——钢结构验算部位材料（或结构细节）的等效等幅重复应力变程 $\Delta\sigma_{ae}$ 的中位值和变异系数；

$\breve{\Delta f}_{ae}$、$\delta_{\Delta f_{ae}}$——钢结构验算部位材料（或结构细节）对应于循环次数为 n_e 的等幅疲劳强度 Δf_{ae} 的中位值和变异系数；

β_{cal}——结构的计算可靠指标。

M.3　钢结构疲劳承载极限状态可靠性验算的极限损伤度法

M.3.1　钢结构用极限损伤度法进行疲劳可靠性验算可按下列方法确定；

M.3.1.1　钢结构验算部位材料（或结构细节）设计应力谱的建立，根据钢结构验算部位材料（或结构细节）的标准应力谱乘以设计分项系数 γ_σ，确定相应的设计应力谱，并将其分为 n 个区段（n 不宜少于 10），取出对应于应力区段 $\sigma_1,\sigma_2,\cdots,\sigma_n$ 的应力循环次数 $n_1,n_2,\cdots,n_n$。

当钢结构的作用效应和抗力相互独立并近似地符合对数正态分布时，可按下列公式设计分项系数 γ_σ：

$$\gamma_\sigma=\gamma_o\exp(\beta\sqrt{\delta^2_{\Delta f_{ae}}+\delta^2_{\Delta\sigma_{ae}}}-2\delta_{\Delta f_{ae}})\qquad(M.3.1—1)$$

式中　exp（·）——指数函数值。

M.3.1.2　钢结构验算部位材料（或结构细节）的设计 S—N 曲线的建立。根据钢结构验算部位材料（或结构细节）的 P—S—N 曲线，建立分位概率为 2.3% 的设计 S—N 曲线，求得对应于设计应力谱中应力水平为 $\sigma_1,\sigma_2,\cdots,\sigma_n$ 的循环次数 $N_1,N_2,\cdots,N_n$。

M.3.1.3　钢结构按极限损伤度法进行疲劳承载极限状态可靠性验算时，应符合下列公式的要求：

$$D=\sum_i\frac{n_i}{N_i}\leqslant 1(i=1,2,\cdots,n)\qquad(M.3.1—2)$$

式中　D——钢结构材料（或结构细节）以及钢筋材料的累积损伤指标。

M.4　钢结构疲劳使用极限状态可靠性的验算方法

M.4.1　钢结构疲劳使用极限状态可靠性的验算，可采用本标准第 8.2.3 条的极限约束设计表达式；当作用效应可线性迭加时，可采用本标准第 8.3.3 条的实用极限约束设计表达式。但在疲劳使用极限约束值的计算中，要考虑结构材料疲劳而可能引起的变形增大。

附录 N　混凝土结构疲劳可靠性的验算方法

N.1　混凝土结构疲劳承载极限状态可靠性验算的等效重复应力方法

N.1.1　当铁路工程混凝土结构按等效重复应力法进行疲劳承载极限状态可靠性验算时，可采用以下的一般设计验算式：

(1)混凝土。

$$\gamma_0 \gamma_{\sigma_{ce}} \sigma_{cek} \leqslant \frac{f_{cek}}{\gamma_{fce}} \tag{N. 1. 1—1}$$

(2)预应力钢筋。

$$\gamma_0 \gamma_{\Delta\sigma_{pe}} \Delta\sigma_{pek} \leqslant \frac{\Delta f_{pek}}{\gamma_{\Delta f_{pe}}} \tag{N. 1. 1—2}$$

(3)非预应力钢筋。

$$\gamma_0 \gamma_{\Delta\sigma_{se}} \Delta\sigma_{sek} \leqslant \frac{\Delta f_{sek}}{\gamma_{\Delta f_{se}}} \tag{N. 1. 1—3}$$

N.1.2　当铁路混凝土桥，按等效重复应力法进行疲劳承载极限状态可靠性验算时，可采用以下的实用设计验算式：

(1)混凝土。

$$\gamma_0 \gamma_{\sigma_{ce}} K_{ce} \sigma_{ck} \leqslant \frac{f_{cek}}{\gamma_{f_{ce}}} \tag{N. 1. 2—1}$$

$$K_{ce} = K_{c1} \cdot K_{c2} \cdot K_{c3} \tag{N. 1. 2—2}$$

(2)预应力钢筋。

$$\gamma_0 \gamma_{\Delta\sigma_{pe}} K_{pe} \Delta\sigma_{pk} \leqslant \frac{\Delta f_{pek}}{\gamma_{\Delta f_{pe}}} \tag{N. 1. 2—3}$$

$$K_{pe} = K_{p1} \cdot K_{p2} \cdot K_{p3} \tag{N. 1. 2—4}$$

(3)非预应力钢筋。

$$\gamma_0 \gamma_{\Delta\sigma_{se}} K_{se} \Delta\sigma_{sk} \leqslant \frac{\Delta f_{sek}}{\gamma_{\Delta f_{se}}} \tag{N. 1. 2—5}$$

$$K_{se} = K_{s1} \cdot K_{s2} \cdot K_{s3} \tag{N. 1. 2—6}$$

式中　K_{c1}、K_{p1}、K_{s1}——混凝土、预应力钢筋和非预应力钢筋的等效重复应力换算系数；

K_{c2}、K_{p2}、K_{s2}——混凝土、预应力钢筋和非预应力钢筋的力形系数；

K_{c3}、K_{p3}、K_{s3}——混凝土、预应力钢筋和非预应力钢筋的构造系数。

N.1.3　在混凝土结构疲劳承载极限状态设计验算式(N. 1. 1)中，各设计参数可按下列方法确定：

N.1.3.1　等效等幅重复应力循环次数 n_e 的选定。当进行混凝土结构疲劳承载极限状态可靠性验算时，等效等幅重复应力的循环次数 n_e 可选为 2×10^6 次。

N.1.3.2　混凝土结构验算部位标准应力谱的制定。根据混凝土结构的标准荷载谱(或荷载效应谱)求得验算部位材料(混凝土、预应力钢筋和非预应力钢筋)的标准应力谱

（混凝土以应力幅值计；预应力钢筋和非预应力钢筋以应力变程计）。对普通钢筋混凝土构件截面，计算中受拉区混凝土不考虑承受拉应力。对预应力混凝土和部分预应力混凝土构件截面的计算，要分别考虑截面开裂和不开裂状态。

N.1.3.3　混凝土结构验算部位材料的等效等幅重复应力标准值的确定。根据混凝土结构验算部位混凝土、预应力钢筋和非预应力钢筋的标准应力谱，按线性累积损伤准则或其他适当的方法，计算对应于循环次数为 n_e 的等效等幅重复应力标准值 σ_{cek}、$\Delta\sigma_{pek}$。

N.1.3.4　混凝土结构验算部位材料的等幅疲劳强度标准值的确定。根据混凝土结构验算部位混凝土、预应力钢筋和非预应力钢筋的"标准 S—N 曲线"，取循环次数为 n_e 的等幅疲劳强度作为相应的材料的疲劳强度标准值 f_{cek}、$f_{\Delta pek}$ 和 $f_{\Delta sek}$。

N.1.3.5　混凝土结构疲劳验算式（N.1.1）中分项系数的选定，根据混凝土结构验算部位混凝土、预应力钢筋和非预应力钢筋的等效等幅重复应力 σ_{ce}、$\Delta\sigma_{pe}$ 和 $\Delta\sigma_{se}$ 的概率分布和等幅疲劳强度 f_{ce}、Δf_{pe} 和 Δf_{se} 的概率分布，按本标准第 8.4 节提供的方法，选定各分项系数。

N.1.4　铁路混凝土桥疲劳承载极限状态设计验算式（N.1.2）中，各设计参数可按下列方法确定：

N.1.4.1　等效等幅重复应力循环次数 n_e 的选定，同第 N.1.3 条的规定。

N.1.4.2　铁路桥梁标准荷载效应比频谱的制定按本标准附录 L 的方法制定各种跨度桥梁标准部位荷载效应的标准荷载效应比频谱。

N.1.4.3　铁路混凝土桥梁验算部位混凝土、预应力钢筋和非预应力钢筋的应力标准值的确定。根据铁路混凝土桥梁在桥梁标准荷载作用下的荷载效应，计算验算部位混凝土、预应力钢筋和非预应力钢筋的应力标准值 σ_{ck}、$\Delta\sigma_{pk}$ 和 $\Delta\sigma_{sk}$。其中 σ_{ck} 取应力幅值，$\Delta\sigma_{pk}$ 和 $\Delta\sigma_{sk}$ 取应力变程，对非焊接钢筋的拉压应力，按式（M.1.3）取应力修正参数 $K=0.6$。在 σ_{ck}、$\Delta\sigma_{pk}$ 和 $\Delta\sigma_{sk}$ 的计算中，均应考虑动力系数。

N.1.4.4　等效重复应力换算系数 K_{c1}、K_{p1} 和 K_{s1} 的确定。当混凝土桥的混凝土、预应力钢筋和非预应力钢筋符合曼纳线性累积损伤准则时，可根据列车标准荷载效应比频谱中的荷载效应比 P_i 与相应的循环次数 n_i，按下式公式求得混凝土、预应力钢筋和非预应力钢筋的等效重复应力换算系数 K_{c1}、K_{p1} 和 K_{s1}：

$$K_{c1}=\sqrt[m_c]{\frac{n_i P_1^{m_c}}{n_e}} \qquad (N.1.4—1)$$

式中　P_i——列车标准荷载效应比频谱中第 i 个荷载效应比。

$$K_{p1}=\sqrt[m_p]{\frac{n_i P_1^{m_p}}{n_e}} \qquad (N.1.4—2)$$

$$K_{s1}=\sqrt[m_s]{\frac{n_i P_1^{m_s}}{n_e}} \qquad (N.1.4—3)$$

式中　m_e、m_p、m_s——混凝土、预应力钢筋和非预应力钢筋等材料的"等幅疲劳强度—循环次数"曲线斜线部分的倾斜角的余切。

N.1.4.5　力形系数 K_{c2}、K_{p2} 和 K_{s2} 的确定。因混凝土桥验算部位的应力谱与按标准荷载效应比频谱求得的应力谱不同，其等效重复应力换算系数可引入适当的力形系数 K_{c2}、K_{p2} 和 K_{s2} 进行修正，其值可按等损伤度的原则确定。

N.1.4.6　构造系数 K_{c3}、K_{p3} 和 K_{s3} 的确定。按结构设计规范规定的方法，所求得的计算应力与实际应力有显著差异时，可对混凝土桥验算部位混凝土、预应力钢筋和非预应力钢筋的应力标准值，分别引入适当的构造系数 K_{c3}、K_{p3} 和 K_{s3} 进行修正。

N.1.4.7　铁路混凝土桥梁验算部位混凝土、预应力钢筋和非预应力钢筋的综合等效应力系数 K_{ce}、K_{pe} 和 K_{se} 的确定。

根据 K_{c1}、K_{p1}、K_{s1}、K_{c2}、K_{p2}、K_{s2}、K_{c3}、K_{p3} 和 K_{s3} 的值按式（N.1.2—2）、（N.1.2—4）和式（N.1.2—6）分别确定 K_{ce}、K_{pe} 和 K_{se} 的值。

N.1.4.8　铁路混凝土桥验算部位混凝土、预应力钢筋和非预应力钢筋的等幅疲劳强度标准值 f_{cek}、$f_{\Delta pek}$ 和 $f_{\Delta sek}$ 的确定，同第 N.1.3.4 款的规定。

N.1.4.9　混凝土桥疲劳验算式（N.1.2）中分项系数的选定，同第 N.1.3.5 款的规定。

N.2　混凝土结构疲劳承载极限状态可靠性验算的可靠指标验算法

N.2.1　铁路工程混凝土结构按可靠指标验算法进行疲劳承载极限状态可靠性验算时，可建立验算部位混凝土、预应力钢筋和非预应力钢筋的等效等幅重复应力和等幅疲劳强度的极限状态方程如下：

（1）混凝土疲劳承载极限状态方程：

$$f_{ce} - \sigma_{ce} = 0 \qquad \text{(N.2.1—1)}$$

（2）预应力钢筋疲劳承载极限状态方程：

$$\Delta f_{pe} - \Delta\sigma_{pe} = 0 \qquad \text{(N.2.1—2)}$$

（3）非预应力钢筋疲劳承载极限状态方程：

$$\Delta f_{se} - \Delta\sigma_{se} = 0 \qquad \text{(N.2.1—3)}$$

注：上列方程式中混凝土的应力和强度以应力幅值计（指明应力下限），钢筋的应力和强度以应力变程计（对非焊接钢筋的拉压应力，按式（M.1.3）取应力修正系数 $K=0.6$）。σ_{ce}、$\Delta\sigma_{pe}$ 和 $\Delta\sigma_{se}$ 的计算应考虑动力系数。

根据上列极限状态方程，按本标准第 3.3.4 条求得混凝土结构验算部位混凝土、预应力钢筋和非预应力钢筋的疲劳计算可靠指标 β_{cal}。当 β_{cal} 大于验算部位相应的疲劳目标可靠指标 β_{nom} 减 0.25 时，可认为符合设计要求。

N.3　混凝土结构疲劳承载极限状态可靠性验算的极限损伤度法

N.3.1　混凝土结构按极限损伤度法进行疲劳承载极限状态可靠性验算的方法与本标准附录 M 中第 M.3 节所列钢结构的疲劳验算方法相同，其中验算部位的材料为混凝土、预应力钢筋和非预应力钢筋。

N.4　混凝土结构疲劳使用极限状态可靠性的验算方法

N.4.1　混凝土结构疲劳使用极限状态可靠性的验算，可采用本标准第 8.2.3 条的极限约束表达式；当作用效应可线性迭加时，可采用本标准第 8.3.3 条的实用极限约束设计表达式。但在疲劳使用极限状态的约束值计算中，应考虑由于结构材料疲劳而可能引起的变形增大。

附录 P　本标准用词说明

P.0.1　为便于在执行本标准条文时区别对待，对要求严格程度不同的用词说明如下：

(1)表示很严格，非这样做不可的：

正面词采用“必须”；

反面词采用“严禁”。

(2)表示严格，在正常情况下均应这样做的：

正面词采用“应”；

反面词采用“不应”或“不得”。

(3)表示允许稍有选择，在条件许可时首先应这样做的：

正面词采用“宜”或“可”；

反面词采用“不宜”。

P.0.2　条文中指定应按其他有关标准、规范执行时，写法为“应符合……规定”或“应按……执行”。

附加说明

本规范主编单位、参加单位和主要起草人名单

主 编 单 位：铁道部科学研究院

参 加 单 位：铁道部建设司标准科情所、北方交通大学、华东交通大学、长沙铁道学院、上海铁道学院

主要起草人：姚明初 滕征本 陈秀方 陈 新 万小芸 曹雪琴 曹起凤 周孝贤 潘际炎 陆龙文

中华人民共和国国家标准

铁路工程结构可靠度设计统一标准

GB 50216—94

条 文 说 明

制订说明

本标准是根据国家计委计综〔1985〕1号文的要求，由铁道部负责主编，具体由铁道部科学研究院会同铁道部建设司标准科情所、长沙铁道学院、华东交通大学、北方交通大学和上海铁道学院共同编制而成，经建设部1994年9月10日以建标〔1994〕570号文批准，并会同国家技术监督局联合发布。

在本标准的编制过程中，编制组进行了广泛的调查研究，认真总结铁路工程结构设计经验，同时参考了有关国际标准和国外先进标准，并广泛征求了全国有关单位的意见。最后由铁道部会同有关部门审查定稿。

鉴于本标准系初次编制，在执行过程中，希望各单位结合工程实践和科学研究，认真总结经验，注意积累资料，如发现需要修改和补充之处，请将意见和有关资料寄交铁道部科学研究院铁建所（北京西直门外大柳树北站，邮编100081），并抄送铁道部建设司，以供今后修订时参考。

1994年9月

目　次

CHINA RAILWAY PUBLISHING HOUSE
TB

1 总 则

1.0.1、1.0.2 制定本标准的目的是为了合理地统一我国铁路工程结构设计规范的设计原则和基本设计方法，克服长期以来铁路工程结构设计规范的落后面貌，提高经济效益，并促进设计水平和工程质量的提高。

本标准规定了铁路工程结构设计应采用以结构可靠性理论为基础的极限状态设计原则。可靠性理论是建立在概率论和数理统计学基础上的一门边缘学科。它是统一经济和安全两个不同指标的重要工具。由于工程的可靠度可用概率来度量，使原来比较抽象的工程安全性成为一个可以用数学方法处理的问题。对于铁路工程结构来说，安全和经济的统一是一个十分重要的问题，为了保证行车安全，铁路工程结构必须有较高的可靠度，而从工程的投资和维修养护费用来说又应该是较经济的。可靠性理论为铁路工程中安全和经济的统一提供了理论依据。

本标准除供铁路工程结构设计规范的制订和修订使用外，其设计原则也可适用于一些特殊铁路工程结构的设计。

本标准适用于铁路工程结构的可靠度设计，也适用于对施工阶段和既有工程结构可靠度的验算。

1.0.3 结构的功能要求可概括为安全性、适用性和耐久性。这些功能要求应在一定使用期内得到可靠保证。

1.0.4 本标准对铁路工程结构的设计基准期考虑了下列诸因素：

(1)作为系列，采用 50 年和 100 年的系列化数字。

(2)考虑了各种铁路工程结构的预期使用寿命。

1.0.5 将铁路工程结构按破坏后果的严重性划分为三个等级，可由设计部门根据结构的破坏对生命危险、经济损失和社会影响的严重程度予以规定。

1.0.6 本条将结构破坏的情况分为脆性破坏和延性破坏两种类型。一个缺乏预兆而突然发生脆性破坏的结构比延性破坏具有更大危险性。结构的要求可靠度应根据安全等级和破坏类型综合考虑。

2 术语、符号

2.1 术 语

本节所列术语主要是在本标准中出现并与可靠性理论为基础的极限状态设计有直接关系的基本术语。其他一般性术语可参阅相应的标准规范。

本标准对每一术语都给出了涵义,从铁路工程结构设计的角度对术语加以说明。术语的涵义不一定是术语的定义,有些术语目前尚难给出确切的定义。

本节的术语除了具有反映工程结构设计特色者外,对于一些通用术语的涵义和《工程结构设计基本术语和通用符号》是一致的。全部术语涵义的编写,主要根据铁路工程结构的特点,参考以下有关标准和文献:ISO. 2394《结构可靠性总原则》和相应的 ISO/DIS 8930《附录:定义和注释》;《工程结构可靠度设计统一标准》和相应的《工程结构设计基本术语和通用符号》;《建筑结构设计统一标准》和相应的《建筑结构设计通用符号、计量单位和基本术语》。对于一些新增和特殊的术语主要参考国内外有关文献,并结合在本标准中实际运用的涵义确定。

本节对每一术语都给出了对应的英文术语。确定这些英文术语时,主要参考上述国际标准和国外有关的专业标准,如英国标准 BS5400《钢桥、混凝土桥及结合梁桥》等。有的是参考国外有关技术文献,或根据中文术语的涵义翻译而成。鉴于本类术语在国外尚未实现标准化,国内的译法也不尽一致。因此,所给出的英文术语是推荐性的。

本节所列术语的编排次序基本上是以术语在本标准各章节中出现先后为依据。其中包括以可靠性理论为基础的极限状态设计法有关的基本术语、作用和作用组合术语、材料性能和几何参数术语以及与设计表达式有关的术语和结构疲劳可靠性术语等五个方面。现分别说明如下:

1 以可靠性理论为基础的极限状态设计法有关的基本术语,包括结构的可靠性、设计基准期、安全等级、两种破坏类型、三种设计状况、两种极限状态、结构功能函数、极限状态方程、可靠指标、失效概率以及两种确定目标可靠指标的方法等术语。这些是构成新的设计方法最常用的术语。

2 作用和作用组合术语是与建立设计表达式中的作用项有密切关系的术语。"作用"一词首先是在国际标准 ISO2394《结构可靠性总原则》中提出的。现已逐渐在国际上采用。我国国家标准《工程结构可靠度设计统一标准》和《建筑结构设计统一标准》均已采用这一术语。"作用"的涵义较广,不仅包括集中力、分布力等不同表现形式的外力(习惯上称为荷载),也包括温度变化、地基不均匀变形、地面加速度等各种引起结构反应的原因。本类术语还列出了按时间和空间位置变异分类的各种作用的术语。如永久作用、可变作用、固定作用、可动作用、动态作用、静态作用和偶然作用。在结构可靠性分析中,不同的设计状态和极限状态下,需要考虑不同的作用组合,采用作用的不同代表值。作用的主要代表值是作用的标准值。作用效应则是作用在结构构件上产生的响应。作用是通过作用效应系数转换成作用效应后进行结构分析计算的。故本类术语中列出了作用代表值、作用标准值、作用效应、作用组合、作用的基本组合、作用的偶然组合、长期效应的作用组合和短期效应的作用组合等术语。

3 材料性能和几何参数术语,仅列出了材料性能标准值和几何参数标准值两个术语。这是结构可靠性分析中采用的基本代表值。

本标准中所提及的"标准值",其涵义同《工程结构可靠度设计统一标准》、《建筑结构设计统一标准》是一致的。实质上已包括了国外规范中采用的特征值、标定值、公称值、名义值等概念,内涵甚广。为此,运用时应注意其背景情况。译成外文时,应按不同的取值原则,选用相应的英文术语。

4 与设计表达式有关的术语主要是指以可靠性理论为基础的极限状态设计表达式中出现的基本术语。

根据《铁路工程结构可靠度设计统一标准》的规定,在结构或构件设计所采用的设计表达式中,对于作用、材料性能和几何参数均应采用其设计值。设计值可以通过相应的代表值和分项系数求得。结合几何参数的特点,一般采用标准值和附加值之和作为设计值。结构重要性系数、作用组合系数是设计表达式中的两个重要系数。为此本章加入了上述这些术语。

5 结构疲劳可靠性术语包括了本标准第 9 章"钢结构和混凝土结构的疲劳可靠性"中有关铁路工程结构疲劳可靠性的主要术语。在以可靠性理论为基础的极限状态设计法中,疲劳极限具有自己独特的标志和相应的可靠度要求。结构疲劳可靠性分析的方法也不同于其他情况所用的方法。为此,列出了疲劳承载能力极限状态、疲劳可靠指标、标准荷载谱、设计荷载谱、等效等幅重复应力设计法和疲劳损伤度设计法等术语。

2.2 符 号

为便于查阅,本节符号分为以下几类并分条编写:

2.2.1 结构可靠性;
2.2.2 作用和作用效应;
2.2.3 材料性能和几何性能;
2.2.4 结构极限状态设计式;
2.2.5 结构疲劳可靠性。

本标准中的符号是根据现行国家标准有关规定确定的。对一些特殊的工程结构符号,如现行国家标准尚无统一规定时,尽可能采用国际通用的符号或参照相近性质的符号确定。

3　极限状态设计原则和方法

3.1　一 般 规 定

3.1.1～3.1.4　结构的极限状态可分为两大类，即承载能力极限状态和正常使用极限状态。

结构的承载能力极限状态，可理解为与结构的安全性有关的最大承载状态，超过这一状态，结构就不能安全使用。结构构件由于塑性变形，而使其几何形状发生显著改变，虽未达到完全破坏，但已严重影响安全，也属于达到这种极限状态。

由于多次重复荷载，而使结构发生疲劳破坏，可认为是一种特殊的承载能力极限状态，称为疲劳承载极限状态。

结构的正常使用极限状态，可理解为结构或结构构件在使用功能上允许达到某个限值的极限状态。正常使用极限状态的控制，往往需要采用一定的约束条件，例如混凝土裂缝的宽度、梁的挠度、振动幅值或加速度等，这些约束条件一般以规定值列入规范。

一个结构和结构的一部分(例如一个截面)，可能存在多种极限状态。因此对结构可能达到失效的各种极限状态均应加以考虑。为了便于结构的计算分析，对每一种极限状态都应规定明确的标志及限值。

3.1.5、3.1.6　结构设计中应根据施工与使用中出现的各种具体情况区分为若干设计状况。本标准第3.1.5条中将设计状况分为持久、短暂和偶然等三种。由于不同的设计状况有不同的具体情况和要求，因此，对每一种设计状况应按不同的环境条件取不同的设计值和不同的可靠度要求。

当结构按偶然状况设计时，结构的承重体系可仅按承载能力极限状态进行设计，此时采用的结构可靠度水平可适当降低。

由于偶然事件而出现特大作用时，一般说来，要求结构完全不破坏是不现实的，只能要求结构不致因此而造成与设计要求不相称的破坏后果。例如，仅由于局部爆炸或撞击事故，不应导致整个工程结构发生灾难性的连续倒塌。

3.2　基本变量和综合变量

3.2.1　基本变量是指极限状态方程中所包含的影响结构可靠度的各种可以用数量来表达的量。基本变量一般为相互独立的随机变量。当基本变量不能认为相互独立时，结构可靠度的计算分析应考虑它们之间的相关性。

结构极限状态设计式中的基本变量一般是一个与时间有关的随机过程。例如，可变作用是随时间而变化的，抗力也可能随时间而增长(例如混凝土强度随时间而增长)或衰减(例如木材因腐朽引起强度的降低)，但为了实际计算的便利，常可取用基本变量在设计基准期内的极大值(例如作用)或极小值(例如材料的强度)作为随机变量参加运算。

3.2.2 分析结构可靠度时，也可将若干个基本变量组合为一个综合变量。例如，在考虑若干个可变作用效应的综合影响时，需要将它们组合为一个综合作用效应。又例如，结构的抗力包含有材料性能和几何参数等多种随机变量，可将它们组合为一个抗力综合变量。

3.2.3 在以可靠性理论为基础的结构极限状态设计式中，各基本变量的概率分布类型的选定和分布参数的定值是十分重要的问题。本标准附录A提供了基本变量和综合变量的概率分布的确定原则和方法。

3.3 极限状态设计方法

3.3.1、3.3.2 基于可靠性理论的结构极限状态设计条件，可采用下列不等式表达：

$$g(X_1, X_2, \cdots, X_n) \geqslant 0 \tag{1}$$

当$g(\cdot)=0$时，结构处于极限状态，而当$g(\cdot)<0$时，结构将不能满足功能要求。为方便起见，我们可将$g(\cdot)$用功能函数Z表达。条文中式(3.3.2—1)列出功能函数的表达式。显然：

$Z>0$时，结构满足功能要求；

$Z<0$时，结构不能满足功能要求，即为失效。现举例说明。

设结构的作用效应为S，抗力为R，则结构的极限状态方程可写作：

$$R-S=0 \tag{2}$$

于是，可列出结构的功能函数Z的表达式如下：

$$Z=R-S \tag{3}$$

显然，当$Z>0$时，结构满足功能要求；当$Z<0$时，结构不满足功能要求。

3.3.3 本标准规定了结构可靠度的定义为"结构在规定的时间内，在规定的条件下能满足预定功能的概率"。我们称这一概率为可靠概率，以符号p_s表示。它与结构失败概率p_f有互补的关系，即：

$$p_f = 1 - p_s \tag{4}$$

由于结构的失效概率p_f常是一个很小的数值，如0.00001或0.000001等，而p_s常是一个很接近于1的数值，如0.99999或0.999999等。这些数值在使用上不够方便。因此在实践中提出了用可靠指标作为评价或衡量结构可靠性水平的一个参量，以符合β表示。它与失效概率p_f有如下的关系：

$$p_f = 1 - \Phi(\beta) = \Phi(-\beta) \tag{5}$$

结构可靠指标β与失效概率p_f之间的关系也可用下式表示：

$$\beta = \Phi^{-1}(1-p_f) \tag{6}$$

3.3.4 结构的可靠指标可按一次二阶矩中心点法、一次二阶矩验算点法（包括分位值法和当量正态分布法）、数值积分法或蒙脱卡罗法等进行计算。

当结构极限状态方程为线性方程式，且其基本变量为正态分布时，可采用一次二阶矩中心点法进行结构可靠指标的计算。当结构极限状态为幂指数方程式，且基本变量为对数正态分布时，也可采用这一方法。

结构可靠指标计算的分位值法，适用于基本变量为正态分布或指数型的任意概率分布，以及结构极限状态方程为线性或非线性的情况。分位值法是本标准编制组独创的一种结构可靠指标计算方法，它与国际上常用的当量正态分布法（也称JC法）具有相同的计算精度,而计算方法比较简单。分位值法的具体应用方法见附录 B。

结构可靠指标计算的数值积分法,采用数值积分的原理计算结构的可靠指标,适用于随机变量变异性较大,以及结构极限状态方程具有较高非线性的情况。

结构可靠指标计算的蒙脱卡罗法是利用电子计算机,按各个随机变量的概率分布函数,模拟一个数据足够多的样本,并对这个样本进行分析计算,以求得结构的失效概率。可适用于具有特殊分布的随机变量,以及各种复杂的非线性极限状态方程。

3.3.5、3.3.6　结构设计中对各种极限状态,应制定适宜的目标指标,以保证结构的安全可靠和经济合理。结构的目标可靠指标,应根据结构的安全等级(见第 1.0.5 条)和破坏类型(见第 1.0.6 条)适当选定。目前确定目标可靠指标的较常用方法有校准法、风险水平类比法和最佳经济效益法等。本标准根据目前实际情况,推荐采用校准法作为选定结构目标可靠指标的主要方法,但如有足够根据时,也可采用风险水平类比和最佳经济效益分析等方法选定。

校准法的基本思想是利用可靠性理论,反求按现行结构设计规范所设计的结构构件的加权平均失效概率,作为确定今后设计的依据,并按失效概率与可靠指标的对应关系,来确定结构的目标可靠指标。这实际上意味着承认现行规范所设计的结构物的平均可靠性水平(按加权平均失效概率计)是合理的,并以这一可靠性水平作为今后设计的依据。由于新的结构设计中采用了以可靠性理论为基础的极限状态设计方法,可使设计的结构物有比较一致的可靠性水平,而不致参差过大,达到经济合理的目的。

本标准附录 C 中第 C.0.1 条列入结构在待久或短暂设计状况下按校准法确定目标可靠指标的选择方法。

3.3.6　结构极限状态设计中可采用分项系数法或可靠指标验算法。目前在基于可靠性理论的结构极限状态设计规范的编制中,较常用分项系数法,以便通过分项系数分别考虑各个基本变量的变异性和不定性的影响。对一些个别的或特殊的结构设计,也可采用直接验算结构可靠指标的可靠指标验算法,例如结构的疲劳验算。

3.3.7　目前以可靠性理论为基础的结构极限状态设计,大都仅考虑结构单元可靠性。

实际上工程结构往往是由一定数量的结构单元所组成。具有多种失效模式,严格来说应以整个结构系统的可靠性为准,结构单元的可靠性并不能完全代表整个结构系统的可靠性水平。

在进行结构系统可靠性分析时,需首先了解结构的各种可能失效模式,并选择其中若干个起控制作用的为主要失效模式。此外还需了解这些失效模式之间的相关关系,然后可在结构单元可靠性分析的基础上进行整个结构系统的可靠性分析。通过结构系统的可靠性分析计算,可以更真实地反映整个结构的可靠性,有利于协调各结构单元可靠性的合理选择,并使整个结构的设计更为合理。

4 作用及作用组合

4.1 作用的分类

在结构设计中,长期以来把施加于结构上的外力称为荷载,如机车车辆荷载、风荷载等;而把引起结构强迫变形的因素称为作用,如温度作用、沉降作用等。本标准为了采取国际通用的名词术语,参照国际标准化组织第98技术委员会国际标准草案ISO/DIS2394《结构可靠度总原则》所用的术语——作用,以描述引起结构效应的各种原因。作用在这里已不再是过去习惯上的含义,而是包括了施加在结构上的外力和施加在结构上的强迫变形的原因等这两方面的内容。

结构上的作用,例如机车车辆荷载和结构自重,在时间和空间上是彼此互不相关的独立随机变量,这种作用,在计算作用效应和进行组合时,可按单独的作用处理。

4.1.1~4.1.4 对作用的分类,是按它们的时间或空间的变异性,或在结构上的效应(静态或动态)分类,还可按是否有上下界分类。

作用按时间的变异分类,是对作用的基本分类。

(1)永久作用(G)的特点是其统计规律与时间参数无关。或者作用随时间而变异的数值与其平均相比可忽略不计。

(2)可变作用(Q)。可变作用的特点是它的统计规律与时间参数有关。在铁路工程结构中,列车荷载是可变作用中的一个主要作用。

(3)偶然作用(A)。在设计基准期内出现的概率很小,而一旦出现时,其量值很大,持续时间较短。在铁路工程结构中主要的偶然作用有列车出轨、地震、撞击等。

动态作用包括多次重复作用和低周反复作用等。铁路列车荷载的作用属多次重复作用,它对工程结构会引起疲劳损伤。地震作用属低周反复作用,它在短时间内会出现若干次正负交替的作用效应。

作用按其有无明显的上下界可分为以下两类:

(1)有界作用:作用有较明显的上界和(或)下界值,例如铁路桥梁的列车静活载效应或水坝的静水压力等。

(2)无界作用:作用无明显的上界值和下界值。

4.2 作用的设计参数和作用效应

4.2.1 永久作用的量值随时间的变化很小,或虽有变化,也是单方向的,并趋于某一终值。因此,在结构设计计算中可用随机变量的概率模型来描述,即不考虑永久作用量值随时间的变化。

可变作用和偶然作用的量值是随时间而变化的。因此,在作用效应的组合中需用随机过程的概率模型来描述。但在结构极限状态设计式中,可变作用或偶然作用常可取用设计基准期内的极大值(或极小值——当作用减小为不利时),因此,在结构极限状态设计式中,它们是以随机变量的形式出现的。

4.2.2 在结构极限状态设计表达式中,作用的代表值是作用的基本参数。

根据结构的各种极限状态的设计要求,需要取用不同的作用代表值。对永久作用,标准值为其唯一代表值,可在各种极限状态中使用。对可变作用,其标准值可在承载极限状态中使用,而在正常使用极限状态的短期组合中,应取用频遇值作为代表值;长期组合中,应取准永久值作为代表值,以便考虑作用持续的时间比率和超越频率的影响。

4.2.3 作用的概率分布函数,可根据观测资料,用数理统计中的参数估计和假设检验的方法确定。

附录 D 中列入永久作用的标准值和概率分布函数的确定方法。附录 E 中列入可变作用的代表值和概率分布函数的确定方法。

4.2.4 铁路列车荷载是一个由一定排列规律组成的荷载集,其与荷载效应的关系十分复杂。在这种情况下,可以制定一个标准列车荷载模式(例如“中—活载”模式),以便确定验算部位的列车荷载(或荷载效应)的标准值。

附录 F 中列入了铁路列车荷载(或荷载效应)的标准值的取值方法,以及在设计基准期内极大值的概率分布类型和分布参数的确定方法。本标准专题报告“铁路桥梁列车荷载的标准值和概率分布参数的确定方法”中,对铁路桥梁列车荷载效应参数的确定方法,有较详细的说明。

4.2.5 偶然作用出现的概率很小,常难以取得实际观测资料,因此偶然作用的代表值,往往只能根据工程经验分析判断确定,若偶然作用有一定的观测资料(如地震),则可建立适当的概率模型,并制定相应的代表值。

4.2.6 结构对于所受作用的反应称为作用效应。它可以是结构构件的轴力、弯矩和扭矩等,也可以是结构某一部位的裂缝宽度和位移等。

按极限状态设计方法,在许多情况下,需要采取作用效应为极限状态表达式的基本参数,这需要通过一定的换算关系由结构的作用求得。结构的作用效应与作用的关系,可通过计算或试验确定,当作用与作用效应呈线性关系时,其比值称为作用效应系数,以符号 C_F 表示,即:

$$C_F = S_F / F \tag{7}$$

式中 F——作用;

S_F——作用效应。

当作用与作用效应为非线性关系时,作用效应可采取作用的函数式表示。有些情况下,作用效应可以直接测定其数据,通过统计分析求得,例如混凝土枕的荷载弯矩,钢轨的应力等等。

4.3 作用的组合

4.3.1 各种铁路工程结构应按照实际可能发生的各类作用进行组合。有些荷载对一些结构是重要的,而对另外一些结构则可能是不重要的,如对桥跨结构、风荷载、制动力等应加以考虑,但对于隧道结构则可不考虑。

实际上,施加在结构上的某些作用往往在某种程度上是相关的。为了简化计算,我们可以把相关性很强而又同时达到上限值的若干个作用合并起来视为一个单独作用,而把相关性很小的各个作用视为彼此独立。为便于作用效应的计算,可把一些相关性十分密切的若干作用组合成为一个独立作用,或者把某种作用分解为若干分量的和或差。

4.3.4 铁路工程结构在使用过程中,往往遇上多个作用同时发生。为了验算结构的可靠度,或决定设计表达式中各项荷载分项系数和组合系数的合理取值,需求出这一系列作用对结构实际可能形成的最不利效应,于是发生了结构上作用组合的计算问题。当然,处理这个问题的最简单方法是将各种作用的最大值叠加。但这种组合实际上的可能性很小,据此进行设计是不经济的。在结构可靠度设计中,荷载组合有多种计算方法。从实用考虑,在铁路工程结构设计中常可采用特克斯特拉(Turkstra)组合规则。当有充分依据时,也可采用其他适用的作用组合计算方法。

5 材料和岩土的性能

5.0.1 在结构极限状态设计中，材料的性能应指结构构件中的材料性能。在按标准试件确定材料性能时，应引入构件换算系数 K_{str}，以变换为结构构件中的材料性能。构件换算系数是一个随机变量，但为简化起见，一般可把它作为常量。构件换算系数的确定方法见附录 K。

5.0.2 材料的各项物理力学性能常根据有关标准规范所规定的标准试件，按标准试验方法测得（例如混凝土的轴心抗压强度是以 150 mm×150 mm×300 mm）的棱柱体试件在标准养护条件下的 28 d 抗压强度为准。材料性能的标准值则是根据符合规定标准的材料的材料性能的总体分布中的一个分位值确定。这里所谓"规定标准"是由主管部门根据工程结构的要求和实际生产条件具体规定的。例如对混凝土材料，边长为 150 mm 的立方体试件的强度应符合现行国家标准《混凝土强度检验评定标准》（GB 107—87）中的规定，其保证率为 95%。

在实际设计中，常将材料的一种材料性能指标作为其他材料性能指标的基准（例如混凝土是以边长为 150 mm 的立方体试件按标准试验方法测得的 28 d 抗压强度作为基准的材料性能指标），其他材料性能指标（例如混凝土的轴心抗压强度）则是通过一定材料性能换算系数，根据基准的材料性能指标变换而得。

材料性能的概率分布函数的确定方法见附录 G。

5.0.4 岩土的性能（包括标准值和概率分布）变化较大。一般需要根据具体工点的原位测试数据统计分析确定。缺乏条件时，对某些岩土性能可由有关标准规范根据岩土的类别对其标准值和概率分布参数作出具体规定。当资料不充分时，可根据岩土的类别结合工程经验通过试算确定。

6 几何参数

结构构件的几何参数 a 是结构构件的几何特征值，包括高度、宽度、面积、面积矩、惯性矩、混凝土保护层厚度、箍筋间距和结构的长度、跨度、偏心矩等，还包括由这些几何参数构成的函数。

6.0.1 结构构件抗力的不定性来自结构构件材料性能的不定性、结构构件几何参数的不定性和计算模型的不定性。其中，结构构件的几何参数的统计特征，可根据正常生产情况下结构构件几何尺寸的实测数据，经统计分析而获得。当实测数据不足时，几何参数的统计特征也可根据有关标准中规定的几何尺寸公差经分析判断确定。

几何参数的概率分布函数可按附录 H 提供的方法求得。

6.0.2 几何参数的标准值 a_k 可直接取用设计图纸中的公称值（名义值）。

当几何数值的变异性较小，对结构的可靠度无显著影响时，在设计中可不考虑其不定性，而假设为定值。但当几何参数的变异性较大时（例如隧道补砌厚度），在设计中应将其作为随机变量，并取其概率分布的一定分位概率的分位值作为标准值。

7 结构分析和试验

7.0.1 为了正确地进行结构的可靠度设计,需要进行结构分析,以便了解结构的作用效应和抗力等的性质及其相互关系。有时不能明显地将作用效应和抗力分别进行分析时(例如结构的倾覆稳定性),则可对整体结构进行分析。

7.0.2 结构分析的基本方法有结构计算、模型试验和原型试验等。结构用计算模型进行分析的方法是在设计中最普遍采用的方法。若由于结构性能问题比较复杂,难以用计算的方法得到令人满意的分析结果时,可采用模型试验的方法进行分析。如由于尺寸效应,用模型试验的方法还不能取得满意的分析结果,则可采用原型试验的方法。有时把这几种方法结合起来进行。

7.0.3 在结构的计算分析中,需要采用适当的计算模型。对每个规定的极限状态,所选择的模型应能代表与结构各种极限状态有关的各基本变量的特性。结构的计算分析可分为整体结构的分析和结构构件的具体分析。整体结构的分析是为确定结构不同截面上的纵向力、弯矩、剪力、扭矩等。它将构成校核局部设计的基础。对结构的某些特殊部分有时需要进行比较复杂的计算分析,例如支座、梁的交叉点、钢筋锚固区等。

在结构的整体分析中,结构常被理想化为一维(梁、柱)、二维或三维的结构模型。

7.0.4 结构极限状态设计式所采用的计算模型存在着不定性,包括在设计计算中所采用的作用效应和抗力计算模型与实际比较具有不精确性,缺乏对极限状态方程中有关的各基本变量的相关性的考虑,结构承载能力评定中采用的力学模型与实际比较具有不精确性等。

计算模型的不定性常可在结构极限状态设计式中用一个和几个附加的基本变量考虑。附加的基本变量的统计参数和分布类型,可通过设计计算模型的计算结果与精确的计算结果或试验结果相比较,并用统计分析的方法或根据工程经验判断确定。

计算模型的不定性可通过适当选择的计算模型本身予以考虑。这一种计算模型的选择应使结构的设计偏于安全方面。例如,在进行铁路桥梁承载极限状态设计中采用的加载图式可偏于不利方面。

7.0.5 当结构或结构的一部分难以用一般力学计算方法确定其作用效应或抗力时,往往可用模型试验的方法加以补充。在进行模型试验中,要注意模型与实物的正确比例关系以及模拟计算的方法。在分析中,还应考虑试验结果在统计上的不定性。

7.0.6 由于尺寸效应或其他原因用模型试验的方法尚不能正确推测实际结构或其一部分的结构性能时,可进行结构或其一部分的原型试验。原型试验的数量一般较小,可按小子样统计方法进行分析。

8 极限状态设计的分项系数法

8.1 一 般 规 定

8.1.1 为了使所设计的结构构件在极限状态设计式的可行域内具有比较一致的可靠度,同时为了实用上的便利,可采用基本变量及其分项系数表达的设计模式。

8.1.2 在结构极限状态设计式中各基本变量采用设计值。设计值与标准值(或代表值)之间存在一定的关系。作用的设计值 F_d 为作用的代表值 F_r 乘以作用的分项系数 γ_F;材料性能的设计值 f_d 为材料性能的标准值 f_k 除以材料性能的分项系数 γ_f;几何参数的设计值 a_d 为几何参数的标准值 a_k 加或减附加值 Δa;几何参数的设计值 a_d 也可由几何参数标准值 a_k 乘几何参数的分项系数 γ_a 表达。采用这些分项系数的目的是为了便于分别考虑各种基本变量的变异性和不定性对结构可靠性的影响。

8.1.3 结构极限状态设计式中有时可列入作用效应 S 的设计值 S_d(例如铁路桥梁的弯矩)。这里作用效应 S 是由作用和其他参数构成的综合变量。

8.2 极限状态设计表达式

8.2.1 结构极限状态的一般设计表达式(8.2.1)是适用于各种极限状态设计的通式。结构极限状态设计式中由于计算模型等不定性因素引进的分项系数 γ_d 可不明显地在设计式中出现,而是包含在其他基本变量的分项系数中。

8.2.2 对大部分结构极限状态设计表达式,常可采用结构的作用效应和抗力分列的形式称为"作用效应—抗力"设计表达式,简称 R—S 表达式。

在这一种设计表达式中,将结构重要性系数 γ_0 和作用效应计算模型分项系数都放在作用效应一边,而将抗力计算模型分项系数放在抗力一边。

8.2.3 结构正常使用极限状态设计中常可规定某些约束值,例如裂缝宽度、挠度、材料的应力,作为极限状态标志的限值,因此宜采用极限约束设计表达式。

8.3 极限状态设计以分项系数表达的实用设计式

8.3.1 结构在持久设计状况和短暂设计状况下的结构承载能力极限状态设计中通常采用作用效应和抗力分列的设计表达式。本标准对作用效应列出四种设计表达式,而对抗力列出两种设计表达式。

设计表达式(8.3.1—1)和式(8.3.1—2)中永久作用和一个主导可变作用 Q_2 采用分项系数,而其他可变作用在乘以分项系数外,还乘以统一的组合系数 ψ_c。当作用效应可线性迭加时,可采用设计表达式(8.3.1—2)。其中作用效应以作用效应系数乘以作用标准值。

设计表达式(8.3.1—3)和式(8.3.1—4)中永久作用采用分项系数表达,而各可变作用 Q_j 分别乘以组合分项系数 γ'_{Qj}。组合分项系数的选定中要考虑作用组合的影响。当作用效应可线性迭加时,可采用设计表达式(8.3.1—4)。其中作用效应为作用效应系数乘以作用标准值。

设计表达式(8.3.1—5)中采用了以材料性能分项系数和几何参数分项参数附加值表达的形式,而设计表达式(8.3.1—6)中采用以抗力综合分项系数表达的形式,其中材料性能和几何参数均取标准值。

8.3.2　偶然设计状况下结构按承载能力极限状态设计中,当考虑作用的偶然组合(永久作用、可变作用和一偶然作用组合)时,由于偶然作用出现的概率较小;其代表值不乘分项系数。其他可能与偶然作用同时出现的可变作用,也可根据观测资料和工程经验采用较小的代表值。

8.3.3　结构正常使用极限状态设计中,一般可采用实用设计式(8.3.3),其中永久作用、可变作用和材料性能的分项系数均可取为1.0,几何参数的分项附加值可取为0。为了使设计式所隐含的可靠指标(即计算可靠指标)与正常使用结构极限状态的目标可靠指标比较一致,在实用设计式中引入一个抗力综合分项系数 γ_R,以便对设计式所隐含的可靠指标进行调整。

考虑到结构正常使用极限状态的功能要求,对短期效应可变作用的代表值应取频遇值,而对长期效应取准永久值。

8.4　极限状态设计式中分项系数、组合系数和重要性系数的选定

在本标准第3.5.1条中已明确了在以可靠性理论为基础的结构极限状态设计中可采用分项系数模式。在传统的半概率极限状态设计方法中,各基本变量分项系数的选定往往只考虑基本变量本身的不定性,而没有从整个极限状态的可靠性考虑。在以可靠性理论为基础的结构极限状态设计中基本变量分项系数的选定,不但考虑了基本变量本身的不定性,还综合考虑了整个极限状态的可靠性的要求,因此是更加科学的。

8.4.1、8.4.2　为了使以分项系数表达的结构极限状态设计表达式在全部可行域内各结构的计算可靠指标与目标可靠指标的误差较小,需要对各基本变量的分项系数进行优选,使能满足本标准第8.4.1条中提出的两个基本要求,即:

(1)在设计表达式的全部可行域内,结构的计算可靠指标 β_{cal} 与目标可靠指标 β_{nom} 的误差的绝对值 $|\Delta\beta|$ 的加权平均值较小,其中权系数可按结构使用量的多少或重要性来确定。

(2)在设计表达式的全部可行域内,结构的计算可靠指标 β_{cal} 低于目标可靠指标 β_{nom} 的差值不得大于0.25。

有时,由于结构极限状态设计表达式中某些基本变量的变动范围较大,以致在设计表达式采用某些基本变量参数的情况下,结构的计算可靠指标与目标可靠指标的偏差较大。为了解决这个问题,可将基本变量进行分区,各分区分别采用不同的分项系数。例如,在铁路桥梁设计中可按桥梁跨度分区。这样就可减少结构计算可靠指标与目标可靠指标的偏差,达到经济合理的目的。

过去在选定结构极限状态设计式中各基本变量的分项系数和组合系数时，常用试算的方法，但试算工作十分繁琐。在本标准中采用了基本变量分项系数和组合系数的一种优选方法。在这一方法中，首先求得结构极限状态设计式的可行域内不同设计计算情况下各基本变量的理论设计值，并由此求得相应的理论分项系数和理论组合系数。然后用加权平均的方法选定结构极限状态设计中各基本变量的设计分项系数和组合系数。关于结构极限状态设计式中分项系数和组合系数选定的具体方法见附录 H、附录 J 和附录 K。

8.4.3　在结构极限状态设计中，当永久作用的存在对结构的承载能力有利时，永久作用分项系数应不大于 1.0，以保证结构具有预期的可靠水平。

9 钢结构和混凝土结构的疲劳可靠性

9.1 一 般 规 定

9.1.1～9.1.4 许多铁路工程结构如桥梁、钢轨、路基和混凝土枕等使用中承受较大的重复荷载，由于累积疲劳损伤而达到的极限状态为结构的疲劳承载极限状态，它可以看作是一种特殊的承载能力极限状态。

结构在静态作用下的承载能力极限状态，其承载能力单纯考虑一次加载的影响。结构在重复荷载下的疲劳承载极限状态，则应考虑结构在设计基准期内所受的全部重复荷载的加载影响，其承载能力一般低于静态作用下的承载能力。

铁路工程结构承受设计基准期内全部重复荷载的影响尚能满足预定功能要求的概率（即保证概率）称为疲劳承载极限状态的可靠度，可用疲劳可靠指标表达。

结构构件在重复荷载下的疲劳使用极限状态，是指结构构件在达到正常使用准则所规定的限值的状态。在设计验算中应考虑结构的重复荷载对结构变形的不利影响。

过去在结构构件的疲劳设计中，常假设荷载是一个幅值不变的等幅重复荷载。设计要求在这一等幅重复荷载作用下结构构件不发生疲劳性破损。但是实际上许多结构构件，如桥梁等，所接受的重复荷载不是一个幅值不变的等幅值荷载，而是一个幅值变化很大的重复荷载，称为变幅重复荷载。因此在设计中应要求结构构件在这一变幅重复荷载的作用下达到某种极限状态。按可靠性理论，在进行设计分析时，我们需要对这一变幅重复荷载及其荷载效应的统计特征有具体的了解。此外我们还需要了解结构构件在接受变幅重复荷载下的抗力的数值及其统计特征。于是我们可以根据可靠性理论来估算结构构件在重复荷载作用下的可靠度。

9.1.5 许多接受重复荷载的结构构件，其荷载是一种变幅重复荷载，由此而产生的荷载效应如弯矩、剪力、应力和应变等也将是变幅的。这一种重复荷载（或荷载效应）不能用一个单一的荷载值（或荷载效应值）表达，而需要用一个荷载谱（或荷载效应谱）予以表达。荷载谱（或荷载效应谱）有以下几种表达形式：

（1）荷载（或荷载效应）—循环次数表；

（2）荷载（或荷载效应）—循环次数直方图；

（3）荷载（或荷载效应）—循环次数曲线。

铁路工程结构在验算其疲劳可靠性时，应根据结构在设计基准期内变幅重复荷载（或荷载效应）的统计特征，制定适当标准荷载谱（或标准荷载效应谱），其制定方法见附录 L。

9.2 钢结构在变幅重复荷载作用下疲劳可靠性的验算

过去在铁路钢桥的设计验算中常将钢桥所承受的重复荷载假设为等幅重复荷载，设计要求钢桥的结构构件或连接在设计所规定的等幅重复荷载(常取标准活载)和一定的循环次数(常取 2×10^6)下具有一定的安全储备(取一定的安全系数)。这一种传统的设计验算方法并不能真正反映铁路钢桥在列车运营下的特点,也不能很好地对结构的疲劳可靠性作出合理的保证。本标准从钢结构所实际承受的变幅重复荷载出发,列出了能较好地反映结构疲劳可靠性的等效重复应力法。在这一验算方法中,首先求得结构危险部位材料(或结构细节)的应力谱,并用适当的换算方法,例如曼纳(Miner)累积损伤法则,求得对应于这一应力谱的等效重复应力。由于将应力谱所反映的变幅重复应力换算为等效重复应力。这样,就使原来需要用随机过程来表达的应力历程简单地用随机变量来表达,结构的变幅重复应力用等效重复应力表达后,其疲劳承载极限状态的设计式可以用习惯上常用的作用效应—抗力设计式表达。这里作用效应就是结构危险部位材料(或结构细节)的等效重复应力,抗力就是相应材料(或结构细节)的等幅疲劳强度,它们都是随机变量。关于钢结构按等效重复应力法进行疲劳可靠性验算的具体方法见附录 M 中 M.1 节。

钢结构的疲劳可靠性也可直接按可靠指标计算的方法进行验算,要求钢结构的计算可靠指标不小于预期的目标。关于钢结构按可靠指标验算法进行疲劳可靠性验算的具体方法见附录 M 中的 M.2 节。

钢结构的疲劳可靠性也可直接按损伤度进行验算,称之为极限损伤度法。在这一方法中,我们将结构危险部位材料(或结构细节)的变幅重复应力分为若干级,然后根据曼纳(Miner)线性累积损伤准则求得相应部位的损伤度 D。在进行累积损伤度计算中,变幅重复应力的循环次数 n_i 取用设计应力谱上对应于某一级重复应力 σ_i 的循环次数,而材料(或结构细节)的重复应力循环次数 N_i 取用设计 $S—N$ 曲线上对应于该级重复应力的循环次数。这样计算得到的疲劳损伤度已隐含着一定的安全保证率。关于钢结构按极限损伤度法进行疲劳可靠性验算的具体方法见附录 M 中 M.3 节。

9.3　混凝土结构在变幅重复荷载作用下疲劳可靠性的验算

在变幅重复荷载下混凝土结构的疲劳承载极限状态和钢结构一样,是以结构危险部位的材料达到疲劳破损或过大变形作为依据。但混凝土结构是由混凝土和钢筋两种材料组成,应对其疲劳损伤分别进行验算。

混凝土结构疲劳承载极限状态可靠性的验算可采用等效重复应力法、可靠指标验算法和极限损伤度法,具体方法见附录 N。

对承受重复荷载的混凝土结构,在进行正常使用极限状态的疲劳可靠性验算时,可采用本标准第 8.2.3 条列出的以极限约束式表达的实用设计式。但在约束值的计算中要考虑重复荷载对混凝土结构中混凝土和钢筋变形性能的不利影响。

10 质量控制

10.0.1 结构的可靠度只有在正常勘察设计、正常施工、正常使用和正常维护的条件下才能得到保证,因此有必要对所有这些环节进行有效的质量控制。

工程结构的勘察设计、材料、制品制造、施工、使用和维护,共同构成一个工程实施系统。只有对这个实施系统的每一部分进行质量控制,才能保证结构的可靠性,并取得良好的经济效益和社会效益。

制品制造和工程施工过程中,影响质量的因素包括操作人员、机具设备、原材料质量、操作方法以及环境等五个方面。过失误差是操作人员的粗心大意等主观原因造成的误差,这种误差必须得到及时发现和排除。

影响质量的不测事件包括由于疏忽、误解而导致结构在设计、制造、施工或使用上的错误。

10.0.2 工程结构的勘察设计质量直接与结构的可靠性和经济性有关,因此应严格控制。在本条中列出了工程结构勘察设计质量控制的主要内容。其中计算模型是否合理,涉及到某些设计计算假定是否成立,以及模型的数学表达式是否正确,计算数字如果有误,有可能导致严重后果,因此必须严格查对。

设计图纸和设计文件,是设计计算和有关规定(如标准图的采用、构造处理等)的具体体现,应查对是否一致,并查对是否符合图样标准和技术文件标准化的规定。

10.0.3 工程结构材料、制品和施工的质量控制包括初步控制、生产控制和合格控制。它们是三个不同阶段而又是相互关联的。初步控制获得的信息可供生产控制参考,而生产控制中获得的信息可作为合格控制的验前信息。

10.0.3.1 初步控制。初步控制是在试生产阶段实施质量保证的手段,它可为生产控制和合格控制提供必要的统计参数和经验。

10.0.3.2 生产控制。生产控制是对工程材料、制品和施工在生产过程中的控制。其目的在于保证生产过程中所用材料、各个工序和操作方法是否符合规定,预防不合格品超出规定的范围。生产控制的一些参数常可用质量管理图来描述。

10.0.3.3 合格控制。合格控制是对材料制品和施工单元通过质量检验进行质量控制的方法,当材料制品和施工单元根据质量特征以合格品或不合格品划分时,可采用计数控制的方法,而当材料、制品和施工单元的质量特征指标可用数量表达时,宜采用计量控制。

10.0.4 总体控制需要对每一个生产单元进行检查,这一种检查只允许是非破损的。统计控制适用于数量较大且有可能用统计推断方法对质量进行评价的材料、制品或生产单元。

统计控制需要采用抽样检验的方法进行,并根据总体情况及抽样组织方式而采用单纯随机抽样或机械随机抽样等方法。

10.0.5 材料性能的质量水平与结构可靠指标有密切关系。反映材料性能质量水平的主要参数为材料性能的平均值和标准差。这些参数的变化都将引起结构构件的可靠指标的变化。

为了保证结构具有一定的可靠水平，在制定材料性能质量控制标准时，应使材料性能平均值和标准差的变化不致引起结构可靠指标的过大降低。

10.0.6 结构的设计一般是根据预定使用条件进行的。当实际使用条件如荷载情况和环境情况等与原设计不同时，应进行专门的分析评定。如果认为实际使用条件将影响结构的可靠性时，应采取适当的措施如结构加固、改善环境等。

10.0.7 结构的合理使用、检查和维修是在设计基准期内完成预定功能的重要保证，因此要加以有效的管理。

附录 A　基本变量和综合变量的概率分布的确定方法

A.1　结构极限状态设计式中基本变量的概率分布的确定方法

A.1.2　铁路工程结构的某些基本变量（或其中的随机变量）的概率分布的上尾部或下尾部与主体分布有明显不同，例如，铁路车辆每延米重的最大值是受一定运营条件下的每延料最重的车辆所控制，上尾部有明显的上界，可模型化为具有上界的截尾分布。又例如，铁路机车的动荷载效率的上尾部与主体分布有明显的不同，可模型化为上尾部分布与主体分布不同的混合型分布。

A.3　基本变量（或其中的随机变量）概率分布的近似确定方法

当基本变量（或其中的随机变量）的统计资料不足，仅能了解其大致分布情况，且其精确性对结构可靠指标影响不大时，可用 A.3.1 条提供的简化概率分布的近似确定方法。

附录 B　结构可靠指标计算的分位值法

结构可靠指标计算的分位值法是国内外常用的当量正态分布法(亦称 JC 法)的一个改进方法,它的适用范围基本上与该方法相同。在分位值法计算中,将结构极限状态方程中的基本变量以约化高斯变量进行变换,因此不需要像当量正态分布法那样,在每一次迭代计算中求算各基本变量的当量正态分布的平均值和标准差,使计算工作大为简化。本标准专题报告之一"结构可靠指标的分位值法"对这一方法的原理有较详细的说明。

附录 C 结构目标可靠指标的选定方法——校准法

C. 0. 1 本条提供按“校准法”选定结构在持久和短暂设计状况下目标可靠指标的具体步骤。“校准法”适用于结构各种极限状态下目标可靠指标的选定，选用的对象宜采用按现行结构设计规范设计的结构，所用基本变量的设计参数则应采用新规范的规定值。

附录 D　永久作用的标准值和概率分布的确定方法

D. 0. 2　永久作用 G 的变异性一般较小(例如小于 0. 08),其概率分布类型对结构可靠指标的影响往往是不很敏感的。因此为简便起见,常可将其模型化为正态分布随机变量。

附录 E 可变作用的代表值和概率分布的确定方法

E. 0. 1 可变作用是一个随时间变化的随机过程,在其设计基准期内的极大值(或极小值)的概率分布函数可用随机过程的理论和方法确定。但实际上,可变作用的随机过程模型往往不易正确建立,因此在实用上常将可变作用的作用时间分为若干时段,取每一时段内的极大值(或极小值)用概率论中的极值统计方法求得设计基准期或设计状况持续期内可变作用的极大值(或极小值)。

E. 0. 3 对可变作用频遇值的确定,本条提出了两种方法。对铁路列车荷载一类的可变作用,其频遇值的确定宜采用第二种方法,即按平均跨阈率来确定频遇值。关于平均跨阈率的选定往往需根据技术性和经济性综合考虑。

附录 F　铁路列车荷载效应概率分布的确定方法

本附录中提出了铁路列车荷载效应概率分布的两种确定方法。F.0.1 条是以当前的行车条件为基础，并考虑适当的发展系数以估算铁路列车荷载效应概率分布的方法。以铁路桥梁为例，对铁路桥梁产生较大荷载效应的机车为蒸汽机车，它所产生的荷载效应远大于内燃机车和电力机车。由于蒸汽机车将逐渐淘汰，因此对机车的荷载效应来说，一般可不再考虑发展系数。但对车辆来说，有较大的发展可能，需慎重选定发展系数。F.0.2 条是以设计基准期内的预估行车条件为基础估算铁路列车荷载效应概率分布的方法。由于预估的行车条件已考虑了铁路机车车辆轴重和构造、行车速度和行车密度的发展，故可不再考虑发展系数。

附录 G　材料性能的概率分布的确定方法

材料性能 f 是指实际结构构件中的材料性能。以混凝土轴心抗压强度 f_c 为例，混凝土结构构件中的混凝土轴心抗压强度 f_c 是根据混凝土棱柱体试件强度 $f_{c,spe}$ 乘以材料性能换算系数 K_{str} 确定，而混凝土棱柱体试件强度 $f_{c,spe}$ 又是根据混凝土标准立方体试件强度 f_{cu} 乘以适当的换算系数 K_c 确定。因此，混凝土轴心抗压强度 f_c 可以下式表达：

$$f_c = K_{str} K_c f_{cu} \tag{8}$$

其中 f_{cu} 为随机变量；K_c 和 K_{str} 理论上也是随机变量，但为简化起见，可取为常量。

在铁路工程结构可靠度设计中，材料性能 f 的概率分布一般可模型化为正态分布或对数正态分布，可通过统计推断的方法确定。

附录 H　承载能力极限状态设计式中基本变量的分项系数的选定方法

本附录提供的结构承载能力极限状态设计式分项系数的选定方法中，首先确定设计式中各基本变量的理论分项系数，这可采用 H.1 节提供的方法确定。然后根据不同的设计表达式采用 H.2 节提供的方法，选定各基本变量的设计分项系数。

H.1　结构极限状态设计式中各基本变量理论分项系数的确定

H.1.1　本条提供的方法可适用于一般结构极限状态设计式中基本变量的理论分项系数的确定。按照这一方法，首先采用分位值法或其他适当的方法确定各基本变量的理论设计值，然后根据设计值与分项系数的关系确定相应的理论分项系数。本条提供的分位值法是确定结构极限状态设计式中各基本变量理论设计值的一种有效方法。这一方法既适用于结构承载能力极限状态设计式，也适用于正常使用极限状态设计式。

H.2　结构承载能力极限状态设计式中各基本变量设计分项系数的选定方法

H.2.1　当结构承载能力极限状态设计式为下列一般表达式时，可采用本条提供的方法选定各基本变量的设计分项系数：

$$g(X_1, X_2, \cdots, X_i, \cdots, X_n) \geqslant 0 \tag{9}$$

在这一方法中，首先求得上列设计式可行域内各种设计计算情况下各基本变量的理论分项系数（按 H.1 条的方法），然后采用加权平均的方法选定相应的设计分项系数。一般情况下，采用这一方法选定的设计分项系数可使结构极限状态设计式所隐含的结构可靠指标与目标可靠指标有较好的一致性。

H.2.2　当结构承载能力极限状态设计式采用作用效应和抗力分列的设计表达式且仅有一个可变作用（或组合可变作用），而抗力设计式中材料性能采用各自的分项系数表达时（参阅第 8 章式（8.3.1—5）），可采用本条提供的方法选定各基本变量的设计分项系数。

按这一方法，首先选定作用效应中各基本变量的设计分项系数，然后在选定作用效应各基本变量设计分项系数的条件下，选定抗力中各基本变量的分项系数。在选定抗力各基本变量的设计分项系数时，首先需求得设计式可行域内各种设计计算情况下的理论分项系数。这可根据结构设计式采用理论分项系数后结构的计算可靠指标与目标可靠指标相符的原则确定。

在铁路工程结构设计规范的编制中，常将若干种铁路工程结构构件所用的同一种作用（或作用效应）采用同一设计分项系数，同时也将若干种铁路工程结构构件所用的同一种材料性能采用同一设计分项系数。例如，在铁路桥梁设计规范的编制中，将若干种跨度的钢桥和混凝土桥的列车荷载效应采用相同的设计分项系数。又例如，对若干种铁路混凝土工程结构物的混凝土强度采用相同的设计分项系数。在这种情况下，致使某些铁路工程结构的承载能力极限状态设计式中隐含的可靠指标与目标可靠指标可能有较大的偏差。为此，在结构极限状态设计式中引入了一个结构可靠度调整系数 $\gamma_{\beta d}$ 以资调整。

H. 2. 3 当结构“作用效应—抗力”设计式中抗力设计式采用第 8 章(8. 3. 1—6)的形式时，“抗力综合分项系数”γ_R 可采用本条提供的方法选定。类似于 H. 2. 2 条，“抗力综合分项系数”也需要根据设计式可行域内各种设计计算情况下的“理论抗力综合分项系数”采用加权平均的方法选定。

附录 J　承载能力极限状态设计式中组合系数和组合分项系数的选定方法

本附录提供结构承载能力极限状态设计式中具有两个及两个以上可变作用时荷载效应组合的两种表达方法。J. 0. 1 条提供了与主导可变作用组合的一个或一个以上可变作用组合系数的选定方法。J. 0. 2 条提供了各可变作用分别采用组合分项系数的方法。

J. 0. 1　本条提供的方法的实质是在设计式(8. 3. 1—2)的可行域内,求得各种设计计算情况下与主导可变作用组合的一个或一个以上可变作用的理论组合系数,然后采有加权平均的方法选定相应的设计组合系数。理论组合系数量根据设计式采用理论组合系数后结构的计算可靠指标与目标可靠指标相符的原则确定。

J. 0. 2　在本条提供的方法中首先求得设计式(8. 3. 1—4)的可行域内各种设计计算情况下各可变作用的理论组合分项系数,然后采用加权平均的方法选定相应的组合分项系数。类似于 J. 0. 1 条,理论组合分项系数根据设计式采用理论组合分项系数后结构的计算可靠指标与目标可靠指标相符的原则确定。

附录 K　正常使用极限状态设计式中综合抗力分项系数的选定方法

结构正常使用极限状态设计式(8.3.3)中各基本变量均采用标准值并采用了“抗力综合分项系数”γ_R以保证结构具有规定的可靠指标。结构设计式可行域内各种设计计算情况下的“理论抗力综合分项系数”，是根据采用理论抗力综合分项系数后结构的计算可靠指标与目标可靠指标相符的原则确定。然后采用加权平均的方法选定相应的“抗力综合分项系数”。

附录 L 铁路列车标准荷载谱和标准荷载效应谱的制定方法

本附录提供铁路列车标准荷载谱和标准荷载效应谱的两种制定方法，其中 L.0.1 条为疲劳列车法，L.0.2 条为实测法。下面以铁路桥梁所采用的疲劳列车法为例进行说明。

首先在全国铁路网中，按地区不同，选取一定数量的列车编组站分别进行统计。统计内容为编组情况、列车种类、列车长度、年货运量、每日旅客列车及货物列车的次数等。根据各列车编组站的统计资料，制定出铁路桥梁设计中采用的各种典型疲劳列车，如一般货物列车、煤车、油车和客车等，并分别规定各种典型疲劳列车的车辆数、轴重、轴距和行车速度等。对于不同等线的线路(按年运量划分)，可根据其年运量和通过的车种，规定各级线路设计中采用的疲劳列车系列，包括列车的种类和通过次数。对不同等级的线路，分别按“雨流计数法”计算其不同跨度桥梁对应于各级线路的疲劳列车系列通过桥梁时的跨中疲劳应力和相应的重复次数。由此可编制成标准荷载效应谱，以反映不同量级的疲劳应力与重复次数的关系。为实用方便，还可按 L.0.1 条提供的方法，根据标准荷载效应谱中各级疲劳应力与结构承载能力极限状态设计中铁路列车标准荷载相应的应力之比，编制标准荷载效应比频谱。

附录 M 钢结构疲劳可靠性的验算方法

本附录提供钢结构疲劳承载极限状态可靠性验算的三种方法:等效重复应力法、可靠指标法和极限损伤度法,以及疲劳使用极限状态可靠性的验算方法。

M.1 钢结构疲劳承载极限状态可靠性验算的等效重复应力方法

钢结构按等效重复应力法进行疲劳承载极限状态可靠性验算时,需确定验算部位所承受的变幅重复应力下的等效等幅重复应力的设计值(按一定循环次数 n_e),该值应不大于验算部位的材料(或结构细节)在相应循环次数 n_e 下的等幅疲劳强度设计值。这两个设计值,对一般钢结构可按 M.1.3 条提供的方法确定,对铁路钢桥可按 M.1.4 条提供的方法确定。

M.2 钢结构疲劳承载极限状态可靠性验算的可靠指标验算法

钢结构按可靠指标验算法进行疲劳承载极限状态可靠性验算时,与等效重复应力法一样,也需将验算部位所承受的变幅重复应力变换为等效等幅重复应力并确定其概率分布。因此,可建立验算部位材料(或结构细节)的等效等幅重复应力与等幅疲劳强度的极限状态方程,并按一次二阶矩法验算相应的结构可靠指标。

M.3 钢结构疲劳承载极限状态可靠性验算的极限损伤度法

钢结构按极限损伤度法进行疲劳承载极限状态可靠性验算时,需建立验算部位材料(或结构细节)的设计应力谱以及相应材料(或结构细节)的设计 S—N 曲线。然后采用曼纳线性累积损伤假说直接验算相应的疲劳损伤度。这是一种比较精确的疲劳可靠性验算方法。

附录 N　混凝土结构疲劳可靠性的验算方法

混凝土结构疲劳承载极限状态疲劳可靠性的验算方法大致与钢结构相同，但验算部位的材料包括混凝土、预应力钢筋和非预应力钢筋等三种，其中混凝土的疲劳应力以应力幅值计，而预应力钢筋和非预应力钢筋的疲劳应力以应力变程计。

混凝土结构疲劳使用极限状态可靠性的验算主要包括混凝土的裂缝、结构的变形（如挠度）和振动等。由于混凝土的塑性变形和钢筋的蠕变在疲劳应力作用下比静应力作用下有较大增长，在疲劳可靠性的验算中应充分考虑。

中华人民共和国行业标准

铁建函〔1997〕345 号

铁路工程 CAD 技术规范

CAD Technical Specification for Railway Engineering

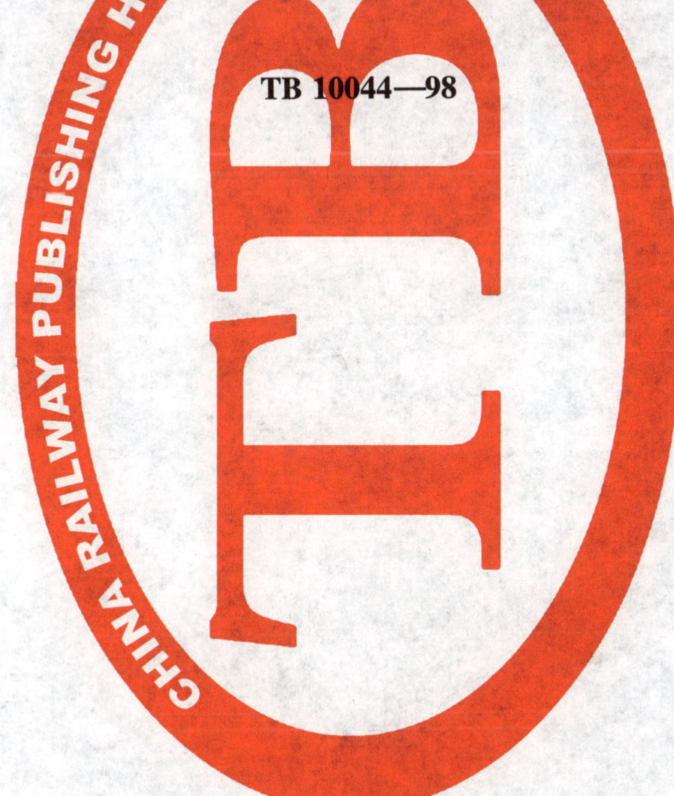

TB 10044—98

1997—12—12 发布　　　　1998—04—01 实施

中华人民共和国铁道部　发布

目　次

1 总 则

1.0.1 根据“国家CAD应用工程”的总体要求,提出适合于铁路工程的CAD标准化总体框架,推荐可以执行的技术标准,提高CAD软件(以下简称软件)的标准化和商品化水平,特制定本规范。

1.0.2 本规范适用于铁路工程CAD系统的引进、开发、应用与管理。

1.0.3 本规范遵照《中华人民共和国标准化法》中规定的“国家鼓励积极采用国际标准”的方针,在制定标准化措施,规定应该执行的CAD技术标准时,首先采用ISO颁布的有关国际标准和国家技术监督局颁布的有关国家标准。

1.0.4 本规范在制定CAD标准时,采用了ISO建立系统参考模型的方法,考虑了总体结构及每一单元技术的标准化,以保证CAD标准化工作与CAD技术协调发展。

1.0.5 本规范在制定CAD标准时,采用了ISO建立标准体系表的方法,用以指导CAD技术发展和CAD软件开发,以保证CAD软件的开放性与可移植性。

1.0.6 在计算机软件的开发、交流与销售中,必须执行国务院颁布的现行《计算机软件保护条例》和《中华人民共和国计算机信息系统安全保护条例》。

1.0.7 铁路工程CAD系统的引进、开发、应用与管理除应符合本规范外,尚应符合国家标准GB/T 19000.3—1994《质量管理和质量保证》的第三部分GB/T 19001—ISO 9001《在软件开发、供应和维护中使用指南》、国家规范《CAD通用技术规范》和本规范附录A所列现行有关标准的规定。

2　术语与计算机专用缩写词

2.1　术　语

2.1.1　安全性　security

对计算机硬件、软件进行保护，以防止其受到意外的或非法的存取、使用、修改、毁坏或泄密。安全性也涉及对人员、数据、通信及计算机安装的物理保护。

2.1.2　编辑　edit

修改、加工或更新一个正出现在 CAD 系统上的设计或文本。

2.1.3　编码　coding

给某一类信息赋予代码的过程。

2.1.4　布尔逻辑/布尔运算　boolean logic/operation

用于 CAD 的代数或符号逻辑计算式，以扩充设计规则检查程序和简化几何图形的设计。

2.1.5　窗口（用于计算机图形）window（in computer graphics）

临时由用户定义的显示屏上的矩形域，域中所包含的图形供修改、编辑、删除等用。

2.1.6　出错、错误　error

软件中故障被激活导致的不正常状态；数值或条件与实际的、规定的或理论上的值不相符合；人的一种行为，最终导致软件内含有故障。

2.1.7　代码　code

表示特定事物（或概念）的一个或一组字符。这些字符可以是阿拉伯数字、拉丁字母或便于计算机和人识别与处理的其他符号。

2.1.8　分类　classification

按照选定的属性（或特征）区分分类对象，将具有某种共同属性（或特征）的分类对象集合在一起的过程。

2.1.9　覆盖　overlay

一个程序或数据段，当它们被放入内存时占用其他已在内存中的程序或数据所占的空间。

2.1.10　故障避免、避错　fault avoidance

在软件设计中避免引入故障而使用的技术。

2.1.11　格式　format

为支持特定类型报表而使用的 CAD/CAM 数据的具体排列形式。

2.1.12　工程数据库系统　engineering database system

用于工程图形和文件管理的数据库系统。

2.1.13　关系数据库　relational data base

一种数据库形式，其特点是把数据组织成二维表的形式，无论是实体或实体间的联系都采用二维表。

2.1.14 光栅单位 raster unit

一种测量单位,它等于相邻二个象素之间的距离。

2.1.15 光栅扫描 raster scan

CAD/CAM 系统使用的主要显示技术,它通过逐行扫描整个屏幕而生成图像。

2.1.16 光栅图形 raster graphics

一种计算机图形,其显示图像是由按行和列排列的象素阵列组成的。

2.1.17 故障(软件) fault

软件中隐匿的设计缺陷(可能来自规格说明缺陷或设计缺陷),它们在某种外部环境下被激活,并影响软件的正常工作。

2.1.18 几何建模 geometric modeling

在计算机上以能够操作的形式描述三维形状的建模技术。

2.1.19 计算机辅助测试 Computer - Aided Test

利用计算机信息处理系统检查测试产品或部件。

2.1.20 计算机辅助工程 Computer - Aided Engineering

用信息处理系统分析一个设计,以检查其基本错误,提高其工艺性、使用性能、生产率与经济性。

2.1.21 计算机辅助绘图 Computer - Aided Drawing

使用图形软件和硬件进行绘图及有关标注的方法和技术。

2.1.22 计算机辅助设计 Computer - Aided Design

包括绘图与说明的设计活动,其中信息处理系统用于完成对一个零件或一个产品功能的设计与改进。

2.1.23 计算机图形学,计算机图形 computer graphics

通过计算机将数据与显示图形互相转换的方法和技术。

2.1.24 计算机网络 Computer network

多台计算机以通信方式(有线或无线)连接起来,相互交换数据和程序,以便有机地互相利用资源的信息通信网。

2.1.25 兼容性 compatibility

一特定硬件模块或软件程序、代码、语言无需事先改动或专用接口就能在 CAD/CAM 系统中使用的能力。向上兼容指的是一个系统具有与新的硬件模块或软件模块接口的能力。

2.1.26 可维护性 maintainability

在规定条件下,在规定的时间内,按规定的方法对失效软件进行维护时恢复到能完成规定功能的能力。

2.1.27 可实现性 realizability

在一定的时间内,系统在预定的条件下执行需求规格说明中描述功能的能力。

2.1.28 可信性 dependability

系统性能集合可靠性、可用性、可维护性、安全性和健壮性的综合属性。

2.1.29 可靠性评估 reliability assessment

确定现有系统或组成成分可靠性所达到水平的过程。

2.1.30 交互图形系统 interactive graphics system

一个 CAD/CAM 系统，为了 CAD 或绘图以及 CAM 的应用，交互地使用工作站，全部这些活动都在操作人员的控制下进行。它还可以用于文本处理、草图及图形生成或 CAE。设计者（操作员）可以干预输入数据并直接控制程序的运行，通过显示屏幕可直接观察反馈，提供系统与设计者间的双向通信。

2.1.31 结合性 associativity

CAD/CAM 系统数据库中几何实体与其非几何属性或与其他几何实体的任何逻辑连接。

2.1.32 界面、接口 interface

一个共有的边界接口，可能是连接两个设备的硬件组成部分，也可能是由两个或多个计算机程序所访问的一部分存储器或寄存器，或者是与另一个系统组成部分的交互作用或通信。

2.1.33 界面需求 interface requirement

规定一个系统或系统组成部分必须与之接口的硬件、软件或数据库元素的需求，或由这样一个接口而引起的对格式、时间关系或其他因素提出的约束条件。

2.1.34 精度 precision

精确的程度，通常指计算机内表示的数据有效数字在小数点右面第几位。

2.1.35 可靠性 reliability

系统可连续正常工作的时间，通常用两次失效间隔来表示。

2.1.36 可移植性 portability

软件从一个计算机系统或环境转移到另一个计算机系统或环境的难易程度。

2.1.37 类 category

具有某种共同属性（或特征）的事物（或概念）的集合。

2.1.38 命令 command

对 CPU 或图形处理机的控制信号或命令，通常借助于菜单/输入板、电子笔或字母数字键盘启动。

2.1.39 命令集 instruction set

CAD/CAM 计算机系统能够响应的全部命令，也可理解为计算机能够执行的一组功能清单。

2.1.40 命令语言 command language

为了实现某些功能或任务而与 CAD/CAM 系统通信的语言。

2.1.41 模型空间 model space

所描述的产品（模型）所存在的空间。

2.1.42 目录、字典 directory

磁盘或其他信息存储介质上的一个赋名空间，其中存储着文件名及其某些简要信息。

2.1.43 浓淡处理 shading

生成具有实体感形象的一种技术，即模拟人眼看到物体时的阴影浓淡、色调的技术。

2.1.44 缺省值 default

在 CAD/CAM 的作业或操作中所需要的某个参数值，由系统约定赋值并自动提供。

2.1.45 确认 validation

在软件开发过程结束时对软件进行评价，以确认它和软件需求是否相一致的过程。

2.1.46　软件　software

与计算机操作有关的程序、文档及数据的统称。

2.1.47　软件工程　software engineering

软件开发、运行、维护和引退的系统方法。

2.1.48　软件安全性　software safety

软件运行不引起系统事故的能力。

2.1.49　软件可靠性　software reliability

在规定的条件下，在规定的时间内软件不引起系统失效的概率。

2.1.50　容错　fault－tolerance(FT)

软硬件出现有限数目故障的情况下，系统可正确连续执行规定功能的内在能力，以及达到这一目的的技术。

2.1.51　冗余　redundancy

引入重复或代替的系统元素确保在元素失效时，系统能够继续完成功能以提高系统的可靠性。

2.1.52　软件冗余　software redundancy

在软件中采用冗余，以提高软件的可靠性。

2.1.53　软件生存周期　software lift cycle

软件产品从设计到它不能再使用为止的时间周期。其典型的瀑布生存周期模型包括需求规格阶段、概要设计阶段、详细设计阶段、编码实现阶段、测试阶段、运行和维护阶段、引退阶段。

2.1.54　软件配置管理　software configuration management

软件配置管理是一个过程。过程中要标识和定义一个系统的配置项，并在系统整个生存周期中控制它们的释放和更改，记录和报告配置项的状态和更改要求，验证配置项的完整性和正确性。

2.1.55　软件系统结构　software system structure

软件各组成成分及它们之间的结构和关系。也可以包括系统和运行环境的界面。

2.1.56　软件综合测试　software synthetic testing

在完成程序单元测试、模块测试并满足要求后，将模块集成为子程序和程序，按一定的策略对模块间连接、各项功能、性能、人机界面操作等是否满足要求进行的测试。该测试可以在不同的软件开发环境中实施。

2.1.57　设计文件　design file

在 CAD 数据库中与一个设计项目有关的、并能作为一个单独的文件直接存取的信息集合。

2.1.58　设计需求　design requirement

影响或限制软件系统或软件系统组成部分的设计的需求，如功能需求、物理需求、性能需求、软件开发标准、软件质量保证标准等。

2.1.59　实体　entity

客观存在并可相互区别的物体。它是在 CAD 中，绘制设计图或工程图中使用的基本信息成分，分为几何的和非几何的。几何实体表示物理形态，如弧、圆、线、点、样条等；非几何实体表示有关的注释和说明,如尺寸标位、技术说明等。

2.1.60 实体建模 solid modeling

与对象的实体特性有关的三维几何建模,用于描述其内部结构和外部形状。

2.1.61 属性 attribute

在运用 CAD 系统进行设计的环境下零部件或实体的非图形特性,如与几何实体相联的尺寸实体,与文字串结点相联的文字串等。

2.1.62 数据操纵语言 Data Manipulation Langugage

用来对数据存取、检索和修改数据库的数据库语言。

2.1.63 数据库 data base

存储在大容量存储器上的相互关联的数据的集合,通常由若干记录类型及相关记录间的联系信息组成。典型的数据库信息包括标准件库、完整的设计文档、源代码、图形和应用程序、以及当前正在进行的用户作业。

2.1.64 数据库管理系统 Data Base Management System

一种定义、建立、运算、控制、管理和使用数据库的计算机系统。

2.1.65 数据库描述语言 Data Description Language

说明数据库管理系统使用的数据结构,给出数据库或其中某部分逻辑数据描述的数据库语言。

2.1.66 数据通信 data communication

即数据传输,把数据从一处(如 CAD/CAM 工作站或 CPU)经过通信通道传输到另一处。

2.1.67 数字化 digitize

把一张图转换成数字形式(即坐标位置),用一定方式存储,以便为以后的处理使用。

2.1.68 宿主计算机 host computer

在多机网络中主要的或起控制作用的计算机。

2.1.69 算法 algorithm

在 CAD/CAM 软件中,基于数学或几何公式的一组明确的规则或过程,经有限步运算可解决一个问题或取得某项结果的方法。

2.1.70 失效(功能失效) failure

系统或部件执行其功能的能力的终结;软件的运行背离了需求规格。

2.1.71 图段 segment

可作为一个整体来操作的一组显示元素,一个图段可由几个彼此分离的点、线段或其他显示元素组成。

2.1.72 图库 library graphics

在 CAD/CAM 系统或数据库中存放的标准的和常用的符号、图案或零件、组件作为样板或结构单元。通常在通用的库名下组成文件。

2.1.73 图形字符 graphic character

不同于控制字符的一种字符,它具有可视的表达,通常可以写出、打印输出或显示。

2.1.74 图元 primitive

在计算机制图中,构成一个图形最基本的原素。

2.1.75 图原 graphic primitive

能用来构成显示图像的基本图形元素。

2.1.76 吞吐量 throughput

在给定的时间内,CAD/CAM 系统或一个工作站完成的工作量,这是衡量系统性能的一种指标。

2.1.77 文件 file

系统中有关信息的集合,通过唯一的名字存取,可存储在某种存储介质上。

2.1.78 文档 document

提供信息的材料。通常是以人们可读形式出现的技术数据和信息的打印文件。

2.1.79 线框建模 wire - frame modeling

使用一系列线段勾画出实体对象轮廓,用来描述对象形状的三维几何建模。

2.1.80 协议 protocol

控制系统的设备之间或计算机网络之间数据通信的准则。

2.1.81 信息编码 information coding

将表示信息的某种符号体系转换成便于计算机或人识别和处理的另一种符号体系的过程,或在同一体系中,由一种信息表示形式改变为另一种信息表示形式的过程。

2.1.82 信息分类 information classifying

把具有某种共同属性或特征的信息归并在一起,把不具有这种共同属性或特征的信息区别开来的过程。

2.1.83 信息分类编码标准 standard of the information classifying and coding

将信息按照科学的原则方法进行分类并加以编码,经有关方面协商一致,由标准化主管机构批准发布,作为有关单位在一定范围内进行信息处理与交换时共同遵守的准则。

2.1.84 性能评价 performance evaluation

对系统或系统组成成份运行目标达到的有效程度的技术评价。

2.1.85 性能需求 performance requirement

对系统或系统组成成分必须具有的性能(如:速度、精度、频率)所作出的确定的需求。

2.1.86 元素 element

CAD 中的基本设计实体。

2.1.87 验证 verification

对于软件验证,狭义地说,即为程序正确性证明;广义地说,则为在软件开发的每一阶段确定是否达到前一阶段确立的需求规格。经评审、审查、测试、检查等一系列活动后得到验证结果。

2.1.88 有效性、可用性 availability

可维护设备在某时刻具有维持规定功能的能力,它是故障率和修复时间的函数;需要系统投入使用时能实现其指定功能的概率,是系统正常工作时间和总运行时间之比。

2.1.89 质量 quality

产品或服务的全部性质和特征,表明产品满足给定需要的程度。

2.1.90 质量保证 quality assurance

为使某项目或产品符合已建立的技术需求提供的足够的置信度,而必须采取的有计划和有系统的全部动作的模式。

2.1.91　注释　annotation

在 CAD/CAM 系统生成的工程图、布局图或原理图上标注说明文字、专用符号或标记等的操作。利用 CAD/CAM 系统可在图上生成说明文字并把它置于适当的位置。

2.1.92　拓扑结构　topology

指网络中各结点如何互连形成构形。

2.2　计算机专用缩写词

2.2.1　API　Application Programming Interface　应用程序接口

2.2.2　ASCII　American Standard Code for Information Interchange　美国信息交换标准码

2.2.3　ATM　Asynchronous Transfet Mode　异步传输模式

2.2.4　B—ISDN　Broadband—Integrated Services Digital Network　宽带综合业务数字网

2.2.5　BIOS　Basic Input—Output System　基本输入输出系统

2.2.6　CAD　Computer Aided Design　计算机辅助设计

2.2.7　CAM　Computer Aided Manufacturing　计算机辅助制造

2.2.8　CGRM　Computer Graphics Reference Model　计算机图形参考模型

2.2.9　CGM　Computer Graphics Metafile　计算机图形元文件

2.2.10　CGI　Computer Graphics Interface　计算机图形接口

2.2.11　CTIGS　Conformance Testing of Implementations of Graphics Standards　图形标准实现的一致性测试

2.2.12　CSMA/CD　Carrier Sense Multiple Access transmission System With Collision Detection　载波检测多路访问/冲突检测

2.2.13　C/S　Client/Server　客户机/服务器

2.2.14　CSS　Central Structure Storage　中心结构存储区

2.2.15　CPU　Central Processing Unit　中央处理机

2.2.16　DIS　Draft International Standard　图形国际标准

2.2.17　DMRM　Data Management Reference Model　数据管理参考模型

2.2.18　DDL　Data Definition Language　数据定义语言

2.2.19　DML　Data Management Language　数据管理语言

2.2.20　DBMS　Data Base Management System　数据库管理系统

2.2.21　DXF　Drawing Exchange File　图形交换文件

2.2.22　DTE　Data Terminal Equipment　数据终端设备

2.2.23　DCE　Data Circuit Equipment　数据电路设备

2.2.24　DDN　Digital Data Network　数字数据网

2.2.25　DES　Data Encryption Standard　数据加密标准

2.2.26　DCL　Data Control Language　数据控制语言

2.2.27　EDI　Electronic Data Interchange　电子数据交换

2.2.28　EIA　Electronic Industry Association　电子工业协会

2.2.29　EDBMS　Engineering Data Base Management System　工程数据库管理系统

2.2.30　FDDI　Fibre Distributed Data Interface　光纤分布数据接口

2.2.31 FR Frame Relay 帧中继

2.2.32 GKS Graphics Kernel System 图形核心系统

2.2.33 GKS—3D Graphics Kernel System—3 Dimension 三维图形核心系统

2.2.34 ISO International Standards Organization 国际标准化组织

2.2.35 IEC International Electrotechnical Commission 国际电工委员会

2.2.36 IRDS Information Resources Dictionary System 信息资源词典系统

2.2.37 IGES Initial Graphics Exchange Specification 初始图形交换规范

2.2.38 IEEE Institute for Electrical & Electronic Engineers 电气和电子工程师学会

2.2.39 ITU International Telecommunication Union 国际电信联盟

2.2.40 IPO Input Process Output 输入处理输出

2.2.41 LAN Local Area Network 局域网

2.2.42 MAP/TOP Manufacturing Automation Protocol/Technical and Office Protocol 工厂自动化协议/工业及办公协议

2.2.43 MPEG Moving Pictures Experts Group 运动图片专家组

2.2.44 MPU Microprocessor Unit 微处理机

2.2.45 OODBMS Oriented Object Data Base Management System 面向对象数据库管理系统

2.2.46 ODMRM Object Data Management Reference Model 对象数据管理参考模型

2.2.47 ODM Object Data Management 对象数据管理

2.2.48 ODBC Open Data Base Connectivity 开放式数据库连接

2.2.49 OSI Open System Interconnection 开放系统互连

2.2.50 OODB Oriented Object Data Base 面向对象数据库

2.2.51 PHIGS Programmer's Hierachical Interactive Graphics System 程序员层次交互图形系统

2.2.52 PAD Problem Analysis Diagram 问题分析图

2.2.53 RDA Remote Database Access 远程数据库访问

2.2.54 SQL Structured Query Language 结构化查询语言

2.2.55 STEP Standard for the Transfer and Exchange of Pro－duct Model Data 产品数据表达与交换标准

2.2.56 SDAI Standard Data Access Interface 标准数据访问接口

2.2.57 SNMP Simple Netware Management Protocol 简单网络管理协议

2.2.58 TCP/IP Transmission Control Protocol/Internet Protocol 传输控制协议/互连网协议

2.2.59 UCS Universal Character Set 通用字符集

2.2.60 UPS Uninterruptible Power Supply 不间断电源

2.2.61 WAN Wide Area Network 广域网

3　CAD 标准体系

3.1　一 般 规 定

3.1.1　制定 CAD 标准应提供一系列有关软件技术发展的平台，对每一阶段 CAD 技术的发展提供一种约束，并保证软件的质量、开放性与交换性。

3.1.2　CAD 软件标准应遵循开放系统原则，采用 ISO 制定的国际标准和国家技术监督局制定的国家标准，且支持由主流 CAD 产品技术规格所代表的事实上的产业标准。

3.1.3　CAD 标准体系应反映 CAD 技术的特殊性，既包括面向计算机和信息处理的标准，也包括面向工程制图、产品定义和造型方面的标准。根据铁路工程建设 CAD 应用的特点制定了 CAD 标准体系表（图 3.1.3）。

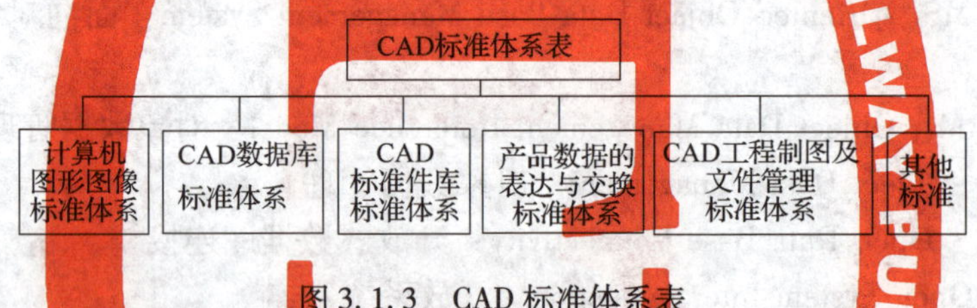

图 3.1.3　CAD 标准体系表

3.2　计算机图形图像标准体系

3.2.1　制定计算机图形标准体系表应提供一系列有关计算机图形的标准，保证 CAD 软件的开发、引进与运行有一个标准环境。计算机图形标准体系表应符合图 3.2.1 的规定。

3.2.2　图形软件标准应包括 CAD 系统中各界面之间进行数据传递和通讯的接口标准即数据界面标准，以及供 CAD 等应用程序调用的函数和过程功能及格式标准即函数和过程界面标准。其各组成部分在 CAD 系统中的关系应符合图 3.2.2 的规定。

图 3.2.1　计算机图形标准体系表

3.2.3　引进或制定计算机图形标准（以下简称新标准）时，应符合国际标准计算机图形参考模型 CGRM（ISO/IEC DIS 11072）的规定。应用该标准定义的由构造、虚拟、视见、逻辑和物理环境组成的五层框架结构（即计算机图形环境）及它们之间的内在关系，认定和精练新标准对计算机图形的需求、发展模型以及和外部接口的要求,明确与描述新标准与现有的和将来的计算机图形标准的关系,保证新标准和各个图形标准的协调统一。

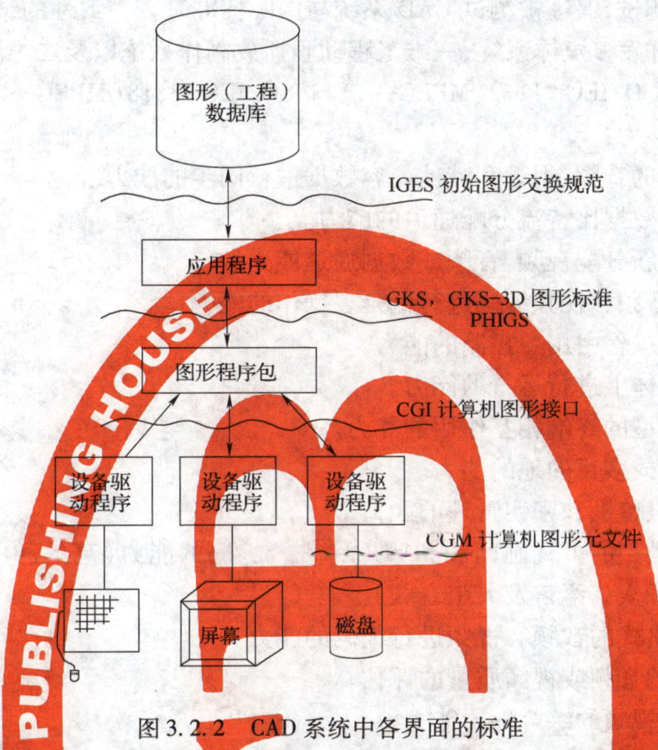

图 3.2.2 CAD 系统中各界面的标准

3.2.4 研制或引进二维 CAD 软件时,其图形支撑软件应符合国家标准《计算机图形核心系统 GKS》(GB 9544 或 ISO 7942)的规定,应包括该标准所提供的独立于设备的应用程序和图形输入、输出设备间的功能接口,即二维作图所需的全部基础功能。

3.2.5 研制或引进三维 CAD 软件时,其图形支撑软件应符合国际标准程序员层次交互图形系统 PHIGS(ISO 9592)或三维计算机图形核心系统 GKS—3D(ISO 8805)的规定,应包括这两个标准所提供的独立于设备的三维应用程序和图形输入、输出设备间的功能接口。

3.2.6 开发或引进 CAD 软件时采用的 FORTRAN、PASCAL、C 语言应符合图形语言联编国际标准 ISO 8651、ISO 8806、ISO 9593 的规定,并遵循这些标准所提供的图形功能调用的子程序名和对应功能的对照表,保证用户的应用程序不依赖具体的图形系统,具有良好的可移植性。

3.2.7 研制或引进 CAD 系统时,计算机图形元文件格式应符合国际标准计算机图形元文件 CGM(ISO 8632)的规定。采用该标准提供的与设备无关的为系统和系统开发者使用的图形文件格式,保证图形元文件的生成和解释标准化。

3.2.8 研制或引进 CAD 系统时,该系统的图形接口应符合国际标准计算机图形接口 CGI(ISO 9636)的规定。采用该标准提供的图形系统中独立于设备部分和依赖于设备部分之间的接口,保证图形设备驱动程序标准化和实现 GKS、PHIGS 高层图形标准。

3.2.9 引进或研制 CAD 系统时,采用的窗口系统应能向用户提供应用界面、编程界面和窗口管理界面,并符合事实上的工业标准。

3.2.10 引进或开发 CAD 系统时,采用的图形用户界面应具有友好、易学、易用、易编程、直观等特点,并符合事实上的工业标准。

3.2.11 对 CAD 系统作一致性测试时，应采用国际标准图形标准实现的一致性测试 CTIGS(ISO/IEC DIS 10641)。按该标准提供的仔细检查计算机图形标准实现的方法，进行严格的一致性测试，保证被测试 CAD 系统与国际标准是否一致性的结论的科学性。

3.2.12 引进和开发多媒体系统、三维工程动画播放制作系统以及二维图片编辑系统时，应符合国际标准 ISO/IEC 11172(MPEG—1)与 ISO/IEC 13818(MPEG—2)的规定，并满足以下几个方面的能力：

1 对所表示的音频、视频和其他内容数据进行同步的能力。

2 对二进制数据比特流分配通道的能力。

3 动态地重新分配视频、音频或数据通道能力。

4 对系统、音频和视频编码进行低延迟操作的能力。

5 支持交互操作中用户控制的能力。

6 在各种媒体上进行运行的能力。

7 与各种类型的终端相互作用的能力。

8 具有多源或多目的地的能力。

9 提供密码、鉴别和密钥管理的能力。

10 对各种类型的可视画面和音频内容进行编码的能力(高的和中等质量的音频、宽带、窄带、智能和人工语言及人工音频)。

11 对各种格式的音频和视频进行编码的能力。

12 对解码的音频或视频质量的评估。

13 对音频、视频的综合编辑能力。

3.2.13 在引进与开发新一代 CAD 软件开发平台时，应符合事实上的工业标准，并具备以下特点与特征：

1 采用面向对象的方法设计开发，保证应用程序与数据的分离性，数据可以在任何时间、任何地点，被其他应用程序所运用。

2 采用基于事件驱动，保证应用程序可响应用户发出的各种事件消息，系统能多任务并行处理用户发送的所有命令。

3 采用完全的模块化与可伸缩性，向用户提供了软件更新的保证，使用户的应用程序随时保持先进性。

4 具有完全的可定制性，用户不用去做任何程序编制或配置文件修改工作，直接采用交互修改的方式就可以对应用程序进行任意的定制。

5 采用基于产品数据交换的 STEP 国际标准设计开发的，它的数据结构和应用程序接口应符合最新的 STEP 国际标准。

6 采用集成开发环境作为外部开发工具，通过二次开发接口，用户可迅速掌握并开发出符合自己需要的各种附加应用模块。

7 基于该平台的应用程序能够同各种流行数据库(如 Oracle、Microsoft Foxpro、Sybase 等)进行连接，使设计数据能够直接取自数据库文件。

3.3 CAD 数据库标准体系

3.3.1 制定 CAD 数据库标准体系应提供一系列有关 CAD 数据库的标准，保证 CAD 数据库的开发、引进与运行有一个标准环境。CAD 数据库标准体系表应符合图 3.3.1 的规定。

3.3.2 研制集成化 CAD 系统时，应采用 CAD 数据库存储工程设计或产品设计全过程中所需要的以及所产生的相关数据，且其存储独立于使用它的应用软件。

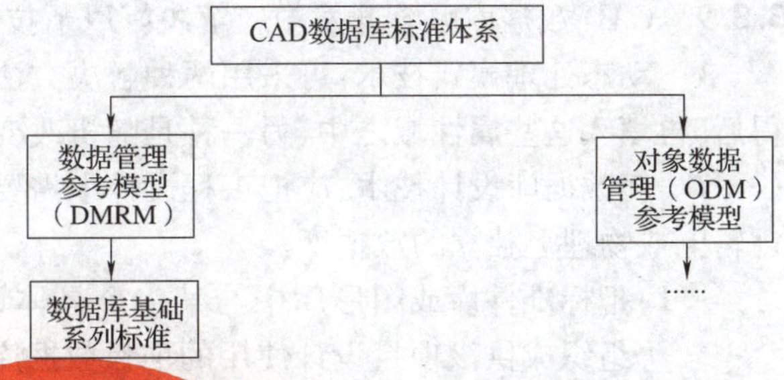

图 3.3.1 CAD 数据库标准体系

3.3.3 制定 CAD 数据库管理标准时，其系统模型应符合国际标准数据管理参考模型 DMRM（ISO 10032）的规定。采用该标准提供的数据管理抽象模型有块服务器、数据库控制器、模式服务器和用户请求处理器组成的四层形式框架及实现方式，指导具体标准的制定，保证所开发的标准与既有的或将来制定的标准有机联结起来，统一支持信息系统的建设。

3.3.4 研制 CAD 数据库管理系统时，其总体结构和各部分之间的接口应符合国际标准信息资源词典系统 IRDS（ISO 10027）的规定，采用该标准提供的关于定义、创建、维护和访问信息资源词典的方法，保证所开发的信息资源词典具有公共的基础。

3.3.5 研制 CAD 数据库管理系统和以数据库为基础的应用软件时，应采用国家标准《信息处理系统 数据库语言 SQL》（GB 12991 或 ISO/IEC 9075），按该标准提供的数据定义语言 DDL、数据操纵语言 DML 及嵌入到宿主语言 FORTRAN、PASCAL、COBOL、PL/1 编码的嵌入语法和语义，实现用户与关系数据库之间的数据库语言接口标准化。

3.3.6 在分布环境下实现异种数据库系统集成时，应符合国际标准远程数据库访问 RDA（ISO 9576）的规定。按该标准规定的远程数据库访问的类属模型、系统服务和通信协议，以及 SQL 专门化标准，实现网络环境下异种数据库系统之间的互连和互操作，保证客户和服务器间通信格式和协议，以及 SQL 数据库语言的标准化。

3.3.7 一个通用的 CAD 数据库管理系统应满足以下功能要求：

1 既能处理结构化的定长数据，又能处理变长数据、长字符串、图形数据、图像数据等非结构化的特殊类型数据，并且具有对结构化数据和非结构化数据集成管理的能力。

2 既能对静态数据建模，又能对动态数据建模，即在不重组数据库的情况下，允许对数据库模式进行修改和扩充。

3 提供对计算功能完备的数据库程序设计语言和对交互式图形开发环境的支持。

4 具有良好的多级版本管理功能，支持不同阶段设计版本的存储和管理。

5 支持动态设计过程，提供临时的或中间的数据的集成存储，实现多库操作。

6 支持同一设计对象多视图表示和处理，提供相应机制以保护数据一致性。

7 支持工程设计中长纪录的存取，且兼容文件系统。

8 支持分布式的设计环境。

9 支持工程长事务处理。

3.3.8 按照数据模型的不同，可采用的 CAD 数据库系统有以下三种：

1 以传统的关系型或网状型数据模型为基础进行扩充而成的关系与网状混合数据模型为基础的 CAD 数据库系统。

2 支持产品模型数据传输与交换标准 STEP 的 CAD 数据库系统。

3 基于面向对象数据模型的 CAD 数据库系统。

3.3.9 CAD 数据库系统开发中应解决好以下技术问题：

1 动态处理模式技术：可采用两种解决方法，一是设定空值的属性域，待设计结果获得后，再填入这些属性域之中，另一种是随机改变模式。

2 多数据库设计技术：应把工程设计中需要的和产生的数据及信息组织成以下几种逻辑上或物理上独立的数据库。

1）把标准件库或图形库中与某一个具体设计项目有关的标准件或图形挑选出来组织成供该项目设计使用的项目数据库。

2）把各应用程序在运行过程中需要保存的一些中间结果或产生的一些设计结果组织成供该应用软件使用的专用数据库。

3）把各个应用程序共享的信息集中起来组织成公用数据库。

3 分布式数据库技术：应采用客户/服务器体系结构上的逻辑上一致，物理上分散的分布式数据库，支持工程项目的并行协同设计。

4 内存数据库技术：应把程序所必需的数据库中所有内容存在内存并组织成内存数据库，提高执行效率。

5 版本管理技术：应能保存设计历史和不同的设计方案，并通过版本管理，检查各应用程序是否用的是同一版本号的设计输入数据，保证数据的一致性。

3.3.10 CAD 数据库的设计可分为以下四个步骤：需求分析、概念模型设计、逻辑模型设计、物理模型设计。

1 需求分析应弄清楚各应用程序的信息要求和处理要求，包括有哪些操作，以及它们的特性等。这一阶段是整个数据库设计的基础，它为以后各个设计阶段提供依据。

2 概念模型设计应将需求分析时，用户的各种要求用一个概念模型明确地表达出来。概念模型应采用具有语义的结构化模型，它与 CAD 系统采用的工作平台无关，独立于数据库管理系统。这一阶段工作应确定数据库的结构。

3 逻辑模型设计应将概念设计所获得的数据库模型转变成某个 CAD 数据库管理系统所支持的逻辑模型。逻辑模型设计和具体的 CAD 数据库管理系统有关，应选定一个 CAD 数据库管理系统，并充分利用其特性进行设计。应把概念模型中的实体和联系转换成模式概念，进行模式构造。

4 物理模型设计应在一个满足用户要求的逻辑模型基础上，研制物理模型，建立一个性能良好的数据库。物理模型设计应包括下列内容：

1）确定数据的存储结构；

2）存取路径优化；

3）确定数据存放位置；

4）确定存储分配的参数；

5）物理模型性能评价。

3.3.11 必须确保 CAD 数据库的安全，防止非授权用户对数据的使用和非法用户对数据的窃取与破坏，同时对授权用户规定使用数据的权限。

3.3.12 数据库安全设计应遵循下列原则：

1 安全机制：包括用户口令字鉴别、存取权限控制、数据加密、审计跟踪的建立与存储等。

2 安全介入:对用户的每一次访问,系统都要检查该访问的权限。

3 缺省保险:若用户没有选择一些任选项,缺省任选应置在保证安全性的一方。

4 最小权力:每个用户只能拥有刚好够完成任务的权力,以限制操作错误或故意攻击所造成的损失。

5 开放设计:应向应用部门提供所有安全设计细节,以便进行严格的安全检测。

6 最小公共机制:多用户公共机制应设计得尽可能小,以保证其正确性。

3.3.13 在 CAD 数据库系统研制中,宜积极跟踪面向对象程序系统同数据库技术相结合而产生的面向对象数据库管理系统 OODBMS 的技术发展,运用其技术,开发面向对象工程数据库管理系统。

3.3.14 研制面向对象数据库管理系统 OODBMS 时,可参考对象数据库管理模型 ODM-RM(图 3.3.14),采用该参考模型提供的对象数据管理系统的共同特性、对象数据管理系统框架、数据库语言 SQL、信息资源词典系统 IRDS 标准化的建议,保证面向对象数据库管理系统的总体结构、系统框架标准化。

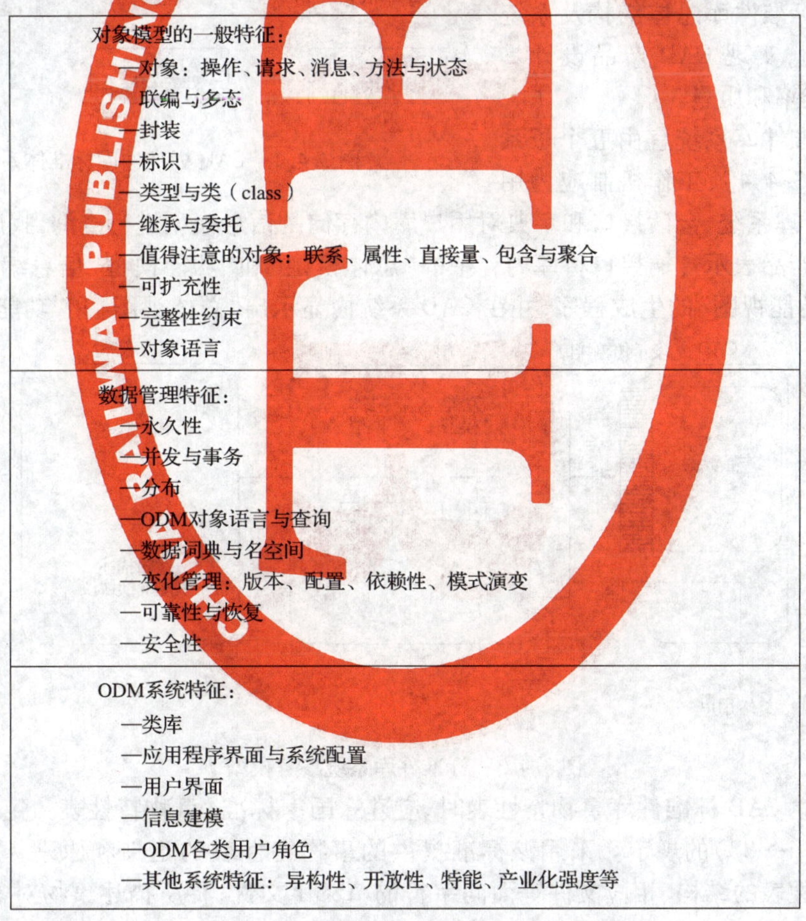

图 3.3.14 对象数据管理参考模型框架图

3.3.15 开发数据库管理系统的应用程序时,应采用工业标准开放式数据库连接 ODBC,采用该标准提供的为异种数据库的访问制定的统一接口和互操作性,保证一个应用程序通过一组通用的代码访问不同的数据库管理系统,实现数据库联接接口的标准化。

3.4 CAD 标准件库标准体系

3.4.1 制定 CAD 标准件库标准体系应提供一系列有关 CAD 标准件库的标准，保证产品设计中 CAD 标准件库的建立与应用标准化。CAD 标准件库标准体系应符合图 3.4.1 的规定。

3.4.2 CAD 标准件库应是采用国家标准进行描述的 CAD 标准件组成的数据库。CAD 标准件应含标准设计图件和通用标准图件及其标准零部件。应对 CAD 标准件的图形特性和非图形特性描述的方法和格式标准化。

3.4.3 开发 CAD 标准件库时，其总体结构应符合国际标准 CAD 标准件图形文件（ISO 13584）的规定。采用该标准提出的参考模型（图 3.4.3），保证 CAD 标准件库总体结构及系统组成标准化，实现 CAD 产品设计具有更高的效率和质量。

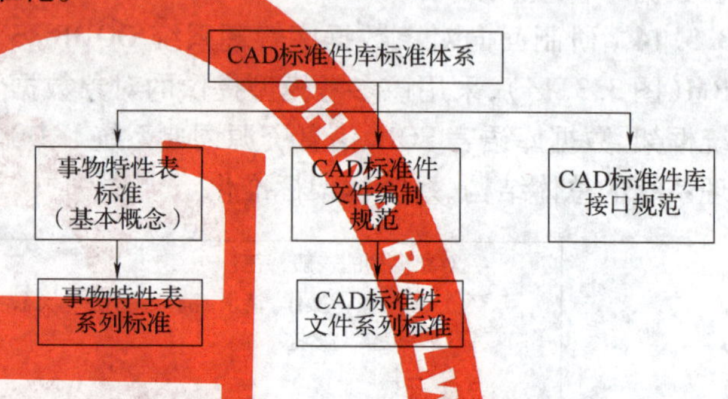

图 3.4.1 CAD 标准件库标准体系表

3.4.4 标准件库系统宜由五个子系统组成（图 3.4.4），工作机制应为用户通过库管理系统、会话接口和字典对用户库内存储的信息模型进行查询，找出所要的零部件，然后产品表示传输接口将库内容中的“总体模型”和“功能模型”信息编写成“总体视图”和“功能视图”的生成程序，并在 CAD 系统内显示出“总体视图”和“功能视图”。

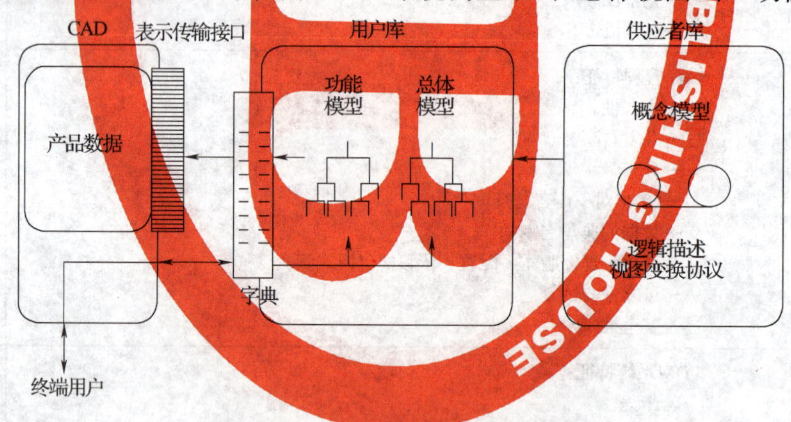

图 3.4.3 标准件库系统参考模型

3.4.5 建立 CAD 标准件库事物特性表时，应遵守国家标准《事物特性表 定义和原理》（GB 10091.1—88）的规定。采用该标准提供的事物特性表的定义和原理、事物特性选择，事物特性表的结构、相应文件等面向字符的 ASCII 文件，将所描述事物对象的特性按一定格式排列成图表，保证 CAD 标准件特性描述标准化。

3.4.6 建立 CAD 标准件库图形文件时，应遵守国家标准《CAD 标准件图形文件 编制总则》（GB/T 15049.1—94）的规定。采用该标准提供的图形文件一般结构和内容、数据结构和内容、图形文件和制图程序对照表、图形符号补充规定及特性文件，保证所描述事物对象的图形文件标准化，实现 CAD 标准件库的通用性与高效率。引进 CAD 标准件库和图形符号库时，应符合国家标准，能与国外 CAD 系统接轨且具有自主版权。

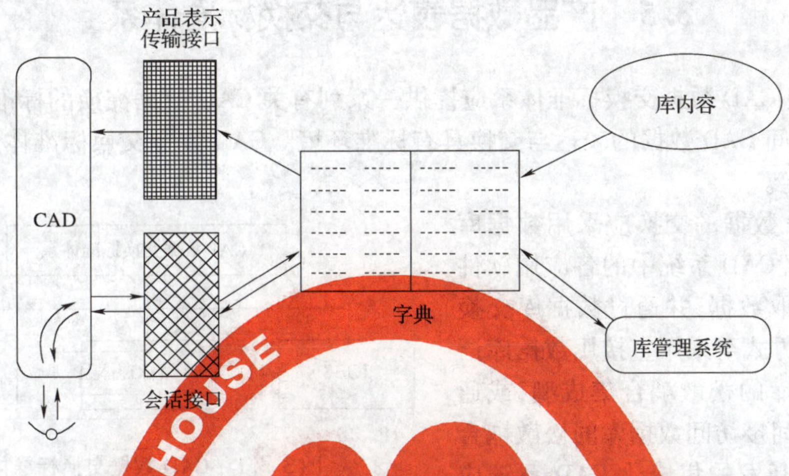

图 3.4.4　标准件库系统的子系统

3.4.7　开发 CAD 标准件库几何图形生成程序时，应遵守事实上的工业标准。CAD 标准图形文件中的每一个几何特性所表示的几何图形元素应有相应的独立于系统的几何图形生成程序，保证不同 CAD 系统之间能交换标准件。

3.4.8　在 CAD 标准件库系统中，应有从特性文件到几何图形生成程序的连接链，实现数据处理过程自动化。特性文件、构件程序对照表、几何图形生成程序的关系应符合图

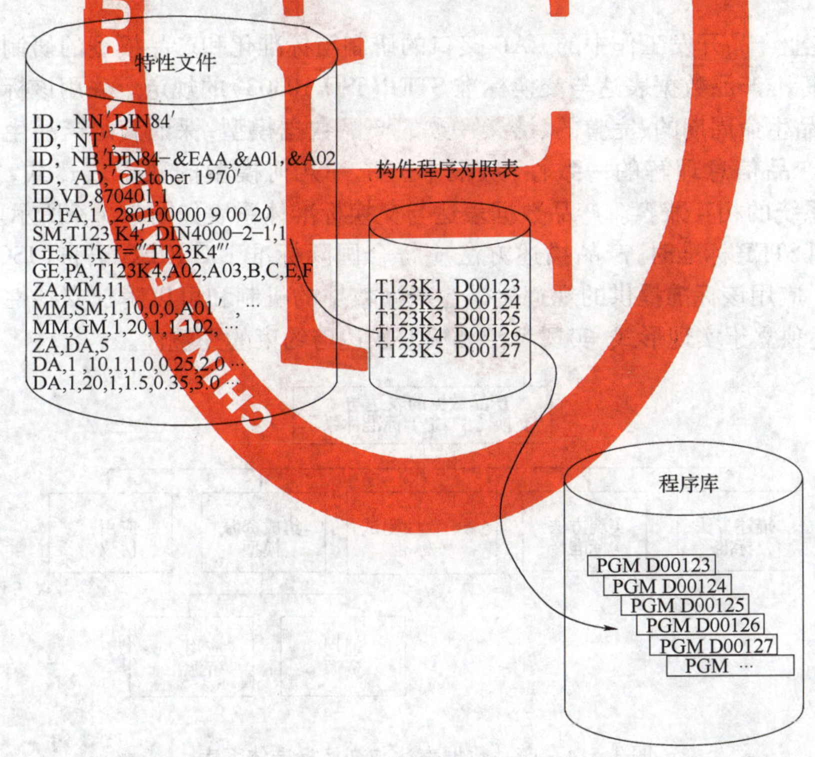

图 3.4.8　“特性文件—对照表—程序”链关系图

3.4.8 的规定。工作机制应为特性文件通过对照表自动激活对应的几何程序，并形成各种显示。对照表应根据所提供应用的程序库进行编排。

3.5　产品数据表达与交换标准体系

3.5.1　制定 CAD 数据交换标准体系应提供一系列有关 CAD 数据交换的标准，保证不同 CAD 系统之间 CAD 数据的表达与交换具有标准环境。CAD 数据交换标准体系应符合图 3.5.1 的规定。

3.5.2　CAD 数据的交换应采用数据库技术，以实现 CAD 系统中的各应用软件向数据库存取数据，并通过数据库交换数据。存取方式可采用直接用数据库语言访问数据库的松散耦合集成型，或通过接口程序间接访问数据库的松散耦合接口型。新开发的集成化 CAD 系统应采用松散耦合集成型存取方式，既有软件集成化宜采用松散耦合接口型存取方式。

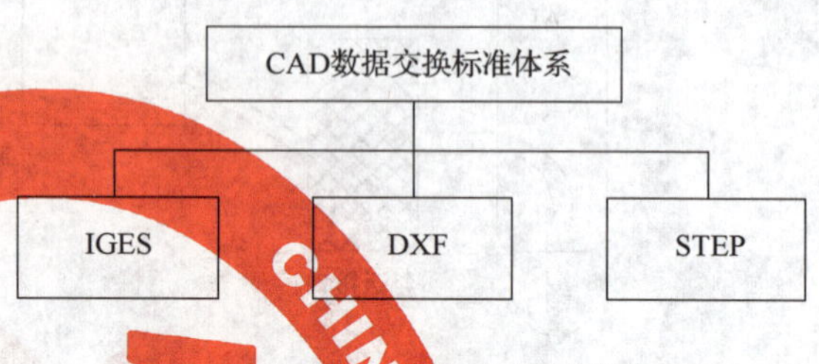

图 3.5.1　CAD 数据交换标准体系

3.5.3　不同 CAD 系统之间进行数据交换应采用以下方法：

1　遵守数据表达与交换标准，实现不同 CAD 系统间的数据可以直接进行交换而不需任何数据转换工作。

2　使用数据交换接口，实现一个系统生成的数据能转换为另一个系统可识别和处理的数据。

3.5.4　制造业产品开发工作中的 CAD 接口的研制与标准化和产品模型的研制与标准化宜符合国际标准产品数据表达与交换标准 STEP(ISO 10303)的规定。采用该标准提供的包括整个产品生命周期的、完整的、语义一致的产品数据模型，保证满足产品生命周期内各个阶段对产品信息理解的一致性，从根本上统一几何模型的数学表达式，实现异型 CAD/CAM 系统的相互兼容。产品数据表达与交换标准体系表如图 3.5.4 所示。

1　采用 STEP 标准时，产品描述方法应符合国际标准 EXPRESS 语言(ISO 10303—11)的规定。应用该标准提供的规范化描述产品数据的机制和可以附加支持性文字的特性，保证描述独立于实现形式，实现对产品数据表达与约束的完整性。

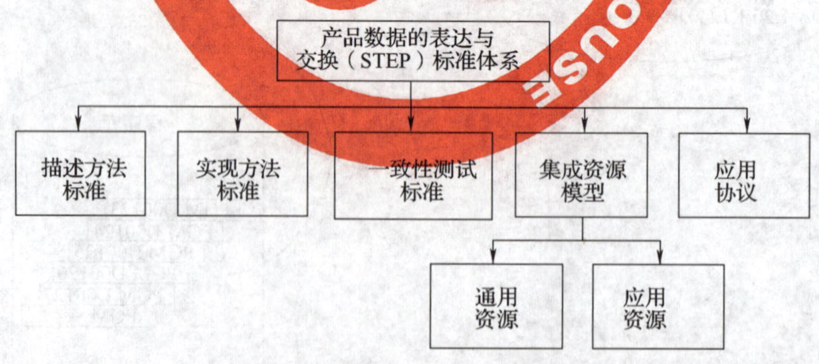

图 3.5.4　产品数据表达与交换标准体系表

2　在传递的信息量大，数据复杂，采用文件交换很难满足要求而采用数据库技术来实现信息交换时，该数据库交换形式应符合国际标准标准数据访问接口 SDAI(ISO 10303—22)的规定。应用该标准提供的用 EXPRESS 语言定义其数据结构的数据存储区的接口实现方法，保证各种存储技术标准化，实现各应用软件方便地在数据存储区进行数据存取和各种操作。

3　不同的 CAD/CAM 系统间应用 STEP 标准进行产品数据交换时，应对交换前后的数据进行一致性测试，验证数据的正确性，其一致性测试应采用以下国际标准：

1）ISO　10303—31　基本概念；

2）ISO　10303—32　测试实验室需求；

3）ISO　10303—33　结构和抽象测试套件的使用；

4）ISO　10303—34　抽象测试方法。

4　STEP 的集成资源模型应由采用 EXPRESS 语言描述的通用集成资源和应用集成资源两部分组成。通用集成资源在使用上应具有通用性，应用集成资源应专门描述某一应用领域的数据并依赖于通用资源的支持。在采用 STEP 标准，对产品进行信息模型的通用资源和应用资源描述时，应采用以下国际标准：

1）ISO　10303—41　产品描述与支持原理；

2）ISO　10303—42　几何与拓扑表示；

3）ISO　10303—43　表示结构；

4）ISO　10303—44　产品结构配置；

5）ISO　10303—45　材料；

6）ISO　10303—46　视图描绘；

7）ISO　10303—47　形状公差；

8）ISO　10303—48　形状特征；

9）ISO　10303—101　绘图；

10）ISO　10303—102　船舶结构；

11）ISO　10303—103　电气；

12）ISO　10303—104　有限元分析；

13）ISO　10303—105　运动学；

5　STEP 标准具体用于有特殊需要的某一领域，应订立相应说明如何用标准的 STEP 集成资源来解释产品数据模型文本以满足使用需求的应用协议。各应用系统在交换、传输与存储产品数据时，必须遵守应用协议的规定。对于常规的应用领域，可执行以下国际标准：

1）ISO　10303—201　显式绘图；

2）ISO　10303—202　联合绘图；

3）ISO　10303—203　配置管理设计；

4）ISO　10303—204　用边界表示的机械设计；

5）ISO　10303—205　用曲面表示的机械设计；

6）ISO　10303—206　用线框表示的机械设计；

7）ISO　10303—207　冲模及成型；

8）ISO　10303—208　产品生命周期变更处理。

3.5.5　研制或引进 CAD/CAM 系统时，该系统的图形数据交换标准应符合国家标准《初始图形交换规范 IGES》（GB/T 14213—93）的规定。采用该标准提供的 IGES 文件前处理与后处理图形接口库，保证异种 CAD/CAM 系统间产品的几何、绘图、结构及其他信息的描述标准化，实现不同 CAD/CAM 系统间的图形数据交换。图形数据交换过程如图

3.5.5—1 所示。

1　不同的 CAD 系统间使用 IGES 文件进行图形数据交换，必须对交换前后的数据进行测试，以验证交换数据的正确性。测试方法可采用以下几种：

1）自返测试（图 3.5.5—2）方法将 CAD 系统生成的图形文件通过前处理器生成 IGES 文件，然后将生成的 IGES 文件通过后处理器转换成该 CAD 系统的图形文件，通过比较交换前后图形文件的一致性，确认前、后处理功能的正确性。

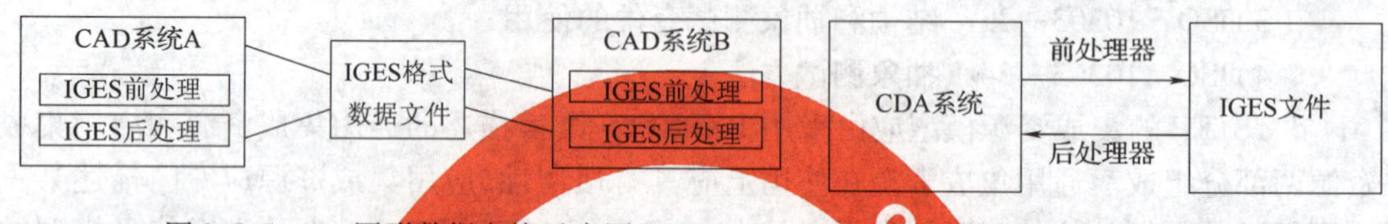

图 3.5.5—1　图形数据交换示意图　　图 3.5.5—2　自返测试

2）传输测试（图 3.5.5—3）方法将 CAD 系统 A 生成的图形文件通过前处理器转换成 IGES 文件，然后由 CAD 系统 B 的后处理器将其转换成 B 系统的图形文件，通过比较 A 系统图形文件和 B 系统图形文件的一致性，确认数据交换的正确性。

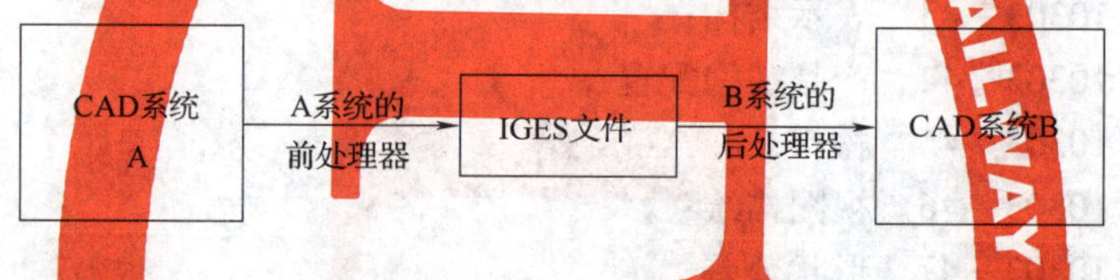

图 3.5.5—3　传输测试

3）循环测试（图 3.5.5—4）方法将 CAD 系统 A 生成的图形文件通过前处理器转换成 IGES 文件，再由 B 系统后处理器将其转换成 B 系统的图形文件，然后，将 B 系统的图形文件经过 IGES 文件转换成 A 系统的图形文件，通过比较双向交换前后图形文件的一致性，确认数据交换的正确性。

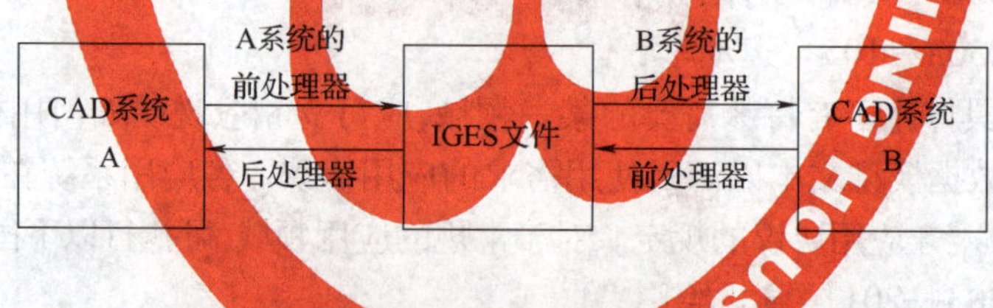

图 3.5.5—4　循环测试

2　数据交换一致性测试结果正确性评估可采用以下几种比较方法：

1）对数据交换前后的图形进行比较。

2）将 IGES 源文件与经文件分析器产生的 IGES 后文件进行比较。

3）对数据交换前后的模型施以同样的操作。

3　不同 CAD 系统供应商提供的 IGES 处理器经一致性测试发现不兼容时，可采用以下解决办法：

1）研制“中间调整器”，修改不兼容实体的数据模型、实体类型以及相关属性，使发送系统与接收系统间实现兼容，其转换过程如图 3.5.5—5 所示。

2）应用不同 CAD 系统又需交换图形数据的用户间建立应用协议，使双方可交换的实体数据模型、实体类型完全一致。

3)通过人工交互方式修改交换后的图形。

4 自行开发 CAD 系统时,宜研制相应的 IGES 处理器,以实现与其他 CAD 系统的数据交换。

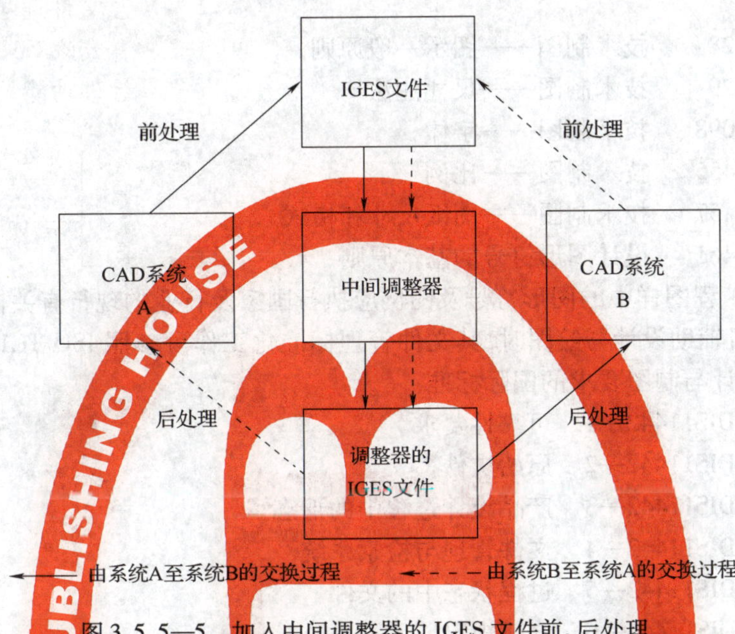

图 3.5.5—5 加入中间调整器的 IGES 文件前、后处理

5 需要自行开发“中间调整器”时,其“中间调整器”的原理、模块组成与功能、设计步骤可执行第 3.5.5 中的第 4 条说明中关于 IGES 处理器的有关规定。

3.5.6 研制或引进微机 CAD 系统时,该系统的图形软件中应包括能够读写符合工业标准 DXF 文件的图形接口程序。采用该标准提供的 DXF 文件前处理与后处理接口,实现不同微机 CAD 系统间的图形数据交换。图形数据交换过程如图 3.5.6 所示。

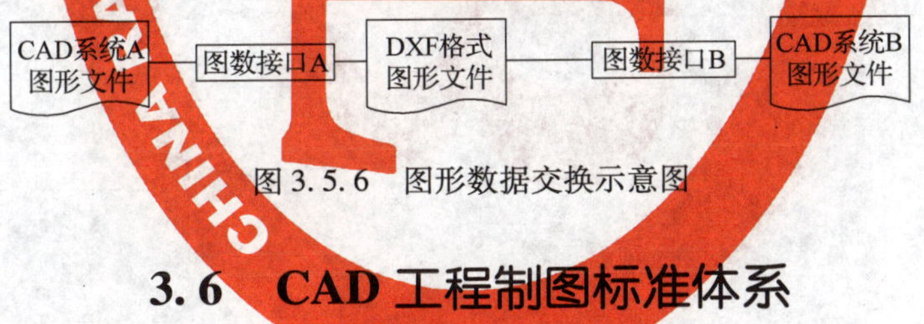

图 3.5.6 图形数据交换示意图

3.6 CAD 工程制图标准体系

3.6.1 制定 CAD 工程制图标准体系应提供一系列有关计算机制图及文件管理的标准,保证 CAD 工程制图及文件管理有一个标准环境。CAD 工程制图标准体系表应符合图 3.6.1 的规定。

3.6.2 计算机绘制机械图样时,应符合国家标准《机械制图用计算机信息交换制图规则》(GB/T 14665—93)的规定。采用该标准提供的对图线组别、图线结构、重合图线的优先顺序、非连续线的画法、图线的颜色、字体、尺寸线的终端形式、图形符号的

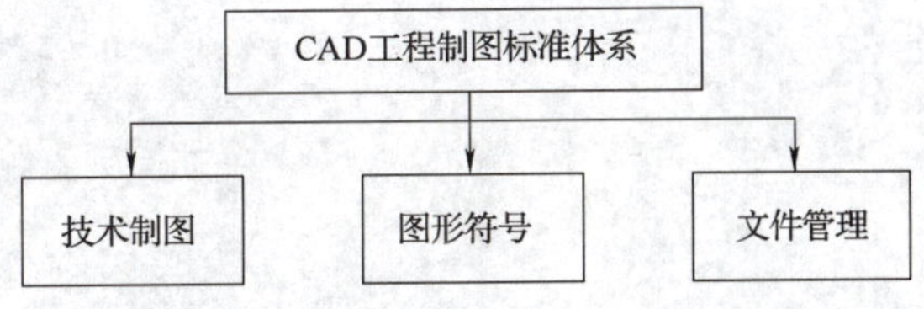

图 3.6.1 CAD 工程制图标准体系表

表示和图样中各种线型在计算机中分层的规定，保证在计算机及其外围设备中显示、绘制、打印的机械图样及有关技术文件的标准化。

3.6.3　在计算机辅助设计与绘图时，其技术制图标准化工作可参照 ISO TC10 制定的以下国际标准：

1) ISO128　技术制图——图示一般原则
2) ISO129　技术制图——尺寸注法
3) ISO3098　技术制图——字体
4) ISO5455　技术制图——比例
5) ISO5457　技术制图——图纸尺寸和格式
6) ISO3461　设计图形符号的基本原则

3.6.4　CAD 工程图样中的图形符号及图例应执行国家及行业的现行有关标准。

3.6.5　计算机辅助设计与绘图时，其文件管理标准化工作可参照 ISO TC10 制定的以下计算机辅助设计与制图要求的国际标准：

1) ISO/DIS11442—1　可靠性要求
2) ISO/DIS11442—2　原始文件
3) ISO/DIS11442—3　产品设计过程中的形态
4) ISO/DIS11442—4　文件管理与检索系统
5) ISO/DIS11442—5　过程状态中的文件
6) ISO/DIS11442—6　修改规定
7) ISO/DIS11442—7　数据范围
8) ISO/DIS11442—8　管理

4 CAD 系统的配置、选型与评估

4.1 CAD 系统配置

4.1.1 CAD 系统配置要树立计算机硬件是装备,软件也是装备的观念,应遵循“充分评估,提前培训,软硬配套,软件为主,面向实际,适当超前”的方针。

4.1.2 CAD 系统应包括计算机硬件环境和软件环境。

1 CAD 系统的硬件环境应包括以下几个组成部分:

1)主机系统;

2)外存储器(磁、光存储器等);

3)输入装置(数字化仪、扫描仪、键盘、鼠标、多媒体设备等);

4)输出装置(打印机、绘图机、图形显示器、多媒体设备等);

5)网络及通讯设备。

2 CAD 系统的软件环境应包括以下几个组成部分:

1)系统支持软件;

2)基础应用软件;

3)专业应用软件。

4.2 CAD 系统选型

4.2.1 CAD 系统的选型应考虑以下几个方面:

1 性能与价格比:重点考虑 CPU 或 MPU 的运算处理能力,图形处理能力,与多种外部设备的接口能力等。各项功能指标都要与其价格联系起来考虑,即按其性能价格比来选择。

2 开放性:具有独立于制造厂商并遵循国际标准的应用环境;为各种应用软件、数据、信息提供开发工具、环境和移植界面;新安装的系统应能与已安装的系统进行交互操作。

3 可移植性:能为应用程序从一个平台上移植到另一个平台上提供方便;允许同一软件在某一系列产品的各种系统上均能运行。

4 可靠性:系统可连续正常工作的时间,通常用两次失效间隔来表示。

5 可维护性:纠正系统出现错误或故障以及为满足新的要求,需要改变原有系统的难易程度。

6 系统升级扩展能力:所选购的系统,随着应用规模的扩大,应该具有升级扩大的能力,原有的系统应在新的系统中继续应用,保护用户的投资不受损失。

7 第三方软件的支持:所选购的系统应有较多的第三方软件的支持。

8 供应商的发展与资信情况:在选购一种系统时,不仅要分析比较它的技术性能指标、价格,还要分析供应商的发展趋势和它的财物经营状况。应避免对公司发展情况不了解,买了即将停产换代的产品或是与即将易手的公司做生意,造成严重损失。

9 供应商的技术支援能力:在选购一个系统时,还要分析供应商的技术培训和维护服务能力,在引进系统后,应能得到及时、有效的技术支援。

4.2.2 系统选型一般应包括可行性研究与系统分析二个阶段,并编写 CAD 系统的需求建议书。

1 在可行性研究阶段应确定任务目标与组成引进小组。

1)任务目标。分析本单位现有工程设计存在的问题和对 CAD 系统的要求,在初步调研基础上提出几种实现方案,并对这些方案的适用性、经济风险和收益进行宏观分析,初步确定 CAD 系统的方案。

2)组成引进小组。小组成员应具有高度责任感与良好的信息沟通能力,通晓本单位业务的情况和长远目标。

2 在系统分析阶段应通过应用优选、管理分析对可行性研究阶段初步确定的 CAD 系统方案进行充实和深化,制定出对本单位效益最好的方案。

应用优选应深入分析以下有关问题:

1)本单位对 CAD 的需要和发展规划,近、远期的目标及分期投资方案;

2)优化系统配置方案;

3)CAD 系统与其他方面接口;

4)系统软件与图形支撑软件的功能;

5)各个专业应用 CAD 后在提高生产效率、提高设计质量、降低工程造价方面的情况。

管理分析应从 CAD 角度来评价高层次的管理目标,深入分析以下的有关问题:

1)实现 CAD 任务和过程的次序表;

2)实现 CAD 后对任务、部门和人员的影响;

3)估算采用 CAD 后,硬件、软件和运行作业的费用;

4)采用 CAD 后对单位管理和组织所产生的影响;

5)购置经费。

3 CAD 系统选型经过可行性研究和系统分析后,应编写详细和明确的需求建议书,其主要内容包括以下几个方面:

1)本单位的需求;

2)系统的总体功能及性能;

3)详细的硬件规格和数量;

4)详细的软件规格和数量;

5)技术支持与维护;

6)培训与文档;

7)接收、检查和测试;

8)安装和环境要求;

9)交货日期和地点;

10)保证条件;

11)经济分析。

4.3　CAD系统评估

4.3.1　CAD系统需求建议书应由专家进行评估。评估工作由主管部门负责,应由本部门及第三方技术专家参加。

4.3.2　评估工作程序:

1　申请评估单位向主管部门提出评估申请。

2　主管部门组织评估委员会。

3　申请评估单位向评估委员会提交需求建议书及有关的技术文档资料。

4　评估委员会对申请评估的CAD系统做初步审查。

5　向申请者提出质疑,由申请者做出问答。

6　申请者与专家会晤解释有关问题。

7　评估委员会做出评估结论。

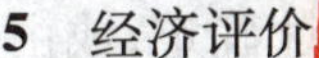

4.3.3　评估结论内容应包括以下几个方面:

1　系统功能及性能;

2　系统的实用性;

3　系统的开放性;

4　软硬件配置合理性;

5　经济评价。

5 CAD 工程制图

5.0.1 图幅应符合下列要求：

1 图幅尺寸（mm）：

1）绘制 CAD 工程图样时，应优先采用表 5.0.1—1 所规定的基本幅面及尺寸，并应符合图 5.0.1—a、b、c 的格式。

表 5.0.1—1 基本图框尺寸（mm）

幅面代号	图框尺寸（$B \times L$）	c	a
A0	841 × 1 189	10	25
A1	594 × 841		
A2	420 × 594		
A3	297 × 420	5	
A4	210 × 297		

2）加长幅面的图框尺寸，按所选用的基本幅面大一号的图框尺寸确定，或由基本幅面的短边成整数倍增加后得出。

3）图纸以短边作垂直边称为横式，以短边作为水平边称为立式。

4）对于土木工程设计文件的图幅，还可以分为单张图和成卷图，其图幅尺寸应符合表 5.0.1—2 的规定。

表 5.0.1—2 图幅尺寸（mm）

图别	单张图					单张成册图封面			成卷图		成卷图封面封底	
部位 代号	0	1	2	3	4	2	3	4	5	6	5′	6′
图幅高（b）	841	594	420	297	297	420	297	297	420	297	420	297
图幅长（1）	1 189	841	594	420	210	594	420	210	按需要	按需要	210	210
左侧留边（a）	25	25	25	25	25	25	25	25	15	15	15	15
右及上下侧留边（c）	10	10	10	5	5	10	5	5	10	5	10	5

2 成册图或成卷图封面、封底格式及图例页等均应按铁道部有关规定执行。

3 米制参考分度

1）对于用作缩微摄影的原件，可在 CAD 工程图样的下边设置不注尺寸数字的米制参考分度，用以识别缩微摄影的放大或缩小的倍率。并四个边上均应附有对中标志。

2）米制参考分度用粗实线绘制，线宽不小于 0.5 mm，总长为 100 mm，等分为 10 格，格高为 5 mm。对中标志应画在幅面线中点处，线宽应为 0.35 mm，伸入图框内应为5 mm。米制参考分度的画法，应符合图 5.0.1—2 的规定。

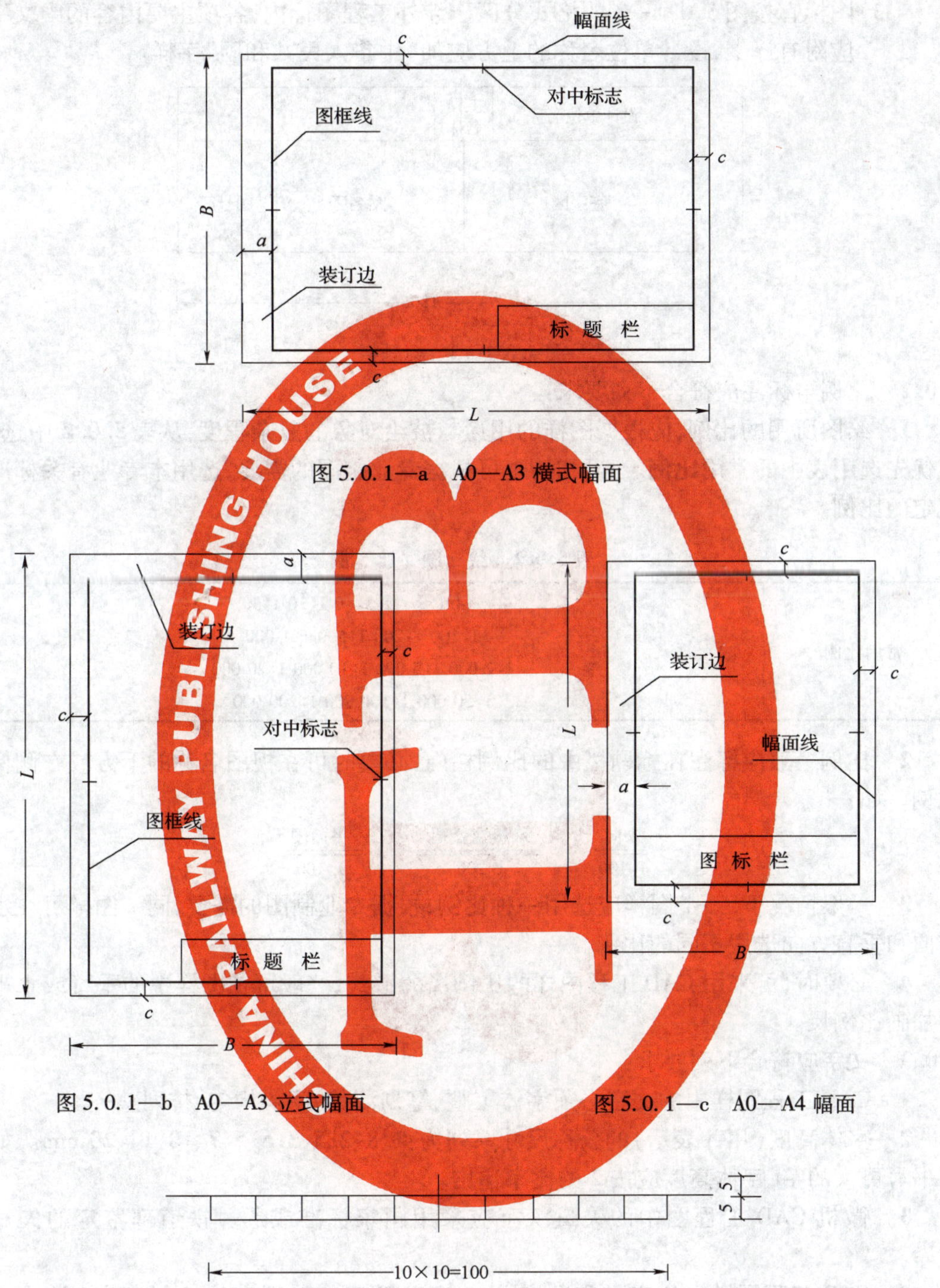

图 5.0.1—a A0—A3 横式幅面

图 5.0.1—b A0—A3 立式幅面　　图 5.0.1—c A0—A4 幅面

图 5.0.1—2 米制参考分度

4 标题栏的方位及尺寸：

1）图纸标题栏（简称图标）及装订边的位置，应符合下列规定：横式使用的图纸按图 5.0.1—a 的形式布置；立式使用的图纸按图 5.0.1—b 的形式布置；立式使用的 A4 图纸按图 5.0.1—c 的形式布置。

2）图标长边的长度应为 180 mm，短边的长度宜采用 40、30、50 mm。

3）图标宜按图 5.0.1—3 的格式分区。涉外工程图标内，各项主要内容的中文下方应附有译文，设计单位名称的上方应加“中华人民共和国”字样。

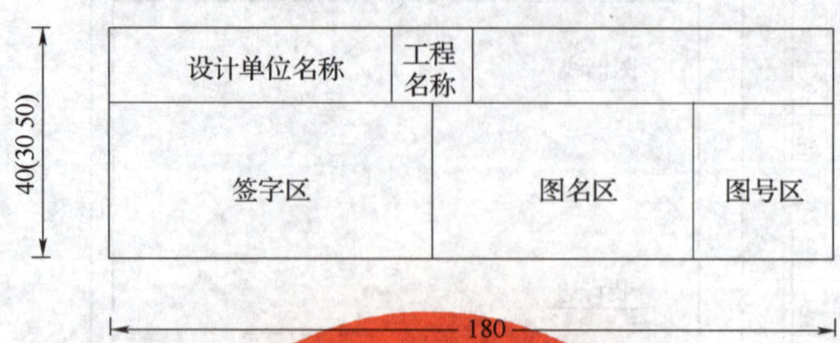

图 5.0.1—3　标题栏

5.0.2　比例与标注应符合下列要求：

1　绘图所用的比例，应根据图样的用途与被绘对象的复杂程度，从表 5.0.2 中选用，应优先选用表中的常用比例。必要时，也可根据专业制图的需要，选用本专业有关标准中规定的比例。

表 5.0.2　绘　图　比　例

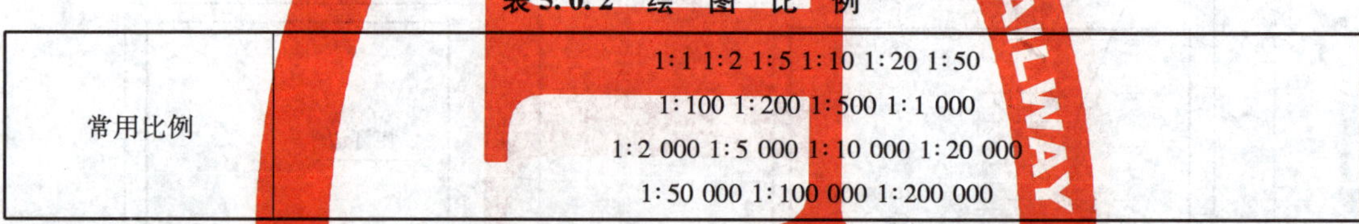

常用比例	1∶1 1∶2 1∶5 1∶10 1∶20 1∶50 1∶100 1∶200 1∶500 1∶1 000 1∶2 000 1∶5 000 1∶10 000 1∶20 000 1∶50 000 1∶100 000 1∶200 000

2　比例一般应标注在标题栏中的比例栏内，必要时可在视图名称的下方或右侧标注比例。如：

A 向　　墙板位置图　　平面图
1∶100　　1∶200　　1∶100

3　一般情况下，一个图样应选用一种比例，根据专业制图的需要，同一图样可在水平方向和垂直方向选用不同的比例。

4　必要时，可采用 CAD 工程图样的比例尺的形式，一般可在图样中的垂直或水平方向加画比例尺。

5.0.3　文字应符合下列要求：

1　CAD 工程图样中的文字必须字体工整、笔划清楚、间隔均匀、排列整齐。

2　字体高度（用 h 表示）的公称尺寸系列为：1.8、2.5、3.5、5、7、10、14、20 mm。如需要书写更大的字，字体高度应按 2 的比率递增。

3　微机 CAD 工程图中的矢量汉字应采用国家标准或通过铁道部鉴定的矢量汉字库。

4　CAD 工程图样中的字母和数字分 A 型和 B 型。A 型字的笔划宽度（d）为字高（h）的十四分之一；B 型字的笔划宽度（d）为高度（h）的十分之一。在同一图样上宜选用一种形式的字体。

5　字母和数字可写成斜体或直体。斜体字字头向右倾斜，与水平基准线成 75°，一般情况下不宜采用斜体字。

6　汉字、拉丁字母、希腊字母、阿拉伯数字和罗马数字等绘制时，其排列格式和间距应符合表 5.0.3—1、表 5.0.3—2。

表 5.0.3—1 A 型 字 体

书 写 格 式		基本比率	尺			寸(mm)				
大写字母高度	h	$(14/14)h$	1.8	2.5	3.5	5	7	10	14	20
小写字母高度	c_1	$(10/14)h$	1.3	1.8	2.5	3.5	5	7	10	14
小写字母伸出尾部	c_2	$(4/14)h$	0.5	0.72	1.0	1.43	2	2.8	4	5.7
小写字母伸出头部	c_3	$(4/14)h$	0.5	0.72	1.0	1.43	2	2.8	4	5.7
字母间间距	a	$(2/14)h$	0.26	0.36	0.5	0.7	1	1.4	2	2.8
上下行底线间最小间隔	b	$(20/14)h$	2.57	3.57	5.0	7.14	10	14.29	20	28.57
词间距	e	$(6/14)h$	0.78	1.08	1.5	2.1	3	4.2	6	8.4
笔划宽度	d	$(1/14)h$	0.13	0.18	0.25	0.35	0.5	0.7	1	1.4

注:特殊的字符组合,如 LA、TV、Tr 等字母间间距可为 $a=(1/14)h$。

表 5.0.3—2 B 型 字 体

书 写 格 式		基本比率	尺			寸(mm)				
大写字母高度	h	$(10/10)h$	1.8	2.5	3.5	5	7	10	14	20
小写字母高度	c_1	$(7/10)h$	1.26	1.75	2.5	3.5	5	7	10	14
小写字母伸出尾部	c_2	$(3/10)h$	0.54	0.75	1.05	1.5	2.1	3	4.2	6
小写字母伸出头部	c_3	$(3/10)h$	0.54	0.75	1.05	1.5	2.1	3	4.2	6
字母间间距	a	$(2/10)h$	0.36	0.5	0.7	1	1.4	2	2.8	4
上下行底线间最小间隔	b	$(14/10)h$	2.52	3.5	4.9	7	9.8	14	19.6	28
词间距	e	$(6/14)h$	1.08	1.5	2.1	3	4.2	6	8.4	12
笔划宽度	d	$(1/10)h$	0.18	0.25	0.25	0.35	0.5	0.7	1.4	2

注:特殊的字符组合,如 LA、TV、Tr 等字母间间距可为 $a=(1/10)h$。

5.0.4 图线应符合下列要求:

1 CAD 工程图样中图线的名称及代号、图线形式,以及图线在计算机显示屏幕上的分层与颜色,应符合表 5.0.4—1 的规定。

2 CAD 工程图样中的图线分粗细两种。粗线的宽度应按图的大小和复杂程度,在0.5 ~2 mm 之间选择,细线的宽度约为粗线的 1/3。图线宽度的推荐系列为 0.18、0.25、0.35、0.5、0.7、1.0、1.4、2.0 mm。按 CAD 工程图样的需要,将 8 种线型按图线宽度分为以下几组供选用(表 5.0.4—2),一般 A0、A1 幅面采用第三组;A2、A3、A4 幅面采用第四组。

表 5.0.4—1 图线名称 代号 线型 线层 颜色

图线名称及代号		图 线 型 式	图线层名	屏幕图线颜色
粗实线	A		01	白色
细实线	B		02	红色
波浪线	C		03	绿色
双折线	D		04	蓝色
虚 线	F		05	黄色
细点划线	G		06	蓝绿/浅黄
粗点划线	J		07	棕色
双点划线	K		08	粉红/桔红

表 5.0.4—2　图　线　宽　度

组　别	1	2	3*	4*	5	一　般　用　途
线　宽	2.0	1.4	1.0	0.7	0.5	粗实线、粗点划线
	0.7	0.5	0.35	0.25	0.18	细实线、波浪线、双折线虚线、细点划线、双点划线

注:带 * 号的两组为优先使用组

3　图线在 CAD 工程图样中的应用可参见有关专业制图标准。如:国家标准《工程建设标准规范汇编》、国家标准《机械制图图线》(GB 4457.4—84)等。

5.0.5　CAD 工程图样中的剖面符号及图例,应按现行标准《铁路线路图例符合》(TB 1419—81)、《工程建设标准规范汇编》、《机械制图 剖面符号》(GB 4457.5—84)等中的规定选用。

5.0.6　根据计算机绘图特点,纵断面图不画毫米格线,根据地形比例、设计阶段,可选用 1 ~5 cm 为间距的格线。

5.0.7　尺寸标注

1　CAD 工程图样中图形的真实大小,应以图样上所注的尺寸数值为依据。

2　CAD 工程图样中的尺寸以毫米为单位时,不需标注计量单位或名称,如采用其他计量单位时,则必须注明相应的计量单位或名称。

3　CAD 工程图样中所标注的尺寸,为该图样所示部位的最后完工尺寸,否则应另加说明。图样上的每一尺寸,宜只标注一次,并应标注在反映在该部位最清晰的图形上。

4　在绘制 CAD 工程图样时所使用的尺寸线的终端形式(箭头)有如下三种供选用(图 5.0.7—1)。其具体尺寸比例宜参照《工程建设标准规范汇编》尺寸标注法中的有关规定。

5　当尺寸线的终端采用斜线时,尺寸线与尺寸界线必须互相垂直。

6　同一张图样中,宜采用一种尺寸线终端的形式。当采用箭头位置不够时,可用圆点或斜线代替箭头(图 5.0.7—2)。

图 5.0.7—1　箭头形式　　图 5.0.7—2　箭头形式

7　在绘制 CAD 工程图样时尺寸标注的基本原则,应按国家标准《房屋建筑制图统一标准》(GBJ 1—86)的规定。必要时,也可按有关专业制图标准尺寸标注法的规定。

8　设计文件中的表格内容与格式应执行铁道部有关标准,表格尺寸可适当调整。

9　设计文件的幅面尺寸应采用 A4 或 B5。

6 软件开发与管理

6.1 一 般 规 定

6.1.1 软件开发宜采用工程化的方法，提高所开发软件系统的质量，缩短开发时间，减少开发和维护费用，便于软件开发和维护人员之间的协作和交流，使软件开发活动更加科学，更有成效。

6.1.2 软件规模的大小划分为小型软件、中型软件和大型软件。规模大小主要根据源程序总行数确定，并符合表6.1.2的规定。

表6.1.2 软件规模划分的规定

	源程序总行数 M
小型软件	$M<5\ 000$
中型软件	$5\ 000\leqslant M<50\ 000$
大型软件	$M\geqslant 50\ 000$

6.1.3 软件生存期宏观上可分为立项期、开发期和运行期。对于不同规模的软件，其生存期可按表6.1.3划分为6～8个阶段。本章以下各条款规定均以大型软件的阶段划分，中、小型软件应符合表6.1.3中表示的阶段合并关系。

6.1.4 在软件开发项目管理工作中，项目管理单位称为甲方；项目开发单位称为乙方。甲、乙双方必须把保证软件的质量放在重要地位，应着重把握以下环节：

1 甲、乙双方在项目管理和项目开发的过程中，应按本章的各项要求开展工作；

2 在立项期内，甲方应邀请有关专家对可行性研究成果进行评审；

3 需求分析阶段的成果，应由甲、乙、用户三方共同评审；

4 确认测试阶段应由甲、乙、用户三方组成的测试小组执行测试任务；

5 软件开发的各中间阶段，乙方应认真执行阶段成果审查制度，甲方可根据需要对阶段开发成果进行检查；

表6.1.3 软件生存期的阶段划分

<table>
<tr><th>软件规模 / 时期</th><th>大 型 软 件</th><th>中 型 软 件</th><th>小 型 软 件</th></tr>
<tr><td>立项期</td><td>1. 可行性研究与计划</td><td>1. 可行性研究与计划</td><td>1. 可行性研究与计划</td></tr>
<tr><td rowspan="6">开发期</td><td>2. 需求分析</td><td>2. 需求分析</td><td>2. 需求分析</td></tr>
<tr><td>3. 概要设计</td><td>3. 概要设计</td><td rowspan="2">3. 软件设计</td></tr>
<tr><td>4. 详细设计</td><td>4. 详细设计</td></tr>
<tr><td>5. 编码与单元测试</td><td rowspan="2">5. 编码与调试</td><td rowspan="2">4. 编码与调试</td></tr>
<tr><td>6. 组装测试</td></tr>
<tr><td>7. 确认测试</td><td>6. 确认测试</td><td>5. 确认测试</td></tr>
<tr><td>运行期</td><td>8. 使用与维护</td><td>7. 使用与维护</td><td>6. 使用与维护</td></tr>
</table>

6　项目开发完成后，甲方应及时组织软件的验收工作。对符合鉴定条件的软件，甲、乙方应及时向鉴定主管部门申请鉴定。

6.2　软件文档

6.2.1　软件生存期的各阶段，应编制软件文档（简称文档）。文档连同计算机程序和数据一起，构成计算机软件。

6.2.2　大、中、小型软件应具有表 6.2.2 规定的文档种类，执行中可根据所开发软件的实际需要来决定。

6.2.3　软件文档的幅面尺寸应为 A4。文档内容应由封面、目录、正文和附录组成。文档的封面形式应符合附录 B 的规定。

6.2.4　软件开发必须保证同一软件的各类文档之间以及文档与程序之间，在内容上保持一致性。修改后产生的新文档连同原有文档均应归档保存。

表 6.2.2　大、中、小型软件文档种类对照表

<table>
<tr><th>大型软件</th><th>中型软件</th><th>小型软件</th></tr>
<tr><td>1. 可行性研究报告</td><td>1. 可行性研究报告</td><td rowspan="2">1. 可行性研究与开发计划</td></tr>
<tr><td>2. 项目开发计划</td><td>2. 项目开发计划</td></tr>
<tr><td>3. 软件需求说明书</td><td rowspan="2">3. 软件需求说明书</td><td rowspan="2">2. 软件需求说明书</td></tr>
<tr><td>4. 数据要求说明书</td></tr>
<tr><td>5. 概要设计说明书</td><td rowspan="2">4. 概要设计说明书</td><td rowspan="4">3. 软件设计说明书</td></tr>
<tr><td>6. 数据库设计说明书</td></tr>
<tr><td>7. 详细设计说明书</td><td>5. 详细设计说明书</td></tr>
<tr><td>8. 模块开发卷宗</td><td>6. 模块开发卷宗</td></tr>
<tr><td>9. 用户手册</td><td>7. 用户手册</td><td>4. 用户手册</td></tr>
<tr><td>10. 测试计划</td><td>8. 测试计划</td><td rowspan="2">5. 测试报告</td></tr>
<tr><td>11. 测试分析报告</td><td>9. 测试分析报告</td></tr>
<tr><td>12. 项目开发总结报告</td><td>10. 项目开发总结报告</td><td>6. 项目开发总结报告</td></tr>
<tr><td>13. 软件问题报告</td><td>11. 软件问题报告</td><td>7. 软件问题报告</td></tr>
<tr><td>14. 软件修改报告</td><td>12. 软件修改报告</td><td>8. 软件修改报告</td></tr>
</table>

6.2.5　项目管理文件的名称和提交关系应符合表 6.2.5 的规定。

表 6.2.5　项目管理文件

文件名称	提交关系
立项申报书	立项申报单位向项目管理单位提交
软件开发项目合同书	项目管理单位与项目开发单位签订
软件验收申请报告	开发单位向管理单位提交
软件验收证书	管理单位向开发单位签发
软件鉴定申请报告	开发单位向鉴定主管部门提交
实例应用报告	用户写成由开发单位向鉴定主管部门提交
软件鉴定证书	软件鉴定主管部门向开发单位颁布

6.3 软件的立项

6.3.1 软件开发应统一规划，软件的立项应在规划指导下进行，避免重复开发。应优先开发使用量大、适用面广和效益好的项目。

6.3.2 立项期的主要工作应包括下列内容：

1 提出“软件立项申请书”（其形式见附录C）；

2 进行可行性研究论证，提出“可行性研究报告”；

3 甲、乙双方签订“软件开发项目合同书”（简称合同书，其形式见附录D）。

6.3.3 “可行性研究报告”应包括下列内容：

1 项目概况

1）本项目的立项申报单位、可行性研究单位、用户单位的名称；

2）软件系统名称；

3）系统功能概述；

4）硬、软件环境条件；

5）参加可行性研究的人员。

2 对现有系统的分析

1）用户现有系统的概况；

2）与建议开发的系统相比较，国内外类似系统的概况；

3）本课题立项的必要性。

3 对所建议系统的描述

1）对系统功能、性能、输入输出和主要处理内容的概略说明；

2）系统处理流程图和数据流程图；

3）系统在安全、保密以及与其他系统关系等方面的说明。

4 对所建议系统的投资及经济、技术、社会效益的分析

5 其他可选择的系统方案及其可行性分析

6 可行性研究结论

6.3.4 合同书签订后，开发项目的“可行性研究报告”和需求分析阶段制定的“项目开发计划”的副本应作为合同书的附件。

6.4 需求分析

6.4.1 需求分析应在“可行性研究报告”的基础上，确定被开发软件的运行环境、功能和性能要求，进一步分析并明确用户需求，明确系统目标、功能及接口等信息，为概要设计提供需求说明书，并要经过用户认可。在文档中应制定“软件需求说明书”、“数据要求说明书”、“项目开发计划”、“确认测试计划”。

6.4.2 “软件需求说明书”应包括下列内容：

1 项目概况

1）软件系统名称；

2）软件开发单位和用户单位名称；

3)需求分析依据的文档名称及编号和其他参考资料;

4)参加需求分析的人员。

2 任务综述

1)软件开发目标;

2)用户特点;

3)假定和约束条件。

3 软件需求规定

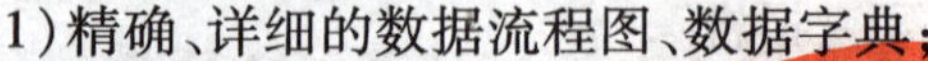

1)精确、详细的数据流程图、数据字典;

2)对功能的规定;

3)对性能的规定;

4)输入输出要求;

5)数据管理能力要求;

6)故障处理要求;

7)其他专门要求。

4 软件运行环境规定

1)硬设备;

2)支持软件;

3)接口软件;

4)运行控制。

6.4.3 “数据要求说明书”应包括下列内容:

1 项目概况

1)软件系统名称;

2)编写本说明书依据的文档名称及编号;

3)编制本文档的人员。

2 数据的逻辑描述

1)静态数据;

2)动态输入数据;

3)动态输出数据;

4)内部生成数据;

5)数据约定。

3 数据的采集

1)要求和范围;

2)输入的承担者;

3)预处理要求;

4)其他要求。

6.4.4 “项目开发计划”应包括下列内容:

1 项目概况

1)软件系统名称;

2)甲方、乙方或用户的名称;

3)系统功能概述;

4)硬、软件环境条件；

5)制定本计划依据的文档名称及编号。

2 项目工作内容及要求

1)工作内容；

2)主要参加人员；

3)需移交给用户的软件产品：程序、文档、数据；

4)需向用户提供的服务与支持；

5)非移交产品；

6)验收标准；

7)完成项目的期限。

3 实施计划

1)工作任务的分解与人员分工；

2)进度安排；

3)劳务工天计划；

4)经费预算；

5)关键问题说明。

4 支持条件

1)计算机系统支持；

2)需由用户承担的工作；

3)需由外单位提供的条件。

5 专题计划的制定要求

6.4.5 “确认测试计划”应包括下列内容：

1 项目概况

1)软件系统名称；

2)制定本计划依据的文档名称及编号；

3)编制本计划的人员。

2 确认测试项目总表

3 确认测试详细计划

对每一个测试项目均应列出名称、标识符、测试内容、进度安排、测试条件、测试设计说明。

4 评价准则

1)测试范围及局限性说明；

2)数据整理方法说明；

3)评价尺度。

6.4.6 在需求分析阶段任务完成后，开发单位在每个阶段结束之前应通过阶段成果审查，检查阶段任务的完成质量作出评价。

6.5 概 要 设 计

6.5.1 概要设计应根据软件需求规定，建立目标系统的总体结构，定义软件功能模块和模块间的关系,进行接口设计、全局性算法设计、数据库/数据设计。

应建立"概要设计说明书"、"数据库设计说明书"和"测试计划"中的"组装测试计划"等有关文档资料,以及"用户手册"。

6.5.2　目标系统总体结构的工作应确定系统的总体方案,注意系统集成和在网络上运行的要求。对组成系统的元素如程序、文件、数据库、人机交互过程和表格等作出总体性结构设计,提出总体方案的系统处理流程图。对于大型系统,可按主要的软件需求划分成若干子系统分别进行设计。

6.5.3　系统总体方案确定后,应对组成系统的各个程序进行功能模块划分,并用层次图的形式表达其层次结构,各功能模块的标识符、功能及调用关系。定义功能模块时应注意功能模块的独立性,以利于提高目标系统的可移植性。

6.5.4　"概要设计说明书"应包括下列内容:

1　项目概况

1)软件系统名称;

2)软件开发单位和用户单位名称;

3)概要设计依据的文档名称及编号和其他参考资料;

4)参加概要设计的人员。

2　总体设计

1)软件需求规定;

2)运行环境规定;

3)系统的总体结构;

4)软件的功能模块层次结构;

5)功能需求与程序的关系;

6)人机交互过程;

7)尚未解决的问题及处理意见。

3　接口设计

1)用户接口;

2)外部接口;

3)内部接口。

4　运行设计

1)运行模块组合;

2)运行控制。

5　全局性算法和数据结构设计

1)全局性算法设计;

2)数据逻辑结构设计要点;

3)数据物理结构设计要点;

4)数据结构与程序的关系。

6　系统出错处理设计

1)出错信息;

2)补救措施;

3)系统维护设计。

6.5.5 “数据库设计说明书”应包括下列内容：

1 项目概况

1)软件系统名称；

2)软件开发单位和用户单位名称；

3)数据库设计依据的文档名称及编号和其他参考资料；

4)设计数据库的人员。

2 数据库外部设计

1)标识符和状态；

2)使用它的程序；

3)约定；

4)专门指导；

5)支持软件。

3 数据库结构设计

1)概念结构设计；

2)逻辑结构设计；

3)物理结构设计。

4 数据库运用设计

1)数据字典设计；

2)安全保密设计。

6.5.6 “组装测试计划”应包括：项目概况、组装测试项目表、组装测试详细计划、组装测试设计说明、组装测试评价准则，并提出测试活动的内容、进度安排、设计考虑、测试数据的准备和测试结果的整理方法及评价准则。

6.5.7 “用户手册”的编制原则：应尽量使用通俗易懂的语言，充分地描述该软件系统所具有的功能及使用方法和适用范围，应包括下列内容：

1 引言

1)编写目的；

2)系统开发的背景及本手册的编制者；

3)术语定义；

4)参考资料。

2 软件的用途

1)功能；

2)性能；

3)安全保密能力。

3 软件的运行环境

1)硬设备；

2)支持软件；

3)数据库和数据文件。

4 软件的使用过程

1)系统功能框图；

2)软件的安装与初始化；

3)输入;

4)输出;

5)出错处理与恢复;

6)终端操作。

5 常规运行操作说明

6 非常规操作说明

7 远程操作说明

8 算例及输出成果举例

6.6 详细设计

6.6.1 详细设计应对概要设计中产生的功能模块的过程、窗口、消息流进行描述,确定设计功能模块的内部细节,包括算法和数据结构,提供编写源代码的说明。本阶段应完成"详细设计说明书"、"模块开发卷宗"等文档资料。

6.6.2 对程序模块描述的主要内容包括:

1 用 IPO 图的形式说明该程序模块的功能

2 确定每个输入、输出项的特性

3 确定模块内部算法和数据结构

4 用程序流程图或 PAD 图或 N—S 图的形式描述程序处理的逻辑流程

5 对本模块与上、下层模块之间的调用接口关系以及与本模块有关的数据结构(数据库、数据文件)、窗口、消息流进行图示或文字说明

6 给出程序模块的单元测试计划

6.6.3 在详细设计阶段应制定统一的符号使用规则和标识符命名规则来指导本阶段及编码阶段的工作。在过程描述中应按结构化程序设计原则进行设计。在语言和开发工具选择方面,当需求分析、概要设计阶段未做明确规定的情况下,应在本阶段根据问题的性质和算法特点确定。

6.6.4 "详细设计说明书"应包括下列内容:

1 项目概况

1)软件系统名称;

2)软件开发单位和用户单位的名称;

3)详细设计所依据的文档名称及编号和其他参考资料;

4)参加详细设计的人员。

2 程序设计总体说明

1)程序模块层次结构;

2)符号使用规则;

3)标识符命名规则;

4)程序设计语言的选择意见。

3 程序模块设计说明

对每一个程序模块、窗口、消息、标识符应列出简要说明、功能说明(IPO 图)、性能要求、输入项、输出项、模块内部算法、模块内部数据结构、逻辑流程描述、接口、存储分配、注

释设计、限制条件、单元测试计划、尚未解决的问题。

6.6.5 “模块开发卷宗”应在模块开发过程中逐步编写并归档保存。应包含下列资料:

1 模块开发卷宗履历表(形式如附录E)

2 模块开发情况表(形式如附录F)

3 模块功能与设计说明

4 源代码清单

5 测试说明

6 复审结论

6.7 编码与单元测试

6.7.1 编码与单元测试应将详细设计说明转化为用程序设计语言、数据库语言或图形设计语言书写的源程序,并对这些源程序进行单元测试,保证程序模块接口与详细设计说明一致。另外,软件运行中必须使用的需要事先建立的永久性数据结构(图形数据库、事务数据库、数据文件等)也应在本阶段内根据概要设计和详细设计阶段作出的数据库/数据结构设计原则,完成数据库、数据文件的建立工作。

6.7.2 编码时必须遵守程序结构化原则和良好的编码风格。

6.7.3 源代码文本必须有中文或英文注释。注释行的数目应占源代码总行数的1/5至1/3。必要的注释包括:模块名称、功能、参数表各元素的意义、主要算法、调用本模块的程序模块名称、本模块调用的下属模块名称、编码人、编码时间、版本号等。

6.7.4 模块单元测试应根据“详细设计说明书”规定的测试计划进行,测试用例应包括合法的输入和非法的、非预期的输入。既要对正常的处理路径进行测试,又要对出错处理路径进行测试。测试中发现的错误要及时予以修改。程序模块的测试用例、预期结果及测试结果应存入“模块开发卷宗”。

6.7.5 “模块开发卷宗”应包括已通过单元测试的当前有效的源程序副本和建立数据库/数据结构的数据清单。

6.7.6 编码与单元测试质量审查应符合下列要求:

1 按计划全部完成程序模块编码并符合详细设计说明的要求

2 按计划全部完成程序模块的单元测试并满足预期的结果

3 及时填写“模块开发卷宗”的有关表格内容,并按要求存入有关资料

6.8 组装测试

6.8.1 组装测试应根据概要设计中对各功能模块的说明及制定的“组装测试计划”,对经过单元测试的模块进行组装,严格测试。

6.8.2 整个组装测试阶段发现的各种错误及其分析、改正情况应在“测试分析报告”的“组装测试分析报告”中说明。内容包括:项目概况、组装测试项目概要、组装测试结果、组装测试中发现的问题、分析诊断及改正情况纪要、对软件设计阶段工作质量的评价意见、对通过组装测试后的软件的评价意见、组装测试资源消耗情况。

6.8.3 组装测试阶段成果审查的标准是:文档和测试结果符合要求。应交付的软件产品有:可运行的软件系统源代码副本、“组装测试分析报告”、“用户手册”(试用稿),以便在确认测试阶段使用。

6.9 确认测试

6.9.1 确认测试阶段应根据“软件需求说明书”,按照“确认测试计划”测试整个软件系统,并提交最终的《用户手册》。

6.9.2 确认测试应完成测试计划中规定的测试项目,测试过程中应使用“用户手册”(试用稿),以证实其实用性和有效性。

6.9.3 测试中发现的错误,开发单位必须及时修改,直至满足要求时为止。测试项目通过后,开发单位应编写“确认测试分析报告”。

6.9.4 确认测试阶段的完成标志是:指定的文档齐全,内容符合要求。应交付的文档有:“确认测试分析报告”、经过修改及确认的《用户手册》和《项目开发总结报告》。

6.9.5 “确认测试分析报告”包括:项目概况、确认测试项目概要、确认测试结果、确认测试中发现的问题及改正情况、确认测试评价意见。

6.9.6 《项目开发总结报告》应包括下列内容:

1 项目概况

1)软件系统名称;

2)项目甲、乙方单位名称及用户单位的名称;

3)本项目依据的合同书名称及其编号;

4)参加编写本总结报告的人员。

2 实际取得的开发结果

1)产品;

2)主要功能和性能;

3)基本处理流程;

4)进度情况;

5)费用消耗情况。

3 对开发工作的评价

1)对开发工作效率的评价;

2)对产品质量的评价;

3)对技术方法的评价;

4)出错原因的分析;

5)确认测试小组意见(抄录)。

4 经验与教训

6.10 软件的验收与鉴定

6.10.1 软件开发单位应依据合同和软件需求说明书的要求全面完成了软件开发各阶段

的工作后(包括规定的测试),即可申请验收。通过验收的软件可供用户在指定范围内使用。

6.10.2　软件验收申请报告应按附录G规定的格式,概要地描述申请验收软件的情况,并按规定提交全部软件产品(目标程序、源程序及相应存储介质、文档、数据库等)和必要的说明资料(如支持服务项目完成情况的说明资料等),按要求提前交付资料。

6.10.3　项目管理单位应按下列标准进行验收:

1　软件开发过程符合本规范要求,且每一阶段均通过规定的评审和测试

2　目标程序、源程序、数据库齐全有效

3　文档资料完整,且符合本规范要求

4　源程序副本、目标程序、用户手册之间严格一致

5　合同书规定的其他任务业已完成

6.10.4　对软件验收合格的项目,项目管理单位向开发单位签发"软件验收证书"(其内容应符合附录H的要求)。对不能按期达到验收标准的项目,项目管理单位可按合同书规定追究项目开发单位的责任。

6.10.5　软件开发完成后,应先通过项目验收,再经过用户实际应用考核一段时间之后,方可申请鉴定。在特殊情况下,对于验收之前已经由用户完成考核并提出"实例应用报告"(形式应符合附录J规定)的软件,也可通过鉴定会一次完成软件的验收与鉴定工作,直接发给鉴定证书。

6.10.6　申请软件鉴定必须填报"鉴定申请报告",鉴定工作由负责鉴定的主管部门组织专业和计算机软件专家进行。

6.10.7　对于鉴定通过的软件,由鉴定主管部门颁发鉴定证书。

6.10.8　未经验收或鉴定的软件,严禁在工程项目或工作项目中应用。

6.11　软件的使用与维护

6.11.1　对已交付使用的软件,原开发单位应组织收集和积累运行资料,积极指导改进和技术咨询工作。

6.11.2　开发单位应建立软件的版本档案和软件的维护制度,并根据需要发布新版本。

6.11.3　软件的维护工作应由指定的软件维护人员承担。对软件的修改应在必要的管理控制下有步骤地进行。维护过程中应填写规定的文档表格。

6.11.4　对软件的维护修改可按下列步骤进行:

1　使用者在发现问题时,可向软件开发单位提交"软件问题报告"(形式应符合附录K的规定)

2　软件维护人员对问题进行分析,提交"软件修改方案报告"(形式应符合附录L的规定)

3　对"软件修改方案报告"由维护管理负责人组织评审,对可行的方案予以批准

4　维护人员根据批准的方案对软件进行修改并完成测试

5　维护人员对有关的软件文档进行修改,并向负责人提交"软件修改完工报告"(形式应符合附录M的规定)

6　软件维护单位发布修改通知书,通知用户

6.12　CAD 软件质量评价与管理

6.12.1　软件产品应满足用户需求,软件质量评价应符合下列要求:

1　功能:软件的功能应充分满足用户的要求。

2　效率:实现指定功能所需计算机的资源量较少,且执行速度快。

3　可靠性:系统可连续正常工作的时间,通常用两次失效间隔来表示。

4　可操作性:软件的使用方法容易掌握,界面友好,容易操作。

5　可用性:计算结果与设计图纸正确无误,精度满足要求。

6　安全性:能防止没有使用资格的人破坏、盗用该软件及数据。

7　可测试性:容易测试软件功能正确与否。

8　可维护性:软件出错原因容易分析,并修改。

9　可扩展性:软件设计模块化、结构化,易于变更及扩充功能。

10　可移植性:容易把软件移植到其他系统环境下运行。

6.12.2　CAD 软件开发,应用系统工程建立质量保证体系,实行全过程质量控制,并符合下列要求:

1　研制阶段质量控制要求:

1)立项控制:软件开发单位应进行充分的可行性研究,对建议系统的功能、性能、硬、软件开发环境、先进性、投产后带来的效益作具体说明,项目管理单位应认真评审"可行性研究报告",确保软件立项的科学性

2)系统分析控制:软件开发单位应按照软件工程要求,认真做好需求分析、概要设计和详细设计。从总体上考虑软件系统服务对象的要求、限制和约束,按用户需求来设计功能模块,研究这些模块之间的相互关系、程序结构、数据结构、存取方法等原则问题,提出好的算法,先进的开发环境,良好的软件结构设计,保证软件的质量。

3)软件文档控制:在软件研制的每一个阶段,必须按照软件工程要求编制相应的文档资料,保证所开发的程序便于使用、推广、修改和扩充功能

4)软件测试控制:软件各阶段测试应严格按照相关的测试计划进行测试,并完成测试中规定的全部测试项目。

2　应用阶段质量控制要求:

1)软件完成后,应按规定进行验收或鉴定;

2)为保证 CAD 软件的正确使用,应用人员必须经过培训;

3)提供的介质(包括程序、数据和使用说明等)应正确无误;

4)对程序及数据库的修改要有严格的管理办法;

5)要重视软件的维护工作,对软件的修改及扩充功能要设专人负责,对应用过程中出现的问题要及时予以处理,在维护过程中要建立维护档案;

6)保证硬件设备完好,软件运行环境正常;

7)防治计算机病毒;

8)遵守版权保护法;

9)应用单位应贯彻技术责任制,必须制定"计算机辅助设计技术管理办法",对 CAD 生产流程、数据复核、图纸审签等问题作出明确规定。

7 计算机网络

7.1 计算机网络分类及互连

7.1.1 计算机网络按规模大小可采用局域网(LAN)或广域网(WAN)两大类。

7.1.2 网络互连包括局域网与局域网互连、局域网与广域网互连。理想的网络互连宜采用国际标准开放系统互连OSI的体系结构。

7.1.3 网络互连可选用以下设备:

1 转发器(Repeater)或集线器(HUB)可用于物理层之间相连的网络互连。

2 网桥(Bridge)可用于数据链路层之间的网络互连以及两个或多个同类型局域网之间的互连。

3 路由器(Router)可用于网络层之间的网络互连以及两个或多个相同或不同类型局域网之间的互连。

4 网关(Gateway)可用于传输层及以上各层的网络互连,它适用于不同类型局域网连接或局域网到不同体系的广域网的连接。

5 交换机(Switch)可用于高速网络之间互连。

7.2 计算机网络的拓扑结构

7.2.1 广域网的拓扑结构可采用星型、树型、环型、网状型(图7.2.1—a),主干网采用网状型,地区网可采用星型、树型及环型。局域网的拓扑结构可采用总线型、星型、环型、树型(图7.2.1—b)及它们间的组合方式。

7.2.2 常用的计算机局域网拓扑结构及最大段距离宜按表7.2.2选用。

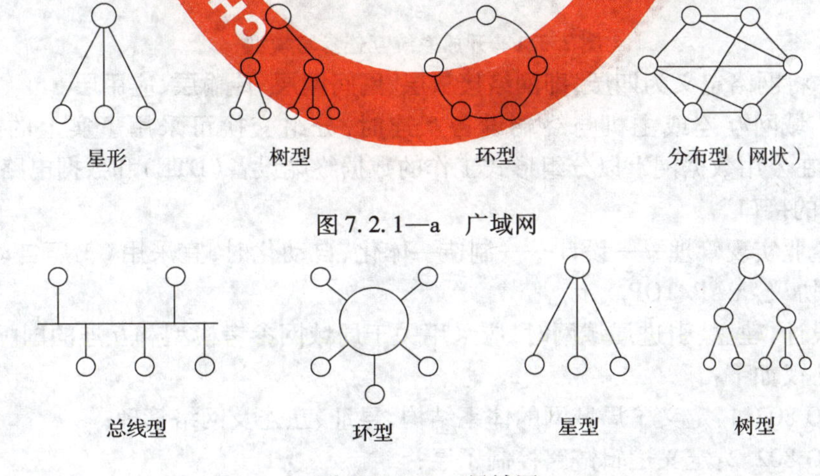

图7.2.1—a 广域网

图7.2.1—b 局域网

表 7.2.2　常用的计算机局域网拓扑结构及最大段距离

网络总类	中继设备间最大距离(m)	结点间中继设备数	网络拓扑
粗同轴以太网(10BASE－5)	500(3COM 1 000)	4	总线型
细同轴以太网(10BASE－2)	185(3COM 304.8)	4	总线型
双绞线以太网(10BASE－T)	100	4	星型树型
高速以太网(100BASE－T)	100	2(100VG 5)	树型
令牌环网(Token Ring)	100	——	环型
ATM	100	——	树型
FDDI	2 000(多模光纤)	——	环型

7.3　计算机网络常用标准

7.3.1　CAD 系统采用的计算机网络体系结构应优先符合 ISO7498《开放系统互连参考模型(OSI)》规定体系。各层关系应符合图 7.3.1 的规定。

7.3.2　在工作站联网、异种机联网、各种网络互连时,可采用事实上的工业标准传输控制协议/互连网协议 TCP/IP。

图 7.3.1　开放系统互连参考模型

TCP/IP 将网络定义为四层,即网络接口层、网间网层、传输层、应用层。

7.3.3　在广域网互连或主机与终端设备互连时,分组交换可采用事实上的工业标准 X.25 建议"在公用数据网上以分组形式工作的数据终端设备(DTE)和数据电路终端设备(DCE)之间的接口"。

7.3.4　在企业实现管理——设计——制造一体化、自动化时,宜采用《工厂自动化协议/工业及办公协议》MAP/TOP。

7.3.5　在设计、建立、引进局域网时,应采用关于局域网参考模型和互连的国际标准 ISO 802。主要协议如下:

1)ISO 802.1:定义了局域网的体系结构、寻址、互连及网络管理;

2)ISO 802.2:定义逻辑链路控制子层;

3)ISO 802.3:规定总线网载波检测多路访问/冲突检测 CSMA/CD 控制方法;

4) ISO 802.4:规定总线网令牌控制方法;

5) ISO 802.5:规定环形令牌控制方法;

6) ISO 802.6:规定城市网控制方法;

7) ISO 802.7:光纤传输技术标准;

8) ISO 802.8:时间片分隔环网标准;

9) ISO 802.3V:100Base-T 快速以太网的国际标准;

10) ISO 802.12:100VG-AnyLAN 快速以太网标准;

11) ISO 802.11:无线网的物理层和数据链路层标准。

7.4　计算机网络技术

7.4.1　局域网构网的传输媒体可采用双绞线、基带同轴电缆、宽带同轴电缆、光纤和微波(用于无线网)等。各种传输媒体的性能见表 7.4.1,在具体使用时应按表 7.2.2 选用。

表 7.4.1　各种通信媒体性能

性　能	双绞线	基带同轴电缆	宽带同轴电缆	光　纤	微　波
带　宽	<155 MHz	<100 MHz	<300 MHz	<300 GHz	<6 GHz
最大距离	300 m	2 500 m	100 km	20 km	直线可视
抗强电干扰	中	高	高	非常高	差
安装难易	易	易	易	难	中
布线多样性	好	中	中	最好	差
保密性	低	较低	中	最好	差
价　格	较低	低	中	高	中
抗噪声性能	较好	好	较好	最好	中

7.4.2　局域网的信号传输技术可采用基带信号技术或宽带信号技术。当投资较少,传输距离小于25公里,对传输速率的要求不高(1 Mbit/s~155 Mbit/s)时,宜采用基带信号技术;当传输距离较远,对传输速率的要求较高(不大于400 Mbit/s),要求多信道传输时,宜采用宽带信号技术。

7.4.3　局域网媒体传输控制方法,一般在总线型网络采用载波检测多路访问/冲突检测 CSMA/CD 控制方法或令牌(Token Passing)控制方法;在环形网络采用令牌环(Token Ring)等控制方法。

7.4.4　对传输率要求不高的 CAD 局域网总体结构或大型网络的桌面工作站连接可采用以太网技术及 CSMA/CD 控制方法。可根据使用要求选用同轴电缆、双绞线等传输媒体及相应的 10BASE-2(细同轴电缆)、10BASE-5(粗同轴电缆)及 10BASE-T(双绞线)协议,且三种介质可以混用。其网络拓扑结构可采用总线型结构(同轴电缆)或星型、树型结构(双绞线)。

7.4.5　在建设站点比较多、实时性和可靠性要求比较高的园区网或需要高速传输与处理的大型高速局域网的主干网段,可采用符合国际标准光纤令牌传送局域网 FDDI 协议的光纤分布数据接口 FDDI 网。

7.4.6　CAD 局域网的主干网及需要高速率传输的结点连接(或既有网升级)可优先选用

网络拓扑与 10Base-T 以太网相同、仍采用以太网介质访问控制子层协议 CSMA/CD 的快速以太网 100BASE-T。根据使用要求可选用各类无屏蔽双绞线或光纤传输媒体及相应的 100BASE-TX（二对 5 类无屏蔽双绞线）、100BASE-T4（四对 3、4、5 类无屏蔽双绞线）、100BASE-FX（光纤）等协议。

7.4.7 要求高速运行、有优先级或多媒体传输需要的 CAD 局域网也可考虑采用 100VG-AnyLAN 技术的快速以太网。

7.4.8 对于在 CAD 网络中连接几个局域网的主干网络系统可考虑优先使用快速交换以太网，用 100 Mbit/s 的交换设备将几段 100 Mbit/s 或 10 Mbit/s 共享式以太网连接起来，实现网络高速传输。

7.4.9 在没有适当线路或不易布线、距离较远（点一点 30 km 之内）的网络之间或结点之间的连接，可采用数据传输速率可达 2.5 Mbit/s，可靠性及安全性可满足 CAD 要求的低功率微波扩频无线网络。在需要计算机移动办公，实现计算机漫游联网时也可采用无线网。

7.4.10 在局域网与广域网互连或主机与终端进行高速连接时，可采用 X.25 技术或帧中继 FR 技术，CAD 系统在采用后者时应利用国家数字数据网 DDN 开展的帧中继业务。

7.4.11 在 CAD 应用的局域网系统中，当要求站点多，实时性和可靠性高，传输量大，且能传输多媒体数据的主干网时，可采用信元交换，具有高速率（ >155 Mbit/s）、低延时、动态确定传输速率的异步传输模式 ATM 网。

7.4.12 在利用 Internet 网进行国内国际远程信息资源查询、传输、电子邮件等工作时，应对其内容、条件、价格等进行认真的比较研究。应根据 Internet 网的服务项目使用要求和业务量大小选择连网方式。连网方式有：通过电话线拨号入网、申请专线入网、网络直连、通过 X.25 分组交换线路入网和帧中继 FR 入网。

使用国际互连网应遵守现行的《中华人民共和国计算机信息网络国际联网管理暂行规定》。

7.5 计算机网络的建设及应用

7.5.1 CAD 计算机网络的设计、设备选型、开发建设应采用国际标准，并跟踪计算机网络技术的发展。对以前和近期已建的网络系统应有组织、有计划地过渡到符合开放系统互连 OSI 标准的系统，最终实现与 OSI 标准完全兼容或完全实现 OSI 标准的 CAD 网络系统。

7.5.2 计算机网络设计应符合以下要点：

1 可靠性：网络建成后，具有多级容错能力，系统长期稳定运行。

2 实用性：网络建成后，能很好满足用户对网络应用的需求。

3 先进性：在考虑性能价格比的条件下，尽量采用先进的网络技术。

4 可管理性：网络建成后，能控制和管理网络活动。

5 开放性：网络建成后，与其他网络互联的性能。

6 扩充性：网络建成后，能在网络中能增加新结点和不断引入新技术的能力。

7.5.3 在计算机应用体系结构设计时，可采用技术先进、运行效率高、开放性好、数据的完整性、一致性和安全性好且符合当前发展方向的客户机/服务器（C/S）模式。

7.5.4　计算机网络上的服务器应当首先是数据库服务器而不仅是一般的文件服务器。在建设计算机网络时，要尽快开发联机数据库，充分发挥网络效益。对采用客户机/服务器结构体系的网络，在选择数据库时，应采用基于客户机/服务器模式，能充分发挥客户机和服务器各自平台能力的数据库系统。

7.5.5　网络系统设计应合理规划网络下列要素：

1　服务器在很大程度上决定网络整体性能，应根据网络规模、应用需要、开放性等原则选用。

在小型设计单位，宜采用一级服务器结构。其数据库服务器应有足够的事务处理能力。

在中大型设计单位，宜采用二级服务器结构。集中若干台有相当存储容量及事务处理能力的高效率的服务器，作为各个部门数据交换及存储的中心服务器；往下配置二级服务器，供部门内部数据共享及交换使用。重要的服务器（如数据库或帐户服务器）应采用适当的容错技术。

2　网络互连方案应根据网络规模、应用需要、适当超前等原则来进行选择。

3　网络操作系统在很大程度上影响网络整体性能，应根据应用需要、技术先进性、兼容性、性能价格比、充分利用既有设备等原则选用。

4　必须做好网络应用设计。网络应用设计应包括网络应用系统和用户应用系统两个层面。网络应用系统设计包括网络管理系统选择、数据库系统选择、用户服务系统（如电子邮件、信息检索等）选择、格式和协议的转换等；用户应用系统设计应提供各软件间及用户应用和网络应用系统间的接口、界面转换和选择开发工具。

7.5.6　根据CAD网络技术的需要，大、中型单位的计算机网络系统设计应采用结构化布线系统，条件许可时，应考虑“三网”（计算机网、电视网、电话网）合并，综合布线。

7.5.7　结构化布线系统一般应包括六个子系统：工作区子系统、水平支干线子系统、垂直主干线子系统、管理子系统、设备间子系统及建筑群子系统。在做结构化布线系统总体设计时，应按网络的规模适当选择使用。结构化布线系统的配置、性能及技术要求宜符合《商业建筑电信布线标准》（EIA/TIA 568A）的规定，结构化布线设计施工方案宜符合《建筑与建筑群综合布线系统工程设计规范》（CECS 72:95）的规定。

7.5.8　网络管理系统应具有以下功能：故障管理、日常管理、网络性能管理、安全管理、应用软件管理、系统软件管理、硬件配置管理、操作规程管理等，在CAD网络中，应采用事实上的工业标准简单网络管理协议SNMP。

8　信息分类编码

8.1　信息分类编码

8.1.1　CAD 系统的信息应进行分类编码，建立信息与代码唯一的对应关系，保证有关各方面对同一信息有共同的理解和一致的约定。

8.1.2　计算机信息分类编码应执行以下国家标准：

1　GB 1989—80　信息处理交换用七位编码字符集在 9 磁道 12.7 毫米磁带上的表示方法

2　GB 2312—80　信息交换用汉字编码字符集　基本集

3　GB 1991—80　信息交换用七位编码字符集在穿孔纸带上的表示方法

4　GB 2808—81　全数字式日期表示法

5　GB 2809—81　信息交换用的时间表示法

6　GB 2810—81　信息交换用顺序日期表示方法

7　GB 3236—82　信息交换用七位和八位编码字符集在穿孔纸片上的表示方法

8　GB 7027—86　信息分类编码的基本原则和方法

9　GB 7026—86　信息分类编码标准的编写规定

10　GB 6513—86　文献书目信息交换用数学字符编码字符集

11　GB 7420—87　信息处理　从信息处理交换用七位编码字符集中派生四位字符集的导则

12　GB 7419—87　信息处理　数据交换用七位编码字符集及其七位与八位扩充在 3.18 mm 盒式磁带上的实现方法

13　GB 7514—87　信息处理交换用七位编码字符集与电报用五单位电码之间的转换

14　GB 7515—87　信息处理用机器可读字符编码（磁墨水字符识别和光学字符识别的字符）

15　GB 7589—87　信息交换用汉字编码字符集　第二辅助集

16　GB 7590—87　信息交换用汉字编码字符集　第四辅助集

17　GB 10302—88　中华人民共和国铁路车站站名代码

18　GB 13131—91　信息交换用汉字编码字符集　第三辅助集

19　GB 13132—91　信息交换用汉字编码字符集　第五辅助集

20　GB /T 13702—92　计算机软件分类与代码

21　GB/T 15049.2—94　CAD 标准件图形文件　几何图形和特性规范　A 类图形构件

22　GB 15049.1—94　CAD 标准件图形文件　编制总则

23　GB 8565.2—88　文本通信用编码字符集　图形字符集

24　GB 11383—89　信息交换用八位代码结构和编码规则

25 GB 1988—89 信息交换用七位编码字符集

26 GB 1526—89 信息处理数据流程图、程序流程图、系统流程图、程序网络和系统资源图的文件编号及约定

27 GB 10091—89 事物特性表 定义和原理

28 GB 2311—90 七位和八位编码字符集代码扩充技术

29 GB 12345—90 信息交换用汉字编码字符集 辅助集

30 GB 8566—95 信息技术软件生存期过程

31 GB/T 11457—95 软件工程术语

32 GB/T 12504—90 计算机软件质量保证计划规范

33 GB/T 12505—90 计算机软件配置管理计划规范

34 GB/T 14079—93 计算机软件维护指南

35 GB/T 14085—93 信息处理系统 计算机系统配置图符号及其约定

36 GB/T 14394—93 计算机软件可靠性和可维护性管理

37 GB/T 15538—95 软件工程标准分类法

38 GB/T 15532—95 计算机软件单元测试

8.2 信息分类

8.2.1 CAD 系统中的信息分类必须遵守下列基本原则:

1 稳定性:在确定分类对象时,应选准信息的最稳定的本质属性,作为分类的基础和依据。

2 系统性:信息应按照一定的顺序进行排列,使其形成一个比较合理的分类体系,每一个分类对象在这个体系里占有一个唯一的位置,既反映出他们之间的区别,又反映出彼此之间的联系。

3 可延性:建立信息分类体系时应留足空位,以便安置新出现的信息,还应考虑到低层级子系统的延拓、细化的可能性。

4 兼容性:信息分类的原则及类目设置应有可能经过技术性的处理后,满足系统间信息交换的要求。

8.2.2 信息分类可采用以下基本方法:

1 线分类法是将初始的分类对象,按选定的属性作为划分基础,逐次地分成相应的若干层级类目,并排列成一个有层次的逐级展开的分类体系。

2 面分类法把给定的分类对象,根据其本身固有的各种属性,分成互相之间没有隶属关系的面,每个面都包含一组类目。将某个面的一种类目和另一个面的一种类目组合在一起,即组成一个复合类目。

3 混合分类法可将线分类法和面分类法两种方法相结合进行混合分类,适用于对复杂事物分类。

8.3 信息编码

8.3.1 信息编码应将表示信息的某种符号体系,转换成便于计算机处理的另一种符号体

系。编码应遵守以下原则：

1 唯一性：代码结构必须保证每个编码对象有一个唯一的代码。

2 可扩性：代码结构体系应留有足够的备用码，有适应新类目增加和旧类目删减的空间。

3 简明性：编码形成的代码长度应最短，结构应简单明了。

4 稳定性：编码形成的代码的数值应稳定，不应频繁变动。

5 自检能力：编码形成的代码体系应具有检测差错的自身核对性能，以适应计算机的处理。

8.3.2 信息编码可采用以下基本方法：

1 顺序编码法：对容量不大的编码对象集合体，宜按类目在分类体系中的先后出现的次序，依次给以顺序编码，并采用等长码，满足信息处理的要求。

2 系列顺序编码法：对分类深度不大的编码对象集合体，宜将整个编码对象集合体，按一定的属性或特征划分为系列，集合体的每一系列，一般按顺序登记获得代码。每个系列中通常留有后备号。

3 层次编码法：对线分类（层级分类）体系，编码宜按层级依次进行，分成若干层次，使每个分类类目按分类层级一一赋予对应的代码。

4 平行编码法：对面分类体系，宜将每个分类面确定一定数量的码位，并将各个面的代码进行组合。

5 混合编码法：分别列出分类对象的各种属性或特征，部分用层次编码法表示，部分用平行编码法表示。

8.3.3 用一个或一组字符表示某一特定事物或概念的代码，应具有以下基本特征：

1 种类：代码按表示的字符类型可采用数字型代码、字母型代码和数字、字母混合型代码。

2 形式：按属性代码可采用无含义代码和有含义代码两类基本形式。

3 功能：代码应具有标识、分类、排序和特定含义的功能。标识应具有唯一性。

9　中文信息处理

9.1　信息编码

9.1.1　在 CAD 系统信息交换中使用七位编码字符集应符合国家标准《信息处理——信息交换用七位编码字符集》(GB 1988—89)的规定。

9.1.2　在 CAD 系统信息交换中使用八位编码字符集应符合国家标准《信息处理——信息交换用八位代码结构和编码规则》(GB 11383—89)的规定。

9.1.3　在 CAD 系统信息交换中使用扩充的七位编码和八位编码字符集应符合国家标准《信息处理——七位和八位编码字符集——代码扩充技术》(GB 2311—90)的规定。

9.1.4　在 CAD 系统信息交换中涉及到国际性的编码字符集时,可直接采用国际标准化组织已经制订或已经接受了它们登记的编码字符集。

9.2　汉字信息处理

9.2.1　在 CAD 系统中使用汉字及其代码实现计算机汉字处理、汉字通信等系统之间的信息交换时,应符合国家标准《信息交换用汉字编码字符集——基本集》(GB 2312—80)、《信息交换用汉字编码字符集——第二辅助集》(GB 7589—87)、《信息交换用汉字编码字符集——第四辅助集》(GB 7590—87)的规定。

9.2.2　在 CAD 系统使用繁体汉字及其代码实现计算机繁体汉字处理、繁体汉字通信等系统之间的信息交换时,应符合国家标准《信息交换用汉字编码字符集——第一辅助集》(GB/T 12345—90)、《信息交换用汉字编码字符集——第三辅助集》(GB/T 13131—91)、《信息交换用汉字编码字符集》——第五辅助集(GB/T 13132—91)的规定。

9.2.3　CAD 系统中汉字信息处理应积极跟踪 UCS 技术发展,不断创造条件,逐步采用符合国家标准《信息技术——通用多八位编码字符集 UCS》(GB 13000.1—93 或 ISO/IEC 10646)的汉字库,以利于国内软件进入国际市场。

9.2.4　在 CAD 系统中汉字信息处理采用双字节编码系统时,汉字大字符集应符合国家标准《汉字内码扩展规范(GBK)》的规定,采用该标准提供的具有 20 902 个汉字的扩展双字节代码体系,保证与现行国家标准 GB 2312—80 内码体系兼容和支持国家标准 GB 13000.1—93 提供的 CJK(中国、日本、韩国)大字符集,实现基于 GBK 代码体系的 CJK 大字符集开放体系中文平台。

9.2.5　在解决西文操作系统有效地系统地汉化时,宜采用中文平台建造一个统一的中文应用环境,保证在西文操作系统下直接运行西文 CAD 系统及有关软件,同时能处理汉字信息。

9.2.6　在 DOS 操作系统下采用的中文平台应符合国家标准《DOS 中文信息处理系统接口规范》(GB/T 15189—94)的规定,采用该标准定义的应用程序调用中文系统功能接口和中文系统驱动程序接口,保证DOS操作系统有一个统一的中文应用环境,实现DOS操作系统完全汉化,又能与国际先进技术接轨。

9.2.7 在UNIX操作系统下采用的中文平台应符合国家标准《UNIX中文信息处理系统接口规范》的规定,采用该标准提供的用户界面、编程接口和灵活的中文字形控制技术,保证UNIX操作系统有一个完整的图形化中文处理环境,确保UNIX操作系统完全汉化,又能与国际先进技术接轨。

9.2.8 在Windows操作系统下采用的中文平台应符合事实上的工业标准。采用该标准提供的内核汉化系统,保证Windows操作系统有一个完整的图形化中文处理环境,实现西文Windows应用软件和带驱动程序的外设具有直接处理中文和在Internet网络上直接进行中文信息处理。

9.2.9 CAD系统需要使用GB 2312—80之外的常用特殊字符,其图形字符编码应符合表9.2.9的规定:

表9.2.9 CAD常用图形符号编码表

前三位 / 后一位	880	881	882	883	884	885	886	887	888	889
0		0	0	A	K	U	a	k	u	(Ⅴ)
1	m^2	1	1	B	L	V	b	l	v	(Ⅵ)
2	m^3	2	2	C	M	W	c	m	w	jg
3	0/00	3	3	D	N	X	d	n	x	sg
4	1/50	4	4	E	O	Y	e	o	y	
5	1/100	5	5	F	P	Z	f	p	z	
6	1/150	6	6	G	Q	10^2	g	q	(Ⅰ)	
7	1/300	7	7	H	R	10^3	h	r	(Ⅱ)	
8	▽	8	8	I	S	10^4	i	s	(Ⅲ)	
9	$\underline{\underline{\nabla}}$	9	9	J	T	10^5	j	t	(Ⅳ)	

9.3 汉字输入

9.3.1 汉字输入可用以下两种方法:

1 通过计算机键盘人工输入的汉字编码输入。

2 文字识别输入或语音识别输入的计算机自动识别输入。

9.3.2 汉字编码输入宜采用音码输入、形码输入和混合码输入三种方式。

9.3.3 在选择汉字编码输入方法时,可在通过《通用键盘汉字编码输入方法评测规则》(GB/T 14159—93)评测获得A级的输入方法中根据具体情况选择使用。汉字编码输入方法设计者可采用该标准提供的静态测试、定性评价、动态测试、数据处理、综合评定等功能来改进或优化方案。

9.3.4 实用的印刷体汉字识别系统的结果应为汉字内码,应具有版面分析文体识别及识别结果后处理、自动纠错、编辑和输出等功能,应至少能识别GB 2313—80规定的6 763个汉字。实用的联机手写汉字识别系统应能解决特定的手写稿自动录入,应根据特定人的手写特征,建立专用的识别字典,实现特定人手写文稿的自动识别。

9.4　汉 字 输 出

9.4.1　计算机应采用点阵字型、矢量字型和轮廓字型输出汉字。

9.4.2　在点阵字型汉字输出中,采用的字模集及数据集应符合下列国家标准的规定:

1　GB 5199.1—85　信息交换用汉字 15×16 点阵字模集

2　GB 5199.2—85　信息交换用汉字 15×16 点阵字模数据集

3　GB 5007.1—85　信息交换用汉字 24×24 点阵字模集

4　GB 5007.2—85　信息交换用汉字 24×24 点阵字模数据集

5　GB 6345.1—85　信息交换用汉字 32×32 点阵字模集

6　GB 6345.2—85　信息交换用汉字 32×32 点阵字模数据集

7　GB 12307—89　信息交换用汉字 36×36 点阵宋体字模数据集及数据集

8　GB 12308—89　信息交换用汉字 36×36 点阵仿宋字模数据集及数据集

9　GB 12309—89　信息交换用汉字 36×36 点阵楷体字模数据集及数据集

10　GB 12040—89　信息交换用汉字 36×36 点阵黑体字模数据集及数据集

11　GB 12041—89　信息交换用汉字 48×48 点阵宋体字模数据集及数据集

12　GB 12042—89　信息交换用汉字 48×48 点阵仿宋字模数据集及数据集

13　GB 12043—89　信息交换用汉字 48×48 点阵楷体字模数据集及数据集

14　GB 12044—89　信息交换用汉字 48×48 点阵黑体字模数据集及数据集

9.4.3　在矢量字型汉字输出中,采用的矢量汉字库应符合下列国家标准的规定:

1　GB/T 13844—92　图形信息交换用矢量汉字　单线宋体字模集与数据集

2　GB/T 13845—92　图形信息交换用矢量汉字　宋体字模集与数据集

3　GB/T 13846—92　图形信息交换用矢量汉字　仿宋体字模集与数据集

4　GB/T 13847—92　图形信息交换用矢量汉字　楷体字模集与数据集

5　GB/T 13848—92　图形信息交换用矢量汉字　黑体字模集与数据集

9.4.4　在 CAD 系统的应用中,可采用以下两种方式调用矢量汉字库绘制汉字:

1　提供相应的汉字字符输入程序,使用户能在计算机图形支撑软件下交互编辑与修改汉字、词组和在中文操作系统下用字处理软件生成的汉字。

2　提供与高级语言的汉字接口,使高级语言能直接调用矢量汉字库并通过其图元功能绘出所需汉字。

9.4.5　在需要高质量汉字输出的情况下,可采用曲线轮廓汉字输出技术。

10　系统安全

10.1　设备安全

10.1.1　计算机系统中的任何设备,在正常使用条件下,以及在某一可能的故障条件下,应能确保防止人身伤亡,避免引起火灾,满足安全的最基本要求。

10.1.2　计算机系统应建立可靠的供电系统。供电系统中应着重考虑供电标记、供电质量以及确保供电质量相应措施。

1　计算机系统中的任何设备均应明确标有电源额定电压、负载额定电流、电源额定频率等供电标记,并应按供电标记投入使用。

2　应确保供电质量,防止突然停电或电网电压波动大等原因造成计算机硬件故障,保证计算机系统正常运行。

3　应采用以下措施确保供电质量:

1)大的计算机系统或计算机数量集中的计算中心,宜配备单独的供电变压器系统,在该供电系统线路上不应有大功率电机、电焊机等设备,避免因启动电流过大造成线路瞬间脉冲电压的干扰。

2)计算机系统应按系统要求配备符合国家标准的专用地线。每年应检查测试一次;

3)宜配备 UPS(不间断电源),保证计算机系统安全;

4)三相用电设备应保证相序正确,相序负载平衡,严禁缺相。

10.1.3　应重视机房环境,确保机房温度、湿度、清洁度符合计算机应用要求,保证计算机正常稳定运行。

1　应按计算机安装手册所要求的范围控制机房温度。冬、夏季在开机之前,机房温度与系统要求相差太多时,首先应通过空调器调整温度,且温度变化梯度应小于 ±5 ℃/h。有条件的大型机系统机房,可使空调 24 小时连续运行。

2　机房应保持系统规定湿度。在机房湿度不满足要求时,应设置加湿器或去湿器。

3　机房必须注意防尘,各种设备应定期清除灰尘,各种设备的空气过滤器应按规定定期清扫或更换。

10.1.4　应树立安全第一的管理观念,切实加强计算机系统的系统管理、安全防火管理以及运营管理。

1　系统管理应为用户提供最佳的硬件和软件应用环境。

2　机房应按规定配备消防报警装置,按照"谁主管、谁负责","安全第一、预防为主"的原则,制定"计算机机房安全防火制度",并严格执行。

3　运营管理应按照"安全第一、用户第一"的原则,制订"机房运营管理规则",对各类计算机设备的操作规程、用户上机须知、机房管理人员职责、机房管理注意事项等问题作具体规定,并严格执行。

10.1.5　计算机系统硬件维修应贯彻"预防为主、修理为辅"的原则,加强日常保养,做好故障预检。

10.1.6 应建立定期检修制度，对大、中型计算机系统应建立日值班、周检修、月点检、年大修制度，确保计算机设备完好。设备的随机资料、图纸、配套工具要妥善保管，防止丢失、损坏。检修和排除故障应作详细记录。

10.2 信息安全

10.2.1 应分类分级采取安全保密措施，确保数据库系统、计算机网络、应用软件与数据等的信息安全。

10.2.2 数据库系统安全应满足下列要求：

1 数据库的完整性应包括物理上的完整性、逻辑上的完整性以及库中元素的完整性。

1）物理上的完整性应保证数据库的数据不受物理故障（如掉电）的影响，并有可能在灾难性毁坏时重组数据库。

2）逻辑上的完整性应具有对数据库逻辑结构的保护能力。

3）库中元素的完整性应保证每个元素所包含的数据是准确无误的。

2 数据库的可用性应对用户有友好界面，用户可以用普通方式访问数据库中所有授权访问的数据。

3 数据库的保密性应具有用户身份签别、访问控制以及可审计性的能力。

1）用户身份签别应保证每个用户是绝对可识别的，可对它进行审计跟踪，并保证对特定数据的访问保护。

2）访问控制应保证用户仅能访问授权数据，并保证同一组数据的不同用户可以被赋予不同的访问方式。

3）可审计性应有能力跟踪谁访问了数据库中的哪些元素。

10.2.3 计算机网络安全应提供网络加密技术、密钥管理、网络访问控制、数字签名技术以及防火墙技术。

1 网络加密可采用下列加密方式：

1）链路加密方式应在数据置于物理通信链路之前对数据进行加密，防止对网络业务流进行分析，并对网络口令和在链路层中产生的控制信息进行有效保护。

2）端到端加密应在网络表示层或应用层上进行加密，对信息本身提供保护。

2 密钥管理应由密钥的产生、分配、注入、验证和使用所组成。应加强密钥管理，确保密钥密码系统的安全。

3 访问控制应在操作系统、网络和应用软件三级采取措施。

1）操作系统级采用用户识别和口令进行控制。

2）网络级采用入网口令进行控制。

3）应用级采用对用户访问权限进行控制。

4 计算机网络安全要具有通信的真实性。可采用数字签名在网络中实现通信真实性，它应能解决以下问题：

1）接收者能够核实发送者对报文的签名。

2）发送者事后不能抵赖对报文的签名。

3)接收者不能伪造对报文的签名。

5 防火墙应是内部网与外部网(如 Internet 网)之间的界面上构造的一个保护层,它应强制所有的连接都必须经过此保护层,在此进行检查和连接。保护内部网资源免遭非法入侵。

10.2.4 应用软件安全应采用如下策略和措施:

1 设立安全保护子程序,充分运用操作系统和数据库管理系统提供的安全手段,加强对用户的识别检查及控制用户的存取权限。

2 对所有的程序进行安全检查测试,并定期运行程序进行抽样检查,发现不安全因素及时维护完善。

3 对应用程序进行加密处理。

10.2.5 数据安全应采取有效措施,防止非授权者利用系统资源的弱点来侵害系统或系统内的信息,可采用如下技术措施保护数据安全。

1 加强存取控制,防止非法访问。

1)采用最小特权、最小泄露、最大共享以及推理控制等存取控制原则。

2)采用用户的识别与验证、编制用户存取能力表及存取控制表、强制存取控制等存取控制方法。

2 宜采用以下数据加密方法,保障数据秘密性和真实性。

1)序列密码:采用伪随机序列,通过调用随机函数来产生密码,对数据加密。

2)分组密码:采用数据加密标准 DES 密码。DES 的加密过程包括子密钥的生成、初始移位、乘识变换与逆初始变换。

3)公开密钥密码:采用公开加密密钥,保密解密密钥。

4)磁盘文件数据信息加密:对磁盘中的数据文件采用序列密码、分组密码或公开密钥密码加密,对存储的重要信息必须运用综合加密手段处理。

3 重要的数据应有完整的备份。

4 所有的数据备份都应登记,妥善保管,防止被盗、破坏、误用。重要数据的备份还应定期检查、复制,保证备份数据的完整性、使用性和时效性。

10.2.6 严格遵循《中华人民共和国计算机信息系统安全保护条例》,切实做好安全工作。

1 计算机信息系统安全保护应保障计算机及其相关的和配套的设备、设施的安全、运行环境的安全及信息的安全。保证计算机功能的正常发挥。

2 建立与健全计算机信息系统安全管理制度,应包括以下内容:

1)各类人员职责规定;

2)计算机信息系统使用管理规定;

3)计算机网络运行规定;

4)计算机资源使用、变更规定;

5)计算机数据存储介质的存储使用规定;

6)计算机功能研究开发规定;

7)计算机系统环境安全管理规定;

8)人事管理规定;

9)计算机安全教育。

10.3 计算机病毒的防治

10.3.1 计算机系统应加强管理,采取有效防治措施,预防计算机病毒的侵害。

10.3.2 在微机运行过程中,应关注可能是计算机病毒的以下症状,并及时按规定进行处理。

1 屏幕显示异常,出现一些与当前任务无关的信息。

2 计算机不能正常启动,有时还显示一些与系统引导无关的信息。

3 磁盘存储空间容量出现异常减少。

4 丢失程序和数据文件,或者遭受破坏。

5 磁盘卷标被修改。

6 机器的蜂鸣器异常发声。

7 读取有写保护的磁盘时,出现写保护错误信息。

8 内存容量异常减少。

9 系统不承认磁盘。

10 中断向量出现异常变化。

11 文件分配表中出现坏簇标志。

12 对磁盘的异常读写,或读写时驱动器异常发声,或磁头异常移动。

13 系统的死机现象增加。

14 文件长度和日期发生异常变化。

15 磁盘启动或读写时需要输入意外的口令。

10.3.3 微机系统如发现有以下计算机病毒破坏现象,应采取措施处理。

1 删除系统和用户文件。

2 破坏磁盘中的所有文件。

3 改变磁盘分配记录,导致写入错误。

4 减少内、外存空间,使正常的文件运行和存储不能实现。

5 对特定的磁道或整个磁盘进行格式化,破坏其上所有数据。

6 破坏磁盘引导区、文件分配表、目录区。

7 系统异常死机。

8 封锁键盘,屏幕显示混乱。

9 降低系统的运行速度。

10 更改或重写卷标。

10.3.4 防治微机计算机病毒应采用如下的措施与方法:

1 用在 BIOS 内带防引导型病毒侵入的微机,防止病毒侵犯系统引导扇区及 DOS 系统。

2 用防病毒卡防止各种病毒入侵。

3 用防病毒软件进行检测和清除病毒。

4 定期检测系统引导扇区的内容,比较常用文件的长度,特别应将系统软盘中的 COMMAND. COM 与硬盘中的 COMMAND. COM 相比,如发现内容有变化或长度有变化,应及时处理。

5　不使用盗版软件和来历不明的软件，不让无关人员操作微机。

6　对外来软件，应进行严格检测，确认没有病毒才可在微机中使用。

7　不得在微机上运行游戏程序。

10.3.5　必须防止计算机病毒对网络的侵害，避免造成网络系统的瘫痪、服务器及各站点的数据和系统损坏。应采用如下的措施与方法防治网络计算机病毒。

1　防治网络上的每个站点出现的计算机病毒，摘除有病毒的站点，经处理确认没有病毒后，再加入网络中。

2　在计算机网络正常运行过程中，应随时复制数据文件的副本，留作备份，并作为数据文件监测和分析使用，及早发现隐患并采取相应的处理措施。

3　在通信协议层及其实现软件中加入一个预防检测消除病毒的软件，防止病毒的传播。

4　在数据到报文分组的各层协议实现中，增加检毒和报警功能。

附录A 有 关 标 准

A.0.1 国家标准：

1 GB 9544 《计算机图形核心系统》

2 GB 12991—91 《信息处理系统 数据库语言 SQL》

3 GB 10091.1—88 《事物特性表 定义和原理》

4 GB/T 15049.1—94 《CAD 标准件图形文件 编制总则》

5 GB/T 15049.2—94 《CAD 标准件图形文件 几何图形和特性规范 A 类图形构件》

6 GB/T 14213—93 《初始图形交换规范》

7 GB/T 14665—93 《机械制图用计算机信息交换制图规则》

8 GB 4457.4—84 《机械制图 图线》

9 GB 4457.5—84 《机械制图剖面符号》

10 GBJ 1—86 《房屋建筑制图统一标准》

11 GB 1988—89 《信息处理——信息交换用七位编码字符集》

12 GB 11383—89 《信息处理——信息交换用八位代码结构和编码规则》

13 GB 2311—90 《信息处理——七位和八位编码字符集——代码扩充技术》

14 GB 2312—80 《信息交换用汉字编码字符集——基本集》

15 GB 7589—87 《信息交换用汉字编码字符集——第二辅助集》

16 GB 7590—87 《信息交换用汉字编码字符集——第四辅助集》

17 GB/T 12345—90 《信息交换用汉字编码字符集——第一辅助集》

18 GB/T 13131—91 《信息交换用汉字编码字符集——第三辅助集》

19 GB/T 13132—91 《信息交换用汉字编码字符集——第五辅助集》

20 GB 13000.1—93 《信息技术通用多八位编码字符集(UCS)第一部分:体系结构与基本多文种平面》

21 GB/T 15189—94 《DOS 中文信息处理系统接口规范》

22 GB/T 14159—93 《通用键盘汉字编码输入方法评测规则》

23 GB 8566—95 软件生存期过程

24 GB 9386—88 计算机软件测试文件编制指南

25 GB 12504—90 计算机软件质量保证计划规范

A.0.2 国际标准：

1 ISO/IEC DIS 11072 计算机图形参考模型 CGRM

2 ISO 7942 计算机图形核心系统 GKS

3 ISO 9592 程序员层次交互图形系统 PHIGS

4 ISO 8805 计算机图形核心系统——三维 GKS-3D

5 ISO 8651 FORTRAN、Pascal、C 与 GKS 的语言联编

6 ISO 8806 FORTRAN Pascal、C 与 GKS-3D 的语联编
7 ISO 9593 FORTRAN、Pascal、C 与 PHIGS 的语言联编
8 ISO 8632 计算机图形元文件 CGM
9 ISO 9636 计算机图形接口 CGI
10 ISO /IEC DIS 10641 图形标准实现的一致性测试 CTIGS
11 ISO /IEC 11172 运动图片和数字存储媒体音频的编码标准 MPEG-1
12 ISO 10032 数据管理参考模型 DMRM
13 ISO 10027 信息资源词典系统 IRDS
14 ISO/IEC 9075 结构化查询语言 SQL
15 ISO 9576—1 远程数据库访问 RDA——类属模型服务和协议
16 ISO 9576—2 远程数据库访问 RDA——SQL 专门化
17 ISO 13584 CAD 标准件库标准
18 ISO 10303 产品模型数据传输与交换标准 STEP
19 ISO 128 技术制图——图示一般原则
20 ISO 129 技术制图——尺寸注法
21 ISO 3098 技术制图——字体
22 ISO 5455 技术制图——比例
23 ISO 5457 技术制图——图纸尺寸和格式
24 ISO 3461 设计图形符号的基本原则
25 ISO /DIS 11442 计算机辅助设计与制图要求
26 ISO 7498 开放系统互连参考模型 OSI
27 ISO 802 局域网参考模型和互连国际标准
28 ISO 646—1983(E) 信息处理——信息交换用 ISO 七位编码字符集
29 ISO 4873—1986 信息处理——信息交换用八位代码——结构和编码规则
30 ISO 2022—1986 信息处理——七位和八位编码字符集——代码扩充技术
31 ISO /IEC 10646.1—1993 信息技术通用多八位编码字符集(UCS)第一部分:体系结构与基本多文种平面

附录 B　软件文档的封面形式

软件文档带封面应采用标准形式。在本附录中分别给出了有代表性的《可行性研究报告》(见附件 P)、《项目开发计划》(见附件 Q)、《软件需求说明书》(见附件 R)、《模块开发卷宗》(见附件 S)和《用户手册》(见附件 T)的封面标准形式。

附件 P

编号____________

版本____________

可 行 性 研 究 报 告

项　目　名　称________________________________

项 目 管 理 单 位________________________________

可行性研究单位________________________________

可行性研究负责人________________________________

编 写 者____________　　年　　月　　日

审 核 者____________　　年　　月　　日

批 准 者____________　　年　　月　　日

附件 Q

编号____________

版本____________

项 目 开 发 计 划

项　目　名　称________________________________

（　缩　写　词　）________________________________

项目管理单位________________________________

开　发　单　位________________________________

项　目　负　责　人________________________________

编 写 者____________　　年　　月　　日

审 核 者____________　　年　　月　　日

批 准 者____________　　年　　月　　日

附件 R

编号__________
版本__________

软 件 需 求 说 明 书

项 目 名 称______________________________

（ 缩 写 词 ）______________________________

开 发 单 位______________________________

项 目 负 责 人______________________________

阶 段 负 责 人______________________________

编 写 者__________ 年 月 日

审 核 者__________ 年 月 日

批 准 者__________ 年 月 日

附件S

编号____________

版本____________

模块开发卷宗

项 目 名 称________________________________

（ 缩 写 词 ）________________________________

模 块 名 称________________________________

（ 标 识 符 ）________________________________

程 序 员____________

建卷日期____________

卷宗序号____________

附件 T

编号____________

版本____________

用 户 手 册

项　目　名　称______________________________________

（　缩　写　词　）______________________________________

开　发　单　位______________________________________

项　目　负　责　人______________________________________

编 写 者____________　　　　年　　月　　日

审 核 者____________　　　　年　　月　　日

批 准 者____________　　　　年　　月　　日

附录 C　软件立项申报书

项目名称			
申报单位			
联 系 人		电　　话	

申报理由(用途、功能、预期效果):

可行性研究单位(建议)	
项目开发单位(建议)	
是否属于规划项目	

软件类别	企业☐　计算☐　CAD☐　系统软件☐　其他☐

申报单位意见:	项目管理单位意见:
单位盖章　　年　月　日	单位盖章　　年　月　日

附录 D　软件开发项目合同书

“软件开发项目合同书”除封面外，由项目概况、项目开发初步计划、合同条款（见附件 U）、甲、乙方签章和两个附件五部分组成。

合同封面上方应使用醒目的大号字体印有“软件开发项目合同书”字样；封面中部应有“项目名称”和“合同编号”；封面下部应有“开发单位”、“协作单位”、“项目负责人”、“项目起止日期”、“项目管理单位”和“立项日期”等栏目。

合同正文可按下列条目安排：

1. 项目概况

1）软件功能简要说明

2）主要研究内容及关键技术问题

2. 项目开发初步计划

1）软件产品种类及名称

2）支持服务项目名称

3）主要参加人员及分工

4）进度安排

5）用工计划

6）经费预算

7）硬、软件环境条件

3. 合同条款（附后）

4. 甲、乙方单位、负责人签章

甲方：负责人签字，单位盖章

乙方：项目负责人、单位负责人签字，单位盖章

附件一　《可行性研究报告》

附件二　《项目开发计划》

附件 U

合同共同条款

1. 合同甲方单位：　　　　　　；合同乙方单位：

2. 合同双方签章后生效，双方都必须严格遵守。甲方中途终止或不履行合同时，所拨经费不得退回，乙方中途无故撤消或不履行合同时，全部退回所拨经费。

3. 在合同执行过程中，如需修改合同某项条款，乙方需向甲方提出修改内容及理由，经甲方批准后有效。

4. 对合同的执行情况，乙方必须于当年七月和第二年一月向甲方提出上半年及全年合同执行情况及经费决算的正式报告。

5. 甲、乙方及各协作单位对本专题中不宜公开的资料负有保密责任。

6. 软件开发合同所拨经费，采取专款专用的原则。若经费超过审定的总经费，由乙方负责解决，但不得影响合同规定的进度和内容。

7. 软件开发经费一般不应包括添置设备费用，如必须添置设备应与甲方协商解决。

8. 合同项目完成后，乙方必须在三个月内向甲方提交合同执行总报告及经费的决算报告，并按软件工程规范要求准备验收资料。乙方提出鉴定申请报告后，由甲方组织有关单位按要求进行验收鉴定。不符合验收条件的，乙方应按提出的修改内容限期完成，并负经济责任。

9. 软件鉴定后，乙方应向甲方提供源程序（含软盘），细框图及有关归档资料。

10. 软件鉴定前应由甲方指定一至二个非开发单位试用并由试用单位提出使用报告，试用单位对软件各种资料负有保密责任。

11. 合同项目的版权属　　　　　　所有，采取有偿转让供用户使用。经费及使用由　　　　　　核定。

附录 E　模块开发卷宗履历表

卷宗编号　　　　　　　　　　　　　建卷日期：　　　　　　　　　　　　　建卷人：

<table>
<tr><td rowspan="2">系统名称</td><td>中文名称</td><td></td></tr>
<tr><td>标识符</td><td></td></tr>
<tr><td colspan="2">本卷宗所含模块的名称(标识符)</td><td></td></tr>
</table>

卷宗履历：

日　期	执行人	登　录/修改事项

附录 F　模块开发情况表

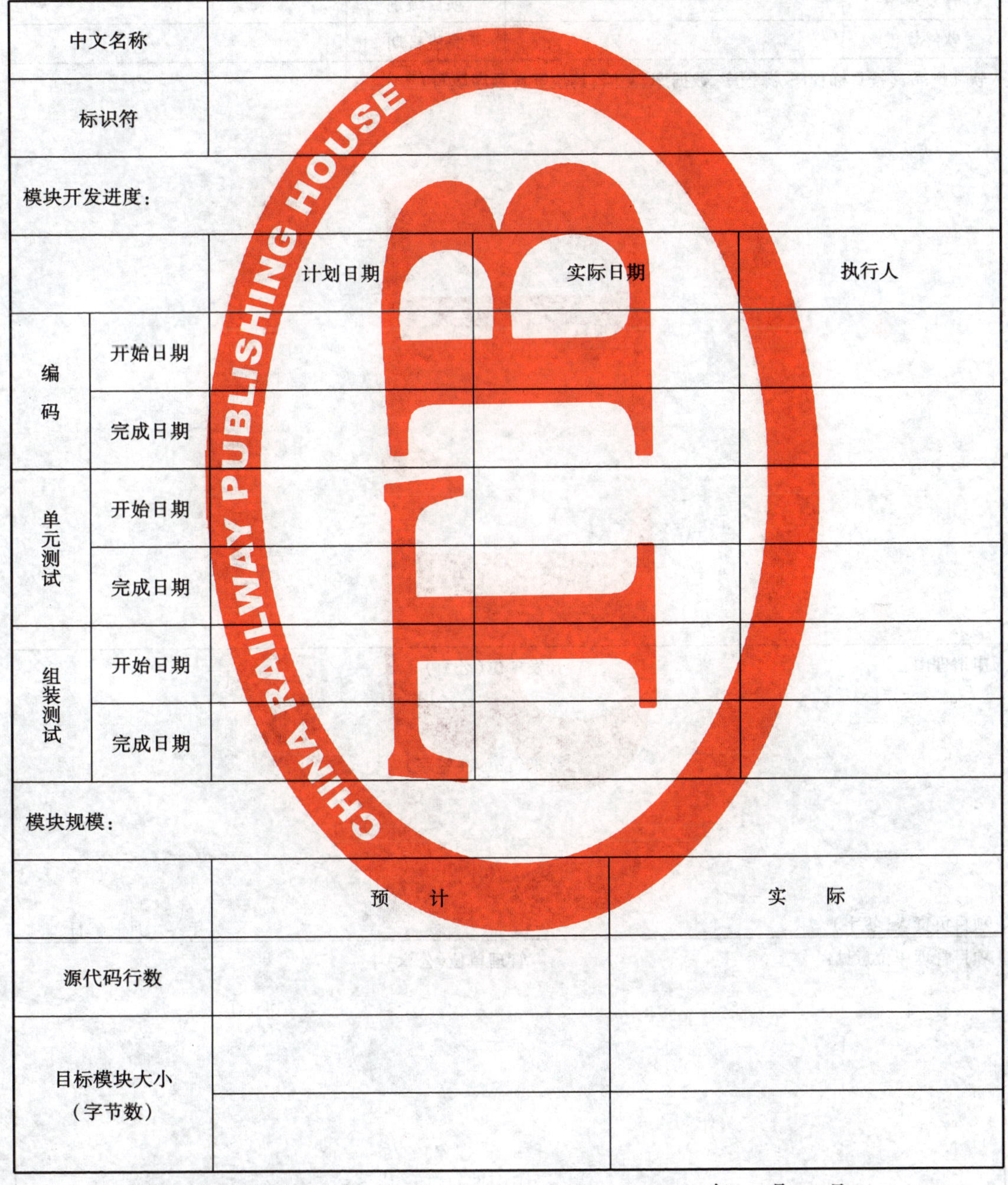

模块名称：

<table>
<tr><td colspan="2">中文名称</td><td colspan="3"></td></tr>
<tr><td colspan="2">标识符</td><td colspan="3"></td></tr>
<tr><td colspan="5">模块开发进度：</td></tr>
<tr><td colspan="2"></td><td>计划日期</td><td>实际日期</td><td>执行人</td></tr>
<tr><td rowspan="2">编码</td><td>开始日期</td><td></td><td></td><td></td></tr>
<tr><td>完成日期</td><td></td><td></td><td></td></tr>
<tr><td rowspan="2">单元测试</td><td>开始日期</td><td></td><td></td><td></td></tr>
<tr><td>完成日期</td><td></td><td></td><td></td></tr>
<tr><td rowspan="2">组装测试</td><td>开始日期</td><td></td><td></td><td></td></tr>
<tr><td>完成日期</td><td></td><td></td><td></td></tr>
<tr><td colspan="5">模块规模：</td></tr>
<tr><td colspan="2"></td><td colspan="2">预　计</td><td>实　际</td></tr>
<tr><td colspan="2">源代码行数</td><td colspan="2"></td><td></td></tr>
<tr><td colspan="2" rowspan="2">目标模块大小
（字节数）</td><td colspan="2"></td><td></td></tr>
<tr><td colspan="2"></td><td></td></tr>
</table>

模块开发复审者（签字）　　　　年　月　日

项目负责人（签字）　　　　年　月　日

附录 G　软件验收申请报告

<table>
<tr><td>项目名称</td><td></td><td>合同编号</td><td></td></tr>
<tr><td>开发单位</td><td></td><td>项目级别</td><td></td></tr>
<tr><td>软件规模</td><td></td><td>完成日期</td><td></td></tr>
<tr><td colspan="4">软件产品:(按目标程序、源程序、数据库、文档、其他资料顺序填写)</td></tr>
<tr><td colspan="4">申请理由:
开发单位(公章)
技术负责人(签字)
项目负责人(签字)　　年　月　日</td></tr>
<tr><td colspan="4">项目管理单位意见:
管理单位(公章)
负责人(签字)　　年　月　日</td></tr>
</table>

附录 H　软件验收证书

“软件验收证书”由封面和验收说明两部分组成。

封面的上方应使用醒目的大号字体印有“软件验收证书”字样。封面中、下部应有下列栏目：

证书编号

项目名称

项目合同编号

合同签订日期

合同完成日期

软件类型

开发单位

管理（验收）单位

验收日期

验收说明部分可按下列条目安排：

1. 功能简述及适用范围

2. 软件说明

（1）源程序语言

（2）源程序长度

（3）源程序结构方式

（4）目标程序长度

（5）程序存储介质

（6）硬件环境

①主要适用机型

②其他可用机型

③内存要求

④外存要求

⑤常规外设

⑥专用外设

⑦通讯设备

（7）软件环境

①运行操作系统

②软件支持环境

3. 软件产品清单（按目标程序、源程序、数据库、文档和其他资料的顺序填写）

4. 确认测试小组意见

5. 项目管理单位验收审查结论
6. 项目管理单位(公章)
7. 负责人签字及日期

附录 J　实例应用报告

软件系统名称	
项目开发单位	
项目管理单位	
应 用 单 位	
应 用 时 间	自　　年　　月至　　年　　月
所用实例概况：	
应用概况及发现的问题：	
对软件的评价意见： 执行负责人签字：	
应用单位意见： 负责人签字：	单位盖章 年　月　日

附录 K　软件问题报告

登记编号	
登记日期	
登记人签字	

软件系统名称与标识符				
子系统名称与标识符				
报告人	姓　名		电　话	
	单　位		地　址	
报告日期			发现问题日期	

问题类别：程序□　　数据库□　　文档□

程序标识符		版本号	
数据库标识符		版本号	
文档名称		版本号	

问题描述：

报告人对问题的分析意见：

备注

附录L　软件修改方案报告

登记编号	
登记日期	
登记人签字	

<table>
<tr><td colspan="3">软件系统名称与标识符</td><td colspan="4"></td></tr>
<tr><td colspan="3">子系统名称与标识符</td><td colspan="4"></td></tr>
<tr><td colspan="2">报告人姓名</td><td></td><td colspan="2">电　话</td><td colspan="2"></td></tr>
<tr><td colspan="2">报告人单位</td><td></td><td colspan="2">地　址</td><td colspan="2"></td></tr>
<tr><td colspan="2">报告日期</td><td></td><td colspan="2">针对的软件问题报告的编号</td><td colspan="2"></td></tr>
<tr><td colspan="2">修改方案附件名称</td><td colspan="5"></td></tr>
<tr><td colspan="7">修改方案概述：</td></tr>
<tr><td colspan="7">修改类别：　程序□　数据库□　文档□　解释□</td></tr>
<tr><td rowspan="4">版本变更意见</td><td>产品类别</td><td>产品名称</td><td>原版本号</td><td>新版本号</td><td colspan="2">修改工作量估计</td></tr>
<tr><td>程　序</td><td></td><td></td><td></td><td colspan="2"></td></tr>
<tr><td>数 据 库</td><td></td><td></td><td></td><td colspan="2"></td></tr>
<tr><td>文　档</td><td></td><td></td><td></td><td colspan="2"></td></tr>
<tr><td colspan="7">所需资源估计：　人工　　机时（机型、时间）</td></tr>
<tr><td colspan="7">评审意见：</td></tr>
<tr><td>负责人</td><td colspan="2"></td><td>评审日期</td><td colspan="3"></td></tr>
</table>

附录 M　软件修改完工报告

登记编号	
登记日期	
登记人签字	

软件系统名称与标识符			
子系统名称与标识符			
报告人姓名		电　话	
报告人单位		地　址	
报告日期		所根据的修改方案报告的编号	
修改实施情况概述：			
修改后测试成功否：　成功□　失败□			

版本变更情况	产品类别	名　称	原版本号	新版本号	变更数量
	程　序				
	数 据 库				
	文　档				

修改实用资源：　人工	机时（机型、时间）		
交付使用日期			
备　注			
审查人		审查日期	

附录N 本规范用词说明

为便于在执行本规范条文时区别对待，对于要求严格程度不同的用词说明如下：

N.0.1 表示很严格，非这样做不可的用词：

正面词采用“必须”；

反面词采用“严禁”。

N.0.2 表示严格，在正常情况均应这样做的用词：

正面词采用“应”；

反面词采用“不应”或“不得”。

N.0.3 表示允许稍有选择，在条件许可时首先应该这样做的用词：

正面词采用“宜”或“可”；

反面词采用“不宜”。

附加说明

本规范主编单位和主要起草人名单

主　编　单　位:铁道部第三勘测设计院

主 要 起 草 人:钟祥水、郑致平、王玉甫、吴建国、吴耀良、潘才仓、高淑华、张建华、宋国英、窦汝林、钱志明、王广琴、张学敏

在执行本规程的过程中,如发现需要修改和补充之处,请将意见及有关资料寄交铁道部第三勘测设计院(天津市河北区中山路 10 号,邮政编码 300142),并抄送铁道部建设司标准科情所(北京市朝阳门外大街 227 号,邮政编码 100020),供今后修订时参考。

《铁路工程 CAD 技术规范》条文说明

本条文说明系对重点条文的编制依据、存在问题以及在执行中应注意的事项予以说明。为了减少篇幅,只列条文号,未抄录原条文。

1.0.1 1991 年 8 月,国家科委、国务院电子信息系统推广应用办公室、国家技术监督局、机电部、建设部、航空航天部、国家教委和中国科学院就大力协同开展我国"计算机辅助设计(CAD)应用工程"给国务院呈送了请示报告(国科发工字(1991)第 590 号),明确指出"CAD 技术作为电子信息技术的一个重要组成部分,是促进科研成果的开发和转化,实现智能劳动自动化,加快国民经济发展和国防现代化的一项关键新技术,是提高产品和工程设计的技术水平,降低消耗,缩短科研和新产品开发以至工程建设周期、大幅度提高劳动生产率的重要手段;是科研单位提高自主研究开发能力、企业提高应变能力和管理水平,参与国际合作和竞争的重要条件;也是进一步向计算机辅助制造(CAM)、计算机集成制造系统(CIMS)发展的重要基础"。同时提出了今后十年和"八五"发展 CAD 应用工程的指导思想、目标和任务。92 年 4 月国务院以国办通(1992)13 号文批准了这个报告。96 年 12 月,国家科委领导在全国 CAD 应用工程工作会议上的讲话中,又提出了"九五"期间 CAD 应用工程的指导思想、总体目标、工作设想和实施措施,并宣布,"九五"期间,国家科委已把 CAD 应用工程列为重中之重项目。

1.0.4 建立系统的参考模型是当前 ISO/IEC 开展标准化工作的一种新方法,其目的是对复杂的系统从整体方面进行约束,使各个单元技术的发展能够协调一致。因此,当面对一个大的系统的时候,除了要考虑每一单元技术的标准化以外,还要考虑这一系统的总体结构,在信息技术标准化领域,"参考模型"的基本概念已经被普遍接受。目前,参考模型标准基本可以分为两大类,一类是面向系统应用的,主要用于指导建立并运行一个实际的系统或模型,如产品数据模型;另一类是指导进行标准化工作的,告诉用户如何划分系统,并给出建立标准的方法,如图形系统参考模型。

1.0.5 标准体系表是编制标准制定修订规划、计划的依据之一;是促进一定标准化工作范围内的标准组成达到科学合理化的基础;是一种包括现有应用和预计发展的标准的全面蓝图,并将随着科学技术的发展不断得到更新和充实。因此,研究标准化对象的体系,分析标准化体系的构成以及它们之间的关系,并绘制出相应的标准化体系表,用以指导标准化工作,是一种颇为有效的标准化方法。

1.0.6 软件标准化与软件版权保护是 CAD 软件开发和应用中的两个重要问题。标准的制定为软件技术的发展提供一种约束,但同时也提供了软件的集成性与开放性。软件保护为软件的交流应用提供了一种约束,但同时也保护了软件开发者的权益。要正确处理软件保护与软件开发的关系,软件受保护的内容应为计算机程序及有关文档,对软件的保护不应扩大到开发软件所用的思想、概念、发现、原理、算法、处理过程和运行方法，以有利于推广既有 CAD 软件中的先进技术，提高软件开发水平。

3.2.3 CGRM 是计算机图形环境的国际标准，编号为 ISO/IECDIS 11072。该标准总结了计算机图形标准化的现有成果，并为下一步标准化工作提出指导性框架，是制定有关计算机图形标准的重要依据。CGRM 把计算机图形定义为五个称为环境的抽象层，分别称为构造、虚拟、视见、逻辑和物理。见说明图 3.2.3—1。每个环境的内部模型是相同的，由数据元素和处理元素组成，见说明图 3.2.3—2。其中处理元素用矩形表示，数据元素用圆表示。数据流用箭头表示。发自数据元素指向处理元素的箭头表示该数据元素的值可由该处理来置定；从数据元素发出的带箭头的虚线表示该数据元素可从或可向数据获取元文件进口或出口；两个处理之间的箭头表示两者之间可以直接传送数据，而不用通过数据存储器。在五个抽象层中，允许其中某一层是空的。每一层有以下特征。

1 在构造层中要显示的应用数据“准备”成模型（该层的构图）。应用程序只能对模型和集合存储器进行编辑。指令存储器中的输入表征的格式与应用程序需要用的完全一致。

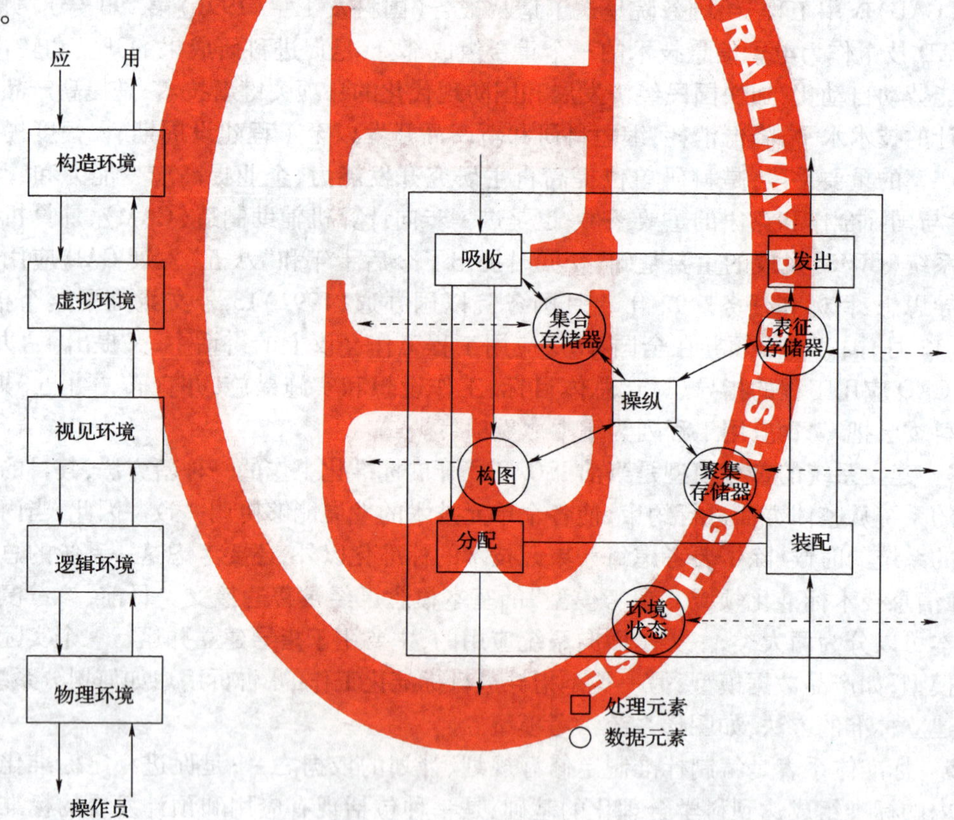

说明图 3.2.3—1 计算机图形环境　　　　说明图 3.2.3—2 环境模型

2 在虚拟层中，由上一层模型产生了它的景。景是由一组在几何上完全确定的虚拟输出原语构成（通常是三维图形）。

3 在视见层中，上一层的景通过投影得到一个特定的视图。视见环境中的输出原语的几何维数可能比虚拟层低一维。

4 在逻辑层中，视图通过着色、浓淡、消隐等手段形成图像。此时，将把所有颜色、浓淡、图案等特性附加到逻辑输出原语上去。

5 在物理层中,图像“呈现”为某个输出设备上的显示。

3.2.4 图形核心系统 GKS 是一个为应用程序服务的基本图形系统,它提供了在应用程序和一组图形输入、图形输出设备之间的功能性接口,该功能接口包括在各式各样的图形设备上为交互的或非交互的二维作图所需的全部基础功能,即:输出功能、输入功能、控制功能、变换功能、图段功能、元文件功能、询问功能和出错处理功能。

3.2.5 PHIGS 图形标准是在将二维与三维图形学中的技术概念加以总结与提炼的基础上制定出的一个独立于硬件设备的图形信息处理系统标准。它在应用程序与图形设备之间提供了一种功能接口。在图形数据组织上,它建立了独立于工作站的中心结构存储区(Center Structure Storage 简称 CSS)与图形档案管理文件;在图形操作上,它建立了适应网状的图形结构模式的各种操作;在图形基本元素(包括输出图形元素和属性元素)的设置上,它既考虑到二维与三维的结合,也满足矢量与光栅图像设备的某些特点。

GKS-3D 与 PHIGS 一样也是 ISO/IEC 所制定的三维图形核心系统,它提供了三维空间下的图形功能,包括了 GKS 的重要概念和特点,在三维空间里对原 GKS 的功能进行精确定义,这样两者在实现时并不相互依赖,而设计原则和基本结构上又尽量保持一致。GKS-3D 对于 GKS 的功能、格式、参数均可不作更改而同样运行,并能得到相同结果。这样使原有 GKS 应用程序可在 GKS-3D 上兼容。

3.2.8 CGI 描述了一个图形系统中独立于设备部分和依赖于设备部分之间的接口,其目的是在客户程序和虚拟设备之间,以一种独立于设备的方式提供图形信息的描述和通信,它所提供的功能集包括控制功能集、独立于设备的图形对象输出功能集、图段功能集、输入和应答功能集以及产生修改、检索和显示以象素数据存储的信息的光栅功能集。

控制功能集包括 CGI 涉及虚拟设备和出错控制的功能,它们参与图形图象信息的管理和接口的图形与非图形部分的内部关系的管理。这些功能可分为虚拟设备管理功能;坐标空间控制功能;出错控制功能;逸出功能与信息功能;询问功能。

输出功能集涉及图原功能、属性、对象的构成和其后的处理,以及有关的控制和询问功能,这些功能可分为图原功能;属性功能;通用属性和输出功能;检索功能;输出询问功能。

图段功能集规定图形对象如何组合到图段中,并用唯一的图段标识符标识,它提供用于产生、修改和操纵图段的功能。它包括图段操纵功能;图段属性功能;图段询问功能。

输入和应答功能集在 CGI 中,按返回数据的类型将逻辑输入设备分成八类,即定位器、笔划器、定值器、选择器、拣取器、字符串设备、光栅和普通类。应答功能集中的功能可分输入控制功能;请求和采样功能;应答请求输入功能事件输入功能;应答输出功能;输入和应答的询问功能。

光栅功能集提供了以象素数据存储信息的产生、修改、检索和显示的功能。这些功能可分为光栅控制功能;光栅属性功能;光栅操作功能;光栅询问功能。

3.2.9 窗口系统是控制位映象显示设备与输入设备的系统软件,是工作站与微机上 CAD 软件及图形用户界面的重要支持环境。它所管理的资源有屏幕、窗口、象素映象、色彩表、字体、光标、图形资源及输入设备。窗口系统向用户提供下列界面。

应用界面是最终用户和所显示窗口间的交换机制,它向用户提供灵活、高效、功能丰富的多窗口机制,包括各种类型的窗口、菜单、图形、正文、对话盒、滚动条及图符等对象,对这些对象的操作及它们间的相互通信。

编程界面是构造应用程序的多窗口界面，窗口系统提供了各类库函数、工具箱、对象类等编制机制。

窗口管理界面是对窗口实行宏观管理，它包括对各个窗口的布局，重显等进行控制的界面。

窗口系统的实现方式通常有两种类型：一种是基于核心的窗口系统，它把窗口系统的核心放到操作系统核心内。另一种把窗口系统的核心作为操作系统的用户进程（SEVER 进程）来对待，而窗口系统的应用程序作为另一个用户进程（Client 进程）来对待，称为基于客户—服务器模型的窗口系统。

美国国家标准技术委员会于 1990 年把 X 集团发布的 X Windows 11.3 版作为美国国家标准文件（编号为 FIP5—PUB—158）。说明图 3.2.9—1 与说明图 3.2.9—2 分别表示 X 窗口系统的进程通信和结构。

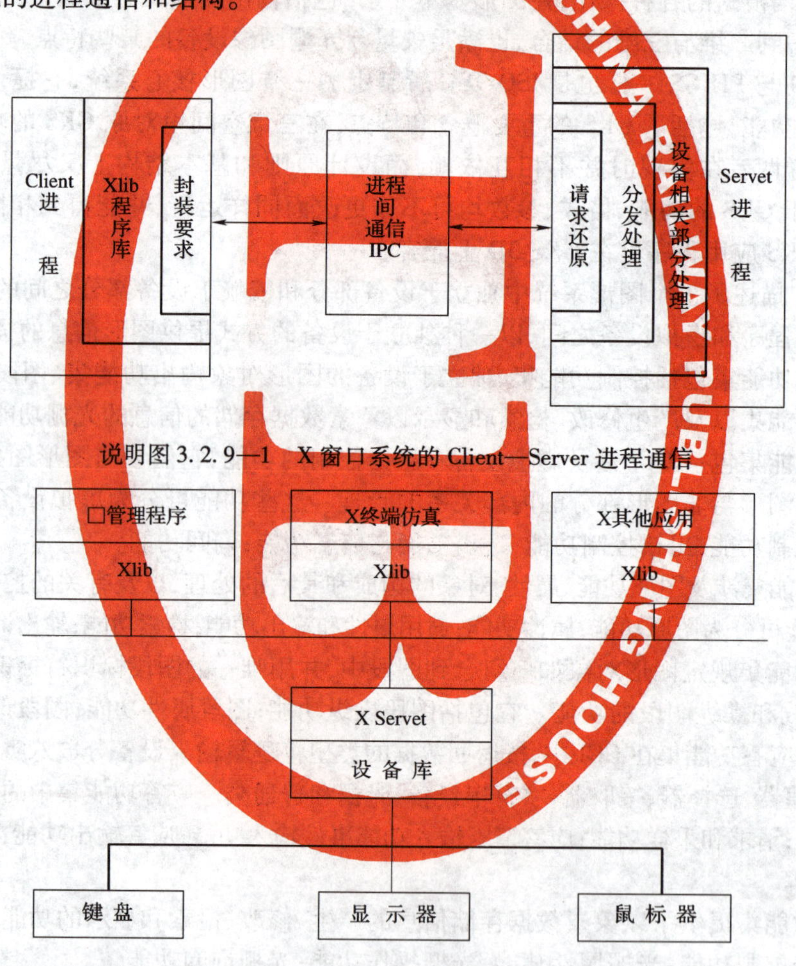

说明图 3.2.9—1　X 窗口系统的 Client—Server 进程通信

说明图 3.2.9—2　X 窗口系统结构

X 窗口系统 X.11.3 版本共包括以下 4 个内容：

1　X 窗口系统实际上由核心协议所定义。协议包括 4 个方面：请求、回答、出错及事件。

2　X 库是 X 窗口系统的 C 程序语言编程界面，是向应用程序员提供的低级编程界面。

3　X 工具箱是在 X 库上的高级编程界面。它向用户提供菜单、对话盒、图符等各种图形界面元素的编程手段。

4 字体标准格式是 X 窗口系统所提供各种字体的标准位映象的组成规定。

3.2.10 图形用户界面事实上的工业标准有以下几类。

OSF/Motif 是由开放软件基金会(OSF)1989 年发布的图形用户界面规范。它以 UNIX 操作系统及 X 窗口系统为软件平台,吸取了 IBM OS/2 的 Presentation Manager, MS—Windows 及 HP Newware 界面风格的特点,提供了风格、窗口管理、工具箱、用户界面语言(UIL)等一系列机制及规定,OSF/Motif 已在多种硬件平台及操作系统上工作。

Open look 是由 UNIX 国际在 1988 年发布的图形用户界面规范,它已作为 UNIX 系统第四、第五版本发布的重要组成部分已正式使用。它已在许多工作站上实现并推广使用。

MS—Windows 是 Microsoft 公司为 IBM 微机的 DOS 环境开发了 Windows 窗口系统,1990 年正式发布了 Windows 3.0 版。由于该窗口系统在存储管理上突破了原来 DOS 640KB 的限制,提供了功能强、速度快的多窗口图形处理功能,运行多道程序处理多任务的能力从而具有很强的功能,为在 DOS 环境下提供了可实用的图形用户界面。MS—Windows 的出现,便利 DOS 环境下的大量 CAD 软件有了一个十分强的窗口环境支持,从而使 CAD 的用户界面更加方便、一致。1992 年正式公布 Windows3.1 版,1993 年正式公布 Windows NT 版本。目前发表了 Windows 95。

3.2.12 运动图片专家组 MPEC 是在 ISO(国际标准化组织)的 IEC(国际电工委员会)内运作的一个工作组。MPEG 已经为远程通信、计算机、电视/电影制定了国际标准,编号为 ISO/IEC 11172(MPEG—1),与 ISO/IEC 13818(MPEG—2)。这些标准提供了用于通信、访问、数字视听和数据处理的新方法,可使用户达到关于音频视频内容交互式的多种形式,以及以一种整体的方式将人工的和自然的音频和视频信息溶合在一起。我国已将 ISO/IEC11172 (MPEG—1)国际标准转化为我国国家标准(等同采用),ISO/IEC 13818 (MPEG—2)也已列入近期内国家标准制定计划。

3.2.13 现有的主要 CAD 软件及开发平台都是基于 80 年代初期或更早的技术,无法满足用户以下几方面的技术要求,如:准确捕捉用户的设计意图;允许用户选择各种最好的软件工具,并在这些软件之间实现真正的互操作性;软件产品基于标准,具有开发性;使用户具有快速开发软件产品的能力。

新一代 CAD 软件开发平台是一个面向对象、事件驱动、完全基于 Microsoft Windows 或 UNIX/Motif 窗口操作系统的设计自动化软件开发平台。它采用了 90 年代各种最新的软件技术,为用户提供了一个先进的 CAD 软件开发平台。

3.3.3 数据管理参考模型 DMRM 是信息系统中实现数据管理标准化的基础,是制定数据库管理其他各项具体标准的依据,是一个重要的国际标准,编号为 ISO 10032。该标准提供了一个形式框架,用于指导具体标准的制订,支持信息系统的建设。DMRM 分为抽象模型和详细模型。抽象模型是对所有数据管理都公用的一般形式,是概括了数据管理的总体。详细模型是针对不同的数据管理细节而确定的具体模型。

3.3.4 信息资源词典系统 IRDS 是在信息系统中开发信息资源词典的国际标准,编号为 ISO 10027。该标准提供了关于定义、创建、维护和访问信息资源词典的方法,为开发信息资源词典提供一个公共基础。IRDS 由一系列标准组成,IRDS 框架规定了总体结构,并说明所含各成员标准在其中的地位。成员标准主要规定在 IRDS 总体结构中各部分之间的接口,包括:IRDS 服务接口、数据库服务接口、操作系统输入/输出接口、命令语言应用程序接口、IRDS 面板接口、IRDS 命令语言接口、人机接口处理器提供的接口等。

3.3.5 数据库语言标准SQL是用户与应用数据库的接口,是操纵应用数据库的重要工具。它的主要内容如下:

1 SQL结构化查询语言是一种非过程化的关系数据库语言,它有很强的数据处理功能,又能较容易地嵌入过程式高级语言混合编程开发软件。SQL标准规定了数据定义语言DDL、数据操纵语言DML的语法和语义,定义了数据的逻辑结构和基本操作,提供了数据库的设计、访问、维护、控制及保护等方面的能力,制定了嵌入到宿主语言FORTRAN、PASCAL、COBOL、PL/1编码的应用软件中的嵌入语法,是操纵应用数据库的重要工具,是关系型数据库的标准语言。

国际标准化组织于1989年颁布了国际标准ISO/IEC 9075—1989"信息处理系统数据库语言具有完整性增强特征的SQL"。

国家技术监督局于1991年颁布了国家标准GB 12991—91"信息处理系统数据库语言SQL"。

已经制定的SQL语言概括了大部分关系数据库软件的一些主要语言特征,明确规定了SQL数据库的数据定义语言DDL和数据操纵语言DML的语法和语义。

2 SQL语言标准支持的数据类型有以下三种:字符串类型、精确数值类型、近似数值类型。

其中精确数值类型又可分为:一般表示,用NUMERIC表示、十进制数,用DECIMAL表示、整数,用INTEGER表示、短整数,用SMALL INT表示。

近似数值类型可分为:浮点数,用FLOAT表示、实数,用REAL表示、双精度数,用DOUBLE PRECISION表示。

3 数据定义语言DDL基本功能:建立表并定义它的列及其特性(类型、长度等)、定义一个表或多个表和(或)其他视图之上的一个视图、为表建立索引、对一个已存在的表增加一列或修改一列的特性、从数据库中删除一个表或索引。

4 数据库操纵语言DML基本功能:从一个或多个表中查询指定的行和列、给表插入记录行、更改一个表中的某些字段的值、从一个表中删除一些行(记录)、与宿主语言的应用程序交换数据。

5 SQL语言的嵌入执行方式

1)可嵌入SQL语言的宿主语言有以下几种:

GB 3057 程序设计语言 FORTRAN

GB 4092 程序设计语言 COBOL

GB 7591 程序设计语言 PASCAL

GB 9542 程序设计语言 PL/1

2)嵌入语法

一个嵌入了SQL语言的宿主程序是由标准的程序设计语言编写的应用程序正文和SQL正文所组成。SQL正文包含一个或多个SQL语句。通过SQL申明节可以定义SQL变量,从而与宿主程序共享内存变量。

6 SQL2增强的功能

1992年国际标准化组织颁布了新的数据库语言标准SQL2,除兼容原SQL语言标准所规定的内容外,增强了以下许多新的功能。

1)增加了数据控制语言DCL

DCL 提供了一系列功能，包括撤消对已定义的模式、表、视图、列及数据值域的操作；收回所授予的特权；变更一个域的定义；变更表的定义；撤消或增加对表的约束等。

2）增加了动态 SQL 语句

动态 SQL 语句允许在执行一个已经完成编译、连接的应用程序中，根据不同情况动态地定义、编译且执行某些 SQL 语句。

3）增加了新的宿主语言。

增加了 C、Ada、MUMS 宿主语言。

4）增加了信息模式定义

信息模式定义规定了存放数据库结构的信息模式，它由许多表组成。另外，为使用户能方便地查询信息模式所存放的数据库结构信息，还规定了许多视图，用户可以直接访问这些视图，获得所需要的结构信息。

3.3.6 远程数据库访问 RDA 是基于客户/服务器体系结构网络环境下实现异种数据库系统之间互连、互操作的国际标准，它分为两部分，第一部分是关于 RDA 的类属模型、服务与协议的标准（ISO 9576—1），具体规定了 RDA 服务模型、RDA 数据库服务器、RDA 通信、RDA 服务功能等；第二部分是关于 RDA 的 SQL 专门化标准（ISO 9576—2），是对 ISO 9576—1 的具体补充，对以 SQL 语言为代表的关系数据库按照第一部分制定的功能设施规定了专门的服务和协议，能支持 RDA 客户和 RDA 服务器之间的对话，支持 RDA 服务器的所有服务功能，是实现 SQL 数据库联网操作的具体技术依据。

3.3.7 通用 CAD 数据库管理系统的功能可用中科院研制的工程数据库管理系统 EDBMS 为例作如下介绍：

1 EDBMS 是中科院计算所 CAD 开放实验室研制的工程数据库管理系统。EDBMS 是基于关系模型和网状模型的混合数据模型，并吸收了面向对象数据管理思想开发而成的，它能有效地表示工程设计数据，具有对结构化数据和非结构化数据统一表示和管理的能力，兼有网状模型的数据处理快速和关系模型的人机界面友好的优点。EDBMS 用 C 语言编写，适用于建筑 CAD、电子 CAD 和 CAD 支持软件的开发及其集成化。

2 系统与用户的接口方式

交互式：包括交互 SQL 语言和浏览编辑器

嵌入式：包括 60 个 C 函数库

3 系统的主要功能

1）具有传统的 DBMS 的基本功能，包括排序、报表、统计等功能

2）具有对格式化数据和非格式化数据集成管理能力

3）支持变长数据的表示和处理

4）支持空值识别和处理

5）支持复杂对象（包括对象间多对多关系）的描述和处理

6）支持工程长记录的表示和处理

7）支持工程长事务处理

8）具有模式动态处理能力

9）具有版本管理能力，支持多库管理

10）具有客户/服务器网络系统的分布处理功能

4 EDBMS 支持的数据类型

1)基本数据类型,包括字符型、数值型、逻辑型、日期型、备注型

2)扩充数据类型

EDBMS 引入四种扩充数据类型,它们是 A 型、N 型、L 型和 V 型。

A 型是一种集合类型,它可以是字符串集合、整数集合或实数集合,集合中的元素为有序且可以重复。

N 型是指针型,其值为表的名字。

L 型是长记录型,用于处理工程中长记录,其属性值本身是一个文件。

V 型属性值是可变长的字节位串,直接存储在记录中。

L 型和 V 型属性的差别仅仅在于每个 L 型属性的值对应于一个库文件,而一个 EDBMS 表的所有 V 型属性值都存于同一个库文件中。

3)用户自定义数据类型

在工程 CAD 应用中,对数据类型的要求是多样化的,EDBMS 允许用户定义新的数据类型以及有关这些类型的运算方法。

5　EDBMS 支持的表类型

在 EDBMS 中,设计对象被抽象为表(tabs)。出于处理效率及表示灵活上的考虑,提供了以下三种类型的表。

一型表,该类表类似于关系模型的关系。但比关系型表增加了 N 型属性与 L 型属性。一型表是具有相同的记录结构和相同的记录长度的一组同质记录的集合。

二型表,该型表与一型表一样是同质记录的集合,但可包含 A 型属性和 V 型属性,其记录是可变长的。

三型表,该型表为异质记录的集合,且记录是可变长的。

EDBMS 允许所有非关键属性取空值,空值不占数据空间。

6　设计对象间复杂关系的表示

在 EDBMS 中,由于 N 型属性的引入使得记录与表之间建立了一种层次关系,此外 EDBMS 还允许通过联系语句(links)在一组表(tab)之间或在三型表中的一组记录间建立复杂的网状关系。

7　动态模式控制

EDBMS 提供更新表结构的语句,可以实现在不重组数据库的情况下,对表结构增加某些新的属性,并且不影响该表已有的属性。

8　版本管理

在 EDBMS 中,新版本只保存与旧版本有差异(即更新)的部分,版本管理以表为单位,当对表进行修改时可以根据需要产生新版本,同时 EDBMS 将数据库划分为一系列称为数据库版本(DBV)的单元。一个 DBV 是一组表版本的逻辑集合。同一个表的不同版本被划分到不同的 DBV 中,一个 DBV 可以代表属于某个特定的设计活动的版本数据,也可以含有属于某设计对象的某个版本的所有数据。版本控制的这种功能可以较好满足工程设计中各设计阶段或同一设计阶段不同设计方案比选的数据管理的需要。

9　多库多表操作

EDBMS 提供了对库之间建立网状关系,可在不同库的表之间进行部分数据的拷贝。建立库之间的网状联系,反映了工程设计应用环境的特点和要求。

10　文本、图形、图象的管理

EDBMS 扩充了四种数据类型及 link 语句,可以表示记录与表之间,表与表之间以及记录与记录之间的复杂关系和语义信息。由于长记录类型的引入可将图形、图象以及文本纳入长记录属性,进行统一管理。EDBMS 的这个特点反映了工程设计中采用多媒体的要求。

11 变长属性和长记录的数据操作

对变长属性的表示与处理是工程数据库的重要功能。在 EDBMS 中,对于变长属性的读写采用数据库与应用程序的数组之间直接产生联系的方法,即用户程序可以把计算结果直接存入数据库的相应表的变长属性中,或提取变长属性值送至用户应用程序的数组中。

长记录属性有文本、图形、图象等,对该属性值的处理是在记录中只存放一个指针,由该指针指向该属性值(物理文件)。数据操作可以是将指定文件名的文件内容插入到指定表的指定记录的变长属性中,或从数据库中指定记录的指定长记录属性值提取到用户定义的文件中。

3.3.14 面向对象工程数据库管理系统是把面向对象程序系统同数据库技术相结合而产生的一种新型数据库管理系统,其主要内容介绍如下:

1 面向对象技术的发展

自面向对象语言问世以来,面向对象技术的研究已遍及计算机软硬件的各个领域,并取得不少成果。1991 年 9 月,美国 ANSI 公布了面向对象数据库最终报告,提出了对象信息管理标准化建议和对象数据管理参考模型,第一次全面给出了未来面向对象数据库(OODB)的基本概貌。

2 面向对象技术的主要优点

1)用简单的概念——对象描述所有的概念实体。它简化了设计人员的任务和应用软件的开发。

2)允许把任意发展的对象表示成一个循环递归的对象。这种方法使复杂对象有了确切的概念。

3)提供类层次概念和伴随类层次的特性继承概念。

3 面向对象数据库的主要特点

1)采用面向对象和语义关联的数据模型,便于定义复杂的数据类型,支持复杂数据类型上的操作,能方便地描述和处理复杂对象,并能自动地进行语义完整性维护。

2)对象的静态结构化特性和动态行为特性都同时存入到数据库中,这比传统的 DBMS 都更完善,更接近现实世界。

4 面向对象工程数据库结构

1)面向对象工程数据库可划分为三个层次:用户界面层、标准数据访问层和底层数据库管理层。

2)用户界面层

包括图形交互界面和高级语言(C 和C++)可调用界面。所具备操作功能有多级库操作,模式描述和编辑,对象和版本的查询操作,以及各种数据库维护和服务工具。

3)标准数据访问层

向上为用户界面提供标准的操作函数,便于应用程序的开发和扩展;向下可适应不同的数据库管理系统。

4)底层数据管理层

指底层数据库管理系统,一般为扩展关系数据库系统。

5 面向对象工程数据库管理系统的评述

1)由于面向对象数据库支持事务设计、版本管理、动态模式和具有丰富的语义,能描述复杂对象的数据模型,可在设计对象这一高层次上对数据进行管理,功能很强,因而被公认为是一种很有前途和生命力的数据库发展方向。将面向对象技术结合到工程数据库的研究中,是工程数据库技术研究的必然趋势。

2)由于工程设计领域数据库管理的种种特点而产生的工程数据库管理系统正在走向成熟。90 年代,基于扩展关系模型的工程数据库管理系统仍可能占有相当的市场。然而,面向对象数据库技术发展非常迅速,普遍认为,它代表了工程 DBMS 的发展方向,是适合于各种工程设计领域的新一代的数据库管理系统。

3.3.16 微软公司推出的开放式数据库连接 ODBC 是用于不同的数据库管理系统存取数据的标准应用程序界面 API,是数据库管理系统主要厂商都支持的一个工业标准,为异种数据库的访问提供了统一的接口。ODBC 基于 SQL,并把它作为访问数据库的标准。这个接口提供了最大限度的相互可操作性。一个软件开发者开发的客户/服务器应用程序不会被束定于某个特定的数据库之上。ODBC 可以为不同的数据库提供相应的驱动程序。ODBC 的灵活性表现在以下几方面:应用程序不受制于某种专用的 API;SQL 语句以源代码的方式直接嵌入在应用程序中;应用程序可以以自已的格式接收和发送数据;ODBC 的设计完全和 ISO 的调用级别接口 Call Level Interface 兼容。最新推出的 ODBC 3.0 版已经升级到 32 位,并且完全与 ODBC 2.0 版兼容。

3.4.1 工程技术人员在应用 CAD 进行新产品或新工程的开发和设计时,总要不断地检索、查询和应用与设计有关的所需的标准件、通用件、原材料、设计、工艺、工装、设备、仪器、检验等方面的信息。这样,就需要一个包括这些信息在内的工程数据库。又由于在设计时,一般继续采用的原有经使用证明有效的标准件(包括通用件和外购件)约占一个产品全部零件的 60% 以上。因此,建立一个针对 CAD 标准件的数据库非常重要。CAD 标准件库是工程数据库的组成部分。

CAD 标准件库的构造和功能可分二种形式,简式的 CAD 标准件库的信息以文字形式输出,复式的则以文字加图形的形式输出。前者的软硬件环境都较简单,建立起来比较方便,且功效甚大。它可解除工程技术人员手工翻阅资料之苦而转向终端索取资料。它可供设计人员对拟用的零件进行查询、比较和作出抉择。建立此种库所实施的主要标准是 GB 10091《事物特性表　定义和原理》。

复式的 CAD 标准件库除包括具备简式库的功能以外,还能提供几何图形的信息。建立此种库所实施的主要标准除 GB 10091 外,还有 GB/T 15049《CAD 标准件图形文件　编制总则》。这是当今世界上所通行的先进设计方法。

3.4.4 标准件库系统中的各个子系统库内容中,主要存放以下信息:

1 事物特性表

按照国家标准《件事物特性表　定义和原理》的规定所描述的每一个零件的事物特性表。

2 图形特性表

按照国家标准《CAD 标准件图形文件　编制规范》的规定所描述的每一个零件的图形特性表。

3 分类

机械、仪表零件的复杂性要求其信息在库中分类存储。零件的分类按信息模型来分,有“总体模型”类和“功能模型”类;按分类层次结构的上下层关系来分,有“结构族”和“简单族”。

4 程序

根据国家标准描述的每一个标准件几何特性的元素都有相应的几何图形生成程序,用 FORTRAN 77 语言编写,能将分类中的每一个零件的功能视图和总图示图产生出来。

5 文件

为了实现不同的 CAD 系统之间的数据交换,ISO 制订了《产品数据的表达与交换规范(STEP)》编号为 ISO 10303,我国制定了国家标准《初始图形交换规范(IGES)》。库中装有 STEP、IGES 等文件,可实现与别的 CAD 系统之间的数据交换。

标准件库系统中的字典子系统是将零件的类按类的代码进行编排,其代码的高位码是标准的国际代码。同时,将“事物特性表”、“图形特性表”中的每一例特性都作为字典的条目。

3.4.5 《事物特性表 定义和原理》的主要内容介绍如下:

1 概述

CAD 标准件文字信息是指国家标准《事物特性表 定义和原理》规定的描述标准件属性的事物特性表。

该表是一种面向字符的 ASCII 文件,是将所描述的事物对象的特性按一定格式排列起来的图表。它有指示出事物特性表的基本格式的空白规范(特性名称栏空白,见说明图 3.4.5—1)和示出具体产品(标准件、通用件、原材料、设备、仪器、工具等)的实际特性的事物特性表(见说明图 3.4.5—2)二种。前者是编制后者的总则。后者形成一系列标准。

2 事物特性表的结构图

事物特性表 GB 10091,×—×									
字母代码	A	B	C	D	E	F	G	H	J
事物特性名称									
有关说明									
单位									

说明图 3.4.5—1 事物特性表的结构图

图内第一行表示出某具体对象的事物特性表的标准号(标准代号和编码);第二行示出标识第三行事物特性名称的文字代码,用 A—J9 个字母(不包括 I)标出 9 个特性(某些字母下的特性可空缺);第四行“有关说明”示出如产品标准内一般所用的规格单位符号或形式符号(如以 L 代表长,W 代表宽,P 代表功率,V 代表速度等)通常可略去。

3 标准件事物特性表

事物特性表 GB 10091,×—×									
字母代码	A	B	C	D	E	F	G	H	J
事物特性名称	高	平面宽 B_1,B_2	平面厚	竖板厚		凸缘厚	截面模量 W_x,W_y	材料	表面和/或防护方法
有关说明									
单位	mm	mm	mm	mm	—	mm	cm^3	—	—

说明图 3.4.5—2 内字母代码 A 到 F 所标识的特性属几何特性,这些字母代码必须与属图内的几何尺寸代码一致。几何特性如有一个以上尺寸时,可加脚注如说明图 3.4.5—2 中的 B_1、B_2。G、H、J 所标识的特性为非几何图形。特性行内的全部特性可以少

于九个。即某些字母代码下可以是空白；但也可以多于九个。

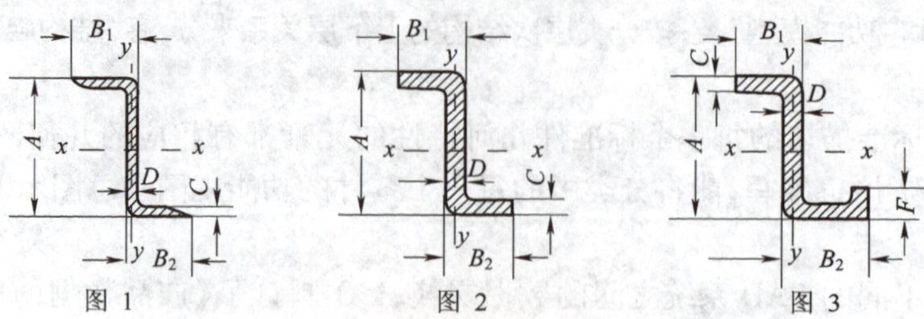

说明图 3.4.5—2　事物特性表和属图的示例

4　特性扩展方法

当用九个特性不足以描述事物对象时，可在 A 的左面从右到左用 1、2、3、……等数字代码标识出扩展的特性；或在 J 的右面从左到右用 K、L、M、……等字母代码标识出扩展的特性，但这时全部特性的总字长仍限制在 70 个字符；此外，还可以扩展到 K 到 T(除去 O、Q)字母代码来标识的第二行特性，如果再不够的话，则可在第三行起，用 AA 到 ZZ 字母代码(除去 I、O、Q)表示出。

事物特性表的描述原则

1)目的性

对事物对象的描述必须根据检索目的对所描述的特性作不同的选择。所以，一个事物特性表应根据不同的行业要求，编成用多行或多分表表示出的具有综合内容的事物特性表。

2)简化

对一事物对象应根据一定的需要只描述其必要的和充分的特性即可，不必描述出全部特性。国标规定，在满足 CAD 要求的前题下，一般只描述出九个特性。其理由如下：

1)多年实践证明是合适的。

2)便于屏幕显示，为此，将行总字长限制在 70 个字符以内。且因多数检索和查询只要求在屏幕前目视一下即可。

3)便于用 A4 图纸印出。

5　宽覆盖

一个事物特性表所覆盖的事物对象的面应尽量宽，即应尽量包括具有基本相同特性的事物对象。

目前，一个国家级的事物特性表标准都包括数个或数十个分表。每个分表所描述的都是略有差异的产品。

3.4.6　目前，我国推出的有关 CAD 标准件图形信息文件标准简列如下：

GB/T 15049.1《CAD 标准件图形文件　编制总则》

GB/T 15049.2《CAD 标准件图形文件　几何图形和特性规范 A 类图形构件》。它是机械产品图样中最普遍出现的基本图形单元，如：长方形、正六边形、梯形、圆、小半圆等。目前该标准给出了三十一种基本图形。

《CAD 标准件图形文件　编制总则》的主要内容如下：

1　基本内容

GB/T 15049.1 是编制 CAD 标准件图形文件的依据和准则，主要包括：如何对 CAD 标准件的特性进行描述和定义；如何将所描述的特性按一定格式编制成特性文件；如何将特性文件按一定语言规则编成计算机能识别的文件。另外还包括为了描述几何图形规则及构成特性文件到几何生成程序间的连接链——即对照表。

2 特性

特性是表达和区分一标准件的决定性的性质,在描述一标准件时要遵循简化原则,描述其关键性的又足以表明一个对象的特征。CAD 标准件的特性首先描写《事物特性表定义和原理》规定的全部特征(用单字母 A、B、…J 示出),然后描写本标准几何规则规定的几何特性(用三个字母,AAA…BAA…示出)。

特性分 7 种类型:

1)尺寸和(或)产品标准中的特性:是选择标准化对象的必须特性。

2)主导特性:是特性分类中的一个子集,用来识别标准化对象,也是在引用其他标准内容时必须的特性。

3)补充特性:特性值未在尺寸和(或)产品标准中出现,但为确定图形所必须的特性,也可引用标准。

4)功能特性:直至组装时才确定的特性。

5)算法特性:从以上各种特性结合算法推导出来的特性。

6)分类特性:用于构成不同的特性数据库组成的特性。

7)属性特性:用来说明特性数据的表示方法和状态。如定义优先、隐含、颜色、使用状态的特性。

以上 7 种特性与各自相应的特性代码由说明表 3.4.6—1 示出。

3 几何图形规则

1)几何图形构成原则

几何图形构成的主要原则是从图形构件中分解出标准件和其他标准化对象,尽可能多的包括近似的标准化对象,但又以最少量的对象来描述一个构件图形,以上原则能保证程序编制达到合理,具有普遍意义而无冗余。

2)几何图形显示的种类

①几何种类

构件是描述标准件的基本图形单元,构件及其组合件共分为四种类型:

A 类是在各种图形文件标准内应用和为了能清楚并合理地进行描述和编程的通用图形构件。

B 类是只在一个图形文件标准内专用和为了能清楚和合理地进行描述和编程的特定图形构件。

K 类是整件(如完整的标准件),通常包括一个或若干个 A 型和(或)B 型构件,也可只包括一件。

说明表 3.4.6—1 特性种类表

来源	特性种类	特性代码
GB 10091	图号	图
	事物特性	A—J
		A1—J9
		A01—J09
		A11—J99
GB/T 15049	几何特性、通用	AAA—AZZ
	补充特性	BAA—BZZ
	功能特性	CAA—CZZ
	算法特性	DAA—DZZ
	分类特性	EAA—EZZ
	预定义属性	FA1—FZ9
	属性特性	FAA—FZZ
	图形符号的地址	AA—ZZ
企业	特性	K—Z
		K1—Z9
		1—999

注:不用 I、O、Q 三个字母

G 类是用较多整件和必要的 A 和 B 构件组成的组件,仅指尺寸和(或)产品标准中的组件。

② 显示等级

显示等级的区分原则有:

符号显示(M)

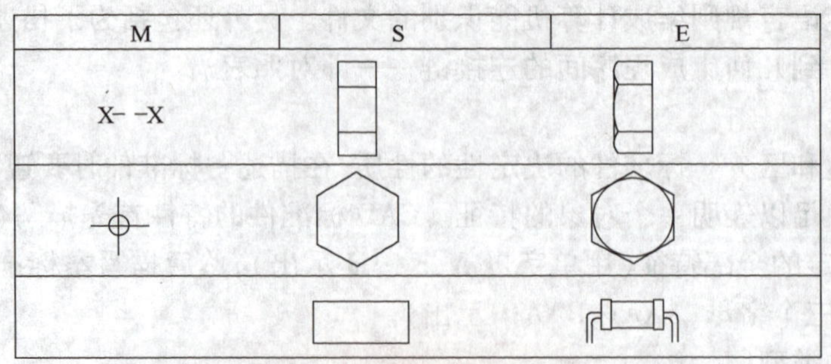

说明图 3.4.6—1　不同显示等级的图示

说明图 3.4.6—2　代码体系中视图号

标准显示(S)

扩展显示(E)

显示标准化对象时,力求简单,要求只给应用领域有足够的信息即可,这种显示称标准显示。如果需要作详细显示,则需补充信息,称为扩展显示。

③ 视图

在代码体系中视图号的规定如下:

视图的标识号通常都从 1 开始,再依次递增,一般情况下,递增 1。

三维显示时,视图变型 1 表示三维线几何图形,视图变型 2 表示三维体几何图形。

④ 组装状态的种类

有以下几种情况:

构件有两种或更多的独立状态。

构件的几何图形能通过算法得到改变。

以上两种情况的组合。

3）构件代码体系

所有几何图形构件均按此体系规定出代码以便于引用。可应用单个或相应组合的代码。每次编制的代码以后不得再重改，也不得重复编排。

代码体系由相互清楚区分开的代码元素组成。

完整的几何图形构件代码包括所有的代码元素。

当代码表示已清楚或缺少相应数据时，可删去相应代码元素。代码元素按以下序列给出：

GB/T 15049.	*	A	*	S1	*	Z	*
		B		E2			
		K		M3			
		G		4			
				5			
				6			
				7			

其中：

第一个 * 一或多位的分号标准的分标准号（分标准组）。

A、B、K、G：几何图形种类。

第二个 * 一位或多位的几何图形构件的标识号。

S、E、M：显示等级。

1、2、3、4、5、6、7：一位的视图号。

第三个 * 一位或多位的视图变形标识号。

Z：组装状态种类代码。

第四个 * 一位或多位的组装状态的标识号。

具有不同组装状态的几何图形构件的全部代码的示例：

4）构件的图形规则

① 构件的几何规则

a. 标准化对象的图形显示是作完整和具体的线显示。

b. 图形尺寸以满足编程和检验的需要为原则，常数值直接在标注中绘出。

c. 以“X”表示坐标系的原点。

d. 以 X、Y、Z 表示坐标系的轴。

e. 当与其他图形或构件连结时则标出“X”。

② 构件的几何图形显示

需对构件的图形显示作出规定，并据此可导出 2D 和 3D 的几何显示。一般只需描述出总体图，对部分的显示，可根据应用需要导出。必须对 2D 和 3D 的细节有区别的给出定义。并作出适当的说明。

以上规定（无辅助线）对 CAD 系统里的显示和制图具有约束的意义，必须考虑必要的和删去不必要的边。

代号与参数是在图框右下角列出构件代号并紧跟着的参数数列，代号的具体内容

(几何图形种类,标识号,显示等级,等)须与图样中显示的几何图形相符合。

形式参数从 P1 开始依次列出(P1、P2、P3、…)为了更好地理解整件和组件可有选择地从特性表中引出特性代码。

为了给一几何构件的多种显示等级列出所需的不同参数时,需在参数系列的左端先列出简单的显示("S")所需的参数。

4　特性文件

1)特性文件元素表

本节主要描述特性文件的结构和内容,为了一个标准化对象能得到不同的显示,特性数据可由对该对象所描述的数字和文字特性值组成,并存储在特性文件中。

尺寸和(或)产品标准的特性应尽可能准确地在特性文件中表示出来。

除了特性数据和特性描述以外,特性文件还包括为标识及为表明数据处理的重要性和通用性所必须的数据。

文件格式应能在以后任意编入其他元素而向上兼容。

文件所有行(数据项)在行首包含一行型式标识符。此标识符表示该行的数据型式,以附表 3.4.6—2 内示出目前所规定的特性文件的元素及其所属的标识符。

说明表 3.4.6—2　特性文件元素表

行标识符	元素名称	行标识符	元素名称
BD	文件开始		特性描述项
CL,PA	全局参数	MM,SM	GB 10091 事物特性表
	标识数据	MM,GM	几何图形特性
ID,NN	标准号	MM,EM	补充特性
ID,NT	标准标题	MM,GA	分类数据
ID,NB	标准代号	MM,AT	属性特性
ID,AD	标准版本数据	ZA,MA	特性算法项目数
ID,VD	特性文件版本	MA	特性算法
ID,FA	负责部门	ZA,FW	数值范围项目数
ID,FD	文件的版本格式	FW	数值范围
	显示数据	RD,TA	被引用标准
VI,DA	数据显示	RD,DA	给数据引用作出规定的特性
VI,KO	揭示显示	ZA,SF	询问项目数
VI,DM	特性描述项显示模式	RD,SF	按询问项编排的数据
VI,FK	特性描述项的颜色属性	ZA,DA	特性数据项目数
VI,SM	特性栏目滚屏模式	DA	特性数据
GE,KT	整件编码	ED	文件结束
GE,PA	整件参数		其他文件元素
GE,LM	主导参数	C	注释
GE,SM	所属事物特性表	※	数据续行
GE,RF	标准引用	—	文字续行
ZA,MM	特性描述项数目		

2)一般规定

文件内容一般如说明表 3.4.6—2 的方框序列示出。每一行形式在一定情况下可多次地出现标识符,列在第一列内。

在特性表内列出的数据有两种形式:数字、文字。

在一行内删去一数据时,须为它在数据间表示出两个相邻的分隔符。

特定符号的标准意义如说明表 3.4.6—3 所示,逗号作为数据项间的分隔符,文字间用高逗号括起来,美元符号在标准符号中表示起始。句号在标准符号中表示结束。

说明表 3.4.6—3 特定符号表

意　　义	预设符号	GL,PA－项中的列次
数据间分隔符	,(逗号)	7
文字定界符号	,(高逗号)	8
标准符号中特性数据的可变起始符号	$(美元符号)	9
标准符号中特性数据的结束符号	。(句号)	10

行长不受限制。根据需要可单行或多续行表示出。续行标识符为“*”。数值或名称数据须在起始行内结束。

续行时,二个数据间的分割符可安排在前行之末或续行之首。

一文字数据需分列在续行示出时,用“——”标识符标出续行。当用机器进行处理时,此二个独立数据组成的文字字符串能重新组合起来。

在文件内,允许任意安排注释行,在机器处理时,此注释行被忽略。行标识符号为“C”。

3.4.8 CAD 标准件库系统中的三个子库的功能介绍如下:

1 CAD 标准件图形文件库,其中每一 CAD 标准件都可能有多种不同的结构形式,对应每一个不同的形式都必须有相应的特性文件。为了一标准化对象能得到不同显示,特性数据可由对该对象所描述的数字和文字特性组成,除了特性数据外,特性文件还应包括:尺寸,产品标准的特性,为标识和表明数据处理技术的重要性和通用性所必要的数据。

2 几何程序库(图中示“程序库”)是存贮每一不同形式的标准件的几何程序库。该库是按照标准件数据交换格式编成的几何生成程序根据 FORTRAN 规则用一定数量的字符串示出程序名。

3 “特性文件—程序”对照表文件库(图中示“构件程序对照表”)对照表形成图形特性文件与几何程序间的连接链。使得几何构件的字符名与实际的程序名对照起来。

3.5.4 ISO 正在制定的《产品数据表达与交换(STEP)》系列标准是当前 CAD/CAM 领域中很重要的一个国际标准,目的是在产品生存期内能够为产品数据的表示与通信提供一种中性数字格式。这种数字格式能完整地表达产品信息并独立于可能要处理这种数据格式的软件。STEP 规定了产品设计、开发、制造以至于产品全部生命周期中,包括产品形状、解析模型、材料、加工方法、组装分解顺序、管理数据等方面的必要信息定义和数据交换的外部描述,用于世界范围内,不同 CAD/CAM 系统之间进行数据交换。STEP 的贡献除了 CAD 接口的开发和标准化,更重要的是产品模型的开发和标准化,因此 STEP 技术对于企业的产品信息集成是至关重要的标准,它将对当前和下一代制造业产生深远的影响。STEP 标准正在被越来越多的 CAD/CAM 软件厂商所采用,新一代 CAD/CAM 软件开发平台都遵守 STEP 标准。符合 STEP 标准将是未来 CAD/CAM 软件的基本要求，因此要高度重视 STEP 标准的制订和贯彻实施，要迅速建立我国的 STEP 技术软件硬件环境，配套咨询服务和培训，使我国的制造业与国际接轨，从中获得最大的效益。

3.5.5 IGES 是国际上产生最早、目前应用最成熟、最广泛的数据交换标准，几乎所有有影响的 CAD/CAM 系统均配有 IGES 接口，IGES 自 1980 年发布第一版以来，已发布了 5 个版本、最新版本为 1994 年发布的 6.0 版。IGES 建立了用于产品定义数据数字表示方法与通信的信息结构，使各种不同的 CAD/CAM 系统间进行产品定义数据的交换。IGES 在应用中也暴露了一些问题，主要是 IGES 只是传输几何图形及相应的尺寸标准、说明，即只是传输工程图。它无法描述产品定义数据的全部信息。同时，IGES 本身也不够完善，数据格式过于复杂，定义不够严密，造成数据交换不稳定等。因此，美国已决定放慢 IGES 的发展，对 IGES 内容的补充要严格限制在版本 6.0 的范围内，以后发表版本只是对已有标准内容的修改，或是将尚处于试用阶段的实体作为标准的正式实体发布。

IGES 前/后处理器均有输入、语法检查、转换、输出四个模块组成，如说明图 3.5.5 所示，各模块功能如下：

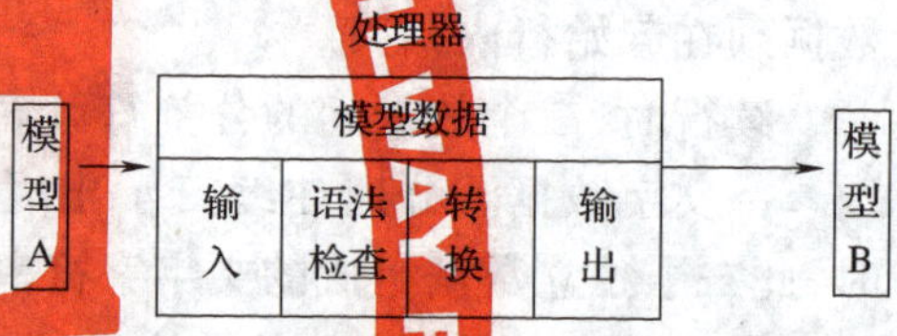

1 输入模块：读入由 CAD 系统生成的产品图形数据或读入 IGES 产品图形数据。

2 语法检查模块：对读入的图形数据进行语法检查，包括实体类型的定义、数据类型与结构等，并生成相应的内存表示。

3 转换模块：把一种模型的数据映射成另一种模型的数据，包括实体描述方式和属性值的变换。

处理器
模型数据
模型A
输入
语法检查
转换
输出
模型B

说明图 3.5.5　IGES 处理器的组成与原理

4 输出模块：用格式生成器把转换后的模型数据转换成 IGES 格式文件或另一个 CAD 系统的产品模型数据文件。

IGES 前/后处理设计步骤如下：

1 需求分析：获取有关待实现接口的技术信息，包括数据的类型与结构，数据文件的结构等，明确用户要用哪些数据类型，对处理器测试的方法和可能有的开发工具等。

2 方案设计：制订实现方案，核心是对数据结构进行处理的算法、数据读入和输出模块及测试工具的设计等。

3 编写前/后处理器。

4 对前/后处理器进行测试、优化和应用。

7.1.1 局域网 LAN 是指在小范围（几十米至几公里）内将计算机及外围设备用通信媒介互连，并用网络软件支持的系统。局域网覆盖范围小、传输率高、误码率低，可实现局部区域内的资源共享、计算机间文件传输及多媒体通讯。局域网由服务器、网络工作站、连接装置及连接媒体等设备组成。一般设备成本较低，使用管理相对简单。

广域网 WAN 是在城市间、国家间将计算机及外围设备用通信媒介连接，借助远程数据通信通道传输，用网络软件支持的系统。广域网覆盖范围大、传输速率较低、误码率较高，必须进行差错编码与控制。广域网除了实现广阔区域内的资源共享、文件传输外,还能给用户提供电子邮件(E—Mail)、远地数据库存取、电子数据交换 EDI 等新的应用领域。有应用要求的单位,可建立广域网或与已有广域网连接,拓宽计算机应用领域。

7.3.1 《开放系统互连参考模型 OSI》是 ISO 制定的关于计算机网络体系结构的国际标准。它规定互连参考模型分为七层,低三层功能完成信息可靠传输及通信子网的控制。高三层提供应用程序及信息处理与转换,文件传输及资源共享。运输层介于高层与低层之间,实现端至端的传输与控制。分层原则是:

1 每层完成特定功能,每层可划分若干子层;

2 低层向高层提供服务;

3 层间界面服务问点尽可能少,通过层间原语交互,实现服务与控制;

4 同等层间通信要遵守协议标准;

5 便于扩充及兼容。

各层的主要功能如下:

1 物理层提供与物理传输媒体在功能、规程、电器与机械接口的适配;

2 数据链路层使信息按一定格式组真,并进行差错控制,提供点到点的可靠传输;

3 网络层实现通信子网控制,如组包/拆包,流量控制及路由选择;

4 运输层实现端到端传输控制连接与数据处理;

5 会议层实现进程间通信及管理;

6 表示层实现不同机种间代码及语法转换,数据压缩与加密;

7 应用层提供应用程序支持,如文件传送协议及虚终端协议等。

各层应遵守的具体标准如下:

1 物理层标准有:

1)机械特性

ISO 2100 数据通讯——25 芯 DTE/DCE 接口连接器及插针分配

EIA RS—232—C 与此基本兼容。

ISO 2593 数据通信——34 芯 DTE/DCE 接口连接器和插针分配

用于 V.35 建议的宽带调制解调器。

ISO 4902 数据通信——37 芯 DTE/DCE 接口连接器和插针分配

用于串行话音频带和宽带调制解调器。

EIA RS—449 与此基本兼容。

ISO 4903 数据通信——15 芯 DTE/DCE 接口连接器和插针分配

用于 X.20、X.21 和 X.22 建议的公用数据网接口。

2)电器特性

GB 3455—82(V.28)非平衡双流接口电路的电气特性

EIA RS—232—C 与此基本兼容。

V.10/X.26 在数据通信领域中通常同集成电路一起使用的非平衡双流接口电路的电气特性

V.11/X.22 在数据通信领域中通常同集成电路一起使用的平衡双流接口电路的电气特性

V.35 平衡双流接口电路的电器特性

3)功能特性

GB 3454—82(V. 24)数据终端设备(DTE)和数据电路终端设备(DCE)之间的接口定义表

X. 24 公用数据网 DTE 和 DCE 之间的接口电路定义表

4)规程特性

V. 24 建议规定了接口电路之间互相动作关系。

V. 25 建议规定了在普通交换电话网上,使用自动呼叫应答设备的线路接续控制规程。

V. 54 建议规定了调制解调器环路测试规程。

X. 20、X. 20bis、X. 21、X. 21bis、X. 22、X. 150 等建议规定了公用数据网的 DTE 与 DCE 之间的接口规程。

5)物理层参数

ISO7480 及 CCITT 建议 V. 5、V. 6、X. 1 规定了与物理层有关的参数。

6)物理层服务

ISO/N3467 物理层服务定义。

2　数据链路层标准有:

1)面向字符的通讯协议(规程)

GB 3453—82 数据通讯基本型控制规程,同 ISO 1155—73、ISO 1177—35、ISO 1745—1975、ISO 2111—1985、ISO 1745、ISO 2628—1973 和 ISO 2629—1973。

2)面向比特的通讯协议

在 ISO 术语中称为 HDLC 规程。

GB 7421—87 信息处理系统——数据通讯——高级数据链路控制规程——类别汇编,等效于 ISO 7809—1984。

GB 7497—87 信息处理系统——数据通讯——高级数据链路控制规程——帧结构,相当于 ISO 3309—1984。

GB 7575—87 数据通讯——高级数据链路控制规程——规程要素汇编,相当于 ISO 4335—1984。

3　网络层标准有:

1)CCITT X. 25 建议,是关于公用数据交换网终端使用的 DTE/DCE 的接口规程。

2)非分组终端的进网规程

GB3453—82 数据通讯基本型控制规程 X. 28、X. 3、X. 29 等。

ISO/DIS8208 信息处理系统——关于数据终端设备的 X. 25 分组级协议。

ISO/DIS 8473 信息处理系统——数据通讯——提供无连接网络服务的协议。

3)网间互连协议有:

X. 300 公里数据网之间以及公用数据网与其他提供数据业务的通信网之间的一般原则与方法。

X. 75 国际分组交换网互连望件分组控制信令。

X. 32 分组式终端通过公用交换电话网或电路交换公用数据网接入分组交换公用数据网使用的 DTE/DCE 之间的接口。

局域网接入分组交换公用数据网可用 X. 25。

4) 网络层服务协议有：

X. 213 建议 CCITT 使用的开放系统互连网络层服务定义

ISO/DIS 8348 数据通讯——网络服务定义两个标准相互兼容。

ISO/DIS 8348/DAD 无连接网络服务。

4 传输层标准有：

ISO 8072 信息处理系统——开放系统互连——面向连接传输服务定义。

ISO 8073 信息处理系统——开放系统互连——面向连接传输协议表示。

在连接方式数据传送服务时，传送服务协议应遵守 ISO 8072(C. 6[113])中的规定。传送协议应使用 ISO 8073(C. 6[114])、ISO/DIS 8073/DAD 1(C. 6[116])。

在无连接方式数据传送服务时，传输层有关标准有 ISO/DIS 8602 等。

5 会话层标准有

CCITT X. 215 CCITT 应用开放系统互连会话服务定义

ISO/DIS 8822 信息处理系统——开放系统互连——面向连接的表示服务

ISO/DIS 8823 信息处理系统——开放系统互连——面向连接的表示协议

ISO/DIS 8824 信息处理系统——开放系统互连——抽象语法表示 1

ISO/DIS 8825 信息处理系统——开放系统互连——ANS. 1 基本编码规则说明

ISO 6937 信息处理——文本通信字符代码集

6 表示层标准有：

ISO/TC97/SC21 N511 信息处理系统——开放系统互连——高层语法表示

CCITT T. 61 国际电信服务字符指令及字符代码

CCITT C. 6 第 4 组传真设备传真代码图及代码控制功能

CCITT T. 101 可视图文国际连接

ISO/DP 8649/1 信息处理系统——开放系统互连——通用应用服务元素定义——部分 1：导言

ISO/DP 8049/2 信息处理系统——开放系统互连——通用应用服务元素定义——部分 2：基本核心子集

ISO/DIS 8649/3 信息处理系统——开放系统互连——通用应用服务元素定义——部分 3：约定、并发及恢复

ISO/DP 8650/1 信息处理系统——开放系统互连——CASE——部分 1 导言

ISO/DP 8650/2 信息处理系统——开放系统互连——CASE——部分 2 基本核心子集

ISO/DP 8650/3 信息处理系统——开放系统互连——CASE——部分 3 协议说明

7 应用层标准有：

ISO/DP 8571/1 信息处理系统——开放系统互连——文件传输、存取及管理部分 1：一般定义

ISO/DP 8571/2 信息处理系统——开放系统互连——文件传输、存取及管理部分 2：虚拟文件存储

ISO/DP 8571/3 信息处理系统——开放系统互连——文件传输、存取及管理部分 3：文件服务

ISO/DP 8571/4 信息处理系统——开放系统互连——文件传输、存取及管理部分 4：文件协议等。

7.3.2 《传输控制协议/互连网协议 TCP/IP》是美国开发的用于资源共享的计算机网络使用的网际协议，由于得到广泛应用，已成为计算机广域网络协议事实上的工业标准，是国际互连网 Internet 网络的基础协议。它是一种网络通用语言，具有开放、可扩充的特点，能在不同的大型机、网络之间提供通信接口，使各种计算机平台实现互连、传输。

它将网络定义为四层，各层应遵守的具体标准如下：

1 网络接口层标准有：

Ethernet(RFC894)

IEEE 802(RFC1042)

ARCNET(RFC1051)

CCITT X.25(RFC877)

2 网间网层标准有：

RFC 792 网间控制报文协议 ICMP

RFC 791 网间协议 IP

ARP RFC 826、RARP RFC 903 网络地址协议

3 传输层标准有：

RFC 793 传输控制协议 TCP

RFC 768 用户数据报协议

4 应用层标准有：

RFC 959 文件传输协议 FTP

RFC 821 简单邮件传输协议 SMTP

RFC 854 虚拟终端操作协议

RFC 1098 简单网络管理协议 SNMP

7.3.3 X.25 建议是国际电报电话咨询委员会 CCITT 制定的分组交换网标准，ISO 制定的《开放系统互连参考模型 OSI》中要求，第三层网络层应遵守 X.25 建议。铁道部正在建设中的数据网覆盖全国 12 个路局，而且是异种机网络，因此规定，必须按 X.25 建议组网。

X.25 建议包括 OSI 中的低三层，即物理层、数据链路层及网络层。各层应遵守的具体标准如下：

1 物理层标准有：

X.21 建议，它是描述物理连接的机械、电器、功能和过程等特征。

DTE 和 DCE 之间的接口，它遵循 X.21 或者采用 X.21bis/RS—232—C 标准，按照 CCITTY 发 V.24 电路分配形式。

2 数据链路层标准有：

链路访问规程 LAPB 标准，它是高级数据链路控制规程 HDLC 主集中的一个子集。

3 网络层标准有：

X.25 分组级建议，它提供的服务有选择性虚电路、永久性虚电路、闭合用户群以及服务质量参数等。

7.4.5 光纤分布数据接口 FDDI 网标准是由美国国家标准协会制定的，现已上升为 ISO 的国际标准。FDDI 网采用光纤双环结构，每个环速率均为 100 Mbit/s，流向相反，采用令牌控制技术。只有获得令牌的工作站才能发送数据，为了使重要信息加快发送，采用了优

先级控制算法。环中连接的工作站可采用双接入站,它有两个光收发器与双环相连,当一个环路故障,仍能与全网进行通信,因而可靠性高。由于 FDDI 网具有传输率高、网络覆盖范围大,站间距离可达 2 km、高性能、高可靠性、良好的互操作性、技术成熟等优点,所以得到比较广泛运用。但 FDDI 网成本较高,不能传输多媒体。

7.4.11 异步传输模式 ATM 是在光纤传输媒体上实现快速分组交换的高速网络技术,是宽带综合业务数字网 B—ISDN 的基本传输方式。由于 ATM 采用先进的信元交换,具有高速度、低延时、动态确定传输速率、能够桥接局域网和广域网、能在网络上实现多媒体信息传输,所以国际电报电话咨询委员会已确定 ATM 为传输语音、图象、数据和多媒体信息的新工具。虽然 ATM 网络针对过去各种网络存在的问题提出的解决办法是目前网络技术中最先进的,但是 ATM 还有许多问题要解决,比如目前一些标准模糊不清,互操作性问题、流量控制问题、路由选择问题等,需要进一步研究解决。

7.5.7 《商业建筑物电信布线标准》是由国际电子工业协会制定的关于网络结构化布线系统的标准,由于得到广泛应用,已成为工业标准。制定该标准的目的是建立一种支持多供应商环境的通用电信布线标准;可以进行商业大楼的结构化布线系统的设计和安装;建立各种布线系统配置的性能和技术标准。该标准详细说明办公环境中电信布线的最低要求;建议的拓扑和距离;决定性能的介质参数;连接器和引脚功能分配等。

建筑与建筑群综合布线系统工程设计规范是国内结构化布线设计施工的设计规范,由中国工业建设标准化协会通信工程委员会北京分会、中国工业建设标准化协会通信工程委员会智能建筑信息系统分会编制,中国工业建设标准化审查批准。该规范参照 EIA/TIA 568A 标准,适合城市建设及工业企业中各个部门、行业的新建智能建筑与智能建筑园区的综合布线系统工程设计。在改、扩建工程中可以参照执行。

9.1.1 GB 1988—89 是用七位代码规定由 128 个字符(控制字符和字母、数字及符号的图形字符)组成的字符集及其编码表示的国家标准。它等效采用国际标准 ISO 646—1983(E)《信息处理——信息交换用 ISO 七位编码字符集》,并根据该国际标准中提供的指南,对留给各国使用的代码表位置,按我国的需要规定了具体的图形字符。该标准是为在数据处理系统与有关设备之间以及数据通信系统内进行信息交换时,对所用的字符、字母、数字、符号提供一个用七位代码编码的标准表示方法。

9.1.2 GB 11383—89 是用八位代码规定由 256 个字符组成的字符集及编码表示的国家标准。它等同采用国际标准 ISO 4873—1986《信息处理——信息交换用八位代码——结构和编码规则》,并对留给各国使用的代码表位置,根据 GB 1988—89《信息处理交换用的七位编码字符集》规定了具体的图形字符。该标准是为在数据处理系统与有关设备之间以及数据通信系统内进行信息交换时,对所用的字符、字母、数字、符号提供一个用八位代码编码的标准表示方法。

9.1.3 GB 2311—90 是规定七位和八位编码字符集代码扩充技术的国家标准。它等效采用国际标准 ISO 2022—1986《信息处理——七位和八位编码字符集——代码扩充技术》。该标准是为在实际应用中,当七位和八位编码字符集规定的字符不够用时,提供一种标准的代码扩充规则,既能增加新的字符,又能保持与原有的七位和八位编码体系一致,使扩充后的编码字符集与原有的编码字符集不会发生混淆。

9.2.1 GB 3212—80 是采用双字节编码技术来规定汉字信息交换用的基本图形字符及其二进制编码表示的国家标准。该标准包括一般符号、序号、数字、拉丁字母、日文假名、希腊字母、俄文字母、汉语拼音符号、汉语注音字母、汉字等，共 7 445 个图形字符，其中汉字 6 763 个。

GB 7589—87《信息交换用汉字编码字符集——第二辅助集》是采用双字节编码技术来规定《信息交换用汉字编码字符集——基本集》以外的 7 237 个汉字及其编码的国家标准。该标准所选汉字是汉语通用的规范汉字，它们的用途与使用率一般低于基本集中的汉字。

GB 7590—87《信息交换用汉字编码字符集——第四辅助集》是采用双字节编码技术来规定《信息交换用汉字编码字符集——基本集》及《信息交换用汉字编码字符集——第二辅助集》以外的 7 039 个汉字及其编码的国家标准。该标准所选汉字是汉语通用的规范汉字，它们的用途与使用率一般低于基本集和第二辅助集中的汉字。

9.2.2　GB/T 12345—90《信息交换用汉字编码字符集——第一辅助集》、GB/T 13131—91《信息交换用汉字编码字符集——第三辅助集》、GB/T 13132—91《信息交换用汉字编码字符集——第五辅助集》是和基本集、第二辅助集、第四辅助集相对应的繁体汉字编码字符集。这些标准在汉字的排列上采取简体繁体汉字对应映射的方式，对于无简繁字体区分的汉字，在对应的字符集中是重复编码。

9.2.3　近年来，多文种信息处理技术已经引起国内外广泛地注意，如何把当今世界离散的、只适用于某一地域或时域的各民族字符集集合为一个完备的、全球共识的通用编码字符集，是当今信息社会急待解决的重要课题。为此，1983 年 ISO 设立了一个工作委员会，并于 1993 年形成了国际标准 ISO/IEC 10646《信息技术　通用多八位编码字符集（UCS）》。该标准是一个跨国家、跨语种、跨行业的全新的编码字符集。为了与国际接轨，避免与国际标准不兼容的工业标准的流行，我国标准化部门采取“立足基本中文平台，瞄准基本多文种平台，注视和沟通 UniCode 的方针”，工作上与 UniCode 进行技术协调，包括采用共同的源汉字集、同样的认同规则、相同的分级方式，以及相同的排序规则等，并在此基础上提出了中、日、韩三国统一的汉字编码方案。ISO/IEC/JTCX1/SC2 为了顺利推进汉字编码工作，决定成立中、日、韩三国联合研究工作组，并形成了以中国标准技术提案为中心的国际汉字统一编码的主导地位。经过多次讨论，包括对我国少数民族语言文字如蒙文、朝文、维文、哈文、藏文等字符在基本平台的编码纳入与修改，终于在 1993 年 5 月 1 日，ISO 审议通过了国际标准 ISO/IEC 10461—1993《信息技术　通用多八位编码字符集（UCS）第一部分：体系结构与基本多文种平台》，这标志着中国中文信息标准化技术推向国际社会，为今后信息系统的开发与国际市场竞争，提供良好的技术支撑。

9.2.4　《汉字内码扩展规范（GBK）》于 1995 年 12 月 15 日由国家技术监督局标准化司和电子部科技质量司共同签发，以技术规范指导性文件予以发布和实施。GBK 的推出有利于 GB 2312 向 GB 13000 过渡、便于国内产品进入国际市场。Windows95 中文版采用的就是 GBK，起到了从 8 位到 16 位代码系转变的过渡平台的作用。包括 20 902 个汉字的汉字大字符集 24 和 48 点阵字型两项国家标准同时通过审定。该两项标准基于汉字大字符集，遵照“字形正确、工整美观”的方针，本着采用规范汉字的原则，对规范字表之外的字及字符集中的繁简字、错字、异体字、旧字形等方面的问题，按有关规定进行了处理，并研制了适应各种不同特定情况的具体细则，对确保信息系统使用汉字的严肃性、规范性提供了技术依据。

9.2.6　面对国际市场各种操作系统的推出与广泛应用，如何有效地系统地解决本地化应用问题,已经是一个既要正当保护民族产业利益,又必须实现与国际技术接轨的重要标准化课题。1993 年 9 月 28 日,在国家技术监督局和电子部领导下,成立了“中文平台特别委员会”。它工作的范围包括开发面向 DOS、Windows、Unix、OS/2 等中文平台规范。所谓中文平台规范就是要求中文软件特别是应用软件开发,要充分反映中国的语言、文字和习俗。中文平台委员会已完成 DOS 中文信息处理系统接口规范和 Unix 接口规范。目前,DOS 中文平台主流产品是天汇、UCDOS、中国龙。这些产品除了具有直接写屏技术、表格符自动识别技术、零内存占用技术、单双字节处理技术外,还趋向于以下几个发展方向:一是加强了软件的易学易用性,更为注重中文平台软件的汉文化特征,如天汇 3.0 推出的 DOS 信息动态翻译技术。二是都注重应用软件的开发和对流行应用软件的支持能力。如 UCDOS5.0 向用户提供 UCTAB 制表软件、英汉词典等应用工具。三是各平台均看中智能型中文输入技术的提供,如天汇 3.0 为用户提供 ABC 输入技术。

中文平台标准化特别技术委员会为了验证 DOS 中文信息处理接口规范测试系统的全面性与适应性,选择了市场上很流行的天汇 3.0 作为测试对象,测试结果显示天汇 3.0 对国际的符合率达 98%。

10.2.3 链路加密是对网络相邻节点之间在通信线路上传输的数据进行保护。加密/解密发生在两个网络节点间通信线路上的两个保密设备之中,这两个保密设备置于相邻节点的通信线路的两端,使用相同的密钥,位于各自节点及相应的调制解调器之间。链路加密不仅加密正文,而且加密了所有各层的控制信息,所以能有效地防止对网络业务流进行分析,并对网络口令和在链路层中产生的控制信息进行有效保护。

端到端加密不是网络物理信道的加密,而是“逻辑信道”的加密,即采用软件方法对数据进行变换,由用户选择加密算法而实现的加密。所以端到端加密较为灵活,可以有选择地对报文加密,可以对通信对方的身份预以确认。

防火墙是保障网络安全的一种手段,它有助于建立一个网络安全协议,并通过网络配置、主机系统、路由器以及诸如身份认证等手段来实现该安全协议。防火墙系统的主要目标是控制入、出一个网络的权限,它迫使所有的连接都通过防火墙,以便接受检查。为网络建立防火墙,可采用以下两种安全控制模型,即没有被列为允许访问的服务都是被禁止的或没有列为禁止访问的服务都是被允许的。第一种模型能提供较高的安全性,第二种模型有较高的灵活性。从安全角度考虑,第一种模型较适合;从灵活性和使用方便性角度考虑,第二种模型较适合。

防火墙有以下三种类型,即报文过滤网关、电路层网关和应用层网关。报文过滤网关较简单,但不能在用户层上进行安全过滤,分辨不出是哪个用户的报文。电路层网关与报文过滤网关相似,但能在 OSI 协议的不同层次上工作。应用层网关较复杂,但能进行严格的用户认证,确保所连接的对方是否名副其实。防火墙类型选择应考虑网络环境、安全策略和安全级别等因素。

10.2.5 数据加密标准 DES 是美国国家标准协会公布的关于采用加密算法对数据进行加密的标准,是重复使用移位变换和替代变换的强块密码,从本质上看,它属于一种抗破译能力很强的乘积密码体制。它把明文按 64 位分块输入,在 64 位密钥的控制下,将明文转换为等块长的 64 位密文输出。DES 的问世,把传统密码学的研究推进到一个崭新的阶段,是密码史上应用最广,影响最大的传统密码算法,在商业、金融业等方面获得广泛应用。

10.3.1 计算机病毒是指在计算机系统运行过程中，能实施传染和侵害的功能程序。计算机病毒有以下性质：

1 传染的泛滥性，即它能利用各种途径和方法注入计算机系统，待机触发运行，实施传染和攻击。

2 病毒侵害的主动性，即它能主动的争夺对计算机系统的控制权，主动的侵入计算机系统并造成危害。

3 病毒程序外形检测的难以确定性，即病毒程序的每一步具体操作与其他正常程序本无二致。

4 隐蔽性，它是病毒存在和非法活动的需要，常用的隐蔽手段有：贴附、取代、乘隙、骗留、加密、反跟踪等。

中华人民共和国行业标准

铁建函〔1998〕253号

铁路工程劳动安全卫生设计规范

Code for Design of Working Security and Sanitation for Railway Engineering

TB 10061—98

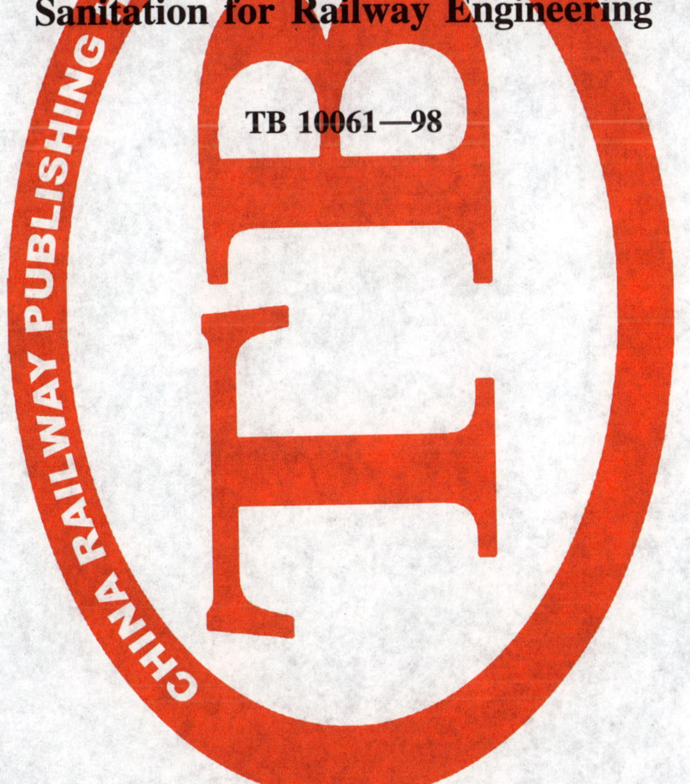

1998—09—07　发布　　　　1999—01—01　实施

中华人民共和国铁道部　发布

前　言

本规范是根据铁道部铁建函〔1995〕181号《关于下达一九九五年铁路工程建设标准规范等六项编制计划的通知》的要求，由铁道部第三勘测设计院、铁道部劳动卫生研究所、铁道部建厂局设计院共同编制。

本规范共分五章，主要内容有：总则、基本规定、选线(址)及总平面布置、劳动安全、劳动卫生。

本规范由铁道部建设司负责解释。在施行本规范过程中，如发现需要修改和补充之处，请将意见及有关资料寄交铁道部第三勘测设计院(天津市河北区中山路10号，邮政编码：300142)，并抄送铁道部建设司标准科情所(北京市朝阳门外大街227号，邮政编码：100020)，供今后修改时参考。

本规范主编单位：铁道部第三勘测设计院。

本规范参加单位：铁道部劳动卫生研究所、铁道部建厂局设计院。

本规范主要起草人：林锦煌、李永增、郝杰、杨成燕、顾善阶、欧阳全裕、陈湘君、严震衡、刘培国、王凤华、徐幼铭、傅东卿、吴坤英、李同禧、李振庆、储晓英、刘跃龙、管树勤、黄鸿基、杨璇、张利民。

目　次

1 总 则

1.0.1 为贯彻《中华人民共和国劳动法》,确保铁路工程建设项目投产后符合劳动安全卫生要求,保障劳动者在生产过程中的安全与健康,制定本规范。

1.0.2 本规范使用于国家铁路新建、改建工程建设项目中的劳动安全卫生设计,不适用与施工过程、个人防护等与工程设计无直接关系的劳动安全卫生保护。

1.0.3 铁路工程劳动安全卫生设计必须贯彻"安全第一,预防为主"的方针。

1.0.4 铁路工程劳动安全卫生设计必须符合国家规定的劳动安全卫生标准,必须与其主体工程同时设计。

1.0.5 铁路工程劳动安全卫生设计,除应符合本规范外,尚应符合国家现行的有关强制性标准的规定。

2 基本规定

2.0.1 铁路工程劳动安全卫生设计,应有可靠的设计依据和必要的气象、水文地质、工程地质等原始资料。

2.0.2 铁路工程劳动安全卫生设计,应优先采用符合国家劳动安全卫生标准的新工艺、新技术、新设备、新材料。

2.0.3 铁路工程的建、构筑物设计应符合国家现行的有关建筑、结构及防火设计标准的规定。

2.0.4 选用设备及非标准设备设计必须符合国家现行有关标准的规定。

2.0.5 室内外运输通道及建筑物的安全距离、自然采光、通风等劳动安全卫生要求,应符合国家现行有关标准的规定。

2.0.6 铁路工程的建、构筑物,应按其使用性质、重要性、发生雷击事故的可能性确定设防雷击装置。

2.0.7 电力、通信和信号等设备的防雷与接地设计应符合国家现行有关标准的规定。

2.0.8 在易燃、易爆场所内,应对产生静电危害的设备、管道采取防静电措施。

2.0.9 小型石油库、汽车加油站、液化石油气储罐区、氧气站、乙炔站、油泵间、油漆间、炸药库等易燃、易爆场所的防火防爆设计应符合国家现行有关标准的规定。

2.0.10 铁路工程建设项目应按其生产性质、人员编制、实际需要等原则,根据国家现行有关标准设辅助卫生设施。

2.0.11 凡易发生事故、危及人身安全的场所,应按国家现行的有关规定设安全标志或涂安全色。

3 选线(址)及总平面布置

3.1 选 线

3.1.1 铁路选线设计应根据地形、地质、水文、地震、气象等自然条件,选定符合劳动安全卫生要求的线路方案。

3.1.2 铁路选线宜绕避下列地区(段),当必须通过时,应采取安全防护措施:

1 滑坡、崩塌、岩堆、泥石流、风沙、岩溶、人为坑洞、水库坍岸等不良地质地段和高烈度地震区;

2 软土、膨胀土、多年冻土、盐渍土、岩盐、瓦斯等特殊地质地段。

3.1.3 铁路线路应绕避易燃、易爆、危险品生产和储存地,当必须通过时应采取安全防护措施。

3.2 站场及枢纽布置

3.2.1 站场及枢纽布置应根据客货流特征、城市规划、交通便利、工艺特点、建筑类别等技术要求,结合自然和社会环境,合理布置列车运行经路及作业站的位置,并应满足劳动安全卫生的要求。

3.2.2 布置站场及枢纽时,站、段、所的位置应远离易燃易爆、危险品生产和储存地及产生有害气体、烟尘等有害物质的工业企业。

3.3 选 址

3.3.1 厂(场)、段址宜选择在工程地质、水文、气象条件及周围环境符合劳动安全卫生要求的地区。

3.3.2 厂(场)、段址应位于不受洪水、潮水或内涝威胁的地带。当不可避免时,必须采取防洪排涝措施。其防洪排涝工程应符合国家现行有关标准的规定。

3.3.3 下列地段和地区不得选为厂(场)、地址:

1 发展断层和设防烈度大于九度的地震区;

2 Ⅳ级自重湿陷性黄土及Ⅲ级膨胀土等工程地质恶劣地区;

3 有泥石流、滑坡、流沙、溶洞等直接危害的地段;

4 地下矿藏开采后有可能塌陷的地区;

5 爆破危险范围内。

3.3.4 石油库应远离居民区、工业企业、交通线等,其安全距离应符合国家现行有关标准的规定。

3.3.5 液化石油气储罐站应远离易燃易爆、可燃材料储存地,其间距应符合国家现行有关标准的规定。

3.3.6 危险品专办站应远离城镇，并应布置在厂(场)、段区全年最小频率风向的上风侧和厂(场)、段区地下水流向的下游地段。

3.4 厂(场)、段区总平面布置

3.4.1 厂(场)、段区总平面布置时，应根据厂(场)、段的性质、规模、生产工艺流程、交通运输和环境保护要求，结合自然条件，在满足劳动安全卫生的要求下择优确定。

3.4.2 易燃易爆、危险品生产设施的布置应保证生产人员的安全操作及疏散方便，并应符合国家现行有关标准的规定。

3.4.3 油罐区应布置在厂(场)、段区全年最小频率风向的上风侧，其消防间距应符合国家现行有关标准的规定。

3.4.4 氧气站空气分离设备的吸风口，应位于乙炔站全年最小频率风向的下风侧，吸风口与乙炔站之间的最小水平距离，应符合国家现行有关标准的规定。

3.4.5 易燃及可燃材料堆场、危险品库等宜布置在厂(场)、段区边缘，并应远离明火或散发火花的地点，其防火间距应符合国家现行有关标准的规定。

3.4.6 汽车库、停车场应原理火源。当布置在与车间、仓库毗邻时，应采取防火措施。

3.4.7 锅炉房、锻工间、蓄电池间及电镀间等产生烟尘、有害气体的车间，应布置在厂(场)、段区全年污染系数最小方位的上风侧。

3.4.8 厂(场)、段区总平面布置时，应将高噪声区与低噪声区分开设置。

3.4.9 厂(场)、段区主要生产车间、油库、动力车间等的室外主要道路宜呈环行布置。尽端式道路应有消防车回转场地。

3.4.10 当厂(场)、段位于山区时，其主要建、构筑物宜布置在地形和地质条件较好的地段。当建、构筑物设在山坡时，应对山体稳定性作出评价后再进行布置。

3.4.11 在同一机务段(所)内，内燃与电力机车的整备待班线应分开设置。

3.4.12 厂(场)、段区主干道两侧人行通道的宽度、通道与建、构筑物及露天设施的间距应符合国家现行有关标准的规定。

3.4.13 厂(场)、段区内道路曲线半径的设计应便于车辆通行和司机瞭望。主干道的最大纵坡不得大于8%；经常运送易燃易爆、危险品的专用道路最大纵坡不得大于6%。

4 劳动安全

4.1 线 路

4.1.1 铁路与道路交叉应根据铁路与道路性质、等级、交通量等要求确定交叉形式,并应优先考虑设置立体交叉。

4.1.2 铁路与道路平交道口应设在瞭望条件良好的地段,并应根据国家现行的有关规定设置道口标志、护桩、火车司机鸣笛标、道口信号、停车标志和栏杆等安全设施。

4.2 站 场

4.2.1 区段站及以上较大车站(含工业站、交接站)的到发线和调车线间的洼垄,应与道砟填充,面层铺石屑,其高度应与轨枕面平。

4.2.2 在区段站及以上较大车站的牵出线外侧且调车人员上、下车范围内,应采取安全防护设施。

4.2.3 客车整备所存车线间(包括两轨间)及线群最外股道外侧距线路中心 3 m 以内应以石屑填平至轨底面;客车整备所整备线间及线群最外股道外侧距线路中心不小于 4 m 范围内的作业场地应做硬化地面。

4.2.4 出入机务、车辆段(所)的主要道路与其外包正线宜采用立交。当采用平交时,应按本规范第 4.1.2 条办理。

4.2.5 在有车辆检修、整备作业的线路上,应设带有固定式脱轨器的安全信号防护设备。

4.2.6 机车车辆检修、整备、停留的线路应平直。当条件不允许时,线路纵断面的坡度不得大于 1.5‰。位于检查坑上方的机车整备线必须平直。

4.2.7 构架、轮轴煮洗池,应设安全防护设施。

4.2.8 机务、车辆段(所)的牵出线、修车线、整备线、临修线及卸轮线的端头应安装带指示灯的车挡。

4.2.9 机务段设置双机或三机检查坑时,其上应设活动渡板。

4.2.10 抓煤机走行线与架设接触网的线路之间,其中心线间距不应小于 20 m。

4.2.11 电力机车中修库、小辅修库及喷漆库内严禁架设接触网。库前接触网应有不小于 10 m 的无电区,端墙结构应按接触网下锚要求设计。

4.2.12 电力机务段内,停放救援列车的线路及其中心线两侧各 15 m 范围内,均不应架设接触网。

4.3 桥 涵

4.3.1 铁路桥涵应设检查防护设备、人行道和避车台等安全设施。

4.3.2　孔径 4.0 m 及以上的立交涵洞，当涵洞帽石顶的高程高于或等于路肩高程时，应在帽石范围设置栏杆。

4.3.3　桥梁上设置信号机时，其信号机位置应设在避车台附近。

4.4　隧　　道

4.4.1　列车通过隧道后 15 min 内，隧道内空气中有害气体浓度超过国家卫生标准时，应采取通风措施。

4.4.2　瓦斯隧道必须设置专用瓦斯检测器和防爆型通风设备。

4.4.3　对产生放射性物质的隧道应采取防护措施，并应符合国家现行有关标准的规定。

4.4.4　隧道内应按国家现行的有关规定设置避车洞及避车平台，隧道两端大于 100 m 的长大路堑也应设避车平台。

4.5　电力及电力牵引供电

4.5.1　电力牵引专用供电设备绝缘试验电压、安全电压应符合国家现行有关标准的规定。

4.5.2　配电室及有火灾、爆炸危险房间的门应向外开启。相邻配电室之间的门应能双向开启。

4.5.3　室内外配电装置的布置、安全净距及网栅设置应采取防触电措施，并应符合国家现行有关标准的规定。

4.5.4　成套高压配电系统应选用带闭锁装置的设备。对有误操作造成停电或危及人身、设备安全的处所也应设联锁装置。

4.5.5　变、配电所值班人员操作位置和巡视通道上应铺设厚度不小于 5 mm 的绝缘橡胶垫。

4.5.6　架空电力线路和电缆线路路径选择及防护，应符合国家现行有关标准的规定。

4.5.7　电力线路与电力牵引供电接触网共杆架设时，应采取保护检修人员安全作业的技术措施。

4.5.8　行车公寓、办公室及生产车间等用电处所的插座回路宜采用 TN－S 接地型，电源进线处中性线宜作重复接地。

4.5.9　有触电危险的场所应安装漏电保护器。

4.5.10　有高压配电设备的场所应设网状遮栏或栅栏等防护设施。

4.5.11　接触网附加导线对地距离应符合国家现行有关标准的规定。

4.5.12　双线电气化区段上、下行接触网带电体间的距离不宜小于 2.0 m，有困难时不应小于 1.6 m。

4.5.13　在电气化铁路装卸线及电力机车整备台位上，必须装设分段绝缘器和带接地的隔离开关。在电力机车整备台位上必须装设与开关联锁的标志灯。

4.5.14　当电气化铁路上方有跨线桥或人行天桥时，桥面两侧应装安全挡板或网栅，并应可靠接地。

4.5.15　接触网支柱及设备和距接触网带电体 5 m 以内的其他金属结构物均应可靠接

地。

4.5.16 水电段、供电段高压试验间(区)安全设施的设置,应符合下列规定:

1 接地装置和接地电阻值宜为1~2 Ω。最大不应大于4 Ω;

2 应设高2.5 m的金属隔离栅。

3 检修车间内,高压试验区的高压区与操作区之间应采取隔离措施。

4 高压试验区应设警铃,入口处应设红色信号灯并由门的联锁接点控制。

5 照明及控制配线应采用钢管配线,且钢管应接地。

4.5.17 供电段应设应急电源,应急电源宜采用拖车式柴油发电机组。

4.6 通 信

4.6.1 通信站内宜缩小防火分区、阻塞各类孔道、设置火灾报警及灭火装置。

4.6.2 通信设备及线路应采取防雷、防腐蚀、防电磁干扰等措施。

4.7 信 号

4.7.1 信号机械室及控制室的信号带电机具应设安全地线。

4.7.2 电力机车牵引区段内的信号设备外缘距接触网带电体的距离不得小于2 m;距接触网带电体5 m范围内的金属结构物必须接地。

4.7.3 在电力机车牵引区段,当采用道岔握柄或带柄道岔表示器操纵道岔时,应采取防护措施。

4.7.4 在电力机车牵引区段,当信号电缆上的感应纵电动势大于60 V时,应采取防护措施。

4.7.5 在双线区段,转辙机、箱盒等信号设备不宜布置在两正线间。

4.8 照 明

4.8.1 站场应根据作业量大小和实际需要设置照明设备。8股道及以上的编组场、6股道及以上的列检作业线和客车整备线宜设灯桥。

4.8.2 直接长度1 000 m及以上或曲线长度500 m及以上的隧道宜设照明设备。

4.8.3 有特殊要求的大桥和特大桥应设照明设备。

4.8.4 易燃、易爆场所应按国家现行有关标准的规定选用防爆型照明电气设备。

4.8.5 下列场所应设置应急照明:

1 确保处于潜在危险之中人员安全的场所;

2 确保人员安全疏散的出入口和通道。

4.8.6 应急照明宜选用下列方式供电:

1 供电网络中有效的独立于正常电源的馈电线路;

2 直流逆变器;

3 应急发电机组;

4 蓄电池。

4.8.7 应急照明及疏散指示标志的设置，应符合国家现行有关标准的规定。

4.9 机 械

4.9.1 传动带、开式齿轮、联轴器、皮带轮、飞轮及转轴的突出部分等应设防护罩。

4.9.2 各类机械设备平面布置时，设备间距、设备与墙（柱）间距及运输通道宽度应符合国家现行有关标准的规定。

4.9.3 柴油机机体、客货车车体、转向架、缓冲器等重件采用机械翻转、吊运时应采取安全措施。

4.9.4 对高压、高温、高速或高电压的机械设备，应配备明显的警告标志和紧急停机、自动报警、事故紧急处理装置。

4.9.5 压力机械宜采用进、出料机构代替手工操作。当手工操作时，应采取安全防护措施。

4.9.6 机床应设防止零件或切屑飞溅的防护装置。

4.9.7 机械配修间、利材间、木工机械间等处的砂轮机宜远离其他设备和人员往来频繁的通道。

4.9.8 木工机械应设送料夹具或推板等安全防护装置。

4.9.9 加工细长料的设备应设防弯装置。

4.10 起重运输

4.10.1 油漆库、酸性蓄电池间及其他易燃、易爆场所的起重设备应选用防爆型。

4.10.2 桥式起重机供电滑触线处应设带电指示灯及防触电挡板。大车供电滑触线不应设在驾驶室同侧。当设在同侧时，应采取防护措施。起重机靠近供电滑触线的一端应设防护板，大车应设扫轨板。

4.10.3 在同一走行轨道安装两台及以上桥式起重机时，必须安装防撞装置。

4.10.4 起重机供电滑触线与地面或与其他设施间的安全距离，应符合国家现行有关标准的规定。

4.10.5 临修棚、站修棚及露天作业场所应选用带有封闭司机室的桥式起重机。

4.10.6 各种起重机的登高梯子、平台应设防护栏杆。

4.10.7 抬吊机车、车辆的两台桥式起重机应符合下列规定：

1 技术性能应相近；

2 起重量小的一台其起吊重量必须超过所抬吊的机车、车辆重量的一半。

4.10.8 在人员横跨步进式推送运输机、皮带运输机及滚道运输等处应设带栏杆的人行桥。

4.10.9 连续输送的流水线应采取下列措施。

1 各台设备应设按逆工艺流程起动，顺工艺流程停车的电气联锁，并应能临时解除联锁；

2 每隔 30 m 左右宜设紧急停车按钮一处；

3 必须设声、光等报警信号。

4.11 高处作业

4.11.1 有高处作业的建、构筑物及设备必须设置安全防护设施。

4.11.2 对空调客车、冰保车等车顶作业应采取安全防护措施。

4.11.3 爬梯、扶手、检修平台、高架工作台及护栏等设计，应符合国家现行有关标准的规定。

5 劳动卫生

5.1 防尘、防毒

5.1.1 作业场所防尘防毒及通风除尘设计应符合国家现行有关标准的规定。

5.1.2 铸造、焊接、热处理、涂装、电镀、烤砂、电火花加工、发动机试车及其他产生尘毒的作业场所，应采取排烟除尘、防毒等措施。

5.1.3 产生尘、毒的生产过程宜采用机械化和自动化工艺。对产生尘、毒的生产工艺设备应密闭，并设排气装置，不能密闭时应设吸风罩。

5.1.4 产生尘、毒的生产车间，当自然通风达不到卫生标准时，应设局部通风设施。

5.1.5 产生尘、毒或酸、碱等强腐蚀性介质的车间，应有冲洗设施，地面应防滑。

5.1.6 当采用带式输送机输送干粉材料时，应在接、送料口处设局部排风罩。

5.1.7 非集中扬尘的生产过程，应采取湿式作业或喷雾降尘等措施。

5.1.8 不固定的产生尘、毒的作业点宜设移动式除尘装置。

5.1.9 产生不同有毒物质的生产工艺设备在同一建筑物内时，应隔开布置。

5.1.10 生产过程会突然产生大量有毒气体、粉尘或爆炸性气体的车间，应设自动报警器及事故排风装置。

5.1.11 机械通风装置的进风口位置，应设于室外空气比较清洁的地方。相邻车间的进气和排气装置应合理布置。

5.1.12 落砂机应设排风罩。大型铸件落砂机应采用移动式密闭罩，罩门启闭应与落砂机联锁。

5.1.13 喷、抛丸设备宜布置在单独的房间内，并应设排风设施。喷、抛丸清理室、丸砂分离系统宜与本体的通风除尘系统分开。

5.1.14 货车、机车的解体车间，应设通风除尘设备。毒品车必须经消毒刷洗后解体。

5.1.15 机车负载试验库应设排烟装置。

5.1.16 机务段机车停留库宜设排烟装置；客车整备库应设消烟除尘设施。

5.1.17 贮煤场、贮煤池和散堆货场应设硬质地面和洒水设施。

5.1.18 锅炉房宜采用密闭、机械上煤系统，煤场、灰渣场应设围墙；锅炉房、锻工间、煤场、灰渣场应设洒水设施。

5.1.19 木工机械间宜设木屑集中排除设施。单台或移动的木工机械可设置移动式木屑吸收装置。

5.1.20 电镀槽、酸洗槽、除油槽、腐蚀槽、热处理盐浴炉和淬火油槽等应设排风装置，并应符合国家现行有关标准的规定。

5.1.21 涂装作业场地应设通风净化设备，并宜采用封闭式作业。

5.1.22 焊接、电弧气割和等离子切割等固定作业点，应设局部排风除尘系统。当作业点不固定时，宜在焊接区上方设再循环焊烟净化器或小型电焊排烟机组。电焊作业量大的车间应采取综合治理措施。

5.1.23 产生大量油雾的螺纹磨床、齿轮磨床、冷镦机等应设排油雾装置。

5.1.24 采用热洗涤剂进行清洗或煮洗作业的场所和设备应采取通风措施；转向架冲洗机或煮洗池不宜布置在修车库内。

5.1.25 试验室、化验室中产生有害气体的作业点，应设通风柜。

5.2 防暑降温

5.5.1 作业场所防暑降温设计，应符合国家现行有关标准的规定。

5.2.2 高温作业车间应设天窗和侧窗，并应根据劳动强度设局部送风。

5.2.3 夏季自然通风的进气窗下端距地面不宜高于1.2 m；冬季自然通风用的进气窗下端不宜低于4 m，当低于4 m时应采取措施防止冷风吹向工作地点。

5.2.4 单跨或多跨厂房内，在满足工艺要求的条件下，宜将热源集中布置在夏季最小频率风向的上风侧。

5.2.5 散发热量的炉窑、设备和管道，应采取隔热措施。

5.3 防噪声、振动

5.3.1 生产车间的噪声值，应符合国家现行有关标准的规定。

5.3.2 柴油机、牵引电机、空压机试验间和机车负载试验站、锅炉房以及产生强噪声的场所，应采取噪声控制措施。

5.3.3 鼓风机、空压机、中压通风机、高压水泵及其他独立强噪声设备应设隔声罩。空气动力性噪声，应采取消声措施。

5.3.4 锅炉房鼓风机、引风机宜布置在单独的风机间内，锅炉房、柴油机试验间、空气压缩机间、泵房的值班室应有隔声措施。

5.3.5 锻锤、压力机、空压机、振动落砂机、柴油发电机组及其他振动较大的机器，应采取隔振、减振措施。

5.4 放射防护

5.4.1 放射防护设计应符合国家现行有关标准的规定。

5.4.2 产生放射性气体、气溶胶、粉尘的工作场所和设备应易于消除污染，其生产车间应采用固定窗，室内应采用机械通风。水管、电气配线等应暗装。

5.4.3 外照射应采取控制受照时间，增大与辐射源的距离，设置屏蔽体等综合防护措施。

5.4.4 电离辐射室的屏蔽防护，必须按现有和预期电离辐射源的各种照射同时设计，总辐射剂量应控制在规定的年剂量当量限值以下。

5.4.5 电离辐射屏蔽应选择材质均匀，收缩小，经济耐用的材料。电离辐射能量较高的照射室屏蔽材料应采用铅板、硫酸钡墙板或混凝土。

5.4.6 X 射线照射室的屏蔽体及设备,应单独设置可靠的接地装置。

5.4.7 高频淬火、高频焊接及等离子切割等作业,应设电磁辐射防护设施。

5.4.8 高频设备和屏蔽体必须可靠接地。

附录A 有关劳动安全卫生标准目录

附 表 A

序号	标准名称	标准编号	序号	标准名称	标准编号
1	工业企业总平面设计规范	GB 50187—93	29	机械设备防护罩安全要求	GB 8196—87
2	铁路线路设计规范	GBJ 90—85	30	防护屏安全要求	GB 8197—87
3	铁路车站及枢纽设计规范	GBJ 91—85	31	机械加工设备危险与有害因素分类	GB 12299—90
4	石油库设计规范	GBJ 74—84	32	木工机床结构安全通则	GB 12557—90
5	小型石油库及汽车加油站设计规范	GB 50156—92	33	固定式钢直梯	GB 4053.1—83
6	氧气站设计规范	GB 50030—91	34	固定式钢斜梯	GB 4053.2—83
7	乙炔站设计规范	GB 50031—91	35	固定式工业防护栏杆	GB 4053.3—83
8	锅炉房设计规范	GB 50041—92	36	固定式工业钢平台	GB 4053.4—83
9	35 ~ 100 kV 变电所设计规范	GB 50059—92	37	起重机械安全规程	GB 6067—85
10	10 kV 及以下变电所设计规范	GB 50053—94	38	安全色	GB 2893—82
11	3 ~ 110 kV 高压配电装置设计规范	GB 50060—92	39	安全标志	GB 2894—82
12	工业与民用 35 kV 及以下架空电力线路设计规范	GBJ 61—83	40	安全电压	GB 3805—83
13	低压配电设计规范	GB 50054—92	41	铁道干线电力牵引交流额定电压	GB 1402—78
14	通用用电设备配电设计规范	GB 50055—93	42	高压输变电设备的绝缘配合	GB 311.1
15	电力工程电缆设计规范	GB 50217—94	43	民用建筑照明设计标准	GBJ 133—90
16	工业与民用电力装置的过电压保护设计规范	GBJ 64—83	44	工业企业照明设计标准	GB 50034—92
17	工业与民用电力装置的接地设计规范	GBJ 65—83	45	工业企业采光设计标准	GB 50033—91
18	建筑防雷设计规范	GB 50057—94	46	放射卫生防护基本标准	GB 4792—84
19	建筑设计防火规范	GBJ 61—87	47	采暖通风与空气调节设计规范	GBJ 19—87
20	汽车库设计防火规范	GBJ 97—84	48	工业企业噪声控制设计规范	GBJ 87—85
21	高层民用建筑设计防火规范	GB 50045—95	49	操作开放型放射性物质的辐射防护规定	GB 11930—89
22	爆炸和火灾危险环境电力装置设计规范	GB 50058—92	50	电磁辐射防护规定	GB 8702—88
23	火灾自动报警系统设计规范	GBJ 116—88	51	铁路运输放射性物质卫生防护规定	TB/T 2089—1997
24	电气设备安全设计导则	GB 4064—83	52	工业企业设计卫生标准	TJ 36—79
25	生产设备安全卫生设计总则	GB 5083—85	53	铁路照明照度标准	TB 494—87
26	冲压车间安全生产通则	GB 8176—87	54	工业企业噪声卫生标准	卫生部(79)Ⅱ Ⅰ字第1261号及(79)劳总护字第51号
27	机械加工设备一般安全要求	GB 12266—90			
28	机械防护安全距离	GB 12265—90			

附录 B 本规范用词说明

执行本规范条文时,对于要求严格程度的用词说明如下,以便在执行中区别对待。

B. 0. 1 表示很严格,非这样做不可的用词:

正面词采用“必须”;

反面词采用“严禁”。

B. 0. 2 表示严格,在正常情况均应这样做的用词:

正面词采用“应”;

反面词采用“不应”或“不得”。

B. 0. 3 表示允许稍有选择,在条件许可时首先应这样做的用词:

正面词采用“宜”;

反面词采用“不宜”。

表示有选择,在一定条件下可以这样做的,采用“可”。

《铁路工程劳动安全卫生设计规范》条文说明

本条文说明系对重点条文的编制依据、存在的问题以及在执行中应注意的事项等予以说明。为了减少篇幅,只列条文号,未抄录原条文。

3.4.1 厂(场)、段区总平面布置,首先要考虑厂(场)、段的性质,不同性质的厂(场)、段生产特点不同,因而对总平面布置除有其共性要求外,尚有各自的特殊要求。如机车制造厂的柴油机组装车间有洁净的生产环境要求;车辆制造工厂要求有大量的车辆存放线路;轨枕厂要求有大面积的原材料存放场地;客运段要求有防寒防冻的客车整备库等。只有充分考虑其特性和要求,才能做出经济合理的厂内外总平面布置。运输设计是一个有机的整体,必须统筹考虑,使厂外原料、燃料的运输及成品的运出与各生产车间的生产流程一致,避免物料往返、迂回,特别是车辆工厂调车频繁对防火安全影响很大。铁路工厂厂内运输事故约占死亡人数的15%,特别是道口事故,有些工厂占运输事故的40%。因此总平面布置的合理程度,对降低伤亡事故,保证安全有重要的作用。

总平面布置应符合环境保护、防火、安全卫生、检修和施工等规定的要求,为企业安全生产创造必要的条件。

3.4.2 因易燃、易爆、危险品生产过程中存在较大的危险性,万一发生火灾或爆炸事故会危及生产人员的安全,为保证生产人员能迅速撤离危险区,避免伤亡事故,作此条规定。

3.4.7 污染系数综合表示某一风向和风速对其下风向地区污染影响的程度。污染系数越大,其下风向污染越严重。其公式如下:

$$\text{污染系数} = \frac{\text{风向频率}(\%)}{\text{平均风速}(\mathrm{m/s})}$$

3.4.9 厂(场)、段区尽端式道路设回转场地是为了便于车辆调转。根据地形可选用O型、L型及T型回车场,其面积由消防车的技术特征和路面宽度确定。

3.4.11 电力机车整备待班线上方有高压接触网,为了确保内燃机车乘务员及其他作业人员的安全,内燃机车的整备待班线与电力机车整备待班线应分开设置。

3.4.12 厂(场)、段区内主干道两侧人行通道宽度的确定主要考虑工业企业人流具有单向集中的特点和上下班高峰时间主干道两侧人行道上人群密度大,故作此条规定。

4.1.1 线路平交道口是铁路行车安全的隐患,也是事故多发的地点,当具备了一定交通流量的机动车通行道口,可优先采用立体交叉方式。

4.1.2 国家现行有关规定主要指《铁路道口管理暂行规定》(国家经济委员会、铁道部、交通部、公安部、农牧渔业部、城乡建设环境保护部、劳动人事部所发经交〔1986〕161号文)和《关于搞好道口安全的意见》(铁道部铁工务〔1993〕173号文)。

4.2.5 此规定是为了保证车辆检修人员的安全。车辆检修、整备作业的线路指列检、整备、临修、段修及备用客车存车线。

4.2.6 目前我国铁路机车、客车均采用滚动轴承，货车大部分也安装了滚动轴承，然而安装了滚动轴承的机车车辆其自然停放的安全坡度最大为1.5‰，为避免停放的机车、车辆自溜而造成人身伤亡，机车在检查时需要保持水平，故位于检查坑上方的机车整备线必须平直。

4.2.7 构架、轮轴煮洗池盛满了高温碱水，为防止工人操作时不小心掉入池中，故作此条规定。

4.2.11 库前接触网应有不小于10 m的无电区，其理由如下：

停在库前检查坑上的电力机车进库一般靠低压牵车设备，也可采用调机牵引进库，但严禁升弓取电开入，否则容易造成接触网绝缘子被撞坏，受电弓碳滑板破损，甚至会发生撞击车库大门门框等事故。如万一出现带电入库，带电体至多也只侵入库内3 m，尚未侵入起重机吊钩工作范围，不至于发生短路停电或其他不安全事故。

4.2.12 救援列车中的轨道起重机需要定期试验吊臂的伸缩、回转和起重等性能，一般试验时最多伸出其臂长的2/3，回转半径约为12 m，为确保试验作业的安全，故规定为15 m。

4.3.1 桥涵检查防护设备指围栏、吊监、检查梯、活动检查小车、栏杆及路堤检查台阶等，设计时可按国家有关标准执行。

4.3.3 信号机设在桥梁避车台附近，当列车接近时，电务维修人员便于及时躲避。

4.4.2 运营隧道如果有一次瓦斯溢出应视为瓦斯隧道。如浓度超过国家规定标准，可在衬砌背后注浆封闭或当限界允许时作内衬封闭。处理后仍有瓦斯溢出并超出国家标准的，还应设防爆型的通风机，以确保安全。

4.5.10 有高压配电的场所指成套配电装置、电力设备的套管和绝缘子、落地式变电台等。

4.5.12 为了适应V型综合维修天窗保证维修人员安全的需要，双线电气化区段上、下行接触网带电体的距离不宜小于2 m，困难时不应小于1.6 m的规定。但目前在站场咽喉区及部分设施和净空受限制的隧道内不能满足这一距离要求。

4.5.13 电气化铁路的电力机车整备台上，为确保作业人员的安全，应装设分段绝缘器和带接地的隔离开关以及与开关联锁的标志灯，其中标志灯显示红色时，表明检查坑上方接触网带电；显示白色时，表明接触网无电。

4.5.15 为防静电感应和闪路过电压危及人身安全，故作此条规定。距接触网带电体5 m以内的金属结构物一般指桥栏杆、信号机等。

4.7.2 高柱信号机与接触网的高度相接近，为了防止维修人员发生触电危险，所以规定设于电力牵引区段内的信号机等导体外缘（指机构的挡板）距接触网带电部分的距离不得小于2 m。

接触网上带有工频25 kV电压，正常情况下，对周围的金属结构物会产生感应电压。一旦发生接触网断线或绝缘子损坏，接触到金属结构物，就会使其带电，危及人身安全，故规定距接触网带电部分5 m范围内的金属结构物均须接地。

4.7.3 为防止操作人员手握道岔或道岔表示器的握柄时发生触电危险，故作此条规定。

4.7.4 信号导线受到接触网影响会产生纵电动势，对操作人员、维修人员及信号设备都可能产生危险。因此，在电力机车牵引区段的信号电缆线路设计中，需要计算电磁影响的大小,以确定是否需要铺设屏蔽电缆或采用其他降低感应纵电动势的措施。

4.7.5 转辙机、箱盒等信号设备设在两正线间时,维修人员作业时,背对另一正线容易发生人身伤亡事故,故作此条规定。

4.9.5 冲压设备在各工厂中均属于易出事故的工位,手指被压、卡断事故较多,直接威胁操作人员的人身安全,故作此条规定。

4.10.6 起重机设备的驾驶及维修保养,均须人员爬上扶梯及平台进行高处作业,为了保证生产人员的安全,故作此条规定。

4.11.1 有高处作业的建、构筑物及设备主要指灯桥、灯塔、220 kV 门型架、空调车检修作业棚、客车体洗刷库、客车车顶油漆作业、单梁桥式起重机的检修作业等,为了保证工人在作业时的安全,故作此条规定。

4.11.2 进行空调车整备作业的整备线综合作业棚、临修棚,因需经常在车顶进行检查或检修作业,且空调车顶面较凸行走很不方便,车顶又无挂安全带的地方,为了保证作业人员的安全,可设安全缆绳、升降式小车或移动高架工作台等。

5.1.10 设置事故排风装置是针对偶然事故的应急措施。

5.1.16 北方寒冷地区客车整备作业在整备库内进行。为保证车体预热及防止车辆冻坏,整备库门窗密闭,车辆锅炉又不熄火,锅炉产生的大量烟气对库检人员的健康危害极大,故应设排烟设施。

目前,整备库的排烟设施,呼和浩特车辆段已试验成功。

5.1.22 据实测资料表明,在点焊时工作地点的含尘量约为 2 000 ~ 3 000 mg/m^3,在对焊时约为 6 000 ~ 9 000 mg/m^3,在产生烟尘的同时,还会产生一氧化碳。为了预防这方面的危害,应采取通风除尘措施。

5.3.2 对产生较强噪声的生产车间或设备,可根据其声学特点,有针对性地采取处理措施,当措施合理时,可以取得比较好的降噪效果。其噪声声学控制降噪效果如说明表 5.3.2。

说明表 5.3.2

现场噪声情况	合 理 措 施	降噪声效果 dB(A)
车间噪声设备多且分散	吸声处理	4 ~ 12
车间工人少,噪声设备台数少	隔声罩	20 ~ 30
车间工人少,噪声设备台数多	隔声室间	20 ~ 40
进排气噪声	消声器	10 ~ 30
机器振动,影响周围环境	隔振处理	5 ~ 25
机壳或管道振动同时辐射噪声	阻尼措施	5 ~ 15

5.3.3 对空气动力性噪声可以采用以下几种消声方法降低噪声:

(1)当噪声呈明显低中频脉冲或中高频宽带特性时,采用阻性或阻抗复合消声器;

(2)降低高温、高压、高速条件下的噪声时,采用微穿孔金属板式消声器;

(3)降低高温、高压、高速排气放空噪声时,采用节流减压,小孔喷注及节疏减压小孔喷注复合等排气放空消声器;

(4)中高频噪声的吸声降噪设计,采用 20 ~ 50 mm 厚的常规成型吸声板;

(5)宽频带噪声的吸声降噪设计,采用多孔材料后留 50 ~ 100 mm 的空气层;

(6)低频噪声的吸声降噪设计,采用穿孔板共振吸声结构;

(7)吸声降噪设计,采用薄膜复面的多孔材料或单、双层微穿孔板吸声结构。

5.3.5 对振动较大的机器采用以下几种方法可以达到一定的隔振减振效果;

(1)对振动设备采取隔振措施,防止其振动传到其他场合;

(2)对怕振动的设备采取隔振措施,以减弱或消除外来振动对这一设备带来的影响;

(3)在金属结构上涂敷一层阻尼材料抑制其振动;

(4)改进工艺布置及设备选型减轻传播;

(5)将振动设备安装在单独隔离的防震地基使操作岗位与振动源隔离。

5.4.3 时间防护;人体受到照射的累积剂量和受照时间成正比,所以人员应尽量减少在电离辐射场内的停留时间,以使所受照射剂量控制在规定的限值以下。

距离防护:点状辐射源在周围空间所产生的辐射强度与距离平方成反比,所以应使用具有多功能的长柄器械和机械手进行远距离操作,以保持与辐射源之间有足够的距离。

屏蔽防护:根据物质可以吸收或减弱辐射的原理,在电离辐射源与工作人员间设防护屏蔽体,可以减少或消除射线对人体的影响。

5.4.4 其屏蔽性能及厚度应能保证相邻及附近地区工作人员受到的年剂量当量符合国家现行标准《放射卫生防护基本标准》(GB 4792)的规定。

5.4.5 根据电离辐射源的种类、能量和用途的不同选用屏蔽材料。对防护 X 射线、γ 射线可用铅、铁、水泥和砖石等高原子序数物质。防护 β 射线宜用铝、有机玻璃和塑料等物质。防护中子辐射,可选用石腊、硼酸溶液和水等含氧物质使中子慢化,再用高原子序数物质屏蔽其派生的 γ 射线。关于材料所需要的厚度一般可通过计算求得。

中华人民共和国行业标准

铁建函〔1998〕253号

铁路工程环境保护设计规范

Code for Environmental Protection Design of Railway Engineering

TB 10501—98

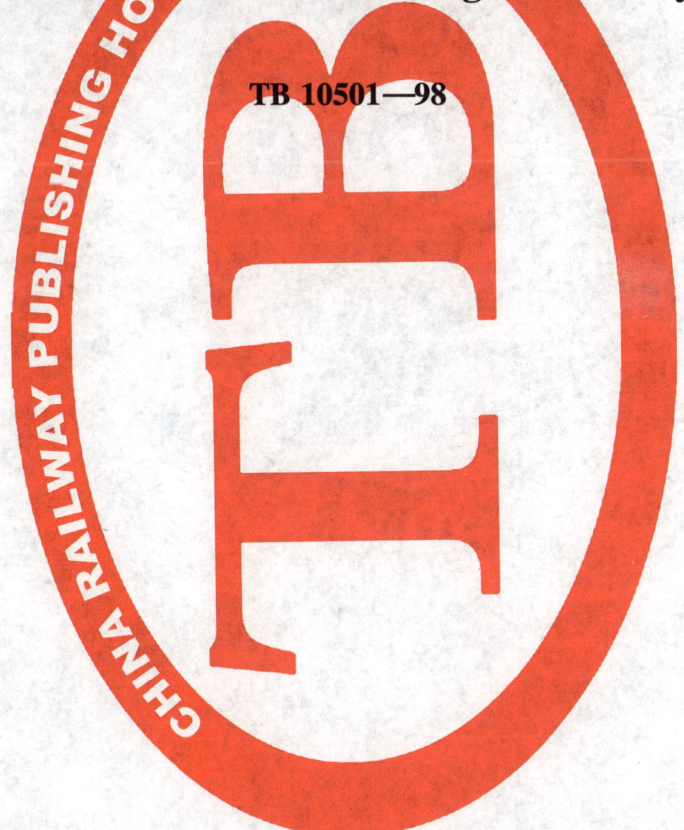

1998—09—07 发布　　　　1999—01—01 实施

中华人民共和国铁道部　发布

前　言

本规范是根据铁道部铁建函〔1992〕127 号《关于下达一九九二年铁路工程建设标准规范等六项编制计划的通知》，对《铁路工程设计环境保护技术规定》（TBJ 501—87）全面修订而成。

本规范共分 8 章，主要内容包括总则，一般规定，生态环境保护，噪声，振动污染防治，电磁污染防治，大气污染防治，水污染防治，固体废物污染防治等。

本次全面修订主要对原规范按铁路专业划分环保内容改为按环境要素划分环保内容；增加了对铁路站区或地区内污染源实行集中治理和对污染物实行总量控制要求的内容；增加了国家新颁布的法律、法规、标准中涉及铁路工程建设有关环境保护的要求等。

本规范由铁道部建设司负责解释。在执行本规范过程中，如发现需要修改和补充之处，请将意见及有关资料寄交铁道部第四勘测设计院（湖北省武汉市武昌区杨园街和平大道 673 号，邮政编码：430063），并抄送铁道部建设司标准科情所（北京市朝阳门外大街 227 号，邮政编码：100020），供今后修订时参考。

本规范主编单位：铁道部第四勘测设计院。

本规范参加单位：铁道部第二勘测设计院。

本规范主要起草人：王忠合、许娣、李若林、郑光玉、张卫红、张育明、胡建国、刘佳。

目　　次

1 总 则

1.0.1 为贯彻执行国家环境保护政策、法规，统一铁路工程环境保护设计标准，制定本规范。

1.0.2 本规范适用于国家铁路网中标准轨距铁路新建、改建工程的环境保护设计。

1.0.3 铁路工程环境保护设计应遵循统一规划、合理布局、综合治理、防治结合的原则，严格控制污染源。

1.0.4 铁路工程中的环境保护设施必须与其主体工程同时设计；对工程设计范围内相关的尚未治理的原有污染源应同时治理。

1.0.5 铁路工程设计应优先采用清洁生产工艺和技术，严禁使用国家公布淘汰的污染环境的工艺和设备。

1.0.6 铁路环境保护工程设计年度宜与其主体工程设计年度相同。

1.0.7 铁路工程环境保护设计除应符合本规范外，尚应符合国家现行的有关强制性标准的规定。

2　一　般　规　定

2.0.1　铁路污染源排放污染物应符合国家或地方现行的排放标准要求；在实行污染物总量控制地区还应符合总量控制指标的要求。

2.0.2　铁路污染源按其性质，宜采用下列治理方案：

1　回收污染物中的可利用物质。

2　利用本单位或单位间的废水、废气、废渣等进行“以废治废”。

3　实行站区或地区内污染源的集中处理。

2.0.3　铁路工程施工组织设计应提出环境保护指导性原则。

2.0.4　结合铁路工程设计确定试验、研究项目时，应包括环境保护的相关内容。

2.0.5　对含有放射性物质的岩层进行处置时，必须符合现行国家标准《辐射防护规定》（GB 8703）的规定。

3 生态环境保护

3.1 选线、选址原则

3.1.1 铁路选线、选址必须合理使用国土资源。能利用荒地的，不得占用耕地；可以利用劣地的，不得占用好地。

3.1.2 铁路选线应绕避储藏量大且有开采价值的矿区。当必须通过时，应进行综合比选，以合理的路径通过。

3.1.3 严禁在自然保护区的核心区和缓冲区设置铁路设施；铁路选线宜避开自然保护区的试验区及其外围保护地带、文物保护单位的保护范围、风景名胜区及其外围保护地带。

3.1.4 铁路取弃土、弃渣场址的选择应符合下列规定：

1 铁路工程应结合当地土地利用规划，合理选择取弃土、弃渣场址，以利于工程后的恢复利用。

2 严禁在自然保护区、风景名胜区、林区、坍塌、滑坡地带及泥石流易发区设置取土场、采石场。

3 不宜在沿江、河、海岸滩堆置弃土、弃渣并不得向江河、湖泊、水库和专门存放地以外的沟渠弃土、弃渣。严禁在泥石流沟上游弃土、弃渣。

3.1.5 对高填路段或通过城区、良田的路基，其路桥方案比选时，应考虑环境保护要求。

3.2 水 土 保 持

3.2.1 路基边坡、隧道边仰坡必须采取植物措施或必要的工程防护措施。

3.2.2 当铁路必须通过滑坡、泥石流、严重沙害等特殊条件地区，在保证工程自身安全的同时，应对由工程引发的环境地质问题采取相应的防护措施。

3.2.3 当铁路必须通过冲沟、陷穴发育、地下水出露及强湿陷性黄土地段时，应避免长大高填深挖，必要时应采取措施，防止陷穴发展，减轻工程对周围生态环境的破坏。

3.2.4 对取弃土场、弃渣场的裸露面，必须提出相应的土地整治措施及必要的工程防护措施。

3.2.5 施工组织设计中，对重点土石方地段，应提出防止水土流失的设计原则。

3.2.6 对铁路线路两侧、站、段、所及生活区应进行绿化设计。

3.2.7 桥梁设计时，应提出必要的防止河岸冲刷的工程防护措施。

3.2.8 隧道及深堑工程附近有高于设计高程的水库、灌溉渠、井等水利设施时，应慎重选择其结构类型、施工方法及防水措施，避免水资源流失。

3.2.9 铁路通过岩溶地区时，应有防止地面塌陷、地下水流失和改道等影响环境问题的措施。

3.3　其　　他

3.3.1　在冻土地区的地下水水源地补给带范围内，不应设计开挖取土、破坏地表植被的工程。

3.3.2　对水产资源有影响的铁路工程，宜采取相应的防护措施。

3.3.3　通过林区的线路应采取防火措施。

3.3.4　通过自然保护区的试验区及其外围保护地带的线路，应采取防止环境质量恶化的工程措施。

3.3.5　新建铁路必须通过风景名胜区及其外围保护地带时，其建筑型式应与景观相协调，不得建设破坏景观、妨碍浏览的设施；在珍贵景物周围和重点景点上不得增建铁路工程设施。

3.3.6　对被征土地范围内的生产单位和移民应按国家及地方政府有关规定，将拆迁安置纳入设计。

3.3.7　位于农田范围内的软土路基加固，不宜采取反压护道。

3.3.8　铁路桥涵设置应满足水陆交通、防洪、排涝、灌溉等需要。

4 噪声、振动污染防治

4.0.1 铁路噪声、振动污染防治设计，应遵循《中华人民共和国环境噪声污染防治法》的规定，符合现行国家标准《铁路边界噪声限值及其测量方法》(GB 12525)、《工业企业厂界噪声标准》(GB 12348)、《建筑施工场界噪声限值》(GB 12523)及《城市区域环境噪声标准》(GB 3096)、《城市区域环境振动标准》(GB 10070)等要求。

4.0.2 新建铁路选线，应结合地方城镇规划，宜绕避既有或规划的噪声、振动敏感建筑物集中区域和重要敏感建筑物；应充分利用天然缓冲地域的降噪、减振作用。

4.0.3 新建铁路车站选址应与城市规划相结合。站区内的机务、车辆高噪声车间及整备线，编组场内的高噪声设备设置应考虑对临近敏感建筑物的影响。

4.0.4 在城市市区或噪声敏感建筑物集中区域，当铁路噪声不满足相应国家标准要求时，应对传播途径或声源、受声点采取防治措施。

4.0.5 通过城市市区或噪声、振动敏感建筑物集中区域的铁路高架桥，宜选用钢筋混凝土梁或预应力钢筋混凝土梁。

4.0.6 临近噪声敏感建筑物集中区域和重要敏感建筑物的有编组作业的铁路车站，宜采用无线通讯。

4.0.7 各站、段、所的生产、生活设备，应选用低噪声设备，对产生环境噪声污染的设备，应在设计文件中标明其正常运行状况下的噪声值，以及与该产品相关的国家标准、行业标准中规定的标准限值。

4.0.8 铁路隔声屏应根据工程及环境条件，结合声学、建筑等方面要求与景观相协调优化设计。对地面式隔声屏，宜优先采用与围墙等附属建筑物一体化的墙体结构，采用其他结构形式，应与周围环境相协调。高架桥上的隔声屏应采用吸声式，并与桥梁的结构、形式相统一。

4.0.9 在站区房屋设计中，不应将铁路职工住宅、单身宿舍、公寓、学校、医院等噪声敏感建筑设置在距铁路外侧轨道中心线 30 m 以内区域，宜设在噪声防护距离以外区域；在噪声防护距离以内不得已设置噪声敏感建筑物时，应采取必要的降噪措施，使室内环境达到国家规定的功能区标准。

房屋的总体布局应合理，宜利用建筑物对噪声的遮挡作用，合理安排建筑物的朝向。

4.0.10 在铁路施工组织设计中，应合理布置施工场地，宜将产生高噪声与强烈振动的机械设备设置在远离敏感建筑物的地方，施工噪声应符合国家规定的建筑施工场界噪声排放标准。

4.0.11 铁路施工爆破作业点距敏感建筑物较近时，其工点设计应按现行国家标准《爆破安全规程》(GB 6722)的要求，采取控制爆破炸药用量和开挖进尺量来减轻振动。

4.0.12 强振机械设备应采取减振措施。

5　电磁污染防治

5.1　对有线电信电磁污染的防治

5.1.1　电气化铁路对邻近的电信线路的危险影响应符合下列规定：

1　电气化铁路接触网正常运行状态：

1）人体碰触接近的通信导线时，由静电感应引起的流经人体的电流不应大于 15 mA；

2）由磁感应引起的纵电动势不应大于 60 V。

2　电气化铁路接触网导线短路接地状态：

1）电信明线线路上的磁感应纵电动势不应大于 430 V；

2）无远供的电缆线路芯线上的磁感应纵电动势，不应大于按下列公式计算的 E 值：

$$E = 0.6U_{zs} \tag{5.1.1—1}$$

或

$$E = 0.85U_{js} \tag{5.1.1—2}$$

式中　E——纵电动势容许值（V）；

U_{zs}——电缆直流试验电压（V）；

U_{js}——电缆交流试验电压（V）。

3）按“导线—大地”方式直流远供的电缆线路芯线上的磁感应纵电动势不应大于按下列公式计算的 E 值：

$$E = 0.6U_{zs} - \frac{U_y}{\sqrt{2}} \tag{5.1.1—3}$$

或

$$E = 0.85U_{js} - \frac{U_y}{\sqrt{2}} \tag{5.1.1—4}$$

式中　U_y——远供电压（V）。

4）按“导线—导线”方式直流远供而中心点接地的电缆线路，芯线上的磁感应纵电动势不应大于按下列公式计算的 E 值：

$$E = 0.6U_{zs} - \frac{U_y}{2\sqrt{2}} \tag{5.1.1—5}$$

或

$$E = 0.85U_{js} - \frac{U_y}{2\sqrt{2}} \tag{5.1.1—6}$$

5.1.2　电气化铁路对邻近的电信线路的干扰影响应符合下列规定：

1　通信线路：

1）设有增音站的双线回路的杂音计电动势不应大于 4.5 mV；

2）未设有增音站的双线回路的杂音计电动势不应大于 10 mV；

3)单线回路的杂音计电动势不应大于 30 mV。

2 广播线路：

1)双线信号线的信噪比终端不应小于 30 dB；

2)双线用户线的信噪比终端不应小于 27 dB；

3)单线用户线的信噪比终端不应小于 25 dB。

注：以上 1)~3)均为不加权时的容许值。

5.1.3 当电磁感应影响超过本标准第 5.1.1 条、第 5.1.2 条容许值时，必须在电气化铁路或在电信线路方面采取相应的治理措施。

5.2 对无线电信电磁污染的防治

5.2.1 电气化铁路与机场中波导航台天线的距离不得小于 150 m，与机场超短波定向台天线的距离不得小于 500 m。

各航空无线电台对电气化铁路干扰的防护率应符合表 5.2.1 的规定。

5.2.2 电气化铁路与短波无线电测向台的防护间距应大于 1 200 m。

5.2.3 对空情报雷达站与电气化铁路的防护间距应大于表 5.2.3 的规定。

表 5.2.1 防 护 率

电 台 类 型		防护率(dB)	备 注
超短波定向台		20	
中波导航台		15	
仪表着陆系统	航向信标台	20	
	下滑信标台	20	
	指点信标台	23	在覆盖区范围的防护率
全向信标台		20	
测 距 台		8	
塔康导航台		8	

表 5.2.3 防 护 间 距

对空情报雷达站工作频率(MHz)	80~300	301~3 000
防护间距(m)	800	700

5.2.4 电气化铁路对电视接收的影响程度，以损伤制中的第三级和第二级的界限作为实用极限。电气化铁路对电视信号接收的防护距离，应以信噪比 30 dB 作为依据。

5.2.5 当电磁辐射影响不能满足本标准第 5.2.1~5.2.4 条规定的防护间距或防护率时，必须在电气化铁路或受影响设施方面采取相应的治理措施。

6 大气污染防治

6.1 大气污染源选址原则

6.1.1 锅炉房选址应位于环境保护对象的全年污染系数最小方位的上风侧;季节性运行的锅炉房,宜设置在该季节主导风向的下风侧。

6.1.2 位于国家名胜风景区或酸雨及二氧化硫控制区的城市中心区锅炉房设计,宜采用燃油、燃气锅炉。

6.1.3 站、段、所及生活区的供热设计,应进行综合比较,宜采用集中供热。

6.1.4 散装货物专用线、卸煤专用线及危险品仓库的设置,应与环境保护对象之间保持足够的防护距离或设防护林带。

6.2 烟气污染防治

6.2.1 锅炉、炉窑的烟囱高度和烟气中的有害物排放浓度,应符合现行国家标准《锅炉大气污染物排放标准》(GB 13271)、《工业炉窑大气污染物排放标准》(GB 9078)或地方标准的规定。

6.2.2 锅炉、炉窑的烟道采样孔和采样操作平台设计,应符合现行国家标准《锅炉烟尘测试方法》(GB 5468)或《固定污染源排气中颗粒物测定与气态污染物采样方法》(GB/T 16157)的规定。

6.2.3 旅客车站高架候车室的建筑设计,应有利于站台的自然通风和烟气扩散。

6.3 粉尘污染防治

6.3.1 铁路运煤专线设计,宜对列车运输时产生的煤尘污染采取防止扬散的措施。

6.3.2 卸煤专用线、散装货物装卸线、专用储煤场设计,应采取防止煤尘扬散的措施。

6.3.3 锅炉房的储煤、存渣场应采取抑尘措施。

6.3.4 采石场石料破碎、筛分生产过程中产生的粉尘排放浓度,应符合现行国家标准《大气污染物综合排放标准》(GB 16297)的规定。

6.3.5 抛丸库应设通风除尘设备。

6.3.6 木工利材间同一生产流程或同时工作的扬尘点相距较近时,宜设集中除尘系统。

6.4 废气污染防治

6.4.1 蓄电池间、电镀间、熔焊间的通风宜设净化设备。

6.4.2 喷漆库、喷漆棚及喷漆室应采用清洁工艺，当产生漆雾时应设净化装置。

6.4.3 牲畜车停车线应远离客车到发线。

6.4.4 铁路生活设施排放餐饮类油烟，应符合有关规定。

7 水污染防治

7.1 一般规定

7.1.1 铁路工程设计应符合下列规定。

1 按生产工艺对水质的不同要求,宜采用循环、重复用水系统。

2 宜按不同水质分别回收或综合利用污水中的可用物质。

7.1.2 铁路工程排水系统宜采用分流制。

7.1.3 受有毒有害物质污染的地面及堆放存储有毒有害物质的场地浸淋水,初期雨水和含有各种有毒有害物质的冲洗废水,应设有相应的集水设施,视其水质状况,进行处理。

7.1.4 铁路工程污水排放口的设置应符合国家或地方现行有关规定的要求。

7.1.5 未经处理的工业有害污水、含病源体的污水,严禁排入渗井、渗坑、裂隙、溶洞。

7.1.6 污水处理构筑物应有防渗漏措施。

7.1.7 污水处理厂(站)的设计应有事故排放时的应急措施。

7.1.8 铁路排放的生产污水经初步处理后,宜排入城市下水管网。

7.1.9 污水处理厂(站)应设常规监测设备及水量计量装置。

7.2 含油污水

7.2.1 轻、重油罐车洗刷污水宜分别处理。

7.2.2 油罐区(含上、卸油线)等易受石油类污染的地面应采用水泥整体硬化,其周边应设置集水沟收集地面冲洗水和初期雨水,处理后排放。

7.2.3 铁路邻近厂、站、段所含油污水宜集中处理。

7.3 货车洗刷污水

7.3.1 货车洗刷污水应视其水量、水质采取相应的处理措施。

7.3.2 牲畜车专用洗刷所洗刷污水必须进行消毒处理。

7.4 生活污水

7.4.1 铁路站区及生活区无市政排水系统可利用时,生活污水应根据环境要求,选择适当的处理方式。

7.4.2 铁路综合医院病区污水应进行处理;放射性污水必须单独收集处理。

7.5 其他污水

7.5.1 酸性、碱性污水宜优先利用其废酸、废碱中和处理，其次采用药剂中和处理。

7.5.2 采石场除尘污水、锅炉水幕除尘污水应进行沉淀处理，并宜循环使用。

7.5.3 客车洗刷所含洗涤剂的污水宜经处理后循环使用。

7.5.4 蓄电池间、电镀间排放的含铅、镉、铬污水均必须在车间排出口处单独处理，达标排放。

7.5.5 专用煤场及卸煤专用线内的雨水应进行沉淀处理。

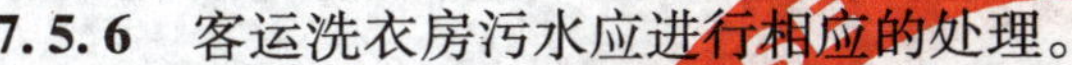

7.5.6 客运洗衣房污水应进行相应的处理。

8 固体废物污染防治

8.1 垃圾处理场选址原则

8.1.1 国家及省、自治区、直辖市划定的自然保护区、风景名胜区、生活饮用水源地不得设立垃圾堆放场和垃圾处理场。

8.1.2 严禁在铁路两侧设置垃圾堆放场和垃圾处理场。

8.2 工业固体废物

8.2.1 锅炉及炉窑产生的炉渣，应设置集中堆放场地，并宜综合利用。

8.2.2 金属屑应设置堆放场地并回收利用，其他生产废物宜设置相应的堆放场地并定期处置。

8.2.3 货场垃圾应设置堆放场，并采取防止污染环境的措施。

8.2.4 污水处理产生的污泥，应设专用堆放场地。电镀污泥宜综合利用。

8.3 生 活 垃 圾

8.3.1 铁路医院应配备焚烧炉。

8.3.2 大型客运站应设置垃圾收集转运设施。

附录 A　本规范用词说明

执行本规范条文时，对于要求严格程度的用词说明如下，以便在执行中区别对待。

A.0.1　表示很严格，非这样做不可的用词：

正面词采用“必须”；

反面词采用“严禁”。

A.0.2　表示严格，在正常情况均应这样做的用词：

正面词采用“应”；

反面词采用“不应”或“不得”。

A.0.3　表示允许稍有选择，在条件许可时首先应这样做的用词：

正面词采用“宜”；

反面词采用“不宜”。

表示有选择，在一定条件下可以这样做的，采用“可”。

《铁路工程环境保护设计规范》条文说明

本条文说明系对重点条文的编制依据、存在的问题以及在执行中应注意的事项等予以说明。为了减少篇幅,只列条文号,未抄录原条文。

1.0.3、1.0.4　铁道部1993年12月31日以铁科技〔1993〕166号文颁布的《铁路主要技术政策》中第59条规定:“铁路环境保护应贯彻‘预防为主、防治结合、综合治理’的原则”。

1995年6月12日又以铁计〔1995〕84号文颁布了《铁路建设项目环境保护“三同时”管理办法》,其中第八条规定:“在设计中要认真贯彻统一规划、合理布局、综合利用、化害为利的方针;……改建、扩建和技术改造项目,应当在经济合理、技术可行的条件下,对有关的原有污染源进行治理”。

中华人民共和国环境保护法(1989年12月26日第二十二号主席令公布)第二十六条规定:“建设项目中防治污染的设施,必须与主体工程同时设计、同时施工、同时投产使用”。

1.0.5　1997年2月14日国家环保局环控〔1997〕093号文“关于印发《关于‘九五’期间加强污染控制工作的若干意见》的通知”第五节“推行清洁生产和清洁能源,淘汰落后工艺和设备”中规定:“推行清洁生产和使用清洁能源是实现总量控制的一个重要途径。……以清洁生产评价指标作为核定企业污染物排放总量的依据。各级环保部门应协同各级经贸委监督企业限期停用列入国家淘汰名录中的严重污染环境的落后生产工艺和设备,并防止易地转移。”

1997年4月14日国家环保局环控〔1997〕232号文《关于推行清洁生产的若干意见》中也作了详细规定。

2.0.1　1997年6月10日国家环保局环控〔1997〕383号文《关于印发“九五”期间全国主要污染物排放总量控制实施方案(试行)的通知》中规定:“国家决定在‘九五’期间对废气或废水中排放的烟尘、二氧化硫、粉尘、化学耗氧量、石油类、氰化物、砷、汞、铅、镉、六价铬和工业固体废物排放量等12项指标实行排放总量控制”。

2.0.2　1996年8月31日国务院国发〔1996〕36号文《国务院批转国家经贸委等部门关于进一步开展资源综合利用意见的通知》中规定:“对生产过程中产生的废渣、废水(液)、废气、余热、余压等进行回收和合理利用;对社会生产和消费过程中产生的各种废旧物资进行回收和再生利用”。

污染物间能相互发生化学反应,生成无害产物,这种处理方式称为“以废治废”。例如:含酸污水与含碱污水混合反应后,pH接近中性。

2.0.3　铁路工程施工期一般均较长(3~5年),施工范围涉及较广,线路、站场、隧道的取弃土，采石场地的开发，大型库、房的基础开挖，都会形成一些水土流失，隧道、深堑开挖后的引排等均会影响附近水体或农田；施工队伍的工地生活设施排烟、排水等以及大型施工机械的噪声、振动，都会给环境带来某种不同程度的不利影响。施工组织设计，应根据工程实际给出指导性原则。

2.0.5 本条主要针对隧道施工设计中遇有含放射性物质的岩层，隧道洞身以及弃渣、施工排水中含有放射性物质，对此设计中应有处置方案。防止放射性污染。

3.1.2 当铁路必须通过矿区时，不仅只从工程造价考虑，而且要从矿区规划，矿产资源保护、开发等方面进行综合比选。

3.1.3 《中华人民共和国自然保护区条例》第十八条规定：

自然保护区内保存完好的天然状态的生态系统以及珍稀、濒危动植物的集中分布地，应当划为核心区，禁止任何单位和个人进入；除依照本条例第二十七条的规定经批准外，也不允许进入从事科学研究活动。

核心区外围可以划定一定面积的缓冲区，只准进入从事科学研究观察活动。

缓冲区外围划分试验区，可以进入从事科学研究试验、教学实习、参观考察、旅游以及驯化、繁殖珍稀、濒危野生植物等活动。

原批准建立自然保护区的人民政府认为必要时，可以在自然保护区的外围划定一定面积的外围保护地带。

3.1.4 铁路工程取土可以利用当地废河堤或河流疏浚及其他工程的废弃土。工程取弃土场址也可结合当地开发建设或农、林、牧、渔业等需要设置。

3.2.4 《开发建设项目水土保持方案技术规范》等5.1条规定：

基建施工与生产运行中，由于采挖、排弃等活动而形成的废弃土地和排土场、堆渣场、尾矿场等，须根据不同情况，分别采取不同的土地整治工程，改造成可利用的土地。

1）对生产建设中所形成的坑凹地，应利用废弃土石料回填整平，并在表层进行覆土，加以改造利用。

2）对外排的弃土、弃石和弃渣、尾矿等，不能回填利用的，应合理布设排土场、排渣场、贮灰场、尾矿场，并采取挡渣墙、拦渣坝、拦渣堤等工程，进行拦护。对终止使用的渣场表面应采取整治和覆土措施，改造成可利用的土地。

3）经过整治的土地，应根据其条件和项目区的需要，进一步对其地表加工处理，分别改造为农业、林业用地、水面利用和其他用地。

3.3.6 铁路工程征地拆迁、移民安置的具体工作由地方政府执行。本条例“拆迁安置”所指的内容仅局限于将需要费用纳入设计。

3.3.7 用反压护道的方法进行软土地基加固，需占用较大面积的土地，农田地区不宜采用。

4.0.1 铁路噪声污染源系指铁路机车、车辆运转作业的流动噪声源和站、段、场、所的固定噪声源。

铁路振动污染源系指铁路机车、车辆运转作业产生的振动，施工爆破作业产生的振动，施工机械设备（如打桩机等）产生的振动。

4.0.2 噪声、振动敏感建筑物集中区域系指受铁路噪声影响的疗养区、高级别墅区、高级宾馆区等特别需要安静的区域以及居民区、文教、卫生区等；重要敏感建筑物为学校、医院等有特殊噪声、振动防护要求的建筑物。

4.0.3 高噪声车间系指机务、车辆等站、段、所配属的内燃机车负荷试验台、鼓(引)风机间、空气压缩机间、机加工车间等有高噪声设备或本身产生高噪声的生产车间。

4.0.9 以敏感建筑物功能不受影响的噪声标准限值为依据,计算铁路噪声衰减至这一标准限值所需的衰减距离即为噪声防护距离。

5.1.3 本着既节约国家建设资金,又保证防护质量的原则,可以制定多种防护方案进行比选。

在供电系统上可采取的措施有:

1)单设回流线装置;

2)吸流变压器—回流线装置;

3)自耦变压器供电方式。

在电信线路方面可采取的措施有:

1)改迁电信线路,使之与电气化铁道保持合理的间距;

2)架空明线改为电缆,非屏蔽电缆改为屏蔽电缆及普通电缆改为光缆;

3)单线回路改为双线回路,弯钩线路改为横担线路;

4)中和变压器装置;

5)屏蔽变压器装置;

6)隔离变压器装置;

7)杂音抑制线圈。

5.2.4 国际无线电咨询委员会(CCIR)推荐的损伤制衡量的方法为:

第五级　不觉察

第四级　可觉察但不讨厌

第三级　有些讨厌

第二级　很讨厌

第一级　不能收看

由于电气化铁路产生的干扰随机性较大,并考虑到我国的国情国力和人民生活水平等因素,以三级和二级的界限作为实用极限是合适的。

根据我国电视广播的有关规定和实测数据,参照国内电气化铁路对电视接收影响的研究成果和实践经验,表明以信噪比 30 dB 为界,可以保证电视画面的正常收看。

5.2.5 在选择治理措施时,既要考虑治理效果,又要考虑措施的可行性和合理性。

在电气化铁路方面可以采取的措施有:

1)合理选择接触导线类型,改进接触网悬挂类型及零部件,优化施工质量,加强维护;

2)改进受电弓结构及滑板材料;

3)若为高速铁路,采用动力集中型列车,可减少机车运行时产生的干扰水平。

在受影响设备方面:

1)改进接收天线,提高其接收信号能力;

2)提高接收机性能,增强抑制干扰能力;

3)对接收天线进行部分或全部搬迁;

4)受影响设备搬迁。

6.1.1 环境保护对象为:居住区、水源保护区、名胜古迹、风景游览区、温泉、疗养区和自然保护区等。

为了综合表示某一方向和风速对其下风向地区污染影响的程度，可引用污染系数表示：

$$污染系数=\frac{风向频率(\%)}{平均风速(m/s)}$$

污染系数越大，其下风向的污染越严重，污染系数越小，其下风向的污染越轻。

6.1.3 该条款按照国家节能及环保法规的要求制定。铁路单位分散，相距较远，管道热损耗大，因此，在供热方案研究时，应进行综合比较，邻近的若干单位采取适当的集中供热方式。

6.1.4 防护距离的确定：

1）根据建设项目的《环境影响报告书》。

2）《制定地方大气污染物排放标准的技术原则和方法》（GB 3840）。

3）国家和地方有关法规。

中华人民共和国行业标准

铁建设〔2005〕66号

铁路无人值守机房环境远程监控系统工程设计规范

Code for Engineering Design of Long-distance Monitoring and Control System for Environment of Railway Unattended Machine Rooms

TB/T 10034—2005
J454—2005

2005—04—25 发布　　2005—04—25 实施

中华人民共和国铁道部　发布

目 次

1 总　　则

1.0.1 为统一铁路无人值守机房环境远程监控系统工程设计标准,使设计做到安全可靠、技术先进、经济适用,制定本规范。

1.0.2 本规范适用于铁路信号、通信车站无人值守机房环境远程监控系统(以下简称监控系统)的工程设计,其他专业可参照执行。

1.0.3 监控系统工程设计应满足近期业务需要,并为远期发展预留条件。

1.0.4 监控系统工程设计应采用符合国家或行业有关标准的产品。

1.0.5 监控系统工程设计应满足铁路生产布局调整、管理体制的需要。

1.0.6 监控系统工程设计除应符合本规范外,尚应符合国家现行有关强制性标准的规定。

2 基 本 规 定

2.0.1 监控系统应满足环境监控、安全防范、火灾报警的需要，并应满足相关专业设备运行及管理的需要。

2.0.2 监控系统宜为一个独立的系统。必要时也可与电源监控等其他系统相结合。

2.0.3 **监控系统的接入严禁改变被监控设备的功能，严禁影响被监控设备的正常工作。**

2.0.4 监控系统应能监控具有不同接地要求的设备，并应考虑防雷要求。

2.0.5 监控系统宜设立监控中心和监控站，组成二级结构。必要时可设立区域监控中心，组成三级结构。

2.0.6 监控中心宜设在段所在地，监控站宜设在被监控的机房内；区域监控中心应根据生产管理需要可设在铁路局。

2.0.7 监控中心不宜单设机房，监控显示终端可根据需要设在相关管理部门。

2.0.8 监控系统的组网宜充分利用铁路通信网，必要时也可利用其他通信网络。

3 系统结构

3.1 网络结构

3.1.1 监控系统应采取自下而上逐级汇接的方式构成,其网络结构可采用图3.1.1方式。

图3.1.1 监控系统网络结构图

3.2 系统组成

3.2.1 区域监控中心和监控中心宜由服务器、终端机、不间断电源、打印机、网络通信设备、数据库及专用管理软件等组成。

3.2.2 监控站可由主处理机、数据采集模块、网络通信设备、各种类型的传感器及探测器等组成。

3.2.3 具有图像监视功能的监控站可设置图像采集、控制切换和图像处理单元等。

3.3 网络连接及接口

3.3.1 在满足监控响应时间的前提下,根据监控中心和监控站的地理位置、数据流向、监控系统规模及该地区可以利用的通道,合理组网。

3.3.2 监控中心与监控站之间的专用通道应优先选用光缆传输通道。

3.3.3　应根据监控内容和需要,必要时监控系统可设置主用、备用通道,系统主用通道中断后应能自动切换到备用通道。

3.3.4　监控系统可对其他管理系统提供透明传输服务所需的软硬件接口,具有与其他信息系统进行数据通信、实现资源共享的能力。

3.3.5　区域监控中心、监控中心及监控站的数据终端设备(DTE)与数据电路终接设备(DCE)之间的通信接口宜采用通用的接口和速率。

4　系统功能及监控内容

4.1　一 般 规 定

4.1.1　监控站应采集并处理被监控机房的环境、安全、火灾信息，并上报监控中心；监控站接收并执行监控中心的测、控命令。

4.1.2　区域监控中心应能访问所管辖的监控中心并提取各监控站信息；监控中心应能访问所管辖的监控站，并可分别与区域监控中心和监控站通信。

4.2　系 统 功 能

4.2.1　监控系统应具有故障管理、性能管理、配置管理和系统本身安全管理功能。

4.2.2　故障管理应具有下列功能：

1　能设定监控参量的告警级别、告警条件。

2　具有处理多地点、多事件的并发告警功能。

3　当有告警时应能自动提示值班人员，支持操作人员对告警进行确认。

4.2.3　性能管理应具有下列功能：

1　能监测其监控范围内设备的工作状态，可选择进入任一被监控对象的画面。

2　能保留告警信息、值班人员的控制操作等信息，并根据需要设置保留期限。

3　可查看各种条件下的历史数据，并以图形、表格方式显示和打印。

4.2.4　配置管理应具有下列功能：

1　区域监控中心、监控中心可对任一被监控对象进行建立、增加及删除。

2　能调整监控系统的参数；修改系统配置信息需要最高级别的权限。

3　能设置或修改监控中心各种业务口令和操作人员的权限。

4.2.5　系统本身安全管理应具有下列功能：

1　具有完备的操作管理功能，并应具有多级操作管理权限。

2　根据操作口令和操作权限应能对设备进行远程遥控和遥调。

3　对系统信息的修改、删除操作进行确认。

4.3　各级监控系统功能

4.3.1　监控站应具有下列功能：

1　具有接入本地监视终端的通信接口并进行数据通信的功能。

2　实时采集并处理被监控机房的各种环境参数、与环境相关的设备参数及运行状态，并向监控中心发送告警、状态及测量的数据信息。

3　接收并响应监控中心的遥控、参数设置命令，对相应设备进行控制并将有关参数存档。

4 智能门禁系统能自动记录开门和关门的时间信息，控制门的开、关，必要时应具有抑制门禁告警和恢复告警的功能。

5 根据需要能采集机房的现场图像信息，经处理后向监控中心传送，并根据接收到的监控中心的命令控制镜头切换和云台动作等。

6 根据需要可配备语音通道，实现监控中心对监控站的现场监听和语音对讲。

7 当主、备用通道不通时，可由监控站处理机自动保存监测数据。

4.3.2 监控中心应具有下列功能：

1 对本辖区内各监控站的各类信息应能进行处理、存储、显示、输出；可查看各种告警、测量、控制历史记录，查看并配置系统数据等。

2 当收到监控站送来的告警信号时，应迅速告警并显示报警类别和位置。

3 能接收区域监控中心的命令，向区域监控中心传送告警和状态信息。

4 向监控站发布控制命令，对相关设备进行遥控；可向监控站发送参数设置命令，实现遥调。

5 根据预置的连动方式，当某一监控量发生变化时，应能自动显示警情发生地点的图像，并启动照明装置，对告警现场进行录像机或计算机磁盘录像。

6 具有事件查询功能。可分类检索各机房、监控站的告警记录，对异常告警时的告警点情景进行回放。

4.3.3 区域监控中心应具有下列功能：

1 应能接收监控中心的告警、状态信息，并能进行数据处理、存储、显示和打印。

2 可向其他管理中心提供必要的告警、状态信息。

4.4 监控内容

4.4.1 机房环境参量及相关设备的监控内容宜符合表 4.4.1—1 和表 4.4.1—2 的规定。

4.4.2 安全防范的监控内容宜符合表 4.4.2 的规定。

表 4.4.1—1 环境参量监控内容

遥 信	遥 测
进(积)水	机房温度
温、湿度超限	机房湿度

表 4.4.1—2 环境设备监控内容

设 备	遥 信	遥 测	遥 控
空 调	—	—	启动/关闭主机
	开/关机工作状态	工作电流/电压	温/湿度设定
	—	—	运行状态设定
加热器	故障/运行	—	开/关机
除湿机	故障/运行	—	开/关机
风 扇	故障/运行	—	开/关机

表 4.4.2 安全防范监控内容

遥 信	遥 测	遥 控
空间防范(红外、微波探测)	图 像	云台转动(上、下、左、右)
门窗防范	语 音	摄像机对焦、调光圈、变焦,矩阵切换

4.4.3 火灾报警的监控应符合下列要求:

1 应能自动探测机房火灾发生情况,并向相关系统提供火灾告警信息。

2 当需要设置自动灭火系统联动装置时,应符合国家及铁道部的相关规定。

3 应根据不同场合,选用以下防火探测器:

1)电缆夹层、电缆走道、电缆隧道和槽道等电缆密集布放的场所,可采用缆式线型感温火灾探测器。

2)电子设备间、计算机房、控制室内宜选用离子感烟式或高灵敏度吸气感烟探测装置。

3)机械间、配电间等宜选用感温型或火焰探测装置。

4.4.4 各专业可根据需要设置监控内容。

4.5 技术要求

4.5.1 当监控系统的数据通道采用专线方式时,从告警事件发生至反映到监控中心的时间不应大于 10 s。

4.5.2 系统软件和硬件应采取保护措施,保证 24 h 不间断正常运行。

4.5.3 监控系统的电量测量允许偏差为 ±2%,非电量测量允许偏差为 ±5%。

4.5.4 报警、图像监控设备应能自动记录报警时间、部位及值班人员的处理情况。报警和图像录像设备应配备不间断电源,应能根据需要设定录像资料的保存期限。

4.5.5 远程监控采用数字化的图像监控系统时,视频信号压缩可以采用国际上通用的压缩标准,图像经压缩后传输至监控中心。根据需要,每一路图像可为动态图像或静态图像。传输通道宜选用 64 kbit/s 或 2 Mbit/s 专线,帧率可选择 4 ~ 25 帧/s 或 4 ~ 30 帧/s(PAL 制:25 帧/s;NTSC 制:30 帧/s)。静态图像监控可采用低速通道。

4.5.6 监控系统应能支持模拟视频信号输出,可在计算机监视器或任何标准的 PAL 和 NTSC 监视器上显示视频图像。

4.5.7 图像质量及图像监控部分的前端设备其他技术指标尚应符合现行《民用闭路监视电视系统工程技术规范》(GB 50198)的要求。

5　系统配置

5.1　硬件配置

5.1.1　监控系统设备配置应满足业务发展、维护使用和扩容的需要，并应充分利用既有设备。

5.1.2　区域监控中心和监控中心应选用标准化程度高、通用性好、安全可靠性强、维修扩容方便的计算机和有关外围配套设备。便携式终端可作为监控中心的辅助设备进行配置。

5.1.3　监控站宜选用高可靠性的监控处理机，数据采集模块接口采用隔离设计，接口应能满足扩容的需要。

5.1.4　监控系统设备应符合电磁兼容的有关规定。

5.1.5　监控站传感器、探测器的配置应满足下列要求：

1　在机房的每一个出入口应配置入侵探测器，探测器的技术要求及安装方式应符合国家有关标准的规定。

2　在机房容易进(积)水处宜设置进水探测器。

3　机房内宜配置温度和湿度传感器。

4　无人值守机房应安装火灾自动报警装置，火灾探测器的设置数量、技术要求及布置应符合现行《火灾自动报警系统设计规范》(GB 50116)的要求。有条件的应采用火灾早期自动报警系统。

5.1.6　摄像部分的选择应满足下列要求：

1　图像监控系统应选用自动光圈镜头。

2　当需要遥控时，可选用具有对焦、调光圈、变焦功能的遥控镜头装置。

3　当采用一个摄像机监视多个方向的场景时，应配置能遥控的云台。

4　可选用体积小、重量轻、便于现场安装与检修的电耦合器件(CCD)型摄像机。彩色摄像机水平清晰度应在300线以上，黑白摄像机应在350线以上；信噪比应大于46 dB。镜头的焦距应根据视场大小和镜头与监视目标的距离确定。

5.2　软件配置

5.2.1　系统软件应满足下列要求：

1　应采用国际上通用、开放的实时多任务操作系统；并具有良好的软件开发环境。

2　系统软件应遵循开放、标准的通信协议。

3　应具有支持系统备份、安全管理、容错和性能控制等功能。

5.2.2　应用软件应满足下列要求：

1　监控软件应采用用户友好图形界面或面向对象的结构设计，采用模块化方式组成,模块间应彼此独立。

2 参数应能实时动态显示,并具有中文界面。

3 应具备在线帮助功能。

4 监控系统软件应具有升级能力,软件修改宜以更换模块的方式进行。

5 整个系统必须有自检自复位功能。

6 数据管理功能应满足近期需要,并为远期增加监控站、监控内容留有余量。

7 可用历史曲线显示任何时间段的数据情况和定制用户告警报表。

6 其 他

6.0.1 摄像机的安装位置、摄像方向及照明条件应符合现行《民用闭路监视电视系统工程技术规范》(GB 50198)的要求。

6.0.2 设备间的布线应规则整齐、合理占用空间,传输线应远离干扰源;弱电和强电线路应分开敷设。布线应采用阻燃材料并采取防鼠措施。

6.0.3 区域监控中心和监控中心设备宜采用交流供电,无可靠交流电源时,应采用不间断电源。

6.0.4 监控站设备可采用交流或直流供电,宜从既有的配电设备引接电源。电源供电等级不应低于被控设备要求的供电等级。

6.0.5 各专业的监控站及监控中心的接地系统的设计,应确保人身和监控设备的安全以及设备的正常工作。

6.0.6 监控中心计算机系统交流工作地、安全保护地、直流工作地宜共用一组接地装置,其接地电阻按其中最小值确定,且不应大于4 Ω。计算机电源防雷接地(处在有防雷设施的建筑群中可不设)应安装一组专用接地线,其接地电阻不应大于10 Ω,且与其他接地极的距离应大于20 m。如因条件限制不便分开设置,需与交流工作地、直流工作地、安全保护地共用一组接地体时,其接地电阻不应大于1 Ω。

6.0.7 监控站采用专用接地装置时,接地电阻值不应大于4 Ω;采用共用接地装置时,接地电阻值不应大于1 Ω。

本规范用词说明

执行本规范条文时，对于要求严格程度的用词说明如下，以便在执行中区别对待。

(1) 表示很严格，非这样做不可的用词：

正面词采用“必须”；

反面词采用“严禁”。

(2) 表示严格，在正常情况下均应这样做的用词：

正面词采用“应”；

反面词采用“不应”或“不得”。

(3) 表示允许稍有选择，在条件许可时首先应这样做的用词：

正面词采用“宜”；

反面词采用“不宜”。

表示有选择，在一定条件下可以这样做的，采用“可”。

《铁路无人值守机房环境远程监控系统工程设计规范》条文说明

本条文说明系对重点条文的编制依据、存在的问题以及在执行中应注意的事项等予以说明。为了减少篇幅，只列条文号，未抄录原条文。

2.0.2 监控系统宜是一个独立的系统，根据具体情况(如规模较小、传送的数据量不是太大等时)也可与其他系统(如电源监控系统等)相结合。

2.0.5 监控系统的分级结构是为满足和适合现行运输管理和维护体制的需要，机房监控是个辅助系统，而维护职能主要在段级，监控中心设到段级(段所在地)，铁路局一般只查看一些重要告警和设备运行信息，根据需要才设置这一级。将来铁路维护管理体制有调整，监控系统的分级结构也可随着维护管理体制做相适应的调整。

3.1.1 监控系统一般设立监控中心和监控站两级。必要时可以设立区域监控中心组成三级结构。

监控系统的数据传输通道可以是专线或拨号电话线路等。组网方式可以采用总线型、星型等方式。

3.2.2 监控站的数据采集设备包括告警输入模块、模拟量输入模块、控制输出模块、智能设备协议转换模块、设备监控单元等。

3.2.3 图像监视前端设备包括摄像机、镜头(根据需要可以是定焦距镜头或电动变焦距镜头)、云台(固定或活动云台)和云台解码器等；根据需要可控制音频、视频切换器，画面分割器等切换设备。视频监控服务器应能对外围设备(解码器、控制切换器、画面分割器)控制和对视频、音频信号采集、量化、编码、压缩。另外还需有传输数据的通信单元，需要时还可包含麦克风。根据投资规模和实际情况，机房环境远程监控系统的图像监视子系统可逐步建立。

3.3.2 监控中心与监控站之间的专用通道可以根据现场条件和监控内容选用通道和速率，有条件时专用通道应优先由光缆传输系统提供。

3.3.5 各级管理中心的数据终端设备(DTE)与数据电路终接设备(DCE)之间、监控站数据终端设备(DTE)与数据电路终接设备(DCE)之间的通信接口和数据传输速率主要有：

V.35	≥48 kbit/s
X.21/G.703	64 kbit/s
V.24/RS232	1.2 kbit/s ~ 19.2 kbit/s

4.2.2 故障管理具体功能有：

1 可设定监控参量的告警级别(紧急和非紧急)、告警门限、告警条件及告警优先权。可对不需处理的告警进行屏蔽。

2 监控系统软件应具有不同地点的机房、不同的设备、环境监控参量同时报警的能力,防止漏报。

3 当监测到机房环境及设备有异常情况时,监控中心应能输出可视可闻的告警信号,如灯光(或光标)闪烁、语音(或蜂鸣)提示等,并可打印输出告警信息。配有图像监控的情况下,在告警连动时还应自动显示告警地点的现场画面。不同级别的告警应能在显示上加以区别,如以不同的颜色或告警声响等区分。

操作人员可对告警进行确认,确认后,系统关闭可闻告警信号,停止可视告警信号闪烁,并记录确认时间。

4.2.3 本条第3款内容主要指可按不同的时间段、监控站、参量等查询保留的历史数据。可查看各种组合条件下的数据统计结果和对比分析结果,并能以直方图、曲线及表格等方式显示和打印。

4.2.4 配置管理功能的具体内容是指:

1 区域监控中心、监控中心软件可对监控站、被监控设备、监控内容等进行增加、删除等配置,使之与现场实际情况相适应。

2 监控对象的参数配置包括监控对象的名称、通信方式、通信速率、地址、电话号码、监控参量的告警级别、告警门限等。

3 操作人员参数配置还包括姓名、身份、口令、操作权限、口令有效期等。

4.2.5 本条第1款主要内容是指操作人员使用某些功能时必须输入口令,经系统确认后方可进入系统进行操作,操作口令应有不同级别,以限制不同人员的操作范围,维护系统安全。

4.3.1 本条第1款中考虑到为便于现场维护人员对设备的维护,要求监控站具有接入本地监视终端或便携式终端进行现场操作的能力。本地监视终端可以是与监控站在同一地点如同一办公楼内或不同地点的领工区内的计算机,也可以是维护人员在监控站现场使用的便携式计算机。

本条第2款中的告警信息主要包括防盗告警、进(积)水告警、火灾告警及与机房环境相关的设备告警,模拟量(如温、湿度超限,电压超限)告警等。

4.4.1 由于在铁路沿线的一些机房装备了一些与环境相关的设备,这些设备需要人员现场进行控制,为做到无人值守,必须将它们纳入到远程监控系统中来,以实现对它们的初步的监控。对这些设备的监控内容与设备本身有很大关系,若它们本身为智能设备,带有监控单元并有对外输出数据的接口,则对它的监控通过协议转换提取智能设备的接口提供的数据内容来实现,这取决于设备厂家通过接口能提供的具体数据。各厂家能提供的监控数据内容可能不尽相同,因而需要一个规范智能设备的规定来统一具体监控内容。若本身不带监控单元,则需通过改造加装监控单元来实现监控。

由于各专业对电源监控要求不同,本次制定中不包括电源监控内容。

4.4.3 火灾探测器是火灾自动报警系统最重要的组成,分为感烟火灾探测器、感温火灾探测器、烟温复合式火灾探测器以及气体火灾探测器。按其范围可分为点型火灾探测器和线型火灾探测器两大类。点型火灾探测器只能对警戒范围内某一点周围的温度、烟等参数进行控制,如点型离子感烟探测器、点型紫光火焰火灾探测器、点型感温火灾探测器等。线型火灾探测器可以对警戒范围中某一线路周围烟雾、温度进行探测,如红外光束线型火灾探测器、激光线型火灾探测器、缆式线型感温火灾探测器等。对火灾探测器的选择,可根据《火灾自动报警系统设计规范》(GB 50116—98)的规定选择感烟探测器、感温探测器、火焰探测器等或其组合。

尽可能设置火灾早期自动报警系统来探测火警并符合前述的规范要求。

相关规定主要有《火灾自动报警系统设计规范》(GB 50116)、《建筑设计防火规范》(GBJ 16)、《高层民用建筑设计防火规范》(GB 50045),以及《铁路工程设计防火规范》(TB 10063)。

4.5.5　数字图像监控是近来发展起来的新技术,它占用信道少,图像质量好,抗干扰能力强,是解决远程视频集中监控的合理方法。

有些低成本的系统采用 MJPEG 进行图像压缩,适用于信道较宽而对帧率要求不高的场合。当信道较窄(如电话线、64 kbit/s DDN 或基本速率 ISDN 等)时,采用 H.263 或 H.263 + 方式较好,有较高的图像清晰度和图像速率。MPEG1 在800 kbit/s ~2 Mbit/s的传输速率下图像清晰度能达到较好的效果。用户可根据不同的场合和需求选用不同的压缩标准。

图像质量是图像监控系统的重要指标,一般可用图像的传输清晰度和帧率表示图像质量。帧率即每秒传输的图像帧数,帧率较低时,解压还原的图像有跳跃感,活动不连续,但所用带宽较窄。在信道速率较低时,为保证图像的清晰度,常可牺牲帧率来换取图像的清晰度。

5.1.5　入侵探测器是用于探测入侵者移动或其他动作的装置。

无人值守机房的每一扇门、窗均应安装门磁开关等探测器,以探测门窗是否非法打开,磁开关探测应符合 GB 10408.1、GB 15209 和 SJ 2081 的要求。安装玻璃破碎传感器探测门窗玻璃是否被击(划)破,玻璃破碎探测器应符合 GB 10408.1 等相关标准的要求。安装红外微波复合探测器探测是否有人非法入侵,探测器宜采用壁挂式的,根据需要也可以采用吸顶式的。探测器材应符合 GB 10408.1、GB 10408.3、GB 10408.5、GB 10408.6 的要求。

火灾发生发展一般分 4 个阶段:初期无可见烟阶段,第 2 阶段是可见烟阶段,第 3 阶段即已发生明火,最后是高热阶段。传统的火灾探测需要等火灾发生到发热、冒烟阶段才能发出报警,这对于一些距有人地点遥远、交通不便的铁路无人值守机房没有很大的实际意义。因此,设计安装早期的火灾探测装置,在火灾初期(过热、阴燃或低热辐射和气溶胶生成阶段)就能探测报警,从而消除火灾隐患,使火灾的损失降到最小。

5.1.6　摄取固定监视目标时,可选用定焦距镜头;当视距较小而视角较大时,可选用广角镜头;当需要改变监视目标的观察视角和视角范围较大时,可选用变焦距镜头。

若有需要对机房内设备控制屏屏面的灯光信号和仪表读数进行监视,可选用带云台且镜头自动对焦的摄像机,这样可以避免远方人工调整时因响应时延而造成的对焦困难。

摄像机的选择,除考虑上述因素及适当采用其他一些可提高摄像效果的先进功能外,还应考虑图像质量受编解码技术和通道带宽的影响,因此提高摄像机摄像质量对提高远端图像质量的效果可能并不明显,所以在选择摄像机时,还应结合通道情况,从整体的性能价格比考虑。

摄像机镜头的焦距可根据视场大小和镜头与监视目标的距离按下式计算确定:

$$F=\frac{A\cdot L}{H}$$

式中　F——焦距(mm);

A——像场高(mm);

L——物距(mm);

H——视场高(mm)。

6.0.6 本条主要参照《计算站场地技术条件》(GB 2887—89)、《邮政金融计算机网工程设计规范》(YD 5042—97)、《铁路运输管理信息系统设计规范》(TB 10081—2002)和《铁路车站客运信息设计规范》(TB 10074—2000)相关规定制定。

6.0.7 本条主要参照6.0.6条中规范和《银行营业场所安全防范工程设计规范》(GB/T 16676—1996)、《火灾自动报警系统设计规范》(GB 50116—98)、《民用闭路监视电视系统工程技术规范》(GB 50198—94)相关规定制定。

中华人民共和国行业标准

铁建设〔2007〕38 号

铁路工程节能设计规范

Code for Design of Energy-saving of Railway Engineering

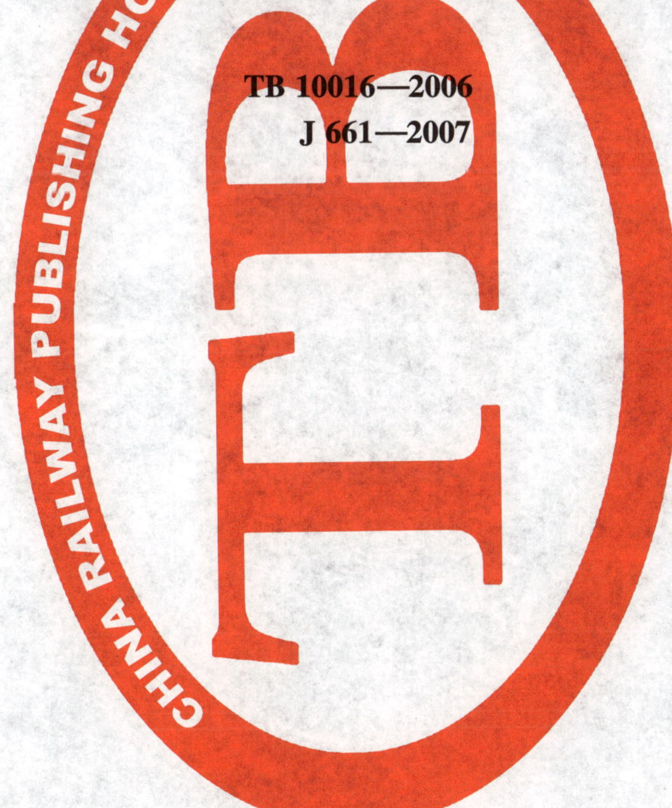

TB 10016—2006

J 661—2007

2007—03—03　发布　　　　2007—03—03　实施

中华人民共和国铁道部　发布

前　言

本规范是根据铁道部《关于编制2006年铁路工程建设标准计划的通知》(铁建设函〔2005〕1026号)要求,在原《铁路工程节能设计规范》(TB 10016—2002)基础上修订而成。

本标准在修订过程中,总结了我国铁路建设和运营的节能经验,借鉴了国家有关标准的规定。

工程技术人员必须按照"以人为本、服务运输、强本简末、系统优化、着眼发展"的铁路建设理念,结合工程具体情况,因地制宜,充分发挥主观能动性,积极采用安全、可靠、先进、成熟、经济、适用的新技术,不能生搬硬套标准。勘察设计单位执行(或采用)单项或局部标准,并不免除设计单位及设计人员对整体工程和系统功能质量问题应承担的法律责任。

本规范共分9章,主要内容包括总则,线路与牵引动力,站场,房建、暖通空调,机务、车辆设备与机械动力,电气化,电力,给水、排水,通信、信息、信号,另有1个附录。

本规范修订的主要内容有:

1. 增加了铁路工程设计方案比选应将节约能源作为重要因素,和对能耗指标进行评估的要求。

2. 修改了设置计量装置的有关要求,并提出对能源的使用效率进行监测。

3. 增加了"站场"一章,主要从节能方面对各类站、段、所设备布置提出要求。规定车站设置要与城市和物流发展规划相结合,有利于铁路运输与其他运输方式的衔接和配合。同时对站场布局、合理利用土地、减少折角作业等方面提出节约能源和节约土地要求。

4. 房建、暖通空调增加了室内环境设计参数和对热工设计的要求,提出铁路工业建筑的围护结构应采用高效保温隔热技术,同时对其窗墙比提出了原则性规定。采暖、通风、空调系统增加了利用地源热泵、气源热泵、锅炉解耦燃烧等节能新技术,利用电力峰谷价差制冰蓄冷、对高大厂房采用局部供暖和利用太阳能等内容。

5. 机务、车辆设备与机械动力部分增加了动车段(所)、综合维修段(工区)、大型养路机械段等节能设计要求,规定其各类专用设备应采用变频调速等电子节能技术。旅客车站自动扶梯采用变频和空载节电装置。

6. 规定了电力和电气化采用无功功率补偿装置的要求。提出照明应采用高效、节能灯具和采用智能化控制技术,并对灯具的效率进行了规定。

7. 增加了水源设计和采用回用水的要求。

本规范以黑体字标志的条文为强制性条文,必须严格执行。

在执行本规范过程中,希望各单位结合工程实践,认真总结经验,积累资料。如发现需要修改和补充之处,请及时将意见及有关资料寄交铁道第三勘察设计院(天津市河北区中山路10号,邮政编码:300142),并抄送铁道部经济规划研究院(北京市海淀区羊坊店路甲8号,邮政编码:100038),供今后修订时参考。

本规范由铁道部建设管理司负责解释。

本规范主编单位：铁道第三勘察设计院。

本规范主要起草人：宋礽德、聂宏旺、李更生、鲍铭声、李同禧、李永增、李庆生、刘力进、王莉、郑雪涛、杨莉、刘红娇、梁灿、谭国威、王英、许红、石玉川、刘叶青、王铁山。

目　　次

1 总　则

1.0.1　为贯彻《中华人民共和国节约能源法》和国家有关方针、政策，统一铁路工程建设节能设计标准，在铁路工程建设中合理配置和高效利用能源、资源，制定本规范。

1.0.2　本规范适用于新建、改建铁路工程设计。

1.0.3　铁路工程设计应贯彻国家建设节约型社会的要求，做到因地制宜、统筹规划、设施布局科学合理，并为运营、管理、维修创造条件。

1.0.4　铁路工程设计应根据所在地区的能源政策和资源条件，充分利用太阳能、地热等可再生能源，提高资源的利用效率。

1.0.5　铁路工程设计应采用高效率、低能耗和综合利用资源的新技术、新工艺、新材料、新设备，严禁采用国家明令淘汰的生产工艺和设备。

1.0.6　铁路工程设计方案比选时，应将节约能源作为重要因素，对能耗指标进行评估。在满足工程质量，确保安全、可靠的前提下，应降低能耗。

1.0.7　各种能源的输送和使用系统应按国家计量等级设置计量装置，并对能源的使用效率进行有效监测。

1.0.8　铁路工程节能设计除应符合本规范外，尚应符合国家现行的有关强制性标准的规定。

2　线路与牵引动力

2.0.1　线路走向的选择和主要技术标准的确定应将节约能源作为主要因素之一。

2.0.2　线路平面的曲线半径应因地制宜、合理选用，慎用最小曲线半径。小半径曲线宜集中设置。

2.0.3　线路纵断面设计宜减小坡度代数差和减少制动坡段。

2.0.4　隧道宜设在直线上。因地形、地质等条件限制必需设在曲线上时，曲线宜设在洞口附近并采用较大的曲线半径。隧道不宜设在反向曲线上。

2.0.5　在需要设置机械通风的隧道，宜放缓坡度。

2.0.6　轨道结构宜采用无缝线路轨道，Ⅰ级铁路及客运专线铁路应一次铺设无缝线路。

2.0.7　有条件采用电力机车作为牵引动力的线路，应采用电力机车牵引。具备下列条件时应采用电力机车作为牵引动力：

1　客货共线铁路的主要干线；

2　客运专线和运煤专线铁路；

3　长大坡道、长隧道和高海拔地区的铁路。

2.0.8　机车类型应结合地区自然条件，在满足牵引质量及线路输送能力的要求下，选择低能耗的机车。

2.0.9　机车宜采用交—直—交型和使用再生制动技术。

2.0.10　行车组织设计中宜均衡上下行车流，减少开行欠重、欠轴列车和单机运行，并宜组织直达列车，减少零担、摘挂列车。

2.0.11　货运列车在满足输送能力的前提下，宜采用经济速度。

3 站 场

3.0.1 铁路车站、场、段(所)设计应根据运输需要,合理确定设备布置的规模和方式,少占或不占耕地。其中,对于可随运输需求变化而增减的运营设备,可按交付运营后第3年或第5年的运量设计。

3.0.2 既有车站改建时,宜利用既有设备和铁路用地,减少新增用地。

3.0.3 车站设计应符合下列要求:

1 在满足建筑限界标准和作业需要的情况下,宜将设计线间距降到最小;

2 车场间设有房屋时,应将房屋宽度降至最小;

3 纵向车场间的距离,在满足作业及远期运输要求的条件下,应缩短无岔区段的长度;

4 各类段、所应将用地作为重要因素进行横列和纵列布置的比选;

5 应减少各种环线、迂回线的用地数量。

3.0.4 技术作业站应设于干线与干线或干线与支线的汇合处,并应减少车流在站内的折角作业。

3.0.5 当有大量折角车流通过枢纽时,经技术经济比选,可修建联络线。

3.0.6 车站布置图型应结合车站作业性质、作业量及车站所在地的地形、地质条件合理选择。

3.0.7 车站布置应为组织直达、直通列车创造条件。

3.0.8 技术作业站的设备布置应有利于减少作业车的重复解编和提高作业效率。

3.0.9 车站咽喉区布置应满足车站作业能力的需要和提高作业效率。

3.0.10 客运专线铁路车站到发线轨道结构应采用无缝线路轨道;重载铁路车站到发线轨道结构宜采用无缝线路轨道。

3.0.11 进、出站的疏解线布置应保证主要车流通过顺畅、运行距离短,疏解区布置应紧凑。

3.0.12 车站范围地表应采用自然排水。

3.0.13 编组站设计应符合下列要求:

1 枢纽内宜设置一个编组站,必要时可设置辅助作业的技术作业站;

2 以中转改编作业为主的编组站,其位置应使主要线路车流的经路最短;

3 兼顾路网中转与地方车流的编组站,其位置应使路网中转车流的经路顺畅,减少与所服务地区间的距离。

3.0.14 区段站设计应符合下列要求:

1 区段站应根据路网布局及与相邻技术作业站的分工,确定其位置和规模;

2 在满足作业要求的条件下,宜采用横列式布置图型。

3.0.15 集装箱办理站设计应符合下列要求:

1 集装箱办理站站址选择应与城市建设总体规划和城市物流规划相结合,并宜靠近城市主要工业区和集装箱集散地；

2　集装箱办理站宜利用既有车站进行改建，并靠近枢纽主要技术作业站，进出车站的各方向车流应顺畅，避免折角运输；

3　主要为港口服务的集装箱办理站应结合港口发展规划，满足港口集装箱运输发展的需要，减少集装箱在港内的运输距离；

4　有利于铁路运输与其他运输方式的衔接、配合，并应有进一步发展的条件；

5　集装箱办理站宜采用横列式布置图型。

3.0.16　客运站设计应符合下列要求：

1　客运站设置应减少旅客列车折角运行和旅客列车走行距离；

2　客运站设计应与城市交通设施结合；

3　客运站宜采用横列式布置图型；

4　特大型、大型客运站宜采用立体广场。

3.0.17　货运站及货场宜靠近主要货源设置。

3.0.18　驼峰的设置应与主要车流的方向一致，并应利用地形条件和主导风向。

3.0.19　调车场及驼峰设计应符合下列要求：

1　驼峰宜采用自动化系统；

2　驼峰头部和调车场尾部的平、纵断面设计应满足列车解体和编组的作业能力要求；

3　调车场调速设备和防溜设备应选用节能和便于维修的设备。

3.0.20　检测中心、综合维修段及工区、大型养路机械段的布局及规模，应结合路网规划统一设置。

3.0.21　机务、车辆、动车段（所）选址应符合下列要求：

1　宜靠近车站设置，并宜设在出入段（所）作业量大的一端；

2　出入段线路应顺畅，走行距离短，作业交叉干扰小；

3　有利于段、所地表的自然排水。

3.0.22　客运（列车）段的客运整备和后勤供应宜靠近动车段或客车整备所。

3.0.23　综合检测、维修设施位置及车辆的停放线应与车站总体布局统筹考虑，减少占地和车辆的无效走行距离。

4 房建、暖通空调

4.1 一 般 规 定

4.1.1 建筑的总平面布置和设计,应利用冬季日照和夏季自然通风,房屋的主要朝向应选择本地区最佳朝向或接近最佳朝向,并宜避开冬季主导风向。

4.1.2 生产、办公、生活房屋布局应紧凑、合理,同一地区性质相近的房屋应集中修建。

4.1.3 铁路房屋应按工业建筑和民用建筑分类。对人员、机械设备需要一定环境温度的技术作业房屋,应根据其使用要求和房屋所在地区环境条件等进行热工设计。

4.1.4 区间无人值守机房采用的空气调节装置应纳入远程监控系统,并合理调节温度范围。

4.1.5 对需要进行室内环境设计的房屋,其计算参数应符合本规范附录 A 的规定。

4.2 围 护 结 构

4.2.1 铁路建筑围护结构的热工性能除应符合现行《公共建筑节能设计标准》(GB 50189)和《民用建筑节能设计标准》(JGJ 26)的有关规定外,还应符合地方节能标准的有关规定。

4.2.2 铁路工业厂房、库房及技术作业房屋围护结构的保温、隔热设计应满足冬季最小传热阻和夏季隔热的技术要求。

4.2.3 围护结构的建筑构造应避免产生"热桥",对易产生"热桥"的部位,应保证其内表面温度不低于室内空气露点温度。外墙外保温设计应在以下部位设置变形缝:

1 基体墙体设有伸缩缝、沉降缝、防震缝处;

2 基体墙体材料改变处;

3 不同材料相接处;

4 结构可能产生较大位移,而又未设置结构变形缝处。

4.2.4 围护结构应采用高效保温、隔热技术,并选择重量轻、吸水率低、无毒、难燃和传热系数低的可再生循环利用的材料,墙体不宜采用实心黏土砖。

4.2.5 严寒和寒冷地区采暖要求较高的房屋,其周边与室外直接接触的外墙和地面之间应采取保温措施。

4.2.6 采暖地区的骑楼、过街楼的楼面和不采暖地下室的顶板应加设保温层。

4.2.7 门窗设计应符合下列要求:

1 在满足采光、通风的情况下,公共和民用建筑采用的窗墙比应分别符合现行《公共建筑节能设计标准》(GB 50189)和《民用建筑节能设计标准》(JGJ 26)的有关规定,工业建筑的窗墙比应根据建筑物的性质、生产工艺要求、节能效果等综合因素确定;

2 建筑物及房间的外窗、不封闭阳台的门、天窗应根据采暖室外计算温度的要求,选择高效保温节能材料；

3　严寒地区应采用防寒保温外门，寒冷地区可根据需要采用防寒保温外门；

4　外窗宜采用平开窗，气密性不应低于现行《建筑外窗气密性能分级及其检测方法》（GB 7107）规定的 4 级标准。

4.2.8　夏热冬暖、夏热冬冷地区的建筑以及寒冷地区制冷负荷大的建筑外窗，宜设外部遮阳设施，其遮阳计算可按现行《公共建筑节能设计标准》（GB 50189）有关规定执行。

4.2.9　夏热冬暖地区的建筑宜采用架空型屋面。

4.2.10　严寒地区建筑的出入口，通行机车、车辆的车库应设前室或门斗；寒冷地区建筑的出入口宜设前室或门斗。

4.3　空气调节与采暖系统的冷热源

4.3.1　铁路建筑采暖应纳入热电联产区域供热或采用集中供热。对于无集中供热条件的地区，可根据当地能源政策和能源供应条件采用太阳能、风能等其他方式供热。

4.3.2　铁路建筑应根据当地的资源条件，经过技术经济比选可采用地源热泵、空气源热泵等供冷、供热方式。

4.3.3　空气调节与采暖系统的供冷、供热设备宜集中设置。设备的选择应根据建筑规模、使用要求，结合当地能源条件、环境保护规定等按下列原则综合确定：

1　有城市、区域供热时，宜将其作为采暖或空气调节热源；

2　热电厂或工厂余热且具备使用条件的地区，宜利用其余热；

3　有充足天然气供应的地区，宜推广应用分布式热电冷联供气和燃气空气调节技术；

4　有多种能源（热、电、燃气等）的地区，宜采用复合式能源供冷、供热技术。

4.3.4　当城市电网有峰谷价差时，大型建筑的空气调节系统宜采用制冰蓄冷空气调节技术。

4.3.5　锅炉选型应根据当地的资源条件，经技术经济比较，按下列要求确定：

1　确定锅炉容量时应计入热负荷的同时使用系数；

2　燃煤锅炉应采用解耦燃烧技术；

3　锅炉的出力、台数和其他性能均应适应热负荷的变化；

4　不宜采用燃油锅炉。

4.3.6　锅炉配套辅机容量及台数的选择应能适应锅炉热负荷的变化，锅炉循环水泵的性能曲线应与循环管路性能曲线相匹配。

4.3.7　锅炉水处理系统、循环系统、给水系统、燃烧系统宜设置自动调节装置；单台容量 10 t/h及以上的蒸汽锅炉或7.0 MW及以上的热水锅炉应设置微机控制系统。

4.4　采　　暖

4.4.1　站区、技术作业及办公房屋的小区采暖应以热水为热媒；大型生产房屋采暖宜采用热水为热媒。

4.4.2　室外供热管网及室内采暖系统应采用热网控制调节技术。

4.4.3 设计集中采暖系统时,宜按南、北朝向分环供热进行布置。集中采暖系统供回水的分支管路上,应设置水力平衡装置。在每个采暖系统的入口处,宜设置热计量装置。

4.4.4 在适宜的铁路民用建筑和公共建筑中应采用地面低温热水辐射采暖系统。在适宜的工业建筑中可采用燃气红外辐射采暖,对高大车间,仅需作业区采暖时,宜设置局部采暖设施。

4.4.5 采暖房间有不保温采暖管道时,管道散热量应计入散热器中。

4.4.6 室外供热管网应采用经济合理的敷设方式,管网热效率不应小于90%,热水供热管网宜采用直埋敷设。

4.4.7 集中热水采暖系统热水循环水泵的耗电输热比,应符合现行《公共建筑节能设计标准》(GB 50189)的规定。

4.4.8 设有采暖、空气调节设施的工业厂房及公共建筑,当外门频繁开启时应设空气幕。

4.5 通风与空气调节

4.5.1 锻工间、热处理间、空压机间、锅炉间等散发余热的车间,应利用有组织的自然通风排除余热。当作业区采用自然通风达不到标准时,应辅以机械通风或局部降温设备。

4.5.2 空气调节风系统的作用半径不宜过大,风机单位风量所耗功率应符合现行《公共建筑节能设计标准》(GB 50189)的规定。

4.5.3 空气调节系统的选择,应根据房间的面积、层高、位置、各房间要求的参数、冷源、新风量的大小等条件,经技术经济比较确定。

4.5.4 空气调节风系统的设计应符合以下要求:

1 建筑空间高度大于或等于10 m,且体积大于10 000 m^3时,宜采用分层空气调节系统;

2 空气调节送风宜采用通风效率高、空气龄短的置换通风型送风模式;

3 在技术经济合理的前提下宜采用排风热回收措施;

4 设计风机盘管加新风系统时,新风宜直接送入各空气调节区,不宜经过风机盘管机组后再送出;

5 建筑顶层或吊顶上部存在较大发热量或吊顶空间较高时,不宜直接从吊顶内回风;

6 过渡季节,空气调节系统应最大限度利用新风;

7 空气调节房间应确定合理的气流组织形式。

4.5.5 空气调节水系统的设计应符合以下要求:

1 循环水应采用闭式循环系统;

2 冷水机组的供、回水设计温差不应小于5 ℃,在技术可靠、经济合理的前提下应加大冷水供、回水温差;

3 冷却塔应设置在空气流通条件好的场所;

4 冷却塔补水总管上宜设置水流量计量装置。

4.5.6 有条件时,宜采用变水量、变风量的空气调节方式。

4.5.7 大型集中式空气调节系统应设置自动控制、自动检测系统。

4.5.8 热力设备、管道及其附件的保温应符合现行《设备及管道保温设计导则》(GB

8175）的有关规定；制冷设备及管道的保冷应符合现行《设备及管道保冷设计导则》（GB/T 15586）的有关规定。

4.6　建筑给水排水

4.6.1　卫生洁具应采用符合国家标准的节水型产品。

4.6.2　建筑给水系统应利用室外给水管网的水压。

4.6.3　集中热水供应系统的热源，应根据使用要求、耗热量及用水点分布情况，结合热源条件确定，并宜利用工业余热、废热、地热和太阳能。

4.6.4　局部热水供应系统的热源宜采用太阳能、电能或蒸汽等。

5 机务、车辆设备与机械动力

5.1 一般规定

5.1.1 机务、车辆、动车段(所),综合维修段,大型养路机械段等房屋建筑,在满足使用功能和技术经济比较合理时,应采用联合厂房、多层厂房或综合性多层建筑,其位置及朝向应利用自然采光和自然通风。

5.1.2 客车技术整备所或站修所与车辆段在同一车站时宜合建。

5.1.3 机械保温车辅修车间与机械保温车段修车间宜合建。

5.1.4 机务、车辆、动车段(所)动力车间应靠近负荷中心。

5.1.5 工艺管道设计应采用综合布线,各种管线应短直。

5.1.6 各类专用设备应合理配置电机功率和台数。对容量大、启动频繁的电力拖动设备,应使用变频调速等电子节能技术。

5.1.7 电加热、干燥设备宜采用高红外、远红外、等离子、感应加热等节能技术,电能利用率应符合现行《工业电热设备节能监测方法》(GB/T 15911)中的有关规定。

5.1.8 采用的锻造炉、热处理炉能耗指标应符合现行《机械工业炉窑能耗分等标准》(ZBJ 01)中的有关规定。

5.1.9 清洗机车、车辆零部件和冷却设备等生产工艺用水,应重复利用。

5.1.10 机务段、车辆段、动车段、大型养路机械段等应设废油回收装置。

5.1.11 内燃机务段检修车间、车辆段洗罐站应设底油沉淀罐。

5.1.12 机务、车辆、动车段及其他经济独立核算单位应按现行《企业能源计量器具配备和管理导则》(GB/T 17167)的有关规定配置计量仪表。

5.2 机务、车辆、动车组设备

5.2.1 机车运用应采用长交路、轮乘制,并合理确定机务、车辆设备的布局和规模。机车、车辆、动车组检修宜采用专业化、集中修以及状态修和计划修(分程修)相结合的方式。

5.2.2 严寒和寒冷地区机务段(所)油库设计应符合下列要求:

1 储油罐应采用保温隔热措施;

2 对有条件利用炼油厂燃油余热的内燃机务段,应对储油罐及输送管道采取保温措施。

5.2.3 严寒和寒冷地区的内燃机务段宜设置机车待班停留库或地面预热保温装置。

5.2.4 机务段(所)油脂发放应采用计算机管理系统。

5.2.5 机务段(所)应利用日光晒砂。干砂、输砂设备应采用技术先进的节能设备。

5.3 机械动力

5.3.1 压缩空气站设计应符合下列要求：

1 压缩空气站应靠近用气负荷中心，压缩机吸气口应安装在背阳、无热源的场所；

2 空气压缩机组应采用高效率、低能耗的产品，并应选择适当排气压力；

3 驼峰调车场转辙机和调速设备的动力源应统一设置，当动力源为气动时应设有蓄能设施；

4 空气压缩机宜采用空气冷却方式，当采用水冷却时，水的重复利用率应大于90%；

5 压缩空气输送管道宜采用辐射状布置并采用经济流速；

6 新建压缩空气站设计能耗分等，当单机公称排气量大于或等于10 m^3/min的应达到二等，小于10 m^3/min的应达到一等。

5.3.2 制冰、加冰所设计应符合下列要求：

1 严寒、寒冷地区的加冰所应利用天然冷源制冰；

2 管道及设备保温应符合现行《设备及管道保冷技术通则》(GB 11790)中的有关规定；

3 制冰冷凝器冷却水应采用封闭循环，冷凝器冷却水重复利用率应大于95%。

5.3.3 采石场设计应符合下列要求：

1 采石场工艺布置应利用山地和坡地等地形；破碎机原石仓宜靠近开采区；

2 采石场应利用副产品，做好尾矿分类，综合利用；

3 根据石砟产品的规格、要求，应合理配置和选择破碎、筛分及运输设备。

5.3.4 货运站的货场、集装箱办理站装卸机械的选型与配置应符合现行国家和行业有关标准的规定，并应采用节能产品和节能型工艺装备。

5.3.5 综合维修段通用设备的选型与配置，应综合考虑相关专业的维修适用范围和要求。

5.3.6 电梯、自动扶梯设计选型，应采用变频、空载节电装置的节能型产品。

6 电 气 化

6.0.1 牵引供电系统设计应采用国家推广的节电技术,提高牵引用电效率。

6.0.2 牵引供电系统当需要改善功率因数时,可在牵引变电所(或开闭所、分区所)装设并联电容无功补偿装置。补偿后,牵引变电所一次侧平均功率因数不应低于0.9。当不能满足要求时,应设动态无功补偿装置。

6.0.3 客运专线铁路正线宜采用2×25 kV(AT)供电方式;枢纽地区的联络线、动车组走行线和动车段等可采用1×25 kV的带回流线的直接供电方式;其他铁路正线可采用带回流线的直接供电方式或2×25 kV(AT)供电方式。

6.0.4 牵引变电所的设置位置宜靠近负荷中心。

6.0.5 牵引变电所进线电源电压,客运专线铁路应采用220 kV及以上电压等级,其他铁路宜采用220 kV或110 kV电压等级。

6.0.6 牵引变压器接线型式宜采用单相变压器。

6.0.7 牵引变压器安装容量应按交付运营后第五年的运量确定,并应充分利用其过负荷能力。

6.0.8 双线或多线铁路区段的接触网应在分区所实现上下行并联供电,也可采用多点并联供电。

6.0.9 客运专线铁路应采用综合接地系统,其他铁路双线或多线区段回流线应并联。

6.0.10 高压断路器宜采用弹簧储能操作机构或液压操作机构。

7 电 力

7.1 供配电和设备

7.1.1 电源设计应符合下列要求：

1 电源宜采用公共电源，无公共电源的地区宜采用太阳能或利用其他技术成熟的能源供电；电气化区段，可利用牵引供电系统电源；

2 电源的电压等级应根据用电设备的负荷等级、容量、供电距离和分布情况、用电设备特点等确定；

3 旅客站房等大型建筑可采用太阳能光伏发电系统作为辅助电源。

7.1.2 供电方式设计应符合下列要求：

1 变配电设备应靠近负荷中心；

2 减少中间变电环节；

3 厂内车间变电所之间宜设低压联络；

4 生产与生活应分系统供电。

7.1.3 **35 kV 及以上的导线、10 kV 配电所电源线路的导线应按经济电流密度校验。**

7.1.4 根据不同的用电情况，应合理分配和平衡用电负荷，负荷率和线损率应符合现行《评价企业合理用电技术导则》(GB/T 3485)的有关规定。

7.1.5 供电网络应采用远动技术，当投资、网络等条件不具备时，设计应预留采用远动技术条件。

7.1.6 无功补偿设计应符合下列要求：

1 在提高自然功率因数的基础上，合理采用无功补偿设备，功率因数高压侧应达到0.9以上，低压侧应达到0.85以上；

2 容量较大且功率因数较低的设备，可采取就地补偿的措施；

3 对功率因数波动较大的系统，可采用动态无功补偿装置。

7.1.7 电力变压器的选择应符合下列要求：

1 选用国家推广使用的节能型变压器，并应充分利用其过负载性能；

2 根据用电负荷，正确选择和配置变压器的容量和台数，合理分配负荷，实现变压器经济运行；

3 当主变压器容量较大，负荷具有明显的昼夜、季节特征时，宜增设小容量变压器，采用轻载切除装置，实行自动切换。

7.2 变 配 电 所

7.2.1 变配电所一次设备应选用少油、无油设备。保护、控制、管理应采用自动化技术。

7.2.2 电力设计应采用峰谷分时技术。有条件时，可采用电力负荷控制技术。

7.2.3 变配电所及自动控制装置的信号显示、继电器、仪表应选用节电产品。

7.2.4 高压开关柜断路器的操作机构宜选用弹簧储能型。

7.3 动力和照明

7.3.1 动力、照明负荷分配宜三相平衡。动力与照明宜分开供电。

7.3.2 电焊机的配电、控制应符合下列要求:

1 每台电焊机应单独设控制设备;

2 多台单相电焊机宜均匀设在三相线路上;

3 空载运行次数较多的中小型电焊机可装设空载自停装置。

7.3.3 风机、泵类、空调、电热器等耗能设备应采用变频调速等电子节能技术。

7.3.4 照明宜采用三相电源线路,三相配电干线的各相负荷宜分配平衡。

7.3.5 照明设计中应选用节能型综合照明和国家节能认证的电光源,并应符合下列要求:

1 建筑物内宜采用紧凑型荧光灯、金属卤化物灯;

2 铁路站场、厂区及宽大场所宜采用金属卤化物灯、高压钠灯;

3 建筑轮廓照明、灯箱宜采用发光二极管(LED)。

7.3.6 选用气体放电光源、荧光灯的场所,宜采用电容器补偿。

7.3.7 高效照明灯具应与光源合理配套使用,所选用灯具的效率应符合下列规定:

1 荧光灯灯具,开启式不低于75%,透明保护罩式不低于65%,磨砂、棱镜保护罩式不低于55%,隔栅式不低于60%;

2 高强度气体放电灯灯具,开启式不低于75%,隔栅或透光罩式不低于60%。

7.3.8 镇流器应符合现行《管型荧光灯用交流电子镇流器性能要求》(GB/T 15144)的有关规定。

7.3.9 室内外照明灯具应根据功能和要求合理选用和配置控制装置,并应符合下列要求:

1 生活、办公类房间宜采用一灯一控或两灯一控方式;

2 大面积照明的场所应设适当数量的单控灯;

3 灯塔、灯桥等室外照明除设少量常开单控灯外,宜设光电自动控制或时控开关集中控制;

4 大型及以上车站站房、站台宜设置照明智能控制系统;

5 生活、办公楼等建筑物内的楼梯间、走廊等公共通道的照明,可选用定时开关、双控开关、红外线、声光控、微波开关或计算机控制。

7.3.10 电能计量应符合下列要求:

1 生产与生活用电应分开计量,并按经济核算单位分别设置电度计量装置;

2 能耗大的用电设备应单独设置电度计量装置。

8 给水、排水

8.1 一般规定

8.1.1 给水排水工程设计方案比选，应将节能作为重点因素考虑。

8.1.2 水处理应选择低能耗处理工艺。

8.1.3 水处理系统采用的水泵和鼓风曝气设备应符合现行国家节能技术要求，并应采用节能认证产品。

8.1.4 生产用水应采用循环用水、一水多用和回用水。

8.1.5 给水排水系统应采用自动控制技术进行调控和管理。

8.2 给水系统

8.2.1 给水系统应根据用户对水质、水量和水压的要求，实行分区、分质、分压供水。引水、输水工程宜选用重力流或局部加压输水方案。

8.2.2 水源设计应符合下列要求：

1 铁路用水宜采用城市供水；

2 有条件的地区宜收集雨水并加以利用；

3 水资源短缺地区，经技术经济比较可增加对苦咸水或海水及雨水的利用。

8.2.3 供水方式选择应符合下列要求：

1 给水站宜选用直供水、变频供水方式；

2 生活供水站、点宜选择直供水、高位水箱或水塔配水。

8.2.4 在配水管网中，用水单位应设置总水表，车间应设置分水表。

8.2.5 旅客列车上水设施宜采用集中控制或自动控制，每排客车给水栓应设计量装置。

8.2.6 给水管网的管理、维修应配备检漏仪器。

8.2.7 给水管材应采用摩阻系数小、强度高、清洁无毒的新型管材。

8.3 排水系统

8.3.1 排水管网布置应利用地形，减少提升次数。有条件时，污水应排入城镇排水系统。

8.3.2 污水处理设计应符合下列要求：

1 同一站区或地区的污水宜集中处理；

2 污水处理宜利用地形，工艺布置应紧凑合理；

3 污水处理厂（站）宜根据运转班制，合理确定污水处理厂（站）规模；

4 污水处理应选用低能耗污水处理工艺，提高设备的运行效率。

8.3.3 排水系统设计应按雨污分流设计。

9 通信、信息、信号

9.1 通信、信息

9.1.1 通信、信息系统设备在满足适用、安全可靠的前提下，应选择经济、高效的节能型产品。

9.1.2 通信站或通信机械室设备布置应紧凑，通信系统及电源的配线径路应简捷。

9.1.3 通信电源应采用智能化设备。整流设备应采用高频开关型、模块化，并具有集中监控通信接口功能的整流器，其效率值不应小于0.9。蓄电池应采用免维护蓄电池。当无外供交流电源或外供交流电源不可靠，且在地理环境许可的地点，通信电源可采用太阳能电源或其他能源供电。

9.1.4 通信枢纽或大型通信站的通信电源宜采用可靠的交流外电网供电为主，蓄电池和备用发电机为辅的供电方式。

9.1.5 长途通信线路应采用光缆，地区通信线路宜采用光缆。

9.1.6 有条件时，通信、信息设备机械室房屋布置可设置联合机械室。

9.1.7 温度要求较高的设备可与其他设备之间设置隔断，并合理确定空气调节温度的范围。

9.2 信 号

9.2.1 信号设备在满足安全、可靠的前提下，应统一标准、统一制式，并应选择经济、高效的节能型产品。

9.2.2 电路设计中，对经常吸起的继电器应采用高阻继电器。

9.2.3 供电设备的容量应经计算确定。在满足信号设备用电要求和预留发展的条件下，应减少电源屏种类和数量，对区间及车站的用电宜采用功率因数高的综合智能电源设备。

9.2.4 室外用低压电源宜采用室内交流输出、室外就地整流或变压供电方式。

9.2.5 车站联锁设备宜采用计算机联锁；驼峰控制设备宜采用自动化控制系统。

9.2.6 信号机械室房屋面积应综合考虑设备正常工作、更新倒替及合理预留设备增加量等因素后确定。

9.2.7 站间信息传输宜采用光缆或光电综合缆。

附录 A　采暖空调系统室内计算温度及设计新风量

A. 0. 1　采暖系统室内计算温度应符合表 A. 0. 1 的规定。

表 A. 0. 1　采暖系统室内计算温度

序号	房 间 名 称	温度(℃)
1	旅客站房 (1)进站集散厅、室内出站集散厅 (2)售票厅、行李、包裹托取处、小件寄存处 (3)候车区(室)、售票室、车站办公室、旅客信息系统设备机房 (4)票 据 库 (5)行李、包裹库有消防给水管道时	 12～14 14～16 18 10 5
2	内燃机务段、综合维修段、大型养路机械段用房 (1)小辅修库、中修库、大型养路机械检修库 (2)中检库、轨道车保养库 (3)喷漆库、化验室、控制室 (4)热处理间、干砂间、空压机间 (5)计 量 间 (6)水阻试验间 (7)其他车间	 16 14 18 12 20 14 16
3	电力机务段用房 小辅修库、电机间	 16
4	车辆用房 (1)喷 漆 库 (2)客车整备库、洗刷库 (3)其他车间	 18 10 16
5	牵引供电用房 (1)轨道车库 (2)电机间、实验间、工具发放间、检修室 (3)仪表室、主控室、远动室	 14 16 18
6	通信、信息、信号用房 (1)机械室、设备集中修理间 (2)通信机械室、计算机房	 16 18
7	调度台室	18
8	乘务员公寓、候班楼	18
9	生产办公室、休息室 食　　堂 浴　　室 浴室更衣室	18 16 25 23

注:采用低温地板辐射采暖时,室内计算温度应比表中规定低 2 ℃。

A.0.2 空气调节室内计算温度应符合表A.0.2的规定。

表A.0.2 空气调节系统室内计算温度

参数		冬季	夏季
温度(℃)	办公用房	18	26~28
	居住用房	20	26~28
	大堂、过厅	18	室内外温差小于或等于10
风速 v(m/s)		$0.10 \leqslant v \leqslant 0.20$	$0.15 \leqslant v \leqslant 0.30$
相对湿度(%)		30~60	40~65

注:工艺用房的设计参数按工艺要求确定。

A.0.3 铁路建筑主要房间的设计新风量应符合表A.0.3的规定。

表A.0.3 铁路建筑主要房间的设计新风量

房间名称	新风量[m^3/(h·人)]	房间名称	新风量[m^3/(h·人)]
办公室	30	售票厅	10
会议室	35	售票室	25
餐厅	20	软席、贵宾候车及无障碍候车区	20
乘务员公寓、候乘人员待班室	30	普通候车区及军人(团体)候车区	8

本规范用词说明

执行本规范条文时，对于要求严格程度的用词说明如下，以便在执行中区别对待。

(1)表示很严格，非这样做不可的用词：

正面词采用“必须”；

反面词采用“严禁”。

(2)表示严格，在正常情况下均应这样做的用词：

正面词采用“应”；

反面词采用“不应”或“不得”。

(3)表示允许稍有选择，在条件许可时首先应这样做的用词：

正面词采用“宜”；

反面词采用“不宜”。

表示允许有选择，在一定条件下可以这样做的，采用“可”。

《铁路工程节能设计规范》
条文说明

本条文说明系对重点条文的编制依据、存在的问题以及在执行中应注意的事项等予以说明。为了减少篇幅,只列条文号,未抄录原条文。

1.0.1 铁路工程建设要贯彻执行现行国家、行业制定的有关节约能源的方针政策。节约能源已经成为我国基本国策,是建设节约型社会的根本要求。我国国民经济和社会发展第十一个五年计划规定,到"十一五"末期,单位 GDP 能源消耗指标要比 2005 年降低 20% 左右,年平均能源消耗下降 4.4%。这是一项约束性指标,任务十分艰巨。

《关于加强铁路节能工作的实施意见》(铁计[2006]184 号)提出,"十一五"期间,全路节能目标要达到单位运输收入能耗比"十五"期末降低 20%,由 2005 年的每万元1.14 t 标准煤,下降到每万元0.91 t标准煤。运输能耗总量增长幅度低于换算周转量的增长幅度,实现以电代油 1200 万 t,牵引成品油消耗量比"十五"期末下降 90 万 t。

铁路要坚持资源开发和节约并重,在满足铁路运输要求的前提下,把节约放在首位,在生产、建设、流通、消费各领域中以节能、节水、节材、节地、资源综合利用和发展循环经济为重点,以提高资源利用效率为核心,以尽可能少的资源消耗,尽可能小的环境代价,创造尽可能多的经济社会效益,促进铁路的可持续发展。

1.0.3 国家提出建立节约型社会的基本国策与建立环境友好型社会息息相关,节约能源、节约资源、保护环境、减少对土地的占用都是国家可持续发展战略的重要组成部分。提出本条标准的目的,是要求在铁路工程建设中除要认真贯彻国家节能政策外,还要认真执行节约资源、节约土地和保护环境等方面的国家方针政策。只有这样,才能在因地制宜的条件下,科学合理的作出规划,为将来的可持续发展打下基础。

1.0.4 由于铁路涉及区域广大,各地区根据自己特点制定了不同的节能要求,因此铁路工程设计的节能指标应根据所在地区的能源政策和具体条件区别对待。例如,一般地区新建居住建筑、公共建筑的铁路房屋应严格实施国家规定节能 50% 的要求,而对直辖市及有条件的地区要率先实施节能 65% 的标准。

铁路用能设施要选择经济合理的多元化能源配置方式。在新能源和可再生能源的开发、利用中,尤应注重太阳能的热利用和光电转换、地热开发等技术成果的应用,以提高能源、资源综合利用效率。

1.0.7 根据《重点用能单位节能管理办法》(原国家经济贸易委员会 7 号令)的要求,重点用能单位应健全能源计量、监测管理制度,配备合格的能源计量器具、仪表,能源计量器具的配备和管理应符合《用能单位能源计量器具配备和管理通则》(GB 17167—2006)的有关规定。铁路大型车站、场、段、所等重点用能单位均应配备对能源使用的效率进行有效监测的仪表,并应满足《企业能耗计量与测试导则》(GB/T 6422—1986)、《节能监测技术通则》（GB/T 15316—1994）中有关企业设备用能监测的要求。

例如，压缩空气站应按《空气压缩机组及供气系统节能监测方法》（GB/T 16665—1996）中的规定配置测量仪表。该系统运行效率的监测应符合监测方法所规定的节能监测合格指标，监测结果应符合节能监测结果评价。

2.0.1 铁路线路主要技术标准的选择除应符合《铁路技术管理规程》（铁道部令第29号）和《铁路线路设计规范》（GB 50090—2006）的有关规定外，在兼顾沿线重要政治、经济中心的同时，还应考虑与公路、航运、管道等运输方式合理衔接，与城市规划相配合。选择线路短的方案，减少运输距离，有利于降低运输能耗。同时通过能量平衡测算，采用社会效益和经济效益最佳的方案，推进节能型综合交通运输体系的建设。

2.0.2 采用大的曲线半径既可以优化线路平面线形，又可以减小曲线阻力以及由曲线阻力造成的能耗。

在地形困难和工程艰巨地段，小曲线半径宜集中使用，以免列车频繁限速，损失列车动能，增大能时消耗。

2.0.3 纵断面设计采用为较平缓的坡度、较长的坡段、较小的坡度代数差，可以减少机车能耗。

2.0.4 据施工、运输和工务等部门反映，内燃牵引区段的曲线隧道，自然通风条件一般不如直线隧道好，有害气体难于排出，增加了轨道的锈蚀和污染程度，损害养护工作人员身体健康，不利于通风和隧道采光等。因此，本条规定隧道宜设在直线上。

2.0.5 在需要设置机械通风的隧道内，坡度放缓一些可以提高列车速度，有利于运营通风。

2.0.6 轨道结构采用无缝线路轨道，在结构上消除了钢轨接头，不仅延长了轮、轨部件的使用寿命，而且减少了列车在钢轨接头区的冲击与振动能耗。

2.0.7 本条根据铁道部《铁路主要技术政策》第三十五条“大力发展电力牵引技术，提高电力牵引的换算周转量比重。客运专线、运煤专线、主要干线及长大坡道、长隧道、高海拔地区等线路，采用电力牵引。非电气化线路及调车作业采用内燃机车牵引”的要求制定。

2.0.8 在目前全路定型生产的SS_1、SS_3、SS_4、SS_7四种电力机车中，相同的牵引质量下吨公里耗能从小到大依次为SS_7、SS_4、SS_3、SS_1。在目前全路定型生产的DF_4、DF_{4B}、DF_{4C}、DF_8、DF_{7D}五种内燃机车中，相同的牵引质量下，吨公里耗能从小到大依次为DF_{7D}、DF_{4B}、DF_{4C}、DF_8、DF_4，设计中应结合其他因素，依次优先采用。

本结论基于在相同的牵引定数、相同的坡段上，对全路定型生产的各种机车耗能进行检算。检算采用了均衡速度法（该方法已通过铁道部组织的鉴定），并对计算的耗能指标与实际发生的能耗进行了验证。

均衡速度法是以列车在各个坡道上，以相应的均衡速度运行，计算列车的运行时分、能耗。

采用均衡速度法确定各个坡道上公里耗能指标后，用该指标计算了黔桂线柳州南—金城江、湘桂线冷水滩—桂林北、湘黔线凯里—贵阳南、贵昆线贵阳南—六盘水、沪宁线南翔—南京东的能耗，并与实际能耗做了比较。

依据均衡速度法确定各个坡道上、不同的机车、相同的牵引质量下吨公里耗能指标后，在项目设计中应结合牵引力、计算速度及线路输送能力情况，根据节能的原则，依次优先采用。

用于牵引旅客列车的主要机型有 DF_{11}、SS_8、SS_9，目前尚缺少其能耗对比分析资料，设计者在机车选型时应该进行能耗分析，在满足运输需要的前提下选择能耗低的机车。

2.0.9 再生制动技术可以在列车减速制动时将动能转换为电能，并反馈电网加以再利用，从而节约能源。

2.0.10 欠重、欠轴列车的开行，造成了机车牵引力的浪费，吨公里耗能增加。开行直达列车，减少零担、摘挂列车将减少列车停站次数和在站停留时间，从而减少机车耗能。

2.0.11 条文中的经济速度是指在满足线路输送能力要求的前提下，使列车总的运营支出、固定设备费用、货物延迟损失费用等最小，达到总运输收益与支出最优化匹配的货运列车运行速度。

列车在运行过程中，其速度越高吨公里耗能越大，对于不要求送达时间或附加值不高的部分货运列车可以采用经济速度运行，有利于降低能耗。

3.0.1 铁路车站、场、段(所)设计规模的大小主要受其承担的作业量和作业性质控制，规模过大势必会造成设备和用地的闲置和浪费，过小又不能满足作业的需要，因此设计应合理确定设备布置规模和布置方式，使其满足作业的需要。设备布置规模应根据运输量增长情况，考虑分期建设，预留发展条件，达到少占土地特别是少占耕地的目的。

3.0.4 技术作业站设于干线与干线、干支线汇合处主要车流的线路上，避免车流在站内的折角作业，主要是考虑便于引入线路的车流能便捷地集中到技术作业站进行作业，有利于中转，减少车辆不必要的走行距离。

3.0.5 当枢纽的引入方向为3个及以上时，某方向的折角车流较大，且以通过为主，大部分车辆在枢纽内无作业，此时，可修建联络线消除折角，压缩列车的运行时间，减少对编组站的干扰。

3.0.6 车站布置图型的选择，是一项重要而复杂的工作。图型选择应满足运输需要，节省工程投资，便于管理。影响采用图型的因素很多，除考虑引入线数量、作业量、作业性质及工程条件外，还应该把占用土地和利用既有设备作为图型选择的重要因素和条件。车站图型选择合适与否将直接影响土地占用的大小及作业效率的高低。车站图型选择不合适，不仅造成车站设备规模布置占用土地多，能力浪费，而且造成车站运力紧张，影响作业效率。因此，从节能、节地和节材角度考虑，对车站特别是大型车站布置图型的选择具有非常重要的意义。

3.0.9 咽喉区布置应使接发车进路顺直，站内调车作业走行距离及机车走行距离短，避免折角走行，减少机车、车辆的无效走行距离，达到减少能耗的目的。

3.0.12 本处排水是指车站范围内的雨、雪等地表水，不包括生产和生活污水。从以往车站设计情况分析，绝大多数车站采用自然排水，只有位于平原地区极个别车站可能采用机械排水。机械排水必然设置泵站，增加能耗。由于站场排水主要为排除地表雨水和雪水，设备利用率很低，故站场应采用自然排水，车站设计应为采用自然排水创造条件，从而达到节能的目的。当排除的雨水、雪水受到污染时，应对其进行集中处理，达到环保要求后，才能向外排放。

3.0.13 本条规定了编组站设计的有关要求：

1 由于枢纽内设置一个编组站，可以集中布置设备，提高作业效率，消除分散作业时产生的交换车重复作业和等待时间，消除两编组站间单机往返和小运转列车的走行和设备配置上的浪费，因此规定枢纽或地区内宜集中设置一个编组站；

2 以中转改编作业服务为主的编组站,其位置应位于主要车流顺直通行的经路上,使主要线路车流的经路最短,从而缩短主要车流的走行距离,减少能耗;

3 兼顾中转与地方车流的编组站,当中转车流和地方车流方向一致时,其位置应设于两线的交汇处,使中转车流与地方车流的经路顺直,折角车流作业方便。当中转车流量小于地方车流量时,为缩短编组站与所服务地区小运转列车的走行距离,编组站可适当靠近所服务的地区。

3.0.14 本条规定了区段站设计的有关要求:

1 区段站应根据铁路网规划及所确定的引入线数量、车流组织及与相邻技术作业站的分工确定其位置和规模,使其在满足机车交路和城市规划的要求下,通过合理布点和确定规模,减少区段站设置,从而节约用地和少占耕地;

2 区段站的图型选择是一项重要的工作,其对满足车站作业需要,节约土地资源影响较大,因此,区段站布置图型应根据引入线路数量、运量、运输性质、车站作业特点和客、货机车交路,在满足运输需要及技术经济合理的条件下,结合城市规划和地形、地质条件予以选择,并适当预留发展,避免规模过大造成设备能力的浪费和大量占用土地。

横列式区段站布置图型优点是站坪长度短,占地少,设备集中,管理方便,对地形条件适应性强和有利于将来发展等优点,可较纵列式布置节约用地,故规定区段站在条件允许时宜按横列式图型设计。当采用横列式图型设计不满足作业需要或受地形等条件限制时,经综合比较,也可采用其他合理布置图型。

3.0.15 本条规定了集装箱办理站设计的有关要求:

1 集装箱办理站站址选择应配合城市建设总体规划和物流规划,尽量靠近城市集装箱主要集散地,即城市主要工业区或规划的工业区,以及现有的和规划的城市物流园区,以减少集装箱的倒运距离,同时也要兼顾周边地区集装箱的疏散和运送;

2 集装箱办理站利用既有车站进行改建,可以减少征用土地和新设车站,靠近枢纽主要技术作业站,可减少本务机车及与枢纽主要技术作业站间集装箱小运转列车的走行距离;

3 我国港口集装箱运输发展很快,主要为港口服务的集装箱办理站在选址时,要充分考虑港口的发展规划,兼顾港口集装箱码头近、远期的发展,减少港口内的运输距离;

4 外部的集中、疏散和运输条件会对集装箱办理站产生一定的影响,因此,集装箱办理站的位置应有利于铁路与公路和水运方式的衔接、配合,为避免远期运量增长扩建引起废弃工程,其布置规模应有进一步发展的条件;

5 集装箱办理站布置图型一般采用横列式布置,也可采用纵列式或其他布置方式,图型选择主要根据集装箱办理站的作业量、作业要求和地形条件等情况确定。纵列式图型的优点是可充分利用场地条件,装卸线两端与正线全部贯通,装卸线可直接接发车,减少由到发线经牵出线的转线作业时间,缩短铁路车辆在站停留时间,作业效率较高。其缺点是站坪较长、设备分散、管理不方便。而横列式图型除具有纵列式图型的优点外,还具有站坪长度短、设备集中、管理方便、有利于远期发展的优点。故规定集装箱办理站设计宜采用横列式图型。

3.0.16 本条规定了客运站设计的有关要求:

1 客运站作业应根据旅客列车开行方案合理分工,既方便旅客乘车,又减少旅客列车折角运行和旅客列车走行距离;

2 客运站站址的选择及设计应与城市规划配合，充分与城市的轨道和公交系统相结合，这样不仅可减少占用土地，还可以达到资源共享的目的；

3 客运站采用横列式布置图型的优点是站坪长度短，占地少，设备布置集中，有利于客运站的作业和管理；

4 由于特大型、大型客运站旅客乘降人数多，特别是高峰时段旅客列车密集到发，因此，为方便旅客上下车，大型客运站与城市公共交通系统采用立体换乘，可以减少旅客的走行距离，充分发挥城市交通的集散功能。

3.0.17 货运站靠近货源设置，主要考虑方便地方货物的集散，减少运输距离。

3.0.18 驼峰的设置与主要车流的方向一致，能够减少主要车流的走行距离和站内调车走行距离，提高作业效率，减少作业时间。由于驼峰头部需要有一定的高度，其设置与地形条件结合，可减少路基填挖方的数量。驼峰设置与当地主导风向一致时，可减少车辆溜放的风阻力，从而使峰高度降低，减少动能消耗。

3.0.21 本条规定了机务、车辆、动车段(所)选址的有关要求：

1 机务、车辆、动车段(所)靠近车站，并设在作业量大的一端，可减少机车、车辆的走行距离；

2 机车、车辆出入段时，线路设置顺直，避免折角走行，可减少对咽喉区的干扰，提高作业效率；

3 本款的段、所排水是指排除段、所内的雨、雪等地表水，不包括段、所内生产污水的排除。当排除的雨、雪等地表水受到污染时，应对其进行集中处理，达到环保要求后，才能向外排放。

4.1.1 建筑规划设计是建筑节能设计的重要内容之一，需要分析建筑的总平面布置，建筑平、立、剖面形式，太阳辐射、自然通风等气候参数对建筑能耗的影响。也就是在冬季最大限度利用自然能量来取暖，多获得热量和减少热损失；夏季最大限度的利用自然能量来降温冷却，以达到节能的目的。

建筑总平面布置和设计时应争取使大面积围护结构外表不要朝向冬季主导风向，迎风面尽量少开窗或其他孔洞，减少作用在围护结构外表面的冷风渗透，处理好窗口和外墙的构造形式与保温措施，避免风雨雪的侵蚀，减少热量消耗。尤其是严寒和寒冷地区建筑的规划设计更应有利于日照并避开冬季主导风向。

夏季强调建筑具有良好的自然通风主要有两个目的：一是为了改善建筑室内热环境，提高舒适标准，体现以人为本的设计要求；二是为了提高空调设备的效率，有利于节省设备的运行能耗。通常设计时注重利用自然通风的布置形式，合理地确定房屋开口部分的面积与位置、门窗的装置与开启方法和通风的构造措施等。

朝向选择的原则是冬季能获得足够的日照并避开主导风向，夏季能利用自然通风并防止太阳辐射。然而建筑朝向、方位以及建筑总平面设计应考虑多方面的因素，尤其是铁路房屋受到线路走向、站场形式、地形、城市规划、道路、环境等诸多条件的制约，要想使建筑物的朝向对夏季防热、冬季保温都很理想是很困难的。因此，只能权衡各个因素之间的得失轻重，选择出这一地区建筑的较好的朝向。只有通过多方面因素分析、优化建筑设计，采用本地区建筑最佳朝向或适宜的朝向，才能达到减少能耗的目的。

4.1.2 国家大力倡导建设节约型社会和发展节能省地型住宅及公共建筑，铁路房屋也应遵循此原则进行建设。以往铁路房屋布置分散，不利于节能、节地，现在把同一地区性质相近的生产、办公、生活房屋就近修建为一栋建筑，不仅可以节约土地，采暖地区还有利于减小房屋的体型系数，有利于集中供暖。

4.1.3　本条根据国家标准《民用建筑节能设计标准》(JGJ 26—1995)和《公共建筑节能设计标准》(GB 50189—2005)对铁路房屋提出了分类要求。铁路建筑分为民用建筑和工业建筑，民用建筑又分为居住建筑和公共建筑。铁路居住建筑主要包含单身宿舍、乘务员公寓、候班楼等。公共建筑主要包含办公建筑、科研建筑、交通建筑等。工业建筑则包含了铁路范围内的厂、库房和生产技术用房。其中居住建筑和公共建筑节能设计，应分别执行国家现行《民用建筑节能设计标准》(JGJ 26—1995)和《公共建筑节能设计标准》(GB 50189—2005)中的有关规定。由于国家目前尚未对工业类建筑(包括附属房屋)提出具体的节能标准，故此类房屋应根据其使用功能的特点进行热工节能设计。如信号楼、通信站、控制中心、调度所、信息中心等技术作业房屋的室内温度应满足人员昼夜值班和保持设备正常工作需要，其使用功能与公共建筑相似，则此类房屋应根据现行《公共建筑节能设计标准》(GB 50189—2005)中有关要求进行热工节能设计。

4.2.1　国家在建筑节能方面制定了许多标准，铁路建筑应根据其建筑功能和性质，尽量采用相应的国家标准。本条规定的基本出发点是保证处于不同气候分区内的铁路建筑，其节能设计合理并满足当地要求。其中，新建居住建筑、公共建筑应该严格执行国家规定的节能 50% 的要求，直辖市及有条件的地区要率先实施节能 65% 的规定。

4.2.2　围护结构的热阻是影响建筑物耗热量指标的主要因素之一，在建筑物轮廓尺寸和窗墙面积比不变的条件下，耗热量指标随围护结构热阻的增大而降低。采用高效保温隔热材料的墙体、屋顶和门窗等，节能效果显著。最小传热阻计算公式已在民用建筑和公共建筑普遍使用，并取得明显效果，由于国家目前尚未对工业类建筑(包括附属房屋)提出具体的节能标准，铁路工业建筑可根据其使用功能和要求，采用《公共建筑节能设计标准》(GB 50189—2005)或《民用建筑节能设计标准》(JGJ 26—1995)中相近的热工计算方法。

4.2.3　围护结构中窗过梁、圈梁、钢筋混凝土抗震柱、钢筋混凝土剪力墙、梁、柱等部位的传热系数远大于主体部位的传热系数，在室外温差作用下，易形成热流密集通道，即“热桥”。本条规定的主要目的是防止冬季采暖期间“热桥”部位表面产生结露，同时也避免夏季空调期间这些部位传热过大增加空调能耗。

在严寒地区，可以沿用防“热桥”常规做法的构造图集，对围护结构中窗过梁、圈梁、钢筋混凝土抗震柱、钢筋混凝土剪力墙、梁、柱等“热桥”部位采用外保温措施，加强保温层厚度，能有效控制“热桥”内表面温度不低于室内空气露点温度。

外墙外保温设置变形缝，目的在于防止墙体保温材料开裂，降低保温效果。

4.2.4　《铁路节能技术政策》(铁计〔1999〕117 号)第 8.3 条明确指出“改革传统外墙和屋面，因地制宜，推广保温性能好的围护结构，发展节能墙体和屋面”；《建设部关于建设领域资源节约今明两年重点工作的安排意见》(建科〔2005〕98 号)中要求“要积极采用新型建筑体系，推广应用高性能、低材(能)耗、可再生循环利用的建筑材料，因地制宜，就地取材”。随着节能工作的深入发展，新型节能、保温材料和技术将会不断推出。例如可自调温新型相变储能墙体材料、热反射低辐射节能涂层、节能玻璃等。因此，要求设计人员要关注节能工作发展动态，及时淘汰浪费能源的落后材料和做法，采用新型、高效保温节能型材料。外墙采用复合墙体的做法也已在采暖居住建筑中推广使用，其节能效果优于单一材料墙体。例如，天津地区节能外墙的做法有保温复合墙体、夹心复合墙体等，这些做法都已成熟。

我国在20世纪90年代已提出“逐步限时禁止使用实心黏土砖”的要求，设计者应根据建筑所处地区新型材料发展状况及当地的有关政策执行。

4.2.5 在采暖期室外平均温度低于-5.0 ℃的严寒地区，建筑物外墙在室内地坪以下垂直墙面以及室内墙角部位宜出现结露，甚至出现墙角附近地面有冻结现象，并使地面传热损失增加。因此，规定了房屋外墙与地面之间应采取保温的要求。

4.2.6 对于直接接触室外空气的地板，采取保暖措施可以防止地板传热系数过大，有利于节能。

4.2.7 本条规定了门窗设计的有关要求：

1 《民用建筑节能设计标准》(采暖居住建筑部分)(JGJ 26—1995)及《公共建筑节能设计标准》(GB 50189—2005)中对窗墙面积比做出了明确的规定，铁路工业建筑因生产性质不同对窗墙比的要求存在很大差别，在考虑此类建筑的窗墙比时，应该根据所在区域的气候和日照条件、建筑物的围护结构、生产工艺要求、生产组织形式等诸多综合因素考虑窗墙比和节能效果；

2 窗玻璃对减少室内能量损失起过重要作用，近年来可供采用的玻璃品种日益增多，并已由过去传统的采光、遮雨、挡风、围护功能发展为现代的隔热、保温、安全、防噪声、装饰等多种复合功能，节能玻璃主要有吸热玻璃、镀膜玻璃、中空玻璃、真空玻璃等，设计人员可以根据需要和使用条件选用；

3 外门对稳定室内温度能起到较好的作用，如木门框内填入聚苯板后，其传热系数值可从原先的2.91 W/(m^2·K)降低到1.46 W/(m^2·K)；

4 推拉窗具有结构简单、节省空间的特点，两个窗扇在窗框上下滑轨中开启和关闭，开窗面积为窗框的一半，热、冷气对流的大小和窗扇上下空隙大小成正比，但因使用时间的延长，当推拉窗封闭毛条表面磨损，窗上下空隙加大时，对流也加大，能量消耗会逐渐增大，不论是铝合金还是塑钢材料制成的推拉窗，其节能效果都不理想。天津市从2006年8月1日起，已在新建、改建、扩建的公共建筑中禁止使用推拉窗，新建、改建、扩建居住建筑的外窗(包括：居室、起房厅、厨房、卫生间)禁止使用推拉窗，由此可见，推拉窗节能效果不如平开窗效果好。

4.2.8 夏热冬暖和夏热冬冷地区建筑外窗对室内热环境和空调负荷影响很大，通过外窗进入室内的太阳辐射热几乎不经过时间延迟就会对房间产生热效应。特别是在夏季，太阳辐射如果未受任何控制的射入房间，将导致室内环境过热和空调能耗增加。

以夏热冬冷地区六层砖混结构试验建筑为例，南向第4层一房间大小为6.1 m(进深)×2.8 m(高)，采用1.5 m×1.8 m单框铝合金窗，在夏季室内连续开启空调时，计算不同负荷逐时变化情况，可以看出通过实体墙的传热量只占整个墙面传热量的30%，通过窗的传热量所占比例最大，而且在通过窗的传热中，主要是太阳辐射热，温差传热部分并不大，因此，应该把窗的遮阳作为夏季节能措施的一个重点来考虑。

由于我国幅员辽阔，南北方如广州、武汉、北京等地区，东西部如上海、重庆、西安、兰州、乌鲁木齐等地气候条件各不相同。因此，对外窗和透明幕墙遮阳系数的要求也有所不同。

夏季，南方水平面太阳辐射强度可高达1 000 W/m^2以上，在这种强烈的太阳辐射条件下，阳光直接射到室内，将严重影响建筑室内热环境，增加建筑空调能耗。所以，应采取适当遮阳措施，防止阳光直射。减少窗的辐射传热是建筑节能中降低窗口得热的主要途径，而且夏季不同朝向墙面辐射日变化很复杂，不同朝向墙面日辐射强度和峰值出现的时间不同。因此，不同的遮阳方式将直接影响建筑能耗的大小。

在严寒地区，阳光充分进入室内，有利于降低冬季采暖能耗。这些地区采暖能耗在全年总能耗中占主导地位，如果遮阳设施阻挡了冬季阳光进入室内，对自然能源的利用和节能是不利的。因此，遮阳措施一般不适用于北方严寒地区。

在夏热冬冷地区，窗和透明幕墙的太阳辐射得热，夏季增大了空调负荷，冬季则减小了采暖负荷，应根据负荷分析确定采取何种遮阳形式。一般而言，卷帘或百叶的活动遮阳实际效果比较好。

在遮阳时应注意地区的气候特点和房间的使用要求以及窗口所在朝向，而且还应注意遮阳设施遮挡太阳辐射热量的效果除取决于遮阳形式外，还与遮阳设施的构造原理、安装位置、材料与颜色等因素有关。可以把遮阳做成永久性或临时性的遮阳装置。永久性的即是在窗口设置各种形式的遮阳板；临时性的即是在窗口设置轻便的窗帘、各种金属或塑料百叶等等。在永久性遮阳设施中，按其构件能否活动或拆卸，又可分为固定式或活动式两种。活动式的遮阳可视一年中季节的变化，一天中时间的变化和天空的阴暗情况，任意调节遮阳板的角度。在寒冷季节，为了避免遮挡阳光，争取日照，这种遮阳设施还可以拆除。遮阳措施也可以采用各种热反射玻璃和镀膜玻璃、阳光控制膜、低发射率膜玻璃等，近年来在国内外建筑中普遍采用。

4.2.9 夏热冬暖地区，室外气温高，太阳对屋面辐射强度大，架空屋面形成的流动空气空间可阻止热量向室内传播，起到良好的隔热效果。

4.2.10 严寒和寒冷地区的冬季，外门的频繁开启造成室外冷空气大量进入室内，导致采暖能耗增加。设置门斗可以避免冷风直接进入室内，在节能的同时，也提高门厅的热舒适性。除了严寒和寒冷地区之外，其他气候区也存在着类似的现象，因此也应该采取各种可行的节能措施。

4.3.1 依照国家对城市集中供热政策的要求，对有可能接入热电联产供热网的铁路地区，应纳入当地城市供热规划，实现区域供热。对没有条件进入城市区域供热规划的铁路地区，应建立集中供热系统；对于分散的铁路房屋可因地制宜采用其他供热、供冷方式。例如利用地源热泵、太阳能热、太阳能光电利用、风能等可再生能源。

4.3.2 目前既节能又环保的水源、地源热泵有了较大发展，其节能效果显著，技术也比较成熟，在应用时可根据不同的自然条件，在适宜的地区采用空气源、水源、地源热泵空调系统。

4.3.3 空调及采暖在铁路建筑中是能耗大户，而冷热源机组的能耗又占整个空调、采暖系统的大部分。当前各种机组、锅炉、设备品种繁多各具特色。但采用这些机组、锅炉、设备时都受到能源、环境、工程状况、使用时间等多种因素的影响和制约，为此必须客观全面地对冷热源方案进行分析比较。选择制冷机时，应该根据燃料来源、建筑负荷等相关因素以及制冷机的性能系数 *COP* 值进行确定。

$$COP = \frac{\text{制冷量(kW)}}{\text{制冷机的轴功率(kW)}}$$

4.3.4 随着经济的发展，空调用电负荷占总用电负荷比例越来越大，越来越多的地区实行用电峰谷分时计价。采用某种介质利用低谷用电时段的电能蓄冷（如动态冰蓄冷技术），符合国家政策和用户的经济利益。

4.3.5 锅炉容量应该根据用户的用热性质、用热时间进行负荷分析，并计入同时使用系数来确定锅炉容量。而不应采取将用户热负荷简单叠加的计算方法，以防止确定的锅炉容量与实际不符。合理确定锅炉台数，可较灵活的适应用户热负荷的变化，有利于节能。在各种热损失中，排烟和燃料不完全燃烧损失所占比重较大，在锅炉房设计中应考虑如何利用这些热量，提高热效率。利用锅炉余热的途径有：在炉尾烟道设置省煤器或空气预热器；尽量使用锅炉连续排污器，利用“二次汽”产生的热量；重视分汽缸凝结水回收余压汽热量，接至给水箱以提高锅炉给水温度。另外，燃煤锅炉采用解耦燃烧技术可以使煤炭得以有效燃烧，获得较高的热工转换效率，提高能源利用率，同时烟气中的氮氧化物和一氧化碳排放量较传统燃烧方式大约分别减少了 40% 和 90%，降低了污染物排放量，保护了环境。

4.3.6 选择锅炉循环水泵时，应使循环水泵性能曲线与管路的性能曲线交点处于循环水泵性能曲线的高效区，以防止盲目加大水泵功率，增加能耗。

4.3.7 采用自动调节装置及微机监控系统，可对水循环、燃烧等系统进行量化管理，明显提高锅炉的运行效率。

4.4.1 根据资料统计，热水采暖相对于蒸汽采暖不仅符合卫生要求，杜绝跑、冒、滴、漏，而且大大节约能源，同一情况下水暖比汽暖可节省燃料近 30%。

4.4.2 室外供热管网及室内采暖系统各环路之间的水力平衡是整个供暖系统达到节能的必要条件。集中采暖使用双管系统，装设可调节室温的调节装置，实行供热计量有利于节能。

4.4.3 采暖系统分环布置可以有效平衡南、北朝向房间因太阳辐射导致的温度差异，从而克服“南热北冷”的问题。设置水力平衡调节装置，保持系统的水力平衡，可以获得预期的供暖效果。量化管理是节约能源的重要手段，设置计量装置，按照用热量收取采暖费用，既公平又合理，利于提高用户的节能意识。

4.4.4 在适宜的铁路民用和公共建筑中，采用地面辐射采暖方式不仅可以利用地热、低温热水、燃气等多种能源，还可以适当降低采暖温度。地面辐射采暖要比传统采暖方式节能 20% ~30%，节能效果显著。

铁路工业厂房高大车间采暖，应该根据厂房的性质和生产工艺要求确定。当厂房很大，工作人员较少时，可采用局部采暖方式，在不降低采暖质量的前提下，可以采用区间隔离、作业区采暖、移动热源等灵活的局部采暖方式。这样可有效地利用热能，比传统的全部厂房采暖节约大量能源。

4.5.1 对于散发余热、潮湿及非有害性物质的生产房屋应首先充分利用自然通风，当自然通风达不到要求时再辅以机械通风，以达到节能的目的。

4.5.2 风系统的全压不应超过相应的标准，实际上是要求通风系统的作用半径不宜过大。为了确保单位风量所耗功率，一般要求设计注明空调机组采用风机全压与要求的风机最低总效率。

4.5.4 本条规定了空调风系统设计的有关要求：

1 分层空调是一种仅对室内下部空间进行调控，而对上部空间不进行调控的特殊空调方式，与全室性空调方式相比，分层空调在夏季可节省 30% 左右的制冷量，但在冬季供暖工况运行时并不节能，此点特别提请设计人员注意；

2　置换通风系统是一种通风效率高，既带来较高的空气品质，又有利于节能的有效通风方式，主要是将经过处理或未经过处理的空气，以低风速、低紊流度、小温差的方式直接送入室内人员活动区，根据有关资料统计，对于高大空间，置换通风模式比混合式通风模式节能约20% ~50%；

3　独立的送风和排风系统通过采取措施回收排风中的热量，用来预热送风，从而达到节能的目的；

4　新风经过风机盘管后送出，风机盘管的运行工况会对新风量的变化产生很大影响，容易造成浪费或引起新风量不足；

5　由于屋顶传热量较大，当采用高大吊顶空间（吊顶至楼板底的高度超过1.0 m）时，若采用吊顶内回风，使空调区域加大，空调能耗上升，不利于节能；

6　在过渡季节充分利用新风的自然冷却能力，可以推迟开启和提前停止制冷，过渡季节空调系统最大限度地利用新风，不仅节能而且还能提高室内空气品质；

7　为使空调送风得到有效利用，应该正确设置送、回风口位置，合理组织气流，防止气流短路，恶化室内环境，无效耗费能量。

4.5.5　本条规定了空调水系统设计的有关要求：

2　冷水机组的供、回水设计温差通常为5 ℃，近年来许多研究结果表明，加大供、回水温差对输送系统减少的能耗，大于由此导致设备传热效率下降所增加的能耗，对于整个空调系统来说具有一定的节能效益，由于加大供、回水设计温差，设备运行参数发生了变化，因此采用此方法时，应进行技术经济分析和比较；

3　忽视冷却塔通风散热的基本安装要求，对冷却效果将产生非常不利的影响，由此会导致冷却能力下降，使机组达不到设计的制冷能力，因此，强调冷却塔应设在空气流通条件好的场所；

4　冷却塔的“飘水”问题是目前较为普遍的现象，过多的“飘水”会增加补水量。在补水总管上设置水流量计量装置，是通过对补水量的计量，加强节能意识，同时为管理部门提供依据。

4.5.7　大型集中式空气调节系统设置自动控制、自动检测系统，可使空调系统处于最佳运行状态，提高了能效比。

4.6.4　局部热水供应系统的热源应该首先考虑无污染的太阳能热源，在日照条件较差或其他条件限制采用太阳能热水器时，可视当地能源供应情况，在经济技术比较后确定采用蒸汽或电能为热源。

5.1.1　当主要建筑物朝向较好时可充分利用自然通风和采光条件。

采用联合厂房和多层建筑物不仅可以减少采暖管道长度和热损失，减少占用土地，而且还可以减少物品的周转距离。

5.1.2～5.1.3　客车技术整备所或站修所与车辆段合建，机械保温车辅修车间与机械保温车段修车间合建，可以减少设备重复设置，提高设备利用率。

5.1.4　“动力车间”是指锅炉房、空压机间等。靠近负荷中心可以减少沿途能量损失，提高设备利用效率。

5.1.5　“工艺管道”是指燃油管、压缩空气管、蒸汽管和热水管等。综合布线可以避免反复开挖和拆改；各种管线铺设短直、走向合理，不仅节约投资，还可减少运营费用。

5.1.7 在应用远红外技术时，应遵从波谱匹配原理，但加热温度低于150 ℃时不宜采用。电加热干燥应推广采用高红外技术与设备。感应加热比电阻炉、周期盐浴炉的利用效率可提高一倍左右。

5.1.11 设废油收集罐是为了收集油罐内的残油和洗罐水中的废油。

5.2.1 采用长交路可以减少辅助机车走行及提高机车运用效率。专业化、集中修有利于调整机务、车辆、动车组生产力布局，压缩生产规模和减少设备配备的数量，充分提高设备的利用率。目前机车、车辆、动车组检修以计划修(分程修)为主，部分部件采用状态修，对于动车组设备，其计划修与状态修的结合较为灵活。随着铁路技术装备及检测手段的不断进步，状态修的范围还会随之扩大。

5.2.2 油品出厂时一般具有较高的温度，在内燃机务段(所)与炼油厂距离较近的情况下，可保证油品入罐后仍保有较高的温度。罐体及管道用保温隔热材料包裹，可减缓油品温度的降低。在严寒及寒冷地区，冬季内燃机车采用油温较高的低标号燃油代替高一号燃油"低烧一号"的做法，可以降低燃油成本。例如：采用 -20 号柴油取代 -35 号柴油时，可节约燃油成本约11%左右。

5.2.3 严寒和寒冷地区的内燃机务段，在经技术经济比较后，可选择设置机车待班停留库或地面预热保温装置。地面预热保温装置加热车上的机油和冷却水系统一般有两种方法：一种是在待班台位设置外接电源，利用车上预热锅炉循环加热；一种是在待班台位附近设置地面热水循环加热设备。

5.3.1 本条规定了压缩空气站设计的有关要求：

1 靠近负荷中心可减少管道距离，使输送压缩空气的阻力减少，从而减少压降；

4 由于水冷效率要高于风冷，因此在水资源相对充足的夏热冬暖地区，宜选用水冷空压机组，在水资源匮乏地区为节约水资源，宜选用空气冷却机组；

5 采用合理的辐射状布置，将有利于压缩空气调配和管理，并减少管道泄损；

6 此款根据现行《空压机组及供气系统节能检测方法》(GB/T 16665—1996)及《压缩空气站能耗分等》(ZBJ 01009—1987)制定。

5.3.3 采石场利用地形高差的有利条件，可以缩短工艺流程及运输距离，减少输送能耗。

5.3.4 货运站、货场、集装箱办理站大型装卸机械较多，能耗也较高，其选型与配置应根据运量调查，选择高效、低能耗、适用的机械和与其匹配的数量，以提高设备的使用效率。

5.3.5 综合维修段是将分散设置在同一地区的原水电段、供电段、工务段、电务段等各生产维修单位的基础设施进行集中配置，以提高设备利用率，从而减少通用设备的配置，减少房屋和占地，降低综合能耗。

5.3.6 据市场调查，目前应用最为广泛的是曳引电梯，液压电梯。主要应用在载重量较大、提升高度较低的场合。曳引电梯的节能措施主要有：采用永磁同步电机和无齿轮驱动机构；采用变频调速控制和信息反馈技术，自动感知有无乘客在扶梯上，从而改变自动扶梯的运行速度。

6.0.2 单相牵引负荷若采用交直型整流机车时，功率因数较低，牵引变电所低压侧功率因数在0.82～0.83左右，高压侧在0.78～0.79左右，不仅影响电力系统功率发挥而且增大无功损耗，根据电力部门有关规定，应采取无功补偿措施，一般选择在牵引变电所(或开闭所、分区所)装设固定并联电容补偿装置，使平均功率因数达到0.9。为避免过补偿，在牵引负载偏少、牵引变电所无电概率较大时，需要采用动态无功补偿装置。

6.0.3 在满足防干扰要求时采用带回流线的直接供电方式,会使接触网电压水平较高,电能损失较小,同时接触网结构也比较简单。AT 供电方式供电质量高,对通信线路的干扰影响小,可减少牵引变电所设置数量和电力系统的输变电工程,但接触网结构复杂,牵引供电系统投资增大。AT 供电方式在供电能力、减少电分相、改善电磁环境和降低外部电源投资等方面占明显优势,特别是在要求供电质量高的长大繁忙干线和高速度、大负荷、高密度的客运专线铁路宜采用此种供电方式。

6.0.6 单相结线变压器具有接线简单、投资省、变压器容量利用率高等优点。由于牵引负荷是单相负荷,对于目前广泛运用的交—直型电力机车,采用单相结线变压器对电力系统的负序影响较其他结线型式的牵引变压器大,但是单相结线变压器对具有再生制动、高功率因数的交流传动型电力机车适应性好。采用单相结线变压器可减少接触网电分相,有利于高速列车运行。另外,根据目前国家对电气化铁道的两部电价政策,单相牵引变压器安装容量小,则可节省基本电费支出。因此在满足电力系统要求的条件下,应优先选用单相结线牵引变压器。

6.0.7 牵引变压器过负荷能力校验时,客运专线铁路应满足高峰小时牵引负荷需要,其他铁路也应按满足紧密运行时客车和货车平行图分别进行校验。

6.0.8 双线或多线区段的接触网在分区所实现供电臂末端并联供电,可提高接触网电压水平,降低接触网电能损失。上下行接触网除在末端分区所处并联外,还可在 AT 所(AT 供电方式)或供电臂中间(直供方式)实现并联,当实现多点并联运行时,可平衡接触网电位差,减少电能损失。

7.1.1 公共电源指由公共电力部门发电厂变电所向铁路电力负荷供电的电源。

7.1.2 本条规定了供电方式设计的有关要求:

1 变配电所靠近负荷中心可以节省线材,降低电能损耗;

3 在周期性、季节性轻负荷时,将变压器退出运行,通过车间变电所之间的低压联络把所带负荷切换到其他变压器上,可减少变压器的空载损耗。

7.1.6 10(6)kV 电容器可设在变配电所内集中补偿,既可减少设备,又便于管理。0.5 kV电容器分散设置,可直接安装在车间或低压配电室内。目前,低压自动补偿装置已普遍采用,高压自动补偿技术亦逐渐成熟,为避免过补偿或欠补偿,宜装设无功自动补偿装置。

7.2.2 采用电力负荷控制技术可实现用电管理现代化,提高用电负荷率。

7.2.4 弹簧储能操作机构交、直流都有,所需合闸功率小,节省投资,如无电源时还可手动储能。

7.3.3 电子调压、调速技术的采用可使机电设备与负荷达到最佳匹配状态,实现经济运行,降低电力消耗。对长期运行的电力设备,负载低于 40% 的应配置切换装置。间断运行的设备,如电焊机、空压机为减少空载损耗,应安装空载限制器或用变载供电方式。负载变化较大,大部分时间处于轻载运行的风机,水泵宜采用变速拖动方式。

7.3.4 三相电不平衡度大,会加大中性线电流,增加电能消耗。《建筑照明设计标准》(GB 50034—2004)规定:最大相负荷不宜超过三相负荷平均值的 115%,最小相负荷不宜小于三相负荷平均值的 85%,所以在设计时应注意三相电干线各相之间的平衡。

7.3.5 照明设计宜根据视觉工作的需要采用合适的照度、显色性进行配光,布置方式可分为一般照明、重点照明、辅助照明、局部照明和混合照明。提倡在一般照明的基础上再配合辅助照明或局部照明的综合照明方式。有条件的地方，可应用先进的技术和装置充分利用自然光。随着电光源的迅速发展，适合于各种场所用的电光源的品种越来越多，除目前已普遍采用的技术成熟的高压钠灯、金属卤化物灯、紧凑型荧光灯、三基色荧光灯、细管荧光灯等外，近年来又发展了光效高、寿命长的电磁感应灯光源。在使用中应根据新光源的发明和改进的实际情况，进行合理选配。

7.3.9 大面积照明指面积较大的车间、会议室、站台、候车厅（室）等有顶棚的建筑场所。

室外照明指车站、广场、站场、道路、生活区等室外场所。

7.3.10 《评价企业合理用电技术导则》（GB/T 3485—1998）和《热处理合理用电导则》（GB 10201—1988）中明确规定了对能耗大的电加热设备应单独配置电压表、电流表、有功电能表等。

8.1.2 水处理工艺流程的选用及主要构筑物的组成是水处理能否取得预期效果和达到处理后水质标准的关键，合理确定技术标准，选择简单紧凑的处理工艺，尽可能减少占地，减少自耗水量，充分考虑节电和节约水处理药剂，可降低运行费用。

8.1.3 水泵及其他水处理机电设备运行要消耗大量的电能，国家《节能技术政策大纲》要求推广稳定、可靠、高效、低耗且经节能产品认证的水泵机组和鼓风曝气系统，推广电子技术在供水、排水系统中的调控和技能管理方面的应用。

8.1.4 回用水主要是对污水进行深度处理，并达到使用条件后加以利用。这样不仅减少了污水排放量，同时也减少了自来水的使用量。国家在此方面制定了一系列标准，在工程中可以按照《污水再生利用工程设计规范》（GB 50335—2002）和《建筑中水设计规范》（GB 50366—2002）等相关标准执行。

8.2.2 雨水是一种天然水资源，在有条件的地区应注重对雨水的收集利用，一些发达国家和我国一些地区已开始对雨水的利用。硬化地面和屋面的雨水比较容易收集，水质条件相对较好，只要经过简单处理就可以用来作为绿化、道路清扫、车辆冲洗和消防等用水。考虑到我国华北、东北及西北地区水资源短缺，《中国节水技术政策大纲》也提出推广雨水、海水及苦咸水利用的有关要求。

8.2.4 设置水表便于计量收费，进行成本核算，同时也有利于增强节约用水和节约能源的意识。

8.2.5 客车上水栓采用集中控制或自动控制技术，便于加强管理和减少旅客列车给水系统的漏失水量。

8.2.7 《中国节水技术政策大纲》推广应用新型管材，提出：大口径管材（$DN>1\,200$）优先考虑预应力钢筒混凝土管；中等口径管材（$DN=300\sim1\,200$）优先采用塑料管和球墨铸铁管，逐步淘汰灰口铸铁管；小口径管材（$DN<300$）优先采用塑料管，逐步淘汰镀锌铁管。

8.3.1 排水管网布置应充分利用地形，可降低管道埋设深度，减少提升次数或水泵扬程，节约能源。排入城镇排水系统既可充分利用已建城镇污水处理系统，实行污水集中处理，又可减少重复投资。

8.3.2 对污水处理和排水要加强规划，积极维护生态平衡，做好雨污分流，压缩排放污水量和提高污水处理设备的运行效率。除必须预处理的工业废水外，提倡集中处理。针对铁路生产和生活污水性质，可采用机械与天然净化相结合的处理方式。如人工湿地处理工艺、土地渗滤工艺、氧化塘等污水处理工艺。

9.1.3 采用免维护蓄电池或太阳能电源可减少维护人员，降低运营费用。

9.1.4 采用交流外部直接供电具有可靠性高、成本低等特点。采用的自备发电机应符合可靠性高、维护简便、使用寿命长的要求。

9.1.5 光缆不但传输容量大,还具有传输距离长,不需要设置过多的中继设备。

9.1.6 通信、信息设备所需机房面积应考虑设备正常工作、更新倒换、预留发展等因素后综合确定,条件许可时,尽量考虑设置联合机械室,减少用房和占地。

9.2.1 信号设备统一标准、统一制式便于设计和维护及减少备品、备件率,从而降低运营费用。

9.2.2 电路设计中,对经常吸起的继电器从节约能源考虑,应选用高阻继电器。

9.2.3 考虑降低造价、节约能源和便于维修养护,较大车站电源屏种类和数量越少越好。采用功率因数高的智能电源屏可大量减少电能消耗,节约能源和减少用房面积。

9.2.5 联锁设备及驼峰控制设备宜采用计算机及自动化控制系统,计算机联锁设备与继电联锁设备相比较,不但自身消耗电能少,而且能减少设备用房面积约1/3左右,还可降低铁路工程的综合成本。

A.0.1 表中旅客站房采暖室内计算温度采用的是《铁路旅客车站建筑设计规范》(GB 50226—95)和《铁路房屋暖通空调设计标准》(TB 10056—98)中的有关规定,其中铁路生产房屋和辅助用房的室内采暖计算温度是依据《铁路房屋暖通空调设计标准》(TB 10056—98)中有关要求确定的。

A.0.2 空气调节室内计算温度和有关参数是根据铁路建筑的特点,参照《公共建筑节能设计标准》(GB 50189—2005)确定的。其中夏季空气调节室内计算温度是根据多年来铁路房屋设计经验,并从节能的角度加以制定。

A.0.3 铁路建筑主要房间的设计新风量采用了《铁路旅客车站建筑设计规范》(GB 50226—95)中的有关内容,同时参照《公共建筑节能设计标准》(GB 50189—2005)的有关要求,并结合铁路房屋新风量的需要和设计经验确定的。

中华人民共和国行业标准

铁建设〔2007〕1369 号

铁路工程设计防火规范

Code for Design on Fire Prevention of Railway Engineering

TB 10063—2007

J 774—2008

2007—12—29 发布　　2007—12—29 实施

中华人民共和国铁道部　发布

前　言

本规范是根据铁道部《关于印发〈2005 年铁路工程建设标准编制计划〉的通知》(铁建设函〔2005〕84 号)的要求,在原《铁路工程设计防火规范》(TB 10063—99)的基础上修订而成的。

本规范在修订过程中,认真总结了近年来铁路工程防火设计中的经验,分析、借鉴了国家防火设计标准。

工程技术人员必须按照"以人为本、服务运输、强本简末、系统优化、着眼发展"的铁路建设理念,结合工程具体情况,因地制宜,充分发挥主观能动性,积极采用安全、可靠、先进、成熟、经济、适用的新技术,不能生搬硬套标准。勘察设计单位执行(或采用)单项或局部标准,并不免除设计单位及设计人员对整体工程和系统功能质量问题应承担的法律责任。

本规范共分 10 章,主要内容包括:总则,火灾危险性分类和耐火等级,防火间距,可燃液体和可燃气体管道穿越铁路,消防车道,建筑防火分区和建筑构造,消防给水和灭火设施,通风、空气调节及防烟与排烟,电气,铁路隧道等,另有 4 个附录。

本次修订的主要内容有:

1. 增加了本规范不适用的工程内容。

2. 修订了机务段、车辆段、动车段(所)等主要生产火灾危险性分类和爆炸、火灾危险环境的等级分区等内容。

3. 修改了站台钢结构雨篷采用无保护措施的条件和范围。

4. 修订了铁路线路与部分乙类物品库房和露天、半露天堆场及液体、气体储罐的防火间距。

5. 增加了牵引变电所的牵引变压器与铁路线路、加油站、石油储罐、可燃、助燃气体储罐的防火间距。

6. 修订了甲、乙、丙类液体、可燃气体管道与铁路交叉和加强防护的有关规定。

7. 增加了旅客车站、口岸站油罐车换轮线(库)、工业站、动车段(所)、大型养路机械段、集装箱和行包基地等设置消防车道范围。

8. 增加了旅客车站候车区(室)、集散厅防火分区最大允许建筑面积可增加到 10 000 m^2 的限制条件和旅客车站内集散厅、售票厅、候车区域不得设置娱乐场所和可设置为旅客服务的小型餐饮、商品零销点的条件等规定。

9. 增加了设置排烟设施和火灾自动报警或设置可燃气体探测装置场所的规定。

10. 增加了各型车站站台、油品换装线以及隧道洞口布置消火栓的要求。

11. 修订了设置闭式自动喷水灭火装置的地下行李、包裹库房、货物仓库面积和防火分区面积的规定。

12. 增加了隧道内设置救援通道、紧急出口的规定。

13. 增加了隧道内设置自动灭火及排烟系统的规定。

14. 增加了5.0 km以上隧道内设置事故报警电话的规定。

15. 增加了1.0 km直线隧道和0.5 km曲线隧道疏散救援通道设置疏散照明和疏散指示标志的规定。

16. 增加了5.0 km及以上的客货共线铁路隧道配备灭火设施的规定。

本规范中以黑体字标志的条文为强制性条文,必须严格执行。

在执行本规范过程中,希望各单位结合工程实践,总结经验,积累资料。如发现需要修改和补充之处,请及时将意见及有关资料寄交铁道第三勘察设计院集团有限公司(天津市河北区中山路10号,邮政编码:300142),并抄送铁道部经济规划研究院(北京市海淀区羊坊店路甲8号,邮政编码:100038),供今后修订时参考。

本规范由铁道部建设管理司负责解释。

本规范主编单位:铁道第三勘察设计院集团有限公司。

本规范参编单位:沈阳铁路公安局。

本规范主要起草人:李　京、赵建华、刘力进、孙瑞昌、王　谦、杨　强、韩　群、林卫东、杜宝军、周四思、马玉珍、安玉红、吴国华、翟计红、王铁山、刘叶青、赵　欣、陈兴强、李同禧、李永增、张亚光。

目 次

1 总　　则

1.0.1 为保障铁路运输生产和人民生命财产安全，在铁路工程设计中贯彻“预防为主，防消结合”的消防工作方针，防止和减少火灾危害，制定本规范。

1.0.2 本规范适用于新建、改建铁路工程防火设计。

本规范不适用于铁路工程中的地下车站、水下隧道、城市地下隧道等特殊建筑物、构筑物以及工作压力大于1.6 MPa的甲、乙、丙类液体和气体管道穿越铁路的防火设计。

1.0.3 铁路工程防火设计必须遵循国家的有关法律、法规和方针政策，正确处理生产和安全、重点和一般的关系，积极采用有效、先进的防火技术，做到安全适用，经济合理。

1.0.4 铁路工程防火设计，除应执行本规范外，尚应符合国家现行标准的有关规定。

2　火灾危险性分类和耐火等级

2.0.1　机务段、车辆段、动车段(所)、供电段、综合维修基地(段)、大型养路机械段、行包快运基地、中转仓库、口岸站油罐车换轮线(库)等主要生产房屋的火灾危险性分类和主要生产场所爆炸、火灾危险环境的等级分区应按本规范附录 A、B 划分。

2.0.2　客车整备库及修车库、动车检修库(检查库)、机械保温车及加冰保温车检修库耐火等级不应低于二级。其他各类生产、生活房屋的耐火等级不宜低于二级。

2.0.3　机务段、车辆段的喷漆库、油漆库,车站货物仓库,供电段变压器油过滤间采用钢结构屋架时,受可燃气体或可燃液体火焰影响的部位应进行防火保护,耐火极限不应低于 1.0 h。

2.0.4　车站站台雨篷的耐火等级不应低于二级。有站台柱雨篷采用钢结构时可采用无防火保护的金属构件。无站台柱雨篷采用钢结构时,距轨面 12 m 以上可采用无防火保护的金属构件。

3 防火间距

3.1 线　　路

3.1.1 铁路线路与房屋建筑物的防火间距不应小于表3.1.1的规定。

表3.1.1 铁路线路与房屋建筑的防火间距

序号	房屋名称	防火间距(m)	
		正　线	其他线
1	散发可燃气体、可燃蒸气的甲类生产厂房	45	30
2	甲、乙类生产厂房(不包括序号1的厂房)	30	25
3	甲、乙类物品库房	50	40
4	其他生产性及非生产性房屋	20	10

注:1 防火间距起算点应符合本规范附录C的规定;
2 生产烟花、爆竹、爆破器材的工厂和仓库与铁路线路之间的防护距离应符合现行国家标准的有关规定;
3 本表序号4中的房屋,当面向铁路侧墙体为防火墙或设置耐火极限3.0 h并高于轨面4.0 m的防火隔墙时,防火间距可适当减少,但不应减少到50%。

3.1.2 铁路线路与可燃材料的露天、半露天堆场的防火间距不应小于表3.1.2的规定。

表3.1.2 铁路线路与露天、半露天堆场的防火间距

序号	堆场名称和总储量			防火间距(m)	
				正　线	其他线
1	稻草、麦秸、芦苇、打包废纸等 W(t)		$10 \leqslant W < 5\ 000$	40	30
			$W \geqslant 5\ 000$	60	30
2	木材等 V(m^3)		$50 \leqslant V < 1\ 000$	25	20
			$1\ 000 \leqslant V < 10\ 000$	30	25
			$V \geqslant 10\ 000$	35	30
3	棉、麻、毛、化纤、百货 W(t)		$10 \leqslant W < 500$	25	20
			$500 \leqslant W < 1\ 000$	30	25
			$1\ 000 \leqslant W < 5\ 000$	35	30
4	煤、焦炭 W(t)		$W > 100$	20	10
5	粮　食	席穴囤 W(t)	$10 \leqslant W < 5\ 000$	30	25
			$5\ 000 \leqslant W < 20\ 000$	35	30
		土圆仓 W(t)	$500 \leqslant W < 10\ 000$	25	20
			$10\ 000 \leqslant W < 20\ 000$	30	25

注:W为可燃材料质量,V为可燃材料体积。

3.1.3 铁路线路与甲、乙、丙类液体储罐,可燃、助燃气体储罐等的防火间距不应小于表3.1.3的规定。

表3.1.3 铁路线路与液体、气体储罐的防火间距

序号	储罐种类及总储量 V(m³)		防火间距(m)	
			正 线	其他线
1	甲、乙、丙类石油液体储罐	$V<30\ 000$	50	25
		$30\ 000\leqslant V<100\ 000$	55	30
		$V\geqslant 100\ 000$	60	35
	甲、乙类其他液体储罐	不分储量	45	35
	丙类其他液体储罐	不分储量	40	30
2	可燃、助燃气体储罐	不分储量	35	25
3	液化石油气储罐	$V\leqslant 50$(单罐 $V\leqslant 20$)	60	25
		$50<V\leqslant 500$(单罐 $V\leqslant 100$)	70	30
		$500<V\leqslant 2\ 500$(单罐 $V\leqslant 400$)	80	35
		$V>2\ 500$(单罐 $V\leqslant 1\ 000$)	100	40

注:1 埋地单罐容积小于或等于100 m³的甲、乙类液体卧式储罐和其他散发蒸汽比空气重的甲、乙类液体储罐与铁路线路的防火间距可按 本表减少50%,丙类液体储罐可在本表和本注的基础上再减少25%,但折减后的甲、乙、丙类液体储罐与铁路线路的水平距离不得小于15 m;

2 埋地单罐容积小于或等于50 m³且总容量不大于400 m³的液化石油气储罐,与铁路线路的防火间距可按本表减少50%;

3 本表其他线仅指专用线,站场内线路均应按正线执行。

3.1.4 为铁路运输生产作业服务的房屋、堆场、储罐与铁路线路的防火间距可不受本规范第3.1.1、3.1.2、3.1.3条的限制,但应符合国家现行标准的有关要求。

3.1.5 输送甲、乙、丙类液体的管道和可燃气体管道与铁路平行埋设或架设时,与邻近铁路线路的防火间距分别不应小于25 m和50 m,且距铁路用地界不小于3.0 m。

直接为铁路运输服务的乙、丙类液体和低压可燃气体管道与邻近铁路线路的防火间距不应小于5.0 m。

3.1.6 铁路用地界内不应种植油脂性植物。

3.1.7 铁路通过林区时,应设置自铁路外侧线路中心距林木投影边缘不应小于30 m的防火隔离带。

3.1.8 铁路通过重点草原防火区时,应设置自铁路用地界与草地边缘不应小于20 m的防火隔离带。

3.2 机务、车辆设施

3.2.1 洗罐线应为平坡尽端式,其终端车位的车钩至车挡的安全距离不应小于20 m。

3.2.2 洗罐线与周边建筑物的防火间距不应小于表3.2.2的规定。

表 3.2.2 洗罐线与建筑物、构筑物的防火间距

建筑物、构筑物名称	明火及散发火花地点	铁路线路	道路	污水处理设施	洗罐所围墙	铁路装卸设施或洗罐线	甲、乙类液体泵房	住宅区	工业企业	其他建筑物 耐火等级		架空电力线路和不属于国家一、二级架空通信线路
										一、二级	三级	
防火间距(m)	23	15	12	19	12	10	6.0	38	23	12	15	1.5 倍杆高

3.2.3 牵引变电所的牵引变压器距最近铁路线路的防火间距不应小于 25 m。当位于山区并设置防水隔墙时,防火间距可减少 50%。

3.2.4 牵引变电所的牵引变压器与易燃、易爆场所的防火间距不应小于表 3.2.4 的规定。

表 3.2.4 牵引变电所的牵引变压器与易燃易爆场所的防火间距

序号	场所		防火间距(m)
1	储罐埋地的加油站、加气站	一级站	25
		二级站	22
		三级站	18
2	液化石油气储罐地上设置的加气站	一级、二级站	45
		三级站	40
3	甲、乙、丙类石油储罐总容量 $V(m^3)$	$V \leqslant 50\ 000$	23
		$V > 50\ 000$	29
4	非石油甲、乙类液体储罐总容量 $V(m^3)$	$V < 50$	30
		$50 \leqslant V < 200$	35
		$200 \leqslant V < 1\ 000$	40
		$1\ 000 \leqslant V < 5\ 000$	50
5	非石油丙类液体储罐总容量 $V(m^3)$	$5 \leqslant V < 250$	24
		$250 \leqslant V < 1\ 000$	28
		$1\ 000 \leqslant V < 5\ 000$	32
		$5\ 000 \leqslant V < 25\ 000$	40
6	可燃、助燃气体储罐总容量 $V(m^3)$	$V < 1\ 000$	20
		$1\ 000 \leqslant V < 10\ 000$	25
		$10\ 000 \leqslant V < 50\ 000$	30
		$50\ 000 \leqslant V < 100\ 000$	35
7	液化石油气储罐总容量 $V(m^3)$	$30 < V \leqslant 50$(单罐 $V \leqslant 20$)	45
		$50 < V \leqslant 200$(单罐 $V \leqslant 50$)	50
		$200 < V \leqslant 500$(单罐 $V \leqslant 100$)	55
		$500 < V \leqslant 1\ 000$(单罐 $V \leqslant 200$)	60
		$1\ 000 < V \leqslant 2\ 500$(单罐 $V \leqslant 400$)	70
		$2\ 500 < V \leqslant 5\ 000$(单罐 $V \leqslant 1\ 000$)	80
		$V > 5\ 000$(单罐 $V > 1\ 000$)	120

注:1 埋地单罐容积小于或等于 50 m³ 的甲、乙、丙类液体卧式储罐和总容积小于等于 200 m³ 储罐,防火间距可按本表减少50%;

2 埋地单罐容积小于或等于 50 m³ 且总容量不大于 400 m³ 的液化石油气储罐,防火间距可按本表减少50%。

4 可燃液体和可燃气体管道穿越铁路

4.1 管道穿越线路

4.1.1 甲、乙、丙类液体和可燃气体管道与铁路区间线路交叉时，应符合下列规定：

1 管道宜下穿铁路，并应选用正交，必须斜交时交角不应小于45°。

2 上跨铁路的甲、乙、丙类液体和可燃气体管道，其支承结构的耐火等级应为一级。在距两最外侧线路中心外侧各20 m内的管道壁厚应提高一个级别，在该范围内不应有法兰、阀门等管道部件。

4.1.2 当甲、乙、丙类液体和可燃气体管道下穿铁路时，宜利用既有设施通过，避免穿越路基。当必须穿越路基时，应符合下列规定：

1 甲、乙、丙类液体和可燃气体管道应铺设在防护涵洞内，涵洞两端各长出路堤坡脚护道不得小于2.0 m，长出路堑顶不得小于5.0 m，并应用非燃烧材料封堵端墙。

2 甲、乙类液体和可燃气体管道在防护涵洞的一端应设置内径不小于50 mm的通气立管，并距最近的铁路线路不得小于20 m。管端应高出所在地面4.0 m，其20 m范围内不应有明火和火花散发点。

3 管道防护涵洞两侧各5.0 m范围内严禁取土、种植深根植物和修筑其他建筑物、构筑物。

4 在线路两侧的护道坡脚下行方向的上方侧，距防护涵洞外壁1.5 m处应设置明显的标志桩。

5 管道的强度设计系数应按现行国家标准《油气输送管道穿越工程设计规范》(GB 50423)执行，其中可燃气体及液态液化石油气体管道下穿专用线以外的铁路时，强度设计系数应采用0.4。

4.2 管道穿越桥涵

4.2.1 甲、乙、丙类液体和可燃气体管道严禁在铁路桥梁上敷设，且不应在桥梁范围内的上方跨越。

4.2.2 新建铁路线路跨越各种既有甲、乙、丙类液体和可燃气体管道时，交叉处应设专用桥梁或涵洞。

专用桥梁的梁底至桥下覆盖油、气管道自然地面的距离不得小于2.0 m。

专用涵洞等防护设备除应满足本规范第4.1.2条的规定外，涵洞顶至路肩不应小于1.7 m，宽度不应小于D+2.5 m(D为输送管外径，含保护层)。涵洞内顶至基础面不应小于1.8 m。

4.2.3 新建甲、乙、丙类液体和可燃气体管道严禁在既有铁路行洪涵洞内穿越。管道与道路、水渠穿越同一铁路桥孔时，应敷设在道路或水面之下，且埋设深度不得小于1.8 m；

铁路桥梁的梁底至桥下覆盖油、气管道的自然地面距离不得小于2.0 m。

4.3　管道穿越站场

4.3.1　甲、乙、丙类液体和可燃气体管道不应在站场的上方跨越或下方穿越；严禁在铁路编组站和旅客车站的上方跨越或下方穿越。

4.3.2　公路、道路严禁在危险化学品货场、洗罐所、口岸站油罐车换轮线(库)、危险化学品工业站、港湾站上方跨越。也不应在区域性及以上编组站的到达场、调车场、出发场有效长范围内和仓库建筑总面积在3 000 m^2 及以上的货场、集装箱货位面积在10 000 m^2 及以上的货场上方跨越。

5　消 防 车 道

5.1　站　　场

5.1.1　旅客车站、区段站、编组站、口岸站油罐车换轮线(库)、危险化学品集中的工业站(港湾站)、动车段(所)、机务(折返)段、车辆段、客车整备所、综合维修基地(段)、行包快运基地及货场、大型养路机械段、洗罐所应设置消防车道,并应与公路、道路连通。

消防车道与铁路线路平面交叉,且交叉处年均昼夜通过列车次数大于100次时,应设立体交叉车行道。

下列场所应设环形消防车道:

1　大型、特大型铁路旅客车站;

2　整备、存车、检修线在15条及以上的客车整备所或动车段(所);

3　仓库建筑总面积在3 000 m^2 及以上的货场;

4　仓库建筑总面积在1 000 m^2 及以上的危险化学品货场;

5　堆场总面积在10 000 m^2 及以上的货场;

6　集装箱货位面积在10 000 m^2 及以上的货场;

7　路网性编组站;

8　口岸站油罐车换轮线(库)。

5.1.2　区段站或编组站的调车场,当调车线数量为10~18条时,应在调车场一侧设消防车道;当调车线数量为19条及以上时,应在调车场两侧设消防车道;调车场的消防车道应相互连通。区域性及以上编组站的出发场侧应设消防车道。消防车道宜靠近车场设置,距邻近线路不宜大于25 m。

5.1.3　特大型、大型旅客车站应利用基本站台作为消防车道。

5.1.4　车站消防车道可利用通站道路、站内道路等交通道路。旅客车站的站台作为消防车道时,站台上的建筑物、构筑物边缘至站台边缘的距离不应小于3.0 m,净高4.0 m范围内不得有障碍物。

环形消防车道应有不少于两条与其他车道相通的道路。调车场的消防车道可不设回车场。

5.2　机车、车辆、动车段(所)

5.2.1　客车、机械保温车整备线和客车、动车组、大型养路机械存车线应设与线路平行的消防车道,并应符合下列规定:

1　存车线区域最外两侧线路之间距离小于或等于80 m时、应设一条消防车道,且应有回车场地;

2　最外两侧线间距大于80 m、小于或等于160 m时,应设两条消防车道;

3 最外两侧线间距离大于 160 m 时,应设三条消防车道;

4 设二条及以上消防车道时,消防车道应相互连通;

5 股道间硬化地面可兼做消防车道,其净宽不应小于3.5 m;

6 当客车整备所、动车段(所)的客车、动车组存放线的数量大于 5 条时,存车线与整备线线群之间、动车组存车线线群间应设消防车道。

6　建筑防火分区和建筑构造

6.1　旅客车站

6.1.1　铁路旅客车站的候车区及集散厅符合下列条件时，其每个防火分区最大允许建筑面积可扩大到10 000 m^2：

1　设置在首层、单层高架层，或有一半直接对外疏散出口且采用室内封闭楼梯间的二层；

2　设有自动喷水灭火系统、排烟设施和火灾自动报警系统；

3　内部装修设计符合现行国家标准《建筑内部装修设计防火规范》(GB 50222)的有关规定。

6.1.2　旅客车站内的集散厅、售票厅和候车区域不得设置娱乐场所。

旅客车站内的集散厅、售票厅和候车区域可分散设置为旅客服务的无明火作业餐饮、商品零售点，但其建筑面积不应大于100 m^2，并应采用耐火极限1.0 h防火隔墙和屋顶，同时还应设置火灾自动报警、自动喷水灭火系统。当面积小于20 m^2时，可不受上述条件限制。

餐饮、商品零售点防火间距不应小于8.0 m。

6.1.3　当候车区(室)位于旅客车站建筑顶层，且室内地面与集散厅地面高度不大于10 m，其建筑高度虽大于24 m，其防火设计仍可按现行国家标准《建筑设计防火规范》(GB 50016)规定执行。

6.1.4　候车室通向站台的室外楼梯，其楼梯段可采用耐火极限不低于0.25 h的金属构件，踏步面应有可靠的防滑措施。

6.2　电气设备房屋

6.2.1　下列房屋建筑应采用耐火极限不低于2.0 h的隔墙和1.5 h的楼板与其他房间隔开，室门及与其他房间相连的门应采用乙级防火门：

1　通信枢纽的各种通信机械室及消防控制室；

2　调度中心(所)和车站的信号机械室、通信机械室；

3　信息技术中心(含行车、调度、票务)的主机房、网络传输室、操作间、介质库及消防控制室；

4　车辆安全防范预警系统机房和电气化铁路牵引供电远动系统控制站机房；

5　区间通信、信号共用的中继站。

6.2.2　下列房屋建筑应采用耐火极限不低于2.0 h的隔墙和1.5 h的楼板与其他房间隔开，室门及与其他房间相连的门应采用甲级防火门：

1　牵引变电所主控制室、互感器室、电容器室、变压器室；

2 10 kV 及以上变电所控制室、高压配电室。

6.2.3 通信机械室、信号机械室、信息技术中心机房、电气化铁路牵引供电远动系统控制站、车辆安全防范预警系统机房和 10 kV 及以上变、配电所，牵引变电所（分区所、开闭所、自耦变压器所）的电缆井应采用耐火极限不低于 1.0 h 的围护结构，设在房间的检查门应采用乙级防火门或防火卷帘。其他建筑内电缆井和井壁上设置的检查门的防火要求，应符合现行国家标准《建筑设计防火规范》（GB 50016）的有关规定。

6.3 厂房（仓库）

6.3.1 机务段、车辆段、动车段（所）、综合维修基地（段）、大型养路机械段的喷漆库、油漆库应单独设置。当符合下列条件时，可设在联合车间的端部：

1 采用耐火极限不低于 3.0 h 的防火卷帘分隔；

2 库内的油漆存放间、漆工间、干燥间等附属房屋应采用耐火极限不低于 3.0 h 的防火墙及甲级防火门；

3 采用轻质屋面或有足够的门、窗，保证泄压面积，地面应采用不发生火花的建筑材料；

4 库内不得设置办公室、休息室或更衣室；

5 库内设置检修坑时，坑内应采取降低气雾浓度措施。

6.3.2 酸性蓄电池充电间应单独建造。当与其他房屋合建时应设于外侧，并应采用耐火极限不低于 3.0h 的防火墙隔开，其上方不应建有其他房屋。

充电间不应有与相邻的值班室和配电室直通的门、窗；当必须设置时，应采用甲级防火门、窗。当屋顶开有天窗或紧靠顶棚对称设置不小于 2.0 m^2 的通风窗，且屋顶无大于或等于 0.2 m 高的梁隔断时，可不考虑泄压。

6.3.3 车辆段（所）、动车段的联合车间内设置的漆工间、调漆间及甲、乙类油品存放间应靠近外墙布置。油漆、溶剂及甲、乙类油品的储量不应超过一昼夜的使用量。

6.3.4 机务段、车辆段、动车段（所）的柴油泵间和油脂发放间应设于地面。

6.3.5 危险化学品货物仓库的库房应按危险品货物分类分别建造，化学性质相近、灭火方法相同的物品可合建一个库房并应符合下列规定：

1 房屋顶面应采用双层隔热和易泄压的轻质材料做屋盖；

2 地面应有从库门口向室内的下坡；

3 库房应采用向外开启的非金属门、窗或悬开窗，当受到站台宽度限制时，可采用侧拉门，但应设宽度不小于 0.8 m 无门槛向外开启的疏散门；

4 地面和 3.0 m 以下的内墙面应采用不发生火花的建筑材料。

6.3.6 铁路物流中心库房的耐火等级不应低于二级。其生活、办公、仓储、分装、交易等不同功能场所，应按不同使用性质分别划分防火分区。防火设计应符合现行国家标准《建筑设计防火规范》（GB 50016）的有关规定。

6.3.7 轨道车库及其检修库应按《汽车库、修车库、停车场设计防火规范》（GB 50067）执行。

6.4 其　他

6.4.1 配有移动式消防泵及专用消防器材的车站，宜设置面积不小于 $5.0\ m^2$ 消防器材存放间。

6.4.2 建筑物内防火分隔构件上的贯穿孔口、电缆沟槽缝隙等处应按国家现行标准《建筑防火封堵应用技术规程》(CECS 154)的有关规定采取防火封堵措施。

6.4.3 公路、道路上跨铁路的立交桥或人行天桥，应在桥梁外侧防撞墙或栏杆上设置防护网，并延至距最外铁路线路 6.0 m 以外。

与铁路贴邻的立交桥或人行天桥，应在桥梁的铁路侧设置防护网。铁路站场范围内的天桥，防护网应延引至桥下。

防护网高度不应小于 2.2 m，网眼不应大于 $0.25\ cm^2$。

6.4.4 洗罐线作业栈桥应采用不燃烧材料建造。

7 消防给水和灭火设施

7.1 室外消防给水

7.1.1 铁路工程应同时设计消防给水系统。利用地表水时应确保枯水期最低水位时消防用水的要求。

7.1.2 具有下列情况时应设消防水池：

1 长度 5.0 km 及以上的客货共线铁路隧道两端的洞口处宜设置高位水池；

2 客车上水、生产、生活用水量达到最大时，站区管网供水能力不能满足消防用水量要求时。

7.1.3 消防水池应符合下列要求：

1 消防水池容量应满足火灾延续时间内室内消防用水量与室外消防用水量不足部分之和的要求；

2 消防水池的吸水高度不应大于 6.0 m；

3 扑灭列车火灾的消防水池应设在基本站台，并可与旅客车站站站房的室外消防水池合建，具体位置可结合车站实际情况确定；

4 设置水塔的站、段，水塔具备消防供水条件时，可根据具体情况核减消防水池容量。

7.1.4 不同场所的火灾延续时间不应小于表 7.1.4 的规定。

表 7.1.4 不同场所的火灾延续时间

序号	场 所 名 称	火灾延续时间(h)
1	区间列车火灾、内燃机车检修库、集装箱货位面积 10 000 m^2 及以上的货场	1.0
2	编组站调车场、洗罐所、动车检修库、大型及以上的旅客车站站台、客车修车库、客车整备线、客车停留线、备用客车存放线、机械保温车修车库及整备线	2.0
3	铁路货场仓库、包裹房	3.0
4	仓库建筑总面积 1 000 m^2 及以上的危险品货场、长度 5.0 km 及以上的客货共线铁路隧道、口岸站油罐车换轮线(库)	4.0

7.1.5 下列地点室外消防给水应采用临时高压给水系统：

1 超出城镇消防站保护范围的站、段和货场仓库；

2 既有客车整备线(库)及备用客车存放线无法保证消防车进入时；

3 大型及以上客货共线铁路旅客车站和客运专线铁路旅客车站站台无法保证消防车进入时。

7.1.6 同一站区内的室外消防用水量，应按同一时间内火灾次数为一次的最大用水量确定。扑救列车火灾及其他消防用水量和水枪充实水柱不应小于表 7.1.6 的规定。

表 7.1.6 消火栓用水量及水枪充实水柱

序号	名称	消防用水量(L/s)	水枪充实水柱(m)
1	区段站、编组站调车场、区域性以上编组站出发场	10	10
2	洗罐所	10	13
3	中型及以下旅客车站和其他中间站、越行站站台	10	10
4	大型旅客车站站台	15	10
5	特大型旅客车站站台、客车整备线(库)、备用客车存放线、机械保温车整备线	20	10
6	长度 5.0 km 及以上的客货共线铁路隧道	20	13
7	口岸站油罐车换轮线、库(冷却用水)	20	13
8	集装箱货位面积 10 000 m^2 及以上的货场	10	10

7.1.7 区段站、编组站调车场、仓库建筑面积 1 000 m^2 及以上的危险品货场、仓库建筑面积 3 000 m^2 及以上的货场、客车整备线(库)、动车检查和检修库、客车停留线、口岸站油品换轮线的室外消防给水管道应布置成环状。当室外消防用水量小于 15L/s 时,可布置为枝状。

旅客车站的室外消防给水管道可与客车给水系统共用管网。

7.1.8 室外消火栓的布置应符合下列要求:

1 **采用高压、临时高压给水系统的处、所应设置口径65 mm双阀双出口消火栓;**

2 中型及以下旅客车站和其他中间站、越行站,应在基本站台两端设置消火栓,当管网压力及流量满足要求时,其中一座宜设于基本站台的信号楼附近;

3 客货共线铁路大型旅客车站、客运专线铁路旅客车站(特大型站除外)基本站台应设置消火栓,其间距应为100 m,其他站台两端应各设置一座消火栓,无基本站台的客运专线铁路旅客车站应选定一个站台,按基本站台的标准设置消火栓。

4 特大型旅客车站各站台均应设置消火栓,消火栓间距不应大于 100 m;

5 **区段站、编组站的调车场、区域性及以上编组站的出发场应沿消防车道设置消火栓;**

6 **客车整备线(库)、动车组存车场(线)、客车存放线、备用客车存放线(场)、机械保温车整备线、大型养路机械存放线,应每隔两条线在股道间设置消火栓,其间距不应大于50 m;**

7 **口岸站油罐车换轮线(库)、洗罐线旁侧的消防车道应设置消火栓;**

8 长度5.0 km 及以上的客货共线铁路隧道两侧洞口设置高位水池时,应各设置两座消火栓;消火栓距洞口距离不宜小于50 m。

7.2 室内消防给水

7.2.1 本规范附录 A 中规定的建筑占地面积大于 300 m^2 的甲、乙、丙类厂房、仓库和下列建筑物应设室内消防给水:

1 内燃机车修车库、综合维修基地(库)、大型养路机械修车、停车库;

2 车站站区内体积超过 5 000 m^3 的车务、机务、车辆、工务、电务、生活等为铁路运输生产服务的综合建筑。

7.3 灭火设施

7.3.1 消防器材配置应符合下列规定：

1 消防水带和水枪的配置应符合表7.3.1的规定：

表7.3.1　消防水龙带和水枪的配置

序号	名　称	消防水带口径（mm）	水　带（长度25 m）	水　枪（口径19 mm）	消防器材箱设置位置
1	特大型旅客车站	65	8条	4支	各站台
2	大型旅客车站		6条	3支	各站台
3	中型及以下旅客车站和其他中间站、越行站		4条	2支	基本站台
4	区段站、编组站的出发场、集装箱货位面积10 000 m^2及以上的货场、洗罐所、口岸站油罐车换轮线（库）	65	8条	4支	消防车道旁
5	客车整备线（库）、动车组停留线、备用客车存放线、客车存放线、机械保温车整备线、大型养路机械停车线				线束两端

注：每个消防器材箱宜配备直径65 mm，长25 m的消防水带4盘和喷嘴口径19 mm的水枪2支。

2 中型及以下旅客车站和其他中间站、越行站在基本站台设置消防水池时，应配备手抬式机动消防泵2台，单台供水量不应小于5.0 L/s，扬程不应大于30 m，燃油应保证在额定功率下连续运转1 h；

3 无消防水源的车站应配置50 kg推车式ABC干粉灭火器和45 L水型灭火器各5台，配8 kg手提式ABC干粉灭火器和9.0 L水型灭火器各10具，或配备移动式高压细水雾灭火装置2套；

4 机务段、车辆段、大型养路机械段的柴油储罐采用固定顶油罐，单体容积不大于2 000 m^3时，可采用泡沫灭火系统或烟雾灭火系统。

7.3.2 设有电子设备的下列处所应设置气体灭火系统：

1 通信枢纽的各种机械室；

2 客货共线铁路区段站及以上车站的通信机械室、信号机械室；

3 客运专线铁路车站的通信机械室、信号机械室及区间中继站；

4 调度中心（所）设备机房；

5 信息技术中心（含行车、调度、票务）的主机房、网络传输室、操作间、介质库；

6 客运专线铁路旅客车站和客货共线铁路中型及以上旅客车站客运服务系统设备机房；

7 车辆安全防范预警系统机房和电气化铁路牵引供电远动系统控制站机房、牵引变电所主控制室；

8 10 kV及以上变、配电所的控制室。

7.3.3 下列部位应设置自动喷水灭火系统：

1 动车段（所）检查库、检修库；

2 中型及以上车站设置的建筑面积不大于100 m^2明火作业的餐饮、商品零售点；

3 建筑面积大于500 m^2或任一防火分区面积大于300 m^2的车站地下行李包裹库

房或地下货物仓库；

4　独立设置的占地面积大于 1 500 m^2 的车辆段木材车间；

5　口岸站油罐车换轮库。

7.3.4　危险品货物仓库应根据储存物品种类和性质设置灭火装置。

7.3.5　灭火器的配置除应符合现行国家标准《建筑灭火器配置设计规范》(GB 50140)的规定外，尚应符合以下规定：

1　采用室内干式消火栓系统的仓库应按无消火栓配置灭火器；

2　停留在各类车库内的车载灭火器不应计算在建筑物灭火器内；

3　灭火器配置的主要生产场所危险等级分类应符合本规范附录 D 的规定。

8 通风、空气调节及防烟与排烟

8.1 通风、空气调节

8.1.1 喷漆库、油漆库、危险品仓库、口岸站油罐车换轮库、酸性蓄电池充电间、输送甲、乙类油品泵房及在生产过程中使用甲、乙类油品进行配件清洗的滚动轴承间、空调机检修间、油压减震器检修间、燃料间、制动间等应设置防爆通风设施。

8.1.2 散发比空气轻的可燃气体工作间采用自然通风时，屋顶应开设天窗或紧靠顶棚对称设置通风窗；散发比空气重的可燃气体工作间，通风口宜采用百叶窗或花格墙，孔洞的下边缘距地面不应大于0.3 m。寒冷和严寒地区应设置机械通风装置。

采用机械通风时，正常通风次数不应小于3次/h；事故通风应根据工艺设计要求确定，但换气次数不宜小于12次/h。

8.1.3 通风或空气调节系统的送、回风管穿越防火分区及计算机的主机房、基本工作间、电源室和通信传输室、程控交换机室及电源室，信号机械室的隔墙或楼板处应设置防火阀。

8.2 防烟与排烟

8.2.1 下列场所应设置排烟设施：

1 单层建筑总面积大于5 000 m^2 的机车检修库、货车修车库、大型养路机械修车及停车库、综合维修基地(段)检修库等丁类厂房；

2 单层建筑面积大于1 000 m^2 的行包快运基地及车站货物仓库、包裹库；

3 建筑面积大于300 m^2 的旅客车站的候车区(室)、集散厅、售票厅，客车(动车)及机械(加冰)保温车的修车库和整备库，木工系统各车间，轨道车库、内燃叉车库，供电段、电力段的油浸变压器室。

9 电 气

9.1 火灾自动报警

9.1.1 铁路单位电话应具备直接拨通火警电话的功能。

9.1.2 火灾自动报警系统设置除应符合现行国家标准《火灾自动报警系统设计规范》(GB 50116)和《建筑设计防火规范》(GB 50016)的有关规定外，下列场所尚应设置火灾自动报警系统：

1 本规范规定的设有气体灭火系统和自动喷水灭火系统的场所(不含隧道设备洞室)；

2 建筑面积大于1 000 m^2 的物流中心仓库、行包快运基地、车站货物仓库和行李、包裹库；

3 牵引变电所的电容器室。

9.1.3 下列场所应设置可燃气体探测装置：

1 危险化学品货物仓库中可能产生可燃气体、可燃蒸汽和易发生火灾的库房；

2 采用低压燃气辐射板采暖的厂房和库房；

3 口岸站油罐车换轮库。

9.2 电线电缆

9.2.1 货物仓库和旅客车站行李、包裹用房的照明应选用安全型灯具和铜芯线缆，导线明敷时应采用金属管或金属槽板保护，库(房)内不应设置配电箱、开关和插座。

9.2.2 当电力电缆与通信光电缆、信号电缆同沟、同井敷设时，应分别布置在两侧，并加设不导电、不燃烧的隔板，其间距不宜小于0.1 m。

9.2.3 牵引变电所内电源应采用难燃烧电缆。

9.2.4 铁路通信、信息室内敷设的各类光缆、电缆及电线的绝缘、护套及机械防护材料，应采用低烟、无卤难燃烧材料。室内电缆槽应采用防火型盖板。

9.2.5 引入信号机械室内的信号电缆和信号设备的室内配线应选用难燃烧材料，信号楼内电缆槽应采用防火型盖板。

9.2.6 信号机、箱、盒等信号器材和信号机械室内的防雷器材，其盒体均应采用不燃烧材料。

9.3 防雷、防爆

9.3.1 机务段、车辆段、动车段、大型养路机械段的装卸油品设施(钢轨、输油管道、油罐、油泵房、鹤管、钢栈桥等)和洗罐所的洗罐棚(库)、油泵间、输油管道、贮油设施等应设防雷和防静电装置。机电设备和电器应选用防爆产品。

10 铁路隧道

10.0.1 双线特长隧道平面设计中,宜采用双洞单线方案。

10.0.2 采用双洞单线的长及特长隧道应设置横通道,中长隧道宜设置横通道。横通道间距不应大于500 m,其净宽不应小于2.3 m,净高不应小于2.5 m,坡度不宜大于10%。

10.0.3 隧道施工用的横洞、斜井、竖井及平行导坑等,宜将其设计为运营后的救援、人员疏散、事故通风及紧急出口的通道。

10.0.4 新建时速200~350 km铁路隧道设计应符合下列规定:

1 隧道内应设置贯通整个隧道的救援通道,单线隧道应单侧设置,多线隧道应双侧设置。

2 救援通道应设在安全空间一侧,距离该侧线路中线不应小于2.3 m;救援通道走行面不应低于内轨顶面,地表必须平整;救援通道的宽度不宜小于1.5 m,在装设设施处,宽度可适当减少;净高不应小于2.2 m。

3 双洞单线特长及长隧道应利用横通道等设施设置紧急出口,单洞双线特长及长隧道有条件时应设置紧急出口。

4 紧急出口的通道断面最小尺寸宽度不应小于2.3 m,高度不应小于2.5 m;纵向仰角不应大于30°。

10.0.5 长度5.0 km及以上隧道内人员疏散口及通风、电力、通信、信号设备洞室均应设置耐火极限不小于3.0 h的隔墙以及防护门。横通道两端用于疏散的防护门均应向疏散方向开启,且不得设置门槛。设备洞室的防护门可向隧道方向开启,但严禁侵入建筑限界。防护门应有明显的开启标志。客货共线铁路隧道防护门的抗爆荷载不应小于0.10 MPa,客运专线铁路隧道防护门的抗爆荷载不应小于0.05 MPa。

10.0.6 5 km及以上隧道内通风、电力、电力牵引、通信、信号设备洞室应设置自动灭火装置,并应设置3具4.0 kg的ABC干粉灭火器。

10.0.7 设置紧急出口的隧道,隧道洞口及洞外紧急出口处宜设置外界通向隧道的道路以及可供大型车辆停车、回车的场地。

10.0.8 5.0 km及以上隧道的大避车洞内应设事故报警电话(双洞单线仅设于右侧,单洞多线两侧设)。电话应有防潮、防风压、防震、防电磁影响等防护设施,其上方应有指示标识(灯光式或蓄光式)和里程显示。

10.0.9 5 km及以上隧道应设置照明和疏散指示标志,并应符合下列规定:

1 隧道内和用于疏散、救援的通道内应设置疏散照明,其灯具应有防潮、防风压、防震动功能,安装高度距地面不应大于3.0 m,地面最低照度不应小于0.5lx,供电时间不应小于2.0 h。

2 隧道内和用于疏散、救援的通道内应安装灯光或蓄光型疏散标志,疏散门的上方应设置“安全出口”的标志。疏散标志应沿隧道、疏散通道、救援通道的疏散方向设置,其间距不宜大于30 m,并应安装在距地面1.0 m以下的墙面上,其指示标志应符合现行国家标准《消防安全标志规范》(GB 13495)的有关规定。

10. 0. 10 长及特长隧道内敷设的电力、通信、信息、信号的光缆、电缆及电线的绝缘、护套及机械防护材料,宜采用低烟无卤难燃材料。电缆的余长腔内应采用防火堵材料进行封堵。

10. 0. 11 长度 5. 0 km 及以上客货共线铁路隧道于洞口附近,应配备消防防护装备 10 套及直径为 65 mm、长 25 m 的消防水带 8 条、口径 19 mm 的水枪 4 支。

10. 0. 12 隧道内机械排烟系统宜与隧道的通风系统相结合。

10. 0. 13 瓦斯隧道的防灾监测措施应符合国家现行标准《铁路隧道设计规范》(TB 10003)的有关规定。

附录 A　主要生产房屋的火灾危险性分类

A.0.1　铁路主要生产房屋的火灾危险性分类应符合表 A.0.1 的规定。

表 A.0.1　主要生产房屋的火灾危险性分类

类　别	生　产　房　屋
甲	乙炔瓶存放间、酸性蓄电池充电间,危险品仓库,口岸站油罐车换轮库
乙	闪点小于 60 ℃的燃油库、油泵间,喷漆库、油漆库、漆工间、浸漆干燥间、配件油漆间、滤油毛线间,机务段、车辆段、动车段(所)、大型养路机械段、综合维修段(工区)的危险品库(贮藏煤油、氧气瓶等)、氧气站、洗罐棚(库),制冰所内的氨压缩机间
丙	闪点大于或等于 60 ℃的燃油库、机油库、油泵间,油脂发放间、齿轮箱抱轴承间、油脂再生间、劳保用品库、杂品库、客车及机械(加冰)保温车修车库、客车及机械保温车整备库、动车检查库和检修库、空调车三机综合作业棚(库),木工系统各车间,可燃材料仓库、车站行李房、包裹房、铁路货场中转库房、发电机间、配电装置室(每台设备油量 60 kg 及以上)、油浸变压器室,有可燃介质的电容器室,6 辆及以上汽车库、轨道车库,变压器油过滤间、变压器油库、内燃叉车库、客运备品库、变电所主控制室及继电器室、货场和综合维修库段(工区)内的油库,长途交换机室、程控交换室,信息技术中心(含行车、调度、票务)的主机房,信号机械室、车辆安全防范预警系统机械室
丁	机车中修库及小修库、机车停留库,空气压缩机间、干砂间、柴油机间、电机间、电器间、转向架间、轮轴间、清洗间(使用工业清洗剂)、货车修车库、站修棚(库),大型养路机械检修库和停放库(棚)、锅炉房、锻工间、熔焊间、配件加修间、车电间、金属利材间、电瓶叉车库、化验室、滚动轴承间、空调车三机检修间、制动间、油压减震器检修间、燃系间、燃料器械间、小型配电装置室(每台装油量小于或等于 60 kg 的设备),小五金库
戊	机床间、冷却水制备间、轴承检查选配室、受电弓间、配件库、设备维修间、机械钳工间、工具间、材料仓库(非燃材料)、计量室、仪表间、碱性蓄电池间、钩缓间

附录 B　主要生产场所爆炸和火灾危险环境的等级分区

B. 0. 1　铁路主要生产场所爆炸和火灾危险环境的等级分区应符合表 B. 0. 1 的规定。

表 B. 0. 1　主要生产场所爆炸和火灾危险环境的等级分区

环境级别	分区	危险程度	危险环境
爆炸性气体危险环境	0	连续出现或长期出现爆炸性气体混合物的环境	—
	1	在正常运行时，可能出现爆炸性气体混合物的环境	洗罐库(棚)、汽油库、地下或半地下汽油泵间、喷漆库
	2	在正常运行时，不可能出现爆炸性气体混合物的环境或即使出现也仅是短时存在的爆炸性气体混合物的环境	酸性蓄电池充电间、汽车油罐车库、瓶装乙炔存放间、浸漆干燥间、乙炔发生间、乙类油泵房、易燃品仓库、口岸站油罐车换轮库、低压燃气辐射板采暖的厂房和库房
爆炸性粉尘危险环境	10	连续出现或长期出现爆炸性粉尘的环境	—
	11	有时会将积留下的粉尘扬起而偶然出现爆炸性粉尘混合物的环境	—
火灾危险环境	21	具有闪点高于环境温度的可燃液体，在数量和配置上能引起火灾危险的环境	柴油泵间、卸油台、柴油库、燃油锅炉房
	22	具有悬浮状、堆积状的可燃粉尘或可燃纤维，虽不可能形成爆炸混合物，但在数量和配置上能引起火灾危险的环境	木工系统车间
	23	具有固体状可燃物质在数量上和配置上能引起火灾危险的环境	有可燃性的油脂间、木工间、可燃材料库(干材库、木材棚、木材干燥间)、客车整备库和修车库、机械保温车整备库和修车库、动车组检查车库和检修车库

附录 C　防火间距的起算点

C.0.1　道路——路面边缘(指明者除外)。

C.0.2　铁路线路——铁路线路中心线。

C.0.3　管道——管道中心线(指明者除外)。

C.0.4　油罐——罐外壁。当有防火堤时,为防火堤中心线。

C.0.5　工业企业、住宅区、建筑物、构筑物——围墙外缘。无围墙者,为建筑物或构筑物的外墙皮。如外墙有突出的燃烧构件,则为突出部分外缘。

C.0.6　铁路装卸油品设施——铁路作业中心或端部的装卸油品的鹤管。

C.0.7　铁路油罐车、汽车油罐车的装卸油品鹤管——鹤管的主管中心。

C.0.8　各类堆场——临近铁路的最外边缘。

C.0.9　防火隔离带——铁路中心线或用地界与森林的林木投影边缘或草原的草地边缘。

附录 D　配置灭火器的主要生产场所危险等级分类

D. 0. 1　配置灭火器的主要生产场所危险等级分类应符合表 D. 0. 1 的规定。

表 D. 0. 1　配置灭火器的主要生产场所危险等级分类

危险等级	火灾种类	生 产 房 屋
严重危险级	A 类	危险化学品库房
	B 类	喷漆库、油品库（乙类）、易燃品库、浸漆干燥间
	C 类	乙炔瓶存放间、氧气站、丙烷气站、液化石油气罐区
	E 类（带电火灾）	客运专线的车站、区段站及以上的信号机械室、通信分枢纽及以上的传输室、程控交换室，信息技术中心（含行车、调度、票务）的主机房和操作间，调度所
中危险级	A 类	木工间、客车整备库和修车库、动车检查库和检修库、货物仓库及堆场、机械保温车整备库和修车库、行李房
	B 类	油库（丙类）、汽车库、轨道车库、内燃机车库、油脂发放间、变压器油过滤间、燃油锅炉房
	C 类	燃气锅炉房
	E 类（带电火灾）	牵引变电所、开闭所、电力变电所、分区所、自耦变压器所、配电所、控制室、变（调）压器室、电容器室、发电机间、电源间、机械室
轻危险级	—	除严重、中危险级以外的其他场所的生产车间

本规范用词说明

执行本规范条文时，对于要求严格程度的用词说明如下，以便在执行中区别对待。

(1)表示很严格，非这样做不可的用词：

正面词采用“必须”；

反面词采用“严禁”。

(2)表示严格，在正常情况下均应这样做的用词：

正面词采用“应”；

反面词采用“不应”或“不得”。

(3)表示允许稍有选择，在条件许可时首先应这样做的用词：

正面词采用“宜”；

反面词采用“不宜”。

表示有选择，在一定条件下可以这样做的，采用“可”。

《铁路工程设计防火规范》条文说明

本条文说明系对重点条文的编制依据、存在的问题以及在执行中应注意的事项等予以说明。为了减少篇幅，只列条文号，未抄录原条文。

1.0.1　本条阐明了制定本规范的目的。

铁路工程设计应认真贯彻“预防为主、防消结合”的消防工作方针，积极做好工程防火设计工作，做到防患于未然，防止和减少火灾对铁路工程的危害，保证人身和财产安全。

1.0.2　本条明确规定了本规范的适用范围和不适用建、构筑类型。

由于铁路地下车站、跨海或越江隧道、城市地下隧道等工程性质特殊，其防火及结构安全构造、安全疏散等方面的许多设计要求不同于地面上的建、构筑物。因此，有关这方面的工程防火设计需要按国家有关专业标准进行专项防火和安全方面的设计。另外，对管道工作压力大于1.6 MPa的可燃液体和可燃气体管道，因其管道工作压力大，在穿越铁路地段一旦出现泄漏，又遇明火（列车在运行过程中会产生火花，特别是电气化区段）很可能出现强烈爆炸或剧烈燃烧，破坏性很大。故本规范未考虑这些特殊建、构筑物的具体防火和安全要求。因此，这些特殊的建筑物和构筑物必须按国家相关专业标准进行特殊的安全防护设计。

1.0.3　铁路工程防火设计关系到工程使用效果和公众安全，其中一些重大原则还与国家有关的法律、法规、政策密切相关，是一项政策性很强的工作。因此，除满足铁路工程技术要求外，设计者还应提高防火意识，正确处理防火和生产、重点和一般的关系，积极采用有效的先进防火技术，确保公众的人身安全和财产安全。在符合防火技术标准的同时，还需要认真研究防火技术，合理确定建筑物和构筑物的防火措施，预防和控制火灾的发生。

1.0.4　铁路工程设计内容涉及面广，需要遵循的标准很多，本规范仅根据铁路工程建设需要列入与其相关的设计要求，有一定的局限性。因此，进行铁路工程防火设计除应符合本规范规定外，还应按照国家现行有关标准的规定进行防火设计，做到相辅相承、协调统一。

2.0.2　公安部《城市消防规划建设管理规定》（〔89〕公（消）字70号）第八条规定“城区内新建的各种建筑，应建造一级、二级耐火等级的建筑，控制三级建筑，严格限制四级建筑”。自文件发布后，铁路各类房屋都是按不低于二级耐火等级标准设计的。所以，本条规定铁路各类生产、生活房屋的耐火等级不宜低于二级。

2.0.3　喷漆库、油漆库存放大量油漆及稀释剂等乙类可燃物，货场仓库内经常储存有白酒、食用油、润滑油及一些可燃的丙类液体，另外变压器油过滤间也存有大量丙类液体，根据《建筑设计防火规范》（GB 50016—2006）第3.2.4条规定，本条要求这类二级耐火等级建筑采用钢结构时，“其中能受到甲、乙、丙类液体或可燃气体火焰影响的部位，应采取外包敷不燃材料或其他防火保护措施”。

2.0.4 本条针对旅客车站站台上火灾危险性，提出了对有站台柱钢结构雨篷和无站台柱钢结构雨篷不同的防火要求。

考虑到站台上火灾危险性较小，有利于人员疏散和火灾扑救的实际情况，普通站台上钢结构雨篷可以采用无保护的金属结构。对于无站台柱雨篷，因其覆盖范围大，一旦灾情发生时局部高温或火焰会对雨篷金属构件产生影响，所以应该采取必要的保护措施。近年来，北京南站、天津东站、新广州站、新武汉站、呼和浩特东站等工程在设计中对无站台柱雨篷的防火设计进行了性能化分析、评估。本条根据以上几个车站的消防性能化设计中火灾对整体钢结构影响的理论及分析结论，提出对无站台柱钢结构雨篷距轨面12 m以上可以采用无保护层金属构件的规定。

3.1.1 为了保障铁路运输和生产的安全，铁路线路与表3.1.1所列各类房屋建筑间应设有防火安全距离。

表3.1.1序号1所列铁路正线与散发可燃气体、可燃蒸气的甲类生产厂房的防火间距规定不小于45 m，是采用《石油化工企业设计防火规范》(GB 50160—92)(1999年版)表3.1.7的规定。考虑到这类生产厂房如发生火灾，对其他铁路线运输安全危害程度要比铁路正线小，根据《建筑设计防火规范》(GB 50016—2006)第3.4.3条中“散发可燃气体、可燃蒸气的甲类厂房与场外铁路线的防火间距不应小于30 m”的规定，本条规定其他线路的防火间距不应小于30 m。

序号2中甲、乙类生产厂房产生燃烧或爆炸事故，对铁路的危害程度均低于本表序号1中的甲类生产厂房。因此，铁路线路与这类生产厂房的防火间距可以小于序号1规定的防火间距。根据《建筑设计防火规范》(GB 50016—2006)表3.4.1中“甲、乙类厂房与民用建筑之间的防火间距，不应小于25 m”的规定，本条规定铁路正线与这类生产厂房防火间距不应小于30 m，其他线不应小于25 m。

序号3中铁路行驶的客货列车，是产生明火或散发火花的火源。甲类物品多为集中储存，火灾危险性大，遇火不仅燃烧猛烈，且容易发生爆炸，扑灭难度大，危害程度严重。为了保障铁路运输和库房的安全，根据《建筑设计防火规范》(GB 50016—2006)表3.5.1中“甲类仓库与重要的公共建筑的防火间距不应小于50 m和甲类仓库与厂外铁路线路中心线防火间距不应小于40 m”的规定，本条规定铁路正线与甲类物品库房的防火间距不应小于50 m，其他线不应小于40 m。

有不少乙类物品不仅火灾危险性较大，燃烧速度快，燃烧较猛烈，而且也有爆炸危险性。为了保障铁路运输及库房的安全，根据《建筑设计防火规范》(GB 50016—2006)表3.5.2注3中“除乙类第6项物品外的乙类仓库，与民用建筑之间的防火间距不宜小于25.0 m，与重要公共建筑之间的防火间距不宜小于30.0 m，与铁路、道路等的防火间距不宜小于表3.5.1中甲类仓库与铁路、道路等的防火间距”的规定，本条规定铁路正线与乙类物品库房的防火间距不应小于50 m，其他线不应小于40 m。

序号4中，对序号1、2、3范围以外的生产性和非生产性房屋，经多年实践证明，在该规定距离内未曾出现铁路火灾蔓延到地方企业和民用建筑，也没有地方企业、民用建筑发生火灾危及铁路运输安全情况。根据《建筑设计防火规范》(GB 50016—2006)第3.4.1条和第3.5.2条中“除甲、乙类以外各类厂房和物品库房与民用建筑和其他建筑物之间的防火间距一般介于6～18 m”的规定，本条规定铁路正线与其防火间距不应小于20 m，其他线不应小于10 m。

其他线一般指正线以外的铁路线路，如到发线、货物线、调车线、牵出线、安全线、机待线、出入库线、客车整备线（停留线）、站修线、洗罐线、企业专用线及其他专用线路等。

3.1.2 表3.1.2中序号1铁路正线与总储量为10～5 000 t的稻草、麦秸、芦苇等易燃材料堆场的防火间距，是根据《建筑设计防火规范》（GB 50016—2006）表4.5.3中厂外铁路中心线与露天、半露天可燃材料堆场的防火间距不应小于30 m的要求，为保证铁路正线运输安全，规定铁路正线的防火间距增加25%，取整后为40 m，其他线的防火间距不应小于30 m。

总储量5 000 t以上的稻草、麦秸、芦苇等易燃材料堆场起火后扑救时间长，飞火距离远，危及铁路安全程度严重，需适当增大防火间距。因此，规定铁路正线防火间距不应小于60 m，其他铁路线不应小于30 m。

序号2中其他铁路线与露天、半露天木材等可燃材料堆场，是根据《建筑设计防火规范》（GB 50016—2006）表4.5.1中建筑物耐火等级为四级的规定，按堆场总储量分档规定了防火间距。为保证铁路正线运输安全，防火间距按堆场总储量分档各增加了5 m。

序号3其他铁路线与露天、半露天棉、麻、毛、化纤、百货等可燃材料堆场，是根据《建筑设计防火规范》（GB 50016—2006）表4.5.1中建筑物耐火等级为四级的规定，按堆场总储量分档规定防火间距。为保证铁路正线运输安全，防火间距按堆场总储量分档较其他铁路线防火间距各增加了5 m。

序号4中铁路牵引机车产生的火花很难引起煤的燃烧，长期堆放又缺少通风条件的煤虽然能够产生自燃，但火势不大，且靠近铁路堆放的煤，多为中转煤，对铁路安全威胁不大。因此，规定铁路正线与总储量大于100 t的煤、焦炭堆场的防火间距不应小于20 m，其他线不应小于10 m。

序号5中一般粮库多靠近铁路线路修建，不少粮食囤垛是利用易燃材料建造的。行驶中的客货列车会产生明火或散发火花，铁路线路与粮食堆场防火间距过小时，一旦发生火灾，损失较大，但防火间距过大，则浪费土地。根据《建筑设计防火规范》（GB 50016—2006）表4.5.1的要求，规定其他线与粮食堆场的防火间距应按粮食堆场总储量的档次及储存方式取20～30 m之间，对铁路正线防火间距适当加大，按粮食堆场总储量的档次各增加了5 m。

3.1.3 表3.1.3序号1中甲、乙、丙类石油液体储罐的分级是根据《石油库设计规范》（GB 50074—2002）表3.0.1确定的，与铁路正线及其他线的防火间距则是根据该规范表4.0.7中一、二、三、四、五级石油库与国家铁路线安全防火距离确定的。序号1中甲、乙、丙类其他液体储罐与铁路线的防火间距是根据《建筑设计防火规范》（GB 50016—2006）表4.2.9中“甲、乙类液体储罐与厂外铁路中心线防火间距不小于35 m，丙类液体储罐与厂外铁路中心线防火间距不小于30 m”的规定确定的。考虑到甲、乙、丙类其他液体储罐发生火灾或爆炸后，对铁路正线的危害程度要比对专用线大，为确保铁路正线的运营安全，对其防火间距进行了适当调整，故规定铁路正线与甲、乙类其他液体储罐的防火间距不小于45 m，与丙类其他液体储罐的防火间距不小于40 m。

序号2中根据《建筑设计防火规范》（GB 50016—2006）表4.3.6的规定，厂外铁路线中心线与可燃、助燃气体储罐的防火间距不应小于25 m，另根据该规范表4.3.1按总储量规定了明火或散发火花的地点与湿式可燃气体储罐的防火间距分别为20 m、25 m、

30 m和35 m，考虑到铁路列车运行中会产生明火或散发火花，规定其他线与可燃、助燃气体储罐的防火间距应小于25 m。为确保铁路正线的运输安全，应适当加大防火距离，因此，规定铁路正线与可燃、助燃气体储罐的防火间距不应小于35 m。

序号3中根据《建筑设计防火规范》(GB 50016—2006)表4.4.1按总容积规定国家铁路线与液化石油气储罐(区)的防火间距分别不小于60 m、70 m、80 m、100 m，与企业专用线的防火间距分别不小于25 m、30 m、35 m、40 m的规定，本条规定其防火间距分别不小于60 m、70 m、80 m、100 m，其他线的防火间距分别不小于25 m、30 m、35 m、40 m。

3.1.4 直接为铁路运输服务的生产房屋主要包括道岔清扫房、道口房、列检所、红外线探测房、客车洗涮房、机车和发电车加油房、运转室、驼峰调车减速带设备室等房屋。

3.1.5 输送甲、乙、丙类液体和可燃气体的管道与铁路平行埋地铺设时，与铁路线路的防火间距不应小于25 m，并距铁路用地界3 m以外的要求是根据《输油管道工程设计规范》(GB 50253—2003)第4.1.5条第4、5款的规定确定的。当输送甲、乙、丙类液体和可燃气体的管道与铁路平行架设时，考虑列车在运行过程会产生火花，属"明火及散发火花地点"，根据《输油管道工程设计规范》(GB 50253—2003)第4.1.5条第4、5款和第4.1.6条"敷设在地面上的输油管道同建(构)筑物的最小距离，应按本规范地4.1.5条所规定的距离增加一倍"的要求，将其防火间距确定为50 m。

3.1.7 国家林业局标准《森林防火工程技术标准》(LYJ 127)第4.3.4条规定，防火隔离带"铁路每侧宽度30～50 m(距中心线)"。因此，本条规定了防火隔离带宽度为铁路外侧线路中心线距林木投影边缘不小于30 m。

3.1.8 考虑到铁路机车车辆在运用过程中可能会出现火花、闸瓦脱落或内部火灾导致火种外溢，从而引发草原火灾。另一方面，草原火灾在一定程度上也会对铁路机车车辆和沿线设施造成威胁。因此，本条规定铁路通过重点草原防火区，应设置防火隔离带。原《铁路工程设计防火规范》(TB 10063—99)编制过程中考虑了蒸汽机车在行驶过程中漏火和飞火的距离与防火间距问题，取消蒸汽机车后，20 m的防火间距对重点草原应该是偏于安全的，自原规范执行以来尚未发生过由于列车引起草原火灾的案例。另外，根据有关研究，草原防火隔离带的有效宽度与草的高度有关，一般不应小于当地草高的20倍。对于草高50 cm以上，亩产干草300 kg的高草区也是安全的。基于以上情况，本规范规定铁路用地界与草地边缘间防火隔离带的宽度不应小于20 m。

3.2.1 规定洗罐线为平坡，有利于调车时引导车组进出栈台和调对鹤位，且不易由于发生溜车事故而引起火灾。

对尽端式洗罐线规定终端至车挡的安全距离不应小于20 m，是考虑当某车辆发生火灾时，便于与其他车辆与失火车辆分离，减少火灾影响及损失，并可作为列车进行调车作业时缓冲段，有利安全。

3.2.2 本条主要是考虑卸空后的装有甲、乙类油品的罐车，由于残留油品的油蒸汽空间体积加大，仍有火灾危险性，故根据《石油库设计规范》(GB 50074—2002)和《石油化工企业设计规范》(GB 50160—92)及《建筑设计防火规范》(GB 50016—2006)有关要求，规定了洗罐线与建筑物、构筑物的防火间距。

3.2.4 本条是根据《建筑设计防火规范》(GB 50016—2006)表4.3.1、《石油库设计规范》(GB 50074—2002)表5.0.3和《汽车加油加气站设计与施工规范》(GB 50156—2002)表4.0.4、4.0.5综合确定的。如选取牵引变电所所址确有困难时，可以适当减少距离，但应考虑安全效果。

4.1.1 在铁路区间地段，跨越线路的甲、乙、丙类液体和可燃气体管道的支承结构耐火等级规定为一级，主要考虑耐火极限时间较长，其支承结构不会在遇火燃烧后很快被破坏，为救援赢得时间。

4.1.2 本条对下穿铁路的甲、乙、丙类液体和可燃气体管道铺设要求是根据国务院发布的《石油、天然气管道保护条例》和原石油工业部、铁道部共同发布的《原油、天然气长输管道与铁路相互关系的若干规定》(〔87〕油建字第505号，铁基〔1987〕780号)中有关要求制定的。

《城镇燃气设计规范》(GB 50028)、《输油管道工程设计规范》(GB 50523)、《油气集输设计规范》(GB 50350)、《输气管道工程设计规范》(GB 50251)、《油气输送管道穿越工程设计规范》(GB 50423)规定的气体管道及液态液化石油气体下穿铁路时的强度设计系数基本一致，即一、二类地区：0.6；三类地区：0.5；四类地区：0.4。对于繁忙的铁路干线来说，不管人烟稀少地带还是人口稠密区，在任何地点发生灾害，中断铁路行车的后果是同等的，故应当取安全度最高的强度设计系数即0.4。输油管道同输气管道相对安全一些，强度设计系数采用0.6是可行的。

4.2.2 桥涵净空尺寸的规定是参考铁道部、原石油工业部《原油、天然气长输管道与铁路相互关系的若干规定》的有关条款，考虑铁路与输油、输气管道双方施工、养护等安全操作尺寸和以防互相干扰发生事故制定的。

4.2.3 铁路既有涵洞孔径一般较小，在原设计行洪功能情况下，再增加输油、输气管道将无法保证其安全，同时也影响原使用功能。因此，本条规定新建甲、乙、丙类液体和可燃气体管道严禁在行洪既有涵洞内穿越。

4.3.1 本条主要结合十几年来执行原石油工业部和铁道部发布的《原油、天然气、长输管道与铁路相互关系的若干规定》(〔87〕油建字第505号，铁基〔1987〕780号)执行情况制定的。

架空或埋设的甲、乙、丙类液体和可燃气体管道有可能泄漏可燃液体或可燃气体，一旦遇到明火会发生燃烧或爆炸。站场是客货列车集散地，特别是铁路编组站和旅客车站是铁路运输重要的场所，货物品类多，人员集中，管道在上述地点一旦发生爆炸事故，将中断行车，可能会造成重大经济损失和人员伤亡事故。因此，本条规定甲、乙、丙类液体和可燃气体管道严禁在铁路编组站和旅客车站的上方或下方通过。

4.3.2 危险化学品货场、装有易燃易爆品车辆集中的工业站、洗罐所、口岸站油罐车换轮线(库)等属易燃易爆场所。大型货场、编组站等作业频繁、货物流量大，为防止外来因素诱发火灾，故作此规定。

5.1.1 本次修编增加了旅客车站、口岸站油罐车换轮线(库)、危险化学品集中的工业站、大型养路机械段、行包快运基地货场、动车段(所)等消防车道与外部通道联系的要求。

为防止发生火灾时铁路道口有列车通过而封闭，延误消防车灭火，故规定消防车道与铁路线路平面交叉时，且交叉处年均昼夜通过列车次数大于100次时应设立体交叉车行道。

目前，我国建筑总面积较大的铁路危险品仓库有：广州吉山3 246 m²，沈阳东1 543 m²，北京大红门2 016 m²，天津张贵庄5 106 m²，杭州北3 496 m²，上海桃浦

8 744 m^2。所以,本条将危险品仓库建筑总面积界定为 1 000 m^2 及以上。

5.1.2 编组站的调车场和出发场以及较大区段站的调车场较易发生火灾,为扑灭火灾设置消防车道是必要的。

编组站调车场设置消防车道主要考虑的因素是确定消火栓的保护半径。我国编组站的调车场调车线数量一般在 36 条及以下,区段站调车场大多在 6 ~ 9 条,少量为 10 ~ 16 条。为突出重点,本条规定 10 条及以上的调车线设消防车道。10 ~ 18 条调车线,其调车场的宽度约为 90 m,在调车场一侧设消防车道即可;19 ~ 36条调车线,调车场的宽度约为 90 ~ 180 m,在其两侧设消防车道时,消防车道间距约为 100 ~ 190 m,最不利失火点仍在消火栓的保护半径之内。当调车场外侧设有相关的生产房屋时,虽房屋一般靠近线路设置,但也可能会对消防车道的设置和消火栓的保护半径产生影响,在这种情况下消防车道应该尽量靠近调车场设置。

消防车道间有联络通道有利于消防调度,但调车场作业频繁,在场内不宜多设平过道。为联络需要,可以结合车场减速器附近的平过道作为消防车道联络通道。

5.1.3 考虑安全问题《铁路车站及枢纽设计规范》(GB 50091—2006)取消了站台两端的平过道。本条修编保留了大型及以上旅客车站利用基本站台作为消防车道的要求,取消了中间站台作为消防车道的有关规定。其中间站台消防可以采用设置临时加压设施予以解决(见本规范第 7 章有关规定)。

5.1.4 本条是根据《建筑设计防火规范》(GB 50016—2006)第 6.0.9 条消防车道的净宽度和净空高度均不应小于 4.0 m 规定制定的。

大型旅客车站的天桥、地道、售货亭、运输房屋等建筑物、构筑物边缘至站台边缘的距离,按现行国家标准《铁路旅客车站建筑设计规范》(GB 50226)规定,大型、特大型旅客车站站不应小于 3.0 m,而一般消防车宽度约为 2.5 m,3.0 m 的要求基本可以满足消防车通行需要。另外由于站台上方设备较多,为此规定了通行消防车净高 4 m 范围内不得有各种障碍物,以免影响消防车通行。

非环形消防车道一般应在尽端设回车场。在旅客车站基本站台上,消防车一般有回车条件,但要注意满足净高要求。在调车场内,由于调车线线间距小,难以满足设回车场要求。因此,可不设回车场。

5.2.1 近些年来铁路客车整备场所曾发生过多起火灾事故,造成多辆运用和备用车辆报废。所以应在客车、机械保温车整备线和客车、动车组、大型养路机械存车线设置与线路平行的消防车道,并根据存车线数量合理确定消防车道位置,使其整个区域能够控制在消防范围之内。

为了避免因失火而波及其他线路车辆,当存放线数量超过5 条时,消防车道宜设在存放线与整备线线群之间,以利于消防车及时到达火场施救。

6.1.1 为最大限度减少火灾的危害,同时考虑到使用的需要,在加强其他防火设施的情况下,本条对车站集散厅、候车区建筑防火分区面积作了适当调整,以适应铁路旅客车站发展的需要。

1 集散厅、候车区应设置在首层和单层高架层。因特大型和大型旅客车站旅客进站、出站流量大,候车人数多,车站需要较大面积和空间进行使用功能和旅客流线布置,但又必须从安全方面满足防火和疏散要求。因此,根据国家标准的有关要求,旅客车站每个防火分区在采取了相应的安全措施后,最大允许防火分区仍不能大于 10 000 m^2。如果将集散厅、候车区布置在其他区域,由于车站内人员密集,疏散距离较长,有效火灾扑救空间小,一旦发生火灾,对扑救和人员疏散都较为困难,故规定集散厅、候车区应设置在首层和单层高架层。

本条所指有一半直接对外疏散口是指设置直接通向室外安全区域的疏散口。为保证旅客快速疏散,根据已投入使用车站的经验,集散厅、候车区设置直接与室外相通的外廊,将大大提高对外疏散能力。大型、特大型站房集散厅、候车区的疏散门设计的宽度多在1.5~1.8 m,疏散门的个数多在4个以上。这样,有一半直接对外的疏散口,无论是疏散门的数目还是疏散门的总宽度均符合《建筑防火设计规范》(GB 50016—2006)有关规定,满足疏散要求。

封闭楼梯间能有效防止火灾蔓延和保证人员安全疏散,根据《建筑设计防火规范》(GB 50016—2006)第5.3.5条的要求,规定疏散楼梯应设置封闭楼梯间。

2　为确保火灾不会通过连通空间蔓延,设置自动喷水灭火系统、排烟设施和火灾自动报警系统十分必要和重要。有关自动喷水灭火系统、防排烟设施和火灾自动报警系统的设计要求是根据《建筑设计防火规范》(GB 50016—2006)和《火灾自动报警系统设计规范》(GB 50116)的有关要求确定的。

6.1.2　国外对大空间下围护结构做过耐火极限的玩具、服装、书店等火灾试验,当其面积不超过100 m^3时,在最大的火灾规模为20 MW情况下,经计算后,火源辐射热引燃半径为7.2 m,调整后为8.0 m。这些卖店由于围护结构为不燃结构,应认为是三级耐火等级的民用建筑。《建筑设计防火规范》(GB 50016)第5.2.1条规定,防火间距不应小于8.0 m。

目前,我国做过消防性能化设计的上海虹桥、天津、广州、武汉、长沙等11个车站的旅客站房,其卖店最大的火灾规模按6 MW情况下计算,火源辐射热引燃半径为3.99 m,增加一倍的安全系数,为8.0 m。故对这些分散的餐饮、商品零售点的防火间距定位在8.0 m。

面积小于20 m^2无围护结构的餐饮、商品零售点,我国做过消防性能化设计的多个车站的旅客站房,其卖店最大的火灾规模按3 MW情况下计算,火源辐射热引燃半径为3.37 m;通过计算、模拟,确定安全距离为6.0 m。最后对这些分散的面积小于20 m^2无围护结构的餐饮、商品零售点的间距也定位在8.0 m。

6.1.4　采用钢制楼梯既能降低工程造价又能提高施工进度,亦能满足《建筑设计防火规范》(GB 50016)的有关规定。踏步面采取防滑措施是为防止因滑倒发生踩踏事故。

6.2.1~6.2.2　条文中所列房屋,一般附设在建筑物内,属于业务量大,性质十分重要的房间,不仅设备价值较大,而且信息重要,属火灾危险等级较高的建筑场所,一旦失火将会打乱行车次序,影响铁路运输生产的正常进行,故对这些房屋的隔墙、楼板和门提出耐火极限要求。

6.2.3　电缆井是火灾蔓延的通道,为防止火灾蔓延和电缆井受到破坏,本条对电缆井的设计提出了防火保护措施。

6.3.1~6.3.2　喷漆库、油漆库及酸性蓄电池充电间为危险等级较高的生产房屋,一旦发生事故,可燃物质足以构成爆炸或燃烧危险,故应单独建造。但在机务段、车辆段、动车段(所)、综合维修基地(段)、大型养路机械段内,由于工艺流程或面积等条件限制,此类库房、车间多与其他厂房或车间合建。由于其所占合建厂房或车间面积较小,且生产过程中使用或产生的易燃、可燃物数量也较少,故可按《建筑设计防火规范》(GB 50016—2006)第3.1.2条第1款的规定,在采取必要的防火保护措施后,按火灾危险性较小的相邻厂房或车间确定其火灾危险性。

6.3.4 由于油蒸汽比空气重，采用地下、半地下式油泵间，油蒸汽会长期聚集在室内不宜飘散，在遇明火情况下易发生爆炸和火灾，故本条规定油泵间和油脂发放间不应建地下或采用下式建筑。

6.3.5 为有利于安全和便于管理，同一库房或同一防火分区内最好储存同一种物品。

危险品种类繁多，除爆炸品外，压缩气体和液化气体、易燃液体、易燃固体，自燃物品和遇湿易燃物品、氧化剂、有机过氧化物均存在火灾和爆炸的危险。因此，危险品库房首先应具有防爆的功能。故应采取必要的泄压措施，如采用轻质屋盖和易泄压的门窗等。

6.3.7 电气化铁路各种作业大量使用以内燃机为动力的各类轨道车，其车库及检修库的火灾危险分类接近汽车库、修车库，按《汽车库、修车库、停车场设计防火规范》(GB 50067)执行，将会提高防火安全程度及灭火能力。

6.4.2 封堵建筑物上的贯穿孔口对抑制火灾、防止火灾蔓延有重要作用。每一贯穿防火分隔构件的贯穿口都应采用防火封堵材料进行封堵，这样可以有效的防止火灾通过孔口蔓延。

6.4.3 1994年4月16日DF_4型0635号内燃机车牵引货车，运行在沈丹线金坑—南芬站区间，由于沈阳—丹东高速公路上跨铁路的公路桥正在施工，桥上落下的电焊熔渣，被吸入机车的滤清器内，熔断网罩，引燃了滤清器与增压器间的软连接，紧接着引燃了主发电机的18根主电缆，造成内燃机车火灾。

为防止公路、道路上跨铁路的立交桥或人行天桥上过往人员、车辆随手丢弃烟头或其他火种引燃桥下列车、货场内的易燃物品，作此规定。

7.1.1 消防给水系统的完善程度直接影响火灾扑救的效果。因此，在铁路工程设计涉及消防用水时应该同时设计消防给水系统。

铁路工程消防给水的扑救对象包括站、段(所)、场建筑消防给水系统和扑救列车火灾两部分。对车站综合楼、站房等民用建筑防火设计应按《建筑设计防火规范》(GB 50016—2006)、《高层民用建筑设计防火规范》(GB 50045—95)等有关规定执行。

7.1.2 本条为设置消防水池的条件。

1 在1976~1997年间，铁路隧道内发生6起油罐列车火灾事故，其中5次封堵洞口灭火，并采取了向火区注水降温等措施。在两侧洞口设置水池可以提供火灾持续时间内所需的降温、冷却水量，当条件容许的情况下应该首先考虑设置高位水池，这样可以提供冷却所需的充实水柱，也可保护灭火人员的安全。

2 消防水池储存消防用水比较安全可靠。站区规模较大的车站，有时也会出现给水管网不能满足消防用水要求的情况。如大型、特大型旅客车站站房、内燃机车检修库、编组站调车场、客车整备线(库)及备用客车存放线等室内外消防用水量和水压要求较高，需要设置水池供消防车或临时高压消防系统用水。

设有货场的车站不一定都是给水站，也可能是有生活给水系统的生活供水站。有些车站站区用水量并不大，且货场往往距站中心用水集中地较远，若因考虑货场消防要求，建立完整的消防给水系统，会使给水设施设置不合理，故可在货场附近设消防水池。

从铁路重大、特大火灾案例分析，发生在区间失火列车在紧急疏散旅客，列车解体后也需要视具体情况拉到车站扑救。在电气化铁路采用水灭火时，还必须切断接触网电源，否则会发生更大的伤亡事故。为扑救列车失火，本条规定无生活给水系统或给水系统流量、压力不满足扑灭列车火灾消防要求的车站应设置消防水池。

7.1.3 本条是对消防水池的有关要求。

1 消防水池的有效容积应根据室外给水管网是否能保证消防用水量确定，有效容积可根据火灾延续时间内室外给水管网的供水能力，确定消防水池蓄水容积。

2 消防水池的吸水高度不应超过6.0 m是为了保证消防车和机动消防泵取水，并能充分利用消防水池的水量。

3 为了提高扑救列车火灾的能力，作为消防水源的消防水池应尽可能靠近线路。在基本站台设置消防水池，日常管理和维护也比较方便。

4 目前《铁路给水排水设计规范》(TB 10010—98)对旅客车站设置的水塔，要求其包括一定的消防用水量。因此，对于设有水塔的车站，消防水池可根据具体情况核减容量。

7.1.4 本条规定了不同场所的火灾延续时间。

序号1根据铁路重大、特大火灾案例分析，整节货车失火约占货车失火总数的83%左右，从失火的物品类别看多为棉花、白糖、纸张、日用百货、家用电器、机械设备、化工产品等，火灾延续时间不长。从货车车体材质看，木制箱体的货车已很少，现均以被铁皮车代替，故货车火灾延续时间较短。目前新型客车大量采用新型阻燃材料，1998年1月1日，广州客车整备所12道存放的空调列车起火，职工用2支水枪同时扑救，仅20 min将火全部扑灭。因此将扑灭列车火灾延续时间规定为1.0 h。

原规范对集装箱货位面积10 000 m^2及以上货场的火灾延续时间规定为2.0 h，本次修订为1.0 h，主要考虑集装箱货场失火火势比较容易控制。

序号2中的编组站等场所，由于车辆较多，场地情况较为复杂，扑灭火灾时间会延长，故规定火灾延续时间为2.0 h。

序号3中铁路货场、车站的中转库房按丙类物品库确定，根据《建筑设计防火规范》(GB 50016—2006)火灾延续时间规定为3.0 h。

序号4是根据铁道部《长隧道消防常备技术措施》(技鉴字[1999]第027号)研究成果“铁路隧道应以一般客货列车火灾和油类初期火灾为消防对象，所以消火栓供水时间为4.0 h”确定的。

7.1.5 本条主要说明消防临时高压系统的应用范围。当货场仓库、客车整备所、洗罐所等所在位置超出城镇消防站保护范围时，消防车不能及时到达火灾现场。既有客车整备场(库)及备用客车存放线改造时，有些无条件设置消防车道。因此，本条规定上述情况应采用临时高压消防给水系统。

7.1.6 本条是对原规范第9.1.5条的修改、补充，并增加了水枪充实水柱的规定。

序号1，根据郑州铁路局消防大队提供的资料：1992年8月7日郑州北P_{62}型车内装叶粉旧棉起火，2点20分4辆消防车到达火场，出水枪2支，4点15分扑灭；1995年1月30日郑州北上行出发场4道装有冰箱的敞车起火，22点15分4辆消防车到达火场，出水枪2支，次日1点40分扑灭；1996年12月4日郑州北下行调车场29道2辆敞车内装烟叶起火，23点10分5辆消防车到达火场，出水枪2支，次日1点30分扑灭。所以，根据消防灭火经验确定编组场、调车场室外消防用水量为10 L/s。

序号3和序号4，中型及以下的旅客车站和其他中间站、越行站站台设置的消防设施，主要用于扑灭列车火灾，2 支水枪同时出水，故消防用水量规定为 10 L/s。对于大型旅客车站，由于车站内列车较多，一旦发生火灾还需要增设 1 支水枪用于相邻车辆的安全防护，故规定消防用水量为 15 L/s。

序号 5 中客车和机械保温车比货车长约 2 倍，除车皮是钢板外，内装修均含有易燃、可燃材料，另客车车窗通风好，车厢和车厢又互相连通，火势不如货车好控制。另外，特大型旅客车站内停放和进出站车辆要明显多于大型旅客车站，且整备线、存放线存放客车或保温车数量较多，线间距较近，除 2 支水枪灭火外，还需要 2 支水枪控制火势向两侧蔓延。因此，客车和机械保温车整备线的消防用水量规定为 20 L/s。

序号 6 是根据铁道第二勘察设计院、煤炭科学研究总院重庆分院、电气化工程局电信研究试验中心共同完成的铁道部《长隧道消防常备技术措施》（技鉴字〔1999〕第 027 号）研究成果"长大隧道消火栓用水量为 20 L/s，可分别满足一般客货列车火灾和油类初起火灾就地灭火使用"结论确定的。因此，铁路特长隧道和有特殊需要的长隧道消火栓用水量采用 20 L/s。

从保证消防人员的安全（防止辐射热的伤害）和有效扑灭火灾考虑，水枪的充实水柱不应小于 10 m，但由于铁路隧道内火灾扑救困难，故水枪的充实水柱不应小于 13 m。

序号 7，一般油罐车直径为 2.6 m，罐体长约 6.8 m，冷却面积按油罐投影面积计算，则冷却用水量 $=6\times2.6\times6.8/60=1.77$ L/s，可选用 2 支水枪出水在油罐车两侧同时冷却降温，为了保证相邻油罐车的安全，可采用 2 支水枪分别对相邻油罐车喷水冷却，故规定油品换装线消防用水量定为 20 L/s，满足《石油库设计规范》（GB 50074—2002）中"失火的地上卧式油罐的消防冷却水供给强度不应小于 6 L/(min · m^2)"的要求。

序号 8 中，集装箱货场失火的可能性较小，即使失火后，火灾蔓延速度较慢也比较容易控制。因此，确定消防用水量为10 L/s。

7.1.7 消防给水系统的环状管网安全可靠，但铁路车站消防给水管网不完全是以车站占地规模大小而定，例如有些编组站的占地规模很大，但生产、生活用水量并不大，若全部布置为环状，不但不经济，而且使管网长期处于不合理的使用状态中。所以，本条仅对重点防火场所，作了环状管网布置的规定。

大型及以上旅客车站生产及生活用水量较大，同时消防用水量一般也较大，对管网的安全性要求也较高。由于客车给水系统多为环状布置，一般情况下用水量较大。因此，可以共用管网。

7.1.8 本条提出了铁路一些重要场所设置室外消火栓的规定和要求。

1 本条所指的双阀双出口消火栓是指室内双阀双出口消火栓用于室外。

2 从火灾案例统计资料分析，中型及以下旅客车站和其他中间站除列车失火外，站区各类火灾仅占 5%，因此站台上布置的消火栓主要作用是扑灭列车火灾。如果车站管网供水能力可以满足消防要求，可在基本站台两端各设置一座消火栓。考虑日常管理维护和使用方便，其中一座可设于信号楼附近。

3 根据《建筑设计防火规范》（GB 50016）的要求室外消火栓间距不应大于 120 m 修改。

4 特大型车站由于人员密集，进出站列车密度较高，发生火灾引起的后果比较严重，因此在各站台均设置消火栓，列车失火后，可及时灭火。

6 近几年在旅客车站、客车整备所内发生火灾事故不断增加，由于消防设施不足，不能及时扑救,损失惨重。广州铁路(集团)公司管辖范围内1993年以来就发生此类火灾7起,损失数百万元。1994年11月27日株洲站8道通勤车发生火灾,由于站台上无消火栓,消防车进不了4站台,无法控制火势,4节车厢全部烧毁。1993年5月14日广州站客车整备所存车线62次空调客车发生火灾后,由于存车场无消防给水设施,消防车也无法靠近控制火势,在加上调车作业交叉影响,火灾蔓延很快,1 h后才将火扑灭,造成客车报废、大破、中破各1辆,小破5辆,直接损失155.6万元。长沙客车整备所、怀化客车整备所、衡阳客车存放场均在近几年内发生过类似火灾。为有效控制和防止火灾蔓延,故作本规定。

8 根据调查资料,国内铁路隧道消防系统方案包括以下几种:(1)米花岭隧道单线全长9 388 m,1997年竣工。为疏散旅客,利用施工平行导坑作为消防救援通道,利用隧道内应急电话形成火灾人工报警系统,利用高山溪流修建山上水池,隧道内设消火栓系统、水幕防火分割带及干粉灭火器。隧道进出口股道外侧设置消火栓系统。(2)秦岭隧道由两条基本平行的单线隧道组成,Ⅰ线隧道全长18 460 m,Ⅱ线隧道全长18 456 m,1999年9月6日全线贯通。消防系统由水源、山上水池、隧道内消火栓系统组成。在隧道出口附近建300 m^3 的蓄水池一座,隧道内消火栓间距60 m。隧道进出口相邻车站青岔站、营盘站设置相应的消火栓系统,失火后将列车拉到隧道相邻车站消防。(3)园梁山单线隧道全长11 070 m,竣工时间为2005年。其消防系统工程内容包括由应急电话和无线通信构成的人工火灾报警系统,将施工用平行导坑及横通道与消防救援疏散通道相结合,并设置照明和机械通风设施。隧道进口出口处分别设置了消防水源(山上水池),洞口外设置消火栓。隧道两侧的细砂车站和长潭沟车站设置室外消火栓系统。(4)乌鞘岭隧道为两座单线隧道全长20 050 m,2005年10月10日全线贯通。消防系统由打柴沟站、龙沟站(隧道进出口相邻车站)的消火栓系统及隧道进出口的消防水池及消火栓等设施构成。失火后将列车拉到隧道相邻车站消防。

铁道部主管部门、科研、设计院所对隧道防灾和消防工程进行了长期的探索和实践活动。目前比较一致的认识为:(1)铁路隧道火灾应将确保人员的安全疏散放到首位考虑。客车在隧道内失火后,人员就地疏散,列车拖到隧道外进行消防。(2)长大隧道中设置消火栓系统虽能扑灭初期火灾,但工程投资大,维护费用高(北方地区须考虑管道保温),长期不用锈蚀严重。(3)失火后洞内含氧量低,可见度差,温度高,消防人员可能无法准确、及时到达失火点,洞内的消防设施可能起不到应有的作用。

在隧道进出口设消防水池和消火栓,能较快地为隧道火灾提供消防用水。

为保障消防人员和设施的安全,本条规定了消火栓距洞口的距离不宜小于50 m。

7.2.1 根据现行国家标准《建筑设计防火规范》(GB 50016—2006)并结合本规范附录A中“主要生产房屋的火灾危险性分类”的要求。对需要设室内消防给水的建筑做了补充性的规定。

内燃机车修车库、综合维修基地(库)、大型养路机械修车库、停车库火灾危险性分类虽然为丁类,但考虑到机械拆卸、清洗零件等,有发生火灾的隐患,从安全考虑本条规定应设室内消防给水系统。

目前,车务、机务、车辆、工务、电务的生产房屋大多情况不采用合建。按火灾危险性分类丙、丁、戊类均存在,而且这些建筑物多建在沿线的一些县城所在车站,超出城镇消防站的保护范围,新线尤为突出。故从严掌握,规定应设室内消火栓,便于自救。

7.3.1 本条是对消防器材配制的规定。

1 由于铁路旅客车站许多场合都采用临时高压给水系统。因此,应该配备满足一次灭火用消防灭火器具。

2 在基本站台设置消防水池的车站一般为中型及以下旅客车站和其他中间站、越行站,由于有些车站距城区较远,因此需要配备机动消防泵以满足自救需要。本条为机动消防泵工艺参数的计算依据。

3 此款内容是根据《建筑灭火配置设计规范》(GB 50140—2005)有关要求修改确定的。

4 目前,我国扑灭油库火灾采用的泡沫液有蛋白型和合成型两种,且各有优势和不足,设计中应根据具体情况选择。根据《石油库设计规范》(GB 50074—2002)烟雾灭火技术适用于油罐的初期火灾,但不能用于流淌火灾,且不能阻止火灾的复燃。由于存在不能抗复燃的致命弱点,只允许在缺水少电及偏远地区的四、五级油库使用。

7.3.2 气体灭火系统是根据《气体灭火系统设计规范》(GB 50370—2005)制定的。气体灭火包括七氟丙烷、洁净气体灭火系统、热气溶胶等三种。七氟丙烷及洁净气体灭火系统、混合气体灭火剂在气体灭火系统中应用较广,且已应用多年,有较好的效果。S型热气溶胶灭火系统用于扑救电气火灾后不会造成对电气及电子设备的二次损坏,故可用于扑救电气火灾。K型热气溶胶灭火系统喷放后的产物会对电器和电子设备造成损坏。对于人员密集场所、有爆炸危险性的场所及有超净要求的场所,在确保人员、设备安全的同时还应该根据各种气体灭火系统的性能考虑适用范围。

9.2.6 2007年12月11日22时30分,京九线上海局阜阳北出发场发生信号机械室火灾,造成全站红光带,信号机灭灯。初步分析事故原因是:主灯丝断丝报警分机烧焦,引起机械室4排4架8、9、10层部分配线被烧损,组合架走槽配线受高温后粘连,造成电源短路,引起1排7架综合柜内有关信号机BXC1—35变压器烧损。本次事故延时15小时,严重干扰了京九线的正常运输组织。为吸取火灾教训,避免类似事故再次发生,特作此规定。

9.3.1 机务段、车辆段、动车段、大型养路机械段装卸油品设施和洗罐所的洗罐棚(库)、油泵间、输油管道和贮油设施都有易燃、易爆液体或气体,遇火有引起爆炸和火灾的危险。除防雷外,油管道及贮油、输油设备由于油液流动还会产生静电,所以应在管道、设备上安装防雷和防静电装置,其机电设备和电器也应选用防爆产品。

10.0.1 铁路列车火灾虽然可能发生在线路的任何地方,但以隧道内火灾最难处理,主要表现为以下几方面:

(1)着火列车停在隧道内时,乘客避难和救援困难。

铁路隧道为长条形,空间狭小,火灾蔓延速度快,排烟困难,洞内可视性差、路面不平,且救援设备和人员难以接近着火点。

(2)固定灭火设备和排烟设备综合配置难度大。

(3)列车在隧道内行驶时,车厢内换气量比非隧道区段大数倍,因此一旦着火,其火势也比非隧道区段发展迅猛。

(4)隧道内火灾发生后,灭火、恢复整治时间长。间接损失远大于洞外火灾。

(5)隧道内环境差,固定的火灾监控和自动化消防设施维护困难,很难保证火灾发生时能完好工作。

(6)隧道内火灾发生的概率小,且具有位置上的不确定性,在隧道短且较分散的情况下,在全线隧道上维持有效的全自动化监测和消防设施投入大、难度高。

(7)客运列车火灾规模小于货运列车。

(8)整个安全系统从发现、通报、判断确认、停车到启动消防及救援的时间较长。

随着铁路建设的发展,铁路隧道越来越多,越来越长。据统计,截止到2006年我国在建铁路隧道总长度约2 240 km,其中长度大于10 km的18座,在建最长客运专线隧道为石太线太行山隧道,长27.839 km,最长客货共线隧道为太中银线吕梁山隧道,长20.787 km。铁路隧道的防火和救援设计问题日见突出。根据隧道内列车火灾特点,同时综合分析国外铁路隧道列车火灾发生条件及防治措施,隧道安全系统的火灾防治问题应与线路、机车车辆、运输组织、供电及通信信号、车站安全监测、列车工作人员素质等几方面共同解决,最大限度地防止列车在隧道内发生火灾和火灾列车进入隧道,旅客列车在隧道内发生火灾时,凡能继续运行,均应遵循"先将列车拉出洞外再进行列车解体及火灾事故处理"的基本原则,并建立起完善的防止火灾和火灾处置程序以及行之有效的管理体制。

结合我国国情,从实际出发,防灾和救援的设计应按"以防为主,以消为辅,防消结合,立足自救"的原则进行,充分体现"以人为本"的理念。同时,针对客运专线铁路隧道发生火灾的特点,采取相对可靠的防火措施和消防手段,做到安全可靠,技术先进,经济合理,使用、维修方便快捷。

修建长大隧道一般有两种方案:一是单洞双线,如大瑶山隧道及日本的关越、惠那山隧道,隧道分段设作业坑道及列车紧急避难洞,作业坑道及紧急避难洞内可设隔烟门、固定的消防给水系统。二是双洞单线,如太行山隧道、秦岭隧道、英法海峡隧道、日本的日本坂隧道等,两条单线隧道之间每隔数百米设横向联络通道,或在两条单线隧道中间设一条平行的服务通道,内设消防给水系统等。

从经济上看,单洞双线要比双洞单线的施工费用节省30%左右,但从技术、运营等方面进行全面考虑,双洞单线是有利的。另外火灾发生时,还可以利用另一条隧道进行救援,两条线互为依托确保运输安全,而且对轨道的维修养护作业也安全有利。因此,本条规定宜采用双洞单线方案。

10.0.2 长或特长隧道内发生火灾,特别是在隧道中部发生火灾,如果不能在短时间内安全地将人员疏散出隧道,将因燃烧产生的有毒气体迅速蔓延扩散而造成重大伤亡。因此双洞单线隧道之间每隔数百米设置横向联络通道,可以作为救援、人员疏散和事故通风用。两洞间的横通道间距通常按照两个大避车洞的距离420 m设置,如在建的太行山隧道。列车在隧道发生火灾后,由于场地的照明、疏散条件较差,以及人们所产生的恐慌心理,安全疏散将很难有序进行。假定失火列车停在两个联络通道中间,则列车中部的人员要想安全地从横通道疏散出去,至少要走210 m。而此时,列车前后部的乘客都已下到了救援通道上,由于人员密集,这势必影响到人员疏散速度。同时横通道的防护门也是一个"瓶颈",单位时间内通过的人员数量受到制约,使得人员的疏散速度受到限制,如果横通道加密,工程费用就会增加很大。随着旅客运输的快速发展,客运专线铁路的增多,特长隧道数量也在增加,仅石太客运专线铁路特长隧道就有3座,其中太行山隧道长27.892 km,隧道设置消防系统投资很大,因此只能结合国情,突出重点,逐步实施。国外在两条隧道之间设置横通道的例子比比皆是,但横通道的设置间距没有统一的标准,各个工程采用的横通道设置间距数值差别很大,一般在 100 m 到500 m之间。所以,本条规定横通道的间距不能大于 500 m,有条件时尽可能缩短。

10.0.4 本条是根据铁道部《新建时速 200 公里客货共线铁路设计暂行规定》(铁建设函〔2005〕285 号)、《新建时速 200~250 公里客运专线铁路设计暂行规定》(铁建设〔2005〕140 号)及《新建时速 300~350 公里客运专线铁路设计暂行规定》(铁建设〔2007〕47 号)的有关要求,对防灾救援作了具体规定。随着新建时速 200 km 客货共线铁路及新建时速 200~350 km 客运专线铁路建设项目的增多,防灾救援问题日趋重要,但相应标准尚需工程实践检验,因此,本规范根据三个暂行规定的要求提出了相关规定。

10.0.5 隧道内人员疏散口及通风、电力、电力牵引、通信、信号设备等设备洞室是保障隧道正常运行的重要设施,有的本身还具有一定的火灾危险性。因此,在设计中采取一定的防火分隔措施与车行隧道相分隔。原《铁路工程设计防火规范》(TB 10063—99)对设备洞室要求设置甲级防火门,由于隧道内潮湿加之长期受活塞风和气候影响,防火门很快锈蚀、变形,失去作用。本次修订将甲级防火门改为防护门,另外增加了疏散通道设置防护门的要求。人员疏散时经过疏散出口或安全出口时需要设置通向安全区域的防护门,防护门的开启方式、方向均应满足紧急情况下迅速开启和安全、快捷疏散的需要。隧道内采用的防护门是根据《人民防空地下室设计规范》(GB 50038—2005)及客货共线铁路隧道内曾发生过油罐列车火灾事故的教训,规定其防护门应具有 0.10 MPa 的抗爆能力。考虑客运专线隧道内活塞风的影响,规定其防护门应具有 0.05 MPa 的抗爆能力。另外防护门还具有较好的耐候性能和耐腐蚀能力,可以用于隧道内潮湿环境。

10.0.6、10.0.8 隧道内重要设备的洞室,因平时无人值守,为早期发现火灾,及早通知隧道内外的人员采取疏散和救援行动,尽可能在火灾初期将其扑灭,并利用自身灭火设施减少火灾损失。所以隧道内重要设备洞室应设置自动灭火装置。对于 5 km 及以上隧道的大避车洞还应设置事故报警电话。

10.0.9 疏散照明和疏散指示标志的设置对于人员在能见度低,难以辨认方向的条件下,对安全快速疏散具有重要作用。隧道内火灾一般延续时间较长,且火场条件差、温度高,救援和疏散需要一定的条件和时间。本条规定的指标为最低照度值和最短照明时间,采用时应根据隧道内的具体情况确定疏散照明的照度和时间。

10.0.11 消防防护装备包括:①灭火防护服;②灭火防护靴;③消防手套;④消防头盔;⑤背负式空气呼吸器;⑥佩戴式防爆照明灯。消防防护装备配套后消防人员才能够进洞探查火情。

10.0.12 隧道内设置通风系统时应考虑与排烟系统相结合,当隧道发生火灾时机械排烟会降低隧道内空气温度和有毒有害烟雾浓度,为疏散人员创造条件。

中华人民共和国行业标准

铁建设〔2008〕189号

铁路大型临时工程和过渡工程设计暂行规定

2008—10—14 发布　　　　2008—10—14 实施

中华人民共和国铁道部　发布

前　　言

本暂行规定是根据《关于印发〈2008 年铁路工程建设标准编制计划〉的通知》(铁建设函〔2007〕1374 号)要求进行编制的。

本暂行规定在编制过程中,总结了有关大型临时工程和过渡工程设计建设经验,吸纳了有关科研成果。

本暂行规定共分 9 章,主要内容包括:总则、制(存)梁场、铺轨基地、轨道板(双块式轨枕)预制场、拌和站、运输通道、管线路等设施、过渡工程及其他。

本暂行规定为首次编制。在执行本暂行规定过程中,希望各单位结合工程实践,认真总结经验,积累资料。如发现需要修改和补充之处,请及时将意见及有关资料寄交中铁第四勘察设计院集团有限公司(湖北省武汉市武昌区和平大道 745 号,邮政编码 430063),并抄送铁道部经济规划研究院(北京市海淀区羊坊店路甲 8 号,邮政编码 100038),供今后修订时参考。

本暂行规定由铁道部建设管理司负责解释。

本暂行规定主编单位:中铁第四勘察设计院集团有限公司。

本暂行规定参编单位:中铁四局集团有限公司。

本暂行规定主要起草人:徐　川、彭永忠、王华成、胡发宗、张新文、刘智春、周少兵、苏方河、王森荣、周青爽、徐　璟、陈义雄、张明军、陈　萍、金建军、田　超、王江洪、黄　新、王和欢。

目　次

CHINA RAILWAY PUBLISHING HOUSE
TB

1 总 则

1.0.1 为统一铁路大型临时工程和过渡工程设计标准,使大型临时工程和过渡工程设计符合安全适用、经济合理的要求,制定本暂行规定。

1.0.2 本暂行规定适用于新建或改建铁路大型临时工程和过渡工程设计。

1.0.3 铁路大型临时工程和过渡工程的设计应体现节约用地、节省投资、环保节能、永临结合、合理实用的原则,应重视防灾减灾、文物保护等工作。

1.0.4 铁路大型临时工程和过渡工程设计应满足建设项目总工期的要求,并与施工组织设计统筹考虑。

1.0.5 铁路线路和车站改建工程应有指导性施工过渡设计,过渡工程处所在满足过渡期间运输需要的前提下应尽量少设。

1.0.6 铁路大型临时工程场址选择应优先选择在建设项目的用地界内。有条件时,宜选择在需要转变功能或闲置的既有铁路用地范围内。需临时用地时,宜与地方待开发建设的项目相结合。

1.0.7 铁路大型临时工程应避开易积水和严重不良地质的地点,并远离生态环境敏感区。

1.0.8 铁路大型临时工程宜设在场坪工程量小的地势开阔地区,应有连通地方道路的运输通道,需与既有铁路接轨时,尚应设置运料的铁路岔线。

1.0.9 铁路大型临时工程设施应根据工期要求,结合工程量、供料情况、运输条件、地形条件等因素,并按宜大不宜小,宜少不宜多的原则,经技术经济比选后合理确定配置方案、建设标准和规模。

1.0.10 铁路大型临时工程和过渡工程临时用地应按"因地制宜,综合利用"的原则复垦。

1.0.11 铁路大型临时工程选址阶段应优先利用邻近线路的地质资料,必要时应另行开展地质调绘,铁路大型临时工程实施前应取得可靠的地质资料。

1.0.12 铁路大型临时工程应按《铁路建设项目预可行性研究可行性研究和设计文件编制办法》的要求开展施工图设计,重大的大型临时工程设计应报铁道部审查。

1.0.13 铁路大型临时工程中的生活设施和办公设施宜与生产区分离,尽量利用附近城镇房屋和设施。

1.0.14 铁路大型临时工程和过渡工程设计除应符合本暂行规定外,尚应符合国家现行有关强制性标准的规定。

2 制(存)梁场

2.1 一 般 规 定

2.1.1 制(存)梁场的规模和位置选择应根据建设项目的总工期、施工组织设计、制梁能力、存梁时间、简支梁工程量和桥梁分布等因素,结合工程条件进行技术经济比选确定,宜大不宜小。其中,制梁能力应根据架梁工期、同时供应的架桥机数量、单台架桥机日架梁能力等确定。

2.1.2 制(存)梁场场址选择应综合考虑以下因素:

1 力求节约用地、少占耕地并减少拆迁。

2 水文地质条件好,土石方工程和基础加固较少的平坦地域。

3 有较好的交通条件。

4 附近宜水源充足、电源可靠、通信良好,并靠近当地料源。

2.1.3 制(存)梁场场地工程地质资料应包含以下内容:

1 场地范围内的地层分布,分析和评价地基稳定性和承载力。

2 对需要进行沉降计算的建筑物,提供地层相应参数。

3 地基和基础设计所需的其他资料。

2.2 简支箱梁预制场

2.2.1 简支箱梁预制场选址时,除应符合第 2.1.2 条的规定外,尚应符合下列规定:

1 供应半径不宜大于 20 km,也不宜小于 14 km。

2 布点应满足拟供应范围内控制工程的限界及工期要求。

3 预制梁场位置应位于供梁范围的中部。桥梁集中地段,应选择在桥梁分布的重心附近。

2.2.2 简支箱梁预制场可根据地形条件采用横列式或纵列式布置。

2.2.3 预制场搬梁、提梁机械类型应根据箱梁种类、制梁能力、存梁方式等因素,经综合技术经济比选确定。

2.2.4 简支箱梁预制场场内布置应符合以下规定:

1 预制场主要由制梁区、存梁区、保障区、提梁上桥区(装车区)等组成。

2 预制场总平面布置应综合考虑生产规模、工艺及设备等因素,力求工艺流程合理,结构紧凑。

3 单层存梁或双层存梁方案应经技术经济比选确定,尽量采用双层存梁方案。

2.2.5 制梁台座、存梁台位设计应符合下列规定:

1 箱梁预制与架设能力应匹配,存梁数量以 1 ~2 个月的架梁数量为宜。制梁台座、存梁台位的数量原则上应根据施工组织设计及工期安排确定,也可参考下列公式计算,并按施工组织设计作必要调整。

$$N_1 = \eta \cdot T_1 \quad (2.2.5—1)$$

$$N_2 = \eta \cdot T_2 \cdot K_1 \quad (2.2.5—2)$$

式中 N_1——箱梁预制场制梁台座数量(个);

η——每日预制箱梁数量(榀/d);

T_1——预制每榀箱梁占用单个制梁台座时间(个·d/榀);

N_2——箱梁预制场存梁台位数量(个);

T_2——每榀箱梁占用单个存梁台位时间(个·d/榀);

K_1——存梁系数,单层存梁时取1,双层存梁时取0.6~0.7。

2 制梁台座设计荷载包括箱梁结构自重、模板重量、台座自重以及施工荷载等,超载系数宜取1.1。制梁台座结构及基础按以下工况的最不利情况进行设计:

(1)浇筑梁体完毕尚未张拉时,设计荷载均布于制梁台座上;

(2)台座上混凝土梁张拉完毕尚未提梁时,箱梁结构自重荷载集中作用于制梁台座两端。

存梁台位设计荷载包括箱梁结构自重、台位自重等,静载试验台座荷载应根据静载试验方式确定。存梁台位、静载试验台座应按两端承重设计,超载系数宜取1.1。

3 制梁台座结构构造设计应满足箱梁施工作业及设置预拱度等要求,存梁台座的结构高度应根据移梁、搬梁方式和预应力作业条件确定。

4 台座结构变形限值应满足桥梁设计及相关技术要求。

5 台座基础设计应符合现行《建筑地基基础设计规范》(GB 50007)相关规定,制梁台座、静载试验台座两端区域和中间区域可根据各自受力情况分别采用不同方式进行基础处理。

6 简支箱梁制、存梁区平面布置时制梁台座的纵向净距不宜小于8.0 m;横向净距不宜小于5.0 m;预制梁顶侧面与龙门吊轨道侧向净距不宜小于4.0 m。

存梁台位纵向净距应满足终张拉时作业空间以及搬梁机作业宽度要求,并宜与制梁区等宽;相邻梁顶边缘横向净距宜为0.4~0.6 m。

2.2.6 混凝土拌和站及存料场应符合下列规定:

1 混凝土拌和站的设计生产能力宜按一榀箱梁混凝土在6 h内连续浇筑完毕确定,并按1:1设置备用拌和设施。

2 砂石料存放场应按待检区和已检区设置,砂石料的储备量宜满足连续10~15 d生产的需求。

2.2.7 场内搬移梁轨道和通道应符合下列规定:

1 搬梁机走行通道应设在平道上,平面布置应满足提梁、移梁、落梁等作业和机械设备性能要求。

轮胎式搬梁机走行通道基础设计荷载应根据提梁走行、接地转向两种工况,按通道内不同区域的最不利工况设计;轮轨式搬梁机轨道基础设计荷载应根据空载走行、重载搬梁走行和空载变轨时液压千斤顶接地三种工况,按轨道内不同区域的最不利工况设计。

2 轮轨式提梁机轨道应设在平道上,平面布置应满足偏载提梁、偏载移梁、偏载落梁等作业和机械设备性能要求。

提梁机轨道基础设计荷载应根据偏载提梁、偏载移梁、偏载落梁三种工况，按轨道内不同区域的最不利工况设计。

3 移梁台车轨道应设在平道上，平面布置应满足顶升梁、移梁、顶落梁等作业和机械设备性能要求。

移梁台车轨道基础设计荷载应根据重载移动、顶落梁两种工况，按轨道内不同区域的最不利工况设计。

2.2.8 提梁上桥区应符合下列规定：

1 提梁机走行轨长度应根据拼装架桥机、运梁车及作业空间的要求确定，一般不应小于 130 m。

2 提梁机轨道基础设计荷载应根据第 2.2.7 条的有关规定确定。

2.2.9 简支箱梁预制场场区排水可参照《铁路车站及枢纽设计规范》(GB 50091)有关规定设计。

2.2.10 场区运输道路应符合下列规定：

1 场区运输道路的布置应满足设备、材料运输需求，并优先利用场内移梁通道。

2 场区运输道路可参照现行《公路路线设计规范》中四级公路标准的有关规定设计。

3 道路边缘至相邻建筑物的距离应符合表 2.2.10 规定。

表 2.2.10 道路边缘至相邻建筑物的最小距离

相邻建筑物名称		最小距离(m)
建筑物边缘	建筑物面向道路一侧无出入口	1.5
	建筑物面向道路一侧有出入口，但不通行机动车辆	3.0
	建筑物面向道路一侧有机动车辆出入口	4.5
	建筑物面向道路一侧的出入口经常有机动车辆出口时	6.0
地上管线支架、柱、杆边缘		1.0
围墙边缘		1.5

2.3 T 梁制(存)梁场

2.3.1 T 梁制(存)场的选址除应符合第 2.1.2 条的规定外，尚应符合下列规定：

1 供应半径双线不宜大于 200 km，单线可根据情况适当大一些。

2 宜与铺轨基地合并设置。

3 岔线平面布置应满足运梁列车进出方便、对既有运营线路干扰小的要求。

2.3.2 T 梁预制场主要由制梁区、存梁区、保障区、铁路岔线和场内线路等组成，其平面可按横列式或纵列式布置。制梁台座宜采用横向并排、纵向错列布置。

2.3.3 制梁台座、存梁台位设计应符合下列规定：

1 制梁台座、存梁台位数量原则上应根据施工组织设计及工期安排确定，也可参考下列公式计算，并按施工组织设计作必要调整。

$$N_3 = \eta \cdot T_3 \quad (2.3.3\text{—}1)$$

$$N_4 = \eta \cdot T_4 \cdot B \cdot K_2 \quad (2.3.3\text{—}2)$$

式中 N_3——制梁台座数量(个);

η——每日预制T梁数量(片/d);

T_3——预制每片T梁占用单个制梁台座时间(个·d/片);

N_4——存梁台位长度(m);

B——每片T梁单层存放占用滑道长度(m);

T_4——每片T梁占用存梁台位时间(d/片);

K_2——存梁系数,单层存梁取1,双层存梁取0.6~0.7。

2 制梁台座设计荷载包括T梁结构自重、模板重量、台座自重以及施工荷载等,超载系数宜取1.1。制梁台座结构及基础按以下工况的最不利情况进行设计:

(1)浇筑梁体完毕尚未张拉时,设计荷载均布于制梁台座上;

(2)台座上混凝土梁张拉完毕尚未提梁时,T梁结构自重荷载集中作用于制梁台座两端。

存梁台位设计荷载包括T梁结构自重、台位自重等,静载试验台座荷载应根据静载试验方式确定。存梁台位、静载试验台座应按两端承重设计,超载系数宜取1.1。

3 制梁台座结构构造设计应满足T梁施工作业及设置预拱度等要求,存梁台位的结构高度应根据移梁设备选型、作业需求确定。

4 台座结构变形限值应满足桥梁设计及相关技术要求。

5 台座基础设计应符合现行国家标准《建筑地基基础设计规范》(GB 50007)的相关规定,制梁台座、静载试验台座两端区域和中间区域可根据各自受力情况分别采用不同方式进行基础处理。

6 简支T梁制、存梁平面布置时,制梁台座纵向净距后张梁不宜小于4.0 m,先张梁不宜小于0.8 m;横向净距不宜小于4.0 m;预制梁顶侧面与龙门吊轨道侧向净距不宜小于1.5 m。

存梁台位纵向净距应满足终张拉时作业空间要求以及移梁作业宽度要求,并宜与制梁区等宽布置,相邻梁顶边缘横向净距宜为0.4~0.6 m。

2.3.4 混凝土拌和站及存料场应符合下列规定:

1 混凝土拌和站的设计生产能宜按一片T梁混凝土在4 h内连续浇注完毕确定,并按1:1设置备用拌和设施。

2 砂石料存放场应按待检区和已检区设置,砂石料的储备量宜满足连续10~15 d生产的需求。

2.3.5 场内移梁设施宜选用滑道式。双层存梁时,应按轮轨式提梁机场内移梁考虑大临设施的设置。

2.3.6 场区排水及场区道路设计应符合第2.2.9条和第2.2.10条的规定。

3 铺轨基地

3.1 一般规定

3.1.1 基地选址应符合下列规定：

1 基地位置应根据其供应范围、铺(架)作业量、地形地质和交通运输条件、材料供应等因素进行技术经济比选确定。

2 基地供应半径应根据沿线铁路引入条件、工期要求、机车车辆供应情况等因素综合考虑，双线一般不宜大于200 km，单线以及无砟轨道的铺轨基地可根据实际情况确定。

3 基地位置宜设在铺轨起点及中间邻近铁路既有车站的线路附近，衔接运营线便捷，对运营线干扰小、邻近技术站的开阔地带。

4 基地宜设在既有站拟扩建线路的一侧。

3.1.2 岔线接轨应符合下列规定：

1 基地岔线应与车站其他站线接轨，困难条件下可与到发线接轨。

2 岔线与车站到发线接轨时应设置安全线，并应纳入联锁。

3 岔线与车站有联锁的其他站线接轨时，接轨道岔也应纳入联锁。

3.1.3 平面布置应符合下列规定：

1 基地的平面布置应根据地形地质条件、车列出入便捷、调车作业顺畅等因素确定，并应工艺流程合理，结构紧凑。

2 基地设计规模应根据综合月铺架能力和铺架方式、轨排生产方式、调运装卸作业方式确定。

3 接轨岔线纵坡不宜大于6‰，困难条件下不应大于12‰；平面曲线半径不宜小于300 m；道岔不应小于9号。

4 相邻料堆的间距不应小于0.7 m。

5 基地内股道间距和建筑限界应满足大型机械和机车车辆的作业停放、进出及检修要求。

6 门吊装卸线应设在平直线上。

3.1.4 基地岔线及场内线路的平纵断面、路基、桥涵、站场、轨道等设计可参照Ⅳ级铁路设计标准办理。

3.1.5 基地排水设计可参照《铁路车站及枢纽设计规范》(GB 50091)有关规定办理。

3.2 普通线路铺轨基地

3.2.1 普通线路铺轨基地适用于轨排拼装的有缝线路铺轨。

3.2.2 轨排生产作业线方式及轨料、轨排的存放能力应根据计划铺轨进度、需要日产量，并结合工程实际情况确定。

3.2.3 轨排拼装可根据工程规模及既有技术装备情况采用固定台位式、双线循环式或单线往复式等方式。

3.2.4 基地主要由轨料存放区、轨排生产区、轨排存放区、场内车场、调机整备线等组成。

3.2.5 基地轨料存放区、轨排生产线、轨排存放区宜设置在一条作业线上。

3.2.6 基地轨排储存量应根据铺架作业方式确定，采用边铺边架方式时，宜储存 3 km；采用先架后铺方式时，宜储存 5 km。轨料储存量至少应满足铺设一个单线区间的需要。

3.2.7 轨料、轨排的吊运与装车设备宜采用轮轨式龙门吊。

3.2.8 轨料存放区以及轨排存放区应符合下列规定：

1 存放区的宽度应根据龙门吊的跨度确定。

2 存放区的长度应根据轨料和轨排的存放数量、堆放层数确定。其中，轨枕堆放不宜大于 14 层，轨排堆放不宜大于 8 层。

3 存放区的基底应平整坚实，垛码层数应满足钢轨不损伤变形、轨枕不发生倾覆的要求。

3.3 无缝线路铺轨基地

3.3.1 长钢轨铺轨基地设计应符合下列规定：

1 长钢轨铺轨基地适用于单枕法施工的线路铺轨。

2 轨料及长钢轨存放能力应根据计划铺轨进度、需要日产量，并结合工程实施实际情况确定。

3 基地主要由轨料存放区、长钢轨存放区、场内车场、机务整备线等组成。

4 基地内宜设置长钢轨存放区装卸线和轨枕、道岔及配件等轨料存放区装卸线。

5 基地车场应设置牵出线，有条件时也可利用岔线或新建线路调车。

6 有砟轨道采用单向铺轨时，基地储存量可按长钢轨75 km、钢筋混凝土轨枕 6 万根设计，道岔及配件备料应根据基地的铺岔量、料源供应情况确定；采用双向铺轨时，基地长钢轨和轨枕储存量可按前者的两倍设计。

7 无砟轨道基地储存量可根据铺轨进度、料源的供应情况确定。

8 长钢轨存放区小型龙门吊、承轨台宜均匀分布。长钢轨堆放不宜大于 7 层。长钢轨承轨台基础不均匀沉降应满足铁道部相关技术文件要求。

9 长钢轨的吊运与装车设备宜选用固定式龙门吊。

3.3.2 轨排拼装和长钢轨存放铺轨基地设计应符合下列规定：

1 轨排拼装和长钢轨存放铺轨基地适用于无缝线路换铺法施工的线路铺轨。

2 轨排生产作业线方式及轨料、轨排、长钢轨存放能力应根据计划铺轨进度，需要日产量，并结合工程实际情况确定。

3 基地主要由轨料存放区、轨排生产区、轨排存放区、长轨存放区、场内车场、机务整备线等组成。

4 基地工具轨存放数量可按两个单线铺轨区间长度考虑，场地布置、储存量等可根据第 3.2 节、第 3.3.1 条相关规定设计。

4　轨道板(双块式轨枕)预制场

4.1　一 般 规 定

4.1.1　预制场位置及规模应根据轨道板(双块式轨枕)需求量、预存量、铺设施工组织、施工条件等因素,经技术经济比选确定。

4.1.2　预制场成品采用铁路运输时,应设置与既有线接轨的岔线。

4.1.3　预制场选址应符合第2.1.2条的规定。

4.1.4　预制场生产能力应根据工期要求、预存时间和需求量,并结合生产工艺以及模具生产效率计算确定。

4.1.5　轨道板(双块式轨枕)宜组织工厂化、规模化生产,在满足工期要求情况下,宜采取提前生产、大区段供应,供应范围不宜小于150 km。

4.1.6　预制场场区排水及场内道路应符合第2.2.9条和第2.2.10条的规定。

4.2　轨道板预制场

4.2.1　Ⅰ型轨道板预制场应符合下列规定:

1　预制场主要由生产区、水养区、存放区、保障区等组成。

2　生产区规模应满足生产能力要求,保障区内的钢筋加工车间应靠近生产区。场内应设置沟通各区的通道。

3　轨道板水养池数量应根据产量、水池中养护时间确定,轨道板水养时间宜按3 d设计。

4　存放区应采用竖直存放,相邻两个间隔不应小于3 cm,每个轨道板应采用两支点,两支点地基的不均匀变形不宜大于10 mm。

4.2.2　Ⅱ型轨道板预制场应符合下列规定:

1　预制场主要由毛坯板预制区、打磨装配区、存板区、保障区等组成。

2　轨道板生产线由毛坯板生产线、成品板打磨生产线组成。毛坯板生产车间设置先张法长线台座生产线;成品板打磨生产线宜设置以打磨机为中心的轨道板运输、打磨装配线。保障区中钢筋加工车间生产能力应与毛坯板生产能力匹配。

3　毛坯板预制区内生产台座应采用钢筋混凝土结构,其刚度和稳定性应符合相关技术要求。

4　存板区毛坯板存储能力应大于1个月的生产量,最大堆放层数应满足相关技术条件的要求。

5　存板区成品板存储能力应根据现场工期和铺设效率确定,最大堆放层数应满足相关技术条件的要求。

6　轨道板宜露天存放。

4.2.3 预制场存放区占地面积原则上应根据施工组织设计及工期安排确定,也可参考下列公式计算,并按施工组织设计作必要调整。

$$M_{储} = T_5 \cdot N_{设} \cdot M_{单} \cdot K_1 / n \tag{4.2.3}$$

式中 $M_{储}$——存放区占地面积(m^2);

T_5——铺设开始时的预制场提前生产时间(月);

$N_{设}$——设计产量(个/月);

$M_{单}$——每个轨道板的占地面积(m^2/个);

K_1——通道系数,取1.1~1.2;

N——存放层数。

当提前预制数量较大时,可采用铁路沿线用地范围内分散储存。

4.2.4 混凝土拌和站生产能力应根据预制场生产能力和不均衡系数确定。砂石料存放场应按待检区和已检区设置,砂石料的储备量宜满足连续10~15 d生产的需求。

4.2.5 生产厂房跨度和长度应根据生产能力和生产工艺要求确定,高度应根据吊装要求确定。厂房宜设置通风与保温设施。

4.3 双块式轨枕预制场

4.3.1 预制场主要由双块式轨枕生产区、存放区、保障区等组成。

4.3.2 双块式轨枕存储能力应根据施工组织设计确定,最大堆放层数应满足相关技术条件的要求。

4.3.3 预制场存放区应符合第4.2.3条的规定。

4.3.4 混凝土拌和站及存放场应符合第4.2.4条的规定。

4.3.5 生产厂房及设备基础应符合第4.2.5条的规定。

5 拌 和 站

5.1 一 般 规 定

5.1.1 拌和站的位置和规模应根据建场、运输和工程条件,供应强度、拌和物使用时间要求等,经技术经济比选确定。靠近线路的预制场与线下工程的混凝土拌和站可考虑合并设置。

5.1.2 拌和站宜设置在地势较平坦、具有良好施工水源的地带。

5.1.3 拌和站原材料应分类存放,堆放场地应硬化处理。

5.1.4 拌和站用地应根据最大月施工任务量、堆放能力等因素确定。

5.2 混凝土集中拌和站

5.2.1 拌和站分布应满足混凝土运输时间要求,供应半径不宜大于15 km。

5.2.2 拌和站主要由砂石料存放区、拌和区等组成。

5.2.3 拌和站设计生产能力应根据混凝土最大月施工任务量和高峰强度确定,并考虑备用。

5.2.4 砂石料存放区应按待检区和已检区设置,砂石料的储备量宜满足连续3~5 d生产的需求。

5.3 填料集中拌和站

5.3.1 拌和站主要由材料存放区、拌和区组成。

5.3.2 拌和站设计生产能力应根据填料最大月施工任务量和高峰强度确定。

6 运输通道

6.1 铁路岔线与便桥

6.1.1 铁路岔线与既有线接轨应符合第3.1.2条的规定。

6.1.2 铁路岔线与便桥可参照Ⅳ级铁路设计标准办理。

6.2 铁路便线与便桥

6.2.1 铁路便线由场内装卸线、存车线、牵出线、调机整备线等组成。

6.2.2 大型临时工程中的铁路便线与便桥可参照Ⅳ级铁路设计标准办理。

6.3 汽车运输便道

6.3.1 汽车运输便道应根据重点工程分布和沿线交通条件，结合材料供应计划和运输设备条件等进行设计。便道原则上应在铁路红线界内建设。

6.3.2 汽车运输便道应根据运量、地形条件，参照现行《公路路线设计规范》中四级公路标准设计。其中，新建便道的桥涵设计车辆荷载宜按汽—20级确定；软土地基上的便道应满足变形和稳定性要求。

6.3.3 汽车运输便道宜采用泥结碎石路面，也可根据运量大小、当地料源情况选用其他形式路面。

6.4 运梁便道

6.4.1 箱梁运梁便道的平、纵断面应满足运梁车的技术要求。

6.4.2 箱梁运梁便道路基可参照衔接段正线铁路路基标准设计。

6.5 栈桥

6.5.1 施工栈桥宜设在拟建桥梁下游方向。

6.5.2 施工栈桥宽度、设计荷载应满足施工组织设计和物资、设备的运输要求。

6.5.3 施工栈桥梁底高程不应小于设计的施工水位。

7　管线路等设施

7.1　通　　信

7.1.1　临时通信应优先利用沿线既有通信资源,困难时可设置临时通信系统。

7.1.2　临时通信应选择建设周期短、建设及维护费用低的系统设备。

7.1.3　根据铁路建设规模与建设项目管理要求,临时通信可选用数字微波一点多址通信系统、有线传输通信系统,局部可采用无线对讲系统。

7.1.4　临时通信用户终端可根据建设项目管理需要配置。

7.2　电　　力

7.2.1　大型临时电力工程应优先采用公用电网电源,困难时可采用柴油发电机组等其他电源。

7.2.2　大型临时电力工程采用永临结合方案时,应按永久工程技术标准设计。

7.2.3　临时变配电所宜设在负荷中心附近,110 kV、35 kV 变配电设备宜采用户外布置。

7.2.4　临时电力线路宜采用架空线路,困难地段可采用电缆线路。

7.3　给水干管路

7.3.1　给水干管路的供水方式应根据施工组织要求确定。

7.3.2　当临时给水工程需铺设管径 100 mm 及以上或长度 2 km 及以上的管路时,应按干管路设计。干管路的管径可按下式计算:

$$D=\sqrt{4Q/\pi v} \tag{7.3.2}$$

式中　D——管径(m);

Q——流量(m^3/s);

v——流速(m/s)。

7.3.3　缺水地区的水源及输水管道应单独设计。

7.4　钢梁拼装场

7.4.1　钢梁拼装场的设置位置应根据汛期洪水位、全桥施工平面布置、桥址地形、交通运输条件、架设办法及使用设备等因素确定。

7.4.2　钢梁拼装场主要由杆件存放区、拼装区等组成。

7.4.3　杆件存放区用地面积应根据杆件尺寸和数量,存放时间,装卸机具等因素确定。

7.4.4 钢梁拼装场长度可按钢梁跨度加导梁长度加工作宽度(3 ~5 m)确定。宽度可按梁宽加工作宽度(2 ~3 m)确定。

7.5 道砟存放场

7.5.1 道砟存放场宜与铺轨基地一并设置。有条件时,可利用既有车站场地存放;困难时,可单独设置。

7.5.2 存砟场的存砟数量应根据施工组织设计要求确定。

7.5.3 存砟场的面积应根据拟存砟的数量和砟堆平均高度计算确定。

8 过 渡 工 程

8.0.1 过渡工程主要包括为满足既有线(或车站)改、扩建和维持既有线(或车站)正常运营需要而修建的便线、过渡性站场设施等及其相关的配套工程。

8.0.2 过渡工程必须满足线路或车站主要运输设备在过渡期间最低通过能力的要求。

8.0.3 过渡工程必须确保行车及人身安全,减少施工对运营的干扰。

8.0.4 过渡工程设计应以一次封锁,多处同时实施,提高"天窗"利用率为原则,尽量减少换侧和拨接。在过渡期间内,繁忙干线的正线换侧和拨接不宜超过2次。

8.0.5 正线过渡工程设计采用便线过渡方案时,应根据被改建线路的既有技术标准,客货运输最低要求,以及过渡期限等因素,确定便线的速度目标值及相应的技术标准。便线的速度目标值不宜小于100 km/h,相应的最小曲线半径为600 m;便线的最大坡度不应大于既有线路的最大限制坡度。

过渡工程中的站前工程应按相应速度目标值的正线标准设计;站后工程设计应满足过渡期间的运输需求,并确保行车安全。

8.0.6 车站过渡工程宜设在既有和新增工程用地界内,并应充分考虑永临结合,尽量减少废弃工程。

8.0.7 车站过渡工程设计应在考虑信号、接触网、桥涵等设备和建筑物与线路站场改造相配合的基础上,提出安全、适用、经济、可操作性强的施工过渡方案,并经运营部门确认。

8.0.8 车站施工过渡方案应根据先易后难,先外后内,先建后拆,先扩建后改建,先延长后缩短,先开通运能紧张的站场和区间后开通一般的站场和区间等原则进行设计。

8.0.9 车站的落坡或抬高过渡,可采用侧移修建部分新站代替老站,再扩建老站方案,困难时可采用分层抬高方案。特别困难时,方可采用另建便站过渡方案。

8.0.10 客运站改扩建过渡,宜采用以先施工的新增线路代替封锁停用线路进行分步实施方案,特别困难时,可采用相邻客站分担客运作业或另建便站过渡方案。

8.0.11 区段站和编组站改扩建过渡方案,应根据既有设备规模、改建工程量大小、线路繁忙程度、进一步发展条件等因素综合比选确定。区段站宜采用原站临时工程、货运车场移出成客货纵列、增加货运车场成一级三场式等方案。编组站宜采用先施工新扩建部分以代替原线路、车场、驼峰等设备,进行分步实施的方案;困难时,可采用借助枢纽内或路网中其他编组站,临时担当改建编组站的部分作业的方案。

8.0.12 编组站改扩建过渡,一般采用先施工新扩建部分以代替原线路、车场、驼峰等设备,进行分步实施的方案;困难时,可采用借助枢纽内或路网中其他编组站,临时担当改建编组站的部分作业的方案。

9 既有线防护工程

9.0.1 靠既有线的铁路改扩建工程应按既有线防护工程设计图施工,并按《铁路技术管理规程》和《铁路工务安全规则》设置施工安全防护。

9.0.2 既有线防护工程设计应确保铁路行车安全和施工安全,对控制工期地段,应设计过渡便线。

9.0.3 既有线防护工程设计应贯彻于设计全过程,实施阶段的施工图设计应经运营部门确认,重大防护工程应报经铁路局批准。

9.0.4 施工便道不宜与既有铁路交叉。凡机动车有可能侵入邻近施工便道的既有铁路时,靠铁路线一侧应设置护栏、防护绳、防护网、护桩等防护设施。

9.0.5 施工临时道口在电力牵引区段应设置限高架,铁路全封闭区段不应设置施工临时道口。

9.0.6 既有路堑边坡病害经多年整治已趋稳定的地段,改建设计时应尽量减少拆除工程,不宜触动原边坡。

9.0.7 既有路堑挡护、防护设施拆除时,应保证既有路堑边坡的稳定,必要时应设计临时支撑进行加固或防护。

9.0.8 靠近既有线旁边开挖石质路堑时,设计中应考虑采用控制爆破或膨胀无声爆破技术,并设置防护网、排架或棚架防护。

9.0.9 既有路堑有挡护工程的地段,落道下挖路基面后,当基础已暴露或埋置深度不够时,应对挡护工程基础进行加固设计。

9.0.10 增建第二线设计中如要破坏原有排水系统时应先建后断,如要破坏原有交通系统时应先通后建。

9.0.11 增建第二线应考虑与既有线路基间的相互影响,当既有线路基病害危及第二线路基稳定时,应一并进行整治设计。

9.0.12 既有铁路顶进孔径大于2.0 m的新建桥涵时,设计中应采用施工便梁对既有铁路进行线路加固。

9.0.13 新建铁路桥涵距既有线较近或既有桥涵需接长处理时,设计中应采用钢板桩或钢轨桩支挡、下钢护筒、设置便梁等措施进行防护。

9.0.14 对既有铁路桥台锥体的开挖高度应控制在6 m内,并采取打入钢板桩或钢轨桩进行支挡防护;当开挖高度大于6 m时,应采取钻孔灌注桩防护。

9.0.15 改建既有线隧道拆除原有衬砌时,宜采用预裂爆破;对隧道围岩进行扩挖时,应设计支撑防护。

9.0.16 既有线改扩建的施工间距应符合以下规定:

1 平行等高的一般地段,新建线路距既有线不宜小于5 m。

2 并行不等高的路基,两线间边坡坡率的设计应考虑上线列车荷载的影响。有条件时应增大线间距或采取支挡措施。

3　增建第二线桥梁的最小线间距应满足在既有桥梁墩台基础之外设置新建桥梁墩台基础的条件。

9.0.17　营业线上施工临时行车限界必须根据铁路机车车辆限界和基本建筑限界确定，且不得小于每边各另加 150 mm 的机车车辆限界（曲线上再按规定加宽），设计的防护工程一律不得侵入临时行车限界。

9.0.18　营业线上施工应符合《改建既有线和增建第二线铁路工程施工技术规定》（铁建设〔2008〕14 号）、《铁路营业线施工及安全管理办法》（铁办〔2007〕186 号）以及《铁路工程施工安全技术规程》等国家及铁道部现行强制性标准的规定。

10 其 他

10.1 土地复垦

10.1.1 铁路建设项目大型临时工程和过渡工程土地复垦应进行整体规划,合理确定复垦土地用途,因地制宜开展复垦设计,必要时应进行土地综合整治。

10.1.2 铁路大型临时工程和过渡工程可设置剥离表层土集中堆放场。必要时,堆放场应设置临时挡护工程。

10.1.3 土地复垦应符合以下规定:

1 覆土自然沉实土壤厚度不应小于0.5 m;覆土土壤 pH 值宜为5.5~8.5,含盐量不应大于0.3%。

2 覆土后场地地面坡度不应大于5%。

10.2 环境保护

10.2.1 铁路大型临时工程和过渡工程场界噪声应符合现行国家标准《建筑施工场界噪声限值》(GB 12523)的规定。

10.2.2 铁路大型临时工程和过渡工程产生的各类生产、生活污水不得排入水源保护区;排入其他水体时,应根据受纳水体功能,经处理达标后按规定排放。

10.2.3 位于城市居住区及居民集中区铁路大型临时工程和过渡工程场地、汽车运输便道等应根据气候条件定时进行洒水抑尘。

10.2.4 垃圾处置应符合下列规定:

1 生活垃圾应弃置在半密封的垃圾池中或配置的垃圾箱内,并定期清运或卫生填埋,填埋场所应征得当地民众、环保和环卫部门的认可。

2 建筑垃圾宜用于施工场地的回填。不能有效利用废弃处置时,处置场所应征得当地环保、水利和环卫部门的许可,并做好防护措施。

10.3 水土保持

10.3.1 铁路大型临时工程和过渡工程水土保持设计应综合考虑植物措施和土木工程措施。

10.3.2 铁路大型临时工程和过渡工程施工场地周边应设置排水沟,其下游出水口应设置临时沉淀池。

10.3.3 施工便道边坡宜进行植草防护,并设置排水侧沟。

10.4　给 水 排 水

10.4.1　给水排水工程设计应满足临时工程的生产、生活基本要求，宜利用既有铁路车站、当地市政公用事业单位、工业企业的给水排水设施。

10.4.2　给水工程设计方案应根据用户对水质、水量、水压的要求，水源的水质、水量、地形等因素确定，有条件时，宜与铁路正式工程相结合。

10.4.3　给水用水量应包括生产技术作业用水、生活用水、绿化用水和未预见水量。

10.4.4　水源应有确保不间断供水的措施，困难时可设贮水、加压设备。

本暂行规定用词说明

执行本暂行规定条文时，对于要求严格程度的用词说明如下，以便在执行中区别对待。

(1)表示很严格，非这样做不可的用词：

正面词采用“必须”；

反面词采用“严禁”。

(2)表示严格，在正常情况下均应这样做的用词：

正面词采用“应”；

反面词采用“不应”或“不得”。

(3)表示允许稍有选择，在条件许可时首先应这样做的用词：

正面词采用“宜”；

反面词采用“不宜”。

表示有选择，在一定条件下可以这样做的，采用“可”。

《铁路大型临时工程和过渡工程设计暂行规定》条文说明

本条文说明系对重点条文的编制依据、存在的问题以及在执行中应注意的事项等予以说明。为了减少篇幅,只列条文号,未抄录原条文。

1.0.1 本暂行规定总结了武广、合武、京津、京沪、郑西、洛湛、宜万、武康等铁路(城际轨道交通)数十个已建项目中不同形式的制(存)梁场、铺轨基地、轨道板(双块式轨枕)预制场的建设经验,对大型临时工程的选址原则、平面布置、生产能力、设计荷载、工装配置、基础处理等进行了深入总结、分析和研究,充分吸收了有关铁路大型临时工程和过渡工程设计的科研成果,以统一大型临时工程和过渡工程设计技术标准。

1.0.5 由于制梁场等大型临时工程临时用地数量以及复垦难度均较大,为了少占耕地资源,节省投资,设计时需与正式工程、地方规划相结合,充分利用既有设施以及新建铁路的货场、站坪、维修基地及站前广场等。

1.0.7 条文中生态敏感区包括需特殊保护地区和生态敏感与脆弱区。特殊保护地区包括饮用水水源保护区、自然保护区、风景名胜区、生态功能保护区、基本农田保护区、水土流失重点防治区、森林公园、地质公园、世界遗产地、国家重点文物保护单位、历史文化保护地等;生态敏感与脆弱区包括沙尘暴源区、荒漠中的绿洲、严重缺水地区、珍稀动植物栖息地或特殊生态系统、天然林、热带雨林、红树林、珊瑚礁、鱼虾产卵场、重要湿地和天然渔场等。

2.1.1 铁路沿线地形条件一般可分为平原、丘陵及山区,由于目前客运专线整孔箱梁不能直接过隧道,简支箱梁预制场可分为平原地带制梁场(无隧道)、丘陵或山区地带制梁场(有隧道)。根据已建工程统计,平原地带制梁场由于受控因素较少,每个梁场的经济规模为200~700孔,丘陵或山区地带制梁场由于受控于建场费用高等因素,隧道间梁场的设置规模也不宜小于100孔。

2.2.1 条文中"供应半径不宜大于20 km"的规定,系根据运梁车的走行速度,在20 km的运输距离内,运梁车和架桥机可以充分发挥效能,不窝工而确定的。"也不宜小于14 km"的规定,系考虑距离过短成本不优而确定的。

2.2.2 简支箱梁预制场的平面布置分为横列式与纵列式两种,见说明图2.2.2—1~说明图2.2.2—2。

2.2.3 目前预制场搬梁、提梁机械主要技术参数为:搬梁机额定起重量不小于900 t,跨度不小于40 m。提梁机额定起重量不小于450 t,跨度为30~40 m,提梁机采用无悬臂形式。轮轨式搬梁机、提梁机采用电缆卷筒式高压供电方式。具体参数见说明表

2.2.3—1～说明表2.2.3—2。

说明表2.2.3—1 国内厂家运梁车技术参数表

主要技术参数	1	2	3	4	5
额定装载质量(t)	910	900	900	900	934
车身自重(含支承小车)(t)	260	330	280	255	339
总质量(t)	1 170	1 230	1 180	1 155	1 273
轴线数量	2纵列,16轴	2纵列,16轴	2纵列,16轴	2纵列,16轴	4纵列,24轴
悬挂数量(个)	32	32	32	32	96
驱动轴个数	5	5	5	5	16
制动轴个数	11	11	11	11	32
轴载质量(t)	72	<78	73.75	72.18	
单个悬挂负荷(t)	36	<39	36.875	36.09	13.26
轮胎规格	26.5R/25	26.5R25/64	26.5R25/64	26.5R25	1200R20/192
接地比压(MPa)	<0.6	<0.6	0.56	0.6	0.6
车速:空载(km/h)	0～7	0～10	0～10	0～8	0～9.8
车速:重载(km/h)	0～3.5	0～4	0～5	0～4	
满载爬坡能力(纵/横)	3%,4%	3%,4%	5%,4%	4%	6.20%
最小转弯半径(m)	60	31.25	32.35	60	27.8
外形尺寸(m×m×m)	38.5×7×3.7	44.13×7.25×3.617	36.68×7×2.74	36.3×6.84×3.662	40.8×7.6×1.875

2.2.4

1 预制场主要由制梁区、存梁区、保障区、提梁上桥区(装车区)等组成,各区组成和主要功能如下:

(1)制梁区:主要包含钢筋绑扎台座、模型整备台座、制梁台座、门吊轨道基础等构筑物,主要实现预应力混凝土梁的预制和初张拉等功能。

(2)存梁区:一般由存梁台位、静载试验台座、横移滑道、轮胎式搬梁机通道(轮轨式搬梁机轨道基础)、轮胎式搬梁机变向区(轮轨式搬梁机变向区)等组成,主要实现预应力混凝土梁的养生、终张拉、压浆、封锚、检测等功能。

(3)保障区:主要由砂石料场、钢筋存放加工区、混凝土拌和站、变电所、锅炉房、工程试验室、仓库、水站等组成,主要实现预制场各种材料、物资、电力、水、蒸汽等的保障和供给功能。

(4)提梁上桥区(装车区):包含提梁台座、提梁机轨道基础或运梁通道等构筑物,主要实现预应力混凝土梁上桥、装车功能,部分预制场提梁上桥区在经过特殊规划与设计后可实现架桥机安装、拆除、调头等功能。

2 根据箱梁自立模开始至移梁至存梁区所需的制梁周期和预制场制梁能力,计算所需要的预制台座数量,再根据箱梁外形尺寸以及台座间距要求,计算制梁区的占地。

根据钢筋种类、储备量、加工及绑扎速率,按每24 h绑扎一榀梁的钢筋,确定需要钢筋加工及绑扎区的台位数,通过台位数计算钢筋加工及绑扎区的占地。

根据箱梁预制场的存梁方式、存梁周期,确定存梁区存放箱梁的台位数,再根据梁体尺寸和梁体间距离,计算存梁区的总占地。

说明表 2.2.3—2　国内 900 t 架桥机机型技术参数表

序号	项目	1	2	3	4	5	6	7	8	9
1	整　机									
1.1	机　型	一跨式	一跨式、高位下导梁	一跨式、高位下导梁	一跨式、低位下导梁	两跨连续式	两跨连续式（拼装式）	两跨连续式	一跨式、定点起吊	两跨连续式
		简支架梁、步履过孔	简支架梁、简支过孔	简支架梁、简支过孔	简支架梁、简支过孔	连续架梁、悬臂过孔	连续架梁、悬臂过孔	连续架梁、悬臂过孔	简支架梁、简支过孔	连续架梁、悬臂过孔
1.2	外形尺寸（m×m×m）	64×17.7×12.5	76×18×13.03	73.9×17.8×13.5	69.3×17.8×13.7	75×18×13.3	67.5×18.2×12.2	66×17.28×12.28	53×16.68×12	72×17.28×12.08
1.3	整机重量（t）	425	450+70（下导梁）	501+60	527	498	490	420	338	440
1.4	整机功率（kW）	300	266	300	270	300	276	300	300	300
2	机　臂									
2.1	机臂尺寸（m）	64×1.3×2.7	76×1.2×3.0	73.9×1.55×2.8	69×1.2×2.8	75×1.2×2.73	64.3×1.6×4.3	66×1.2×2.7	44.15×1.2×2	72×1.12×3.0
2.2	两机臂中心距（m）	7.0	7.0	6.8	6.5	6.2	16.1	9.0	6.2	9.0
2.3	机臂重量（t）	185	（170+前悬臂30）=200	204+前悬臂38	193	231	219.21	147.6	69	171.36
2.4	机臂跨中挠度及应力、板厚	66.9 mm/189 MPa24/12 mm	62 mm/199.4 MPa25/12 mm		67 mm/188 MPa 30/16 mm	47 mm/175.4 MPa		82 mm/202 MPa 24/12 mm	82 mm/240.2 MPa 20/14 mm	62.4 mm/178 MPa 24/12 mm
2.5	挠度比	1/514	1/576		1/528		1/629	1/427		1/512
2.6	机臂后悬臂梁段（2号小车提梁）挠度及应力、板厚	6.7/29.2 mm 189MPa	6m/177.0MPa 25/12 mm		4m/180MPa /88 mm 24 mm、12 mm	（非尾部提梁）	上弦杆 244 t	352 mm/151.3 MPa（过孔时 1 号柱纵移到位－大臂）	无工况	有 3 号腿 2 号起重小车提梁无悬臂
3	后支腿									
3.1	后支腿重量（t）	74	85	95.8	83	（2 号支腿）80	27.1	57	17.42	60
3.2	后支腿形式	U 形	闭式 O 形	闭式 O 形	闭式 O 形	闭式 O 形	Ω 形	Ω 形	Ω 形	Ω 形
3.3	后支腿可拆部分	下横 1.8 m（宽）×1.4 m	下横梁 13.4 m×1.8 m×1.8 m	下横梁	下横梁 11.9 m×2.54 m×2.0 m	下横梁 14.7 m×1.8 m×1.15 m	不拆	不拆	不拆	不拆
3.4	后支腿驱动走行功率	4 kW×4	4 kW×2×2	4 kW×2×2	3 kW×4	3 kW×4	4 kW×8	75 kW×1	无动力	55 kW×2
3.5	走行形式重量	双线轮轨、轨道中心距 6.0 m、轨道重 14 t	单轨、轨道中心距 6.0 m、轴距 1 440 mm、轮径 800 mm	双轨、轨距 1 000 mm 轴距 1 200 mm、轮径 500、轨道中心距 5.9 m	双轨、轨距 900 mm、轴距 1 200 mm、轮径 500 mm、轨道中心距 6.2 m	单轨、轨道中心距 6.2 m、轮径 600（数量 4×2）轴距 700	轮轨 1.712 t×4（左右各两个台车组）	轮胎	无动力	轮胎

续上表

序号	项目	1	2	3	4	5	6	7	8	9
3.6	后支腿油泵	4 kW（顶升、收缩）				4 kW×1 ×2 迴转		15 kW 迴转	1.5 kW×4（中、后支腿升降，后天车纵横移）	11 kW 迴转
4	起重小车									
4.1	起重小车重量	43 t×2	45 t×2（不含4台卷扬、含吊具12）	32 t×2	62 t×2	60 t×2（含吊具）	80 t（含吊具）×2	53.4 t×2	23.6 t×2	53.4 t×2
4.2	起升总功率	17 kW×4 ×2=136 kW	37 kW×4	37 kW×4	25×4×2	42 kW×2 ×2	37 kW×2×2=148 kW	22 kW×4 ×2	30 kW×4 ×2	22 kW×4 ×2
4.3	起重小车纵移功率	（5.5 kW×4）×2	（11 kW×2）×2	18.5 kW×4	（2.2 kW×8）×2	（3 kW×8）×2	（3 kW×8）×2	37 kW×1 ×2（液压链轮）	液压纵移 ±300 mm	37 kW×1×2（液压链轮）
4.4	起重小车横移油泵功率	4 kW 泵站	4 kW×2 泵站	螺杆螺母电机 2.2 kW×4	7.5 kW×2 泵站		6 kW×2 泵站	同上油泵供油（油马达×2、制动×4×2、横移油缸×1×2 同上油泵供油）	液压纵移 ±200 mm	同上油泵供油（油马达×2、制动×4×2、横移油缸×1×2 同上油泵供油）
4.5	钢绳直径、单绳拉力	28 mm（倍率10）	36 mm（倍率24）123.7 kN	28 mm（倍率24）110 kN	36 mm（倍率12）135 kN	30 mm（倍率12）250 kN	33.5 mm（倍率28）	24 mm（倍率16 ×2）、单线 7.1 t		24 mm（倍率16 ×2）、单线 7.1 t
5	前支腿（变跨）									
5.1	前支腿重量（t）	38	20	20	21.4	24	26.5	36	22.05	25
5.2	前支腿纵移功率	2.2 kW×2			无（被动）	1.5 kW×2	无	0.3 kW×8	无动力	0.37 kW×8
5.3	前支腿油泵功率	4 kW（顶升、收缩）			7.5 kW×1			无	1.5 kW×4（前天车纵横移，前吊点）	1.5 kW×1
6	其　他									
6.1	辅助支腿重量（t）		15.1	16.25	16.6				下导梁：131.7 t，53 m×1.8 m×2.4 m，中心距 5.0 m	
6.2	辅助支腿走行功率			4 kW	4 kW×4				纵移托辊：1.5 kW×4 泵站，与纵移天车配合下导梁纵移	
6.3	辅助支腿伸缩油泵	7.5 kW	7.5 kW		7.5 kW					
6.4	辅助吊吊重、卷扬、纵移、横移功率		40 t×2、移动距离 20m、11 kW×2 2.2 kW×2（油泵）	提升油缸 ϕ200×400 横移油缸 ϕ50×400 纵移链传动	80 t、11 kW×2、2.2 kW×4、1.1 kW×2（油泵）				纵移天车：变跨，吊前、中、后支腿、导梁。重 15.62 t，5 kW×4 泵站	

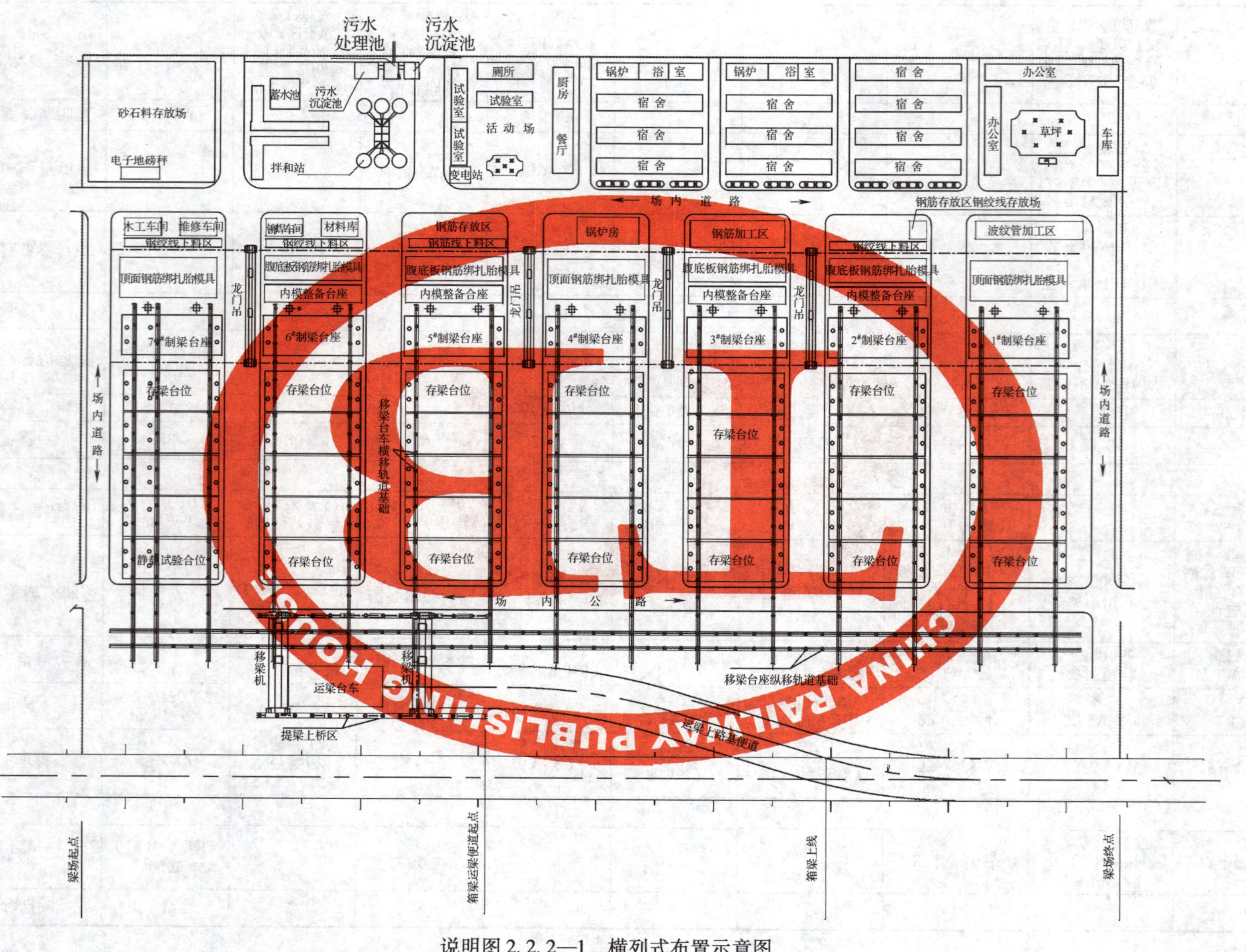

说明图 2.2.2—1 横列式布置示意图

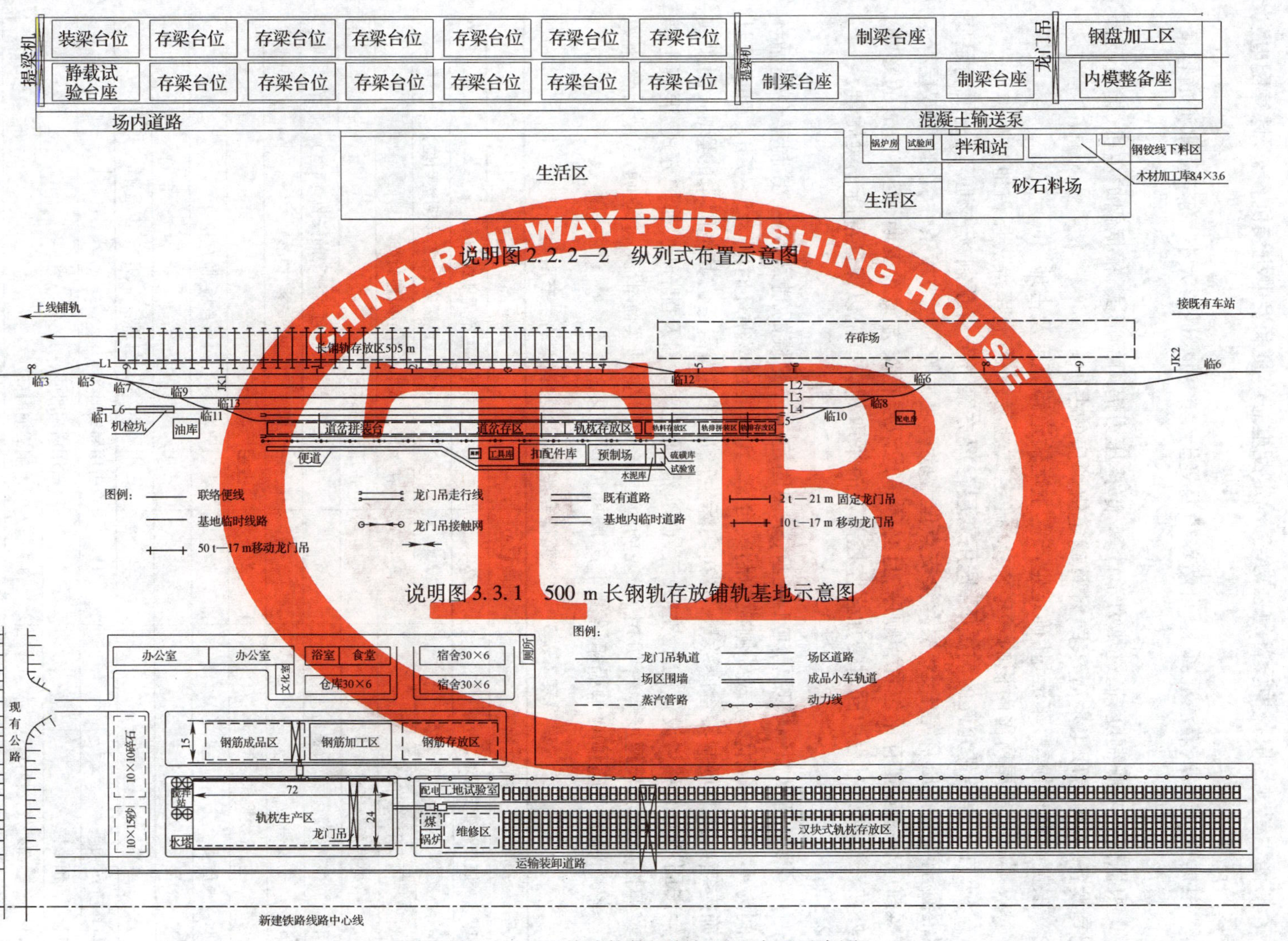

说明图 2.2.2—2 纵列式布置示意图

说明图 3.3.1 500 m长钢轨存放铺轨基地示意图

说明图 4.3.1 双块式轨枕预制场平面布置示意图

按照梁体混凝土的施工时间确定拌和站的拌和能力及与之相匹配的泵送能力，按照连续10～15 d生产的需求，计算确定拌和站和存料场的占地。

根据生产过程中各种设备的总功率，确定配电总容量和发电机装机容量，计算配电发电区的占地。

根据蒸汽养护、灌注混凝土、自然养护混凝土生产用水量的大小，确定蓄水池的容量，计算蓄水池占地。

根据蒸汽养护制度，通过热力学计算，选择压力锅炉的形式，根据锅炉主机、辅机及其配套设备，并考虑职工生活要求，计算确定锅炉房的占地。

根据材料运输量，车流量，确定生产区主运输道路宽度及占地。

根据临时房屋所需面积的参考指标，确定试验室、物资仓库等房屋占地。

3 在工程条件允许的前提下，选用双层存梁方案可节省预制场占地，但是须满足底层混凝土梁张拉压浆完毕、双层存梁支点位置验算通过等工程技术条件，在选用双层存梁方案前应合理安排存梁位置和顺序，且必须考虑双层存梁方案对工期、工序造成的影响，另外在双层存梁过程中同时需加强监控并及时采取相应措施以保证混凝土梁质量。

2.2.5

1 根据箱梁预制场现场施工经验，采用固定式外侧模的制梁台座，其制梁台座循环时间为4～6 d；采用移动式外侧模的制梁台座，其制梁台座循环时间为5～7 d。可以此计算确定箱梁预制场制梁台座数量，但在实际生产过程中尚需考虑其他因素的影响，制梁实际生产周期与搬移梁设备的工效、天气气候、混凝土原材料及配合比、养护方式、混凝土强度及弹性模量增长速度等密切相关，现场应根据工程项目实际情况合理确定制梁台座数量。单个制梁台座预制单榀箱梁的生产周期见说明表2.2.5。

说明表 2.2.5 单个制梁台座预制单榀箱梁的生产周期

序号	工序名称	时间(h)	备 注
1	底腹板钢筋绑扎	24	在胎具上绑扎不占用周期时间
2	吊装内模	2	不占用周期时间(包括安装、初步调整到位)
3	顶板钢筋绑扎	24	在胎具上绑扎不占用周期时间
4	外模板及底模整修	2	占用周期时间
5	整体钢筋骨架吊装	6	占用周期时间2 h(包括骨架的安装、调整)
6	安装端模	3	占用周期时间(包括安装、调整)
7	内、外模调试	2	占用周期时间
8	质量检查	3	占用周期时间(包括自检、临理检查)
9	混凝土浇注	6	占用周期时间
10	蒸养	22	占用周期时间(包括静养、升温、恒温、降温)
11	松内模	1	占用周期时间
12	预张拉	2	占用周期时间
13	拆卸外模支撑件	1	占用周期时间
14	拖内模	6	其中拖内模占用周期时间2 h
15	初张拉	3	占用周期时间
16	搬梁机搬梁	2	占用周期时间

箱梁的存梁周期 = 箱梁到存梁台位的终张拉时间 + 成品梁中上拱度检测龄期。结合已建项目,箱梁存梁周期设计可按 45 d 考虑。根据箱梁预制场现场施工经验,工地实际存梁时间与搬移梁设备的工效、天气情况、养护方式、架梁速度、架桥机中途拆装及调头等因素密切相关。另外,是否在制梁场内进行混凝土梁防水层、保护层的施工,对确定存梁台位数量也有影响,故现场应根据工程实际情况合理确定存梁台位数量。

制梁台座和存梁台位之间比例应根据制梁工艺流程的作业时间决定,根据工程经验,箱梁预制场制梁台座与存梁台位之比一般为 1∶8 ~ 1∶9。制梁台座和架设速度关系是每日架设一榀箱梁需要 5 ~ 6 个制梁台座。

2 考虑到混凝土超灌等因素,台座设计应考虑设计荷载的超载系数。

3 制梁台座上部结构的选型一般根据下部基础刚度情况来进行,下部基础刚度较大者可采用格构式制梁台座,下部基础刚度较小者可采用墙式制梁台座。

5 制存梁台座基础设计目前有按《铁路桥涵基础设计规范》设计的,也有按《建筑地基基础设计规范》设计的,前者是按容许应力法设计,后者是按极限状态法设计,考虑到制存梁台座为临时工程的特点,经技术经济比较,台座基础按《建筑地基基础设计规范》相关规定设计是合理的。

2.2.6 通过对已发布标准梁图的统计,标准梁混凝土用量以及材料用量见说明表 2.2.6—1 ~ 说明表 2.2.6—2。

说明表 2.2.6—1 箱梁及 T 梁混凝土用量表

序号	图号	跨度(m)	梁宽(m)	梁高(m)	混凝土数量(m^3)	备注
1	通桥(2005)2322—Ⅱ	31.5	13.4	3.05	327.62	350 km/h 客专无砟箱梁
2	通桥(2005)2221—Ⅱ	31.5	13.0	2.8/3.0	315.20	250 km/h 客混有砟箱梁
3	通桥(2007)2224	31.5	13.0		268.40	250 km/h 客专有砟箱梁
4	通桥(2005)2201—Ⅰ	31.5	10.96	2.70	225.38	200 km/h 客混有砟 T 梁(双线孔)
5	通桥(2005)2101—Ⅰ	31.5	9.1	2.50	206.74	160 km/h 客混有砟 T 梁(双线孔)

说明表 2.2.6—2 箱梁及 T 梁材料用量表

序号	图号	水泥(t)	碎石(m^3)	中粗砂(m^3)	梁重(t)	备注
1	通桥(2005)2322—Ⅱ	214	228	152	819.05	350 km/h 客专无砟箱梁
2	通桥(2005)2221—Ⅱ	206	220	147	788.0	250 km/h 客混有砟箱梁
3	通桥(2007)2224	173	185	123	720.93	250 km/h 客专有砟箱梁
4	通桥(2005)2201—Ⅰ	147	157	105	585.36	200 km/h 客混有砟 T 梁(双线孔)
5	通桥(2005)2101—Ⅰ	135	144	96	543.11	160 km/h 客混有砟 T 梁(双线孔)

2.2.7 常见箱梁预制场四种搬移梁方式平面布置示意图见说明图 2.2.7—1 ~ 说明图 2.2.7—4:

2 轮轨式搬梁机场内搬移梁及轮胎式搬梁机场内搬移梁

优点:走行通道(轨道基础)数量少;采用四点起吊三点平衡技术,易满足混凝土梁移动的技术要求;操作方便,一般情况下一个预制场配置一套搬梁机即可;台座的排列方式也较灵活。

缺点:一次性投入的机械设备费用高。

两者适用于预制场规模大、混凝土梁周转快、制梁速度要求快的梁场。

轮胎式搬梁机使用灵活,地基处理费用低,但一次性投入的机械设备费用比轨道式搬

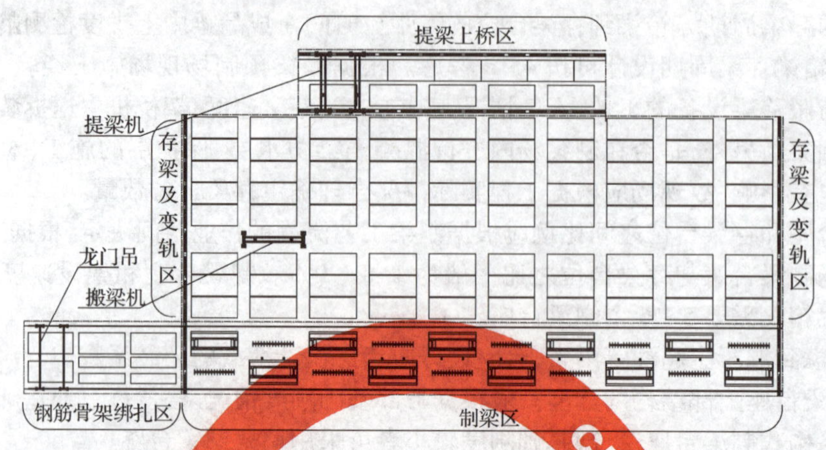

说明图 2.2.7—1　轮胎式搬梁机搬梁、提梁机提梁上桥预制场基本平面布置示意图

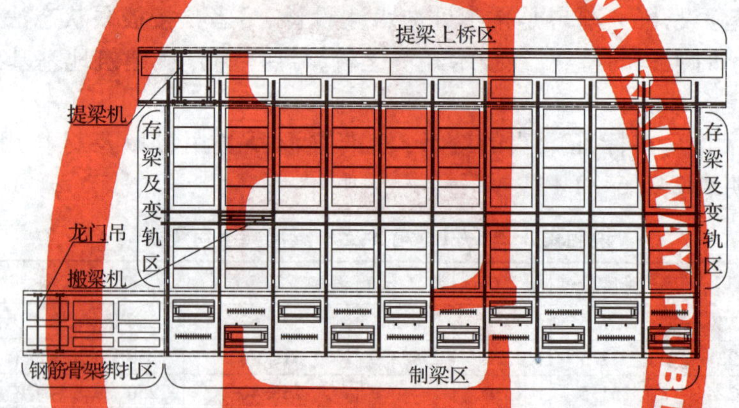

说明图 2.2.7—2　轮轨式搬梁机搬梁、提梁机提梁上桥预制场基本平面布置示意图

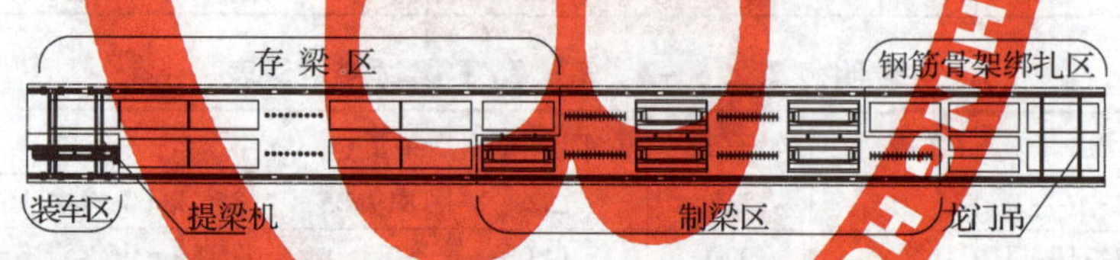

说明图 2.2.7—3　采用提梁机移梁、运梁车经便道出梁预制场基本平面布置示意图

梁机多。在地质情况比较理想的前提下，选用轨道式搬移梁是经济合理的。

3　移梁台车横移法移梁

优点：移梁台车体积小，重量轻，一次性投入的机械设备费用少。

缺点：移梁台车轨道基础数量大，每个制梁台座必须设置两条移梁台车轨道基础，轨道基础及地基处理费用高；操作繁琐，每移走架设一榀混凝土梁，同列中的其他混凝土梁均要相应挪动一次；移梁存在相对较多技术风险，按制梁技术条件要求，混凝土梁移动时四个支点必须共面，其误差不得大于 2 mm，采用移梁台车因受多方面因素影响，实现移梁技术要求相对难度较大。此类型预制场一般另配置提梁机装车或提梁上桥。

适用于预制场地质条件较好、预制场规模小、台座紧临线路呈“一”字形布置。

2.3.2　T 梁制梁场横列式布置示意图见说明图 2.3.2。

2.3.3

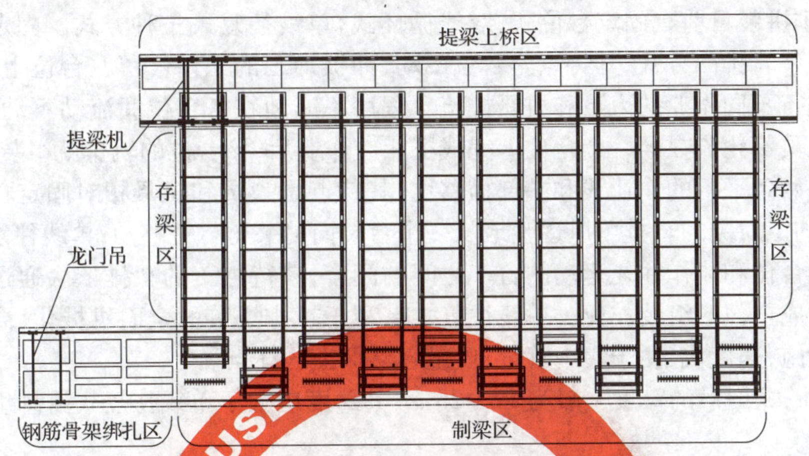

说明图 2.2.7—4　移梁台车移梁、提梁机提梁上桥预制场基本平面布置示意图

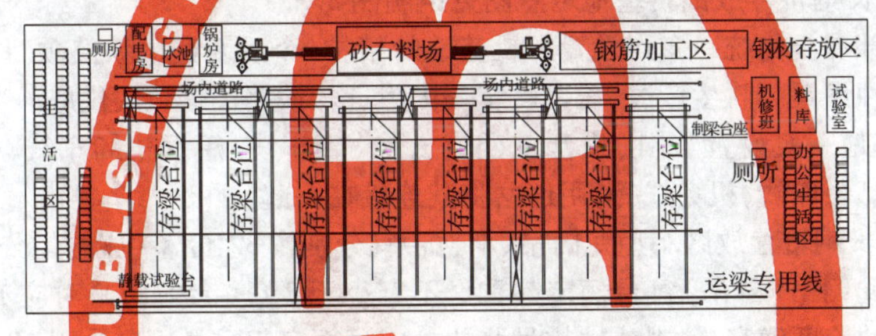

说明图 2.3.2　T 梁制梁场横列式布置示意图

1　公式中每片 T 梁单层存放占用滑道长度(B) = 2 ×(每片梁顶宽 + 梁间最小净距(宜取 0.4 ~ 0.6 m))。

公式中预制每片 T 梁占用单个制梁台座时间(T_3)　宜取 3 ~ 4。

根据建设项目总工期和铺架工程工期安排以及 T 梁预制场供应范围内需要预制的各主要梁型数量,结合 T 梁的制梁周期及存梁周期,分析预制量、供应量以及存储量三者之间的关系,确定存梁台位的数量。

存梁台位数量除按条文中的公式计算外,可按下式计算出最大存储数量再换算成存梁滑道长度后确定,实际存梁台位数量取两者的最大值。max(∑梁场分月累计预制的 T 梁数量 - ∑梁场分月累计供应的 T 梁数量) = max∑梁场分月累计储存的 T 梁数量。

3.1.1

3　拟建铁路与既有线接轨点的数量与位置、轨料的供应地点是影响铺轨基地选址的主要因素,若接轨点在拟建铁路的始点或终点且只有这一个接轨点时,一般情况下,只能在接轨点设置铺轨基地,铺轨工程只能单向进行;若接轨点在拟建铁路中部,则可以从接轨点相背进行铺轨施工,若线路起讫点均与既有线接轨或一端与既有线接轨一端靠近通航河流或港口,铺轨工程可采用两头铺轨;若接轨点比较多时,经过技术经济比选后,可采用多头铺轨方案。特殊的长大线路工期比较紧张且接轨点只有一个情况下,可采取措施在线路中段增设一个铺轨口。

3.1.4　由于大型临时工程铺轨基地岔线和场内线路运行速度低且限期使用,为节省工程投资,故规定了参照Ⅳ级铁路设计标准办理。

3.2.3　轨排拼装目前有固定台位式、双线循环式、单线往复式三种方式。固定台位式为最原始的组装轨排的方式，其特点是台位不动，即被加工的工件停留在台位上不动，在各个台位上进行不同作业的人员和机具按流水程序不断地在各台位间流动不动，当所有工序的作业人员都轮流在同一个台位上完成了相应作业后，该台位的轨排就组装完成；双线循环式设有两条平行的作业线和端部横移坑，其特点是人员和机具相对固定在某个范围不动，作为加工对象的轨排可以逐步地从一个台位向另一个台位移动；单线往复式是依靠能够升降的台位和能作往复运动的台车之间的配合，使待加工的轨排依次通过组装线的各个台位完成全部的组装作业。单线往复式有利于轨排拼装的全面机械化，同时具有节约用地和设施，速度快，便于集中管理、质量容易保证的优点。

3.2.7　目前，龙门吊的跨度一般为 17 ~ 26 m，其跨度应大于单线往复式轨排组装车间最小宽度要求。

3.3.1

1　500 m 长钢轨存放铺轨基地示意图见说明图 3.3.1。

根据铁道部在全路统一布点设置焊轨基地的精神，今后新建的铁路项目铺轨基地内原则上不再单独设置焊轨生产线，长钢轨统一由附近的铁路局焊轨厂供应。

3　铺轨基地一般设置轨料(道岔及混凝土枕)卸车线、短钢轨卸车线、长钢轨装车线、设备停放线、装砟线，机务线等，用道岔将其连接在一起。

8　500 m 长钢轨存放区小型龙门吊、承轨台宜分别按 32 台、64 座均匀分布。长钢轨吊装的固定式龙门吊(群吊)每台额定起重量不宜小于 2 t，1 台龙门吊对应 1 节运轨车，数量根据长轨的长度确定；轨料或轨排吊装的龙门吊额定起重量不应小于 10 t；门吊数量根据生产的需要确定，不宜少于 2 台。为防止长钢轨在装卸、存放过程中产生伤损、变形等缺陷，长钢轨存放承轨台距离、承轨台顶面高差及不均匀沉降应满足铁道相关技术文件的要求。

4.2.1　Ⅰ型轨道板主要工序为：制作模板→模板清扫涂油→组装模板→配置钢筋→浇注混凝土→高温促进养生→脱模→预加应力(PRC 轨道板附加工艺)→湿润养生→移动→加工整饰→储存→搬运。根据现场施工经验，每套模具每日可生产 1 ~ 2 块预制板。

4.2.2　Ⅱ型轨道板具体生产工序可分为以下 15 个步骤：模板准备工作→铺设第一层非预应力钢筋→铺设预应力钢筋和安装侧模及预埋件→张拉预应力钢筋→铺设第二层非预应力钢筋→浇注混凝土→混凝土表面刷毛及混凝土养护→混凝土硬化(16 h)→切断预应力钢筋→吊出预制轨道板→存放预制轨道板(毛坯)→收缩与徐变(30 ~ 60 d)→在承轨台处通过磨削工序实现轨道几何要求→安装轨道扣件→临时存放预制轨道板成品并适时运往工地。根据现场施工经验，每条生产线宜配置 27 套模具，每套模具每日可生产 1 块毛坯板，毛坯板存放不大于 12 层，成品板存放不大于 9 层。

4.3.1　双块式轨枕生产线主要分为钢筋生产线和轨枕生产线。钢筋生产线又包括冷轧螺纹钢筋生产线、钢筋桁架生产线以及箍筋生产线；轨枕生产线的主要工序为：模型清理→喷脱模剂→配件安装→辊道运模→灌造振动→清渣清边→入模推进→养护→脱模→成品运输→成品存放。其中，钢模型如采用 4 × 1 联短模型式，一次可预制 4 根轨枕，每 4 min为一个循环，控制工期的工序为养护工序，养护分静停、升温、恒温、降温四个阶段，采用蒸汽养护，一般需要 12 h。模具数量根据每日轨枕的需求量、养护通道的长度、模具日常修理等因素确定，根据现场施工经验，每日两班制 220 套(有 10% 的在日常维修)模具,可生产 1 600 根双块式轨枕。双块式轨枕预制场平面布置示意图见说明图 4.3.1。

5.2.1 混凝土集中拌和站平面布置见说明图 5.2.1,其供应半径主要受混凝土拌和物运输时间限制,见说明表 5.2.1。

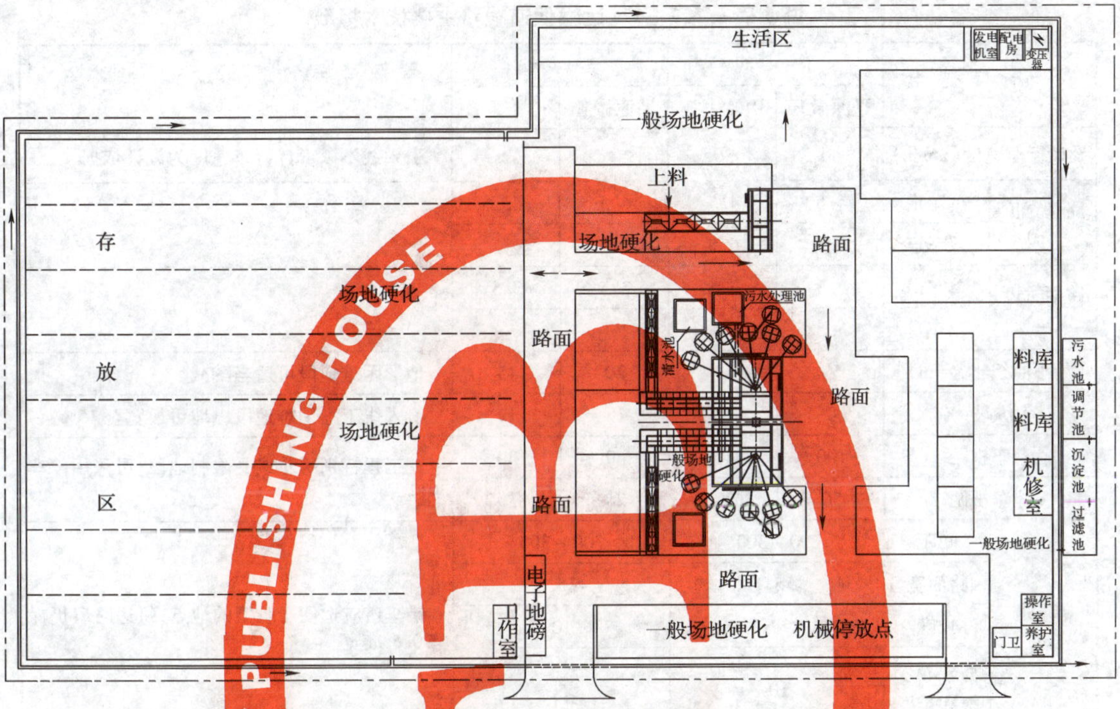

说明图 5.2.1 混凝土集中拌和站平面布置示意图

说明表 5.2.1 混凝土拌和物运输时间限制(min)

气 温 T(℃)	无搅拌运输	有搅拌运输
$20 < T \leqslant 30$	30	60
$10 < T \leqslant 20$	45	75
$5 \leqslant T \leqslant 10$	60	90

5.3.2 填料集中拌和站平面布置见说明图 5.3.2。

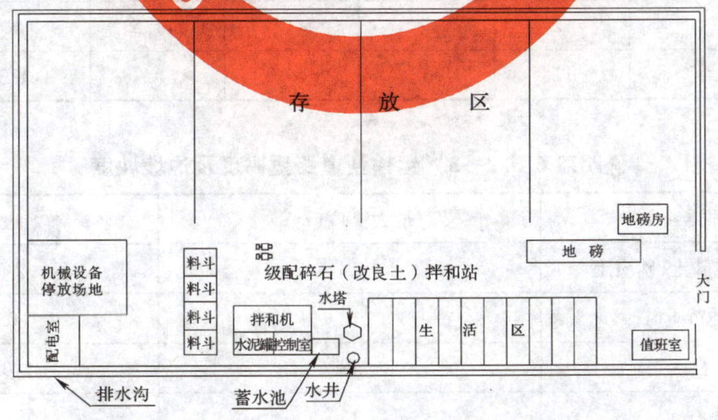

说明图 5.3.2 填料集中拌和站平面布置示意图

6.3.2 运输便道主要技术标准、路堤最大高度及边坡、路堑高度及边坡坡度、各种路面的铺设厚度、常用路面结构及材料规格有关说明见说明表 6.3.2—1 ~ 说明表 6.3.2—5。

说明表 6.3.2—1 运输便道线路主要技术标准

项目		干线		支线		备注
		平原微丘	山岭重丘	平原微丘	山岭重丘	
设计行车速度(km/h)		40	20			引入线不以设计行车速度为设计依据
路基宽度(m)	单车道	4.5	4.5	4.5	4.5	
	双车道	6.5	6.5			
路面宽度(m)	单车道	3.5	3.5	3.5	3.5	
	双车道	5.5	5.5			
最小曲线半径(m)		50	15	20	15	地形困难地段可适当酌减
最大纵坡(%)		8	10	10	12	引入线工程困难地段纵坡可放宽至15%
会车视距		100	40	40	30	在工程特别困难或受限制地段,可采用停车视距
停车视距		50	20	20	15	
错车道(m)	间距	200 ~ 300		200 ~ 300		错车道应选便于瞭望的地点,每边路肩仍保持0.5 m宽
	路面宽	≥5.5		≥5.5		
	长度	≥10		10		
	两端变宽缓和长度	10		5		

说明表 6.3.2—2 运输便道路堤最大高度及边坡

填料种类	最大高度(m)			边坡坡度		
	全部高度	上部高度	下部高度	全部边坡	上部边坡	下部边坡
粉状土或黏性土	12	6	6		1:1.5	1:1.75
砂黏土	12	8	4		1:1.5	1:1.75
中粗砂	12				1:1.5	1:1.75
砾、碎石土	12			1:1.5		
不易风化的石块	12	6	6		1:1.3	1:1.5

说明表 6.3.2—3 运输便道路堑高度及边坡坡度

土壤种类	最大高度(m)	边坡坡度
黏土、砂黏土、黏砂土、砂质土	18	1:1 ~ 1.5
黄土及类黄土	18	1:0.1 ~ 1.25
砾、碎石	18	1:0.5 ~ 1.5
风化岩石	18	1:0.5 ~ 1.1
一般岩石	不限	1:0.1 ~ 直立

说明表 6.3.2—4　各种路面的铺设厚度

路面种类	路基土壤	厚度(cm)	路面种类	路基土壤	厚度(cm)
泥结碎石路面	石质	8	碎砖路面		14~26
	一般土	16	炉渣、矿渣、贝壳路面	一般土	10~14
	松软土	10~14		松软土	14~30
级配碎石	石质	8	砂土路面	一般土	15~20
	一般土	14		松软土	15~30
	松软土	24	石灰土路面	一般土	10~13

说明表 6.3.2—5　常用路面结构及材料规格

路面种类	结构组成		厚度(cm)	材料规格	说　明
泥结碎石	基层(底层)	锥形块石基层	18	锥形块石 14~18 cm,嵌缝用 2.5~3.5 cm 碎石	
		卵石基层	18	大卵石 14~18 cm,嵌缝用 1.5~2.5 cm 石砟或砾石	
		泥结碎(卵)石基层	8	泥结碎(卵)石 3.5~7.5 cm,嵌缝用 2.5 cm 以下小石子,胶结为黏土	
	面层(铺砌层)	泥结碎(砾)石面层	6	碎石用 2.5~5 cm,胶结料为黏土	碎石中含偏平细长的石料不宜多于 20%;黏土用量≤20%(黏土与石料干重比)
	磨耗层	砾、碎石混合料磨耗层	2	砾碎石混合料	
		砂土混合料磨耗层	2	砂土混合料	
级配碎石	基层(底层)	卵石基层	18	大卵石 14~18 cm,嵌缝用 1.5~2.5 cm 石砟或砾石	
		不合级配的砂砾(卵)石基层	8	不合级配的砂砾(卵)石,掺当地土	
	面层	级配碎石	6	符合最佳级配的混和料,胶结料为黏土	
碎砖、炉渣、矿渣、贝壳路面	基层	碎砖基层	8~16	碎砖 7~10 cm,嵌缝用小碎砖或砂砾	碎砖基层须铺中粗砂或炉砟垫层 4~5 cm
		炉渣、矿渣、贝壳基层	8	炉渣、矿渣、贝壳、掺当地土	
		砂基层	8	中粗砂参少量黏土	砂的压实密度约为 1.3~1.4
	面层	碎砖瓦面层	6	碎砖瓦 2~5 cm,胶结料用当地土	
		炉渣、矿渣、贝壳	6	炉渣、矿渣、贝壳等代用料,胶结料用当地土	
	磨耗层	砂土磨耗层	1~1.5	砂土混和料	

6.3.3　便道路面宜采用泥结碎石路面和级配路面,特殊情况下可采用碎砖路面、矿渣路面,引入线可根据当地料源情况选用砂土路面和石灰土路面。路面断面宜采用路槽式、镰刀式、辙道式三种形式。路槽式路面,一般用于运输便道干线和运输量大的引入线。镰刀式和辙道式路面,一般用于运输量较小的引入线。便道中的桥梁墩台宜用浆砌片石或混凝土砌筑,上部构造宜用工字钢梁、军用梁、万能杆件拼装梁、轨束梁等。

8.0.1 改扩建既有线路(车站),由于须维持既有线路(车站)的正常运营,一般都存在施工过渡的临时工程,包括便线、客货运设施、通信和信号及道路、排水等相关的配套工程。

8.0.2 过渡工程是代替因施工而停用的既有设备运营工作的,过渡工程必须满足线路或车站主要运输设备在过渡期间最低通过能力的要求,目的是为满足最低运输要求。

8.0.4 过渡工程须充分利用"天窗"时间,一般铁路工务维修天窗为 90 min,电化铁路"V"停反行天窗为 120 min,"天窗"的时间对于过渡工程各专业联合作业而言是有限的,同时由于过渡时需要多专业联合作业,对行车安全会增加不利因素,故应尽量提高天窗的利用率。同样,线路侧移或拨接,对运营安全影响很大,应尽量减少侧移或拨接。

8.0.5 10 年前正线过渡便线的速度一般为 45 km/h,而现在一般干线的技术标准、列车速度都较 10 年前有很大的提高,施工技术条件也比以前先进得多,因此,为提高运输质量,保障运营安全,应相应提高施工便线的速度目标值。根据近 10 年施工经验,行车速度在 140 km/h 及以上且工程简易的干线,其便线的速度目标值定为 100 km/h 是合适的。考虑到地形地质困难等因素,故规定困难时不应小于 80 km/h。

速度目标值定为 100 km/h,相应的最小曲线半径为 600 m,系根据现行《铁路线路设计规范》(GB 50090—2007)有关规定确定的。

胶济铁路"4.28"安全事故警示我们必须加强过渡工程设计。本条从满足运营需求、保障运营安全的角度出发规定了过渡工程设计采用的标准。

8.0.6 车站过渡工程设在既有和新增工程用地界内,可避免增加临时征地,以节约用地和工程。

8.0.7 车站过渡工程设计方案,是在各相关设计专业配合下作出的,实施过程中,尚需与运营部门如运输、车务、电务、机务、工务等共同制定实施方案,并需根据运输需要作出修改,在各运营部门都做好准备后才能付诸实施。

8.0.8 条文提出的原则,均为多年实践中总结的,是行之有效的方法和经验。一个车站的改扩建,先把新建部分车场(工程)、路基等土方工程做好,既不影响现有铁路的运营,又为施工过渡加大场地,然后铺轨、拨接,分步实施。

8.0.9 在中小站的改扩建中,由于线路纵断面改变或水害等需落坡或抬高车站时,可采用以下几种过渡方案。起落道范围为≤0.2 m及≥0.2 m。

1)原站抬高:当场地宽敞,可侧移一次修建部分新站代替老站,然后利用老站用地及轨道材料扩建完成新站;困难时采用分层抬高方案。

2)原站抬高以便站过渡:便站的高程一般与原地面相近,其平面位置不妨碍原站施工。如相邻区间有第二线与既有线并行登高地段,则可利用第二线位置适当加宽线间距,设置临时纵列式便站和临时客运设施,货运则可修便线至老站货场,然后抬高老站建新站并改建货场。

3)迁站:当原站扩建特别困难,经技术经济比较后,可考虑就近另选站址。对老货场是否迁移,则视具体情况综合比选确定。

4)站内轨道非等高拨接施工过渡:当新线略低于老线,一般可先顺坡落低老线与新线等高后再拨接,此时,应使老线的道砟厚度不小于其最低标准;高差较大时,仍应按以上步骤进行过渡。

8.0.10 客站的改扩建情况多种多样,客运站的施工过渡,不仅要满足铁路运输能力的需要,还要充分考虑客运服务设施的配套,以及与城市相应设施的配合等,施工过渡复杂且涉及面广。施工过渡方案根据不同情况有以下几种：

1）易站重建：一种情况是在老站附近建新站，新站建成后再将老站改作其配套设施；另一种是由于城市发展包围了铁路，互相干扰极大，老站设备简陋，能力严重不足等而将铁路干线和客站全部迁至城市外围。

2）原站重建：当无第二客站过渡时，则需选择规模及站址合适且有可能保留为第二客站的中间站作为临时客站，然后重建原站。

3）原站扩建：老站原规模较大，因需建高架候车室或同时增设到发线，施工过渡可采用轮换停用部分到发线，如增设的到发线不足以代替停用的到发线时，仍需另有车站临时过渡。如郑州客站改扩建采用的是自站新增到发线代替停用到发线方案，徐州客站改扩建采用的是分别在西站和南站作临时过渡方案。

8.0.11 区段站改扩建和施工过渡也是多种的、复杂的，现以横列式为例，一般在单线铁路上多为原站局部改建，而在增建第二线工程中，往往要对其进行较大扩建，一般采用方案如下：

1）原站规模较小，设备简陋，可货运车场与机务段为横列，扩建时将货运车场全部移出与机务段成纵列，老车场改作客运车场而形成客运纵列式的站型。

2）原站既有规模与上述相似，而原站扩建的工程较大，另根据城市规划，经技术经济比较，将区段站全站迁往邻近工业区，而将老站改为客运站。

3）当原站的机务段与车场的相互位置合适（即机务段在“站对右”），原站地形狭窄，经技术经济比较，可移出一方运行方向的通过车场，而形成标准的纵列式站型。

4）在繁忙干线上，当地运量又很大，而引起机务段端咽喉区及尾部牵出线能力紧张，且扩建成纵列式站型的工程量巨大，则可考虑扩建为一级三场横列式站型。

5）在繁忙干线上，由于车站所在城市开行始发、终到旅客列车对数增多，引起需增加一座旅客中间站台，挤占较多货车到发线，此时，经技术经济比较，向机务段端移建通过车场，而将区段站及摘挂列车的到发、调车场及客运车场在原站改建，形成非标准的纵列式站型。

编组站的几种过渡方案：

1）车场横向拓宽，原调车场扩建而驼峰移位，可采用横向移动驼峰线路，先修扩建部分的调车线接通新驼峰，使部分代替原调车线而逐步过渡。

2）车场错位改造，如将二级式改为三级式而无条件直接增设出发场时，则需将原到达场改建为调车场，原调车场改造为出发场。此时，应先新建到达场，并修建临时推送线接原调车场（应避开新调车场改建工程的范围），同时修建新调车场代替原调车场后将其改为出发场。

3）借助枢纽内或路网中的其他编组站，临时担当改建编组站的部分作业后，再对腾出的空闲设备和场地进行改扩建。

9.0.3 防护工程设计方案的实施，由于牵涉到各相关专业和运营部门，因此设计方案还需报送项目建设方审批，并经运营部门确认，重要的需报送铁路局运输管理部门批准；如涉及停运跨局客车、封锁主干线时间较长，对路网运能可能造成较大影响时，应报经铁道部批准。

9.0.6 有重大病害（如崩塌、滑坡或其他等），经多年整治已稳定的既有路堑或有挡护设施的地段，为避免病害重新复发或引发新的病害而引起更大工程，在设计时应慎重对待，尽量保留，不宜轻易对原有边坡进行改动。

9.0.8 岩石路堑刷方如施工方法选择不当，易使既有堑坡产生裂缝，破坏堑坡的整体性，从而影响其边坡稳定，甚至造成永久的病害，危及行车安全。因此，岩石路堑刷方应采用光面、预裂爆破等控制爆破技术。此外，施工刷下的石块易砸坏行车设备（如钢轨、轨枕）和砸伤行人等，故应按规定对钢轨采取覆盖防护和封闭施工的措施，以确保既有设备和行车安全。

9.0.9 挡护工程基础埋置深度不够或暴露时，易遭受自然和人为因素的破坏，而影响既有建筑物的强度和稳定性，甚至酿成更大的危害，因此当基础埋置深度不够时，应对其进行处理并满足有关规范的要求。

9.0.16 在两线并行不等高地段，两线间的路基边坡，对下线而言是路堑边坡，采用路堑坡度值就可稳定。而对上线来说，则为路堤边坡，考虑承受活载的因素，需适当放缓边坡坡率才能稳定，因此，设计两线间的边坡坡度值时，必须考虑上线列车荷载的影响。对边坡坡度值的确定，应依据列荷载大小、工程地质情况、两线相差高度等酌情而定。如边坡放缓后，致使线间距增大，将引起较大工程或线路改动困难时，则应与两线间设置支挡建筑物进行比选。

10.1.2 为保留复垦土源，大临工程在施工前应将表层耕作土预先剥离，并将表土运到指定的永久用地范围临时堆放场置存；并对表土临时堆放地完善排水，对表土进行软覆盖或植草防护。施工利用结束后，作为回填土恢复大临工程占地范围内土地生产力。

10.1.3 由于废弃地的表土层破坏而导致缺乏植物能够自然生根和伸展的介质、水分缺乏，土壤中 pH 值太低、营养物质不足或出现盐碱化等；同时，可能导致毒性物质含量过高，存在限制植物生长的物质如重金属。除了上述土壤条件变劣外，生物种类的减少或丧失给建设生产废弃地恢复带来了更加不利的影响。因此，土地复垦前有必要通过物理、化学、生物等方法对土地进行必要的综合整治。其中：

1）工程整治措施主要包括排土、换土、去表土、客土等。

2）化学整治措施主要包括金属离子沉淀、土壤酸碱度改善、提高土壤肥力等。

3）生物整治措施主要包括植物修复和微生物修复等。

中华人民共和国行业标准

铁建设函〔2005〕285号

新建时速200公里客货共线铁路设计暂行规定

2005—04—25 发布　　　　2005—04—25 实施

中华人民共和国铁道部　发布

前　言

本暂行规定(修订版)是根据铁道部建设管理司的通知要求,在2003年10月铁道部发布并实施的《新建时速200公里客货共线铁路设计暂行规定》(铁建设函〔2003〕439号)基础上对其部分条文进行修订并增加了站场及站后设计等9个章节的内容,适用于旅客列车设计行车速度200 km/h、货物列车设计行车速度120 km/h的客货共线铁路。

本暂行规定(修订版)共分17章,另有2个附录。其主要内容包括:总则、线路平面和纵断面、正线轨道、路基、桥涵、隧道、站场、牵引供电、通信、信息、信号、电力、机务、车辆检修及运用设备、铁路固定设备检测与维修、给水排水、环境保护等。

本暂行规定(修订版)在修订过程中,吸纳了原暂行规定执行以来铁路有关部门的实践经验,对原有条文在实际执行过程中,由于技术设备水平和运营管理等方面的限制很难实施的内容进行了修订,以使其具有更广泛的适用性和可操作性。

本暂行规定(修订版)经广泛征求有关单位和专家的意见后,修订、增订了如下内容:

1. 增加了站场、通信、信息、电力、机务、车辆检修及运用设备、铁路固定设备检测与维修、给水排水、环境保护9个章节的内容;
2. 增订了最大曲线半径标准;
3. 修订了轨下橡胶垫板静刚度标准;
4. 修订了隧道地段无缝线路锁定轨温的设计原则;
5. 增订了基床表层采用级配碎石或级配砂砾石填料的规定;
6. 增订了无砟桥面强振频率不大于20 Hz的竖向加速度允许值;
7. 修订了救援通道的最小宽度和设置原则;
8. 修改了隧道内接触网结构高度的设计原则;
9. 增订了跨线建筑物最短吊弦的设计原则;
10. 增订了电分相装置的设计原则;
11. 修订了不设区间通过信号机及不同情况下设置地面信号机的规定;
12. 增订了地面轨道电路发送列控信息时最小长度的规定;
13. 修订了当列控系统采用目标距离模式曲线控车方式时安全保护距离的规定;
14. 修订了列控系统轨道电路应能适用于交流电力牵引区段纵向不平衡牵引电流限制的规定;
15. 增订了信号机械室应设置综合监测系统等方面的规定。

在执行本暂行规定(修订版)过程中,希望各单位结合工程实践,认真总结经验,积累资料。如发现需修改和补充之处,请及时将意见及有关资料寄交铁道科学研究院(北京市西直门外大柳树2号,邮政编码:100081)和铁道第四勘察设计院(湖北省武汉市武昌区和平大道745号,邮政编码:430063),并抄送铁道部经济规划研究院(北京市海淀区羊坊店路甲8号,邮政编码:100038),供今后修订时参考。

本暂行规定(修订版)由铁道部建设管理司负责解释。

本暂行规定(修订版)主编单位:铁道科学研究院、铁道第四勘察设计院。

本暂行规定(修订版)参编单位:铁道第三勘察设计院、中铁电气化集团有限公司。

本暂行规定(修订版)主要起草人:

铁道科学研究院韩自力、龚增进、黄建苒、徐鹤寿、王厚雄、曾树谷、林之珉、许永贤、张千里、史存林、柯在田、殷宁骏、刘艳青;

铁道第四勘察设计院鄢巨平、王华成、万福英、郑青松、盛志洪、彭良武、刘子文、石先明、周京、邹红、龚平;铁道第三勘察设计院管建华、王海忠、聂影、王哲浩、王铁山、张锐;中铁电气化集团有限公司陆明强、孟祥奎、韩鲁斌、李汉卿、刘峰涛、王作祥。

本暂行规定(修订版)主要会审人:刘伟、李志锋、袁湘鄂、马芳。

目　次

CHINA RAILWAY PUBLISHING HOUSE
TB

1 总 则

1.0.1 为统一新建时速 200 km 客货共线铁路工程设计技术标准,使铁路工程设计符合安全适用、技术先进、经济合理的要求,制定本暂行规定。

1.0.2 本暂行规定适用于新建客货列车共线运行、旅客列车设计行车速度 200 km/h、货物列车设计行车速度 120 km/h 铁路的设计。本暂行规定未包括的内容,应按现行相关铁路设计规范、规定执行或另行研究确定。

1.0.3 全线应按一次建成双线铁路设计。

下列技术标准应根据客、货列车设计行车速度、远期运量或国家要求的年输送能力,在设计中经综合比选确定:

——最小曲线半径;

——正线线间距;

——限制坡度;

——牵引种类;

——动车组机车类型;

——动车组、机车交路;

——车站分布;

——到发线有效长度。

1.0.4 行车指挥方式宜采用调度集中;闭塞类型应采用符合主体化机车信号要求的自动闭塞制式;旅客列车列控方式应采用列车超速防护系统(ATP);车站联锁应采用计算机联锁方式。

1.0.5 车站分布应根据城市分布与规划、国家要求的年输送能力和客车对数以及不同类型客货列车运行速度和技术作业需要,结合地形、地质、水文条件及合理的生产布局要求等研究确定。

区间通过能力设计中,应扣除设备综合维修"天窗"时间,"天窗"时间不应少于240 min。

1.0.6 正线应具备反向行车条件。当车站站间距离较长时,应根据养护维修、运输组织等需营,可考虑预留或设置区间渡线,并应与设置越行站或预留中间站等方案进行综合技术经济比选。

1.0.7 动车段(所)应根据动车组、牵引机车、货物列车及跨线列车的检修、保养作业量和作业性质以及运用需求,并结合邻线与路网中相关段、所的分布,合理设置;动车段(所)的设计应符合部有关规定。

1.0.8 货物列车到发线有效长度应根据运输需求和货物列车长度以及信号控制设备需要确定,且宜与邻接线路的货物列车到发线有效长度相协调。

1.0.9 铁路建筑限界基本尺寸及轮廓应符合图 1.0.9 规定。

1.0.10 设计线需要开行双层集装箱列车时,其设计还应满足相关规定要求。

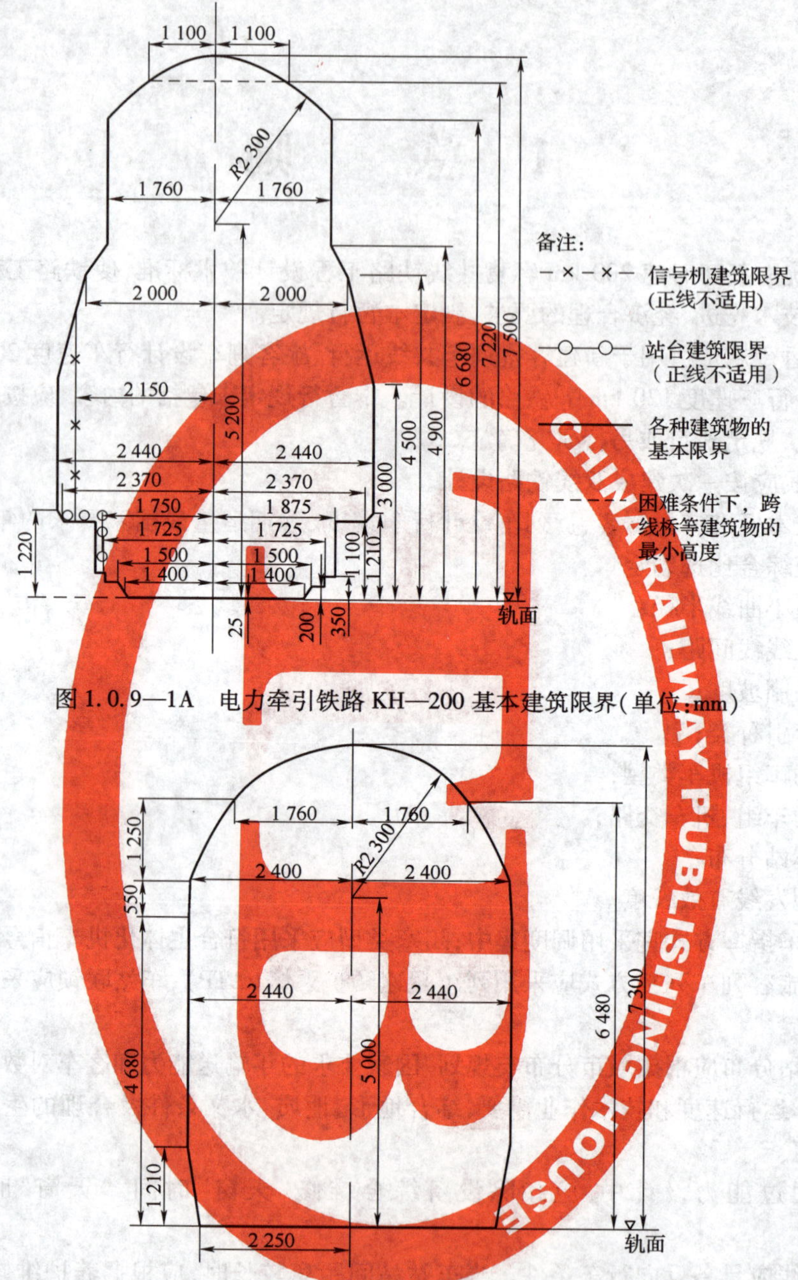

图 1.0.9—1A　电力牵引铁路 KH—200 基本建筑限界(单位:mm)

图 1.0.9—1B　电力牵引铁路 KH—200 桥隧建筑限界(单位:mm)

1.0.11　铁路与道路交叉必须采用立体交叉,铁路两侧应设置防护栅栏。

1.0.12　全线应根据需要设置有关安全监测设备。

1.0.13　在下列地点应设置易于识别的警示,保护标志:

1　铁路桥梁、隧道的两端;

2　铁路信号、通信光(电)缆埋设、铺设地点;

3　电气化铁路接触网、自动闭塞供电线路和电力贯通线路等电力设施附近易发生危险的地方。

1.0.14　采用电力牵引的铁路,若需内燃牵引过渡时,其建筑物和设备应按永久性与临时

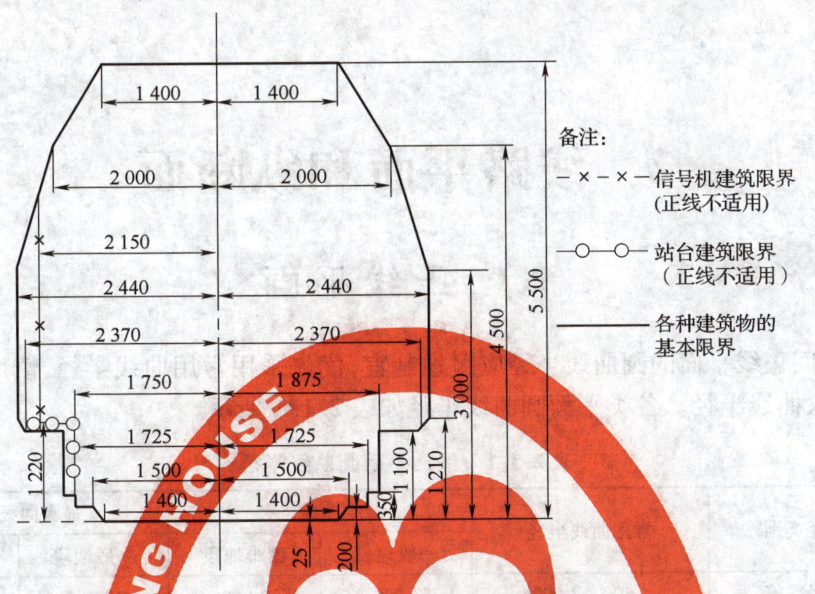

图 1.0.9—2A 内燃牵引铁路 KH—200 基本建筑限界(单位:mm)

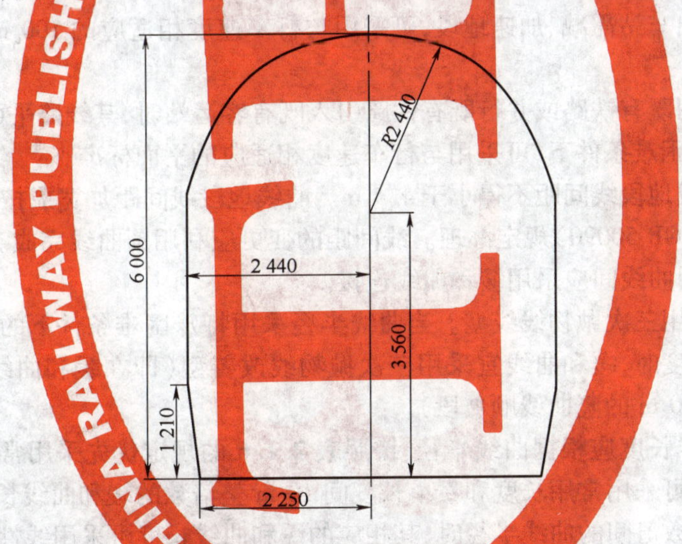

图 1.0.9—2B 内燃牵引铁路 KH—200 桥隧建筑限界(单位:mm)

性相结合的原则设计。

1.0.15 用于计算路基宽度、桥梁、隧道和其他永久性建筑物净空的轨道高度,应按远期运营条件确定。

1.0.16 结构、构筑物抗震设计,应符合现行国家标准《铁路工程抗震设计规范》(GBJ 111)Ⅰ级铁路的标准。

1.0.17 选线设计应避免高填、深挖和长路堑等路基工程,并宜绕避不良地质条件的地段。

1.0.18 铁路设计应高度重视环境保护、水土保持和防灾减灾工作,节约能源和土地,做好文物保护。

1.0.19 铁路设计除应符合本规定外,尚应符合国家现行的有关强制性标准的规定。

2　线路平面和纵断面

2.1　正 线 平 面

2.1.1　区间正线平面的圆曲线半径应因地制宜，优先采用常用曲线半径，慎用最小曲线半径和最大曲线半径。各类平面圆曲线半径如表2.1.1所示。

表2.1.1　线路平面圆曲线半径

曲线半径类别	常用曲线半径	最小曲线半径		最大曲线半径	
		一般地段	困难地段	一般地段	困难地段
曲线半径数值	4 500～7 000	3 500	2 800	10 000	12 000

2.1.2　列车进出车站需减、加速地段，可采用与行车速度相适应的100 m整倍数的曲线半径。

2.1.3　正线利用既有铁路或并行既有铁路引入既有客运站时，其线路平面标准宜与区间正线标准相同。困难条件下，可采用与行车速度相适应的平面标准。

2.1.4　区间直线地段线间距不得小于4.4 m。曲线地段线间距加宽应按国家现行《铁路线路设计规范》(GB 50090)规定办理。线间距的变更应利用圆曲线完成。

2.1.5　直线与圆曲线间应采用缓和曲线连接。

缓和曲线采用三次抛物线线型。当曲线半径采用特殊困难条件下的最小半径、缓和曲线采用最小长度时，缓和曲线宜采用三次抛物线改善型(即在缓和曲线超高的起终点处，插入长度为40 m的竖曲线顺坡段)。

2.1.6　缓和曲线长度应根据曲线半径，按照表2.1.6的规定优先采用常用长度，慎用最小长度；必要时，可采用常用长度和最小长度间10 m整倍数的缓和曲线长度。

当采用表列数值间的曲线半径时，其相应的缓和曲线长度可采用线性内插值，并进整为10 m的整倍数。

表2.1.6　缓和曲线长度(m)

曲线半径	常用缓和曲线长度	最小缓和曲线长度	
		一般地段	困难地段
12 000	50	40	
10 000	60	50	40
8 000	70	60	50
7 000	80	70	60
6 000	90	80	70
5 000	110	90	80
4 500	120	100	90

续上表

曲线半径	常用缓和曲线长度	最小缓和曲线长度	
		一般地段	困难地段
4 000	140	110	100
3 500	160	130	120
3 000	180	150	130
2 800	200	170	

2.1.7 限速地段曲线半径和缓和曲线长度应按表 2.1.7 选用。

表 2.1.7 限速地段曲线半径和缓和曲线长度(m)

限速 v_x(km/h)	限速半径 R_x(m)	最小缓和曲线长度 L_x(m)	
		一般地段	困难地段
180	2 600	140	120
	2 000	160	150
160	2 000	140	120
	1 600	170	160
140	1 600	110	100
	1 200	150	130
120	1 200	90	80
	800	150	130

2.1.8 两相邻曲线间夹直线和两缓和曲线间圆曲线宜采用较长的长度,困难条件下,最小长度不得小于 140 m;特殊困难条件下,经技术经济比选后方可采用不小于 100 m 的最小长度。限速地段夹直线和圆曲线的长度应按表 2.1.8 选用。

表 2.1.8 限速地段圆曲线或夹直线最小长度

v_x(km/h)		180	160	140	120	100
l_J(m)	一般地段	130	130	110	80	60
	困难地段	90	80	70	50	40

2.1.9 正线上缓和曲线与道岔基本轨接缝间的直线段长度应符合下列规定:

1 区间渡线及出岔地段不宜小于 100 m,困难条件下不得小于 70 m;

2 车站两端不宜小于 70 m,困难条件下不得小于 30 m。

2.1.10 特大桥、大桥及大跨度桥梁宜设计在直线上。困难条件下必须设在曲线上时,宜采用较大的曲线半径和常用的缓和曲线长度。

2.1.11 隧道宜设在直线上。受地形、地质条件限制时,可设在曲线上,但不宜设在反向曲线上。

2.1.12 车站的站坪长度应根据远期到发线有效长度、车站布置形式及道岔类型等因素计算确定。

2.1.13 车站正线的平面设计应符合下列规定:

1 车站应设在直线上。困难条件下可设在曲线上,但不得设在反向曲线上。

2　站内曲线半径宜符合区间正线标准。困难条件下，可按通过列车速度确定但不得小于 1 000 m。

3　车站曲线宜采用较小的偏角。

2.1.14　设计线路与既有铁路的联络线，其平面设计标准应根据所确定的行车速度按相应速度标准的新建铁路设计规范或规定执行。

2.2　正线纵断面

2.2.1　区间正线的限制坡度应根据地形条件、列车牵引种类和运输要求比选确定，并应符合国家现行《铁路线路设计规范》(GB 50090)的有关规定。

2.2.2　平面曲线阻力引起的坡度减缓和隧道阻力引起的坡度折减应按国家现行标准《铁路线路设计规范》(GB 50090)的有关规定执行。

2.2.3　相邻坡段的连接宜设计为较小的坡度差。最大坡度差应按国家现行标准《铁路线路设计规范》(GB 50090)的有关规定执行。

2.2.4　纵断面宜设计为较长的坡段。最小坡段长度不宜小于600 m，个别最小坡段长度不应小于 400 m，且连续使用时不得超过 2 个。个别最小坡段长度不得与最大坡度差重叠设置。

2.2.5　竖曲线的设置应符合下列规定：

1　当相邻坡段的坡度差大于等于 1‰时，应以圆曲线型竖曲线连接；

2　竖曲线半径不得小于 15 000 m；

3　竖曲线与竖曲线、缓和曲线、道岔均不得重叠设置；

4　竖曲线与平面圆曲线不宜重叠设置。困难条件下，竖曲线可与常用半径的圆曲线重叠设置。特殊困难条件下，经技术经济比选，竖曲线可与最小半径的圆曲线重叠设置。

2.2.6　正线利用既有铁路或并行既有铁路引入既有客运站时，其线路纵断面标准不宜低于区间正线标准。困难条件下，可维持既有铁路现状或采用并行的既有铁路纵断面标准。

2.2.7　隧道内的坡道可设计为人字坡道或单面坡道，其坡度值不应小于 3‰。寒冷及严寒地区地下水发育的隧道内坡度可适当加大。

路堑地段线路坡度不宜小于 2‰。

2.2.8　车站站坪坡度应符合国家现行《铁路线路设计规范》(GB 50090)的有关规定。

2.2.9　正线与既有铁路的联络线，其纵断面设计标准应按本规定执行，在限制坡度相同时，也可按被连接的既有铁路线标准设计。

2.2.10　竖曲线与缓和曲线、道岔、钢轨伸缩调节器不得重叠设置。

3 正线轨道

3.1 一般规定

3.1.1 正线轨道宜铺设有砟轨道。有条件的隧道、桥梁、路基等地段宜铺设无砟轨道。无砟轨道宜集中铺设。

3.1.2 正线应采用60 kg/m钢轨,其尺寸允许偏差及平直度和扭曲允许值应符合《250 km/h客运专线60 kg/m钢轨暂行技术条件》的相关规定。

3.1.3 区间正线上应铺设2.6 m长的Ⅲ型无挡肩或有挡肩混凝土轨枕,按1 667根/km铺设。岔区应铺设混凝土岔枕。

3.1.4 弹条Ⅲ型扣件与Ⅲ型无挡肩混凝土轨枕配套使用,弹条Ⅱ型扣件与Ⅲ型有挡肩混凝土轨枕配套使用。轨下胶垫厚度10 mm,静刚度为55~80 kN/mm。

3.1.5 正线有砟轨道道床应符合下列规定:

1 道砟材料应符合《铁路碎石道砟》(TB/T 2140)中一级道砟标准;

2 正线道床枕下厚度为30 cm,单线道床顶面宽350 cm,砟肩堆高15 cm,道床边坡1∶1.75,双线道床顶面宽度应分别按单线设计;

3 铺设Ⅲ型轨枕地段道床顶面与轨枕中部顶面平齐;岔枕、桥枕等其他轨枕地段道床顶面低于轨枕承轨面3 cm;

4 桥上枕下道床厚度为35 cm,线路中心线一侧砟肩、边坡与区间相同,线路两侧的道床砟肩与挡砟墙之间以道砟填平;

5 硬质岩石路堑、隧道内道床厚度为35 cm;隧道内线路中心线一侧砟肩、边坡与区间相同,砟肩与边墙(或高侧水沟)之间以道砟填平;

6 线路开通前道床状态参数应满足表3.1.5的规定。

表3.1.5 道床状态参数指标(平均值)

参数	枕下道床密度(g/cm^3)	枕下道床刚度(kN/mm)	道床横向阻力(kN/枕)	道床纵向阻力(kN/枕)
参数测试值	≥1.70	≥100	≥10	≥12

3.1.6 无砟轨道可采用板式、轨枕埋入式和双块式3种结构形式,并应符合下列规定:

1 设计动轮载采用300 kN;

2 钢轨扣件应采用有足够高低和轨距调整量的弹性扣件,桥上宜采用小阻力弹性扣件,扣件的间距应不大于650 mm;

3 无砟轨道与有砟轨道间应设置过渡段;

4 不限速地段的曲线外轨超高设置应符合表3.1.6的规定。

表 3.1.6 无砟轨道曲线地段外轨超高

曲线半径(m)	外轨超高(mm)	曲线半径(m)	外轨超高(mm)
12 000	20	5 000	45
10 000	25	4 500	50
8 000	30	4 000	55
7 000	35	3 500	65
6 000	40	3 000	75
5 500	40	2 800	80

3.1.7 正线轨道铺设精度应符合表 3.1.7—1 和表 3.1.7—2 的规定。

表 3.1.7—1 有砟轨道平顺度铺设精度(mm)(静态)

项　目	高 低	轨 向	水 平	扭 曲	轨 距
幅　值	3	3	3	3	±2
测量弦长(m)	10		—	基线长 6.25 m	—

表 3.1.7—2 无砟轨道平顺度铺设精度(mm)(静态)

项　目	高 低	轨 向	水 平	轨 距
幅　值	2	2	1	±1
测量弦长(m)	10		—	—

3.2 跨区间无缝线路

3.2.1 正线轨道应按一次铺设跨区间无缝线路设计。

3.2.2 根据线路通过地区的历年最高、最低轨温，计算设计锁定轨温及锁定轨温范围，并进行钢轨断缝检算，划分不同设计锁定轨温范围的线路区段。设计锁定轨温应符合下列规定：

1 路基地段无缝线路设计锁定轨温按下列公式计算：

1)设计锁定轨温：

$$T_e = \frac{T_{max} + T_{min}}{2} + \frac{[\Delta T_d] - [\Delta T_c]}{2} \pm \Delta T_k \qquad (3.2.2\text{—}1)$$

式中 T_e——设计锁定轨温(℃)；

T_{max}——当地历年最高轨温(℃)；

T_{min}——当地历年最低轨温(℃)；

$[\Delta T_d]$——允许温降(℃)，其计算方法见本暂行规定附录 A；

$[\Delta T_c]$——允许温升(℃)，其计算方法见本暂行规定附录 A；

ΔT_k——设计锁定轨温修正值(℃)，一般可取 0～5 ℃。

2)设计锁定轨温范围：

设计锁定轨温范围为 T_e ±5 ℃

3)设计锁定轨温上、下限应满足下式要求：

$$最大温升幅度\ \Delta T_{cmax}=T_{max}-T_{n}\leqslant[\Delta T_{c}] \quad (3.2.2—2)$$

$$最大温降幅度\ \Delta T_{dmax}=T_{m}-T_{min}\leqslant[\Delta T_{d}] \quad (3.2.2—3)$$

4)无缝线路应在设计锁定轨温范围内锁定，且相邻单元轨的施工锁定轨温差不应大于5 ℃，同一单元轨节左右单元轨的施工锁定轨温差不应大于3 ℃。

5)无缝线路还应进行钢轨断缝检算：

$$\lambda=\frac{EA(\alpha\Delta T_{dmax})^{2}}{r}\leqslant[\lambda] \quad (3.2.2—4)$$

式中 λ——钢轨折断断缝值；

E——钢轨钢的弹性模量；

A——钢轨的断面积；

α——钢轨钢的线膨胀系数；

r——一股钢轨的线路纵向阻力；

$[\lambda]$——允许断缝值，可取7 cm。（对于无砟轨道，当不能在设计锁定轨温范围内锁定时，允许断缝宽度可适当加大，但不得超过10 cm。

2 桥上无缝线路

桥上无缝线路应按《新建铁路桥上无缝线路设计暂行规定》设计。

3 道岔区无缝线路

1)道岔设计应满足跨区间无缝线路的允许温升和允许温降要求，各联结件应牢固、耐久、可靠；

2)岔区无缝线路的允许温降和允许温升计算见本暂行规定附录A；

3)无缝道岔尖轨尖端与基本轨、左右两股尖轨的相对位移以及可动心轨尖端与翼轨的相对位移应分别满足道岔结构及转辙机机械性能的要求；

4)当正线道岔区中无缝道岔对向连接时，应将附加纵向力的分布进行叠加后，按本暂行规定附录A的要求检算岔间夹直线的允许温升和允许温降；

5)无缝道岔的设计锁定轨温范围应与两端区间无缝线路的设计锁定轨温范围一致。

4 隧道地段无缝线路

1)当隧道内外无缝线路设计锁定轨温不同时，应保证自隧道口向隧道内延伸200 m范围内的无缝线路设计锁定轨温与隧道外区间无缝线路设计锁定轨温一致。

2)隧道口轨温过渡区段应根据计算加强锁定。

3.2.3 根据线路地段条件、长钢轨基地焊接、运输、铺设、工地焊接及无缝线路锁定工艺，确定长钢轨及单元轨节长度，编制单元轨节铺设表。单元轨节长度宜1 000～2 000 m。在单元轨节长度调整地段，单元轨节长度不得小于200 m。

表3.2.4 焊接接头平直度标准(mm/m)

部位	接触焊	气压焊、铝热焊
顶面	+0.3 0	+0.3 0
内侧工作面	+0.3 0	±0.3
底面	+0.3 0	+0.3 0

3.2.4 钢轨焊接接头应符合下列规定：

1 钢轨焊接应采用闪光焊。焊接接头应符合铁路钢轨焊接质量有关技术条件。焊接接头平直度标准应满足表3.2.4的要求。

2 焊缝位置

1）工地焊接头（包括长钢轨单元焊接头，单元轨节锁定焊接头）两股钢轨相错量不宜超过100 mm；

2）道岔内各焊接接头焊缝相对于设计位置的偏差不得超过±2 mm，由道岔前端和辙叉跟端接头焊缝所决定的道岔全长偏差不得超过±20 mm；

3）无砟桥桥台附近的无缝线路单元轨节始、终端应设置在距桥头不小于100 m的有砟轨道上。

3.2.5 胶接绝缘接头应符合下列规定：

1 钢轨应与区间线路钢轨同钢种、同类型；

2 胶接绝缘接头应满足《胶接绝缘钢轨技术条件》（TB/T 2975）的各项要求；

3 两股钢轨的绝缘接头应相对铺设，绝缘接头夹板端头距轨枕边缘不宜小于100 mm。

3.2.6 钢轨伸缩调节器设置应符合下列规定：

1 钢轨伸缩调节器应尽量少用（或不用），原则上只在桥上或岔区无缝线路并经过检算必须采用时方可使用；

2 伸缩调节器的基本轨应与区间线路钢轨同钢种、同类型，尖轨采用AT轨；

3 伸缩调节器的技术性能应符合《曲线型钢轨伸缩调节器及铺设、养护维修技术条件》（TGW 35—95）的规定。

3.2.7 无缝线路位移观测桩的设置应符合下列规定：

1 线路和道岔均应按单元轨节设置位移观测桩，其设置规定见图3.2.7—1（1）（2）、图3.2.7—2、图3.2.7—3及图3.2.7—4。

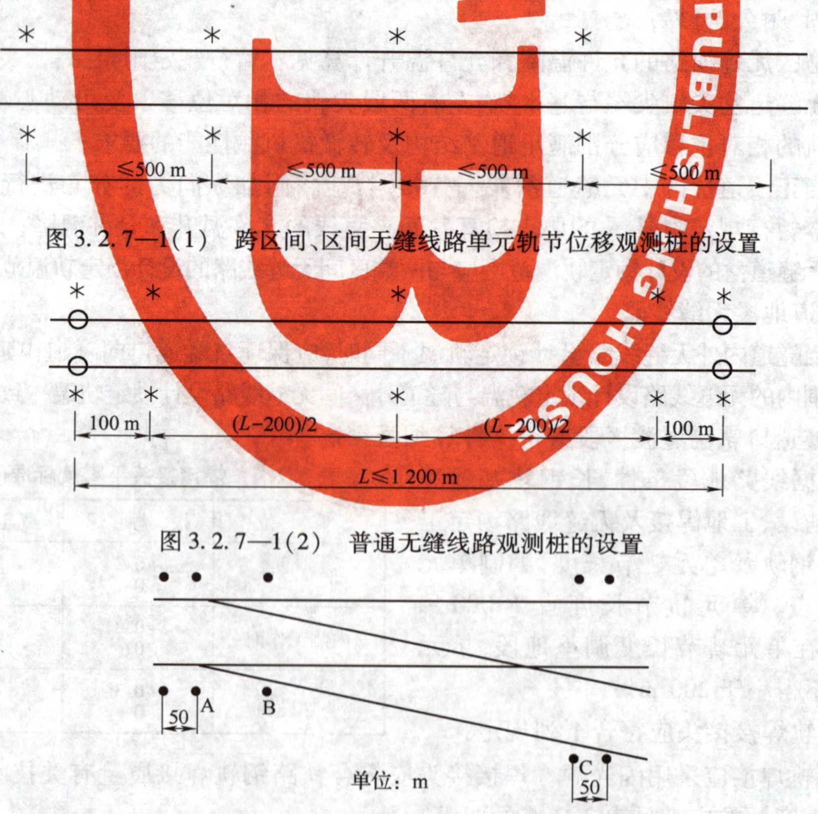

图3.2.7—1（1） 跨区间、区间无缝线路单元轨节位移观测桩的设置

图3.2.7—1（2） 普通无缝线路观测桩的设置

图3.2.7—2 单组道岔位移观测桩的设置

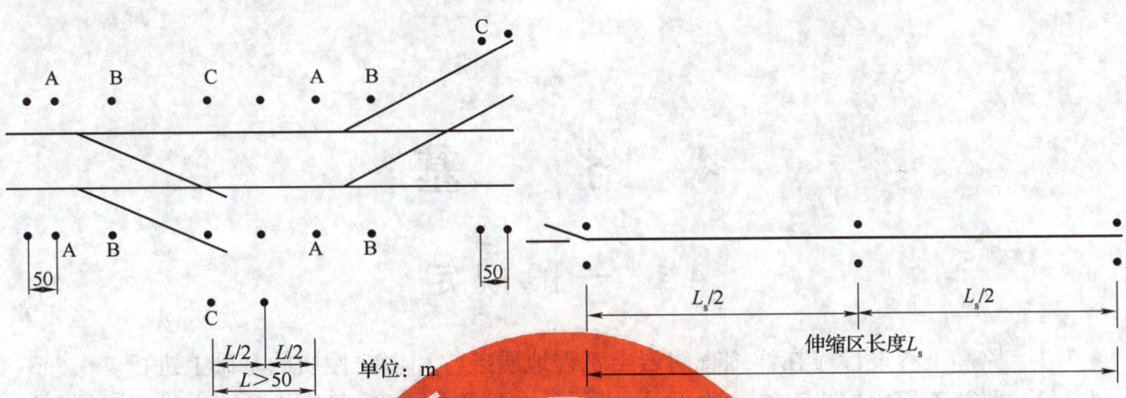

图 3.2.7—3 多组焊联道岔位移观测桩的设置

注：1 图中“·”表示位移观测桩，“*”表示单元轨节始端或终端；

2 图中 A、B、C 分别表示岔头、限位器、岔尾的对应位置设置位移观测桩；

3 当 $L \leqslant 50$ m 时，可不在中间设置位移观测桩。

图 3.2.7—4 伸缩调节器伸缩区位移观测桩

2 位移观测桩必须预先埋设牢固，在单元轨节两端就位后立即进行标记，标记应明显、耐久、可靠。

3.3 道 岔

3.3.1 正线道岔应采用 60 kg/m 钢轨可动心轨道岔。

3.3.2 相邻正线道岔间插入的钢轨长度应符合以下规定：

道岔对向设置，且有列车同时通过两侧线时，插入钢轨长度不应小于 50 m；当受站坪长度限制时，插入钢轨长度不应小于33 m；当无列车同时通过两侧线或道岔顺向设置时，插入钢轨长度不应小于 25 m。

3.3.3 道岔不应设置在路堤与桥台连接处，并不宜设置在路堤与涵洞、路堑连接处的过渡段上。

3.4 轨道附属设备及常备材料

3.4.1 正线平面曲线和竖曲线线路应设置线路基桩。

3.4.2 轨道附属设备及常备材料应符合下列规定：

1 线路标志应按国家现行标准《铁路线路设计规范》(GB 50090)执行；

2 有砟轨道常备材料宜暂按表 3.4.2 的规定备存。

表 3.4.2 有砟轨道常备材料

材料名称	正 线	其他线
钢 轨	25 m 钢轨每千米 1 根	25 m 钢轨每两千米 1 根
混凝土枕、木枕	每千米 2 根	每千米 1 根
混凝土枕扣件及垫板	每千米 5 套	每千米 2 套
道 岔	单开道岔每 1～100 组备 1 组	
岔 枕	每 1～100 组备 1 组	

4 路　基

4.1 一般规定

4.1.1 路基工程设计应在详细查明岩土工程地质条件和填料性质的基础上进行。

4.1.2 路基工程应按土工结构物设计,必须具有足够的强度、稳定性和耐久性,能够抵抗各种自然因素作用的影响。

4.1.3 填料改良应通过试验提出最佳掺和料、最佳配比及改良后的强度等指标。

4.1.4 路基工程应有完整、系统、通畅的排水设计,并与桥、涵、车站和农田水利灌溉系统衔接。

4.2 路基横断面

4.2.1 路基面应设计为三角形,由中心线向两侧设4%的横向排水坡。曲线加宽时,路基面仍应保持三角形。

4.2.2 路肩宽度应不小于1.0 m。布置有接触网支柱时,支柱内侧到线路中心距离不应小于3.1 m。

4.2.3 路基面宽度双线应不小于12.1 m,单线应不小于7.7 m。

4.2.4 正线曲线地段路基面加宽值按表4.2.4确定。

曲线加宽应在缓和曲线内渐变完成。

表4.2.4　曲线地段路基面加宽值

曲线半径(m)	路基面外侧加宽(m)
>6 000	0.2
3 500 ~ 6 000	0.3

4.2.5 路基横断面按图4.2.5—1 ~ 图4.2.5—6设计。

1　双线路堤

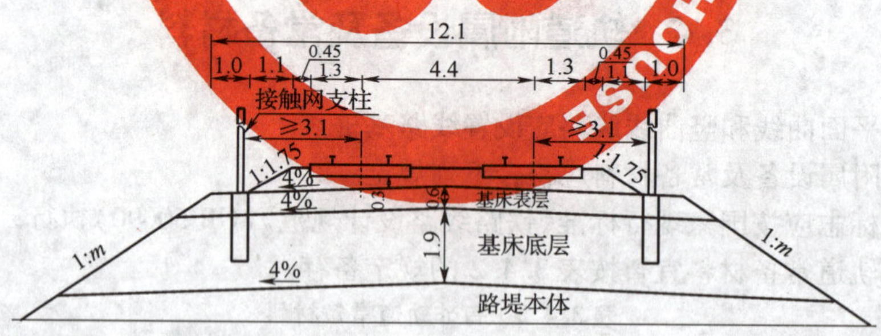

图4.2.5—1　双线路堤标准横断面示意图(m)

2　双线石质路堑

3　双线土质路堑

4　单线路堤

5　单线石质路堑

6　单线土质路堑

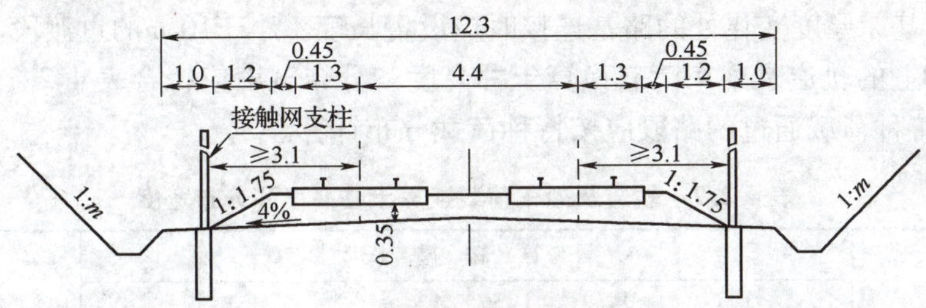

图 4.2.5—2 双线硬质岩石路堑标准横断面示意图(m)

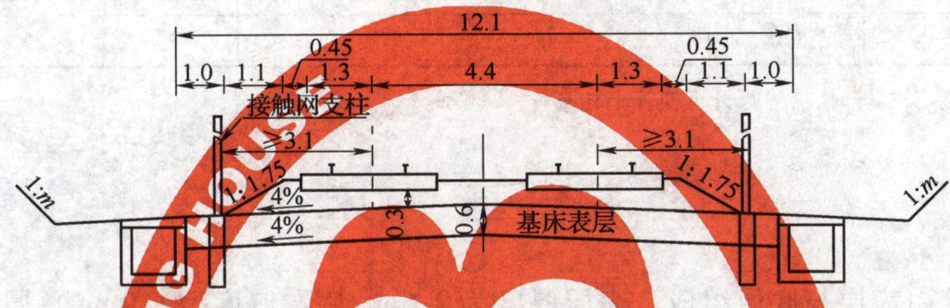

图 4.2.5—3 双线土质路堑标准横断面示意图(m)(适用软质岩石、强风化的硬质岩石及土质)

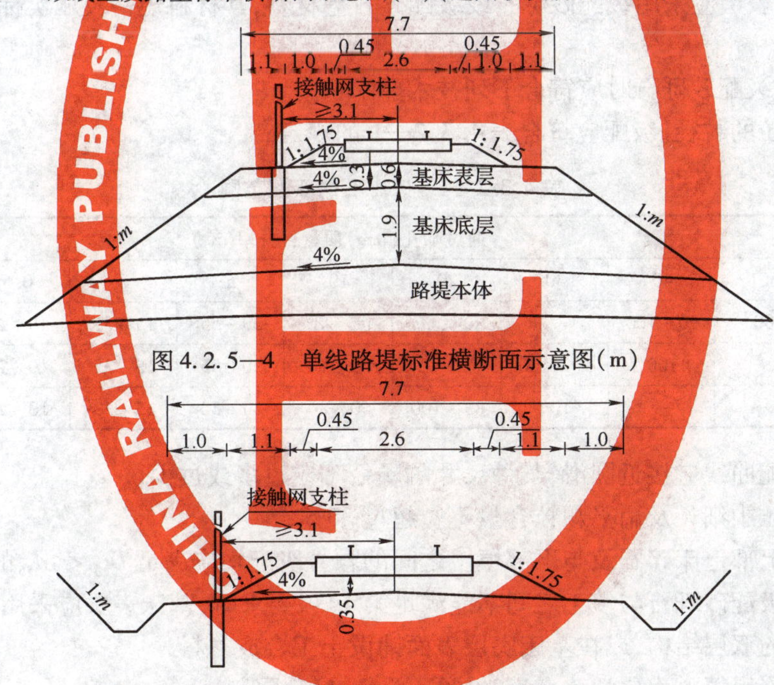

图 4.2.5—4 单线路堤标准横断面示意图(m)

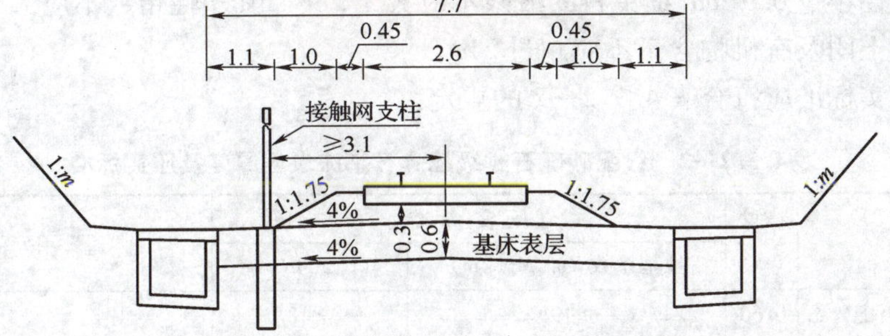

图 4.2.5—5 单线硬质岩石路堑标准横断面示意图(m)

图 4.2.5—6 单线土质路堑标准横断面示意图(m)(适用软质岩石、强风化的硬质岩石及土质)

4.2.6　不同基床厚度变化处的路基连接时应设置长度不小于10 m的过渡段。

4.2.7　路基上的轨道及列车荷载换算土柱高度和分布宽度应符合表 4.2.7 的规定。对于架桥机等特种荷载通过的路段应按特种荷载分布计算。

表 4.2.7　轨道及列车荷载换算土柱高度和分布宽度

设计轴重 (kN)	计 算 高 度 (m)					分布宽度 (m)
	土 的 重 度					
	18 kN/m³	19 kN/m³	20 kN/m³	21 kN/m³	22 kN/m³	
220	3.0	2.8	2.7	2.6	2.4	3.3

注:重度与本表不符时,需另行计算换算土柱高度。

4.3 基　床

4.3.1　基床由表层与底层组成。表层厚度为0.6 m,底层厚度为1.9 m,总厚度为2.5 m。

4.3.2　基床表层应采用级配砂砾石或级配碎石等材料,其材料规格及压实标准应符合下列规定。

1　采用级配砂砾石时应符合下列技术要求:

1)颗粒的粒径、级配应符合表 4.3.2—1 的规定;

表 4.3.2—1　砂砾石的级配范围

级配编号	通过筛孔(mm)质量百分率(%)								
	50	40	30	20	10	5	2	0.5	0.075
1	100	90~100	—	65~85	45~70	30~55	15~35	10~20	4~10
2	—	100	90~100	75~95	50~70	30~55	15~35	10~20	4~10
3	—	—	100	85~100	60~80	30~50	15~30	10~20	2~8

2)级配曲线应接近圆滑,某种尺寸的颗粒不应过多或过少;

3)颗粒中细长及扁平颗粒含量不应超过 20%;

4)与上部道床碎石及与下部填土之间的颗粒级配均应满足 $D_{15} < 4d_{85}$ 的要求;

5)当级配砂砾石与填土之间不能满足第 4)项要求时,基床表层应采用颗粒级配不同的双层结构,或在基床底层表面铺设土工合成材料;

6)当路堤填料为化学改良土时,可不受第 4)项限制;

7)粒径小于 0.5 mm 细集料的液限不应大于 28%,其塑性指数不应大于 6;

8)黏土团及有机物含量不应超过 2%;

9)压实标准应符合表 4.3.2—2 的规定。

表 4.3.2—2　级配砂砾石或级配碎石基床表层厚度及压实标准

填　料	厚度 (m)	压实标准		适 用 范 围
		地基系数 K_{30}(MPa/m)	孔隙率 n(%)	
级配砂砾石或级配碎石	0.60	≥190	<18	路　堤
级配砂砾石	0.60	≥190	<18	软质岩、强风化硬质岩及土质路堑

续上表

填料	厚度(m)	压实标准		适用范围
		地基系数 K_{30}(MPa/m)	孔隙率 n(%)	
级配碎石	0.50	≥190	<18	软质岩、强风化硬质岩及土质路堑
中粗砂	0.10	≥130	<18	

2 采用级配碎石时,应符合下列技术要求:

1)材料粒径、级配及品质应符合《铁路碎石道床底砟》(TB/T 2897)的有关规定;

2)与上部道床道砟及与下部填土之间的颗粒级配均应满足 $D_{15}<4d_{85}$ 的要求;

3)当级配碎石与填土之间不能满足第2)项要求时,基床表层可采用颗粒级配不同的双层结构,或在基床底层表面铺设土工合成材料;

4)当路堤填料为化学改良土时,可不受第2)项的限制;

5)基床表层厚度及压实应满足表4.3.2—2的规定。

4.3.3 基床底层应采用A、B组填料或改良土,其压实标准应符合表4.3.3的规定。

表4.3.3 基床底层压实标准

填料	厚度(m)	压实标准	细粒土	粗粒土	碎石土
A、B组填料及改良土	1.9	地基系数 K_{30}(MPa/m)	≥110	≥120	≥150
		压实系数 K	≥0.95	—	—
		孔隙率 n(%)	—	<28	<28

注:K 为重型击实标准。

4.3.4 在水文地质条件复杂或年平均降水量大于500 mm的地区且基床填料易产生病害的地段应对基床部分采取防水或防冻措施。

4.4 路 堤

4.4.1 路堤填料应采用A、B、C组填料或改良土,其压实标准应符合表4.4.1的规定。当选用C组填料中的细粒土、粉砂和软块石时应采取隔水或加强边坡防护等措施。

表4.4.1 路堤填料及压实标准

填料	压实标准	细粒土	粗粒土	碎石土
A、B、C组填料或改良土	地基系数 K_{30}(MPa/m)	≥90	≥110	≥130
	孔隙率 n(%)	—	<31	<31
	压实系数 K	≥0.9	—	—

注:K 为重型击实标准。

4.4.2 以砂类土填筑的路堤,宜在两侧边坡2~3 m范围内分层铺设土工格栅。每层竖向间隔结合碾压层厚度确定,宜为0.5~0.6 m。

4.4.3 路基的工后沉降量一般地段不应大于15 cm,年沉降速率应小于4 cm/年。桥台台尾过渡段路基工后沉降不应大于8 cm。

4.4.4 软土地基沉降计算应符合下列规定:

1 路堤地基沉降量计算时,其压缩层厚度按附加应力等于0.1倍自重应力确定;

2 路堤地基的总沉降量(S)计算应包括瞬时沉降(S_d)和主固结沉降(S_c),对于富含有机质土和泥炭土尚应计算次固结沉降(S_s);

3 双线路堤地基沉降计算时,列车荷载只计算单线。

4.4.5 对于地质条件突变或采用不同处理方法会造成明显沉降差异的地基,应作过渡处理。

4.4.6 软土地基上填筑路堤时,应在边坡坡脚外设置边桩进行水平位移观测,在路堤中心线地面上设置地基沉降观测设备进行沉降观测。在路堤填筑过程中必须严格控制填土速率,控制沉降速率小于 10 mm/d,水平位移速率小于 5 mm/d。并根据观测数据推算地基的最终沉降量。必要时,调整设计使地基处理达到预定的工后沉降控制目标值。

4.4.7 高度小于 2.5 m 的路堤,其基床应符合表 4.3.2—2 及表 4.3.3 的要求。基床范围内的地基为细粒土时比贯入阻力 P_s 值不应小于 1.5 MPa,或基本承载力 σ_0 不应小于 0.18 MPa,不能满足时,应采取土质改良或其他处理措施。

4.4.8 路堤通过洼地或池塘时,应将淤泥、种植土挖除换填。

4.4.9 路堤与桥台连接处应设置过渡段,并符合下列规定:

1 过渡段的长度按下式确定:

$$L = 2h + A \tag{4.4.9}$$

式中 L——过渡段长度(m);

h——路堤高度(m);

A——常数,可取 3 ~ 5 m。

2 在软土地基上,可在台后设置钢筋混凝土搭板。

3 台后过渡段可按图 4.4.9 设计。过渡段的基床表层应符合表 4.3.2—2 的要求。表层以下可用级配碎石分层填筑,其压实度应符合地基系数(K_{30})不小于 150 MPa/m 和孔隙率(n)不大于 28% 的要求。碎石的级配范围应符合表 4.4.9 的规定。

表 4.4.9 碎石级配范围

级配 编号	通过筛孔(mm)质量百分率(%)									
	50	40	30	25	20	10	5	2.5	0.5	0.075
1	100	95 ~ 100	—	—	60 ~ 90	—	30 ~ 65	20 ~ 50	10 ~ 30	2 ~ 10
2	—	100	95 ~ 100	—	60 ~ 90	—	30 ~ 65	20 ~ 50	10 ~ 30	2 ~ 10
3	—	—	100	95 ~ 100	—	50 ~ 80	30 ~ 65	20 ~ 50	10 ~ 30	2 ~ 10

注:颗粒中针状、片状碎石含量不大于 20 %;质软、易破碎的碎石含量不得超过 10 %;黏土团及有机物含量不得超过 2 %。

4 台后基坑应以混凝土回填或以碎石分层填筑压实,并做好横向排水。

5 过渡段应与其相连的路堤按一体同时施工。

6 在台背不易碾压的 2 m 范围内应掺 3 % ~5 % 的水泥。

4.4.10 路堤与横向结构物(立交框构、箱涵等)连接处应设置过渡段。过渡段可按图 4.4.10 设计。但当横向结构物顶面距地面高度小于 1.0 m,且不足路堤高度 1/2 时,可不设过渡段。

过渡段在基床表层以下可用级配碎石填筑,其压实标准应符合地基系数(K_{30})不小于

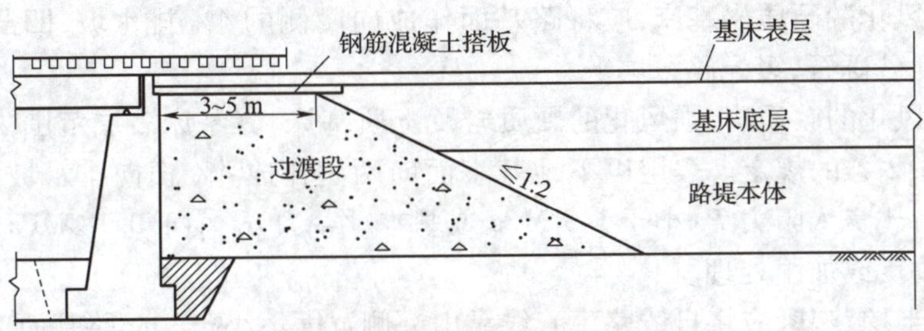

图 4.4.9　台后过渡段

150 MPa/m 和孔隙率(n)不大于 28% 的要求。

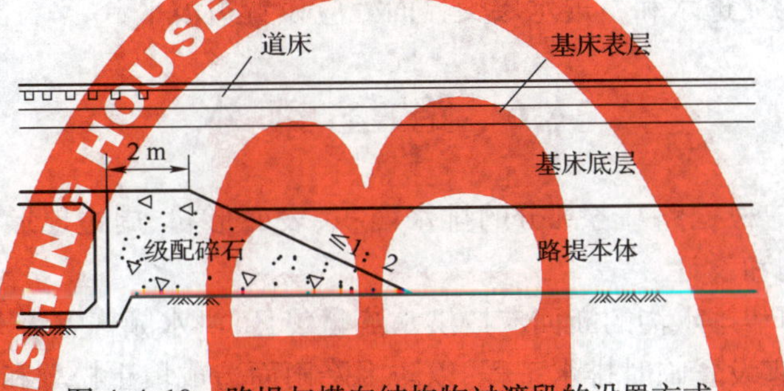

图 4.4.10　路堤与横向结构物过渡段的设置方式

4.4.11　在路堤与路堑的连接处应设置过渡段,设置方式可按图 4.4.11 设计。

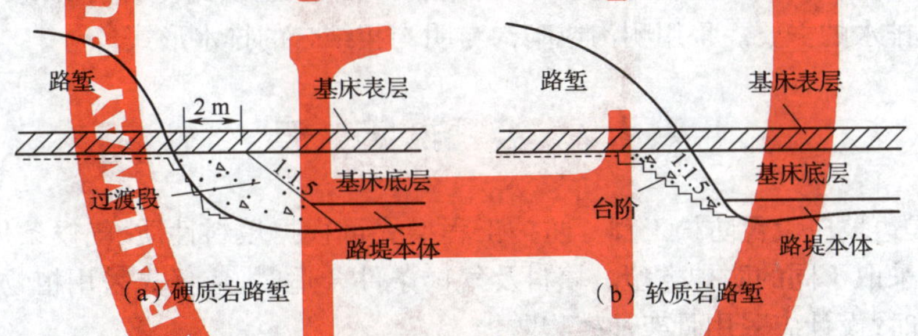

图 4.4.11　路堤与路堑连接处过渡段的设置方式

4.4.12　路基与隧道连接处应根据隧道出口的具体情况参照第 4.4.9 条和第 4.4.11 条设置过渡段。

4.4.13　长期受水浸泡的路堤,其浸水部分应采用水稳性高的填料填筑并适当放缓边坡坡度,同时对边坡进行防护。

4.4.14　对雨季滞水及排水不畅的低洼地段,应以渗水填料或水稳性好的填料填筑,并采取疏导措施。

4.4.15　在地下水位高(地下水位距地表小于 0.5 m)的黏性土地基上填筑路堤时,路堤底部应填筑渗水性填料。有条件时可采取降低地下水位措施。

4.5 路　堑

4.5.1　路堑的边坡高度一般不宜大于 30 m。对于风化严重岩体破碎的石质边坡、特殊岩土边坡和土质边坡,其高度更应严格控制,并采取可靠的支挡防护措施。

4.5.2 不易风化的硬质岩基床，应将路基面作成向两侧的4%排水坡，凹凸不平处应以混凝土或级配砂砾石、级配碎石填平。

4.5.3 对易风化的软质岩、强风化的硬质岩及土质基床，其基床表层范围内应进行换填并符合第4.3.2条的规定。表层以下地基表面向两侧作成4%横向排水坡，且在基床范围内不得夹有比贯入阻力 P_s 小于1.5 MPa或基本承载力 σ_0 小于0.18 MPa的细粒土层。否则应进行改良或加固处理。

4.5.4 半填半挖路基，应将自线路中心线靠山一侧宽度不小于2 m、路基面下1.0 m范围内予以挖除换填，填料应符合基床要求，并设置4%的向外排水坡。

4.5.5 易风化的软质岩层、强风化的硬质岩层及土质路堑应设置侧沟平台，平台宽1.0～2.0 m。在土石分界、透水和不透水层交界面处应设置边坡平台，平台宽1.5～3.0 m。

4.6 路基排水

4.6.1 排水设施应根据路基各部分的排水面积、表面形状、周边地形、地质、地下水状况和气候等条件规划和设计。

4.6.2 侧沟、天沟和排水沟的断面应按洪水流量设计，洪水频率宜为1/50。

4.6.3 施工期间宜设置临时排水工程，以防因降雨而造成填土松软和路堤边坡坍塌。具备条件时应尽快设置永久性排水工程。

4.6.4 软质岩路堑、强风化或构造破碎的硬质岩路堑及土质路堑，侧沟深度和构造应考虑基床表层排水的需要。采用明沟或暗沟与明沟相结合的排水形式。

4.7 坡面防护

4.7.1 路堤边坡应设置防护工程。防护工程型式可根据填料性质、气候条件、边坡高度等具体情况采取不同的防护类型。填料及气候条件合适时，应优先采用植物防护。当采用植物防护时，设计应采用骨架加植物防护。

4.7.2 易风化的软质岩，强风化或构造破碎的硬质岩以及土质路堑（含碎石土、卵石土等地层）的边坡坡面（含边坡平台、侧沟平台）均应进行防护或加固。防护类型应根据岩土性质、气候条件、水文条件及边坡高度等因素确定。

4.7.3 当边坡采用骨架防护时，宜采用带排水槽的结构，并加深骨架埋置深度。

4.8 路基支挡

4.8.1 支挡结构物设计时，轨道及列车荷载换算土柱高度及分布宽度应按表4.2.7计算。

4.8.2 必要时可按附录B所列方法考虑支挡结构受到的列车动力影响。

4.8.3 重力式挡墙应采用片石混凝土或混凝土结构。

4.8.4 挡土墙背反滤层宜采用土工合成材料、无砂混凝土块或其他新型材料。

4.8.5 挡土墙应设置泄水孔，按上下左右2～3 m交错布置，折线墙背易积水处也应设置泄水孔。

4.9 其　　他

4.9.1 电缆槽、接触网支柱基础等应与路基同步施工,并采取防排水措施。

4.9.2 修筑于路肩上的各种设备不得损坏、危及路基的稳固与安全,宜与路基修建同步进行。

5　桥　涵

5.1　一般规定

5.1.1　本暂行规定适用于跨度 L 不大于 96 m 的新建铁路桥梁的设计。

5.1.2　桥梁基本结构型式应符合下列规定：

1　桥梁结构应满足乘坐舒适性和耐久性的要求，桥梁构造应便于检查、养护和维修。

2　桥梁上部结构应采用刚度大的结构型式，宜优先采用预应力混凝土结构，也可采用结合梁结构或钢结构。

3　预应力混凝土梁，宜采用双线整孔箱梁，也可采用两个并置的单线箱梁或整体桥面多片式 T 梁。整体桥面多片式 T 梁应加强横向连接。

4　钢结构桥桥面系不宜采用明桥面。

5　桥梁下部结构宜采用混凝土或钢筋混凝土墩台，不得采用柔性墩台。

5.1.3　桥梁结构原则上宜设计为正交。当必须斜交时，应符合第 5.3.1 条第 4 款关于扭曲的规定。

5.1.4　涵洞宜采用钢筋混凝土圆涵、盖板涵和框架矩形涵，涵洞顶至轨底的高度不应小于 1.2 m，困难条件下涵顶不得高出路基基床底层顶面。

5.2　荷　载

5.2.1　桥涵结构应根据结构的特性和检算内容，按表 5.2.1 中的荷载最不利组合设计。

表 5.2.1　桥　涵　荷　载

<table>
<tr><th colspan="2">荷载分类</th><th>荷　载　名　称</th><th>荷载分类</th><th>荷　载　名　称</th></tr>
<tr><td rowspan="2">主
力</td><td>恒
载</td><td>结构及附属设备自重
预加力
混凝土收缩和徐变的影响
土压力
静水压力及水浮力
基础变位的影响</td><td>附
加
力</td><td>制动力或牵引力
风力
流水压力
冰压力
温度变化的影响
冻胀力</td></tr>
<tr><td>活
载</td><td>列车竖向静活载
公路竖向活载(设计铁路公路两用桥时)
列车竖向动力作用
长钢轨纵向力
离心力
列车横向摇摆力
活载土压力
人行道及栏杆荷载</td><td>特
殊
荷
载</td><td>列车脱轨荷载
长钢轨断轨力
船只或排筏撞击力
汽车撞击力
施工临时荷载
地震力</td></tr>
</table>

注：1　如杆件的主要用途为承受某种附加力，则在计算此杆件时，该附加力应按主力考虑；
2　长钢轨纵向力及与制动力或牵引力的组合，按《新建铁路桥上无缝线路设计暂行规定》办理；
3　流水压力不与冰压力组合，两者也不与制动或牵引力组合；
4　曲线上桥梁的离心力与横向摇摆力组合；
5　列车脱轨荷载、船只或排筏的撞击力、汽车撞击力以及长钢轨纵向断轨力，只计算其中的一种荷载与主力相组合，不与其他附加力组合；
6　地震力与其他荷载的组合见国家现行《铁路工程抗震设计规范》(GBJ 111)。

5.2.2 当主力与附加力组合时，仅考虑一个方向(顺桥向或横桥向)的附加力。

5.2.3 桥涵设计列车活载应符合下列规定：

1 列车竖向静活载采用中华人民共和国铁路标准活载，即“中—活载”。有关设计荷载的采用除本暂行规定提到的规定外、其余按《铁路桥涵设计基本规范》(TB 10002.1—2005)办理。

2 列车竖向活载包括列车竖向动力作用时，该列车竖向活载等于列车竖向静活载乘以动力系数$(1+\mu)$，其动力系数按《铁路桥涵设计基本规范》(TB 10002.1—99)第4.3.5条计算。

3 桥梁在曲线上时，必须考虑离心力。离心力按水平向外作用于轨顶以上1.8 m处，离心力的大小等于“中—活载”乘以C。C按下式计算：

$$C=\frac{v^2f}{127R} \tag{5.2.3—1}$$

$$f=1.00-\frac{v-120}{1\,000}\left(\frac{814}{v}+1.75\right)\left(1-\sqrt{\frac{2.88}{L}}\right) \tag{5.2.3—2}$$

式中 v——设计速度(km/h)；

R——曲线半径(m)；

L——桥上曲线部分荷载长度；

f——折减系数。

当$L\leqslant2.88$ m或$v\leqslant120$ km/h时，$f=1.0$。

曲线上的桥梁还应考虑没有离心力时列车活载作用的情况。

4 横向摇摆力取100 kN，作为一个集中活载作用于桥梁结构最不利位置，其作用点在垂直线路中心线的钢轨顶面。对于多线桥梁，只计算任一线上的横向摇摆力。

5 如果桥上不设护轮轨，长度大于15 m的桥梁，应考虑列车脱轨荷载。列车脱轨荷载不计动力系数。对于多线桥，只考虑一线脱轨荷载，且其他线路上不作用列车荷载。

按下列两种情况，计算列车脱轨荷载的影响：

1)列车脱轨后一侧轮子仍停留在桥面轨道范围内，按图5.2.3—1所示列车脱轨荷载1计算。两条线荷载平行于线路中线，相距为1.4 m，作用于线路中线两侧各2.0 m范围以内的最不利位置上。该线荷载在长度为6.4 m的一段上为50 kN/m，前后各接以25 kN/m。

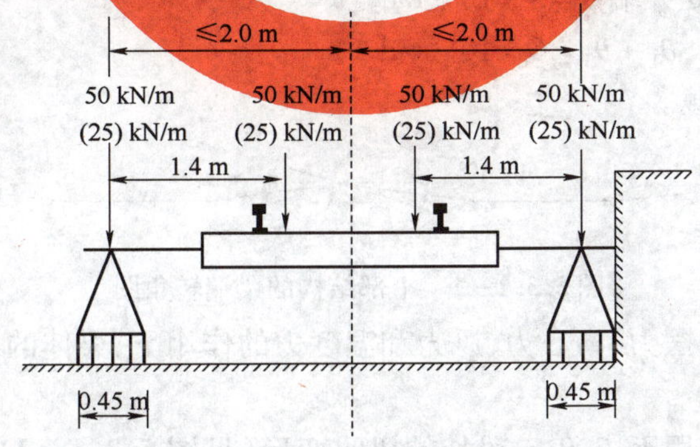

图5.2.3—1 列车脱轨荷载1

2)列车脱轨后已离开轨道范围，但仍停留在桥面上，按图5.2.3—2所示列车脱轨荷载 2 计算。该荷载为一条平行于线路中线的线荷载,作用于挡砟墙内侧,离线路中心线的最大距离为 2. 0 m。荷载长度 20 m,其值为 80 kN/m。

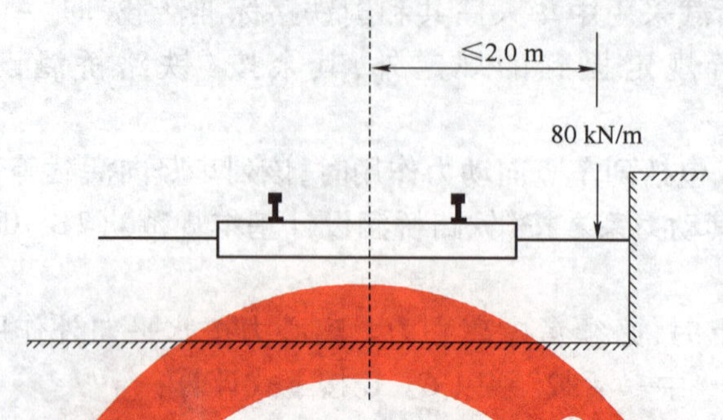

图 5. 2. 3—2　列车脱轨荷载 2

6　设计人行道时,竖向静荷载应采用 5 kN/m²。设计主梁时,人行道的竖向静活载不与列车静活载同时计算。人行道板还应按竖向集中荷载 1. 5 kN 检算。

5. 2. 4　桥墩有可能受到汽车撞击而无法设置防护设施时,应计算汽车对桥墩的撞击力。撞击力顺行车方向采用 1 000 kN, 垂直于行车方向采用 500 kN, 作用在路面以上 1. 20 m 高度处。

5. 3　结构变形、变位和自振频率的限值

5. 3. 1　梁体变形的限值应符合下列规定:

1　梁体的竖向挠度

1)梁体的竖向挠度的计算采用中—活载,双线桥梁双线加载;

2)梁体的竖向挠度不应大于表 5. 3. 1 的限值。

表 5. 3. 1　梁体的竖向挠度限值

跨度 L(m)		L≤20	20 < L≤50	50 < L≤70	70 < L≤96
挠度限值	单跨	L/1 000		L/900	
	多跨	L/1 400	L/1 200	L/1 000	L/900

2　在中—活载作用下,上部结构梁端转角(见图 5. 3. 1—1)不应大于下列值:

路基与桥梁过渡处梁端 $\theta = 3 \cdot 10^{-3}$ rad

两梁之间的转角　$\theta_1 + \theta_2 = 6 \times 10^{-3}$ rad

双线桥梁双线加载。

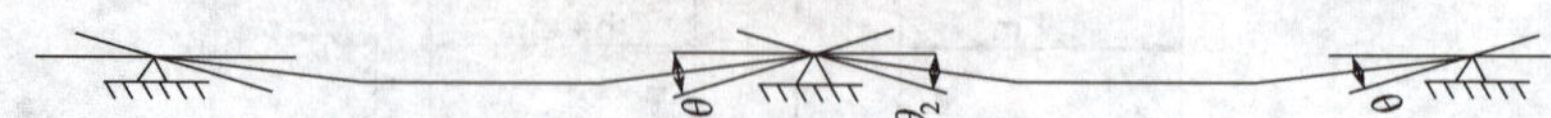

图 5. 3. 1—1　上部结构的梁端转角图

3　在列车横向摇摆力、离心力、风力和温度力的作用下,梁体的水平挠度不应大于梁体计算跨度的 1/4 000。

4　在中—活载作用下,3. 0 m 梁长的扭曲变形(见图 5. 3. 1—2)应满足:$t \leq 3.0$ mm,多线桥梁按产生扭曲的最不利工况加载。

5. 3. 2　竖向自振频率的规定:

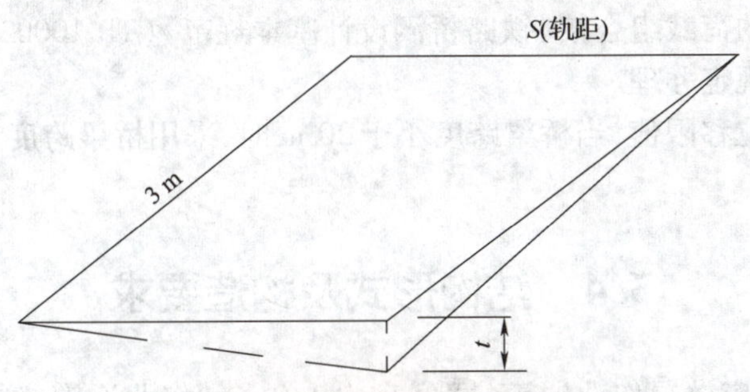

图 5.3.1—2 桥梁扭曲变形的几何关系

1 简支梁竖向自振频率应不小于 n_0。

$$n_0=\begin{cases}\dfrac{80}{L_\phi} & 4\ \text{m}\leqslant L_\phi\leqslant 20\ \text{m}\\ 23.58L_\phi^{-0.592} & 20\ \text{m}<L_\phi\leqslant 96\ \text{m}\end{cases}\qquad(5.3.2)$$

式中 n_0——简支梁竖向自振频率限值(Hz)；

L_ϕ——简支梁跨度(m)。

2 如果简支梁竖向自振频率小于 n_0，应按实际运营的列车通过桥梁的情况进行车桥耦合动力计算分析，其列车运行安全性和舒适性指标应满足表 5.3.2 的规定。

表 5.3.2 用于车桥耦合动力计算列车运行安全性和舒适性指标

安全性评判标准			乘坐舒适性标准	
脱轨系数	轮重减载率	轮对横向水平力	车体竖向振动加速度	车体横向振动加速度
$Q/P\leqslant0.8$	$\Delta P/P\leqslant0.6$	$Q\leqslant80$ kN	$a_z\leqslant0.13\,g$(单峰值)	$a_y\leqslant0.10\,g$(单峰值)

3 道砟桥面强振频率不大于 20 Hz 的竖向振动加速度 $a\leqslant0.35\,g$；无砟桥面强振频率不大于 20 Hz 的竖向振动加速度 $a\leqslant0.50\,g$。

5.3.3 墩台基础变位限值按下述方法确定：

墩台基础的沉降量按恒载计算。对于外部静定结构，其墩台总沉降量与墩台施工完成时的沉降量之差不得超过下列容许值：均匀沉降量不得超过 50 mm，相邻墩台沉降量之差不得超过20 mm。对于外部静不定结构，其相邻墩台沉降量之差的容许值，应根据沉降对结构产生的附加应力的影响确定。

5.3.4 由墩台横向水平位移差引起的相邻结构物轴线间的水平折角(见图 5.3.4)不得超过 1‰。

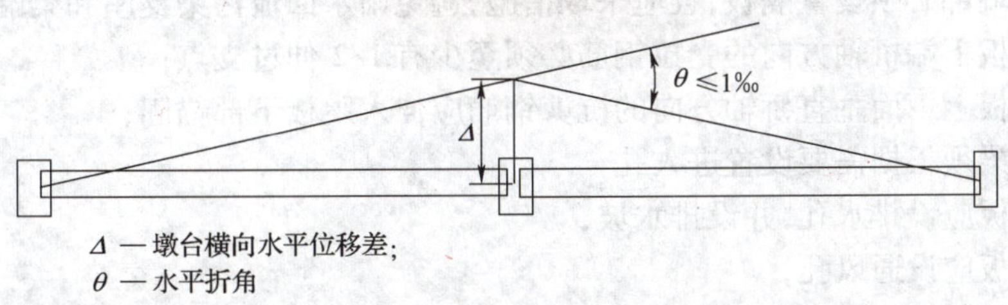

图 5.3.4 由墩台横向水平位移差引起的相邻结构物轴线间的水平折角

确定水平折角的荷载组合按《铁路桥涵设计基本规范》(TB 10002.1—2005)第5.3.3条第2款第1项的规定办理。

墩台横向水平位移限值,当桥梁跨度小于20 m时,采用桥梁跨度20 m的墩台横向水平位移限值。

5.4 结构形式及构造要求

5.4.1 桥面两侧均应设置作业通道,宽度宜为1.0 m。作业通道栏杆的高度为1.0 m。栏杆扶手内侧与其毗邻线路中心的净距不应小于3.75 m。

5.4.2 桥面上应为主要设备预留相应的位置。

5.4.3 桥面应设置性能良好的防、排水系统,且应符合下列要求:

1 桥面上应铺设密闭有效的防水层,防水层上要覆盖致密、耐磨和耐冲击的保护层,厚度不小于4 cm。

2 桥面横向采用双侧排水坡,坡度不小于2% 。排水管内径不小于150 mm,纵向间距按最大降雨强度计算确定。

5.4.4 简支混凝土桥梁结构的构造细节应满足以下规定:

1 板

1)板的厚度不得小于8 cm,承受列车活载的板厚不得小于15 cm。

2)纵向钢筋的中心距,在承受最大弯矩的截面上,不得大于板厚的2倍和30 cm;在其他截面上,也不应大于板厚的3倍和40 cm。但承受列车活载的板,在承受最大弯矩的截面上,不得大于板厚的1.5倍和20 cm。

3)所用钢筋的直径不得大于板厚的1/10。

4)在板上设置开口时必须设置加强钢筋。

2 T形梁

1)主梁的支点处应设置端隔板,横隔板间距不应大于腹板厚度的25倍和6 m,端隔板的下缘应略高于梁底,但不超过10 cm;

2)多片式T形梁在分片架设后必须将横隔板和桥面连成整体,并加强横向联系;

3)多片式T形梁的受力计算要考虑荷载横向分布或直接采用空间力学模型计算。

3 箱梁

1)箱梁内净空高不小于1.6 m;

2)顶板及底板的厚度不得小于20 cm;

3)在端部必须设置隔板,且应采取措施,避免雨水回流污染支座和梁端;

4)腹板下端桥轴方向的受拉钢筋必须至少有1/2伸过支点;

5)底板上下面垂直桥轴方向的抗剪钢筋应伸入腹板下部锚固;

6)箱梁须根据需要设置进人孔;

7)底板应设排水孔,并设排水坡;

8)腹板应设通风孔;

9)宽跨比较大的箱梁,在截面设计和刚度计算时应考虑剪力滞的影响;

10)箱梁的横向内力分析宜采用整体计算。

5.4.5 混凝土桥梁结构的保护层及配筋除遵守现行《铁路桥涵钢筋混凝土和预应力混

凝土结构设计规范》(TB 10002.3—2005)有关规定外，还应符合以下规定：

1 预应力钢筋管道间的净距，当管道直径不大于55 mm时，不应小于40 mm；当管道直径大于55 mm时，不应小于管道直径。

2 预应力钢筋管道与结构表面之间的保护层厚度，在结构的顶面和侧面不应小于1倍管道直径，在结构底面不应小于60 mm。

3 距结构表面最近的普通钢筋保护层厚度不小于30 mm。

5.4.6 支座可采用钢支座或橡胶支座，并应满足下列规定：

1 纵向活动支座的横桥向应设置可靠的限位装置，使支座的横向位移不大于±1 mm；

2 支座应便于检查、维修和更换，支座垫石到墩台边缘的距离及垫石高度应考虑顶梁的空间要求。

6 隧 道

6.1 一 般 规 定

6.1.1 隧道的设计除须遵照现行《铁路隧道设计规范》(TB 10003)规定外,还应考虑下列因素:

1 隧道内形成的瞬变压力对乘员舒适度及相关车辆结构的影响;

2 空气阻力的增大对行车的影响;

3 隧道口所形成的微压波对环境的影响;

4 列车风对隧道内作业人员待避条件的影响。

6.1.2 隧道工程设计应对隧道洞口附近的居民房屋及其他建筑物的分布和用途进行调查,隧道洞口设计应与隧道洞口缓冲结构综合考虑。

6.1.3 辅助坑道的设置应考虑对隧道施工、空气动力学效应和防灾疏散等功能的综合要求。

6.2 隧道断面内轮廓

6.2.1 单线隧道内轨顶面以上净空面积不应小于 52 m^2;双线隧道内轨顶面以上净空面积不应小于 80 m^2。

6.2.2 曲线上的隧道,内轮廓可不考虑曲线加宽,但应验算控制点或计算点是否满足宽度要求。

6.3 缓冲结构物

6.3.1 进口缓冲结构的设置应根据出口微压波峰值的大小来确定。当出口外 50 m 范围内无建筑物、出口外 20 m 处的微压波峰值大于 50 Pa 时,应设置缓冲结构;当出口外 50 m 范围内有建筑物且建筑物处的微压波峰值大于 20 Pa,应设置缓冲结构;当建筑物对微压波峰值有特殊要求时,缓冲结构应进行特殊设计。

6.3.2 缓冲结构断面有效面积应为隧道内轨顶面以上净空面积的 1.4 ~1.5 倍,在缓冲结构纵向中心附近沿两侧对称分布开孔,开孔总长宜为 1/2 缓冲结构长,开孔面积为隧道内轨顶面以上净空面积的 0.2 ~0.3 倍,缓冲结构长度不应小于隧道断面的水力直径。

6.3.3 对于预留缓冲结构条件的洞口,路基挡墙应设在预留缓冲结构位置之外。

6.4 隧 道 照 明

6.4.1 长度在 500 m 以上的隧道应设固定式照明设施。500 m 以下的隧道应在洞内装设照明插座。

6.5 防 灾

6.5.1 隧道应设贯通整个隧道的救援通道，双线隧道在两侧设置，单线隧道在单侧设置；救援通道宽度不得小于 1.25 m，高 2.2 m，外侧距线路中心线不得小于 2.2 m；对于长度在 500 m 以上的相邻两孔隧道，应在两隧道间设置横向联络通道，其宽度不应小于2.3 m，高度不应小于 2.5 m，间距不得大于 500 m。

6.5.2 隧道内两侧应设紧急呼叫电话，单侧两部电话的距离不应大于 500 m，隧道两侧错开设置。电话应安装在器材洞内，并设标志牌。紧急呼叫电话应与局电话所 117 事故救援台相连。

6.5.3 当隧道长度大于 1 000 m 时，在有条件的情况下宜设置紧急出口。紧急出口上方设标示牌。

6.5.4 紧急出口通道横断面最小尺寸为：宽度不小于 2.3 m；高度不小于 2.5 m；纵向仰角不大于 35°；竖井作为出口时井内应设阶梯和送风设备。

6.5.5 救援通道应按有关规定设置应急疏散标识，指示两个方向分别到洞口或紧急出口的整百米数。并配备灯光及应急照明显示方向。

6.5.6 紧急出口和紧急电话标识牌处应设灯光照明和应急照明，紧急出口通道内应设应急照明设备。

6.6 辅助洞室

6.6.1 隧道内应设置存放维修、防灾工具及其他专用设备的器材洞室。洞室间距一侧为 500 m，深 5.0 m，沿隧道两侧错开布置，其他尺寸参照国家现行《铁路隧道设计规范》（TB 1003—2005）中大避车洞尺寸或按有关专业要求设计。

7 站　　场

7.1 一 般 规 定

7.1.1　在铁路车站线路的直线地段上，主要建筑物和设备至线路中心线的距离应符合表 7.1.1 的规定。

表 7.1.1　主要建筑物和设备至线路中心线的距离(mm)

序号	建筑物和设备名称			高出轨面的距离	至线路中心线的距离
1	跨线桥柱、天桥柱、雨棚柱和接触网、电力照明等杆柱边缘	位于正线或车站最外侧站线一侧		1 100 及以上	≥3 100
		车站相邻线间	位于正线或通过超限货物列车的到发线一侧	1 100 及以上	≥2 440
			位于不通行超限货物列车的到发线一侧	1 100 及以上	≥2 150
		位于最外梯线或牵出线一侧		1 100 及以上	≥3 500
2	高柱信号机	位于正线或通行超限货物列车的到发线一侧		1 100 及以上	≥2 440
		位于不通行超限货物列车的到发线一侧		1 100 及以上	≥2 150
3	旅客站台边缘	高站台		1 250	1 750
		普通站台		500	1 750
		低站台	位于通行超限货物列车的到发线一侧	300	1 750

7.1.2　在线路的直线地段上，站内两相邻线路中心线的线间距应符合表 7.1.2 的规定。

7.1.3　新线、新建岔线及段管线不应在区间或站内与正线接轨。在困难条件下，疏解线路必须在区间内与正线接轨时，在接轨地点应设置线路所或辅助所。

表 7.1.2　车站线间距(mm)

序号	名　　称		线间距
1	正线间		5 000
2	正线与相邻到发线间	无列检作业	5 000
		有列检作业	6 500(设栅栏)
3	正线与牵出线间	区段站、编组站及其他调车作业频繁者	6 500
		中间站及其他仅办理摘挂取送作业者	5 000
4	装有高柱信号机的线间	相邻两线均通行超限货物列车	5 300
		相邻两线只一线通行超限货物列车	5 000

7.1.4　新线、岔线、段管线与站内到发线接轨时，均应设置安全线；新线、岔线与站内到发线接轨，当站内有平行进路或隔开道岔并有联锁装置时，可不设安全线；机务段和客车整备所与到发线接轨时，也可不设安全线。

7.1.5 车站内不应设平过道,站台之间应以地道或天桥连通。车站路基外侧应设置防护栅栏,并与区间防护栅栏相衔接。

7.1.6 进出站线路的平纵断面应符合相邻路段正线的规定。有旅客列车通行的疏解线路,其平面曲线半径应由大到小进行选择,可采用与路段行车速度相适应的标准,在特别困难条件下,经技术经济比选,不得小于400 m。

7.1.7 站线的曲线可不设缓和曲线。到发线上的曲线地段和连接曲线宜设曲线超高,曲线地段超高可采用25 mm,连接曲线超高可采用15 mm。

7.1.8 通行旅客列车的站线,两曲线间应设置不小于33 m的直线段。

7.1.9 维修基地、工区及其联络线和动车段所及其联络线的设计标准应按《新建时速200~250公里客运专线铁路设计暂行规定》的有关规定办理。

7.1.10 站场路基和排水设计应符合下列规定:

1 站内正线或进出站线路路基应与区间正线标准相同,站线路基的填料和压实度应按Ⅱ级铁路路基标准设计。

2 站内联络线、机车走行线和三角线等线的路基宽度:非渗水土路基不应小于5.6 m,渗水土路基不应小于5 m。

3 站线中心至路基边缘的宽度:车场最外侧线路不应小于3.1 m;有列检作业的车场最外侧线路不应小于4 m;最外侧梯线或牵出线经常有调车人员上、下作业的一侧不应小于3.5 m。

4 当站线与相邻正线间无纵向排水槽或渗管、旅客站台等设施时,站线路基基床宜采用与站内正线相同的标准,正线路基面应采用三角形,其坡率宜为4%。

当站线与相邻正线间设有纵向排水槽或渗管、旅客站台等设施且到发线数量较多时,自正线中心向外宽度为2 m处、路基面以下1:1边坡范围内,路基基床按站内正线标准设计,站内正线的路基面应采用三角形,其坡率宜为4%。其余站线的路基按站线标准设计。

5 当站内道路与正线并行时,其路肩低于铁路路肩不应小于0.6 m,在困难条件下,应在其间设置排水和安全防护设施。

7.2 车站图型

7.2.1 越行站应采用横列式图型,两端咽喉的两正线间应各设1条渡线,有条件时每端可再预留1条渡线,见图7.2.1。

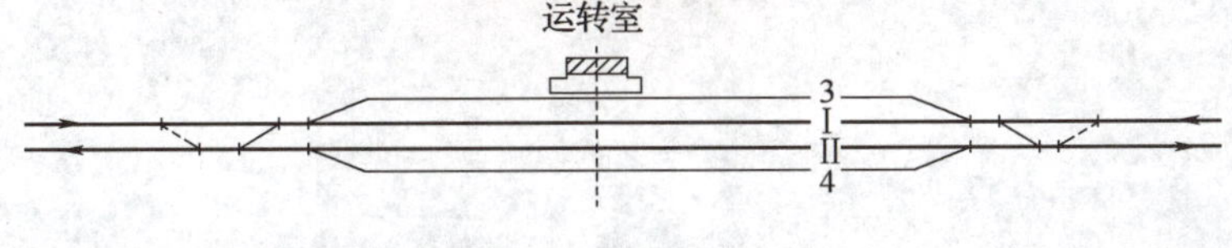

图7.2.1 越行站图型

7.2.2 中间站应采用横列式图型,车站的到发线数量按现行《铁路站场及枢纽设计规范》的相关规定办理,中间站台应设在站房对侧邻靠正线的到发线外侧,两端咽喉的两正线间宜各设2条渡线。设有货场的一端必须设牵出线,另一端与正线相邻的到发线上应设隔开设备,见图7.2.2。

7.2.3 客运站宜采用通过式图型。以始发终到为主的客运站，可采用通过式或部分尽头线的混合式图型。全部办理始发终到列车并位于正线终端的客运站也可采用尽端式图型。有较多旅客列车通过的客运站宜采用两正线并行中穿的图型，且正线两侧不应设置站台。采用两正线并行中穿的客运站的机务段、客整所、动车段所等出入段、所的线路宜采用立体交叉疏解。

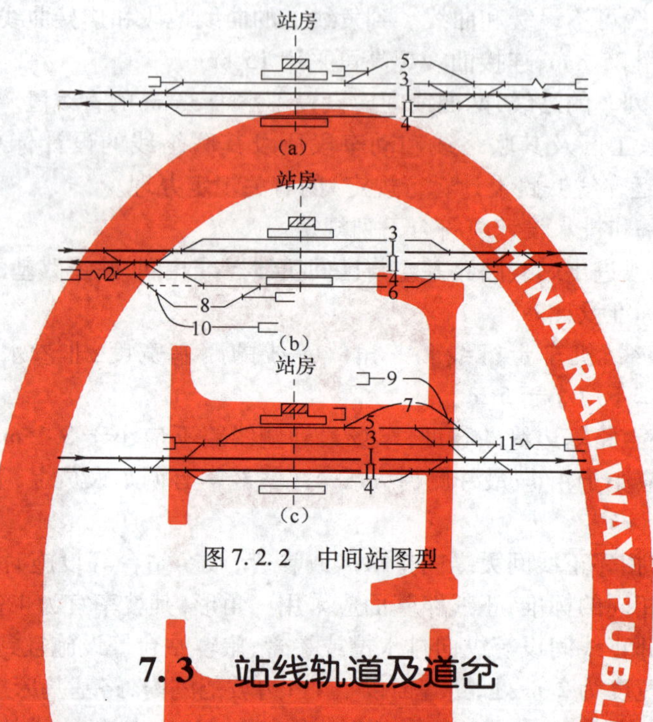

图 7.2.2 中间站图型

7.3 站线轨道及道岔

7.3.1 车站到发线、动车段所及其走行线的轨道标准不应小于 50 kg/m，当到发线采用无缝线路时，应采用与正线相同类型的钢轨。其余站线的轨道标准按现行《铁路站场及枢纽设计规范》的相关规定办理。

7.3.2 道岔设计应符合下列规定：

1 正线上道岔的列车直向通过速度不应小于路段行车速度；

2 当列车直向通过速度≥160 km/h 时，应采用可动心轨道岔；

3 正线与站线连接的单开道岔，当列车侧向通过速度大于 50 km/h、小于等于 80 km/h时不应小于 18 号，当列车侧向通过速度小于等于 50 km/h 时不应小于 12 号；

4 新线或疏解线与正线衔接时，其道岔号码应根据衔接的新线或疏解线的路段行车速度确定。

8 牵引供电

8.1 牵引供电

8.1.1 牵引负荷应为一级负荷,牵引变电所进线电源应优先采用220 kV,两路电源互为热备用。

8.1.2 接触网标称电压应为25 kV,最高工作电压为27.5 kV,短时最高电压为29 kV,最低工作电压为20 kV,非正常情况下不得低于19 kV。

8.1.3 牵引供电方式可采用自耦变压器供电方式或带回流线的直接供电方式,供电方式的选择,应根据线路的牵引定数、行车组织模式及电力系统状况,经技术经济综合比较后确定。

8.1.4 接触网应采用同相单边供电,供电臂末端应设分区所,实现上、下行接触网并联供电及相邻变电所间的越区供电。

8.1.5 牵引变电所的分布应按满足客运最高时速200 km和货运最高时速120 km以及行车组织决定的追踪间隔时分需要进行设计,并应保证非正常情况越区供电时,接触网最低工作电压不应低于19 kV。

8.1.6 牵引变压器应优先采用单相结线变压器。

8.1.7 牵引变压器容量应根据交付运营后第5年需要通过能力、机车类型、列车牵引重量,追踪间隔等条件计算;紧密运行按客车和货车平行图分别进行校验,并应充分利用牵引变压器过负荷能力确定校核容量。

8.1.8 牵引变电所一次侧平均功率因数不应低于0.9,当不能满足时,经过技术经济比较后,可设动态无功补偿装置。

8.2 牵引变电所

8.2.1 牵引变电所、开闭所、分区所、AT所宜采用综合自动化系统。

8.2.2 牵引变电所27.5 kV母线应为单母线分段接线,每段母线上设一组电压互感器。

8.2.3 馈线接线应能满足上、下行分别供电和并联供电的要求。

8.2.4 牵引变电所、开闭所应按无人值班、有人值守设计;分区所、AT所可按无人值班、无人值守设计。

8.3 接触网系统

8.3.1 接触网允许的行车速度不应小于线路的最高行车速度。

8.3.2 接触线的波动传播速度不应小于最高行车速度的1.43倍。

8.3.3 当行车速度为200 km/h,受电弓静态抬升为70 N±10 N时接触网与受电弓间的动态特性应符合下列规定：

1 单弓运行时：

1）接触线与受电弓间的动态接触力的最大值不应大于200 N；

2）接触线与受电弓间的动态接触力的最小值不应小于40 N；

3）动态接触力标准偏差值不应大于24 N。

2 双弓运行时：

1）前进方向的第一个受电弓与接触线间的动态特性应满足上述要求。

2）前进方向的第二个受电弓与接触线间的动态特性应符合下列要求：

接触线与受电弓间的动态接触力的最大值不应大于300 N；

接触线与受电弓间的动态接触力的最小值不应小于0 N；

接触线与受电弓间的动态接触力平均值应大于3倍的动态接触力标准偏差值。

8.3.4 当接触线工作支悬挂点距轨面的最高高度不大于6 000 mm时，受电弓动态包络线应符合下列规定：

1 受电弓在最大抬升及摆动时，接触网任何设备均不得侵入受电弓动态包络线；

2 受电弓上下晃动量160 mm；

3 直线区段受电弓左右摆动量250 mm；

4 曲线区段受电弓左右摆动量300 mm。

8.4 接触悬挂

8.4.1 接触悬挂类型宜采用全补偿简单链形悬挂。

8.4.2 接触线应采用铜合金材质；正线接触线的截面不宜小于120 mm^2，其额定张力不宜小于15 kN。接触线不得有接头。

8.4.3 承力索应采用铜合金绞线；正线承力索截面不宜小于95 mm^2。

8.4.4 当接触线的磨耗不大于20%时，其强度安全系数不应小于2.0。

8.4.5 区间和站场接触网结构高度一般不宜小于1 400 mm；困难条件下，露天区段接触网结构高度一般不宜小于1 100 mm；隧道内接触网结构高度不宜小于750 mm。

8.4.6 区间和站场正线最短吊弦长度不宜小于500 mm；隧道内最短吊弦长度不宜小于400 mm；跨线建筑物最短吊弦一般不宜小于500 mm，困难情况下不宜小于300 mm。

8.4.7 接触线工作支悬挂点的高度发生变化时，其坡度不应大于2‰；坡度变化率不应大于1‰。

8.4.8 接触线距轨面高度应符合下列规定：

1 接触线距轨面的最低高度应保证接触线至机车（除受电弓）、车辆（包括装载货物）最高点的最小距离不应小于350 mm；

2 接触线距轨面的最低高度应大于受电弓的最低工作高度；

3 接触线工作支距轨面的最高工作高度应小于受电弓的最高允许工作高度；

4 站场和区间的接触线高度宜取一致；

8.4.9 当客货共线运行时，接触线高度除应满足上述的要求外，接触线距轨面的最低高度不应小于5 700 mm，接触线工作支悬挂点距轨面的最高高度不宜大于6 000 mm。

8.4.10 电分相装置宜采用带中性段的空气间隙绝缘的锚段关节形式，电力机车过电分

相宜采用机车上自动切换的方式,并应符合下列要求:

1 当采用带中性段的空气间隙绝缘的锚段关节式分相装置时,宜在列车前进方向侧装设常开隔离开关,需要时宜实行远动控制。

2 锚段关节式电分相设计应满足运输组织的需要,当列车编组采用多弓运行时,若多弓用高压母线联接,应保证两最远端受电弓之间距离小于电分相无电区的长度 D_1(见图 8.4.10—1);若多弓不用高压母线连接,应保证任意两个受电弓之间的距离小于无电区 D_1(见图 8.4.10—1)或大于中性段的长度 D_2(见图 8.4.10—2)。

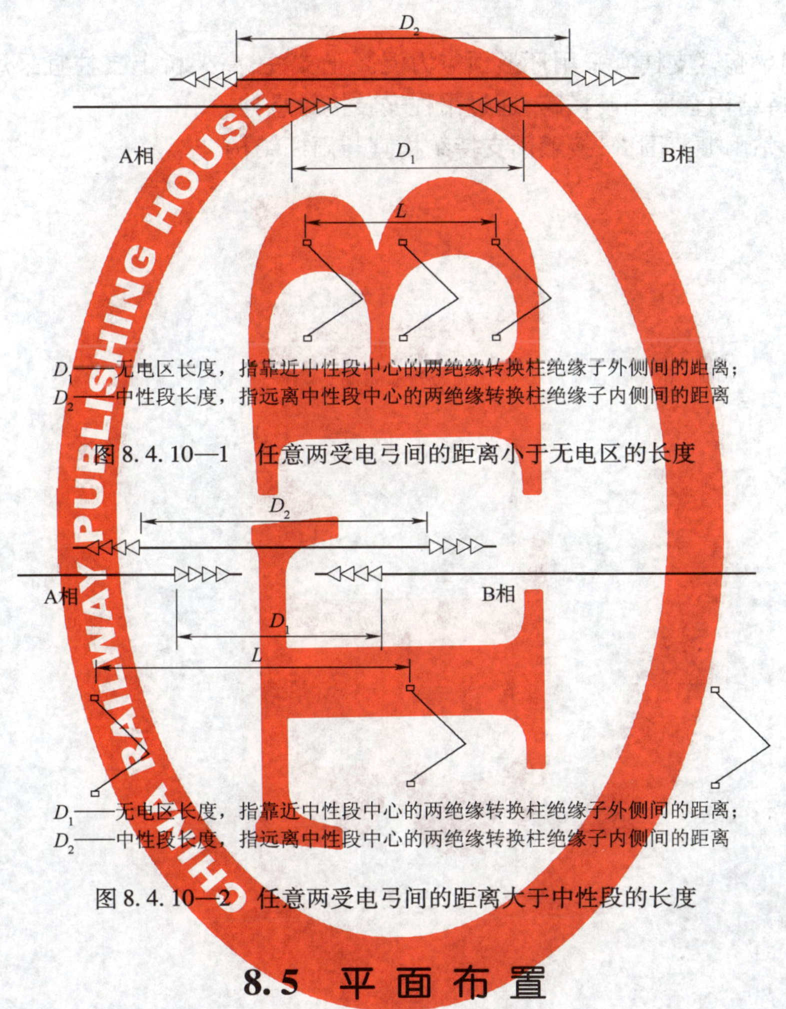

D_1——无电区长度,指靠近中性段中心的两绝缘转换柱绝缘子外侧间的距离;
D_2——中性段长度,指远离中性段中心的两绝缘转换柱绝缘子内侧间的距离

图 8.4.10—1 任意两受电弓间的距离小于无电区的长度

D_1——无电区长度,指靠近中性段中心的两绝缘转换柱绝缘子外侧间的距离;
D_2——中性段长度,指远离中性段中心的两绝缘转换柱绝缘子内侧间的距离

图 8.4.10—2 任意两受电弓间的距离大于中性段的长度

8.5 平 面 布 置

8.5.1 接触网锚段长度应根据补偿的接触线和承力索的张力差、补偿器形式以及补偿导线的高度等综合因素确定。接触线、承力索的张力差均不得大于其额定张力的 ±10%,并应符合下列要求:

1 正线双边补偿时的最大锚段长度,不宜大于 2×750 m;单边补偿的锚段长度,应为上述值的 50%;困难时不应大于 2×800 m;

2 站线最大锚段长度不宜大于 2×850 m,困难时不宜大于 2×900 m;

3 道岔处的两支接触悬挂的补偿方向宜一致。

8.5.2 正线接触线工作部分改变方向时,其与原方向的水平夹角不宜大于 4°;困难情况不宜大于 6°。

8.5.3 接触网支柱最大允许跨距不宜大于 65 m。相邻两跨距之比不宜大于 1.15∶1，桥梁、隧道口、站场咽喉等困难地段，不宜大于 1.25∶1。

8.5.4 锚段关节跨数不宜小于四跨。

8.5.5 对实行大型机械化养护路段，接触网支柱的侧面限界不宜小于 3 100 mm。

8.6 接触网支持结构

8.6.1 区间单腕臂支柱宜采用环形预应力混凝土支柱；高架桥上支柱宜采用钢柱；跨越多股道的支持结构宜采用硬横跨，通过吊柱安装接触悬挂。

8.6.2 在车站雨棚范围内，接触网支持结构宜与雨棚结构合架。

9 通 信

9.1 一般规定

9.1.1 通信网的设计应适应铁路运营管理体制布局的要求，装备水平应满足铁路运输指挥和经营管理日益增长的语音、数据、图像综合业务发展的需要，做到技术先进、经济合理、便于维护管理。通信网应稳定、可靠、畅通。

9.1.2 通信网设计应与既有网络衔接互通，合理利用既有资源。

9.2 通信网

9.2.1 通信网包括传输网、电话交换网、数据通信网、专用通信系统、其他业务系统及支撑网。

9.2.2 传输网由长途(本地中继)传输网和接入网组成。

9.2.3 传输设备应选用基于 SDH 的传输设备，接入网应采用以光纤接入为主的多业务接入方式。

9.2.4 传输网宜采用不同物理径路的传输系统进行迂回保护。

9.2.5 电话交换网应纳入既有的铁路电话交换网。

9.2.6 通信网应满足信息系统的各种业务需求。数据通信网的设计应优先采用 TCP/IP 协议。

9.2.7 数据通信网的节点设备应冗余配置，应采取有效的网络保护手段增强网络的可靠性。

9.2.8 专用通信系统与铁路运输生产密切相关，应能提供调度通信、站场通信、站间通信等各种专用通信业务。

9.2.9 无线通信宜采用 GSM-R 数字移动通信系统。

9.2.10 专用通信系统的设计应结合 GSM-R 网络规划，应实现有线、无线统一组网。

9.2.11 调度通信应设列车、牵引供电、货运调度电话。

9.2.12 专用通信系统主要为工务、车务、电务、水电等运营、维修部门的工作人员提供服务，根据需要可设置相应调度台和终端设备。

9.2.13 会议电视系统应采用技术先进、稳定可靠、扩展性强的系统及设备，应能与现有铁路会议电视系统互连。

9.2.14 设置应急通信系统，纳入铁道部应急通信网。根据维修抢险体制确定应急通信现场接入设备的配置。

9.2.15 根据需要，通信系统可建设统一的网管平台，对相关通信系统进行统一的维护、监测和管理。

9.3 电源及接地

9.3.1 各通信站、车站以及区间通信机械室的通信设备按一级负荷供电。

9.3.2 各通信站、车站以及区间通信机械室宜采用集中接地方式。

9.4 通信线路

9.4.1 干线光缆纤芯数量应满足相关专业要求，同时预留远期发展的需要。

9.4.2 干线光缆在软土路基、桥隧、路肩、站台等地段应敷设在预制的电缆槽内；有条件时，站场线路也应敷设在预制的电缆槽内。

10 信　息

10.1 一般规定

10.1.1 信息系统的设计应遵循铁路信息化总体规划,统一设计、分步实施。

10.1.2 信息系统的设计应覆盖运输组织、客货营销、经营管理三个领域。

10.2 信息系统

10.2.1 信息系统构架应按铁道部、路局(或公司)、站段的分级结构,也可根据生产运输管理模式进行调整。

10.2.2 按信息系统业务特点及安全等级,信息系统分为安全生产网、内部服务网、外部服务网。

10.2.3 在运输组织领域,客货共线铁路应设置计划调度管理系统、调度集中系统、货物运输管理系统、专业运输管理系统、车号自动识别系统及行车安全监控系统等。

10.2.4 在客货营销领域,客货共线铁路应设置客票发售与预定系统、旅客服务系统。条件成熟时,可设货运营销及运力配置系统。按客货运的繁忙程度可设客运营销辅助决策系统、货运营销辅助决策系统、货运服务系统。

10.2.5 在经营管理领域,信息系统的设计包括运力资源管理、经营资源管理、办公信息管理、决策支持等方面的信息系统。客货共线铁路可设置车辆管理信息系统、机务管理信息系统、工务管理信息系统及电务管理信息系统。

10.2.6 与行车安全密切相关的信息系统节点间可采用专线通道,其他系统宜采用共用数据通信网络平台。

10.2.7 信息系统各级主机系统可靠性设计应保证 7×24 h 不间断运行。

10.2.8 信息系统设计应采用有效的措施,确保信息安全。

10.2.9 信息系统应用软件应采用模块化结构设计并具有良好的用户界面。

10.3 机房及电源

10.3.1 车站级信息系统宜合设主机房。

10.3.2 各信息系统主机房设备均按一级负荷供电。

11 信 号

11.1 列车运行控制

11.1.1 列控系统应满足列车双线、双方向运行要求。根据运输需要,反向行车方式可按追踪运行或自动站间闭塞设计。反向追踪运行时,应具有相应的配套技术装备。

11.1.2 列控设备应满足 CTCS 有关规范和技术条件的要求。

11.1.3 当区间及车站均设置地面信号机时,其信号显示意义应符合《铁路信号设计规范》(TB 10007)的要求。

11.1.4 进站信号机的位置应根据牵引计算后确定。根据线路条件,反向进站信号机可设于列车运行方向的右侧。

11.1.5 时速 160 km 以上的旅客列车应装设符合 CTCS2 级标准列车超速防护车载设备,该设备应兼容相邻线机车信号功能。

11.1.6 地对车信息传输媒介可采用轨道电路、点式设备等方式。

当采用轨道电路加点式设备方式时,区间应采用满足列控信息要求的多信息或数字编码无绝缘轨道电路,根据设备选型情况,站内可采用与区间轨道电路同制式的有绝缘轨道电路或采用闭环电码化技术。点式设备应采用应答器。

在进站信号机处应设置有源应答器和无源应答器,出站信号机处或出站口根据需要设置有源应答器和无源应答器;在区间适当地点、CTCS 级间转换等特殊地点设置无源应答器。

11.1.7 当反向行车采用自动站间闭塞方式时,站内正线及区间应贯通发码,进站信号机反向接近区段长度应根据反向允许的运行速度来确定,接近区段宜按序列发码设计。

11.1.8 列控系统应具备临时限速等功能。

11.1.9 发送列控信息的轨道电路最小长度应满足车载设备信息可靠接收的要求。

11.1.10 列控系统应采用目标距离模式曲线控车方式。

11.1.11 车站与车站、车站与区间中继站及区间中继站间的安全信息传输通道,宜采用两条不同径路的传输媒介,并形成环状自愈结构。

11.1.12 列控系统应满足故障—安全要求。系统的主要设备:平均故障间隔时间(MTBF)应不小于 10^6 h。

11.1.13 列控系统轨道电路应能适用于最大牵引电流和纵向不平衡系数为 10% 的交流电力牵引区段。

11.1.14 室外信号设备的安装不得影响大型养路机械设备的作业。

11.2 车 站 联 锁

11.2.1 车站联锁应满足:

1 200 km/h 速度列车安全运行的要求；

2 与铁路运输信息化和自动化的要求相适应。

11.2.2 车站联锁宜采用硬件安全冗余结构的计算机联锁设备。

11.2.3 计算机联锁设备与列控系统间安全信息的交换应采用专用安全冗余通道。

11.2.4 正线提速道岔应采用多机牵引并设置外锁闭装置，根据需要可设置现地操纵功能。

11.2.5 接近锁闭区段的长度应满足在列车制动性能、线路条件和车载设备反应时间等最不利条件下的制动距离的要求。

11.2.6 列车进路解锁方式应采用逐段自动解锁或一次解锁方式。

11.2.7 车站联锁设备应能与行车指挥系统结合，满足调度中心远程控制及车站紧急控制的要求。

11.2.8 车站联锁设备应能与列控系统车站设备结合，宜采用列控联锁一体化设备。

11.3 其 他

11.3.1 信号机械室应设置综合监测系统，完成主要信号设备监测、环境监测、电源监测等功能，并联网至监测中心。

11.3.2 信号系统应设置贯通的综合接地线，接地电阻值应不大于1 Ω。

12 电 力

12.1 一般规定

12.1.1 电力设计应供电可靠、技术先进、经济合理、贯彻国家有关技术政策,并考虑运输发展的需要。

12.1.2 适用于110 kV及以下电力设计。

12.2 负荷等级

12.2.1 与行车密切相关的通信、信号、信息系统的控制中心、综合调度系统、特大型客站以及桥梁、隧道等重要建筑的防灾设备和应急照明系统、通航桥梁的标志照明、牵引供电的牵引变电所、开闭所所用电、站段上与行车密切相关的电气化远动开关控制设备应为一级负荷。

12.2.2 中间站、动车检修设备、给排水设备等应为二级负荷。

12.2.3 其余负荷等级可按铁路及地方相关规范设计。

12.3 变配电设备

12.3.1 变配电所所在站具有较大一级负荷时,应有两路独立电源供电,宜为两路专盘专线。两路电源的35 kV及以上变电所宜采用桥型接线,两路电源的10(6) kV变配电所宜采用单母线分段接线。

12.3.2 110 kV变电所宜采用户外配电装置,35(10)kV变、配电所宜采用户内成套配电装置。变配电所应采用免维护或少维护设备。继电保护和自动装置应采用微机综合自动化装置,实现全所电气设备控制、保护、测量并提供电力远动接口。

12.3.3 铁路沿线各站、段负荷集中的地方宜设室内变电所或箱式变电站。变电所低压配电装置宜采用智能化配电柜。

12.3.4 变配电所应按无人值班设计,可适当考虑有人值守条件。

12.4 电力远动及机电设备监控系统

12.4.1 电力应设置电力远动系统。远动终端设备用房有条件时可与信号楼、通信信号中继站合建。

12.4.2 电力远动系统应设监控主站。当全线设有综合调度系统时宜在综合调度中心另设电力调度台。

12.4.3 各站、段(所)、长大隧道、综合调度中心等应设机电设备监控系统,其监控对象包括空调通风、给排水、电梯、低压变配电设备、电气照明等系统。

12.5 电缆线路

12.5.1 10 kV 及以下电力电缆与通信、信号电缆同沟敷设时按照研究结果执行。

13 机 务

13.1 一 般 规 定

13.1.1 机务设备应在计划预防修基础上，实行状态修、换件修和主要零部件的专业化集中修，采用先进检测手段和检修装备。

13.1.2 机车交路应采用长交路。客运机车交路长度宜为 500 ~ 800 km，主要干线交路长度可突破 1 000 km；货运机车交路长度宜为 400 ~ 600 km。

13.2 机车运转整备设备

13.2.1 机务段及客运机务折返段应设置机车外皮清洗设备。

13.2.2 机务段（所）采暖计算温度为 -20 ℃以下的地区应设机车待班停留库，暴风雪或大风砂地区也可设上述车库，其台位数量应按运用机车台数的 5% ~ 10% 计算。其他地区应设机车整备棚。

13.2.3 机务段（所）应实行机车的状态检测，根据需要设置检测库，配备轮对踏面检测、电机电器、受电弓等检测设备。

13.2.4 区域性及路网性客货运中心的机务段（所）整备场能力设计应考虑假日经济、机车密集到达与出发对整备能力的影响。

13.2.5 机务段（所）应配备机车运用信息管理系统、机车调度信息管理系统、股道自动化管理系统。

13.3 机车检修设备

13.3.1 改建及新建铁路宜利用既有机务设备，机务中修段年中修机车不少于 100 台。

13.3.2 机车检修台位数量应根据新的检修模式、所担当的机车交路、列车对数、定检公里和占用检修台位时间、进车不平衡系数计算确定。

13.3.3 机务段宜设置整车试验库，并配备相应试验设备。

13.3.4 机务段应设置检修信息管理系统。

13.3.5 根据专业化、集中修、换件修的原则，机务段应设置功能完善的配件配送中心。

14 车辆检修及运用设备

14.1 一般规定

14.1.1 车辆设备设计应采用集中修、换件修等先进合理的检修工艺，提高作业效率，减轻劳动强度，保证检修质量。

14.1.2 车辆段（所）应适应信息化发展需要，逐步建立车辆检修、运用、管理信息化系统。

14.2 车辆检修设备

14.2.1 客车段应设在配属客车 600 辆及以上的路网性客运中心、区域性客运中心。

货车段的设置应根据段管范围的货车保有量、扣车条件、相邻车辆段的分布情况等因素确定，其位置应设在有车辆解编作业、空车集结且便于扣车的编组站，必要时也可设在具备上述条件的港口及厂矿工业站所在地。

14.2.2 车辆段的规模应根据修程、检修周期、修车工作量和修车时间等因素确定，车辆段不宜小于 12 台位。

14.2.3 各检修间应根据质量标准、检修工艺、检修工作量，按集中修和换件修的原则设计。

根据集中修、换件修的原则，设置功能完善的配件配送中心。配件配送中心应采用信息化管理。

14.2.4 车辆段应设修车线、存车线、牵出线、调机停留线和装卸线，根据需要设整备线、机车走行线、洗罐线、调梁线、预检线及清洗线等线路。

14.3 车辆运用设备

14.3.1 客车技术整备所，按照每日始发终到旅客列车对数及客站性质，始发终到旅客列车 20 对及以上或配属客车 300 辆及以上设置客车技术整备所。

14.3.2 配属空调客车的技术整备所应设空调三机小修检修设施。

14.3.3 客车技术整备所，应设整备线、车底停放线 、存车线、临修和空调客车检修线，并根据需要设转向线、牵出线、装卸线和机车走行线以及调车设备。

14.3.4 整备所的整备线应设带三层立体作业面的整备棚（冬季采暖室外计算温度在 -20 ℃及以下及大风砂地区应设客车整备库）。

14.3.5 客车整备作业场地的主要设施及要求：

1 整备线、车底停放线、存车线的两端或一端，应铺设横向运输通道；

2 整备线应设列车制动机试验设备、地面外接电源、压缩空气及给水管道等，车底停放线宜设地面外接电源、给水管道等设施；

3 整备线、车底停放线、存车线及临修线上应设带脱轨表示器的固定式脱轨器；

4 整备线应设密闭式厕所地面接收及处理系统或专用吸污车辆；

5 整备线、车底停放线、存车线应设相应的照明设备；

6 整备所应设消防设施；

7 当整备所处于落雷地区时，应设防雷装置。

14.3.6 货物列车检修所（简称列检所）根据机车交路，应设在路网性编组站、区域性编组站或距编组站较远而作业量大的车站上。

14.3.7 路网性编组站、到达场列检所应设货车运行故障动态检测系统（TFDS）及车辆轮对故障、尺寸动态检测系统（TWDS）。

14.3.8 列检所内应设车辆故障机动抢修车辆。

14.3.9 站修所应设在站修任务量每日 12 辆以上且摘车临修 4 辆以上并有列检所的车站。

14.4 红外线轴温探测系统及车号自动识别系统

14.4.1 红外线轴温探测系统应成网设计，并与既有网联通。

14.4.2 红外线轴温探测系统应具备智能车号跟踪功能。

14.4.3 车号自动识别系统宜由车号自动识别地面设备、复示设备、监测中心设备、数据信息集中管理设备（CPS）和信息传输网构成。

15 铁路固定设备检测与维修

15.1 一般规定

15.1.1 新建200 km/h客货共线铁路固定设备应实行综合检测与综合维修。设计应以实现线桥隧等设备的预防性计划修、满足接触网状态修和事故快速处理、发展牵引供电设备的综合整治技术、实行通信信号设备的专业化集中修和状态修为目的。

15.1.2 铁路固定设备维修应采用综合维修管理体制,同时考虑与既有维修管理体制之间的合理配合衔接。

综合检测与综合维修组织包括综合检测中心、大型养路机械段、综合维修段及下属综合工区等机构。其设置应从全路出发,统一布局。

15.1.3 各级维修管理机构应配备满足铁路固定设备运营要求的相关检测与维修设备,以及综合维修信息管理系统。

15.2 综合检测

15.2.1 由铁道部基础部检测中心及铁路局采用大型检测车,对铁路固定设备定期进行动态综合检测和专项检测。综合维修段及下属工区采用添乘仪等设备,定期进行专项动态检测。

15.2.2 综合维修段及下属综合工区应配备各专业相应的静态检测设备。

15.2.3 各级维修管理机构应配备检测信息收集、分析、处理、反馈系统的设备。

15.3 综合维修

15.3.1 综合维修包括:线路、接触网、牵引供电设备计划性周期维修;电子电器设备的集中维修;所有铁路固定设备的经常保养和临时补修(或电器设备的更换)。

线路的综合维修主要由大型养路机械段采用大型机组完成。接触网等牵引供电设备综合维修由综合维修段完成。

15.3.2 大型养路机械配属在大型养路机械段内。大机类型和数量应根据线路维修作业内容、作业量、修理周期、机械作业能力等因素确定。

大型养路机械段应根据大型养路机械的类型、修程修制及作业量等配置检修、检测试验设备。段内设大机检修库、检修车间、辅助生产房屋和停放线、维修线、标定线。

15.3.3 综合维修段负责管内铁路固定设备状态信息的收集、整理、分析;提出维修计划;配合大机段进行线路综合维修作业;承担工务、电务、牵引变电、水电等设备的维修、养护和临时补修、抢修;对综合工区的工作进行安排和管理。

15.3.4 综合维修段管辖范围(营业长度)单线按400~600 km、复线按300~500 km设计。沿线相邻综合维修段的间距应满足在规定时间内，有关专业人员及设备能够到达维修或事故现场的要求。

15.3.5　综合维修段可下设线路、桥隧、通信、信号、接触网、变配电、水电等专业工队，负责相关设备的维修抢修工作。应配备接触网抢修车组、随车吊；线路及道岔的捣固、切割、打磨、焊补等机械设备。

15.3.6　综合维修段下设维修工厂。负责段管辖范围内各部门机械、机具和设备的维修工作。维修工厂内设机械维修车间等设施。

15.3.7　可根据需要，在路局范围内的一个综合维修段内设电子设备维修中心，形成规模化检修、检测能力。

15.3.8　综合维修段应配备满足各专业维修作业需要的轨道车、汽车等运输设备。应设有相应的停放线和车库、机具存放库、材料库等设施。

15.3.9　综合维修段内设大型养路机组停放线，可整列停放或分作业机组、辅助车辆两部分停放。停放线有效长按停放机组车辆及牵引车总长加20 m安全距离计。

15.3.10　综合工区负责工务、电务、牵引供电、变配电等设备日常保养、临时补修和抢修工作；配合线路的综合维修。

15.3.11　综合工区设置应结合沿线车站分布，并考虑各专业的维修特点和抢修要求，以及生活交通条件等。沿线相邻综合工区的间距宜按40～60 km设置。

15.3.12　在车站到发线上无条件存放大型养路机组时，综合工区内应设置大型养路机组停放线。停放线有效长度同综合维修段内设计。接触网作业车组停放线及车库可结合轨道车库共同设置。

15.3.13　综合工区应根据专业维修要求和工作量下设相应的专业班组，负责相应的巡视、保养工作。综合工区内应配备接触网作业车组，并按各专业统一调度和运用的原则配备轨道车、汽车等设备。配备养护、临修作业所需设备工具及夜间照明、发电等设备。综合工区内应设置线路、接触网、供配电、信号等设备的抢修备品材料和存放设施。

15.3.14　综合工区内应设有相应的停放线和车库、机具存放库、材料库等设施。

16 给 水 排 水

16.1 给 水

16.1.1 给水站的设置应符合以下规定:

1 动车段(所)、客整所、大型养路机械段所在地的车站应按给水站设计;

2 旅客列车给水站宜设在区段站、有客整所的车站、有始发终到旅客列车的车站及其他根据行车组织需要上水的车站。给水站间距宜为400~600 km。

16.1.2 生产用水量应根据有关工艺要求确定,其中客整所、动车段(所)内清洗污物箱用水量应符合表16.1.2的规定。

表16.1.2 清洗污物箱用水量标准

卸污方式	单位	用水量(m^3)
真空式	辆	1.5 V
重力式	辆	2.0 V

注:V为污物箱容积(m^3)。

16.1.3 旅客列车给水栓设置应符合下列要求:

1 动车段(所)、客车整备所整备线应设客车给水栓;

2 给水站、客车整备所整备线客车给水栓的设计流量应根据列车水箱容积和停车及整备时间确定;

3 与站内正线相邻的到发线需设置旅客列车给水栓时,必须采取有效措施,确保作业人员和行车安全。

16.1.4 管道设计应符合下列规定:

1 管道穿越铁路时均应采取防护措施,当管径大于或等于100 mm时,应设防护涵洞;当管径小于100 mm时,应设防护套管。防护涵洞断面尺寸应满足管道检修要求,防护套管设置位置应具备抽换维修作业条件。防护涵洞、套管顶至钢轨轨底不宜小于1.5 m,并应与站前工程同步实施。

2 给水管道穿越区间线路或站场时宜集中布设。

3 给水管道不得采用产生二次污染的管材。采用钢管时,应采取防止电化学腐蚀的措施。

16.2 消防给水

16.2.1 按现行《建筑设计防火规范》(GBJ 16)和《铁路工程设计防火规范》(TB 10063)执行。

16.3 排 水

16.3.1 排水量应符合下列规定:

1 清洗和排污作业排水量应符合表16.3.1的规定;

2 其他生产排水量应根据工艺特点确定。

16.3.2 铁路动车段(所)、客车整备所内应设旅客列车密闭式厕所地面接收设施,客车整备所应根据具体情况设置地面接收设施或采用移动卸污方式。

表 16.3.1 清洗和排污作业排水量

排水种类		单位	排水量(m^3)
卸污		辆	$1.0v$
排污系统排水	真空式	辆	$1.5v$
	重力式	辆	$2.0v$

注:v 为污物箱容积(m^3)。

16.3.3 列车排污作业在库内卸污时应采用固定式卸污方式;库外卸污时,经技术经济比较后可采用固定式或移动式卸污方式。当采用固定卸污方式时,宜配备卸污车,并不宜少于2辆。

16.3.4 当采用固定式卸污方式时,应结合卸污条件、场地条件等因素合理选择卸污设备,并应符合下列规定:

1 当采用真空卸污方式时

1)真空管道应布置在工作平台下或股道间,其长度应能满足最大编组列车的卸污要求;

2)真空管道应同时满足相邻两股整备线停留列车卸污要求;

3)污物在管道内的流动速度宜为2.0~2.4 m/s;

4)真空度应计算确定。

2 当采用重力式卸污方式时,卸污支管、干管管径应计算确定,但不应小于200 mm;管道坡度不宜小于0.005,并应设有防淤、清淤设施。

3 卸污时间每列车组可为10~20 min。

4 管材选用应根据工作压力、外部荷载、土壤性质、施工维护和卸污条件等综合确定,在技术经济合理的条件下应积极采用新型管材。

16.3.5 当采用移动式卸污方式时,卸污车数量应按同时整备动车组数量及卸污时间计算确定。

16.3.6 排水管道穿越铁路正线及到发线时应设置防护涵洞,并应与站前工程同步实施。

16.3.7 污水处理应符合下列规定:

1 从车上排出的高浓度粪便污水应结合站区的污水处理要求,可采用集中或分散的处理方式,处理后的污水应达到国家现行排放标准的有关规定。

2 客车洗涮污水宜集中处理,循环使用。处理后的水质应符合现行铁路回用水水质标准。

3 排污系统宜采用回用水冲洗污物箱。

16.4 其　　他

16.4.1 给水、排水检修设备应设在综合维修工区或综合维修基地内。

16.4.2 给水厂(所)、污水处理厂(站)、真空中心及动车段(所)旅客列车给水站应设给水计量设备及集中监控设备。

16.4.3 污水处理厂(站)的排污口应设计量设备。

17 环境保护

17.1 一般规定

17.1.1 环境保护工程设计应有明确的防护或治理目标,污染物的排放应达到国家或地方现行标准的有关规定。

17.1.2 环境保护设计应以环境影响评价报告及审批意见为依据。

17.1.3 与环境保护工程相关的主体工程,应为环境保护措施预留实施条件。

17.2 声屏障

17.2.1 声屏障的设置应符合下列要求:

1 铁路两侧噪声敏感区(点)和特殊敏感点处噪声大于《铁路边界噪声限值及其测量方法》(GB 12525)以及其他相关国家标准规定的限值时,应设置声屏障;

2 声屏障设计应与其他噪声污染治理方法进行经济、技术、效果的比选。

17.2.2 沿线噪声敏感点噪声控制标准的建议值(新线区段)应符合下列要求:

1 距外侧轨道中心线 30 m 处或 30 m 内第一排噪声敏感建筑前应符合国家现行标准《铁路边界噪声限值及其测量方法》(GB 12525)的规定。30 m 以外的噪声敏感区(点)应符合现行国家标准的有关规定。

2 特殊敏感点应满足昼间 60 dB、夜间 50 dB 的控制要求。

17.2.3 声屏障的位置应符合下列要求:

1 路堤声屏障应设于路肩边缘外侧,必要时加宽路基;

2 路堑声屏障宜设于堑顶边坡外侧;

3 桥梁声屏障应设于桥面外缘处;

4 声屏障设置严禁对可视信号形成遮蔽。

17.2.4 声屏障与限界应符合下列要求:

1 当声屏障采用折角型或半封闭型、全封闭型时,其构筑物外缘与建筑限界间应保持 100 mm 的间隔距离;

2 声屏障区段应考虑空气动力学效应,并应有保护工作人员的安全措施。

17.2.5 声屏障的声学设计应符合下列要求:

1 列车运行噪声源强应按国家有关标准的要求进行测试,当无法测试时可采用表 17.2.5 所列数值。

2 列车运行噪声等效频率:

1)各型列车运行噪声等效频率可按 1 000 Hz 计;

2)声屏障设计时宜分频计算。

3 声屏障的高度(以轨面计)不宜超过车窗底高度,特殊地段可不受限制,超过车窗底高度的部分宜采用透明材料。

表17.2.5　列车运行噪声源强(30 m处)　单位:dB(A)

	客车						货车		
速度(km/h)	80	100	120	140	160	200	40	60	80
普通车	85.8	91.1	—	95.2	—	—	81.3	87.6	93.0
动车组	—	—	79	—	83.6	87.5	—	—	—

4　声屏障附加长度以声波侧向绕射和侧向直达声导致声屏障插入损失降低量不大于10%为依据,计算声屏障的附加长度。

5　声屏障的插入损失目标值宜为8~12 dB(A)。

17.2.6　声屏障的结构设计应符合下列规定:

1　声屏障结构设计应符合国家和铁道部现行有关标准的规定。

2　声屏障结构形式宜应根据工程和环境要求确定,可采用吸声式或反射式结构。

3　声屏障的外荷载计算应按荷载最不利组合检算声屏障的结构强度。

4　声屏障应设置伸缩缝,接头处应采用柔性联接,并必须作密封处理。声屏障伸缩缝的宽度应根据声屏障选用材料的相关性能进行计算。

5　设置声屏障的桥梁,其桥面系应予密封。

6　路基声屏障每隔适当距离应设横向排水管槽,并与路基边坡排水沟相接;当横向排水管槽有可能漏声时,应采取防止漏声的措施。

7　声屏障宜选用便于维修、更换的结构形式。

8　路基声屏障宜每隔500 m设置一扇安全门。

17.2.7　声屏障材料的选用应符合下列规定:

1　声屏障材料的平均吸声系数不应小于0.7;隔声材料的隔声量不宜小于25 dB,通透材料隔声量不宜小于20 dB。

2　声屏障材料的力学性能指标应满足结构设计的要求。

3　声屏障材料应具有良好的耐候性,并具有防腐、抗老化、抗冲击、阻燃、防眩目及良好的憎水性等功能。吸声材料内部尚应能防积水。

4　声屏障结构中的金属构件表面必须进行防酸蚀处理。

5　电气化区段声屏障中的金属构件应有防感应电流的接地措施。

17.2.8　声屏障设计应与周围景观协调,外观结构力求简洁,轮廓流畅。

17.3　垃圾转运设施

17.3.1　在铁道部、铁路局指定的垃圾定点投放站应设置垃圾投放、转运设施;垃圾采用站台投放方式,车站站台上及站内应设置垃圾分类投放、转运设施。

17.3.2　根据铁路车站环境管理要求设置垃圾转运站,垃圾转运站可采用分类、压缩、转运或分类、转运等工艺。

附录 A　跨区间无缝线路的允许温降和允许温升

A. 0. 1　无缝线路的允许温降一般由强度条件计算确定,应按下式计算:

$$[\Delta T_d] = \frac{[\sigma] - \sigma_d - \sigma_f}{E\alpha} \tag{A. 0. 1}$$

式中　$[\sigma]$——钢轨允许应力(MPa),$[\sigma] = \sigma_s/1.3$,σ_s 为钢轨的屈服极限;

σ_d——钢轨动弯应力(MPa),其值可参考铁道部现行《铁路轨道强度检算》(TB 2034)计算确定;

σ_f——附加纵向应力,对于路基上无缝线路,$\sigma_f = 0$;对于桥上无缝线路,σ_f 为钢轨伸缩拉应力和挠曲拉应力中的较大值;对于岔区无缝线路,σ_f 为道岔基本轨附加纵向拉应力;

E——钢轨钢的弹性模量;

α——钢轨钢的线膨胀系数。

A. 0. 2　允许温升的计算应符合下列规定:

1　计算温度力 P

$$P = \frac{\beta EI\pi^2 \cdot \dfrac{f + f_{0e}}{l^2} + \dfrac{4}{\pi^3}Ql^2}{f + f_{0e} + \dfrac{4}{\pi^3}\left(\dfrac{1}{R'}\right)l^2} \tag{A. 0. 2—1}$$

$$l^2 = \frac{\theta\omega + \sqrt{(\theta\omega)^2 + \left(\dfrac{4Q}{\pi^3} - \dfrac{\theta\omega v}{f}\right) \cdot \theta f}}{\dfrac{4Q}{\pi^3} - \dfrac{\theta\omega v}{f}} \tag{A. 0. 2—2}$$

式中　β——轨道框架刚度系数,一般取 2 ~ 3;

I——一股钢轨截面对于垂直轴的惯性矩;

f——轨道弯曲变形矢度;

f_{De}——原始弹性弯曲矢度;

l——变形曲线长度,$l = l_0$;

Q——等效道床阻力;

$$\frac{1}{R'} = \frac{1}{R} + \frac{1}{R_{0p}};$$

R——曲线半径;

R_{0p}——钢轨原始塑性弯曲曲率半径;

$$v = \frac{f_{0e}}{l_0^2}, \theta = \beta EI\pi^2, \omega = v + \frac{4}{\pi^3 R'}$$

f_0 = 原始弯曲矢度 $\left(\dfrac{f_0}{l_0} = 0.991‰, \dfrac{f_0}{l_0^2} = 2.103 \times 10^{-6}\right.$,

$$f_0 = f_{0e} + f_{0p}, f_{0p} \text{占} f_0 \text{的} 83\%$$

l_0——原始弯曲波长；

f_{0p}——原始塑性弯曲矢度。

2　允许温升

$$[\Delta T_c] = \frac{[P] - 2\Delta P}{2EF\alpha} \quad (A.0.2—3)$$

$$[P] = \frac{P}{1.3} \quad (A.0.2—4)$$

式中　ΔP——对于路基地段无缝线路，$\Delta P = 0$；对于桥梁地段无缝线路，ΔP 为桥上无缝线路钢轨伸缩压力和挠曲压力中的较大值；对于道岔区无缝线路，ΔP 为道岔基本轨附加纵向压力；

F——钢轨截面积；

其他符号意义同前。

附录 B　考虑列车动荷载影响的路堤墙土压力计算方法

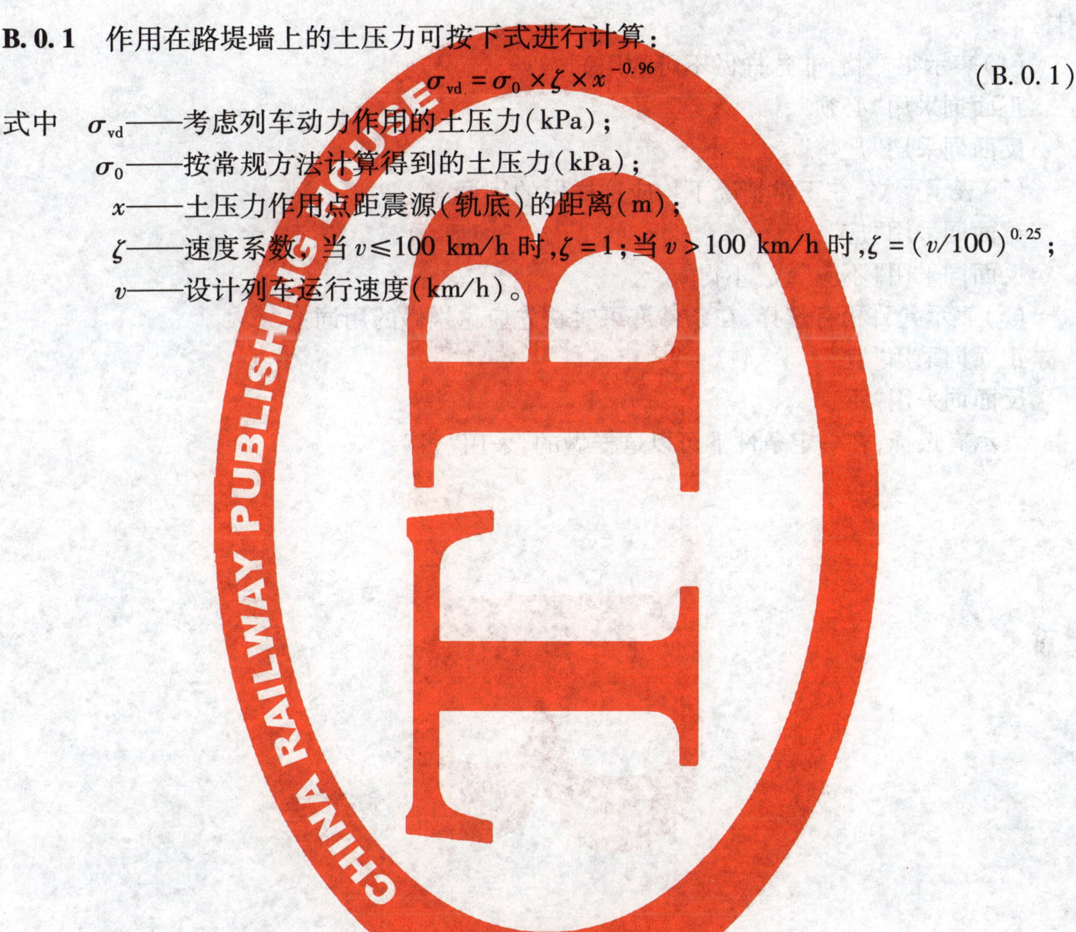

B.0.1　作用在路堤墙上的土压力可按下式进行计算：

$$\sigma_{vd}=\sigma_0\times\zeta\times x^{-0.96} \tag{B.0.1}$$

式中　σ_{vd}——考虑列车动力作用的土压力(kPa)；

σ_0——按常规方法计算得到的土压力(kPa)；

x——土压力作用点距震源(轨底)的距离(m)；

ζ——速度系数，当 $v\leqslant100$ km/h 时，$\zeta=1$；当 $v>100$ km/h 时，$\zeta=(v/100)^{0.25}$；

v——设计列车运行速度(km/h)。

本暂行规定用词说明

执行本暂行规定条文时，对于要求严格程度的用词说明如下，以便在执行中区别对待。

(1)表示很严格，非这样做不可的用词：

正面词采用“必须”；

反面词采用“严禁”。

(2)表示严格，在正常情况下均应这样做的用词：

正面词采用“应”；

反面词采用“不应”或“不得”。

(3)表示允许稍有选择，在条件许可时首先应这样做的用词：

正面词采用“宜”；

反面词采用“不宜”。

表示有选择，在一定条件下可以这样做的，采用“可”。

《新建时速 200 公里客货共线铁路设计暂行规定》条文说明

本条文说明系对重点条文的编制依据、存在问题以及在执行中应注意的事项等予以说明。为了减少篇幅,只列条文号,未抄录原条文。

1.0.2 本暂行规定是根据新建客货列车共线运行、旅客列车设计行车速度 200 km/h、货物列车设计行车速度 120 km/h、标准轨距、双线铁路的运输性质和特点编制的,旨在为该类铁路工程设计提供技术依据。

1. 建设快速客货共线铁路的必要性和可能性

国民经济的持续快速发展,使得铁路运输在数量和质量两个方面,都面临着新的更高的挑战;在 2020 年前我国全面建设小康社会中,铁路肩负着提供运力支持、当好先行的重要历史使命。因此,铁路必须抓住机遇实现跨越式发展,走新型工业化道路。其主攻方向应是"扩大路网规模,完善路网结构,提高路网质量"。

铁道部经规院对我国铁路网总规模的研究提出,在既有主要铁路干线改造成最高时速 160 km 及以上的客货混运的快速线的同时,尚需新建东部沿海地区的(如宁波—厦门—深圳)、西部通往东部的(如西安—南京)、西南通往华东的(如成都—重庆—武汉—上海)等多条快速线,形成与高速客运专线相配合的时速 160~200 km 及以上的快速铁路网,把我国各大城市间的距离缩短,使铁路运输质量实现跨越式发展,逐步达到或接近世界发达国家的铁路运输水平。

2000 年以来,我国机车车辆制造能力有了新的进展。交流传动机车及动车组研制成功,并正式投入运用。我国自主设计制造的速度 200 km/h 以上的"先锋号"动车组(电力,动力分散,2M1T,由浦镇车辆工厂制造)投入试运用,效果良好,最高试验速度达 292 km/h;"中华之星"号动车组研制成功(电力,动力集中,2M7T,由株洲、四方、长春、唐山以及大同等机车车辆研究所和工厂合作完成),最高试验速度达 321.5 km/h。速度达 180 km/h的内燃动车组(动力集中,2M9T),由戚墅堰和浦镇车辆工厂合作研制成功,并已通过环行铁道性能试验。2000 年以来,我国新造客车全部装配盘形制动和电子防滑器,机车也已装用空电联合制动和盘形制动,大大提高了制动能力,并保证了制动工况下的运输安全,使得旅客列车和动车组的紧急制动距离完全达到《铁路主要技术政策》的指标。设计速度为 120 km/h 的 DF_{4DJ} 客货运两用机车(轮周牵引力 2 460 kN,启动牵引力 555 kN),已由大连机车车辆工厂研究制成功,并已通过环行铁道性能试验,最高试验速度达145 km/h,现已投入丰西机务段进行长期运行考验。设计行车速度达 120 km/h、轴重 21 t 的货运车辆已生产数万辆投入试运营(目前运用速度在 90 km/h 以下)。以上情况说明,我国已基本具备依靠自主创新的能力建设时速 200 km 及以上的快速客货共线铁路的基础条件。但是,我国机车车辆制造业水平和能力与发达国家铁路相比,差距还比较大,总体水平还不高。因此,需要充分利用国际、国内先进的技术资源,加快技术创新,使我国快速铁路的主要技术装备从一开始就达到或接近发达国家水平。

从国际环境看,现在世界范围内的技术转移方式和特点发生了重大变化,转移速度大大加快,转移成本大大降低。许多发达国家铁路在高速、快速、安全、信息等方面的技术是先进、成熟、可靠的。我国铁路与许多发达国家铁路技术合作又有比较好的基础,完全可以把引进先进的关键技术与自主创新结合起来,加速我国快速铁路网的形成并建立在高起点上。

2. 设计速度目标值的确定

在经济最为发达,人口最为稠密,运输能力最为紧张的平原地区,应修建第二甚至第三双线,实现客货分流。中长距离的客运专线设计行车速度宜选择在300 km/h及以上,如京沪、京广等线;城际间短距离的客运专线,设计行车速度宜选择在250 km/h及以上,如京津唐、长江、珠江三角洲等地区。

在经济发达,客运量较大,又有一定数量货物不可分流的平原或丘陵地区,宜修建以客运为主的客货共线快速铁路。在城镇密集或丘陵地区,旅客列车设计行车速度定得太高,客货列车速差取得太大,势必增加工程难度和投资。例如,在客货列车设计行车速度为(250/120) km/h的匹配条件下,最小曲线半径为6 200 m;在(200/120) km/h匹配条件下,最小曲线半径为3 500 m;在(200/90) km/h匹配条件下,最小曲线半径为4 000 m。与此同时,缓和曲线长度及其他主要平面设计参数也有较大的差异。显然,对于城镇密集或丘陵地区,以选择客货列车设计行车速度(200/120) km/h匹配条件为宜。故本暂行规定确定旅客列车设计行车速度为200 km/h,货物列车设计行车速度为120 km/h,同时考虑现存既有货物列车跨线运行的平均运行速度不小于80 km/h的条件。

鉴于我国现阶段研制的速度120 km/h的货运机车及货车车辆轴重均在中—活载标准范围之内,因此,本暂行规定仅适用于中—活载条件下平均运行速度不低于80 km/h的货物列车与200 km/h的旅客列车共线运行的线路设计。当然,也不绝对排除走行极少量的25 t轴重的货物列车。

我国现有铁路设计规范或暂行规定,已包含了时速160 km及以下不同速度档次的客货共线单、双线铁路,时速200 km(兼容轴重不大于18 t的轻快货物列车)新建铁路,时速250 km、300 km及以上新建客运专线铁路的范围,尚缺少旅客列车设计行车速度200 km/h与轴重在中—活载标准范围之内、设计行车速度120 km/h货物列车客货共线快速铁路的设计标准。本暂行规定恰好填补了该项空白。

3. 分路段选定旅客列车设计行车速度

当设计线较长,跨越多种地形和地貌单元时,全线的平、纵断面均按(200/120) km/h规定设计,工程投资可能过大,导致技术经济不合理。为减少工程投资,可分路段选用不同的设计行车速度。为不使设计速度分档过于琐碎,建议设计单位按200、160、140、120 km/h四档进行比选。时速160 km路段按《时速160公里新建铁路线桥隧站设计暂行规定》、时速140 km及以下路段按现行《铁路线路设计规范》(GB 50090)办理。

由于新建时速200 km客货共线铁路在我国尚属开创性工程,既无试验数据依据,又无实践经验。故本次编制的各项标准及相关规定,有待在今后实践中进行完善。本暂行规定中没有涉及的部分,多为与速度无明显关系的部分,暂按现行有关规范、规定及国家现行的有关强制性标准等执行。无据可依时,可另行研究确定。

1.0.3 为充分发挥新建时速200 km客货混运铁路的高速效率和运输能力，应一次建成双线铁路。当近期客运量较少，货运量也不大时，可按双线铁路一次设计，分期实施。

本条文所列8项主要技术标准，与铁路的输送能力和运输安全密切相关，也是时速200 km客货混运新建铁路建筑物和设备类型、能力和规模设计的基本标准，这些标准对设计线的工程造价、运营效率（运输能力、行车速度、牵引定数等）和经济、社会效益均有直接影响，且相互间也存在密切关系。应根据远期运量或国家要求的年输送能力和确定的设计速度目标值以及设计线的具体情况（地形、地质、气候等条件和邻线条件），在初步设计中经过技术经济比选确定，但不得超出本暂行规定所规定的相应限值。

牵引种类，根据我国铁路发展主要技术政策，应优先采用电力牵引。

旅客列车类型，由于动车组在适应运输需求组织行车方面有很大的灵活性，在高速行车下的紧急制动能力易于保证。因此，时速200 km的旅客列车应优先选用动车组。

1.0.4 为实现我国铁路跨越式发展的目标，缩短与世界发达国家铁路运输水平的差距，根据铁道部铁路发展主要技术政策，条文中明确规定了行车指挥方式，宜选用调度集中；闭塞类型应采用符合主体化机车信号要求的自动闭塞制式；列控方式，旅客列车应采用列车超速防护系统（ATP）；车站联锁方式应采用计算机联锁方式。

1.0.5 新建时速200 km客货混运双线铁路的特点是，客运量所占比重大，但又有一定数量的货物列车和速度较低的跨线列车运行。可根据城市分布与规划、客货车行车量和相应速度、线路条件、机车类型、追踪间隔时间等诸多因素，在满足国家要求的年输送能力和客车对数的前提下，结合地形、地质、水文等沿线自然条件，合理的生产布局要求以及其他交通运输工具发展规划等实际情况分布车站。

综合维修"天窗"是指列车运行图中预留的一定的列车间隔时间，用于工务、供电、电务等设备的维修，以保证各类设备处于良好状态，确保运输安全、平稳和舒适。日本、法国高速客运专线的维修经验是，在"天窗"时间内实际维修作业时间不少于3 h。法国规定"天窗"时间不得少于3.5 h。德国在客货混运的高速铁路上〔匹配速度（250/120）km/h〕，白天开行高速和快速旅客列车，夜间开行货物列车，维修作业安排在夜间3:30～6:00间，160 km/h的快速货车均在3:00前通过，仅余下少量慢速货车在维修时间内组织一线维修，一线双向行车；对于需要长时间作业的大量维修工作，则安排在周末夜间没有货车通过时，开设较长时间的"天窗"进行。我国秦沈客运专线预留"天窗"时间为4 h。

考虑到本暂行规定用于客、货共线运行铁路，虽然货物列车轴重在中—活载标准范围之内，行车量也可能不大，但速度达120 km/h，其对线路的动力作用估计不会小于时速200 km的旅客列车，也就是说，时速200 km客货共线运行的铁路线路维修工作量，不会低于时速200 km的客运专线。在参考上述国外高速铁路和我国客运专线维修"天窗"时间的基础上，并考虑保证大型养路机械在"天窗"时间内的有效利用率，提出本暂行规定综合维修"天窗"时间不应少于240 min。

1.0.6 双线铁路的正线按双方向行车设计，当区间一条线路发生故障或施工时，为有利于尽快疏散后续列车，减少通过能力的损失和降低给服务对象造成的困难。我国广深准高速铁路和秦沈客运专线按双方向行车设计，实践证明是有效的，故本暂行规定也明确规定按双方向行车设计。

在站间距离很大、出现非常情况时，利用区间渡线调整列车运行是有利的。正常运营情况下并不使用区间渡线进路。国外高速铁路对于区间渡线的设置大不相同。法国和德国高速铁路分别每隔 20 ~25 km 和 8 km 设区间渡线一处,而日本和西班牙则未设区间渡线。

针对对京沪高速铁路区间渡线设置条件的研究,提出在站间距离大于 60 km 时,根据养护维修和运输组织的需要,每隔 20 ~30 km 预留或设置区间渡线一处,考虑到本暂行规定适用条件为客货共线快速铁路,因此提出区间渡线应与设置越行站和预留中间站等方案进行综合技术经济比选后确定。

1. 0. 7 本暂行规定明确规定旅客列车选用动车组,故应根据动车组的检修、保养和运用需求,结合货物列车及跨线列车检修、保养和运用段、所设置的相关规定,并考虑邻线及路网中相关段、所的分布,参考《京沪高速铁路设计暂行规定》,合理设置相关的段、所。满足货物列车及跨线列车检修、保养和运用需求的相关段、所的设置,按原相关规范规定办理。

1. 0. 8 货物列车到发线有效长度直接影响货物列车的牵引定数,从而影响列车对数、运能和运行指标,并对工程投资、运输成本等经济指标也有较大影响。安全行车附加距离不足时,还影响行车安全。因此,此项标准也是铁路主要技术标准之一。

设计线的到发线有效长度,应根据其运输需求、列车长度、限制坡度以及信号控制设备的需要等因素,并考虑与邻线到发线有效长度的协调和经济合理性,参考《铁路车站及枢纽设计规范》第 2. 1. 7 条相关规定合理选用。

1. 0. 9 时速 200 km 新建客货共线铁路虽是客货混运,但最高速度达 200 km/h,而既有客货共线铁路提速后的最高速度仅为 140 ~160 km/h。所以,时速 200 km 新建客货共线铁路的建筑限界〔以下简称“客货 200 建筑限界(KH—200 建筑限界)”〕与既有客货共线铁路的建筑限界(GB 146. 2—83)有相同之处,也有不同之处,有必要制定新的建筑限界标准。

GB 146. 2—83 包括三种限界,每种又分内燃牵引的线路和电力牵引的线路两类,即基本建筑限界(建限—1)、隧道建筑限界(隧限—1A 及隧限—1B、隧限—2A 及隧限—2B)和桥梁建筑限界(桥限—1A 及桥限—1B、桥限—2A 及桥限—2B)。

1. 电力牵引铁路的 KH—200 建筑限界

在制定 GB 146. 2—83 建筑限界时,对于电力牵引的铁路,因受已有隧道净空的影响,三种限界的最大高度均为6 550 mm。由于接触导线的高度为 5 700 mm,因而限制了接触网的结构高度。而时速 200 km 客货共线铁路的最高速度是200 km/h,对弓网受流质量有较高要求,不能像既有铁路那样再压低结构高度。

(1)KH—200 建筑限界的最大宽度。最大宽度与既有建筑限界一样,也为超限货物列车的宽度 4 450 mm 加上每侧的安全余量 215 mm,为 4 880 mm。

(2)KH—200 建筑限界的最大高度。最大高度要考虑接触导线高度、结构高度、对地绝缘距离以及预留弛度、接触网部件尺寸、施工误差、覆冰影响等因素。

① 区间和站场建筑限界最大高度。本暂行规定规定“接触线距轨面的最低高度不应小于 5 700 mm”(见第 8. 4. 9 条),“区间和站场接触网结构高度不宜小于 1 400 mm”(见第 8. 4. 5 条)。现行《铁路技术管理规程》第 144 条规定,“跨越电气化铁路的各种建筑物与带电部分最小距离不少于 500 mm”。根据上述规定,确定采用结构高度 1 100 mm,再考虑 500 mm 的对地绝缘距离、200 mm 的预留弛度、接触网部件尺寸、施工误差、覆冰等

因素影响，则 KH—200 建筑限界的区间和站场最大高度为 7 500 mm。困难情况下，利用承力索的弛度，可将最大高度降低为 7 220 mm，用于跨线桥、天桥及雨棚等建筑物。

② 桥隧建筑限界的最大高度。GB 146.2—83 桥梁建筑限界和隧道建筑限界的轮廓尺寸，除下部局部尺寸有所不同外，基本相同，不同之处主要在桥梁限界考虑了半穿式钢桁梁的角撑，因此下部轮廓改为斜线。而在时速 200 km 新建客货共线铁路中，由于半穿式钢桁梁的横向刚度较小，不会采用这种梁式，因而桥隧限界的下部轮廓可以一致。所以，为简化 KH—200 建筑限界的种类，将桥梁建筑限界和隧道建筑限界统一为一个轮廓尺寸。

隧道建筑限界的最大高度考虑接触线最低高度 5 700 mm、结构高度 1 100 mm、对地绝缘距离 300 mm 和预留弛度、接触网部件尺寸等 200 mm，计为 7 300 mm，故将桥隧建筑限界的最大高度统一为 7 300 mm。若考虑接触导线受覆冰影响的下沉量，则桥梁的接触网结构高度为 1 000 mm 左右。

③ 受电弓工作区轮廓尺寸。KH—200 建筑限界的上部尺寸应满足动车组受电弓的工作要求。根据本暂行规定规定的受电弓动态包络线（见第 8.3.4 条），在受电弓工作高度区 5 700 ~5 860 mm 内，受电弓左右摆动量直线区段为 250 mm、曲线区段为 300 mm，比既有铁路（最高速度为 140 ~ 160 km/h）的受电弓左右摆动量200 mm 大。因此，为留有与既有建筑限界基本相同的安全余量，此高度的建筑限界尺寸应从 1 700 mm 改为 1 760 mm。

根据上述变化的尺寸和隧道的轮廓，确定了 KH—200 电力牵引的线路建筑限界的轮廓尺寸。

2. 内燃牵引铁路的 KH—200 建筑限界

对于内燃牵引的铁路，KH—200 建筑限界与 GB 146.2—83 建筑限界一样，都受运输超限货物列车的控制，轮廓尺寸相同。KH—200 建筑限界可以采用 GB 146.2—83 中的内燃牵引的铁路有关限界尺寸，即建限—1 中的各种建筑物的基本限界、隧限—1A 及隧限—1B 和桥限—1A 及桥限—1B。同样，为简化 KH—200 建筑限界的种类，也将桥梁建筑限界和隧道建筑限界统一为一个轮廓尺寸。

3. 站台建筑限界

时速 200 km 客货共线新建铁路的旅客站台仍为高站台。根据部有关文件要求，全路的站台高度统一为 1 200 mm，再考虑20 mm的轨道下沉量，确定 KH—200 站台建筑限界的高度为1 220 mm；宽度不变，仍为 1 750 mm。

电力牵引铁路和内燃牵引铁路的 KH—200 基本建筑限界、站台建筑限界和桥隧建筑限界的轮廓尺寸分别见图 1.0.9—1A、图 1.0.9—1B 和图 1.0.9—2A、图 1.0.9—2B。

4. 曲线建筑限界加宽

KH—200 曲线建筑限界的加宽办法同（GB 146.2）的规定。

1.0.10 由于我国对双层集装箱列车尚未定型，而开行双层集装箱列车又涉及铁路建筑限界和车辆的轴重问题，本暂行规定未考虑此条件。因此，设计线需要开行双层集装箱列车时，其设计尚应满足相关规定要求。

1.0.11 由于我国目前研制的时速 200 km 动车组，紧急制动距离目标为 1 600 ~ 1 800 m；时速 120 km 货物列车紧急制动距离目标为 1 100 ~ 1 400 m，较之普速铁路紧急制动距离 800 m 长出很多。因此，为保证行车安全，本暂行规定规定，必须采取全线封闭，全线立体交叉的措施。

1.0.12　当客、货列车的运行速度提高到一定程度后，强风、暴雨、大雪、轨温超限和地震等自然灾害以及货物装载状态、车辆走行状态等，对列车运行的安全性影响更为严重。故本暂行规定规定，根据设计线沿线的自然条件以及其他需要等，设置有关安全监测设备，如防灾安全监测设备〔可参考《京沪高速铁路设计暂行规定》(下)〕、货物列车超偏载监测设备、地面轴温监测设备以及车辆走行部状态监测设备等等。

1.0.18　走新型工业化道路，是以实施可持续发展战略为保证的，即要求我们在发展过程中重视保护环境和资源。随着经济的发展，人民生活水平的提高，环境质量价值越来越高，可持续发展已成为各类工程建设必须解决的重要课题。快速铁路也存在着一定的环境影响问题，如噪声和振动等问题。因此，把满足国家规定的环境质量要求作为快速铁路技术体系的重要组成内容，并作为交通发展方向的重要目标之一，采取适当的技术措施是十分必要的。

农业是国民经济的基础，土地是不可代替的特殊农业生产资料。节约土地是我国的基本国策。快速铁路的设计应尽可能节约用地，少占农田，便于农田灌溉，并有利于水土保持和引水造田。

快速铁路作为现代化的交通工具，应该体现现代化的文明。因此，各项结构物和建筑物的设计，要与周围自然景观相协调，体现当地自然和人文景色。

1.0.19　国家建设部发布有《工程建设标准强制性条文》，该条文直接涉及人民生命财产安全、人身健康、环境保护和其他公众利益等内容，同时考虑了提高经济效益和社会效益等方面的要求。列入《工程建设标准强制性条文》的所有条文都必须严格执行。因此，本暂行规定规定快速铁路尚应符合国家现行《工程建设标准强制性条文》的有关强制性标准。

2.1

拟定本暂行规定线路平面设计标准时，除了普速铁路通常考虑的因素外，着重考虑了接近高速铁路速度下限的时速200 km动车组及中荷载条件下时速120 km货车对线路平面的影响及要求，以及上道运行的普速客、货列车的要求。这些影响突出表现在圆曲线半径、线间距、缓和曲线长度、夹直线长度及圆曲线长度等几项主要线路平面标准方面。

时速200 km动车组对线路平面设计参数的要求，时速120 km货车对线路的影响，至今国内尚无所需的测试数据，更无运营观测数据。因此，本暂行规定拟定线路平面相关设计参数的依据不足，有待今后深入研究、实践观测和修订完善。

2.1.1　圆曲线半径

1. 圆曲线半径的划分及选用原则

本暂行规定沿用时速200 km客运专线及时速160 km新建铁路两本设计暂行规定的选用原则和划分方法，这些原则和方法业已得到建设司和京沪高速铁路设计暂行规定编写组的肯定和采用。本暂行规定期望，这些有别于历版《铁路线路设计规范》(以下简称《线规》)的提法，配合轨道、路基和桥梁等设计标准，能够有助于提高线路平面的设计质量，并为日后养护维修创造良好的条件，使线路有可能达到“少维修”的水平。

(1)常用半径

在定线选择圆曲线半径时，应优先选用常用半径。这一原则可保证线路具有良好的平面条件，从而提高客货列车通过曲线的运行品质，使线路与列车间保持良好的匹配关系，实现线路“少维修”的目标。

(2)最小半径和困难地段最小半径

在困难条件下允许采用最小半径,但强调了慎用原则,以期降低最小半径的出现频次,使线路养护维修工作的难度和工作量控制在适度范围之内;在特殊困难条件下,经技术经济比选,方可采用困难地段最小半径,严格控制其出现频次。本暂行规定期望,线路中出现困难地段最小半径只是个别的现象,使线路养护维修工作,在建议采用的养护维修体制(包括维修方式、维修时间和维修设备等)下,能够控制在可以接受的范围之内。如果困难地段最小半径选用偏多,线路养护维修工作有可能出现忙于应付的局面,致使影响铁路的正常运营,甚至埋下行车事故的隐患。

(3)限速半径

在更为困难的条件下,需经技术经济比选和鉴定审批,才能选用限速半径,其选用原则更为苛刻。并要着重考虑其分布,以及对路段速度的影响等诸多因素。

(4)最大半径和困难地段最大半径

历版《线规》选用半径由大至小这个提法有局限性,不够完善。运营实践和理论分析均表明,曲线半径大到某一程度,线路养护维修工作将十分困难,甚至超出线路养护维修能力范围,致使线形难以保持,成为轨道不平顺的隐患。因此,需对曲线半径给出上限值。本暂行规定建议,在困难条件下,慎用最大半径,控制其出现频次;在特殊困难条件下,经技术经济比选方可采用困难地段最大半径,严格控制其出现频次。在经济发达地区,受地物设施的限制,经技术经济比选后,可能不得不考虑采用大于困难地段最大半径的特大半径,但必须经鉴定审批后方可采用。

(5)在常用半径与最小、最大半径之间的半径

这类曲线半径不属常用使用范围,也不属慎用之列。设计人员可视具体情况灵活选用,但不能优先选用。

上述这些主要改动思路是基于我国铁路设计和运营实践多年经验教训提出的,始于为1999年版《线规》提供的140~160 km/h线路标准的调研报告。经查阅,这些改动思路与前苏联1976年版《铁路线路设计规范》及欧洲各国铁路设计思路基本接轨。

2. 常用半径 R 的取值范围

(1)计算公式

$$R = 11.8\,\frac{v_{max}^2 - v_h^2}{h_q + h_g} \quad (m) \qquad (说明2.1.1—1)$$

式中 v_{max}——旅客列车最高运行速度(km/h);

v_h——货物列车平均运行速度(km/h);

h_q——欠超高(mm);

h_g——过超高(mm)。

(2)参数选择

v_{max} 取200 km/h;v_h 取100 km/h。

h_q——“少维修”是 h_q 取值的主要依据。h_q 的下限值,目前只能参考广深准高速铁路的养护维修经验。广深线的经验是,h_q 不大于60 mm,曲线属于易于养护维修范围,故 h_q 的下限值取55 mm。h_q 的上限值,根据广深线经验,取35 mm。

h_g——“少维修”同样是 h_g 取值的主要依据。h_g 取值范围具体考虑的依据有:我国繁忙干线铁路多年运营经验;《线规》一般地段最小半径的允许过超高值30 mm。综合分析后建议,h_g 下限值取25 mm。其值约为 h_q 取值之半,据此关系,h_g 上限值建议取15 mm。

(3)常用半径的建议范围

将上述各参数建议取值代入式(说明 2.1.1—1),计算取整后,常用半径上、下限值分别取 7 000 m 和 4 500 m。

3. 最小半径 R_{min} 和困难地段最小半径(R_{min})

(1)计算公式

当 $R = R_{min}$ 时,式(说明 2.1.1—1)可转换为

$$R_{min} = 11.8 - \frac{v_{max}^2 - v_h^2}{[h_q + h_g]} \quad (m) \qquad (说明 2.1.2—2)$$

(2)$[h_q + h_g]$的选择

如果取欠、过超高之和的允许值$[h_q + h_g]$等于欠超高允许值$[h_q]$与过超高允许值$[h_g]$之和,即$[h_q + h_g] = [h_q] + [h_g]$,则式(说明 2.1.1—2)就和历年各版《线规》计算 R_{min} 的公式相同。这个公式存在的问题是:与 R_{min} 对应的超高值是唯一的。运营经验表明,这个超高值不能适应实际的运营的要求。工务部门按照《铁路线路维修规则》(以下简称《维规》)规定,根据实际运行列车的加权均方根速度设置超高,多年运营实践表明这个方法基本合理。按它设置的超高往往低于《线规》给出的超高值,两者之间存在一个差值 Δh。其值在线路不同地段有所差别,在不同运营阶段也会有所出入。为了使 R_{min} 标准能够适应日后运营的要求,本暂行规定建议:

$$[h_q + h_g] = [h_q] + [h_g] - \Delta h \quad (mm) \qquad (说明 2.1.1—3)$$

$[h_q]$——广深线多年养护维修的经验是,$h_q > 90$ mm,曲线线路难于养护维修。因此,从线路养护维修层面考虑,$[h_q]$的取值区间宜为(60 mm,90 mm)。用乘坐舒适度试验结果检验这一范围,准高速列车的 90 mm 和 60 mm 欠超高所对应的乘坐舒适度与普速客车的 75 mm 和 58 mm 欠超高所对应的乘坐舒适度相当[2]。可以预期,新型时速 200 km动车组的性能将优于时速160 km准高速列车。因此,养护维修对$[h_q]$的要求严于乘坐舒适度的要求。综上分析,本暂行规定建议,最小半径和困难地段最小半径的$[h_q]$值分别取 70 mm 和 90 mm。

$[h_g]$——1996 年德、法、日等六国专家对我国《高速铁路线桥隧设计参数的研究》报告评议时,德国专家介绍,德国客货共线高速铁路过超高控制在 50 ~ 60 mm 之内,其养护维修工作量很小。据了解,运行其上的货车牵引定数小,轴重轻,通过总重少;我国繁忙干线几十年的运营经验是,50 ~ 60 mm 过超高养护维修工作量大。据此《线规》规定,I 级干线一般条件和困难条件下最小半径的$[h_g]$分别为 30 mm 和 50 mm;广深线运营经验表明,以客运为主的铁路,其$[h_g]$取值可比《线规》取值适度放大。新建时速 200 km 客货共线铁路的特点在总则第 1.0.5 条文说明中有详细论述“客运量所占比重大,但又有一定数量的货物列车和速度较低的跨线列车运行”。由此可以看出,它的特点不同于德国客货共线高速铁路,更不同于我国的繁忙干线铁路,相比之下,似与广深线较为近似。据此,本暂行规定建议,最小半径和困难地段最小半径的过超高允许值取 40 mm 和 60 mm,是否合理,有待实践检验。

Δh——理论分析表明,Δh 涉及因素较多。可以根据这些因素绘制出一组图表,问题是,其中涉及的运营时实际的加权均方根速度在编制规范时难以确定,从而无法利用这组图表选取合理的 Δh 值。故本暂行规定转而采用现场调研方法。本暂行规定建议,最小半径和困难地段最小半径的 Δh 值,分别取 10 mm 和 20 mm。

依据上述各项建议值,可以得到$[h_q + h_g]$的建议值:最小半径100 mm;困难地段最小半径130 mm。

(3)最小曲线半径建议值

将各参数代入式(说明2.1.1—2),求得最小曲线半径3 540 m;困难地段最小曲线半径2 723 m。按跨线货物列车平均速度80 km/h检算3 500 m和2 800 m半径,检算结果列于说明表2.1.1—1。

说明表2.1.1—1 最小半径检算表

曲线半径值(m)	h(mm)	h_q(mm)	h_g(mm)
2 800	80,85	89,84	53,58
3 500	60,65	75,70	38,43

检算结果表明,最小半径可取3 500 m,困难地段最小半径可取2 800 m。

4. 最大半径R_{max}和困难地段最大半径(R_{max})

R_{max}和(R_{max})建议值的大小取决于轨检车所能达到的检测精度。目前全路配备的最好轨检车属于世界上较为先进之列,当它们通过大于8 000 m半径的曲线时,轨检车常会打印出“F”标记,表示对检测结果有疑问,即检测大于8 000 m半径以上的曲线时,难以判断是曲线还是轨道不平顺。根据研发轨检车的专家们分析,在目前轨检车的基础上,采取一些改进措施,提高检测系统的处理功能,还是可以准确检测半径为12 000 m左右曲线的方向和曲率的。但是,更大半径的曲线,由于曲率太小,外界干扰信号可能大于测试信号,要准确提取真实信号有技术难度。根据以上讨论,本暂行规定建议:最大半径取10 000 m,困难地段的最大半径取12 000 m。这个建议标准与时速250 km、350 km高速客运专线的相关标准能够相互衔接。

5. 限速半径

本暂行规定是针对客货共线铁路编制的,其限速160 km地段建议采用时速160 km新建铁路线桥隧站设计暂行规定的建议值。限速小于或等于时速140 km地段,建议采用1999版《线规》的相应规定值(见说明表2.1.1—2)。

说明表2.1.1—2 限速半径表

v(km/h)	最小半径(m)
180	2 600(2 200)
160	2 000(1 600)
140	1 600(1 200)
120	1 200(800)

注:括号内数值为特殊困难条件下,经技术经济比选后方可采用的限速最小曲线半径。

2.1.4 线间距及曲线加宽

时速200 km的铁路,列车空气动力学问题突显其重要性。在线路主要平面标准方面,线间距是惟一一项与其密切相关的标准。这项标准要求深入研究:(1)会车压力波的主要特性;(2)合理确定会车压力波最大值的允许值$[\Delta P_{max}]$。

1. 会车压力波允许值$[\Delta P_{max}]$

$[\Delta P_{max}]$取值是否能够与国情、路情相符,对合理确定线间距标准至关重要。近十年来几大干线提速经验表明,提速至140 km/h时,未见客车因会车造成门、窗玻璃破损,以及伤及旅客的报导,也没有货车因会车出现安全、破损等报导。但当DF_{11}或SS_8牵引的客车提速至160 km/h时,与之交会的客车门、窗玻璃时有破损报导,且有伤及旅客之事发生。例如,据广州铁路集团公司统计,广深准高速铁路开通四年间,共破损678块玻璃,平均每两天一块;京津间提速后,其中部分地区行车速度按155 km/h铺图。据天津客运段上报部、局材料,在1999年11

月 20 日至 2000 年 5 月 28 日之间的 20 次交会运行中，22 型绿皮客车共破损 190 块玻璃，平均每次达 10 块之多，且其中几次的破碎玻璃共伤及 7 名旅客（城际快车玻璃破损不在统计之列）。又如，1998 年郑武线综合试验时，当 SS_8 型电力机车牵引试验列车按计划进行第一次 160 km/h运行试验时，巧遇普速客车与之交会，普速客车中 3 个车厢接连出现车窗玻璃破碎现象。上述调研表明，目前我国铁路干线上运行的各型普速客、货列车可以承受的会车压力波最大值即为 140 km/h 交会时产生的会车压力波最大值（交会列车相邻侧壁间净距 Y 为 0.9 m）相当。鉴于我国大量普速客车上道运行的可能性较大，为保证普速客货列车在时速200 km铁路上运行的安全性，本暂行规定建议，以 Y = 0.9 m 140 km/h 列车会车压力波最大值作为允许的会车压力波最大值。依据说明图 2.1.4—3 上面一条试验拟合曲线，可以求得，允许的会车压力波最大值为0.9 kPa。

2. 会车压力波诸多特性

列车的头部通过时对邻线列车侧壁车窗高度处所产生的会车压力波最大，其峰峰值称为会车压力波最大值，记为 ΔP_{max}。随后各节车辆通过时对邻线列车产生的会车压力波甚小，尾部通过时对邻线列车产生的会车压力波值与通过列车尾部形状有关。当列车尾部为钝形时，产生的会车压力波很小，与各节车辆通过时对邻线列车产生的会车压力波无大区别（见说明图 2.1.4—1）；当尾部为流线形时，则会产生一个较为明显的压力波动，（见说明图 2.1.4—2）。据 X－2000 会车试验时得到的几十张会车压力波图形，其值约为会车压力波最大值的 1/2～1/3。

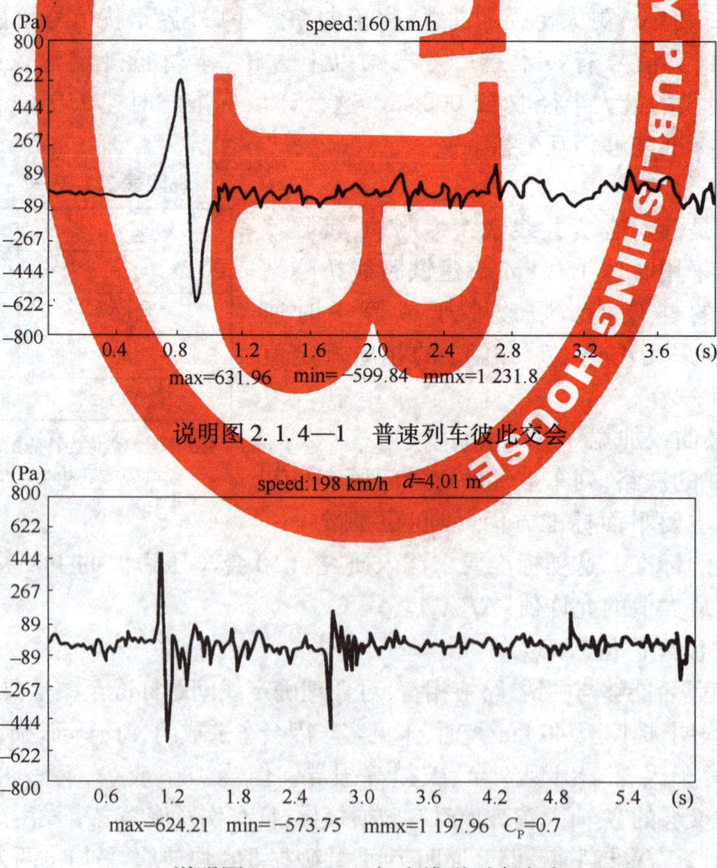

说明图 2.1.4—1　普速列车彼此交会

说明图 2.1.4—2　与流线形列车交会

(1)会车压力波最大值与邻线通过列车的行车速度的平方成正比,而不取决于两交会列车的相对速度的平方。由此特性可以知道,对于一条铁路线而言,明线直线段会车时产生的会车压力波最大值与这条铁路线的最高行车速度的平方成正比关系。例如,当线间距相同,列车流线形程度相当,两交会列车宽度不变时,最高行车速度由140 km/h提高至200 km/h,会车压力波最大值约提高1倍之多。

(2)不等速交会时,速度较低列车上受到的会车压力波最大值恒大于速度较高列车上受到会车压力波最大值。国内外研究均证实这一特性,其道理可以简述为,速度较快的列车头部对周围空气扰动大,形成的空气压力波,与之交会的速度较慢列车上受到的会车压力波就强。反之亦然。研究报告进一步指出,停在线路上的列车与邻线通过列车交会时,停在线路上的列车受到的会车压力波最大值,约为它们等速交会时的(0.8~0.9)倍。

(3)会车压力波最大值与两交会列车相邻侧壁间净距Y成反比。

会车压力波最大值的无量纲系数ΔC_p与Y的拟合曲线见说明图2.1.4—3。

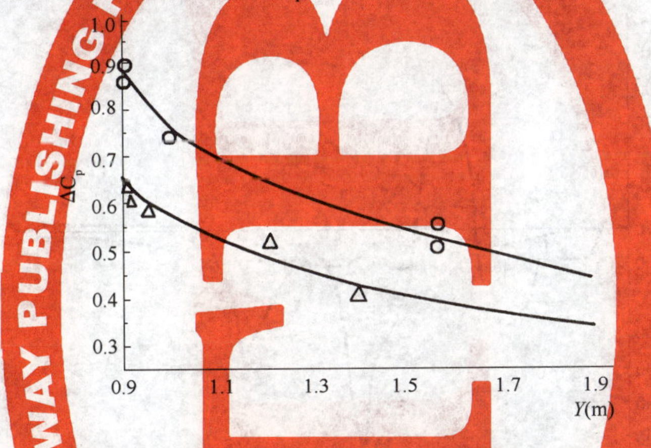

说明图2.1.4—3 会车压力波现场试验拟合曲线

由说明图2.1.4—3可见,Y值较小时,会车压力波最大值下降较快,如果所选的建议值落在此范围内,可以收到良好的经济效益。

(4)列车头形流线形程度越好,会车压力波最大值就越小。

说明图2.1.4—3中,上面一条拟合曲线是依据郑武线SS_8牵引列车会车试验所得试验拟合曲线的一部分,下面一条曲线为X-2000试验数据结合西南交大数值计算研究成果拟合而成。由说明图可见,将钝形列车改为流线形列车(或动车组),会车压力波最大值降幅明显。

3. 区间明线直线地段线间距D建议值

$$D = Y + \frac{1}{2}(B_1 + B_2) \qquad \text{(说明 2.1.4—1)}$$

取会车压力波最大值0.9 kPa,无量纲化位,其无量纲系数ΔC_p约为0.47,查说明图2.1.4—3下面一条曲线,可以反求得相应的Y值为1.3 m。由说明图可见,此值尚落在可以明显降低会车压力波最大值的范围之内。

B_1、B_2分别为两交会列车的宽度。因为普速列车与时速200 km动车组交会运行是确定本暂行规定线间距建议值的控制工况,所以B_1和B_2分别为普速列车与时速200 km动车组的车宽。B_1为3.1 m,B_2为动车组车宽,如动车组车宽为3.2 m,按式(说明2.1.4)计算,线间距计算值为4.45 m,取整至4.4 m,此时会车压力波最大值稍大于

0. 9 kPa，可以接受。若动车组宽至 3. 4 m，则线间距计算值为 4. 55 m。此值与我国铁路线间距建议系列值不协调，明显偏宽。从系列角度出发，如线间距仍取4. 4 m，Y = 1. 15 m，反算会车压波最大值，其值稍大于1. 0 kPa。它与钝形列车 150 km/h 等速交会时的会车压力波最大值相当。

综上讨论，本暂行规定建议区间明线直线段线间距取 4. 4 m。

4. 关于隧道内线间距问题的讨论

仅有的两份国外高速铁路隧道内会车压力波试验图形见说明图 2. 1. 4—4 和说明图 2. 1. 4—5。试验曲线表明，洞内会车压力波最大值约为明线地段的 4 ~ 5 倍，甚至更大，但会车压力波时变率下降很多。日本为了提高列车通过隧道的适应能力，满足旅客及乘务人员的乘坐舒适度要求，采取了一系列措施，包括改进列车设计（增加列车头部流线形程度、提高列车的气密性要求、车窗玻璃由三层互不平行的玻璃组成等）；改进隧道设计（加设缓冲棚）等。

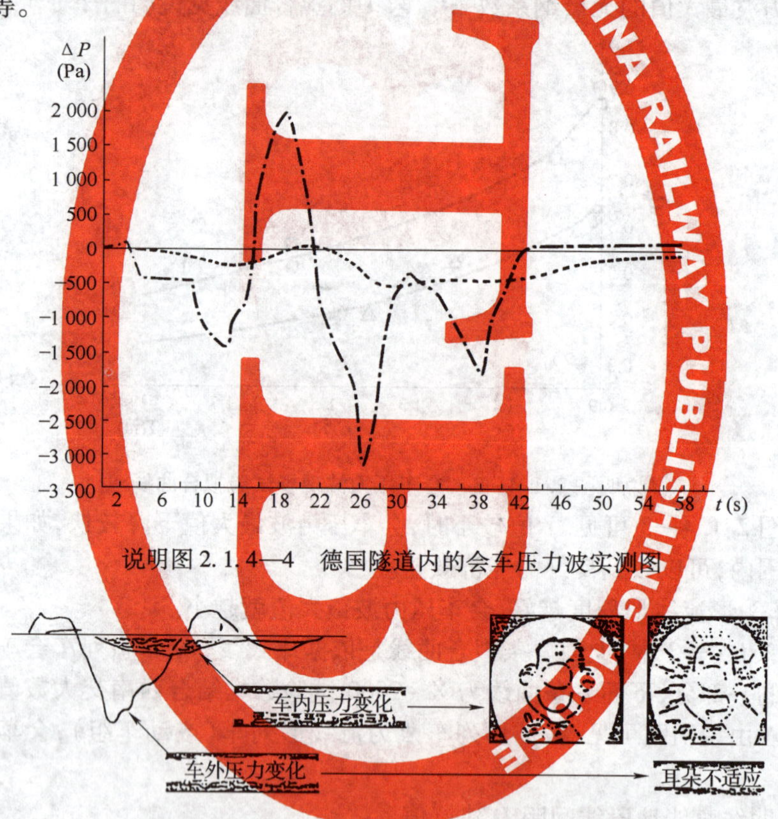

说明图 2. 1. 4—4　德国隧道内的会车压力波实测图

说明图 2. 1. 4—5　日本隧道内会车压力波实验图形

列车在时速 200 km 铁路隧道内会车同样会产生复杂的气动效应，它对普速客、货列车产生的危害影响会相当显著。我国至今尚未进行隧道内会车试验，对洞内会车压力波特性，特别是我国现行车辆的适应程度，均不了解。因此，各型客、货车辆在4. 4 m线间距和建议的隧道断面条件下，能否满足与时速200 km动车组在洞内会车的要求，目前无法给出肯定的意见，有待今后研究解决。

在目前对隧道内会车影响不明确的前提下，针对不同的线路条件，以下两种不同的应对措施可供参考。

（1）修建两条单线隧道取代复线隧道，以避免洞内会车引起的复杂气动现象对各种上道运行列车造成不同程度的危害，提高隧道内列车运行的安全性，以及有利于事故的救援。

(2)在复线隧道地段限速运行，具体限速值留待今后试验研究确定。据前往德国考查的专家称，德国280 km/h高速铁路隧道地段，ICE高速客车限速160 km/h通过隧道。

5. 曲线地段线间距

曲线地段线间距宽度受到的影响因素较多，有些是确定的，有些是可以估算的，有些是不可预知的。例如，曲线地段交会列车相邻侧壁间净距因几何关系将小于直线段之值，曲线的弯曲方向和曲线半径均是确定的；内外侧线路实设超高差在拟定暂行规定时不易准确确定，只能给出估算值；自然侧风的风向和风速等是不可预知的。从气动力知识判断，在某些不利组合时，曲线地段会车压力波最大值会明显大于直线地段，不利于安全运行。

因此，本暂行规定建议，曲线地段线间距应予加宽。经初步判断，路段旅客列车设计速度在140~200 km/h，在没有试验研究和运营观测积累的条件下，可暂用《线规》中140 km/h的曲线地段加宽值；限速地段曲线线间距加宽值按《线规》相应速度的曲线加宽值办理。待日后运营观测统计分析后，再为正式规范提供准确的科学依据。

2.1.6 缓和曲线长度

几年来，几大干线提速的经验教训有，过去规定大半径圆曲线可不设缓和曲线或缓和曲线长度较短。它们往往比圆曲线更容易成为线路提速的控制因素，在小半径地段，缓和曲线长度问题也很突出。据此，本暂行规定对《线规》的相关规定作了改动，本暂行规定期望，这些改动能有助于提供线路平面的设计质量。

1. 缓和曲线长度的划分和选用原则

本暂行规定提出的划分和选用原则与圆曲线半径的划分和选用原则相同，建议的出发点也一致。

2. 计算公式

计算缓和曲线所需长度的公式一般有三个，其中列车安全运行所要求的缓和曲线长度最短，不是控制因素，欠超高时变率所要求的缓和曲线长度，对本暂行规定而言，也不是控制因素，故均略去不予讨论。本暂行规定考虑的计算公式为

$$L_1 = \frac{h}{\frac{dh}{dt}} \cdot \frac{v_{max}}{3.6} = \frac{h}{f} \cdot \frac{v_{max}}{3.6}(m) \quad (说明2.1.6—1)$$

目前，一些国家或我国工务部门习惯以超高顺坡$1/(x \cdot v_{max})$作为判断缓和曲线长度是否合理的参数，相应的缓和曲线计算公式见式(说明2.1.6—2)。其中x值与f值的关系可由式(说明2.1.6—2)与式(说明2.1.6—1)联立求得，如式(说明2.1.6—3)所示。

$$L = v_{max} \cdot h \cdot x/1\,000 \quad (说明2.1.6—2)$$

$$f = \frac{1\,000}{3.6 \times x} \quad (说明2.1.6—3)$$

按上式可求得f与x的对应关系，见说明表2.1.6—1。

说明表2.1.6—1　x与f之间关系表

x		12	11	10	9	8	7
f(mm/s)	计算值	23.15	25.25	27.78	30.86	34.72	39.68
	取整值	23	25	28	31	35	40

3. 计算参数的选择

(1)f 建议值

常用长度:缓和曲线应属于易于养护维修之列;旅客的乘坐感觉应是平缓的、满意的。建议 f = 25 mm/s,与其对应的超高顺坡为 $1/11v_{max}$;

最小长度,建议 f = 31 mm/s,与其对应的超高顺坡为$1/9v_{max}$。广深线经验表明,$1/9v_{max}$ 对应的曲线养护维修难度和工作量适度。但本暂行规定对应的列车运行速度高于广深铁路,因此,其养护维修难度和工作量必会有所增加,增加幅度有待日后观察取证,需慎用。

困难地段最小长度,《维规》第 3.7.3 条规定,在困难条件下,容许速度大于 120 km/h 的线路超高顺坡不得大于 $1/8v_{max}$。时速 350 km 京沪高速铁路暂行规定规定,困难条件下超高顺坡取$1/9v_{max}$。两者列车最高时速相差一倍有余,但超高顺坡只差$1/v_{max}$。时速 200 km 的速度居于其间,却偏向时速 120 km。在这种情况下,本暂行规定只宜采用《维规》建议,即 f = 35 mm/s,即对应的超高顺坡为 $1/8v_{max}$。不难看出,这项规定没有顾及超高顺坡随列车最高速度提高理应有所放缓的基本观点。因此强调必须严格控制其使用频次,只能作为个别情况处理。

(2)h 计算值

最小曲线半径和个别最小曲线半径圆曲线所需缓和曲线长度采用的超高计算值,应考虑给工务部门留有调整超高时所需的缓和曲线长度预量,故选用圆曲线超高可能调整的上限值。其余半径圆曲线所需缓和曲线长度的超高计算值选用原则是,使列车通过圆曲线时的欠、过超高均维持在一个令人比较满意或令人满意的水平之上,并稍留调整裕量。具体采用的超高计算值见说明表 2.1.6—2。

说明表 2.1.6—2　h,h_q,h_g 表

圆曲线半径(m)	超高计算值 h(mm)	动车组通过曲线的欠超高 h_q(mm)	货车通过圆曲线的过超高 h_g(mm)	
			v_h = 100 km/h	v_h = 80 km/h
12 000	20	19	10	14
10 000	25	22	13	17
8 000	30	29	15	21
7 000	35	32	18	24
6 000	40	39	20	27
5 000	45	49	21	30
4 500	50	55	24	33
4 000	60	58	30	41
3 500	70	65	36	48
3 000	80	77	41	55
2 800	90	79	48	63

4. 缓和曲线长度

缓和曲线长度取整至 10 m 的整数倍。个别的缓和曲线长度还要作适当调整,以使缓和曲线长度表更为协调合理。

5. 讨论

对比时速 160 km 新建铁路设计暂行规定可知,对相同圆曲线半径的缓和曲线长度,本暂行规定建议值较长。由式(说明 2.1.6—1)可知,缓和曲线长度与列车速度及超高计算值的一次方成正比关系,其中超高又与列车速度平方有关,因此,这种现象是合理的。

对比时速200 km新建铁路线桥隧站设计暂行规定可以看出,相同圆曲线半径的缓和曲线长度,本暂行规定建议值较短。因为旅客舒适度允许的过超高要大于普速货车可以承受的过超高,也就是说,在相同圆曲线半径条件下,时速200 km客运专线设计暂行规定中的圆曲线设计超高大于本暂行规定的规定值,从而导致其缓和曲线长度大于本暂行规定建议值。

综合讨论,本暂行规定建议值目前看来尚属合理,最终如何?有待进一步试验研究和运营实践验证。

2.2.3 秦沈铁路初步运营教训之一是,纵断面大起大落致使旅客乘坐舒适度差,反映强烈。目前,秦沈线尚未进行乘坐舒适度试验,因此本暂行规定条文只能做定性表述:"相邻坡段的连接宜设计为较小坡度差。"由设计人员根据自己的经验灵活掌握。本暂行规定编制者在条文说明中提出以下想法,仅供设计人员参考,不作为建议值。按黄金分割法给出推荐选用范围,区间为:[0,0.382(《线规》表3.2.6困难值)];《线规》表3.2.6中最大坡度差一般值宜作为困难值使用,表中困难值宜作为特殊困难值使用。

2.2.4 本暂行规定吸取以往的经验教训,比时速200 km客运专线和时速160 km新建铁路两本设计暂行规定的相关规定增加了如下规定:"不得连续使用2个以上最小坡段长度,个别最小坡段长度不得与最大坡度差重叠设置"。

上述两段规定的目的是,保证坡顶分坡平段或坡底分坡平段的坡度变化较为平缓,坡段长度较长,有利于提高列车通过时的运行品质。同时也可保证线路纵坡不至过于零碎。

3.1.1 有砟轨道是一种在设计、部件制造、铺设及养护维修技术等方面相对比较成熟的轨道形式,在国外的高速铁路建设中广泛被采用。无砟轨道在我国正处不断发展和完善的阶段,还需要在设计、施工、养护等方面积累更多的经验,故在现阶段我国高速铁路正线还是铺设有砟轨道为主。自"九五"国家重点科技攻关项目"高速铁路无砟轨道结构设计参数的研究"提出三种无砟轨道结构形式及其设计参数之后,又相继完成了"高速铁路高架桥上无砟轨道关键技术的试验研究"关于三种轨道实尺模型的室内性能试验和仿真计算、秦岭1号隧道内弹性支承块式无砟轨道的铺设和测试,以及秦沈客运专线狗河、双何特大桥板式轨道和沙河特大桥轨枕埋入式无砟轨道的试铺和测试。各项研究、试铺和测试表明,无砟轨道的性能较好地满足使用要求。但到目前为止,无砟轨道尚未达到规模铺设的阶段,土质路基上无砟轨道的研究才起步,适应多种条件的结构形式有待进一步研究完善。故本暂行规定对无砟轨道的应用范围规定为有条件的隧道、桥梁和路基等地段。

有砟轨道要采用大型养路机械作业,考虑大型养路机械作业的连续性,同时为减少有砟、无砟之间轨道刚度过渡的频次,故有砟轨道与无砟轨道宜集中铺设。

3.1.2 建议采用60 kg/m全长淬火钢轨。钢轨全长淬火是通过一定的热处理工艺,改变轨头淬火层的金相组织,使其抗拉强度、疲劳强度、表面硬度、耐磨性能、韧性及其抵抗高应力下塑性变形的能力等都显著提高,从而全面改善钢轨的机械性能。我国"铁路主要技术政策"第46条规定"干线和高速线路采用60 kg/m钢轨轨道结构,发展75 kg/m钢轨轨道结构。60 kg/m及以上重轨应全长淬火……"。

本暂行规定的适用范围是客车速度200 km/h、货车速度120 km/h、货车轴重21 t、货机轴重23 t的客货共线铁路。轴重是导致轨头剥离、压溃、掉块、波磨、侧磨等轨头病害的主要因素。按本暂行规定设计的客货共线铁路,与常规客货共线铁路的《铁路线路设计规范》(GB 50090—99)(以下简称"常规客货共线铁路线路设计规范")中所允许的货物列车的轴重没有区别，只是货物列车的速度提高到了 120 km/h。货车速度提高到 120 km/h之后，其车轮动荷载将会有怎样的变化，对于轨道特别是钢轨头部的病害将会有何种影响，目前尚不十分清楚，但总的趋势应当是车轮动荷载增大，轨道及轨头病害加剧。运量也是确定钢轨类型和钢轨材质的重要因素。本暂行规定对线路的年通过总重及铁路等级未作明确规定。但根据常规客货共线“铁路线路设计规范”的规定，“每天一对旅客列车按 1.0 Mt/年货运量折算”。如果在城际间修建一条这样的客货共线铁路，按下限每天 30 对客车估算，其折算货运量就是 30 Mt/年。再加上线路上的货运量，其年通过总重肯定在 25 ~ 50 Mt，甚至大于 50 Mt。按常规客货共线“铁路线路设计规范”的规定，上述年通过总重和行车速度所对应的“正线轨道类型”已是“重型”或“特重型”，同时规定“重型或特重型轨道应采用 60 kg/m 或 75 kg/m 钢轨，大于或等于 60 kg/m 的钢轨宜采用全长淬火轨，……铺设无缝线路的曲线地段宜采用全长淬火钢轨”。

但是我国目前还没有适合时速 200 km 客货共线铁路钢轨技术条件，故本暂行规定第 3.1.2 条规定，正线轨道应采用 60 kg/m 钢轨，相关的技术条件有待今后加以研究确定。

钢轨尺寸允许偏差及平直度的扭曲允许值与《250 km/h 客运专线 60 kg/m 钢轨暂行技术条件》(铁科技函〔2005〕298 号)的相关规定相同，意在保证时速 200 km 的客车有相同的乘车舒适度和行车稳定性，也可保证轨道维修工作量处于合适范围之内。

3.1.3　轨　　枕

Ⅲ型轨枕是根据《预应力混凝土枕设计方法》按下式计算设计的枕上动压力 R_d 值：

$$R_d = rP_0(1+\alpha)$$

式中，静轮重 P_0 为设计轴重的一半，设计轴重按 250 kN 计；轮重分配系数 r 按 60 kg/m轨、钢轨支承刚度 D 为1 000 kN/cm、轨枕间距为 60 cm、既有机车、车辆转向架轮轴距等条件计算得出的包络值为 0.48；综合动载系数 α 按重载轨道取 1.5(一般轨道为 1.0)。由上式计算得出Ⅲ型枕设计采用的 R_d 为 150 kN。据此，Ⅲ型枕截面的设计承载能力(轨下，19.05 kN · m；枕中，-17.30 kN · m)能满足时速 200 km 客车和时速120 km 货车共线运行条件的承载强度要求，且有较大的安全贮备。

Ⅲ型枕单根重量约 360 kg(Ⅱ型枕重约 250 kg)，能有效提高道床的纵、横向阻力，有利于无缝线路的稳定性；同时，使来自钢轨的振动得以较大的衰减，有利于降低道床应力和减缓道床的变形，也有利于保持轨面的平顺性，减少轨道的维修工作量。

根据不同的使用要求和扣件类型，可选用无挡肩型或有挡肩型。

3.1.4　扣　　件

弹条Ⅱ型和弹条Ⅲ型扣件可与Ⅲ型轨枕配套使用。其中弹条Ⅱ型扣件用于有挡肩Ⅲ型枕，弹条Ⅲ型扣件用于无挡肩Ⅲ型枕。两种扣件的主要设计性能如说明表 3.1.4—1 所示。其设计性能均能满足时速 200 km 客车和时速 120 km 货车共线运行的要求。

说明表 3.1.4—1　扣件的主要设计性能

	扣压力(kN)	弹程(mm)	抗横向力(疲劳荷载)(kN)	调距量(mm)	调高量(mm)	弹条直径(mm)及材质
弹条Ⅱ型	10	10	70	+8，-12	10	13 $60Si_2CrVa$
弹条Ⅲ型	11	13	70	+4，-8	0	20 $60Si_2Mn$

弹条Ⅲ型为无螺栓扣件。弹条的弹程大,在相同的列车荷载下产生压缩变形时的扣压力损失相对较小;由于无螺栓,无需进行日常的螺栓涂油和拧紧等维修作业,且零部件数量少,是少维修型的扣件。根据实测,Ⅲ型扣件的轨道电路绝缘值较常用的硫磺锚固式扣件要高,且免除了硫磺锚固作业对环境的污染。因此,弹条Ⅲ型扣件更适合高速铁路轨道的应用。说明表 3.1.4—2 为几种扣件的绝缘电阻测值比较。

说明表 3.1.4—2 两钢轨间的绝缘电阻

	干 燥	淋 1 h	淋 3 h	淋 4 h	关水即测
弹条Ⅰ型(硫磺锚固)	0.1 MΩ	3.5 kΩ	3.5 kΩ	3.5 kΩ	5 kΩ
塑料套管	2 MΩ	12 kΩ	11 kΩ	11 kΩ	29 kΩ
弹条Ⅲ型	18 MΩ	10 kΩ	9 kΩ	9 kΩ	15 kΩ

注:试验模拟雨量为 6.4 mm/min。

与弹条Ⅱ型扣件相比,弹条Ⅲ型的不足是不能调整钢轨的高低和弹条的扣压力。在需要调高或改变扣压力等地段使用,就不能采用弹条Ⅲ型扣件。为此,有关科研、设计单位正积极开展以预埋塑料套管等方式取代硫磺锚固方式的研制工作,以提高弹条Ⅱ型扣件的轨道电路绝缘值为前提,同时满足高速、提速区段调高和调整扣压力等使用要求。

在有砟桥上,根据不同桥梁结构形式检算无缝线路纵向力的结果,当需要减少线路纵向阻力的情况;或设置钢轨伸缩调节器的一定长度线路范围内需减少扣件阻力的情况,应采用小阻力扣件。小阻力扣件的结构形式与弹条Ⅱ型基本通用,只需更换弹条和采用粘贴不锈钢板的轨下胶垫即可。其配套的轨枕为Ⅲ型有挡肩轨枕。在秦沈客运专线设置钢轨伸缩调节器前后约 100 m 的轨道,以及既有线桥上无缝线路段采用的小阻力扣件为"石龙桥小阻力扣件"。

3.1.5 其中有关道砟材质、道床断面尺寸、道床顶面高度,以及桥梁、隧道内道床顶面形状的有关规定与《时速 200 公里新建铁路设计暂行规定》中的相应标准相同,在此不再重述。

2 "正线枕下道床厚度 30 cm……"

由于本暂行规定和《时速 200 公里新建铁路设计暂行规定》路基基床表层采用了级配碎石和级配沙砾石,其材料选择和作用相当于碎石道床底砟,故有砟轨道可采用单层道床。

而在既有线提速时,路基基床不可能改造,即使客车速度达到 200 km/h,道床结构和厚度仍只能沿用《铁路线路设计规范》(GB 50090—90)中表 6.1.1 的规定。即非渗水土路基采用双层道床,道床厚度 30 cm,底砟层厚度 20 cm,岩石、渗水土路基采用单层道床,其厚度为 35 cm,不能参照使用本暂行规定。

4 有砟桥上规定道床厚度为 35 cm。这是因为混凝土桥面和硬质岩石路堑、有仰拱的隧道一样,对碎石道床而言是刚性基础,桥梁梁跨的自振频率很低,对导致道砟破碎、粉化的高频冲击荷载而言,起不到减振作用。故在国外高速铁路有关道床厚度的规定中,都把混凝土桥面、石质路堑和隧道仰拱一视同仁,作为刚性基础,要求在规定厚度的碎石道砟层与刚性基础之间垫入小碎石层,或采用比土路基上更大的道床厚度。我国常规铁路客货共线"铁路线路设计规范"仅从道床下部承压能力出发,规定在上述刚性基础上可以比土路基上采用较小的厚度。在《京沪高速铁路设计暂行规定》中,规定在上述刚性基础上应与土路基有相同的道床厚度，但在通过居民区的桥上宜于道床下铺设2.5 cm厚的胶垫。表明在桥上，特别在通过居民区的桥上对道床的减振要求更高。但在我国《时速200公里新建铁路设计暂行规定》中规定土路基上道床厚30 cm，硬质岩石路暂道床厚35 cm，而有砟桥上道床厚度只有30 cm，与前述国外高速铁路及我国京沪高速铁路对上述不同条件下的道床厚度的要求不一致。在本暂行规定中，原则上要求在上述三种刚性基础上有相同的道床厚度，并高于土路基上的道床厚度。

另外，单从几何尺寸来看，时速200 km客货共线铁路与京沪高速铁路有砟桥枕下道床厚度均为35 cm，似乎时速200 km客货共线铁路标准过高。实际上京沪高速执行的是特级道砟标准，而时速200 km客货共线铁路采用一级道砟，这两者存在差异。

6　线路开通前道床状态参数的规定是保证新线按设计速度安全开通及开通后正常运营所必需。钢轨、轨枕、扣件、道床都是组成轨道结构的部件，并履行着各自的功能以保证轨道的正常运营。钢轨、轨枕、扣件均为工厂制品，其质量通过工厂生产工艺，产品出厂质量检验及与使用单位的质量验交来保证。只有道床是由施工队伍在现场填筑而成的工地产品，它的质量要靠合格的道砟材质级配、严格的道床填筑工艺及科学的质量管理和检测来保证。线路开通前道床状态参数的检测和评定是铁路道床填筑工程质量管理的重要环节，是对道砟材质、级配，道床填筑机具、工艺综合质量的总体评估，也是施工单位（产品生产单位）与使用单位进行道床产品质量验交的依据，是铁路新线允许按设计速度开通的重要保证。

本暂行规定所列出的各项参数和标准与秦沈客运专线新线开通前的道床状态参数和标准相同。

3.1.6　无砟轨道的三种形式中，板式和轨枕埋入式在秦沈客运专线狗河、双何和沙河三座特大桥上铺设；隧道内板式和轨枕埋入式无砟轨道分别在赣龙线枫树排隧道和渝怀线鱼嘴2号隧道内试铺；双块式将在遂渝线无砟轨道综合试验段铺设。见说明图3.1.6—1和说明图3.1.6—2。

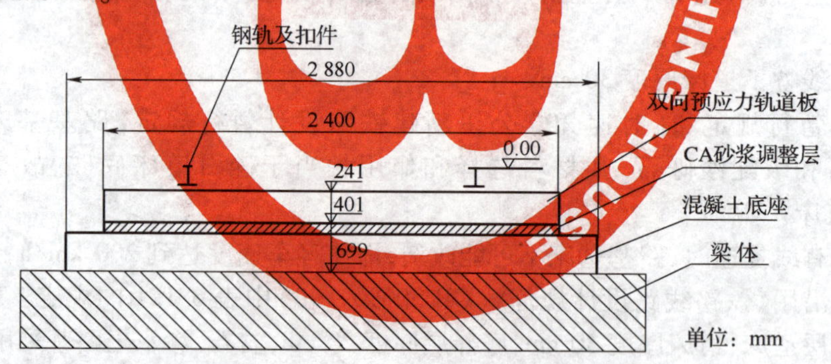

说明图3.1.6—1　板式轨道结构示意图

1　设计动轮载300 kN采用了秦沈客运专线桥上无砟轨道的相应值。此设计值是根据《高速铁路无砟轨道结构设计参数的研究》项目对不同运营条件进行轮轨动力计算分析，并参照日本、德国、英国等无砟轨道的荷载参数确定的。在计算中，高速列车采用德国ICE-2机车（轴重195 kN，速度300 km/h），中速列车采用国产SS_8型和DF_{11}型机车（轴重分别为220 kN和230 kN，速度160 km/h），计算得出的高、中速列车的轮轨力动载系数分别为（2.4～3.0）和（2.4～2.6）。

考虑到无砟轨道为少维修轨道，其结构或部件一旦损坏，修复将十分困难，在确定设计动轮载时,要计算不利的荷载条件,采用较大的强度安全贮备是必要的;同时,基于无砟轨道将在我国高速铁路上推广应用,确定统一的设计荷载,有利于无砟轨道的标准化设计。

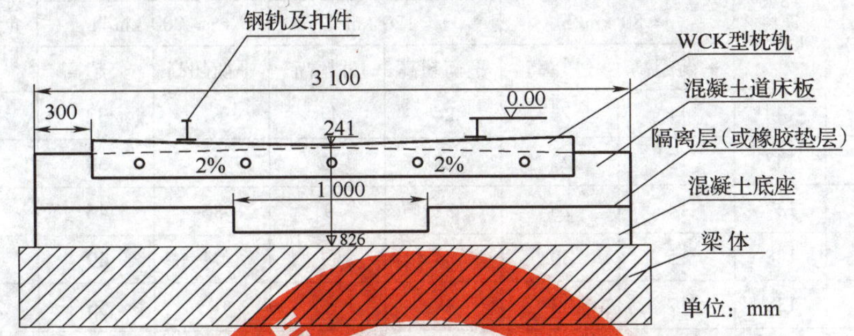

说明图 3.1.6—2　轨枕埋入式轨道结构示意图

2　桥上无砟轨道无缝线路,由梁轨相互作用产生的相对位移是在钢轨与扣件间进行。为此,应在确保钢轨不爬行和轨道稳定的前提下,适当减小弹条的扣压力和轨下垫板的摩擦系数,以减小轨道的纵向阻力,从而使桥上无砟轨道钢轨纵向力传递至桥梁墩台顶的水平力及墩台顶承受的列车制动力等与有砟轨道的相应值接近。

在秦沈客运专线沙河特大桥无砟轨道上采用的 WJ—2 型小阻力弹性扣件,其扣件的纵向阻力为 6.4 ~ 6.8 kN/(m · 轨),可满足钢轨不爬行及设计线路纵向阻力 7 ~ 8 kN/(m · 轨)的要求。

3　普通无砟轨道的刚度大于有砟轨道。为减缓列车通过两种轨道连接处由轨道刚度突变引起的动力不平顺,需要设置过渡段。通常,按照在有砟轨道一侧增大轨道竖向刚度,而在相邻的无砟轨道一侧减小轨道竖向刚度的过渡原则来确定轨道结构的过渡方式。在秦沈客运专线桥上无砟轨道与桥头路基有砟轨道的连接处,是采用在桥头有砟轨道两基本轨间加设 2 根 50 kg/m 的辅助轨,以增大轨道的刚度;而与桥头有砟轨道相接的第一跨梁上的无砟轨道板(或道床板)底部增设一层 12 mm 厚的弹性垫层,以减小与有砟轨道的刚度差。

2003 年,铁道部立项"高速铁路路桥过渡段轨道刚度合理匹配的试验研究",将对不同线路段,不同轨道的刚度过渡问题作进一步深入研究,可为轨道过渡段的设计提供科学依据。

4　位于曲线地段的无砟轨道,其外轨超高是在施工时按设计超高一次作成的,运营中则不再进行调整。据此,设计超高必须兼顾客运 200 km/h、货运 120 km/h 的运行条件,同时,适当考虑过往货车以较低速度(80 km/h)通过的情况。说明表 3.1.6 为设计超高的计算值,供设计时参考。对于限速地段,应另行计算确定。

说明表 3.1.6　无砟轨道曲线外轨超高计算值

曲线半径(m)	设计超高(mm)	均衡速度(km/h)	计算超高(mm) v=80 km/h		v=120 km/h		v=200 km/h		过超高允许值(mm)	欠超高允许值(mm)
			平衡超高	过超高	平衡超高	过超高	平衡超高	欠超高		
12 000	20	143	6	14	14	6	39	19		
10 000	25	146	8	17	17	8	47	22		
8 000	30	143	9	21	21	9	59	29		

续上表

曲线半径(m)	设计超高(mm)	均衡速度(km/h)	计算超高(mm)						过超高允许值(mm)	欠超高允许值(mm)
			$v=80$ km/h		$v=120$ km/h		$v=200$ km/h			
			平衡超高	过超高	平衡超高	过超高	平衡超高	欠超高		
7 000	35	144	11	24	24	11	61	32	15	35
6 000	40	143	13	27	28	12	79	39		
5 500	40	137	14	26	31	9	86	46		
5 000	45	138	15	30	34	11	94	49		
4 500	50	138	17	33	38	12	105	55	25	55
4 000	55	137	19	36	42	13	118	63		
3 500	65	139	22	43	49	16	135	70	40	70
3 000	75	138	25	50	57	18	157	82		
2 800	80	138	27	53	61	19	169	89	60	90

3.1.7　正线轨道铺设精度中的表3.1.7—1有砟轨道平顺度铺设精度(静态)沿用了秦沈客运专线有砟轨道不平顺铺设(静态作业验收)标准,表3.1.7—2无砟轨道平顺度铺设精度(静态)采用了遂渝线无砟轨道综合试验段的相应规定。

3.2.1　正线轨道应按一次铺设无缝线路设计

采用一次铺设无缝线路,而不采用传统的标准轨有缝线路过渡方案,是为了免除在有缝线路过渡期可能造成的接头区道床、基床病害,以及在日后换铺无缝线路之后在原接头区可能出现的病害"记忆"现象而形成长期隐患,而且现阶段的路基填筑和轨道铺设技术及机具完全可以实现新线一次铺设无缝线路。采用跨区间无缝线路是为了消除传统无缝线路的短轨缓冲区和区间无缝线路的道岔外短轨缓冲区或钢轨伸缩调节器,将区间线路、道岔及车站正线全部焊接或胶接,实现轨线的连续和真正意义上的"无缝"化,以最大限度地改善行车条件和轨道工作、养护条件。

3.2.2　划分不同设计锁定轨温范围的线路区段

1　无缝线路的设计锁定轨温是指根据地区气候资料和无缝线路的允许温升、允许温降等经计算确定的单元轨处于零应力状态下锁定时钢轨温度。

"……根据地区气候资料……",表明设计锁定轨温是随地区气候条件(地区历年最高、最低轨温)的不同而不同的。一条短的铁路跨越的地区范围窄,整个地区的气候条件接近,可能全线就一个设计锁定轨温。一条长的铁路,例如京沪高速铁路,跨越的地区很宽,包含着不同的地区气候条件,这就要求把全线划分成气候条件大体相同的不同地区,根据不同地区的气候条件,制订不同地区(线路不同地段)的设计锁定轨温及其范围。就全线来说就是划分线路不同设计锁定轨温及其范围区段。

"根据……无缝线路的允许温升和允许温降……",正如本暂行规定附录中所表示的那样,无缝线路的允许温升是根据轨道结构的稳定条件所确定的,而无缝线路的允许温降是根据轨道结构的强度条件,并经断缝检算后确定的。无缝线路的允许温升和允许温降是确定无缝线路设计锁定轨温及其范围的重要依据。

"……经计算确定的……",表明"设计锁定轨温 T_e"只是一个理论计算值。由于施工、铺设、锁定中的许多实际问题,无缝线路不可能完全按设计锁定轨温 T_e 铺设锁定,施工时的施工锁定轨温与设计锁定轨温之间允许有±5 ℃的偏差。设计锁定轨温 T_e ±5 ℃称之为设计锁定轨温范围。

"……单元轨……"其意义就是无缝线路是按单元轨进行锁定。故无缝线路的锁定轨温是按单元轨进行设计、铺设锁定、登记、验交、管理和养护维修的。在工程中,没有笼统的无缝线路锁定轨温,只有具体的每根单元轨的锁定轨温,并规定单元轨必须在设计锁定轨温范围内锁定,且相邻单元轨之间的施工锁定轨温差不大于5 ℃,同一单元轨节左右股(左右单元轨)之间的施工锁定轨温差不大于3 ℃。

"处于零应力状态下锁定的钢轨温度"。相对于零应力状态下锁定就是"有应力状态下锁定"。在施工中,对单元轨进行锁定之前,必须进行单元轨应力放散,其应力放散和锁定方法可基本分为两种,第一种是自然放散锁定法,就是把单元轨抬上滚筒,使之处于自由伸缩状态(或通过敲击钢轨,使钢轨产生振动,从而克服滚筒阻力使之伸缩更为自由),待轨温达到设计轨温范围时,将单元轨撤下滚筒,落槽锁定。由于钢轨在滚筒上是处于自由伸缩的无纵向应力状态,钢轨落槽后的锁定可以认是"零应力状态下锁定"。故这个时候的实测钢轨温度就是单元轨的施工锁定轨温。第二种是综合放散(拉伸放散)锁定法。就是把单元轨抬上滚筒后,在钢轨温度低於设计锁定轨温范围的情况下,利用钢轨拉伸器拉伸单元轨,在钢轨承受拉伸应力的状态下,通过敲击钢轨,保证单元轨拉伸均匀,然后钢轨落槽锁定。由于单元轨在滚筒上时是承受着拉应力,落槽锁定时的单元轨是处于有应力状态,故这个时候的实测钢轨温度就不是单元轨的施工锁定轨温,我们估且把它称之为"锁定施工作业轨温"。施工锁定轨温可利用"锁定施工作业轨温"加上"钢轨拉伸换算轨温"得出。

除了"设计锁定轨温"(或设计锁定轨温范围)、"施工锁定轨温"之外,还有一个叫"实际锁定轨温"(或运营阶段锁定轨温)。这是由于在运营过程中,列车的作用、维修作业、钢轨塑性碾长等因素会使钢轨内的零应力轨温发生变化。运营阶段的实际锁定轨温可根据施工锁定轨温及位移观测桩观测资料或其他检测资料推算得出。

关于本款第4)项,从无缝线路的运营管理来说,希望同一设计锁定轨温范围内的单元轨有尽可能均一的施工锁定轨温。但从施工操作的可能性考虑,必须在保证无缝线路强度和稳定的前提下提供合适的允许变动范围。本款所作出的各项规定就是综合考虑上述条件提出的。

关于本款第5)项,无缝线路的允许温降$[\Delta T_d]$是根据焊缝的强度条件确定的,但在实际工程中,由于各种偶然因素的影响还不能完全排除断轨的可能性。在冬季钢轨一旦断裂,温度伸缩力的作用下钢轨迅速收缩,扩大断缝。若断轨修复前行车,就有可能发生列车脱轨、掉道事故。断缝检算就是检算一旦出现断轨,且温降达到当地最大温降幅度ΔT_{dmax}时的断缝值λ,并要求不大于允许断缝值$[\lambda]$,如果不能满足上述要求,则必须调整设计锁定轨温,适当减小温降幅度ΔT_{dmax},或适当增大钢轨纵向阻力r_0。

2　桥上无缝线路

桥上无缝线路和土路基上无缝线路的不同点在于桥上无缝线路的钢轨除承受由于温度变化而形成的纵向温度力之外,还要承受由于梁体伸缩和挠曲所引起的伸缩附加力和挠曲附加力。计算桥上无缝线路的允许温升和允许温降时,必须按规定考虑上述附加力的影响。

根据梁轨相互作用原理,伸缩附加力和挠曲附加力将通过桥梁支座传给墩台,因而对墩台的纵向水平刚度、位移及墩台强度提出了一定的要求。为了减少上述附加力的数值，要求桥上无缝线路采用小阻力扣件，使梁轨之间有一定的纵向位移放散量。但扣件阻力过小，在冬季可能出现断轨时，轨缝拉开过大，危及行车安全，因而必须按式(3.2.2—6)对冬季断轨时的轨缝进行检算，由计算式看出，断缝 λ 与线路纵向阻力 r 成反比。本暂行规定参考《京沪高速铁路设计暂行规定》的规定，取允许断缝值为 7 cm。

有时为了控制冬季断轨轨缝而适当降低锁定轨温，但降低幅度受"无缝线路必须在设计锁定轨温范围内锁定"的限制，遇到这种情况时，可适当加大允许断缝，但不得超过 10 cm。

3　道岔区无缝线路

道岔区无缝线路的特点是道岔内股的温度纵向力将通过辙叉跟端、心轨、间隔铁、翼轨、导曲线、岔枕、扣件及尖轨跟端限位器传给道岔外股的直基本轨，产生基本轨附加温度纵向力。并在上述传递的过程中使心轨和翼轨之间及尖轨和基本轨之间产生一定的相对传移，并使部分纵向力得以放散。岔区无缝线路的设计就是要选择适当的道岔结构形式控制道岔内股钢轨纵向力的传递和放散，使岔区基本轨满足跨区间无缝线路允许温升和允许温降的要求，使道岔尖轨尖端与基本轨之间、左右两股尖轨尖端相对位移之间以及可动心轨尖端与翼轨之间的相对位移，分别满足道岔结构及转辙机械性能的要求。

基本轨附加温度纵向力的最大值大约出现在与限位器对应的位置。该附加力按一定的梯度向道岔前端递减，使道岔前端的夹直线也承受附加温度力的作用。尤其是当正线无缝道岔对向连接时，两组无缝道岔的基本轨附加纵向力可能在夹直线地段叠加，故应根据道岔组合情况及夹直线长度分别作出两组道岔的附加纵向力分布图，然后进行叠加，并按规定检算夹直线的允许温升和允许温降。

4　隧道内的气温、轨温变化都相对平稳，且其年最高、最低轨温与露天条件下的区间轨道年最高、最低轨温有一定的差异，为了跨区间无缝线路铺设、管理、维修的方便，宜取隧道内外无缝线路的设计锁定轨温与两端跨区间无缝线路的设计锁定轨温一致，但考虑工程施工中的实际困难，在长大隧道内的锁定轨温可与洞外不一致。洞口附近的长钢轨承受附近露天传递的热胀冷缩应力影响，容易出现钢轨的伸缩，为了加强此地段的无缝线路安全，故本条文规定当隧道内外无缝线路设计锁定轨温不同时，应保证自隧道口向隧道内延伸 200 m 范围内的无缝线路设计锁定轨温与隧道外区间无缝线路设计锁定轨温一致。

当隧道内外锁定轨温不一致时，隧道口过渡段容易出现钢轨的伸缩，故必须根据具体条件经计算确定必要的锁定加强措施。

3.2.3　单元轨节的长度和布置与由长钢轨的基地焊接、运输、铺轨机具、铺轨工艺所决定的长钢轨长度，线路所在地段的平、纵断面条件，桥、隧等工程结构、铺轨程序、锁定工艺及投入运营后的管理维修等因素有关。根据国内、外经验，建议宜采用1 000 ~2 000 m。在实际施工中因各种原因，必须调整单元轨长度，此时单元轨节最小长度为 200 m。

3.2.4

1　焊接接头的几何质量及焊缝位置是确保无缝线路施工铺设质量的重要方面，表 3.2.4 所列《焊接接头平直度标准》与《时速 200 公里新建铁路设计暂行规定》所采用的标准相同，意在保证 200 km/h 的客车有相同的行车质量和乘车舒适度。

2　焊缝位置：

(1)两股钢轨工地焊接头的相错量控制在 100 mm 以内,意在使两股轨焊接接头对位,就像有缝线路的对接接头一样,减少轮轨冲击的次数。

(2)道岔内各焊缝位置的精度要求意在有利于道岔的配轨、定位及减少轮轨在接头部位的冲击次数。

(3)考虑有砟、无砟轨道结构基础弹性的差异以及桥上和区间单元轨节设计锁定轨温可能出现的差异,桥上无砟轨道桥台附近的单元轨始终端接头应设在距桥头不小于 100 m的有砟轨道上,其目的是把单元轨焊接接头设置在路桥过渡段及锁定轨温过渡段以外。

3.2.5 胶接绝缘接头

胶接绝缘接头的技术性能应符合《胶接绝缘钢轨技术条件》(TB/T 2975)的各项规定。胶接绝缘接头由工厂生产后,运抵现场与长轨条焊接,故其钢轨必须与区间线路钢轨同钢种、同轨型。两股钢轨的绝缘接头应相对铺设,绝缘夹板端头距轨枕边缘不宜小于 100 mm,意在控制绝缘接头的轨缝绝缘端板尽量处于枕盒中央位置,并使左右两股钢轨绝缘接头的位置尽可能相对。

3.2.6 钢轨伸缩调节器

由于钢轨伸缩调节器养护维修工作量大,并可能成为行车事故的隐患,故在原则上应尽量少用或不用。国外高速铁路上的钢轨伸缩调节器分别使用于桥上和岔外。只有在桥上经过检算,当考虑伸缩附加力和挠曲附加力后,钢轨不满足跨区间无缝线路允许温升和允许温降要求,或其钢轨断缝不满足允许断缝值要求;或在道岔区经过检算,其外股基本轨不能满足跨区间无缝线路允许温升和允许温降的要求,或其尖轨、心轨位移不能满足道岔结构及转辙机械性能要求时,才铺设钢轨伸缩调节器。

钢轨伸缩调节器的基本轨应与跨区间无缝线路长轨条焊接,故其基本轨应与区间线路钢轨同钢种、同轨型。与道岔的尖轨一样,钢轨伸缩调节器的尖轨也用 AT 轨加工。

钢轨伸缩调节器技术性能应符合《曲线型钢轨伸缩调节器及铺设养护维修技术条件》(TGW 35—95)的规定。

3.2.7 无缝线路位移观测桩是无缝线路锁定后观测其内部锁定轨温(零应力温度)变化的唯一凭证。并规定任何观测桩处钢轨的绝对位移不得大于 20 mm,任何两观测桩之间钢轨的相对位移在换算长度 200 m 范围内不得大于 10 mm。故线路及道岔的单元轨位移观测桩必须按本暂行规定的要求预先埋设,保证牢固、稳定、可靠。并在单元轨两端入槽就位后立即测定、记录施工锁定轨温,做好零位标志,开始位移观测。

3.3.1 正线道岔的轨型、钢种必须与区间钢轨一致,才能保证与区间及车站的正线焊接,故道岔的轨型为 60 kg/m 钢轨。

为了保证时速 200 km 客车的行车安全和乘车舒适度,必须采用可动心轨道岔。

3.3.2 正线道岔间插入直线段钢轨长度的有关标准引自《京沪高速铁路设计暂行规定》。

相邻道岔间插入直线段的目的是为了减缓列车过岔时的冲击振动,以提高旅客的舒适度,有时也是道岔结构所限。正线上行车速度较高,其插入的直线段长度应加长。

根据有关研究报告,两对向布置的单开道岔之间需插入钢轨长度的基本理论是:车辆通过前一级道岔导曲线所产生的振动,在到达后一组道岔导曲线前消失而不与后一组道岔导曲线所产生的振动叠加,根据这一基本理论,道岔间直线插入段长度的计算公式为

$$f \geqslant v \times n \times t/3.6 \qquad (说明\ 3.2.2—1)$$

式中 f——插入直线段长度(m)；

v——道岔侧向允许通过速度(m/s)；

n——车辆振动衰减系数；

t——车辆振动周期。

n 和 t 值与车辆走行部分的结构和动力特性有关。在时速 200 km 的列车车体尚未确定之前，可暂参考国外统计数字。

说明表 3.3.2 给出了几个主要国家告诉铁路线路的曲线间直线插入段长度计算式。

从表中可以看出，各国无论是新建客运专线还是客货混运型(含既有铁路改建)，铁路曲线间直线插入段(均不含缓和曲线长度)最小长度在(0.4～0.6)v 之间。故此，正线上的道岔间直线插入段最小长度暂按下式确定：

说明表 3.3.2 曲线间直线插入段长度计算式表

国 别	v(km/h)	f_{min}(m)
日 本	250	$f \geqslant 0.4v$($f_{min}=100$)
法 国	300	$f \geqslant 0.5v$($f_{min}=150$)
波 兰	250	$f \geqslant 0.42v$($f_{min}=105$)
德 国	≤200	$f \geqslant 0.4v$
	>200	$f \geqslant 0.6v$
英 国	200	$f \geqslant 0.5v$
UIC		$f \geqslant 0.5v$

注：波、德、英国为客货混运型；UIC 指国际铁路联盟。

$$f \geqslant 1.6v \quad \text{(说明 3.3.2—2)}$$

式中 v——侧向允许通过速度，以 km/h 计。

结合道岔使用规定，车站正线上道岔间插入直线段长度如下：

18 号与 18 号间　　$f=0.6\times80=48$ m

18 号与更大号码间　　$f=0.6\times80=48$ m

在设计时考虑应采用标准轨，故取 50 m。

当受站坪长度限制时，可采用国外统计数字下限值，正线上插入直线段长度不小于 0.4v；插入直线长度如下：

18 号与 18 号间　　$f=0.4\times80=32$ m

18 号与更大号码间　　$f=0.4\times80=32$ m

考虑采用标准轨，即一根 25 m 标准轨和一根 8 m 短轨，故取 33 m 。

参考日本新干线车站两对向布置的道岔无列车同时通过两侧线时插入直线段长度为 20 m 情况，本条规定两对向布置的道岔无列车同时通过两侧线和道岔顺向布置时，插入钢轨长度采用一节标准轨长度 25 m。

3.3.3 引自《京沪高速铁路设计暂行规定》。

4.2.2 路肩宽度取决于以下几个因素：

(1)路基稳定的需要，特别是浸水以后路堤边坡的稳定性。根据日本、德国的经验，在降雨量大的地区，增加路基宽度对保证线路畅通有重要作用，可使因边坡坍滑中断列车运行的事故大幅度减少。一般路堤浸水后，边坡部分土质软化，在自重与列车振动的共同作用下,容易发生边坡的浅层坍滑。路肩较宽时,即使发生浅层坍滑,也不会影响路堤承载部分,从而可不影响列车的正常通行。

路堑地段则需考虑为边坡剥落物留有空地及开挖排水沟时不影响边坡稳定。我国铁路路堑设计时,若边坡是稳定的,一般侧沟外边缘即是堑坡的起点。而国外铁路一般以沟底作为边坡的起点,所以,侧沟外总留有一定宽度的平台。这样做对施工期间保持边坡稳定有利,运行期间又可使边坡剥落物不影响线路和堵塞侧沟。

(2)满足养护维修的需要。线路维修时搁置或推行小型养路机械需有一定的路肩宽度,此外,路肩部分还需设置接触网立柱、电缆槽和观测桩等其他结构物,也需要有一定的宽度。采用大型养路机械时要为大型养路机械留有工作空间,道床设计厚度0.3 m,考虑路基15 cm工后沉降值后,双线道床坡脚到线路中心的距离约3.1 m,因此接触网立柱离线路中心距离不应小于3.1 m,使其不影响大型养路机械的维修作业。立柱直径以0.5 m考虑,并在立柱外侧留出0.25 m空间。

(3)为路堤压密与道床边坡坍落留有余地。特别是路堤较高,沉降较大的地段。如果路堤正常工后沉落0.15 m,道床坡脚就要加宽约0.27 m。再加上路堤本身的压密和道砟坍落,每侧预留0.3~0.4 m的宽度是必要的,如果正常需要0.6 m,那么对时速200 km的线路路肩就需要宽0.9~1.0 m。

综合上述多方面的考虑,建议路肩宽度不小于1.0 m。

4.2.3 路基面宽度在下述条件下计算得到:线间距4.4 m,道床宽3.5 m,道床边坡1∶1.75,路基面横向排水坡4%,道床顶面高出枕底18.5 cm,计算得到轨下道床厚30 cm时,双线道床边坡部分的水平宽度为1.1 m,单线1.0 m;对于硬质岩石路堑地段,轨下道床厚度为35 cm,双线道床边坡部分的水平宽度为1.2 m,单线1.1 m。于是得到双线路基宽度为12.1~12.3 m,单线路基宽度7.5~7.7 m。布置接触网立柱要求离线路中心距离不小于3.1 m,立柱直径以0.5 m考虑,并在立柱外侧留出0.25 m空间,建议单线路基宽度7.7 m,双线路基宽度12.1~12.3 m,这时实际的路肩宽度为1.0或1.1 m。

4.2.7 换算土柱高度按列车活载和轨道静载计算得到。活载在比较了SS_8机车(说明图4.2.7—1)和0.8UIC(说明图4.2.7—2)荷载后,确定选用大者0.8UIC计算。由此得活荷载$Q=200/1.6=125$ kN。

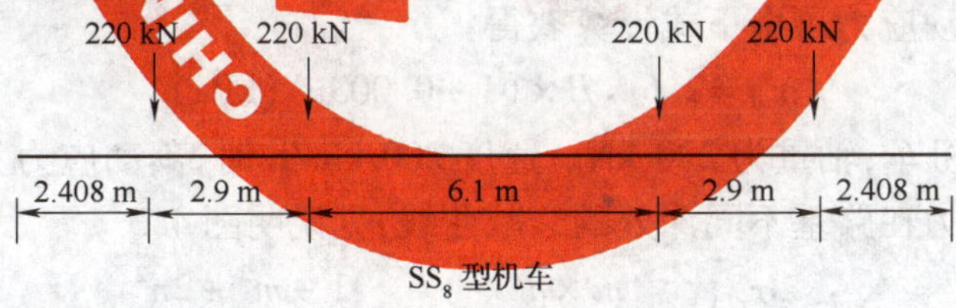

图4.2.7—1 SS_8型机车活载图式

轨道荷载计算条件如下:

道床厚度30 cm

轨枕长度2.6 m,1 667根/km

轨枕及扣件重量(3.2 kN+0.17 kN)×1.667=5.62 kN

钢轨重量0.6 kN/m

道砟容重20 kN/m^3×(2.32 m^3−0.12 m^3×1.68)=42.4 kN

计算得轨道荷载$P=(42.4+5.62+0.6)$kN=48.62 kN,

荷载分布宽度按轨枕端部向下45°扩散计算，得 $l_0 = 3.27\ \text{m} \approx 3.3\ \text{m}$（见说明图4.2.7—3）

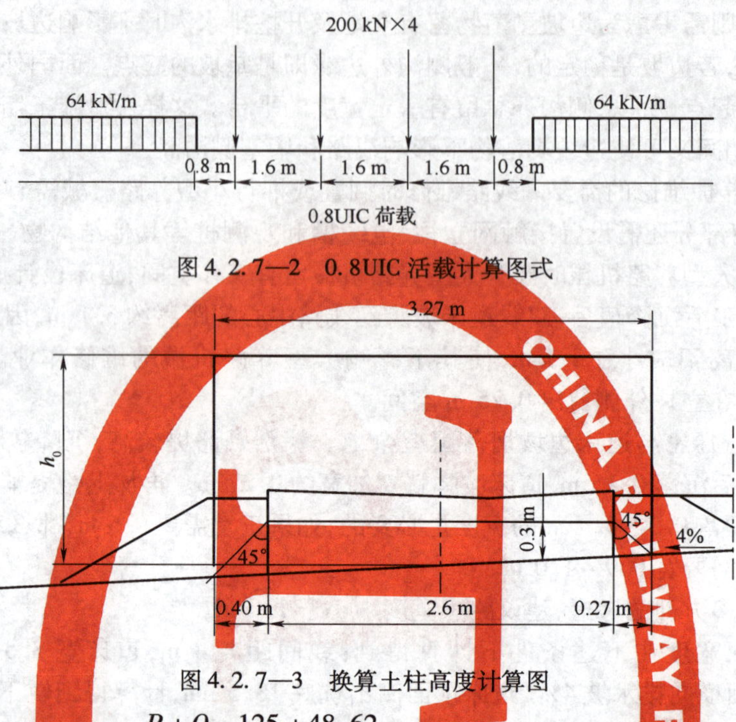

图 4.2.7—2　0.8UIC 活载计算图式

图 4.2.7—3　换算土柱高度计算图

于是，换算土柱高 $h = \dfrac{P+Q}{\gamma \times l_0} = \dfrac{125+48.62}{\gamma \times 3.3} = 52.6/\gamma$

当 $\gamma = 18\ \text{kN/m}^3$ 时，$h_0 = 2.92\ \text{m} \approx 3.0\ \text{m}$；当 $\gamma = 19\ \text{kN/m}^3$ 时，$h_0 = 2.77\ \text{m} \approx 2.8\ \text{m}$。

4.3.1　路基基床为动荷载作用显著的部分，其中动应力数值大且变化剧烈的部分又称之为基床表层。因此，基床由表层与底层两部分组成。

（1）基床厚度按列车荷载产生的动应力与路基自重应力之比小于、等于1/5的原则确定。这是因为当动应力水平小于、等于1/5时，土的动力累积较小，可不考虑动力影响。因此，基床厚度主要取决于列车动应力及其衰减，根据“路基动应力与车速关系的研究”，作用于基床面上的动应力可由下式计算获得：

$$\sigma_{\text{dl}} = 2.6 \times P \times (1 + 0.003v)\ (\text{kPa})$$

如果采用 SS_8 机车，轴重为220 kN。速度200 km/h时，其动应力为92 kPa。由下式可以计算得到动应力在路基不同深处的衰减曲线，见说明图4.3.1。

$$\sigma_{\text{dz}} = \frac{2\sigma_{\text{dl}}}{\pi}\left[\frac{m \times n}{\sqrt{1+m^2+n^2}} \times \frac{1+m^2+2n^2}{(1+n^2)(m^2+n^2)} + \arcsin\frac{n}{\sqrt{m^2+n^2}\sqrt{1+n^2}}\right]$$

式中　σ_{dl}——荷载强度；

m——a/b；

n——z/b；

a——荷载作用宽度；

b——荷载作用长度；

z——深度。

计算结果说明，当深度在2.4～2.5 m时，动应力与自重应力比$\sigma_{dz}/\sigma_0 \leqslant 0.2$。因此建议将基床厚度定为2.5 m。对于曲线段，当客货列车以不同速度通过时，会产生偏载，但在考虑速度匹配的条件下以最小半径计算的稳态单侧荷载增长不大，且只局限在局部范围，可以不作考虑。

(2)基床表层厚度根据三个条件确定：

① 以在列车荷载作用下路基顶面变形量不大于0.35 cm为控制条件；

② 以作用在基床表层下填土上的动应力不大于填土允许应力为控制条件；

③ 防冻和防水。

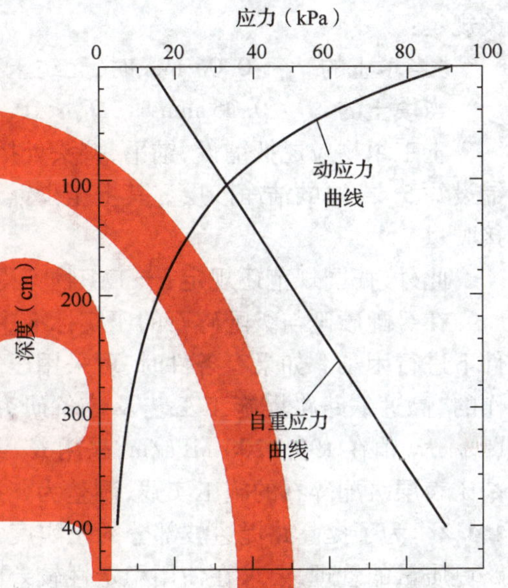

说明图4.3.1 动静应力随深度的变化

第一个条件是为了保证列车的平稳运行，第二个条件是为了基床以下填土的长期稳定，第三个条件则是特殊地区的要求。

根据国内外的实测结果，列车经过时基床表面的变形量在1 mm左右，秦沈客运专线试验实测在1 mm以内，因此在一般情况下，容易满足变形量W_0＜3.5 mm的控制条件。

另一方面，基床表层的厚度应保证其下基床填土遭受的动应力小于允许动强度。秦沈线的试验也证实在基床表层厚度为0.6 m时，其下填土的动应变范围能避免产生累积变形效应。

对于防冻，德国干线在Ⅰ、Ⅱ、Ⅲ类冰冻区的防冻层和保护层总厚分别为0.5、0.6和0.7 m。考虑到基床表层下面一般为A、B组或改良土填料，且压实程度较高，水分不容易聚集，因此仍以0.5～0.7 m来考虑。但对路堑地基土质不良或夹杂不均匀不良介质时，要考虑专门的防水和防冻措施。

综合考虑上面的要求和秦沈客运专线基床表层设计厚度，建议基床表层厚度暂采用0.6 m。

4.3.2 基床表层的作用主要有以下几点：

(1)增强线路强度，使路基更加坚固、稳定，并具有一定的刚度；

(2)扩散作用到基床土面上的动应力，使其不超出下部基床土的容许动强度；

(3)防止道砟压入基床及基床土进入道砟层；

(4)防止雨水浸入使基床土软化，防止发生翻浆冒泥等基床病害。

(5)防冻等特殊要求。

为了达到上述目的，基床表层除应有一定厚度外，还要求材料具有较高的颗粒强度和弹性模量，以及耐磨、反滤等特性。根据上述要求，基床表层材料可采用级配砂砾石或级配碎石。而且对其材质及颗粒粒径、级配、颗粒形状、密实度等方面有严格要求。特别是为了防止翻浆冒泥，保证轨下基础的动力稳定性，不同材料之间的粒径级配需满足太沙基(Terzaghi)的反滤准则，即

$$D_{15} < 4d_{85} \qquad \text{(说明 4.3.2)}$$

式中 D_{15}——粗粒土颗粒级配曲线上相应于 15% 含量的粒径；

d_{85}——细粒土颗粒级配曲线上相应于 85% 含量的粒径。

如不能满足时，基床表层应采用颗粒级配不同的双层结构，或在基床底层表面铺设土工合成材料。

对铺设无纺土工布的要求，我国铁路目前还没有相应的规定。可参考德国规范的有关规定：

"当填土的 $d_{50} > 0.06$ mm 时，无纺土工布的有效孔宽(D_W)应小于 d_{50}；

当填土的 $d_{50} < 0.06$ mm 时，$D_W < 10 \times d_{50}$、$D_W < d_{90}$ 和 $D_W < 0.1$ mm。"

土工织物应成捆铺设，铺平，接头处搭接不小于 0.3 m。当基面上有道砟和石块时应铺设约 5 cm 厚的洁净砂层。其上至少铺设 0.20 m 厚的保护层，避免施工车辆在其上直接驶过。

此外，德国规范还规定：土工织物不得与高炉炉砟或石灰稳定土同时应用。

在级配砂砾与级配碎石的压实标准中没有列入压实系数是考虑到击实试验在一般条件下进行困难。如果有条件时，可采用压实系数 0.97 为压实控制标准。根据中铁三局所作的"高速铁路路堤施工工艺及装备研究"项目，当压实度达到 0.97 以上，孔隙率小于 15%，K_{30} 值在 190 ~ 200 MPa/m，采用 $K_{30} \geq 190$ MPa/m。对于孔隙率，根据秦沈客运专线基床表层级配碎石的施工实践，调整为 $n < 18\%$。

4.4.2 为了提高路堤边坡部分的压实度，增强边坡的稳定性，并有利于加强对分层填筑路堤质量的管理，要求在使用稳定性较差的砂类土填筑路堤时，在两侧边坡 2 ~ 3 m 范围内分层铺设土工格栅。采取这一措施后可使碾压机械更靠近边坡，使边坡部分的压实度提高，同时加筋还能提高边坡的总体稳定性。考虑到降低造价，格栅铺设的间隔可考虑为一次碾压厚度的两倍。如果间距太大，加筋效果会大幅减小，因此建议竖向间距不大于 0.5 ~ 0.6 m。

4.4.3 减少路基工后沉降是保持线路稳定平顺的基本前提，是列车高速、安全运行的基础。为此要对可能产生工后沉降大于允许值的地段进行沉降分析，以便在必要时采取处理措施，使路基的工后沉降小于允许值。路基的允许工后沉降量应根据以下两条原则确定：

(1) 保证列车按预定的速度，安全、舒适地运行；

(2) 在上述前提下做到经济上合理，即因减少工后沉降需增加的投资与因工后沉降而需增加的养护维修费用的总和最小。

在国家"九五"课题"高速铁路线桥结构与技术条件(标准)的研究"之八"高速铁路软土路基工后标准的研究"中曾对此进行过较详细的探讨，认为合理的路基工后沉降与路堤高度、地基条件、养护维修体制、国家的经济实力等多方面有关。建议采用 10 ~ 12 cm。考虑到时速 200 km/h 较高速低，允许沉降量可大一些。所以建议采用 15 cm，年沉降速率也相应提高到 4 cm。这一建议值与其他类型线路的规定也是协调的(见说明表 4.4.3—1)。

由于桥台与台后路基的工后沉降不同会造成静态的轨道不平顺，这对列车的平稳运行非常不利，同时使该处的轨道结构不易保持稳定，维修工作量大增。速度越高，其不利影响越明显。因此对台后过渡段的路基，建议的允许工后沉降值比一般地段的小。

说明表 4.4.3—1

速度(线路类型)(km/h)	140(Ⅰ级)	重载	160	200	300以上
允许工后沉降(cm)	30	30	20	15	10~5
沉降速率(cm/年)		10	5	4	2~3

在勘测设计工作中,应充分重视地基面以下25 m范围内(说明表4.4.3—2所列土层)的地基沉降问题。

说明表 4.4.3—2

岩土类别	地层条件
砂　土	P_s <5 MPa或 N <10或地震时有液化危险
一般黏性土	$P_s \leq 1.2$ MPa或 $\sigma_0 \leq 150$ kPa
软黏土	0.8 MPa $\leq P_s \leq$ 1.0 MPa,层厚大于3 m; P_s <0.8 MPa,层厚大于2 m

4.4.4 软土地基沉降计算中,应该考虑瞬时沉降 S_d、主固结沉降 S_c,当为富含有机质土和泥炭土时尚应计算次固结沉降(S_s)。如果无条件对每一工点软土进行次固结系数测定时,可根据土性条件选用当地的经验数值。

为使固结沉降量的计算结果与实际更为接近,固结沉降计算应尽可能采用 e—lg$P$ 曲线进行。

4.4.6 设置边桩和路堤地基面沉降观测装置是为了控制填土速率,保证路堤在填筑过程中的稳定。此外,在路堤中心线地基面上设置沉降观测装置是为了根据沉降观测数据进行最终沉降量推算,使地基的工后沉降量在设计预定的范围之内。当地基沉降与设计有出入时,则可以根据实测数据进行二次设计,并采取相应的措施使地基处理达到预定的目标。因此,对于需要控制地基工后沉降的软土地基处理工程,沉降观测是一项不可缺少的重要工作。

4.4.9 由于桥台与路堤的动静刚度相差悬殊,列车通过时,桥台与路堤之间就会出现变位差,虽然其数值很小,但因车速很高,会对轨道结构产生较大的冲击,同时反过来轨道结构对列车也会产生冲击,从而降低列车运行的平稳性、舒适度,加快结构物和车辆的损坏。为此,需要在台后的一定距离之内设置过渡段,以减小冲击。本暂行规定建议采用图4.4.9的形式进行过渡,因该过渡方式结构简单,法国、德国都采用这种形式。根据理论分析,该过渡方式可使轨道基础的动态不平顺减小到1 mm以内,动力不平顺坡度降低到0.01%以下。对于过渡段的长度,根据秦沈线试验的结果,动应力、动位移及加速度的极大值,均出现在设计范围内,因此,仍然采用以往的过渡段长度计算公式。

在软土地基地段,路基在运行期间还会持续产生少量的沉降,从而使桥路分界处不仅产生动态不平顺,还存在静态的不平顺,它的数值要比动态的大得多,将大大恶化车辆的运行平顺性。为此,本暂行规定根据公路的使用经验,建议可考虑在台后设置钢筋混凝土搭板。搭板长度一般与路堤高度相等。

填料虽采用级配碎石,但对其级配要求可比基床表层稍宽一些,也可掺入适量结合料。在广深线有部分台后填土采用级配良好的砾石,并加入3%的水泥。广州局认为效果良好,可参考使用。

位于软土地区的路桥过渡段,还可以考虑采用轻质填料,如二灰土、EPS等其他填料。二灰土容重小、强度大,可减小对桥台及基础的附加水平力和地基沉降。并可使用小型碾压机械,薄层填筑,从而减小振动碾压对桥台稳定性的影响。

4.8.2　路堤支挡结构物,特别是路肩墙在列车动力影响范围以内,所以需要考虑车速提高后,支挡结构物受力条件的改变。在不同车速条件下的路堤振动特性测试结果表明,挡墙受到的振动加速度与列车速度和轴重有关。但由于时速200 km/h的线路上,机车轴重并没有比一般线路有多少降低。因此,车速提高将使挡墙受到的土压力增加,并使合力作用点上移,降低挡墙的抗倾覆稳定性。但是由于上述测试资料尚不够充分,建议在有必要时可参考附录B提出的方法进行估算。

5.1.2　关于桥梁的基本结构形式

(1)在我国过去的铁路桥涵设计中,混凝土桥一般采用钢筋混凝土及预应力混凝土双片式T梁桥,大部分双片式T梁通过横隔板联结,有一部分双片式T梁甚至无横向联结;钢桥跨度小于等于40 m时多采用简支钢板梁,跨度大于40 m多采用下承式桁梁桥。在广深准高速铁路的试验和近十年的铁路提速实践中发现:

① 双片式T梁的整体性差,在提速列车尤其是提速货车作用下,梁体横向振动大,横隔板开裂相当严重,在准高速铁路和提速线路上都进行了横向加固。

② 在提速至70~80 km/h的货物列车(尤其是混编车和空板车或空罐车)作用下,上承钢板梁(跨度28.0,32.0,40.0 m)和单线下承式钢桁梁桥(跨度48.0,56.0,64.0 m)出现了横向摆振现象,使跨中横向振幅单峰值达10 mm,已危及列车的安全运行。

(2)在国外新线建设中,德国的小跨度梁大量采用SRC梁,预应力混凝土梁一般采用箱梁;法国新线建设中也是大量采用预应力混凝土箱梁和结合梁;日本20~40 m跨度的桥梁则以横隔板和桥面板连成整体的多片式混凝土T梁为主。日本高速铁路钢桥应用情况是:1964年建成的东海道新干线,上承式钢板梁有258座(占钢桥总数的38%),70年代中将上承式钢板梁全部改造成结合梁;1975年建成的山阳新干线,上承式钢板梁全部为结合梁所取代。

(3)我国过去的钢桥都采用明桥面,广深准高速铁路跨度64.0 m双线钢桁梁也是明桥面,只是将明桥面用的钩头螺栓改为在纵梁上打孔的螺栓连接,列车在160 km/h速度条件下已经安全运营了四年,整个结构和桥面系均处在良好的状态。日本东海道新干线(运行速度210 km/h)上也使用明桥面。明桥面直接承受列车的冲击作用,一是纵横梁容易出现疲劳裂纹,日本东海道新干线在运营10年后明桥面出现裂纹的现象显著增多;二是轨枕易变位,使得明桥面的轨道结构的维护量大;三是明桥面噪声大,为此日本东海道新干线明桥面的木枕已逐步改造成树脂轨枕。货车提速至120 km/h后,由于其轴重和簧下质量都比客车大,冲击作用会显著增加,明桥面能否长期适用120 km/h货车的动力作用及噪声污染都是突出的问题。在德国新建铁路线上钢桥一般都采用正交异性板及钢筋混凝土板的道砟桥面。因此综合考虑结构的长期使用性能和减少桥上轨道的维修量,在新建客车200、货车120 km/h的客货共线铁路上不宜采用明桥面。建议对钢桥的桥面进行研究,积极吸收德、法等欧洲国家的成功经验。

(4)我国既有铁路线上已采用了一些柔性桥墩,铁科院和一些铁路局桥检队在货车提速试验中发现,当货车速度提高到60~80 km/h时,柔性桥墩普遍存在横向振动急剧增大的现象,目前在有这类桥墩的线路区段提速货车不得不限速60 km/h运行。因此,在货车120 km/h的新建铁路上柔性桥墩的动力性能仍然是一个问题。考虑到下部结构对车辆运行舒适性与安全性方面的影响,墩顶位移不可太大,故一般不应采用刚度较小的柔性墩台，以满足行车舒适性与安全性要求。

(5)在现代的大型基础设施工程的设计中，西方发达国家引入全寿命成本设计概念，即在设计建设期综合考虑结构的维修成本和服务效率及质量，因此在制定本暂行规定结构形式的一般规定时部分考虑了这种设计理念，尽可能提高设计标准。

5.1.3 斜交桥梁由于梁体两侧挠度的差异形成轨道扭曲，影响列车速度提高后运行的安全性和旅客乘坐的舒适度，所以一般不宜采用。德国规范 DS804 规定，斜交不可避免时，可做成 60°～120°的斜交。但根据我国设计部门的意见，60°～120°的斜交规定容易突破，因此本暂行规定对斜交角度不作规定，但必须进行挠度差形成轨道扭曲变形检算，并符合相应规定。

5.1.4 该条规定是根据既有铁路线上涵洞使用多年的经验，推荐采用整体性好，适应性强，又方便施工，便于检查维修的钢筋混凝土圆涵、盖板涵和框架矩形涵。考虑到列车速度提高后对线路刚度平顺过渡（即动力不平顺）的要求，涵顶至轨底的高度一般不小于 1.5 m，根据设计部门的一致意见，在困难条件下，涵顶不得高出路基基床底层顶面。

5.2.1 关于荷载分类和组合

本暂行规定有关荷载的内容是在现行铁路桥涵设计规范基础上，针对客车 200 km/h 货车 120 km/h 的新建铁路的特点，进行必要的修订和补充。

(1)在荷载项目上，由于采用无缝线路，所以荷载类型增列了长钢轨纵向力（挠曲力、伸缩力），在特殊荷载中增加了长钢轨纵向断轨力。

(2)在荷载组合中，《铁路桥涵设计基本规范》(TB 10002.1—99)表 4.1.1 桥梁荷载注 2 明确规定，列车横向摇摆力不与离心力、风力同时计算。但从铁道科学研究院的试验中得出，列车横向摇摆力与离心力是同时存在的。德国铁路桥梁及其他工程结构物规范 DS804 第 17A 条中规定：求算水平折角用的荷载组合时，列车横向摇摆力与离心力、风力是组合的。因此在本暂行规定中，考虑了列车横向摇摆力与离心力、风力的组合，并将列车横向摇摆力列入主力活载中。

(3)用于强度、刚度和稳定计算的荷载分类和组合原则仍然沿用铁路桥涵设计规范的规定。关于纵向力的计算，我国《铁路桥涵设计基本规范》(TB 10002.1—99)主要是针对制动力或牵引力的计算，在第 4.4.7 条和第 5.3.5 条作了规定，其主要原则是制动力或牵引力按列车竖向静活载的 10% 计算，按桥梁支座的设置形式进行简单的分配。采用长钢轨无缝线路，除考虑制动力或牵引力外，还应考虑长钢轨纵向力（挠曲力、伸缩力）。桥上长钢轨纵向力及与制动力或牵引力的组合，按《新建铁路桥上无缝线路设计暂行规定》办理。

5.2.3 关于桥涵设计列车活载

1 列车活载图式

现行列车活载图式为“中—活载”，是从 1951 年制定的“中—Z 活载”，经过几十年随着机车车辆的发展变化，不断研究分析概化出的一种标准活载图式，它代表了我国客货混运线上各种机车车辆对桥梁产生的最大影响，除了考虑线路上的运营荷载外，还考虑了各种临时荷载，如施工荷载（架桥机、铺轨机），并留有一定的强度安全储备。

德国的改建和扩建线路与本暂行规定设计的线路运营条件基本一致，都是客货混运，客车运行速度 200 km/h、货车运行速度120 km/h，桥梁设计采用 UIC71 活载图式。为考察中—活载对设计客车运行速度 200 km/h、货车运行速度 120 km/h 的铁路桥梁的适用性，现对两种类型的活载对桥梁的作用进行比较。说明表 5. 2. 3—1 ~ 说明表 5. 2. 3—3 和说明图 5. 2. 3—1 ~ 说明图 5. 2. 3—3 列出了跨度 2 ~ 96 m 范围内，中—活载与 UIC71 活载考虑动力作用时跨中弯矩效应的比较。由于两种荷载的动力系数不一样，在计算时考虑了各自的动力系数。

说明表 5. 2. 3—1 中—活载与 UIC71 活载跨中弯矩换算均布荷载比较表（混凝土梁）（kN/m）

跨度（m）	中—活载			UIC71 活载			F/C
	静 态	动力系数	动 态	静 态	动力系数	动 态	
	A	B	C = A × B	D	E	F = D × E	
2	250	1. 375	343. 75	251. 6	1. 670	420. 17	1. 222
4	187. 5	1. 353	253. 69	175	1. 620	283. 50	1. 118
6	166. 7	1. 333	222. 21	162. 7	1. 460	237. 54	1. 069
8	151. 3	1. 316	199. 11	156. 4	1. 368	213. 96	1. 075
10	141. 3	1. 300	183. 69	148. 4	1. 306	193. 81	1. 055
12	131. 2	1. 286	168. 72	141. 1	1. 261	177. 93	1. 055
14	125. 0	1. 273	159. 13	134. 8	1. 227	165. 40	1. 039
16	119. 4	1. 261	150. 56	129. 6	1. 199	155. 39	1. 032
20	110. 2	1. 240	136. 65	121. 5	1. 157	140. 58	1. 029
24	104. 0	1. 222	127. 09	115. 6	1. 126	130. 17	1. 024
28	100. 5	1. 207	121. 30	111. 1	1. 103	122. 54	1. 010
32	98. 4	1. 194	117. 49	107. 7	1. 084	116. 75	0. 994
40	96. 1	1. 171	112. 53	102. 6	1. 055	108. 24	0. 962
48	94. 5	1. 154	109. 05	99. 1	1. 034	102. 47	0. 940
56	92. 8	1. 140	105. 79	96. 5	1. 018	98. 24	0. 929
64	91. 1	1. 128	102. 76	94. 5	1. 005	94. 97	0. 924
72	89. 6	1. 118	100. 17	93. 0	1. 000	93. 00	0. 928
80	88. 2	1. 109	97. 81	91. 7	1. 000	91. 70	0. 937
88	87. 1	1. 102	95. 98	90. 7	1. 000	90. 70	0. 945
96	86. 0	1. 095	94. 17	89. 9	1. 000	89. 90	0. 955

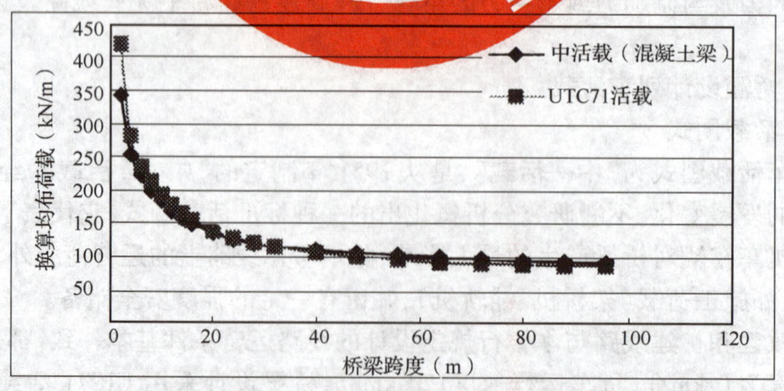

说明图 5. 2. 3—1 中—活载与 UIC71 活载跨中弯矩换算均布荷载比较（混凝土梁）

说明表 5.2.3—2　中—活载与 UIC71 活载跨中弯矩换算均布荷载比较表(钢梁)(kN/m)

跨度(m)	中—活载			UIC71 活载			F/C
	静　态	动力系数	动　态	静　态	动力系数	动　态	
	A	B	C = A × B	D	E	F = D × E	
2	250.0	1.667	416.68	251.6	1.6706	420.17	1.008
4	187.5	1.636	306.83	175.0	1.620	283.50	0.924
6	166.7	1.609	268.17	162.7	1.460	237.54	0.886
8	151.3	1.583	239.55	156.4	1.368	213.96	0.893
10	141.3	1.560	220.43	148.4	1.306	193.81	0.879
12	131.2	1.539	201.85	141.1	1.261	177.93	0.881
14	125.0	1.519	189.81	134.8	1.227	165.40	0.871
16	119.4	1.500	179.10	129.6	1.199	155.39	0.868
20	110.2	1.467	161.63	121.5	1.157	140.58	0.870
24	104.0	1.438	149.50	115.6	1.126	130.17	0.871
28	100.5	1.412	141.89	111.1	1.103	122.54	0.864
32	98.4	1.389	136.67	107.7	1.084	116.75	0.854
40	96.1	1.350	129.74	102.6	1.055	108.24	0.834
48	94.5	1.318	124.57	99.1	1.034	102.47	0.823
56	92.8	1.292	119.87	96.5	1.018	98.24	0.820
64	91.1	1.269	115.62	94.5	1.005	94.97	0.821
72	89.6	1.250	112.00	93.0	1.000	93.00	0.830
80	88.2	1.233	108.78	91.7	1.000	91.70	0.843
88	87.1	1.219	106.16	90.7	1.000	90.70	0.854
96	86.0	1.206	103.71	89.9	1.000	89.90	0.867

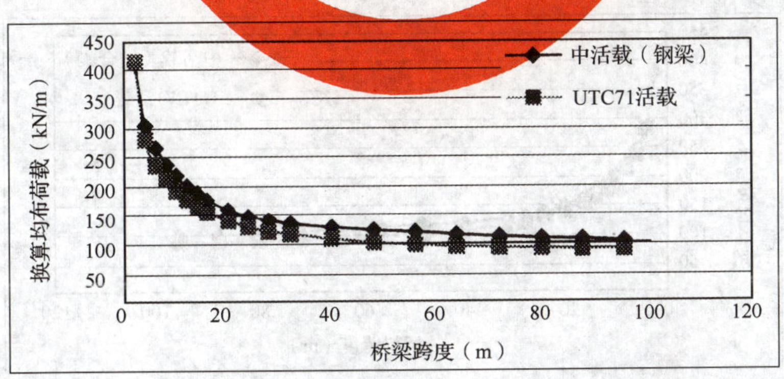

说明图 5.2.3—2　中—活载与 UIC71 活载跨中弯矩换算均布荷载比较(钢梁)

说明表 5.2.3—3　中—活载与 UIC71 活载跨中弯矩换算均布荷载比较表(结合梁)(kN/m)

跨度(m)	中—活载			UIC71 活载			F/C
	静　态	动力系数	动　态	静　态	动力系数	动　态	
	A	B	C = A × B	D	E	F = D × E	
2	250.0	1.524	380.95	251.6	1.670	420.17	1.103
4	187.5	1.500	281.25	175.0	1.620	283.50	1.008
6	166.7	1.478	246.43	162.7	1.460	237.54	0.964
8	151.3	1.458	220.64	156.4	1.368	213.96	0.970
10	141.3	1.440	203.47	148.4	1.306	193.81	0.953
12	131.2	1.423	186.71	141.1	1.261	177.93	0.953
14	125.0	1.407	175.93	134.8	1.227	165.40	0.940
16	119.4	1.393	166.31	129.6	1.199	155.39	0.934
20	110.2	1.367	150.61	121.5	1.157	140.58	0.933
24	104.0	1.344	139.76	115.6	1.126	130.17	0.931
28	100.5	1.324	133.01	111.1	1.103	122.54	0.921
32	98.4	1.306	128.47	107.7	1.084	116.75	0.909
40	96.1	1.275	122.53	102.6	1.055	108.24	0.883
48	94.5	1.250	118.13	99.1	1.034	102.47	0.867
56	92.8	1.229	114.07	96.5	1.018	98.24	0.861
64	91.1	1.212	110.37	94.5	1.005	94.97	0.861
72	89.6	1.196	107.20	93.0	1.000	93.00	0.868
80	88.2	1.183	104.37	91.7	1.000	91.70	0.879
88	87.1	1.172	102.07	90.7	1.000	90.70	0.889
96	86.0	1.162	99.91	89.9	1.000	89.90	0.907

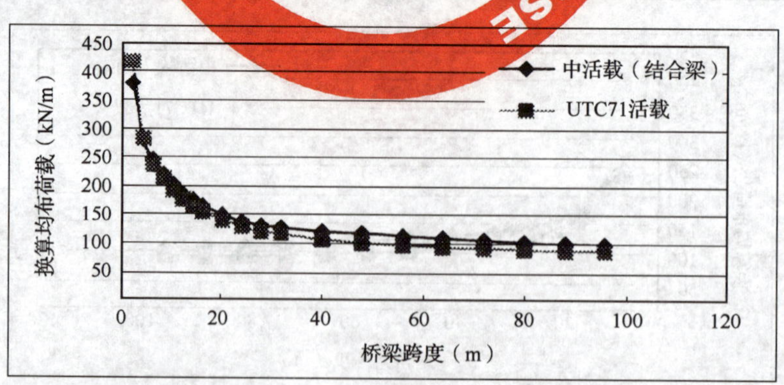

说明图 5.2.3—3　中—活载与 UIC71 活载跨中弯矩换算均布荷载比较(结合梁)

对2 m、4 m跨度混凝土梁，UIC71是中—活载的1.222和1.118倍；4～28 m跨度时，UIC71是中—活载的1.069～1.010倍；32～96m跨度时，UIC71是中—活载的0.994～0.955倍。

对于钢梁，除跨度2 m时UIC71比中—活载略大(为中—活载的1.008倍)外，其余跨度都比中—活载小，4～96 m跨度UIC71是中—活载的0.924～0.820倍。

对于结合梁，除跨度2 m、4 m时，UIC71比中—活载略大外，其余跨度都比中—活载小，6～96 m跨度UIC71是中—活载的0.970～0.861倍。

因此整体上看，UIC71活载与我国中—活载对桥梁的作用基本一致，由于我国钢梁桥的动力系数取值偏大，因此对桥梁跨中活载弯矩而言，中—活载一般比UIC71活载大8%～22%。考虑到延续性，采用标准的中—活载作为客车200 km/h、货车120 km/h新建铁路的桥涵设计列车活载图式是安全和合适的。

说明表5.2.3—4和说明图5.2.3—4列出了跨度2～96 m范围内，中—活载与典型运营客货列车跨中弯矩换算均布荷载比较；说明表5.2.3—5是中—活载与客货典型运营列车跨中换算均布荷载的比值。结果表明，中—活载效应包住了典型运营客货列车效应，并具有一定的安全储备。

说明表5.2.3—4 中—活载与典型客货运营列车跨中弯矩换算均布荷载比较表(tf/m)

跨度(m)	中—活载	中华之星	神州号	先锋号	DF_{11}+客车	SS_8+客车	$2DF_4$+C_{62}货车
2	25.00	19.50	22.50	15.04	23.00	22.00	23.00
4	18.80	9.75	11.25	7.52	11.50	11.00	13.80
6	16.70	6.50	12.50	5.84	12.78	7.58	13.80
8	15.10	6.09	11.25	5.16	11.50	7.01	12.08
10	14.10	5.46	9.90	4.50	10.12	6.25	10.49
12	13.10	4.92	8.75	3.96	8.94	5.91	9.28
14	12.50	4.70	7.81	3.77	7.98	5.57	9.09
16	11.90	4.43	7.06	3.58	7.38	5.30	8.75
20	11.00	4.12	6.34	3.37	6.69	5.16	7.90
24	10.40	3.87	5.96	3.15	6.20	5.09	7.18
28	10.00	3.85	5.99	2.91	6.14	5.05	7.05
32	9.84	3.78	5.90	2.68	6.03	4.81	7.02
40	9.61	3.48	5.45	2.37	5.57	4.29	7.07
48	9.45	3.16	4.95	2.25	5.06	3.82	6.95
56	9.27	2.93	4.51	2.22	4.60	3.51	6.91
64	9.11	2.79	4.23	2.25	4.32	3.31	6.92
72	8.96	2.71	3.98	2.26	4.08	3.20	6.92
80	8.82	2.61	3.81	2.25	3.89	3.06	6.87
88	8.70	2.49	3.63	2.21	3.71	2.91	6.87
96	8.60	2.45	3.46	2.18	3.53	2.83	6.89

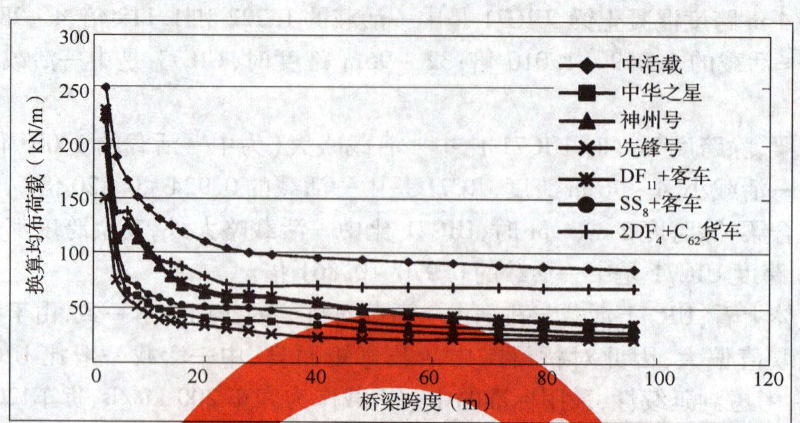

说明图5.2.3—4　中—活载与典型客货运营列车跨中弯矩换算均布荷载比较

说明表5.2.3—5　中—活载与典型客货运营列车跨中换算均布荷载比值表（tf/m）

跨度(m)	中—活载	中华之星	神州号	先锋号	DF_{11}＋客	SS_8＋客	$2DF_4$＋货车
	A	*B*	*C*	*D*	*E*	*F*	*G*
	A/A	*B/A*	*C/A*	*D/A*	*E/A*	*F/A*	*G/A*
2	1.00	0.78	0.90	0.60	0.92	0.88	0.92
4	1.00	0.52	0.60	0.40	0.61	0.59	0.73
6	1.00	0.39	0.75	0.35	0.77	0.45	0.83
8	1.00	0.40	0.75	0.34	0.76	0.46	0.80
10	1.00	0.39	0.70	0.32	0.72	0.44	0.74
12	1.00	0.38	0.67	0.30	0.68	0.45	0.71
14	1.00	0.38	0.62	0.30	0.64	0.45	0.73
16	1.00	0.37	0.59	0.30	0.62	0.45	0.74
20	1.00	0.37	0.58	0.31	0.61	0.47	0.72
24	1.00	0.37	0.57	0.30	0.60	0.49	0.69
28	1.00	0.38	0.60	0.29	0.61	0.51	0.71
32	1.00	0.38	0.60	0.27	0.61	0.49	0.71
40	1.00	0.36	0.57	0.25	0.58	0.45	0.74
48	1.00	0.33	0.52	0.24	0.54	0.40	0.74
56	1.00	0.32	0.49	0.24	0.50	0.38	0.74
64	1.00	0.31	0.46	0.25	0.47	0.36	0.76
72	1.00	0.30	0.44	0.25	0.46	0.36	0.77
80	1.00	0.30	0.43	0.26	0.44	0.35	0.68
88	1.00	0.29	0.42	0.25	0.43	0.33	0.79
96	1.00	0.29	0.40	0.25	0.41	0.33	0.80

2　关于动力系数

我国《铁路桥涵设计基本规范》中动力系数的计算方法是根据解放后以来大量的实测资料及近10多年来车桥相互作用的大量计算分析得出来的。

一般影响桥梁动力系数的主要因素有：

(1)桥梁的跨度、自振频率及阻尼；

(2)蒸汽机车动轮不平衡重周期性锤击作用；

(3)列车轴距；

(4)列车速度；

(5)桥面系规则排列的支承；

(6)轨道不平顺；

(7)车轮缺陷。

当列车速度低时，列车对桥梁的动力作用主要来源于蒸汽机车动轮不平衡重周期性锤击作用，因此蒸汽机车产生的动力作用比内燃和电力机车大得多。随着列车速度的提高，由于列车轴距形成的规则排列荷载的速度效应对桥梁产生的动力作用不断增大，所以内燃和电力机车的动力系数也增大，但这种效应在中小跨度梁比较突出。我国规范考虑桥梁动力系数计算方法主要来源于蒸汽机车，而德国DS804规范中的动力系数考虑的主要是速度较高内燃和电力机车，所以其动力系数取值对中小跨较大，对大跨较小。由于钢桥的自振频率相对较低，蒸汽机车对大跨钢桥的动力系数较大，所以我国规范大跨度钢桥的动力系数值比DS804大得多，从而使得中活载在4～96 m跨度范围内考虑动力作用时产生的跨中弯距效应比UIC71活载大8%～22%。考虑提速和高速线上的桥梁动力系数试验资料还不充分，速度120 km/h的快速货车动力性能参数尚难确定，因此本暂行规定采用偏于安全的原规范桥梁动力系数。

自20世纪90年代初期以来，我国对提速和高速铁路桥梁的动力作用问题进行了大量的理论研究，也进行了试验研究，但试验研究相对较少，实测资料还相当缺乏。建议今后加强对提速和高速线路的桥梁动力作用的测试，不断积累资料，在时机成熟时应对我国现有规范桥梁动力系数的计算方法予以修订。

3 关于离心力

我国规范离心力率的计算公式是 $C=\dfrac{v^2}{127R}$，对于客车200 km/h、货车120 km/h的新建铁路，时速200 km的客车荷载比中—活载低得多，所以用原规范公式计算显得不适用。欧洲规范、德国DS804规范和英国BS5400规范中的离心力计算在速度提高后均考虑了折减，因此本暂行规定离心力的计算方法参照上述规范办理。

4 关于横向摇摆力

由于列车蛇行运动、机车各部分产生的动力不对称作用、车轮轮缘存在损伤、轮轴不位于车轮中心处以及机车车辆振动作用及轨道不平顺的影响，致使列车在行进中发生左右摇摆，车轮产生作用于轨面的横向摇摆力。其中蛇行运动是引起列车横向摇摆力的主要因素。

研究表明列车蛇行运动具有随机性，试验列车通过桥梁的任一时刻，有的车轮对轨面作用向左侧的集中摇摆力，有的车轮对轨面作用向右侧的集中摇摆力。对于桥梁、这些向左与向右的集中摇摆力会彼此抵消一部分。当列车中两辆车的前车后转向架和后车前转向架同时向左或向右时，对桥梁的横向作用最大，特别对于中小跨度桥梁，这个作用规律比较明确。在大跨度桥上，由于同时作用车辆太多，每辆车的横向振动相位随机性大，彼此抵消作用非常复杂，但从局部不利的角度来考虑，对桥梁的整体横向作用也可采用以上作用模式。欧盟通过大量的计算和试验研究得出，列车的横向摇摆力对桥梁的最大作用就是：两辆车的前车后转向架和后车前转向架同一方向达到最大，也就是4个轮轴的横向集中力各达到25 kN，因此德国DS804规范中的横向摇摆力按4×25 kN＝100 kN计算，在连续的道砟道床桥面上，横向摇摆力可沿线路方向均匀分布在$L=4.0$ m的长度上。

考虑到客车200 km/h、货车120 km/h铁路线上列车的横向作用会加剧，因此本暂行规定的横向摇摆力计算按100 kN的集中力取值。

5　关于脱轨荷载

脱轨荷载的制定主要参考德国《铁路桥梁及其他工程结构物规范》(DS 804)。制定脱轨荷载主要是为了避免机车车辆脱轨时产生不容许的局部变形甚至使结构倾覆。脱轨荷载大致相当于实际运行列车所产生的荷载。在计算脱轨荷载产生的作用时，可不考虑离心力和附加荷载。

5.3.1　关于梁体变形的限值

在铁路桥梁设计中对桥梁结构的变形进行控制一般有以下4个目的：

(1)保证列车运营的安全性，满足客车乘坐舒适度和货车平稳性要求；

(2)保证桥上线路的平顺和稳定；

(3)保证桥梁结构的实际受力状态在设计控制的范围内；

(4)减少桥上轨道的养护维修。

因此各国铁路桥梁设计规范都对桥梁的变形进行了限制，在普通铁路线上，由于列车运行的速度低，变形的限制一般较宽。随着列车速度的提高，客车乘坐舒适度、列车运营安全性及轨道稳定性对变形的要求越来越严，一般不同的速度等级对桥梁变形的限制是不同的。以下是一些国家现行铁路桥涵设计规范标准对桥梁变形的限制要求。

1. 我国现行铁路桥梁设计规范

(1)梁体竖向挠度。根据中华人民共和国行业标准《铁路桥涵钢筋混凝土和预应力混凝土结构设计规范》第4.1.2条及《铁路桥梁钢结构设计规范》第8.0.2条和第9.0.1条，梁式桥跨结构由于静活载(不计列车竖向动力作用)所引起的竖向挠度不应超过说明表5.3.1—1的容许值。

说明表5.3.1—1　梁式桥跨结构竖向挠度容许值($v=140$ km/h)

桥跨结构		挠度容许值
简支钢桁梁		L/900
连续钢桁梁	边跨	L/900
	中跨	L/750
简支钢板梁		L/800
简支钢筋混凝土和预应力混凝土梁		L/800
连续钢筋混凝土和预应力混凝土梁	边跨	L/800
	中跨	L/700

(2)桥梁横向变位。桥梁横向变位采用墩台顶帽面的弹性水平位移加以控制，《铁路桥涵设计基本规范》(TB 10002.1—2005)第5.3.3条规定：墩台顶帽面的弹性水平位移Δ应符合下列规定：

顺桥方向或横桥方向　　$\Delta \leqslant 5\sqrt{L}$　　(说明5.3.1—1)

式中　L——桥梁的跨度(m)，当$L<24$ m时，L按24 m计算；当为不等跨时，L采用相邻跨中较小跨的跨度；

Δ——墩台顶帽面处的水平位移(mm)，包括由于墩台身和基础的弹性变形，以及基底土弹性变形的影响。

2. 欧盟标准

2002年,欧盟推出正式标准,2003年德国对《铁路桥梁及其他工程结构物规范》(DS804)进行了全面修订,在铁路桥梁变形和振动的使用极限状态上采用了欧盟的统一标准。

(1)通则

① 本条给出的极限变形的规定,在新桥的计算中必须遵守。桥梁过大的变形和振动危及行车安全,并且影响设计作用荷载和乘坐舒适度。

② 按下列边界条件对桥梁的变形进行检算:

- 安全要求(保证线路稳定性、连续性及轮—轨接触)

上部结构的垂直加速度;

上部结构扭曲;

上部结构的端部转角;

水平转角。

- 乘坐舒适度的要求

上部结构的竖向挠度。

③ 变形保证材料的受力特性在弹性范围内;

④ 本条给出的限值已考虑到,一些作用可通过线路养护进行平衡调节(如基础沉降、徐变作用等);

⑤ 设计者应对临时桥梁的柔性和弹性予以足够的注意。

(2)运营安全性的极限状态

① 上部结构的垂直加速度

对于行车速度大于200 km/h、上部结构的自振频率不在规定的范围内以及结构的动力系数不能确定时,应进行上部结构的垂直加速度验算。

注:应采用相应的运营列车进行车桥耦合动力作用计算。

如果没有其他规定,对有砟桥梁上部结构强振频率不大于20 Hz的竖向振动加速度 $a\leqslant 0.35g$;对无砟轨道桥梁上部结构强振频率不大于20 Hz的竖向振动加速度 $a\leqslant 0.5g$。

② 上部结构的扭曲变形(说明图5.3.1—1)

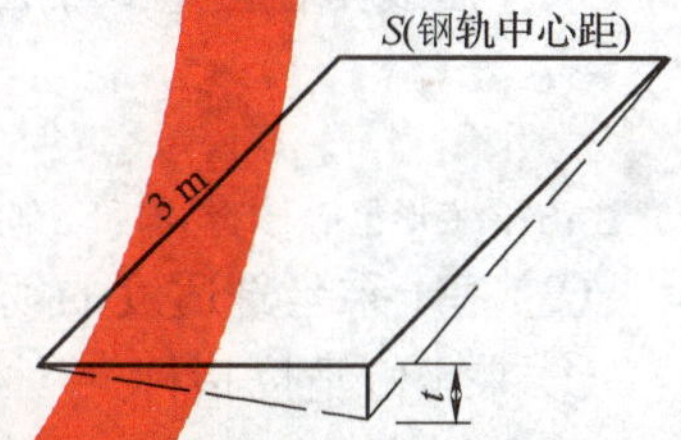

说明图5.3.1—1 梁体允许扭曲变形图

上部结构的扭曲变形用考虑动力系数的UIC71荷载计算。

3 m长度的扭曲最大变形不超过下列值:

$v\leqslant 120$ km/h	$t\leqslant 4.5$ mm/3 m
120 km/h $<v\leqslant 220$ km/h	$t\leqslant 3.0$ mm/3 m
$v>220$ km/h	$t\leqslant 1.5$ mm/3 m

当速度 $v>200$ km/h时,对钢桥和结合梁桥还要求进行附加检算,用运营列车荷载乘以其动力系数 $(1+\phi)$ 计算出的扭曲变形应满足:$t\leqslant 1.2$ mm/3 m。

注:如果没有其他进一步的规定,由在没有加载的桥梁上轨道的总扭曲变形不应超过4.5 mm/3 m。

③ 有砟轨道桥梁上部结构的梁端转角

在考虑动力系数的UIC71活载作用下以及温度波动作用下,线路中心的上部结构梁端转角(见说明图5.3.1—2)不超过下列值:

单线桥

路基与桥梁过渡处梁端　$\theta = 6.5 \times 10^{-3}$ rad

两梁之间的转角　$\theta_1 + \theta_2 = 10 \times 10^{-3}$ rad

双线桥

路基与桥梁过渡处梁端　$\theta = 3.5 \times 10^{-3}$ rad

两梁之间的转角　$\theta_1 + \theta_2 = 5 \times 10^{-3}$ rad

说明图 5.3.1—2　上部结构的梁端转角图

④ 上部结构的横向变形

上部结构横向变形计算考虑下列荷载之和：考虑动力系数的 UIC 活载、风荷载、横向摇摆力、离心力和上部结构两侧温差。

上部结构横向变形 δ_h 不能导致：

- 转角变化大于说明表 5.3.1—2 所给出的限值；
- 水平曲线的半径小于说明表 5.3.1—2 所给出的限值。

说明表 5.3.1—2　上部结构的横向变形允许值

速 度 范 围	最大转角变化	最小水平曲线半径	
		单线上部结构	多线上部结构
$v \leqslant 120$ km/h	0.003 5 rad	1 700 m	3 500 m
120 km/h < $v \leqslant 200$ km/h	0.002 0 rad	6 000 m	9 500 m
$v > 200$ km/h	0.001 5 rad	14 000 m	17 500 m

水平曲线半径由下式给出：

$$R = \frac{L^2}{8\delta_h} \qquad \text{（说明 5.3.1—2）}$$

注：横向变形包括上部结构和下部结构（包括桩、桥墩和基础）。

（3）基于乘坐舒适度的垂直挠度限值

① 乘坐舒适度指标

乘客的乘坐舒适度取决于车体的垂直振动加速度，其分级标准见说明表 5.3.1—3。

② 垂直挠度限值

为限制车体的垂直加速度，保证乘坐舒适度，铁路桥梁的最大允许挠度 δ 取决于：跨度 L（m），速度 v（km/h），桥梁跨数，桥梁的结构形式（简支，连续）。

垂直挠度在线路中心线上，用考虑动力系数 Φ 的 UIC71 活载图式进行计算，双线和多线桥梁单线加载。

说明表 5.3.1—3　乘座舒适度评定标准

乘坐舒适度	垂直振动加速度
优　秀	1.0 m/s²
良　好	1.3 m/s²
可 接 受	2.0 m/s²

注：路网主管部门应确定乘坐舒适度的垂直振动加速度标准。德国是按优秀标准 1.0 m/s²。

在特别情况下，如在跨度差别大的连续梁桥或刚度相差大的多跨桥梁，应进行车桥耦合的动力检算。

说明图 5.3.1—3 跨度与垂直挠度之比 L/δ 的限值是基于乘坐舒适度“优秀”也就是车体加速度 1.0 m/s² 给出，其他等级的舒适度的限值可通过加速度限值标准按比例换算。

说明图 5.3.1—3 跨度与垂直挠度之比 L/δ 的限值是对于 3 跨及 3 跨以上的多跨简

支梁桥。

对于单跨简支梁桥以及2跨简支和连续梁桥，L/δ的限值可以乘0.7。

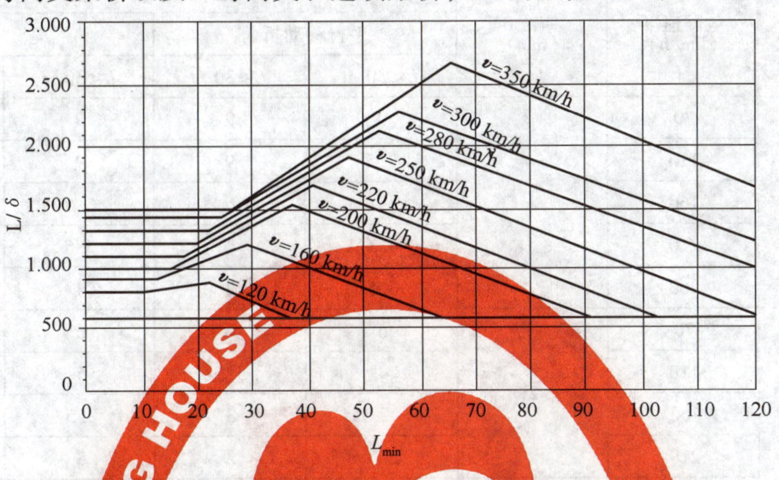

说明图5.3.1—3 3跨及3跨以上铁路桥梁最大允许限值

注：1 跨度与垂直挠度之比L/δ的限值是按不同速度等级按乘坐舒适度优秀的标准给出的；
2 跨度与计算垂直挠度之比L/δ的限值在120 m跨度范围内是连续分布，可从图上直接得出不同跨度的L/δ的限值，还可通过线性内插求得。

对于3跨及3跨以上的连续梁桥，L/δ的限值可以乘0.9。

说明图5.3.1—3跨度与垂直挠度之比L/δ的限值仅对跨度不大于120 m的桥梁有效，更大跨度的桥梁应进行特别研究。

对于所有的静态系统，最大垂直挠度不应超过：单线桥梁$L/600$；多线桥梁$L/800$（单线加载）。

对于临时或辅助桥梁的垂直挠度限值应由主管部门确定，德国铁路对此的限值是$L/500$。

3. 日本规范有关列车活载产生的变形限值

（1）变位、变形量的检算中，一般取单线列车活载，并视必要考虑冲击力。

（2）在新干线荷载作用下竖向挠度限制值见说明表5.3.1—4。

说明表5.3.1—4 梁的挠度限值

跨 度	$0<L\leqslant40$	$40<L\leqslant50$	$50<L<100$	$L\geqslant100$
单 连	$L/1\,600$			
两连以上	$L/1\,800$	$L/2\,000$	$L/2\,500$	$L/2\,000$

注：在给予轨道面预拱度与挠度相抵消这样的有利场合，可稍放宽采用。

（3）列车活载作用下轨道面的变位量（折角和错位）应小于说明表5.3.1—5所列值，但对于道砟桥面，一般不进行错位检算。折角和错位的定义见说明图5.3.1—4。

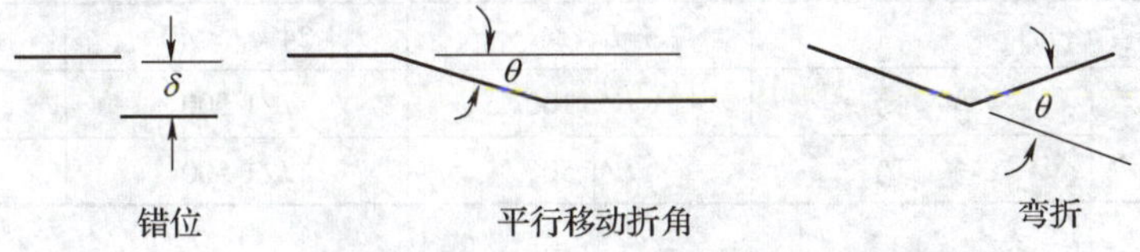

说明图5.3.1—4 错位和折角的定义

说明表 5.3.1—5　列车活载作用下轨道面的变位量限值

变位方向	最高速度 (km/h)	错位 δ (mm)	折角 θ(1/1 000)			
			平行移动折角		弯　折	
			$L<30$ m	$L\geqslant30$ m	$L<30$ m	$L\geqslant30$ m
垂　直	70	2	9	9	9	9
	110		7.5	9	9	9
	160		5	6	6.5	7
	210		4.5	4	5.5	4.5
	260		3.5	3	4	3
水　平	70	2	6	6	6	6
	110		4	5.5	5	6
	160		3	3	3.5	4
	210		2.5	2	3	2.5
	260	1.5	2	1.5	2.5	2

(4)通常结构在水平方向应有必要的刚度,一般可按不超过垂直方向挠度限值的1/2进行设计。

4. UIC用于高速(120 km/h $<v\leqslant$200 km/h)及甚高速($v>$200 km/h)的桥梁的变形限值

(1)检算变形的荷载

垂直挠度:UIC71荷载乘以动力系数;

水平挠度:由UIC71荷载所产生的水平力、风力及温度。

(2)为保证运输安全和乘客舒适,在高速(120 km/h $<v\leqslant$200 km/h)及甚高速($v>$200 km/h)线路上,必须严格控制桥梁的变形,其变形限值为:

桥面竖向挠度　$\max f_v\leqslant L/800$

水平挠度　$\max f_h\leqslant L/4\ 000$

桥梁歪斜　最大扭曲1 mm/m

5. 我国《时速200公里新建铁路设计暂行规定》

1998年铁道部颁布的《时速200公里新建铁路设计暂行规定》,是在“八五”、“九五”国家重点攻关专题《高速铁路线桥结构与技术条件(标准)的研究》和广深准高速铁路试验研究等成果基础上编制而成,对梁体变形的限值规定如下:

(1)列车静活载作用下(0.8倍UIC71活载)梁体的竖向挠度不应大于说明表5.3.1—6的规定。

说明表 5.3.1—6　梁体的竖向挠度限值

跨度 L(m)		$L\leqslant24$	$24<L\leqslant40$	$40<L\leqslant96$
挠度限值	单　跨	$L/1\ 100$	$L/1\ 000$	$L/1\ 000$
	多　跨	$L/1\ 500$	$L/1\ 500$	$L/1\ 000$

(2)在列车横向摇摆力、离心力、风力和温度力的作用下,梁体的水平挠度应不大于梁体计算跨度的1/4 000。

(3)在列车静活载作用下,梁体扭转角不得大于1‰。

(4)列车静活载作用下,由于桥梁及基础的变形、变位引起的桥上轨面(折角和错位)不应大于说明表5.3.1—7的规定。

说明表5.3.1—7 列车活载作用下轨道面的变位量限值

变位方向	错位δ(mm)	折角θ(1/1 000)			
		平行移动折角		弯折	
		$L<30$ m	$L\geqslant30$ m	$L<30$ m	$L\geqslant30$ m
垂直	2.0	4.5	4.0	5.5	4.5
水平	2.0	2.5	2.0	3.0	2.5

6. 综述

从日本及欧盟等规范来看,随着列车速度的提高,对桥梁结构变形的控制越严。控制的方式基本一致,都有梁体的活载竖向挠度、梁端转角、梁体的自振频率。由于各国采用的活载标准不一致以及计算变形时荷载组合存在差异,控制标准有一定的差别,现将各国规范变形参数的限值都换算到中—活载下的限值,进行对比分析。

(1)关于活载作用下的竖向挠度

欧盟规范在检算活载作用下的竖向挠度和其他变形限值时,均考虑了动力系数,日本根据桥梁的情况视必要考虑动力系数,而我国现行规范及其他相关规范在检算竖向挠度时都只计静活载,不考虑动力系数,为统一起见,本暂行规定在制订有关结构变形限值时,也不考虑活载的动力系数。

① 从欧盟的标准看,在检算挠度时也是考虑动力系数的UIC活载,但双线桥梁单线加载。为换算出中—活载双线加载下欧盟规范的允许挠度值,以我国中铁设计咨询公司设计的新建时速200 km客货共线铁路双线标准梁为研究对象,分别计算单线加载和双线加载下线路中心处梁体的挠度,得出单、双加载的挠度关系,再从挠度荷载关系出发进行推算。采用空间板单元模型,分别计算16、20、24、32 m双线T梁和24、32 m双线箱梁在单双线加载的挠度,结果列于说明表5.3.1—8。

说明表5.3.1—8 中—活载作用下线路中心挠度计算表

梁跨	单线加载挠度f_u'(mm)	双线加载挠度f_u(mm)	$k_2=\frac{f_u'}{f_u}$
16 m T梁	2.22	3.11	0.713 8
20 m T梁	3.90	5.64	0.691 5
24 m T梁	4.68	7.53	0.621 5
32 m T梁	7.86	13.12	0.599 1
24 m 箱梁	2.31	4.27	0.541 0
32 m 箱梁	3.97	7.56	0.525 1

设双线中—活载q_c作用下的挠度为f_c,考虑动力系数的双线UIC荷载q_u作用下的挠度为f_u,考虑动力系数的单线UIC荷载作用下的挠度为f_u',并且令:

$$k_1=\frac{q_c}{q_u}\text{及}\ k_2=\frac{f_u'}{f_u} \qquad (\text{说明}5.3.1\text{—}3)$$

根据挠度荷载关系则有:

$$\frac{f_c}{f_u} = \frac{q_c}{q_u(1+\mu)} \qquad (说明 5.3.1—4)$$

代入 k_1 及 k_2 有：

$$f_c = \frac{k_1}{1+\mu} \times \frac{f_u'}{k_2} \qquad (说明 5.3.1—5)$$

根据上式，f_u' 和 $1+\mu$ 已知，计算出 k_1 及 k_2，即可得出双线中—活载作用下欧盟规范的允许挠度值（说明表 5.3.1—9）中。

说明表 5.3.1—9　双线中—活载作用下欧盟规范允许挠度换算表

跨　度 （m）	中—活载 q_c （kN/m）	UIC 活载 q_u （kN/m）	$k_1 = \frac{q_c}{q_u}$	UIC 活载 $1+\mu$	f_u'	f_c
16（T 梁）	119.4	129.6	0.921 3	1.199	L/1 200	L/1 115
20（T 梁）	110.2	121.5	0.907 0	1.157	L/1 200	L/1 058
24（T 梁）	104.0	115.6	0.899 7	1.126	L/1 308	L/1 017
32（T 梁）	98.4	107.7	0.913 6	1.084	L/1 523	L/1 083
24（箱梁）	104.0	115.6	0.899 7	1.126	L/1 308	L/886
32（箱梁）	98.4	107.7	0.913 6	1.084	L/1 523	L/949
40（箱梁）	96.1	102.6	0.936 6	1.055	L/1 738	L/1 027
48（箱梁）	94.5	99.1	0.953 5	1.034	L/1 866	L/1 062
56（箱梁）	92.8	96.5	0.961 6	1.018	L/1 733	L/963
64（箱梁）	91.1	94.5	0.964 0	1.005	L/1 600	L/876
72（箱梁）	89.6	93.0	0.963 4	1.000	L/1 467	L/800
96（箱梁）	86.0	89.9	0.956 6	1.000	L/1 067	L/585

② 日本新干线按 260 km/h 设计，其竖向挠度限值标准如说明表 5.3.1—4 所示，日本的设计活载标准为 NP 活载，计算竖向挠度时考虑冲击力，双线桥梁单线加载。为便于与本暂行规定进行比较，将日本新干线的竖向挠度限值标准换算到中—活载作用下的限值（按单线考虑），结果列于说明表 5.3.1—10。

说明表 5.3.1—10　双线中—活载作用下日本规范允许挠度换算表

跨　度 （m）	中—活载 q_c （kN/m）	UIC 活载 q_r （kN/m）	$k_1 = \frac{q_c}{q_r}$	日本规范 $[f_r]$	换算到中—活载 $[f_c]$
16（T 梁）	119.4	54.72	2.182 0	L/1 800	L/825
20（T 梁）	110.2	48.62	2.266 6	L/1 800	L/794
24（T 梁）	104.0	43.21	2.406 9	L/1 800	L/748
32（T 梁）	98.4	36.06	2.728 7	L/1 800	L/660
24（箱梁）	104.0	43.21	2.406 9	L/1 800	L/748
32（箱梁）	98.4	36.06	2.728 7	L/1 800	L/660
40（箱梁）	96.1	34.00	2.826 5	L/1 800	L/637
48（箱梁）	94.5	34.91	2.707 0	L/2 000	L/739
56（箱梁）	92.8	35.69	2.600	L/2 500	L/962
64（箱梁）	91.1	35.29	2.581 4	L/2 500	L/969
72（箱梁）	89.6	34.41	2.603 9	L/2 500	L/960
96（箱梁）	86.0	34.58	2.487 0	L/2 500	L/1 005

③ 我国《时速 200 公里新建铁路设计暂行规定》梁体竖向挠度限值标准，换算到中—活载时的限值见说明表 5. 3. 1—11。

从各国的挠度限值标准来看，欧盟的标准比较完善，考虑了客货共线铁路，并充分考虑了桥梁的挠度对桥上线路稳定性和养护维修的影响；日本是 260 km/h 的客运专线。从实际比较来看，我国《时速 200 公里新建铁路设计暂行规定》在 40 m 及以下跨度，挠度限值偏严，而 40 ~ 70 m 跨度范围略松，70 ~ 96 m 跨度范围则与欧盟基本相当。因此，综合参考国内外的规范和研究，从新建铁路预留发展空间和偏于安全的角度考虑，建议本暂行规定的竖向挠度限值标准按说明表 5. 3. 1—12 执行。

说明表 5. 3. 1—11　双线中—活载作用下 200 km/h 客运专线梁体的竖向挠度限值

跨　度 (m)	中—活载 q_c (kN/m)	0. 8UIC 活载 q_u (kN/m)	$k_1 = \frac{q_c}{q_u}$	0. 8UIC $[f_u]$	中—活载 $[f_c]$
16(T 梁)	119. 4	103. 7	1. 151 4	L/1 500	L/1 303
20(T 梁)	110. 2	97. 2	1. 133 7	L/1 500	L/1 323
24(T 梁)	104. 0	92. 5	1. 124 3	L/1 500	L/1 334
32(T 梁)	98. 4	86. 2	1. 141 5	L/1 500	L/1 314
24(箱梁)	104. 0	92. 5	1. 124 3	L/1 500	L/1 334
32(箱梁)	98. 4	86. 2	1. 141 5	L/1 500	L/1 314
40(箱梁)	96. 1	82. 1	1. 170 5	L/1 500	L/1 281
48(箱梁)	94. 5	79. 3	1. 191 7	L/1 000	L/840
56(箱梁)	92. 8	77. 2	1. 202 1	L/1 000	L/832
64(箱梁)	91. 1	75. 6	1. 205 0	L/1 000	L/830
72(箱梁)	89. 6	74. 4	1. 204 3	L/1 000	L/830
96(箱梁)	86. 0	71. 9	1. 196 1	L/1 000	L/836

说明表 5. 3. 1—12　本暂行规定梁体的竖向挠度限值建议

跨度 L(m)		L≤24	24 < L≤50	50 < L≤70	70 < L≤96
挠度限值	单 跨	L/1 000		L/900	
	多 跨	L/1 400	L/1 200	L/1 000	L/900

(2)关于梁端竖向折角

梁端折角的限制主要是保证列车运行的安全性和轨道结构的稳定性，梁端折角的限制分竖向和横向水平。

竖向折角的限值在日本和欧盟标准中作了明确的规定，且两者的限制方式和限值标准基本差不多，均限制一个墩两跨梁端的转角之和，日本的限值标准为 5. 5‰(L < 30 m)及 4. 5‰(L > 30 m)，欧盟的限值标准为 5‰。但计算转角的荷载相差较大，组合略有差别，日本采用 NP 活载，除 8 m 以下的极小跨度外，对梁体的荷载效应仅是 UIC71 的 0. 4 左右；在荷载组合上日本仅考虑列车活载，列车冲击力视必要性考虑；而欧盟标准采用考虑动力系数的 UIC71 活载以及考虑温度的波动。

我国现行铁路桥涵设计规范未限制梁端转角，时速 200 km 新建铁路设计暂行规定对梁端转角的限制采用的标准与日本基本相当，但其计算荷载为 0. 8UIC。从各国的规范及经验来看，应该限制梁端转角，日本的活载标准与我国相差较大；欧盟标准进行转角计算的荷载组合考虑了温度的波动，欧盟的荷载标准与我国铁路基本相当。为便于比较分析，现将欧盟标准换算到双线中—活载作用下的转角限值列于说明表 5. 3. 1—13；将我国《时速 200 公里新建铁路设计暂行规定》梁端折角限值标准换算到中—活载下的限值，结果列于说明表 5. 3. 1—14。

说明表 5. 3. 1—13　双线中—活载作用下欧盟规范的转角限值

跨 度 (m)	中—活载 q_c (kN/m)	UIC 活载 q_u (kN/m)	$k_1 = \frac{q_c}{q_u}$	UIC 活载 $1+\mu$	$\theta/(\theta_1+\theta_2)$ (原规范值) (10^{-3}rad)	$\theta/(\theta_1+\theta_2)$ (换算值) (10^{-3}rad)
16(T 梁)	119. 4	129. 6	0. 921 3	1. 199	3. 5/5	3. 8/5. 4
20(T 梁)	110. 2	121. 5	0. 907 0	1. 157	3. 5/5	4. 0/5. 7
24(T 梁)	104. 0	115. 6	0. 899 7	1. 126	3. 5/5	4. 5/6. 4
32(T 梁)	98. 4	107. 7	0. 913 6	1. 084	3. 5/5	4. 9/7. 0
24(箱梁)	104. 0	115. 6	0. 899 7	1. 126	3. 5/5	5. 2/7. 4
32(箱梁)	98. 4	107. 7	0. 913 6	1. 084	3. 5/5	5. 6/8. 0
40(箱梁)	96. 1	102. 6	0. 936 6	1. 055	3. 5/5	5. 9/8. 5
48(箱梁)	94. 5	99. 1	0. 953 5	1. 034	3. 5/5	6. 1/8. 8
56(箱梁)	92. 8	96. 5	0. 961 6	1. 018	3. 5/5	6. 3/9. 0
64(箱梁)	91. 1	94. 5	0. 964 0	1. 005	3. 5/5	6. 4/9. 1
72(箱梁)	89. 6	93. 0	0. 963 4	1. 000	3. 5/5	6. 4/9. 2
96(箱梁)	86. 0	89. 9	0. 956 6	1. 000	3. 5/5	6. 4/9. 1

说明表 5. 3. 1—14　双线中—活载作用下《时速 200 公里新建铁路设计暂行规定》的转角限值

变位方向	错位 δ (mm)	折角 θ(1/1 000)			
		平行移动折角		弯　折	
		$L<30$ m	$L\geqslant30$ m	$L<30$ m	$L\geqslant30$ m
垂　直	2. 0	5. 06	4. 57	6. 18	5. 13

各国转角的限制目的主要是为了保证列车走行的安全性，因此限制两跨的转角之和更符合列车走行的实际情况，综合比较国内外的规范和研究，在保证限值标准处于安全范围的条件下，考虑到竖向允许挠度规定的一致性，建议采用两跨的转角之和进行限制，其限值建议为：

路基与桥梁过渡处梁端　$\theta = 3\times10^{-3}$rad

两梁之间的转角　$\theta_1+\theta_2 = 6\times10^{-3}$rad

5. 3. 2　关于梁体竖向自振频率的规定

欧洲、日本及我国“八五”科技攻关项目《高速铁路桥梁动力性能研究》对这一问题都进行过研究，当梁体的自振频率处在一定范围内时，一定速度的列车对桥梁的动力作用可以概化为与跨度相关的动力系数公式进行计算，也就是采用规范给出的动力系数公式计算得出的动力作用能够包住实际列车的动力作用。当梁体的自振频率不在这个范围时，桥梁可能产生共振或过大振动的现象，列车对桥梁的动力作用会超出规范给出的动力系数公式值，从而使桥梁的实际活载增大，并且过大的冲击和振动会危及道砟桥面的稳定性,因此对自振频率不在这个范围内的梁体必须进行车—桥动力检算。

日本学者松浦章夫早在20世纪70年代就采用车桥竖向耦合振动分析对这一问题进行过深入的研究,认为当速度参数 $\alpha = v/2n_0L > 0.33$ 时,桥梁可能产生共振现象,当速度 v = 200 km/h时,可推算出此时 $n_0 < 83/L$,因此在列车时速200 km/h的线路上,桥梁的竖向自振频率 n_0 一般要大于 $83/L$(L 以m计)。日本规范对频率的规定主要依据松浦章夫的研究。

而欧盟及UIC的研究与日本类似,据此给出了梁体频率的上、下限范围:

上限　$n_0 = 94.76L^{-0.748}$

下限　$n_0 = 80/L$($4\ \text{m} \leqslant L \leqslant 20\ \text{m}$)

$n_0 = 23.58L^{-0.592}$($20\ \text{m} < L \leqslant 100\ \text{m}$)

梁体刚度与频率的平方成正比,频率高的梁体,其刚度会大大增强,因此没有必要限制其频率上限。我国的《时速200公里新建铁路设计暂行规定》和《京沪高速铁路设计暂行规定》根据"八五"的研究,结合国内外情况给出了梁体频率的下限范围,因此本暂行规定对梁体频率的规定沿用了《时速200公里新建铁路设计暂行规定》中对频率的规定。

需要说明的是对于梁体的竖向自振频率规定,并不是指梁体设计时一定要高于规定的频率值,而是当设计出的梁体竖向自振频率大于 n_0,且竖向挠度满足要求时,200 km/h的客车及120 km/h货车不会产生超过规范容许的振动;当设计出的梁体竖向自振频率小于 n_0 时,有可能产生共振或过大振动现象,但并不是一定如此。因此对于梁体竖向自振频率小于 n_0 的梁体要求进行车桥相互作用的动力检算,如果检算出的列车运行安全性和舒适度均有保证,可以认为自振频率小于 n_0 的梁体也能满足规范要求。

关于列车运行的安全性问题,车辆动力学上一般用脱轨系数 Q/P、轮重竖向减载率 $\Delta P/P$ 及轮轨横向水平力等几个参数来限定。在参照国内外有关资料基础上,经过分析研究后确定用于车桥动力分析的行车安全性评判标准为:

脱轨系数　　　　$Q/P \leqslant 0.8$

轮重减载率　　　$\Delta P/P \leqslant 0.6$

轮对横向水平力　$Q \leqslant 80$ kN

关于列车乘坐舒适性问题,国内外一般有以下4种形式,①Sperling(斯佩林)评价指标 W_z;②以国际标准化组织(ISO)标准为基础的舒适度标准(简称ISO2631标准);③Janeway(杰奈威)舒适度系数;④加速度最大限值标准。欧盟试行标准和我国京沪高速铁路设计暂行规定在进行车桥相互作用检算时都采用加速度最大限值标准,欧盟的评判标准分优秀、良好和合格三档。京沪高速铁路舒适度评判标准为:

车体竖向振动加速度　$a_z \leqslant 0.13\ g$(单峰值)

车体横向振动加速度　$a_y \leqslant 0.10\ g$(单峰值)

京沪高速铁路采用的舒适度标准与欧盟基本一致,只是未分级。本暂行规定车桥动力检算的列车乘坐舒适度也采用这个标准。

5.3.3　关于墩台基础变位限值

在1998年制定《时速200公里新建铁路设计暂行规定》时,推荐桥墩台工后沉降标准和京沪高速一致。所以,该暂行规定条文中的限值标准采用:对于静定结构,其墩台均匀总沉降量取50 mm,相邻墩台均匀沉降之差取20 mm。本暂行规定沿用了这一标准。

5.3.4　关于由墩台横向水平位移差引起的相邻结构物轴线间的水平折角

1. 各国规范限值的比较分析

从受力变形特征分析，横向水平折角实际上包含两部分：一部分是梁体的横向水平弯曲形成的折角，另一部分是墩台横向水平位移形成的折角，这两部分总是耦合的，因此在对梁端横向水平折角进行限制时，这两部分都应予以考虑。各国规范对水平折角的限值规定有一定的差别。

日本的水平折角的计算仅考虑列车活载的作用，就算理解包括了离心力和横向摇摆力，但不会包含风荷载、温差等影响，其折角的限值当 $v = 210$ km/h 时按跨度分别为 3‰（$L < 30$ m）和 2.5‰（$L \geqslant 30$ m）。

欧盟的规范明确指出包括上部结构和下部结构（桩、基础和桥墩）受力变形形成的横向水平折角，其荷载组合包括考虑动力系数 Φ 的 UIC71 活载、风荷载、横向摇摆力、离心力和上部结构两侧温差，其限值为 2‰（120 km/h $< v \leqslant$ 220 km/h）。

我国《铁路桥涵设计基本规范》（TB 10002.1—2005）第 5.3.3 条对墩台顶帽面的弹性水平位移限制为：$\Delta \leqslant 5\sqrt{L}$。实际上这个限制与对墩台横向水平位移形成的折角的限制是一致的，由于 Δ 值与跨度相比很小，可以近似认为折角等于 Δ 除以跨度 L，对于两跨相等的梁，则折角限制为 $\theta \leqslant 2 \times 5/\sqrt{L}$‰，根据规定 L 最小取 24 m，则折角的最大限值为 2.04‰，且随着跨度的增大而减少，当 $L = 100$ m 时，折角的限值为 1‰。

德国 DS804 第 268 条对结构物轴线间的允许水平折角规定为：相邻结构物轴线间的水平折角在 $v > 160$ km/h 区段不得超过 1‰的限值。确定水平折角的荷载组合为：带有离心力的活荷载、横向摇摆力、桥墩、梁体和车上的风荷载、桥墩和梁体结构的温度差、由于地基位移造成的转动。其条文解释中定义：单联承重结构是指简支梁和连续梁。水平折角是由于一个桥墩相对于其他邻近桥墩的相对位移而产生。在单联连续承重结构中水平折角只能在端支座上确定。

从以上几个规范看，欧盟的规范考虑比较全面，横向变形包括上部结构和下部结构，其限值较大；日本考虑的荷载因素少，仅考虑列车活载，但其限值最大；我国和德国 DS804 只计桥墩横向水平位移，但考虑荷载作用比较全面。一般梁体本身由于横向受力变形产生的梁端转角较小，桥梁的横向变形主要由桥墩提供，而且梁体的横向变形与墩台间横向水平相对位移产生的线路不平顺波长是不一样的，两者分开考虑更明确一些。因此相邻结构物轴线间的水平折角仅考虑桥墩的横向变形。对于 100 m 以下的等跨简支梁，我国现行桥规的限值在 1‰～2.04‰；而德国 DS804 的限值为 1‰，德国 DS804 的标准更严一些，但其设计的线路已安全运行 200 km/h 客车及 120 km/h 货车，因此本暂行规定关于由墩台横向水平位移差引起的相邻结构物轴线间的水平折角限值采用德国 DS804 的标准。

2. 墩台顶帽面水平位移容许值与横向振动

墩台顶帽面水平位移容许值是一个长期以来没有很好解决的问题，在我国《铁路桥涵设计基本规范》（TB 10002.1—2005）条文解释第 5.3.3 条中指出：由于制订该项容许值时考虑的问题相当多（如需要考虑列车运行的安全、养护方便、结构经济、旅客舒适……等），墩台顶帽面位移计算中碰到的困难不易解决（如墩台身弹性模量和截面惯矩的合理取值、顺桥向上部结构的约束作用如何考虑……等），加上缺乏足够的试验和理论研究，以致长期以来墩台顶帽面水平位移容许值的制定没有进展。

$\Delta \leqslant 5\sqrt{L}$的规定是参考了我国 1983 年《公路桥涵设计规范》的讨论稿和前苏联（CH 200—62）规范中的有关规定，结合铁道第二勘察设计院过去的研究和日本近年的有关资料得出来的。从我国既有铁路线上已设计采用的一些相对柔性的桥墩看，尽管其桥墩横向水平位移满足 $\Delta \leqslant 5\sqrt{L}$ 的要求，但当货车速度提高到 60 ~ 80 km/h 时，这些桥墩普遍存在横向振动急剧增大的现象，大大超出了以往的经验值（桥检规），使得铁路桥梁工作者对这一限值标准产生疑问，对 120 km/h 的货车，这一问题更加突出。因此有必要进行深入讨论。

首先桥墩横向水平位移的限值与桥墩横向振动幅值的限值是两个问题，桥墩横向水平位移限值主要是从轨道方向不平顺的要求出发，是轨道的静力不平顺（几何不平顺）问题。而桥墩横向振动问题实际上相当于轨道动力不平顺问题，即使桥墩横向水平位移很小，只要车辆—轨道形成的规律性横向自激振动频率与桥墩的横向有载自振频率接近时，就会产生较大的振动现象。这里虽然是两个问题，但桥墩横向水平位移与桥墩刚度及自振频率直接相关，且横向水平位移形成的方向不平顺也直接影响车辆的横向振动，所以这两个问题总是密切相关。铁科院机辆所对 C_{62} 货车进行的试验研究表明：在运行速度78 ~ 85 km/h 时，C_{62} 货车转 8A 转向架在直线线路上屡次出现长距离持续的剧烈摆振现象，其强振频率在 2.0 ~ 2.5 Hz 之间，从而对轨道及桥梁形成周期性横向冲击。只要桥墩的横向自振频率接近这个范围，就可能产生较大的振动现象，桥墩的自振频率主要与墩高和基础有关，其设计往往很难避开这个频率。因此在货车提速产生桥墩振动过大的现象中，起主要作用的是车辆。而在车辆—桥梁系统中，桥墩的横向振动对车辆振动的影响，特别是运行安全的影响，尽管进行过一些动力计算，到目前为止国内尚缺乏明确的试验依据和系统的研究。只有弄清这个问题才能制订出桥墩合理的横向刚度或允许横向水平位移限值。

关于桥梁的横向振动对车辆运行安全影响问题，可以参考日本对地震时列车运行的安全性问题研究成果。其主要方法和结论是：对轨道水平横向按正弦波激振后，将振幅渐渐增大，当达到某一振幅值时，车辆的轮重即左右交互为零，呈摇摆振动，如果进一步加大振幅，则轮重为零一侧会作用横向力，使运行安全性降低，这样便得到一定振幅的正弦波的列车运行安全极限。然后再改变频率激振，同样又得到该激振频率下列车运行极限的正弦波幅值。这样便可得出激振频率与列车安全极限振幅之间的关系图，如说明图 5.3.4 所示。图中横坐标表示激振频率，纵坐标表示单向振幅值，实线表示二轴货车，虚线表示高速车辆。从图中可以看出，二轴货车安全振幅的极限，当激振频率为 1.0 ~ 2.0 Hz范围时最低，单向振幅约 30 mm；高速车辆安全振幅的极限，当激振频率为 0.9 ~ 1.5 Hz范围时最低，单向振幅约 40 mm。无论二轴货车还是高速车辆，当频率比上述范围降低或提高时，偏离越远，安全振幅的极限就越大。由于日本车辆动力特性与我国的存在差别，不可能完全采用日本的研究结果，但这个研究具有普遍性，至少可以说明两个问题：一是只有在一定频率范围内车辆运行的安全极限出现最小值；二是车辆安全极限激振振幅不是通常想象的那样小。这个研究模型与列车桥墩的横向振动系统相比，差别就是这个研究模型没有考虑列车与桥墩存在一定的耦合特性，但列车与桥墩横向耦合并不强，这个研究结果和研究方法对制定我国桥墩的横向振动限值应有很好的参考价值。

关于桥墩合适的横向刚度问题，也就是横向水平位移问题。上面针对各国规范已经进行了讨论，从分析来看，德国控制最严，中国和欧盟规范次之，日本最松。但从日本的桥墩试验资料来看，其桥墩设计的自振频率并不低，可能日本结构设计在水平向是抗震控制。

3. 关于桥墩横向水平位移问题的建议

桥墩设计横向位移控制和列车运行下横向振动问题，是一个涉及面广而又十分复杂的系统问题，在静力学中包括了桩—土—基础—结构及复杂的约束问题；在动力学中包括了复杂的车桥横向耦合振动问题，车桥横向动力学问题在国际上可供参考的研究资料也很少；在工程设计中涉及经济和安全的两大敏感问题，对这个问题的认识由于缺乏系统研究目前还处在相当模糊的阶段。随着高速铁路的建设和货车速度的提高，这个问题必将更加突出地显现。因此建议：

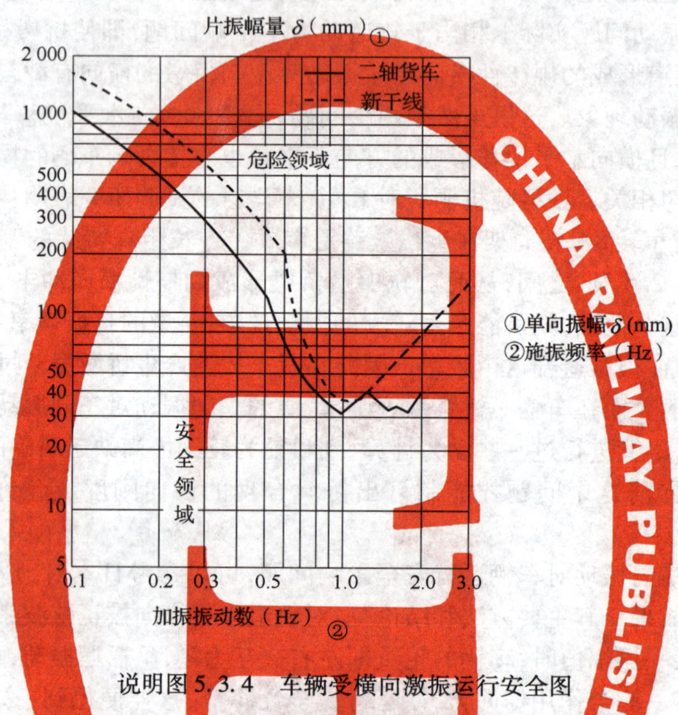

说明图 5. 3. 4　车辆受横向激振运行安全图

（1）在目前对这一问题缺乏系统理论和试验研究，且不十分清楚的条件下，由于德国 DS804 的标准最严，而且在德国客车 200 km/h 及货车 120 km/的铁路线已经运营了 10 多年，因此在桥墩横向位移限值问题上参考德国 DS804 的规定。

（2）应尽快建立专题对这一问题进行系统的试验和理论研究，尤其要加强系统的试验研究。

5. 4. 1　桥面构造尺寸系根据铁道科学研究院综合《时速 200 公里客运专线铁路建筑限界及技术依据》、《时速 200 公里轨道结构的研究》以及参照原《铁路桥涵设计规范》（TBJ 2—96）部分规定确定的。由于客运时速 200 km 和货运时速 120 km 共线的铁路通信信号，养路维修方式等暂未确定，图中没有给出桥面以上各种构造设施的具体位置尺寸，线路中心距人行道栏杆内侧距离取 3. 75 m，与京沪高速暂行规定相同，枕下道砟厚度取 35 cm，见说明图 5. 4. 1—1 和说明图 5. 4. 1—2。

5. 4. 2

（1）既有铁路桥的人行道，以巡道和维修人员通过为主，在人行道上考虑养护翻修道床时堆放道砟。构造一般采用钢支架加步板的形式。对于速度 200 km/h 的客运专线，参照《日本铁路结构设计标准和解释（混凝土结构）》、《德国铁路桥梁及其他工程结构物规范》（DS804）、《铁路新干线上桥梁的特殊规程》（BesB）有关规定，人行道的功能主要是工作人行道或养护通道，桥面宜采用整体桥面，便于桥面的防排水、隔音墙设置（隔音墙的底部和桥跨结构的表面间不允许有任何缝隙），减少维修养护工作量。

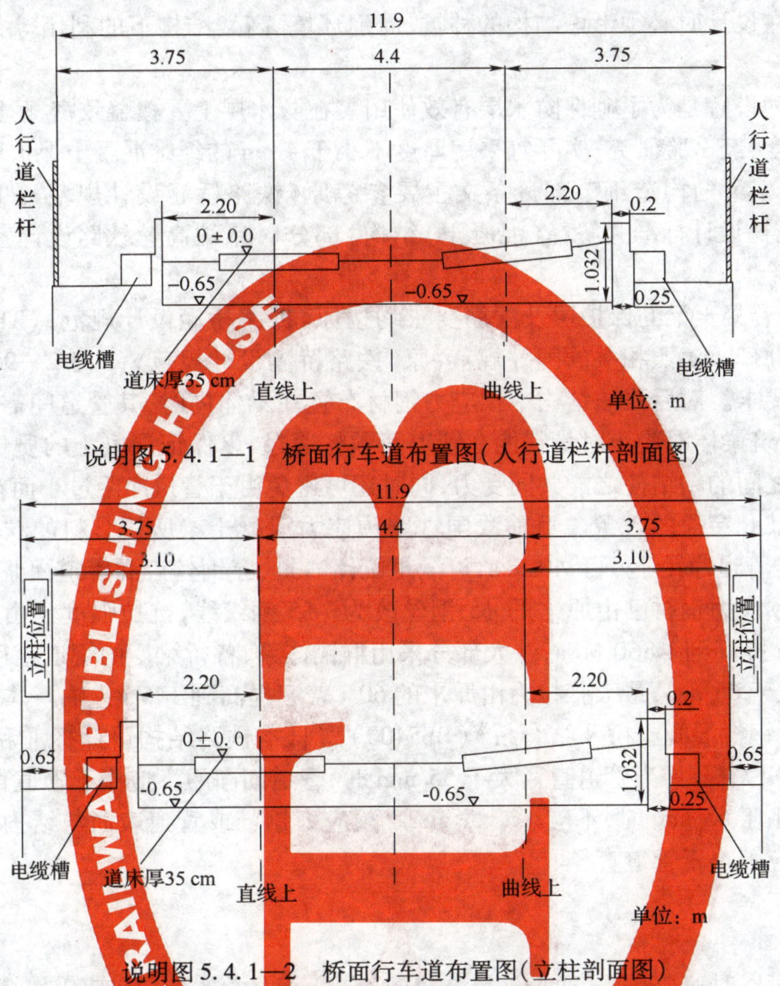

说明图 5.4.1—1 桥面行车道布置图（人行道栏杆剖面图）

说明图 5.4.1—2 桥面行车道布置图（立柱剖面图）

（2）人行道栏杆扶手内侧与其毗邻线路中的净距是根据《关于160～200 km/h客运专线的铁路建筑限界》研究提供的数据确定的，即1/2车辆限界＋风压带＋人行道宽。桥上取3.75 m。

条文中的特殊情况是指不设或不需要设置工作人行道及养护通道处。

桥面上主要设置的设备包括：防排水系统、电缆槽，人行道板及栏杆（或声屏障）、接触网支柱，区间信号标志牌、轨道变压器箱、通话柱、扼流变压器、安全隔离网栅等，所列10项根据需要与桥梁结构设计部门协商后设置。站后各专业的设计暂未确定，目前在桥面上的设置待定。

5.4.4 近年来国外的桥梁设计已引入“耐久性”设计理念，在构造上十分注意改善结构的耐久性和使结构便于检查、养护及更换，尽可能达到少维修、易养护，减少使用期内的养护维修费用。防排水措施的设置对于上承式圬工桥梁尤为重要。排水措施必须保证在行车道的结构表面排水顺畅，在结构间的间隙处除设置防止落砟的措施外还需有防止漏水的设施。为使排水顺利进行，要适当的配置不小于2%排水坡及布置排水孔，水蓖子、排水管（管内径不小于150 mm）、排水槽以及排水沟等，其容量必须与降雨量和降雪量相配合。目前在既有铁路圬工桥上防水措施已逐渐改善，采用新型防水层，以确保防水效果。结构表面水的处理，可以通过排水措施、连接措施及防水措施的适当组合，杜绝排水流经梁体表面。在设计时必须考虑结构的种类、周围环境、高架结构下的利用等，采取经济且效果好的组合。

保护层的设置是为了确保防水层有效使用。在防水层上要覆盖致密，耐磨的保护层，考虑各种因素，经试验研究，实际宜采用厚度不小于4 cm的纤维混凝土保护层。

5.4.5 混凝土梁的构造细节部分条文主要参考原《铁路桥涵设计规范》(TBJ 2—96)、《日本铁路结构设计标准和解释(混凝土)结构》部分、《京沪高速铁路设计暂行规定》及秦沈线的经验。

5.4.6 钢筋混凝土梁的保护层及配筋要求均按原《铁路桥涵设计规范》(TBJ 2—96)中的各项规定办理。对照相关的国外规范，原《铁路桥涵设计规范》(TBJ 2—96)的规定能满足耐久性要求。对后张法结构中预应力钢材布置在梁体内时，其管道间需保持一定的净距，为使灌筑梁体混凝土时骨料能在管道间顺畅通过，以保证混凝土的质量，并确保钢筋与混凝土之间的粘结使之能共同受力，同时还可避免由于管道净距过小而在穿束、压浆时相邻管道彼此穿通的现象。目前我国铁路预应力混凝土梁所用骨料的粒径一般约为5~25 mm，若管道净距不小于40 mm，可满足梁体灌筑、穿钢丝束和管道灌浆等要求。但现在采用的预应力钢材已由原来的$\phi5$钢丝改为7$\phi5$钢绞线，抗拉强度已由原大量采用的1 570 MPa提高到1 860 MPa，并大部分采用群锚体系，各桥梁厂的管道直径(纵向预应力)一般均大于65 mm，最大张拉力由原来的60 t普遍提高到145 t左右。本暂行规定参照英国标准《钢桥混凝土桥及结合桥》(BS5400)、《日本铁路结构设计标准和解释(混凝土桥)》中的相关规定，当管道直径大于55 mm时，管道间净距不应小于管道直径，当管道直径等于或小于55 mm时，不应小于40 mm。预应力钢筋或管道表面与结构表面之间的保护层厚度应不小于管道直径。

6.1

当客运列车以时速200 km通过铁路隧道时，空气动力学效应(行车阻力、瞬变压力、微压波、列车风)对行车、乘员舒适度、列车相关性能和洞口环境的不利影响已十分明显，因此该设计暂行规定除遵照现行《铁路隧道设计规范》(TB 10003)有关条文外，主要考虑在隧道设计上缓解和消减客运列车进入隧道时所诱发的空气动力学效应的影响。时速100 km上下的货车对隧道没有特殊要求，可按现行《铁路隧道设计规范》(TB 10003)设计。

客运列车以200 km/h电动车组(动力集中型)为参照条件选取计算参数。

主要设计措施是：在列车相关参数一定的条件下，适当加大隧道内轨顶面以上净空面积(减小阻塞比)，优化断面形状和尺寸，在洞口修建缓冲结构，利用辅助坑道等。

采用空气压力最大变化值$\Delta P<3$ kPa/3 s作为舒适度标准。

列车在隧道内运行时的空气阻力增量一般不超过明线上空气阻力的30%。

6.2.1 最高时速200 km的新建铁路隧道断面内轮廓的确定分为双线单洞和单线双洞两种情况。隧道断面内轮廓主要根据下列条件确定：

(1)隧道内轨顶面以上净空面积应满足空气动力学效应影响标准；

(2)满足最高时速200 km的铁路建筑接近限界要求。双线隧道还应满足线间距要求；

(3)救援等对空间的要求。

根据动车组和隧道的已知参数，可以得到洞内压力波时态曲线，再计算压力波动最大的隧道长度，即最不利隧道长度，以此压力波作为控制值，引入车辆密封指数 τ，对不同的断面积和不同 τ 值的多种组合进行对比计算，使得车辆内压力波满足 $\Delta P \leqslant 3\ \text{kPa}/3\ \text{s}$，同时，车辆密封指数和隧道内净空面积应取值合理，在车辆工程和隧道工程上都是可行的。

在满足以上条件下，从围岩稳定、结构受力及空间利用等角度对断面形状和尺寸进行优化。

6.2.2 单、双线隧道断面净空面积采用50 m^2 和80 m^2，既充分满足了空气动力学效应标准的要求，又完全满足救援通道空间的需要，且留有富裕量，考虑到最高时速200 km新建铁路隧道线路平面圆曲线个别最小半径为2 800 m，常用圆曲线半径为4 500～7 000 m，按《铁路隧道设计规范》(TB 10003)曲线隧道的加宽也是较小的，完全在富裕量以内，故隧道内轮廓可不考虑曲线加宽。由于速度的提高，在个别小曲线区段或长度在500 m及以下单线隧道中，由外轨超高所引起的加宽值可能相对影响较大，故应对控制点或计算点是否满足宽度要求进行验算。

6.3.1 日本研究人员针对微压波现象，通过现场测试、模型实验、理论研究，总结了一套行之有效的缓解微压波影响的方法。条文中提出的是否设置洞口缓冲结构的微压波峰值控制指标主要是根据日本的研究理论和实践得出的。

微压波是由于高速列车进洞时产生的压缩波传播到隧道出口时向洞外传递的压缩脉冲波，研究表明，当隧道出口外轴线上20 m处的微压波峰值大于50 Pa时，将造成明显的环境危害，应设置洞口缓冲结构。

6.3.2 同全封闭式的缓冲结构相比，两侧开孔的缓冲结构具有更好的降压效果。

一般情况下，缓冲结构开口处最大有效面积为隧道内轨顶面以上净空断面积的1.4～1.5倍，沿缓冲结构纵向两侧对称开孔，开孔总孔长为1/2缓冲结构长，开孔面积为隧道内轨顶面以上净空面积的0.2～0.3倍时，会取得最好的降压效果。缓冲结构长度过短则起不到降低微压波的作用，过长则其降低微压波的作用提高很小，缓冲结构长度以在隧道断面水力直径至50 m范围内为好。

6.5

铁路山岭隧道内火灾具有其特殊性。列车火灾可能在线路的任何地方发生，但以隧道内火灾最难处理，主要表现为以下几方面：

(1)着火列车停在隧道内时，乘客避难和救援困难。铁路隧道为长条形，空间狭小，火灾蔓延速度快，排烟困难，洞内可视性差、路面不平，且救援设备和人员难以接近着火点。

(2)固定灭火设备和排烟设备综合配置难度大。

(3)列车在隧道内行车时，车厢内换气量比非隧道区段大数倍，因此一旦着火，其火势也比非隧道区段发展迅猛。

(4)隧道内火灾发生后，灭火、恢复整治时间长。间接损失远大于洞外火灾。

(5)隧道内环境差，固定的火灾监控和自动化消防设施维护困难，很难保证火灾发生时能完好工作。

(6)隧道内火灾发生的概率小，且具有位置上的不确定性，在隧道短且较分散的情况下，在全线隧道上维持有效的全自动化监测和消防设施投入大、难度高。

(7)客运列车火灾规模小于货运列车。

(8)整个安全系统从发现、通报、判断确认、停车到启动消防及救援系统的时间较长。

根据隧道内列车火灾的特点,结合铁路隧道长短各异、客车速度高货车编组长的具体特点,综合分析国外高速铁路隧道列车火灾发生条件及防治措施,认为客货共线铁路的隧道防灾设计应以灾后救援为主。隧道火灾防治问题应与线路、机车车辆、运输组织、供电及通信信号、车站安全监测、列车工作人员素质等几方面共同解决,最大限度地防止列车在隧道内发生火灾和火灾列车进入隧道,并建立起完善的火灾防止和火灾处置程序和行之有效的管理体制。

7.1.1　表列序号 1 中位于正线一侧≥3 100 mm 系按大型养路机械作业要求制定,其他各项均按现行国家规定《标准轨距铁路建筑限界》(GB 146.2)的规定。

高出轨面 1 250 mm 的旅客站台与客车底板面基本相平,便于弱势群体旅客乘车方便。

高出轨面 500 mm 的旅客站台的站台面基本上与客车最低一级踏步相平,便于旅客乘降。

以上两种站台均不适用于正线或通行超限货物列车到发线一侧,因这两种站台不能满足轨面以上 1 100 mm 高度处下部超级超限列车装载宽度的要求。

高出轨面 300 mm 的旅客站台面低于客车最低一级踏步,旅客乘降条件稍差,只适应于正线或通行超限货物列车的到发线一侧。

7.1.2　站内两平行线路的中心线间须有一定距离,这一距离一方面须满足建筑限界或机车车辆限界的要求,另一方面还须满足在两线间装设行车设备或进行作业活动的需要。各项规定的说明见说明表 7.1.2。

说明表 7.1.2　车站线间距要求说明表(mm)

项目序号	线间距	直线建筑接近限界		超级超限货物装载限界或机车车辆限界	作业或建筑物宽度要求	余量	附　注
		左	右				
1	5 000			2 350×2		300	相邻两线均通行超限货物列车
2	5 000			2 350+1 700	v≥140 km/h 时人员不通行		正线通行超限货物列车
					人员通行 950		
	6 500			3 100+1 700	人行道宽 800,栅栏宽 200	700	
3	6 500			2 350×2	调车作业要求 1 800		
					区段站在牵出线外侧调车		
	5 000			2 350+1 700		950	在牵出线外侧调车
4	5 300	2 440	2 440		信号机宽 380	40	
	5 000	2 440	2 150		信号机宽 380	30	信号机应偏置

注:1　根据(79)铁运字 1900 号文《铁路超限货物运输规则》第 7 条和第 26 条有关规定,建筑接近限界允许的超级超限货物装载宽度 1 600 mm+750 mm=2 350 mm,其运行速度为 15 km/h;

2　项目序号 2,6 500 mm 的组成为:3 100 mm(正线侧大型养路机械通过要求的距离)+200 mm(栅栏的宽度)+800 mm(人行道宽度)+700 mm(安全余量)+1 700 mm(到发线侧机车车辆限界宽度)。

7.1.3　新线、岔线如在区间与正线接轨,除影响区间通过能力外,还增加了不安全因素,所以新线、新建岔线不应在区间与正线接轨。在枢纽和车站范围内,为调整列车到发的运行线路、提高车站的咽喉和作业能力等设计的进出站疏解线路,其行车速度不高，为节省工程而在区间正线上接轨，此时，为保证行车安全，应在接轨地点设置线路所或辅助所。

7.1.4 当站内有平行进路或隔开道岔并有联锁装置时，能保证车站接发列车的安全，可不另设安全线。机务段和客车整备所一般均与车站纵列布置，由于机务段与车站有明确的站、段分区，出段机车必须在分界处（即机务段的闸楼）停留，经站调同意后才能出段；客车整备所出所的客车车底必须在进站信号机或调车信号机前停车，待信号开放后才能进站；另外尚有平行进路或隔开道岔并有联锁装置，能保证行车安全，因此，均可不设置安全线。当机务段和客车整备所与车站为横列布置时，则根据具体情况研究设置机待线或牵出线兼作安全线。

7.1.5

（1）由于贯通正线行车速度高，设置跨越贯通正线的平过道对人身和行车安全极为不利，故规定站内不应设置跨越贯通正线的平过道，需要跨越铁路时必须设置地道或天桥。

（2）为了保证安全，车站必须封闭。因此，在车站路基外侧应设置防护栅栏，并与区间防护栅栏相衔接。

7.1.6

进出站线路是指为满足各种不同运行要求而修建的进出枢纽或车站，并与正线相衔接的单独线路的统称。

进出站线路因与区间线路直接连接，为使在该线上运行的客、货列车的速度与正线路段设计速度相匹配，故其平面设计标准应与所衔接的正线的平面标准一致。为提高进出站线路的设计行车速度，平面设计时应取较大的曲线半径，在可能的条件下，可采用与路段速度相适应的标准；但位于枢纽范围内的车站的进出站疏解线路，大多处在城市附近，其客、货列车设计行车速度一般难以达到衔接正线的标准，为避免引起大量工程，减少用地和拆迁，减轻对城市建设的干扰，因此规定有客车运行线路的平面曲线半径不应小于400 m。

7.1.7 站线上由于行车速度较低，一般不超过80 km/h，因此站线的曲线可不设缓和曲线。但有时为了节省工程量，改善运营条件，也可设置缓和曲线。

为了平衡部分离心力的侧压力，保证行车安全，减轻钢轨侧磨，防止曲线反超高，利于维修养护，并考虑列车进入曲线的平顺性和旅客的舒适度，所以规定到发线上的曲线地段和连接曲线宜设曲线超高。到发线曲线地段的外轨超高值按以下分析计算确定。

$$h=\frac{7.6v^2}{R} \qquad \text{(说明 7.1.7)}$$

式中 h——曲线超高（mm）；

v——列车允许速度（km/h）；

R——曲线半径（m）。

超高顺坡坡度不应大于2‰与现行《维规》关于超高顺坡坡度按2‰设置的规定一致。

7.1.8 到发进路上或有列车通过的道岔导曲线与岔后连接曲线形成反向曲线或同向曲线，为了减少列车振动叠加的影响，提高旅客乘车舒适度，在道岔与岔后连接曲线间应设置必要的直线段，其直线段长度 $f\geqslant 0.4V=0.4\times 80=32$ m，故规定通行列车的站线，两曲线间应设置不小于33 m的直线段。

7.1.9　以往对站线路基无明确规定。由于站线的行车速度低，故本次规定站线路基按Ⅲ级铁路路基填料和压实度的标准设计。

站内联络线、机车走行线和三角线等单线路基的最小宽度，沿用《铁路路基设计规范》Ⅲ级铁路的最小标准。

由于路段行车速度≥160 km/h地段正线路基的基床标准为路基面以下2.5 m，其中表层为0.6 m，底层为1.9 m，表层须采用渗水性较强的填料。站内正线要采用与区间正线相同的基床标准，关键是在正、站线共路基时要设法排出正线路基基床表层底部的水。因此，本条文规定了既节省投资又方便施工的处理办法。

(1)当车站站线较少(一般为中小站)时，正、站线间不设隔离设施，为了施工方便，与正线相邻的站线路基基床均按正线的标准。此时路基面的横坡应采用由两正线间向两侧排水的双面坡，为加强排水，其坡率考虑与正线相同的标准，宜采用4%。

(2)当车站站线较多(含正线的两侧或一侧)时，在站线较多的一侧，宜在正、站线间设置纵向排水槽，即由正线向外2 m处、路基面以下1∶1边坡范围内按正线标准。路基面横坡的分坡点及坡率应按上述规定办理，当正线两侧均设有排水槽或正线另一侧无站线时，正线横断面形式应与区间相同。

(3)考虑铁路和道路的安全，也为了铁路正线路基基床表层底部的水能排向道路路面而不提高道路路基的标准。在困难条件下，当道路的路面高度高于条文规定值时，则应在铁路与道路之间设置排水沟(槽)和防护桩等安全防护措施。

7.2.1　越行站为双线铁路上办理同方向列车越行必要时可兼办少量旅客乘降的车站。由于横列式图型具有站坪长度短、站场布置紧凑、便于集中管理和定员少等主要优点，因此越行站应采用横列式图型。

在越行站上为满足到发线使用的灵活性和因区间线路的大型养路机械作业、电气化接触导线检修、维修施工、线路临时发生故障以及其他情况下采取运行调整措施，必须使一条线路上运行的列车转入另一条线路上运行，因此在车站两端咽喉区的正线间应设渡线。本次规定车站两端应各设1条互成“八”字(即大“八”字)的渡线，另一组大八字渡线的设置，主要是为避免已停站列车前方区间突发事故停运，该列车要反向出站的渡线朝向又不对，必须退行至尾部的渡线后，再转线运行的情况，由于其机遇极少，故本次规定，每端可少设1条渡线，当站坪长度等条件允许时，也可预留该组渡线，以提高使用的灵活性。

7.2.2　中间站除办理列车的通过、会让和越行外，还办理日常客、货运输和调车及列车技术检查等作业。

由于横列式图型具有站坪长度短、站场布置紧凑、工程投资省、便于集中管理、到发线使用灵活和定员少等主要优点，因此，中间站应采用横列式布置。当在山区修建单线铁路时，遇地形陡峻狭窄，设置横列式中间站其站房或站台需设在桥上、隧道内等困难条件下，也可采用其他形式的图型。

由于快速客车多、行车速度高、停站少、将产生较低等级的客车和货物列车的待避增多，为确保停站列车(特别是客车)的安全，故本次推荐设有贯通式货物线在到发线上的腰岔处加设了安全线，以避免货物列车线的车辆(或调车时)进入到发线。

中间站台的位置，宜设在与正线相邻的到发线的外侧，主要由于正线的行车速度越来越高、对旅客乘降的人身安全不利。

由于正线行车速度高，且均为双线铁路，因此，设有货场的一端必须设牵出线，另一端与正线相邻的到发线上应设隔开设备，以保证安全。

7.2.3 为了使旅客列车在站内高速通过，故规定有较多旅客列车通过的客运站宜采用两正线并行中穿的图型；正线两侧不应设置站台的规定主要考虑站台上旅客的人身安全。

7.3.1 到发线一般只作接发列车之用，只有在个别情况下才办理通过列车。但列车速度因受所连接着道岔的侧向通过速度控制，都比正线通过列车速度低，因此，到发线所承受的列车动荷载比正线轨道低，同时到发线的年通过总重亦比正线少得多，所以，可采用比正线轻一级的钢轨，故规定到发线的轨道标准选用50 kg/m新轨。

当到发线采用无缝线路时，为方便施工的需要，应采用与正线轨道相同的标准。

为了减少钢轨对动车组走行部件的影响，应适当提高动车段及其走行线轨道的标准，规定采用50 km/h。

7.3.2

(1)由于固定式辙叉不可避免地存在护轨、辙叉翼轨冲击角和辙叉心轨部分不平顺，在行车平稳程度、维修周期和使用寿命等方面，远不如可动心轨辙叉。因为可动心轨辙叉消除了有害空间，改善了横向和垂向的几何不平顺状态，使用寿命也长，可提高旅客乘车舒适度，同时可为铺设超长无缝线路创造条件。因此，规定正线上应采用可动心轨道岔。

(2)为了提高旅客列车的进站速度，减少对正线通过能力的影响，为此本规范规定正线道岔应采用不小于18号道岔。

(3)调度渡线道岔主要是满足线路设备维修时列车反向行车的条件，为了减少对正线通过能力的影响，因此，规定区间渡线道岔宜采用更大号码的可动心轨道岔。

(4)新线或疏解线与正线连接的道岔，为了列车能快速经联络线下线，减少对正线通过能力的影响，道岔的侧向通过速度应高于新线及疏解线路或与新线及疏解线路的速度相匹配，因此，道岔号码应根据上述速度来确定。

8.1.1 为保证电力牵引一级负荷供电的可靠性，牵引变电所的两回电源进线，在正常时一回供电，另一回热备用。当前电力部门已把220 kV电压等级向用户开放，牵引变电所采用220 kV电压等级供电，由于系统具有较强的负序和谐波承受能力，牵引变压器可采用容量利用率较高的单相结线。

8.1.2 接触网电压是一波动电压，最低电压20 kV仅仅在列车紧密运行时，出现在供电臂末端很短的一段距离内，供电臂绝大部分区段均高于此值，它对列车运行不会带来影响。

国家标准(GB 1402)等同采用了IEC标准。该标准规定，标称电压为25 kV，最高电压为27.5 kV，最高瞬时电压为29 kV，最低电压为19 kV。

8.1.5 越区供电时接触网最低工作电压不低于19 kV，应根据线路的运输组织要求进行检算。

8.1.7 按照本暂行规定，牵引变压器容量根据交付运营五年需要通过能力等条件计算。根据牵引变压器过负荷能力的规定，对于三相结线、单相结线和三相－二相平衡结线的过负荷倍数应分别按1.5、1.75和2考虑；对于用NOMEX混合绝缘材料生产的高过载、低阻抗牵引变压器，过负荷倍数可按比普通牵引变压器提高25%考虑。

8.3.2 根据近年来接触网的理论研究，结合运行经验证明，当列车运行速度超过接触线波动传播速度的0.85倍时，受流质量会急剧恶化。为了保证受流质量，参照200 km/h速度段的运营经验和 EN50119 的标准，规定接触线的波动传播速度应不小于最高行车速度的 1.43 倍，即最高行车速度是接触线波动传播速度的 0.7 倍。计算公式如下：

$$c = 3.6\sqrt{\frac{\sigma_{cw}}{\rho_{cw}}} = 3.6\sqrt{\frac{T_{cw}}{m_{cw}}}$$

（说明 8.3.2）

$$\frac{c}{v} \geqslant \frac{1}{0.7} = 1.43$$

式中 c——接触线波动传播速度(km/h)；

σ_{cw}——接触线工作应力(N/m^2)；

ρ_{cw}——接触线密度(kg/m^3)；

T_{cw}——接触线工作张力(N)；

m_{cw}——接触线线密度(kg/m)；

v——最高行车速度(km/h)。

8.3.3 机车最终的受流质量取决于接触网和受电弓的互相配合。为了评价受流特性，国内外一般都是采用接触线和受电弓间的动态接触力来评价。

从理论计算和国外实际运营测量可知：在双弓运行时，一般情况下后弓受前弓的影响，受流质量比前弓差。在这种情况下，受流质量不仅取决于受电弓和接触网的特性，还与参与运行的受电弓的间距有关。本次为了制定统一的前、后弓的衡量标准，制定了本条文。

8.3.4 条文中上下晃动量和左右摆动量，系根据弓网关系仿真模拟结果，并参考了国外资料考虑一定的裕量后确定。双层集装箱的受电弓在最大抬升时的摆动，目前尚无成熟的经验。

8.4.3 承力索目前使用的类型较多，其技术性能差异也较大。从国外情况来看，承力索的类型均较单一，普遍采用铜或铜合金绞线。从技术角度来分析，承力索与接触线采用同类材质，可改善接触网的性能，简化施工，提高施工精度，免去电气连接类线夹的特殊处理程序，并可降低运营维护的工作量。我国的运营实践也表明：铜合金材质的承力索技术性能可靠、安全性好。为了提高系统的安全可靠性，规范接触网设计，借鉴国外经验并结合我国国情，对承力索的选用类型作了明确的规定，即承力索采用铜合金绞线。

承力索不仅要在抗拉强度上满足要求，还要考虑抗振要求，截面过小容易导致承力索振动疲劳断股，最后导致断线。因此建议截面不小于 95 mm^2。

8.4.4 参照 IEC913 标准，条文只对接触线寿命终点时的强度安全系数做了规定，与 IEC913 标准规定的 2.0 一致。

8.4.5 为适应 200 km/h 的运营速度，减少隧道净空，当隧道内接触网最短吊弦为 400 mm，承力索张力 15 kN，跨距为 40 m 时，结构高度可取 750 mm。当隧道净空高度允许时，应增加接触网结构高度，以进一步改善弓网关系。

8.4.6 为适应 200 km/h 的运营速度，接触网吊弦采用铜合金绞线整体吊弦。吊弦柔性越好，越有利于受流。根据现在一般采用的铜合金绞线吊弦线（10 mm^2 或 12 mm^2）的特点及借鉴国外经验，吊弦长度大于 500 mm 时，认为吊弦是柔性吊弦；反之，吊弦趋向于刚性。对于隧道内和跨线桥最短吊弦长度可根据隧道和跨线桥的具体情况适当减小。

8.4.7 运营实践表明，较小的接触线坡度有利于弓网受流、减少离线电弧及实现高速运行。另外，对坡度的规定不包括锚段关节的非工作支。本条具体数值引用 EN 50119

标准。

8.4.9 本条是按第8.4.8条的原则，针对客货共线运行的情况规定的，所列数值可以满足通过5330超级超限货物列车。当线路为客运专线时，接触线高度应另行规定。当开行双层集装箱时，集装箱高度限界为5 847 mm时，接触线距轨面的最低高度不应小于6 250 mm，接触线工作支悬挂点距轨面的最高高度不应大于6 500 mm。

8.4.10 一般地，对于行车速度120 km/h以上线路，宜采用带中性段的空气间隙绝缘的锚段关节式电分相。锚段关节式电分相的中性段长度应根据机车受电弓的配置情况、机车回送作业方式等因素综合确定。单弓运行区段以50~100 m为宜。

当采用带中性段的空气间隙绝缘的锚段关节式分相装置时，在列车前进方向侧装设常开隔离开关，是为了让因某种原因停滞在中性段内的列车能够重新带电启动而驶出中性段。开关装设在列车前进方向侧，是为了防止机车受电弓将两不同相的接触网短接；需要时宜实行远动控制，便于开关的日常管理与操作。

当列车编组采用多弓运行时，对中性段或无电区长度的规定，主要是为了防止机车受电弓将中性段两侧不同相位的接触网短接。

9

时速200 km是今后新建客货共线干线铁路速度要求，因此本暂行规定通信章节内容进行了较全面涵盖。通信设计原则上应遵循既有的各层次规范，本规范根据部铁路跨越式发展思路，结合时速200 km铁路通信设计的特点，一部分条文内容为对既有规范相关部分的强调，一部分条文内容为根据目前通信技术的发展进行补充，以体现时速200 km铁路通信网的装备水平。

9.2.4 传输网应考虑网络的可靠性设计。长途（本地中继）传输网除了采用1+1传输系统自身保护外，有条件时应采用不同物理径路光缆开设光传输；例如敷设第二条光缆，或通过铁路既有的不同径路光缆，开设光传输系统进行迂回保护。

9.2.6 随着铁路信息化的发展，沿线车站、站段信息交互需求越来越多，应该设置数据通信网平台，以满足各种业务传输与交互需要，但与行车安全密切相关的业务，如列控、牵引供电等信息应通过电路或光纤专用通道传输。

9.2.14 应急通信终端接入设备一般配置在工区（或综合维修段）内，（综合）I区单向管辖范围不超过80 km为宜；终端接入设备应确保通过道路设施在1 h左右能够到达应急抢修地点为宜。

9.3.1 GSM-R数字移动通信系统业务与运输安全密切相关，因此，其通信站机房及沿线通信机械室的设备均应按照一级负荷供电。

9.3.2 接地方式可分为分设接地、共用接地及贯通接地，宜采用共用接地方式即综合地。即在通信站综合楼或信号楼接入建筑物防雷综合地网；当沿线设置通信、信号、电力等综合贯通接地体条件成熟时，可按要求接至该综合接地体。

9.4.2 由于时速200 km铁路对路基的要求较高，不宜二次开挖，因此，通信专业应配合其他相关专业在通信线路通过的软土路基、桥隧、路肩、站台等困难地段预制好电缆槽。

10.2.6 信息系统中的各类数据传输与交换是数据网承载的主要业务，信息系统不宜采用专线通道组网，而宜建立统一的IP数据网络。

11.1.1 新建时速200 km线路设计因考虑综合维修等需要，一般应具备反向行车条件。

反向行车方式根据运输需要可按追踪运行或自动站间闭塞设计。

11.1.3 时速 160 km 以上的旅客列车以车载速度信号作为行车凭证,时速 160 km 以下列车未配备列控车载设备时,以地面信号显示作为行车凭证,因此,地面信号显示仅适用于时速 160 km 以下列车,其信号显示意义应符合《铁路信号设计规范》(TB 10007)的要求。

11.1.4 进站信号机的设置位置不但要使进站与出站信号机之间的距离满足规定的制动距离要求,而且要满足列车追踪间隔对列车进站时分的要求。

在列车反向运行方向的左侧设置反向进站信号机时,可能会侵入铁路建筑限界。因此,反向进站信号机可设于列车运行方向的右侧。

11.1.6 进站信号机处设置有源应答器,以提供接车进路参数及临时限速信息。接车进路建立后,进站应答器发送相应的接车进路信息,具有直股发车进路的股道,应同时提供直股发车进路及前方一定距离内的线路参数和临时限速信息。各有源应答器应有缺省报文,缺省值应按照该进站口所有接车进路范围内的最低道岔限速和最短进路长度等最不利条件设置。

车站出站口处设置无源应答器和有源应答器。无源应答器提供前方一定距离内的线路参数等信息;有源应答器提供前方一定距离内的临时限速等信息。出站信号机处(含股道)原则上不设置应答器,根据运输需求等也可设置必要的应答器。

区间间隔 3 ~5 km 设置一处无源应答器,提供前方一定距离内的线路参数及定位信息,原则上设置在闭塞分区分界处。

为防止点式设备丢失引起危及行车安全的问题,点式设备应采用链接等方式实现相互间的检查。

11.1.11 作为列车运行控制基础的站间信息交换必须安全可靠,因此传输媒介应选择抗电气化干扰、独立径路、环状结构以提高系统的可靠性和可用性。如采用光缆作为传输媒介,则在光端处理设备上也应采用独立的处理设备。

如区间采用多信息无绝缘轨道电路时,可采用电缆作为站间信息传输媒介。

11.2.2 硬件安全冗余结构的计算机联锁的典型结构,主要包括 3 取 2 和 2 取 2 乘 2 等。

11.2.4 满足时速 200 km 的正线提速道岔一般为多机牵引的重型道岔,如需要人工操纵或便于电务维修,可根据需要增加道岔的现地操纵功能。

11.3.2 信号系统设置的贯通接地线包括沿线的接地线和信号机械室的综合接地,室内外形成一个统一的接地系统。接地电阻值规定不大于 1 Ω 主要是参考了法国综合接地的标准。

12.2

负荷等级是根据时速 200 km 客货共线铁路用电负荷性质并参照现行设计规范确定的。

12.3.1 保证供电可靠性提出对电源的要求。

12.3.2 为提高变配电设备的可靠性、减少维护并根据铁路变配电所控制设备及自动化设备的现状和发展提出的要求。

12.3.3 低压配电装置内采用智能化开关有利于集中监控。

12.4

按照《铁路技术管理规程》第 147 条规定设置。为使站、段的机电设备控制管理达到安全、节能等目标,参照《智能建筑设计标准》设置机电设备监控系统。

12.5.1 按照《新建时速200公里客货共线铁路设计补充暂行规定》审查会专家审查意见要求进一步研究。

13.1.1 本条款内容引自新的铁道部《铁路主要技术政策》,在设计中应根据具体情况贯彻执行。

13.1.2 新建速度目标值为200 km/h的铁路机车日车公里指标有很大提高,同时单司机执乘的实施,乘务员在一个乘务区段内不会出现超劳。故定义货运机车交路400~600 km、客运机车交路500~800 km,主要干线交路长度突破1 000 km。

1 内燃、电力机车适合跑长交路;

2 长交路具有较多优越性如减少直通、直达列车摘挂机车的次数,可提高旅行速度,加快货物送达速度及车辆的周转,减少机车出入段次数及等待列车的停留时间,加快机车的周转,提高乘务员的劳动生产率,节省运用机车和乘务人员,减少沿线机务设备,节省基建投资,降低运输成本,为专业化、集中修创造了条件等。

13.2.1 根据铁路跨越发展的要求通过提高科技含量解放劳动生产力及以人为本的新的设计观念,机务段(所)应设置机车外皮清洗机。

13.2.2 关于设机车待班停留库的问题,其台位数量原规范是按运用机车台数的10%~15%计算,按运用机车台数的5%~10%计算,是根据《铁路机务设备设计规范》的引用。

其他地方应设机车整备棚的理由随着全球气候变暖各地夏天均十分炎热,及人性化设计理念,考虑到内燃、电力机车采用轮乘制后,机车整备作业内容增多了,他们大部分时间在露天作业,劳动条件差,为改善劳动条件,应设机车整备棚。

13.2.3 为保证客运上线机车质量,机车运用前进行关键部件的检测是必须的。这与《铁路主要技术政策》坚持“安全第一,预防为主”的方针,以行车安全为核心的内容一致。随着机车检测手段不断更新及计算机网络技术的发展,发达国家普遍推行机车状态监测,部件适时修,集中修的新型机车运用检修模式,即在机车运用中进行动态检测,及时掌握机车的状态,避免不正常的机车上线运营。机车有问题时则扣修,没有问题则上线运营,从而减少检修,提高机车可靠性,保障运输安全。力求通过提高技术装备水平及先进的管理方法,来保证上线机车质量,保障行车安全。

提出机车状态检测还可以提高机车利用率,降低备用机车数量,减少机车购置费用。

当前对于提速后为保证上线机车质量,满足运输需要,尽量减少机破发生,机车轮对和受电弓作为机车上、下保证安全的关键部件的检测正在普遍推广。

新建机务段(所)检测库可设在机车入段线上,按机车入段检测、整备、待班作业完成机车运用前的各项整备作业,减少机车整备作业时间提高整备线群能力。考虑到机车检测影响入段线通过能力,检测库线与入段线可平行布置与入段线两端贯通。检测库线数量按各项检测作业时间,作业流程综合比较确定。一般不超过三线,机车日整备台次不超过40台次不设检测库。

改扩建机务段(所)应按上述机车运用作业方式设置机车检测设施。

13.2.4 机车整备待班其数量应根据所担当交路方向的多少,每日整备机车台次及每次整备作业时间确定,并适当考虑机车集中到达、假日经济增加临时列车时的等因素,

(1)在Ⅰ级铁路上,一个交路方向时,整备待班线不应少于2条,两个交路方向时不宜少于3条;

(2)客货混合段,客货机车的整备待班线宜分线设置;

13.2.5 作为机务信息化内容机车运用信息管理系统、机车调度信息管理系统、股道自动化管理系统等能提高机务劳动生产力，保证运输安全。

13.3.1 新建及改扩建机务设备充分利用既有机务设备，减少机务投资，符合生产力布局调整要求。对机务段中修检修机车数最小规模定位，力求控制中修机务段数量。大力推行专业化、集中集、关键部件互换修。

13.3.3 机车整车试验能有效保证修车质量。按现行铁道部关于机车检修规程的要求，中修后的机车必须经过负荷试验后方可投入正常运用。由于铁路运输繁忙，特别是在电气化区段，受多方因素制约机车上线进行100 km/h以上试验十分困难，机车在段内整车试验库内可进行试验，速度可以达到200 km/h，这对缓解铁路运输能力不足，缩短机车试运时间，提高机车运用周转达率有十分重要的意义。

13.3.4 强调机车检修信息化管理。

13.3.5 配件配送中心主要为专业化集中修、换件修创造条件。

14.1.1 车辆设备设计，应采取集中修。检修工艺主要是将所有车辆配件集中检修，可节省设备投资，减少电焊作业污染源，换件修可以压缩修车时间。

14.1.2 铁路信息化是铁路现代化的重要标志，在此强调车辆设备必须加强信息化建设，目前车辆建立车辆段管理信息系统，该系统由领导查询决策、生产调度管理、技术管理、质量管理、安全管理、车辆运用动态管理、设备工具管理、材料管理、财务管理、人事档案管理等网络办公子系统组成，这些信息管理由于受投资限制常常作为减末对象与《铁路主要技术政策》不符。

14.2.1 客车段应设在配属客车600辆及以上，需要10个客车检修台位，已具建段的规模，并考虑应有一定的发展，同时还可承担部分地区配属客车少，不够建段条件的地区段修任务，同时可以充分发挥车辆段设备能力。车辆段太小，设备不能充分利用。

货车车辆段设置条件中确定的地点，应有调空车较多，扣车方便，对检修、运输都有利，能减少休车时间，提高车辆运用效率。

14.2.2 车辆段不宜小于12台位，因规模太小不经济，设备不能充分利用、不能发挥规模效益。

14.2.4 存车线是车辆段必不可少的线路，数量应与检修工作量相适应，存车线供待修车、修竣车、残车及委托段修车存放用。装卸线，对需要通过铁路运输材料、配件的车辆段，应尽可能共用一条装卸线。根据需设牵出线当出入段线可用来调车作业时，可不设牵出线。其他线路则根据不同性质和布置形式，按实际需要配置。

14.3.1 始发终到旅客列车20对及以上或配属客车300辆及以上设置客车技术整备所，规定主要考虑列车对数太少而设置客车技术整备所，将造成整备基地过于分散，设备利用率不高，投资大，效率低，不利于运用维修水平的提高。

14.3.2 原条文应设空调三机中、小修，本条文修改将中修放在客车段，同客车车底同时做段修。原条文空调三机中修在客车技术整备所，车底在车辆段，对检修作业极为不便。客车技术整备所只做小修或换件修。

14.3.3 客车技术整备所应设整备线，车底停放线

整备线和车底停放线分开设，主要考虑车底入库后进入整备作业时间一般只需要3~4小时即可检修完成，相当时间是停放，加之现在大部分为整列空调客车，需设带三层立体作业面整备线，投资大。一条带三层立体作业面的整备线一昼夜可进行6列旅客列

车的整备作业。原一条整备线一昼夜最多进行3列旅客列车的整备作业。车底停放线主要是将整备作业完成后送至车底停放线存放待发。调车设备主要是将整备作业完后送至停放线的作业以及旅客列车临修等调车作业而设置。

14.3.4 整备所的整备线宜设带三层立体作业面的整备棚(库),主要是为检修空调客车用。空调机作业需上车顶进行日常检修。检修地沟用于对车辆下部进行检查、修理及“五一”、“十一”节前定期整修和鉴定,配属双层客车或25Z型客车应设深1.0~1.40 m,宽0.9~1.10 m的检修地沟。

14.3.5 整备线应设密闭式厕所地面接收及处理系统或专用吸污车辆,根据铁路主要技术政策征求意见稿,新造客车采用集便装置,既有客车应加装集便装置。因此旅客列车进入整备所时根据每日工作量及运营单位要求设地面真空接收系统,或专用吸污汽车,将旅客列车的污物吸出后送至污水处理厂处理后,达到排放标准后排放。

14.3.6 列检所原则上在路网性编组站、区域性编组或距编组站较远而作业量大的车站上设置,列检所保证区段长度500 km,取消区段列检所。按铁路指导性意见,按机车长交路因素确定。

14.3.7 到达场列检所应设货车运行故障动态检测系统及车辆轮对故障、尺寸动态检测系统,主要实现机检替代人工检车的目的,减少室外列检人员的配备。采用该系统,将对提高列检作业质量,改变作业方式产全深远影响。车辆轮对故障、尺寸动态检测系统主要对轮对故障、尺寸进行在线检测、及时发现故障和尺寸超限轮对,能对轮对故障进行较为准确的定性检测,确保运输安全。

14.3.8 列检所内应设车辆故障机动抢修车辆,主要是列检所保障区段500 km,同时取消区段列检所,如在保障区段内车辆轮对等发生故障列检所应派人去抢修,因此应设抢修车辆。

14.3.9 本条文为设置站修所的必要条件,否则只设边修线。为了较集中地设置站修所,在考虑站修所台位利用系数1.8的情况下,站修所的最小规模为8台位,如果达不到这个条件可以缓建或预留。有列检所的车站才有扣车条件,所以也是一个设置站修所的必备条件。关于临修率,影响货车临修率的因素较多,随着货车滚动轴承化,红外线轴温探测设备的普遍推广,货车临修率相对在下降,为了统一计算方法,推荐按货车保有量为基本依据,每辆车每年平均发生一次摘车临修计算,并用货车保有量临修率0.2%计算核对。

14.4.1 成网设计系指一个铁路分局内所有红外轴温信息需经通信网传输至分局红外监测中心。

15.1.1 本条文主要遵循《铁路主要技术政策》(修改稿)、《新建客货共线铁路设计暂行规定》等铁路政策、规划、规范、标准的规定和指导意见编制。

铁路固定设备指除机车车辆等移动设备以外的线路、桥梁、隧道、通信、信号、牵引供电、水电、一般生产房屋等设备。

15.1.2 综合维修管理体制是根据铁路技术的发展提出的。为适应《铁路主要技术政策》提出的在图定工务、电务、供电等设备的综合维修天窗内进行维修工作,实行综合维修管理体制是必要的、可行的。各专业在天窗时间内需综合调度、统一安排。同时综合维修管理体制可以精简机构;加强管理;减少房屋、机械、人员等设备配置。

按照“新路新制、技改制改”的生产力布局调整思路,新建200 km/h客货共线铁路综合维修机构设置,对于机构的改革调整是有催化契机和促进作用的。但由于目前多数新线建设都要牵涉到与既有的管理模式衔接的问题，应予以考虑。

15.2.1 国外高速铁路及国内拟建的客运专线动态检测均朝着综合检测的方向发展，如日本东北、上越等新干线开行East-i轨道电器综合检测车，国内目前既有线路动态检测基本上以定期运用专业检测设备为主，如以局为单位配备车载式添乘仪，开行轨检车等。本条目提出设计应考虑动态检测设备配置的问题。但如何配置，配置何种设备，应根据铁路技术的发展和全路总体布局要求确定，并非每一个新建项目都配备动态检测设备。

15.2.2 本条目主要是针对养修分开体制后综合维修段及综合工区的经常保养、临时补修、抢修等业务内容，提出应加强线路静态检测及检测设备的配备。

15.3.4 综合维修段管辖区段长度，主要以固定设备的具体技术条件为依据，以便于管理为准则来确定。

铁道部有关生产力布局调整的指导性意见中对既有铁路提出"工务段管辖的正线长度，双线以600 km为宜，单线以450 km为宜，山区以400 km为宜"；"繁忙干线400 km左右设一个电务段，其他干线500 km以上设一个电务段"；"供电段原则上1 000 km单线不超过2个"。

养修分开后综合维修段以设备管理、检测、接触网、电务设备维修、配合大机线路维修作业以及抢修为主。结合工区的设置情况，以轨道车等作为出行设备，保证及时赶到现场的条件下，可以适当扩大管辖范围，以指导综合维修段的布点设计。

15.3.5 本条及第15.3.8条、第15.3.13条均是按照"养修分开"、"天窗修"的原则，以及优化现场班组设置，配齐交通、通信、照明等工具的目的，提出的维修设备配备内容。综合工区中要求配备轨道车等设备，主要是满足设备维护、特别是抢修所规定的到达现场时间要求。

15.3.9 大型养路机组停放线没有给出具体值，而是提出了计算原则，是考虑到机组设备和附属车辆的组成在变化，故设计中还是按具体的情况来决定停放线长度为宜，以免设置线路太长造成一定的浪费。对于山区等困难地形还可能对综合工区的布置灵活性甚至可能性造成影响。

15.3.13 按照40～60 km设置一处的原则，一个综合工区内一般应有线、桥、隧、接触网、变配电、转辙机、轨道电路维修保养班组（工区），而通信、水电维修保养班组则可根据维修量隔一个或几个综合工区设置。

16.1.2 排污系统用水是根据1999年11月铁道部旅客列车密闭式厕所系统开发应用专项工作既地面接受及处理设施专题组的研究报告《京沪高速铁路密闭式厕所系统地面接受及处理设施布点原则和技术条件》，确定真空式厕所清洗污水量按污物箱容积的1.5倍计算。

16.1.4 提速后铁路车速快，管径$D \geqslant 100$ mm给水管穿越铁路时均应设防护涵洞，防护涵洞断面尺寸应满足管道检修要求，方便人员进入检修；当管径$D < 100$ mm时，应设防护套管，防护套管设置位置应具备抽换维修作业条件。

为保证安全，给水管穿越铁路时防护涵管、套管管顶至钢轨轨底不宜小于1.5 m。由于站后工程施工较晚，高速铁路不允许顶管施工，所以，防护涵管、套管施工应与站前工程同步实施。

采用钢管时，会产生电化学腐蚀，应采取阳极保护、设置绝缘接头等防止措施。

16.3.3 国外高速铁路动车段资料表明，动车组卸污作业可与其他整备作业采取平行作业的模式,这样即可以节约整备时间,同时又节约投资;铁路动车组在段(所)内卸污可分为库内和库外两种作业方式。

旅客列车卸污装置主要有固定式和移动式两种形式,固定式又分真空中心式、喷射机组式和重力式,移动式主要为采用真空吸粪车。

16.3.4 由于旅客列车污物箱内可能含有较多的杂质,若排水管道管径偏小则易堵塞,故本条文规定其管径不应小于 200 mm。

真空度应根据计算确定,其计算公式为

$$P_1 = (1.2 \sim 1.3) \times (P_a - \sum h_f - H_s) \quad \text{(说明 16.3.4)}$$

式中 P_1——真空度(mH_2O);

P_a——卸污点处大气压(mH_2O);

$\sum h_f$——污物箱至卸污点的压力降(mH_2O);

H_s——镇静罐(箱)最高液面与列车污物箱最低液面差(m)。

16.4.2 每个给水站集中监控系统规划分为两层控制,即给水所内设监控中心和现场控制。监控中心负责收集、处理现场上报的数据、事故报警、提供数据库管理等服务。监控内容包括:①流量、压力、水位、阀门开启度、浊度、pH 值、余氯等。②报警检测:电压、电流的过高/过低等。

17.2.1 特殊敏感点指学校、有住院部的医院等,现阶段设计暂不考虑搬迁或整体改变功能。

经济比选是将声屏障费用与受保护对象的拆迁费用进行比较,以决定采用何种治理方案。

在铁路与铁路两侧已划定的噪声功能区之间地带还存在集中居民住宅和特殊敏感点时,也需采取措施并按铁路边界噪声标准予以防护。

17.2.7 我国酸雨发生频率较高,对声屏障结构中的金属材料表面进行防酸蚀处理是必要的。

17.3.2 本条的垃圾转运站是指具有一定规模、可进行分类、压缩、转运功能的垃圾处置中心。

中华人民共和国行业标准

铁建设〔2005〕140号

新建时速200~250公里客运专线铁路设计暂行规定(上)

2005—08—10 发布　　　　2005—08—10 实施

中华人民共和国铁道部　发布

前　　言

本暂行规定是根据铁道部建设管理司的安排进行编制的。

本暂行规定在编制过程中,认真总结了秦沈客运专线工程建设的实践经验,借鉴了国内外有关标准的规定。

工程技术人员必须按照"以人为本、服务运输、强本简末、系统优化、着眼发展"的铁路建设理念,结合工程具体情况,因地制宜,充分发挥主观能动性,积极采用安全、可靠、先进、成熟、经济、适用的新技术,不能照搬照套标准。勘察、设计单位执行(或采用)单项或局部标准,并不免除设计单位及设计人员对整体工程和系统功能质量问题应承担的法律责任。

本暂行规定共分8章,其内容包括:总则、术语和符号、线路、路基、正线轨道、桥涵、隧道、站场,另有3个附录。

在执行本暂行规定过程中,希望各单位结合工程实践,认真总结经验,积累资料。如发现需修改和补充之处,请及时将意见及有关资料寄交铁道第三勘察设计院(天津市河北区中山路10号,邮政编码:300142),并抄送铁道部建设管理司(北京市复兴路10号,邮政编码:100845),供今后修订时参考。

本暂行规定由铁道部建设管理司负责解释。

本暂行规定技术总负责人:客运专线总设计师　何华武;
客运专线副总设计师　耿志修;
客运专线副总设计师　郑　健。

本暂行规定主编单位:铁道第三勘察设计院。

本暂行规定参编单位:铁道第四勘察设计院。

本暂行规定主要起草人:李秉涛、白宝英、吴连海、闫红亮、苏　伟、靖凤鸣、罗章波、乔俊飞、刘向云、郭　郦、赵陆青、崔维孝、宋绪国、崔俊杰、王　桢、杜保军、阳运中、吴中民、韩向阳。

本暂行规定主要会审人员:朱明瑞、安国栋、孟凡林、赵海宽、詹子宁、王祖峰、崔　艳。

目　次

CHINA RAILWAY PUBLISHING HOUSE
TB

1 总　　则

1.0.1　为统一新建客运专线铁路工程设计技术标准,使客运专线铁路工程设计符合安全适用、技术先进、经济合理的要求,制定本暂行规定。

1.0.2　本暂行规定适用于新建时速 200 ~ 250 km 客运专线铁路设计。本暂行规定中除特别指明为无砟轨道标准外,其他规定仅适用于有砟轨道标准,未包括内容应参照国内外先进标准另行研究确定。

1.0.3　本暂行规定为推荐性标准,是一般情况下必须满足的基本要求和必须遵守的共性要求。涉及结构安全和系统功能的技术指标应慎用最低标准。

1.0.4　客运专线铁路应采用本线旅客列车和跨线旅客列车混合运行的运输组织模式,跨线旅客列车运行速度不应小于 160 km/h。

1.0.5　设计年度宜分为近、远两期。近期为交付运营后第十年;远期为交付运营后第二十年。

对铁路线下基础设施和不易改、扩建的建筑物和设备,应按远期运量和运输性质设计,并适应长远发展要求。

对易改、扩建的建筑物和设备,可按近期运量和运输性质设计,并预留远期发展条件。

动车组的配置数量及变压器的安装容量等可随运输需求变化而增减的运营设备,可按交付运营后第五年运量进行设计。

1.0.6　全线应按一次建成双线铁路设计。

下列技术标准应根据旅客列车设计行车速度、沿线地形地质条件、输送能力和用户需求等,经技术经济比选后确定:

——最小曲线半径;

——最大坡度;

——到发线有效长度;

——牵引种类;

——动车组(机车)类型;

——列车运行控制方式;

——行车指挥方式;

——追踪列车最小间隔时分。

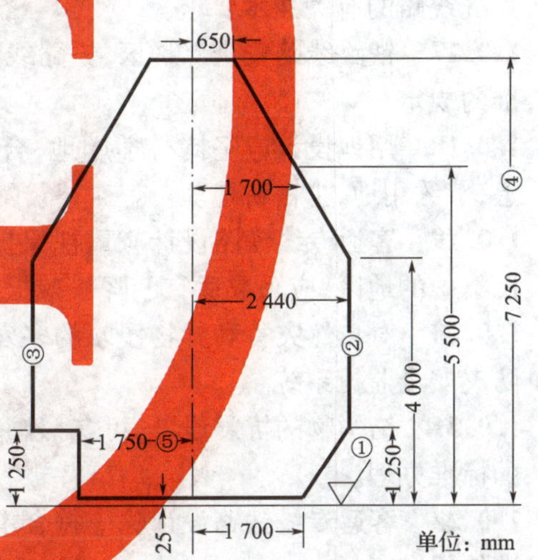

①轨面高程

②区间及站内正线(无站台)建筑限界

③有站台时建筑限界

④轨面以上最大高度

⑤站内侧线股道中心至站台边缘的宽度

图 1.0.8　建筑接近限界基本尺寸及轮廓

注:1　曲线地段限界加宽见本暂行规定附录 A;

　　2　本图亦适用于桥梁、隧道。

1.0.7　荷载应采用 ZK 活载。

1.0.8　建筑接近限界的基本尺寸及轮廓应符合图 1.0.8 的规定。

1.0.9　客运专线铁路应充分考虑设备的兼容性,为跨线列车运行创造条件。

1.0.10　正线应按双线双方向设计。

1.0.11　车站位置应根据沿线城市的社会经济、客运量、运输组织、通过能力和技术作业需要,结合工程条件等综合研究确定。车站的布局和规模应根据有关技术政策规定、运输组织特点,结合城市规划、工程条件等统筹考虑。

1.0.12　客运专线铁路选线设计宜避免高填、深挖和长路堑等路基工程,并绕避不良地质条件的地段。对受洪水影响大或河流冲刷严重的地段,或降雨量大、降雨强度高、降雨历时长的区域,宜予以绕避。无法绕避时,应采用桥涵通过或选用其他适宜的工程处理措施。

1.0.13　路基、桥涵、隧道和轨道等各类结构物的设计,应满足强度、刚度、稳定性、耐久性等要求,并加强各结构物间的协调和统一,使车、线、桥(或路基、隧道)的组合具有良好的动力特性,严格控制结构物的变形及工后沉降。

1.0.14　正线应按全封闭、全立交设计。

1.0.15　跨线旅客列车联络线的设计速度,应根据联络线的性质、联络线所在位置及所经地区的地形、地质、水文条件等,经综合技术经济比选确定。

跨线旅客列车联络线的设计标准,应按相应速度标准的设计规范或规定执行。

1.0.16　动车组走行线的设计速度,应根据走行线的长度、所经地区的地形、地质、水文条件等综合研究确定。其设计标准应按相应速度标准的设计规范或规定执行,并满足铺设无缝线路的有关技术要求。

1.0.17　铁路线路安全保护区、铁路线路安全保护标志及警示标志的设置,应符合相关标准的规定。

1.0.18　用地设计应坚持科学用地、合理用地,在满足运输生产和安全防护要求的基础上,节约用地,少占耕地。

1.0.19　客运专线铁路设计应重视保护生态环境、自然景观和人文景观。通过城市或居民集中的地区,应采取适宜的降噪减振措施,满足国家环境保护标准和要求。

1.0.20　对自然灾害和异物侵限的多发地段、突发事故及火灾易发设施等,应设置相应的防灾安全监控系统。

1.0.21　结构物的抗震设计,可参照国家现行《铁路工程抗震设计规范》中Ⅰ级铁路干线的标准办理。

1.0.22　客运专线铁路设计除应符合本暂行规定外,尚应符合国家现行的有关强制性标准的规定。

2 术语和符号

2.1 术 语

2.1.1 工后沉降

有砟轨道基础设施竣工铺轨工程(包括辅砟)开始时的沉降量与最终形成的总沉降量之差。

2.1.2 ZK 标准活载

中国客运专线标准活载。

2.1.3 跨线旅客列车联络线

连接本线,专门用于跨线旅客列车运行的线路。

2.1.4 动车组走行线

连接车站与动车段(所),专门用于动车组走行的线路。

2.1.5 隧道缓冲结构

隧道两端洞口为缓解空气动力学效应而设置的结构。

2.1.6 动车组

具有牵引动力、固定编组、在日常运用维修中不分解的列车。

2.17 动车段(所)

动车组的运用检修基地。

2.1.8 线路基桩

为施工和养护维修提供平面和高程测量控制的基准。

2.2 符 号

v——设计速度

R——平面曲线半径

R_{sh}——竖曲线半径

K_{30}——地基系数

E_{vd}——动态变形模量

K——压实系数

n——孔隙率

P_s——静力触探比贯入阻力

ϕ——动力系数

L_ϕ——桥梁结构的有效跨长

n_0——简支梁竖向自振频率

F——离心力

f——离心力折减系数

3 线　　路

3.1 一 般 规 定

3.1.1 正线的线路平、纵断面设计应重视线路的平顺性,选用适宜的平面曲线半径、竖曲线半径和较长的坡段长度,提高旅客乘坐舒适度。

3.1.2 车站及两端正线的设计标准,应与区间正线相同,特殊条件下,可按下列规定办理:

1 全部列车均停车的大型车站两端减、加速地段的正线设计标准,经技术经济比选,可采用与行车速度相适应的技术标准;

2 部分列车停车、部分列车通过的大型车站两端正线设计标准,应根据线路所经地区的地形、地质、水文条件、城市环保要求及该站列车的停车比例等,经综合技术经济比选确定设计速度,并按相应速度标准的设计规范或规定执行;

3 利用既有铁路地段,经技术经济比选,可按不低于既有铁路提速规划相适应的速度标准设计。

3.1.3 正线的设计标准必须满足一次铺设跨区间无缝线路的有关技术要求。

3.2 线 路 平 面

3.2.1 圆曲线半径宜采用以下数列:12 000、11 000、10 000、9 000、8 000、7 000、6 000、5 500、5 000、4 500、4 000、3 500、3 000、2 800、2 500、2 200 和 2 000 m。必要时可采用以上数列间 100 m 整倍数的曲线半径。

3.2.2 正线的线路平面曲线半径应因地制宜,合理选用。慎用最小和最大曲线半径。位于车站两端减、加速地段,以及利用既有铁路等限速地段,可按确定的设计速度,采用相应速度标准的曲线半径 。最小曲线半径不得小于表 3.2.2 规定的数值。

表 3.2.2　最小曲线半径

设计速度（km/h）	最小曲线半径（m）
$v=200$	2 200(2 000)
$200<v\leq250$	4 000(3 500)

注:括号内数值为特殊困难条件下,经技术经济比选和审批后方可采用的最小曲线半径。

3.2.3 最大曲线半径 一般不宜大于10 000 m,特殊困难条件下,经技术经济比选,最大曲线半径亦不应大于 12 000 m。

3.2.4 正线不应设计复曲线。

3.2.5 直线与圆曲线间应采用缓和曲线连接。缓和曲线应采用三次抛物线型。缓和曲线长度应符合下列规定:

1 缓和曲线长度应根据曲线半径和地形条件按表 3.2.5 合理选用:宜选用一般长度,困难条件下不宜小于最小长度。

表 3.2.5 缓和曲线长度

曲线半径（m）	缓和曲线长度(m)			
	一般长度		最小长度	
	$v=200$ km/h	200 km/h < $v\leqslant 250$ km/h	$v=200$ km/h	200 km/h < $v\leqslant 250$ km/h
12 000	50	120	50	100(90)
11 000	60	130	60	120(110)
10 000	70	140	60	130(120)
9 000	70	160	60	140(130)
8 000	90	170	80	150(140)
7 000	90	200	80	180(160)
6 000	120	250	100(90)	230(210)
5 500	140	280	120(110)	250(230)
5 000	160	300	140(130)	270(240)
4 500	180	340	160(150)	300(270)
4 000	200	370	180(170)	330(300)
3 500	250	420	220(200)	380(340)
3 200	270	450	240(220)	400(360)
3 000	290	—	260(240)	—
2 800	320	—	280(260)	—
2 500	350	—	310(280)	—
2 200	390	—	350(320)	—

注:括号内数值为特殊困难条件下,经技术经济比选后方可采用的最小缓和曲线长度。

2 限速路段缓和曲线长度可根据设计速度计算确定。

3.2.6 两相邻曲线间的夹直线最小长度和两缓和曲线间的圆曲线最小长度,不应小于表3.2.6规定的数值。

表 3.2.6 夹直线和圆曲线最小长度

设计速度(km/h)		$v=200$	200 < $v\leqslant 250$
夹直线和圆曲线最小长度(m)	一般	160	200
	困难	120	150

位于大型车站两端减、加速地段以及利用既有铁路地段,可根据相应的设计速度按下列公式计算:

一般条件下 $L\geqslant 0.8v$ (3.2.6—1)

困难条件下 $L\geqslant 0.6v$ (3.2.6—2)

式中 L——夹直线和圆曲线长度(m);

v——设计速度(km/h)。

3.2.7 正线上道岔前后(基本轨接缝及辙叉跟端)至两端缓和曲线间直线段长度不应小于表3.2.7规定的数值。

表3.2.7 道岔前后（基本轨接缝及辙叉跟端）至两端缓和曲线间直线段长度

设计速度(km/h)		$v=200$	$200<v\leqslant250$
直线段长度(m)	一般	120	150
	困难	80	100

位于大型车站两端减、加速以及利用既有铁路等限速路段，可根据相应的设计速度按下列公式计算：

一般条件下 $L\geqslant0.6v$ (3.2.7—1)

困难条件下 $L\geqslant0.4v$ (3.2.7—2)

式中 L——直线段长度(m)；

v——设计速度(km/h)。

3.2.8 区间正线按线间距不变的并行双线设计，曲线地段应以左线（下行线）为基准，右线设计为左线的同心圆。

3.2.9 区间及站内正线线间距应按表3.2.9选用。

表3.2.9 区间及站内正线线间距

设计速度(km/h)	$v=200$	$200<v\leqslant250$
区间及站内正线线间距(m)	4.4	4.6

正线与联络线、动车组走行线并行地段的线间距，应根据相邻一侧正线的行车速度及其技术要求和相邻线的路基高程关系，考虑站后设备、路基排水设备、声屏障、桥涵等建筑物以及保障技术作业人员安全的作业通道等有关技术条件综合研究确定，最小不应小于5.0 m。

正线与新建客货共线铁路、既有铁路并行地段线间距不应小于5.3 m。当线间设置接触网杆柱等设备时，最小线间距应根据有关技术条件综合研究确定。

3.2.10 车站正线的平面设计应符合下列规定：

1 车站应设在直线上。困难条件下，经技术经济比选，可设在曲线上，正线最小曲线半径应结合设计速度合理确定。

2 曲线车站应符合下列规定：

1)宜采用较小的曲线偏角及曲线长度；

2)不应设在反向曲线上；

3)咽喉区范围内的正线应设在直线上。

3.2.11 连续梁、钢梁及较大跨度的桥梁宜设在直线上。困难条件下，经技术经济比选，也可设在曲线上，但宜采用较大的曲线半径。

3.2.12 隧道宜设在直线上。受地形、地质等条件限制时，可设在曲线上，但曲线宜设在洞口附近，并应采用较大的曲线半径。

3.3 线路纵断面

3.3.1 设计坡度宜由小到大合理选用。

区间正线的最大坡度应根据牵引种类和工程情况，经牵引计算检算并经过比选后确定。最大坡度不应大于20‰。

动车组走行线最大坡度不应大于30‰。

最大坡度不考虑平面曲线阻力和隧道阻力的坡度折减。

3.3.2 正线宜设计为较长的坡段，最小坡段长度不宜小于800 m，困难条件下不应小于600 m，且不得连续采用，并应满足下式要求，取整为50 m的整倍数：

$$l_p = 2 \times \Delta i / 2 \times R_{sh} + 0.4 v_{max} \quad (3.3.2)$$

式中 l_p——最小坡段长度(m)；

Δi——相邻坡段最大坡度差；

R_{sh}——竖曲线半径(m)；

v_{max}——设计最高行车速度(km/h)。

动车组走行线的最小坡段长度不宜小于200 m，困难条件下不应小于50 m。

3.3.3 坡段间的连接应符合下列规定：

1 区间正线应采用圆曲线型竖曲线连接。设计速度为160 km/h及以上的区段，按相邻坡段的坡度差大于等于1‰时设置竖曲线；设计速度小于160 km/h的区段，按相邻坡段的坡度差大于3‰时设置竖曲线。最小竖曲线半径应根据所处区段远期设计速度按表3.3.3选用，但最大竖曲线半径不应大于40 000 m。

表3.3.3 最小竖曲线半径

v(km/h)	250	250以下160及以上	160以下
R_{sh}(m)	20 000	15 000	10 000

2 动车组走行线当相邻坡段的坡度差大于3‰时，应采用圆曲线型竖曲线连接，竖曲线半径宜为10 000 m，困难时应为5 000 m。

3 竖曲线与竖曲线、缓和曲线、道岔均不得重叠设置。竖曲线与平面圆曲线不宜重叠设置。

3.3.4 区间正线两线并行在共同路基上时，两线轨面高程应按等高(曲线地段为内轨面等高)设计，区间渡线范围必须按等高设计。

正线与跨线列车联络线、动车组走行线和既有线并行时，在区间不宜修筑在同一路基上。特殊情况下必须修筑在共同路基上时，两线轨面高程可按不等高设计。

3.3.5 连续梁、钢梁及较大跨度梁的桥上纵断面设计应满足桥梁设计的技术要求。

客运专线铁路跨越其他铁路、公(道)路时，纵断面设计高程应满足其净高要求；跨越客运专线铁路的立交桥，其桥下净高不应小于7.25 m。利用既有立交桥(客运专线铁路在下)时，经技术经济比选，可采用较低的净高。

跨越通航河流的桥梁纵断面设计除应满足水文条件、桥梁结构要求外，还应满足通航净空的要求。

3.3.6 隧道内的坡道可设置为单面坡道或人字坡道，地下水发育的长隧道宜采用人字坡，其坡度不应小于3‰。

路堑地段线路纵坡不宜小于2‰。

3.3.7 跨越排洪河道的特大桥和大中桥的桥头路基，水库和滨河地段，行洪、滞洪区的浸水路堤，其路肩高程应按现行设计规范结合国家防洪标准设计。

路、桥分界高度应根据路堤地基条件、填料性质及来源、当地土地资源、城镇交通要求等，通过技术经济比选后综合确定。软土地基地段，应根据软土类型、软土层厚度、加固工程大小及路堤工后沉降量等因素确定。池塘集中、道路和沟渠密集、沉降控制困难的软土地基地段宜按设桥方式通过。

3.3.8 站坪宜设在平道上,且到发线有效长度范围内宜采用一个坡段。困难条件下,可设在不大于1‰的坡道上。特别困难条件下,可设在不大于2.5‰的坡道上,越行站可设在不大于6‰的坡道上。

车站咽喉区的正线坡度宜与站坪坡度一致,困难条件下可适当加大,但不宜大于2.5‰,特别困难条件下不应大于6‰。

3.4 交叉、附属设施及其他

3.4.1 铁路与公(道)路交叉,应根据技术条件和地方交通条件合理设置立交,并应符合以下规定:

1 铁路与公(道)路立交的净空按现行有关规定设计;

2 对密集的公(道)路应考虑适当的改移、合并后,设置立体交叉;

3 铁路与规划公(道)路交叉时,应考虑规划公(道)路穿越条件;

4 当铁路跨越公路净空小于5 m时,应在铁路桥两侧设置公路限高架。

3.4.2 区间线路应采用防护栅栏进行贯通封闭,路基地段防护栅栏应设置在铁路用地界内侧0.5 m处,并按有关规定设置警示标志。

在综合维修基地(工区)及车站等处应设置维修养护车辆进出口,区间地段应根据地面道路的交通情况及其他维修养护要求,设置维修用进出口。

3.4.3 正线及车站用地界标(桩)应埋设在铁路地界线上和地界拐点处。埋设间距,直线为150 m,曲线为40 m。

3.4.4 当公路与客运专线铁路并行且公路路面标高高于铁路或低于铁路但在1.5 m以内时,应在邻近客运专线铁路一侧沿公路路肩设置刚性防护网;当公路跨越客运专线铁路时,应在跨线桥上设置刚性防护网,并在两端设置延长防护网。当刚性防护网采用金属结构或含金属结构时,应设置可靠接地。

4 路 基

4.1 一 般 规 定

4.1.1 本章适用于时速200~250 km客运专线铁路有砟轨道路基设计;无砟轨道路基设计应根据轨道类型及要求进行专题研究确定。

4.1.2 路基工程应通过地质调绘和足够的勘探、试验工作,查明基底、路堑边坡、支挡结构基础等的岩土结构及其物理力学性质,查明不良地质情况,查明填料性质和分布,在取得可靠的地质资料基础上开展设计。

4.1.3 路基工程应避免高填、深挖、长路堑和高大挡土墙,一般路堤边坡高度不宜超过15 m,特殊路堤边坡高度不宜超过10 m,路堑边坡高度不宜超过30 m,并应尽量避免不良地质条件地段。路堤高度不宜小于基床厚度。

4.1.4 路基工程应按土工结构物进行设计,其地基处理、路堤填筑、边坡支挡防护以及排水设施等必须具有足够的强度、稳定性和耐久性,使之能抵抗各种自然因素作用的影响,确保列车高速、安全和平稳运行。

4.1.5 基床表层的材质和强度应能承受列车荷载的长期作用,刚度应使列车运行时产生的弹性变形控制在一定范围内,厚度应使扩散到其底层面上的动应力不超出基床底层土的容许承载能力,并能防止道砟压入基床及基床土进入道床,防止地表水侵入基床土中导致基床软化及产生翻浆冒泥等基床病害。

4.1.6 路堤填料应能满足客运专线铁路所要求的压实标准,必要时应于施工前进行填料的填筑试验。

4.1.7 路基与桥台、路基与横向结构物连接处、路堤与路堑以及土质、软岩、强风化硬质岩路堑与隧道、有砟轨道路基与无砟轨道路基等分界处应设置过渡段。

4.1.8 对路基与桥台及路基与横向结构物过渡段、地层变化较大处和不同地基处理措施连接处,应采取逐渐过渡的地基处理方法,减少不均匀沉降,满足轨道平顺性要求。对沉降控制较困难的软土和松软土路基,应做好施工组织设计,提前安排施工,保证必需的预压期。

4.1.9 路基工程的地基应满足承载力和路基工后沉降的要求。其地基处理措施必须根据地质条件、路堤高度、填料、建设工期等通过检算分析确定。

4.1.10 路基支挡、加固防护工程应在满足路基安全稳定的基础上进行设计,并兼顾美观与环境保护、水土保持、节约土地等要求。

4.1.11 路基排水工程应全面系统地规划,具有足够的防、排水能力,并及时实施。

4.1.12 路基设计应高度重视防灾减灾,应提高路基抵抗长期连续强降雨、洪水、地震等自然灾害的能力。路基设计洪水频率标准按照现行《铁路路基设计规范》(TB 10001)中Ⅰ级铁路的标准执行。

4.1.13　路基上的列车及轨道荷载换算土柱高度和分布宽度应符合表 4.1.13 的规定。

表 4.1.13　列车及轨道荷载换算土柱高度和分布宽度

设计速度(km/h)	设计轴重(kN)	换算土柱		
		宽度(m)	重度(kN/m³)	高度(m)
$v=200$	200	3.3	18	3.0
			19	2.8
			20	2.7
			21	2.6
			22	2.5
$200<v\leqslant250$		3.4	18	3.0
			19	2.9
			20	2.7
			21	2.6
			22	2.5

注:当有跨线列车或其他荷载列车行驶时,应按相应荷载计算。

4.1.14　作用在路基面上的动应力设计值应考虑轴重、设计速度等的影响。

4.1.15　客运专线路基与不同标准的路基连接处应设置长度不小于 10 m 的渐变段。

4.2　路基面形状和宽度

4.2.1　路基面形状应为三角形,由路基面中心向两侧设 4% 的横向排水坡。曲线加宽时,路基面仍应保持三角形。

4.2.2　路肩宽度应符合下列规定:

1　设计时速 $v=200$ km 时应不小于 1.0 m;

2　设计时速 200 km $<v\leqslant250$ km 时应不小于 1.2 m。

4.2.3　直线地段的标准路基面宽度应不小于表 4.2.3 规定的数值。

表 4.2.3　直线地段标准路基面宽度(m)

设计速度(km/h)	单线		双线			
	路堤	路堑	路堤	硬质岩石路堑	土质路堑	线间距
$v=200$	7.7	7.7	12.1	12.3	12.1	4.4
$200<v\leqslant250$	8.2	8.2	13.0	13.0	13.0	4.6

注:路基面宽度可根据路肩上各种设备的布设要求进行调整。

4.2.4　正线曲线地段路基面宽度,应在曲线外侧按表 4.2.4 的数值加宽。曲线加宽值在缓和曲线范围内线性递减。

表 4.2.4 曲线地段路基面加宽值

设计速度(km/h)	曲线半径 R(m)	路基面外侧加宽值(m)
$v=200$	$R\geqslant 6\,000$	0.2
	$6\,000>R\geqslant 4\,500$	0.3
	$4\,500>R\geqslant 3\,500$	0.4
	$3\,500>R\geqslant 2\,800$	0.5
	$R<2\,800$	0.6
$200<v\leqslant 250$	$R\geqslant 10\,000$	0.2
	$10\,000>R\geqslant 6\,000$	0.3
	$6\,000>R\geqslant 4\,500$	0.4
	$4\,500>R\geqslant 4\,000$	0.5
	$R<4\,000$	0.6

4.2.5 路基标准横断面应符合图 4.2.5—1 ~6 的规定(图中括号内数字为设计时速 $v=200$ km 采用的数值)。

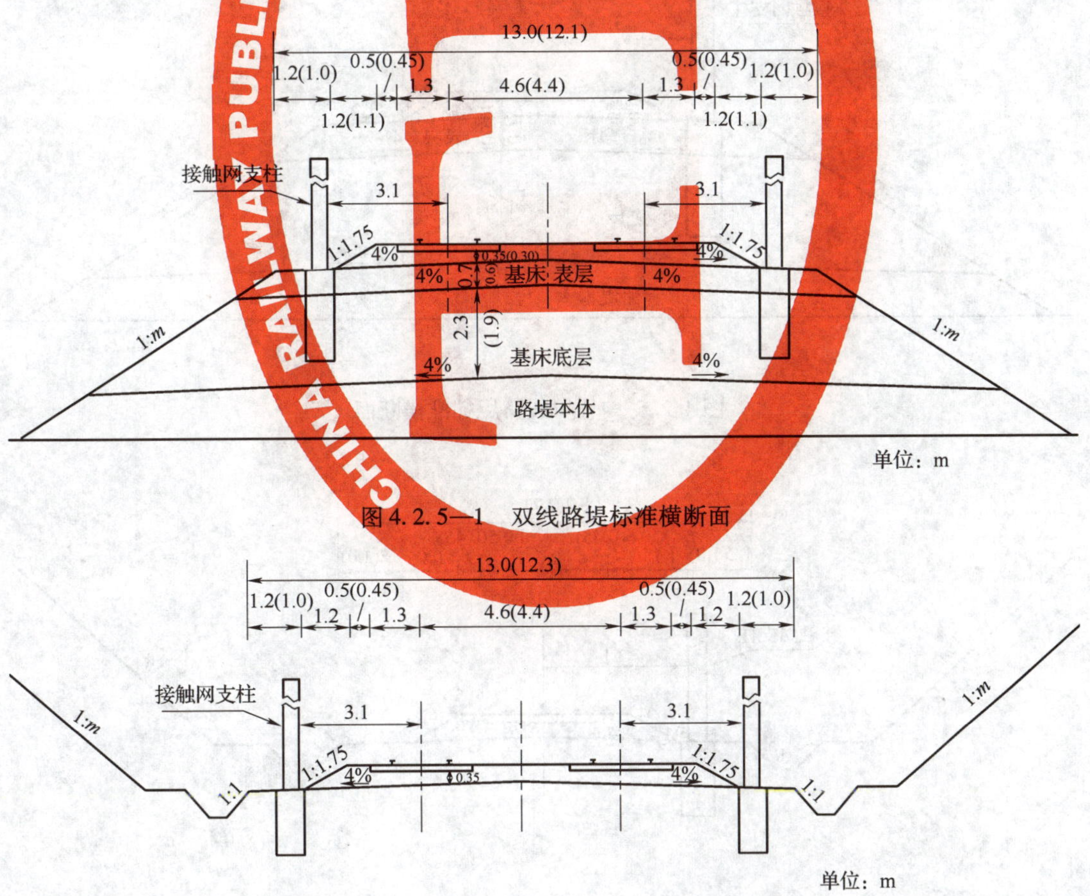

图 4.2.5—1 双线路堤标准横断面

图 4.2.5—2 双线路堑(硬质岩石)标准横断面

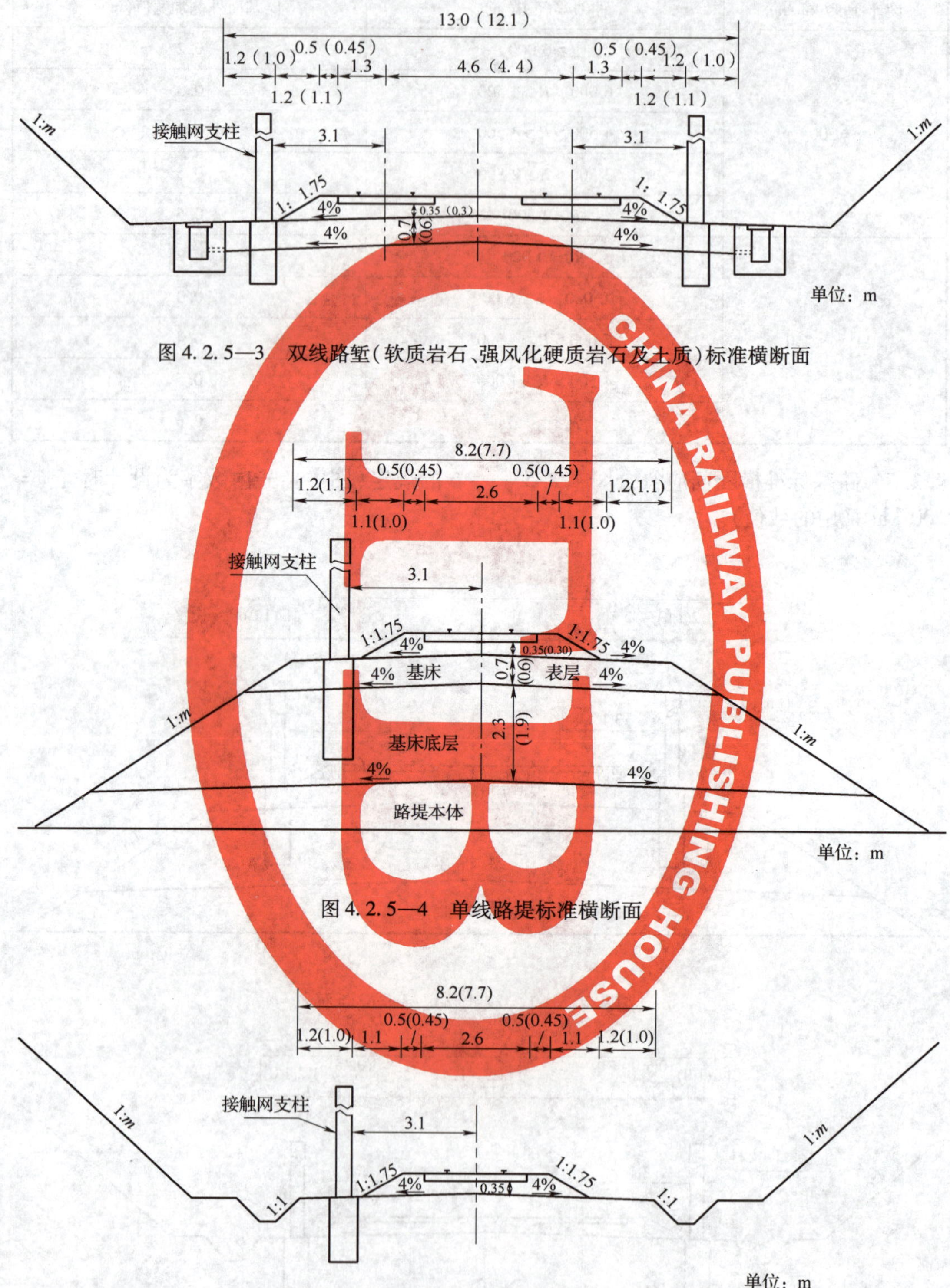

图 4.2.5—3　双线路堑(软质岩石、强风化硬质岩石及土质)标准横断面

图 4.2.5—4　单线路堤标准横断面

图 4.2.5—5　单线路堑(硬质岩石)标准横断面

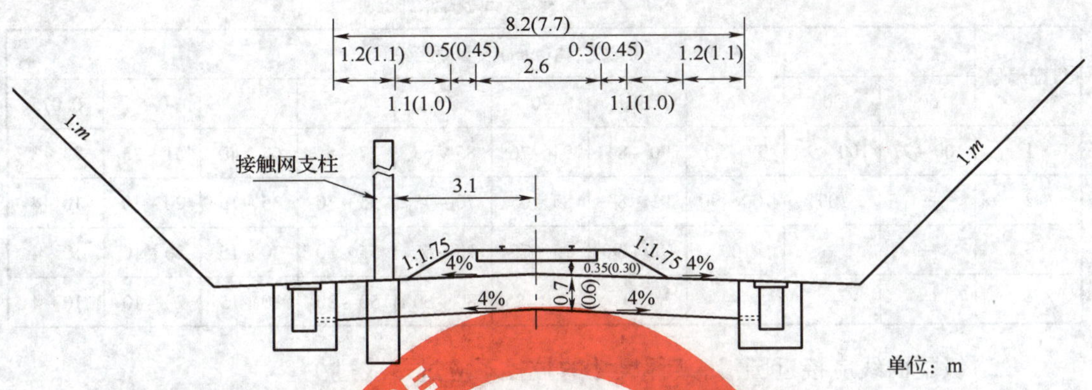

图 4.2.5—6 单线路堑(软质岩石、强风化硬质岩石及土质)标准横断面

4.3 基 床

4.3.1 路基基床由表层与底层组成,其厚度应符合表 4.3.1 的规定。

表 4.3.1 基 床 厚 度

设计速度(km/h)	基床表层厚度(m)	基床底层厚度(m)	基床总厚度(m)
$v=200$	0.60	1.90	2.50
$200<v\leqslant 250$	0.70	2.30	3.00

4.3.2 基床表层应采用级配碎石或级配砂砾石等材料,其材料规格及压实标准应符合下列规定:

1 采用级配碎石时应符合下列技术要求:

1)碎石粒径、级配及材料性能应符合铁道部现行《客运专线基床表层级配碎石暂行技术条件》的规定。

2)与上部道床碎石及下部填土之间应满足 $D_{15}<4d_{85}$ 的要求。当与下部填土不能满足此项要求时,基床表层应采用颗粒级配不同的双层结构,或在基床底层表面铺设土工合成材料。当下部填土为改良土时,可不受此项规定限制。

3)压实标准应符合表 4.3.2—1 的规定,采用地基系数 K_{30}、动态变形模量 E_{vd}、孔隙率 n 三项指标控制。

表 4.3.2—1 基床表层级配碎石的压实标准

填料	设计速度(km/h)	厚度(m)	压实标准		
			地基系数 K_{30}(MPa/m)	动态变形模量 E_{vd}(MPa)	孔隙率 n
级配碎石	$v=200$	0.60	≥190	≥55	<18%
	$200<v\leqslant 250$	0.70			

注:基床表层 K_{30}、E_{vd}、n 三项指标要求必须同时满足。

2 采用级配砂砾石时应符合下列技术要求:

1)颗粒的粒径、级配应符合表 4.3.2—2 的规定。

表 4.3.2—2　砂砾石级配范围

级配编号	通过筛孔(mm)质量百分率(%)									
	60	50	40	30	20	10	5	2	0.5	0.075
1	100 ~97	100 ~95	99 ~90	90 ~84	94 ~76	85 ~65	77 ~54	67 ~40	51 ~23	23 ~3
2	—	100	100 ~90	93 ~80	85 ~65	70 ~45	55 ~30	35 ~15	20 ~10	10 ~4
3	—	—	100	100 ~90	95 ~75	70 ~50	55 ~30	30 ~15	20 ~10	10 ~4
4	—	—	—	100	100 ~85	80 ~60	50 ~30	30 ~15	20 ~10	10 ~4

2)级配曲线应接近圆滑,某种尺寸的粒径不应过多或过少。

3)与上部道床及下部填土之间应满足 $D_{15} < 4d_{85}$ 的要求。当与下部填土之间不能满足此项要求时,基床表层应采用颗粒级配不同的双层结构,或在基床底层表面铺设土工合成材料。当下部填土为改良土时,可不受此项规定限制。

4)颗粒中细长及扁平颗粒含量不应超过 20%;黏土团及有机物含量不应超过 2%。

5)粒径小于 0.5 mm 的细集料的液限应小于 25%,其塑性指数应小于 6。

6)压实标准应符合表 4.3.2—3 规定,采用地基系数 K_{30}、动态变形模量 E_{vd}、孔隙率 n 三项指标控制。

表 4.3.2—3　基床表层级配砂砾石的压实标准

填　料	压实标准		
	地基系数 K_{30}(MPa/m)	动态变形模量 E_{vd}(MPa)	孔隙率 n
级配砂砾石	≥190	≥55	<18%

4.3.3　基床底层应采用 A、B 组填料或改良土,其压实标准应符合表 4.3.3 的规定,采用地基系数 K_{30}、动态变形模量 E_{vd}、压实系数 K(或孔隙率 n)三项指标控制。

表 4.3.3　基床底层填料及压实标准

填　料	压实标准	改良细粒土	砂类土及细砾土	碎石类及粗砾土
A、B 组填料及改良土	地基系数 K_{30}(MPa/m)	≥110	≥130	≥150
	动态变形模量 E_{vd}(MPa)	≥40	≥40	≥40
	压实系数 K	≥0.95	—	—
	孔隙率 n	—	<28%	<28%

注:1　压实系数 K 为重型击实标准(以下同)。
　　2　改良土压实标准:当采用物理方法改良时,应符合本表规定;当采用化学方法改良时,除符合本表规定外,还应满足设计提出的技术要求。

4.3.4　在水文地质条件复杂及易产生翻浆冒泥、冻害等基床病害地段,应对基床部分采取防水或防冻害等措施。

4.4　路　　堤

4.4.1　基床以下路堤应优先选用 A、B 组填料和 C 组块石、碎石、砾石类填料。当选用 C 组细粒土填料时,应根据土源性质进行改良后填筑。压实标准应符合表 4.4.1 的规定,采

用地基系数 K_{30}、压实系数 K(或孔隙率 n)双指标控制。

表 4.4.1 基床以下路堤填料及压实标准

填 料	压实标准	改良细粒土	砂类土及细砾土	碎石类及粗砾土
A、B、C 组(不含细粒土、粉砂及易风化软质岩块石土)填料及改良土	地基系数 K_{30}(MPa/m)	≥90	≥110	≥130
	压实系数 K	≥0.90	—	—
	孔隙率 n	—	<31%	<31%

注:改良土压实标准:当采用物理改良方法时,应符合本表规定;当采用化学改良方法时,除符合本表规定外,还应满足设计提出的技术要求。

4.4.2 路堤边坡坡率可按现行《铁路路基设计规范》(TB 10001),根据路基填料、路堤高度、水文气候条件等因素综合确定。

4.4.3 以细粒土、砂类土及风化软质岩块石填筑的路堤,根据路堤边坡高度,宜在两侧边坡 2~3 m 范围内分层平铺土工格栅,竖向分层间距可结合填料性质和碾压层厚度确定,宜为 0.5~0.6 m。

4.4.4 当路基基底压缩层范围内(一般不小于 25 m)的地基土不符合表 4.4.4 要求时,应结合架梁和铺轨的施工组织安排和工期要求,进行工后沉降分析。

表 4.4.4 路基地基条件

地 层	地基条件
基 岩	无条件
碎石类土	无条件
砂类土	P_s≥5.0 MPa 或 N≥10,且无地震液化可能
黏性土	P_s>1.2 MPa 或 σ_0≥0.15 MPa

注:N 为标准贯入试验锤击数。

4.4.5 路基工后沉降量控制标准见表 4.4.5,并应严格控制不均匀沉降。

4.4.6 软土路堤的稳定安全系数考虑列车荷载作用时不应小于 1.25。

表 4.4.5 工后沉降控制标准

设计速度(km/h)	一般地段工后沉降(mm)	路桥过渡段工后沉降(mm)	沉降速率(mm/年)
v=200	150	80	40
200<v≤250	100	50	30

4.4.7 软土地基沉降计算见本暂行规定附录 B,由计算公式求得的总沉降量应经实际工程观测资料检验修正。

4.4.8 地基加固方案应结合地基所处的位置和环境、地质条件、工后沉降量计算值、工期等因素综合确定。

4.4.9 软土路堤在填筑过程中,必须控制填土速率。控制标准为:路堤中心地面沉降速率≤1.0 cm/d,坡脚水平位移速率≤0.5 cm/d。

4.4.10 软土和松软土路堤应根据沉降观测情况进行综合分析,推算地基的最终沉降量,并应及时调整设计,使地基处理达到预定的控制要求,同时应作为验交时控制工后沉降量的依据。

4.4.11 对软土和松软土等不良地基应结合工程施工,选择代表性地段提前修筑试验路堤,以检验设计、指导施工。

4.4.12 对于高度小于基床厚度的路堤,当基床范围内的地基存在 P_s<1.5 MPa 或 σ_0<0.18 MPa 的土层时应采取换填等措施处理。当基床范围内的地基不存在 P_s<1.5 MPa

或 σ_0 <0.18 MPa 的土层时，其基床应满足表 4.3.2—1 或表 4.3.2—3 及表 4.3.3 的要求。不能满足时，可按下列情况分别进行处理：

1 当路堤高度大于基床表层厚度时：

1) 当地基为黏性土时，应挖除地表不小于 0.5 m，填筑渗水土，于渗水土顶部设置两布一膜复合土工布，两侧坡脚外设置排水沟，排除基床表层积水和地下水。

2) 当地基为砂类土或碎石类土时，应将地表整平碾压。

3) 当地基为岩石时，视其风化程度分别处理。坚硬岩石表面应清除凹凸不平面，或采用 C25 以上的混凝土填平后，直接在其上填筑；强风化硬质岩和软质岩应清除风化层，整平岩石面后填筑 A、B 填料，应保证基床底层换填厚度不小于 1.0 m，并于基床底层顶部铺设两布一膜土工布，岩石地基顶面应做成向外 4% 的排水坡。

2 当路堤高度小于基床表层厚度时，基床表层应满足第 4.3.2 条的要求。

1) 当地基为黏性土时，在基床表层下换填 A、B 组渗水性填料，厚度不小于 1.0 m，并于顶部设置两布一膜复合土工布，两侧坡脚外设置排水沟，排除基床表层积水和地下水。

2) 当地基为砂类土或碎石类土时，应将地基翻挖回填厚度不小于 0.5 m，并整平碾压。

3) 当地基为岩石时，视其风化程度分别处理，坚硬岩石表面应清除凹凸不平面，或采用 C25 以上的混凝土填平后，直接在其上填筑；强风化硬质岩和软质岩应清除风化层，填筑 A、B 填料，应保证基床底层换填厚度不小于 1.0 m，并于基床底层顶部铺设两布一膜土工布，两侧坡脚外设置排水沟，排除基床表层积水和地下水。岩石地基顶面应做成向外 4% 的排水坡。

3 换填或翻挖回填部分应执行相应部位的压实标准。

4.4.13 受洪水或河流冲刷、强降雨影响大、雨季滞水及排水不畅的低洼地段或长期受水浸泡的路堤，其浸水部分应采用渗水性材料填筑，其他部分也应选择水稳性较好的填料填筑，并应采用疏导排水、放缓边坡坡率、设置边坡平台、加强边坡防护等措施。

4.4.14 在地下水位高(地下水位距地表≤0.5 m)的黏性土地基上填筑路堤时，路堤底部应填筑渗水性材料，厚度不应小于 0.5 m。有条件时宜采取降低地下水位的措施。

4.4.15 当路堤填筑硬质岩石及不易风化的软质岩的碎、块石时，应级配良好，分层填筑，分层压实，不得倾填。填料的最大粒径在基床底层内不得大于 10 cm，在基床以下路堤内不得大于 15 cm。采用强风化硬质岩填筑时，必须进行级配改良。路堤浸水部分不应填筑易风化的软块石。当采用碎石、块石作填料时，对其压实方法及施工工艺要求，应通过现场填筑试验确定。

4.4.16 地震区路堤应选用抗震稳定性较好的填料，浸水部分应选用抗震稳定性较好的渗水性材料。

4.4.17 在可液化地基上填筑路堤时，可根据具体情况，采取换填、设置反压护道、降低填土高度或地基加固(砂桩、碎石桩、强夯等)等抗震措施。

4.4.18 地震区的软土路基抗震设计，应结合软土地基处理统一考虑。路堤基底垫层材料应采用碎石(卵石)或粗砂夹碎(卵)石，不得采用细砂或中砂。

4.4.19 当路堤基底地基为膨胀土(岩)、黄土、盐渍土、冻土等特殊土或路堤位于风沙、雪害、滑坡、采空区等特殊路基条件地段时,应符合《铁路特殊路基设计规范》(TB 10035)的相关规定,并应兼顾沉降要求,适当加强工程措施。

4.5 路 堑

4.5.1 路堑边坡形式及坡率应按照铁道部《铁路路基设计规范》(TB 10001),并根据工程地质与水文地质条件、岩性、边坡高度、排水措施、施工方法,结合自然稳定边坡和人工边坡的调查及力学分析综合确定;对于岩石路堑,还应考虑岩体结构、结构面产状、风化程度等因素。膨胀土、湿陷性黄土等特殊土路堑的设计,应符合《铁路特殊路基设计规范》(TB 10035)的有关规定,保证堑坡安全稳定性。

4.5.2 不易风化的硬质岩基床,应将路基面作成向横向两侧的4%排水坡。对凹凸不平处,应以C25混凝土填平。

4.5.3 软质岩、强风化的硬质岩及土质基床处理,应符合下列规定:

1 基床表层深度范围内应进行换填并满足第4.3.2条的要求。

2 基床表层以下,基床底层表面作成向两侧4%排水坡,且在基床范围内不得夹有$P_s<1.5$ MPa或$\sigma_0<0.18$ MPa的土层,否则应进行改良或加固处理。

3 土质路堑,其土质不满足基床底层填料条件时,应换填A、B组填料或改良土,厚度不小于0.5 m。基床以下的膨胀土、湿陷性黄土等应在路基变形分析的基础上,采取相应的换填改良土、封闭防水、排水或其他适宜加固处理措施,并应符合《铁路特殊路基设计规范》(TB 10035)的有关规定,满足路基变形和强度等要求。

4 基床挖除、换填或改良、加固处理时,分层压实标准应执行基床相应部位标准。

4.5.4 半填半挖路基轨道下横跨挖方与填方两部分时,自线路中心向挖方部分不小于2.0 m宽和不小于1.0 m深范围内应挖除,换填与路堤相同填料,并应设置4%向外排水坡。

4.5.5 路堑应根据边坡高度、边坡岩土工程性质、地下水条件等设置侧沟平台,平台宽度宜为1.0~2.0 m。在土石分界处、透水和不透水层交界面处,应设置边坡平台,平台宽度宜为1.5~3.0 m。

4.6 过 渡 段

4.6.1 路堤与桥台连接处应设置过渡段(图4.6.1),并应符合下列规定:

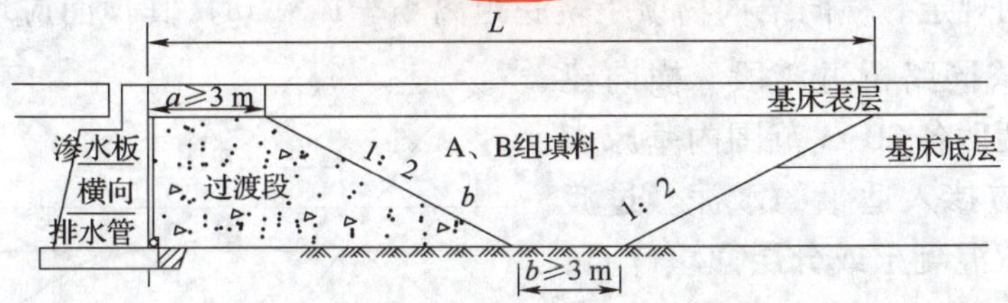

图4.6.1 台尾路堤过渡段设置方式

1 过渡段长度按下式确定:

$$L=4(H-h)+a+b \tag{4.6.1}$$

式中 L——过渡段长度(m);

H——台后路堤高度(m);

h——基床表层厚度(m);

a,b——常数(3 ~5 m)。

按式(4.6.1)计算出的过渡段长度不足20 m时,按20 m设置。

2 过渡段路堤基床表层应满足第4.3.2条的要求,与桥台连接的20 m范围内基床表层级配碎石内应掺入适量水泥。过渡段正梯形范围采用级配碎石掺入适量水泥并分层填筑,级配碎石的级配范围应符合表4.6.1的规定,其压实标准应满足地基系数 $K_{30} \geq 150$ MPa/m、动态变形模量 $E_{vd} \geq 50$ MPa、孔隙率 $n < 28\%$;过渡段倒梯形过渡范围采用A、B组填料填筑,压实标准应符合表4.3.3的规定。

表4.6.1 碎石级配范围

级配编号	通过筛孔(mm)质量百分率(%)									
	50	40	30	25	20	10	5	2.5	0.5	0.075
1	100	95 ~100	—	—	60 ~90	—	30 ~65	20 ~50	10 ~30	2 ~10
2	—	100	95 ~100	—	60 ~90	—	30 ~65	20 ~50	10 ~30	2 ~10
3	—	—	100	95 ~100	—	50 ~80	30 ~65	20 ~50	10 ~30	2 ~10

注:颗粒中针状、片状碎石含量不大于20%;质软、易破碎的碎石含量不得超过10%;黏土团及有机物含量不得超过2%。

3 过渡段桥台基坑应以混凝土回填或以级配碎石分层填筑并用小型平板振动机压实。路堤基底原地面平整后,用振动碾压机碾压密实,并使地基系数 $K_{30} \geq 60$ MPa/m。

4 过渡段路堤应与其连接的路堤按一整体同时施工,并将过渡段与连接路堤的碾压面,按大致相同的高度进行填筑。过渡段处理措施及施工工艺应结合工程实际,进行现场试验。

4.6.2 路堤与横向结构物(立交框构、箱涵等)连接处,应设置过渡段(见图4.6.2)。过渡段填料及压实标准,应符合第4.6.1条的规定。横向结构物顶距轨底距离小于1.5 m时,其顶面应填筑级配碎石,过渡段设置方式同路桥过渡段。横向建筑物顶部及其两侧各20 m范围内基床表层的级配碎石应掺入适量的水泥。过渡段的基坑应回填混凝土或分层回填碎石,并用小型平板振动机压实。路堤基底原地面平整后,用振动碾压机碾压密实,并使地基系数 $K_{30} \geq 60$ MPa/m。

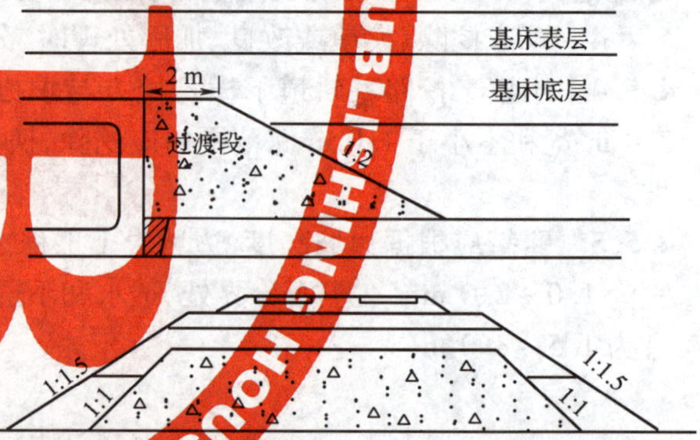

图4.6.2 路堤与横向结构物连接处设置方式

4.6.3 路堤与路堑连接处,应设置过渡

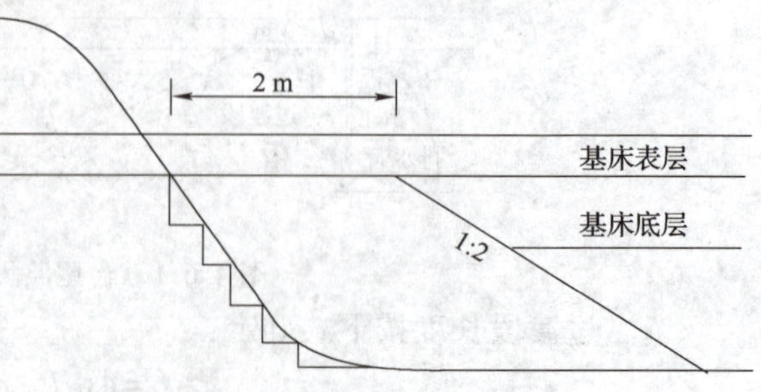

图4.6.3—1 硬质岩石堤堑过渡方式

段。可采用下列设置方式:

1 当路堤与路堑连接处为硬质岩石路堑时,在路堑一侧顺原地面纵向开挖台阶,台阶高度0.6 m左右,并应在路堤一侧设置过渡段,如图4.6.3—1。过渡段填筑要求应符合第4.6.1条第2款的规定。

2 当路堤与路堑连接处为软质岩石或土质路堑时,应顺原地面纵向挖成1∶2的坡面,坡面上开挖台阶,台阶高度0.6 m左右。如图4.6.3—2。其开挖部分填筑要求应与路堤相同。

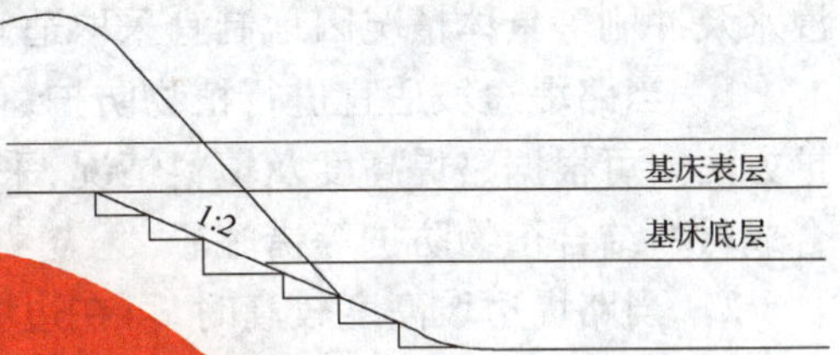

图4.6.3—2 软质岩石或土质堤堑过渡方式

4.6.4 土质、软质岩及强风化硬质岩路堑与隧道连接地段,应设置长度不小于20 m的过渡段,并采用渐变厚度的混凝土或掺入适量水泥的级配碎石填筑。

4.7 路基排水

4.7.1 路基排水系统应根据当地降雨量特征、汇水面积、地形和地质条件、地下水状况设计和规划。

4.7.2 排水设备应与桥涵、隧道、车站等排水设施衔接配合,与水土保持及农田水利的综合利用相结合。

4.7.3 侧沟、天沟和排水沟可采用梯形或矩形断面,底宽不应小于0.4 m,深度不应小于0.6 m,并应有足够的过水能力,满足设计频率1/50的降水量或设计洪水流量要求。

4.7.4 结合具体条件,适当加强路基的横向排水设施,并及时实施,防止施工期间因地表水及地下水的浸入而造成路基松软或坡面坍塌。

4.7.5 路堤排水沟设计应满足下列规定:

1 路堤应视地面横坡情况,设置单侧或双侧排水沟。排水沟应置于天然护道外,也可结合单侧或双侧取土坑进行排水设计。

2 排水沟沟底纵坡不应小于2‰,困难情况下可减小至1‰。

4.7.6 路堑排水设计应满足下列规定:

1 对路堑有危害的地表水,应设置天沟、侧沟、截水沟等措施拦截引排至路基范围以外。对路堑有危害的地下水,应根据地下水类型、含水层埋藏深度、地层的渗透性等条件,选用适宜的排除地下水设施。

2 路肩两侧应设置侧沟,边坡平台上应根据需要设置截水沟。

3 天沟内边缘至堑顶距离不宜小于5 m。当沟内进行加固防渗时,不应小于2 m。

4 天沟、侧沟、截水沟沟底纵坡不应小于2‰,困难情况下可减小至1‰。

5 地下水位较高或无固定含水层时,可采用明沟、排水槽、渗水暗沟、边坡渗沟、支撑渗沟等排除地下水。地下水位较低或存在固定含水层时,可采用渗水隧洞、渗井、渗管或仰斜式钻孔等。

4.7.7 排水沟、侧沟、天沟和截水河可视地基条件采取加固措施,防止冲刷或渗漏。侧沟宜采用混凝土预制构件砌筑或现场浇筑片石混凝土。

4.8 路基防护

4.8.1 路堤边坡应设置坡面防护工程。防护工程应根据填料性质、气候条件、边坡高度、浸水及冲刷等具体情况因地制宜采取适宜的防护形式,并符合下列规定:

1 当路堤边坡适宜进行植物防护,且能保证路基边坡的稳定时,应优先采用植物防护方法。可根据路堤高度及填料情况,采用植草、种植灌木或藤本植物、骨架护坡或土工合成材料结合植物防护等措施。

2 当路堤边坡高度较高时,可在边坡不小于2.5 m宽度范围内分层铺设土工格栅等土工合成材料,每层间距0.3~0.6 m,铺设至基床表层下,并在边坡上采取适宜的植物防护措施。

3 降雨量大、强度高、历时长的区域,路堤边坡大于8.0 m的路堤应设置宽度不小于2.0 m的边坡平台,并在边坡上设置截水沟。

4 沿河地段路基应根据河流特性、水流性质、河道地貌、地质等因素,结合路基位置,采用抗冲刷能力强的边坡防护、导流或改河工程等措施。坡面防护可采用植物防护、干砌片石护坡、浆砌片石护坡、混凝土护坡、抛石、石笼、大型砌块、土工织物沉枕、土工模袋等多种形式,必要时可设置浸水挡土墙。

4.8.2 土质、软质岩及强风化的硬质岩路堑的边坡坡面(含边坡平台、侧沟平台)均应进行防护或加固,并符合下列规定:

1 对土质路堑边坡可采用喷播植草或种植灌木等措施,对较高的土质路堑边坡可采用骨架护坡或挂网结合喷播植草、种植灌木等措施。

2 软质岩、强风化的硬质岩应根据岩体结构、结构面产状、风化程度、地下水及气候条件等确定边坡加固措施。应随挖随护,每隔一定高度或在土石分界处设置一平台,必要时可采用先加固坡脚后开挖的方式进行预加固。条件适宜时,也可采用岩石边坡植被护坡技术。

4.8.3 对于易产生剥落及节理、裂隙发育的硬质岩边坡可采用挂网或喷射混凝土等轻型防护措施。

4.8.4 边坡采用骨架护坡时,宜采用带截水槽的结构,并加深骨架埋置深度。降雨量大、强度高、历时长的区域,骨架厚度应大于0.6 m,间距不宜大于3 m。石料缺乏的地区可采用混凝土预制件砌筑。

4.8.5 路肩应采用硬化处理措施,并应设置集中有序的排水设施。

4.9 路基支挡

4.9.1 支挡结构物计算时,列车及轨道荷载换算土柱高度及分布宽度,可按本暂行规定表4.1.13进行设计,并应考虑运架梁车等施工临时特殊荷载的影响。

4.9.2 重力式挡土墙应采用混凝土或片石混凝土砌筑。

4.9.3 挡土墙背反滤层宜采用土工合成材料、无砂混凝土块或其他新型材料。

4.9.4 应避免设置高度大于12 m的重力式路肩墙和路堑墙及高度大于10 m的重力式路堤墙,无法避免时应适当提高安全系数。对于轻型支挡结构,根据结构形式、挡土墙高度等因素亦应适当提高安全系数。

4.10 其　他

4.10.1 修建于路基上的接触网支柱，其区间支柱内侧面限界应不小于3.1 m。

4.10.2 电缆槽设置于路肩上时，应采取防排水措施，并应进行结构设计。

4.10.3 声屏障基础应设置于电缆槽外侧。

4.10.4 修筑于路肩上的接触网支柱基础、电缆槽及其他管线沟槽等设备不得损坏、危及路基的稳固与安全，应与路基修建同步进行。

5 轨　道

5.1 一般规定

5.1.1 正线轨道应按一次铺设跨区间无缝线路设计。

5.1.2 正线轨道静态平顺度铺设精度标准应符合表5.1.2—1~6的规定。

表5.1.2—1 时速200 km客运专线无砟轨道平顺度铺设精度标准

	高　低	轨　向	水　平	轨　距
幅值(mm)	2	2	2	$^{+1}_{-2}$
弦长(m)	10		—	

表5.1.2—2 时速200 km客运专线有砟轨道平顺度铺设精度标准

	高　低	轨　向	水　平	扭曲(6.25 m)	轨　距
幅值(mm)	3	3	3	3	±2
弦长(m)	10		—		

表5.1.2—3 时速200 km客运专线道岔(直向)平顺度铺设精度标准

	高　低	轨　向	水　平	扭曲(6.25 m)	轨　距
幅值(mm)	3	3	3	3	±1
弦长(m)	10		—		

表5.1.2—4 时速200 km<v≤250 km客运专线无砟轨道平顺度铺设精度标准

	高　低	轨　向	水　平	轨　距
幅值(mm)	2	2	1	±1
弦长(m)	10		—	

表5.1.2—5 时速200 km<v≤250 km客运专线有砟轨道平顺度铺设精度标准

	高　低	轨　向	水　平	扭曲(6.25 m)	轨　距
幅值(mm)	2	2	2	2	±2
弦长(m)	10		—		

表5.1.2—6 时速200 km<v≤250 km客运专线道岔(直向)平顺度铺设精度标准

	高　低	轨　向	水　平	扭曲(6.25 m)	轨　距
幅值(mm)	2	2	2	2	±1
弦长(m)	10		—		

5.2 正线轨道

5.2.1 正线应按照线下工程类型选择轨道结构形式。基础稳定的路基地段、桥梁及隧道等地段,宜铺设无砟轨道。站内正线宜铺设无砟轨道和无砟轨道道岔。

有砟轨道与无砟轨道宜集中铺设。

5.2.2 钢轨应采用100 m定尺长、60 kg/m无螺栓孔新钢轨,其质量应符合相关技术条件。

5.2.3 无砟轨道结构应符合下列规定:

1 一般规定:

1)无砟轨道结构形式宜在板式、轨枕埋入式、弹性支承块式及其他结构形式中比选采用。

根据运营需要和环境要求,经技术经济比选可采用减振型无砟轨道。

2)无砟轨道设计动轮载根据荷载条件计算确定。

3)扣件节点间距宜与同一区段有砟轨道轨枕间距一致。

4)无砟轨道的混凝土结构应按国家现行标准《混凝土结构设计规范》(GB 50010)和《铁路混凝土结构耐久性设计暂行规定》(铁建设〔2005〕157号)进行设计,且与信号系统有关技术要求应相匹配。

5)无砟轨道范围曲线超高应根据相应区段不同列车的运行速度,按满足允许过、欠超高值的要求研究确定。

6)无砟轨道地段线路纵向阻力应根据不同区段无缝线路设计确定。

7)无砟轨道线路应设置性能良好的防排水系统。

8)桥上采用无砟轨道结构时,无砟轨道应通过桥面预埋钢筋与桥梁相连。

2 板式无砟轨道结构设计应符合下列规定:

1)板式无砟轨道由弹性扣件、预制混凝土轨道板(简称轨道板)、乳化沥青水泥砂浆调整层(简称CA砂浆调整层)、混凝土凸形挡台(简称凸形挡台)及混凝土底座(简称底座)等部分组成。凸形挡台周围应采用树脂充填,扣件铁垫板上部应设置充填式垫板。

2)根据铺设地段气象和线下基础设施条件,可采用预应力或非预应力轨道板。露天区段宜采用预应力轨道板;隧道内宜采用非预应力轨道板。

3)轨道板和底座结构设计应根据线下基础类型及荷载条件计算确定。

4)凸形挡台应根据线下基础情况分别按圆形和半圆形设计。

5)凸形挡台周围填充树脂、CA砂浆调整层、充填式垫板等部件的主要性能指标应符合相应技术条件的规定。

3 轨枕埋入式无砟轨道结构设计应符合下列规定:

1)轨枕埋入式无砟轨道由弹性扣件、预制混凝土轨枕、混凝土道床板(简称道床板)、隔离层及混凝土底座(简称底座)等部分组成;路基和隧道地段可不设底座及隔离层。

2)道床板和底座结构设计应根据线下基础类型及荷载条件计算确定,且底座宽度和长度应与对应的道床板一致。

3)道床板与底座之间应设置隔离层。

4)底座混凝土设计强度等级应与道床板混凝土一致。

4　弹性支承块式无砟轨道结构设计应符合下列规定:

1)弹性支承块式无砟轨道由弹性扣件、混凝土支承块(简称支承块)、块下弹性垫板、套靴、混凝土道床板(简称道床板)、隔离层及混凝土底座(简称底座)等部分组成;路基和隧道地段可不设底座及隔离层。

2)支承块、道床板及底座结构设计应根据线下基础类型及荷载条件计算确定,且底座宽度和长度应与对应的道床板一致。

3)块下弹性垫板的设计刚度应根据环境要求和荷载条件,结合轨下弹性垫板刚度合理配置。

4)套靴底部和侧面设计刚度应根据荷载条件合理配置。

5)道床板与底座之间应设置隔离层。

6)底座混凝土设计强度等级应与道床板混凝土一致。

5　扣件选用应遵循如下原则:

1)应采用弹性扣件,其中桥梁及路基地段无砟轨道应采用分开式扣件、隧道地段无砟轨道可采用不分开式扣件。

2)应具备良好的弹性;扣件垫板的设计刚度应根据运营要求和荷载条件合理选定。

3)应进行防腐处理。

6　无砟轨道与有砟轨道过渡段设计应符合下列规定:

1)无砟轨道与有砟轨道分界处应设置弹性过渡段。

2)无砟轨道与有砟轨道过渡段设计范围应根据列车运营条件及线下基础设计标准合理确定,且不同刚度线下基础分界处不应变更轨道结构。有砟轨道铺设至强线下基础区段的长度不宜短于 20 m。

3)无砟轨道与有砟轨道的过渡应采取下列处理措施:

在两股基本轨之间,设置两根钢轨作辅助轨。

过渡段无砟轨道范围轨道板(道床板)下宜设置弹性垫层,且设置弹性垫层的轨道板(道床板)区段长度应根据运营条件合理确定。

4)无砟轨道与有砟轨道过渡段范围内有砟轨道区段的过渡段轨枕、辅助轨扣件及基本轨扣件等轨道部件应符合相应技术条件的规定。

5.2.4　有砟轨道结构应符合下列规定:

1　轨枕:应采用 2.6 m 长Ⅲ型混凝土枕,每千米铺设 1 667 根;道岔地段应铺设混凝土岔枕。

2　扣件:铺设Ⅲ型无挡肩混凝土枕地段配套采用弹条Ⅲ型扣件;铺设Ⅲ型有挡肩混凝土枕地段根据情况可采用弹条Ⅱ型扣件或小阻力扣件。轨下垫板应采用静刚度为55 ~75 kN/mm 的垫板。

3　道床:

1)设计时速 200 km 客运专线应采用一级碎石道砟;设计时速 200 km < v ≤250 km 客运专线应采用特级碎石道砟。道砟的物理力学性能应符合有关规定的要求。

2)设计时速 200 km 客运专线正线单线道床顶面宽度为 350 cm,土质路基地段道床厚度为 30 cm,硬质岩石路堑地段道床厚度为 35 cm,道床边坡 1∶1.75,砟肩堆高 15 cm。双线道床顶面宽度应分别按单线设计。

设计时速 200 km < v≤250 km 客运专线正线单线道床顶面宽度为 360 cm,道床厚度为 35 cm,道床边坡 1∶1.75,砟肩堆高 15 cm 双线道床顶面宽度应分别按单线设计。

3)铺设Ⅲ型混凝土轨枕地段道床顶面应与轨枕中部顶面平齐,铺设其他类型轨枕地段的道床顶面应低于轨枕承轨面 40 mm。

4)桥上道床厚度不应小于 35 cm,砟肩至挡砟墙间以道砟填平。

设计时速 200 km < v≤250 km 客运专线有砟桥上道砟下应铺设砟下弹性垫层或采用弹性轨枕。

5)隧道内道床厚度不应小于 35 cm,砟肩至边墙(或高侧水沟)间以道砟填平。

设计时速 200 km < v≤250 km 客运专线隧道内,道砟下应铺设砟下弹性垫层或采用弹性轨枕。

6)线路开通前,道床的主要状态参数指标应满足表 5.2.4 的规定。

7)轨道电路道床电阻不应小于 2 Ω · km。

表 5.2.4 道床主要状态参数指标

设计速度(km/h)	道床密实度(g/cm^3)	支承刚度(kN/mm)	纵向阻力(kN/枕)	横向阻力(kN/枕)
v = 200	1.70	100	12	10
200 < v≤250	1.75	110	12	10

5.3 无缝线路

5.3.1 无缝线路由若干单元轨节组成。单元轨节的布置应根据线路条件、工点情况、施工工艺及养护维修等因素综合研究确定。区间单元轨节长度宜为 1 000 ~ 2 000 m,单组或相邻多组一次锁定的道岔及其间线路按一个单元轨节设计。

5.3.2 无缝线路设计应符合下列规定:

1 无缝线路的设计锁定轨温应根据线路通过地区的最高和最低轨温、无缝线路的允许温降和允许温升计算确定,并满足无缝线路的断缝检算要求。

2 无缝线路设计

1)设计锁定轨温:

$$T_e = \frac{T_{max} + T_{min}}{2} + \frac{[\Delta T_d] - [\Delta T_c]}{2} \pm \Delta T_k \qquad (5.3.2—1)$$

式中 T_e——设计锁定轨温;

T_{max}——当地历年最高轨温;

T_{min}——当地历年最低轨温;

$[\Delta T_d]$——允许温降,其计算方法见本暂行规定附录 C;

$[\Delta T_c]$——允许温升,其计算方法见本暂行规定附录 C;

ΔT_k——设计锁定轨温修正值,一般可取 0 ~ 5 ℃。

2)设计锁定轨温范围:

设计锁定轨温范围 T_e ±5 ℃ (5.3.2—2)

设计锁定轨温上限　$T_m = T_e + 5\ ℃$　(5.3.2—3)

设计锁定轨温下限　$T_n = T_e - 5\ ℃$　(5.3.2—4)

3)设计锁定轨温上下限应满足下式要求:

最大温升幅度　$\Delta T_{cmax} = T_{max} - T_n \leqslant [\Delta T_c]$　(5.3.2—5)

最大温降幅度　$\Delta T_{dmax} = T_m - T_{min} \leqslant [\Delta T_d]$　(5.3.2—6)

4)无缝线路应在设计锁定轨温范围内锁定,且相邻单元轨节间的锁定轨温差不应大于 5 ℃,同一单元轨节左右股钢轨的锁定轨温差不应大于 3℃,同一区间内单元轨节的最高与最低锁定轨温差不应大于 10 ℃。

5)无缝线路设计应进行钢轨断缝检算:

$$\lambda = \frac{EA(\alpha \Delta T_{dmax})^2}{r} \leqslant [\lambda] \qquad (5.3.2—7)$$

式中　λ——钢轨折断断缝值;

E——钢的弹性模量;

A——钢轨的截面积;

α——钢的线膨胀系数;

r——一股钢轨的线路纵向阻力;

$[\lambda]$——钢轨断缝允许值,可取 7 cm;对于采用小阻力扣件的无砟轨道,当检算断缝值不能满足上述要求时,钢轨断缝允许值可适当加大,但不得超过 10 cm。

3　桥上无缝线路

桥上无缝线路设计应按新建铁路桥上无缝线路设计有关规定执行,其中桥上无缝线路钢轨断缝允许值按本暂行规定执行。

4　道岔区无缝线路

1)道岔设计应满足跨区间无缝线路的允许温降和允许温升要求,各联结件应牢固、耐久、可靠;

2)无缝道岔的设计锁定轨温应与两端区间无缝线路的设计锁定轨温一致;

3)岔区无缝线路的允许温降和允许温升计算方法见本暂行规定附录 C;

4)无缝道岔尖轨尖端与基本轨、左右两股尖轨的相对位移以及可动心轨尖端与翼轨的相对位移应分别满足道岔结构及转辙机械性能的要求;

5)当道岔区中两个及以上无缝道岔连接时,应研究附加纵向力的分布及叠加情况,并按本暂行规定附录 C 的要求检算允许温降和允许温升。

5　隧道地段无缝线路

1)隧道内距隧道洞口 200 m 范围无缝线路的设计锁定轨温宜与两端区间无缝线路的设计锁定轨温一致;

2)隧道口轨温过渡区段应加强锁定。

5.3.3　焊接接头应符合下列规定:

1　钢轨焊接应采用闪光焊。长钢轨长度不应小于 500 m,长钢轨焊接应优先在工厂焊接,特殊情况下(如工期控制),经技术经济比选后,可在工厂化基地焊接。

2　焊接接头质量应符合钢轨焊接的有关技术条件。焊接接头平直度标准应满足表 5.3.3 的要求。

3　焊接接头位置:

1)左右股单元轨节锁定焊接头相错量不宜超过 100 mm;

2)由道岔前端和辙叉跟端接头焊缝决定的道岔全长偏差不得超过 ±20 mm;

3)钢轨铝热焊焊缝距轨枕边缘不应小于 100 mm;

4)单元轨节起止点不应设置在不同轨道结构过渡段以及不同线下基础过渡段范围。

表 5.3.3 焊接接头平直度标准(mm/1 m)

部 位	设计速度(km/h)	
	$v=200$	$200<v\leqslant 250$
顶 面	$^{+0.3}_{0}$	$^{+0.2}_{0}$
内侧工作面	$^{+0.3}_{0}$	$^{+0.2}_{0}$
底面(焊筋)	$^{+0.5}_{0}$	$^{+0.5}_{0}$

5.3.4 胶接绝缘接头应符合下列规定:

1 绝缘接头应采用胶接绝缘接头,其钢轨应与相邻钢轨同轨型、同钢种;

2 应符合《胶接绝缘钢轨技术条件》的规定;

3 左右两股钢轨的绝缘接头应相对铺设,且绝缘接头轨缝绝缘端板距轨枕边缘不宜小于 100 mm。

5.3.5 钢轨伸缩调节器应符合下列规定:

1 钢轨伸缩调节器应尽量少用或不用,宜设置在直线上,且不宜与竖曲线重叠;

2 根据工点情况,合理选用单向或双向钢轨伸缩调节器;

3 钢轨伸缩调节器基本轨应与相邻钢轨同轨型、同钢种,尖轨采用 AT 轨;

4 应采用曲线型钢轨伸缩调节器,其技术性能应符合有关技术条件的规定。

5.3.6 无缝线路位移观测桩的设置应符合下列规定:

1 线路区间、钢轨伸缩调节器和道岔均应按单元轨节设置位移观测桩;

2 位移观测桩必须预先埋设牢固,在单元轨节两端就位后立即进行标记,标记应明显、耐久、可靠。

5.4 轨道附属设备及常备材料

5.4.1 正线应设置下列标志:公里标,半公里标,百米标,平面曲线标,圆曲线、缓和曲线和竖曲线的始终点标,桥梁标,坡度标,用地标及行政区界标等。

5.4.2 正线应设置线路基桩。

5.4.3 正线有砟轨道、无砟轨道常备材料可按表 5.4.3—1 及表 5.4.3—2 规定的数量设计。

表 5.4.3—1 正线有砟轨道常备材料数量

材 料 名 称	备 料 数 量
混凝土枕	每单线千米 2 根
混凝土枕扣件及其垫板	每单线千米 5 套
断轨急救器	每单线千米 1 套

续上表

材料名称		备料数量
膨包夹板		每单线千米 1 套
25 m 无孔轨		每个综合工区 6 根
6 m 有孔短轨		每个综合工区 6 根
6.25 m 有孔胶接绝缘轨		每个综合工区 6 根
25 m 无孔胶接绝缘轨		每个综合工区 6 根
接头螺栓及垫圈		每个综合工区 36 套
接头夹板		每个综合工区 24 块
钢轨伸缩调节器	整组钢轨伸缩调节器	每 1 ~100 组备 1 组
	轨　枕	每 1 ~100 组备 1 组
	尖　轨	每种型号每 1 ~20 组备 1 对
	基本轨	每种型号每 1 ~20 组备 1 对

表 5.4.3—2　正线无砟轨道常备材料数量

材料名称		备料数量
板　式	充填式垫板(注入袋和树脂材料)	每单线千米 5 套
	维修用树脂材料	每单线千米 0.1m³
	填充树脂	每单线千米 0.01m³
弹性支承块式	支承块	每单线千米 2 块
	块下弹性垫板	每单线千米 5 块
	橡胶套靴	每单线千米 5 套
过　渡　段	过渡段辅助轨扣件及垫板	每 1 ~20 处 5 套
	过渡段基本轨扣件及垫板	每 1 ~20 处 5 套
	过渡段轨枕	每 1 ~20 处 2 根

注:无砟轨道用扣件及其垫板、断轨急救器、膨包夹板、25 m 无孔轨、6 m 有孔短轨、6.25 m 有孔胶接绝缘轨、25 m 无孔胶接绝缘轨、接头夹板以及钢轨伸缩调节器等常备材料标准按表 5.4.3—1 执行。

6 桥 涵

6.1 一般规定

6.1.1 本章规定的桥梁梁部及墩台刚度的限值仅适用于跨度小于96 m的结构。桥梁设计时应根据需要进行车桥耦合动力响应分析。

6.1.2 桥涵结构应构造简洁、力求标准化、便于施工架设,并应具有足够的耐久性,具备良好的动力特性,满足轨道稳定性、平顺性的要求,满足客运专线列车安全运行和旅客乘坐舒适度的要求。

桥梁主要承重结构应按100年使用年限设计。

桥涵混凝土结构尚应符合《铁路混凝土结构耐久性设计暂行规定》的有关规定。

6.1.3 桥涵结构所用工程材料应符合现行国家及行业标准的规定,确保质量。对环境侵蚀地段应采取防侵蚀措施,并应注意预防碱—骨料反应问题。

6.1.4 桥涵设置应考虑交通、排灌需要,结合自然条件、规划要求,符合技术经济合理性。

6.1.5 桥涵设计应与自然环境相协调,工程措施应符合环保要求,重点桥梁和位于城市地区的桥梁应考虑景观设计。

6.1.6 桥梁结构形式,应针对各种不同的梁型、梁跨、构造形式等,进行综合技术经济比较,合理选定。

6.1.7 桥梁上部结构应优先采用预应力混凝土结构,亦可采用钢筋混凝土结构、钢结构和钢—混凝土结合结构。结构应有足够的竖向刚度、横向刚度和抗扭刚度,并保证结构的整体性。

6.1.8 预应力混凝土梁部结构,宜选用双线整孔箱形截面梁,也可选用两个并置的单线箱形截面梁,或根据具体情况选用整体性好、结构刚度大的其他结构形式。

6.1.9 桥梁结构原则上应设计为正交。当必须斜交时,桥轴线与支承线夹角不宜小于60°。斜交桥台的台尾边线宜与线路中线垂直,否则应采取特殊的与路基过渡措施。

6.1.10 相邻桥涵之间的距离,应综合考虑列车行车的平顺性要求、路桥(涵)过渡段的施工工艺要求以及经济造价等因素,合理确定。两桥台尾之间的距离不宜小于150 m,两涵之间以及桥台尾与涵之间的净距离不宜小于30 m。

6.1.11 桥涵结构构造应便于养护维修作业。桥面布置应满足桥上设施设置和养护维修作业要求。

6.1.12 无砟轨道涵洞的沉降缝不宜设于底座板下。

6.1.13 桥长超过3 km时,沿桥梁全长每隔3 km(单侧6 km)应在线路两侧交错设置一处逃生救援通道。

6.2 设计荷载

6.2.1 荷载分类和组合应符合下列规定:

1 桥涵结构应根据结构的特性和检算内容,按表 6.2.1 所列的荷载,就其可能的最不利组合情况进行设计。

表 6.2.1 桥涵荷载

荷载分类		荷载名称
主力	恒载	结构自重 预加应力 混凝土收缩和徐变的影响 土压力 静水压力及浮力 基础变位的影响
	活载	列车竖向静活载 公路竖向静活载(需要时) 离心力 列车竖向动力作用 列车活载所产生的土压力 人行道及栏杆荷载 长钢轨纵向力 列车横向摇摆力
附加力		制动力或牵引力 风力 流水压力 冰压力 温度变化的影响 冻胀力
特殊荷载		列车脱轨荷载 长钢轨断轨力 船只或排筏的撞击力 汽车撞击力 施工荷载 地震力

注:1 如杆件的主要用途为承受某种附加力,则在计算此杆件时,该附加力应按主力考虑;

2 长钢轨纵向力及其与制动力或牵引力的组合,按新建铁路桥上无缝线路设计有关规定办理;

3 流水压力不与冰压力组合,两者也不与制动力或牵引力组合;

4 列车脱轨荷载、船只或排筏的撞击力、汽车撞击力以及长钢轨断轨力,只计算其中的一种荷载与主力相组合,不与其他附加力组合;

5 地震力与其他荷载的组合见《铁路工程抗震设计规范》。

2 桥梁设计时,仅考虑主力与一个方向(顺桥或横桥方向)的附加力组合。

6.2.2 列车活载应符合下列规定:

1 列车竖向活载采用 ZK 活载。ZK 标准活载见图 6.2.2—1,ZK 特种活载见图 6.2.2—2。

1)单线或双线的桥涵结构,应按每一条线路作用 ZK 活载设计。

2）两线以上的桥涵结构，应按下列两种条件中的最不利情况设计：

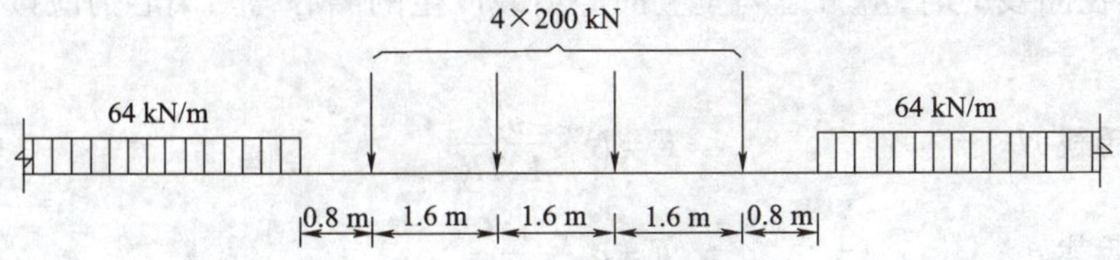

图 6.2.2—1 ZK 标准活载图式

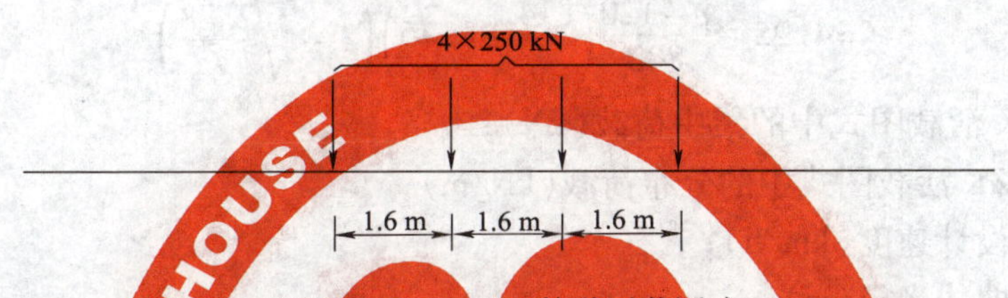

图 6.2.2—2 ZK 特种活载图式

两条线路在最不利位置各承受 ZK 活载，其余线路不承受列车活载；

所有线路在最不利位置各承受 75% 的 ZK 活载。

3）设计加载时，活载图式可任意截取。对多符号影响线，活载图式可隔开，即在同符号影响线各区段进行加载，中间的异符号影响线区段不加载。

4）用空车检算桥梁各部分构件时，其竖向活载应按每线每米 10 kN 计算。

5）桥跨结构和墩台尚应按实际的施工荷载加以检算。

2 列车竖向活载包括列车活载动力作用时，应将静活载所产生的竖向效应（弯矩和剪力）乘以动力系数 ϕ。动力系数 ϕ 的值按下列公式计算：

$$\phi_1 = \frac{0.996}{\sqrt{L_\phi} - 0.2} + 0.913 \tag{6.2.2—1}$$

$$\phi_2 = \frac{1.494}{\sqrt{L_\phi} - 0.2} + 0.851 \tag{6.2.2—2}$$

式中 ϕ_1——剪力动力系数；

ϕ_2——弯矩动力系数；

L_ϕ——加载长度（m），其中 $L_\phi < 3.61$ m 时按 3.61 m 计，简支梁时为梁的跨度；n 跨连续梁时取平均跨度乘以下列扩大系数：

$n=2$	1.20
$n=3$	1.30
$n=4$	1.40
$n\geqslant5$	1.50

当计算 L_ϕ 小于最大跨度时，取最大跨度。

1）计算实体墩台、基础和土压力时，不计动力系数。

2）支座动力系数的计算公式与相应的桥跨结构 ϕ_1 的计算公式相同。

3）无砟梁的活载动力系数按有砟梁取值。

4）涵洞及结构顶面有填土的承重结构的动力系数 ϕ_u 按下式计算：

$$\phi_u = \phi - 0.1(H_c - 1.0) \tag{6.2.2—3}$$

式中 ϕ——按式（6.2.2—1）或式（6.2.2—2）计算的动力系数；

H_c——涵洞及结构顶至轨底的填料厚度(m),ϕ_u 计算值小于 1.0 时取 1.0。

3 桥梁在曲线上时,应考虑列车竖向静活载产生的离心力。离心力应按下列公式计算:

对集中活载 N $$F = N \cdot \frac{v^2 f}{127R} \quad (6.2.2\text{—}4)$$

对分布活载 q $$F = q \cdot \frac{v^2 f}{127R} \quad (6.2.2\text{—}5)$$

$$f = 1.25 - \frac{v-120}{800}\left(\frac{814}{v}+1.75\right)\left(1-\sqrt{\frac{2.88}{L}}\right) \quad (6.2.2\text{—}6)$$

式中 N——ZK 活载图式中的集中荷载(kN);

q——ZK 活载图式中的分布荷载(kN/m);

v——设计速度(km/h);

R——曲线半径(m);

L——桥上曲线部分荷载长度(m);

f——离心力折减系数:当采用 ZK 标准活载时,按式(6.2.2—6)计算;当采用 ZK 特种活载时,按式(6.2.2—6)计算的 f 值还须乘以系数 0.8;当 $L \leq 2.88$ m 或 $v \leq 120$ km/h 时,f 值取 1.0;当计算 f 值大于 1.0 时,取 1.0;当 $L > 150$ m 时,取 $L = 150$ m 计算 f 值。

离心力按水平向外作用于轨顶以上 1.8 m 处。

当计算速度大于 120 km/h 时,离心力和竖向活载组合时应考虑以下三种情况:

1)不折减的 ZK 活载和按 120 km/h 速度计算的离心力($f = 1.0$);

2)折减的 ZK 活载($f \cdot N$,$f \cdot q$)和按设计速度计算的离心力($f < 1.0$);

3)曲线桥梁还应考虑没有离心力时列车活载作用的情况。

曲线桥梁还应考虑没有离心力时列车活载作用的情况。

4 横向摇摆力应取 100 kN,作为一个集中荷载取最不利位置,以水平方向垂直线路中线作用于钢轨顶面。

多线桥梁只计算任一线上的横向摇摆力。

空车时不考虑横向摇摆力。

5 桥上列车制动力或牵引力应按列车竖向静活载的 10% 计算。但当与离心力或列车竖向动力作用同时计算时,制动力或牵引力应按列车竖向静活载的 7% 计算。

双线桥应采用一线的制动力或牵引力;三线或三线以上的桥梁应采用两线的制动力或牵引力。按此计算的制动力或牵引力不考虑本条第 1 款对竖向活载进行折减的规定。

6 活载在桥台后破坏棱体上引起的侧向土压力,应按活载换算为当量均布土层厚度计算,见图 6.2.2—3。

活载换算当量均布土层厚度 h_0(m)可按下式计算:

$$h_0 = \frac{q}{\gamma} \quad (6.2.2\text{—}7)$$

式中 q——轨底平面上活载竖向压力强度(kPa):计算时横向分布宽度按 3.0 m 计;纵向分布宽度,当采用集中轴重时为轴距,当采用每延米荷重时为 1.0 m;

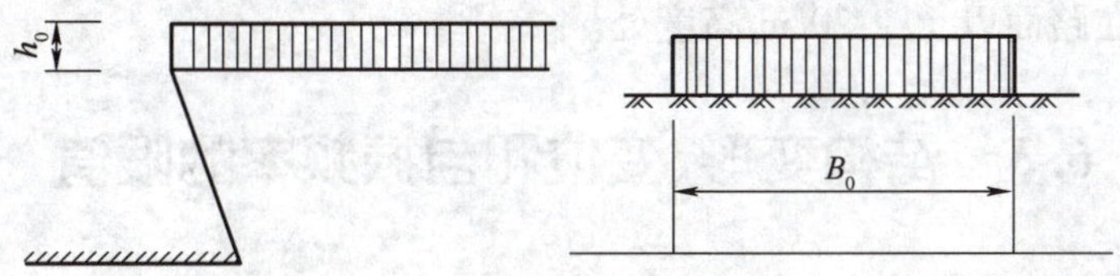

图 6.2.2—3 活载换算土层厚度图

γ——土的重度（kN/m^3）。

每线台后活载计算宽度 B_0 可取 3.0 m。

7 长度大于 15 m 的桥梁，应考虑列车脱轨荷载。列车脱轨荷载不计动力系数，亦不考虑离心力。

多线桥上，只考虑一线脱轨荷载，且其他线路上不作用列车活载。应按下列两种情况，计算列车脱轨荷载的影响：

1）列车脱轨后一侧轮子仍停留在桥面轨道范围内的情况

两条平行于线路中线、相距为 1.4 m 的线荷载，作用于线路中线两侧各 2.2 m 范围以内的最不利位置上。该线荷载在长度为 6.4 m 的一段上为 50 kN/m，前后各接以 25 kN/m，如图 6.2.2—4。

2）列车脱轨后已离开轨道范围，但没有坠落桥下，仍停留在桥面边缘的情况

一条长度为 20 m，平行于线路中线，作用于挡砟墙内侧的线荷载，其值为 64 kN/m，如图 6.2.2—5。

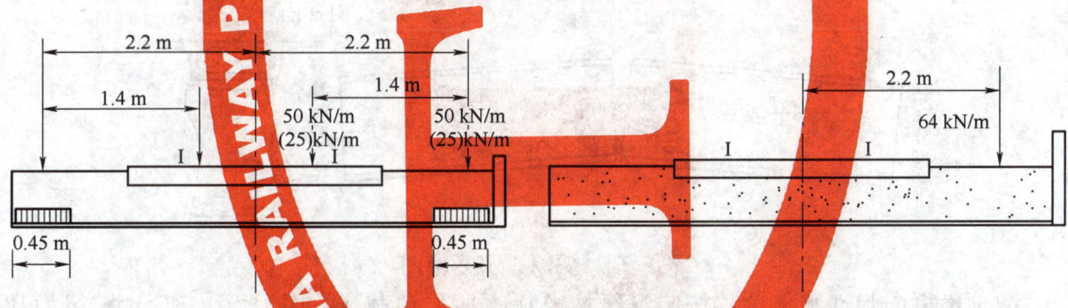

图 6.2.2—4 列车脱轨荷载图 1　　图 6.2.2—5 列车脱轨荷载图 2

8 长钢轨纵向力和长钢轨断轨力引起的墩台顶纵向水平力，应按梁轨共同作用进行计算，并作用于墩台上的支座中心处。应按新建铁路桥上无缝线路设计有关规定办理。

固定区的刚架结构不应计长钢轨纵向力。

断轨力为特殊荷载，单线桥和多线桥均只应计一根钢轨的断轨力。

桥梁下部结构的纵向水平刚度应按新建铁路桥上无缝线路设计有关规定办理。

6.2.3 其他荷载应符合下列规定：

1 人行道设计时竖向静活载应采用 5 kN/m^2。主梁设计时，人行道的竖向静活载不应与列车活载同时计算。

在检算栏杆立柱及扶手时，水平推力应按 0.75 kN/m 考虑。对于立柱，水平推力作用于立柱顶面处。立柱和扶手还应按 1.0 kN 的集中荷载检算。

2 当墩柱有可能受到汽车撞击时，应设置坚固的防护工程。当无法设置防护工程时，必须考虑汽车对墩柱的撞击力。撞击力顺行车方向应采用 1 000 kN，横行车方向应采

用 500 kN,作用在路面以上 1.20 m 高度处。

6.3 结构变形、变位和自振频率的限值

6.3.1 梁体竖向挠度的限值应符合下列规定:

1 在 ZK 活载静力作用下,梁体的竖向挠度不应大于表 6.3.1 的规定。

表 6.3.1 梁体的竖向挠度限值

跨度 L(m)	$L≤24$	$24<L≤40$	$40<L<96$
单　跨	L/1 300	L/1 000	L/1 000
多　跨	L/1 800	L/1 500	L/1 200

2 在 ZK 活载静力作用下,有砟轨道梁端竖向转角不应大于 2‰,无砟轨道不应大于 1‰。

3 拱桥和刚架桥的竖向挠度,除考虑 ZK 活载静力作用外,尚应计入温度变形的影响。此时梁体竖向挠度,按下列情况之不利者取值,并满足本条所列限值的要求:

1) ZK 活载静力作用下产生的挠度值与 0.5 倍温度引起的挠度值之和;

2) 0.63 倍 ZK 活载静力作用下产生的挠度值与全部温度引起的挠度值之和。

6.3.2 在列车横向摇摆力、离心力、风力和温度的作用下,梁体的水平挠度应小于或等于梁体计算跨度的 1/4 000。

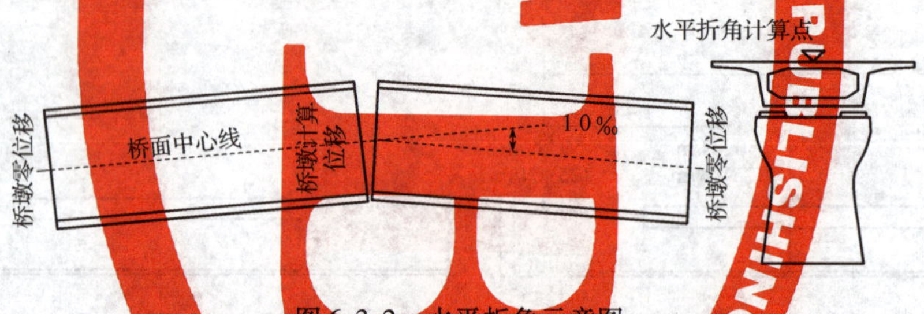

图 6.3.2 水平折角示意图

墩顶横桥向弹性水平位移按以下要求控制:在 ZK 活载、横向摇摆力、离心力、风力和温度的作用下,墩顶横向水平位移引起的桥面处梁端水平折角应不大于 1.0‰。

6.3.3 活载作用下梁体扭转引起的轨面不平顺限值为:以一段 3 m 长的线路为基准,ZK 活载作用下,一线两根钢轨的竖向相对变形量不大于 1.5 mm。

6.3.4 预应力混凝土梁的徐变上拱值应严格限制。常用跨度简支梁,轨道铺设后,有砟桥面梁的徐变上拱值不宜大于 20 mm;无砟桥面梁的徐变上拱值不应大于 10 mm。特殊桥跨结构应做专门研究。

S(轨距)
3 m
1.5 mm

图 6.3.3 梁体扭转引起的轨面不平顺示意图

6.3.5 简支梁竖向自振频率不应低于按下式计算的限值:

$$4\ \text{m} \le L_\phi \le 20\ \text{m 时} \quad n_0 = 80/L_\phi \tag{6.3.5—1}$$

$$20\ \text{m} < L_\phi < 96\ \text{m 时} \quad n_0 = 23.58 L_\phi^{-0.592} \tag{6.3.5—2}$$

式中 n_0——简支梁竖向自振频率限值(Hz);

L_ϕ——简支梁跨度(m)。

6.3.6 桥梁结构设计除进行静力分析满足有关规定的要求外，尚应按实际运营列车通过桥梁的情况进行车桥耦合动力响应分析，分析得出的列车运行安全性及旅客乘坐舒适性指标应满足下列规定要求：

脱轨系数 $Q/P \leqslant 0.8$

轮重减载率 $\Delta P/P \leqslant 0.6$

轮轨横向水平力 $Q \leqslant 80$ kN

车体竖向振动加速度 $a_z \leqslant 0.13g$（半峰值）

车体横向振动加速度 $a_y \leqslant 0.10g$（半峰值）

有砟桥面强振频率不大于 20 Hz 的竖向振动加速度

$a \leqslant 0.35g$

无砟桥面竖向振动加速度 $a \leqslant 0.5g$

6.3.7 墩台基础变位限值应符合下列规定：

1 墩台基础的沉降量按恒载计算。

对于静定结构，工后沉降不得超过下列容许值：均匀沉降量不得超过 50 mm，相邻墩台均匀沉降量之差不得超过 20 mm。

对于超静定结构，其相邻墩台均匀沉降量之差的容许值，除要满足静定结构相邻墩台沉降量之差的要求外，还应根据沉降对结构产生的附加应力的影响确定。

2 桥墩台的纵向及横向水平刚度应满足高速行车时列车安全性要求和旅客乘车舒适度要求，应对最不利荷载作用下墩台顶的纵向及横向计算弹性水平位移进行控制。

6.3.8 涵洞的工后沉降量不应大于 100 mm。

6.4 结构形式、计算及构造

6.4.1 钢筋混凝土及预应力混凝土结构设计应符合下列规定：

1 板的设计应符合下列要求：

1）板厚不得小于 80 mm，承受列车荷载的板厚，不得小于 150 mm。

2）板中受力钢筋的中心距，在承受最大弯矩的截面上，不得大于板厚的 2 倍和 250 mm。但承受列车荷载的板，在承受最大弯矩的截面上不得大于板厚的 1.5 倍和 200 mm。

3）板所用钢筋的直径，不宜大于板厚的 1/10。

4）当板上承受较大集中荷载时，应设置附加钢筋。

2 T 形梁的设计应符合下列要求：

1）为便于支座安装和检查，T 形梁端隔板高度应比梁底向上减小 10 cm。

2）多片式 T 形梁横向需形成整体截面，使各片主梁之间能共同分担活载，在分片架设后必须将横隔板和桥面连成整体，并施加横向预应力。

3）多片式 T 形梁可作为由主梁、与梁整体灌筑的桥面板及横梁组成的格子结构进行分析。

4）当采用分片预制、桥位后浇湿接缝时，湿接缝宽度不宜小于 300 mm。湿接缝处钢筋构造应满足整体截面受力要求。

3 简支箱形梁的设计应符合下列要求：

1)顶板及底板的厚度不应小于200 mm。

2)在底板的垂直桥轴方向的钢筋应伸入腹板内锚固。

3)箱形梁应根据需要设置进人孔。进人孔宜设置在两孔梁梁缝处或梁端附近的底板上。

4)宽跨比较大的箱形梁,在设计计算时应考虑剪力滞的影响。

4 连续箱形梁各跨的翼缘有效宽度在设计计算中应考虑折减。

5 当要求严格控制结构的徐变变形时,应严格控制恒载作用下混凝土应力和截面上的应力分布,并应分阶段按相应的混凝土龄期计算混凝土的徐变变形。

6 预应力混凝土梁的封锚及接缝处,应在构造上采取防水措施。对于结构有可能产生裂纹的部位,应适当增设普通钢筋。

6.4.2 钢—混凝土组合结构设计应符合下列规定:

1 在钢梁上翼缘和混凝土桥面板的结合面上,应根据计算和构造要求设置传剪器。传剪器应具有足够的强度和耐久性。

2 结合梁应预设上拱度,但当静活载产生的总挠度不超过跨度的1/16 000或3 mm时可不设上拱度。

3 传剪器宜采用柔性形式(见图6.4.2),应考虑钢梁和混凝土上翼缘之间的相对位移。

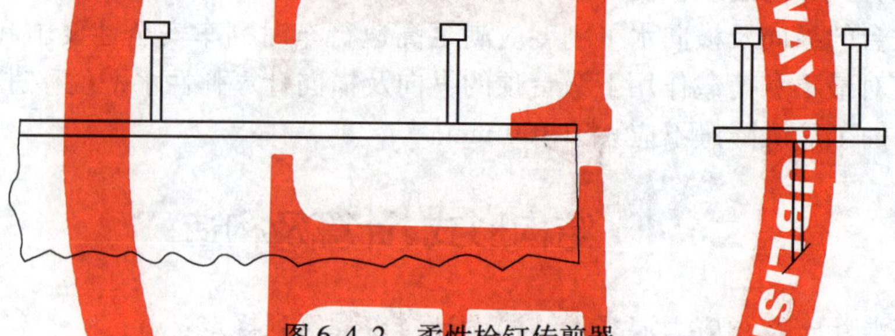

图6.4.2 柔性栓钉传剪器

6.4.3 桥梁墩台设计应符合下列规定:

1 桥梁下部结构采用混凝土或钢筋混凝土墩台,不应采用柔性结构。

2 桥墩台顶面应满足养护维修和预留更换支座时顶梁的位置,并应设排水坡,防止表面及支座处存水。

6.4.4 桥梁支座的构造和布置应符合下列规定:

1 桥梁支座可采用橡胶支座和钢支座。

2 支座应分固定支座和活动支座。活动支座根据需要可布置为纵向活动支座、横向活动支座或多向活动支座。

3 顺桥方向简支梁的一端应设固定支座,另一端设活动支座。连续梁可根据计算需要设一个或多个固定支座,其余支点均设活动支座。其中纵向活动支座在横向应设置限位装置。

4 橡胶支座应水平设置。

5 对斜交梁,支座中心连线可与梁轴斜交,支座纵向位移方向应与梁轴线或切线一致。

6 支座应满足检查、维修和更换的需要。

7 支座垫板纵向和横向最外边缘到墩台边缘的距离,应大于表6.4.4的规定。

表 6.4.4 支座垫板边缘至墩台边缘的距离

跨度(m)	$L<15$	$15\leqslant L<20$	$20\leqslant L<30$	$30\leqslant L<40$	$L\geqslant40$
距离(cm)	15	20	25	35	40

6.4.5 涵洞设计应符合下列规定：

1 涵洞顶至轨底的高度不宜小于 1.5 m。

2 涵洞可布置成斜交,但斜交涵洞的斜交角度不宜大于45°。

3 软弱地基上的涵洞,应优先采用轻型结构和适应变形能力强的结构,出入口采用整体基础。

6.4.6 检修设备设计应符合下列规定：

1 桥梁结构的所有构件,必须进行定期的检查和维修。设计时,应根据桥梁的实际情况和数量,设置足够数量的专门用于检修的设备。

2 长桥应在梁底或梁缝处设进人孔,其间距不宜超过 200 m。

3 旱桥、高架桥有便道可到达各桥孔、高度低于 15 m 的桥梁,可采用自行走升降式桥梁检修车进行检修作业;旱桥、高架桥无便道到达各桥孔的桥梁、高度高于 15 m 的桥梁以及桥下长期有水无法到达的桥梁,可采用走行在桥面维修通道上的桥梁检修车进行检修作业。

4 长桥可采用自行走式升降平台上下桥面及墩顶。

6.5 桥面布置及附属设施

6.5.1 有砟轨道轨下枕底道砟厚度不应小于 0.35 m。

6.5.2 桥上不设护轮轨,采用加高挡砟墙或设置防撞墙的形式作为预防列车脱轨后的安全措施。挡砟墙(或防撞墙)高度应根据最小曲线半径时墙顶不低于外轨顶面计算确定,直线、曲线上高度等高。

6.5.3 桥面两侧应设置维修作业通道,宽度应不小于 0.8 m。通道外侧必须设置栏杆或声屏障。栏杆的高度应为 1.0 m。

6.5.4 曲线地段桥上建筑限界加宽按本暂行规定有关规定办理。

6.5.5 桥面宽度应符合下列要求：

1 线路中心线距挡砟墙(或防撞墙)内侧最小距离不应小于 2.20 m;

2 线路中心线距接触网支柱内侧最小距离不应小于 3.0 m;

3 线路中心线距作业通道栏杆或声屏障内侧最小距离不应小于 4.1m;

4 当为单线桥时,按与线路中心线对称原则,参照本条第 1 ~3 款的规定执行。

当需要设置维修作业通道时,双线桥梁桥面布置见图 6.5.5。

6.5.6 桥面应为主要设备的安装预留位置。

6.5.7 接触网支柱可设在桥墩上,也可设在桥面上。曲线地段接触网支柱内侧至线路中心距离应满足建筑限界加宽的要求。

6.5.8 主梁翼缘悬臂板端部应设钢筋混凝土遮板以保护横向预应力锚具,并能防止雨水等流经梁体。

6.5.9 桥面必须设置性能良好的防、排水设施。

桥面上铺设的防水层应密闭有效。

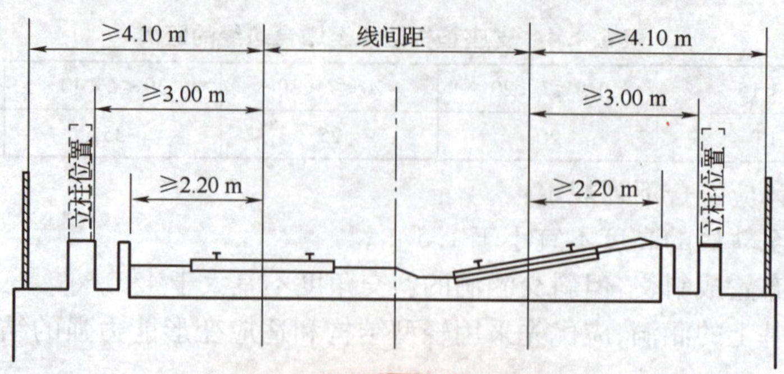

图 6.5.5　双线桥梁桥面布置(设置维修作业通道)

在桥梁纵向伸缩缝处应设置防水设施。

防水层上应覆盖致密、耐磨、耐冲击的保护层。有砟桥面防水层保护层厚度不应小于 6.0 cm。

桥面横向应采用双侧排水坡,坡度不得小于 2% 。排水管道内径不得小于 150 mm。

6.5.10　当桥梁位于城镇和居民集中地区时,应采取防噪声措施,使桥上高速行车产生的噪声降至环境允许的标准以内。应采用在桥面上作业人行通道栏杆的位置设置声屏障的措施。声屏障应有足够的高度,其底部与桥面结构之间不应留有缝隙,其纵向亦应连续设置不留缝隙。梁缝处的声屏障结构应能适应梁的伸缩变化。

6.6　车站高架结构

6.6.1　车站高架结构除满足车站使用功能要求外,并应满足美观及环境保护的要求,处理好铁路车站与城市规划及交通的关系。

6.6.2　车站高架结构应根据地质情况、施工条件、既有股道和高架股道的布置进行综合比选确定。既有站(线)处的高架结构设计应充分考虑施工对既有站(线)运营的干扰。

6.6.3　道岔区(警冲标以内)多线桥应按两条线路在最不利位置承受 ZK 活载、其他线路不承受列车活载计算。

6.6.4　各种体系的高架结构应考虑其组合变形的影响。车站正线梁体结构的变形、变位和自振频率等应符合本暂行规定第 6.3 节的要求。

7 隧 道

7.1 一般规定

7.1.1 隧道工程设计必须考虑列车进入隧道诱发的空气动力学效应对行车、旅客舒适度和环境等方面的不利影响。

7.1.2 隧道衬砌内轮廓、洞口缓冲结构、轨下结构等设计参数的确定,应满足建筑限界、设备安装、使用空间、旅客舒适度和缓解空气动力学效应的要求。

7.1.3 隧道辅助坑道的设置应综合考虑施工、防灾疏散、救援和缓解空气动力学效应等功能的要求。

7.1.4 隧道结构应具有足够的耐久性,主体结构应按满足100年正常使用的要求设计。

7.2 隧道衬砌内轮廓

7.2.1 确定隧道内轮廓应考虑下列因素:

1 建筑限界和线间距;

2 缓解空气动力学效应对隧道净空横断面面积的要求;

3 养护维修、救援、工程技术作业和其他使用要求所需的空间。

7.2.2 设计行车速度为200 km/h时,单线隧道轨顶面以上净空横断面面积不应小于50 m^2,双线隧道净空横断面面积不应小于80 m^2。设计行车速度为250 km/h时,单线隧道轨顶面以上净空横断面面积不应小于58 m^2 双线隧道净空横断面面积不应小于90 m^2。

7.2.3 位于曲线上的隧道,衬砌内轮廓可不加宽。

7.2.4 隧道内应设置安全空间、救援通道和工程技术作业空间,并应符合下列规定:

1 安全空间

1)安全空间应设在距线路中线3.0 m以外,单线隧道应设在有紧急出口一侧,两个单线隧道宜设在相邻侧,多线隧道在双侧设置;

2)安全空间的尺寸,高度不应小于2.2 m,宽度不应小于0.8 m;

3)安全空间的地面不应低于内轨顶面,地面与接触网设备带电部件之间的距离不应小于3.95 m。

2 救援通道

1)隧道内应设置贯通的救援通道;

2)救援通道应设在安全空间一侧,距线路中线不应小于2.3 m;

3)救援通道走行面不应低于内轨顶面,地表必须平整;

4)救援通道的宽度不宜小于1.5 m,在装设专业设施处宽度可适当减少;净高不应小于2.2 m。

3 工程技术作业空间

工程技术作业空间沿隧道衬砌内轮廓环向设置,其宽度为 0.3 m。隧道的施工误差不应占用工程技术作业空间。

7.3 隧道衬砌

7.3.1 隧道衬砌类型选择应符合下列规定:

1 暗挖隧道应采用复合式衬砌;

2 明挖隧道宜采用整体式衬砌;

3 不应采用喷锚衬砌。

7.3.2 Ⅲ ~ Ⅵ级围岩隧道衬砌应采用曲墙有仰拱的形式。Ⅰ、Ⅱ级围岩隧道衬砌可采用曲墙设底板的形式。

7.3.3 隧道衬砌内轮廓宜接近圆形,边墙与仰拱应圆顺连接。仰拱矢跨比应结合隧道衬砌受力和沟槽设置情况确定,单线隧道宜取 1/8 ~1/10、双线隧道宜取 1/12 ~1/15 。

7.3.4 隧道衬砌混凝土强度等级不应低于 C25,钢筋混凝土强度等级不应低于 C30。Ⅰ、Ⅱ级围岩隧道衬砌底板厚度不应小于 30 cm,混凝土强度等级不应低于 C30,并应配置双层钢筋。仰拱填充混凝土强度等级不应低于 C20,仰拱与仰拱填充混凝土应分开施工。

7.4 洞内附属构筑物

7.4.1 隧道内可不设置供维修人员使用的避车洞,但应考虑设置存放维修工具和其他业务部门需要的专用洞室。专用洞室应沿隧道两侧交错布置,每侧间距应为 500 m 左右。专用洞室尺寸宜参照铁道部现行《铁路隧道设计规范》(TB 10003)大避车洞的尺寸设计,并应满足有关专业的技术要求。

7.4.2 隧道内应设置双侧电缆槽。电缆槽可设在救援通道下,但盖板必须坚固、平整,与救援通道地面齐平。

7.4.3 水沟或电缆槽结构外缘至同侧轨道中线的距离不应小于 2.20 m,邻近道床一侧的沟(槽)身必要时应增设构造钢筋。

7.4.4 隧道长度大于 500 m 时,应在洞内设置余长电缆腔,并应与专用洞室结合设置。余长电缆腔应沿隧道两侧交错布置,每侧间距应为 500 m 左右。长 500 ~1 000 m 的隧道,可只在其中部设置一处。

7.5 洞门及洞口缓冲结构

7.5.1 隧道洞门设置应考虑列车进入隧道产生的空气动力学效应对洞口周围环境的影响。

7.5.2 一般情况下,隧道洞口可不设置缓冲结构。当隧道洞口有建筑物或特殊环境要求时,可考虑设置缓冲结构。

7.5.3 隧道洞口设置缓冲结构应考虑列车类型及长度、隧道长度及净空横断面面积、隧道内轨道类型、隧道洞口附近地形和居民情况等因素。

7.5.4 洞口缓冲结构设计应符合下列规定:

1 缓冲结构形式应从实用美观角度出发,结合洞口附近的地理环境确定。一般情况下,洞口缓冲结构宜采用与隧道衬砌内轮廓形式相似的开孔式结构,也可采用其他结构形式。

2 缓冲结构侧面或顶面应开减压孔,开孔面积可根据实际情况确定,一般开孔面积为隧道净空横断面面积的1/5~1/3。

3 缓冲结构宜采用钢筋混凝土。

4 预留设置缓冲结构条件的洞口,当设有路基挡土墙时,其位置应在缓冲结构之外。

5 对于预留设置缓冲结构条件的洞口．当设有路基挡土墙时,其位置应在缓冲结构之外。

7.6 防 排 水

7.6.1 隧道防排水应符合铁道部现行《铁路隧道设计规范》(TB 10003)及《铁路隧道防排水技术规范》(TB 10119)的有关规定。隧道衬砌结构防水等级应满足现行国家标准《地下工程防水技术规范》(GB 50108)的一级标准。

7.6.2 采用复合式衬砌的隧道,初期支护与二次衬砌之间应铺设防水板,防水板厚度不得小于1.2 mm。衬砌表面后期施作的埋设件,其埋设深度不应穿透二次衬砌。

7.6.3 隧道内应设置双侧排水沟,双线隧道应增设中心排水沟。中心排水沟应与双侧排水沟相连通。

7.6.4 隧道衬砌背后应设置与排水沟配套的纵、环向排水盲管。纵向排水盲管设在两侧边墙下部,环向排水盲管应与纵向排水盲管连通。

7.6.5 严寒地区隧道应设置中心深排水沟,水沟排水面应位于冻结线以下。洞外排水出口应采用保温出水口。

隧道衬砌背后的纵横盲管均应采取保温防冻措施。

7.6.6 水沟断面应根据水量大小确定。排水沟的设置应考虑清理和检查要求,中心排水沟应设检查井。检查井间距应根据水沟断面情况确定。检查人员不能进入水沟内部时,检查井间距宜为30~50 m;检查人员能够进入水沟内部时,检查井间距宜为80~100 m。

7.6.7 侧沟在边墙衬砌侧应预留进水孔,间距宜为4 m。侧沟在中心水沟一侧应设置出水孔,间距宜为30 m。环向盲管底部应设进水孔与排水沟连通。

7.6.8 隧道衬砌结构的施工缝、变形缝应采取可靠的防水措施。

7.6.9 隧道洞口及明洞的防排水应满足国家现行有关标准及规定。衬砌外设防水层应具有良好的耐久性,其物理性能应符合国家现行有关标准的规定。

7.6.10 水沟盖板必须坚固、平整,并与救援通道地面齐平

7.7 通风及照明

7.7.1 隧道设置运营通风应根据牵引种类、隧道长度、隧道平面与纵断面、道床类型、行车密度、自然条件、气象条件及两端洞口地形条件等因素综合确定。

7.7.2 特长、长隧道宜考虑设置防灾通风,并与运营通风相结合。

7.7.3 隧道采用的通风方式,应根据技术、经济条件,考虑安全、通风效果等因素,综合比

选确定。

7.7.4　隧道内照明设置应考虑维修养护、紧急情况下的人员疏散及救援人员的通行要求,也应考虑列车进入隧道后的亮度变化对旅客舒适度的影响,同时应满足下列规定:

1　长度大于 100 m 的隧道内应设置固定的电力照明;

2　长度大于 500 m 的隧道内应设置应急照明设备,应急照明灯具安装间隔不大于 50 m,该设备必须在供电中断时能自动接通并能连续工作 2 h 以上;

3　紧急出口及其通道内均应设置应急照明灯具。

7.8　防灾与救援

7.8.1　隧道防灾应贯彻“以防为主,防消结合”的原则,健全防灾设施和消防系统,将灾害减小到最低程度。

7.8.2　隧道内应设置贯通整个隧道的救援通道,单线隧道应单侧设置,双线隧道应双侧设置。

7.8.3　长隧道及特长隧道应设置紧急出口。长度大于 1 000 m 的隧道,在有条件时也宜设置紧急出口。紧急出口上方应设标示牌。

7.8.4　紧急出口通道断面最小尺寸应符合下列规定:

1　宽度不应小于 2. 3 m,高度不应小于 2. 5 m;

2　纵向仰角不应大于 30°。

满足以上条件的施工辅助坑道应视隧道工程条件和防灾救援要求改造为紧急出口。

7.8.5　救援通道每隔 100 m 应设图像文字标记,指示两个方向分别到下一个洞口或紧急出口的整百米数,并配备灯光显示方向。

7.9　抗 震 设 计

7.9.1　隧道洞门、明洞、浅埋和偏压地段应为抗震设防地段,其衬砌结构应予加强,并应符合下列规定:

1　地震动峰值加速度为 0. 1g、0. 15g(基本烈度为 7 度)时的Ⅴ、Ⅵ级围岩的双线隧道,地震动峰值加速度为 0. 2g、0. 3g(基本烈度为 8、9 度)时的Ⅳ ~ Ⅵ级围岩的单线隧道和Ⅲ ~ Ⅵ级围岩的双线隧道应考虑抗震设防措施。设防段长度可根据地形、地质条件确定,单线隧道不宜小于 25 m,双线隧道不宜小于 35 m。

2　设防地段的隧道宜采用有仰拱的曲墙式衬砌,其中Ⅳ ~ Ⅵ级围岩地段隧道衬砌宜采用钢筋混凝土。

8 站 场

8.1 一 般 规 定

8.1.1 车站内线路的直线地段，主要建筑物和设备至线路中心线的距离应符合表 8.1.1 的规定。

表 8.1.1 主要建筑物和设备至线路中心线的距离

序号	建筑物和设备名称		至线路中心线的距离(mm)
1	跨线桥柱、天桥柱、电力照明和雨棚等杆柱边缘	位于正线一侧	≥2 440
		位于站线一侧	≥2 150
		位于站场最外站线的外侧	≥3 100
2	矮柱信号机边缘	位于线路一侧	≥建筑限界
3	旅客站台边缘	位于无通过列车正线或站线一侧	1 750
		位于正线一侧	1 780
4	连续墙体、栅栏、声屏障边缘	位于正线或站线外侧(无人员通行)	≥3 800
		位于线间(无人员通行) 正线一侧	≥2 440
		位于线间(无人员通行)站线一侧	≥3 500
5	接触网柱边缘	位于正线一侧	≥2 700
		位于站线一侧	≥2 500
		位于站场最外站线的外侧	≥3 100

8.1.2 车站内线路的曲线地段，各类建筑物和设备至线路中心线的距离应按本暂行规定附录 A 加宽。

8.1.3 在线路的直线地段，站内两相邻线路中心线的线间距应符合表 8.1.3 的规定。

表 8.1.3 车站线间距

序 号	线 别		线间设施	线间距(mm)
1	正线间	200 km/h	无	4 400
		250 km/h	无	4 600
2	正线与相邻到发线间		无	5 000
			声屏障	5 940 + 结构宽
			接触网支柱	5 200 + 结构宽
			雨棚柱	4 590 + 结构宽
			有站台	3 530 + 站台宽

续上表

序　号	线　　别	线间设施	线间距(mm)
3	到发线间或到发线与其他线间	无	5 000
		有站台	3 500 + 站台宽
		接触网支柱	5 000 + 结构宽
		雨棚柱	4 300 + 结构宽
4	正线与其他线间	无	5 000
5	正线与动车走行线	无	5 000

8.1.4　联络线、岔线、段管线应在站内与到发线接轨。与到发线接轨时,应设置安全线。当站内有平行进路及隔开道岔,并有联锁装置时,可不设安全线。

有列车长时间停留的到发线两端应设置隔开设备。

8.1.5　车站渡线宜在车站两端各设一条单渡线组成八字渡线。始发站和有始发作业的中间站,两端应各设一组八字渡线。

8.1.6　到发线均应按双方向进路设计。

8.1.7　到发线有效长度 650 m,由站台长度、安全防护距离、警冲标至绝缘节的距离组成:

1　站台长度:根据列车最大编组要求,确定站台长度为 450 m;

2　安全防护距离:考虑测速测距误差、司机确认停车点距离及动车组过走防护距离,确定安全防护距离大于等于 95 m;

3　警冲标至绝缘节的距离:根据目前第一轮对距离车头的距离最长为 4. 85 m,确定警冲标至绝缘节的距离为 5 m。

因此,到发线有效长度为:450 + (95 + 5) × 2 = 650 m。

8.1.8　车站内不应设平过道。

8.2　站线平、纵断面

8.2.1　车站应设在直线上,困难条件下可设在曲线上。到发线的曲线半径应与正线设计的曲线半径相一致。

到发线上的曲线可不设缓和曲线,但应设外轨超高,其超高值应按计算确定,并不应小于 15 mm。超高顺坡率不应大于 2‰。

到发线两曲线间应设不小于 30 m 的直线段,并应满足无超高直线段长度不小于 5 m。

列车到发进路上的道岔至其连接曲线间的直线段长度不宜小于道岔侧向允许通过速度v(km/h)的 0. 4 倍(m),困难条件下不应小于 0. 2v(m),但应大于道岔跟端至末根岔枕的长度与曲线超高顺坡所需长度之和,且不应小于 20 m。

动车段(所)、综合维修基地(工区)等的牵出线设在曲线上时,曲线半径不应小于 300 m。牵出线不应设在反向曲线上。

道岔不应布置在曲线上。岔后连接曲线半径不宜小于相邻道岔的导曲线半径。

8.2.2　动车段(所)、综合维修段(工区)、大型养路机械段内的线路宜设在平道上,困难条件下可设在不大于 1‰的坡道上。咽喉区可设在不大于 2. 5% 的坡道上,特殊困难条件下,可设在不大于6‰的坡道上。

养护维修列车走行线的坡度,困难条件下不应大于30‰。

牵出线的坡度不宜大于6‰,困难条件下,综合维修基地(工区)的牵出线的坡度可结合具体情况确定。

8.2.3 车站到发线有效长范围内宜设计为一个坡段。困难条件下坡段长度不应小于450 m。其他站线可采用不小于50 m的坡段长度。

到发线上,相邻坡段的坡度差大于4‰时,应以竖曲线连接,竖曲线半径可采用5 000 m。

8.2.4 车站道岔不应与竖曲线和变坡点重叠;正线道岔两端距竖曲线起点或变坡点不宜小于20 m。

8.2.5 到发线与其他站线间轨面高差的顺接,应根据正线最大坡度、路基面横向坡度和道床厚度等因素设计确定。顺接坡道范围应为道岔终端后普通轨枕至停车标起点。顺接坡道的坡度不应大于限制坡度,且相邻坡段的坡度差,在到发线和行驶正规列车的站线上不宜大于4‰,其他站线上不宜大于5‰,坡段长度不应小于50 m。

8.3 站场路基、排水及道路

8.3.1 车站内线路中心线至路基面边缘的距离应满足以下要求:

站内正线与区间标准相同;车场最外侧《到发线不应小于4.4 m,其他线路不应小于3.5 m,且最小路肩宽度不应小于0.6 m。

8.3.2 站场路基基床应符合下列规定:

1 车站内正线路基基床标准应与区间正线相同。

2 当到发线与正线处于同一路基或铺设无砟轨道时,到发线路基应与正线标准相同。当到发线与正线间设有纵向排水槽、站台等设施时,到发线路基可与正线路基分开设置。

3 综合维修段(工区)、动车段(所)、大型养路机械段(工区)内线路的路基标准按铁道部现行《铁路路基设计规范》(TB 10001)Ⅰ级铁路标准办理。

4 客运专线引入大城市利用既有铁路车站改扩建地段,应根据列车的最高通过速度确定车站正线路基的加固措施。

8.3.3 到发线路基基床表层顶面、基床底层顶面及底面应设置4%倾向两侧的排水横坡。其他站线路基面排水横坡应结合各地区年降雨量具体确定,但不宜小于2%。

8.3.4 纵向排水槽的设置应符合下列规定:

1 车站站台范围内纵向排水槽宜设于到发线与站台之间,也可设在到发线与到发线、到发线与正线之间,并在其间设置适宜的排水系统;

2 横向排水槽不宜穿越正线;

3 站、场、段内排水槽应设置盖板;

4 其他有关排水设施的规定应按现行《铁路车站及枢纽设计规范》(GB 50091)有关规定办理。

8.3.5 车站道路与正线平行地段,道路路肩应低于铁路路肩不少于0.7 m。当不能满足时,应在其间设置安全防护设施。

8.4　车站、客运设备及段(所)

8.4.1　车站的设置应根据所在城市的大小、意义、枢纽(地区)内客运布局,车站的作业量和性质,地形、地质条件及既有设备的情况,并结合城市规划等因素确定。

8.4.2　在客运专线与客货共线铁路共站时,客运专线与客货共线铁路宜分场分线设置。

8.4.3　车站按技术作业性质可分为越行站、中间站和始发站;按客运量可分为大、中、小型车站。车站布置形式和设计规模应根据各站列车对数及列车作业性质具体确定。

8.4.4　车站图型应根据本线和跨线旅客列车共线运行原则及运营要求选择,有列车通过的正线两侧不宜设置站台。

8.4.5　有换挂机车作业的车站应设置机待线和宜设置机车走行线。

8.4.6　车站与动车段(所)之间应设走行线,其数量根据出、入段(所)次数确定。当咽喉区交叉干扰较大时,走行线宜进行立交疏解。

8.4.7　车站到发线数量应根据运输模式、客流量和运输性质确定,越行站应设 2 条,中间站应设 2 ~4 条。始发站和有立即折返作业的中间站,到发线数量应根据旅客列车对数及其性质、列车开行方案、引入线路数量和车站技术作业过程等因素确定,并应满足在高峰小时列车密集到发的需要。

8.4.8　站房根据具体条件可设计为线平式、线上式或线下式。在大城市,结合城市规划和其他条件,经技术经济比较,可设计为多层立体式候车室。

8.4.9　旅客站台的设计应符合下列规定:

1　站台长度应按 500 m 设置。

2　站台宽度应根据车站性质、站台类型、客流密度、安全退避距离、地道或天桥出入口宽度等因素确定,一般情况可按表 8.4.9 采用。

表 8.4.9　旅客站台宽度

名　　称	大型站(m)	中型站(m)	小型站(m)
站房(行车室)突出部分边缘至站台边缘距离	20.0 ~25.0	12.0 ~20.0	≥8.0 地道正对站房处≥10.0
岛式中间站台	12.0 ~12.5	10.0 ~11.0	9.5 ~10.0
侧式中间站台	9.0	7.5	7.0 ~7.5

注:1　基本站台宽度:站房范围以外时,基本站台宽度不应小于侧式中间站台标准;

2　当站台位于有列车不停站通过的正线一侧时,其宽度应适当加宽。

3　站台高度应高出轨面 1.25 m。

4　站台应位于直线上,困难条件下,曲线伸入站台端部的长度不应大于 15 m。

5　站台两端应设防护栅栏和宽度不小于 3.5 m 的栅栏门,并应标有禁行标志。

6　站台应考虑停车定位功能,并在调试和运营阶段研究解决。

7　站台上可根据人流密度需要设置厕所。

8.4.10　旅客进出站通道的设置应符合下列规定:

1 通道的宽度:大型站不应小于8.0 m,中型站不应小于6.0 m,小型站不应小于4.0 m。

2 通道通向各站台的出入口,有条件时宜设计为双向出入口,其宽度应满足表8.4.10的要求。当通道出入口设有升降电梯时,通道出入口宽度的确定尚应满足设置升降电梯的宽度要求。

表8.4.10 旅客进出站通道出入口宽度

名 称	大型站(m)	中型站(m)	小型站(m)
基本站台 岛式中间站台	5.0~5.5	4.0~5.0	3.5~4.0
侧式中间站台	5.0	4.0	3.5~4.0

8.4.11 旅客站台上设有旅客进出站通道的出入口、房屋和其他建筑物时,靠线路侧站台边缘至建筑物边缘的距离大型站不应小于3.0m,中、小型站不应小于2.5 m。困难条件下,其中一侧不应小于2.0 m。

8.4.12 车站两侧应设置防护栅栏。防护栅栏应设于用地界内0.5 m处,并应与区间防护栅栏相衔接。

8.4.13 动车段(所)的设置位置应根据枢纽内客运专线的布局与规划,动车段(所)的作业量及其性质、、地形、地质条件和城市规划,并考虑充分利用既有铁路设施和留有发展余地,经综合比选确定。

动车段(所)宜纵列配置于车站到发列车较少一端的靠近车站咽喉区外方。

动车段(所)内到发停留线与整备、检修线的配置可采用纵列式或横列式布置形式。作业量大的动车段宜采用纵列式布置;作业量较小或受地形条件限制时也可采用横列式布置。

当采用横列式布置时,应设牵出线1条,其有效长度不应小于450 m。当段外走行线能满足牵出作业要求时,可不设牵出线。

8.4.14 大型及特大型客运站线路编号应符合下列规定:

1 客运车场的正线及到发线编号应由站房侧起,按"1、2、3……"依次向外连续编号;当分场横列布置时也应连续编号。

2 客运车场两侧均设有站房时,线路编号应以主站房侧的线路起顺序向辅助站房侧编号。

3 客运车场内其他线路的编号,应在正线及到发线编号后,再按先上行端、后下行端的顺序,由站房侧向对侧依次编号。

4 衔接客运车场的其他场、段(所)应分场编号,并冠以场号或场名。

5 到发线及站线采用阿拉伯数字编号,正线采用大写罗马数字编号。

8.4.15 大型及特大型客运站旅客站台应以站台面编号,并应与线路编号一致。当有线路不邻靠站台时,站台可不连续编号。

8.5 站线轨道

8.5.1 车站到发线按一次铺设无缝线路设计。

8.5.2 站线轨道结构应根据各类站线的用途按下列标准确定:

1 到发线应铺设 60 kg/m 钢轨;其他站线铺设长为 25 m 的 50 kg/m 钢轨。

2 车站到发线在站台范围内宜铺设无砟轨道或混凝土宽枕。铺设混凝土宽枕时,每千米铺设 1 760 根,站台范围外的到发线和其他站线采用Ⅱ型混凝土枕,到发线地段每千米铺设 1 667 根,其他站线每千米铺设 1 440 根。

3 到发线应采用一级碎石道砟,站线应铺设碎石道床。到发线道床边坡应为 1:1.75,其他站线道床边坡应为1:1.5。

到发线道床顶宽应采用 3.4 m,道床厚度为0.35 m,有垫层时为 0.40 m。其他站线道床顶宽应采用 2.9 m,道床厚度为 0.25 m。

4 混凝土枕地段应采用弹条Ⅰ型扣件。

5 其他标准可按现行《铁路车站及枢纽设计规范》(GB 50091)的有关规定办理。

8.5.3 道岔号数的选择应符合下列规定:

1 正线与到发线连接的单开道岔应采用侧向允许通过速度为 80 km/h 的 18 号道岔。

2 到发线与到发线连接应采用侧向允许通过速度为 80 km/h 的 18 号单开道岔。全部或绝大多数列车均停车的个别车站以及改、扩建大型站特别困难条件下,可采用 12 号道岔。

3 车站咽喉区两正线间渡线采用侧向允许通过速度为 80 km/h 的道岔。改、扩建大型站困难条件下可采用 12 号道岔。

4 联络线与正线连接道岔应根据列车最高通过速度确定,采用侧向允许通过速度为 160 km/h 或侧向允许通过速度为 220 km/h 的道岔。

5 动车、养护维修列车等走行线在到发线上连接时应采用不小于 12 号道岔。段管线、维修线在到发线上出岔时可采用 9 号道岔。

6 位于动车段(所)内到发停车场到达(出发)端外方的道岔宜采用 12 号道岔,困难条件下可采用 9 号道岔;其他可采用 9 号道岔。

7 综合维修段(工区)、大型养路机械化段内的道岔可采用 9 号道岔。

8.5.4 相邻道岔间插入钢轨长度应符合下列规定:

客运专线正线上道岔对向设置。当有列车同时通过两侧线时,应插入不小于 50 m 长度的钢轨;当受站坪长度限制时,可插入不小于 33 m 长度的钢轨;当无列车同时通过两侧线时或道岔顺向布置时,可插入不小于 25 m 长度的钢轨。

到发线上道岔顺向布置时,可插入不小于 12.5 m 长度的钢轨;对向布置时,可插入不小于 25 m 长度的钢轨。

上述插入短轨长度尚应满足无缝线路应力检算的要求。

其他站线上道岔之间的连接按现行《铁路车站及枢纽设计规范》(GB 50091)有关规定办理。

8.5.5 道岔不宜布置在路涵、堤堑、路隧等过渡段上。道岔两端距桥台尾边缘的距离不应小于 50 m。

8.5.6 轨道附属设备和常备材料应按下列规定执行:

1 车站正线、联络线设置标志按国家现行《铁路车站及枢纽设计规范》有关规定办理。

2 站线轨道(非无缝线路)常备材料可按表 8.5.6 规定的数量设计。

表 8.5.6 站线轨道(非无缝线路)常备材料数量

材料名称		备料数量
钢　　轨		每单线千米0.5根(25 m轨)
钢轨接头配件		每单线千米2套
接头螺栓及垫圈		每单线千米2套
混凝土枕		每单线千米1根
混凝土枕扣件及其垫板		每单线千米2套
道　　岔	整组道岔	单开道岔每1~100组备1组
	岔　　枕	每1~100组备1组
	辙　　叉	每1~20组备1个
	尖　　轨	每1~20组备1对
	基本轨	每1~20组备1对

注:到发线无缝轨道常备材料数量参见正线标准执行。

附录 A　曲线地段建筑限界加宽

A. 0. 1　曲线地段的建筑限界,应考虑因超高产生车体倾斜对曲线内侧的限界加宽。其加宽量为

$$W = H \cdot h / 1\,500 \tag{A. 0. 1}$$

式中　W——曲线内侧加宽值(mm);

H——轨顶面至计算点的高度(mm);

h——外轨超高值(mm)。

曲线上建筑限界的加宽范围,包括全部圆曲线、缓和曲线和部分直线,采用图 A. 0. 1 所示阶梯加宽方法。

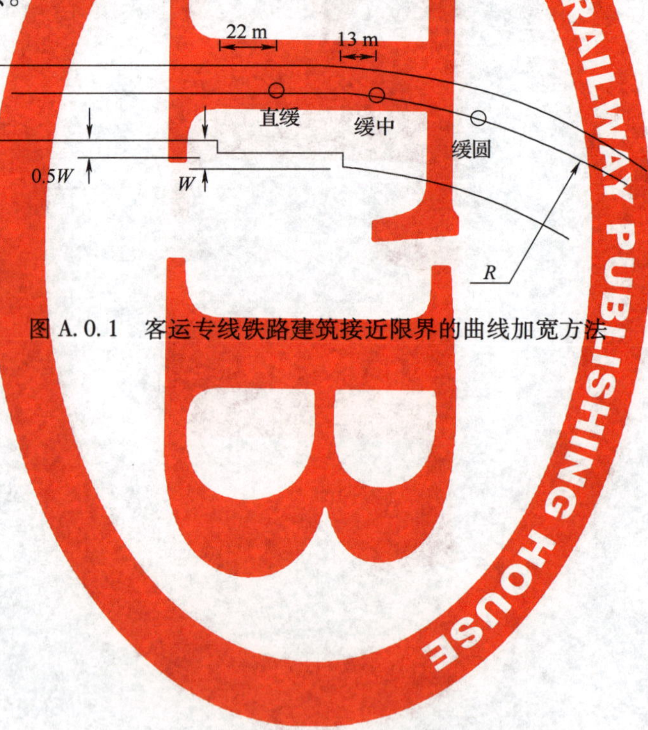

图 A. 0. 1　客运专线铁路建筑接近限界的曲线加宽方法

附录 B　软土地基沉降计算

B. 0. 1　地基沉降量计算其压缩层厚度按附加应力等于 0. 1 倍自重应力确定。

B. 0. 2　地基的总沉降量 S,一般情况下可由瞬时沉降 S_d 与主固结沉降 S_c 之和计算。此外对泥炭土、富含有机质黏土或高塑性黏土地层可视情况考虑计算次固结沉降 S_s。

1　主固结沉降 S_c 采用分层总和法计算,压缩试验资料可用 $e—p$ 曲线或 $e—\lg p$ 曲线。

1)用 $e—p$ 曲线计算时

$$S_c = \sum_{i=1}^{n} \frac{e_{0i} - e_{1i}}{1 + e_{0i}} \Delta h_i \qquad (B.0.2—1)$$

式中　n——地基分层层数;

Δh_i——第 i 层厚度(m);

e_{0i}——第 i 层中点自重应力所对应的孔隙比;

e_{1i}——第 i 层中点自重应力与附加应力之和对应的孔隙比。

2)用 $e—\lg p$ 曲线计算时

正常固结、欠固结土层:

$$S_c = \sum_{i=1}^{n} \frac{\Delta h_i}{1 + e_{0i}} C_{ci} \lg\left(\frac{p_{0i} + \Delta p_i}{p_{ci}}\right) \qquad (B.0.2—2)$$

式中　C_{ci}——土层的压缩指数;

p_{0i}——第 i 层中点的自重应力(kPa);

e_{0i}——第 i 层中心处的初始孔隙比;

p_{ci}——前期固结压力,正常固结时 $p_{ci} = p_{0i}$;

Δp_i——填土荷重附加应力(kPa)。

超固结土层:

$$S_c = S'_c + S''_c \qquad (B.0.2—3)$$

对 $\Delta p > p_c - p_0$ 的土层:

$$S'_c = \sum_{i=1}^{n} \frac{\Delta h_i}{1 + e_{0i}} \left[C_{si} \lg\left(\frac{p_{ci}}{p_{0i}}\right) + C_{ci} \lg\left(\frac{p_{0i} + \Delta p_i}{p_{ci}}\right) \right] \qquad (B.0.2—4)$$

对 $\Delta p \leqslant p_c - p_0$ 的土层:

$$S''_c = \sum_{i=1}^{n} \frac{\Delta h_i}{1 + e_{0i}} \left[C_{si} \lg\left(\frac{p_{0i} + \Delta p_i}{p_{0i}}\right) \right] \qquad (B.0.2—5)$$

式中　C_s——回弹指数。

2　瞬时沉降 S_d 可按弹性理论公式计算,即

$$S_d = \frac{PB}{E} F \qquad (B.0.2—6)$$

式中　P——路堤底面垂直荷载(kPa);

E——土的弹性模量(可由无侧限抗压试验得到,取分层厚度的加权平均值);

F——沉降系数,,由图 B. 0. 2 查得;

μ——泊松比,当缺少试验资料时,可取 $\mu = 0.4 \sim 0.5$。

3 次固结沉降 S_s:采用次固结系数计算时,次固结沉降可按下式计算:

$$S_s = \sum_{i=1}^{n} \frac{C_{ai}}{1 + e_{0i}} \lg\left(\frac{t_2}{t_1}\right) h_i \tag{B. 0. 2—7}$$

式中 C_{ai}——次固结系数,为 e—lg$p$ 曲线在主周结完成后直线段的斜率,C_a 无试验资料时,可参考表 B. 0. 2 经验值或按式;(B. 0. 2—8)估算;

t_1——相当于主固结 100% 的时间;

t_2——需要计算主固结的时间(可计至验交后的 20 年);

$$C_a = 0.018\,w \tag{B. 0. 2—8}$$

w——土的天然含水量(按小数点取值)。

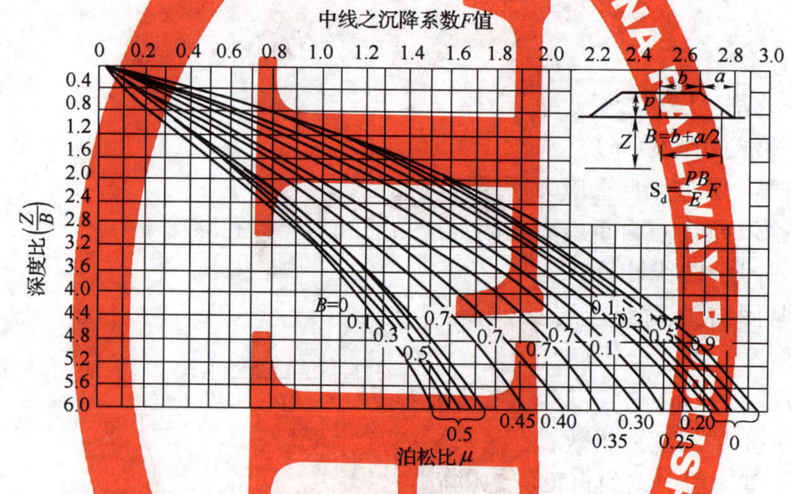

图 B. 0. 2

表 B. 0. 2 次固结系数

软土类型	泥 类	富含有机质黏土	高塑性黏土	超固结黏土
特 征	纤维结构 手感如海绵	有机质含量大于 30%	塑性指数 >25	$OCR>2$
C_a	0.1 ~ 0.3	0.005 ~ 0.03	>0.03	<0.001

B. 0. 3 地基的总沉降量也可采用沉降系数(m)与主固结沉降(S_c)计算,即

$$S = mS_c \tag{B. 0. 3}$$

沉降系数 m 为一经验系数,与地基条件、荷载强度、加荷速率等有关,其范围值对正常固结土 $m = 1.1 \sim 1.4$。

B. 0. 4 沉降计算时,列车荷载按单线有载计算。

附录 C　跨区间无缝线路的允许温降和允许温升

C.0.1　无缝线路的允许温降一般由强度条件计算确定，应按下式计算：

$$[\Delta T_d] = \frac{[\sigma] - \sigma_d - \sigma_f}{E\alpha} \tag{C.0.1}$$

式中　$[\sigma]$——钢轨允许应力(MPa)，$[\sigma] = \sigma_s/1.3$，σ_s 为钢轨的屈服极限；

σ_d——钢轨动弯应力(MPa)，其值可参考铁道部现行《铁路轨道强度检算》计算确定；

σ_f——附加纵向应力：对于路基上无缝线路，$\sigma_f = 0$；对于桥上无缝线路，σ_f 为钢轨伸缩拉应力和挠曲拉应力中的较大值；对于岔区无缝线路，σ_f 为道岔基本轨附加纵向拉应力；

E——钢的弹性模量；

α——钢的线膨胀系数。

C.0.2　允许温升的计算应符合下列规定：

1　计算温度力 P

$$P = \frac{\beta EI\pi^2 \cdot \dfrac{f + f_{0e}}{l^2} + \dfrac{4}{\pi^3}Ql^2}{f + f_{0e} + \dfrac{4}{\pi^3}\left(\dfrac{1}{R'}\right)l^2} \tag{C.0.2—1}$$

$$l^2 = \frac{\theta\omega + \sqrt{(\theta\omega)^2 + \left(\dfrac{4Q}{\pi^3} - \dfrac{\theta\omega v}{f}\right)\cdot\theta\cdot f}}{\dfrac{4Q}{\pi^3} - \dfrac{\theta\omega v}{f}} \tag{C.0.2—2}$$

式中　β——轨道框架刚度系数，一般取 2～3；

I——一股钢轨截面对于垂直轴的惯性矩；

f——轨道弯曲变形矢度；

f_{0e}——原始弹性弯曲矢度；

l——变形曲线长度，$l = l_0$；

Q——等效道床阻力；

$$\frac{1}{R'} = \frac{1}{R} + \frac{1}{R_{0p}};$$

R——曲线半径；

R_{0p}——钢轨原始塑性弯曲曲率半径；

$$v = \frac{f_{0e}}{l_0^2}, \theta = \beta EI\pi^2, \omega = v + \frac{4}{\pi^3 R'};$$

f_0——原始弯曲矢度

$$\left(\frac{f_0}{l_0}=0.991\%,\frac{f_0}{l_0^2}=2.103\times10^{-6},f_0=f_{0e}+f_{0p},f_{0p}\text{占}f_0\text{的}83\%\right);$$

l_0——原始弯曲波长;

f_{0p}——原始塑性弯曲矢度。

2 允许温升

$$[\Delta T_c]=\frac{[P]-2\Delta P}{2EF\alpha} \quad (C.0.2—3)$$

$$[P]=\frac{P}{1.3} \quad (C.0.2—4)$$

式中 ΔP——对于路基地段无缝线路,$\Delta P=0$;对于桥梁地段无缝线路,ΔP 为桥上无缝线路钢轨伸缩压力和挠曲压力中的较大值;对于道岔区无缝线路,ΔP 为道岔基本轨附加纵向压力;

F——钢轨截面积;

其他符号意义同前。

本暂行规定(上)用词说明

执行本暂行规定条文时,对于要求严格程度的用词说明如下,以便在执行中区别对待。

(1)表示很严格,非这样做不可的用词:

正面词采用“必须”;

反面词采用“严禁”。

(2)表示严格,在正常情况下均应这样做的用词:

正面词采用“应”;

反面词采用“不应”或“不得”。

(3)表示允许稍有选择,在条件许可时首先应这样做的用词:

正面词采用“宜”;

反面词采用“不宜”。

表示有选择,在一定条件下可以这样做的用词,采用“可”。

《新建时速 200 ~250 公里客运专线铁路设计暂行规定(上)》条文说明

本条文说明系对重点条文的编制依据、存在的问题以及在执行中应注意的事项等予以说明。为了减少篇幅,只列条文号,未抄录原条文。

1.0.4　运输组织模式是决定客运专线铁路主要技术方案与技术标准的前提和基础。与其他铁路一样,运输组织模式与国情、路情和沿线经济、社会条件等密切相关,具有很强的地域特征,不能完全照搬其他现成的模式。欧洲、日本、韩国、中国台湾等国家和地区,根据各自的实际情况,选择了不同的运输组织模式,主要包括客运专线型和客货混跑型。其中客运专线型中又分为纯客运专线型(如日本、韩国和中国台湾等)和高速列车下既有线的兼容型(如法国、德国等)。

但无论是哪一类型的运输组织模式,均有一个共同的发展趋势,即考虑与既有路网的兼容性,以实现列车跨线运行,提高铁路的网络效益。欧盟为了实现欧洲一体化,实现高速铁路的跨国运行,正致力于建设一个统一的欧洲铁路网,采用欧洲统一的信号制式;西班牙既有铁路为宽轨,为了将来与整个欧洲路网的连接方便,在建和计划修建的高速铁路全部采用标准轨距;日本既有铁路是窄轨,而新干线是标准轨距,曾经只能采用独立运行的模式,造成旅客出行的困难,影响了跨线客流,为此,日本对既有线进行了改造,增加一条第三轨或改造为标准轨,实现了新干线与既有线的跨线运行。

根据《中长期铁路网规划》,我国铁路将形成以北京—上海、北京—武汉—广州—深圳、北京—沈阳—哈尔滨(大连)、杭州—宁波—福州—深圳及徐州—郑州—兰州、杭州—南昌—长沙、青岛—石家庄—太原、南京—武汉—重庆—成都"四纵四横"客运专线,到2020 年建设约 1.2 万千米的客运专线,客车速度目标值达到 200 km/h 及以上。为减少跨线旅客换乘引起旅行时间和费用的额外支出,方便跨线客流,必然要开行跨线旅客列车。因此,中国的国情和客运专线网络的特点,决定了中国客运专线的运输组织模式必然是本线旅客列车和跨线旅客列车共线运行。

对跨线列车设计速度的确定,主要考虑了以下两个方面的因素:一是对基础设施建设标准和工程量的影响;二是根据我国旅客列车的发展规划,并结合目前既有线正在进行或即将进行的提速改造工程发展情况确定。新颁布的《铁路主要技术政策》对行车速度的定位是:"客货运共线的主要干线最高速度可达到 200 km/h,一般干线最高速度可达到160 km/h;既有线提速改造经技术经济分析论证,应努力达到运行速度 200 km/h 的要求;快运货物列车最高速度可达 160 km/h,普通货物列车最高速度可达 120 km/h。"可以看出,即使是普通的货车,最高运行速度也将达到 120 km/h,跨线列车在客运专线上运行速度是可以达到 160 km/h 及以上的。因此,规定跨线列车运行速度不小于 160 km/h 。

1.0.5　铁路运量是随着国民经济的发展逐步增长的。铁路建筑物和设备的能力应与运量相适应,分阶段加强,以满足国民经济发展对铁路日益增长的运输需求,并节约各期投资,提高经济效益。为此,必须明确规定不同建筑物和设备能力的不同设计年度。

设计年度分期多,可有效地节约初期工程投资。但为适应运量的增长,必须对建筑物和设备频繁地进行改扩建,增加后期工程投资,影响铁路的正常运营。相反,设计年度分期少,建筑物和设备能力富裕量大,初期投资大,但可减少改扩建对铁路正常运营的影响,保证铁路的正常运输效率。可见,设计年度分期划分不宜过多,也不宜过少。

铁路客运专线的主要任务是输送旅客,对运输质量要求高,列车运行对基础设施要求高,要求轨道应具有高平顺性,要尽可能减少施工对运营的干扰,保证客运专线安全正点。因此,客运专线铁路的设计年度分为近、远两期。

对于可以逐步改扩建的设备,按近期运量和运输性质确定,但必须预留远期发展的条件。为避免改建困难和对运营的干扰,对不宜改扩建的建筑物和设备,按远期运量和运输性质确定,并考虑长远发展要求。

1.0.8 建筑限界是客运专线铁路的基本技术标准之一,与设备设施的设计密切相关。

根据运输组织模式,客运专线铁路除运行本线车外,还将运行既有线上的跨线列车。因此,建筑限界必须同时满足本线列车及跨线列车的运行安全。

客运专线铁路建筑限界的高度主要考虑接触网悬挂方式、导线高度、结构高度、带电体对地绝缘距离以及施工误差等因素。根据接触网悬挂方式的专题研究意见,接触线悬挂点高度为 5 300 mm,结构高度不小于 1 400 mm,水平腕臂上承力索零件安装高度 50 mm,带电体对地绝缘距离、建筑物沉降、工务抬道及安全裕量等因素合计考虑500 mm,以上合计 7 250 mm。因此,规定建筑限界的高度不小于 7 250 mm。

由于客运专线铁路没有货物列车,特别是超限货物列车运行,建筑限界的最大宽度可不小于既有铁路。但限界宽度增大并不会增加工程量。因此,最大宽度与既有铁路的建筑限界即 GB 146.2—83 中的规定一致,为 4 880 mm。

为方便旅客上下车,客运专线铁路的站台高度应与客车车辆的底板高度相适应,根据动车组研究情况,确定为 1 250 mm。因此,站台高度限界确定为 1 250 mm。

将客运专线铁路站台限界的宽度确定为 1 750 mm,与既有线站台限界宽度一致。这样,本线列车或跨线列车无论是停靠在客运专线铁路站台,还是停靠在既有铁路站台,车厢侧壁与站台边缘的间隙可以大大减少,保证旅客上下列车的安全。同时,为了保证列车通过站台时的安全,要求本线列车或跨线列车设计时,距轨面 1 250 mm 及以下的车辆动态包络线,应综合考虑列车通过站台时的振动偏移量、列车停靠时塞拉门的开启、风荷载引起的车体偏移和轮缘磨耗、轨距扩大引起的车体偏移及一定的安全间隙等综合因素后,仍不大于 1 750 mm。

同时,要求站台修建也应对其高度和距线路中心线的距离施工误差有所限制,以方便旅客上下,保证旅客的安全。

建筑限界的曲线加宽,通常考虑曲线上车辆的几何偏移量和超高引起的车辆偏移量,经按我国研制中的高速车辆计算,车体在曲线上的几何偏移量甚小(小于附加的安全裕量 150 mm)。故曲线限界加宽只考虑由于超高引起车体倾斜的曲线内侧加宽。

根据本暂行规定制定的各项设计标准,在桥梁上和隧道内的建筑限界之外均有足够的空间,故图 1.0.8 亦适用于桥梁和隧道。

1.0.9 正如第 1.0.4 条条文说明所述,我国客运专线的运输组织模式是本线列车和跨线列车混合运行的客运专线模式。因此,本条规定客运专线铁路与既有铁路连接,有关设备宜与既有铁路兼容,主要目的是强调信号、接触网、牵引供电等设备必须与既有铁路兼容,以实现列车的跨线运行。

1.0.10 正线按双方向设计,主要是考虑到我国铁路的特点是行车密度大、列车运行距离长,需要运输调整的可能性大。所以,为了在线路维修或一些特殊情况下、,客运专线列车能够通过渡线,采用反向运行来实现运行图的调整,尽可能减少对旅客的影响,因此正线按双方向设计,反向应具备行车条件,但反向不按正向速度、追踪标准设计。

1.0.11 根据我国铁路中长期发展规划及经济发展对交通建设需求分析,我国客运专线建设所经地区应为经济发达、城镇分布较稠密、人口交流密度较大的地区,客运专线的车站分布,首先要充分考虑经济据点的分布,最大限度的吸引客流。国外高速铁路站间距离,短则不到 20 km,长的达 100 km 以上,主要决定于城市分布和市场需求情况。国内外高速铁路的车站分布情况见说明表 1.0.11。

说明表 1.0.11 国内外高速铁路车站分布情况表

国家或地区	线　　名	总长度(km)	车站数目(个)	平均站间距(km)	最大站间距(km)	最小站间距(km)
日　本	东 海 道	515	15	36.8	68.1	15.9
	山　　阳	554	18	32.6	55.9	10.5
	东　　北	496.5	18	32.6	55.9	10.5
	上　　越	269.5	9	33.7	41.8	23.6
	北　　陆	117.4	6	23.5	33.2	17.6
法　国	巴黎—里昂	417	4	104		
	里昂—瓦朗斯	121	2	121	121	
	瓦朗期—马赛	303	3	156		
	大西洋	281	4	70	168	15
	北方线	333	3	111		
德　国	汉诺威—威尔茨堡	327	5	82		
	曼海姆—斯图加特	105	2	105	105	
	法兰克福—科隆	219	5	55		
	汉诺威—柏林	264	5	66	130	10
西班牙	马德里—塞威利亚	471	4	157		
韩　国	汉城—釜山	430	6	83.7	126.8	62.9
中国台湾	台北—高雄	345	7	57.5		
中　国	秦皇岛—沈阳	404.6	9	45	68	31
中　国(规划)	北京—上海	1 316	32	42.4	70.2	22.2

从说明表 1.0.11 可以看出,除日本高速铁路的站间距离较小以外,其他各国高速铁路的站间距离均较大。这主要是由于日本高速铁路沿线的人口密度较大,行车密度也大,而欧洲各国高速铁路的沿线人口密度较小,行车量也相对较小。我国已建成的秦沈客运专线新设车站 12 座,其中近期开放 6 座、预留 6 座。近期平均站间距 45 km、最大站间距 68 km、最小站间距

31 km 远期平均站间距 27 km、最大站间距 42 km、最小站间距 17 km。

在客运专线上,除运行本线按照设计速度运行的本线列车外,还运行一定数量的跨线低速列车。从能力上讲,跨线低速列车所占的比例和运行速度是影响:车站分布的重要因素。对于每一条新建的客运专线来说,不同的运输组织和列车的开行方案,是影响车站分布的重要因素。不同线路跨线列车比例和速度不同,要求的站间距离也不同。因此,客运专线车站的分布,应根据每一条线的具体情况,从城市的分布与规划、列车的开行方案、运输组织方式(如是否套跑、高峰期运输组织、跨线列车组织等)、跨线列车的比例和运行速度、铺画列车运行图对能力的要求和车站的技术作业需要,结合地形、地质、水文等沿线自然条件经综合研究后确定。站间距离不宜短于 20 km。对于站间距离较大的区间,当能力检算不能满足远期需要时,可设置越行站、区间渡线,或结合沿线地方经济发展规划,在人口和经济增长较快的地点预留中间站。

1.0.12 路基作为轨道基础之一,一般在客运专线中所占长度比例较大,所经沿线地质和地形条件复杂程度不一,但选线中容易忽视高填、深挖、长路堑和高大挡土墙等对路基工程安全稳定的影响。对特殊土和滑坡、采空区等不良地质条件地段,必须先行进行详细勘察,评价路基安全稳定性。如果对路基安全影响较大,整治工程投入大,必须予以绕避。根据我国既有铁路在受洪水影响大和河流冲刷严重地段或降雨量大、降雨强度高、降雨历时长的区域,往往频频发生路基工程冲毁、坍塌、断道等影响运输安全事故,经验教训很多。客运专线选线和工程设计必须重视水文和地质勘察,应尽量绕避河流水文条件复杂、冲刷严重地段,或采用桥涵通过,或选用抗冲刷能力强的路基工程措施处理,提高客运专线抵御自然灾害的能力,以保证客运专线的长期安全稳定。

1.0.13 客运专线铁路路基、桥梁、轨道等的建设标准和技术要求之所以比一般铁路高得多,根本原因是由于客运专线必须保证轨道具有持久稳定的高平顺性。这是因为轨道不平顺是引起列车振动、轮轨动作用力增大的主要原因。在高平顺性的轨道上,高速列车的振动和轮轨间动作用力均较小,行车安全和平稳性、舒适性能够得到保证,轨道和机车车辆部件的使用寿命和维修周期也较长。反之,即使轨道、路基和桥梁结构在强度方面完全满足要求,而平顺性不良时,在高速行车条件下,各种轨道不平顺引起的车辆振动和轮轨动作用力将大幅度提高,使平稳、舒适、安全性严重恶化,甚至导致列车脱轨。

为保障高速行车的平稳、安全和舒适,必须严格控制轨道的平顺性。

轨道的高平顺性主要体现在以下几个方面:

(1)钢轨的原始平直度公差要小;

(2)焊缝的几何尺寸公差要小;

(3)道岔区不能有接头轨缝、有害空间等不平顺;

(4)高低、轨向、水平、扭曲和轨距偏差等局部孤立存在的不平顺幅值要小;

(5)敏感波长和周期性不平顺的幅值要小;

(6)轨道不平顺各种波长的功率谱密度值都要小。

为保证高速行车的平稳、安全、舒适,要严格控制轨道具有高平顺性,必须满足以下条件:

(1)沉降小、稳定性好的路基是确保轨道高平顺性的前提。路基设计和施工必须满足路基的工后沉降小、不均匀沉降小,在动力作用下变形小、稳定性高等要求。

①必须严格控制工后沉降。当路基沉降量偏大或沉降速率过大时,就要造成轨道养护维修量增大,容易造成“记忆性”病害,难以保持轨道的高平顺,难以保证列车按照正常

速度运行。因此,为达到轨道少维修、保证轨道高平顺性的目的,就要使路基的工后沉降量越小越好。但是,工后沉降越小,需要投入地基处理的工程费用就会大幅度增加,因此,需要确定一个既满足列车正常运行要求、少维修,又在经济上可以接受的允许值。具体沉降量限值见路基章节内条文说明。

②严格控制路基的不均匀沉降。在 100 m 范围内的路基不均匀沉降,将直接造成幅值较大的轨道长波高低不平顺,更短范围内的路基不均匀沉降,将直接在路基的稳固和安全方面造成影响。因此,要严格控制路基的不均匀沉降。

③要控制路基的初始不平顺。这是由于路基的初始不平顺过大,将导致道床厚度不均匀,道床弹性和残余变形积累不均匀,也会逐渐形成轨道的中长波不平顺。

(2)桥梁的动挠度等变形必须满足高平顺性的要求。

桥梁的挠度、折角、扭曲等变形直接影响轨道的平顺性,因此,桥梁梁跨的组合、桥梁的刚度、自振频率等设计应满足轨道的平顺性条件。

多跨等距桥梁更要严格控制动挠度形成的周期性不平顺,跨度选择应避开敏感波长,尤其要避免形成最不利周期性轨道不平顺。因此,在一般的桥梁设计中,经常采用多跨等距桥梁,便于施工组织,降低工程造价的设计思路,在高速铁路设计中需要有所改变,而应采用小跨度、大刚度、不等距桥梁梁跨设计,这样比较容易满足平顺性条件。

(3)道床必须选用硬质、耐磨的道砟,并在铺枕前整平压实。

选用硬质、耐磨的道砟,并压实道床,对于保证平顺性、提高开通速度、减少道床残余变形积累、降低轨道的养护维修工作量非常有效。近十多年来国外重载、高速铁路均已采用。铁科院轨道动力学试验室进行的试验也证实了国外这一重要措施的效果。在完全相同的货车滚压条件下,经过 123 万 t 通过总重,道床下层经压实的轨道与未经压实的轨道相比,最大残余变形前者为 15 mm,后者为 50 mm,相差 3.3 倍;接头部最大不平顺,前者为 13 mm,后者为 42 mm,相差 3.2 倍,压实道床的效果十分明显。

(4)严格控制轨道的初始不平顺。

轨道初始不平顺是运营后各种轨道不平顺发生、发展和恶化的根源,若不进行严格控制,将造成运营过程中难以处置的无穷后患。根据欧洲的研究,轨道初始不平顺状态对以后轨道长期的平顺状态和维修工作量有决定性影响。初始状态好的轨道,维修周期长,能长期保持良好的水平;初期状态不好的轨道,不仅维修周期短,增加维修作业次数也很难改变轨道初期“先天”的不良水平。日、法、德、瑞等国都制定了非常严格的轨道铺设精度标准。因此,要提高轨道的铺设精度标准,严格控制轨道的初始不平顺。

总之,客运专线铁路是否能够安全、平稳、舒适运行,是通过轨道的平顺性来体现的,但真正影响高速列车安全、平稳、舒适运行的不仅仅是轨道,而是由路基、桥梁和轨道等组成的基础设施整体。因此,客运专线铁路各结构物的设计,不仅要强调各结构物本身的高平顺性和稳定性,还要强调各结构物组合后的平顺性和稳定性,要对车、线、桥(或路基)的组合进行动力仿真分析,确保高速列车安全和舒适地运行。

1.0.14 我国既有铁路原有大量的平交道口,随着铁路行车密度的加大和运行速度的提高,平交道口成为一个非常突出的事故点。为了实现平交道口立交化,减少道口交通事故,铁路部门每年投资 10 亿多元改造平交道口。截至 2004 年 11 月,全国还有铁路平交道口 11 676 处,在 2004 年 1 月至 10 月,因道口交通事故中断行车 1 851 小时,给人民生命财产和铁路运输造成很大损失。客运专线铁路与既有铁路相比,列车运行速度快,这一问题将更为突出,并且不允许行人、牲畜等上到线路上,所以规定客运专线铁路必须按全封闭、全立交设计。

1.0.15 根据新建客运专线在路网的地位及作用,为方便旅客,减少旅客在接轨站的换乘,最大限度地吸引客流,需设置跨线旅客列车联络线。

跨线旅客列车联络线的设置标准应根据联络线的性质(如通过联络线的列车种类、联络线近远期发展情况、联络线的长度等)及联络线所在位置,结合联络线所处地区的地形地质条件,经综合技术经济比较确定。当所联接的方向有客运专线铁路引入,且联络线将来不能用于两条客运专线间的联络线时,考虑到联络线的使用年限较短,其技术标准可适当降低;当联络线的使用年限较长,且联络线长度较长,或联络线有可能发展为客运专线之间的联络线时,由于连接方向的旅客列车行车速度较高,联络线的设置标准应适当提高。具体速度目标值应根据技术经济比选确定。

联络线速度目标值确定后,可根据其速度目标值参照相应的设计规范或暂行规定确定线路主要技术标准。

1.0.16 动车段与始发、终到站的走行距离受动车段段址控制,地方用地及规划影响着段址选择。当走行距离较短且满足能力需要时,走行线的设计速度可低一些,反之则设计速度应高一些,即结合工程技术经济情况具体确定适宜本工程的标准。但由于动车走行线上所走行的动车组不载人,不存在舒适度问题,故其平面标准可按满足安全条件计算确定。其纵断面标准因动车组牵引功率大,最大坡度可按不大于30‰设计,但为保护动车组车轮圆顺性,因此规定动车组走行线的轨道按无缝线路标准设计。

1.0.17 自2005年4月1日起施行的《铁路运输安全保护条例》,对铁路线路安全保护区、铁路线路安全保护标志及警示标志的设置作出了规定,因此以上安全设施的设置必须符合国家和相关标准的规定。

1.0.18~1.0.19 农业是国民经济的基础,土地是不可再生的资源。十分珍惜和合理利用土地是我国的基本国策。因此,铁路设计时应尽可能节约用地,少占农田,便于农田灌溉,有利于水土保持。

客运专线铁路设计时应注意保护生态环境、自然环境和周边人文环境。随着经济的发展及人民生活水平的提高,环境质量价值越来越高,可持续发展已经成为各类工程建设必须解决的重要课题。因此,在设计客运专线铁路时,要尽量减小对周围环境的破坏,设计顺畅的排水系统,做好水土保持,搞好绿色通道建设,美化周边环境。

客运专线铁路由于运行速度高,存在噪声和振动等问题。客运专线铁路的主要噪声源是轮轨噪声、机械噪声、弓网噪声和空气动力学噪声(车体与空气摩擦噪声)等。国外高速铁路试验和运营经验表明,列车运行速度达200 km/h以上时,在无声屏障情况下距线路中线25 m测定的噪声达85 dB(A)以上;当速度达270~300 km/h以上时,噪声达93~105 dB(A)以上。速度再提高时,噪声强度同速度的高次方成正比。而我国普通铁路噪声标准(GB 12525—90)规定,距铁路中线30 m处昼夜及夜间等效连续A声级均不得大于70 dB(A)。我国《城市区域环境振动标准》(GB 10070—88)中规定,铁路干线两侧振动标准为80 dB(日本新干线为90 dB)。

因此要把满足国家规定的环境质量要求作为客运专线技术体系中的重要组成内容,并采取有效的措施,进行减振降噪。降噪措施有多种,最常用的是采用声屏障、以混凝土梁或结合梁代替钢结构明桥面,铺设无缝线路并根据需要进行钢轨打磨等也是降噪效果良好的措施。通常采用提高轨道的弹性,如增加道床厚度、加强弹性垫层等减振措施,来满足环境振动标准;通过采取措施,来满足沿线人民群众对环境的要求,体现铁路设计“以人为本”的理念。

另外,国家对基本建设制定了许多法律、法规,因此在客运专线设计中,同时还要满足国家对基本建设工程所制定的有关的法律、法规的要求。

1.0.20 对自然灾害多发地段,应设防灾安全监测设备并在综合调度系统中设防灾安全监控子系统。日本研究和运营部门在新干线投入运营以后一直进行研究,以最大限度地减少乃至避免自然灾害对新干线运营造成的危害,现已形成一套完善的安全防护系统。

新干线的各种监测防护措施和标准,是在大量试验研究的基础上制定的。如通过在静止与不同行车速度和不同风速条件下的脱轨限界试验和稳定性试验,规定在风速为20、25、30 m/s 时,新干线的行车速度为 160、70 km/h 和停运。为此在沿线可能发生阵风的区段设置风速仪,并与综合调度室联网;又如针对日本地震频发,规定在地震加速度为40 ~80 gal、80 ~1 20 gal 和大于 120 gal 时,新干线的行车速度分别为 70、30 km/h 和停运,并在东京—大阪间的 25 个变电所安装了地震早期检知(即 P 波检测)警报装置。其他如针对雨、雪害的影响也制定了相应的防范措施,在有可能发生意外故障的立交桥等处安装报警装置等。

为确保行车安全,客运专线铁路应设防灾安全监控子系统。

1.0.22 国家建设部发布的《工程建设标准强制性条文》,是现行工程建设国家标准和行业标准中直接涉及人民生命财产安全、人身健康、环境保护和其他公众利益的内容,同时考虑了提高经济效益和社会效益等方面的要求。列入《工程建设标准强制性条文》的所有条文都必须严格执行。因此,本总则规定客运专线铁路设计尚应符合国家现行的《工程建设标准强制性条文》的有关强制性标准。

3.1.1 客运专线铁路的特点表面上看主要是列车运行的速度提高了,但其真正特点是各种运行工况下的不利因素在高速条件下被放大了。对于线路平、纵断面而言,列车的竖向和横向加速度在高速条件下增大了,列车各种震动的衰减距离在高速条件下延长了,各种震动叠加的可能性在高速条件下提高了,相应旅客乘坐舒适度在高速条件下更敏感了。因此,客运专线铁路线路平、纵断面设计应采用较大的线路平面圆曲线半径、较长的纵断面坡段和较大的竖曲线半径,提高线路的平顺性,以尽可能降低列车的横向和竖向加速度,降低列车各种震动叠加的可能性,从而提高旅客的乘坐舒适度。

3.2.1 圆曲线半径是确定线路容许速度、计算曲线超高及缓和曲线长度、曲线正矢、曲线地段建筑限界加宽等诸多设计参数的基础参数,应根据标准化原理进行统一、简化、协调,形成系列,条文中规定了铁路设计宜采用的曲线半径数列,即半径数列为:12 000、10 000、9 000、8 000、7 000、6 000、5 500、5 000、4 500、4 000、3 500、3 000、2 800、2 500、2 200 和2 000 m。为增加曲线半径选择的灵活性,以适应特殊地形条件下节省工程投资的需要,本条文规定了必要时可采用系列半径间 100 m 整倍数的曲线半径。

3.2.2 曲线半径的选用应因地制宜,合理选用,以使曲线半径既能满足行车速度和设置建筑物的技术要求,又能适应地形地质等条件,减少工程,做到技术经济合理。由于曲线半径直接决定行车速度,应根据线路不同地段的行车速度适当选定相应的曲线半径;对于位于大型车站两端减、加速地段或必须限速的站外引线上,由于行车速度较低,为减少工程,可选用与实际行车速度相适应的较小曲线半径;对地形、地质条件困难及工程艰巨地段,亦可适当选用较小曲线半径并宜集中设置,以免列车频繁限速而恶化运营条件。

1　最小曲线半径

最小曲线半径是铁路线路主要设计标准之,它与铁路运输模式、速度目标值、旅客乘坐舒适度和列车运行平稳度等有关。

在运输模式为高、低速客运列车共线运行的线路上,最小曲线半径主要取决于高速列车最高运行速度 v_G、低速列车正常运行速度 v_Z、欠过超高之和的允许值(h_q+h_g]等因素。

在单一速度列车运行的线路上,最小曲线半径主要取决于基础设施速度目标值 v_{max}、实设超高与欠超高之和的允许值[$h+h_q$]等因素。

(1)速度目标值匹配选择

根据我国铁路运输规划,今后的铁路运输将实行客货分线。按照我国既有客运技术水平及规划客运系统情况分析,客运专线上将实行高低速列车共线运行。有关工程建设和运输实际情况的分析结果表明,不同速度目标值共线运行时,其低、高速之比小于 0.6 时,会增大基础工程建设投资,降低线路输送能力。根据第 1.0.3 条规定,跨线旅客列车运行速度不低于 160 km/h,因此本暂行规定采用的高低速匹配为:250/160 km/h、200/160 km/h,限速值 160 km/h 及以下时按单一速度运营考虑。

(2)实设超高、欠超高、过超高的允许值

①实设超高允许值[h]

实设超高允许值[h]主要取决于列车在曲线上停车时的安全、稳定和旅客乘坐舒适度要求。根据铁科院 1980 年的试验研究,当列车停在超高为 200 mm 的曲线上时,部分旅客感到站立不稳,行走困难且有头晕不适之感。日本新干线最大超高为 180 mm,东海道新干线为 200 mm;德国 ICE 线和法国 TGV 线为 180 mm;京沪高速铁路实设最大超高允许值[h]为 180 mm 。经综合考虑,本暂行规定最大超高允许值[h]采用 180 mm。实设超高取值应考虑运营养护维修和旅客乘坐舒适度要求,预留一定余量。

②欠超高允许值[h_q]

欠超高允许值[h_q]在客运铁路上主要取决于旅客乘坐舒适度要求。同时考虑到铁路上过大的欠超高可能带来较大的维修工作量,因而在选择欠超高允许值时尽可能留有一定余地。

根据铁科院 1979 年在京广线及 1980 年在滨洲线常规铁路上欠超高与乘坐舒适度关系试验结果,以及 1993 年在铁科院环形铁道进行的广深准高速客车试运行中对舒适度和欠超高关系的评价意见、京沪高速铁路设计暂行规定欠超高允许值标准等,本暂行规定欠超高允许值标[h_q]如说明表 3.2.2—1 所示。

说明表 3.2.2—1　欠超高允许值(mm)

条　　件	舒适度良好	舒适度一般	舒适度较差
欠超高允许值[h_q]	40	80	110

③过超高允许值[h_g]

对低速列车的过超高允许值[h_g],目前国内没有试验资料,只能采用类比方法确定。根据英、日等国 20 世纪 60 年代的试验结果,认为过超高与欠超高对旅客乘坐舒适度的影响是同等的。在我国既有客货混运干线过超高允许值远小于欠超高允许值,主要是考虑货物列车的轴重及通过总重大于客运列车,其对曲线内轨磨耗及线路的破坏作用较大,故需较严格地限制对货物列车的过超高允许值。在高、低速共线的客运专线上,考虑到低速列车的车辆走行性能比货物列车要好得多,因而过超高引起的对内轨磨耗和对线路破坏作用要小一些,故其过超高允许值可以适当放宽,重点应保证高速列车的旅客乘坐舒适度,因此取过超高允许值与欠超高允许值一致(同说明表 3. 2. 2—1)。

(3)高、低速共线运行时欠、过超高之和的允许值$[h_q + h_g]$

高、低速列车共线运行在某一半径的曲线上,按高、低速均衡速度计算的超高值与按均方根速度确定的实设超高值,往往有差值 Δh,由此造成列车实际运行时高速列车产生的欠超高 h_q 和低速列车产生的过超高 h_g,往往超出限值$[h_q]$、$[h_g]$,故在确定设计超高时,要为现场适应运输情况变化而预留调整实设超高的幅度 Δh,即对$[h_q + h_g]$要留有一定的余量:

$$[h_q + h_g] = [h_q] + [h_g] - \Delta h$$

Δh 与高、低速列车对数、重量、速度有关,对京沪线资料分析试算结果,Δh 一般为 20 ~ 50 mm。

本暂行规定采用的欠、过超高之和允许值见说明表 3. 2. 2—2。

说明表 3. 2. 2—2　高、低速列车共线时欠、过超高之和允许值

欠、过超高之和允许值	标准值(mm)	困难值(mm)
$[h_q + h_g]$	110	140

说明表 3. 2. 2—3　单一速度列车运行条件下实设超高与欠超高之和允许值

实设超高与欠高之和的允许值	标准值(mm)	困难值(mm)
$[h + h_q]$	220	260

(4)单一速度列车运行时实设超高与欠超高之和的允许值$[h + h_q]$

其理由同上述对$[h_q + h_g]$的分析。因为即使是单一速度列车运行的线路,也会因列车开行方案不同有一定的速差,同样也会产生 Δh 的效应。因此$[h + h_q]$亦应小于$[h] + [h_q]$。

同时参考国外高速客运专线上的$[h + h_q]$取值情况,本暂行规定实设超高与欠超高之和的允许值见说明表 3. 2. 2—3。

(5)最小曲线半径 R_{min} 的确定

高、低速列车共线运行在半径为 R 的圆曲线上,其实设超高 h 与其相应的欠、过超高 h_q、h_g 及其允许值$[h_q]$、$[h_g]$之间满足下式:

$$h = \frac{11.8v_G^2}{R} - h_q \geqslant \frac{11.8v_G^2}{R} - [h_q] \qquad (说明 3. 2. 2—1)$$

$$h = \frac{11.8v_Z^2}{R} + h_q \leqslant \frac{11.8v_Z^2}{R} + [h_g] \qquad (说明 3. 2. 2—2)$$

考虑前述在高、低速列车共线运行条件下存在 Δh 关系,最小曲线半径 R_{min} 应按下式确定:

$$R_{min} = 11.8\frac{v_G^2 - v_Z^2}{[h_q + h_g]} \qquad (说明 3. 2. 2—3)$$

式中　v_G,v_z——高、低速列车设计速度。

满足高速列车不限速即单一速度列车运行条件下,按表 3. 2. 2—3 的实设超高与欠超高之和允许值$[h + h_q]$,其最小曲线半径应按下式确定:

$$R_{min} = 11.8\frac{v_{max}^2}{[h + h_q]} \qquad (说明 3. 2. 2—4)$$

式中 v_{max}——列车最高设计速度。

按高速 250 km/h 与低速 160、140、120 km/h 匹配及 200 km/h 与低速 160、140、120 km/h匹配,按式(说明 3.2.2—3)计算得出的最小曲线半径 R_{min}如下述各表。

根据上述确定的超高参数、速度匹配条件按式(说明 3.2.2—3)计算出的最小曲线半径如说明表 3.2.2—4。

说明表 3.2.2—4

速度(km/h)	250/160	250/140	250/120	200/160	200/140	200/120
最小曲线半径(m)	3 958	4 602	5 160	1 545	2 188	2 746
困难最小曲线半径(m)	3 110	3 616	4 054	1 214	1 719	2 158

根据上述确定的超高参数、速度匹配条件按式(说明 3.2.2—4)计算出的最小曲线半径如说明表 3.2.2—5。

说明表 3.2.2—5

速度(km/h)	250		200	
	一 般	困 难	一 般	困 难
最小曲线半径(m)	3 352	2 837	2 145	1 815

取上述两表中较大者作为最小曲线半径值,如说明表 3.2.2—6。

说明表 3.2.2—6

速度(km/h)	250/160	250/140	250/120	200/160	200/140	200/120
最小曲线半径(m)	4 000	4 700	5 200	2 200	2 200	2 800
困难最小曲线半径(m)	3 500	3 700	4 100	2 000	2 000	2 200

2 限速地段最小曲线半径

(1)本暂行规定规定了特别困难条件下的个别地段经技术经济比选和鉴定审批,可按限速条件设计,以增加设计的灵活性和节省工程投资。

(2)客运专线铁路主要为客运服务,列车进出较大城市车站一般均停站,因此车站两端有减、加速地段,另外大城市建筑密集、既有铁路技术标准一般较低,因此车站两端线路控制因素较多,往往也不可能设置大半径曲线,故本暂行规定规定了可采用与行车速度相适应的较小曲线半径,从而既可满足行车速度技术要求,又可避免城市大量拆迁,节省工程投资。

(3)当设计线路利用既有铁路引入既有客运站时,其线路平面标准一般宜与设计线行车速度相适应。如果因此将引起既有铁路重大改建或城市建筑大量拆迁工程时,经技术经济比选,可采用与既有铁路提速规划相适应的曲线半径。

(4)限速地段最小曲线半径的确定:

对于限速地段,最小曲线半径主要取决于高速列车的设计速度 v_G 和低速列车设计速度 v_Z,即应按下列两式计算,并取二者中之大者:

$$R_{min} = 11.8\frac{v_G^2 - v_Z^2}{[h_q + h_g]} \qquad \text{(说明 3.2.2—5)}$$

$$R_{min} = 11.8\frac{v_G^2}{[h + h_g]}$$ (说明 3. 2. 2—6)

式中 v_G——高速列车设计速度;

v_Z——低速列车设计速度。

本暂行规定规定低速列车速度为 160 km/h。当高速车限制速度在 160 km/h 及以下时,属单一速度列车运营,其最小曲线半径由式(说明 3. 2. 2—6)确定,计算结果及取值见说明表 3. 2. 2—7 和说明表 3. 2. 2—8。

说明表 3. 2. 2—7 限制速度最小曲线半径计算

限制速度(km/h)	160	140	120	100
最小曲线半径(m)	1 373	1 051	772	536
困难最小曲线半径(m)	1 162	890	654	454

说明表 3. 2. 2—8 各种限制速度最小曲线半径表

限制速度(km/h)	160	140	120	100
最小曲线半径(m)	1 400	1 200	800	550
困难最小曲线半径(m)	1 200	1 000	700	500

3. 2. 3 最大曲线半径限值

最大曲线半径标准关系到线路的铺设及养护维修能否达到要求的精度。

曲线的线形或轨道的平顺主要是依据基桩控制曲线的正矢值或偏矢(不等弦测量)来保持的。基桩决定于测设精度;正矢值则与曲线半径成反比,与弦长的平方成正比。

当曲线半径大到一定程度后,正矢值将很小,测设和检测精度均难以保证极小的正矢值的准确性,因此宜对圆曲线最大半径加以限制。

根据国外高速铁路的测设经验,如日本、法国,在曲线地段沿线每隔 10 m 设置一基桩作为线路的基准。法国高速线路基桩的点位误差控制在 1 mm。

综合考虑线路测设精度和轨道检测精度,并参考国外试验线上最大曲线半径情况以及有关高速铁路设计标准,本暂行规定规定最大圆曲线半径一般不宜大于 10 000 m,困难条件下不应大于 12 000 m。

3. 2. 4 复曲线存在下列缺点:

(1)不同半径的曲线产生的离心力不同,外轨超高值不一致,半径变更时,作用在列车上的横向力(或横向加速度)改变,降低了旅客舒适度条件,这对高速列车尤为不利。

(2)由于复曲线上曲线阻力不同,高速列车在两曲线间短距离即短时间内改变列车受力情况,降低了列车运行的平稳性和旅客舒适度。

(3)增加勘测设计、施工和养护维修的难度。

故条文规定,正线不应设计复曲线。

3. 2. 5 缓和曲线

为使列车安全、平顺、舒适地由直线过渡到圆曲线或由圆曲线过渡到直线,满足递减曲线超高的需要,在直线与圆曲线间必须设置一定长度的缓和曲线。对于客运铁路,由于旅客乘坐舒适度要求较高,因而对缓和曲线设置标准要求也更为严格。

1 缓和曲线线形的选定

缓和曲线有多种线形,如三次抛物线形、三次抛物线余弦改善形(在三次抛物线缓和曲线超高的起、终点处插入一定长度的余弦曲线圆顺坡)、三次抛物线圆改善形(在三次抛物线缓和曲线超高的起、终点处插入一定长度的圆曲线顺坡)、七次四项式、半波正弦形、一波正弦形等。

铁科院的相关研究和实测结果表明,只要缓和曲线长度达到一定要求,各种线形的缓和曲线均能保证高速行车安全和旅客乘坐舒适度的要求。国外高速铁路的运营实践也证明了这一点。

三次抛物线线形简单、设计方便,平立面有效长度长、现场运用、养护经验丰富等特点,本暂行规定缓和曲线线形采用三次抛物线形。

2 缓和曲线长度计算

缓和曲线长度是铁路线路平面设计的主要参数之一。为保证列车运行的安全和旅客乘坐舒适度的要求,缓和曲线应有足够的长度,但过长的缓和曲线控制着平面选线和纵断面变坡点设置的灵活性,并引起工程增大。因此,缓和曲线长度的选择应因地制宜,从长到短,合理选用。

缓和曲线长度的计算,取决于超高顺坡率允许值、未被平衡的横向加速度时变率允许值(欠超高时变率允许值)、车体倾斜角度允许值(超高时变率允许值)等相关参数的取值。

其中超高顺坡率允许值受车辆脱轨安全性的控制,我国现行《铁路线路设计规范》规定,最大超高顺坡率不大于2‰即1/5 00,国外(日、英、德)规定的超高顺坡最大值分别为1/2 00 ~1/400 不等。

据此,对超高 h 线性变化的三次抛物线形或其改善形缓和曲线,由车辆脱轨安全决定的缓和曲线长度为

$$L_1 \geqslant h/i_{max} = 0.5\ h(m) \qquad (说明 3.2.5—1)$$

由上式不难看出,对于缓和曲线普遍较长的高速铁路,由脱轨安全要求计算的缓和曲线长度显然不起控制作用,故设计高速铁路缓和曲线长度主要考虑其他两个条件,即

(1)乘坐舒适度允许的未被平衡横向加速度时变率(即欠超高时变率限值)要求的缓和曲线长度 L_2 为

$$L_2 \geqslant \frac{v_{max}}{3.6} \cdot \frac{h_q}{[\beta]} \qquad (说明 3.2.5—2)$$

式中 v_{max}——设计最高速度(或该曲线限制坡度)(km/h);

$[\beta]$——旅客舒适度允许的欠超高时变率限值(mm/s),良好条件下取 23 mm/s,困难条件下取 38 mm/s;

h_q——圆曲线设计欠超高(mm)。

(2)乘坐舒适度允许的车体倾斜角速度(即超高时变率限值)要求的缓和曲线长度 L_3 为

$$L_3 \geqslant \frac{v_{max}}{3.6} \cdot \frac{h}{[f]} \qquad (说明 3.2.5—3)$$

式中 v_{max}——设计最高速度(或该曲线限制速度)(km/h);

h——圆曲线设计超高(mm);

$[f]$——超高时变率允许值(mm/s),良好条件下取 25 mm/s,一般条件下取 28 mm/s,困难条件下取 31 mm/s。

缓和曲线长度取式(说明 3.2.5—2)和式(说明 3.2.5—3)中之大值,并取整为 10 m 的整倍数。

经计算分析,对客运专线铁路而言,多以式(说明 3. 2. 5—3)计算的 L_3 控制缓和曲线长度值。

式(说明 3. 2. 5—3)代入[f]值可简化为

一般条件 $L_3 \geqslant 11 \times 10^{-3} v_{max} \times h$ (说明 3. 2. 5—4)

困难条件 $L_3 \geqslant 9 \times 10^{-3} v_{max} \times h$ (说明 3. 2. 5—5)

从式(说明 3. 2. 5—4)和式(说明 3. 2. 5—5)看出,对某一个曲线而言,v_{max} 为定值,故影响缓和曲线长度的要素只是设计超高 h 的取值问题。h 值越大,缓和曲线越长,反之则短。

3 设计超高 h 的合理取值及其检算

(1)设计超高有关参数的规定

对于 250 km/h 及以下客运专线而言,运输模式以高、低速列车共线运营为主,单一速度运营的几率很低,虽然是高、低速共线运输,其对舒适度的要求应高于客货混行的标准。按照高、低速 250 km/h 与 160 km/h、200 km/h 与 160 km/h 共线运行,设计超高有关参数根据铁科院"八五"课题研究成果规定如下:

最大超高 h_{max} 由列车停在曲线上时车辆倾覆安全度和旅客乘坐舒适度要求控制,取 180 mm。

欠超高允许值[h_q]、过超高允许值[h_g]取决于旅客乘坐舒适度要求,其取值见说明表 3. 2. 5—1。

[$h_q + h_g$]的取值:高、中速共线运行,一般条件下取 110 mm,困难条件下取 140 mm。

[$h + h_q$]的取值:单一速度列车运行,一般条件下取 220 mm,困难条件下取 260 mm。

说明表 3. 2. 5—1 欠、过超高限值表

舒适度评价	良 好	一 般	较 差
[h_q](mm)	40	80	110
[h_g](mm)	40	80	110

(2)设计超高 h 取值及其检算

250 km/h 与 160 km/h、200 km/h 与 160 km/h共线运行曲线设计超高 h 取值及其检算应满足下列各式的要求:

$$h = 11.8v_G^2/R - h_q \geqslant 11.8v_G^2/R - [h_q] \quad \text{(说明 3. 2. 5—6)}$$

$$h = 11.8v_Z^2/R + h_g \leqslant 11.8v_Z^2/R + [h_g] \quad \text{(说明 3. 2. 5—7)}$$

式中 v_G,v_Z——高、低速列车运行速度(km/h)。

同时,本条设计超高的计算目的是为确定缓和曲线长度,因此设计超高要为现场适应运输条件变化而预留调整实设超高的幅度 Δh,即对($h_q + h_g$]要留有一定的余量:

$$[h_q + h_g] = [h_q] + [h_g] - \Delta h \quad \text{(说明 3. 2. 5—8)}$$

Δh 与高、低速列车对数、重量、速度有关,Δh 一般为 20 ~50 mm。据此对不同半径的曲线,其实设超高预留范围、设计超高及其欠、过超高检算列如说明表 3. 2. 5—2 和说明表 3. 2. 5—3。

由说明表 3. 2. 5—2 和说明表 3. 2. 5—3 可以看出,欠、过超高值均小于 80 mm,说明舒适度可满足"一般"以上的水平,其中只有个别小半径接近一般水平,大部分均在良好水平;欠、过超高和为 20 ~136 mm 之间,其中只有个别小半径接近 140 mm,大部分均在 110 mm 以下。

说明表 3.2.5—2　250 km/h、160 km/h 高、低速共线运行超高(mm)设计、检算表

半径(m)	均衡超高值 高速/中速	实设超高 范围	设计超高	过、欠超高值 h_g/h_q	过超高检算 $h_g \leqslant [h_g]$	欠、过超高和检算 $h_q + h_g \leqslant [h_q] + [h_g]$
12 000	62/25	25 ~65	40	22/15	15 <40	36 <110
11 000	67/27	30 ~70	45	22/18	18 <40	40 <110
10 000	74/30	35 ~75	50	24/20	20 <40	44 <110
9 000	82/34	40 ~80	55	27/21	21 <40	48 <110
8 000	92/38	50 ~80	60	32/22	22 <40	54 <110
7 000	105/43	65 ~85	70	35/27	27 <40	62 <110
6 000	123/50	85 ~130	90	33/40	40 =40	73 <110
5 500	134/55	100 ~130	100	34/45	45 <80	79 <110
5 000	148/60	100 ~140	105	43/45	45 <80	88 <110
4 500	164/67	120 ~150	120	44/53	53 <80	97 <110
4 000	184/76	130 ~160	130	54/54	54 <80	109 <110
3 500	211/86	140 ~170	150	61/64	64 <80	124 <140
3 200	231/94	160 ~180	160	71/66	66 <80	136 <140

说明表 3.2.5—3　200 km/h、160 km/h 高、低速共线运行超高设计、检算表

半径(m)	均衡超高值 高速/中速	实设超高 范围	设计超高	过、欠超高值 h_g/h_q	过超高检算 $h_g \leqslant [h_g]$	欠、过超高和检算 $h_q + h_g \leqslant [h_q] + [h_g]$
12 000	39/25	20 ~60	20	19/ -5	—	19 <110
11 000	43/28	20 ~60	20	13/ -8	—	13 <110
10 000	47/30	20 ~60	30	17/0	—	17 <110
9 000	52/34	20 ~60	30	22/ -4	—	22 <110
8 000	59/38	20 ~70	40	19/2	2 <40	21 <110
7 000	67/43	30 ~70	40	17/3	3 <40	20 <110
6 000	79/50	40 ~80	50	19/0	—	19 <110
5 500	86/55	50 ~85	60	21/5	5 <40	26 <110
5 000	94/60	60 ~90	70	24/10	10 <40	34 <110
4 500	105/67	70 ~90	80	25/13	13 <40	38 <110
4 000	118/76	80 ~100	90	28/14	14 <40	42 <110
3 500	135/86	90 ~120	110	25/24	24 <40	49 <110
3 200	148/94	100 ~140	120	28/26	26 <40	54 <110
3 000	157/101	110 ~150	130	27/29	29 <40	56 <110
2 800	167/108	120 ~160	140	29/32	32 <40	61 <110
2 500	189/121	120 ~160	155	34/34	34 <40	68 <110
2 200	215/137	140 ~180	175	40/38	38 <40	78 <110

为了使高、低速列车尽可能有较好的乘坐舒适度,对于实设超高的选择,遵循欠、过超高均衡的原则。

4　缓和曲线长度标准的确定

(1)计算缓和曲线长度

采用说明表 3. 2. 5—2 和说明表 3. 2. 5—3 中设计超高值,按式(说明 3. 2. 5—2)和式(说明 3. 2. 5—3)计算的缓和曲线长度见说明表 3. 2. 5—4。

(2)缓和曲线长度标准的确定

根据高、低速共线运行的特点,在工程相差不大的情况下,应使舒适度标准高一些。经对说明表 3. 2. 5—2 和说明表 3. 2. 5—3 综合分析,设计用缓和曲线长度见说明表 3. 2. 5—4。有条件时尽可能选用一般长度,慎用最小长度,特殊困难条件下,经技术经济比选后,方可采用括号内的缓和曲线长度。

说明表 3. 2. 5—4　缓和曲线长度

曲线半径(m)	一般长度(m)		最小长度(m)	
	200 km/h	$200\ \mathrm{km/h} < v \le 250\ \mathrm{km/h}$	250 km/h	$200\ \mathrm{km/h} < v \le 250\ \mathrm{km/h}$
12 000	50	120	50	100(90)
11 000	60	130	60	120(110)
10 000	70	140	60	130(120)
9 000	70	160	60	140(130)
8 000	90	170	80	150(140)
7 000	90	200	80	180(160)
6 000	120	250	100(90)	230(210)
5 500	140	280	120(110)	250(230)
5 000	160	300	140(130)	270(240)
4 500	180	340	160(150)	300(270)
4 000	200	370	180(170)	330(300)
3 500	250	420	220(200)	380(340)
3 200	270	450	240(220)	400(360)
3 000	290		260(240)	
2 800	320		280(260)	
2 500	350		310(280)	
2 200	390		350(320)	

3. 2. 6　两相邻曲线间夹直线和圆曲线的最小长度主要受列车运行平稳性和旅客乘坐舒适条件的控制,同时也受轨道检测、机械化养路作业要求的限制。

理论上列车运行平稳、旅客乘坐舒适所要求的夹直线和圆曲线的最小长度,通常按列车在缓和曲线出入口(即夹直线或圆曲线的起终点)产生的振动不致叠加考虑,与列车振动、衰减特性和列车运行速度有关。根据试验结果,车辆振动的周期约为 1. 0 s,列车在缓和曲线出入口产生的振动在一个半至两个周期内基本衰减完,按两个周期计算则夹直线或圆曲线的最小长度应为

$$L_{min} \geqslant 2 \times \frac{v_{max}}{3.6} \approx 0.6v_{max} \qquad (说明 3.2.6)$$

我国既有干线一般地段夹直线长度标准约为(0.6 ~ 0.67)v_{max}。国外高速铁路相应最高运营速度 200 ~350 km/h 的夹直线和圆曲线的最小长度大约为(0.4 ~1.0)v_{max}。

客运专线轨道检查工作时,为判明直线或圆曲线,要求其线形必须有一定的连续长度,此值一般大于 50 m 即可。铁路养护维修工作中,施工机具需要一定长度的线段定向,既有大型养路机械只要求夹直线或圆曲线长度不小于既有干线的相应标准:

综上所述,客运专线铁路夹直线及圆曲线最小长度一般较大一些,按 0.8v 计算确定;困难条件下按 0.6v 计算确定。

3.2.7 客运专线铁路在正线道岔上直向过岔速度较快,道岔(直向)与曲线之间应该有一定长度的直线段过渡,以减少列车行车时的振动和摇晃,按列车在曲线上产生的振动与道岔上产生的振动不叠加考虑,也与列车振动、衰减特性和列车运行速度有关。按一个半车辆振动周期计算,则道岔(直向)与曲线之间的最小长度应为

$$L_{min} \geqslant 1.5 \times \frac{v_{max}}{3.6} \approx 0.4v_{max} \qquad (说明 3.2.7)$$

故本暂行规定规定高速正线上道岔两端基本轨的接头以外的直线段最小长度一般较大一些,按 0.6v 计算确定,困难条件下按 0.4 v 计算确定。

3.2.9 线间距是指相邻两股道(区间正线实际即上、下行线)线路中心线之间的最短距离。

1 区间直线地段线间距

客运专线铁路线间距标准主要受列车交会运行时的气动力作用控制。根据交会列车的会车压力波决定线间距,一方面要分析研究区间各种客运列车交会运行时作用在列车上的会车压力波最大值 ΔP_{max} 及其时变率 $\Delta P_{max}/\Delta t$ 与交会列车相邻侧壁净间距 Y(或线间距 D)的规律,另一方面就是要确定列车承受会车压力波的允许值[ΔP_{max}]。

(1)国外概况

国外高速铁路的线间距 D、交会列车相邻侧壁净间距 Y 和运行速度秒 v_{max} 之间的关系见说明表 3.2.9—1。

说明表 3.2.9—1 国外高速铁路 D、Y 值与 v_{max} 的关系

国别	日本					法国	德国		
列车别	100 系	200 系	300 系	WIN350	STAR21	TGV	ICE		
v_{max}(km/h)	210	255	270	350	350	300	270	300	350
B(m)	3.38	3.38	3.38	3.38	3.10	3.02	2.805	2.905	2.905
D(m)	4.3	4.3	4.2	4.3	4.3	4.5	4.2	4.5	4.8
Y(m)	0.92	0.92	0.82	0.92	1.20	1.48	1.395	1.595	1.90
$D(B=3.1)$(m)	4.02	4.02	3.92	4.02	4.3	4.58	4.5	4.7	5.0

注:B 为车体宽度(m)。

从说明表 3.2.9—1 可知,确定线间距标准是一个灵活性相当大的问题。日本高速铁路的线间距最窄,它的会车压力波最大,对机车车辆的设计和制造提出了很高的要求,但可以节省土建工程投资,这对国土窄小的日本是十分重要的。而德、法两国的线间距比较

宽,虽然对机车车辆的气密性、门窗等设计要求相对降低,但土建投资较高。因此,应结合国情、路情提出一个比较合理的建议值。

(2)列车侧面会车压力波的几项主要特征

现场试验研究和数值模拟计算研究表明,列车交会时产生的会车压力波有以下几项主要特征:

①交会列车上的会车压力波值基本上与邻线迎面驶来列车(以下简称通过列车)的运行速度平方成正比。

②外形相似的列车交会时,速度较低列车上受到的会车压力波比速度较高列车上受到的会车压力波大,而速度相当的列车彼此交会时其会车压力波大致相当。

③会车压力波值与交会列车相邻侧壁间的净距 Y 成反比。$Y=D-(B_1+B_2)/2$,式中 D 为线间距,B_1 为被交会列车宽度,B_2 为通过列车车头宽度。

④会车压力波值与列车外形(列车头部的流线程度、列车车宽、列车长度和车体流线形程度)密切相关,其中列车头部的流线形程度影响最为显著。

⑤会车压力波与测点高度有关,高度越低则压力波越大。双层列车下层车窗处的会车压力波大于中、上层车窗处的压力波,也大于单层列车车窗处的会车压力波。

⑥一节车厢同一高度处会车压力波平均值与最大值之间存在一定的差别,表明会车压力波具有非定常性。

(3)我国现行车辆门窗承受会车压力波的能力

以明线、直线上单层列车交会时车窗高度处会车压力波平均值作为依据。我国客运专线铁路上不仅有高速列车,而且还有一定数量的跨线列车,这些跨线列车的门窗性能较差,短期内进行大幅度改造难度较大。因此,研究线间距标准时,必须考虑这些车窗承受压力波的能力,以及短期内可以接受改造的幅度。另一方面,又要考虑与土建工程投资增加幅度相适应。

①根据原石家庄铁路分局车辆部门的统计资料,在 120 km/h 左右速度条件下,没有列车交会引起车窗玻璃破碎的现象;沪宁线 140 km/h 提速列车交会时也没有压碎玻璃的现象;据广深线客技段的统计资料,广深准高速线开通运营以来,据不完全统计,车窗玻璃破碎 314 块,其中 1997 年准高速客车车窗玻璃破碎 58 块,普速列车玻璃破碎 34 块(普速列车上道对数少、行程短),虽然不能认为这些玻璃全为会车压碎,但可以认为多数是由会车引起的。

依据 1998 年 6 月郑武段提速会车试验拟合曲线,可以推算出普速列车在明、直线上运行时,车窗高度处会车压力波如下:120 km/h 交会,会车压力波平均值约为 0. 7 kPa;

140 km/h 交会,会车压力波平均值约为 0. 9 kPa;

160 km/h 交会,会车压力波平均值约为 1. 2 kPa。

结合 1996 年广深线 DF_{11} 牵引列车的会车试验结果,可以认为,目前国产列车车窗玻璃可以承受的压力波平均值为 0. 9 kPa。

②会车压力波允许值。

由于目前国产列车车窗玻璃可以承受的压力波平均值为 0. 9 kPa,会车压力波允许值取 0. 9 kPa,普速列车上道运行基本不会存在安全问题。如会车压力波允许值取 1. 2 kPa,其值与既有线提速到 1 60 km/h 时的交会压力波基本相同,其值比前国产列车车窗玻璃可以承受的压力波平均值高约 30% ,需适当改善 SS_8 型电力机车的流线形程度,并需提高车辆门、窗的强度,以确保行车安全。

(4)线间距标准建议值

流线形列车在明线、直线地段交会时,车窗高度处会车压力波理论模拟计算结果如说明表 3.2.9—2。

说明表 3.2.9—2 流线形列车会车压力波

交会行车速度	B(车宽)(m)	γ(头形系数)	会车压力波的平均值(kPa)	
			线间距 D=4.2 m	线间距 D=4.4 m
200 km/h	3.1	2.5	1.10	0.94
	3.4	2.5	1.41	1.17

注:γ 为车头流线段的长度与列车半宽之比值。

流线形列车在明线、直线地段与 SS_8 型电力机车牵引的钝形列车交会时,车窗高度处会车压力波理论模拟计算结果如说明表 3.2.9—3。

说明表 3.2.9—3 钝形列车与流线形列车会车压力波

交会行车速度	B(车宽)(m)	会车压力波的平均值(kPa)	
		线间距 D=4.2 m	线间距 D=4.4 m
200 km/h	流线形列车宽 3.1	1.05	0.89
	流线形列车宽 3.4	1.3	1.1

由上表可见,如采用流线形高、中速列车的列车宽度控制在 3.1 m 及以内,速度目标值为 200 km/h 的铁路采用 4.4 m 线间距。当速度目标值为 250 km/h 时,线间距采用 4.6 m。目前国产客车上道运行,其门窗玻璃性能基本能满足明线运行安全要求。我国最近颁布的《铁路主要技术政策》对线间距也作了规定,速度为 200 km/h 时线间距要大于等于 4.4 m,速度为 250 km/h 时线间距要大于等于 4.6 m。

(5)隧道内会车压力波特性

隧道内会车压力波大致有以下几项特性:

①在列车、线间距诸条件相同时,隧道内会车压力波值远大于明线的会车压力波。

②在一次会车中,会车压力波出现次数较多,一般与隧道长度、列车速度、列车长度等诸多因素有关。

由上可见,如近期修建的时速 200 km 以上的客运专线铁路的隧道较多,研制能满足隧道内会车要求的普速列车是一个不可回避的问题。

2 正线与联络线、动车组走行线及既有铁路并行地段的线间距

正线与联络线、动车组走行线及既有铁路并行地段的线间距离,涉及的因素较多,应根据相邻一侧高速线的行车速度及其技术要求,和相邻铁路路基高程关系,考虑电气化接触网杆位,路基排水及桥涵等土工建筑物、通信及信号设备、电缆沟槽,必要的噪声防护设备等几何尺寸及技术要求,对路肩人行道和中间走道还要考虑保障技术作业人员的安全要求等,同时还应根据采用的机车车辆类型及上列设备设计参数,结合具体情况进行综合研究,确定合理的线间距离。

(1)客运专线铁路与普速铁路并行地段线间距

客运专线铁路与普速铁路(不含联络线)并行地段,其线间距应满足以下条件:

满足客运专线铁路建筑限界和普通铁路建筑限界的要求；

满足高速铁路和普速铁路大型养路机械维修作业互不干扰的要求；

满足两线间作业通道及固定设备设施的限界要求。

①两线间固定设施指电缆槽、接触网杆柱、电话亭、信号设备、线路标志等，站后设备根据站后专业的设计要求共同商定。当位于曲线上时，还应考虑曲线加宽。

②满足客运专线铁路与普速铁路各自作业通道的要求。

③关于接触网杆柱，由于普速铁路与客运专线铁路接触网技术标准、立柱布置等要求不同，普速铁路与客运专线铁路的日常管理又属两个系统；普速铁路有可能为非电化铁路，从安全方面考虑，一线发生故障必须保证不对邻线产生影响。基于上述考虑，一般情况下，客运铁路与普速铁路间的线间距应考虑线间各自设置接触网杆柱的要求。

(2)客运专线铁路与联络线(仅指高速线与普速线间的联络线)、动车组走行线并行地段线间距

客运专线铁路行车速度小于160 km/h地段，由于客运专线铁路与联络线、动车组走行线属于同一高速系统，将为同一管理部门负责日常维修，两者所采用的通信、信号控制系统相同，故当不考虑设置线间设备时，区间直线地段线间距可采用5.0 m。

当客运专线铁路行车速度大于160 km/h时，与联络线、动车组走行线间应考虑设置接触网杆柱作业通道等(德国规范中一般正线与其他线间均考虑设置接触网杆柱作业通道等)，故此时的线间距应考虑各线路采用的梁式、桥面布置和隔声墙、接触网杆柱等设备及其附属设施和施工误差对线间距的要求。

高速铁路行车速度大于160 km/h地段与联络线、动车组走行线并行时，特殊困难条件下，经技术经济比选，其线间可不设接触杆柱和作业通道等，此时的线间距可不小于5.0 m。

3.2.10 曲线车站在运营管理、维修养护等方面存在诸多缺点。对于客运专线铁路来说，较小半径的曲线车站还将限制不停站列车的行车速度，故条文规定，“车站应设在直线上”。尽管车站设在曲线上存在许多缺点，但在困难条件下，为减少拆迁、土建等工程投资，经技术经济比选，可设在曲线上。站内正线的最小曲线半径标准应满足设计速度的要求。

曲线车站要求尽可能减小曲线偏角及曲线长度，并不应设在反向曲线上，也主要是从尽量减小曲线车站弊端、改善运营条件提出的。

咽喉区范围内的正线上道岔较多。由于曲线道岔结构复杂，尖轨密贴条件、道岔导曲线和直线联结及维修养护条件较差，故规定咽喉区的正线应设在直线上。

3.3.1 最大坡度

(1)在一定自然条件下，线路的最大坡度对线路的走向、长度、工程投资、运营费用、牵引重量及输送能力都有较大的影响。客货混运的铁路，线路最大坡度是由货物列车运行要求确定的。客运专线高速列车采用大功率、轻型动车组，牵引和制动性能优良，能适应大坡度运行。但各国高速铁路由于采用的运输组织模式和地形条件各不相同，采用的最大坡度也大不一样。采用全高速模式的法国和日本高速铁路，其最大坡度分别为25‰~35‰和15‰~20‰；采用客货混运模式的德国和意大利高速铁路，其最大坡度分别为12.5‰和8.5‰。

我国客运专线铁路一般采用高、中速混运模式。高速动车组的动力比较大，一般在较

大的坡度上均可以达到最高允许速度,而且可以根据速度目标的差异选择相应的功率配置,所以最大坡度主要受跨线旅客列车牵引特性和列车编组条件控制。结合项目的具体条件,最大坡度应根据以下条件确定:

首先,由于上客运专线铁路的跨线机车车辆技术条件尚未确定,根据机车牵引特性和列车编组具体计算确定最大坡度的条件还不成熟。但根据"八五"国家重点科技攻关项目,即跟踪国外先进技术,开发4 000 kW四轴交—直—交三相交流传动电力机车的攻关和发展趋势,预计21世纪初我国电力机车的技术水平将优于目前既有线提速客运电力机车。

SS_9型电力机车是我国目前干线铁路牵引旅客列车功率最大的机车,持续功率4 800 kW、最大功率5 400 kW,牵引工况恒功速度范围为99~160 km/h,最高速度为170 km/h。SS_9型电力机车在各种设计坡度上牵引旅客列车的均衡速度如说明表3.3.1—1和说明表3.3.1—2。

说明表3.3.1—1 SS_9型电力机车单机牵引旅客列车均衡速度(km/h)表

最大坡度(‰)	列车编组辆数(辆)					备注
	10	12	14	16	18	
12	130	115	105	95	91	
14	118	105	95	90	81	
16	109	97	91	81	65	
18	101	92	83	66	47	
20	95	87	69	49	28	

说明3.3.1—2 SS_9双机牵引旅客列车均衡速度(km/h)表

最大坡度(‰)	列车编组辆数(辆)					备注
	10	12	14	16	18	
12	160*	160*	157	146	135	
14	160*	158	146	133	125	
16	160*	148	134	124	117	
18	154	136	125	117	108	
20	142	128	118	109	101	

注:* 按最高速度不超过160 km/h考虑。

根据我国铁路主要技术政策,客货共线主要干线铁路,旅客列车最高速度为200 km/h;客货共线一般干线铁路,旅客列车最高速度为160 km/h。所以客运专线跨线中速列车的速度应按最高160 km/h考虑匹配。根据我国目前电力机车发展的技术水平,跨线中速列车采用功率最大的SS_9型电力机车单机牵引(编组10辆),在12‰的设计坡度上,均衡速度可以达到130 km/h;SS_9型电力机车双机牵引(编组10辆),在20‰的设计坡度上,均衡速度可以达到142 km/h。

客运专线铁路一般所经地区经济发达,城市和居民点密布,铁路、公路、河流纵横交错,高架线路、立交工程、跨越河流等对高程都有一定的要求,通航河流尚需满足航运净高标准,纵断面设计需频繁采用起伏坡度,采用坡度的大小也随条件的不同而异。另外客运专线铁路所处的地形条件也不尽相同,不同的项目应进行不同最大坡度的比选,从高程的控制性条件和工程投资差别分析,采用合理的最大坡度。

综上所述,客运专线区间正线的最大坡度应根据牵引种类、工程情况,经牵引计算并经过比选后确定,最大坡度不大于 20‰。

客运专线铁路动车组走行线,仅承担高速动车组空载条件下的走行,运行速度也较低,且动车组的功率一般较大,参照国外高速铁路最大坡度的取值,规定动车组走行线最大坡度为 30‰。

(2)根据已收集到的电动车组资料分析最大坡段长度。

①电动车组性能

a. 电动车组性能及适应性分析

提高列车速度须通过提高列车单位质量牵引功率或系统地降低列车质量来实现。客运专线上将运行最高速度为 250 km/h、200 km/h 的动车组列车,列车总重分别为 768 t 和 1 080 t,根据对国内外高速列车研究分析,结合电动车组的现状及发展,速度为 200 km/h 的列车最大功率为 14 400 kW,单位质量牵引功率为 13. 33 kW/t;速度为 350 km/h 的列车最大功率为 21 120 kW,单位质量牵引功率为 27. 5 kW/t。

b. 速度与坡度的适应性分析

在列车运行过程中,列车牵引功率必须满足牵引时起动加速能力及最高速度目标值时剩余加速度的要求,不同高速列车的阻力和牵引质量不同对功率要求也有差异。以下是给定功率下列车速度与坡度适应情况分析:

动车组类型	单位质量牵引功率(kW/t)	速度值(km/h)	基本阻力(N/kN)	牵引力(N/kN)	剩余牵引力(N/kN)	平坡上运行剩余加速度(m/s^2)	保持匀速运行的坡道值(‰)
200 km/h	13. 3	200	7. 37	20. 52	13. 15	0. 13	13. 15
		180	6. 29	22. 80	16. 51	0. 17	16. 51
		160	5. 32	25. 65	20. 33	0. 20	20. 33

注:功率利用系数采用 0. 95,牵引力使用系数采用 0. 9,暂不考虑曲线以及隧道附加阻力的影响。

由上表可见,最高速度为 200 km/h 的列车在 20‰的坡道上能以 160 km/h 的速度匀速运行。

②在最大坡度进行运行模拟计算

对最高速度为 200 km/h 的动车组列车,在 20‰的坡道上进行运行模拟计算,结果为:在 20‰的坡道上以初始速度 180 km/h 开始运行,经过 20 km 后速度为 166 km/h,速度降低不到 10%。

综上分析,本暂行规定对最大坡段长度暂不限制。

(3)关于最大坡度折减

①曲线坡度折减

根据铁科院所做的研究,假设:

a. 高速客运列车运行在圆曲线上所产生的曲线附加阻力 ω_r 与曲线半径 R 之间呈双曲函数关系($\omega_r \times R$ = 常数 C);

b. 高速客运列车曲线单位附加阻力值 ω_r,与其机械阻力($a + bv$,)之比与货物列车基本一致。

在以上两个假设条件下，参照现行《牵规》和国外高速列车，基本阻力情况，得出高速客运列车曲线单位附加阻力值的初步估算式，即

$$\omega_r = 2\,000/R$$

客运专线的曲线半径较大，经计算，曲线附加阻力占总阻力(基本阻力与坡道阻力之和)的比重很小，可忽略不计。

从国外几条高速铁路的运行实践看，日本东海道新干线当初按客货混运设计，考虑了货物列车曲线附加阻力的坡度折减，后由于种种原因，在正式运营时取消了货运业务，日本其余几条新干线为客运高速铁路，不考虑曲线坡度折减；德国高速铁路虽为客货混运，但亦未见曲线坡度折减的有关规定；法国高速铁路也未见到考虑曲线坡度折减的规定。

综上分析，本暂行规定规定不考虑曲线坡度折减。

②隧道坡度折减

常规铁路对隧道进行最大坡度折减，是为了保证货物列车不低于计算速度通过隧道。高速客运专线由于机车功率大而牵引重量轻，且德国高速铁路隧道也未进行坡度折减，故本暂行规定规定不考虑隧道坡度折减。

3.3.2 最小坡段长度

从列车运行的平稳性要求出发，纵断面坡段长度宜设计为较长的坡段，但从节省工程投资的角度分析，较短的坡段能够较好地适应地形，减少工程数量，降低工程投资。因此，最小坡段长度的确定，既要满足列车运行的平稳性要求，又要尽可能地节约工程投资，使两者取得最佳的统一。

从列车运行平稳性的角度考虑，最小坡段长度除应满足两竖曲线不重叠外，还应考虑两竖曲线间有一定的夹坡段长度，确保列车在前一个竖曲线上产生的振动在夹坡段长度范围内完成衰减，不与下一个竖曲线上产生的振动造成叠加。

对于两竖曲线间夹坡段长度的要求，德国、日本两国高速铁路的规范无具体规定，但法国高速铁路要求两竖曲线间夹坡段长度不得小于$0.4v$。根据我国客运专线情况以及秦沈线设计、运营经验，取两竖曲线间的最小夹坡段长度不得小于$0.4v$。正线坡段长度，一般条件下不小于800 m，困难条件下不小于600 m，同时应满足下列公式计算要求，并取整为50 m的整倍数：

$$l_p = 2 \times \Delta i/2 \times R_{sh} + 0.4v_{max}$$

式中 l_p——最小坡段长度(m)；

Δi——相邻坡段最大坡度差(‰)；

R_{sh}——竖曲线半径(m)；

v_{max}——设计最高行车速度(km/h)。

根据以上要求，客运专线铁路的最小坡段长度理论计算值如说明表3.3.2。

说明表3.3.2 最小坡段长度

设计速度(km/h)	250/200		
最大坡度(‰)	12	15	20
最大坡度差(‰)	24	30	40
最小坡段长度(m)	600/500	700/550	900/700

按最大坡度20‰，则最不利组合为80‰。但在一般情况下，纵断面是不允许这样设

计的,也是没有必要的。按照一般情况,并考虑两竖曲线间夹坡段长度不小于 $0.4v_{max}$,本暂行规定一般情况下最小坡段长度采用 800 m,困难情况下为 600 m。同时,为避免列车运营过程中的频繁起伏,提高舒适程度,要求不得连续采用短坡段。

3.3.3 相邻坡段的坡度差允许的最大值,主要由保证运行列车不断钩这一安全条件确定,常规铁路相邻坡段的坡度差主要受货物列车制约。由于旅客列车质量远低于货物列车,《京沪高速铁路设计暂行规定》和国外高速铁路设计规范对相邻坡段的坡度差均未做规定。另外,已建成的秦沈客运专线的设计同样没有考虑坡度差的限制,故规定相邻坡段的坡度差不受限制。

为了保证列车在变坡点处的运行安全、乘客的舒适性要求,相邻坡段的坡度差大于等于 1% 时,应采用圆曲线形竖曲线连接(当 $v_{max}<160$ km/h,相邻段的坡度差大于 3‰时设置圆曲线形竖曲线)。根据铁科院对高速铁路做的相关课题研究,竖曲线半径由旅客舒适性要求控制。列车运行于凸形竖曲线产生竖向离心加速度 a_{sh},由此限制的竖曲线半径为

$$R_{sh} \geqslant {v_{max}}^2/(3.6^2[a_{sh}])$$

其中 $[a_{sh}]$ 为乘客舒适度允许的竖向离心加速度(m/s^2)。根据国外高速铁路对 $[a_{sh}]$ 的取值经验,取值一般为 0.4 m/s^2,困难时为 0.5 m/s^2,则

$$R_{sh} \geqslant 0.2 \times v_{max}^2 \text{ 和 } R_{sh} \geqslant 0.15 \times v_{max}^2$$

表 3.3.3 即按上式计算后取整所得,设计时应根据所处区段远期设计最高速度选用相应竖曲线半径值。

已建成的秦沈客运专线竖曲线的设计,按照以上原则设计的竖曲线半径,经试验各项指标达到设计要求。

3　竖曲线与竖曲线、缓和曲线和道岔重叠设置问题

(1)相邻的两个竖曲线重叠设置时,保证各自竖曲线的形状是很困难的,测设工作将更加困难,目前国外各国的标准也不允许竖曲线重叠。

(2)竖曲线与缓和曲线重叠有如下不利影响:

①增加线路测设工作量:竖曲线与缓和曲线重叠设置的情况下,平面曲线的内轨在立面上要维持竖曲线的几何状态,而外轨又要叠加进缓和曲线超高的变化量,这时线路的测设工作要求更加严格。特别是对于客运专线,由于竖曲线半径大(20 000 m)、换算曲线超高顺坡率小,每 10 m 的钢轨面高程变化量很微小(2.50 mm),以致测设仪器的分辨率难于保证精度的要求。

②对行车安全和乘坐舒适度的影响:竖曲线与缓和曲线重叠设置,将造成缓和曲线平、立面线形不相适应,因为外轨叠加了超高顺坡量,其结果既不是标准的缓和曲线线形,又不是标准的竖曲线线形,因而对轮轨相互作用将会有一定的影响。此外,当列车运行在凸形竖曲线与圆曲线重叠的地段时,列车产生竖向离心加速度,减少重力加速度对未被平衡离心加速度的抵消作用,相对加大横向未被平衡离心加速度,也就是加大了列车运行时产生的欠超高,降低了旅客舒适度。附加欠超高连同平面曲线上产生的欠超高之和大于一定值时,还将带来不安全因素。

③增加了养护维修工作的难度:由于缓和曲线很长,其曲率及其变化率均甚微,轨道检测精度已难于保证其检测结果的真实性,若加上竖曲线的重叠设置,检测仪器更难于分别提取竖曲线和缓和曲线的不平顺值了。

考虑缓和曲线长度相对圆曲线较短,避免重叠设置容易处理。根据以上理由,规定竖曲线与缓和曲线不得重叠。

(3)竖曲线与道岔重叠设置时,由于客运专线的道岔总长度较长,一方面道岔全长不在一个坡度上,列车通过道岔过程中,车轮对尖轨及导曲线将产生较大的冲击力,导曲线未被平衡的加速度对车体产生横向作用,同时叠加进竖向作用力,降低了乘客的舒适度和安全度;另一方面,为保证竖曲线形状,道岔铺设时的测设工作及养护维修时的检测工作都更加困难,增加了测设和检测工作量和更多的维修工作量。综上所述,规定竖曲线与道岔不得重叠设置。

(4)竖曲线与圆曲线重叠设置的条件。

竖曲线与圆曲线重叠设置,同样增加线路测设工作量,对行车安全和乘坐舒适度产生不利的影响,增加养护维修工作的难度,但由于客运专线平面圆曲线半径较大,圆曲线长度较长,一般可达 1 ~2 km 以上。《京沪高速铁路设计暂行规定》编写时,对京沪高速铁路设计进行分析,为避免竖曲线与圆曲线重叠设置而增加的工程投资平均达 55%(每个工点投资增加千万元以上),这是不现实的。因此,设计时应尽量减少在圆曲线内设置变坡点,困难条件下,竖曲线与圆曲线可重叠设置。

3.3.4 客运专线两线并行在共同路基上时,考虑施工、运营、维修养护方便,两线应等高。

正线与既有线、跨线列车联络线、动车组走行线并行时,由于路基标准、行车安全等因素,不宜修筑在同一路基上。特殊情况下必须修筑在共同路基上时,考虑客运专线铁路路基面采用 4% 的横向排水坡的顺延,为减少邻线道床的道砟厚度及工程数量,两线轨面高程可按不等高设计。

3.3.5 一般桥梁及高架线路上纵断面设计无特殊要求。特殊结构桥梁的纵断面设计需满足桥梁设计技术要求。

其他铁路、公(道)路跨越高速铁路时,一般净高不应小于 7.25 m。困难条件下,可根据困难跨越点的实际情况,在满足接触网技术要求的条件下进行特殊设计,净高按照特殊设计计算确定。

3.3.6 隧道内最小坡度主要考虑排水需要。德国规范规定,隧道内纵断面设计坡度:隧道长度 $L_s \leq 1\,000$ m 为 2‰,$L_s > 1\,000$ m 为 4‰;我国《线规》为 3‰,故沿用。

3.3.8 车站站坪坡度的取值,一般情况下应为平坡。困难情况下,对于客货混运的铁路,站坪坡度设计满足列车进站能够安全停车、列车停车后能够起动、车辆不会自行溜逸和站内作业安全等条件。根据我国最近修改的《铁路车站及枢纽设计规范》规定,站坪坡度不得大于 1.5‰。对于客运专线的站坪坡度取值,由于列车启动牵引力和制动力都比较大,列车的启动、停车以及站内作业安全都不成问题,站坪坡度主要考虑车辆防溜。因此,单纯从高速列车而言,其站坪坡度尚可比现行规范规定适当放宽(国外高速铁路站坪坡度通常为 2.5‰ ~37‰)。

3.4.4 考虑到客运专线铁路的安全,刚性防护网应具有耐冲击的性能,故应根据具体行车条件进行防护网设计。

跨线桥上延长防护网,应分别自轨道中心向汽车驰来方向延长至 40 m 以上,向汽车驰出方向延长至 20 m 以上;性能要满足有关要求。

4.1.1 在路基上修建高速铁路无砟轨道,目前在我国尚无工程实例,没有相关科学研究成果可利用,故本暂行规定仅适用于有砟轨道路基设计。有关无砟轨道铁路路基设计的内容可见《无砟轨道客运专线铁路设计指南》。

4.1.2 详细的路基工程勘察是铁路路基设计施工达到标准的先决条件,必须高度重视。国外的经验教训表明,. 铁路路基工程必须通过地质调绘和足够的勘探、试验工作,查明基底、路堑边坡、支挡结构等基础的岩土结构及其物理力学性质,查明不良地质情况,在取得可靠的地质资料基础上开展设计,才能保证路基满足高速行车的安全、平稳和舒适。国内大量的铁路路基病害产生的原因也多为地质勘察不足,对不良地质情况没有查明,设计和施工中路基填料来源和性质差别大,设计缺乏针对性和强有力的工程措施,再加上路基施工管理、质量控制措施不严等原因造成的。

4.1.3 国内外大量路基病害的经验教训表明,边坡较高的高路堤、深路堑,尤其是特殊岩质和土质高堤深堑的基床下沉、边坡冲刷和滑塌失稳等病害十分普遍,造成慢行和中断行车的事故相比之下发生较多。铁道部建技〔2003〕97 号文《关于提高铁路路基工程设计、施工质量的补充规定》中明确规定:I 级铁路路堤边破高度不宜超过 15 m,特殊路堤边坡高度不宜超过 10 m,路堑边坡高度不宜超过 30 m;对严重风化、岩体破碎的石质边坡、特殊岩土和土质边坡更应严格控制,并采取可靠的支挡防护措施。作为客运专线的路基边坡更应严格控制边坡高度,适当增加桥隧工程比重,对难以避免的高路堤、深路堑和特殊岩土的路基,必须采取提高压实质量、对地基适当处理加固、加强防排水、采用可靠的边坡稳定支挡防护等综合措施,以减少运营以后的路基病害。

客运专线铁路对于路基基床强度有着较高的要求。为保证路基基床强度,当路堤高度小于基床厚度时,天然软弱地基往往需要通过采取换填等措施加固后才能满足,同时还需要加强排水以避免基床被水浸泡引起强度降低。而且天然软弱地基往往位于平原及低洼地区,排水条件多比较困难,容易留下产生路基病害的隐患。但若路堤高度低于基床厚度也能够保证基床强度的硬质岩等良好地基条件,就无需限制路堤高度;同时由于特殊条件限制,譬如堤堑过渡处等,路堤高度小于基床厚度的情形又不能够完全避免。对既有铁路路基病害分析表明,平原区的低路堤,尤其是软弱地基和地下水位高的地段的低路堤与一定高度路堤相比,其排水不良、翻浆冒泥、下沉等基床病害更普遍,轨道状态保持更加困难。路堤高度大于基床厚度的,可以长久保持客运专线铁路路基基床的良好状态和动力学性能。

4.1.6 客运专线铁路对路基填料的强度和密实度有着较高的要求。根据秦沈客运专线铁路施工中的经验,仅仅根据填料组别并不能够确定其适用性,可能存在组别合格却无法满足压实标准的情况,很难通过简单的室内试验给出明确的判断。因此,在勘测与设计阶段,就应重视填料问题,对拟采用填料的物理力学指标进行分析,对可能在施工中造成问题的填料进行必要的野外填筑试验,以确保在施工中填料选用的准确性。

4.1.7 ~ 4.1.9 根据各国高速铁路的经验,为满足客运专线铁路的轨道平顺性,除要严格控制路基的均匀沉降外,不均匀沉降控制更为关键。路基与桥台及路基与横向结构物过渡段、地层变化较大处和不同地基处理措施连接处,以及有砟轨道路基与无砟轨道路基连接处,是不均匀沉降容易产生的常见部位,故在地基处理和路堤设计中应采取逐渐过渡的方法,减少不均匀沉降,以满足轨道平顺性要求。

另外,日本对地基良好的有砟轨道路堤填筑后一般放置 1 个月以上,地基不良地段放置 6 个月以上;板式轨道黏土地基放置 6 个月以上,其他地基 3 个月以上;同时,进行必要的沉降观测,并测算、设定沉降稳定时间。法国和德国强调要详细进行地质勘察,施工工期一般较长,保证静置时间不少于 6 ~1 8 个月,以达到路堤稳定和工后沉降的要求。

4.1.13 换算土柱高度及分布宽度按列车活载与上部建筑重量计算:列车荷载为 ZK 荷载(见说明图 4.1.1 3),即 0.8 UIC 荷载。

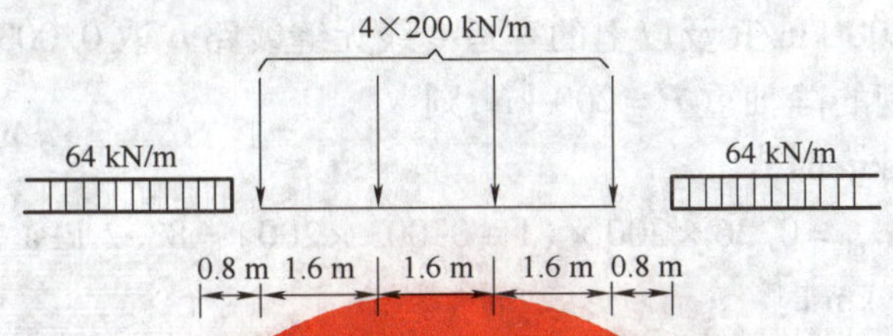

说明图 4.1.13 ZK 荷载图式

(1)时速 200 km 时,道床厚度 30 cm,道砟重度 20 kN/m^3,钢轨重量 0.606 4 kN/m,轨枕长 2.6 m,轨枕及扣件重量 3.7 kN/根。

钢轨重量:0.606 4×2 =1.2 kN。

道砟重量:20×(2.32 −0.21) =42.2 kN。

轨道荷载:P =42.2 +1.2 +3.7 ×1.667 =49.6 kN/m。

Q =200/1.6 =125 kN/m,l_0 =3.26≈3.3 m。

换算土柱高:
$$h=\frac{P+Q}{\gamma\times 3.3} \quad \text{(说明 4.1.13)}$$

当 γ =18 kN/m^3 时,h_0 =2.94≈3.0 m;

当 γ =19 kN/m^3 时,h_0 =2.78≈2.8 m;

当 γ =20 kN/m^3 时,h_0 =2.65≈2.7 m;

当 γ =21 kN/m^3 时,h_0 =2.52≈2.6 m;

当 γ =22 kN/m^3 时,h_0 =2.40≈2.5 m。

(2)时速 250 km 时,道床厚度 35 cm,道砟重度 20 kN/m^3,钢轨重量 0.606 4 kN/m,轨枕长 2.6 m,轨枕及扣件重量 3.7 kN/根。

钢轨重量:0.606 4×2 =1.2 kN。

道砟重量:20×(2.72 −0.21) =50.2 kN。

轨道荷载:P =50.2 +1.2 +3.7 ×1.667 =57.6 kN/m。

Q =200/1.6 =125 kN/m,l_0 =3.36≈3.4 m。

换算土柱高同样按式(说明 4.1.13)计算。

当 γ =18 kN/m^3 时,h_0 =2.98≈3.0 m;

当 γ =19 kN/m^3 时,h_0 =2.83≈2.9 m;

当 γ =20 kN/m^3 时,h_0 =2.69≈2.7 m;

当 γ =21 kN/m^3 时,h_0 =2.56≈2.6 m;

当 γ =22 kN/m^3 时,h_0 =2.44≈2.5 m。

4.1.14 客运专线铁路路基面上的动应力大小及分布情况,主要参考国外资料及我国铁路的实测数据。

路基面动应力幅值是与列车速度、轴重、机车车辆动态特性、轨道结构、轨道不平顺、距轨底深度及路基状态有关的一个随机函数。根据"路基动应力与车速关系的研究",作用于基床面上的动应力幅值可由下式计算:

$$\sigma_{dl} = 0.26 \times P \times (1 + \alpha v)\,(\text{kPa}) \qquad \text{(说明 4.1.14)}$$

式中 $(1+\alpha v)$——冲击系数,客运专线铁路最大的冲击系数为 1.9,即速度在 300 km/h 以内时按上式计算,超过 300 km/h/h 时按 300 km/h 计;

α——200 km/h 及以上的客运专线无缝线路 a 取 0.003。

ZK 荷载机车车辆的静轴重 $P = 200$ kN,则

设计时速为 200 km 时

$$\sigma_{dl} = 0.26 \times 200 \times (1 + 0.003 \times 200) = 83.2 \text{ kPa}$$

设计时速为 2 50 km 时

$$\sigma_{dl} = 0.26 \times 200 \times (1 + 0.003 \times 250) = 91.0 \text{ kPa}$$

如采用中—活载,机车车辆的静轴重 $P = 220$ kN,α 可取 0.004,则

设计时速为 200 km 时

$$\sigma_{dl} = 0.26 \times 200 \times (1 + 0.004 \times 200) = 93.6 \text{ kPa}$$

4.1.15 不同标准路基渐变段应在较低标准路基段落内完成。

4.2.2 路肩宽度的确定主要考虑以下几个因素:

(1)与现行设计时速大于等于 200 km 有关标准的匹配,《新建时速 200 公里客货共线铁路设计暂行规定》要求路肩宽度不小于 1.0 m,《京沪高速铁路设计暂行规定》要求路肩宽度为 1.4 m。

(2)路基稳定的需要。根据日本、德国的经验,在降雨量大的地区,加宽路基宽度对于保证线路畅通有重要作用。一般路堤浸水后边部分土质软化,在自重与列车产生的振动加速度的共同作用下,容易发生边坡浅层坍滑。路肩较宽时,即使边坡发生坍滑,也不影响路堤的承载部分,从而可使因边坡坍滑而影响列车正常运行的事故大幅度减少。

(3)满足养护维修的需要。

(4)确保人员安全避让距离的要求。尽管客运专线铁路是全封闭的,运行期间人员不能进入线路范围,但世界各国依然考虑行人的安全问题。德国在线路设计规范中把离线路中心 3.5 m 以外作为安全区。

(5)满足路肩埋设有关设备的需要。当需要在路肩埋设接触网支柱、电缆沟槽及其他设备时,路肩宽度应满足其埋设要求。当规定的路肩宽度不能满足其要求时,可根据具体条件适当加宽。

从国外高速铁路一些国家路肩宽度设置来看,日本早期修建东海道新干线时,路肩宽度一侧为 0.5 m,另一侧为 1.0 m,但是 1978 年修订路基规范时则提高两侧路堤均为 1.2 m,路堑为 1.0 m;法国修建巴黎—里昂 TGV 时,路肩宽为 1.5 ~2.0 m,修建大西洋 TGV 时就改为 2.5 m;德国两侧路肩宽均为 1.3 m。

4.3.1 基床厚度

(1)列车动应力由轨道、道床传至路基本体,沿深度逐渐衰减。在路基某一深度处,列车荷载引起的动应力只占路基自重荷载的一小部分,在此深度以下,动荷载对路基的影响很小。客运专线路基床百度按列车荷载产生的动应力与路基自重应力之比为 0.2 的原则确定。

动应力沿路基深的分布,采用理论计算办法,用布氏(Boussinesg)理论。在长方形均布荷载作用下,荷载中心下深度为 z 处的垂直应力可用下式计算:

$$\sigma=\frac{2P_0}{\pi}\left[\frac{m\times n}{\sqrt{1+m^2+n^2}}+\frac{1+m^2+2n^2}{(1+n^2)(m^2+n^2)}+\arctan\frac{m}{\sqrt{1+m^2+n^2}}\right]$$

式中 P_0——荷载强度;

$m=a/b$;

$n=z/b$;

a,b——长方形荷载的边长之半;

z——深度。

其动应力随深分布的曲线如说明图4.3.1—1。

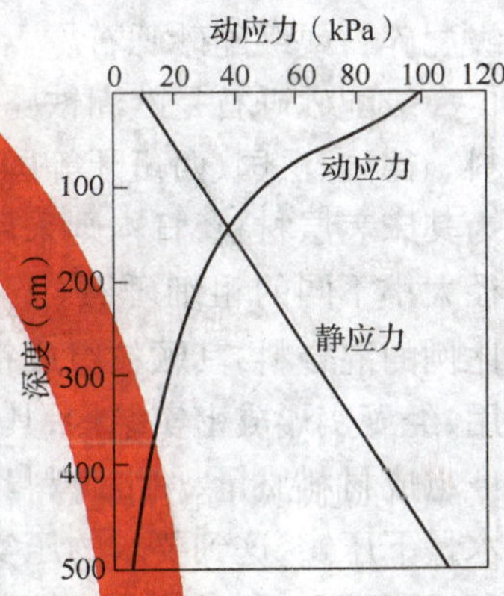

说明图4.3.1—1 动静应力随深度的变化

计算结果表明,设计时速为200 km,当动应力与自重应力之比为0.2时,深度约为2.5 m,因此将基床厚度定为2.5 m;设计时速为250 km,当动应力与自重应力之比为0.2时,深度约为3.0m,因此将基床厚度定为3.0 m。

(2)基床表层厚度:"高速铁路路基设计技术条件研究"中提出,床表层厚度由以下两个原则确定:

变形控制——在列车荷载作用下,以路基顶面变形量不大于3.5 mm为控制条件;

强度控制——以作用在基床表层下填土上的动应力不大于填土允许应力为控制条件。

①对于由基床表层和基床底层所组成的双层弹性地基,其上作用长方形的均布荷载时,中心点的沉降可用下式计算:

$$W_0=\frac{2bp_0(1-\mu^2)}{\pi E_2}\left\{\left[\ln\frac{\sqrt{1+m^2+n_1^2\times q^{2/3}}+m}{\sqrt{1+m^2+n_1^2\times q^{2/3}}-m}+m\ln\frac{\sqrt{1+m^2+n_1^2\times q^{2/3}}+1}{\sqrt{1+m^2+n_1^2\times q^{2/3}}-1}-\frac{1-2\mu}{1-\mu}n_1q^{1/3}\times\arctan\frac{m}{n_1q^{1/3}\sqrt{1+m^2+n_1^2q^{2/3}}}\right]\left(1-\frac{1}{q}\right)+\frac{2}{q}\left[\ln(\sqrt{m^2+1}+m)+m\ln\frac{\sqrt{m^2+1}+1}{m}\right]\right\}$$

式中 $n_1=h/b$;

$q=E_1/E_2$;

E_1——基床表层弹性模量;

p_0——荷载强度;

h——基床表层厚度;

E_2——基床底层弹性模量;

m——荷载长宽长;

μ——泊松比;

按$W_0<3.5$ mm作为控制条件。

当基床表层变形模量$E_1=210$ MPa,基床底层变形模量$E_2=34$ MPa,设计时速200 km基床表层厚度60 cm,设计时速250 km基床表层厚度70 cm,均能够满足$W_0<3.5$ mm的控制条件。

②按填土允许应力控制条件时,说明图4.3.1—2为"高速铁路路基设计技术条件研究"报告得到的基床下部填土允许动强度与基床表层的关系。

由说明图 4. 3. 1—2 可知，当压实度 $K=1.0$ 时，基床表层厚度约需 0. 6 m；若压实度 $K=0.95$，则基床表层厚约需 0. 8 cm。

综合变形控制与强度控制这两方面的计算结果，设计时速为 200 km 时，基床表层厚取为 0. 6 m；设计时速为 250 km 时，基床表层厚取为 0. 7 m。

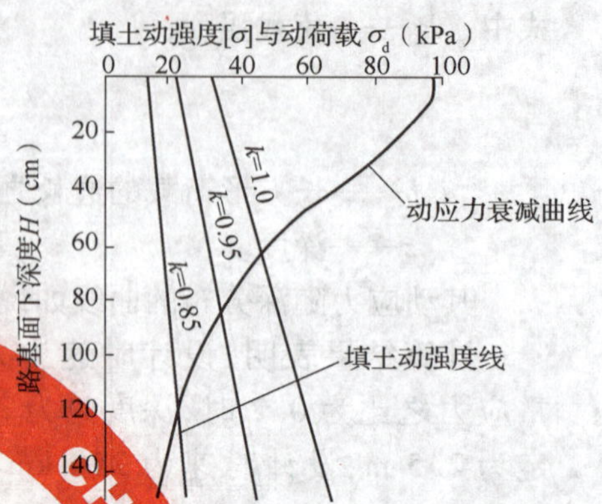

说明图 4. 3. 1—2　基床表层厚度的确定

4. 3. 2　基床表层的材料：基床表层的材料应具有较高的强度和弹性模量以及耐磨、反滤等特性。在参考国内外有关资料的基础上，基床表层材料可采用级配碎石或级配砂砾石。

级配砂砾石是欧洲铁路基床表层普遍使用的材料。德国、法国、西班牙等国家都采用级配砂砾石作为其床表层材料，日本则采用级配碎石，它们是用粒径大小不同的粗细砾石（碎石）集料和砂各占一定比例的混合料，其颗粒组成符合密实级配要求，其中包括一部分黏土填充空隙并起黏结作用，经压实形成密实结构，其强度的形成是靠集料间的摩擦力和细粒土的黏结力。只要保证组成材料质量，使混合料具有良好的级配，在施工过程中，将混合料搅拌均匀，在最佳含水量下压实，这到要求的压实标准，就能形成较高的力学强度和水稳性。但对给配砂砾石和级配碎石，则必须严格控制其细集料的液限和塑性指数，亦即严格控制 0. 5 mm 以下细粒土的含量。细粒土含量过高，将使塑性指数增大，降低集料的强度和刚度，同时其水稳性也差。

为保证轨下基础动力稳定，防止道砟嵌入及基床底层颗粒进入基床表层，不同材料之间的级配需满足太沙基（Terzaghi）反滤准则，即 $D_{15}<4d_{85}$。

式中　D_{15}——粗粒土颗粒级配细线上相应于 15% 含量的粒径；

　　　d_{85}——细粒土颗粒级配曲线上相应于 85% 含量的粒径。

当不能满足上述反滤准则时，应采用颗粒级配不同的双层结构。建议的双层结构如说明表 4. 3. 2。

说明表 4. 3. 2　级配碎石双层结构基床表层的压实标准

填　料	厚　度（m）	压实标准			备　注
		地基系数 K_{30}（MPa/m）	动态变形模量 E_{vd}（MPa）	孔隙率 n	
级配碎石	0. 45 ~0. 55	≥190	≥55	<18%	软质岩、强风化的硬质岩及土质路堑
中粗砂	0. 15	≥130	≥45		

基床表层的压实标准：采用地基数 K_{30}、动态变形模量 E_{vd} 和孔隙率 n 三项指标控制。K_{30} 值根据中铁三局所作“高速铁路路堤施工工艺及装备研究”课题，通过在山东高速公路试验段采用级配砂砾石及级配碎石做填筑试验：当压实度达致 0. 97 以上，孔隙率小于 15% 时，K_{30} 值在 190 ~200 MPa/m，故采用 $K_{30}\geq 190$ MPa/m。孔隙率 n 值根据秦沈客运专线基床表层级配碎石的施工实践，调整为 $n<18\%$。

2005 年 6 月铁道科学研究院研究制定《客运专线基床表层级配碎石暂行技术条件》，对《京沪高速铁路设计暂时行规定》原来规定采用的《铁路碎石道床底砟》（TB/T 2897—

1998)标准进行了修改,规定了客运专线铁路基床表层级配碎石的材料及材料性能、粒径和级配等技术要求、检验规则及运输、贮存要求。

德国 RIL836 规范中基床除规定了 E_{v2}外,还规定 E_{vd}的标准值为 50 MPa,它是设计速度 300 km/h 的基床表层压实标准。我国铁路 1998 年开始进行动态变形模量 E_{vd}标准的研究。E_{vd}检测方法已于 2003 年与 K_{30}检测方法同时纳入了《铁路工程土工试验规程》(TB 10102)。E_{vd}已在秦沈线、新长线、宁启线以及昆山软土地基处理试验研究项目中试用,积累了经验和试验数据。由于测试速度快、仪器小型化、方便、快捷,E_{vd}可以对 K_{30}仪无法检测的狭小困难地段进行压实质量检测与控制。增加 E_{vd}标准有利于施工过程中的压实质量控制、路基整体均匀性的检验与控制,也可以反映基床表层压实后动力性能指标的均匀性。结合 E_{vd}在秦沈线、新长线、宁启线以及昆山软土地基处理试验研究项目中实测情况和研究资料,确定基床表层的 E_{vd}压实标准,并要求与 K_{30}、n 指标必须同时达到。

4.3.3、4.4.1 在秦沈客运专线路基筑施工中,路基填筑压实标准比普通铁路高,因此,有些填料虽符合现行《铁路路基设计规范》中的填料分类标准,但由于填料的级配或压实后强度方面的原因,难以达致规定要求。秦沈客运专线在施工过程中,对这些土进行了填筑试验,并作了详细深入的分析研究,对粉、细、中砂和 C 组细粒土中的粉黏上得出一些具体结果,考虑到这些结果可能存在一些地区局限性,所以仅在本条文说明中列出,设计中可参考。

在填筑基床层时,对粗粒土填料,细砂一般不宜直接填筑。中砂以上砂、砾应级配良好,其不均匀系数 $C_u>20$。对不符合上述要求的填料,可采取改良措施,并应与远运土进行技术经济比较。粗粒土宜用物理改良方法,以改善其粒径级配。改良后的粗粒土,其级配曲线应接近圆顺,不均匀系数 $C_u>20$。

在填筑基床以下路堤时,对粗粒土填料,粉、细砂一般不宜直接填筑。中砂以上砂、砾应级配良好,其不均匀系数 $C_u>12$。C 组细粒土中的粉黏土应使其黏粉比(黏粒重量/粉粒重量)>22%,同时应满足其无侧限抗压强度 $q_u>160$ kPa(或黏聚力 >65 kPa)。对不符合上述要求的填料,可采取改良措施,并应与远运土进行技术经济比较。粗粒土宜用物理改良方法,以改善其粒径级配。改良后的粗粒土,其级配曲线应接近圆顺,不均匀系数 $C_u>12$。

既有铁路建设经验表明,路堤下部填料应优先选用 A、B 组填料和 C 组块石、碎石、砾石类填料。一般 C 组细粒土水稳性差,易被冲蚀,边坡稳定性差,路基病害较普遍,同时难以达到客运专线路堤下部压实标准,故不宜直接采用 C 组细粒土填筑。当选用 C 组细粒土填料时,应根据土源性质进行改良后填筑。细粒土可采用物理改良方法或化学改良方法。当采用化学改良方法时,应根据不同性质填料,选择适宜的掺合料,并进行不同配合比的室内物理、力学试验,优化配合比,提出改良后的主要技术参数(如无侧限抗压强度 q_u 等)。

条文对孔隙率 n 值根据秦沈客运专线施工实践进行了调整。

改良土的强度要求,根据部科研项目《京沪高速铁路路基结构形式及填料改良优化研究》(97G01—A)研究成果,其允许动强度应满足下式要求:

$$\sigma_{bcu} \geqslant \frac{\beta \cdot \sigma_{ZL} \cdot k}{\eta_g \cdot R_{cr}} \qquad \text{(说明式 4.3.3)}$$

式中 σ_{bcu}——改良土浸水饱和固结不排水强度(kPa),为 28 d 三轴试验强度;

β——动应力波动系数,与上部建筑状态有关,上部建筑状况良好则动应力波动良好,建议采用 $\beta = 1.2$;

σ_{ZL}——列车荷载产生的动应力(kPa),路基基床任意深度的列车荷载产生的动应力按可按说明表 4.3.4—1 查取;

k——安全系数,为 1.5 ~ 2.0;

η_g——干湿循环强度衰减系数,可按说明表 4.3.3—2 取值;

R_{cr}——动静比(指在相同条件下,临界动应力与静强度之比),为 0.45 ~ 0.5,建议采用 0.45。

现场检测采用 7 d 无侧限抗压强度 q_u,即

$$q_u = 0.7\sigma_{bcu}。$$

说明表 4.3.3—1　列车动应力值

路基面以下深度(m)	动应力衰减系数 η	列车荷载动应力(kPa)
0	1.0	100
0.3	0.75	75
0.4	0.67	67
0.5	0.61	60
0.7	0.5	50
1.0	0.39	39
2.5	0.22	22

说明表 4.3.3—2　改良土干湿循环强度衰减系数表

素土 土类	土的塑性指数 I_p	失水率(%)	强度衰减系数	附　注
粉黏土	$I_p < 10$	0 ~ 45	1.0	$K = 0.95$
	$10 < I_p < 17$	15	0.95	$K = 0.95$
		30	0.85	
		45	0.7	
黏土	$17 < I_p < 20$	15	0.95	$K = 0.90$
		30	0.85	
		45	0.7	

注:K 为重型压实系数。

4.4.4　作为支承路堤的地基,不仅应有足够的强度,能安全地支承路堤,不发生基底破坏,同时还应具有一定的刚度,使地基不致发生不适合使用的过大下沉。此外,即使发生地震,也不致发生这类破坏和下沉,由于客运专线对沉降变形控制较严,因此对地基的要求相应较高。

(1)路基地基条件

日本对东海道新干线在经过 10 年运营后,对路堤基底的下沉量、路堤地基的状况、线路维修量多少及难易程度进行了分类调查,根据调查结果,提出了由地表起到约为路基宽度的 2 倍(以 25 m 为限)的深度范围内支承路堤的地基的必要条件。满足这些条件的地基其路堤处于良好状态,没有发生有问题的下沉现象(下沉量 < 10 cm),作为支承路堤的地地基是合适的,并纳入了规范。

根据日本的经验,当路堤基底以下 25 m 范围内的地基不符合表 4.4.4—1 条件时,应作工后沉降分析。但沉降量与路堤高度、地基土性质和压缩层厚度密切相关。

(2)压缩层厚度

关于压缩厚度的确定,对于地基沉降控制设计具有非常重要的意义。我国沿用前苏联 НИТУ 127—55 规范,以地基附加应力对自重应力之比为 0.2 或 0.1 作为控制计算深度的标准。《建筑地基基础设计规范》(GB 50007—2002)则通过以下变形比法确定压缩层厚度:

$$\Delta S'_n \leq 0.025 \sum_{i=1}^{n} \Delta S'_i \qquad (说明式 4.4.4)$$

式中　$\Delta S_i'$——在计算深度范围内,第 i 层土的计算变形值;

$\Delta S_n'$——在由计算深度向上取厚度为 1 m 土层计算变形值,如确定的计算深度下部仍有较土层时,应继续计算。

根据国际咨询的有关情况,法国以路堤底宽的 3 倍来确定压缩层厚度,日本方面也表达了路堤底宽 3 ~5 倍的意见。

公路荷载形式与铁路有着很大的相似性。《公路软土地基路堤设计与施工技术规范》(JTJ 017—96)规定采用地基附加应力对自重应力之比为 0.15,根据其“条文说明”获知,主要从节省钻探工作量考虑。

秦沈客运专线规定:对松软土,当地基土层的 $I_L \geqslant 0.5$ 时,计算至附加应力与自重应力比为 0.2 的深度;当 $I_L < 0.5$(即硬塑状),当硬塑土层下有厚度大于 3.0 m 的软塑土时,应计算至松软土层底。

根据应力比法采用地基附加应力对自重应力之比为 0.2 确定的压缩层厚度,一般要大于根据变形比法确定的压缩层厚度。同时路堤底宽的 3 倍又远远大于附加应力对自重应力之比为 0.1 确定的土压缩层厚度。由于深厚压缩层埋藏深,加固难且固结时间长,其沉降计算有可能在沉降控制设计和加固措施的选择中十分关键。由于各客运专线铁路沿线地基条件变化较大,工后沉降分析时压缩层厚度不应笼统确定,必须对各种地层进行详细地质勘察,并加强对于地基土的各项参数的原位试验及室内试验分析,提高计算参数的准确性。随着工后沉降控制标准的不断提高,对于压缩层厚度确定的精度提出了更高的要求,在今后的工程实践与科研中应不断积累资料,找出切实准确的确定方法。

4.4.5　为便列车高速、安全、舒适运行,并尽可能减少维修,严格控制路基的变形、沉降是很重要的因素。路堤建成后发生的变形、沉降主要有:路堤(主要是基床)在列车荷载作用下发生的变形;路堤本体在自重作用下的压密沉降;支承路基的地基压密沉降。在路堤填料的材质与施工质量有保证的前提下,前两部分的数值是有限的,路堤填土的压密沉降主要通过压实密度来控制。客运专线铁路路堤的压实要求与国外主要高速铁路对路堤的压实要求基本相同。根据国外高速铁路的经验和实测资料,路堤填土压实沉降量,当路堤以粗粒土、碎石类土填筑时,约为路堤高度的 0.1% ~0.3%;当以细粒土填筑时,约为路堤高度的 0.3% ~0.5%。该部分沉降一般在路堤竣工之后一年左右完成。因此控制路堤沉降主要是控制地基的工后沉降。对软土地基来说,由于软土的压缩性大、渗透系数小等特性,路堤建成后,不仅沉降量大而且需延续较长时间才能完成。

路基工后的累计沉降与时间有关,本暂行规定中工后沉降是指路堤建成后铺轨(包括铺砟)时的路基剩余沉降,因此必须采取有效措施,使路基工后沉降控制在允许范围内。

日本的经验表明,当路基的沉降控制在较小范围内,列车的正常运行才能保证。因此,在保证列车安全、舒适运行的前提下,路基允许工后沉降量的确定主要是经济问题,即为满足工后沉降量所进行地基的处理费用与运行期间线路养护维修费用大致平衡。

《京沪高速铁路设计暂行规定》要求:时速 350 km 有砟轨道路基工后沉降量一般地段不大于 5 cm,台后过渡段工后沉降量不大于 3 cm,沉降速率应小于 2 cm/年。秦沈客运专线和《时速 200 公里新建铁路线桥隧站设计暂行规定》规定:有砟轨道路基工后沉降量一般地段不大于 15 cm,台后过渡段工后沉降量不大于 8 cm,沉降速度应小于 4 cm/年。

根据《京沪高速铁路设计暂行规定》国际咨询报告,法国规定:滤水层验收后最初沉降应小于 2 cm,最后一次捣固之后运行和第一列高速列车前,或最晚在滤水层验收后 18 个月内沉降完全稳定;短距离内的沉降值要比长距离范围内的沉降值更难确定,规定 30 m范围内每年的最大沉降差为 4 mm,200 m 范围内每年的最大沉降差为 10 mm。日本规定:有砟轨道路基工后沉降量一般地段不应大于 10 cm,沉降速率应小于 3 cm/年,桥台台后过渡段路基工后沉降量不应大于 5 cm,沉降观测至施工结束或沉降结束稳定为止。德国有砟轨道要求路基每年沉降不超过 1 ~2 cm,桥墩周围不应有不均匀沉降,路基不均匀沉降造成的轨道变形按轨道竖向过渡曲线半径 $R_a \geqslant 0.4v^2$ 控制,如 $v = 350$ km/h,在 10 m内不超过 2 mm。

为了严格控制路基的工后沉降量,本暂行规定规定了有砟轨道路基一般地段工后沉降量。桥台与台后路堤的沉降不同,将造成轨道不平顺,导致轮轨动力作用加剧,因而影响轨道结构的稳定,影响列车高速、安全、舒适运行,因此对台尾过渡段工后沉降量专门作出了规定。本条还规定了工后沉降速率的控制,因为沉降速率过快,即在短时间内沉降过大,会造成维修困难而危及行车安全,同时,维修量加大会影响线路的通过能力,故应予以控制。

根据日本、法国及德国的经验,要满足高速铁路的轨道平顺性,除要严格控制路基的均匀沉降外,不均匀沉降控制更为关键。路基与桥台及路基与横向结构物过渡段、地层变化较大处和不同地基处理措施连接处,是不均匀沉降容易产生的常见部位,故在地基处理和路堤设计中应采取逐渐过渡的方法,减少不均匀沉降,以满足轨道平顺性要求。

4.4.6　稳定检算可采用总应力法或有效应力法。《铁路特殊路基设计规范》中规定,软土地其路基考虑列车荷载作用时,稳定安全系数为 1.10 ~1.15;不考虑列车荷载作用时,稳定安全系数为 1.15 ~1.25。京沪高速铁路工程设计咨询时,日本、德国、法国专家认为,京沪高速铁路路基安全稳定性安全系数采用 1.15 过小。但提高路基稳定安全系数,必将增加地基处理工程投资。由于客运专线路堤对于沉降的严格要求,应该适当提高稳定系数,应将考虑列车荷载作用时软土路堤稳定安全系数提高到 1.25 以上,设计时应结合沉降计算情况和工期要求,通过综合经济技术比较,适当加强地基处理,以保证达到路基工后沉降标准。

4.4.7　沉降计算应分别计算压缩层范围内的主固结沉降、次固结沉降及瞬时沉降,并根据固结理论绘制时间—沉降曲线。对于松软土的压缩层厚度和沉降计算值,应根据地区经验进行修正。施工期发生的沉降可结合施工过程和地区经验进行估算。

4.4.9、4.4.10　在软土地基上修筑路堤,最突出的问题是在施工过程及竣工后路堤的稳定与沉降。设计时应设置沉降观测横断面,布设沉降观测桩(板)和水平位移观测桩,进行观测。沉降观测断面的间距:软土地基不大于 100 m,松软土地基不大于 200 m,且于每个路堤和桥(横向结构物)过渡段均应布置。规定在施工过程中,必须对边桩和路堤地基的沉降观测设备按设计要求的观测频率及精度进行定期观测。

国内外工程实践表明,填土速率过快,外荷载超过土体的允许强度后,即使地基未达到完全破坏,也会造成地基内部塑性变形区加大,地基侧向变形增大,从而增加地基的沉降值。严格控制加荷速率是确保路堤安全与减少沉降的有效措施。因此,施工过程中一方面应根据观测数据调整填土速率,以保证路堤在施工中的安全和减少附加沉降。本暂行规定参考高速公路近几年来在软土地基路堤施工速率控制的经验,规定控制填土速率的标准为:路堤中心地面沉降速率每昼夜不大于 1.0 cm,坡脚水平位移速率每昼夜不大于0.5 cm。另一方面,作为动态设计的主要内容,根据沉降观测资料,及时整理绘制“时间—填土高—沉降量”曲线,反算地基固结系数或推算最终沉降量。利用实测数据推算最终沉降量方法很多,常用的有双曲线法、三点法、沉降速率法、星野法及修正双曲线法和修正指数函数法等。这些经验公式各有其适用条件,应根据工点具体情况,视拟合程度的优劣,选择与实际情况较为吻合或接近的方法来推算最终沉降量、工后沉降量及沉降速率。根据沉降发展趋势及工期要求,采取相应措施(如调整预压土高度、确定预压土卸荷时间、确定在填筑基床表层前基床底层顶面抬高值等),调整设计,使地基处理达致预定的要求,并为铺轨前对路基进行评估提供依据。

4.4.11 软土地段选择地层和工程情况有代表性的地段提前修筑试验路堤,是掌握本地区软土地基特征与变形规律、验证地基加固设计和摸索施工工艺必不可少的。通过试验与比较,可以筛选出合理的处理方案与相应的设计参数,验证计算方法的合理性,合理确定填速率控制方法,为软土地段路堤设计与施工提供依据。

试验工程是以验证、修改、完善设计和指导施工为主要目的。试验工程至少有一年半以上的观测期,因此,应在全线开工前,即取得试验成果。

4.4.12 对高度小于3.0 m的低路堤,基床部分应满足相应部位的地基强度或填料压实标准要求。当不能满足时,本暂行规定根据秦沈客运专线对低路堤基底设计经验,提出了具体处理措施,可供设计借鉴,并应根据路堤高度、地基土层性质和地基强度以及地下和地表水等具体情况确定具体工程措施,尽可能保证沿线路纵向基床技术条件一致,减少刚度变化。

4.4.13 根据我国既有铁路现状的经验教训分析,受洪水或河流冲刷、强降雨影响大和长期受水浸泡的路堤,由于易发生冲刷边坡、坍塌等灾害,路基安全稳定性低,经常发生断道、影响正常运营事故。客运专线的设计必须适当提高路基抗洪标准。浸水部分应采用水稳性好的渗水性材料填筑,其他部分也应选择水稳性较好的填料填筑,并应采用放缓边坡坡率、设置边坡平台、加强边坡防护等措施。

4.4.15 使用碎石填筑的路堤其填料的粒径大小、大石块间空隙是否充填密实、是否分层压实等因素,对路堤的强度和密实程度有很大的影响。德国RIL 836规范中规定的填料最大粒径为64 mm。《新建时速300~350公里客运专线铁路设计暂行规定》对石块的大小作出了更为严格的规定,填料的最大粒径在基床底层内不得大于10 cm,基床以下路堤内不得大于15 cm,并要求填料级配较好,以使互相充填,且大石块在每一填筑层内均匀分布,不应集中。

4.4.16 从国内外路堤震害的情况分析,当采用粉、细砂作填料时,容易产生路堤坍塌、边坡溜滑、下沉、开裂等震害。所以在地震区修建客运专线,应选用抗震稳定性较好的填料填筑,不应采用粉、细砂作填料。从第4.3.3条~第4.4.1条条文说明中可知,由于压实强度的原因,粉、细砂一般不宜直接填筑路堤。故当不得不采用时,应掺拌粗颗粒填料进行土质改良或采取加固措施。对浸水部分则不允许填筑粉、细砂及中砂。

4.4.17 本条参照现行《铁路工程抗震设计规范》(GB 50111)编写。

4.4.18 软土地基处理的许多措施可以增加地基强度,提高抗震能力。采用细、中砂等细颗粒材料作基底垫层,在饱和状态下和地震时可能产生液化现象,导致垫层强度降低。因此规定了路堤基底应采用碎(卵)石或粗砂夹碎(卵)石作垫层。

4.5.4 半填半挖路基:当轨道下道床应力扩散范围内横跨挖方与填方两部分时,为了使轨道支承条件均匀,故要求在轨枕长加2倍道床厚度宽度内,挖方部分挖除1.0 m深,换填与路堤相同的填料。

4.6.1 与桥梁连接处的路堤一直是铁路路基的一个薄弱环节。一方面由于路堤与桥梁刚度差别较大而引起轨道刚度的突变,同时路堤与桥台的沉降不一致,导致轨面不平顺,因而引起列车与线路结构的相互作用增加,影响线路结构的稳定,影响列车高速、安全、舒适运行。

根据国外高速铁路、公路的经验,在路堤与桥梁间设置一定长度的过渡段,以控制轨道刚度的逐渐变化,并最大限度地减少路堤与桥梁的沉降不均而引起的轨面变形,以保证列车高速、安全、舒适运行。

过渡段长度:根据国内"八五"研究成果及国外资料,过渡段长度不宜小于10 m。设置长度可按台尾路堤高度确定,一般可按路堤高度的2倍加3~5 m设置。

过渡段处理措施:秦沈客运专线采用了沿线路纵向倒梯形过渡段,采用级配碎石填筑或A、B组粗粒土中分层夹铺土工格栅,经过实车试验测试,过渡效果较好。日本和德国通常采用级配碎石或级配砂砾石掺入3%左右的水泥填筑的处理方法。对于过渡段沿线路纵向的几何布置形式,日本、法国和德国多采用上窄下宽的正梯形。德国和法国高速铁路一般不主张采用加筋土过渡段结构形式。

京沪高速铁路设计咨询时,法国提供的高速铁路路桥过渡段形式为靠近桥台10 m范围内的基床表层级配碎石中掺入3%的水泥,而且在过渡段的梯形中靠桥台一侧设置一个小梯形,小梯形的级配碎石中掺入3%的水泥,使过渡段的刚度曲线比较平缓。

结合德国新版RIL 836规范和我国《客运专线无砟轨道铁路设计指南》中路桥过渡段的设置形式,有砟轨道路桥过渡段在《京沪高速铁路设计暂行规定》规定的基础上修改为:过渡段总长度至少20 m,且不小于4倍桥台后路堤高度,正梯形部分采用水泥稳定级配碎石(掺加5%水泥),其后面设置一段倒梯形的二次过渡段,该段的填料和压实标准同基床底层。

4.6.2、4.6.3 路基与横向结构物连接处及路堤与路堑连接处设置过渡段,都是为了避免轨道支承条件的突变,使轨道纵向基础刚度及沉降更趋均匀。条文所列的过渡措施主要是在参考有关规范的基础上建议的方法,有待在今后实践中验证。横向结构物与线路斜交的过渡段的尾部、路堤与路堑连接处的过渡段两端一般应与线路垂直。

对于涵顶至轨底高度小,级配碎石下夹有薄层填土易产生病害,在涵洞顶和两侧均采用级配碎石填筑,即为全包级配碎石式的正梯形过渡段。同时参考路桥过渡段,过渡段内级配碎石中掺入3%~5%的水泥;在横向结构物及其两端20 m范围内的基床表层级配碎石中掺入3%~5%的水泥,并在与正梯形级配碎石连接段设置倒梯形二次过渡段,用A、B土填筑。如果涵洞后施工时,也可采用倒梯形过渡段形式。过渡段处理方式可以有多种选择,有待设计者根据各线的具体情况,提出合理可行的处理措施,在实践中验证。

4.6.4 考虑致从隧道致软岩或土质路堑连接段基床的刚度变化太大,需设置隧道与路堑过渡段。遂渝线和郑西及武广客运专线铁路提出在基床表层设置长度20 m的由隧道仰拱起2.0 m渐变到0.7 m厚度的混凝土过渡段,但没有经过试验验证其效果。京沪高速铁路工程设计国际咨询时,德国提供了长度6.5 m的刚性过渡段形式。由于我国各条客运专线铁路隧道和路堑地层变化大,隧道设计情况复杂,故本暂行规定仅提出设置隧道与路堑过渡段段及设置形式,没有给出具体规定,可以根据隧道和路堑的长短和地质条件,以及隧道的仰拱具体条件确定。需要进一步结合试验研究和工程实践补充完善规定。

4.7.7 一般铁路的侧沟等多采用浆砌片石砌筑,工程质量不易保证,易开裂漏水,造成基床和边坡病害。国外高速铁路一般均采用预制混凝土构件砌筑侧沟等排水设施。

4.8.1 植物防护是一种既经济又有利于生态环境的防止坡面侵蚀和表层坍滑的边坡防护措施,在宜于植物生长的边坡上应尽可能采用植物防护,但由于需要一定的生长期,在播撒草籽或移植幼苗初期,易受雨水冲刷或大风吹蚀而损毁,因此在种植初期采取既能避免草、苗受损,又能有效防止坡面冲刷或吹蚀的固土措施很有必要。随着土工合成材料的发展,立体网泡状结构形式的固土植草土工网垫和菱形立体植被网与喷播植草结合已广泛用于边坡防护。实践证明,这是一种有效的植草防护措施。

当路堤边坡高度较高时,为了严格控制分层填筑,提高边坡部分的压实密度,同时提高边坡抗雨水冲刷能力,避免产生边坡浅层坍滑,故在边坡不小于2.5 m范围内铺设土工合成材料,并根据填料情况、线路所经地区的地质条件、气候特征等,选择合适的植物种类,采取绿色植物防护措施。

根据经验,降雨量大、强度高、历时长的区域内,路堤边坡大于8 m的路堤易受坡面雨水冲刷。根据德国和日本等国高速铁路路基设计经验,为提高路基抗冲刷能力,设计时可于路肩下边坡8 m处设置宽度不小于2 m的边坡平台,并在边坡上设置截水沟,分段引入坡脚外排水沟,以减缓水流冲刷,同时对路堤坡脚等易受坡面水冲刷处,采取适当干砌或浆砌片石、或混凝土预制块等护砌措施,提高路基边坡稳定性。

对受水流冲刷的路基边坡防护类型的选择,可参照现行《铁路路基设计规范》(TB 10001—2005),但应根据工程条件和预计冲刷程度的轻重,采取抗冲刷能力强的坡面护砌措施或浸水挡土墙、抗冲刷的平面防护等加强措施,适当提高防护标准,以保证客运专线路基安全稳定。

4.8.4~4.8.5 根据目前各既有铁路和公路经验,在降雨量大、强度高、历时长的区域内,路肩采用铺设混凝土预制块或干砌片石,或采取其他硬化处理措施,并沿路肩每隔一定间距设置顺坡面的排水槽或其他集中排水设施,路堤边坡采用带截水槽的骨架护坡,结合在骨架内种植草灌木等植物防护,并适当加深骨架埋置深度、加大骨架宽度,防护效果好,可以大量减少路肩的冲刷破坏,并有交往保护坡面。石料缺乏的地区,可结合经济技术比较采用混凝土预制件砌筑。

4.9.1 高速行驶的列车荷载对支挡结构物的受力情况,尤其是轻型支挡结构物列车活载动应力对其强度和稳定性的影响,尚未开展这方面的试验研究工作,有待立项进行专题研究。目前,暂按现行路基支挡结构物有关规定,仍将列车活载按一定换算土柱作用于路基面上的荷载考虑。

4.9.2 既有铁路路基重力式挡土墙多采用浆砌片石砌筑,施工质量不易保证,曾出现变形开裂、倒塌等现象,危及行车安全。为保证挡土墙的施工质量,确保客运专线路基运营绝对安全,应采用片石混凝土或混凝土灌筑。

4.9.4 为安全起见,对高度超过12 m的重力式路肩墙和路堑墙、高度超过10 m路堤墙及轻型支挡结构,可适当提高安全系数。

4.10.1 根据京沪高速铁路的研究,区间直线地段接触网支柱内边距线路中心不小于3.1 m。

4.10.2 铁路沿线电缆内容包括通信、信号、电力等贯通电缆。电力电缆槽的位置,根据线路、桥隧比例及供电要求的需要,可设置于路肩上,也可单独设置于路堤坡脚外或路堑侧沟平台上;当路基与桥(隧)频繁交替时,宜设置于路肩上。考虑防排水、列车震动、路基稳定及行车安全要求等因素,电缆槽宜设置在接触网立柱外侧。本暂行规定按路基面两侧各设两个槽,没有给定电缆槽的形式和尺寸。一般电缆槽的内部净高不小于 30 cm,外部高度不大于级配碎石的厚度。原则上,通信电缆槽净宽不大于 20 cm;信号电缆槽净宽不大于 30 cm,外部宽度不大于 70 cm;电力电缆槽若在路肩上设置时,净宽度不小于 20 cm(单贯通)。设计时,根据有关专业要求设置各槽内电缆。

由于难以避免基床表面的水通过盖板流入槽内,故槽底部可设置竖向泄水孔,或于槽的外侧壁底部设置向外侧的水平泄水孔排水,避免积水影响电缆的正常使用寿命。电缆槽底部应铺设适当材料,使基床表层内级配碎石中的水能够横向排出。

4.10.4　设计和施工时,还应注意电化接触网支柱基础或声屏障基础,电缆槽与桥涵和隧道等接口处和路基内所设的纵向贯通的综合接地线,以及横向穿过路基的预埋的通信、信号、电力等电缆管,尽可能在填筑路基中同步钻孔浇筑或铺设施工,避免二次开挖造成路基面和基床的破坏。

5.1.1　新线铺设无缝线路有两种基本方案:一种是短轨过渡方案,即先铺设短轨有缝线路,并经初期运营,待路基、道床在列车作用下,逐步达到密实、稳定之后,保持道床、轨枕不动,将短轨更换为长轨条并焊接成无缝线路。这种经过短轨有缝阶段过渡而铺成的无缝线路,容易在钢轨接头部位的基床、道床受到伤害,使之在强度、弹性及其结构均匀性等方面成为固有的薄弱环节,且这些已经形成的薄弱环节不可能通过维修手段予以彻底根除,而具有“记忆”特征,长期影响线路的平顺性和均匀性,不能较好地满足高速列车的运营要求,同时也加大了维修工作量。另一种是一次铺设无缝线路方案。新铺长钢轨一次焊成无缝线路,在无缝线路铺成之前,基本不承受施工列车,更不承受初期运营列车作用,从而免除了由于短轨过渡期所出现的上述各项问题,保证了高速线路的质量。所以,时速 200 ~250 km 新建客运专线铁路正线轨道推荐采用一次铺设无线线路。国外高速铁路的研究和实践也充分表明,高速铁路应采用一次跨区间无缝线路,以避免“记忆性病害”。

5.2.1　有砟轨道和无砟轨道是国外高速铁路轨道结构的两种基本形式。

有砟轨道弹性条件好,在一定的维修质量条件下具有较好的轮轨接触效应;减振、降噪效果较好;维修较方便;造价相对较低。但有砟轨道道砟容易磨损,增加了养护维修工作量,缩短了养护维修周期;稳定性条件较差,在列车动荷载作用下,轨道的平顺性容易受到破坏;高速行车时车轮横向压力较大而道床横向阻力较小,对无缝线路的稳定性要求较为不利,设计和施工时必须严格加强稳定性措施,如合理确定道床几何尺寸;选用优质道砟,优化道砟级配;刚性基础地段增设砟下弹性垫层或采用弹性轨枕,减少道砟粉化以及严格控制施工质量等。

无砟轨道整体性强,纵向、横向稳定性较好,虽然造价比有砟轨道高,但因大幅度减少维修工作量和维修成本,综合经济效益较好;无砟轨道结构厚度比有砟轨道薄,有利于降低跨线点结构设计高程,可减轻桥梁上恒载约 40% 。无砟轨道的缺点主要是刚度较大,轨道弹性较差,且振动、噪声较大。日本自东海道以后的新干线均以铺设无砟轨道为主;德国在经历过多年有砟轨道的高速运营后,也提出以无砟轨道为发展趋势的意向,并在目前的新建项目中全面实施。

在铁道部组织的《京沪高速铁路设计暂行规定》国际咨询和 CHI 高速铁路工程设计国际咨询中,日本、德国咨询公司明确表示,设计时速超过 200 km 的高速铁路采用无砟轨道结构较有砟轨道更具优越性;而法国国铁虽然对中期实施项目仍采用有砟轨道结构,但在隧道内和高架桥上已考虑铺设无砟轨道,并已开展了相应的技术研究工作。

借鉴日、法、德等国高速铁路轨道技术发展的经验,同时根据我国高速铁路研究成果,可以认为:稳定性、刚度均匀性、耐久性好以及维修工作量显著减少的无砟轨道结构是高速铁路轨道技术的发展方向,新建时速 200 ~250 km 客运专线铁路应在基础稳定的路基、桥梁及隧道等地段推广采用先进的无砟轨道技术。

高速铁路普遍采用大型养护机械作业,考虑到轨道刚度的连续性及养护维修作业的方便,有砟轨道及无砟轨道应集中铺设。

5.2.3 无砟轨道

1 一般规定

(1)世界上高速铁路发达国家的无砟轨道主要采用板式、轨枕埋入式和弹性支承块式三种结构形式。板式无砟轨道在日本,轨枕埋入式无砟轨道在德国,弹性支承块式在瑞士、丹麦、英国等国家广泛采用,并取得大量成功经验。在"九五"国家重点科技攻关计划项目完成的"高速铁路无砟轨道结构设计参数的研究"中,提出了三种结构形式的无砟轨道及其结构设计参数。随后根据铁道部科技研究开发计划项目《高速铁路高架桥上无砟轨道关键技术的试验研究》,通过整体结构的具体设计、部件试制、室内实尺模型的施工铺设与各项性能试验、车线桥系统的动力仿真分析等,提出的结论为:"三种无砟轨道结构形式,具有各自不同的结构特点。这三种结构形式在国外应用已相当成熟,通过振动加载与疲劳试验表明,其结构有足够的储备,不会影响高速列车的行车安全性。"

鉴于国外铁路采用的无砟轨道结构形式多种多样,而各种轨道结构均具有独特的技术经济特点,同时考虑目前我国铁路无砟轨道研究和应用的实际情况(已成功铺设一定数量的板式、轨枕埋入式及弹性支承块式无砟轨道),故规定正线无砟轨道应针对具体线路设计情况在板式、轨枕埋入式和弹性支承块式等结构形式中比选采用。

需要说明的是,本暂行规定虽然只规定了板式、轨枕埋入式及弹性支承块式三种无砟轨道结构形式,但并不限制在经过详细的技术经济比较和有关部门审批前提下,采用技术成熟的其他类型无砟轨道结构。

(2)无砟轨道是一种少维修轨道,但结构和部件一旦发生损坏,修复十分困难。为此,在结构设计中,考虑使用期内最不利的荷载条件,采用较大的强度安全储备,使整体结构和部件安全可靠、经久耐用。

(3)无砟道床的外荷载是按轮轨的动力作用确定的,根据设计动轮载对轨道板、道床板及支承块进行结构静力计算。混凝土结构按国家现行的《混凝土结构设计规范》规定进行设计。混凝土结构及构件的正截面容许有限拉应力出现,但不得超过混凝土抗拉设计强度值的 0.7 倍,且在外荷载作用下混凝土结构不容许发生裂纹。结构配筋均依据《混凝土结构设计规范》,并按其办理。

(4)碎石道床的曲线超高可根据列车不同开行方案不断调整,而无砟轨道的曲线超高需在底座上设置。底座施工完成后很难进行调整,所以超高设计必须结合不同区段列车计划运行速度,按允许欠、过超高值研究确定。

(5)道床是采用混凝土浇筑而成,良好的排水设施可以防止水浸入混凝土腐蚀钢筋,同时还避免因混凝土内存水引起冻胀,从而延长无砟道床使用寿命。

(6)桥上采用无砟轨道时,混凝土底坐应与桥面相连,确保底座的稳定。根据日本、德国及我国秦沈客运专线设计经验,可通过梁面设置预埋钢筋的方式实现底座与桥面的连接。预埋钢筋数量及布置方式应根据具体结构计算确定。

2 板式无砟轨道

(1)本暂行规定所述板式轨道,是指日本新干线广泛应用的无砟轨道。这种轨道被实践证明能够满足运营要求,较有砟道床维修工作可减少 75% 以上,可大大节约运营支出。

日本板式轨道的研发始于 1965 年,经过多年试验研究,先后开发成功 A 型(注入材料全面支承方式)、M 型(橡胶垫块四点支承方式)、L 型(板下带状橡胶支承方式)及 RA 型(土质路基上铺装支承方式)等板式轨道,最终将适用于隧道或高架桥上的 A 型、框架型板式轨道、适用于土质路基上的 RA 型板式轨道及特殊减振区段用的防振 G 型板式轨道等作为定型结构推广应用,构成了各种不同使用范围的板式轨道系列。

目前,日本板式轨道主要采用 A 型和框架型两种结构。在每年冻融次数超过 80 天的寒冷地区,为了防止发生裂纹,采用 PRC 轨道板结构,温暖地区采用 RC 轨道板结构。

另外,从长野新干线建设开始,隧道内板式轨道采用框架型轨道板。在温暖地区的九州新干线,非隧道区间也全部采用了框架型轨道板。

在我国秦沈客运专线进行了成功地进行了板式无砟轨道的试验。

轨道板分为预应力混凝土结构和普通混凝土结构两种,一般长度不超过 5 m,主要考虑施工条件,重量控制在 5 t 左右;CA 砂浆主要由水泥、混合料、水、砂、沥青乳剂、聚合物乳剂、膨胀剂、引气剂、消泡剂等材料拌制而成,主要起到传力及提供一定轨道弹性的作用。混凝土凸型挡台为轨道板铺设定位基准。混凝土底座主要为扩散和均匀分布轮轨动载提供功能。

(2)露天轨道区段,气候条件较隧内恶劣,风、雨、污染均较为严重,故应采用能更易控制裂纹发生的预应力轨道板;隧道内相对于露天条件要好一些,因而宜采用普通轨道板(平板或框架式),且还可以降低造价。

3 轨枕埋入式无砟轨道

(1)德国的联邦铁路、高校研究所以及工业界自 20 世纪 70 年代一致进行无砟轨道的研究,曾试铺过十余种无砟轨道结构,其轨道基础分钢筋混凝土和沥青混凝土两类。Rheda 型无砟轨道是采用钢筋混凝土基础的轨道形式之一,在建立大量试铺段进行运行试验和长期观测研究基础上,在德铁桥梁、隧道和土质路基上全面推广应用,占德铁铺设无砟轨道总量的一半以上。最初的 Rheda 采用 B70S 型混凝土枕铺设在现浇混凝土底座上,在混凝土枕间设置钢筋网并灌筑混凝土,形成道床板。最近开发的 Rheda - 2000 型无砟轨道已投入商业应用。由两根桁架形配筋组成的特殊双块式轨枕取代了原 Rheda 型轨道中的整体轨枕,取消了原结构中的槽型板,统一了隧道、桥梁和路基上的轨道形式,同时轨道结构高度大幅降低。

Rheda - 2000 型无砟轨道的特殊双块式轨枕只保留了承轨和预埋扣件螺栓部位的预制混凝土,其余部分均为框架式的钢筋骨架。该轨枕与现场灌筑混凝土的新、老界面降至最低,提高了施工质量和结构的整体性。

桥梁范围轨枕埋入式无砟轨道应设底座,底座与道床板之间设置隔离层;路基和隧道地段由于无砟轨道直接设置在铺底混凝土或仰拱混凝土上,可不设置底座直接灌筑道床板混凝土。

4　弹性支承块式无砟轨道

(1)弹性支承块式无砟轨道是在双块式轨枕(或两个独立支承块)的下部及周围设置橡胶套靴,在块底与套靴间铺设橡胶弹性垫层,并在套靴周围灌筑混凝土成型,为减振型轨道,主要铺设在地下铁道和隧道内。瑞士国铁于1966年在隧道内首次试铺;1993年开通运营的英吉利海峡两单线隧道内全部铺设该形式;而我国铁路在西康铁路秦岭隧道内也采用了弹性支承块式无砟轨道结构。另外,法国开发的VSB－STEDET型轨道也属于此类型。

(2)块下垫板在弹性支承块无砟轨道中起着重要的作用。其主要的作用和特点为:直接承受自支承块传来的荷载,并均匀传向道床;提供沿线路方向均匀的垂直弹性,减少道床动力不平顺;衰减来源于车轮或轨面不平顺产生的高频动荷载,减少轨道结构的损伤;由于维修不方便,要求具有较长的使用寿命;与轨下胶垫组合而成的轨道静刚度和有砟轨道静刚度接近。由于块下垫板与轨下垫板串联形成轨道弹性支承系统,必须根据环境要求和荷载条件,结合轨下垫板设计刚度,合理选择参振质量和块下垫板刚度,使轨道结构系统具备较好的减振效果。

(3)套靴的底部不提供垂向弹性,通过在套靴纵、横向侧面开设不同的沟槽,可实现轨道纵、横向不同的刚度要求。

5　扣件选用原则

(1)桥梁及路基范围无砟轨道受桥梁的徐变上拱、墩台沉降及基底沉降的影响,较隧道结构容易出现较大的沉降及轨距改变等变形,鉴于分开式扣件高低及轨距调整能力均远大于不分开式扣件,应在桥梁和路基范围采用;隧道内线下基础变形相对较小,借鉴日本、德国无砟轨道设计经验,可采用不分开式扣件。

(2)无砟轨道的缺点主要是轨道弹性较差,振动、噪声较大。为尽可能减小无砟轨道的振动噪声,日本、德国等无砟轨道技术发达的国家在积极改进轨道结构的同时,非常注重降低扣件刚度。据了解,德国无砟轨道范围扣件节点静刚度已降到22.5 kN/mm,日本减振降噪要求较高区段板式轨道扣件节点静刚度也降到30 kN/mm左右。我国高速铁路无砟轨道扣件垫板设计刚度应根据具体运营条件合理设计。

6　无砟轨道与有砟轨道过渡段设计

(1)本条文借鉴国外调整铁路无砟轨道与有砟轨道设计经验,并结合我国秦沈客运专线桥上无砟轨道工程实践,对无砟轨道与有砟轨道过渡段设计进行原则规定。

为尽可能改善过渡段的工作条件,保证过渡段范围内线路刚度的平顺过渡,德国高速铁路《刚性无砟轨道施工技术汇编》中规定:在一般情况下,线路上部结构之间与下部结构之间的过渡段不应设在同一部位;日本新干线无砟轨道与有砟轨道过渡段设计原则为:板式轨道和有砟轨道的分界结构,原则上应设置在相同的结构物上。在弹性轨枕(18 kN)和板式轨道的60 kN轨道胶垫区间,设置20 m的缓冲区间(板式轨道胶垫为30 kN),使得平均每个扣件的弹性常数不超过2倍以上。其中桥梁与土路基的分界处,禁止变更轨道结构,应向强路基(桥梁侧)铺设最低20 m的弱路基轨道(有砟轨道)。

(2)不同轨道结构的过渡主要是减小路基与桥梁之间轨道竖向刚度的变化率。其具体处理方法主要参照德国高速铁路的设计与工程实践经验,即在两股基本轨之间设置25 m长的辅助轨,增大轨排的抗弯强度,以保持轨道状态与轨道刚度的平顺。辅助轨与基本轨的间距以不影响大型养路机械的维修作业为原则。

为减小桥上无砟轨道与路基上有砟轨道之间的竖向变化率,在提高有砟轨道竖向刚度的同时,应尽量降低无砟轨道的竖向刚度,为此,借鉴德国高速铁路 Rheda 型无砟轨道降低轨道刚度的处理措施,无砟轨道过渡段范围轨道板(道床板)下设置弹性垫层,以降低轨道的整体刚度。

5.2.4 有砟轨道

1 轨枕应具有良好的抵抗竖向荷载和抵抗弯曲性能。Ⅲ型钢筋混凝土枕采用 10 根 6.25 mm 直径的钢筋,而且在截面上进行了合理布置,因此具有较强的抗弯曲能力。Ⅲ型枕的高度较一般轨枕大,且使用高标准的 C60 混凝土,完全可以承受竖向动荷载作用。

Ⅲ型枕底面较宽,长度达 2.6 m,底面积比一般轨枕大,除此之外Ⅲ型枕质量很大。底面积和质量大,可以明显降低其对道床顶面的荷载作用,也可以减少传递至路基顶面的压力。

通过以上分析,对于高速客运专线,应选用Ⅲ型钢筋混凝土枕。至于道岔地段,由于其特殊的结构特点,还是应选用混凝土岔枕。

2 扣件应具有固定钢轨、提供部分弹性和绝缘等功能。对于高速客运专线,这些要求会更高。弹条Ⅲ型扣件弹条其初始扣压力不小于 11 kN,弹条Ⅱ型扣件弹条扣压力为10 kN,都比Ⅰ型弹条高,其弹程分别达到 13 mm 和 10 mm,剩余扣压力足够大,可以很好地起到保持轨距的作用。至于使用小阻力扣件,是为降低桥上无缝线路纵向力。由于扣件、轨枕的结构要求,弹条Ⅲ型扣件适用于无挡肩轨枕,弹条Ⅱ型扣件和小阻力扣件则适用于有挡肩轨枕。在钢轨下设置弹性垫板,垫板和碎石道床一起提供适宜的刚度,能够使旅客舒适,也可起到降低噪声效果。绝缘轨距块具有绝缘性能,同时具有调距的作用。

3 道床

(1)道床不断承受着自轨枕传来的荷载作用,因此,其材料必须具有抗冲击、抗挤压、抗磨耗等特性。在客运专线上,应选用一级或特级碎石道砟,其材料应符合所要求的指标。

(2)道床顶面宽度 3.5 ~3.6 m,可使无缝线路砟肩宽达到 400 ~500 mm,这样道床可提供比较大的道床横向阻力。根据试验可知,由于轨枕端部道床破裂面基本在 500 mm 宽度范围内,当砟肩宽度再增加时,道床横向阻力增加已不明显,因此,将道床顶面宽度定为 3.5 m 或 3.6 m 是有依据的。但将砟肩堆高却能继续增加道床横向阻力,所以,堆高砟肩是为增加道床横向阻力,保证无缝线路稳定性。

道床厚度采用 35 cm 时,经计算自轨枕传至路基顶面的应力小于 0.2 MPa,为了降低高速荷载,对路基面的作用,道床尽量加厚。我国新建成的秦沈客运专线道床厚度选用了 30 cm,因此,对于 200 km/h 路基地段道床厚度选用 30 cm。道床边坡 1∶75 在我国是普遍采用的,对于道床的稳定及路基的结构也是比较适宜的。

(3)道床除能提供弹性和竖向支承反力外,还应提供足够的纵、横向阻力,将轨道置于密实的道砟槽内能起到明显的作用,当碎石顶面与Ⅲ型枕中部齐平时,Ⅲ型枕承轨部分仍比碎石顶面高 30 ~50 mm,可满足轨道电路的某些要求。岔枕或其他类型轨枕地段,道床顶面应低于承轨面至少 30 cm。

(4)桥面和隧道围岩承载力一般高于路基表层,根据道砟底面承载力要求,道砟厚度可以减少。但是道床厚度也决定刚度和降低噪声效果,对于客运专线道床厚度决定高频荷载对轨道低部结构的作用,因此,桥梁和隧道地段道床厚度选用 35 cm。

通过居民区地段需要采取降低噪声措施。目前国内外有一些经验,如在碎石下面加垫弹性胶垫、使用弹性轨枕或设置隔声屏障等。

(5)道床的力学指标对轨道的强度、稳定性乃至对路基的强度及稳定性均起着很大作用。其中道床的密实度越高,轨道的支承刚度、轨道的纵横向阻力也就会相应提高。支承刚度对钢轨动弯应力及钢轨对轨枕的竖向荷载有影响。支承刚度大,可降低钢轨的动弯应力,但却增加了钢轨对轨枕的竖向作用。经检算,当用PD_3钢轨时,速度250 km/h和速度200 km/h路基地段无缝线路能满足强度要求。线路横向阻力是无缝线路稳定性的可靠因素。根据已有的道床横向阻力测试资料,Ⅲ型枕阻力有很强的离散性,即使用均值减去一倍的标准差,阻力下降也非常大。假设Ⅲ型枕的等效道床阻力为85 N/cm,速度250 km/h和速度200 km/h路基地段的无缝线路,均能满足稳定性要求。参考秦沈客运专线和京沪高速铁路等暂规,确定了表5.2.4数据。

5.3.1 单元轨节是指轨道施工时一次铺设锁定的轨条,它是无缝线路养护维修时基本的管理单元。跨区间无缝线路由若干单元轨节组成,单元轨节的布置应根据线路平纵断面、工程结构条件、铺轨采用的施工工艺以及养护维修等因素综合研究确定。根据国内外相关经验,建议区间单元轨节长度采用1 000~2 000 m。

5.3.2 无缝线路设计

2 我国铁路铺设的无缝线路以温度应力式为基本的结构形式,无缝线路锁定轨温应满足在夏季轨道不发生胀轨跑道、在冬季不断轨的要求,因此在设计、施工、运营三个阶段,应紧紧围绕上述要求开展工作。

无缝线路的设计锁定轨温是指长钢轨无温度应力状态下的轨温,它是根据地区气候及无缝线路允许温升、允许温降等资料计算得出,是理论上的锁定轨温。说明图5.3.2表示出了设计锁定轨温是如何确定的。通过铺设无缝线路所在地区的最高、最低轨温以及由无缝线路稳定性检算确定的允许温升、由钢轨强度检算确定的允许温降,可以得到满足轨道强度及稳定性的允许锁定轨温范围(T'_n~T'_m),设计锁定轨温T_e应在该范围内选取。同时为满足施工时需要,取±5 ℃为设计锁定轨温的变化幅度,得到设计锁定轨温上下限T_m、T_n,设计锁定轨温上下限也应在允许锁定轨温范围内,(注:特殊地段工点设计时,无缝线路检算无法通过时,可适当减小设计锁定轨温的变化幅度,但不宜小于±3 ℃。)

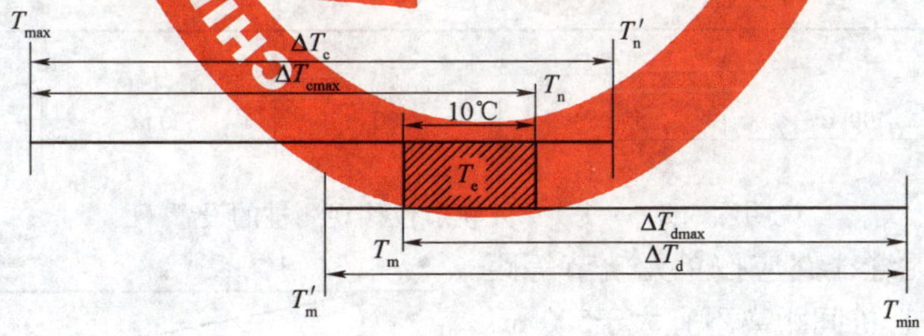

说明图 5.3.2

无缝线路施工锁定轨温是指单元轨节始终两端落槽就位时的轨温平均值。施工锁定轨温必须在设计锁定轨温允许变动的范围内,它是确定运营阶段实际轨温的基础资料。运营阶段实际轨温与施工锁定轨温之间存在着一定的偏差,这除了与施工锁定轨温采用的是长轨条两端落槽就位时轨温的平均值这一因素有关外,还与钢轨生产过程中产生的残余应力、施工过短时长轨条不完全处于自由状态、运营阶段养护维修作业、列车碾压产生的钢轨塑性伸长等多方面因素有关。运营阶段的实际锁定轨温可根据施工锁定轨温及位移观测桩观测资料推算得出。

确定设计锁定轨温是无缝线路设计中最重要环节之一。在相同的轨温变化幅度情况下,合理的设计锁定轨温可以降低钢轨内部温度应力,减少胀轨跑道、断轨等不利情况发生的可能性;同时设计锁定轨温对无缝线路施工时间的安排也有一定的影响。根据目前各铁路局的现场经验,在确定设计锁定轨温时,可采取适当提高设计锁定轨温措施,使轨道最大温升值降低,以降低轨道胀轨跑道的可能性;同时也可降低目前铁路局普遍存在的运营期间锁定轨温降低所造成的影响。

跨区间无缝线路设计锁定轨温,应综合考虑无缝线路的稳定性、强度、断缝等计算结果,综合研究确定线路统一的设计锁定轨温。此外,对于一条长大铁路,其跨越不同的地区气候条件,在设计中应根据不同地区的气候条件,制订线路不同地段的设计锁定轨温。

在冬季低温钢轨发生折断时,必须保证列车能够安全通过断缝。因此无缝线路设计应进行钢轨断缝检算。钢轨折断在路基及桥梁地段均有发生,主要是在桥梁地段。钢轨折断时,钢轨温度力以及桥梁地段的伸缩力将以线路纵向阻力为梯度在断轨处释放,形成钢轨断缝。断缝值与线路纵向阻力、钢轨温度力有关。本暂行规定的允许断缝值借鉴了《秦沈客运专线跨区间无缝线路设计暂行规定》及《京沪高速线路设计暂行规定》中采用的数值。

4　道岔区无缝线路

由于岔区无缝线路的里轨属于伸缩区,伴随着温度变化,其施加给基本轨附加作用力,并引起尖轨及心轨的伸缩位移。在实际道岔结构设计中,通过加设限位器、间隔铁等部件使道岔范围钢轨附加作用力、尖轨及心轨的位移得以控制。因此,为保证无缝道岔的安全可靠,在结构设计上应满足跨区间无缝线路的允许温降和允许温升要求。

岔区无缝线路的基本轨附加作用力按一定梯度递减,使道岔前后的夹直线也承受附加温度力作用,在站场咽喉区地段经常出现两个及以上无缝道岔连贯布置情况,这样两组无缝道岔的基本轨附加作用力可能在夹直线地段叠加,在设计中应根据实际的道岔布置情况检算夹直线的允许温降和允许温升。

5.3.6　位移观测桩

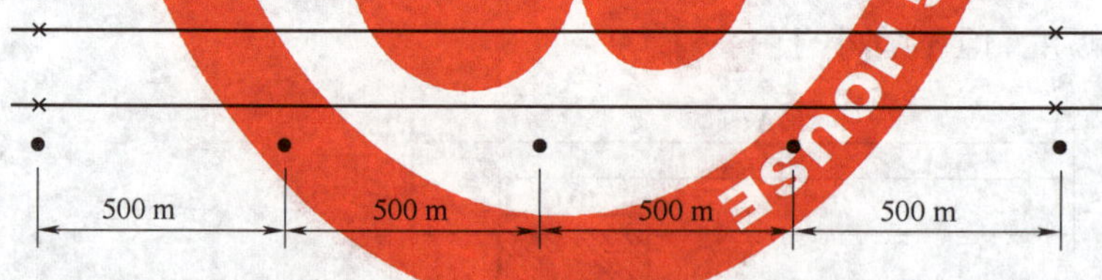

说明图5.3.6—1　单元轨节位移观测桩的设置

(1)跨区间无缝线路应按单元轨节等距离设置位移观测桩,桩间距离不宜大于500 m;当单元轨节长度不足500 m整数倍时,可适当调整桩间距离,见说明图5.3.6—1所示。

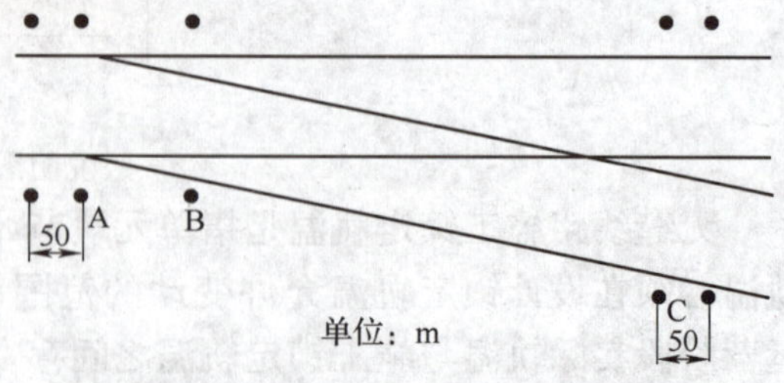

说明图5.3.6—2　单组道岔位移观测桩的设置

(2)跨区间无缝线路每组道岔应设置5对位移观测桩,即道岔前、道岔后、限位器、距离道岔前后50 m处各设1对位移观测桩。多组焊联道岔位移观测桩位置与单组道岔基本相同,见说明图5.3.6—2和说明图5.3.6—3所示。

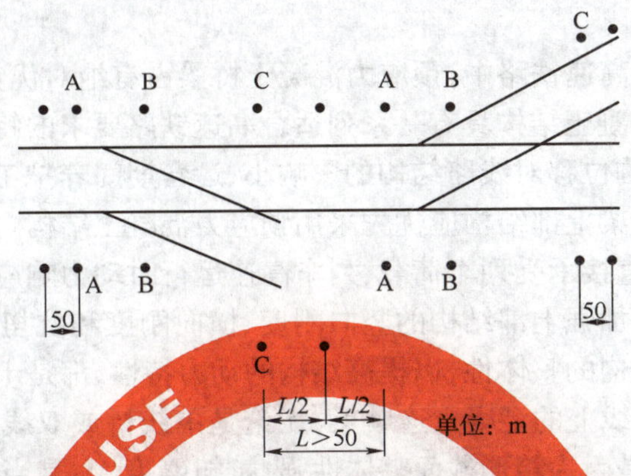

说明图5.3.6—3 多组焊联道岔位移观测桩的设置

注:1 图中"·"表示位移观测桩,"×"表示单元轨节始端或终端;

2 图中A、B、C分别表示在岔头、限位器、岔尾的对应位置设置位移观测桩;

3 当$L \leqslant 50$ m时,可不在中间设置位移观测桩。

(3)跨区间无缝线路应在长轨条起始点、距离起始点100 m位置各设置1对位移观测桩。

(4)下列位置应增设位移观测桩:长大隧道的隧道口;长大桥梁两端;钢轨调节器基本轨接头和距离基本轨接头100~150 m处。

(5)位移观测桩应牢固稳定,有条件时可与线路基桩合并设置,或设置在线路两侧的固定构筑物上。

6

本章内容主要依据近年来国内对客运专线、高速铁路的研究成果,依据国家"八五"、"九五"期间相关科技攻关项目的科研成果,吸收秦沈客运专线、京沪高速铁路的设计和实践经验,借鉴国内现有的客运专线、高速铁路相关技术规定,并考虑到近年来对现行铁路桥涵设计规范所进行的研究和改进成果,同时参考国外高速铁路桥涵设计的有关规程规范进行编制。

本章内容是为最高行车时速250 km的新建客运专线铁路桥梁和涵洞的设计而制定的,原则上只列入区别于普通铁路而与客运专线铁路特点直接相关的技术要求和规定。客运专线铁路与普通铁路都适用的内容,则仍执行现行铁路桥涵设计规范。

6.1.2 客运专线铁路运营要求高,能用于检查、维修的时间有限。因此,从总体上来说,客运专线铁路的桥涵结构应构造简洁,规格和外形力求标准化,消除构造上的薄弱环节,以便于施工,使建造质量容易得到控制,达到少维修的目的。

国内外大量桥梁的使用经验说明,结构的耐久性对桥梁的安全使用和经济性起着决定的作用。经济合理性应当使建造费用与使用期内的检查维修费用之和达到最少,片面地追求较低的建造费用而忽视耐久性,往往会造成更大的经济损失。因此,桥梁设计中应十分重视结构物的耐久性设计,统一考虑合理的结构布局和结构细节,强调要使结构易于检查维修以保证桥梁的安全使用。考虑到客运专线铁路是百年大计的重要工程,其桥梁主要承重结构要满足100年使用要求。

6.1.6 客运专线铁路的桥梁长度占线路总长度的比例一般较大,故常用跨度桥梁的技术经济合理性会影响到客运专线铁路的技术经济指标。吸收秦沈客运专线、京沪高速铁路的设计和实践经验,对常用跨度桥梁所采用的结构形式,应当进行全面的综合技术经济比选。

6.1.7 国外已建成的高速铁路中,预应力混凝土桥梁占有绝对优势,这是因为,与其他建桥材料相比,预应力混凝土结构具有一系列适合高速铁路要求的特性,如刚度大、噪声低、由温度变化引起的结构位移对线路结构的影响小、运营期间养护工作量少等,而且造价也较为经济,所以要求桥梁上部结构应优先采用预应力混凝土结构。

桥梁的上部结构直接承受列车荷载,列车高速运行时动力响应加剧,为保证列车运行安全和旅客乘坐舒适,加强上部结构的竖向刚度、横向刚度和抗扭刚度,使其满足刚度限值的要求,同时加强结构的整体性,以提高结构的动力特性,都是十分必要的。

6.1.8 我国既有铁路线上的混凝土连续梁,无论是单线桥或双线桥,无一例外地全都采用箱形截面构造。这是因为箱形截面整体性强、抗扭刚度大,是当代混凝土桥,特别是大跨度混凝土桥的主要形式。用于客运专线铁路上,其动力特性更显得优越。但是,对于跨度 40 m 以下的混凝土简支箱梁,应考虑梁体运输、架设问题。目前,我国既有铁路,除个别工点外,基本上都采用 T 形截面构造。这种截面形式的混凝土梁分片预制,分片架设后将横隔板联成整体,若用于高速铁路上,为保证桥跨的整体性,架设后必须通过现浇混凝土将桥面、横隔板联成整体并施加横向预应力。

说明图 6.1.8(a)给出了跨度 32 m 预应力混凝土整体箱梁和分片 T 梁两种截面形式,在梁高相同条件下的截面刚度(以 I 表示)的计算结果。从图中可以看出,两者的竖向刚度相差不大,而箱形截面的横向刚度和抗扭刚度则明显大于 T 形截面。

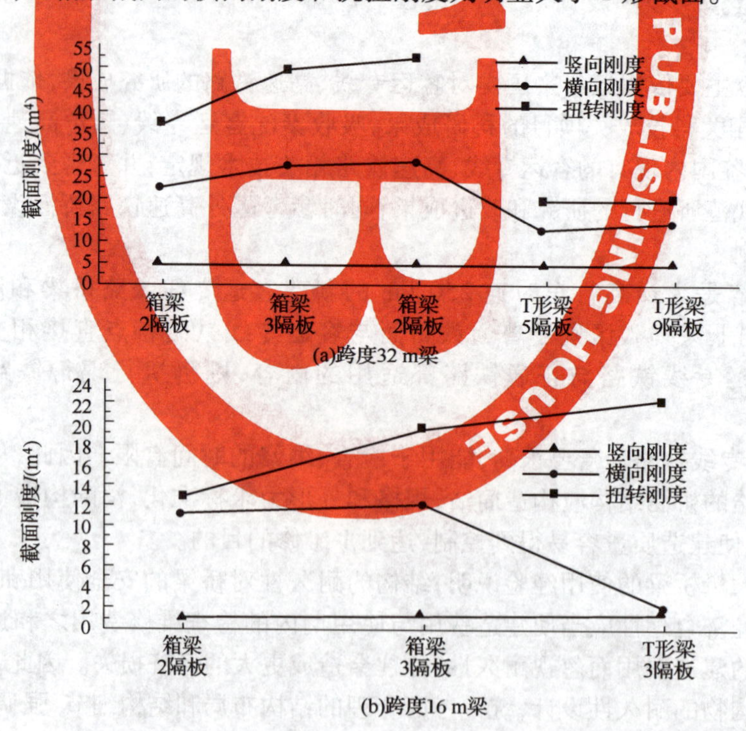

说明图 6.1.8 截面刚度比较图

说明图 6.2.8(b)是对跨度 16 m 梁的计算结果。从图中可以看出,两种截面形式混凝土梁的竖向刚度和扭转刚度是比较接近的,说明对于 16 m 这样较小跨度的混凝土梁,采用T形截面也是可行的。

总之,箱形截面梁刚度大、整体性好,具有较好的动力特性,架设(或制造)可一次到位,无工地联接工作,工期较短,应当是中小跨混凝土梁部结构的首选形式。它的主要缺点是自重大,桥面宽,预制架设需要重型设备等。

至于在双线并列情况下,梁部结构是采用单线梁的分离式结构,还是采用双线整体式结构的问题,经研究认为,对于中等跨度的连续梁结构,考虑到一般均采用悬臂灌筑法施工,显然以采用整体式结构较为合理。而对于小跨度简支梁结构,则需要从制造、运输、架设和运营、养护特别是结构动力性能等诸方面进行分析比较。比较结果认为:单箱单室双线整体箱形截面梁具有腹板少、圬工省、较厚的腹板有利于布置钢筋和提高耐久性等优点。单线单箱单室箱梁结构尺寸较小,重量较轻,便于运输和架设,施工设备动力要求较小,但其圬工用量较多。尤为重要的是,双线单箱整体式结构,由于结构横向刚度大,有利于改善旅客乘坐舒适度。北方交通大学在研究中曾先用16 m和32 m高速铁路混凝土简支梁,保持频率不变,改变桥梁的质量和刚度(各增大一倍),计算在高速列车通过时的车体加速度、旅客乘坐舒适度的斯佩林指标和轮重减载率进行对比。计算结果,16 m单线简支梁的车体加速度最大值为22 cm/s^2,几乎为双线桥的2倍;16 m单线桥的斯佩林指标最大值为2.21,双线桥为1.79,指标降低了0.42,舒适度大为改善;16 m双线桥的轮重减载率也有所降低。$L=24$ m的混凝土简支箱梁的舒适度指标,从单线梁的2.229降至双线整孔梁的1.8,效果十分明显。32 m简支梁的计算结果与此基本一致。

因此,从保证高速列车运行乘坐舒适度的角度来看,联成整体的双线桥比单线桥优越,故宜优先考虑。

对于较小距度的桥梁,钢筋混凝土框架桥、钢筋混凝土连续刚架、小跨度刚架连续梁、整体式钢筋混凝土板梁、横向联结的多片式T梁等均能满足高速行车的要求,故可以根据工点的实际情况、施工条件等来选择合理的结构形式。

6.1.9 斜交桥梁由于梁体两侧挠度差异,将会影响列车运行安全和旅客乘坐舒适度,故一般不宜设置斜梁。由于同样的原因,为避免台后轨枕一头支于桥台另一头支于路基造成不均匀沉降,影响行车的平稳性,故本条规定,斜交桥台的台尾边线宜与线路中线垂直。

6.1.10 桥涵结构物与路基的结合部,由于路基与桥涵结构物的刚度不同,以及路基与涵结构物的沉降一致,会造成高速行车的跳车现象。相对地,涵洞由于洞顶有填土,对高速行车的影响小一些。

对于桥梁,两桥桥台之间的净距离过近时,会造成短时间内两次跳车,对旅客乘车的舒适性产生影响。另外,由于两桥后均要设置过渡段,距离过近,剩余的普通路基已不多,故与两桥连起来相比,经济上已没有多大差别。

对于涵洞,由于客运专线铁路路基的填筑要求很高,一般应采用大型机械压实。两涵之间的净距过小,会造成施工困难。

根据以上分析,并参考秦沈客运专线的经验,综合各种因素提出两桥之间、两涵(桥涵)之间适宜的净距离。

6.2

本节有关设计荷载的内容,是在现行铁路桥涵设计规范的基础上,针对客运专线铁路桥涵设计的特点,进行必要的修订和补充。其设计计算方法仍然采用容许应力法,所以,荷载的分类及荷载的组合原则,仍然沿用铁路桥涵设计规范的规定,只是根据高速行车和采用无缝线路的实际情况,在荷载项目上,增列了长钢轨纵向水平力、长钢轨断轨力。

与长钢轨纵向力有关的内容,应执行《新建铁路桥上无缝线路设计暂行规定》,本处不另行规定。

6.2.2

1　制定桥涵设计活载图式的基本原则

影响设计活载图式的因素很多。活载的图式和大小与线路上运行的机车车辆本身的参数如列车类型、轴距、轴重、编组以及车辆的发展有密切的关系,还与运输模式、速度指标、不同结构体系的加载方式等密切相关。所以说,实际运行的机车车辆本身的参数,并不等于活载图式。简言之,在考虑了以上诸多因素后确定的设计活载图式在桥梁上产生的静、动效应,应大于各类实际运行的机车车辆所产生的静、动效应,同时考虑其发展以及其他难以预见的因素,还应留有适当的强度储备。

(1)客运专线铁路运营荷载

①动力分散式列车(MTM)

这种类型的列车的基本组成单元为两上动力型车辆加挂一个拖车共三个车辆。可用两种不同的编组方案:第一种方案为两组类似的基本单元,缩成一列具有四个动力车、两上拖车的列车;第二种方案为四组类似的基本单元,搞成一列只存 12 个车辆的列车。

说明图 6.2.2—1 为上述第二种编组方案中的列车荷载。在这里,把它看成一种客运专线动力分散式列车的典型荷载图式。

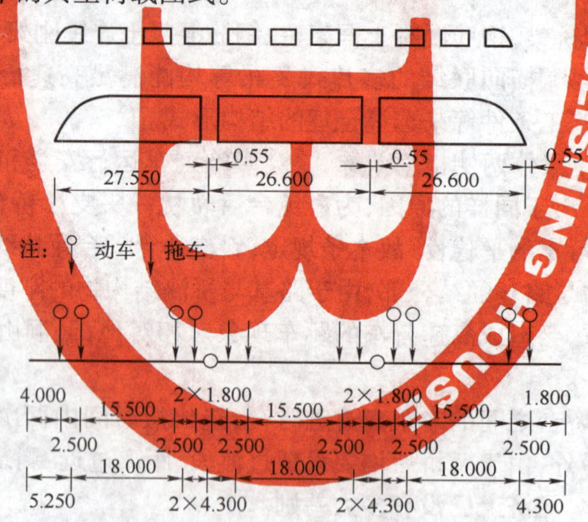

说明图 6.2.2—1　动力分散式列车(MTM)

②动力集中式列车(SS_8)

另一种运营荷载是一个 SS_8 机车加挂 6 辆双层客车或 2 个 SS_8 机车加挂 12 辆双层客车。在这里,将 2 个 SS_8 机车、12 辆双层客车的列车看成是一种典型荷载。它的荷载图式见说明图 6.2.2—2。

③轻快货车(LFV)

铁道部设想,轻快货车为轴重 18 t 或小于 18 t 的货物列车。按铁道部的有关规定,轻快货车的轴重为 18 t,定距为 9.7 m,轴距为 1.8 m,钩到钩的距离为 14.738 m。按这种条件,当轻快货车由 SS_8 牵引时,在时速100~120 km的条件下,不会超过下述临时施工荷载中的 DF_4+C_{62} 荷载,而且当桥梁距度较大时要比 DF_4+C_{62} 小得多。由计算结果可知,"中客(ZK)荷载"完全满足轻快货车运营的要求。

④大型养路机械车组(MAINT)

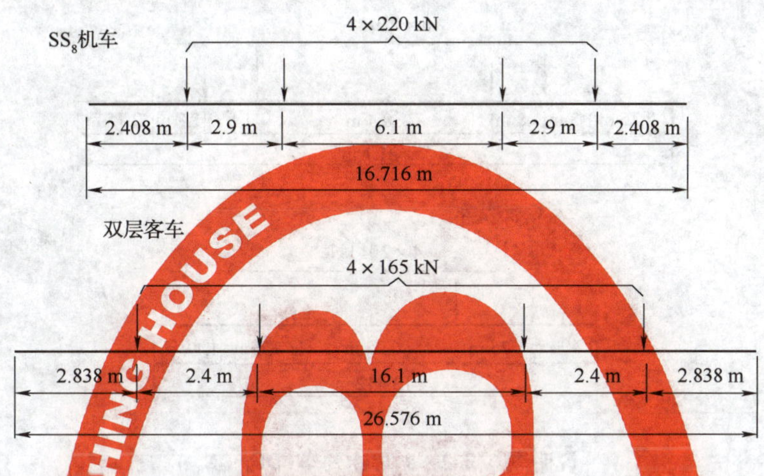

说明图6.2.2—2　动力集中式列车(SS_8)

大型养路机械按1辆清筛车+1辆捣固车+1辆动力稳定车+1辆配砟整形车+1辆捣固车考虑,其荷载图式见说明图6.2.2—3。

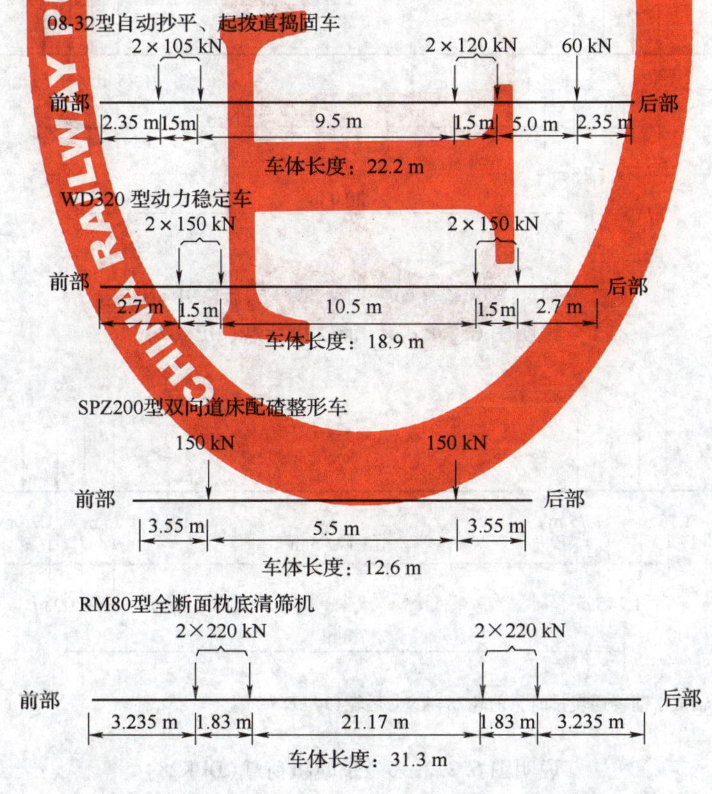

说明图6.2.2—3　大型养路机械车组(MAINT)

(2)临时施工荷载

①货物列车(DF_4+C_{62})

考虑以 DF_4+C_{62} 为代表的施工荷载,其荷载图示见说明图 6.2.2—4。

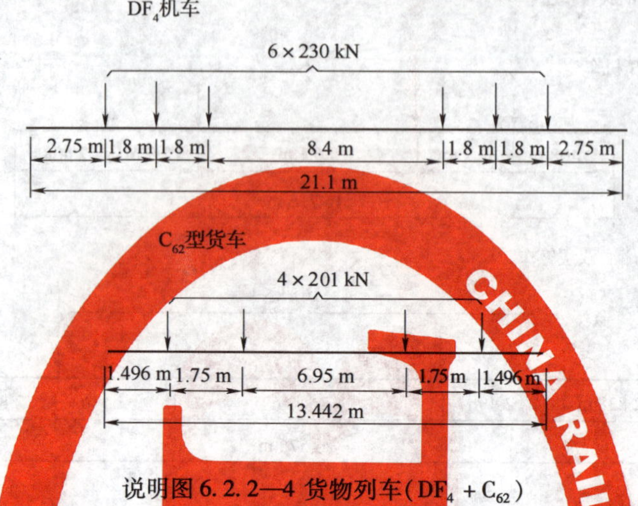

说明图 6.2.2—4 货物列车(DF_4+C_{62})

②铺轨机荷载(DPK32,DPK28)

按 DPK32 型及 DPK28 型考虑,其荷载图式见说明图 6.2.2—5 及说明图 6.2.2—6。

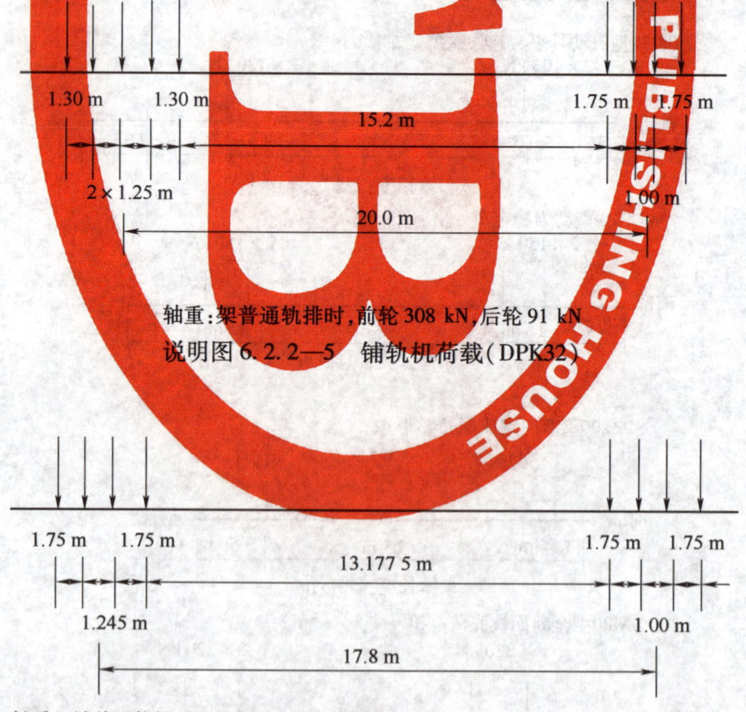

轴重:架普通轨排时,前轮 308 kN,后轮 91 kN

说明图 6.2.2—5　铺轨机荷载(DPK32)

轴重:铺普通轨排时,前轮284 kN,后轮177 kN

说明图 6.2.2—6　铺轨机荷载(DPK28)

③ 架桥机荷载(BRI)

按胜利型考虑,其荷载图式见说明图 6.2.2—7。

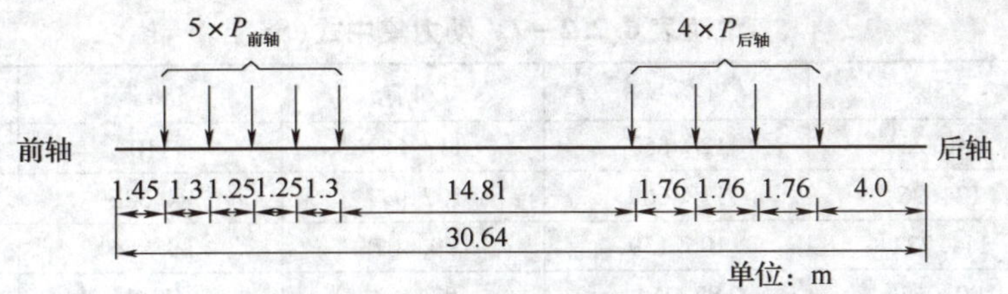

单梁式胜利型架桥机在各种状态下的轴重

架桥机的工作状态	前轮组轴重(kN)	后轮组轴重(kN)	备 注
1. 悬臂 38 m	348	126	静载
2. 悬臂 25 m	279	212	静载
3. 简支 38 m，不架梁	244	208	静载
4. 简支 38 m，架 32 m 梁但未下落	392	208	静载
5. 简支 38 m，架 32 m 梁但未下落	335	208	静载

说明图 6.2.2—7 架桥机荷载(BRI)

(3)ZK 荷载图式(即 0.8UIC 荷载图式)

动力系数 ϕ 的值按下列公式计算：

$$\phi_1=\frac{0.996}{\sqrt{L_\phi}-0.2}+0.913 \quad (说明 6.2.2—1)$$

$$\phi_2=\frac{1.494}{L_\phi-0.2}+0.851 \quad (说明 6.2.2—2)$$

式中 ϕ_1——剪力动力系数；

ϕ_2——弯矩动力系数。

(4)桥梁静力计算结果

各种跨度的简支梁桥在本节中的各种荷载图式，以及“中—活载”图式作用下桥梁支座、1/8 跨、1/4 跨、3/8 跨及 1/2 跨截面处弯矩的等效均布荷载 q(kN/m)见说明表 6.2.2—1～说明表 6.2.2—9，包括轻快货车。

说明表 6.2.2—1 动力分散式(MTM) 单位：kN/m

跨度(m)	支 座	1/8 跨	1/4 跨	3/8 跨	1/2 跨
4	99.688	93.214	84.583	72.5	72.45
5	87	82.857	77.333	69.6	58
6	76.528	73.651	69.815	64.444	56.389
8	69.781	64.214	57.396	54.375	53.469
10	66.12	58.994	53.747	51.659	51.62
12	62.028	57.079	50.481	51.985	47.931
14	57.408	53.773	48.925	50.03	46.755
16	53.016	50.232	46.521	47.367	44.859
20	45.53	43,749	41.373	41.915	40.31
24	39.674	38.437	36.787	37.163	36.049
32	35.655	32.398	30.661	29.946	29.34
40	34.292	30.906	28.855	27.183	25.302
48	31.87	29.518	28.06	26.61	24.091
56	30.702	28.038	26.534	25.469	24.635
64	30.246	27.608	25.724	24.737	25.347
72	29.269	27.184	25.479	24.811	25.397
80	28.715	26.38	24.988	24.648	24.922
88	28.491	25.944	24.361	24.798	24.334
96	27.968	25.778	24.079	24.865	24.079

说明表6.2.2—2 动力集中式(SS_8) 单位:kN/m

跨度(m)	支座	1/8跨	1/4跨	3/8跨	1/2跨
4	140.25	128.857	113.667	110	110
5	124.96	117.669	107,947	94.336	88
6	111.222	106.159	99.407	89.956	75.778
8	90.063	87.214	83.417	78.1	70.125
10	81.345	75.68	70.987	67.584	62.48
12	76.618	69.361	64.116	59.156	59.049
14	72.286	66.577	59.452	57.888	55.73
16	69.094	63.25	57.464	56.352	53.023
20	64.543	58.41	53.918	52.917	51.535
24	61.627	56.026	52.988	52.036	51.906
32	53.571	50.421	48.712	48.177	48.104
40	47.685	44.369	43.276	42.933	42.886
48	44.688	40.901	39.238	38.541	38.185
56	42.373	39.118	37.248	36.218	35.105
64	39.889	37.255	35.822	35.009	33.125
72	38.375	35.567	34.141	33.433	31.944
80	37.372	34.473	33.042	31.756	30.55
88	36.113	33.717	32.25	30.581	29.111
96	35.167	32.724	31.491	29.895	28,271

说明表6.2.2—3 大型养路机械(MAINT) 单位:kN/m

跨度(m)	支座	1/8跨	1/4跨	3/8跨	1/2跨
4	177.387	169.871	159.85	145.82	123.775
5	150.328	145.518	139.104	130.125	116.656
6	129.95	126.61	122.156	115.92	106.567
8	103.766	99.968	97.463	93.955	88.694
10	91.289	85.583	81.014	78.531	75.164
12	82.006	77.769	72.119	67.512	66.185
14	73.923	70.81	66.659	62.541	60.157
16	67.066	64.683	61.505	58.352	56.387
20	57.324	54.707	52.763	50.745	49.487
24	52.447	49.107	45.947	44.545	43.672
32	45.304	42.254	39.431	37.524	35.034
40	41.694	38.579	35.493	33.345	30.956
48	39.15	35.616	33.468	30.693	28.963
56	37.45	34.017	31.352	29.099	29.36
64	36.283	32.799	30.148	28.363	28.127
72	35.118	32.04	29.325	28.324	28.336
80	34.187	31.174	28.938	28.142	28.152
88	33.109	30.485	28.33	27.791	27.814
96	31.901	29.696	27.836	27.373	27.391

说明表 6.2.2—4　货物列车(DF_4+C_{62})　　单位:kN/m

跨度(m)	支 座	1/8 跨	1/4 跨	3/8 跨	1/2 跨
4	189.75	170.857	161	147.2	138
5	176.64	162.446	143.52	134.688	143.52
6	161	151.143	138	131.867	138
8	134.65	128.143	120.75	117.3	120.75
10	123.392	113.744	104.88	103.978	104.88
12	115.967	106.581	99.733	96.929	92
14	107.445	100.549	95.518	92.491	88.563
16	99.294	94.014	90.163	87.845	84.838
20	90.506	83.059	79.843	78.021	76.096
24	86.097	77.743	74.756	70.573	68.733
32	78.849	72.324	69.354	65.438	65.838
40	75.561	69.327	65.111	64.868	64.585
48	72.436	66.898	65.969	63.484	62.767
56	70.758	65.224	62.666	62.909	61.46
64	69.323	63.793	62.473	61.479	60.873
72	68.145	63.136	62.25	61.181	60.999
80	67.427	62.209	61.718	60.579	60.408
88	66.589	61.654	61.296	60.486	60.164
96	66.06	61.152	60.943	60.494	60.362

说明表 6.2.2—5　铺轨机(DPK32)　　单位:kN/m

跨度(m)	支 座	1/8 跨	1/4 跨	3/8 跨	1/2 跨
4	32.325	297	269.5	256.667	269.5
5	306.768	280.192	246.4	260.855	246.4
6	295.167	264	252.104	249.594	253.244
8	262.281	244.75	238.058	235.363	238.7
10	229.46	218.24	213.957	212.233	214.368
12	202.125	194.333	191.359	190.161	191.644
14	179.929	174.204	172.019	171.139	172.229
16	161.82	157.438	155.765	155.091	155.925
20	134.365	131.56	130.489	130.058	130.592
24	116.783	113.003	112.006	111.707	112.078
32	95.298	91.912	89.673	87.279	87.106
40	80.031	77.864	76.431	74.398	71.774
48	68.799	67.204	66.299	64.887	62.752
56	60.261	59.155	58.424	57.387	55.818
64	53.575	52.728	52.168	51.374	50.173
72	48.207	47.528	47.096	46.468	45.519
80	43.808	43.266	42.908	42.399	41.631
88	40.139	39.691	39.395	38.975	38.339
96	37.033	36.657	36.408	36.055	35.521

说明表6.2.2—6 铺轨机(DPK28) 单位:kN/m

跨度(m)	支座	1/8跨	1/4跨	3/8跨	1/2跨
4	275.48	253.977	225.307	213.284	213.355
5	244.467	230.705	212.356	201.754	204.707
6	228.936	207.545	194.803	198.001	198.649
8	199.776	187.744	171.702	182.375	177.678
10	173.297	165.569	155.329	162.16	159.154
12	151.901	146.553	139.423	144.167	142.079
14	134.784	130.855	124.617	129.102	127.568
16	120.944	117.936	113.925	116.594	115.419
20	102.253	98.199	95.632	97.34	96.588
24	94.718	87.296	83.75	83.375	82.853
32	82.091	77.354	74.265	69.42	65.096
40	70.978	67.947	65.97	62.869	58.155
48	62.096	59.991	58.618	56.464	53.191
56	55.03	53.483	52.474	50.892	48.487
64	49.335	48.151	47.379	46.167	44.326
72	44.672	43.737	43.126	42.169	40.715
80	40.795	40.037	39.542	38.767	37.589
88	37.524	36.898	36.49	35.849	34.875
96	34.732	34.206	33.863	33.324	32.506

说明表6.2.2—7 中—活载 单位:kN/m

跨度(m)	支座	1/8跨	1/4跨	3/8跨	1/2跨
4	206.25	188.571	165	154	165
5	193.6	173.486	158.4	154.88	158.4
6	183.33	167.619	146.667	156.444	146.667
8	172.234	157.143	151.25	148.5	151.25
10	159.75	146.214	143.56	140.028	141.26
12	150.438	137.524	136	133.867	131.208
14	143.301	130.762	129.408	127.606	125.02
16	137.684	125.482	123.813	121.894	119.375
20	129.438	120.249	117.41	114.172	110.235
24	123.693	115.714	112.146	108.3	103.969
32	116.233	108.871	165.25	100.761	98.352
40	111.563	104.814	100.772	97.42	96.065
48	107.891	101.815	97.604	95.481	94.484
56	104.879	98.987	95.184	93.646	92.739
64	102.407	96.791	93.355	92.005	91.069
72	100.359	94.934	91.836	90.572	89.558
80	98.641	93.246	90.565	89.326	88.214
88	97.182	91.91	89.481	88.244	87.026
96	95.931	90.737	88.55	87.297	85.977

说明表 6.2.2—8 ZK 活载 单位:kN/m

跨度(m)	支座	1/8跨	1/4跨	3/8跨	1/2跨
4	180	162.857	148.587	141.227	140
5	166.4	152.64	139.674	132.926	137.651
6	160.284	44.762	132.373	133.926	130.169
8	145.76	133.989	125.973	127.893	125.12
10	133.99	124.409	119.279	120.508	118.733
12	124.871	116.795	113.233	114.086	112.853
14	117.734	110.755	108.138	108.765	107.86
16	112.04	105.897	103.893	104.373	103.68
20	103.578	98.622	97.34	97.647	97.203
24	97.618	93.465	92.575	92.788	92.48
32	89.81	86.674	86.173	86.293	86.12
40	84.934	82.416	82.095	82.172	82.061
48	81.604	79.5	79.277	79.33	79.253
56	79.187	77.379	77.216	77.255	77.198
64	77.353	75.769	75.643	75.673	75.63
72	75.913	74.504	74.405	74.428	74.394
80	74.754	73.484	73.404	73.423	73.395
88	73.8	72.645	72.578	72.594	72.571
96	73.001	71.942	71.886	71.899	71.88

说明表 6.2.2—9 SS_8 + LFV 单位:kN/m

跨度(m)	支座	1/8跨	1/4跨	3/8跨	1/2跨
6	111.62	106.159	99.407	91.20	84.00
8	103.073	92.083	83.715	78.858	78.323
10	94.766	87.733	78.355	79.05	71.726
12	85.81	80.926	74.413	74.896	69.62
14	79.023	74.15	69.365	69.72	65.843
16	73.002	69.145	64.357	64.629	62.317
20	67.745	61.764	58.378	57.304	58.083
24	66.06	58.766	55.881	53.469	56.266
32	60.801	55.454	53.248	52.181	52.049
40	58.976	53.824	51.575	52.309	51.626
48	56.857	52.378	50.984	50.321	50.145
56	55.973	51.207	50.831	50.347	49.772
64	54.829	50.656	50.299	49.539	49.563
72	54.302	50.516	50.025	49.258	49.655
80	53.656	50.103	49.675	49.473	49.288
88	53.243	49.996	49.52	49.399	49.149
96	52.756	49.986	49.267	49.212	49.273

(5)MTM 及 SS_8 列车动力系数

针对前述 MTM 及 SS_8 列车活载图式进行初步的车桥动力响应计算,并参考日本和欧洲的有关规范,得出如下动力系数公式:

$$\phi = 1 + \mu = 1.051 + \frac{0.848}{\sqrt{L_1} - 0.2} \quad (说明 6.2.2—3)$$

根据上式计算的理论动力系数列于说明表 6.2.2—10 中。

说明表 6.2.2—10　各种跨度桥梁的动力系数

跨度(m)	动力系数	跨度(m)	动力系数
6	1.428	40	1.189
8	1.374	48	1.177
10	1.337	56	1.167
12	1.311	64	1.160
16	1.274	72	1.153
20	1.249	80	1.148
24	1.231	88	1.143
28	1.218	96	1.139
32	1.206		

(6)ZK 荷载图式与各种运营荷载及施工荷载的比较

各种荷载图式对桥梁的作用除了考虑静力作用外,还要考虑列车对桥梁的动力冲击效应。所以,在考虑桥梁动力影响的情况下,计算结果中均需乘以相应的动力系数 ϕ。其中 ZK 荷载和中—活载图式的动力系数按其相应规范中的动力系数计算;MTM 及 SS_8 两种荷载图式的动力系数按式(说明 6.2.2—3)计算;架桥机和铺轨机动力系数为 1;$DF_4 + C_{62}$荷载图式的动力系数按《铁路桥涵设计基本规范》(TB 10002.1)中—活载的动力系数计算。

ZK 荷载作为主要荷载图式,动力分散式、动力集中式及 $DF_4 + C_{62}$、铺轨机荷载 DPK32、架桥机荷载以及大型养路机械荷载对各种跨度的简支梁的作用所产生的跨中弯矩等效均布荷载 q 乘以动力系数后的结果列于说明表 6.2.2—11 中。对于架桥机荷载,架桥机在架设 32 m 梁时其轴重达到最大值(此时,其前轴达 392 kN,后轴达 208 kN),所以此处只考虑跨度大于 32 m 跨度的桥梁。实际上,根据原铁道部专业设计院的经验,架桥机通过采用 ZK 荷载图式设计的跨度小于 32 m 的桥梁是没有问题的。说明表 6.2.2—11 的结果用图形表示于说明图 6.2.2—8 和说明图 6.2.2—9 中。可以看出,ZK 荷载能够包络各种运营荷载,包括货物列车 $DF_4 + C_{62}$荷载以及大型养路机械荷载。同时,对于跨度较大的桥梁,ZK 荷载也能包络临时荷载,如铺轨机荷载及架桥机荷载。对于临时荷载,因为临时荷载的设计安全系数不一样,一般说来,其安全系数较相应设计荷载的安全系数小百分之十,所以 ZK 荷载图式在考虑不同安全储备系数的情况下,实际上能包络所有上述运营及临时荷载图式。

说明表 6.2.2—11　ZK 荷载和运营荷载的跨中均布等效荷载(kN/m)

跨度 L (m)	ZK	动力分散式		动力集中式		DF_4+C_{62} ($v<120$ km/h)		大型养路机械		铺轨机 DPK32 ($P=308$ kN)		架桥机		轻快货车 SS_8 + LFV	
	1	2	2/1/	3	3/1	4	4/1	5	5/1	6	6/1	7	7/1	8	8/1
6	197.23	80.52	0.41	108.21	0.55	183.95	0.93	106.57	0.54	253.24	1.28	—	—	111.97	0.57
8	177.66	73.47	0.41	96.35	0.54	158.91	0.89	88.69	0.50	238.60	1.34	—	—	103.07	0.58
10	160.91	69.02	0.43	83.53	0.52	136.34	0.85	75.16	0.47	214.37	1.33	—	—	93.24	0.58
12	147.69	62.83	0.43	77.41	0.52	118.31	0.80	66.19	0.45	191.64	1.30	—	—	89.53	0.60
16	129.00	57.15	0.44	67.55	0.52	106.98	0.83	56.39	0.44	155.93	1.21	—	—	78.58	0.61
20	116.71	50.35	0.43	64.37	0.55	94.36	0.81	49.49	0.42	130.59	1.12	—	—	72.02	0.62
24	108.10	44.38	0.41	63.90	0.59	83.99	0.78	43.67	0.40	112.08	1.04	—	—	68.76	0.64
28	101.75	39.82	0.39	60.91	0.60	81.05	0.80	39.35	0.39	99.59	0.98	—	—	65.22	0.64
32	96.87	35.38	0.37	58.01	0.60	78.61	0.81	35.03	0.36	87.11	0.90	110.86	1.14	62.15	0.64
40	89.85	30.08	0.33	50.99	0.57	75.63	0.84	32.71	0.36	71.77	0.80	92.65	1.03	60.45	0.67
48	85.04	28.36	0.33	44.94	0.53	72.43	0.85	31.15	0.37	62.75	0.74	83.23	0.98	57.87	0.68
56	81.53	28.75	0.35	40.97	0.50	70.06	0.86	28.96	0.36	55.82	0.68	75.39	0.92	56.74	0.70
64	78.84	29.40	0.37	38.43	0.49	68.67	0.87	29.76	0.38	50.17	0.64	68.63	0.87	55.91	0.71
72	76.72	29.28	0.38	36.83	0.48	68.20	0.89	29.34	0.37	45.52	0.59	62.84	0.82	55.51	0.72
80	75.01	28.61	0.38	35.07	0.47	66.99	0.99	28.15	0.38	41.63	0.55	57.88	0.77	54.66	0.73
88	73.56	27.81	0.38	33.27	0.45	66.30	0.90	27.81	0.38	38.34	0.52	53.61	0.73	54.16	0.74
96	72.36	27.43	0.38	32.20	0.44	66.10	0.91	27.39	0.38	35.52	0.49	49.89	0.69	53.95	0.77

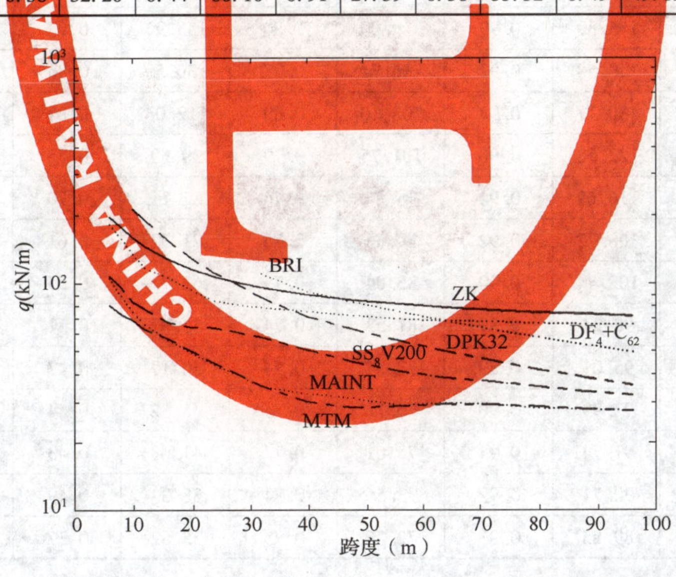

说明图 6.2.2—8　ZK 荷载和运营荷载的跨中均布等效荷载

(7)ZK 荷载与其他重型荷载的比较

和(5)中的方法一样,对 ZK 荷载,中—活载、UIC 荷载、铺轨机荷载及架桥机荷载对桥梁作用所产生的跨中弯矩等效均布荷载 q 乘以动力系数,得到这些荷载图式对各种跨度简支梁作用的跨中弯距等效均布荷载,其结果列于说明表 6.2.2—12,用图形表示于说明图 6.2.2—10。

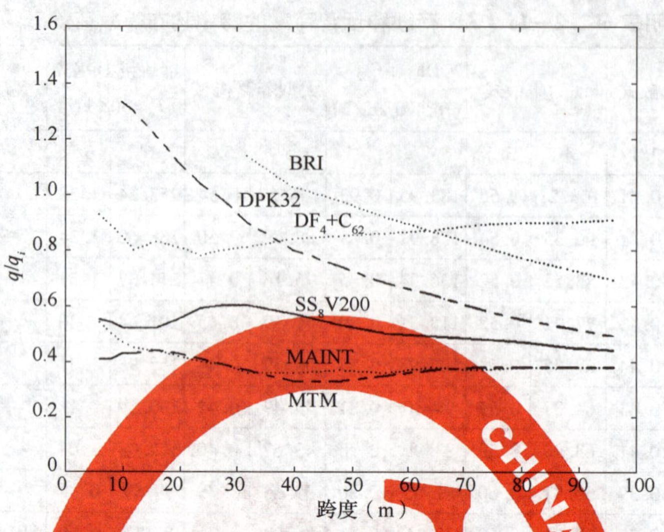

说明图 6. 2. 2—9　ZK 荷载和运营荷载的跨中均布等效荷载比值

说明表 6. 2. 2—12　ZK 荷载和重型荷载的跨中均布等效荷载(kN/m)

跨度 L (m)	中—活载	UIC		ZK		铺轨机 DPK32		架桥机	
	1	2	2/1	3	3/1	4	4/1	5	5/1
6	240. 78	237. 56	0. 99	197. 23	0. 82	253. 24	1. 05	—	—
8	215. 01	213. 96	1. 00	177. 60	0. 83	238. 70	1. 11	—	—
10	197. 82	193. 81	0. 98	160. 91	0. 81	214. 37	1. 08	—	—
12	181. 19	171. 89	0. 95	147. 69	0. 82	191. 64	1. 06	—	—
16	160. 93	155. 39	0. 97	129. 00	0. 80	155. 93	0. 97	—	—
20	152. 19	140. 58	0. 92	116. 71	0. 77	130. 59	0. 86	—	—
24	134. 82	130. 17	0. 97	108. 10	0. 80	112. 08	0. 83	—	—
28	128. 23	122. 58	0. 96	101. 75	0. 79	99. 59	0. 78	—	—
32	123. 80	116. 69	0. 94	96. 87	0. 78	87. 11	0. 70	110. 86	0. 90
40	118. 07	108. 22	0. 92	89. 85	0. 76	71. 77	0. 61	92. 65	0. 78
48	113. 88	102. 44	0. 90	85. 04	0. 75	62. 75	0. 55	83. 23	0. 73
56	110. 06	98. 24	0. 89	81. 53	0. 74	55. 82	0. 51	75. 39	0. 68
64	106. 61	95. 01	0. 89	78. 84	0. 74	50. 17	0. 47	68. 63	0. 64
72	103. 66	92. 99	0. 90	76. 72	0. 74	45. 52	0. 44	62. 84	0. 61
80	97. 81	91. 74	0. 94	75. 01	0. 77	41. 63	0. 43	57. 88	0. 59
88	98. 91	90. 71	0. 92	73. 56	0. 74	38. 34	0. 49	53. 61	0. 54
96	96. 92	89. 85	0. 93	72. 36	0. 75	35. 52	0. 37	49. 89	0. 51

若将各种荷载与中—活载比较（q_i/q_z），求得不同桥梁跨度时各种荷载对中—活载的比值，其结果用图形表示于说明图 6. 2. 2—11 中。由图中可以看出，中—活载比 UIC 荷载还要大一些(从说明图 6. 2. 2—10 中可能看得更清楚)，而 ZK 荷载大约为 UIC 荷载的 80%；铺轨机荷载是一种较小的荷载。

通过各种荷载比较的研究后可以得到如下结论：ZK 荷载作为客运专线铁路的活载图

式是可取的,不会发生桥梁强度储备不够的问题。从说明图 6.2.2—9 中看出,对桥梁设计荷载起控制作用的荷载是临时荷载,如货物列车 DF_4+C_{62} 及架桥机荷载。例如在跨度较大时,DF_4+C_{62} 几乎和 ZK 荷载相等。

说明图 6.2.2—10　ZK 荷载和重型荷载的跨中均布等效荷载

说明图 6.2.2—11　ZK 荷载和重型荷载的跨中均布等效荷载比值

反过来再看运营荷载,动力分散式荷载约为 ZK 荷载的 40%,而动力集中式荷载占 ZK 荷载的比重也只在 60% ~40% 之间。所以,运营荷载并不控制桥梁的强度设计。如果要降低桥梁设计强度,减少桥梁造价,一个可取的办法是研究新的桥梁施工方法,减小桥梁临时施工荷载。

7　国外高速铁路桥梁均不设护轮轨,以便于线路养护维修作业。其中有的国家考虑了列车掉道后的安全措施,以防止列车倾覆,如德国高速铁路桥梁利用道砟槽两侧的电缆槽阻挡掉道列车坠落桥下、瑞典高速铁路桥梁采用加高的挡砟墙代替护轨。客运专线铁路桥梁为防止列车坠落桥下,采用高挡砟墙的道床形式,但掉道的可能性仍是存在的,所以列入了列车脱轨荷载的条文。

脱轨荷载的第一种情况的线荷载,大致相当于实际运行列车脱轨后产生的荷载。在此情况下，结构物的主要部分（如桥面板和主梁等）不应产生严重破坏，钢筋应力应在屈服点以内，混凝土不形成宽裂缝。

脱轨荷载的第二种情况的线荷载，相当于列车脱轨，虽没有坠落桥下，但已作用于桥面边缘。在此情况下，须确保结构的稳定性。

8 在铺设无缝线路的桥梁中，这种因梁部结构与轨道的相互作用而产生的"长钢轨纵向水平力"是不可忽视的，其力的大小和分配，在很大程度上取决于桥梁下部结构的水平刚度、上部结构的跨度、竖向刚度及桥全长。

桥上无缝线路的长钢轨因受纵向力过大、疲劳或其他原因可能造成断轨。因断轨收缩受到梁体的约束而产生纵向水平力反作用于梁部并传递到支座和墩台，这就是断轨力，其力的大小是桥上的线路纵向阻力控制的。

所以说，作用于墩台顶的长钢轨纵向水平力（伸缩力或挠曲力）和长钢轨的断轨力，都应该按梁轨共同作用进行计算。

梁轨共同作用计算的基础是要解决轨道纵向位移阻力规律和梁轨相互作用的计算模型，对此，国内外都进行过大量的实验研究。各国的具体情况不同，因此轨道位移阻力的取值、梁轨相互作用计算方法以及桥上钢轨附加应力的组合方式和限值都有所不同。德国高速铁路轨道纵向位移阻力取值较高；日本采用常量阻力法，计算简单；我国以前一直采用的钢轨变形微分方程法，适合于刚性墩台的情况，由于未能较合理地考虑钢轨和墩顶变形协调关系，在墩台顶纵向水平刚度较低时，会出现一定的误差。

在为京沪高速铁路而立项的"九五"国家重点科技攻关专题研究项目中，对桥梁结构与无缝线路的相互影响进行了专门的研究，建立了轨道结构与桥梁共同作用的力学计算模型，分析了相互影响的计算条件，通过现场试验和广深线无缝线路的经验，拟定了线路纵向位移阻力与梁轨相对位移的关系式和梁体计算温差的取值标准，并据此编制了电算程序，可供具体设计中应用。

6.2.3 跨越公路的桥梁，设在公路上或紧邻公路边缘的桥墩，当其可能受到汽车撞击时，应根据实际情况，设置坚固可靠的防护工程，如采用挡板、防冲架、防撞墙等措施以防止桥墩被撞。当无法设置防护工程时，必须考虑汽车对桥墩的撞击力。此力属特殊荷载，不与其他附加荷载同时考虑，只与主力相组合。

6.3.1 列车过桥时产生的梁体变形和振动影响列车运行安全性和旅客乘坐舒适性，所以对桥梁结构的刚度应有一定的要求，对梁体的变形应给予一定的限制。在《京沪高速铁路设计暂行规定》中，对列车静活载作用下梁体竖向挠度的限值如说明表6.3.1—1。

说明表 6.3.1—1

跨度	$L \leq 24$ m	24 m $< L \leq 80$ m	$L > 80$ m
单跨	$L/1\ 300$	$L/1\ 000$	$L/1\ 000$
多跨	$L/1\ 800$	$L/1\ 500$	$L/1\ 000$

其中 $L \leq 80$ m 的中小跨度桥梁竖向刚度的限制的确定方法是，计算高速列车以各种速度通过各种标准跨度的简支梁时的车辆与桥梁的空间耦合振动响应，通过分析响应的时程记录曲线，获得各种计算工况下的车辆最大振动加速度、轴重减载率、脱轨系数、桥梁横向振幅及桥梁挠度放大系数（动力系数）等数据，通过研究不同竖向及横向刚度时车辆及桥梁的振动状态，从而确定出高速铁路桥梁的合理刚度限值标准。

在 1998 年颁布的《时速 200 公里新建铁路设计暂行规定》及国家"八五"、"九五"科技攻关项目和广深准高速铁路试验研究等成果基础上,对列车静活载作用下梁体的竖向挠度限值制定如说明表 6.3.1—2。

说明表 6.3.1—2

跨度	$L\leqslant 24$ m	24 m $<L\leqslant 40$ m	40 m $<L<96$ m
单跨	$L/1\,100(L/1\,300)$	$L/1\,000$	$L/1\,000$
多跨	$L/1\,500(L/1\,800)$	$L/1\,500$	$L/1\,000(L/1\,200)$

注:括号内限值适用于时速 250 km,括号外限值适用于时速 200 km,无括号者各时速均适用 。

在秦沈客运专线设计中即采用了此限值。此限值较《京沪高速铁路设计暂行规定》中的限值略为放宽。从客运专线与京沪高速铁路速度目标值的差异分析,较为合理,本暂行规定沿用此限值。

在秦沈客运专线综合试验中,对桥梁动力性能进行了试验研究。其实测的结果是,各种跨度、梁形的简支梁竖向挠度均小于 $L/5\,000$,大跨度连续梁的 80 m 中跨竖向挠度为 $L/3\,697$。

6.3.4 目前,我国普通铁路上的预应力混凝土梁,徐变上拱问题比较突出。以跨度 32 m 预应力混凝土梁为例,实测徐变上拱值约为 6 cm。由于混凝土质量控制不严或预应力值过大,较早生产的梁的徐变上拱值可达 10 cm,甚至 16 cm。这种徐变上拱会影响梁上轨面的平整度,对高速行车的安全性和乘坐的舒适性不利,必须加以严格限制。本条参照有关研究规定,桥上线路铺设后的徐变上拱限值,有砟轨道最大不宜超过 2 cm,无砟轨道最大不超过 1 cm。

6.3.5 为了避免桥梁出现激烈的振动,保证列车高速运行的安全性和乘坐的舒适性,对桥梁的最小自振频率加以限制是十分必要的。

研究结果表明,桥梁的竖向固有频率(自振频率)是促使桥梁动力系数出现峰值的根本原因。桥梁动力系数出现峰值,就意味着共振的发生,意味着激烈的振动,就会造成道床松散、钢轨损伤,影响轨道结构的正常工作,也会引起混凝土开裂、结构疲劳、承载力降低,甚至危及桥梁的安全。对于一定跨度的桥梁,可以采用不同的结构形式和不同的材料,并具有不同的固有频率,但都要满足强度和刚度的要求。所以,对于跨度一定的桥梁而言,其固有频率是有一定范围的。研究桥梁固有频率的变化对动力系数的影响是很有必要的。

研究单位计算了各国高速列车活载作用在 8 ~80 m 的不同固有频率的简支梁上的最大动力系数。结果表明,对于同一跨度的桥梁,当其固有频率小于某一定值时,动力系数急剧增大。随着桥跨固有频率的提高,动力系数的总趋势是减小,但不是单调减小。由于桥梁刚度与桥梁固有频率的平方成正比,可以认为动力系数随着桥梁刚度的增加而减小。

随着列车速度的提高,乘坐舒适度要求桥梁有较大的刚度,动力效应也要求高速铁路桥梁较之普通铁路线上的桥梁有更大的刚度(即较高的固有频率)。UIC 规范对铁路桥梁有一个最低固有频率限值。日本 1992 年新的桥梁设计规范,对新干线上的桥梁,根据运营速度的不同制定了不同固有频率的低限。

国内的《京沪高速铁路设计暂行规定》列出了简支梁竖向自振频率的最低限值,即

$L\leqslant 40$ m 时 $n_0=120/L$

$40 < L \leqslant 80$ m 时　　$n_0 = 23.58L^{-0.592}$

《时速 200 公里新建铁路设计暂行规定》编制时结合国内外情况提出了简支梁竖向自振频率的最低限值,即

$4\ \text{m} \leqslant L_\phi \leqslant 20$ m 时　　$n_0 = 80/L_\phi$

$20\ \text{m} < L_\phi < 96$ m 时　　$n_0 = 23.58L_\phi^{-0.592}$

本暂行规定沿用此限值。

6.3.6 列车运行的安全性主要涉及车辆在桥上是否会出现脱轨的问题。对于这一问题,车辆力学上是用脱轨系数 Q/P、轮重竖向减载率 $\Delta P/P$ 及轮轨横向水平力等几个参数来限定。参照国内外有关资料,经过分析研究后,确定行车安全性的评判标准为:

脱轨系数　　$Q/P \leqslant 0.8$

轮重竖向减载率　　$\Delta P/P \leqslant 0.6$

轮轨横向水平力　　$Q \leqslant 80$ kN

除了行车安全性问题外,乘坐舒适性问题也是判定桥梁竖向和横向刚度是否合适的一个重要标准。

乘坐舒适性的标准,在国内外有多种形式,综合起来,主要有如下几种:

a. Sperling(斯佩林)评价指标 W_z;

b. 以国际标准化组织(ISO)标准为基础的舒适度标准(简称 ISO 2631 标准);

c. Janeway(杰奈威)舒适性系数;

d. 加速度最大限值标准。

Sperling 评价标准主要用于评定车辆运行的稳定性。将其与疲劳时间评定标准比较,发现 W = 3.0(客车合格)的标准相当于疲劳时间 5.6 h,也就是说按 W = 3.0 的标准来限制车辆的振动,其舒适度是较高的。其评定标准为:

斯佩林(Sperling)舒适度指标

<2.5	优;
2.5 ~2.75	良;
2.75 ~3.0	合格。

Janeway 标准是日本铁路常用的评价标准。日本桥梁刚度值的制定是以此为参照标准的,该标准也未直接与承受振动时间联系。

ISO(国际标准化组织)把振动对人体的影响用疲劳时间 T 表示,从维修工作效能、健康和舒适度出发,提出三种限度:工效下降限度、承受限度和舒适度下降限度。当人体连续受到机械振动经一段时间后,便因疲劳而使工作效能下降。根据研究结果,ISO 给出了以加速度和频率为坐标确定的工效下降时间限度曲线,另外两种限度的曲线形状与工效下降时间限度曲线相同,但其值不一样。将工效下降曲线的振动加速度乘以 2 可得承受限度曲线,将工效下降曲线的加速度除以 3.15 可得舒适度下降限度曲线。

对于水平振动,ISO 给出的评定曲线最短时间为 1 min。对于 1 min 的承受时间,若频率为 1 ~2 Hz,则舒适度下降曲线允许的加速度为 0.2 g/3.15 = 0.063 g;频率为 5 Hz,则允许加速度为 0.5 g/3.15 = 0.159 g。对于竖向振动,以频率为 4 ~8 Hz 所允许的加速度最小,其值约为 0.3 g/3.15 = 0.095 g。一般高速下车辆 1 min 将运行几千米,因而 1 min 的时间仍显得过长。

根据 ISO 的标准和参照国家“八五”科技攻关项目“高速铁路线桥隧设计参数选择的

研究"中子题"高速铁路轨道不平顺日常养护维修管理标准的研究"中所采用的舒适度限值标准,取为竖向加速度不大于 0.13 g(半峰值)、水平加速度不大于 0.1 g(半峰值)。这一限制标准与线路养护维修标准一致,并且计算时将轨道的不平顺考虑在内,实际上是要求车辆在桥上运行的舒适度并不比线路上差。

6.3.7 桥梁由于恒载作用下的沉降变形,有些在施工期间已经产生,桥梁的高程可以在施工中得到调整,因此仅计施工后的沉降。由于活载作用下的沉降变形是瞬时的、弹性的,一般可以恢复,所以规定墩台基础的沉降仅按恒载计算。

《时速 200 公里新建铁路设计暂行规定》采用与原《京沪高速铁路设计暂行规定》相同的墩台基础沉降量限值,即均匀沉降量不得超过 50 mm,相邻墩台均匀沉降量之差不得超过 20 mm。现最新的《京沪高速铁路设计暂行规定》已将限值提高。

墩台均匀沉降量:

对于有砟桥面桥梁　　　　30 mm

对于无砟桥面桥梁　　　　20 mm

外静定结构相邻墩台沉降量之差:

对于有砟桥面桥梁　　　　$\Delta = 0.5L$(mm),并不大于 15 mm

对于无砟桥面桥梁　　　　$\Delta = 0.15L$(mm),并不大于 5 mm

对墩台基础工后沉降及工后沉降差给予一定的限制,是为了保证墩台发生沉降后,桥头和桥上线路坡度的改变不致影响列车的正常运行,即使要进行线路高程调整,其调整工作量也不致太大,不会引起桥面改建和桥梁结构加固。

客运专线行车速度高于普通铁路,但较京沪高速铁路速度低,其对线路变位的控制标准在普通铁路与京沪高速铁路之间亦是合理的,故本条仍沿用《时速 200 公里新建铁路设计暂行规定》的标准。

此外,根据暂行规定第 4.4.5 条的规定,桥台台尾路桥过渡段的工后沉降量标准在时速 250 km 时为 50 mm,本条规定亦使得桥墩台的均匀沉降量与台后过渡段的工后允许沉降量互相协调。

对于超静定结构,仍按现行桥规,相邻墩台沉降量之差的容许值,根据沉降时对结构产生的附加应力的影响而定。

桥墩台顶面的弹性水平位移的容许值,在《时速 200 公里新建铁路设计暂行规定》、《京沪高速铁路设计暂行规定》中均未作规定。而静力计算的墩台顶水平位移值,是桥墩台刚度的直接体现,是对车桥耦合振动体系影响较大的一个因素,是影响列车安全性和旅客乘车舒适度的指标,故应予以控制。

桥墩台顶面的弹性水平位移仅反映了静力指标。对于客运专线铁路,为满足行车时列车安全性和旅客乘车舒适度要求,对桥墩台还应当检验其动力特性,最终设计的桥墩台还应与梁部结构一起进行车桥耦合振动分析,计算的列车安全性和旅客乘座舒适度指标应当符合第 6.3.6 条的要求。

6.3.8 路基与涵洞等横向结构物过渡段是不均匀沉降容易产生的部位,故对涵洞工后沉降的控制标准不低于路基工后沉降控制标准。

6.4.1

2 T 形梁的构造要求在《时速 200 公里新建铁路线桥隧站设计暂行规定》的基础上,增加了桥位后浇湿接缝的构造要求。

当各片主梁的弯曲刚度及主梁间距相等且设有一定数量的横隔板时(见说明图 6.4.1),荷载分配可参考下列公式计算:

$$P_i = \frac{P}{n} \cdot \left\{ 1 + \frac{6(n+1-2i)}{n^2-1} \cdot \frac{e}{\lambda} \cdot \frac{1}{1 + \frac{GI_t}{EI} \cdot \frac{1}{n^2-1} \cdot \left(\frac{l}{\lambda}\right)^2} \right\}$$

式中 P_i——第 i 片主梁所分担的荷载(kN);

P——竖向荷载的合力,集中力时单位为 kN,均布力时单位为 kN/m;

n——主梁片数;

e——不计悬臂板的梁中心线到荷载作用点之间的距离(m);

l——主梁距度(m);

λ——主梁的中心间距(m);

EI——每一片主梁的抗弯刚度(kN/m^2);

GI_t——每一片主梁的抗扭刚度(kN/m^2)。

计算梁端最大剪力和支点最大反力时,荷载横向分配应采用更可靠的方法。

3 针对双线箱形梁的有效宽度,分别按现行桥规、德国规范 DS804、英国 BS5400 相应公式计算,其结果与 1:1 试验梁实测相比,德国规范 DS804、英国 BS5400 的计算方法与实际较为吻合。

英国 BS5400 规范中规定的不同宽跨比简支箱形梁有效宽度折减见说明表 6.4.1—1,可供参考。

加载时,纵向最大应力小于双线加载,但箱形梁顶、底板变截面处横向拉应力大于双线加载,故在设计中应考虑单线加载的影响,横向框架效应采用整体计算。

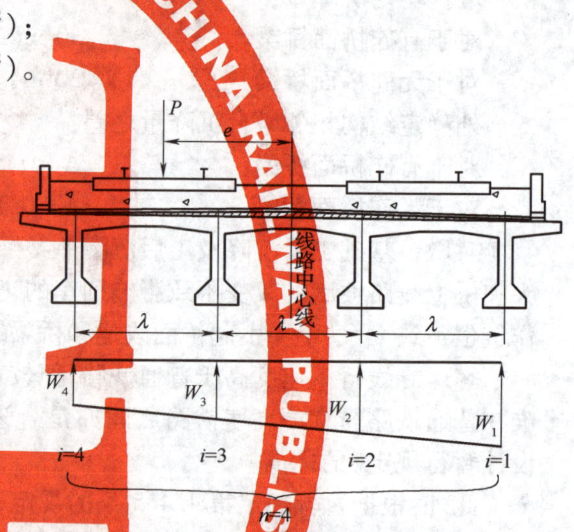

说明图 6.4.1 多片式 T 形梁荷载横向分配图式

说明表 6.4.1—1 简支箱形梁有效宽度折减

$\lambda_i = b_i/L$	有效宽度折减系数 λ		
	跨 中	四分之一跨	支 点
0.000	1.0	1.0	1.0
0.020	0.99	0.99	0.93
0.050	0.98	0.98	0.84
0.100	0.95	0.93	0.70
0.200	0.81	0.77	0.52
0.300	0.65	0.60	0.40
0.400	0.50	0.46	0.32
0.500	0.38	0.36	0.27

4 连续箱形梁的设计基本上可引用现行桥规的相关规定。

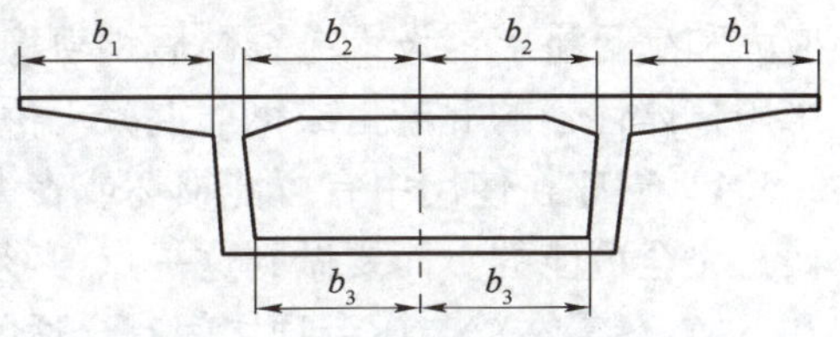

宽跨比$\lambda_i=b_i/L$(i=1,2,3,L=简支梁跨度)

英国BS5400规范中规定的翼缘有效宽度的计算方法可供参考:连续箱形梁各跨的翼缘有效宽度,对于边跨,可按跨径的0.9倍简支箱形梁进行计算;各中间跨的翼缘有效宽度折减见说明表6.4.1—2。

6 近年来,国外报道了英国、比利时自1967年以来三座预应力混凝土桥梁在使用中由于预应力钢束锈蚀突然破坏倒塌的实例。据分析,这与桥面防排水失效、混凝土保护层控制不严、预应力钢束的管道灌浆不实、封锚不严等因素有关,因此,本条规定特别强调了封锚及接缝处应在构造上采取防水措施,防止雨水渗入。比如外露锚头周围设置钢筋网,钢筋网与梁体伸出的钢筋焊接,然后灌筑较高等级的混凝土等等。管道压浆材料和压浆工艺都应严格控制,确保压浆密实,这样才能保证预应力钢束不致锈蚀,保证预应力钢束与混凝土梁体的整体作用。

说明表6.4.1—2 连续箱形梁各中间跨的翼缘有效宽度折减

$\lambda_i=b_i/L$	有效宽度折减系数λ		
	跨中	四分之一跨	内支点
0.000	1.0	1.0	1.0
0.020	0.99	0.94	0.77
0.050	0.96	0.85	0.58
0.100	0.86	0.68	0.41
0.200	0.58	0.42	0.24
0.300	0.38	0.30	0.15
0.400	0.24	0.21	0.12
0.500	0.20	0.16	0.11

6.4.2 混凝土桥面板和钢梁组合的结合梁能够共同作用的主要条件是两者之间有可靠的联结,在结合面上虽然钢与混凝土之间存在粘结力,但在长期工作过程中可能因反复受力、列车震动和其他原因受损,因此设计中必须根据计算和构造要求设置传剪器来传递纵向剪力。

为保证客运专线列车行驶平稳、舒适,竖向挠度不宜过大,一般结合梁采用两个受力阶段设计,于第一受力阶段的恒载全部由钢梁承受,第二阶段的荷载才由结合梁承受,这两个受力阶段的荷载产生的总挠度往往较大,故一般情况下,钢梁上需设预拱度,但当总挠度很小时,按秦沈线混凝土简支梁竖向挠度一般在6 mm以内,考虑到活载作用下连续梁边跨与中跨挠度相反,每跨挠度在3 mm时可不设预挠度。

连续梁中间支点负弯矩使支点处的混凝土板受拉,当拉力达到一定数值时,板将开裂,此时计算截面刚度时不应再计入开裂后的混凝土板的作用,而只能考虑钢梁的作用。如果桥面板内有预应力,保证桥面板混凝土不开裂,则可以按共同作用计入混凝土的作用。中间支点附近的混凝土板开裂,将使该处截面刚度降低,在荷载作用下沿梁长的弯矩和剪力将重新分布,若与不考虑板开裂的连续梁相比,重新分布后中间支点处的负弯矩显著减少,而跨中正弯矩增大。这一影响必须在设计中考虑。

6.4.3 考虑到下部结构对车辆运行舒适性与安全性方面可能的影响,为适应桥梁动力响应大和满足桥上铺设无缝线路后钢轨稳定性的要求,故不应采用刚度较小的柔性墩台,而采用整体性强的混凝土或钢筋混凝土桥墩台。

6.4.4 支座在使用中有可能损坏或丧失其使用性能,因此在铁路运营期间进行调整或更换是完全可能的。而要做到这一点,必须要有能接近支座的辅助设备才行。为便于调整和更换,还需在梁与墩台顶之间有合适的位置和空间,以便顶梁设备操作,所以支座构造应满足检查、维修和更换的需要。

6.4.5 在《时速 200 公里新建铁路设计暂行规定》、《京沪高速铁路设计暂行规定》中均规定,涵洞顶至轨底的填土高度不小于 1.5 m,这样既减小了路基竖向刚度的突变程度,又使涵洞结构设在路基基床表层之下,保持了路基基床表层的完整性和连续性。但在一些情况下会使得线路坡度因设涵而抬高,造成路基填方较高。

在秦沈客运专线综合试验中选择不同填土高的涵洞进行了测试研究,但由于测试工点少,还不能完全说明合理的涵洞顶填土高度值,尚需进一步研究,故仍沿用此规定。

6.5

桥上不设护轮轨,防止列车倾覆措施是利用高挡墙来实现的,这与高速铁路采用的措施一致。

普通铁路桥梁的人行道,以通行、巡道和维修人员通过为主,在人行道上考虑养护翻修道床时堆放道砟,其构造一般采用钢支架加步板的形式。对于客运专线铁路,作业通道的功能主要是工作人行道或养护通道。作业通道栏杆扶手内侧与其毗邻线路中的净距是根据《关于 160 ~200 km/h 客运专线的铁路建筑限界》研究提供的数据确定的,即1/2车辆限界 + 风压带 + 人行道宽。

桥面宜采用整体桥面,便于桥面的防排水、隔声墙设置(隔声墙的底部和桥跨结构的表面间不允许有任何缝隙),减少维修养护工作量。

双线桥梁桥面宽度系根据铁道科学研究院对《时速 200 公里客运专线铁路建筑限界及技术依据》、《时速 200 公里轨道结构的研究》以及《高速铁路桥面布置方案与设计研究报告》确定的,其通信信号、养路维修方式等均参照了《高速铁路桥上通信、信号及低压电缆槽布置位置的研究》及《高速铁路桥梁养护、维修及附属设施的计研究》中推荐的形式,桥面布置除双线线间距及风压带的宽度外,其他尺寸均参照了《京沪高速铁路设计暂行规定》。

桥面上设置的主要设备包括防排水系统、电缆槽、人行道板及栏杆(或声屏障)、接触网支柱、轨道变压器箱、扼流变压器、安全隔离网栅等,根据需要经与桥梁结构设计部门协商后设置。

结构耐久性对于客运专线铁路的安全运营和经济性起着决定性作用。以往一般认为,混凝土桥梁,尤其是预应力混凝土桥梁有着足够的耐久性,不需要养护、维修,但是随着时间的推移,不少桥梁先后出现病害与劣化。通过对桥梁的病害分析,发现其原因是结构构造上存在缺陷。桥梁的防排水问题,就是很重要的一方面。

排水措施必须保证在桥面行车道的结构表面排水顺畅,一般考虑纵横向设置排水坡,坡度不小于2%,并布置排水孔、水篦子、排水管、排水槽以及排水沟等,其容量必须与降水量相配合。还需注意在结构的缝隙处,设置防止落砟和防止漏水的措施。

防水措施是为防止结构表面向结构内部渗水及漏水。目前,在既有铁路混凝土桥梁上,防水措施种类较多,设计时宜慎重选择,必须确保防水效果。

保护层的设置是为了确保防水层的有效使用,因其处于道砟与防水层之间,必须致密、耐磨、耐冲击,并具有一定的延性。经试验研究,采用纤维混凝土较为合适。

根据国外已建成的高速铁路的经验以及"九五"研究报告,用预制的人行道遮板保护主梁翼缘,遮板受损后可以局部更换。一端的竖向遮板既可作为滴水檐,隔绝雨水流经梁体,同时也保护桥面横向预应力锚具。德国的高速铁路桥梁,采用人行道遮板这种构造较多。日本新干线一般不受用预制的人行道遮板形式,桥面多采用一次性整体浇筑。具体采用哪种形式,设计人员可根据具体情况确定。

桥上声屏障的设置,一般应根据环境影响评价的结果,预测保护目标的限值和距离,与环保专业共同商定设置声屏障的高度、形式和范围。

6.6

车站高架结构的内容系采用《京沪高速铁路设计暂行规定》中的相关规定。

7.1.1 当客运列车以时速200~250 km通过铁路隧道时,空气动力学效应(行车阻力、瞬变压力、微压波、列车风)对行车、旅客舒适度、列车相关性能和洞口环境的不利影响已十分明显,因此除遵照现行《铁路隧道设计规范》有关条文外,主要考虑在隧道设计上缓解和消减客运列车进入隧道时所诱发的空气动力学效应的影响。

主要设计措施有:在列车相关参数一定的条件下,适当加大隧道内轨顶面以上净空面积(减小阻塞比)、优化断面形状和尺寸、在洞口修建缓冲结构、利用辅助坑道等。

7.2.1 隧道断面内轮廓的确定分为双线单洞和单线双洞两种情况。隧道断面内轮廓主要根据下列条件确定:

(1)满足最高时速200~250 km的铁路建筑接近限界要求,双线隧道还应满足线间距要求;

(2)隧道内轨顶面以上净空面积应满足空气动力学效应影响标准;

(3)养护维修、救援、工程技术作业等对空间的要求。

根据动车组和隧道的已知参数,可以得到洞内压力波时态曲线,再计算压力波动最大的隧道长度(即最不利隧道长度),以此压力波作为控制值,引入车辆密封指数τ,对不同的断面积和不同τ值的多种组合进行对比计算,满足时速要求。同时,车辆密封指数和隧道内净空面积应取值合理,在车辆工程和隧道工程上都是可行的。

在满足以上条件的基础上,从围岩稳定、结构受力及空间利用等角度对断面形状和尺寸进行优化,并使盈余空间最小。

7.2.2 列车行车速度为200 km/h时,单、双线隧道内轨顶面以上净空面积采用不小于50 m^{2}和不小于80 m^2,是根据在3 s内车辆内压力变化的最大值小于3 kPa的标准通过理论计算得出的结果。由于曲线隧道的加宽完全在富裕量以内,因此隧道内轮廓可不考虑曲线加宽。

列车行车速度200 km/h < v ≤ 250 km/h时,单、双线隧道内轨顶面以上净空面积分别采用不小于58 m^{2}和90 m^2,是综合考虑模拟计算结论和国外高速铁路隧道实际断面积等因素确定的。

目前,各国采用的旅客舒适度标准有较大差别,例如日本新干线规定的气压变化率容许值是200 Pa/s,美国地铁的气压变化率容许值是410 Pa/1.7 s,这些都是针对气密型车辆的。对于非气密型车辆,英法海峡隧道规定的单线隧道气压变化率容许值是 2 000 Pa/4 s,国际铁路联盟和欧洲铁路研究院 1999 年提出的单线隧道气压变化率容许值的底线值是 3 000 Pa/4 s。

德国联邦铁路 1993 年颁布的《铁路隧道的设计、施工和养护标准》(DS 853)规定,在高速铁路隧道设计时要考虑的舒适度准则是:在很少通过的隧道为 1.25 kPa/3 s,在经常通过的隧道为 0.80 kPa/3 s。

7.2.4 隧道内的使用空间

1 安全空间

参照有关规范和京沪高速铁路法国的咨询意见,安全空间高度不应小于 2.2 m,宽度不应小于 0.8 m。本暂行规定采纳此意见。

安全区是相对于危险区而言的,当 $v>160$ km/h 时,危险区为 3.0 m。车速≤200 km/h时,人员可以在隧道内停留;大于 200 km/h 时,一般人员则不能在隧道内停留。

2 救援通道

救援通道是在列车停运条件下才使用,所以救援通道部分侵入建筑限界是允许的。

3 工程技术作业空间

工程技术作业空间用来预留设备安装或加强衬砌以及安装降噪声护墙板。

工程技术作业空间允许在有限的长度范围内设置一些设备,如接触导线张力调整器和接触导线开关以及接头的紧回装置等。

7.4.2 电缆槽可设在安全通道地面下面,电缆槽的盖板可作为安全通道地面,因此要求坚固、平整。

7.4.4 余长电缆腔应与专用洞室结合设置,并满足有关专业的技术要求。

7.5.1 ~7.5.2 列车驶入隧道时会产生瞬变压力,然后从隧道出口释放出来,产生稀疏波,它以微压波的形式释放能量,这样的空气动力学效应会在隧道口产生噪声污染(也称为"声震")。当洞口附近有居民或特殊环境要求时,应根据实际情况考虑修建洞口缓冲结构,降低声震危害。

设置缓冲结构应满足说明表 7.5.1 的要求。

说明表 7.5.1 洞口缓冲结构设置标准

建筑物与洞口距离	建筑物有无特殊环境要求	基准点	微压波峰值标准
<50 m	有	建筑物	按要求
	无		≤20 Pa
≥50 m	有	距洞口 20 m 处	<50 Pa

日本研究人员针对微压波现象,通过现场测试、模型试验、理论研究,总结了一套行之有效的缓解微压波影响的方法。说明表 7.5.1 中提出的是否设置洞口缓冲结构的微压波峰值控制指标,主要是根据日本的研究理论和实践得出的。

7.5.4 同全封闭式的缓冲结构相比,两侧开孔或顶部开孔的缓冲结构具有更好的降压效果。

缓冲结构开口处,最大有效面积为隧道内轨顶面以上净空断面积的 1.4 ~1.5 倍。开孔面积为隧道有效面积的 0.2 ~0.3 倍时,会取得最好的降压效果。缓冲结构长度过短起不到降低微压波的作用,过长则其降低微压波的作用提高很小。缓冲结构长度以在隧道断面水力直径至 50 m 范围内为好。

缓冲结构长度计算公式为

$$L \approx d_t \left[\left(\frac{v_0}{v^*} \right)^3 - 1 \right]$$

式中 d_t——隧道断面水力直径；

L——缓冲结构长度；

v^*——列车视在速度(即洞口外轴线上 20 m 处微压波峰值等于临界值 50 Pa 时的列车进洞速度)；

v_0——列车进洞速度。

缓冲结构一般有带通气孔的明洞式、喇叭形的明洞式、棚洞式等结构形式,也有利用地形建成斜洞口的形式,具体设置可根据地形、地质、周边环境等条件确定。

7.6.1 ~7.6.9 隧道防排水应采取“防、排、截、堵结合,因地制宜,综合治理”的原则,采取切实可靠的设计、施工措施,保障结构物和设备的正常使用和行车安全。

对地表水和地下水应作妥善处理,洞内外应形成一个完整的防排水系统。

7.8.1 ~7.8.2 铁路隧道主要的事故形式是火灾、撞车和列车脱轨。这些事故的损失往往非常惨重,而火灾是最具破坏力的,因此绝大多数的安全措施都应为了应付这样的事故而设置。

7.8.3 ~7.8.4 按照德国规范的规定,隧道内每 1 000 m 应有一个出入口,而根据法国的安全标准要求,两个应急出入口之间的距离不得超过 800 m。客运专线目前只考虑设置贯通的救援通道,不单独设置疏散通道,如因施工需要而设置辅助坑道时,应尽可能在施工完毕后把施工辅助坑道改为紧急出入口。

7.9.1 客运专线铁路隧道横断面较大,结构抗震方面更为不利,其设防段长度应较《铁路工程抗震设计规范》中有关隧道抗震设计的规定而有所提高。因此,本条规定单线隧道设防段长度不宜小于 25 m,双线隧道不宜小于 35 m。

8.1.1 表列序号 1 中位于正线一侧≥2 440 mm,位于站线一侧≥2 150 mm,系考虑建筑限界的要求;位于站场最外站线的外侧≥3 100 mm,系考虑最外站线外侧系考虑大型养路机械作业宽度的需要。

表列序号 2 中位于线路一侧只注明了“≥建筑限界”,是因为目前信号机的高度尚未确定,故暂未列具体数值,请设计者根据各自项目所确定的信号机建筑限界要求自行计算确定。

表列序号 3 中站台位于无通过列车正线或站线一侧的距离为 1 750 mm,系考虑建筑限界的要求;站台位于正线一侧距离为 1 780 mm,系考虑车体限界的半宽 1 650 mm + 车体制造误差及车体运行摆动量 80 mm + 条量 50 mm =1 780 mm。

表列序号 4 中位于正线或站线外侧≥3 800 mm,系考虑道床砟脚与建筑物间留有 0. 80 m 宽的维修人员通行的通道,即 3 000 + 800 = 3 800 mm;当路肩上设有接触网支柱或电缆沟槽时,其宽度应根据接触网支柱或电缆沟槽的结构要求适当外移;位于站线一侧≥3 500 mm,系考虑线路抽换枕木的要求,枕木长 2 500 mm + 钢轨底外侧距线路中心距离 770 mm + 余量 230 mm =3 500 mm;

表列序号 5 中位于正线一侧≥2 700 mm 和位于站线一侧≥2 500 mm,系考虑接触网结构的要求;位于车场最外站线外侧≥3 100 mm,系考虑满足大型养路机械作业宽度的需要。

8.1.2 站内线路的曲线地段,根据正线或站线类别的不同,各类建筑物和设备至线路中心线的距离须按相应规定加宽。加宽的办法和范围,站线与普通铁路相同;正线加宽的办法、加宽范围和加宽的递减方法按附录 A《曲线地段建筑限界加宽》办理。

8.1.3 站内两平等线路中心线间的距离与区间相同,原考虑满足建筑限界或机车车辆限界的要求;另一方面还需满足车站平面布置和在两线间设置有关设备或保证作业活动安全的需要。与正线之间的距离还应考虑列车交会运行时会车压力波的影响等因素。

表列序号 1 中正线间的线间距从以下两方面考虑:一方面,当站内正线有列车通行时,线间距主要取决于列车交会运行时会车压力波的影响,其影响与区间线间距的确定条件相同;另一方面,为避免在车站两端为线间距的调整过渡而设置大半径、小偏角的反向曲线,使客运专线正线平面设计合理,提高旅客舒适度,并便于养护维修,故站内正线线间距也取为 4 400 mm(或 4 600 mm)。

表列序号 2 中,正线与相邻到发线间无中间站台、到发线上停站的列车无技术作业,正线上有客运列车通过时,停站列车和通过列车交会时产生的会车压力波约为两客运列车交会时的 90% 左右,参照现行普速铁路标准,该线间距采用 5 000 mm。同时,该线间距能满足两线间设置信号机及有关设备的要求。

为减少正线列车通过时对站台上旅客的影响,当需要在站台范围内正线与到发线间设置声屏障时,其线间距为:$L = L_{正线建筑限界宽} + L_{站线限界宽} + L_{结构宽} = 2\ 440$(正线建筑限界宽)$+3\ 500$(站线侧距离宽)$+ L_{结构宽} = 5\ 940 + L_{结构宽}$(mm)。

正线与相邻到发线间设有接触网柱时,正线与相邻到发线间的线间距为:$L = 2\ 700 + L_{接触网柱宽} + 2\ 500 = 5\ 200 + L_{接触网柱宽}$(mm)。

正线与相邻到发线间设有雨棚柱时,正线与相邻到发线间的线间距为:$L = 2\ 440 + L_{雨棚柱宽} + 2\ 150 = 4\ 590 + L_{雨棚柱宽}$(mm)。

表列序号 3,系按机车车辆非运行时建筑接近限界 $2\ 150 \times 2 = 4\ 300$ mm,再考虑人员通行、信号机设置或作业要求等因素,并参照现行规范有关标准,统一确定为 5 000 mm。到发线与其他线不等高或设有其他设施及有作业要求,且无中间站台时,可结合具体计算确定,但均不应小于 5 000 mm;到发线与其他线间有中间站台时,到发线与其他线间的线间距为:$L = 1\ 750 + L_{站台宽} + 1\ 750 = 3\ 500 + L_{站台宽}$(mm)。

为满足架设接触网的要求,一般站内每隔 4 条线路、动车段或车辆段内每隔 6 条线路设置一处能够设立接触网杆的线间距。该线间距需考虑接触网支柱宽度,另加一些拉线设施、张力补偿器及必要的安全余量等因素。

到发线间或与其他线间有接触网柱时,其线间距应为:$L = 2\ 500 + L_{结构宽} + 2\ 500 = 5\ 000 + L_{结构宽}$(mm)。

到发线间或与其他线间有雨棚柱时,其线间距应为:$L = 2\ 150 + L_{结构宽} + 2\ 150 = 4\ 300 + L_{结构宽}$(mm)。

表列序号 4,正线与其他线间的线间距,当不等高或设有其他设施及有作业要求时,可结合具体情况确定,但均不应小于 5 000 mm。

表列序号 5,正线与动车组走行线的线间距,考虑作业性质与正线相同,故线间距相同。

8.1.4 本条系参照现行设计规范有关规定制定。安全线有效长度不应小于 50 m,与相邻线间的距离不应小于5.0 m。

对于有列车长时间停留的到发线,为防止列车溜逸,影响其他线路的行车作业安全,规定到发线两端宜设置隔开设备。

8.1.5 正线按双线双方向行车,列车开行密度大,考虑逆向会有列车运行,另外线路维修工作量较大,为保证维修机械的灵活运行,故车站两端一般均设置渡线。

对于区间是否设置渡线的问题,要根据区间长度、养护维修方式等因素综合研究确定。

国外高速铁路通常在0:00~6:00间高速列车停止运行,线路维修主要利用这一段时间进行,除特殊情况外,一般白天不进行任何维修作业。共线运行的高速铁路(如德国)利用夜间开行货物列车,有线路维修作业的区间即利用渡线组织逆向行车。日本新干线由于采用全高速模式,车站分布较密,故不设置区间渡线,也不组织列车逆向行车。

我国既有铁路车站分布较密,平均约10 km,繁忙干线站间距离更密;同时,由于我国现行《铁路车站及枢纽设计规范》(GB 50091)规定:在车站两端咽喉的两正线间各设2条渡线,渡线布置形式一般采用"八字"渡线,这条规定已经满足了在线路大修、临时故障和其他特殊情况下采取运行调整措施,包括转线作业、反向行车及双方向接发列车等作业需要,故不设区间渡线。

秦沈客运专线由于近期能力富裕、运行图调整余地大,综合维修可实现上下行分线作业,近期区间渡线的使用率不高,故近期不设区间渡线。但根据远期运营和维修需要,结合预留车站的情况,预留了区间渡线。

在综合维修"天窗"期间,当一线维修、一线行车时,利用区间渡线作为会车点,缩短运行图周期,提高单线通过能力;在综合维修作业过程中,通过区间渡线,实现维修机械的灵活转线,提高综合维修机械的有效作业时间。但设置区间渡线后,也带来了以下弊端:区间渡线的设置,增大了轨道、通信、信号及电气化设备的投资费用;由于区间渡线对线路平纵断面的特殊要求,将引起土建工程投资的增加;由于区间渡线本身结构的复杂性和对通信、信号、电气化设备的特殊要求,加大了设备维修成本。因此,客运专线铁路区间渡线的设置必要性,与列车开行方案、综合维修"天窗"的开行方式,以及设置区间渡线后引起工程投资量的增加等因素密切相关。

在始发站和有始发作业条件的中间站,车站两端各设一组八字渡线,是为了增加接发客车的灵活性,减少咽喉交叉,提高车站能力。

8.1.6 为满足到发线使用的机动灵活性,规定到发线均应设计为双进路。

8.1.7 客运专线的运输组织模式采用本线列车和跨线列车共线运行模式,到发线有效长度必须满足该线路最长到发列车停车的需要。根据有关分析研究和对日本、德国、法国的咨询,到发线有效长度除满足列车长度要求外,还需要另考虑安全过走距离的要求。按最大编组辆数为16辆,列车长度为16×26 cm=416 m,取420 m,另每侧考虑15m的停车余量,确定到发线有效停车长度为450 m。根据对列车安全过走距离的计算结果,每侧为125 m,到发线有效长度采用450 m+125 m×2=700 m。

考虑到有些客运专线车站与既有站并设,为了减少拆迁和充分利用既有设备,到发线可考虑按单进路设计,故可减少一端的安全过走距离125 m,到发线有效长度采用450 m+125 m=575 m。

8.1.8 客运专线的行车速度高,站内设置平过道对人身和行车安全极为不利,故规定站内不得设置平过道,需要跨越铁路时必须设置地道或天桥。

8.2.1 车站设在曲线上时,车站作业极为不便,且由于受正线平面技术标准的制约,将大大增加站坪的长度,因此规定车站应设在直线上。在困难条件下,有充分依据时,可设在曲线上,其到发线曲线部分一般与正线按同心圆设计,因此规定其到发线曲线半径应根据正线曲线半径确定。

到发线上行车速度较低,最大不超过 80 km/h,而曲线半径均较大,因此可不设缓和曲线。但为平衡部分离心力和对钢轨的侧压力,防止曲线反超高,规定宜设外轨超高。其超高值可按下式计算确定:

$$h = 7.6 v_{max}^2 / R$$

式中 h——外轨超高(mm);

v_{max}——列车最高运行速度(km/h);

R——曲线半径(m)。

超高宜在直线段顺坡并应采用较缓的递减率,最大不超过 2‰。通行正规列车的站线,其列车运行速度比同类站线速度提高很多,故两曲线间的夹直线长度在现行规范基础上再增加 10 m,规定为 30 m。满足无超高直线段长度不小于 5 m,系参照日本新干线轨道构造标准确定。

到发进路上或有正规列车通过的道岔导曲线与岔后连接曲线形成反向曲线或同向曲线,为了减少列车振动叠加的影响,提高旅客乘车舒适度,在道岔与岔后连接曲线间应设置必要的直线段,其直线段长度 L 除应满足 $L \geq 0.4v = 0.4 \times 80 = 32$ m 外,还应满足道岔跟端至末根岔枕的长度 L' 与曲线超高顺坡所需直线段长度之和在困难条件下亦不应小于 20 m。

车站道岔不得布置在曲线、缓和曲线上。按现行《铁路车站及枢纽设计规范》第 2.2.9 条"道岔后的连接曲线,其半径不宜小于相邻道岔的导曲线半径"的规定,岔后连接曲线半径不宜小于相邻道岔的导曲线半径。

动车段(所)、综合维修基地(工区)等的牵出线,一般仅办理转线、取送等作业,应尽量设在直线上或较大半径的曲线上。在困难条件下需要设在较小半径的曲线上时,参照普通铁路场、段牵出线设计的规定,确定最小曲线半径不应小于 300 m,并不应设在反向曲线上。

动车段(所)、综合维修基地(工区)、大型养路机械基地等与车站连接的走行线的平面标准,可根据其车辆运行的速度,按现行《铁路线路设计规范》、《铁路站场及枢纽设计规范》等有关规范、规定办理。

8.2.2 动车段(所)、综合维修基地(工区)、大型养路机械基地内的线路纵断面,应满足车辆不会自行溜逸和便于进行检修作业等要求,宜设在平道上。在困难条件下需设在坡道上时,参照国外资料并结合我国具体情况,动车段(所)内的线路坡度不应大于 1‰,综合维修基地(工区)、大型养路机械基地内停留的各种维修车参照国外设计标准并考虑便于机具设备的装卸,统一规定为不大于 1‰。

动车段(所)、综合维修基地(工区)、大型养路机械基地的咽喉区有可能进行调车作业,故规定可设在不大于 2.5‰的坡道上,同时还考虑便于与走行线间较陡的坡度连接,在困难条件下该标准可适当降低,参照现行普通铁路场、段牵出线标准,确定为不大于 6‰。

我国目前主要大型养路机械技术性能适用的线路的最大坡度为33‰,因此与动车段(所)、综合维修基地(工区)、大型养路机械段连接的走行线的坡度,根据机车(或动车组)和各种维修车的牵引性能并参照国外设计标准,确定最大不应大于30‰。如相邻坡段的坡度差大于5‰时,参照普通铁路的站线标准,设置相应的竖曲线。

牵出线上的作业比普通铁路货场或其他场、段牵出线上的取送作业简单,比照现行牵出线坡度的规定,确定其坡度值不宜大于6‰。综合维修基地(工区)应设置牵出线,以满足维修车出入走行要求,其坡度可根据各综合维修基地(工区)的性质及维修车的特性等具体情况确定。

8.2.3 车站到发线是接发列车的线路,列车在列发线上要进行制动减速和起动加速。为了减少经变坡点时产生的附加力和附加加速度,使列车运行平稳,保证较高的旅客乘车舒适度,在列车全长范围内应尽量不设变坡点,将有效长度范围内设在一个坡段上。在困难条件下坡段长度不宜小于450 m,可保证一个列车长度内变坡点不超过两个,以减少变坡点附加加速度的叠加影响。其他站线、次要站线坡段长度可与现行普通铁路标准一致。

到发线上的列车运行速度最大不超过 80 km/h,与普通铁路的Ⅲ级铁路正线相当。比照该标准,确定当坡度差大于4‰时以竖曲线连接。各类站线竖曲线半径的标准,按现行规范标准可满足要求。

其他站线系指除到发线、动车组走行线外的站线。

8.2.4 道岔是铁路线路的薄弱环节,结构较复杂,且列车速度越高,对道岔的几何状态要求越严。客运专线一般采用可动心轨辙叉单开道岔,它与固定辙叉单开道岔相比在结构上有明显的不同。前者各部件之间的几何尺寸要求较后者更为严格,因而养护条件要求更高。国外铁路为了使列车经过道岔时保持较好的平稳性和减少对道岔的冲击力,确保安全与舒适,降低维修费用,一般都要求可动心轨道岔与竖曲线和变坡点不能重叠设置,且要求有一定的距离(如德国要求不小于20 m,法国要求不小于100 m),故要求道岔布置距竖曲线起点或变坡点的距离不小于20 m,即布置道岔时应离开竖曲线起终点的距离不小于20 m。

虽然从理论上分析,在特定条件下,将竖曲线的折线段延长到一定长度,并相应加大竖曲线半径,是允许在一组道岔的导轨部分与竖曲线重叠的,但这样做会使维修条件更为复杂,技术难度更大,增加巨额维修费,给安全留下隐患,因此要求道岔与竖曲线不能重叠设置。

8.2.5 为保持轨面的平顺,提高旅客舒适度,到发线与其他站线、次要站线间轨面宜用较短的坡段顺接,这一标准与现行《铁路车站及枢纽设计规范》一致。到发线有效长停车范围两端均设有安全过走距离,因此顺接坡道范围为道岔终端后普通轨枕至停车标起点。

8.3.1 最外侧到发线不应小于4.4 m,系考虑接触网柱内侧设于距线路中心3.1 m处、接触网柱结构宽度0.4 m、接触网柱外侧路肩上设置一排电缆沟0.7 ~0.9 m宽而确定,可保证净路肩宽度为0.9 m左右,能满足放置一般小型设备、人员通行等要求。其他站线不应小于3.5 m,可保证净路肩宽度为1.0 m左右,能满足放置一般小型设备、人员通行等要求。另外考虑在同一路基横坡面上,最外梯线道砟加厚需占用部分路肩宽度等因素确定。

站线的最小路肩宽度系比照普通铁路路肩宽度0.6 m确定。

8.3.2 车站内站线与正线处于同一路基上或铺设无砟轨道时,为方便施工并满足路基面自正线向两侧排水的需要,到发线与正线应采用相同的基床标准,如说明图 8. 3. 2—1 所示。该图为适应于一般中间站(二台夹四线)的路基横断面图。

当正线与站线间设有站台、排水槽或渗管等设施时,到发线与正线路基可以分开设置,一般到发线与正线宜采用相同的基床标准。如车站规模较大,站坪宽度较宽,为减少工程投资,经经济技术综合比较,到发线和正线可采用不同的基床标准,如说明图 8. 3. 2—2 所示。该图为适应于较大中间站及始发站客运专线车场(有岛式中间站台)的路基横断面图。但施工时应注意在路基比较稳定后再铺设到发线无缝线路,以免导致不均匀沉降。

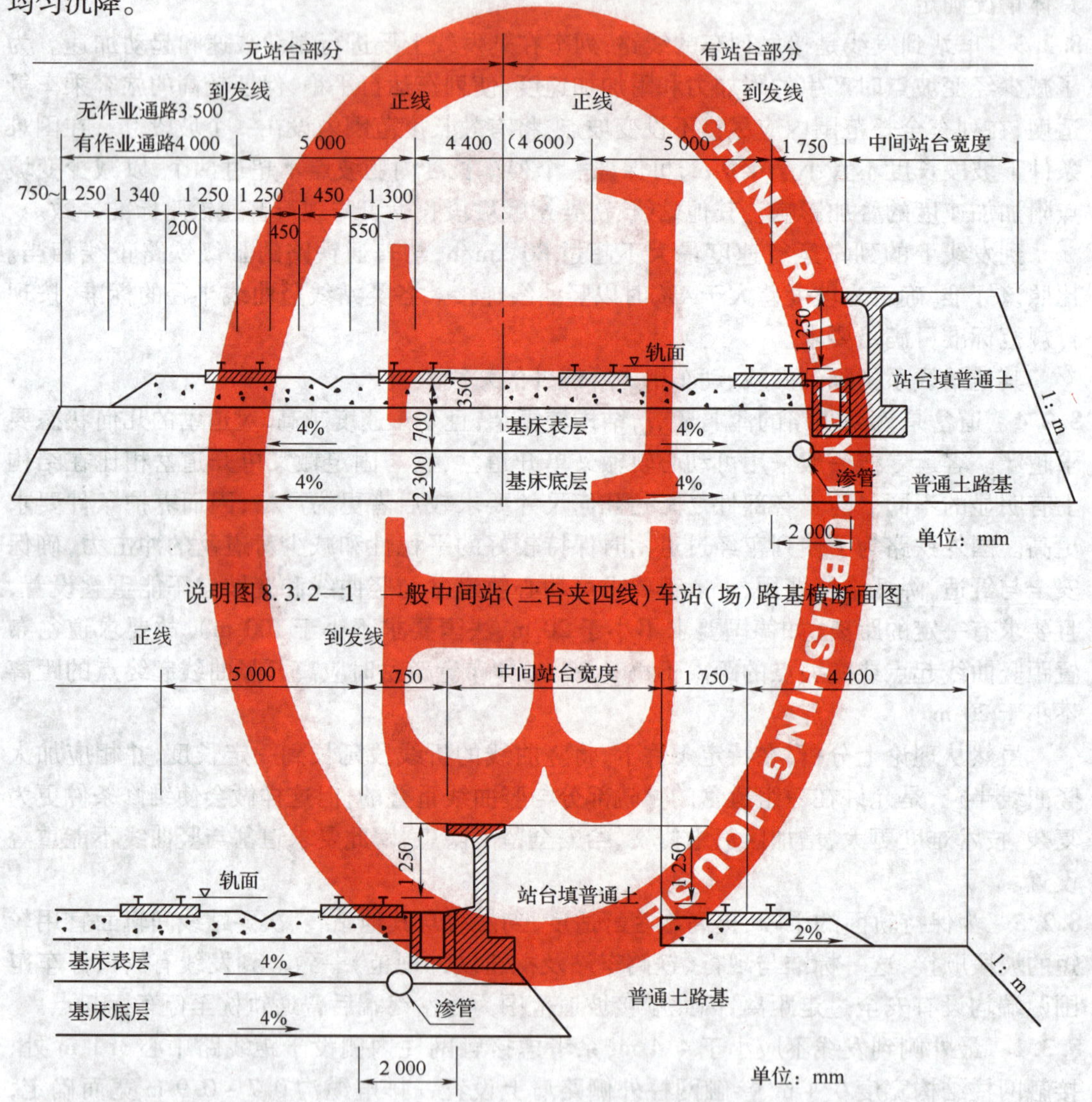

说明图 8. 3. 2—1　一般中间站(二台夹四线)车站(场)路基横断面图

说明图 8. 3. 2—2　有岛式中间站台车站(场)路基横断面图

站内正线的基床标准应与区间正线相同,基床顶面宽度按轨枕底端部 45°应力分布线延伸到路基面,考虑适当的富裕量,确定为线路中心外 2. 0 m,其下按 1:1边坡率直至基床底部。

动车段(所)、综合维修基地(工区)、大型养路机械基地(工区)内的路基标准,,因运行速度较低,可采用与之行车速度相适应的现行铁路路基标准。

客运专线铁路利用既有铁路路基地段,应根据不同的段落速度采用不低于该既有铁路提速规划相应的速度目标值设计,加强基础处理,必要时应采用地基改良或加固措施。

8.3.3 正线及到发线路基基床表层顶面、基床底层顶面及底面设置 4% 倾向两侧的排水横坡,主要是加强路基面的横向排水能力,以免路基面长期集水。其他站线路基面排水横坡应结合各地区年降雨量具体确定,但不宜小于 2% 。

8.3.4 车站站台范围内纵向排水槽可与站台墙结构结合设置,便于排水槽检修,因此规定车站站台范围内纵向排水槽宜设于到发线与站台之间。其余规定参见现行铁路路基排水标准。

8.3.5 车站道路与有列车通过的正线、联络线平行设置时,道路应设于铁路路肩以外,且道路路肩应低于铁路路肩一定数值,以阻止机动车辆误撞入铁路线上造成事故,否则应在其间设置安全防护设施。该数值规定为不小于 0.7 m,系考虑满足正线基床表层排水之需要。

8.4.1 车站的设置需要考虑的因素很多,尤其是大型车站应根据枢纽(地区)内客运布局,车站的作业量和性质,地形、地质条件及既有设备的情况,并结合城市规划等因素确定。

8.4.2 客运专线与客货共线铁路共站有几种情况:第一种情况是在既有站旁并列地另建客运专线车场;第二种情况是利用既有站部分线路更新,将部分线路作为客运专线车场;第三种情况是既有站为地面站,客运专线车站为高架车站。它们的特点是共用旅客站房、旅客天桥或地道等客运设施和城市交通、服务等基础配套设施。

客运专线与客货共线铁路共站的车站上,为便于运营管理,客运专线与客货共线铁路宜分场分线设置。

8.4.3 车站按技术作业性质分为越行站、中间站和始发站。中间站和始发站都是客运站,因此不宜把其中之一叫做客运站,而宜按其作业特点加以区分。越行站是专为办理本线旅客列车越行跨线旅客列车而设的车站;中间站主要办理列车通过和越行作业、客运业务和少量的列车折返作业;始发站则办理大量列车始发、终到作业,也办理列车通过作业及客运业务并设有动车段(所)。

按技术作业性质划分三种车站的目的,是为根据列车技术作业需要(如越行、折返、始发及终到等)确定站型、车站到发线数量及其他线路数量用。

车站按办理的客运量大小分为大、中、小型站。划分大、中、小型站的目的是为确定客运设备规模、数量及其有关尺寸用。

8.4.4 车站图型与下列因素有密切关系:运行模式、车站性质、运营需要、动车段(所)、客车整备所的配置以及地形条件等。车站图型应在满足运营要求前提下结合具体情况确定。

当靠正线设置站台时,如果本线或跨线列车在正线停靠站台,会影响后续追踪列车的通过,影响通过能力;另外由于列车风的影响,需加大站台上的旅客安全距离,并需设安全防护栅栏。故有列车通过的正线两侧原则上不宜设置站台。始发站由于没有或很少有列车不停站通过,故站台可以设在正线两侧。

越行站由于只办理速度较快的列车越行速度较慢的列车,而不办理旅客乘降作业,故只需设 2 条待避用的到发线,宜采用说明图 8.4.4—1。

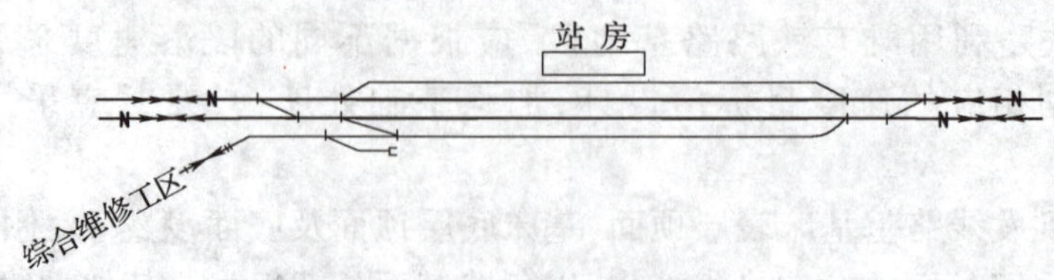

说明图8.4.4—1 越行站图型

中间站宜采用说明图8.4.4—2,如客运量较大而且某个方向需办理2列停站待避列车时,可增加1条到发线,如说明图中虚线位置。

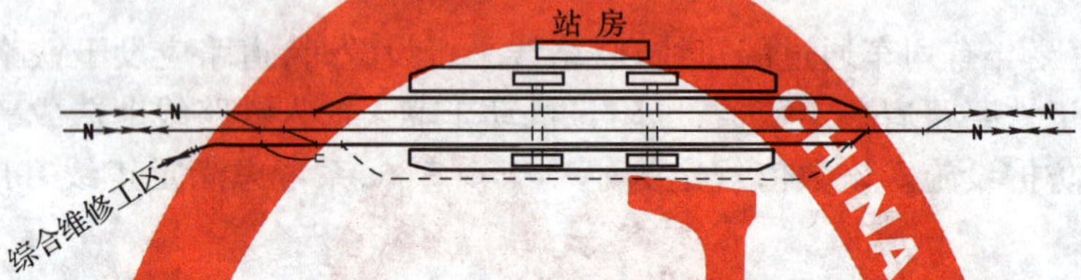

站 房
综合维修工区

说明图8.4.4—2 中间站图型

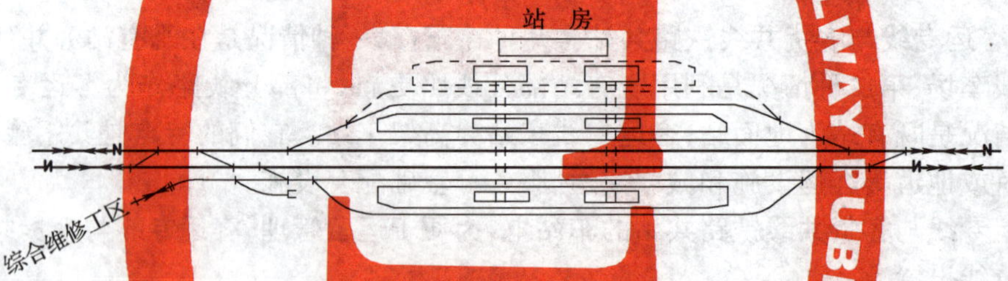

站 房
综合维修工区

说明图8.4.4—3 中间站图型

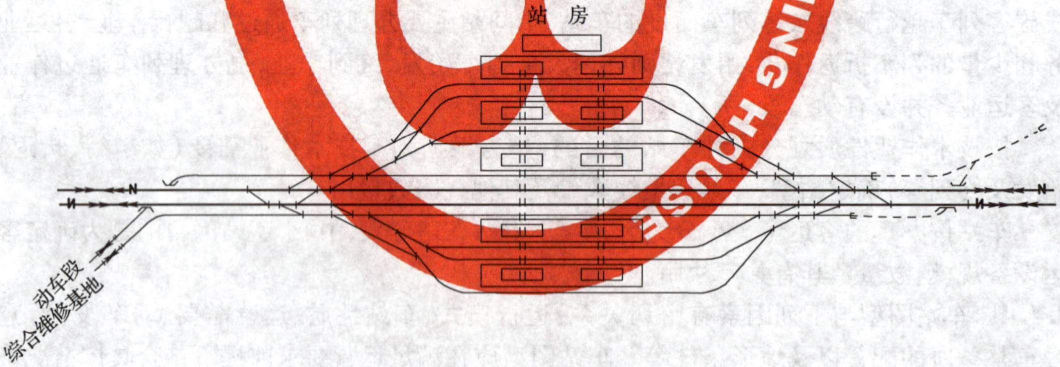

站 房
动车段
综合维修基地

说明图8.4.4—4 始发站图型

有少量折返作业的中间站宜采用说明图8.4.4—3。说明图中第3条到发线设在站房对侧,表示折返列车上行到达下行折返。折返用的到发线应根据折返列车到达时不切正线为原则。新建始发站宜采用说明图8.4.4—4。此图型适用于较多立即折返或不停站通过列车的车站。与客货共线列车共站的始发站,因受既有条件限制,应根据具体情况确定合理的图型。

8.4.5 一般情况下,客运专线运行的客车均为动车组,考虑到可能有个别客运专线上有非动车组客车运行,参照有关现行铁路标准,有换挂机车作业的车站应设置机待线,宜设置机车走行线;若机车出入段次数少时,也可不设机走线。

8.4.6 车站与动车段(所)之间,由于动车组出入段(所)对车站能力影响较大,尤其是车站咽喉区能力,当始发终到列车较多时,经能力检算,设置(或预留)走行线线路的立交疏解。

8.4.7 旅客列车到发线数量应根据运输组织模式(本线、跨线列车混跑)、客流量和运输性质确定。运输性质系指列车越行、立即折返、始发、终到、有无动车段(所)等。

借鉴国外高速铁路经验并结合国内情况,考虑越行站办理四交会,即上下行都具备本线列车越行跨线列车条件,应设2条到发线;考虑中间站除办理本线列车越行跨线列车和本线列车越行本线一般列车外,还要办理客运业务,故设到发线2~4条,有少量折返作业时其停站时间较长,到发线数量可适当增加。

始发站到发线数量应根据列车种类、作业性质、停站时分和列车对数确定。列车均需停站的站内正线,可全部按到发线计算;如以始发、终到列车为主,仅有少量的列车不停站通过,站内正线可以适当考虑按到发线计算。

关于始发站列车换算对数(对)和到发线数量(条)的关系,按下列因素计算确定:

非高峰时段各种旅客列车占用到发线的时分,始发本线列车为20.5 min,终到本线列车为20.5 min,停站的通过本线列车为14 min,始发跨线列车为25 min,终到跨线列车为30 min,立即折返列车25 min。

到发线利用率一般道为0.55~0.65,平均为0.6,即每天利用10.8 h。

始发、终到本线列车占用到发线时分平均为(20.5+20.5)/2=20.5 min,以该种列车占用到发线时分为基准时分,即系数为1.0。

列车换算对数与到发线数量的对应关系计算:

列车换算对数	到发线条数计算	采用值(条)
70对	2×(70列×20.5 min/列÷60 min)÷10.8 h=2×2.21	5
110对	2×(110列×20.5 min/列÷60 min)÷10.8 h=2×3.48	8
150对	2×(150列×20.5 min/列÷60 min)÷10.8 h=2×4.75	10
190对	2×(190列×20.5 min/列÷60 min)÷10.8 h=2×6.01	12

换算系数α值计算:

始发、终到本线列车(立即折返):扣除动车组出入段平均时分为3.5 min,$\alpha=(25-3.5)/20.5=0.83$,取0.9;

停站的通过本线列车:$\alpha=14/20.5=0.68$,取0.7;

始发、终到跨线列车:$\alpha=[(25+30)/2]/20.5=27.5/20.5=1.34$,取1.4;

停站的通过跨线列车:列车到、发时分比本线列车各加1 min,$\alpha=[(14+14+1+1)/2]/20.5=15/20.5=0.73$,取0.8。

始发站到发线数量可按说明表8.4.7确定。

日本、德国、法国在车站设计中,均考虑了高峰小时列车到发对车站规模的要求。故到发线数量除满足说明表8.4.7的要求外,尚应满足在高峰小时列车密集到发的需要。由于高峰小时客流量相对集中,为避免车站规模过大,高峰小时时段列车密集到发时,列车占用到发线的时分按较小时分考虑。

说明表8.4.7　始发站到发线数量

列车换算对数	到发线数量(条)(正线除外)	列车换算对数	到发线数量(条)(正线除外)
70及以下	5	111~150	8~10
71~110	6~8	151~190	10~12

注:1　表中到发线数量的幅度,可按换算列车对数的多少对应取值。

2　列车对数的换算系数如下:

始发终到本线列车(出入段)为1.0;

始发终到本线列车(立即折返)为0.9;

停站通过本线列车为0.7;

始发终到跨线列车为1.4;

停站通过跨线列车为0.8。

3　以始发、终到列车为主仅有少量不停站列车通过的始发站上的正线,可以适当考虑按到发线使用。

高峰小时列车占用到发线的时分:始发本线列车为12 min,终到本线列车为12 min,停站通过本线列车为11 min,立即折返本线列车24 min。始发跨线列车为17 min,终到跨线列车为15 min,平均为16 min。按上述列车占用到发线的时间标准,可确定高峰小时每条到发线办理的列车对数为2.5对,同时尚应满足运行图铺画的要求。

8.4.8　旅客站房地面高程与站台面高程的关系有下列三种形式:

线平式——站房地面高程与站台面高程相差很小或相同;

线上式——站房地面高程高于站台面高程;

线下式——站房地面高程低于站台面高程。

站房的设计高程应结合地形合理利用其高差,设计成线平式、线上式或线下式等布置形式。采用线上式或线下式布置,应使旅客从广场、站房经由天桥或地道到站台有最小的升降高度。

大城市的客运站,当受城市建筑物或用地的限制时,可结合当地的地形、地质和水文条件,经过对技术上的可能性、工程投资的大小和对城市的影响等比较后,可设计为站房在上层、线路在下层或线路在上层、站房在下层的多层立体式客运站。

8.4.9　旅客站台的设计按下列因素考虑:

(1)旅客站台长度是按列车长度加前后富裕长度确定的。站台长度计算,按动车组16辆编组计,每辆车长度26.0 m,车底长度为416 m,考虑适当的富裕量,确定旅客站台长度为450 m。

(2)站房或小型站的行车室突出部分边缘至站台边缘的距离:对于大型站,为安排较大规模迎送活动并与站房建筑景观相协调,该距离宜采用20~25 m。中型站为满足旅客上下车和一些小型运输工具车调头作业的需要,此距离可选用12~20 m。小型站该距离可适当减少,但不宜小于8 m。该距离系考虑设置检票栅栏和工作人员活动空间以及避免旅客在检票口前拥挤所必需的空间。若设置的旅客地道正对站房处时,该距离不应小于10 m,以系考虑地道边距建筑物的边缘有一定的宽度,满足人员的通行。

旅客站台的宽度 B 由以下几项组成:旅客通道出入口宽度 b_1,通道边墙厚度 b_2,边墙边缘至站台边缘的距离 b_3。

岛式中间站台宽度:

大型站　$b_1 = 5.0 \sim 5.5\ m, b_2 = 0.5\ m, b_3 = 3.0\ m$,

$B = b_1 + 2b_2 + 2b_3 = 12.0 \sim 12.5\ m$

中型站　$b_1 = 4.0 \sim 5.0\ m, b_2 = 0.5\ m, b_3 = 2.5 \sim 3.0\ m$,

$B = b_1 + 2b_2 + 2b_3 = 10.0 \sim 12.0\ m$

小型站　$b_1 = 2.5 \sim 4.0\ m, b_2 = 0.5\ m, b_3 = 2.5\ m$,

$B = b_1 + 2b_2 + 2b_3 = 9.5 \sim 10\ m$

侧式中间站台宽度:

大型站　$b_1 = 5.0\ m, b_2 = 0.5\ m, b_3 = 3.0\ m$,

$B = b_1 + 2b_2 + 2b_3 = 9.0\ m$

中型站　$b_1 = 4.0 \sim 5.0\ m, b_2 = 0.5\ m, b_3 = 2.5 \sim 3.0\ m$,

$B = b_1 + 2b_2 + b_3 = 7.5 \sim 9.0\ m$

小型站　$b_1 = 3.5 \sim 4.0\ m, b_2 = 0.5\ m, b_3 = 2.5\ m$,

$B = b_1 + 2b_2 + b_3 = 7.0 \sim 7.5\ m$

注:基本站台上旅客通道的出入口设在站房范围以外地段时,该处基本站台宽度除需满足其邻线旅客乘降外,还需满足中间站台旅客经由基本站台进、出站的需要。根据客流量的大小,其宽度不应小于侧式中间站台宽度。当旅客通道的出入口设于基本站台站房范围以内时,站房范围以外的宽度根据客流量可适当减少。

(3)为便于旅客上下,站台面宜低于车厢底板 2 ~5 cm,系按与既有铁路标准一致考虑,结合目前正在进行的北京站、北京西站站台改造实践,取值 1.25 m。

站台结构:站台高度 1.25 m 的站台墙宜采用现浇或预制钢筋混凝土站台墙。当站台下无人员通行时,采用说明图 8.3.2—2 形式;当站台下有人员通行时,采用说明图 8.4.9 形式。

(4)要求列车应停靠在直线站台上,以保证旅客上下车的安全。

8.4.10 旅客进出站通道的设置应符合下列要求:

(1)旅客进出站通道的宽度应根据客流密度确定,旅客进出站的组织应避免在通道内存有对流现象。通道的宽度主要取决于一次下车或同时进站的旅客最大人数。大型站进站和出站通道应分别设置。聚集人数在 3 000 ~10 000 人及以上的大型客运站,通道的宽度不应小于 8.0 m;当聚集人数在 600 ~3 000 人时,不应小于 6.0 m,聚集人数在 600 人以下的小型站,通道的宽度也不应小于 4.0 m。

(2)旅客进出站通道通向各站台均宜设双侧出入口以方便旅客出入。通道的出入口因位置或其他原因,两个出入口的客流量并非对等,一般按 1/3 或 2/3 向两个出入口分流。表 8.4.10 内双侧出入口最小宽度系按通道宽度的 2/3 确定。客流量较大时,基本站台和岛式中间站台的双侧出入口宽度可适当增大,但侧式中间站台仅邻靠 1 条到发线,故站台的出入口宽度可按最小宽度值确定。

当通道出入口设有升降电梯时,通道出入口的宽度的确定尚应满足设置升降电梯的宽度要求。

8.4.11 站台上设有旅客进出站通道和其他房屋时,站台边缘至建筑物边缘的距离应保证工作人员作业和站台上旅客的安全,故在大型客运站上,此宽度不应小于 3 m;中小型车站,此宽度不应小于 2.5 m。其他在既有线改造时,车站因受现状条件限制,加宽站台将增加很大工程费用时,站台上的建筑物边缘至站台边缘的距离其中一侧可减少,但不得小于《标准轨距铁路建筑限界》中规定的为保证站台上旅客安全的最小距离 2.0 m。

8.4.13 动车段(所)内的布置有横列式和纵列式两种布置形式。纵列式布置时列车在段内无需折返走行,列车出、入检修线与列车从到发停留线至车站间的接发交叉少,故作业量大时应优先采用,作业量较小或受地形条件限制时也可采用横列式布置。

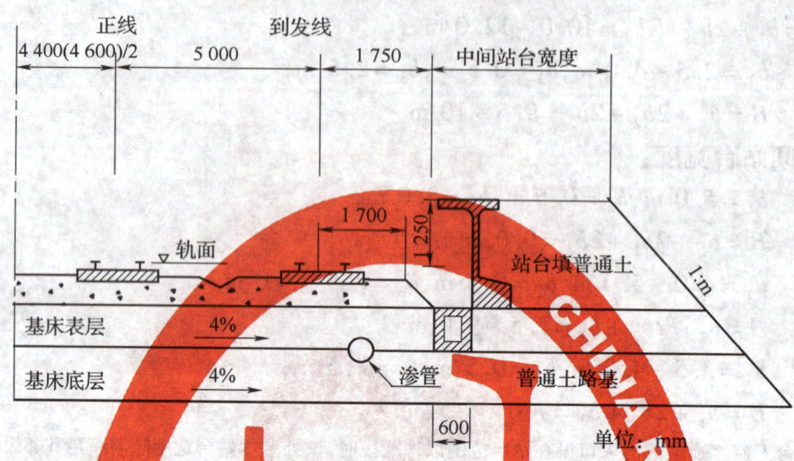

说明图 8.4.9　站台下有人通行的站台墙和排水沟形式图

当采用横列式布置时,为了便于动车组转场,应设一条牵出线,其有效长度不应小于 450 m。但当段外走行线能满足牵出作业要求时,可不设牵出线。

8.5.1、8.5.2 由于车站到发线列车进行速度较高,且到发线和岔区均一次设计为无缝线路,因此规定到发线的轨道标准与正线轨道标准一致,采用 60 kg/m 新钢轨。站内使用钢筋混凝土宽枕虽不便于道砟的捣固清筛作业,但具有便于清扫、保持站内整洁、美观、改善劳动条件、作业安全等特点,故车站在站台长度范围应考虑采用。对于大型车站,当车站路基条件较好时,为保持站内整洁、美观,大大减少维修养护工作,可采用无砟轨道结构。为了加强轨道的稳定性,保证线路良好状态,减少养护维修工作,规定混凝土枕采用 1 667 根/km 及混凝土宽枕采用 1 760 根/km。

为使钢筋混凝土宽枕轨道的道床具有一定的密实性和均匀性,同时有良好的排水性能以及在列车振动下不易被粉化,站线上的混凝土宽枕轨道的道床应采用一级碎石道砟道床加面砟带组成。

其他站线系指动车段(所)到发停留线、出入综合维修基地(工区)及大型养路机械基地的走行线、牵出线,这些线路因不通行正规列车,只作车辆(或动车组)走行、停留、调车之用,轨道承受的列车动荷载更低,规定与现行铁路线路设计规范相同。

8.5.3 正线与到发线、到发线与到发线连接的道岔号数选择,主要考虑到发线有效长度为 700 m 的条件下,列车在进站信号机前实施制动,在到发线的出发信号机前停车,并应尽快腾空正线以提高其通过能力。道岔侧向允许通过速度应与之相匹配,同时还考虑尽量提高旅客乘坐舒适度。根据有关研究,应采用侧向允许通过速度为 80 km/h 的道岔。

8.5.4 两对向布置的单开道岔之间需插入钢轨长度的基本理论是:车辆通过前一组道岔导曲线所产生的振动,在到达后一组道岔导曲线前消失而不与后一组道岔导曲线所产生的振动叠加。根据这一基本理论,道岔间直线插入段长度的计算公式为

$$L \geqslant v \times n \times t / 3.6$$

式中　L——插入直线段长度(m);

　　v——道岔侧向允许通过速度(m/s);

n——车辆振动衰减系数；

t——车辆振动周期。

n 及 t 值与车辆走行部分的结构和动力特性有关。在列车车体尚未确定之前，可暂参考国外统计数字。

说明表8.5.4给出了几个主要国家高速铁路线路的曲线间直线插入段长度计算式。

从说明表8.5.4可以看出，各国无论是新建客运专线还是客货混运型(含既有铁路改建)，客运专线铁路曲线间直接插入段(均不含缓和曲线长度)最小长度均在$(0.4\sim0.6)v$之间。故此，客运专线站内正线上的道岔间直线插入段最小长度暂按下式确定：

$$L \geqslant 0.6v$$

式中 v——侧向允许通过速度(km/h)。

说明表8.5.4 曲线间直线插入段长度计算式表

国 别	v(km/h)	L_{min}(m)	国 别	v(km/h)	L_{min}(m)
日 本	250	$L \geqslant 0.4v(L_{min}=100)$	德国	≤200	$L \geqslant 0.4v$
法 国	300	$L \geqslant 0.5v(L_{min}=150)$		>200	$L \geqslant 0.6v$
			英 国	200	$L \geqslant 0.5v$
波 兰	250	$L \geqslant 0.42v(L_{min}=105)$	UIC		$L \geqslant 0.5v$

注：波、德、英国为客货混运型，UIC指国际铁路联盟。

结合道岔使用规定，站内正线上道岔间插入直线段长度如下：

1/18 与 1/18 时 $L=0.6\times80=48$ m

在设计时考虑采用标准轨，故取50 m。

当受站坪长度限制时，可采用国外统计数字下限值，正线上插入直线段长度不小于$0.4v$；插入直线段长度如下：

1/18 与 1/18 时 $L=0.4\times80=32$ m

考虑采用标准轨，即一根25m标准轨和一根8 m短轨，故取33 m。

参考日本新干线车站两对向布置的道岔无列车同时通过两侧线时插入直线段长度为20 m情况，本条规定两对向布置的道岔无列车同时通过两侧线和道岔顺向布置时，插入段钢轨长度采用一节标准轨长度为25 m。

由于咽喉区一次设计为无缝线路，因温度的变化道岔会产生附加应力，为保证岔区的稳定，插入短轨长度应满足无缝线路应力检算要求的规定。

8.5.5 道岔是客运专线铁路运输的薄弱环节，维修养护比较复杂。由于桥台上没有填土，台后虽设有过渡段，但两者的弹性差别很大，所以道岔不应设在桥台与路基的连接处。路基与桥台连接处的过渡段，根据桥台路基高度不同，过渡段长度在10～25 m之间，如道岔设于过渡段上，所处基础不一样，沉降和刚度不一致，不利于道岔保持良好状态，增加养护维修，减少道岔使用寿命。

德国规定，桥梁结构的活动部分以上不能安装道岔；桥梁结构的活动部分和道岔的起始部分的最小间距应满足以下条件：

(1)40 m＜桥梁长度≤60 m时最小长度10 m；

(2)60 m＜桥梁长度≤90 m时最小长度20 m；

(3)桥梁长度≥90 m时最小长度30 m。

法国的规定为:

(1)道岔不应设在连续的坡道上,不宜设于桥隧结构上或部分在桥隧结构,部分在路基上。

(2)道岔距建筑物(长度 L)的最小距离:

$L<30$ m 时最小距离≥20 m;

30 m $<L\leqslant 90$ m 时最小距离 50 m;

$L\leqslant 90$ m 时最小距离(位于伸缩器相反的方向)50 m;

其他视具体情况研究确定。

参考上述两国的规定,确定道岔不应设置在路堤与桥台连接处。道岔两端距桥台尾的边缘的距离不应小于 50 m。

中华人民共和国行业标准

铁建设〔2005〕140号

新建时速200~250公里客运专线铁路设计暂行规定(下)

2005—08—10 发布 2005—08—10 实施

中华人民共和国铁道部 发布

前 言

本暂行规定是根据铁道部建设管理司的安排进行编制的。

本暂行规定在编制过程中，认真总结了秦沈客运专线工程建设的实践经验，借鉴了国内外有关标准的规定。

工程技术人员必须按照“以人为本、服务运输、强本简末、系统优化、着眼发展”的铁路建设理念，结合工程具体情况，因地制宜，充分发挥主观能动性，积极采用安全、可靠、先进、成熟、经济、适用的新技术，不能照搬照套标准。勘察、设计单位执行（或采用）单项或局部标准，并不免除设计单位及设计人员对整体工程和系统功能质量问题应承担的法律责任。

本暂行规定共分13章，其内容包括：总则、术语、行车组织、电气化、电力、通信、信号、信息、动车组运用检修设备、给水排水、综合检测和综合维修、防灾安全监控、环境保护。

在执行本暂行规定过程中，希望各单位结合工作实践，认真总结经验，积累资料。如发现需修改和补充之处，请及时将意见及有关资料寄交铁道第四勘察设计院（湖北省武汉市武昌区和平大道745号，邮政编码：430063），并抄送铁道部建设管理司（北京市复兴路10号，邮政编码：100844），供今后修订时参考。

本暂行规定由铁道部建设管理司负责解释。

本暂行规定技术总负责人：客运专线总设计师　何华武；
客运专线副总设计师　耿志修；
客运专线副总设计师　郑　健。

本暂行规定主编单位：铁道第四勘察设计院。

本暂行规定主要起草人：王玉泽、黄小钢、张琨、苏梅、戚广枫、石先明、黄信基、赵庆青、张健、黄足平、孙立金、孙建明、刘子文、孙峰、张敏慧、田军、邹红、陈萍、李伟、龚平、张华志、李丽雅、张育明。

本暂行规定主要会审人员：朱明瑞、安国栋、孟凡林、赵海宽、詹子宁、王祖峰、崔艳。

目　次

1 总 则

1.0.1 为统一新建客运专线铁路工程设计技术标准,使客运专线铁路工程设计符合安全适用、技术先进、经济合理的要求,制定本暂行规定。

1.0.2 本暂行规定适用于新建时速 200 ~ 250 km 客运专线铁路设计。本暂行规定中除特别指明为无砟轨道标准外,其他规定仅适用于有砟轨道标准,未包括内容应参照国内外先进标准另行研究确定。

1.0.3 本暂行规定为推荐性标准,是一般情况下必须满足的基本要求和必须遵守的共性要求。涉及结构安全和系统功能的技术指标应慎用最低标准。

1.0.4 客运专线铁路应采用本线旅客列车和跨线旅客列车混合运行的运输组织模式,跨线旅客列车运行速度不应小于 160 km/h。

1.0.5 设计年度宜分为近、远两期。近期为交付运营后第十年;远期为交付运营后第二十年。

对铁路线下基础设施和不易改、扩建的建筑物和设备,应按远期运量和运输性质设计,并适应长远发展要求

对易改、扩建的建筑物和设备,可按近期运量和运输性质设计,并预留远期发展条件。

动车组的配置数量及变压器的安装容量等可随运输需求变化而增减的运营设备,可按交付运营后第五年运量进行设计。

1.0.6 全线应按一次建成双线铁路设计。

下列技术标准应根据旅客列车设计行车速度、沿线地形地质条件、输送能力和用户需求等,经技术经济比选后确定:

——最小曲线半径;

——最大坡度;

——到发线有效长度;

——牵引种类;

——动车组(机车)类型;

——列车运行控制方式;

——行车指挥方式;

——追踪列车最小间隔时分。

1.0.7 荷载应采用 ZK 活载。

1.0.8 建筑接近限界的基本尺寸及轮廓应符合图 1.0.8 的规定。

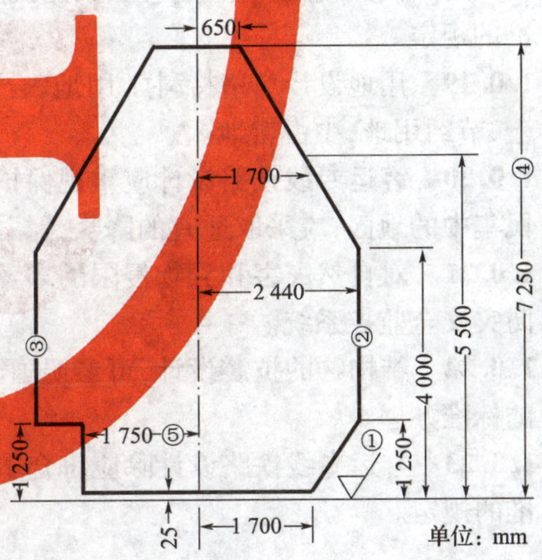

①轨面高程

②区间及站内正线(无站台)建筑限界

③有站台时建筑限界

④轨面以上最大高度

⑤站内侧线股道中心至站台边缘的宽度

图 1.0.8 建筑接近限界基本尺寸及轮廓

注:1 曲线地段限界加宽见本暂行规定(上)附录 A;

2 本图亦适用于桥梁、隧道。

1.0.9 客运专线铁路应充分考虑设备的兼容性,为跨线列车运行创造条件。

1.0.10 正线应按双线双方向设计。

1.0.11 车站位置应根据沿线城市的社会经济、客运量、运输组织、通过能力和技术作业需要,结合工程条件等综合研究确定。车站的布局和规模应根据有关技术政策规定、运输组织特点,结合城市规划、工程条件等统筹考虑。

1.0.12 客运专线铁路选线设计宜避免高填、深挖和长路堑等路基工程,并绕避不良地质条件的地段。对受洪水影响大或河流冲刷严重的地段,或降雨量大、降雨强度高、降雨历时长的区域,宜予以绕避。无法绕避时,应采用桥涵通过或选用其他适宜的工程处理措施。

1.0.13 路基、桥涵、隧道和轨道等各类结构物的设计,应满足强度、刚度、稳定性、耐久性等要求,并加强各结构物间的协调和统一,使车、线、桥(或路基、隧道)的组合具有良好的动力特性,严格控制结构物的变形及工后沉降。

1.0.14 正线应按全封闭、全立交设计。

1.0.15 跨线旅客列车联络线的设计速度,应根据联络线的性质、联络线所在位置及所经地区的地形、地质、水文条件等,经综合技术经济比选确定。

跨线旅客列车联络线的设计标准,应按相应速度标准的设计规范或规定执行。

1.0.16 动车组走行线的设计速度,应根据走行线的长度、所经地区的地形、地质、水文条件等综合研究确定。其设计标准应按相应速度标准的设计规范或规定执行,并满足铺设无缝线路的有关技术要求。

1.0.17 客货共线铁路应在与客运专线铁路的接轨入口处安装货车装载视频监视系统、超偏载检测装置和货车“5T”系统。

1.0.18 铁路线路安全保护区、铁路线路安全保护标志及警示标志的设置,应符合相关标准的规定。

1.0.19 用地设计应坚持科学用地、合理用地,在满足运输生产和安全防护要求的基础上,节约用地,少占耕地。

1.0.20 客运专线铁路设计应重视保护生态环境、自然景观和人文景观。通过城市或居民集中的地区,应采取适宜的降噪减振措施,满足国家环境保护标准和要求。

1.0.21 对自然灾害和异物侵限的多发地段、突发事故及火灾易发设施等,应设置相应的防灾安全监控系统。

1.0.22 结构物的抗震设计,可参照国家现行《铁路工程抗震设计规范》中Ⅰ级铁路干线的标准办理。

1.0.23 客运专线铁路设计除应符合本暂行规定外,尚应符合国家现行的有关强制性标准的规定。

2 术　　语

2.0.1　本线旅客列车

在本线上始发和终到的动车组。

2.0.2　跨线旅客列车

经由本线，但不在本线始发或终到的旅客列车。

2.0.3　动车组

具有牵引动力、固定编组、在日常运用维修中不分解的旅客列车。

2.0.4　动车段(所)

动车组的运用检修基地。

2.0.5　动车组走行线

连接车站与动车段(所)，专门用于动车组走行的线路。

3 行 车 组 织

3.1 运输组织模式和列车开行原则

3.1.1 客运专线除开行本线旅客列车外,还应适当组织跨线旅客列车运行,减少旅客换乘。

3.1.2 列车开行方案应以大站间 O-D 交流量为依据、按流、车对应原则组织列车开行。

3.2 区间通过能力与输送能力

3.2.1 设计中编制的列车运行图应满足下列规定:

1 各种追踪列车间隔时间应根据列车牵引制动性能、列车控制方式和车站到发线数量 、道岔配置等情况计算确定;

2 列车区间运行时间应采用牵引计算结果,并以 15 s 为单位;

3 列车起停车附加时间应采用牵引计算结果,但起车附加时分不应大于 2.0 min,停车附加时分不应大于 1.0 min;

4 综合维修天窗时间不应少于 4 h。

3.2.2 区间通过能力应按客运区段计算,并以最高速度的列车对(列)数表示。采用图解法或分析计算法对以下通过能力进行计算:

1 客运专线平行运行图的区间通过能力;

2 最高速度列车区间通过能力及高峰时段区间通过能力;

3 不同速度等级列车共线运行的区间通过能力。

3.2.3 线路输送能力应按列车编组及定员分别计算不同各类列车的年输送能力,计算本线旅客列车运行和不同速度等级列车共线运行的线路输送能力。定员可参考以下数据取值:

1 长编组定员可按 1 200 人/列;

2 短编组定员按 600 人/列;

3 160 km/h 及以上跨线旅客列车可按长编组列车计算。

3.3 车站通过能力

3.3.1 车站通过能力计算可采用图解法或利用率分析计算法。

3.2.2 车站通过能力应按日间能力和高峰时段能力分别计算。

4 电 气 化

4.1 牵引供电

4.1.1 牵引供电系统设计应保证其独立性和完整性；在确保客运专线供电的前提下，有条件时可兼顾枢纽、地区相邻线的供电。

4.1.2 牵引变电所应采用两回独立进线，并互为热备用，进线电源宜采用220 kV。

4.1.3 接触网的标称电压应为25 kV，长期最高电压应为27.5 kV，短时（5 min）最高电压应为29 kV，设计最低电压应为20 kV。

4.1.4 牵引网供电方式结合外部电源条件经技术经济比较后，可采用带回流线的直接供电方式或自耦变压器供电方式；对于枢纽地区跨线列车联络线、动车组走行线和动车段（所、场）等，应优先采用带回流线的直接供电方式。

4.1.5 牵引变电所的分布应按满足远期行车要求一次布置。

4.1.6 动车段（所）应采用两回电源供电，其中动车段至少应有一回独立电源，动车所宜有一回为独立电源。

4.1.7 牵引变压器宜采用单相结线。

4.1.8 牵引变压器应采用固定备用方式；正常工作时一台运行，另一台备用。变压器的安装容量按交付运营后第五年运量确定，并按远期运量预留条件，其过负荷能力应满足高峰小时牵引负荷的需要。

4.1.9 接触网应采用同相单边供电，上、下行应具备并联供电条件。

4.1.10 牵引变电所一次侧平均功率因数应按0.9设计。

4.2 牵引变电所

4.2.1 牵引变电所进线侧可采用线路变压器组接线方式或分支接线，馈线侧母线宜采用单母线分段，馈线接线方式应能满足上、下行分别供电和并联供电的要求。

4.2.2 主要设备选型应遵循可靠、标准、少维护或免维护、经济的原则。在用地困难情况下，经技术经济比较，牵引变电所高压电气设备可采用气体绝缘组合电器（GIS）或空气开关柜（AIS）。

4.2.3 牵引变电所的电气设备接地宜采用集中接地，并设置集中接地箱。腐蚀性土壤条件下，可采用铜或其他防腐性能好的材质。

4.2.4 牵引变电所、开闭所、分区所、自耦变压器所应采用综合自动化系统和视频安全监控系统。

4.2.5 牵引变电所、开闭所、分区所、自耦变压器所应按无人值班设计。

4.3 牵引供电调度

4.3.1 高度管理模式应为在综合调度中心内牵引供电调度系统作为综合调度系统的子系统,负责牵引供电系统的运行调度和管理工作。

综合调度中心牵引供电调度台宜与行车调度台的设置相对应。

4.3.2 调度系统的选配功能应包括:

事故追忆;自动控制;智能决策;调度事务自动化管理。

4.4 接 触 网

4.4.1 相关气象条件

1 接触网设计的温度、覆冰厚度等气象条件,应根据最近记录年限不低于25年的沿线气象资料计算,并结合既有电气化铁路或高压架空线路的运行经验综合确定。对于客运专线,接触网系统正常工作时的最高工作温度宜取+80 ℃。

2 接触网设计风速分结构风速和基本风速。基本风速按《建筑结构荷载规范》(GB 50009—2001)或有关专业确定的正常行车风速确定。接触网结构设计风速的选取与计算应满足《建筑结构荷载规范》(GB 50009—2001)的规定,并保证接触网主要构件在此风速下不被破坏。

3 污秽等级的选用、划分应考虑地理环境和结合具体工作条件的特点。无确切资料依据的,按重污区考虑,25 kV绝缘子漏泄距离大于等于1 200 mm。

4.4.2 接触网与受电弓之间的动态接触压力应大于0,最大值根据平均接触压力和标准偏差,按照以下公式计算:

平均接触压力 $F_m \leqslant 0.000\,97 \times v^2 + 70$(N)

标准偏差 $\sigma \leqslant 0.3 \times F_m$(N)

最大值 $F_{max} = F_m + 3 \times \sigma$(N)

式中 v——最大行车速度(km/h)。

燃弧率应小于1%。

多弓时应仿真评价每个受电弓的情况。

4.4.3 接触网系统应符合下列规定:

1 接触网波动传播速度不应小于线路最大运行速度的1.43倍。

2 接触网宜采用全补偿简单链形悬挂。接触线、承力索应采用铜合金材质。

3 接触线允许工作应力不应超过其最小拉断应力的65%,并考虑接触线允许工作温度、接触线最大磨耗、风和冰载、补偿装置精度和效率等因素引起的折减系数。

4 车站、区间接触网高度宜一致;接触线最低高度不宜小于5 300 mm,困难时为5 200 mm。

5 除锚段关节外,正线接触线工作支最大坡度变化不得大于1‰,变坡点区域不得大于0.5‰。

6 接触网最短吊弦不宜小于600 mm,困难情况下不宜小于500 mm,困难地段的跨线建筑物不宜小于300 mm。结构高度不宜小于1 400 mm,隧道不宜小于1 100 mm。

4.4.4 接触网安装设计及主要设备选型应符合下列规定:

1 受电弓在最大抬升及摆动时,接触网任何设备均不得侵入受电弓动态包络线。受电弓左右摆动量按直线段应大于等于 250 mm 、曲线段应大于等于 350 mm,受电弓动态最大抬升量宜为 200 mm。

悬挂点处抬升量不采用限位定位器时,应按照不小于 2 倍的最大抬升量进行安全校验;采用限位定位器时,应按照不小于 1.5 倍的计算或仿真最大抬升量进行安全校验。

2 对于宽 1 950 mm 的标准受电弓,在距受电弓中心 600 ~ 1 050 mm 的平面和受电弓动态抬升 200 mm 高度构成的立体空间区域为始触区范围,在该区域内不得安装除吊弦线夹外的其他线夹或设备零件。

3 正线中间柱宜采用平腕臂安装形式;正线定位器宜采用铝合金定位器;吊弦宜采用铜合金整体吊弦。

4.4.5 平面布置应符合下列规定:

1 正线接触线在最大风时对受电弓中心的偏移不宜大于 400 mm。一般情况下,接触网最大跨距不应大于 65 m,最小跨距不宜小于 40 m。相邻跨距之差不宜大于 10 m。

2 正线区段接触网锚段长度不宜大于 2 × 700 m。

3 接触网电分段的设置应满足双向行车要求。在变电所、分区所出口附近设置接触网电分相装置;当主变压器采用单相变压器时,变电所出口接触网预留电分相的中性段应设联络开关与两侧馈线或接触网相连。

4 锚段关节宜采用四跨或五跨形式。

5 电分相宜采用带中性区的锚段关节方式,中性区长度应综合考虑受电弓的数量、间距及运用方式等因素。

6 接触网道岔布置宜采用交叉式布置,有条件时可采用带辅助悬挂的无交叉式线岔布置方式。

7 正线定位器应始终设计处于受拉状态,其拉力不宜小于 80 N。

4.4.6 支柱及基础

1 区间宜采用单腕臂柱形式,车站及多股道并行区段宜采用硬横跨结构。

2 支柱基础宜采用法兰连接型基础。拉线均采用柱式基础。

4.4.7 接触网接地宜纳入综合接地系统。

4.5 电磁干扰防护

4.5.1 电力牵引对通信设施、油气管道的危险影响计算方法及容许值,油库、液化气库等易燃易爆品库与客运专线的安全距离应符合现行国家及行业有关规定。

4.5.2 电力牵引对电视差转台、调幅广播收音台、短波、超短波收信台、机场导航台、定向台、对空情报雷达站、短波无线电测向台等无线电台站的防护要求,应符合国家及行业现行有关规定,但首先应满足防护率或干扰电压限值等电气指标,根据防护率或干扰电压限值及 250 km/h 速度时电磁辐射强度推算出防护距离。

4.5.3 在分析、计算客运专线电磁影响时,应考虑高架桥梁、城市环境等屏蔽效果;选用防护措施时,必须保证客运专线的绝对安全。

4.5.4 选择客运专线具体线路方案时,遇重要无线台站及国防设施时,必须满足防护距离要求;对一般的台站,经经济技术比较后无法绕避时,可采取整体或部分搬迁、改进接收天线、提高接收信号能力等技术措施。

5 电 力

5.1 一般规定

5.1.1 电力设计应保证客运专线供电的可靠性。运营管理允许时,客运专线与相邻线电力设施可共用。

5.2 负荷等级及供电原则

5.2.1 铁路电力负荷应根据对供电可靠性的要求及中断供电在政治、经济上所造成损失或影响的程度分为一、二、三级,其中:

1 一级负荷主要包括与行车密切相关的通信、信号、综合调度及实时信息化系统;电力及电气化各所用电;道岔处接触网上的远动开关操作电源;隧道内的应急照明、防灾报警、通风及排烟等安全设备;车站及有关建筑的应急照明和特大型站房公共区照明;防灾报警。

2 二级负荷主要包括通信、信号设备配置的专用空调;动车段(运用所)、综合维修段(工区)、检测中心、大机段、大型给排水设施等设备;中间站公共区照明。

5.2.2 一级负荷应有两路独立电源供电;二级负荷宜由两路高压电源供电;三级负荷采用一路电源供电。

5.2.3 特大型客运车站应确保第三路电源。

5.3 变、配电所

5.3.1 变、配电所电源为一级负荷供电的变、配电所,应有两路独立电源受电,其中一路应为专盘专线,另一路宜为专盘专线。

5.3.2 电气主接线应根据负荷及电源情况采用简单可靠的接线。

向区间 10 kV 贯通线路供电的变、配电所应设有载调压器,调压器二次侧宜采用不接地运行方式或消弧线圈接地方式。

5.3.3 所用直流电源装置蓄电池组的容量,应满足下列要求:

1 全所事故停电 2 h(无人值班 4 h)的放电容量;

2 事故放电末期最大的冲击负荷容量;

3 应满足分闸、信号及继电保护要求。

5.3.4 变、配电所应按无人值班设计,其继电保护和自动装置应采用微机综合自动化及视频监控装置,实现全所电气设备监视、控制、保护、测量,并提供电力远动接口。10 ~ 35 kV变、配电所控制保护设备可采用就地分散布置。

5.4 电力线路

5.4.1 高、低压电力电缆应采用铜芯电缆。
5.4.2 架空电力线路穿过树木较多地带,宜采用架空绝缘线路。

5.5 隧道照明照度标准

5.5.1 隧道内固定照明在轨面上的平均照度为 5 lx,应急照明在轨面上的最低照度为 0.5 lx。

5.6 电力远动及设备监控系统

5.6.1 电力远动系统属综合调度系统的独立子系统,宜由电力远动调度台、主站、远动终端及其通信网络组成。远动终端设备用房宜与信号楼、通信信号中继站合建。
5.6.2 电力远动系统的数据传输通道应采用专用的光纤通信数据通道,并应将专用数据通道引至电力远动系统监控主站和远动终端。
5.6.3 各站、段(所)、长大隧道、综合调度中心等大型建筑物应设机电设备监控系统,其监控对象包括:空调通风、给排水、电梯、变配电设备、电气照明等系统。隧道设备的监控宜按工务部门要求设在综合维修段或相邻车站综合维修工区,各站、段(所)设备控制中心可结合车站、段(所)局域网统一考虑。

6 通 信

6.1 一般规定

6.1.1 通信网应为运输指挥和经营管理提供稳定、可靠、畅通的通信手段，提供语音、数据和图像等综合业务，满足高速、宽带业务的需要。

6.1.2 通信网设计应符合铁路通信网统一规划，与既有网络连接，合理利用既有资源。

6.1.3 根据运营维护管理需要，普通电话业务宜利用既有铁路电话交换网或公众交换网。

6.1.4 列车内的旅客个人通信宜利用公众移动通信网解决。

6.1.5 通信网应为信息系统提供公共基础通信平台。

6.2 传输系统

6.2.1 传输网应采用层次化结构，一般由骨干网和接入网组成。传输系统应采用光纤同步数字传输制式。

6.2.2 传输系统应能利用不同的物理径路构成保护。

6.2.3 接入网宜采用多业务传输平台，用户接入采用以光纤接入为主的多种接入方式。

6.3 数据通信

6.3.1 数据通信网设计应满足各种应用信息系统数据承载业务的交换和传输需求。

6.3.2 数据通信网应采用骨干/接入层次化网络结构，关键设备应冗余配置，并采取有效的网络保护手段增强网络可靠性。

6.3.3 数据通信网的设计应采用TCP/IP网络协议。

6.4 专用通信

6.4.1 专用通信由GSM－R数字移动通信系统及固定用户接入系统组成。

6.4.2 专用通信系统应提供调度电话、站场电话、站间行车电话以及其他专用电话业务。GSM－R系统还应为运输生产提供移动数据承载业务和数据终端业务。

6.4.3 GSM－R系统设计应符合全路GSM－R网络规划和《铁路GSM－R数字移动通信工程设计暂行规定》。

6.4.4 GSM－R固定用户接入系统设计应符合《GSM－R固定用户接入系统技术条件》要求。车站与调度所交换设备间应具有可靠的迂回保护传输通道。

6.4.5 根据运输需要，专用通信系统应设置计划、列车、牵引供电等调度电话终端，车站值班员电话等站场通信业务固定终端,机车综合无线通信设备、手持机等移动终端,以及其他专用通信业务终端。

6.4.6　工程设计应进行电磁环境及频率干扰测试评估,GSM - R 系统与相关网络因共用频率资源引起的电磁干扰按信息产业部相关规定处理。

6.4.7　旅客列车应设列车通信系统,包括列车广播、列车电话、列车视讯(电视和监控)和列车综合布线。

6.5　会议电视系统

6.5.1　客运专线应设置会议电视系统,并与既有铁路会议电视系统互连。

6.5.2　会议电视终端宜设置在客运公司、调度中心、车站等生产指挥机构所在处所。

6.6　应急通信

6.6.1　设置应急通信系统、并纳入全路应急通信系统。

6.6.2　应急通信系统应提供事件现场、应急指挥中心的语音、数据、静图、动图等通信业务。

6.6.3　应急通信设备的配置应符合《铁路应急通信技术体制》有关规定。

6.7　支撑网

6.7.1　数字同步系统的同步时钟信号取自既有铁路数字同步网。

6.7.2　通信网管系统应全面管理客运专线通信网络,并能接入上一级网管系统,在调度中心设通信网管复示终端。

6.8　通信线路

6.8.1　客运专线铁路应敷设干线和地区光缆。光缆纤芯数量应满足相关业务需求及预留远期发展需要。

6.8.2　干线光缆应敷设在铁路两侧的预制电缆槽内,地区及站场通信光电缆线路宜敷设在预制的电缆槽内。

6.9　其他

6.9.1　设置电源及环境监测系统。

6.9.2　各通信站、车站以及区间通信机械室的通信设备按一级负荷供电。

6.9.3　各通信站、车站以及区间通信机械室宜采用集中接地方式。

7 信　号

7.1 一般规定

7.1.1 信号系统应适应本线最高运行速度的列车运行，并兼顾跨线列车共线运行以及规定的列车追踪运行间隔时分的要求。

7.1.2 车站进站、出站及区间道岔区应设地面信号机，区间闭塞分区的分界点应设停车标志牌。

7.1.3 采用列车运行控制系统（CTCS），车载信号作为列车运行的凭证。

7.1.4 信号系统应符合相应的安全标准。

7.1.5 区间轨旁设备的安装不得影响大型自动化养路机械设备的作业。

7.1.6 无砟轨道区段的轨道电路设计应符合有关规定。

7.2 行车指挥

7.2.1 行车指挥应采用调度集中系统，并纳入运营调度系统统一规划。调度集中系统可独立组网。

7.2.2 调度集中系统与相邻线路的行车调度指挥系统之间应能交换信息、分界明确。

7.2.3 调度集中系统的主要功能应包括列车进路控制、列车运行监视、车次号追踪及校核、列车运行计划调整、临时限速设置等。

7.2.4 调度集中系统应采用分散自律控制模式，并具有调度中心的自动控制和人工控制功能。

7.2.5 条件具备时，动车段（所）的相关区域可根据需要纳入调度集中系统控制范围。

7.2.6 无人值守站的综合维修终端和电务维护终端宜采用便携终端方式。

7.3 列车运行控制

7.3.1 列控系统地面设备暂按 CTCS2 级或以上等级设计。当按 CTCS3 级设计时，尚应满足 CTCS2 级的技术要求。

列控系统车载设备的 CTCS 等级应与相关线路地面设备的 CTCS 等级相匹配。

列控系统的地面和车载计算机系统应采用硬件安全冗余结构。

7.3.2 列控系统应采用目标距离模式曲线的连续控制方式。

7.3.3 列控系统应具有临时限速功能，限速区段宜采用线路里程设置，也可按闭塞分区为单位划分。车站或信号中断站为临时限速更新点。

7.3.4 列控系统地面与列车之间的信息传输应采用轨道电路和应答器等传输方式。其中轨道电路传输列控系统的连续式信息，应答器传输进路参数、线路参数、限速和列车定位等信息。

各车站设置列控中心;采用 GSM – R 传输时,在适当地点设置无线闭塞中心。

7.3.5 区间应采用无绝缘轨道电路。当道床不能满足轨道电路传输要求时,可采用计轴轨道检查装置等手段实现列车占用检查。车站应设置车站列控中心。

越行站、中间站站内宜采用与区间同制式的有绝缘轨道电路。

7.3.6 当采用轨道电路传输列控信息时,其长度和发码方式应满足车载列控设备可靠接收的要求。列控系统应有防串扰措施。

7.3.7 轨道电路应满足最大牵引电流和最大钢轨纵向不平衡电流的要求。

7.3.8 在 CTCS 等级转换的分界处,地面设备应提供等级转换信息,车载设备应能自动识别和转换。

7.4 站内联锁

7.4.1 车站、区间道岔应采用硬件安全冗余结构的计算机联锁设备,动车段、车场宜采用计算机联锁设备。

区间道岔可纳入邻近车站的联锁系统集中控制,综合工区道岔也可根据需求纳入邻近车站的联锁系统集中控制。

7.4.2 地面信号机的信号显示仅表示允许列车越过该信号机或在该信号机前停车,不区分进路方向,无速度含义。

7.4.3 地面信号机的接近区段长度应保证始端信号关闭后最高运行速度的列车不会在此距离外的区段上产生列车超速防护(ATP)限制信息。

7.4.4 在不影响运输效率的前提下,越行站、中间站宜采用列车进路一次解锁方式。

7.4.5 车站联锁系统应能接受调度集中系统的监控。

7.4.6 无人值守站的联锁设备可不设本地控制台,但应具备现地控制条件。

7.4.7 车站计算机联锁设备可与其他信号系统设备集成为一体化结构,也可单独设置。

7.4.8 大号码道岔应采用三相交流转辙机牵引,并应具备现场操作功能。

7.4.9 大号码道岔应采用外锁闭装置,第一牵引点必须采用不可挤型转辙机。转换设备应装设挤岔报警、缺口报警和密贴检查装置。

7.4.10 北方地区应安装道岔融雪装置。

7.5 检测、监测

7.5.1 主要信号系统设备(含车载设备)应具有自诊断、检测、报警、信息储存、状态再现等功能。

7.5.2 客运专线应采用实现全程连网、可远程监测的信号微机监测系统,对地面信号设备进行集中监测。

7.6 其　他

7.6.1 信号设备应采用智能化电源屏供电。地面计算机设备应统筹配置在线式 UPS 电源系统设备。

7.6.2 关键信号设备机房的专用空调应冗余配置。

7.6.3 室外采用光缆传输信号系统的安全性信息时，应使用两个独立的专用通道，宜采用不同的物理路径，并符合相应的安全标准。

7.6.4 信号设备的接地线可接至接地电阻不大于1 Ω的综合接地网或综合贯通地线，但应满足安全性和设备工作稳定性的要求。

8 信 息

8.1 一 般 规 定

8.1.1 信息化建设应遵循铁路信息化建设的总体规划,统一设计、分步实施。
8.1.2 信息化设计应覆盖运输组织、客运营销、经营管理三个领域。
8.1.3 信息系统应采用集中监控方式,并保证分系统、分站段的独立运行能力。
8.1.4 信息系统设计应遵循安全、可靠、先进、可扩展的设计原则。
8.1.5 信息系统应采取可靠措施,保证信息安全。

8.2 总 体 架 构

8.2.1 信息系统应按照铁道部、客运专线管理机构(公司)、基层站段的分级结构进行设计。
8.2.2 信息系统的网络设计实行网络的逻辑分离,划分为安全生产网、内部服务网、外部服务网。

8.3 运 输 组 织

8.3.1 运输组织领域应包括综合调度系统、基本运行图编制系统。
8.3.2 基本运行图编制系统根据各类基础数据自动铺画运行图并可进行调整、自动生成时刻表并向综合调度、旅客服务、客票等系统提供基础信息。
8.3.3 综合调度系统包括运输计划管理、调度集中、牵引供电及电力调度、动车底调度、防灾安全监控、综合维修调度和旅客服务调度等子系统。
8.3.4 综合调度系统应与信息化其他相关系统联网,实现信息共享。
8.3.5 综合调度系统应具备与相邻线调度指挥系统交换信息的条件,与其他调度指挥系统分界明确,控制范围不重叠。
8.3.6 综合调度系统宜由综合调度中心设备、基层站段设备(车站、段所、工区)及广域网络等设备组成。
8.3.7 调度系统传输通道应采用冗余方式,其中与行车安全直接相关的调度集中、牵引供电和电力供电调度系统应采用不同物理径路专用通道。
8.3.8 综合调度中心设计应符合下列规定:

1 运输指挥部门所在地应设置综合调度中心,结合路网规划预留考虑异地容灾数据备份系统或具有基本调度功能的备用;

2 综合调度中心应设立总调度长台、各类专业调度台,还应设系统维护台等,此外根据运输指挥需要可配置大屏幕投影显示墙或表示盘系统;

3 调度中心局域网按照双网配置。

8.3.9 基层站段设备的设置应符合下列规定：

1 综合调度基层站段设备包括车站(场)调度集中、基层站段安全监控,动车段(所、场)、综合维修段(工区)、综合检测中心等调度系统设备;

2 具备控制功能的系统应采用双网、双服务器结构。

8.4 客运营销

8.4.1 客运营销领域信息化主要包括客票发售与预订、客运服务、客运营销辅助决策等系统。

8.4.2 客运站应设置自动售检票系统,并纳入全路客票发售与预订系统中,实现客票的全路联网销售与调度。

8.4.3 客票发售、预订检票系统应能向客运营销辅助决策系统提供客流统计数据,支持网上售票与列车上移动补票等扩展业务。

8.4.4 公司客运服务系统完成全线车站级系统的监控与管理、全线基础数据的建立与维护、动态信息发布,完成与综合调度系统的业务关联。

8.4.5 车站客运服务系统接受公司系统的基础数据及运行指令,同时根据车站级综合调度系统提供的实时列车运行信息调整运行。

8.4.6 车站客运服务系统应包括电视监控系统、客运广播系统、旅客通告显示系统、车站资讯系统、安全检查设施、计时系统、旅客查询系统、旅客投诉、灾害报警、应急逃生等功能子系统。

8.4.7 车站客运服务系统在大型及以上客运站采用有人值守模式,中小型站采用无人值守模式运行。

8.4.8 根据列车的车辆状况,宜在本线列车上提供公共资讯服务,与车站资讯系统共用公司级平台。

8.4.9 条件具备时,可配置车载移动信息终端,为沿线车站提供在途旅客服务的信息业务。

8.5 经营管理

8.5.1 经营管理领域信息化主要包括企业资源管理、办公自动化、财务管理、决策支持等系统。

8.5.2 内部服务网络采用公司级、站段(包括综合工区)两级结构。

8.5.3 公司基地、调度中心、基层站段、综合工区等处应设置内部服务网络,提供各种应用系统的支撑平台。

8.5.4 公司基地、调度中心、基层站段、综合工区等处应设置办公自动化系统。

8.5.5 公司基地宜设置资源管理信息系统,完成人力资源规划与管理、专业设备基础资料管理、物质储备与调配管理、备品备件配送管理等功能、实现全线资源规划与技术装备标准化。

8.5.6 沿线公安机构应按照铁路公安信息系统的总体规划设计相应的信息系统。

8.5.7　可根据业务需求及全路总体规划设置财务管理、审计管理、统计分析、决策支持系统。

8.6　辅助设施及其他

8.6.1　可根据业务需求及全路总体规划在公司基地设置相应的门户网站与呼叫中心。

8.6.2　在公司基地、调度中心、站房等大型建筑宜设置楼宇智能系统和配套设施,包括综合布线系统、电视监控系统、一卡通管理系统、机电设备监控系统、火灾报警系统、专用机房空调系统等,重点部位应设置周界安全防范设施。

8.6.3　变电所、分区所、开闭所等无人值守部位均应设置门禁系统、火灾报警系统、电视监视及安全防护系统。

8.6.4　沿线无人机房宜设置门禁系统,动力及环境监控系统、电视监视系统。

9 动车组运用检修设备

9.1 一 般 规 定

9.1.1 动车组运用检修设备应按动力分散式电动车组设计。

9.1.2 动车段(所、场)的设置,应按路网规划,近、远期结合,统筹安排,分期实施。总平面布置、检修库及厂房组合应按远期规模一次规划,按近期规模实施;其他建筑物和设备宜按近期规模确定。动车段(所、场)分布应符合下列规定:

1 动车段应设于客运中心所在地;动车运用所(场)应设在有大量始发终到列车的大型客运站所在地;

2 动车段(所、场)位置宜靠近车站,有良好的接轨条件,并应有利于行车及生产管理;

3 动车组出入段(所、场)对车站作业干扰最少,并应适应站型和运输发展的需要,出入段线与正线宜采用立体交叉;

4 动车段(所、场)段址选择宜避开工程地质和水文地质不良的地段,应有良好的自然排水条件。

9.1.3 动车段(所、场)规模应根据列车对数、列车编组、管辖范围内配属动车组、检修周期和检修时间计算确定。

9.1.4 动车组检修修程宜分为一、二、三、四、五级修。动车组检修周期应按配置车型确定。

9.1.5 动车组运用检修设备设置应符合下列基本要求:

1 动车组运用检修设备设置应符合"集中检修、分散存放"的原则,满足动车组"快速检修、安全可靠、高效运营"的检修运营要求。

2 动车段运用检修设施宜按一种系列动车组为主,兼顾不同类型动车组的技术设计要求。检修能力应满足所配属动车组集中检修的需要,做到一次规划,分步实施。

3 动车段应具有动车组管理功能、检查整备功能、检修功能、零配件储备及配送功能、信息管理功能等。

4 动车运用所的设置应根据行车组织和动车组周转方式确定,设置足够的检查、整备、存车设施。

5 动车段(所、场)设计应有完善的消防设施。

6 动车段(所、场)产生的废弃物和噪声应进行综合治理,并符合现行国家和地方有关标准的规定。

9.1.6 动车段(所、场)应按下列工作范围设计:

1 动车段:配属动车组,承担动车组的一至五级修程、临修作业以及运用整备和存放任务。

2 动车运用所:派驻动车组,承担所在客站始发、终到动车组的运用整备、存放和临修作业,及所派驻动车组的一、二级修程。根据需要预留发展条件。

3 动车存车场:承担所在客站始发、终到动车组的存放,根据需要可以设置运用整备设施。

9.1.7 救援设备宜由路网统一安排设置。

9.2 总平面布置及线路配置

9.2.1 总平面布置应符合下列规定:

1 总平面布置应根据生产工艺的需要,满足城镇规划、环保、防火、卫生、通风、采光等方面的要求,结合地形、地质、水文、气象等自然条件,全面、因地制宜布置段内建筑物、线群、道路、管线及绿化设施,并预留发展条件。

2 总平面布置应有利于动车组运用、检修作业流程,工艺顺畅。

3 动车段(所、场)的股道应采用自动化集中控制管理。

9.2.2 动车段(所、场)内线路应根据功能要求划分,分别包括出入段线、走行线、存车(整备)线、卸污线、车体外皮清洗线、轮对踏面诊断线、卸污线、检修(检查)线、临修线、不落轮镟轮线、试验线、牵出线、材料运输线等,并应符合下列规定:

1 存车线数量根据动车组周转图确定,应包括段(所、场)内检查(检修)线数目。

存车线上方应挂接触网,并应设照明设施和消防设施。

存车线有效长应满足车体长加安全距离的要求。

存车线线间距不宜小于4.6 m,具有整备作业的股道线间距不宜小于6.0 m;设有接触网立柱或灯桥柱的存车线线间距不宜小于6.5 m。

2 车体外皮清洗线应满足车体外皮清洗装置的要求。

3 轮对踏面诊断线宜单独设置,不宜兼做走行线。

4 临修线、不落轮镟轮线可采用贯通式或尽头式布置,但不宜兼做走行线。

5 库外卸污线可与具有整备作业能力的存车线合并。

9.2.3 动车段(所、场)内线路宜设在平道上。出入段线的站段分界处宜有一列动车组停车位置。

9.2.4 动车段(所、场)内线路,最小曲线半径不宜小于250 m;长时间停留动车组的曲线,曲线半径不应小于400 m。

9.2.5 动车段(所、场)的存车规模大于10套时,宜设2条进出段线,存车规模小于或等于10套时,可设1条出入段线。

9.2.6 动车段内宜单独设置动车组试验线,应符合下列规定:

1 试验线宜为平直线路,其技术标准应满足列车试验速度的要求;

2 试验线长度应根据车辆性能和技术参数以及试验要求综合确定。

9.3 动车组运用整备设备

9.3.1 动车组运用整备作业内容包含车载信息的采集、转储及处理、上水排水、车体内部清洁、密闭式厕所系统地面接收及处理、车体外皮清洗、车内垃圾收集及转运等。根据需要可进行上砂、润滑油脂补充和餐车物料供给。

9.3.2　动车段以及存车量大于10套的动车运用所应设置车体外皮清洗装置。寒冷地区应设洗车库及烘干设备;南方地区可设洗车棚。应设置洗刷水循环使用系统及循环水净化处理设备。

9.3.3　动车段(所、场)内密闭式厕所系统地面接收设施可采用移动式和固定式两种方式,移动式适用于日排污量较小的存车场。

9.3.4　动车段(所、场)内有整备作业的存车线上宜设动车组外接电源和风源。

9.4　动车组检查检修设备

9.4.1　动车组检查及检修作业内容包括主要部件状态检测、关键部件外观检查、内部检查、功能检查、解体检查及检修等以及各控制系统和网络系统的诊断及检测等。

9.4.2　动车段(所)应设置列车自控设备、电气设备检测装置、轮对踏面诊断装置、不落轮镟轮设备、转向架和轮对更换设备等。

9.4.3　动车段应设置动车组分解、组装、调试设备以及零部件的检修、试验设备等。

9.4.4　动车组检查及检修作业应在库内进行。动车组检查及检修库可分为检查库和检修库,也可合并设置。其中库内检查线负责动车组的检查、测试等作业以及故障件(不含走行大部件)的更换;检修线负责动车组的大部件更换以及组装后动车组的静态调试等作业。

9.4.5　动车组检查及检修宜采用整列入库、定位作业。

9.4.6　动车组检修应采用部件互换修。

9.4.7　检查库、检修库、临修库、不落轮镟轮库、车体外皮清洗库均应设置在平直线上,库前直线段长度不应小于30 m。

9.4.8　厂房组合应以检查库和检修库为主体,其他修配车间为辅进行设计。厂房组合应力求工艺顺畅合理,流程最短。

9.4.9　产生较大震动和噪声的车间宜单独设置。

9.4.10　检查库应符合下列规定:

1　库内股道应采用桥式结构,并设检查地沟。

2　库内股道上方应架设接触网。有车顶作业处,接触网必须装设分段绝缘器、带接地的隔离开关以及与隔离开关联锁的标志灯和作业平台门禁安全锁,应保障作业人员的安全。

3　库内宜设置立体检查作业面。车顶无作业平台一侧应设置防止车顶作业人员跌落的防护设施。

4　两条库线的线间距宜为7.0～9.5 m。库内外侧股道中心距离检查库侧墙轴线宜为4.9～5.0 m。

5　库内可设置动车组上水排水及排污设备。

6　检查库净高应满足作业人员车顶作业的高度要求。

7　底层作业面至库内地坪的纵向运输,宜设置坡度不大于10%的缓坡。

8　检查库库长应满足停放整列动车组进行检查作业的要求。

9　库内主要作业点应设网络系统接口。

10　库内宜设动车组外接电源和独立风源。

9.4.11 检修库应符合下列规定：

1 检修库净高应根据修车工艺、动车组车辆限界、车顶作业需要、起重机结构尺寸等因素确定。库内起重机走行轨顶标高宜为8.4～10.2 m。

2 库内股道应根据修车工艺需要设检查地沟，可设动车组上水排水及排污设备。

3 库线间距宜为8～12 m。库内外侧股道中心距离库侧墙轴线宜为5.0～6.5 m。

4 库内应设有更换转向架或轮对的设备。

5 库内应设动车组外接电源和风源。

6 库内股道上方接触网可设置活动式刚性接触网侧移及控制设备。

9.4.12 转向架检修库应符合下列规定：

1 其规模和检修台位应根据转向架检修任务量、作业方式和检修时间计算确定。

2 库内应设有转向架和轮对等零部件的检修、清洁、探伤、试验和起重运输设备。

3 库内应设有转向架和轮对存放场地，存放数量应根据检修任务量确定。

9.4.13 车体检修库应符合下列规定：

1 车体检修库应包含车体部件的拆解、检修、组装、试验和涂漆。

2 车体检修库规模和尺寸应根据检修任务量、检修工艺和检修时间计算确定。

3 库内布置应根据厂房组合形式，满足工艺流程和检修作业的要求。应设大部件起重运输设备。

4 油漆库应采用先进的喷漆工艺，降低污染。库内设备应按防爆要求设计。

9.4.14 临修库应符合下列规定：

1 临修库负责处理动车组临修故障，主要完成故障转向架或轮对及大部件的更换。应具有处理不同型号动车组应急故障的能力。

2 库内宜有备用转向架及大部件存放位置。

3 临修线上方可设置活动式刚性接触网侧移及控制设备。

4 库内应设起重设备。

9.4.15 不落轮镟轮库应设置不落轮镟轮设备。

9.5 其　　他

9.5.1 动车段(所、场)内应形成以动车组运用检修管理网络系统为核心的控制中心，实现生产作业的实时监控与协调。

9.5.2 动车段(所)应设材料备品贮存设施，并应设材料备品信息管理子系统。

9.5.3 能源中心应符合下列要求：

1 动车段(所、场)内生产、生活、采暖等用气(汽)宜集中供应。

2 动车段(所、场)应设置变电站和配电网，并应集中控制和调度。

9.5.4 动车段(所、场)应设客运服务设施。

9.5.5 动车段(所、场)应配套建设污水处理场和车内垃圾收集贮运站。

10 给 水 排 水

10.1 给 水

10.1.1 旅客列车给水站分布应根据行车组织需要确定。动车段(所)、存车场所在站应设置给水站。

10.1.2 生产用水量应根据有关工艺要求确定。动车段(所)内清洗污物箱用水量可按表10.1.2确定。

表10.1.2 清洗污物箱用水量

卸污方式	用水量(m^3/辆)
真空式	1.5 V
重力式	2.0 V

注:V为污物箱容积(m^3)。

10.1.3 水源设计应符合下列要求:

1 水源宜采用地方自来水,并应根据其水质、水量、水压和供水保证程度设置加压、贮水和水处理设备;

2 利用既有水源且能力不足时应改扩建,供水水质应符合现行国家《生活饮用水卫生标准》(GB 5749)的规定。

10.1.4 旅客列车给水栓设置应符合下列要求:

1 动车段(所)、整备线应设客车给水栓;

2 给水站、整备线客车给水栓的设计流量应根据列车水箱容积和停车及整备时间确定;

3 当与站内正线相邻的到发线需要设置旅客列车给水栓时,必须采取保证上水作业人员和行车安全的措施;

4 客车给水栓及栓井设计应统一标准。

10.1.5 输、配水管道的设计应符合下列要求:

1 给水管道穿越区间线路或站场时宜集中布设,并应设置防护涵洞,其断面尺寸应满足管道检修要求,并与站前工程同步实施;

2 给水管道应采用符合国家有关标准的新型优质管材。

10.2 消 防 给 水

10.2.1 车站、动车段(所)、存车站等应设消防给水设施,并应符合国家现行标准《建筑设计防火规范》(GBJ 16)和《铁路工程设计防火规范》(TB 10063)的有关规定。

10.2.2 动车存车场应设火灾监控系统。

10.3 排 水

10.3.1 卸污点宜设置在动车段(所)内。

10.3.2 排水量应符合下列要求:

1 动车段(所)内卸污系统排水量可按表10.3.2确定;

2 其他生产排水量应根据工艺特点确定。

10.3.3 动车段(所)内应设列车密闭式厕所卸污地面接收设施。

表10.3.2 卸污系统排水量

序号	排水种类		排水量(m^3/辆)
1	卸　污		1.0 V
2	清洗污物箱	真空式	1.5 V
		重力式	2.0 V

注:V为污物箱容积(m^3)。

10.3.4 列车密闭式厕所在库内卸污时宜采用固定卸污方式;在库外卸污时可采用固定或移动卸污方式。采用固定真空卸污方式时,宜配置2辆及以上卸污车。采用重力卸污方式时不应配置卸污车。

10.3.5 当采用固定卸污方式时,卸污管道及卸污设备的设计应符合下列要求:

1 当采用真空式卸污时,真空管道宜布置在工作平台下或股道间,其长度应满足最大编组列车的卸污要求。对整备不同车型的卸污线,应预留抽吸枪的软管长度。

2 真空管道应同时满足相邻两条整备线列车卸污要求,污物箱容积应按满箱计算,污物在管道内的流动速度宜为2.0~2.4 m/s,管道坡度不宜小于0.002。

3 当采用重力卸污方式时,卸污支管、干管管径应计算确定,并不应小于200 mm,管道坡度不宜小于0.005,并应有防淤、清淤措施。

4 卸污设备和卸污线的对应关系应结合卸污条件、场地等因素确定,并宜考虑设备(泵)、管道的备用。

5 每列车组卸污时间宜为20~40 min。

10.3.6 当采用移动卸污方式时,卸污车数量应按同时整备动车组数量及卸污时间计算确定。

10.3.7 上水与卸污作业放置上水与卸污装置的设施,应有相互锁闭的功能。库外卸污场所应有照明和防冻措施。

10.3.8 排水管道穿越铁路正线及到发线时,应设置防护涵洞,并应与站前工程同步实施。

10.3.9 粪便污水应根据站区污水处理条件集中或单独处理。处理后的污水应达到现行国家或地方排放标准的规定。

10.3.10 管材选用应根据管内工作压力、外部荷载、土壤性质、施工维护和卸污条件等综合确定,并宜采用新型管材。

10.3.11 排水系统应采用雨污分流制。污水排放宜利用市政污水处理设施。

10.3.12 车站及动车段(所)产生的污(废)水经处理后宜回用,其水质应符合国家规定的回用水水质标准。

10.4 其　他

10.4.1 给水、排水检修设备应设在综合维修工区或综合维修段内。

10.4.2 车站给水及污水处理系统宜按无人值班设置集中监控系统,并应具备接入客运专线信息系统的条件。

11 综合检测和综合维修

11.1 一般规定

11.1.1 客运专线应贯彻预防性计划维修和状态修相结合的原则,建立固定设施的综合检测和综合维修体系。

11.1.2 综合检测和维修的相关机构宜由综合检测中心、综合维修段及其下属工区、大型养路机械段构成。其布点及规模应结合路网规划统一部署,近、远期结合,分期实施。

11.1.3 综合检测和综合维修体系应设立综合维修调度系统及信息管理系统,负责固定设施维修作业统一调度和信息管理。

11.1.4 综合检测中心、综合维修段及工区、大型养路机械段应科学、合理规划用地,满足环保要求。

11.2 综合检测

11.2.1 综合检测中心承担管内固定设施的综合检测作业,负责对线路、路基、接触网、通信、信号等固定设施进行动态检测和质量状态分析。

11.2.2 综合检测中心应配置综合检测车组、钢轨探伤车组等检测车组。

11.2.3 综合检测中心应配置信息管理系统,进行全线固定设施动态检测信息的收集、处理、存储和转发。

11.2.4 综合检测中心应设有检测车辆停放线、整备库线、标定线。股道配置应满足各种检测车辆的停放、保养和标定等功能要求。

11.3 综合维修

11.3.1 综合维修段应负责管内线路、路基、桥梁、隧道、供变电、接触网、通信、信号、水电、建筑等固定设施的检查保养、维修及检修,并制定维修计划;对其下属工区实行作业管理和技术指导。综合维修段的组织机构根据运营管理模式确定。

11.3.2 综合维修段应配置线路、路基、桥梁、隧道、接触网、电力、通信信号等日常专项监测、检测机具和设备,并根据设备检修需要配置检修设施。

11.3.3 综合维修段应设综合维修信息管理系统,负责管内固定设施检测及维修信息的收集、处理、存储和转发,并负责所辖范围内(包括本地)信息系统维护与技术支持、备品备件的配送管理。

11.3.4 接触网抢修设施宜按满足抢修人员、车辆、机具在 1.5 h 到达事故地点的要求设置。可根据需要配置在综合维修段或综合工区。

11.3.5 综合维修段应配置轨道车停放线、材料装卸线等,装卸线侧的材料场地应考虑道岔的存放和运输条件。

11. 3. 6 综合工区应负责固定设施的日常巡检、保养、临时补修和抢修等作业;配合大型养路机械完成线路的综合维修作业。

11. 3. 7 综合工区应配备接触网作业车、轨道车等轨道车辆和汽车;配备养护、临修作业所需专业工具及设备。配备保证维修作业后设施安全和精度要求的静态检测设备和确认车。

11. 3. 8 综合工区应根据管内线路轨道类型设置大型养路机械停放线、轨道车辆停放线和材料装卸线。大型养路机械停放线长度,有砟轨道线路区段应依据维修机组及其附属车辆的停放长度确定;无砟轨道线路区段应依据钢轨打磨列车的停放长度确定。综合工区还应设机具库、车库、材料库等设施。

11. 3. 9 沿线大型养路机械停放线及轨道车辆停放线宜设于车站或综合工区内,间距不宜大于 60 km 或不宜大于 2 个区间设一处。

11. 3. 10 大型养路机械设备的类型和数量应根据线路维修作业内容、作业量、维修周期、机械作业能力等因素确定。

11. 3. 11 大型养路机械段负责线路的大规模机械维修和大型养路机械的管理、运用及检修。其设计应符合以下规定:

1 大型养路机械及附属车辆的停放线宜与检修设施布置一处,停放线的有效长度按各种机组长度加 20 m 安全距离计列;

2 大型养路机械段应设置大型养路机械的标定线路;

3 大型养路机械段应根据机械的类型、修制、修程、检修内容、工艺及作业量等配置检修车间、辅助生产房屋及检修、检测试验设备,并进行合理工艺布置。

12 防灾安全监控

12.1 一 般 规 定

12.1.1 客运专线铁路应设防灾安全监控系统，对自然灾害、轨温及火灾、突发事故及异物侵限、非法侵入等方面的危害进行监测防护。系统应由现场信息采集、信息传输和信息处理三部分组成。

系统应预留与国家气象、地震部门的信息接口，利用专业台站预报信息，加强对铁路灾害的预报工作。

12.1.2 防灾安全监控系统应对客运专线铁路可能发生的灾害进行实时监测，并将不同性质的灾害信息进行分类处理，主干信息应采用铁路专用数据通信网传送给相关部门；直接控制列车运行的安全信息应采用专用通道传送至综合调度中心和相关执行设备。

12.1.3 防灾安全监控设备宜按中央级和车站级二级设置，中央级应设置在综合调度中心，并配置全线防灾安全监控系统主机和监视设备；车站级宜配置监控主机。

12.1.4 风、雨、洪水、雪、轨温、异物侵限等监测点信息接入，可采用电缆及调制器方式从区间中继站或车站最近点引接；远离铁路线路监测点信息接入可采用无线方式。

12.1.5 防灾安全监控系统应配备灾害资料存贮库。

12.1.6 防灾安全监控系统设备接地宜就近接入通信、信号接地系统；设备用房宜与通信、信号用房合建。

12.1.7 防灾安全监控系统不应对其他系统正常工作产生不良影响；对于直接控制列车运行的设备应按冗余配置。

12.2 自然灾害监测

12.2.1 位于大风区段的长大桥、路堤、车站等地点应设置风向风速计。路堤地段每10～20 km 设置一处，风口、峡谷地段根据需要可增设。

12.2.2 风向风速计宜设于路肩外侧，安装在无遮掩、宽敞的场所；风向风速计的安装位置应能代表该地实际风速风向。设于桥上时，距线路中心水平距离不应小于 3.0 m，距轨面高度宜为 5～7 m。

12.2.3 沿线 5 年一遇日最大降水量大于 100 mm 的区间和位于山坡山脚地带的填土路基以及有可能发生滑坡、泥石流的路堑、路堤等处应设置雨量计。

12.2.4 雨量计宜设在综合维修段、综合工区或车站所在地附近，并应安装在无遮掩、宽敞的场所，高度宜在地面以上 1～4 m。

12.2.5 历史上洪水频发地区、重要河流的桥墩处和滞洪区线路应设置水位计。

12.2.6 因大雪堆积而危及列车运行安全的地段应设置雪量监测报警设备。

12.2.7 风、雨、洪水、雪的监测信息超过规定限值时，系统应及时报警，并通过综合调度中心对列车运行进行管制。

12. 2. 8 沿线地震动峰值加速度等于或大于 0. 1 g 的地区,牵引变电内宜设置地震仪。地震仪设置场所的地震动特性应能代表线路周围的地震动特性。

12. 2. 9 地震监测信息超过规定限值时,系统应及时报警,并发出切断接触网供电的控制信号。

12. 3 轨温及火灾监测

12. 3. 1 下列地点宜设置轨温监测装置:

1 曲线半径小于等于 6 000 m 或曲线较多的有砟轨道地段;

2 在特大连续梁桥温度跨度较大的梁端或桥梁较多的地段。

12. 3. 2 轨温监测信息应传输至综合工区、综合维修段。当轨温超过规定限值时,应及时报警,并将报警信息上传至综合调度中心。

12. 3. 3 沿线车站重要生产设备用房,通信、信号、信息机械室,牵引变电所控制室等,应设火灾自动早期烟雾探测报警系统,并应符合国家有关标准的规定。

12. 4 突发事故、异物侵限及非法侵入防护

12. 4. 1 车站站台应设置闭路电视监视装置。有列车高速通过的站台,应在站台安全线内增设防护栅。

12. 4. 2 设有安全防护网或其他安全防护设施的地点应设置监测报警装置。当监测到报警信息时,应能通过综合调度中心或沿线列车防护开关对列车运行进行管制。

12. 4. 3 线路两侧可根据需要设置列车防护开关。设置防护开关的地点,应设置防护电话。

12. 4. 4 大型车站、动车段、综合调度中心、综合维修段(工区)的各种设备、办公用房,沿线通信信号机械室、牵引变电所、无人值守机房,可根据需要设门禁防盗系统。门禁防盗系统的监测报警信息应传送至有关管理部门。

13 环境保护

13.1 一般规定

13.1.1 环境保护工程设计应有明确的防护或治理目标,污染物的排放应符合国家或地方现行标准的规定。

13.1.2 环境保护工程宜按近期确定,预留远期治理技术条件。

13.1.3 环境保护工程应根据工程环境影响评价提出的环境保护目标和原则开展设计。

13.2 声屏障

13.2.1 铁路两侧噪声敏感区(建筑物)环境噪声因铁路声源影响超过国家标准《铁路边界噪声限值及其测量方法》(GB 12525)以及其他相应标准时,可设置声屏障或采取综合处理措施。声屏障设计时,应与其他治理方案进行经济、技术比选。

13.2.2 声屏障的位置应符合下列要求:

1 路堤声屏障应设于路肩上,并应满足工务作业要求;

2 路堑声屏障宜设于堑顶外侧;

3 桥梁屏障应设于作业通道栏杆处;

4 严禁对铁路可视信号形成遮蔽。

13.2.3 声屏障应根据噪声源强和保护目标的噪声限值进行声学设计,并应符合下列要求:

1 噪声源强建议值可按表13.2.3确定;

2 声屏障设计时宜分频计算;

3 声屏障的高度不宜超过轨面以上2 050 mm,特殊地段声屏障高度超过轨面以上2 050 mm部分宜采用透明材料;有砟轨道路段声屏障轨面以下高度宜按隔声设计,无砟轨道路段声屏障车窗以下高度应按吸声设计;

表13.2.3 列车运行噪声源强

速度	200 km/h	250 km/h
距线路中心线25 m、轨面以上3.5 m	86.8 dB(A)	90.7 dB(A)

注:当采用无砟轨道时,应考虑与有砟轨道噪声源强的增加量。

4 声屏障长度为敏感点长度加两端附加长度,并应以声波侧向绕射和侧向直达声导致声屏障插入损失降低量不大于10%计算附加长度;

5 声屏障的插入损失目标值宜按8~10 dB(A)确定。

13.2.4 声屏障的结构设计应符合下列要求:

1 声屏障结构设计应符合国家和铁道部现行有关标准的规定;

2　声屏障结构形式应根据工程和环境要求确定,吸声式复合结构应采用整体构件;

3　声屏障结构强度应按最不利荷载组合检算;

4　声屏障应设置伸缩缝,并应作密封处理;桥梁声屏障应考虑摆动楔、阶梯形连接的密封方式。

13.2.5　声屏障材料的选用应符合下列要求:

1　声屏障材料的平均吸声系数不宜小于 0.6;隔声材料的隔声量不宜小于 25 dB(采用通透材料时隔声量不宜小于 20 dB);

2　声屏障材料的力学性能指标应满足结构设计的要求;

3　声屏障的材料宜选用定型或标准化的型材;

4　屏障的材料应具有耐腐蚀、抗冻融、耐老化、抗冲击、耐潮(水)、防火、防眩目的功能;

5　声屏障结构中的外露金属配件表面应经防腐蚀处理。

13.2.6　声屏障附属设施设计应符合下列规定:

1　路基声屏障应设排水设施,并防止漏声;

2　路桥连接段或路基声屏障连续长度超过 500 m 时,宜设置安全门,路基边坡应有安全通行条件;

3　根据检修作业要求,声屏障应设置抢修通道(门);

4　声屏障中的金属构件应有防感应电流的接地措施。

13.3　垃圾转运设施

13.3.1　在列车进行清扫作业的终到站或折返站,列车垃圾应采用站台投放方式,站台上和站内应设置垃圾分类投放、转运设施。

13.3.2　根据铁路车站环境管理要求,动车段所在的站区应设置垃圾转运站,垃圾转运站可采用分类、转运或分类、压缩、转运工艺。

本暂行规定(下)用词说明

执行本暂行规定条文时,对于要求严格程度的用词说明如下,以便在执行中区别对待。

(1)表示很严格,非这样做不可的用词:

正面词采用"必须";

反面词采用"严禁"。

(2)表示严格,在正常情况下均应这样做的用词:

正面词采用"应";

反面词采用"不应"或"不得"。

(3)表示允许稍有选择,在条件许可时首先应这样做的用词:

正面词采用"宜";

反面词采用"不宜"。

表示有选择,在一定条件下可以这样做的用词,采用"可"。

《新建时速 200 ~250 公里客运专线铁路设计暂行规定(下)》条文说明

本条文说明系对重点条文的编制依据、存在的问题以及在执行中应注意的事项等予以说明。为了减少篇幅,只列条文号,未抄录原条文。

1.0.2 本暂行规定条文中除特别指明为无砟轨道标准外,其他条文适用于有砟轨道。目前无砟轨道标准正在进行前期研究,待试验研究后确定。

1.0.4 运输组织模式是决定客运专线铁路主要技术方案与技术标准的前提和基础。与其他铁路一样,运输组织模式与国情、路情和沿线经济、社会条件等密切相关,具有很强的地域特征,不能完全照搬其他现成的模式。欧洲、日本、韩国和中国台湾等已有或在建高速铁路的国家和地区,根据各自的实际情况,选择了不同的运输组织模式,主要包括客运专线型和客货混跑型。其中客运专线型中又分为纯客运专线型(如日本、韩国和中国台湾等)和高速列车下既有线的兼容型(如法国、德国等)。

但无论是哪一类型的运输组织模式,均有一个共同的发展趋势,即考虑与既有路网的兼容性,以实现高速列车跨线运行,提高铁路的网络效益。

我国铁路规划将形成以京沪、京广、京哈、沪甬深及陇海、浙赣、青太及沪汉蓉"四纵四横"等客运专线为主体,到 2020 年建设客运专线约 1 万 km,客货混跑快速线路约 2 万 km,总规模达到 3 万 km 的客运网络。因此,中国的国情和客运专线网络的特点,决定了中国客运专线的运输组织模式必然是本线旅客列车和跨线旅客列车共线运行。

3.1.1 为吸引客流,客运专线采用不同速度等级的本线旅客列车与跨线旅客列车共线运行。跨线旅客列车的开行应减少线路维修养护作业量,保证旅客乘车安全舒适,同时还要尽量提高线路通过能力。因此,跨线旅客列车除应采用动车组(降低轴重)外,还应力求减小列车间速差。对速度目标值为 250 km/h 的客运专线而言,为发挥其最大效益,跨线旅客列车速度宜定位于 160 km/h 及以上,同时根据我国国情,在运营初期不排除少量跨线旅客列车采用机车牵引,但应逐步过渡为动车组。

3.2.1

1 客运专线追踪列车间隔时间主要包括追踪列车通过间隔($I_{通通}$)、追踪列车发车间隔($I_{发发}$)、追踪列车到达间隔($I_{到到}$)。上述间隔时间应根据客运专线采用的列控系统的功能、列车牵引性能和线路及车站布置,通过牵引计算确定。

目前国外高速铁路列控系统的速度控制主要有阶梯式速度控制、分级速度模式曲线控制、一次模式曲线控制三种,其中阶梯式速度控制已不适应时代发展的要求。以下重点针对分级速度模式曲线控制和一次模式曲线控制说明间隔时间计算方法。

(1)分级速度模式曲线控制

$$I_{通通}=3.6\times(n\times L_{闭}+L_{列})/v$$

式中 $I_{通通}$——追踪列车通过间隔(s);

n——列车正常运行时需间隔的闭塞分区,根据速度分级确定;

$l_{闭}$——闭塞分区长度(m),一般为 1 500 ~2 000 m;

v——列车平均运行速度(km/h)。

$$I_{发发}=3.6\times(2\times l_{闭}+l_{列})/v+T_{发作}$$

式中 $I_{发发}$——追踪列车发车间隔(s);

$T_{发作}$——办理列车出发作业时间(s),一般取 18 s。

$$I_{到到}=3.6\times(n\times l_{闭}+l_{进出站})/v+T_{到作}$$

式中 $I_{到到}$——追踪列车到达间隔(s);

$l_{进出站}$——车站进出站信号机间距离(m);

$T_{到作}$——办理列车到达作业时间(s),一般取 15 s。

(2)一次模式曲线控制

$$I_{通通}=3.6\times(l_{制}+l_{防}+l_{轨}+l_{列})/v+T_{确}+T_{设}$$

式中 $l_{制}$——列车由最高速度至停车的制动距离(m),一般按常用制动系数 0.6、线路采用的最大下坡计算;

$l_{防}$——列车安全防护距离(m),取测速、测距误差之和与车载设备在列车运行速度 35 km/h 时启动紧急制动需要的安全防护距离两者中较大者;

$l_{轨}$——轨道电路长度(m),一般取 1 000 ~1 200 m;

$T_{确}$——司机确认信号时间(s);

$T_{设}$——列控系统各设备反应时间(s),一般取 10 s。

$$I_{发发}=3.6\times(l_{咽喉}+l_{轨}+l_{列})/v+T_{发作}$$

式中 $l_{轨}$——轨道电路长;

$l_{咽喉}$——停车标距车站最外方轨道电路的距离。

$$I_{到到}=3.6\times(l_{制}+l_{防}+l_{咽喉}+l_{列})/v+T_{确}+T_{到作}$$

根据上述方法,经初略计算:

200 km/h 及以上列车追踪列车间隔时间可按说明图 3.2.1 ~1 所示参考取值。

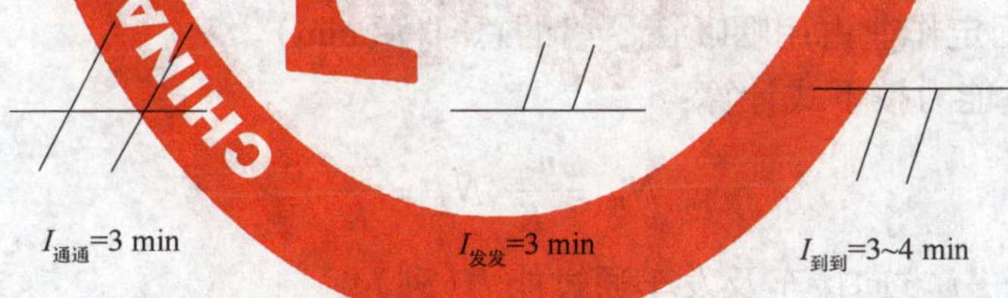

说明图 3.2.1—1

160 km/h 及以上(不含 200 km/h)列车追踪列车间隔时间可按说明图 3.2.1—2 所示参考取值。

2 列车在站停车时间,对速度为 250 km/h 列车,在有大量旅客乘降的客运站按 2 ~5 min、在其他车站按 1 ~3 min 确定;对速度为 1 60 km/h 及以上(不含速度为 250 km/h)列车,在有大量旅客乘降的客运站按 4 ~6 min、在其他车站按 2 ~4 min 确定。

3.2.2 不同速度目标值客运专线通过能力计算原理基本相同。对于速度目标值为 250 km/h客运专线来说,其区间通过能力计算可参照《京沪高速铁路设计暂行规定》进行。

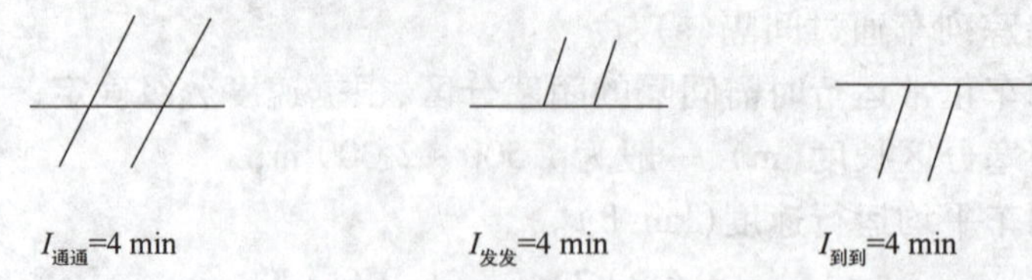

说明图　3.2.1—2

3.3.1　车站通过能力

(1)到发线通过能力

$$N_{客}=\frac{M_{客}(1\ 440-T_{停})(1-\gamma_{空})}{t_{占均}}\times K \qquad (说明 3.3.1—1)$$

式中　$N_{客}$——到发线通过能力(列);

$M_{客}$——用于接发客车的到发线数(条);

$T_{停}$——车站一昼夜内停止接发客车的时间(min);

$\gamma_{空}$——客车到发线空费系数,其值取 0.15 ~0.25;

$t_{占均}$——平均一列客车占用到发线时间(min);

K——到发线利用率,取 0.90 ~0.95。

$t_{占均}$值按下式计算:

$$t_{占均}=\alpha_{通}t_{占通}+\alpha_{折}t_{占折}+\alpha_{始}t_{占始}+\alpha_{终}t_{占终} \qquad (说明 3.3.1—2)$$

式中　$\alpha_{通},\alpha_{折},\alpha_{始},\alpha_{终}$——通过、立折、始发、终到客车所占旅客列车总数的比例(%);

$t_{占通},t_{占折},t_{占始},t_{占终}$——通过、立折、始发、终到客车占用到发线的时间(min)。

(2)咽喉通过能力

① 咽喉道岔组通过能力利用率按下式计算:

$$K=\frac{T-\sum t_{固}}{(1\ 440-T_{停}-\sum t_{固})(1-\gamma_{空})} \qquad (说明 3.3.1—3)$$

式中　T——咽喉道岔组总占用时间(min);

$\gamma_{空}$——咽喉道岔组的空费系数,取 0.2 ~0.3;

$\sum t_{固}$——固定作业占用咽喉道岔组的总时间(min)。

② 咽喉通过能力按下式计算:

$$N_{接}^{i}=\frac{n_{接}^{i}}{K},N_{发}^{i}=\frac{n_{发}^{i}}{K} \qquad (说明 3.3.1—4)$$

式中　$N_{接}^{i},N_{发}^{i}$——i 方向接车及发车通过能力(列);

$n_{接}^{i},n_{发}^{i}$——i 方向列入计算中接入或出发的客车数(列)。

(3)高峰期到发线需要量

$$M_{客}'=\frac{t_{占折}(1+\gamma_{空})}{I\varepsilon_{高}'} \qquad (说明 3.3.1—5)$$

或

$$M_{客}'=M_{客到}'=M_{客发}'=\frac{t_{占终}(1+\gamma_{空})}{I\varepsilon_{高}'}+\frac{t_{占终}(1+\gamma_{空})}{I\varepsilon_{高}'} \qquad (说明 3.3.1—6)$$

式中　$M_{客}'$——高峰期到发线需要量(条),按式(说明 3.4.1—5)和式(说明 3.4.1—6)计算,取其大者;

$M'_{客到}$，$M'_{客到}$——高峰期到达线和出发线需要量(条)；

I——追踪列车间隔时间(min)；

$\varepsilon'_{高}$——计算时间内客运专线最高速度列车的扣除系数。

一般高峰期应根据列车运行图确定，其到发线需要量与高峰时间开始前到发线占用情况及高峰持续时间等诸多因素有关。对客运站而言，高峰期间主要是旅客列车的密集到发：到达列车作业完了就应入库；出发列车按作业时间标准出库；立折列车按运行图既定方案运行。在没有运行图的情况下，可以设定高峰期旅客列车按最小(追踪)间隔到发。而最小间隔莫过于最高速度列车追踪间隔，所以高峰期按全最高速度考虑。因可以做到一切按作业标准，高峰期到发线需要量只与作业时间和列车到发间隔有关，而与高峰开始时到发线占用情况和高峰持续时间无关。相应的计算公式中分子表示一列到达、出发或立折列车占用股道时间，分母表示列车到、发最小间隔。公式的物理意义是在一个列车占用一条股道的时间内，需要到达或出发几个列车就需要几条到发线；同时到达或出发几个列车后，该股道已腾空，则可接入下一列出发或到达列车(车组)。

各种列车占用车站到发线、咽喉道岔时间一般可参照说明表3.3.1—1和说明表3.3.1—2。

说明表3.3.1—1 各种列车占用车站到发线时间(min)表

项目	列车进站时间		车底转入时间		列车在站停车时间		列车出站时间		车底转出时间		占用时间	
	动车组	160 km/h及以上列车	动车组	160 km/h及以上列车	动车组	160 km/h及以上列车	动车组	160 km/h及以上列车	动车组	160 km/h及以上列车	动车组	160 km/h及以上列车
通过列车											3	4
停站列车	4	4			5	6	2	3			11	13
始发列车			3	4	8	12	2	3			13	19
终到列车	4	4			6	10			2	3	12	17
立折列车	4				18		2				24	

说明表3.3.1—2 各种列车占用车站咽喉道岔时间(min)表

作业项目 \ 列车性质	动车组	160 km/h及以上列车
接车占用	3	4
发车占用	3	4
车底转入	3	4
车底转出	2	3

4.1.3 按IEC850和欧洲标准EN50163的规定，对于单相交流牵引供电系统电压的规定如说明表4.1.3所示，其中短时最低电压的最大持续值为10 min，短时最高电压的最大持

续值为 5 min。

说明表 4.1.3 牵引供电系统的电压(V)

短时最低电压	长期最低电压	额定电压	长期最高电压	短时最高电压
17 500	19 000	25 000	27 500	29 000

在制定接触网的最低工作电压标准时,考虑到最低工作电压太低不利于高速列车运行,设计最低工作电压规定为 20 kV。

4.1.4 对于速度目标值在 200 ~250 km/h 的客运专线,直供供电方式和自耦变压器供电方式均可以满足供电需求,在国际上均有成功运营的先例。究竟采用何种供电方式,宜结合具体线路的外部电源条件,综合考虑长大桥梁、隧道对牵引供电设施分布的影响、行车组织模式、牵引网各导体的载流量等限制因素,进行综合技术经济比较后确定。同一条客运专线的较长的不同区段可根据情况采用不同的供电方式。

4.1.6 独立供电指设独立牵引变电所或牵引变电所出单独馈线。

4.1.7 采用单相牵引变压器供电,具有容量利用率高、牵引变电所结构简单及投资少等优点。但在负序不能满足有关国家标准要求的地区,可考虑采用其他变压器结线形式,如 Scott 结线。

4.1.8 牵引变压器和自耦变压器的过负荷倍数应按中国国情和客运专线牵引负荷的特点来制定,关于过负荷倍数、时间长度和频率宜在设计任务书中规定。

4.2.1 牵引变电所进线侧接线方式应根据外部电源情况而定。

牵引变电所进线侧不设跨条,采用线路变压器组接线形式,是在牵引变电所两进线电源均为可靠主供的条件下,使主接线更加简捷明了,两路线路变压器组自投回路更加简单可靠。

分支接线是指在两回进线之间设置由隔离开关分段的跨条。

馈线采用并联供电对列车在高峰期单方向密集运行有益,可改善接触网的供电质量,节省牵引网电能损失。

4.2.2 由于 GIS 设备布置紧凑、体积小,采用 GIS 可以大大节省使用场地。

4.2.3 国内有的牵引变电所的电气设备接地采用了集中接地,并设置集中接地箱,使用效果较好。该箱内部汇集了牵引变电所内所有的回流导线(牵引回流、地回流、设备接地回流),并与牵引变压器(单相)接地相相连。箱内母线均为铜母线,按回流性质设置电流互感器,由此可以获取更多的电量参数,使接地系统结构清晰、方便维护、接地系统安全可靠性更高、与保护系统配合可实现多种保护功能。

4.2.5 综合自动化系统自动化程度高、信息处理速度快、信息量大,为无人值班创造了条件。

4.3.1 综合调度中心牵引供电调度系统作为综合调度系统的子系统,系统通过专用信息交换设备与综合调度系统、行车调度子系统、综合维修调度子系统、安全监控调度子系统、既有相关路局电调系统、地调系统等其他开放型网络互联,实现信息交换和信息共享,提高统一调度和管理水平。

牵引供电调度系统不仅完成本线牵引供电系统的运行调度管理和数据管理工作,同时还要配合其他调度,如总调、行调、综合维修调度等工作。

牵引供电调度系统根据列车开行计划提供牵引用电;根据综合维修计划安排牵引供

电设备的停、送电。

综合调度中心牵引供电调度台与行车调度台的设置相对应，考虑与行车调度管理配合的协调性。

4.3.2 明确了客运专线牵引供电调度系统的选配功能，提出了较高功能的运用软件。

事故追忆功能主要是对牵引供电系统事故暂态过程中电流、电压等主要参数的采集及数据处理。

自动控制功能主要是指系统根据采集到牵引供电系统运行数据而进行的运行工况的自动调整。

智能决策功能主要是引入专家系统进行智能分析，以辅助调度决策。由于客运专线的可靠性、安全性要求严格，建设标准较高，调度管理功能要求较先进，同时还应适应运营管理发展的需要。

调度事务自动化管理是指调度管理办公自动化功能，可根据计算机技术的发展，在工程实际运用中合理配置。

4.4.1 相关气象条件

1 接触网设计主要在于确定接触网系统正常工作温度范围和腕臂、定位器、吊弦正常安装位置时的温度。对于接触网系统，正常工作温度的上限值取决于最高环境温度、日照、载流量等因素。对于客运专线，由于其行车密度高、电能传输大，按照国外设计经验，铜合金导线可按80 ℃～100 ℃校验设计。接触网系统可按最高80 ℃的工作温度设计。

2 接触网设计风速应分为基本风速和结构设计风速，基本风速为确定接触网风偏和跨距之用，结构设计风速为确定接触网构件结构强度之用。

原《铁路电力牵引供电设计规范》(TB 10009)对气象条件资料和选取的要求与新颁布的《建筑结构荷载规范》(GB 50009—2001)以及近年实际生产中遇到的风速设定出入较大，需遵循标准就高的原则作相应修改。

根据《建筑结构荷载规范》(GB 50009—2001)附录D2.2的规定：选取最大风速时，一般应有25年以上的资料。

3 以往局部环境影响对污秽等级的选用缺乏准确描述，偏重于人工试验条件，定量计算较少。20世纪80年代以来，国内电力部门和铁路部门均曾多次发生大面积污闪。客运专线等重要铁路项目设计中应充分考虑污闪的影响，故应强调进一步详细计算绝缘子漏泄距离。

另外，工作环境恶劣的隧道内或高海拔的特殊要求时，应进一步加强绝缘。

4.4.2 受流标准和设计评价标准

在设计过程中采用计算机仿真预评价设计系统的受流质量是目前国内外各设计单位普遍采用的先进技术手段，并日渐成熟，已经作为标准设计内容。具体设计时，平均接触压力F_m。参照EN 50367标准的公式计算，也可以采用说明图4.4.2。

4.4.3

1 本款系参照国内外运行经验制订。线路最大运行速度应小于接触线波动传播速度的0.7倍，系各国的高速铁路实践共识。实际应用中，由于接触导线张力的取用与导线磨耗、安全系数、张力差有关，对于适应250 km/h的速度，截面为120 mm^2的导线，张力一般取不低于15 kN(200 km/h客货共线暂规)；截面为150 mm^2的导线，张力一般取不低于20 kN。

2 一般而言,实际运用的取流受电弓≤2个,可采用简单链形悬挂。

机车采用的取流受电弓数量大于2个时,应考虑弹性和弹性不均匀度因素。在经济合理的前提下,设计时采用的弹性不均匀度应尽可能低。根据日本和德国高速铁路的研究和实际经验,弹性和弹性不均匀度对较高行车速度下的2个以上受电弓取流质量非常重要。因为本暂行规定亦可适用于最高行车速度250 km/h的城际铁路,而城际交通有采用3个以上取流受电弓的可能,此时应研究是否有必要采用弹性更好的复链型悬挂或弹性链型悬挂。

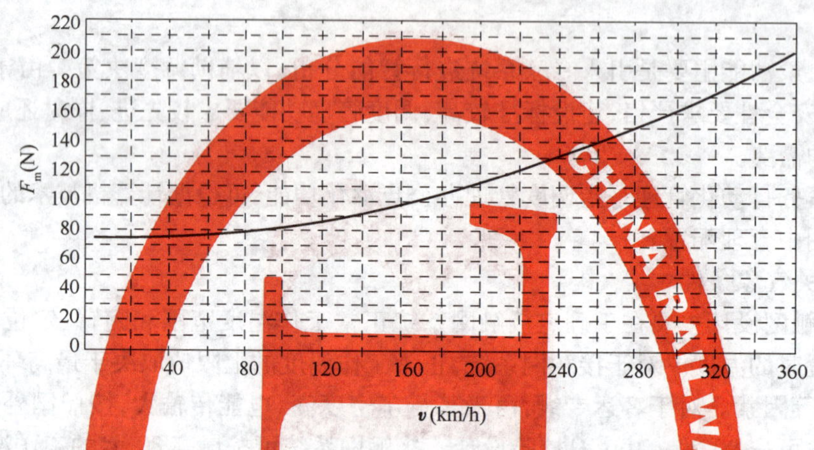

说明图4.4.2 平均接触压力 F_m 与车速的关系

当采用简单链形悬挂时,正线接触线宜设置0.5‰L的预留弛度(L为跨距)。

接触线、承力索一般应采用铜合金材质有利于提高接触网的大电流过载能力,较为适合客运专线的负荷特点,《京沪高速铁路暂规》、《秦沈客运专线暂规》均采用该要求。

接触网应采用承力索、接触线分别下锚是我国电气化和欧洲国家普遍采用的标准。滑轮组张力补偿装置在国外主要在法国铁路应用,日本、德国均不采用。但法国的实践证明,采用滑轮组张力补偿装置也是可行方案。

3 接触线安全系数的计算所考虑因素比以往设计规范详细且要求更高,有利于提高可靠性,故建议采用。任何条件下不得小于2.0是IEC要求,也是我国以往各规范,包括铁路牵引规范、电力规范的最低要求。考虑我国实际情况,该标准宜就高不就低。通过降低用户使用寿命要求(磨耗百分比)也可以实现该要求。如果用户未明确提出磨耗面积的寿命要求,应暂按至少不小于15%计算,有条件的应达到20%以上,此时强度安全系数均不应小于2.0。安全系数具体计算方法可参照EN 50119标准,此处从略。

4 接触线距轨面连线高度的取用应考虑机车受电弓的最小工作高度、最大工作高度范围,并满足动态条件下对机车车辆轮廓线限界或建筑物的绝缘要求。可以根据用户需要和具体工程条件在最小值和最大值之间选取,一般条件下可采用5 300 mm标准高度。站场、区间宜取一致。

接触线高度采用5 300 mm标准高度,系参照我国中速机车的机车车辆限界制订,与《京沪高速铁路暂规》、《秦沈客运专线暂规》的相应取值一致。5 150 mm是目前运行线路上的最低高度,可满足跨线车的最小运行要求。

5 接触线高度的变化坡度取值,系参照《京沪高速铁路暂规》、《秦沈客运专线暂规》和IEC标准,考虑了我国电气化施工水平和运行经验。

6 按照铜合金绞线整体吊弦结构特点和疲劳寿命实验资料，整体最短吊弦不宜过短，一般取600 mm、困难取500 mm作标准设计。特殊限制条件下，参照国外的标准设计，采用200 mm的最短长度可以满足安全通过要求，但对局部导线的使用寿命有不利影响。结构高度宜取≤1 600 mm主要考虑工程造价和施工维护方便，实际工程设计中根据局部点情况，上述值可以适当降低或减小，但不宜小于800 mm，并以最短吊弦长度为控制参数。

法国正常的结构高度为1.40 m。德国的弹性链形悬挂因为弹性吊索安装的需要，结构高度不宜小于1 600 mm，标准为1 800 mm(65 m跨距)和1100 mm(50 m跨距)。从弓网仿真和实际测试可以得知，较大结构高度的受流性能较好。但在250 km/h条件下，接触网的技术性能裕量较大，即使在较小结构高度下也可以很好地满足弓网技术要求，故综合我国的实际情况和经验，在可靠、经济的前提下，取简单链形悬挂1 400 mm、弹性链形悬挂1 600 mm的结构高度是适宜的。

4.4.4

1 以受电弓动态包络线动态抬升量作安全校验的理由同第4.4.2条第2款条文说明。

受电弓动态包络线的上限值为安装设计的安全校验值，可在导线高度基础上设计采用的定位器是否为限位，再附加1.5～2倍的动态抬升量。

横向水平偏移即动态晃动量涉及因素较多，应考虑机车振动、曲线半径和导线高度等因素确定。一般安全校验值至少按直线区段250 mm、曲线350 mm考虑，并按照UIC505机车车辆限界、动态限界系列规算校验。

考虑实际运行经验，直线取250 mm值是最低要求。该值与我国以往的经验值较为相符。此条件是在受电弓横向刚度达到300 N的前提下的值，如果横向刚度无约束，则还需要适当加大裕度。

悬挂点处的抬升量应按设计计算或仿真取值，因为设计选用的不同的接触网系统对该值的影响很大。我国目前有关试验研究和运营测试中实际检测到的抬升量最大值达150 mm左右。考虑到目前设计单位实际具备的不同条件，本暂行规定提出在没有确切依据或计算资料时动态最大抬升量可按保守的值估计，即选用200 mm。我国的实际也证明，定位器的安全设计往往是薄弱环节，也是事故频发地段，故应从严要求。

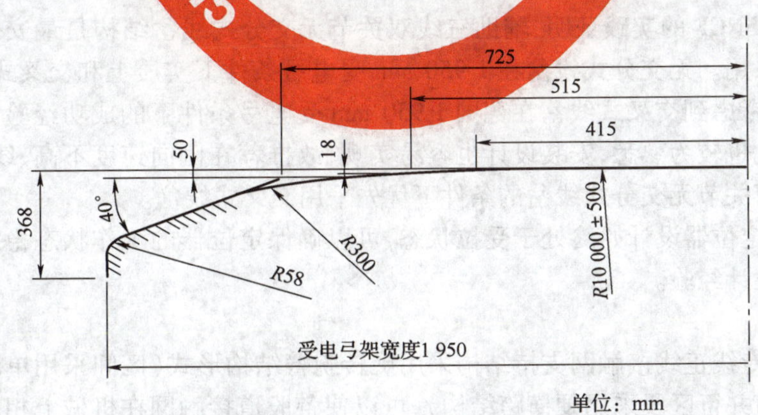

说明图4.4.4 受电弓几何尺寸

2　始触区是涉及接触网安全的关键区域,也是详细设计接触网线岔方式和空间位置的依据,速度较高时必须明确该标准。我国目前的国际为宽1 950 mm的标准类型受电弓,与UIC 608—4A标准中的宽1 950 mm的标准受电弓吻合。

prEN 50367(RD20)和UIC 6084a. 标准的受电弓几何尺寸如说明图4.4.4,可供参考。

德国采用的宽1 950 mm标准类型受电弓和我国的类似,德国铁路DB标准EBO和DS 997规定:在距受电弓中心600～1 050 mm和受电弓动态抬升150 mm构成的空间区域为始触区。

结合我国的实际道岔型号和接触线张力的使用情况,参考秦沈客运专线的实验测试结果,并参照德国标准和经验,规定上述始触区空间,并在该区域内不得安装除吊弦线夹外的其他线夹或设备零件。

4.4.5

1　参照《京沪高速铁路暂规》、《秦沈客运专线暂规》,客运专线正线接触线偏移取400 mm。

2　客运专线正线区段接触网一般锚段长度暂按2×700 m作为标准设计取值,经济上可以接收,技术性能较有保障。德国Re330为2×625 m,法国TGV-A为2×700 m。局部特殊条件下,锚段长度可按张力差不大于5%进行锚段长度的控制设计。

4　锚段关节采用四跨或五跨形式均可。国外高速接触网锚段关节形式较多,三跨、四跨、五跨均有应用实例。日本和法国一般采用四跨形式;德国汉诺威—维尔茨堡(Re250)、曼海姆—斯图加特(Re250)、柏林—汉诺威(Re330)三条高速铁路均采用五跨关节形式,法兰克福—科隆(SICAT-H1.0)高速铁路则采用三跨(非绝缘)和五跨、(绝缘)形式;西班牙马德里—巴塞罗那,(EAC－350)高速铁路采用四跨形式。各国的运营经验表明,只要锚段关节安装调整得当,无论三跨、四跨、五跨、均可取得满意的受流效果。

5　电分相宜采用带中性区的双断口锚段关节方式,中性区长度应大于取流弓的间距。我国实际运营中容易出现违规操作,导致取流过分相引起燃弧、烧损或烧断承力索事故的发生。接触网设计应参照列车速度,适当考虑加大中性区长度。根据国外相关标准和经验,一般不小于最大取流受电弓间距加120 m。

6　法国SNCF的实践证明,辅助三线双关节无交分式线岔结构是最安全的,故有条件时应尽量采用。无交分式线岔在1 950 mm受电弓条件下实质上和交叉式线岔的安全可靠性一样,考虑到交叉式线岔在德国1 950 mm受电弓条件下的成功经验,我国的施工安装工艺对此也较为熟悉,安装设计也容易实现,故推荐在侧向速度不高、线岔也无法安装辅助三线双关节无交分式线岔的条件下优先采用交叉式线岔。

7　正线定位器设计始终处于受拉状态,可以确保定位器的工作状态稳定,其取值引用了国外的设计经验。

4.4.6

1　客运专线正线接触网支持结构采用旋转腕臂结构形式(区间采用单腕臂柱形式,车站及多股道并行区段采用硬横跨结构),可以使各股道接触网在机械上相对独立,有利于保证接触网的几何尺寸,改善弓网受流质量,并可缩小事故范围。

2　法兰连接型基础便于施工和支柱的更换。

5.1.1 电力设计首先应保证客运专线可靠供电,如果客运专线与邻近的车站、线路很近,经技术经济比较合理,在运营管理部门允许时,客运专线可与相邻线电力设施共用。

5.2.1 负荷等级是根据时速200~250 km客运专线负荷性质及参照现行设计规范确定的。与行车密切相关的通信、信号、综合调度及实时信息化系统,中断供电在政治、经济上将造成重大损失或影响,故将其纳入一级负荷。隧道的应急照明、防灾报警、通风及排烟、建筑应急照明等与消防、安全相关,参照有关规定必须纳入一级负荷;大型站房公共区照明是大型站各类候车厅、售票厅、站台等人员密集的公共场所的照明。

通信、信号设备配置的专用空调、动车段(运用所)等中断供电在政治、经济上将造成较大损失或影响,如专用空调长时间中断供电,可能造成通信信号设备非正常工作,因此,宜采用两路高压电源、两台变压器供电,低压则可采用一条电力线路供电。

一些与常速铁路、民用建筑等相似的负荷则可参照现行其他相关规范设计。

5.2.3 大型客运站属于大量的人员集中的公共场所,且一级负荷容量较大,参照民航机场及大型建筑的设计标准,应确保第三路电源,作为应急备用电源。

5.3.1 客运专线铁路供电可靠性要求比常速铁路高,本条文提出了为一级负荷的变、配电所宜具备两路专盘专线。

5.3.2 本暂行规定是参照《铁路电力设计规范》(TB 10008—99)及《铁路电力变、配电所设计规范》(TB 10065—2000)制订的。给区间10 kV贯通线路供电的变、配电所,应经有载调压器及专用母线段供电,调压器二次侧为不接地或消弧线圈运行方式。其目的之一是为了限制单相接地故障电流。因为随着城市化的发展,铁路电力贯通线采用电缆的比例越来越大,单相接地故障电容电流较大,为限制其对临近通信信号线路的影响,故采用了经调压器供电。

调压器采用小电流接地方式应认真按《交流电气装置的过电压保护和绝缘配合》(DL/T 620—1997)标准的要求执行。

5.3.3 应急备用时间4h考虑了工区维修、管理人员到达无人值班的变配电所进行有关操作的最少时间。

5.3.4 综合自动化程度高、信息处理速度快、信息量大、视频监控系统的应用,为无人值班、无人值守创造了条件。

10~35 kV变、配电所控制保护设备可采用就地分散布置,如控制保护设备同高、低压设备设置在一个配电室,有利于节约变、配电所占地面积,日本、韩国高速铁路电力设计也基本采用该种方式。

5.4.2 采用架空绝缘电缆可提高供电可靠性和安全性,减少维修工作量,减少线路沿线树木的修剪量,节约架空线路所占用的空间。

5.5.1 本条参考日本等国隧道照明的技术标准制订,其中0.5 lx照度标准与我国的现行《建筑设计防火规范》中疏散用的事故照明照度标准一致。

5.6.1 电力远动系统属综合调度系统的一个独立子系统,一般宜由电力远动调度台、主站、远动终端及其通信网络组成。当新建客运专线距离较短时,电力远动调度台可与监控主站合并。电力调度中心一般执行监测管理、调度功能,主站执行监控功能。

5.6.2 电力远动采用数字通道主要是保证数据传输和视频图象传输的实时性,强调将专用数据通道引到主控站和被控站便于明确通信与电力远动接口的位置。

5.6.3 本规定是根据《智能建筑设计标准》(DBJ 08—47—95)确定的。针对客运专线铁路的特点,对动车段、车站、隧道等重要场所的机电设备监控提出了要求。

6.1.2 客运专线通信网与运输组织及运营管理体制密切相关。新设客运专线通信网是铁路通信网的组成部分,应考虑各个子网与既有通信网的互连互通,如果其运输管理纳入既有的铁路局,则各通信业务网可作为既有业务网的延伸。

6.1.3 普通电话业务与运营维护管理体制,以及定员密切相关。由于客运专线的定员较少,自动电话交换网可以采取利用运营商既有网络和自建网络两种方式。设计时可进一步结合管理体制的确定进行技术经济比较。

6.2.2 由于客运专线对通信网的可靠性要求高,应利用已有的通信网传输系统,或在沿铁路两侧各敷设一条光缆,构成不同物理径路的光传输系统,以保证传输系统畅通。

6.2.3 客运专线用户接入不仅有 2 Mb/s 及以下低速数据信息接入,同时也有 10 M/100 M等宽带业务的接入及汇聚。多业务传输平台 MSTP 除了能提供音频、2 Mb/s 及以下接口外,同时提供以太网二层交换业务汇聚、带宽共享及以太网共享环等功能,具备 10 M/100 M 等多种接口。因此,接入网采用基于 SDH 的多业务传输接入方式,以满足多种信息接入需求。

6.9.3 通信站、车站通信机械室等设备接地接入建筑物综合地网,接地电阻小于 1 Ω。沿线设置有全线贯通地线,信号区间中继站、无线基站、无线中继站等通信机械室内可设置地线的汇接端子,与贯通地线连接;漏泄同轴电缆两端需分别接入贯通地线;接地电阻小于 4 Ω。

区间电气化所、亭等通信机械室内可设置地线的汇接端子,接入机房建筑物地网或电力自动化设备地网;接地电阻小于 4 Ω。

无线铁塔等设施的接地与无线基站统一接地后,接入贯通地线,接地电阻小于 4 Ω。

7.1.1 客运专线一般不是一条孤立的线路,既要与其他的客运专线连接,还会与速度较低的既有路网连接。因此,客运专线的信号系统应具有一定的兼容性,即既能适应本线最高运行速度列车的运行,还能兼顾跨线列车的运行。

根据铁道部 2004 年颁发的《铁路主要技术政策》第十条的规定,客运专线的列车追踪运行间隔时分为 3 ~4 min。

客运专线一般为双线双向运行。如果反向也采用追踪运行方式,则选用的信号系统应能满足双向追踪运行的要求。一般情况下,反向运行没有确切的追踪间隔时分的要求,为简化设计,可只按正向的列车追踪运行间隔时分进行信号布点,反向原则上不再进行调整。

7.1.2 车站的进站、出站以及区间道岔区等防护进路的地点应设地面信号机。客运专线的信号显示比较简单,因此其地面信号机机构可以简化。

除区间道岔区外,区间其余地点的闭塞分区分界点只设停车标志牌,不设通过信号机。

7.1.5 在区间线路上,安装在两条钢轨外侧的信号设备(含装置、器材等)不得侵限,也不应影响大型自动化养路机械设备的作业。安装在两条钢轨之间的信号设备,在选型和安装时,应尽量减少对大型自动化养路机械设备作业的影响。

7.2.2 相邻线路的行车调度指挥系统可以是列车调度指挥系统(TDCS),或者是调度集中系统(CTC)。由于跨线运输的存在,因此本线的调度集中系统需要与相邻线路的行车调度指挥系统发生业务联系,以协调铁路运输生产。它们之间既相互独立,又保持联系,关系应平等，控制区域不能重叠。

7.2.5 条件具备时，动车段(所)的相关区域根据需要可纳入调度集中系统控制范围。这里所指的“相关区域”一般是指动车段(所)内与客运专线相邻车站相衔接的咽喉区。

7.2.6 在客运专线，设备自动化水平很高，越行站、中间站一般不再设专职行车办理人员，由综合调度中心统一指挥。为了简化设备配置、减轻维修维护的工作量、减少房屋面积，无人值守站一般不再设综合维修工作站和电务维护工作站，宜采用便携式的综合维修终端和电务维护终端。

7.3.5 区间轨道占用检查装置应采用无绝缘轨道电路，当区间线路道床条件恶劣而不宜采用轨道电路时，可采用计轴设备实现轨道占用检查。为了满足列车运行控制系统的要求，可采用环线机车信号或双轨条机车信号等系统提供连续式列控信息。

站内正线原则上应采用与区间同制式的有绝缘轨道电路。越行站、中间站站内咽喉区比较简单，为减少站内轨道电路制式、简化工程设计，站内其他轨道区段也采用与正线同制式的有绝缘轨道电路。

7.3.6 当利用轨道传输连续式列控信息时，需要考虑轨道电路邻线干扰及机车信号邻线干扰问题，并采取相应措施，确保系统设备的可靠工作。

7.4.2 列车信号机采用信号机构时，由于其功能、显示含义已弱化，因此信号机构可简单化。

8.2.1 客运专线大部分信息系统均采用分级结构，完成集中监控与单点独立运行，公司级负责全线基础数据建立、调度及总图调整；站段级负责调度指令与计划的执行，以及实际运行结果的反馈、计划局部调整等。公司级负责与上级主管部门之间的信息互通。

8.2.2 安全生产网部署直接关系铁路运输生产的综合调度系统等应用系统；内部服务网部署办公自动化等向铁路内部提供一般性服务的系统；外部服务网部提供对外统一信息出口，对外提供服务和外部应用访问，部署门户网站等外部服务系统。

8.3.2 由于客运专线存在跨线运行的情况，基本运行图的编制需要从全路全网的角度进行统筹考虑，因此基本运行图编制系统宜由铁道部统一考虑。

8.3.3 各客运专线可结合本线具体情况考虑综合调度系统的功能构成。

8.3.4 信息化其他相关系统指铁道部调度系统、本线信息系统中旅客服务信息系统、票务系统、企业资源管理信息系统等。

8.3.5 相邻线调度指挥系统指相邻客运专线或城际铁路调度指挥系统、相关的既有线运输指挥系统。

8.7.1 一卡通管理系统主要完成对站内进出通道、机房、管理用房、办公房屋等处所进行安全技术防护，另外，系统同时实现员工身份识别标志、考勤管理、本线列车公务乘坐识别、站内储值消费等功能。一卡通管理系统在车站、综合维修段等涉及人员管理、身份识别、考勤管理、出入控制等功能时，称为一卡通管理；如果在变电所等无人值守区域只涉及出入控制功能，则称为门禁系统。一卡通采用与自动售检票系统相同卡制，并由自动售检票系统作二次编码，使本卡同时作为员工的通勤票。

9.1.4 动车组宜按采用车型确定检修修程和周期，现参考国外资料和经验，暂定检修修程和周期。动车组车型未确定时，修程的划分主要参考引进的200 km/h动车组检修修程及《京沪高速铁路设计暂行规定》(铁建设〔2004〕157号)和铁道部相关规定制定，详见说明表9.1.4—1和说明表9.1.4—2。

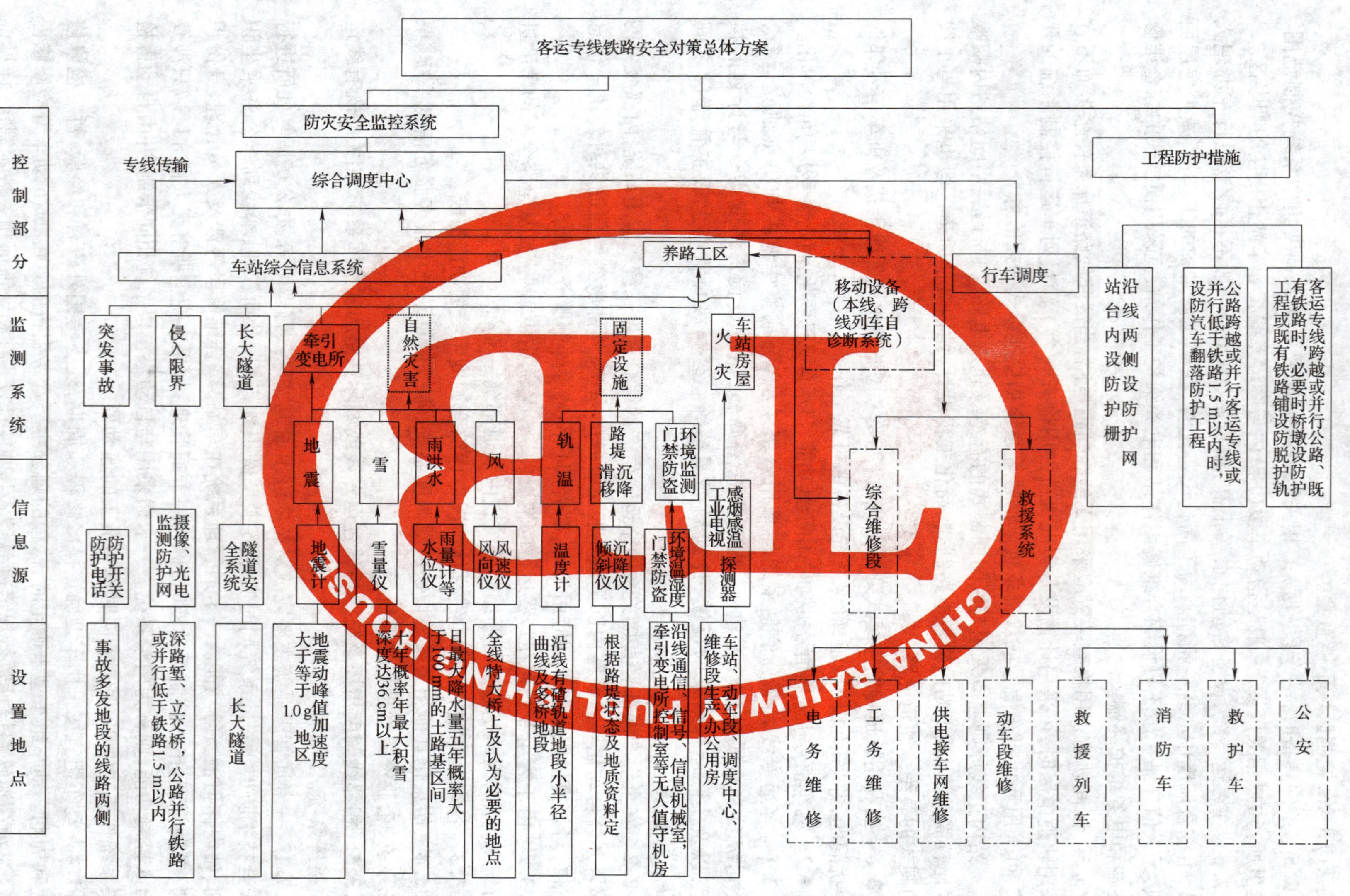

说明图 12.1.1　防灾安全监控系统总体构成图

说明表9.1.4—1 动车组检修周期暂行规定

检修等级	检修周期	停时
一级检查—例行检查	3000 km或48 h	1 h
二级检查—重点检查	3万km或30 d	4 h
三级检修—重点分解检查	60万km或1年	2 d
四级检修—系统分解检查	120万km或2年	8 d
五级检修—整车分解检查	240万km或4~5年	15 d

说明表9.1.4—2 三种200 km/h引进动车组检修周期暂行规定

检修等级	检修周期		
	长客股份	四方股份	BSP公司
一级检查—例行检查	每次运行结束	每次运行结束或48 h	0.25月
二级检查—重点检查	6万km	3万km或30d	0.5月
三级检修—重点分解检查	120万km	45万km或1年	6月
四级检修—系统分解检查	240万km	90万km或3年	12月
五级检修—整车分解检查	480万km	180万km或6年	24月

动车组一至五级修程的检修范围如下:

(1)一级检查

在运行整备状态下,完成消耗部件的更换、调整和补充等,同时对各部分的状态和性能进行检查,发现偶然发生的故障,在车辆使用的间隙进行维修作业。

(2)二级检查

以不落轮的状态进行设备的检查、调整,停止车辆的使用进行维修作业。

(3)三级检修

按规定走行公里对转向架等主要部件进行解体检查。

(4)四级检修

系统全面分解检修。

(5)五级检修

整车全面分解检修。

9.1.6 动车段配属动车底(套数)可按下列公式计算确定;

$$N_{配属}=N_{运用}+N_{检修}+N_{备用} \quad (说明9.1.6—1)$$

式中 $N_{配属}$——配属动车底(套数);

$N_{运用}$——运用动车底(套数);

$N_{检修}$——检修动车底(套数),指二级、三级、四级及五级修作业所需动车组套数数量之和,计算时不考虑一级修作业的停时;

$N_{备用}$——备用动车底(套数),根据需要确定,可暂按0.06N运用取值。

9.2.2 线路配置

1

(1)存车(整备)线和尽头式牵出线的安全距离,取决于动车组走行速度、制动距离及信号防护距离的大小。日本新干线车辆基地设计资料反映的安全距离取值为50 m。

(2)参照法国动车段有关资料,动车组的部分整备作业(如真空集便)设于室外,库线间距设为6 m。

9.2.5 段(所、场)存车规模在一定程度上反映了白天"发车"时出段的高峰期频率及夜间"收班"时入段的高峰期频率,以此确定出入段线数目较为合适。高峰期小时入段次数或出段次数以10次为界,即存车规模为10套。

9.4.10 检查库设计

3 立体作业面便于库内检修人员、设备及运输工具在相同的时间段内围绕整列动车组全方位地作业。

4 检查库线间距具体尺寸应根据动车组选型和动车组检查工艺设备的配备来确定。如:日本车辆基地日检、定检股道间距为6.7~7.9 m。德国汉堡动车段动车库股道间距:中间无柱子的股道间距为7.0 m,中间有柱子的股道间距为8.0 m;慕尼黑动车段动车库股道间距为7.2~9.5 m。

9.4.11 检修库设计

3

(1)修车库库线间距具体尺寸应根据动车组选型和动车组检查工艺设备的配备来确定。日本车辆基地转向架更换库线股道间距为10.2 m;德国汉堡动车段动车库股道间距为8.0 m,慕尼黑动车段动车库股道间距为9.5 m。

(2)库线外侧股道距修车库侧墙轴线尺寸参照日本仙台车辆基地转向架更换,库线外侧股道中心距修车库侧墙轴线为6.4 m。

9.4.14 临修库负责处理的临修故障中,主要是走行部的故障,库内需设置转向架(轮对)更换设备。临修库平面尺寸决定于转向架(轮对)更换设备的工艺要求,如日本新潟车辆基地临修库长度为60 m,与镟轮库等长。当段(所)内既设置临修库,又有不落轮镟轮库时,宜集中布置,方便使用,有条件时可以合库设置。

10.1.1 旅客列车给水站的设置要考虑跨线车补水作业要求,但其沿线分布主要是根据行车组织需要确定的。

10.1.2 旅客列车上的污物箱清洗用水量应结合清洗周期及每日清洗列车对数确定。根据1999年11月铁道部《京沪高速铁路密闭式厕所系统地面接受及处理设施布点原则和技术条件》研究报告的要求,真空式厕所清洗污水量是按污物箱容积1.5倍计算的。

10.1.3 当采用地方自来水的水质、水量、压力有保证时,优先采用直供水方式。它包括直接接管供水和设置补压供水设备。

10.1.4 旅客列车给水栓及栓井在全路应该有统一标准,主要考虑安全、卫生、适用、美观和便于管理的要求,当上水过程完成后,采用自动脱落、断水的接头有利于节约用水。客车给水栓及栓井、胶管还可以采取防冻、接头防污染和自动回卷等控制措施。

10.3.4~10.3.5 旅客列车卸污主要有固定和移动两种方式:固定方式主要有集中真空中心、分散小型真空机组和重力式等;移动式主要采用真空卸污车。

真空站与卸污线可以采取一个真空站对应一条或二条卸污线的集中真空中心卸污方式,也可以采取一条卸污线对应三至四个小型真空机组的分散卸污方式。具体采用哪种对应方式,应该根据具体情况加以确定。有关真空度一般采用公式法进行计算,计算方法如下:

$$P_1=(1.2\sim1.3)\times(P_a-\sum h_f-H_s) \quad \text{(说明10.3.5)}$$

式中 P_1——真空度(mH_2O);

P_a——卸污点处大气压(mH_2O);

$\sum h_f$——污物箱至卸污点的压力降(mH_2O);

H_s——镇静罐(箱)最高液面与列车污物箱最低液面差(m)。

重力卸污管道采用接通压力水冲刷或设检查井清掏,由于旅客列车污物箱内含有较多的杂质,为避免发生管道堵塞,管道坡度规定为不宜小于 0.005。

目前各国动车日常整备作业时间一般在 40 ~ 60 min 左右,根据动车组编组情况,卸污时间宜控制在 20 ~ 40 min 以内。

在开展日检和一级修的库内整备线设置的卸污装置要满足不漏水、无异味和使用自动阀门的技术要求。预留抽吸枪的软管长度,主要是考虑整备不同车型时满足卸污口位置变化的要求。

10.3.7 考虑卫生方面的要求,应先上水再卸污,上水和卸污作业不能同时或交叉进行。为防止污染,必须从设计上采取有效措施,使放置上水与卸污装置的设施具有相互锁闭的功能,使之不能同时或交叉进行作业。

10.4.2 集中监控系统根据供水规模分为三类系统:一类为日供水能力 3 000 m^3 以上的给水站;二类为日供水能力 300 ~ 3 000 m^3 之间的给水站;三类为沿线日供水能力 300 m^3 以下(不包括消防用水)的生活供水站。

一类系统包括完整的集中监控系统,分为取水单元、投加单元、终极处理单元、送水单元、网运单元和中央控制单元;

二类系统根据实际需要比照一类系统标准相应简化;

三类系统只设各项设备开停、安全保护、事故报警和运行报表自动统计。

通讯采用有线和无线两种方式:距离在 1 200 m 及以内一般采用有线通讯方式,大于 1 200 m 可采用无线通讯方式。

取水方式按地表水、地下水(管井、大口井)及自来水加压站,分别做控制系统设计。

11.1.1 本条文提出客运专线的维修应贯彻"预防性计划维修和状态修相结合的原则",要求其固定设施的检测和维修实行综合体制。

铁路固定设施指除机车车辆等移动设备以外的线路、路基、桥梁、隧道、通信、信号、供变电、接触网、电力、给排水、一般生产房屋等设施。

综合检测和综合维修是由客运专线的技术状态、检测维修作业内容的内在联系、实行统一"天窗"的行车组织形式等因素决定的,是顺应铁路技术的发展趋势提出的。它适应客运专线设施对维修保养工作的内容、时间要求,各专业在"天窗"时间内综合调度、统一安排作业;同时综合的管理体制可以精简机构,强化管理,减少房屋、机械、人员等配置。

按照"新路新制、技改制改"的生产力布局调整思路,新建客运专线综合检测和维修机构的设置,对于机构的改革调整是有促进作用的。

客运专线基础设施的技术状态检测应实行"动静结合"、"检查与验收结合"的原则,包含采用综合检测车辆进行线路、路基、牵引供电、接触网、通信信号等专业设施的定期动态综合检测和固定设施的专项日常检测。

11.2.1 设施技术状态的检测和评定是客运专线维修方案和计划制定的基础和依据。客运专线的高安全、舒适要求决定了应对其固定设施实行动态的技术检测,并将检测信息进行集中分析、处理。为此,世界各国均朝着综合检测的方向发展,如日本东北、上野新干线等开行 East—i 轨道电气综合检测车,法国正在研制的 MGV 综合检测车辆。

11.3.1 综合维修段的生产机构根据运营管理模式,可设技术及管理职能部门、线路专业工队、接触网抢修工队、检修车间等。

11.3.4 接触网抢修、维修机构的合理分布以及定量确定抢修、检修设备和规模,必须根据用户提出的系统可用性要求和接触网可靠性水平确定。

据相关资料,国内外轨道交通要求较高的用户,接触网可用性均按 0.98 计。按照此要求测算,客运专线的工区抢修布点间距大致在 50 km 左右,与实际用户情况也较为相符。故我国客运专线在没有确切用户要求的前提下,可用性可暂按 0.98 考虑。

根据咨询资料,法国抢修作业到达的时间一般宜为 1 h 左右,特殊时为 1 h 至 1.5 h 以内。而日本沿线承担检查维修责任的各技术中心的间隔设置,考虑维护的经济性、效率性因素,以移动损耗确保在 15 min 至 30 min 以内,维护作业时间确保在 2 h 至 3 h 为前提。根据我国国情及得到信息后工人的准备时间和车辆运行时间要求,暂时规定抢修作业到达的时间为 1.5 h。

11.3.5 由于高架车站道岔区不宜设道岔预安装场地,因此规定在综合维修段材料场考虑道岔存放,用道岔运输车运输到现场安装。

11.3.6 综合工区机构根据需要可由管理、调度部门和专业班组等构成。专业班组承担专业作业。

11.3.8 客运专线均采用大型养路机械作业,有砟轨道主要是捣固、起拨道作业;无砟轨道则以钢轨打磨作业为主。日常作业、巡检还有确认车、轨道车和接触网作业车。为避免大型养路机械和轨道车辆长途移动带来的无效时间损耗,尽可能地利用有限天窗时间作业,沿线应考虑大型养路机械的停放。基于客运专线车站到发线数量少,大型养路机械停放若占用站线会直接影响通过能力,停放线设在区间引发问题更多,故建议设在车站上。

11.3.9 为了有效利用大型养路机械及轨道车辆,其车辆停放线分布间距不宜过大,结合车站的分布,相距 30 ~60 km 为宜;但也不宜过密,为了适应客运专线的站间距较小的区段,提出不大于 2 个区间设一处。

11.3.10 随着大型养路机械技术的发展,各种新型、高效产品也不断出现,设备的作业能力发生变化,机组匹配、整机作业能力也随之变化,故大机选型、配备数量应随整个大型养路机械技术的发展而变化。

11.3.11 工机〔1996〕32 号文规定了附属车辆装备标准(由 10 种类型车辆组成)。实际上,目前各铁路局大机段配属的附属车辆种类和数量各不相同;随着社会经济的发展,附属车辆的配置也会调整。

大型养路机组停放线长度没有规定具体值,而是提出了计算原则,也是考虑到机组设备和附属车辆的组成可能变化,设计中还是按具体的情况来决定停放线长度为宜。对于山区等困难地形,还需对大机停放线布置的灵活性甚至可行性进行针对性研究。

12.1.1 客运专线铁路必须安全、高效、舒适,防灾安全监控系统提供有关防灾数据(预警、限速、停运决策信息),为列车运行计划调整、行车控制提供依据,保证列车正常运行。

自然灾害主要有强风、暴雨、洪水、大雪、地震等对列车及基础设施构成危害。轨温灾害主要指夏季温度的升高,使无缝线路长钢轨的纵向压力增大,高速列车通过时易发生胀轨跑道翻车事故。火灾主要指客运专线铁路的车站、段(所)、调度大楼房屋的火灾和旅客列车上发生的火灾及燃轴切轴灾害。突发事故及异物侵限主要指客运专线铁路用地限界内可能发生落石(物)等异物侵入限界危及列车行车安全的灾害。非法侵入主要指非法出入客运专线的车站、段(所)房屋。

系统由现场信息采集、信息传输和信息处理三部分组成。现场信息采集由现场传感器实现对监控对象的信息采集;信息传输实现对监控范围内监控设备的信息实时传输;信息处理部分实现对全线监控对象的信息分析处理并通过“专家系统”提供决策方案,系统总体构成见说明图 12. 1. 1。

系统考虑了与气象、地震部门信息接口并按协议规定进行信息交换。一方面,铁路沿线各监测点的监测信息作为国家专业台站监测信息的补充,对国家气象、地震部门提供必要信息;另一方面,国家气象、地震部门宏观预报信息和其他信息对本系统作为预报指导,并接受国家专业部门技术指导。

由于铁路沿线需要有局部风、雨、洪水、雪的监测信息,而气象部门只能提供大面积范围内的天气灾害信息,不能满足铁路点、线特点和具体数据的实时性要求,故客运专线铁路需设置对风、雨、洪水、雪等自然灾害的监测。我国乌鲁木齐铁路局和成都铁路局分别采用自行研制的大风监测系统和雨量洪水监测系统,并与当地气象部门联网,制定了可操作性行车组织规范,均收到良好效果。

对于实时性要求高、直接切断接触网供电使列车停车的地震报警监测点,应在铁路沿线设置。日本新干线在铁路沿线和海边分别设有地震监测系统,用以监测地震 P 波,以便地震时及早使列车停车。考虑到地震信息的实时性和实效性,客运专线铁路需设置地震监测系统。

12. 1. 2 高速铁路技术领先的几个国家,如日本、法国、德国等,均设置了防灾安全监控系统,并采用了较完善的安全设施保障列车行车安全。

大风特别是侧向风危及行车安全,使高速行驶的列车不平稳,当达到某临界状态时易使列车侧翻颠覆。防灾安全监控系统的风监测功能就是监测危险地段的风向风速值,根据风向风速值、列车运行工况、线路设施状态对列车实施限速。

洪水以及大雨易引起线路积水、塌方、泥石流、滑坡、洪水冲跨桥梁及路基等灾害。监测危险地段的降雨量和洪水水位值,实时反映现场降雨及洪水水位状态,以便根据监测值和线路设施状态等对运行列车实行管制。

大雪附着在列车底板下冻结成的雪块,高速行驶时落下可能会砸毁线路和列车设备,危及人员安全;大雪还可能导致转辙机不能转动等危害。通过监测降雪在轨面积雪高度,以便对线路和道岔除雪。

地震灾害不言而喻,它破坏线路桥梁结构,及易使高速行驶的列车发生车毁人亡,地震的危害最大。地震监测就是监测地震动波形数据,当达到报警门限值时,切断接触网牵引供电电源,迫使行驶的列车紧急停车,最大限度地降低地震所带来的次生灾害。

日本新干线对风、雨、洪水、雪、地震、轨温、火灾、异物侵限等进行监测,当达到报警条件时,立即报警通知车站、综合维修段和综合调度中心值班人员;地震报警信息直接切断接触网停电,使该供电范围内的列车紧急停车。

法国高速铁路对风、地震、异物侵限进行监测,当风、异物侵限监测达到报警条件时,立即对列车限速,不需调度人员人工确认。

我国可结合客运专线铁路运营特点,合理确定确定直接控制列车运行的监测报警信息,如地震、异物侵限、风监测报警信息;另一些监测报警信息,如雨、洪水、轨温、火灾等,可考虑由调度人员根据“专家系统”提供的解决方案人工确认。对前者运算结果直接控制列车运行速度,并不经调度人员人工确认的过程称为直接控制列车运行,其信息视为安全信息并应采用专用通道传送。

12.1.5　建立灾害资料存贮库,是系统的需要。任何时候发生的任何灾害,系统都能在灾害前、灾害中、灾害后根据操作者要求随时调出,以便查找、分析事故原因,同时为以后修改、完善系统报警条件和拟订救灾方案作技术积累。日本灾害评估及恢复救援系统"HERAS"(Hazards Estimation and Restoration Aid System)如说明图 12.1.5 所示,当发生大地震时,能根据以往积累的资料,迅速、准确地判断地震发生地点、受灾的规模等等,这对决定灾后采取何种对策极为重要。

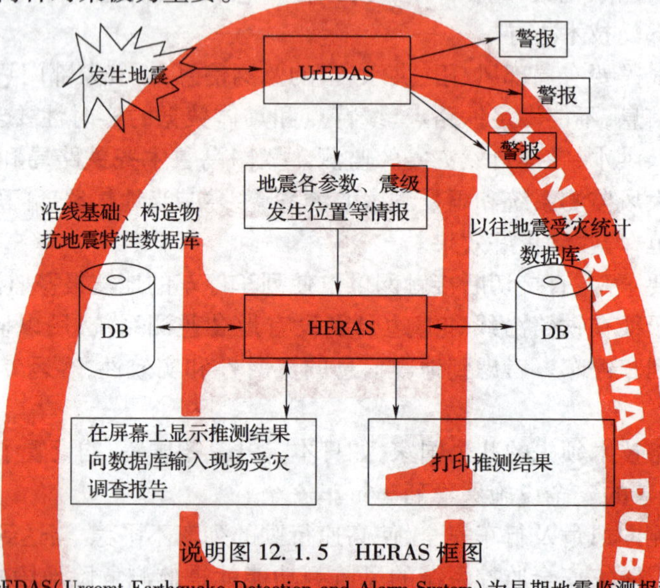

说明图 12.1.5　HERAS 框图

注:UrEDAS(Urgemt Earthquake Detection and Alarm System)为早期地震监测报警系统。

12.2.1　日本新干线根据地形,在主要河流长大桥梁、高路堤、高架桥风较强处、气象资料的最大风速记录处、强风穿过的中心处设置风向风速计。当瞬时风速等于或大于 20 m/s 时,日本新干线并始对列车运行进行管制。所以,历史上有接近 20 m/s 瞬时风速的风口区域均设置风向风速计,平均每 10 km 设置一处。

法国高速铁路开发了防风模型,在新建线路每个需要设置风向风速计的地点都进行风险评估研究,主要包括线路地形学研究、风洞模拟实验和对过去几年以及历史上整条线路的气象数据库研究。这些研究工作结束后,就可以确定设置地点、数量、防风区长度。有些风力特殊地点(如峡谷地带),根据风洞试验需要设置挡风墙,以降低风对列车运行的影响,从而确保列车能以舒适速度行驶。法国地中海高速线设置 12 处风向风速测量站,平均 20 km 设置一站(每站 4 个风向风速计)。

12.2.2　桥上风向风速计设在距线路中心水平距离不小于 3.0 m 的规定,是参照接触网支柱的侧面限界确定的。关于风向风速计距轨面的高度,法国规定,风向风速计距轨面垂直高度 4 m;若周围有建筑物,则风向风速计距建筑物距离应大于建筑物高度的 10 倍;本暂规规定风向风速计距轨面垂直高度 5 ~7 m。

12.2.6　据日本资料介绍,雪量监测设备设置在 10 年概率积雪深度从轨枕板算起 36 cm 以上处。

12.2.7　风、雨、洪水、雪监测信息报警门限值的确定与线路状况、周边环境以及列车运行工况等因素有关。对于某一客运专线铁路,在线路基础设施相同和列车运行状况基本相对一致情况下,其报警门限值基本一样。但我国幅员辽阔,气候多变,水文复杂,客运专线列车运行环境也不一样,报警门限值不能统一确定,这就需要结合具体线路基础状况、气候与地理条件、灾害致灾强度综合分析,按各区段具体情况有针对性研究确定。

日本东北新干线设置了 47 段大风限速区间;上越新干线设置了 21 段大风限速区间。在这些限制区内设置了风速计,根据风速等级逐级限制车速。

东北、上越、长野新干线警报标准如说明表 12.2.7 所示。

说明表 12.2.7 强风时列车运行管制规则

风速 v(m/s)	一般区间	设置一定标准的挡风墙区间
$20 \leqslant v < 25$	列车限速 160 km/h 以下	不限速
$25 \leqslant v < 30$	列车限速 70 km/h 以下,也可视具体情况停运	列车限速 160 km/h 以下
$30 \leqslant v < 35$	停运	列车限速 70 km/h 以下,也可视具体情况停运
$v \geqslant 35$	停运	停运

注:风速指瞬时风速。

我国兰新复线试验表明,当挡风墙高度为 3 m 时,其墙后水平距离 4.5 m 位置的倾覆力矩系数为零。设有挡风墙,同样的大风情况下,可减少停运,提高车速。日本新干线实践证明:采用挡风墙后,过去因 30m/s 以上风速造成停车的列车,其 40% 可改以 70 km/h 速度慢行;过去以 70 km/h 慢行的列车,其 90% 可改成以 160 km/h 速度慢行;过去必须以 160 km/h 速度慢行的列车,其 90% 可以正常行驶,大大降低了风对列车的影响。

12.2.8 ~ 12.2.9 日本新干线地震监测系统中,当监测信息达到报警门限值时立即切断牵引变电所对接触网的供电,迫使列车紧急停车。

法国高速铁路(地中海线)沿线地震监测系统,由法国铁路部门投资并委托法国地震部门设计、施工和维护,法国铁路部门负责运营管理和使用。当监测到地震加速度信息达到规定报警门限值时报警,低级别警报对列车限速 170 km/h,高级别警报列车停车;地中海线平均每 10 km 设一个地震监测点。

条文中在地震动峰值加速度等于或大于 0.1g 的牵引变电所设置地震仪的规定,是铁道部科教司科研合同[99Z05]研究结论。当监测到 45gal 时,系统报警并发出控制信号,以切断该牵引变电所供电使列车紧急停车。

12.3.1 ~ 12.3.2 条文是参考《京沪高速铁路设计暂行规定》(铁建设〔2004〕(157 号)制定的。轨温监测规定是京沪高速铁路研究项目主要针对有砟轨道地段研究得出的结论,无砟轨道地段是否设置及如何设置有待另外研究。

轨温监测当达到规定的报警限值时,通知巡检和维修,并根据需要对列车限速,报警标准应根据道床状态、环境温度等因素综合确定。

13.3.3 火灾主要指旅客列车上火灾和车站站房(含动车段、车场存车线等)火灾。

高速行驶的列车轴温会升高,甚至发生燃轴、切轴事故使列车倾覆;旅客列车上火灾及轴温监测设备由车辆制造商完成,其报警信息通过列车总线通知司机减速;同时信息通过无线传送本系统,系统通过调度中心对列车采取措施。

车站站房火灾监测参照《火灾自动报警系统设计规范》(GB 50116)进行。该规范主要针对建筑物而言,对车站站房火灾监测设计具有指导意义。火灾自动报警系统根据火灾报警情况通知列车停车和自救,必要时请求当地公安消防部门救援。

12.4.2 高速列车行驶时,任何进入铁路建筑接近限界范围内的物体对高速列车都是非常危险的,必须对其防护和实时监测报警。

防止公路落物、坠车和山体崩塌落石等事件侵入铁路限界应设置安全防护网或安全防护设施,在设有安全防护网或安全防护设施地点及有可能发生滑坡的地点都应设置监测报警装置,并根据需要可设图像监视设备。

12.4.3 通常在事故易发地段,如车站、公路跨越铁路、隧道口等地点设置列车防护开关。列车防护开关有两大作用:一是确保维修人员安全,当维修人员必须占用线路设施进行维修作业时,相关区段应当禁止列车通行。防护措施之一是通过调度中心禁止列车通行,措施之二是由维修人员在现场打开列车防护开关禁止列车通行。二是确保列车安全,当维修人员发现线路有危及列车安全的危险情况时,维修人员打开列车防护开关,迫使接近的列车立即停车。

日本新干线站间平均 500 m 设置一对列车防护开关,站台每间隔 50 m 设置一处;法国地中海线平均每间隔 1 500 m 设置一对列车防护开关。

12.4.4 铁路沿线各生产房屋点多线长,大多无人值班甚至无人值守,设备的正常运行直接影响列车安全行车和正点率。所以,需对设备的安全和防盗进行监测报警,防护手段可采用智能建筑中的门禁防盗系统。门禁防盗系统主要由 IC 卡电子门锁系统、电视监视控制系统和电子防盗报警系统组成;门禁防盗报警信息传至相关管理部门。

13.1.1 因技术、材料等客观条件的限制,实施单项污染治理工程后仍不能达到相关环境保护标准但可减缓环境影响时,设计时应予说明。

13.1.3 环保工程设计应随时了解环境保护管理要求,确保全面落实环境影响报告书(表)及其审批意见。

13.2.1 经济比选是将声屏障费用与受保护对象的拆迁费用、受声点防护费用进行比较,以决定采用何种治理方案。

13.2.3 列车运行噪声源强是参照国外动车噪声源强的上限值确定的。

无砟轨道在无道床表面吸声板的情况下,噪声源强比有砟轨道噪声源强一般增加3 ~ 4 dB。

根据调研,现有动车车窗下缘到轨面的距离约为 2 050 mm。

13.2.4 考虑到目前国家尚无声屏障相关的设计规范,在结构设计时采用的主要设计规范有:《建筑结构荷载规范》(GB 50009)、《建筑地基基础设计规范》(GB 50007)、《混凝土结构设计规范》(GB 50010)、《砌体结构设计规范》(GB 50003)、《钢结构设计规范》(GB 50017)、《冷弯薄壁型钢结构技术规范》(GB 50018)和《建筑抗震设计规范》(GB 50011)等。

13.2.5 我国酸雨发生频率较高,对声屏障结构中的金属材料表面进行防酸蚀处理是必要的。

13.2.6 路基声屏障可以在混凝土基础内设置横向排水管,并根据雨量、汇水面积和排水管坡度决定管径和布置方案。

13.3.2 垃圾转运站一般设在车站、动车段或单独建设。

本条所指的垃圾转运站是指具有一定规模、可进行分类、压缩和有转运功能的垃圾集中处置中心,原则上一个地区设一处垃圾集中处置中心,处置中心流程如说明图 13.3.2 所示。

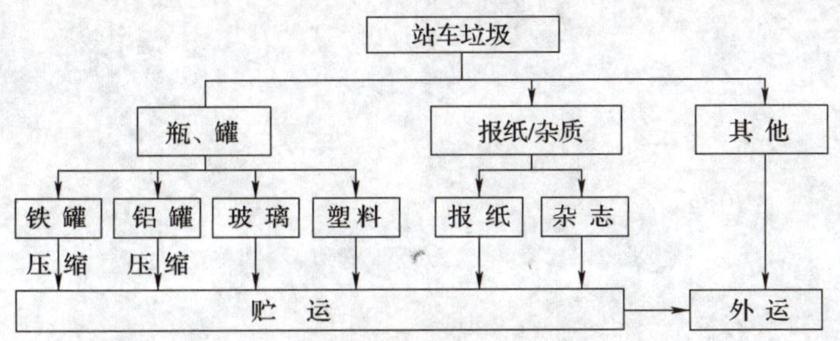

说明图 13.3.2 垃圾集中处置中心流程图

本次印刷已根据铁道部铁建设〔2007〕104 号《关于发布〈铁路轨道设计规范〉等八项铁路工程建设标准局部修订条文的通知》作了修改。

中华人民共和国行业标准

铁建设〔2003〕18 号

青藏铁路高原多年冻土区工程设计暂行规定（上册）

（2003 年局部修订版）

2003—03—12 发布　　　　2003—03—12 实施

中华人民共和国铁道部　发布

前　言

《青藏铁路高原多年冻土区工程设计暂行规定(上册)(2003 年局部修订版)》系在总结青藏线格拉段开工以来设计、施工经验,以及试验工程阶段性成果基础上,对原《暂规》进行局部修订而成。

本暂行规定共分九章九个附录。内容包括总则、术语和符号、基本规定、路基工程、桥涵工程、隧道工程、房屋建筑、给排水工程、环境保护等。

局部修订的主要内容:

1　对各类混凝土工程的耐久性要求作出了规定。

2　对工程有影响的地表水和冻结层上水处理作出了规定。

3　对过渡段的长度作出了规定。

4　修改了路基压实标准。

5　对高含冰量冻土地段路基设计标准进行了修改和完善。

6　取消了桥涵工程可采用预制拼装结构的规定。

7　取消了钻孔打入桩的有关规定。

在执行本暂行规定过程中,希望结合工程实践、科研成果,认真总结经验,积累资料,及时提出修改补充意见。有关资料请寄送:铁道第一勘察设计院(兰州市和政路 75 号,邮政编码 730000),并抄送铁道部建设管理司技术标准处(北京市复兴路 10 号,邮政编码 100844)供暂行规定修改参考。

本暂行规定由铁道部建设管理司负责解释。

主编单位:铁道第一勘察设计院

参编单位:中铁西北科学研究院

中科院寒区旱区环境与工程研究所

主要起草人:铁道第一勘察设计院

胡焕明　张增准　米　隆　龙锦永　吴少海　石　瑾　周致强

苏新民　岑玉荣　黄双林　曹永刚　栗　健　尹江华　孙士云

中铁西北科学研究院

黄小铭　钱征宇　答治华

中科院寒区旱区环境与工程研究所

吴紫汪

目 次

1 总　则

1.0.1 为满足青藏铁路多年冻土区工程设计的需要，统一设计技术标准，保障工程设计符合安全、适用、耐久、技术先进、经济合理的要求，制订本暂行规定。

1.0.2 本暂行规定适用于青藏铁路高原多年冻土区路基工程、桥涵工程、隧道工程、房屋建筑、给排水工程和环境保护设计。

1.0.3 各类工程设计应考虑高原多年冻土区特殊的气候条件、气温波动、地质条件和建筑环境对建筑基础、结构形式、建筑材料、施工方案和养护维修的要求，选用相应的设计原则。

1.0.4 各类工程设计应充分考虑水对多年冻土的影响，并采取有效措施，对工程有影响的地表水和冻结层上水进行处理。

1.0.5 各类工程设计应采用成熟可靠的先进技术、先进工艺及新型材料。

1.0.6 在多年冻土区进行各类工程设计时，应充分考虑工程建设对高原多年冻土区自然环境和生态环境的影响，采用有效措施，保护环境。

1.0.7 本暂行规定是现行有关规范的补充，暂行规定内未作规定的仍按现行规范执行，与现行规范不一致的按本暂行规定执行。

注：加粗字体为局部修订的条款。

2 术语和符号

2.1 术 语

2.1.1 多年冻土

冰结状态持续二年或二年以上的土(岩)。

2.1.2 融区

多年冻土区由于热力作用形成的非多年冻土地段。

2.1.3 冻土总含水率

冻土中所含冰和未冻水的总质量与土骨架质量之比,用百分数表示。

2.1.4 季节冻结层

每年寒季冻结、暖季融化,其年平均地温高于0 ℃的地表层,其下卧层为非冻结层或不衔接多年冻土层。

2.1.5 季节融化层

每年寒季冻结、暖季融化,其年平均地温低于0 ℃的地表层,其下卧层为多年冻土层。

2.1.6 多年冻土天然上限

天然条件下,多年冻土层顶面的埋藏深度。

2.1.7 多年冻土人为上限

人为条件影响下,多年冻土层顶面的埋藏深度。

2.1.8 多年冻土下限

指多年冻土层下底面的埋藏深度。

2.1.9 衔接多年冻土

直接位于季节融化层之下的多年冻土。

2.1.10 不衔接多年冻土

季节冻结层的冻结深度浅于天然上限的多年冻土。

2.1.11 盐渍化冻土

冻土中易溶盐的含量超过规定的限值时称盐渍化冻土。

2.1.12 冻结泥炭化土

冻土中当土的泥炭化程度超过规定的限值时称冻结泥炭化土。

2.1.13 地温年较差

某一深度处地温在一年中最高与最低温度的差值(一般按一年中最热月与最冷月的月平均温度计算)。

2.1.14 年平均地温

多年冻土地温年较差为零的深度处的地温。年零较差的深度称地温年变化深度。

2.1.15 融沉系数

冻土融化过程,在自重作用下产生的下沉量、与融化前相应厚度之比值。

2.1.16 融化压缩系数

指冻土融化后,在单位荷重下产生的相对压缩变形量。

2.1.17 冻胀率

指单位冻结深度的冻胀量。即某一冻结深度范围内的冻胀量与相应的冻结深度之比值。

2.1.18 冻结强度

土与基础侧表面冻结在一起所能承受的最大剪应力。

2.1.19 冻土抗剪强度

冻土抵抗剪切破坏的能力。

2.1.20 冻胀力

指土的冻胀受到约束时产生的力。

2.1.21 切向冻胀力

地基土在冻结膨胀时,沿切向作用在基础侧表面的力。

2.1.22 法向冻胀力

地基土在冻结膨胀时,沿法向作用在基础底面的力。

2.1.23 水平冻胀力

地基土在冻结膨胀时,沿水平方向作用在结构物或基础表面的力,包括沿切向和法向的作用。

2.1.24 标准冻深

非冻胀黏性土,地表平坦、裸露、城市之外的空旷场地中,不少于10年实测最大冻深的平均值。

2.1.25 标准融深

衔接多年冻土地区,对非融沉黏性土、地表平坦、裸露的空旷场地中,不少于10年实测最大融深的平均值。

2.1.26 冻结指数

一年中低于0℃的气温与相应持续时间乘积的代数和。

2.1.27 热融滑塌

高含冰量冻土分布的自然坡面,由于冻土融化而引起上覆土体下滑的现象,一般具有溯源性,又称热融滑坡。

2.1.28 融冻泥流

缓坡上的细粒土,受反复的冻融作用而结构破坏,饱水土体沿山坡向下缓慢蠕动的现象。

2.1.29 热融湖(塘)

多年冻土地区地下冰融化形成的积水洼地。

2.1.30 冰椎

多年冻土地区地下水在寒季流出地表冻结所形成的冰体。河流中形成的冰椎也称冰幔。

2.1.31 冻土沼泽

在多年冻土区,由于地表水、地下水的影响,地面长期潮湿,生长喜湿和喜水植物,并有泥炭堆积的山前斜坡或山间洼地。

2.1.32 冻胀丘

由土的差异冻胀作用所形成的丘状地形。

2.1.33 冻融圈

多年冻土地区隧道洞身开挖,使围岩受环境温度变化而产生季节融化冻结的影响带。

2.1.34 融化指数

一年中高于0 ℃的气温与相应持续时间乘积的代数和。

2.1.35 自然通风基础的通风模数

为通风空间中进气孔与排气孔的总面积与房屋平面外部轮廓所包面积的比值。

2.1.36 热桩(热管桩)

内部采用了液汽两相转换对流循环热虹吸(重力式低温热管)装置的桩基。

2.1.37 热棒基础

将重力式低温热管插入基础中或放置侧面的基础系统。

2.1.38 融化盘

采暖建筑物下,多年冻结地基土的一部分发生融化,形如盘、盆状,故称融化盘。

2.1.39 冻结层上水

分布在多年冻土层之上的地下水。

2.1.40 冻结层间水

被多年冻土完全包围或半包围的自由重力水。

2.1.41 冻结层下水

处在多年冻土层之下的地下水。

2.1.42 冻土核

在多年冻土地区的天然地面上进行范围不大的人工填土时,在剖面上,保留或出现的冻土体。

2.1.43 不良冻土现象

又称不良冷生现象。指土体的冻结和融化作用产生的对工程有不利影响的新形成物及中小型地形,如冰椎、冻胀丘、融冻泥流、热融滑塌和热融湖(塘)等现象。

2.1.44 路基工后沉降

路基竣工辅轨开始以后产生的沉降量。

2.2 符　　号

2.2.1 冻土物理力学性质指标

1　W_A——冻土总含水率(%)

2　i_c——冻土相对含冰率(%)

3　i_v——冻土体积含冰率(%)

4　ρ——冻土天然密度(kg/m³)

5　ρ_a——冻土骨架密度(kg/m³)

6　ρ_d——冻土干密度(kg/m³)

7　I_p——冻土塑性指数

8　e——冻土孔隙比

9 δ_0——冻土融化下沉系数(%)

10 η——冻土层的平均冻胀率(%)

11 ζ——盐渍度(%)

12 ξ——泥炭化程度(%)

13 m_v——冻土融化后体积压缩系数(MPa^{-1})

14 τ_d——切向冻胀力(kPa)

15 H_d——水平冻胀力(kPa)

16 σ_0——冻土地基基本承载力(kPa)

17 W_u——冻土未冻含水率(%)

18 S_t——冻土饱和度(%)

19 I_L——土的液性指数

2.2.2 冻土热学性质指标

1 λ_f、λ_u——冻土、未冻土导热系数〔W/(m·℃)〕

2 c_f、c_u——冻土、未冻土比热

3 α_f、α_u——冻土、未冻土导温系数(m^2/h)

4 C_f、C_u——冻土、未冻土容积热容量〔J/(m^3·℃)〕

5 Q——冻、融土的相变热(J)

2.2.3 冻土季节冻结、融化参数

1 H_t——多年冻土天然上限(m)

2 H_r——多年冻土人为上限(m)

3 T_p——设计频率年平均气温(℃)

4 T_H——勘测年的平均气温(℃)

5 T_{cp}——年平均地温(℃)

6 Ψ——土质影响系数

3 基本规定

3.0.1 高原多年冻土的地温分区,按多年冻土年平均地温 T_{cp},可分为以下四类:

1 多年冻土年平均地温 $T_{cp} \geq -0.5$ ℃时,属高温极不稳定冻土区;

2 多年冻土的年平均地温 -1.0 ℃ $\leq T_{cp} < -0.5$ ℃时,属高温不稳定冻土区;

3 多年冻土的年平均地温 -2.0 ℃ $\leq T_{cp} < -1.0$ ℃时,属低温基本稳定冻土区;

4 多年冻土的年平均地温 $T_{cp} < -2.0$ ℃时,属低温稳定冻土区。

3.0.2 高原多年冻土按总含水率,可分为少冰冻土、多冰冻土、富冰冻土、饱冰冻土和含土冰层等五类(见附录A)。其中富冰冻土、饱冰冻土和含土冰层又统称为高含冰量冻土。

3.0.3 多年冻土区各类工程地基设计应根据冻土的地温分区和工程地质分类进行,并遵循以下设计原则:

1 保护多年冻土的设计原则;

2 延缓多年冻土融化速度的设计原则;

3 破坏多年冻土的设计原则。

3.0.4 在低温稳定区和低温基本稳定区应采用保护多年冻土的设计原则。

3.0.5 高温不稳定区应根据其使用条件和工程地质条件,经技术经济比选后,确定采用保护多年冻土的设计原则或延缓多年冻土融化速度的设计原则。

3.0.6 高温极不稳定区应根据其使用条件和工程地质条件,经技术经济比选后,确定采用延缓多年冻土融化速度的设计原则或破坏多年冻土的设计原则。

3.0.7 按破坏多年冻土的设计原则,采取预先融化状态设计时,可按季节冻土进行地基设计。

3.0.8 建筑工程在施工和使用期间,应对周围环境采取保护措施。

3.0.9 按保护多年冻土和延缓多年冻土融化速度的设计原则设计的大桥、特大桥、高含冰量冻土地段的路基、涵洞、站场、房屋建筑、给排水等工程应选择监测点在施工和使用期间进行地温和沉降监测。

3.0.10 各类工程建筑物现场浇筑的混凝土应符合《青藏铁路高原冻土区混凝土耐久性技术条件》(科技基函〔2002〕56号)的要求。

4 路基工程

4.1 一般规定

4.1.1 线路位置选择应遵循下列原则：

1 线路应选择在干燥、向阳的缓坡上部地带以路堤形式通过；在高含冰量冻土地段不宜以路堑、零断面及低于最小设计高度的低路堤通过，难以避免时，应减少该地段的长度。

2 山前线路宜选择在融冻泥流扇形地貌外缘的下方以路堤通过。若山前有大面积融区分布，应选择在融区上通过。

3 线路走行在沿河河谷时，应选择在高阶地、稳定及基本稳定的多年冻土区或全融化的低阶地、高河漫滩区通过，应避免顺着河流融区与多年冻土区过渡带、融区与冻土岛间隔分布等不稳定地段通过。

4 线路宜避免在具有大面积汇水条件低凹地带通过。如不能避免，应考虑设置有效的防排水措施或以桥的形式通过。

5 线路应避免通过不良冻土现象发育地段。如必须通过时，应符合下列要求：

1）线路遇冰椎、冻胀丘和热融滑塌地段，应在其下方直接影响范围之外以路堤通过，若冰椎、冻胀丘、热融滑塌活动范围较大，属年年发生的活动性冰椎、冻胀丘、热融滑塌地段，应与设桥方案进行比选；

2）线路通过冻土沼泽（沼泽化湿地）、热融湖（塘）地段，应作路桥比较，并采取相应的工程措施，以保证工程的稳定。

6 多年冻土区铁路线位距青藏公路的横向距离一般情况不应小于100 m。

4.1.2 填筑在地面横坡陡于1:5或天然上限以上松软的斜坡上的路堤，应检算路堤沿山坡表面及冻融交界带滑动的可能性，必要时应采取保护坡脚多年冻土的措施或设置支挡建筑物，经技术经济比较，也可设旱桥通过。

4.1.3 过渡段路基的设计应符合下列原则：

1 高含冰量冻土不同地温过渡段，其中低地温段应按相对高地温段要求设计。

2 高含冰量冻土与少冰、多冰冻土过渡段，融区与多年冻土区过渡段应分别按高含冰量冻土和多年冻土的要求设计。

3 填挖过渡段应做基底换填，换填厚度经热工计算确定，换填基底除需与挖方地段换填基底顺接外，还应设置沿线路纵向的排水坡，向路堤填方方向排水。

4 路桥过渡段

1）路基填料，压实度和沉降量应符合本暂行规定4.1.5、4.1.6条要求。

2）处于高含冰量冻土地段的路基还应符合本暂行规定4.3节的规定。

5 过渡段的长度一般不应小于20 m。

4.1.4 高含冰量冻土地段路堤最小设计高度应符合下列要求：

1 路堤填料为一般黏性土时,最小设计高度应根据多年冻土不同地温分区的温度状况经热工计算确定,亦可按表 4.1.4—1 取值。

表 4.1.4—1 高含冰量冻土地段黏性土路堤最小设计高度

多年冻土地温分区	低温稳定区	低温基本稳定区	高温不稳定区
多年冻土年平均地温 T_{cp}	$T_{cp} < -2.0$ ℃	-2.0 ℃ $\leq T_{cp} < -1$ ℃	-1 ℃ $\leq T_{cp} < -0.5$ ℃
最小设计高度(m)	1.50	1.90	2.30

2 路堤填料为非黏性土时,最小设计高度除应符合表 4.1.4—1 的规定外,还需考虑填料的影响,一般情况下,不同填料换算的最小设计高度可按表 4.1.4—2 规定的换算系数乘以表 4.1.4—1 规定的数值取值。

表 4.1.4—2 路堤最小设计高度土质换算系数

填料名称	一般黏性土	砂类土	砂、砾混合土	块、卵石土
换算系数	1	1.20	1.30	1.40

3 位于地面横坡陡于 1∶5的斜坡上的路堤,路堤填土高度应以上坡侧路堤边坡高度为准。

4.1.5 路堤填料应符合下列要求:

1 路基填料,应符合《铁路路基设计规范》(TB 10001—99)的有关规定,并优先采用 A、B 组填料中的粗粒土填料。

2 严禁使用富含腐植质的土、草炭土、泥炭土、草皮以及冻土作为路基填料。

3 选择路基填料时,还应考虑冻结层上水的发育程度及填料的冻胀敏感性,有条件时宜采用卵砾石土作填料。

4.1.6 路基压实度和沉降控制应符合下列要求:

1 路基基床及基床以下部位填料的压实度

对细粒土和黏砂、粉砂及可击实的砾石类土、碎石类土应采用压实系数与地基系数作为控制指标;对细砂、中砂、粗砂、砾砂及不可击实的砾石类土、碎石类土应采用相对密度与地基系数作为控制指标;对块石类混合料应采用地基系数作为控制指标。压实度应分别符合表 4.1.6—1 与表 4.1.6—2 的规定值。

表 4.1.6—1 基床土的压实度

填筑部位	填料类别 / 压实指标	细粒土和黏砂、粉砂	细砂、中砂粗砂、砾砂	砾石类	碎石类	块石类混合料
表　层	压实系数 K_h	0.91	—	0.91	0.91	—
	地基系数 K_{30}(MPa/cm)	0.9	1.0	1.2	1.2	—
	相对密度 D_r	—	0.75	0.75	0.75	—
底　层	压实系数 K_h	0.89	—	0.89	0.89	—
	地基系数 K_{30}(MPa/cm)	0.8	0.8	1.0	1.0	1.2
	相对密度 D_r	—	0.7	0.7	0.7	—

表 4.1.6—2 基床以下部位填料的压实度

填筑部位	压实指标 \ 填料类别	细粒土和黏砂、粉砂	细砂、中砂粗砂、砾砂	砾石类	碎石类	块石类混合料
不浸水部分	压实系数 K_h	0.86	—	0.86	0.86	—
	地基系数 K_{30}(MPa/cm)	0.7	0.7	0.8	0.8	1.0
	相对密度 D_r	—	0.65	0.65	0.65	—
浸水部分及涵洞缺口	压实系数 K_h	0.89	—	0.89	0.89	—
	地基系数 K_{30}(MPa/cm)	0.8	0.8	1.0	1.0	1.2
	相对密度 D_r	—	0.7	0.7	0.7	—

2 在高温极不稳定区,当采用延缓多年冻土融化速度的设计原则设计时,应控制工后沉降量不超过30 cm,其融化压缩层厚度可按1.3~1.5倍天然上限计算,当计算的工后沉降量超过30 cm时,应采取更可靠的工程措施。

4.1.7 路基设计应根据路基工程场地的多年冻土条件和路基工程类别,提出适宜的施工季节。

4.1.8 多年冻土区的支挡、防护建筑物不得采用浆砌片石结构。

4.2 少冰、多冰冻土地段的路基

4.2.1 少冰、多冰冻土地段的路堤设计应符合《铁路路基设计规范》(TB 10001—99)的有关规定,路基填料、压实度和沉降控制应符合本暂规第4.1.5、第4.1.6条的规定。

4.2.2 路堤可直接填筑在天然地面上,但不宜清除地表草皮。

4.2.3 少冰、多冰冻土地段路堑设计应符合《铁路路基设计规范》(TB 10001—99)第7.1、7.2节的规定。

4.2.4 路堤基底、路堑路基面以下2倍天然上限范围内夹有累计小于0.15 m厚的含土冰层或0.4 m厚的饱冰冻土或0.6 m厚的富冰冻土的地段路基可按少冰、多冰冻土地段路基设计,但应加宽路基面预留沉落量。

4.3 高含冰量冻土地段路基

4.3.1 低温稳定区、低温基本稳定区路堤设计,应符合下列要求:

1 地面横坡缓于1:5的高含冰量冻土(包括路堤基底2倍上限范围内有累计大于0.15 m厚的含土冰层或0.4 m厚的饱冰冻土或0.6 m厚的富冰冻土地段),填土高度大于路堤最小设计高度,但小于3.0 m的路堤,可按本暂行规定第4.2.1,第4.2.2条办理,路堤边坡坡率为1:1.5。

2 路堤两侧坡脚宜设碎、片石护道或护坡,石料应采用坚硬、耐冻的直径不小于100 m,且不易风化。

3 碎、片石护道的尺寸应根据路堤边坡高度、两侧边坡的高差及边坡坡面朝向确定,一般可采用高1.5~3 m,宽1.5~2.5 m,边坡坡率与路堤边坡坡率相同。碎、片石护坡

的厚度不宜小于 0.8 m,碎、片石粒径不宜小于 10 cm。

4　填土高度大于 6 m 的填土路堤在路堤上部 4 m 范围内铺设土工格栅,填土高度大于 3 m 的填土路堤可在路堤上部 2 m 范围内铺设土工格栅。

5　低路堤(填土高度小于路堤最小设计高度的路堤及零断面)设计应按下列要求进行:

1)为防止修筑路堤后,多年冻土上限下降造成路堤的热融下沉,其基底应按本暂行规定第 4.3.2 条路堑基底的要求进行换填,换填厚度应经热工计算确定。并符合本暂行规定 4.1.3 条第 3 款的规定;

2)当采用卵砾石土作为换填材料时,为防止地表水渗入,应在地面上设置复合土工膜防渗层,防渗层表面应设向外成 4% 的横向排水坡,以利排水;

3)半填半挖地段路基边坡、基底应根据高含冰量冻土的分布、坡面朝向、地温情况及填料的来源采用全部或部分换填处理。换填厚度应通过热工计算确定,当计算换填厚度大于路堤最小设计高度时,应按计算换填厚度设计;当计算换填厚度小于路堤最小设计高度时,应按路堤最小设计高度设计;换填底面应设向外成 4% 的排水横坡。

4)当采用工业保温材料作保温层时(如聚氨脂板或聚苯乙烯板等),保温层距路肩的距离不小于 0.8 m,距地面的距离不小于 0.5 m,并设自路基中心向两侧成 2% 的排水横坡,保温板上下各设一层 0.2 m 厚中粗砂垫层,保温板的厚度一般可选用 0.06 ~ 0.08 m,宽度较铺设处路基宽度小 1.20 m(两侧各 0.60 m),根据地层的含冰情况(含冰量、分布深度等),必要时可增设热棒等主动保护多年冻土的措施。

6　埋深较浅的含土冰层地段路堤宜采用碎、片石通风路基,可在路基下部距地面不小于 0.3 m 填厚度不小于 1.0 m 的碎、片石层,碎、片石的尺寸为 0.1 ~ 0.3 m。碎、片石顶部应设卵砾石垫层。

4.3.2　低温稳定区、低温基本稳定区路堑设计,应符合下列要求:

1　路堑边坡、基底应根据高含冰量冻土层的分布、坡面朝向、地温情况及填料时来源采用全部或部分换填处理。换填厚度应通过热工计算确定。无计算资料时,换填厚度可采用 1.3 ~ 1.4 倍天然上限(换填材料选用当地土时),边坡坡率 1∶1.75 ~ 1∶2.0。

2　当路堑边坡、基底全部换填卵砾石土时,基床及边坡应设置防渗层,以防水渗入;基底应设置沿线路纵向的排水坡,向填方方向排水。

3　当地卵砾石土来源困难时可选用含水量小于塑限的细粒土作换填材料,基床表层 0.6 m 及换填细粒土下部 0.5 m 的范围应采用卵砾石土。

4　路基面以下设置保温层(聚氨脂板或聚苯乙烯板),保温板应设在路肩以下 0.8 m 处。

5　路堑堑顶应采用包角式断面形式,堑顶包角宽度为 1.0 m,外侧边坡坡率 1∶1.75,内侧边坡坡率应与路堑边坡一致。高程宜高出原地面 0.8 m。

6　为截排流入路堑的地表水和冻结层上水,路堑堑顶上侧应设挡水埝和埋设挡水板,并在路堑开挖前完成。

7　路堑边坡视其边坡高度、降水量大小及含冰地层的分布情况(含冰量、厚度、分布深度等),必要时应采用拼装式骨架护坡、堆填碎石护坡、堆填片石护坡或利用已移植的草皮防护。堆填碎石护坡、堆填片石护坡厚度不宜小于 0.8 m,碎、片石粒径不宜小于 10 cm。

4.3.3 高温不稳定区的路基设计，应符合下列要求：

1 路堤两侧应设碎、片石保温护道，护道的尺寸应根据路堤边坡高度、含冰地层的分布、地温情况、路堤边坡朝向决定。路堤边坡较高一侧和朝阳的一侧可选用较高的护道。并应符合本暂规第4.3.1条第2、3、4款的要求。

2 按保护多年冻土的设计原则设计的路基应符合本暂行规定第4.3.1、4.3.2条的规定。

3 按延缓多年冻土融化速度的设计原则设计的路基应根据冻土的分布、填料、路基的填挖及地温等情况，选用下列措施：

1) 采用碎、片石通风路基，在路基下部距地面不小于0.3 m，填厚度不小于1.0 m的碎、片石层，碎、片石的尺寸为0.1～0.3 m。碎、片石层顶部应设卵碎石垫层。

2) 在路堤下部埋设通风管，通风管应采用钢筋混凝土管，通风管应伸出路堤边坡不小于30 cm。埋设位置宜在地表以上0.7 m，有效孔径及间距应通过热工计算确定。

3) 非通风路堤两侧或向阳一侧设倾填碎、片石通风护道，碎、片石尺寸应符合第1项的规定。护道尺寸应考虑边坡朝向的影响，阳坡应选择较大的尺寸。

4) 采用热棒降温措施时，热棒直径和间距应根据热棒类型，所采用的工质等因素通过计算确定，还应考虑阴阳坡的影响，必要时阴阳坡可采用不同的间距。

5) 采用工业保温材料（聚氨脂板或聚苯乙烯板等）保温层的设置应符合本暂行规定第4.3.1条第5款第4项及第4.3.2条第4款的规定。铺设工作宜在寒季末进行。

4 高温不稳定区路基的设计应充分考虑地表水、冻结层上水对路基稳定的影响，并采取有效的排水措施。

4.3.4 高温极不稳定区的路基设计，应符合下列要求：

1 按延缓多年冻土融化速度的设计原则设计的高温极不稳定区的路基，除应满足本暂行规定4.3.1、4.3.2、4.3.3条的规定外，必要时可采用多项措施综合处理。

2 高含冰量冻土厚度较小，埋藏较浅的地段，经技术经济比较后，也可采用清除高含冰量冻土的措施。

3 通过以上措施仍不能保证路基稳定时，宜采用低架旱桥代替填土路基。

4.4 冰椎、冻胀丘地段路基

4.4.1 位于冰椎、冻胀丘下方地段的路基设计，应符合下列要求：

1 路堤上方应设挡水埝、埋设挡水板，以截排冰椎、冰胀丘体融化后的水流。

2 属融区并有较大的地下水流的地段，应设保温渗沟，将地下水引到路堤以外，必要时宜设桥通过。

4.4.2 位于冰椎、冻胀丘上方地段的路基设计，应符合下列要求：

1 在路堤上方靠山侧坡脚外不小于20 m处，应设挡水埝、埋设挡水板及埝外排水沟，以截断季节融化层中地下水通路，使冰椎、冻胀丘在排水沟的上方发展；

2 当存在有冻结层下水时，应设保温渗沟将地下水引排至路基以外；

3 当积冰量很大，或有大量地下水横穿路基时宜设桥通过。

4.5 热融滑塌地段路基

4.5.1 位于滑塌体下方的路基设计,应符合下列要求:

1 在滑塌体的后缘冰层暴露外侧应设置保温护坡,以确保滑塌体稳定。保温护坡厚度应经热工计算确定。必要时应在滑塌体的前缘设置支挡建筑物。

2 应在路堤坡脚设保温护道,路堑上侧堑顶采用包角式断面形式,护道及包角高度、宽度应满足保温层厚度要求,边坡坡率1:1.75。

3 在路堤护道及路堑包角边坡上侧,应设挡水埝埋设挡水板及埝外排水沟(或天沟),挡水埝顶宽1.0 m,高不小于1.5 m,边坡坡率1:1.5;排水沟采用浅宽断面,深0.4 m,宽度视滑塌体上泥流和水流的大小决定,两者净间距不小于2.0 m。

4 保温护道与挡水埝之间,应设通畅的排水通道,不得积水。

4.5.2 位于滑塌体上方当滑塌体溯源最终影响路基稳定时,路基设计应在滑塌体的后缘冰层暴露外侧设置保温护坡,保温护坡的厚度应经热工计算确定,以确保滑塌体的稳定。

4.5.3 穿越滑塌体的路基设计,应符合下列要求:

1 挖除路基基底下滑塌体松软土及基底含土冰层,并予以换填。

2 路堤坡脚两侧设保温护道。

3 当路堤高度小于本暂行规定4.1.4条要求时,在路基下部设置工业保温材料保温层,保温层设置应符合本暂行规定4.3.1条第5款第4项的规定。

4 路基上侧的滑塌体,应根据滑塌体具体情况(如路基位置、下卧冰层厚度、地面横坡等),按本暂行规定第4.5.1条第3款办理。

4.6 热融湖(塘)地段路基

4.6.1 路基通过处在少冰、多冰冻土区及融区的湖(塘)应符合下列要求:

1 当湖(塘)面积不大时,可抽干湖(塘)内积水,挖除湖(塘)底松软土层,然后将湖(塘)目填压实。

2 当湖(塘)面积较大时,可先筑围堰,抽干围堰内积水,挖除路基基底下松软土层,换填渗水土或抛填片石,填筑的渗水土(或抛石)顶面应高出最高水位不小于0.5 m,表面设复合土工膜隔断层,然后再填筑路堤,路堤坡脚两侧应设护道,护道宽度2.5 m,高出最高水位不得小于1.0 m,边坡坡率1:1.75。

3 路堤宽度应考虑预留沉落量,预留量除应考虑路基本体填土压实影响外,还应考虑基底土层压密沉降的影响。

4.6.2 路基通过高含冰量冻土地段的湖(塘),应符合下列要求:

路基通过高含冰量冻土地段的湖(塘)时,应根据路堤基底及湖(塘)周围地层的含冰情况,湖(塘)的发展趋势选用不同的设计原则。

1 当湖(塘)属稳定性湖(塘)时,应按下列原则设计:

1)根据路堤基底含冰情况,应按本暂行规定第4.3节的有关规定办理。

2)根据湖(塘)大小,积水水深,线路通过湖(塘)的位置等,路堤应以渗水土填筑或抛填片石。当渗水土、片石来源困难时,可采用仅在路堤下部填渗水土,渗水土顶面应高出最高水位0.5 m,渗水土顶面应设复合土工膜隔断层或聚氨脂板(或聚苯乙烯板)保温层。

2 当湖(塘)属发展性湖(塘)时,应设桥通过。

4.7 冻土沼泽(沼泽化湿地)地段路基

4.7.1 应根据沼泽水源补给来源,在路堤一侧或两侧设置挡水埝、埋设挡水板。

4.7.2 冻土沼泽地段路堤设计可参照本暂行规定第4.6.2条第1款第2项办理。

4.7.3 路堤边坡两侧应设保温护道,护道高度不宜小于1.5~2.0 m,宽度2.5 m,边坡坡率1:1.75,护道可采用不透水的细粒土填筑。

4.7.4 路堤宽度应考虑预留基底土层压缩下沉量。

4.7.5 当路基通过的湿地地基为高含冰量冻土时,还应符合本暂行规定第4.3节的规定。

4.8 支挡建筑物

4.8.1 位于横坡陡于1:5的斜坡上的路基,路基边坡过高或与公(道)路、输油管、光缆等建筑物相互干扰的路基,必要时应考虑设支挡建筑物收回坡脚。

4.8.2 多年冻土区的支挡建筑物宜采用预制拼装化的轻型、柔性结构,不得采用重力式浆砌片石挡土墙。

4.8.3 挡土墙基础的埋设深度应不小于工点处多年冻土天然上限的1.3倍。

4.8.4 挡土墙基础埋置于高含冰量冻土时,基础底面下应铺设0.50 m厚砂石垫层,垫层宽度应宽出墙址、墙踵各0.50 m。

4.8.5 挡土墙基础宜采用混凝土拼装基础或桩基础,当采用灌注桩时,应用低温早强混凝土,且宜在低温冻土中使用。在高含冰量冻土中,不宜采用现浇混凝土基础。

4.8.6 高含冰量冻土地段挡土墙的施工宜选择在冬季进行,并应精心组织,连续作业,快速施工,基础施工完后,应立即回填,不得积水。

4.8.7 挡土墙的设计荷载除计算土压力外,还应考虑作用在基础上的冻胀力和墙背上的水平冻胀力。水平冻胀力与土压力应按寒季和暖季分别进行计算,水平冻胀力和土压力不应迭加。

4.8.8 作用于墙背主动土压力的计算,应根据多年冻土人为上限位置确定。当墙背融土足够厚,破裂面可在融土内形成时,可按库仑理论计算。当墙背融土较薄,破裂面不能在融土内形成时,应结合多年冻土人为上限计算破裂面,取冻融界面上的内摩擦角和黏聚力来计算土压力。

4.8.9 冻融界面上的内摩擦角和黏聚力应由试验确定。当无试验资料时,可按表4.8.11规定的数值取值。

表4.8.11 土冻融交界面抗剪强度指标 C、ϕ 的设计值

土的类型	内摩擦角 ϕ	黏聚力 C(kPa)
细颗粒土	10°~15°	10~15
砂类土	15°~20°	
碎、砾石土	20°	

4.8.10 当冻融界面确定困难时,也可按库仑理论计算。

4.8.11 当水平冻胀力很大,计算挡土墙断面过大时,应采取减少水平冻胀力的措施。为减少水平冻胀力,可采用柔性结构挡土墙、墙背设渗水土保温层或渗水土和工业保温材料隔热层,并在最下一排泄水孔下设隔水层,隔水层可选用黏性土或复合土二膜。

4.9 路基排水

4.9.1 路基应有良好、完善的排水系统。路基两侧不得积水。排水设施应布置合理,应与路基的护道、桥涵、隧道、车站等排水设备统一考虑、衔接配合,并应有足够的过水能力。

4.9.2 路基排水设施包括天沟、侧沟、排水沟、挡水埝、护道等,各类排水设备的出口,应将水引入桥涵或排至路基以外,以防止水流冲刷、侵蚀路基。并应确保下游建筑物的安全稳定。

4.9.3 高含冰量冻土地段宜修建挡水埝。挡水埝断面尺寸应通过计算确定,一般顶宽不小于1.0 m,边坡坡率1:1.5~1:1.75,填土高度应能引起其下的冻土上限上升,且不小于1.2 m,或挡水埝结合设置挡水板,以有效截断地表水和冻结层上水渗向路基。挡水埝上侧应有良好的排水通道,不得形成积水坑,积水洼地,凡有天然积水坑、积水洼地均应回填或顺坡疏通。

必要时挡水埝、排水沟、天沟可采取防渗、加固和保温措施。

4.9.4 有天然积水或修筑路基后有可能造成积水,排水困难的路段,应在路堤坡脚设防水护道、埋设挡水板或填土压实。

4.9.5 排水平面位置应符合下列要求:

1 高含冰量冻土地段的排水沟、天沟、挡水埝内侧至保温护道坡脚的距离不小于5.0 m。

2 少冰、多冰冻土地段的排水沟、天沟、挡水埝内侧至路堤坡脚或路堑堑顶的距离应不小于5.0 m。

4.9.6 排水沟横断面设计,应符合下列要求:

1 少冰、多冰冻土地段的排水沟、天沟可按一般地区的排水沟、天沟设计,一般可采用0.4 m×0.6 m梯形断面。边坡坡率1:1.0。

2 在高含冰量冻土地段设计排水沟、天沟时,应充分考虑冻土及冰层的埋藏深度,采用宽浅的断面形式,深0.4 m,宽度应按计算确定,边坡坡率1:1.5。

4.9.7 若遇有常年性的深部构造断层裂隙水在冻土层中溢出,不应改变水的原来通道,应设保温盲沟或考虑设桥涵通过。

4.10 取土场、弃土堆

4.10.1 取土坑(场)的设置应贯彻"适当远离线路,分段集中取土"的原则,并应符合环境保护的要求。

4.10.2 取土坑(场)的设置应考虑取土后破坏周围地层的热平衡,造成多年冻土天然上限下降,引起热融沉陷、热融滑塌等新的不良地质病害及对路基稳定的影响。

4.10.3 取土坑(场)应选择在路堤上侧植被稀疏的少冰、多冰冻土的山坡或融区、河滩谷地。富冰、饱冰冻土、含土冰层及不良冻土现象发育地段不得取土。

4.10.4 路堑挖方、隧道弃砟为岩石、少冰冻土、多冰冻土，融化后符合填料要求的应全部作为填料填筑路基及保温护道。

4.10.5 路堑挖方、隧道弃砟为高含冰量冻土时，不得作为路基或保温护道填料，宜在路基下侧远离路基，合理选择弃土(渣)场，间隔堆放，并使冻土融化后能顺利排泄，且不得影响路基及既有建筑物稳定，同时还应考虑对地下高含冰量冻土的影响，也不得影响地表水顺利排泄。必要时需人工顺坡或设置支挡建筑物。

4.10.6 取(弃)土坑(场)至路基间应设计固定行车路线，不得随便任意行车，行车道路宜按填方路堤形式设计，在高含冰量冻土地段，填土高度不宜小于0.7 m。

4.10.7 在多年冻土区，青藏公路两侧50 m范围内，青藏公路桥梁上、下游200 m范围内不得挖砂、取土。

铁路施工不得在青藏公路路基两侧100 m范围内形成人工湖(塘)。施工便道在青藏公路路基坡脚50 m范围内不得采用路堑式横断面，与公路路基衔接处20 m范围内，最大纵坡不得大于5%，便道设置不得侵害公路路基。

4.10.8 取(弃)土可选用挖掘机配自卸汽车，但不得采用推土机和铲运机作为取(弃)土的运输机械。

4.10.9 路堑挖方地段、取土坑(场)地表的植被、草皮，在取土前先行挖除，选址放置，适时洒水培植，以便利用。

4.10.10 取(弃)土坑(场)应整平，并设置必要的排水顺坡及出水口，应避免形成人为的积水坑。

5 桥 涵 工 程

5.1 一 般 规 定

5.1.1 桥涵工程设计应根据桥涵址多年冻土的工程地质特征,选择合理的桥渡方案、桥涵结构类型。

5.1.2 多年冻土区基础设计除应进行地基承载力、变形及稳定性计算外,还应根据冻土的工程地质特征按《铁路桥涵地基和基础设计规范》(TB 10002.5—99)进行冻胀检算。

5.1.3 多年冻土区的桥涵应以原沟单独设置,不应采用长大截水导流工程合并设置桥涵。对径流明显的地区,不应改变水流方向,宜顺水流方向设置桥涵工程,避免长大改沟及减少沟底开挖。

5.1.4 在山前区变迁性河流地段,可采用一河多桥方案,并应做好导流建筑物。

5.1.5 当涵洞入口附近有危害涵洞正常使用的热融滑塌或融冻泥流等不良冻土现象时,应考虑设桥,并应对滑体进行适当处理。

5.1.6 应采取有效的防排水措施使桥涵排水通畅,避免桥涵出入口处及桥下、涵内积水。

5.1.7 桥梁孔径及桥下净空除应满足正常水文要求外,对于存在冰椎、冻胀丘、冰漫及融冻泥流等现象的桥梁,应加大孔径及桥下净空。

5.1.8 高原冻土区的桥梁应选用维修量少,耐久性好的桥梁结构。

5.1.9 位于高温极不稳定冻土区及高含冰量冻土地段的涵洞,应视其径流量大小、径流期长短,采取相应防融沉、防冻胀措施,如换填非冻胀性土、埋设工业保温材料、埋设挡水板等,必要时以桥代涵。

5.1.10 基础设计时,对于可能出现的冻胀或热融引起的变形量均应满足《铁路桥涵地基和基础设计规范》(TB 10002.5—99)的规定。

5.1.11 冻结深度大于 1.0 m 的季节冻土地区基础设计应分别按冻土与非冻土两种状态,考虑基础的变形和稳定,并应进行融沉和冻胀计算。

5.1.12 多年冻土区桥涵基础地基,可按以下基本原则进行设计:

1 保护多年冻土的设计原则—宜用于年平均地温低于 -1.0 ℃的低温基本稳定和稳定冻土。

2 高温不稳定区及高温极不稳定区的桥梁基础设计,应考虑冻结与融化两种状态,并考虑融化过程的影响。

5.1.13 位于高含冰量冻土分布地段、冻土沼泽(沼泽化湿地)地段的桥涵基础,应在 4 ~ 6 月或 9 ~ 10 月施工。

5.1.14 桥涵工程所用的建筑混凝土及水泥砂浆强度及抗冻融性均应符合严寒地区的有关规定要求,桥涵主体与附属工程中不得使用浆砌片石。

5.1.15 桥梁检查设施应根据青藏铁路的特点配备。

5.1.16 高含冰量冻土地段的特大桥应进行基桩荷载试验,以检验其承载力。

5.2 桥 梁

5.2.1 结构类型选择,应符合下列要求:

1 多年冻土区的桥梁上部结构、墩台及基础类型的选择,应结合桥址处冻土的特征,尽可能选择对多年冻土地基破坏最小,能够适应地基的轻微冻胀和下沉的结构型式。

2 在下列河段上桥孔布置宜采用较大跨度,以减少桥墩的设置,并应在基顶至流冰面以上 0.5 m 墩身加设护面钢筋,必要时应增设破冰棱。

1)流冰严重的河段;

2)可能形成冰椎、冻胀丘的河段;

3)上限较深的高含冰量冻土地段以及大河融区的河段。

3 多年冻土地基上的一般桥梁,应优先采用简支梁。

4 桥梁支座不得采用橡胶支座。

5.2.2 基础类型选择,应符合下列要求:

1 适用于多年冻土地区的桥梁基础主要有明挖基础和桩基础。桩基础包括钻孔灌注桩、钻孔插入桩。

2 多年冻土区的明挖基础,适用于基础埋深小于 5 m 的少冰、多冰冻土地基。

3 按保护多年冻土的设计原则设计的明挖基础,基底宜铺设厚度不少于 0.3 m 的卵砾石垫层,并应分层夯实,必要时可考虑在基底设置隔热保温层,并进行防冻胀处理。垫层的宽度和长度应按下列公式计算:

$$B = b + 2\tan 30° \qquad (5.2.2\text{—}1)$$

$$C = c + 2\tan 30° \qquad (5.2.2\text{—}2)$$

式中 B——垫层宽度(m);

C——垫层长度(m);

d——垫层厚度(m);

b、c——基础底面的宽度和长度(m)。

4 钻孔灌注桩适用于各类低温分区及各种岩性的冻土地基,钻孔插入桩适用于年平均地温低于 −0.5 ℃的多年冻土地基。

5 盐渍化冻土、冻土泥碳化层宜采用桩基础。

5.2.3 基础埋置深度及防冻胀处理,应符合下列要求:

1 桥梁墩台基础的埋置深度应满足基底强度、稳定性检算及冻拔力的要求。

2 当按保护多年冻土的原则设计时,基础最小埋深应按以下公式计算:

$$b_m = H_r + \Delta H + \Delta h \qquad (5.2.3\text{—}1)$$

$$\Delta H = H_\tau \cdot A(K_p - K_H) \qquad (5.2.3\text{—}2)$$

$$H_r = K_j \cdot H_r \qquad (5.2.3\text{—}3)$$

式中 h_m——基础埋置深度(m),对于有冲刷的河流按一般冲刷算起;

ΔH——上限的气温变化增量(m);

K_p——设计频率的年平均气温(℃),按 1% 的保证率取值;

K_H——勘察年(即设计选用年)的年平均气温(℃);

A——由气温、地层、植被等条件决定的气温波动上限变化率(%/℃),应由年均

气温—融深变化规律确定。当无资料时可取以下统计值:

一般黏性土地层、无植被覆盖:$A=20\%/℃\sim25\%/℃$

一般黏性土地层、植被覆盖良好:$A=7\%/℃\sim10\%/℃$

根据青藏铁路多年冻土地区 50 年以上气温变化趋势预测,可按 $K_p-K_H=1.0$ ℃计算;

H_r——多年冻土人为上限深度(m);

K_j——经验系数,对于埋式桥台 $K_j=1.0$;对于无冲刷桥墩台 $K_j=1.2\sim1.4$,根据地表破坏程度较小者取小值,破坏程度大者取大值;对于有冲刷桥墩台 $K_j=1.5\sim2.1$,当流速、水深较大者取大值,当流速、水深较小时取小值;

H_t——多年冻土天然上限深度(m);

Δh——安全值(m),对明挖基础 $\Delta h=1.5$ m,对于桩基础 $\Delta h=4.0$ m。

3 当地基为季节冻结层较厚的不衔接多年冻土时可将明挖基础埋置于季节冻结层中。当季节冻结层为冻胀土时,基础应置于冻结线以下不小于 0.25 m,对于弱冻胀土,应不小于冻结深度的 80%

4 当季节融化层为冻胀土时,桩基承台底宜高出地面,其值视冻胀土的厚度确定,一般不少于 0.3 m。

5 在流冰严重的河流上承台顶面应适当降低。

6 桥台锥体坡面铺砌基础的埋置深度,如无冲刷时不应小于 1.25 m。当地基的季节融化层为冻胀土时,基础及埋入地面以下的坡面铺砌两侧宜换填卵砾石土。

7 应加强桥台后桥路过渡段的设计,桥台后缺口及椎体均应填筑卵砾石土,缺口范围填土压密标准应与相邻路基相同。坡面铺砌宜采用砌筑混凝土预制块体,厚度不小于 20 cm,并在坡面上留泄水孔。

8 当地基的季节融化层为冻胀土时,明挖基础应在季节融化层范围内设计成方光体,混凝土表面用砂浆抹光并涂沥青渣油一层(厚 5 ~ 10 mm),铺油毛毡两层,基础周围换填碎石类土。

9 当地基的季节融化层为冻胀土时,对钻孔桩基础应在季节融化层内设钢护筒。

10 当地基的季节融化层为冻胀土时,混凝土桥墩底截面应配置短钢筋,承台与桩的连接钢筋应加强,以增加抗拉强度。

5.2.4 桥梁基础的检算,应符合下列要求:

1 按保护多年冻土的设计原则设计的明挖基础,应根据基础底面附近在运营期间可能出现的地温及其相应承载力,检算地基强度。地基承载力按附录 C 确定,且不进行宽深修正。

2 按破坏多年冻土的设计原则设计的明挖基础除应检算地基强度(按非多年冻土考虑)外,还应计算沉降量,其容许值应符合《铁路桥涵地基和基础设计规范》(TB 10002.5—99)第 3.2.2 条的规定,沉降量的计算可按该规范第 8.3.9 条的规定进行。

3 无论按何种原则设计,明挖基础基底合力偏心距,均应符合《铁路桥涵地基和基础设计规范》(TB 10002.5—99)第 5.2.2 条的规定。

4 基础的抗倾覆稳定性及滑走稳定性检算可按《铁路桥涵地基和基础设计规范》(TB 10002.5—99)第 3.1 节的规定办理。

5 多年冻土钻孔桩基础可按地基土冻结力确定单桩容许承载力,设计时可按照《铁路桥涵地基和基础设计规范》(TB 10002.5—99)第8.3.5条的规定进行。

$$[P]=1/2\sum\tau_iF_im''+m'_0A[\sigma] \qquad (5.2.4\text{—}1)$$

式中 $[P]$——桩的容许承载力(kN);

τ_i——第 i 层冻土的桩侧表面冻结强度(kPa),按《铁路桥涵地基和基础设计规范》(TB 10002.5—99)表G.0.1—1的规定取值;

F_i——第 i 层冻土中桩侧表面的冻结面积,但不包括季节融化层;

m''——冻结力修正系数,对于钻孔灌注桩 $m''=1.3\sim1.5$,对于钻孔插入桩 $m''=0.7\sim0.8$;

m'_0——桩底支承力折减系数,根据孔底含冰量取值,$m'_0=0.5\sim0.9$,含冰量越大取值越低;

A——桩底面积(m^2);

$[\sigma]$——桩底多年冻土容许承载力(kPa)。

6 桩顶反力计算,可采用考虑弹性抗力的“m”法计算,地基系数的比例系数可通过实测确定。若无条件时,可按本暂行规定附录K表选用。

7 钻孔桩中心距离不应小于3倍的成孔桩径。

8 钻孔灌注桩宜通长配筋,配筋率不应少于0.4%。

9 钻孔桩基础应检算冻胀力作用下桩基的稳定性及抗拉强度,当承台埋于季节融化层中,应考虑冻胀力的影响,并检算承台与桩的连接强度。

5.3 涵 洞

5.3.1 结构类型选择,应符合下列要求:

1 多年冻土区的涵洞工程一般可采用钢筋混凝土圆涵、钢筋混凝土矩涵、钢筋混凝土框架箱涵、钢筋混凝土盖板涵。

2 涵洞类型及孔径选择,除应考虑非多年冻土区的有关规定外,还应根据涵洞地基的多年冻土情况,经综合技术经济比较后确定。

3 金属波纹管涵对多年冻土地基的影响较小,在应用之前应进行必要的试验研究。

4 钢筋混凝土圆涵及钢筋混凝土盖板涵,能够适应地基的轻微变形,一般可以采用。但涵洞的主体及附属工程材料应采用混凝土材料。在可能产生较严重的变形时,如按破坏多年冻土的设计原则设计,宜优先采用钢筋混凝土拼装化矩涵,必要时应加强涵节之间的连接。

5 各类涵洞应每隔2.0~4.0 m设一道沉降缝,沉降缝材料可选用改性沥青麻筋。对径流长、径流量大的涵洞,必要时可采用膨胀橡胶等材料。沉降缝施工应确保施工质量,加强防水、防渗措施。

6 多年冻土区不应使用双孔涵洞、不同类型的有压涵洞、以及各类型的浆砌片石涵洞。

7 涵洞孔径的确定,除应满足排洪及交通的要求外,还应考虑冰塞、冰椎的影响。如遇上述现象,涵洞孔径不宜小于1.5 m。

8 涵洞沟底不宜下挖,也不宜提高,尽可能按原沟床设涵。

9 排洪涵洞均应以无压计算,涵底纵坡不宜小于1.5%。对于有常年径流的涵洞宜加大纵坡。

10　涵洞进出口端翼墙应考虑水平冻胀力,按挡土墙设计。

5.3.2　基础类型选择应符合下列要求:

1　多年冻土涵洞的基础应与冻土地基类型相适应,与涵洞类型相匹配,应尽量少挖,减少对多年冻土的扰动与破坏,缩短基坑开挖时间与暴露时间。

2　钢筋混凝土圆涵及钢筋混凝土矩涵在浅埋完整基岩或弱风化基岩上,可不开挖基础,但应对天然岩面进行清理。

3　当地基的强度不够或多年冻土人为上限较深而需要加深基础时,特别是位于饱冰冻土、含土冰层等不良冻土地段,可采用桩基础,采用桩基础的涵洞应加强防水措施。

4　当按破坏多年冻土的设计原则设计,并存在强融沉、强冻胀等不良冻土的地基,由于径流期长、径流量大,可能产生不均匀冻融变形时,可采用钢筋混凝土基础,并应采用相应的防冻措施。

5　按保护多年冻土的设计原则设计时,当地基为融沉土或强融沉土时,各类涵洞一般不宜采用砂石换填。但为了施工需要可在基坑底面铺设厚度不小于 0.3 m 的碎石垫层。

6　按保护多年冻土的设计原则设计时,当地基为高温冻土时,基底应做保温处理,并在寒季施工。

7　当按保护多年冻土的设计原则设计时,涵洞中心的预拱度可按表 5.3.2 确定。当按破坏多年冻土的设计原则设计时,预拱度应根据沉降计算确定。

表 5.3.2　多年冻土地基的预拱度

预拱度	$H/100$	$H/80$	$H/50$
地基冻土类型	弱融沉土	融沉土	强融沉土

注:H 为线路中心处轨底至涵底流水板面的高度。

5.3.3　基础埋置深度应符合下列要求:

1　涵洞基础埋置深度,应充分利用路堤填筑后多年冻土天然上限上升的规律,根据涵洞的过水情况、地基土的类型、涵洞结构形式等,按出入口段、过渡段以及涵身段分别计算确定,涵洞的基础厚度不应小于规定的最小厚度。

2　按保护多年冻土的设计原则设计的间歇性径流涵洞,涵洞中间段基础埋置深度采用(0.5 ~0.6)H_τ(m),过渡段基础埋置深度采用(0.7~0.8)H_τ(m),进出口段基础埋置深度(1.1 ~1.2)H_τ(m)。

3　按保护多年冻土的设计原则设计的小径流涵洞,涵洞中间段基础埋置深度采用(0.7 ~0.8)H_τ(m),进出口段基础埋置深度(1.1 ~1.2)H_τ(m)。

4　按保护多年冻土的设计原则设计的径流期长、径流量大的涵洞中间段基础埋置深度采用(1.1 ~1.2)H_τ(m),过渡段基础埋置深度采用(1.3 ~1.4)H_τ(m),进出口段基础埋置深度(1.6 ~1.8)H_τ(m)

5　按破坏多年冻土的设计原则设计的涵洞基础埋深按季节冻土要求办理。

6　涵洞进出口端翼墙基础埋深应与进出口涵节相同。

5.3.4　涵洞的防冻胀、防融沉应按下列要求办理:

1　选择适宜的基础类型与合理的基础埋深,对防止涵洞冻胀融沉变形有重要作用,涵洞基础应根据涵洞轴向的融深变化,分段采用不同的基础埋深。

2 多年冻土地区的一般涵洞基底及两侧换填厚度不应小于0.3 m的非冻胀性砂砾石土。

3 对于高含冰量冻土等不良冻土地基,涵洞基底应设置聚氨脂或聚苯乙烯材料的保温层,厚度5~10 cm,保温层宽度与基础宽度应一致。

4 径流量大、径流期长的地段,地表沼泽化地段,高温冻土及高含冰量冻土等不良冻土地段,应在寒季快速爆破施工。

5.4 附属工程

5.4.1 高含冰量冻土地段的桥涵附属工程,应遵循多填少挖的原则,所挖的沟床应铺砌保温层。

5.4.2 在桥梁上游侧可能有冰椎、冰漫出现,当设导流堤时,应采用封闭式。

5.4.3 涵洞出入口铺砌宜做保温处理,铺砌下宜加设保温层。当为冻胀土时应采用砌筑块石或混凝土预制块件,铺砌长度及厚度应根据沟槽水流情况确定。

5.4.4 在遇有河冰椎、冰漫及壅冰现象时,导流堤的高度应考虑其影响。

5.4.5 防护工程的基础可置于季节融化层或多年冻土中,埋深可根据非多年冻土地区的有关规定确定。当季节融化层为冻胀土时,每隔2~5 m应设一道沉降缝。

6　隧道工程

6.1　一般规定

6.1.1　多年冻土区隧道设计应根据多年冻土的场地条件、工程地质和水文地质特征进行设计。

6.1.2　位于多年冻土低温稳定区或低温基本稳定区的隧道,应采用保护多年冻土的设计原则。当隧道两端位于多年冻土,洞身局部位于多年冻土下限以下时,其隧道衬砌及隔热保护措施仍可参照本暂行规定设计。

6.1.3　在多年冻土区修建隧道工程时,洞门与衬砌结构应考虑冻胀作用。

6.1.4　隧道洞门及衬砌应采用低温早强混凝土,其混凝土强度、耐久性及抗渗性应适当提高。

6.2　洞口工程

6.2.1　洞口工程应以保护冻土和保护生态环境为原则进行设计。

6.2.2　隧道洞口位置,宜减少对原地表的破坏,采取接建明洞或紧贴地面不刷仰坡原则而定,并应及早作好洞门和对冻土层的保护工程。

6.2.3　洞口段隧道衬砌应根据冻土隧道特点予以加强。

6.2.4　隧道洞口边、仰坡设计应根据冻土层的含水量、水文地质以及施工影响等因素确定防止滑塌措施。当洞口位于高含冰量冻土时,边仰坡开挖后应采用适当的保温防护措施,并及时回填粗颗粒土,回填厚度应不小于当地多年冻土上限。

6.2.5　洞口工程的冻土处理措施,应与路基或桥涵工程协调一致。

6.3　衬砌与支护

6.3.1　多年冻土区隧道衬砌设计应考虑冻胀作用并采用钢筋混凝土结构。

6.3.2　衬砌断面应采用曲墙带仰拱的封闭式结构,仰拱厚度不宜小于拱顶衬砌厚度,并适当加大边墙曲率,衬砌内轮廓尺寸可放大 10 cm,为敷设隔热保护层提供空间。

6.3.3　衬砌截面尺寸应通过工程类比和计算确定,其截面最小厚度应不小于 40 cm。

6.3.4　支护类型应符合下列要求:

1　支护应为隧道结构的组成部分,同时为敷设防水板和隔热保护层提供园顺基面。

2　支护类型可采用模筑混凝土,其最小厚度为 20 cm,喷射混凝土作为施工支护的一部分,应与钢架、锚杆联合使用,其最小厚度为 5 cm。

6.3.5　隧道基底位于高含冰量冻土时,应清除后填筑混凝土;隧道周边遇有含土冰层时,应挖除后采用混凝土及时嵌补封闭,嵌补深度不应小于 30 cm。

6.3.6 隧道衬砌应设伸缩缝,洞口段间距为 15～30 m,洞内可适当加大,设置位置应避开地下水集中出露处。

6.3.7 明洞设计应符合下列要求:

1 明洞应采用曲墙带仰拱的封闭结构。

2 明洞回填料应采用粗颗粒土,并做好隔水处理,回填粗颗粒土的厚度可按多年冻土天然上限的 1.3 倍确定,且最小填土厚度不应小于 2.0 m。

3 按多年冻土天然上限确定的回填土厚度太厚时,宜设隔热保护层,并应通过热工计算确定填土厚度。

6.3.8 隧道内各种洞室应采用整体式混凝土灌筑,并做好与隧道衬砌的连接。

6.4 建筑材料

6.4.1 选用的建筑材料应满足结构强度和耐久性的要求。同时应符合抗冻胀、抗渗和抗侵蚀的要求。

6.4.2 多年冻土区隧道工程的建筑材料可按表 6.4.2—1 和表 6.4.2—2 选用,其强度等级不应低于表列的规定。

表 6.4.2—1 衬砌建筑材料

材料种类 工程部位	混凝土	钢筋混凝土	模喷或喷混凝土
拱圈	C25	C30	C25
边墙	C25	C30	C25
仰拱	C25	C30	C25
仰拱填充	C25	—	—
水沟沟身及电缆槽身	C25	—	—
水沟盖板及电缆槽盖板	—	C25	—

表 6.4.2—2 洞口工程建筑材料

材料种类 工程部位	混凝土	钢筋混凝土	混凝土预制块
端墙	C25	C30	—
顶帽	C25	—	C20、M20
翼墙和洞口挡土墙	C20	—	—
侧沟、截水沟、护坡	—	—	C20、M20
路基面铺砌	—	—	C20、M20

6.5 隔热保温与防排水

6.5.1 多年冻土区隧道防排水设计应结合隔热保温措施,采用"防、排、截、堵多道防线,综合治理"的原则。达到防水可靠、隔热保温有效、排水通畅,线路基床底部无积水及经济合理的目的。

6.5.2 防排水措施应根据地形、水文地质、地温、气温等条件确定。

6.5.3 隧道防水措施应符合下列要求:

1 衬砌混凝土抗渗等级应不低于 S12。

2 在支护与模筑衬砌间,敷设耐低温具有一定厚度与柔性的防水板。

3 施工缝、变形缝应选用耐低温高性能的止水条或止水带。

4 条件适合的地段,可采用注浆加固围岩和防水。

5 隧道洞顶地表为沟谷、坑洼、且其底部至洞顶外缘深度不小于 2 倍多年冻土天然上限时,应做好地表疏导、截排、换填、铺砌并根据热工计算确定其换填或设置保温设施的范围,避免形成局部贯通融区,造成地表水及冻结层上水向洞内渗漏。

6 明洞应及时铺设耐低温的外贴式防水层,并作好地表截排水设施。

6.5.4 隧道排水措施应符合下列要求:

1 洞内应设纵向排水沟,可按双侧保温水沟、墙脚外侧设纵向盲沟和道床中心仰拱下埋设纵向管沟三种排水方案及其组合进行比较确定。

2 当采用中心纵向管沟或双侧保温水沟时,应与边墙外侧纵向盲沟组成完整的排水系统。

3 当地下水发育又有长期补给来源时,应考虑泄水洞作为截、排水设施。

4 洞口边、仰坡以外应设置截水或挡水设施。路堑侧沟的水流不得流经隧道排出。

6.5.5 隔热保护层的设计应符合下列要求:

1 隔热保护层应采用全封闭式,其材料应具有吸水率低、有一定强度等性能,以确保隔热的可靠性和耐久性。

2 隔热保护层的厚度应以工程实例和通过计算确定。

6.6 施 工

6.6.1 多年冻土区的隧道施工应重视调查研究,作好施工准备。施工过程中,应严格按照设计文件和施工组织进行施工。

6.6.2 隧道洞口工程宜在寒季施工,在完成洞口工程后,方可进洞施工。

6.6.3 隧道应采用光面爆破技术,凿岩作业应严格控制用水量。

6.6.4 隧道施工应符合下列要求:

1 隧道开挖后,应及时支护封闭岩面,并敷设防水板及隔热保护层,及早施做模筑衬砌。

2 隧道衬砌施工应仰拱先行,拱墙整体灌筑。

6.6.5 多年冻土区隧道的喷混凝土、模喷混凝土、模筑混凝土及锚杆施工等工艺,应通过工程实践及时改进。

6.6.6 为了消除衬砌背后的存水空隙,减小冻胀作用,应严格控制开挖轮廓形状。衬砌背后严禁用异物回填,超挖部分必须用同级混凝土充填。

6.6.7 施工中应加强地质调查,根据对多年冻土围岩性质的直接观察、监测、试验结果,核实或提出修正设计参数的依据。

7 房屋建筑

7.1 一般规定

7.1.1 在多年冻土区,房屋设计应根据其用途、使用条件和场地冻土特征全面考虑综合比较,确定合理的设计原则和设计方案。

7.1.2 多年冻土区房屋设计,在满足工艺专业对房屋位置要求的同时,应选择在地基良好的地段布置建筑物。

7.1.3 在多年冻土区,应加强采暖热源及管线的架空绝热处理,减少对多年冻土的热干扰,以保持地基基础的稳定。

7.1.4 同一整体建筑物必须采取同一种结构型式,同一整体建筑物的基础宜设置在同一地温分区的同类冻土地基上。

7.1.5 多年冻土区的采暖热源应优先考虑太阳能等自然能源的利用。

7.1.6 **建筑物在施工和使用期间,应采取保护措施,防止破坏周围环境温度自然平衡状态。**

7.2 建筑场地选择及总平面布置

7.2.1 建筑场地选择应符合下列要求:

1 建筑场地应优先选择在基岩、不冻胀或弱冻胀、不融沉及弱融沉土的地基上。不应选择在不良冻土现象发育的地段或融区与多年冻土的过渡带上,否则应对建筑物、构筑物进行基础及结构的特殊处理。

2 在选择建筑场地时,应对建筑物影响融化深度以内的土层进行综合分析,以评价地基的物理力学性能。

3 建筑场地的选择应考虑有利于排除地表水及生产、生活污水;适当离开既有建筑;场地高程低于既有建筑场地时,应避开既有建筑场地的排水方向。

7.2.2 总平面布置应符合下列要求:

1 总平面布置应与高原自然环境景观相结合。

2 除专业要求外,各类房屋应合并集中布置。

3 总图设计应考虑交通道路和场地排水及排水沟的通畅。

4 无特殊需要,房屋应采用南北向布置。

5 房屋与道路之间应保持一定的距离,建筑区内的主要道路与房屋之间的距离应不小于8 m,其他次要道路与房屋的距离应不小于6 m。

7.3 房屋设计

7.3.1 房屋设计一般应遵循下列原则:

1 房屋的平面应力求简单规则,不宜有过多凹凸变化。

2 除特殊要求外,所有房屋宜合并修建楼房。

3 在基顶荷载突变、相邻房间的热源相差很大、以及地基土质变化很大的地方,均宜设置沉降缝。轻隔墙与承重墙之间宜采用柔性连接。

4 多年冻土区的非架空采暖房屋,在满足基础与地面稳定性要求的前提下,应采取以下措施:

1)室内所有的热源(包括炉灶、火炉、散热器等)均须局部架空进行隔热处理,并宜靠北布置。架空高度应视热源大小而定,一般为0.3~0.4 m。

2)室内地坪应做好隔热及防水、防潮处理。

3)室内热管道应架空。必须设在地沟内时,管道及地沟应加强隔热处理。

4)潮湿的房间如浴室、厨房、锅炉房、水房等应做防水地面,并使地面水能迅速排出。给排水管道必须设置在防水保温的地沟内。

7.3.2 结构形式的确定原则应符合下列要求:

1 应选用刚度好,整体性强,对变形不敏感的结构形式。

2 在多年冻土地基上,房屋的上部结构宜采用高强、轻质、拼装组合式钢结构等。

3 外填充墙及内隔墙在满足结构构造要求的前提下,均应采用轻质墙体。

4 为了减少和适应地基的不均匀热融下沉和不均匀冻胀,除应选择合理的基础形式外,尚应采取如下措施:

1)房屋周围应铺设不小于1.2 m宽的柔性散水。散水分段不宜过长,坡度应大于2%,散水下宜换填非冻胀性填料,并应做好散水的隔水、隔热措施,架空房屋散水内的地坪应高出散水。

2)不采暖的外门斗、门厅、室外台阶和散水等应与主体结构分开。

3)散水亦可采用装配式散水,坡度5%,宽度1.5 m,并做好防冻胀处理。

7.4 基 础

7.4.1 多年冻土区的地基基础设计、边坡及挡土墙设计应严格执行《冻土地区建筑地基基础设计规范》(JGJ 118—98)的规定。对季节性冻土建筑基础的设计除应满足上述规范要求外,尚应满足《建筑地基基础设计规范》(GBJ 7—89)的规定。

7.4.2 鉴于高原冻土区的特殊性,多年冻土区的房屋宜采用保持地基土冻结状态的架空通风桩基础。

7.4.3 采用架空基础时宜采取措施避免阳光直接照射进入架空层。

7.4.4 桩基在季节融化层范围内应采取保持桩身材料耐久性的措施。并做好季节融化层影响桩基稳定的防冻胀措施。

7.4.5 当采用其他技术不能保持地基稳定时,可采用热桩或热棒基础。

7.5 建筑保温

7.5.1 采用架空通风基础的房屋其室内地面应做好保温隔热措施。其他基础类型的房屋,地面及外墙在室内地坪以下的垂直墙面,以及周边直接接触土壤的地面也应确定合理的保温措施。

7.5.2 建筑保温设计应符合下列要求：

1 建筑的保温设计应结合房屋的结构形式及围护结构材料的类型统一考虑。

2 一般情况下不应采用内保温围护结构，如条件限制必须采用内保温围护结构时，其热桥部分应采取保温措施，以保证其内表面温度不低于室内空气露点温度，并减少附加传热的热损失。

8　给排水工程

8.1　一般规定

8.1.1　给排水工程设计应充分考虑高原多年冻土区特殊的水文地质、工程地质条件和生态环境,合理选择给水及排水方案,保证供水安全,减少维修。

8.1.2　给水工程设计方案的选择,应根据用户对水质、水量的要求,结合水源的水质、产水能力及工程地点的地形、地质情况等条件,经技术经济比较,可采用统一或分质给水系统。应尽量减短输配水管长度。

8.1.3　排水工程设计方案应根据污水量、污水性质、站区地形条件和有关环境要求等,经技术经济比较,合理确定污水处理工艺、排出口位置、排出方式。

8.1.4　同一站区的污水应集中处理,处理后的污水宜综合利用。

8.1.5　生活饮用水水质应符合国家现行《生活饮用水标准》。

8.2　水　源

8.2.1　应优先考虑大河融区潜水作为水源。

8.2.2　在站区附近无常年供水水源时,应对取冻结层上水做季节性供水水源的可行性进行研究,并通过技术经济比较确定供水方案。

8.2.3　选择冻结层下水及构造水为水源时,应考虑加热、保温、温度监测及冻结后抢修措施。

8.2.4　当车站不具有自建水源条件时,本着以减少运水距离的原则,合理确定供水基地。

8.2.5　对取水困难的站区,当采取火车或汽车拉水,应设卸水和贮水构筑物,同时应考虑相应的防冻措施。

8.3　给排水管路

8.3.1　给排水管路应尽量避开不良冻土现象发育地段。

8.3.2　给排水管路穿越铁路、公路时应设防护涵管。

8.3.3　给排水管路宜铺设在向阳、避风的地段。

8.3.4　给排水管路应采取相应的保温防冻措施。

8.3.5　给水管路的布置应选择有利于排空的地形。

8.3.6　排水管路坡度应充分利用地形条件,加大设计坡度。

8.3.7　给排水管路敷设方式应根据工程地质条件、站场房屋等布置形式及周围环境因素确定。

8.3.8　客车上水栓应做特殊防护处理。

8.4 给排水设施

8.4.1 水处理设施应建在采暖的室内。

8.4.2 用火车或汽车拉水的站区,其贮水量可按日用水量2~5倍考虑。

8.4.3 对火车或汽车拉水的站区,应设简易的消毒、提升等设施。

8.4.4 给排水构筑物应尽量设在室内。对必须建在室外的构筑物,应采取措施尽可能减少对冻土的扰动,同时应考虑保温、加热措施。

8.4.5 建在室外的给排水构筑物加热设施宜考虑备用。

8.4.6 给排水构筑物宜选择在向阳、避风的地方。

8.4.7 污水排出应根据排水量和地形条件可选用强制式和跌水式,并应采取防冻措施。

8.4.8 给排水构筑物应充分考虑热融、冻胀的影响。

8.5 保温措施及温度控制

8.5.1 管路保温断面设计,应根据管路敷设方式、使用状况,通过热力计算确定。

8.5.2 构筑物的保温设计,应根据构筑物性质、施工条件和使用环境,选择合理的保温断面和适宜的保温材料。

8.5.3 保温层应采取防水防潮措施。

8.5.4 扬水机械、给排水管路及构筑物设计,应对系统温度进行监控,并应设自动控制加热装置。

8.5.5 根据管网布置形式及用水情况,在易发生冻结的管段设置测温点。

8.5.6 给水管道应设置自动放空装置,自动放空装置必须设在管路最低点。

8.5.7 测温及自动放空装置应设备用电源。

8.5.8 加热设施及扬水机械宜设备用电源。

9 环境保护

9.1 一般规定

9.1.1 环境保护设计应体现预防为主、保护优先、建设和保护并重的原则。

9.1.2 线路在经过自然保护区时应做多方案比选,提出相应的环境保护措施。

9.1.3 线路在通过湖泊、湿地等环境敏感地带时,宜绕避或进行路桥比选,并应提出相应的预防保护措施。

9.1.4 设计中应采取措施,保护高寒植被,减少植被破坏。

9.1.5 在野生动物主要活动区段,应设置野生动物迁移通道。

9.1.6 设计中应考虑自然景观的保护。

9.1.7 设计中除考虑主体工程对环境的影响外,还应考虑减少大型临时工程和人为活动对环境的影响。

9.1.8 站区的污水宜综合利用。

9.2 冻土环境保护

9.2.1 在多年冻土区应加强对土石方的调配,移挖作填,尽量减少取土场的设置。

9.2.2 各类工程取土应遵循分段集中取土的原则,取土场宜选择在路堤上侧 200 m 以远植被稀少的地段,最好在山包、基岩出露的地段及少冰、多冰冻土地带设置,取土后应整平,必要时采取覆盖等措施。

9.2.3 下列地带不得设置取土场:融冻泥流、热融滑塌等冻融侵蚀发育的地带;富冰、饱冰、含土冰层地带;横坡明显的坡地边缘地带;植被发育的地带。

9.2.4 **施工便道、施工场地、施工营地应合理规划,固定行车路线、规定便道宽度和高度,限制人为活动范围,尽量少扰动地表,少破坏地表植被,施工便道不应沿路基坡脚布置。**

9.2.5 引排热融湖(塘)积水或工程建筑物切割、阻挡地下和地表径流的排泄时,不应影响地表植被的生长。

9.2.6 施工期应加强管理,严格控制热污染物的排放,保护冻土环境。

9.3 自然环境保护

9.3.1 为保护原始自然景观,工程设计中应遵循以下原则:

1 取土场设置应符合本暂行规定 9.2.2 条和 9.2.3 条的规定,严禁在线路两侧乱挖乱弃,任意践踏;

2 车站建筑物设计宜考虑与周围自然环境相协调;

3 取(弃)土场、施工便道、施工场地及施工营地必要时采取恢复措施。

9.3.2 在长江源特殊生态功能区河道管理范围内,工程确需采砂、取土时,应按有关法规、条例办理。

9.3.3 在固定、半固定沙地地段不宜取弃土,在流动沙丘、沙地等强烈沙化土地地段,工程取弃土应选择在下风侧,并采取平整、覆盖措施。

9.3.4 在不良冻土现象分布地区进行施工时应避免对其扰动,以免诱发新的地质灾害。

9.3.5 各类工程弃土(渣)应在线路下坡侧合理选择弃土(渣)场,弃土(渣)场应选择在地势低洼、无地表径流、适当远离线路、无植被的地段,严禁侵占河道、湿地、自然保护区核心区和缓冲区,不宜占用高寒植被发育的草地。弃土后应整平,必要时采取挡护、覆盖及排水措施。

9.3.6 沿线的工程建筑物,应根据所处的地形条件和水文特征合理设置,不宜强行改变地表径流方向或改沟、改河。

9.3.7 对跨越河流源头的桥梁,挖基土应清运,避免堆弃河滩;对开挖的河岩边坡,应采取及时、有效的岸坡防护措施,以减少水土流失。

9.3.8 沿线各站排放的废水、污水,不得排入源头水体。

9.3.9 施工中产生的生产、生活垃圾及废水、污水应设点集中处理;旅客列车粪便污水集中处理,旅客列车垃圾应分类袋装、集中处置。

9.3.10 砂石料场的选择应符合本暂行规定 9.2.2 条的要求,并严禁在自然保护的核心区和缓冲区内设置。

9.3.11 对工程挖方段和取土场的植被宜采用移植、养护措施,以便利用。

9.4 生态环境保护

9.4.1 野生动物迁移通道应根据地形地貌、野生动物种群分布特征、种群交换情况、栖息地、繁殖地等状况设置。

9.4.2 在野生动物主通道上,不应设置施工场地、施工营地和取弃土场,避免惊扰动物活动,阻断其迁徙路线。

9.4.3 为了避免造成涵养水源功能失调、湿地萎缩和惊扰野生动物活动,不得在大面积湿地分布区域取(弃)土和设置施工场地、施工营地。

9.4.4 在大面积湿地地段设路堤通过时,应加大桥涵密度并抛填片石或填渗水土,避免切割、阻断地下、地表径流。

附录 A　多年冻土分类及融沉性分级

A. 0. 1　根据总含水率、土的类别,多年冻土可分为少冰、多冰、富冰、饱冰冻土和含土冰层,其标准应符合表 A. 0. 1 的规定。

表 A. 0. 1　多年冻土分类

冻土类型	土的类别	总含水率 W_A(%)	融化后的潮湿程度
少冰冻土	粉黏粒含量≤15%的粗颗粒土(包括碎石类土,砾、粗、中砂,以下同)	$W_A<10$	潮湿
	粉黏粒含量>15%的粗颗粒土	$W_A<12$	稍湿
	细砂、粉砂	$W_A<14$	
	粉土	$W_A<17$	
	黏性土	$W_A<W_p$	坚硬
多冰冻土	粉黏粒含量≤15%的粗颗粒土	$10\leq W_A<15$	饱和
	粉黏粒含量>15%的粗颗粒土	$12\leq W_A<15$	潮湿
	细砂、粉砂	$14\leq W_A<18$	
	粉土	$17\leq W_A<21$	
	黏性土	$W_p\leq W_A<W_p+4$	硬塑
富冰冻土	粉黏粒含量≤15%的粗颗粒土	$15\leq W_A<25$	饱和出水(出水量小于10%)
	粉黏粒含量>15%的粗颗粒土		饱和
	细砂、粉砂	$18\leq W_A<28$	
	粉土	$21\leq W_A<32$	
	黏性土	$W_p+4\leq W_A<W_p+15$	软塑
饱冰冻土	粉黏粒含量≤15%的粗颗粒土	$25\leq W_A<44$	饱和出水(出水量为10%~20%)
	粉黏粒含量>15%的粗颗粒土		饱和出水(出水量小于10%)
	细砂、粉砂	$28\leq W_A<44$	
	粉土	$32\leq W_A<44$	
	黏性土	$W_p+15\leq W_A<W_p+35$	流塑
含土冰层	碎石类土、砂类土、粉土	>44	饱和出水(出水量为10%~20%)
	黏性土	$>W_p+35$	流塑

注:① 总含水率为冰和未冻水的总质量与土骨架质量之比;
② W_p——塑限含水率;
③ 盐渍化冻土、泥炭化冻土、腐殖土、高塑性黏土不在表列。

A. 0. 2　多年冻土地基应根据多年冻土的总含水率、土的类别、平均融沉系数进行融沉性分级，其标准应符合表 A. 0. 2 的规定。其中冻土层的平均下沉系数 δ_0 可按下式计算：

$$\delta_0 = \frac{h_1 - h_2}{h_1} = \frac{e_1 - e_2}{1 - e_1} \times 100\% \tag{A.0.2}$$

式中 h_1、e_1——冻土试样融化前的高度(mm)和孔隙比；

h_2、e_2——冻土试样融化后的高度(mm)和孔隙比。

表 A. 0. 2 多年冻土融沉性分级

<table>
<tr><th>土 的 类 别</th><th>总含水率
W_A(%)</th><th>平均融沉系数
δ_0(%)</th><th>融沉性等级
及类别</th><th>冻土类型</th></tr>
<tr><td>粉黏粒含量≤15% 的粗颗粒土(包括碎石类土，砾、粗、中砂，以下同)</td><td>$W_A<10$</td><td rowspan="5">≤1</td><td rowspan="5">Ⅰ级不融沉</td><td rowspan="5">少冰冻土</td></tr>
<tr><td>粉黏粒含量>15% 的粗颗粒土</td><td>$W_A<12$</td></tr>
<tr><td>细砂、粉砂</td><td>$W_A<14$</td></tr>
<tr><td>粉土</td><td>$W_A<17$</td></tr>
<tr><td>黏性土</td><td>$W_A<W_p$</td></tr>
<tr><td>粉黏粒含量≤15% 的粗颗粒土</td><td>$10\leq W_A<15$</td><td rowspan="5">$1<\delta_0\leq3$</td><td rowspan="5">Ⅱ级弱融沉</td><td rowspan="5">多冰冻土</td></tr>
<tr><td>粉黏粒含量>15% 的粗颗粒土</td><td>$12\leq W_A<15$</td></tr>
<tr><td>细砂、粉砂</td><td>$14\leq W_A<18$</td></tr>
<tr><td>粉土</td><td>$17\leq W_A<21$</td></tr>
<tr><td>黏性土</td><td>$W_p\leq W_A<W_p+4$</td></tr>
<tr><td>粉黏粒含量≤15% 的粗颗粒土</td><td rowspan="2">$15\leq W_A<25$</td><td rowspan="5">$3<\delta_0\leq10$</td><td rowspan="5">Ⅲ级融沉</td><td rowspan="5">富冰冻土</td></tr>
<tr><td>粉黏粒含量>15% 的粗颗粒土</td></tr>
<tr><td>细砂、粉砂</td><td>$18\leq W_A<28$</td></tr>
<tr><td>粉土</td><td>$21\leq W_A<32$</td></tr>
<tr><td>黏性土</td><td>$W_p+4\leq W_A<W_p+15$</td></tr>
<tr><td>粉黏粒含量≤15% 的粗颗粒土</td><td rowspan="3">$25\leq W_A<44$</td><td rowspan="5">$10<\delta_0\leq25$</td><td rowspan="5">Ⅳ级强融沉</td><td rowspan="5">饱冰冻土</td></tr>
<tr><td>粉黏粒含量>15% 的粗颗粒土</td></tr>
<tr><td>细砂、粉砂</td></tr>
<tr><td>粉土</td><td>$32\leq W_A<44$</td></tr>
<tr><td>黏性土</td><td>$W_p+15\leq W_A<W_p+35$</td></tr>
<tr><td>碎石类土、砂类土、粉土</td><td>≥44</td><td rowspan="2">>25</td><td rowspan="2">Ⅴ级融陷</td><td rowspan="2">含土冰层</td></tr>
<tr><td>黏性土</td><td>$\geq W_p+35$</td></tr>
</table>

注：① 总含水率为冰和未冻水的总质量与土骨架质量之比；

② W_p——塑限含水率；

③ 盐渍化冻土、泥炭化冻土、腐殖土、高塑性黏土不在表列。

附录 B　多年冻土季节融化土层的冻胀分类

多年冻土地基季节融化层的冻胀分类应根据土的类别、冻前天然含水率、冻结期间地下水位距离冻结面的最小距离、平均冻胀率进行,其标准应符合附表 B.0.1 的规定。其中冻土层的平均冻胀率 η 应按下式计算:

$$\eta = \frac{\Delta Z}{Z_d} \times 100\% \tag{B.0.1—1}$$

$$Z_d = h' - \Delta Z \tag{B.0.1—2}$$

式中　ΔZ——地表冻胀量(mm);

Z_d——设计冻深(mm);

h'——冻层厚度(mm)。

表 B.0.1　季节融化土层的冻胀分类

土的类别	冻前天然含水率 W(%)	冻结期间地下水位距冻结面的最小距离 h_w(m)	平均冻胀率 η(%)	冻胀等级及类型
粉黏粒含量≤15%的粗颗粒土(包括碎石类土,砾、粗、中砂,以下同),粉黏粒质量≤10%的细砂	不考虑	不考虑	$\eta \leq 1$	Ⅰ级 不冻胀
粉黏粒质量>15%的粗颗粒土,粉黏粒质量>10%的细砂	$W \leq 12$	>1.0		
粉砂	$12 < W \leq 14$	>1.0		
粉土	$W \leq 19$	>1.5		
黏性土	$W \leq W_p + 2$	>2.0		
粉黏粒质量>15%的粗颗粒土,粉黏粒质量>10%的细砂	$W \leq 12$	≤1.0	$1 < \eta \leq 3.5$	Ⅱ级 弱冻胀
	$12 < W \leq 18$	>1.0		
粉砂	$W \leq 14$	≤1.0		
	$14 < W \leq 19$	>1.0		
粉土	$W \leq 19$	≤1.5		
	$19 < W \leq 22$	>1.5		
黏性土	$W \leq W_p + 2$	≤2.0		
	$W_p + 2 < W \leq W_p + 5$	>2.0		
粉黏粒质量>15%的粗颗粒土,粉黏粒质量>10%的细砂	$12 < W \leq 18$	≤1.0	$3.5 < \eta \leq 6$	Ⅲ级 冻胀
	$W > 18$	>0.5		
粉砂	$14 < W \leq 19$	≤1.0		
	$19 < W \leq 23$	>1.0		
粉土	$19 < W \leq 23$	≤1.5		
	$22 < W \leq 26$	>1.5		
黏性土	$W_p + 2 < W \leq W_p + 5$	≤2.0		
	$W_p + 5 < W \leq W_p + 9$	>2.0		

续上表

<table>
<tr><th>土 的 类 别</th><th>冻前天然含水率
W(%)</th><th>冻结期间地下水位距冻结面的最小距离 h_w(m)</th><th>平均冻胀率
η(%)</th><th>冻胀等级
及类型</th></tr>
<tr><td>粉黏粒质量＞15%的粗颗粒土,粉黏粒质量＞10%的</td><td>$W>18$</td><td>≤0.5</td><td rowspan="6">$6<\eta\leq12$</td><td rowspan="6">Ⅳ级
强冻胀</td></tr>
<tr><td>粉砂</td><td>$19<W\leq23$</td><td>≤1.0</td></tr>
<tr><td rowspan="2">粉土</td><td>$22<W\leq26$</td><td>≤1.5</td></tr>
<tr><td>$26<W\leq30$</td><td>＞1.5</td></tr>
<tr><td rowspan="2">黏性土</td><td>$W_p+5<W\leq W_p+9$</td><td>≤2.0</td></tr>
<tr><td>$W_p+9<W\leq W_p+15$</td><td>＞2.0</td></tr>
<tr><td>粉砂</td><td>＞23</td><td>不考虑</td><td rowspan="5">$\eta>12$</td><td rowspan="5">Ⅴ级
特强冻胀</td></tr>
<tr><td rowspan="2">粉土</td><td>$26<W\leq30$</td><td>≤1.5</td></tr>
<tr><td>＞30</td><td>不考虑</td></tr>
<tr><td rowspan="2">黏性土</td><td>$W_p+9<W\leq W_p+15$</td><td>≤2.0</td></tr>
<tr><td>$>W_p+15$</td><td>不考虑</td></tr>
</table>

注:1　W 为冻层冻前天然含水率的平均值;

2　W_p 为塑限含水率;

3　盐渍化冻土不在表列;

4　塑性指数大于22,冻胀性降低一级;

5　碎石类土当充填物大于全部质量的40%时,其冻胀性按充填物土的类别判定。

附录 C　多年冻土地基承载力

C. 0. 1　多年冻土地基的基本承载力应根据冻土地基现场原位试验确定。对不进行原位试验确定时,可根据冻结地基土的土质、工程基底的地温按表 C. 0. 1—1 规定确定。表列数值不适用于含盐量和泥炭化程度分别超过表 C. 0. 1—2 及表 C. 0. 1—3 中数值的多年冻土。

表 C. 0. 1—1　多年冻土地基的基本承载力 σ_0(kPa)

序号	土名 \ 基础底面的月平均最高土温	−0.5	−1.0	−1.5	−2.0	−2.5	−3.5
1	块石土、卵石土、碎石土	800	950	1 100	1 250	1 400	1 650
2	圆石土、角砾土、砾砂、粗砂、中砂	600	750	900	1 050	1 250	1 450
3	细砂、粉砂	450	550	650	750	830	1 000
4	粉土	400	450	550	650	750	850
5	粉质黏土、黏土	350	400	450	500	600	700
6	饱冰冻土	250	300	350	400	500	550

注:① 本表序号 1 ~ 5 类地基承载力适合于少冰冻土,多冰冻土,当序号 1 ~ 5 类的地基为富冰冻土时,表列数值降低 20%;

② 含土冰层的承载力应实测确定;

③ 基础置于饱冰冻土的土层时,基础底面应敷设厚度不小于 0. 20 ~ 0. 30 m 的砂垫层。

表 C. 0. 1—2　盐渍化冻土的盐渍程度界限值

土　类	含细粒土砂	粉　土	粉质黏土	黏　土
盐渍程度(%)	0. 10	0. 15	0. 20	0. 25

表 C. 0. 1—3　泥炭化冻土的泥炭化程度界限值

土　类	粗颗粒土	粉土、黏性土
泥炭化程度(%)	3	5

附录 D　冻土物理、热物理及力学参数

D. 0. 1　冻土、未冻土热物理指标计算值的确定

1. 根据土类、天然含水量及干密度测定值，冻土和未冻土的容积热容量、导热系数和导温系数可分别按表 D. 0. 1—1 至表 D. 0. 4—4 取值。大含水率土的导热系数可按表 D. 0. 1—6 取值。表列数值允许直线内插。

2. 相变热是指单位体积土中由于水的相态改变所放出和吸收的热量（单位：J/m^3），按下式计算：

$$Q=\theta\times\rho_d(W_A-W_u) \tag{D. 0. 1—1}$$

式中　Q——相变热；

θ——水的结晶或冰的融化潜热，一般热工计算中取 334.56×10^3 J/kg；

ρ_d——土的干密度；

W_A——土的天然含水率（总含水率）；

W_u——冻土中的未冻含水率。此指标是温度的函数，宜通过试验确定，也可用下式估算：

黏性土：
$$W_u=W_p\times k(T) \tag{D. 0. 1—2}$$

砂　土：
$$W_u=W_A\times(1-i(T)) \tag{D. 0. 1—3}$$

式中　W_p——塑限含水率，以小计数；

k——温度修正系数，以小数计，由表 D. 0. 1—5 查取；

i——含冰率（冰质量与总水质量之比），以小数计，由表 D. 0. 1—5 查取；

T——温度。

表 D. 0. 1—1　草炭粉质黏土计算热参数取值表

ρ_d (kg/m^3)	W (%)	C_u	C_f	λ_u	λ_f	$\alpha_u\cdot10^3$	$\alpha_f\cdot10^3$
		(kJ/m³℃)		[W/(m·℃)]		(m^2/h)	
400	30	930.3	710.9	0.13	0.13	0.50	0.62
	50	1 237.9	878.2	0.19	0.22	0.52	0.92
	70	1 572.4	1 045.5	0.23	0.37	0.54	1.26
	90	1 907.0	1 212.8	0.29	0.53	0.56	1.59
	110	2 241.6	1 380.1	0.35	0.72	0.57	1.87
	130	2 576.1	1 547.3	0.41	0.88	0.57	2.06
500	30	1 129.1	890.8	0.17	0.17	0.54	0.69
	50	1 547.3	1 099.9	0.24	0.31	0.56	1.30
	70	1 965.5	1 309.0	0.32	0.51	0.59	1.40
	90	2 383.7	1 518.1	0.41	0.74	0.61	1.76
	110	2 801.9	1 727.2	0.49	1.00	0.62	2.08
	130	3 220.1	1 936.3	0.56	1.24	0.63	2.31

续上表

ρ_d (kg/m³)	W (%)	C_u	C_f	λ_u	λ_f	$\alpha_u \cdot 10^3$	$\alpha_f \cdot 10^3$
		(kJ/m³℃)		〔W/(m·℃)〕		(m²/h)	
600	30	1 355.0	1 066.4	0.22	0.22	0.57	0.76
	50	1 856.8	1 317.3	0.31	0.42	0.61	1.15
	70	2 358.6	1 568.3	0.42	0.68	0.64	1.56
	90	2 860.5	1 819.2	0.53	0.99	0.67	1.95
	110	3 362.3	2 070.1	0.63	1.32	0.68	2.29
	130	3 864.2	2 231.0	0.75	1.61	0.68	2.51
700	30	1 580.8	1 246.2	0.27	0.30	0.61	0.87
	50	2 166.3	1 539.0	0.39	0.56	0.66	1.30
	70	2 375.4	1 831.7	0.53	0.88	0.70	1.74
	90	3 337.2	2 124.5	0.66	1.26	0.71	2.14
	110	3 922.7	2 417.2	0.79	1.67	0.73	2.50
	130	4 508.2	2 709.9	0.92	2.01	0.73	2.77
800	30	1 806.6	1 421.9	0.32	0.37	0.65	0.94
	50	2 475.7	1 756.4	0.48	0.68	0.70	1.41
	70	3 144.9	2 091.0	0.64	1.09	0.73	1.67
	90	3 814.0	2 425.6	0.80	1.55	0.76	2.32
	110	4 483.1	2 760.1	0.96	2.05	0.77	2.68
	130	5 152.2	3 094.7	1.10	2.47	0.78	2.88
900	30	1 171.0	1 342.4	0.38	0.40	0.68	1.03
	50	2 785.2	1 978.1	0.57	0.73	0.73	1.53
	70	3 538.0	2 354.5	0.75	1.14	0.77	2.03
	90	4 290.7	2 370.8	0.95	1.63	0.80	2.49
	110	5 043.5	3 107.2	1.14	2.12	0.82	2.46
	130	5 796.3	3 483.6	1.32	2.52	0.82	3.02

备注:表中符号 ρ_d——干密度;W——含水量;λ——导热系数;α——导温系数;脚标 u 为未冻土,f 为冻土,c 为容积热容量;下同。

表 D.0.1—2　粉土、粉质黏土计算热参数取值表

ρ_d (kg/m³)	W (%)	C_u	C_f	λ_u	λ_f	$\alpha_u \cdot 10^3$	$\alpha_f \cdot 10^3$
		(kJ/m³℃)		〔W/(m·℃)〕		(m²/h)	
1 200	5	1 254.6	1 179.3	0.26	0.26	0.73	0.76
	10	1 505.5	1 405.2	0.43	0.41	1.02	1.04
	15	1 756.4	1 530.6	0.58	0.58	1.19	1.37
	20	2 007.4	1 656.1	0.67	0.79	1.21	1.71
	25	2 258.3	1 781.5	0.72	1.04	1.14	2.10
	30	2 509.2	1 907.0	0.79	1.28	1.13	2.40
	35	2 760.1	2 032.5	0.86	1.45	1.12	2.57
1 300	5	1 359.2	1 279.7	0.30	0.29	0.80	0.80
	10	1 631.0	1 522.2	0.50	0.48	1.11	1.12
	15	1 902.8	1 660.3	0.71	0.71	1.33	1.47
	20	2 174.6	1 794.1	0.79	0.92	1.31	1.85
	25	2 446.5	1 932.1	0.84	1.21	1.23	2.25
	30	2 718.3	2 065.9	0.90	1.46	1.19	2.55
	35	2 990.1	2 203.9	0.97	1.67	1.18	2.74

续上表

ρ_d	W	C_u	C_f	λ_u	λ_f	$\alpha_u \cdot 10^3$	$\alpha_f \cdot 10^3$
(kg/m³)	(%)	(kJ/m³℃)		〔W/(m·℃)〕		(m²/h)	
1 400	5	1 463.7	1 375.9	0.36	0.35	0.87	0.90
	10	1 756.4	1 639.3	0.59	0.57	1.22	1.22
	15	2 049.8	1 785.7	0.84	0.79	1.46	1.58
	20	2 341.9	1 932.1	0.94	1.06	1.44	1.96
	25	2 634.7	2 496.7	0.97	1.39	1.33	2.41
	30	2 927.4	2 224.8	1.06	1.68	1.32	2.73
	35	3 220.1	2 371.2	1.18	1.93	1.32	2.92
1 500	5	1 568.3	1 476.2	0.41	0.41	0.93	0.98
	10	1 881.9	1 756.4	0.67	0.85	1.28	1.32
	15	2 191.4	1 907.0	0.96	0.91	1.58	1.71
	20	2 509.2	2 070.1	1.09	1.22	1.57	2.12
	25	2 822.9	2 229.0	1.13	1.58	1.44	2.55
	30	3 136.5	2 383.7	1.24	1.89	1.43	2.85
	35	2 450.2	2 542.7	1.36	2.12	1.42	3.01
1 600	5	1 672.8	1 572.4	0.46	0.46	1.01	1.06
	10	2 425.6	1 873.5	0.78	0.74	1.40	1.42
	15	2 541.9	2 040.8	1.11	1.02	1.72	1.81
	20	2 676.5	2 208.1	1.24	1.38	1.67	2.25
	25	3 011.0	2 375.4	1.28	1.80	1.52	2.73
	30	3 345.6	2 542.7	1.42	2.12	1.52	3.01
	35	3 680.2	2 709.9	1.54	2.40	1.51	3.20

表 D.0.1—3　碎石粉质黏土计算热参数取值表

ρ_d	W	C_u	C_f	λ_u	λ_f	$\alpha_u \cdot 10^3$	$\alpha_f \cdot 10^3$
(kg/m³)	(%)	(kJ/m³℃)		〔W/(m·℃)〕		(m²/h)	
1 200	3	1 154.2	1 053.9	0.23	0.22	0.72	0.77
	7	1 355.0	1 154.2	0.34	0.37	0.91	1.15
	10	1 506.5	1 229.5	0.43	0.52	1.03	1.52
	13	1 656.1	1 304.8	0.53	0.71	1.16	1.96
	15	1 756.4	1 355.0	0.59	0.85	1.21	2.26
	17	1 856.8	1 405.2	0.60	0.94	1.26	2.42
1 400	3	1 346.6	1 229.5	0.34	0.32	0.89	0.97
	7	1 568.3	1 346.6	0.50	0.53	1.15	1.44
	10	1 756.4	1 434.4	0.65	0.74	1.33	1.86
	13	1 932.1	1 522.2	0.79	0.97	1.48	2.30
	15	2 049.2	1 580.8	0.88	1.14	1.55	2.59
	17	2 166.3	1 639.3	0.92	1.24	1.53	2.73
1 600	3	1 539.0	1 405.2	0.46	0.45	1.00	1.17
	7	1 806.6	1 539.0	0.68	0.74	1.38	1.73
	10	2 007.4	1 639.3	0.89	1.00	1.61	2.20
	13	2 208.1	1 739.7	1.10	1.29	1.80	2.66
	15	2 341.9	1 806.6	1.28	1.45	1.87	2.90
	17	2 475.7	1 873.5	1.42	1.57	1.96	3.02

续上表

ρ_d (kg/m³)	W (%)	C_u (kJ/m³℃)	C_f	λ_u [W/(m·℃)]	λ_f	$\alpha_u \cdot 10^3$ (m²/h)	$\alpha_f \cdot 10^3$
1 800	3	1 731.3	1 580.8	0.60	0.60	1.25	2.38
	7	2 032.5	1 731.3	0.92	0.97	1.62	2.43
	10	2 258.3	1 844.3	1.17	1.31	1.87	2.56
	13	2 296.9	1 967.2	1.45	1.65	2.10	3.03
	15	2 634.7	2 032.5	1.60	1.82	2.19	3.23
	17	2 785.2	2 107.7	1.71	1.93	2.21	3.28

表 D.0.1—4 砾砂计算热参数取值表

ρ_d (kg/m³)	W (%)	C_u (kJ/m³℃)	C_f	λ_u [W/(m·℃)]	λ_f	$\alpha_u \cdot 10^3$ (m²/h)	$\alpha_f \cdot 10^3$
1 400	2	1 229.5	1 083.1	0.42	0.49	1.23	11.62
	6	1 463.7	1 200.2	0.96	1.14	2.36	3.42
	10	1 697.9	1 317.3	1.17	1.43	2.40	3.91
	14	1 932.1	1 434.4	1.29	1.67	2.40	4.20
	18	2 166.3	1 551.5	1.39	1.86	2.27	4.31
1 500	2	1 317.3	1 162.6	0.50	0.59	1.36	1.84
	6	1 568.3	1 288.1	1.09	1.32	2.51	3.70
	10	1 819.2	1 413.5	1.30	1.60	2.58	4.08
	14	2 070.1	1 539.0	1.44	1.87	2.51	4.38
	18	2 321.0	1 664.4	1.52	2.08	2.37	4.50
1 600	2	1 405.2	1 237.9	0.61	0.73	1.56	2.13
	6	1 672.8	1 371.7	1.28	1.60	2.74	4.21
	10	1 940.4	1 505.5	1.48	1.86	2.75	4.44
	14	2 208.1	1 639.3	1.64	2.15	2.67	4.72
	18	4 173.2	1 773.2	1.69	2.35	2.47	4.79
1 700	2	1 493.0	1 317.3	0.77	0.94	1.85	2.52
	6	1 777.4	1 459.5	1.47	1.91	2.99	4.73
	10	2 061.7	1 601.7	1.68	2.20	2.94	4.96
	14	2 346.1	1 743.9	1.84	2.48	2.84	5.13
	18	2 630.5	1 886.1	1.95	2.69	2.66	5.14
1 800	2	1 580.8	1 392.6	0.95	1.19	2.17	3.09
	6	1 881.9	1 543.2	1.71	2.27	3.27	5.31
	10	2 183.0	1 693.7	1.91	2.61	3.17	5.56
	14	2 484.1	1 844.3	2.09	2.85	3.02	5.58
	18	2 785.2	1 994.8	2.18	3.05	2.82	5.51

表 D.0.1—5 不同温度下的修正系数和含冰率数值表

土 名	塑性指数	i 或 k	温 度(℃) −0.5	−1.0	−2.0	−3.0	−5.0	−10
砂 土		i	0.78	0.85	0.92	0.93	0.95	0.98
粉 土	$I_p \leqslant 10$	k	0.50	0.30	0.20	0.15	0.15	0.10
粉质黏土	$10 < I_p \leqslant 13$	k	0.65	0.50	0.40	0.35	0.30	0.25
	$13 < I_p \leqslant 17$	k	0.80	0.70	0.60	0.50	0.45	0.40

续上表

土　名	塑性指数	i 或 k	温　度(℃)					
			−0.5	−1.0	−2.0	−3.0	−5.0	−10
黏　土	$17<I_p$	k	0.90	0.80	0.70	0.60	0.55	0.50
泥炭粉质黏土	$15<I_p\leqslant17$	k	0.40	0.35	0.30	0.25	0.25	0.20

注:表中粉质黏土 $I_p>13$ 及黏土 $I_p>17$ 两档数据不够充分仅供参考。

表 D.0.1—6　大含水(冰)率的导热系数表

青海风火山红色粉质黏土			
ρ_d (kg/m³)	W (%)	λ_u	λ_f
		〔W/(m·℃)〕	
380	202.4	0.73	2.15
680	109.2	0.94	2.06
900	78.2	1.03	1.97
1 000	60.0	1.08	1.95
1 100	50.0	1.08	1.95
1 200	44.9	1.09	1.88
1 200	34.3	1.09	1.67

西藏两道河草炭粉土				西藏两道河草根(皮)			
ρ_d (kg/m³)	W	λ_u	λ_f	ρ_d (kg/m³)	W (%)	λ_u	λ_f
		〔W/(m·℃)〕				〔W/(m·℃)〕	
100	960.0	—	1.86	100	840	—	1.62
200	428.8	—	2.16	200	400	0.68	1.86
300	300.0	—	2.25	200	300	0.57	1.32
300	284.4	—	1.98	200	250	0.46	0.86
400	180.8	—	2.03	200	200	0.39	0.65
500	143.3	—	2.06	200	150	0.27	0.46
700	138.1	—	2.13	200	100	0.23	0.26
—	—	—	—	300	250	0.65	1.65
—	—	—	—	300	180	0.45	1.07
—	—	—	—	300	150	0.41	0.93
—	—	—	—	300	130	0.36	0.68
—	—	—	—	300	110	0.36	0.57

D.0.2　冻土和基础间冻结强度设计值的确定

“冻土和基础间的冻结强度应在现场进行原位测定,或在专门试验设备条件下进行试验测定。如无条件时,可按《桥规》(TB 100002.5—99)附录 G 表 G.0.1—1 的规定采用。

表 D.0.2　不同材质基础表面状态修正系数表

基础材质及表面状况	木质	金属(表面未处理)	表面涂工业凡士林或渣油	增大表面粗糙度	预制混凝土
修正系数	0.90	0.66	0.40	1.20	1.00

D.0.3　冻胀力设计值的确定

冻胀力的作用下基础稳定性验算的冻胀力设计值应由试验确定。

房屋建筑工程也可按表 D.0.3—1 及 D.0.3—2 选用。

表 D.0.3—1　切向冻胀力 τ_d(kPa)

冻胀类别	弱冻胀	冻胀	强冻胀	特强冻胀
单位切向冻胀力	$30\leqslant\tau_d\leqslant60$	$60<\tau_d\leqslant80$	$80<\tau_d\leqslant120$	$120<\tau_d\leqslant150$

表 D.0.3—2　水平冻胀力 H_d(kPa)表

冻胀等级	不冻胀	弱冻胀	冻胀	强冻胀	特强冻胀
冻胀率 η(%)	$\eta\leqslant1$	$1<\eta\leqslant3.5$	$3.5<\eta\leqslant6$	$6<\eta\leqslant12$	$\eta>12$
水平冻胀力 H_d	$H_d<15$	$15\leqslant H_d<70$	$70\leqslant H_d<120$	$120\leqslant H_d<200$	$H_d\geqslant200$

桥涵工程也可按表 D.0.3—3 确定。

表 D.0.3—3　季节融化土冻胀时,对混凝土基础的切向冻胀强度 τ_d(kPa)

土类					
黏性土	I_L		$I_L\leqslant0$	$0<I_L\leqslant1$	$1<I_L\leqslant3$
	τ_d	非过水建筑物	0~30	30~80	80~150
		过水建筑物	0~50	50~150	150~250
砂　土	S_t 或 W_n(%)		$S_t\leqslant0.5$ 或 $W_n\leqslant12$	$0.5<S_t\leqslant0.8$ 或 $12<W_n\leqslant18$	$S_t>0.8$ 或 $W_n>18$
	τ_d	非过水建筑物	0~20	20~50	50~100
		过水建筑物	0~40	140~80	80~160

注:1　I_L 为土的液性指数,Wn 为土的天然含水率;

2　粉黏粒含量大于 15% 的碎石土,视其含水量按表中砂土采用;粉黏粒含量小于 15% 时视其含水量按表中 $S_t\leqslant$或 0.5 或 $0.5<S_t\leqslant0.8$ 两栏采用;

3　粉质黏性土和粉黏粒含量大于 15% 的砂土用表中的较大值;

4　未作处理的钢结构基础,按表列数值降低 20% ~30%。

D.0.4　冻土融化和压缩指标的确定

1. 冻土地基融化时沉降计算中的融化下沉系数和压缩系数指标,应试验确定。均质的冻结细粒土可以在试验室条件下,用专门的试验装置确定。

2. 冻土融化下沉系数 δ_0,也可依据冻结的地基土的土质、物理性质,按以下公式计算。

1)按含水率(W_A)确定:

对于按本暂行规定表 A.0.1 中地基土含水率判的Ⅰ、Ⅱ、Ⅲ、Ⅳ类土:

$$\delta_0=\alpha_1(W_A-W_0)(\%) \tag{D.0.4—1}$$

式中　α_1——系数,由表 D.0.4—1 确定;

W_0——起始融沉含水率,可按表 D.0.4—1 确定,对于黏性土,可按其塑限含水率 W_p,依下式进行计算:

$$W_0 = 5 + 0.8W_p(\%) \tag{D.0.4—2}$$

表 D.0.4—1 α_1、W_0 值表

土 质	砾石、碎石土[1]	砂类土	粉土、粉质黏土	黏土
α_1	0.5	0.6	0.7	0.6
$W_0(\%)$	11.0	14.0	18.0	23.0

注:1 对于粉黏粒(0.074 mm 的粒径)含量<15% 者 α_1 取 0.4;

2 黏性土的 W_0,当按式 D.0.4—2 的计算值与表 D.0.4—1 所列值不同时,应取小值。

对于含水率判别为Ⅴ类的土,其融化下沉系数 δ_0 按下式计算:

$$\delta_0 = \sqrt[3]{W_A - W_C} + \delta'_0 \tag{D.0.4—3}$$

式中 $W_C + W_P + 35$,对于粗颗粒土可用 W_0 代替 W_P,也可按表 D.0.4—2 取值;

δ'_0——对应于 $W_A = W_C$ 时的 δ_0 值,可按公式(D.0.4—1)计算,也可按表 D.0.4—2 取值。

表 D.0.4—2 W_C、δ'_0 值表

土 质	砾石、碎石土	砂类土	粉土、粉质黏土	黏 土
$W_C(\%)$	46	49	52	58
$\delta'_0(\%)$	18	20	25	20

注:对于粉黏粒(0.074 mm 的粒径)含量<15% 者,W_C 取 44%,δ'_0 可取 14%。

2)按冻土干密度 ρ_d 确定:对于含水率判别为Ⅰ、Ⅱ、Ⅲ、Ⅳ类的土:

$$\delta_0 = \alpha_2(\rho_{do} - \rho_d)/\rho_d \tag{D.0.4—4}$$

式中 α_2——系数,按表 D.0.4—3 确定;

ρ_{do}——起始融沉干密度,大致相当于或略大于最佳干密度,可按表 D.0.4—3 取值。

表 D.0.4—3 α_2、ρ_{do} 值表

土 质	砾石、碎石土	砂类土	粉土、粉质黏土	黏 土
α_2	25	30	40	30
$\rho_{do}(t/m^3)$	1.95	1.80	1.70	1.65

注:对于粉黏粒(0.074 mm 的粒径)含量<15% 者,α_2 取 20,ρ_0 取 2.0(t/m^3)。

对于含水率判别为Ⅴ类的土,其融化下沉系数 δ_0 按下式计算:

$$\delta_0 = 60(\rho_{dc} - \rho_d) + \delta'_0 \tag{D.0.4.5}$$

式中 ρ_{dc}——对应于 $W_A = W_C$ 时的冻土干密度,可按表 D.0.4—4 取值;

δ'_0——同前。

表 D.0.4—4 ρ_{dc} 值 表

土 质	砾石、碎石土	砂类土	粉土、粉质黏土	黏 土
$\rho_{dc}(t/m^3)$	1.16	1.10	1.06	1.00

注:对于粉黏粒(0.074 mm 的粒径)含量<15% 者,ρ_{dc} 取 1.2(t/m^3)。

3. 要求现场测定冻土的含水率及干密度,分别计算融化下沉系数 δ_0 值,取大值作为设计值。

4. 冻土融化后的体积压缩系数 m_v 可按表 D.0.4—5 确定。

表 D.0.4—5　各类冻土融化后体积压缩系数 m_v 值表

土质及压力(kPa) / 冻土 ρ_d(t/m³) / m_v(MPa⁻¹)	砾石、碎石土 $P_0=10\sim210$	砂类土 $P_0=10\sim210$	黏性土 $P_0=10\sim210$	草　皮 $P_0=10\sim210$
2.10	0.00	—	—	—
2.00	0.10	—	—	—
1.90	0.20	0.00	0.00	—
1.80	0.30	0.12	0.15	—
1.70	0.30	0.24	0.30	—
1.60	0.40	0.36	0.45	—
1.50	0.40	0.48	0.75	—
1.40	0.40	0.48	0.75	—
1.30	—	0.48	0.75	0.40
1.20	—	0.48	0.75	0.45
1.10	—	—	0.75	0.60
1.00	—	—	—	0.75
0.90	—	—	—	0.90
0.80	—	—	—	1.05
0.70	—	—	—	1.20
0.60	—	—	—	1.30
0.50	—	—	—	1.50
0.40	—	—	—	1.65

附录 E 多年冻土地区路基保温层厚度的计算

E. 0. 1 路堑保温层厚度的经验计算公式

$$Z = K_G \cdot H_{max} \tag{E. 0. 1—1}$$

式中 Z——保温(换填)层厚度(m);

H_{max}——边坡(H_{rBmax})或基底(H_{rDmax})季节最大融化深度(人为上限)(m);

K_G——工程安全系数(无量纲),视施工条件和填料条件而定,$K_G > 1$,一般取1.05 ~ 1.10。

1. 边坡季节最大融化深度(H_{rBmax})。

$$H_{rBmax} = K_G \cdot K' \cdot K'' \cdot H_t \tag{E. 0. 1—2}$$

式中 H_{rBmax}——计算点(边坡中部)季节最大融化深度(人为上限)(m);

H_t——路堑所在地段代表性地层季节最大融化深度(天然上限)(m);

K、K'、K''——修正系数,含意与计算如下:

1)K——填料修正系数(无量纲),反映边坡换填材料与代表性天然上限材料性质的差异。

$$K = \sqrt{\frac{\lambda_1}{(W_1 - W_{u1})\gamma_{d1}} \Big/ \frac{\lambda_0}{(W_0 - W_{u0})\gamma_{d0}}} \tag{E. 0. 1—3}$$

式中 λ_1、λ_0——分别为填料与天然地层的导热系数[W/(m · ℃)];

W_1、W_0——分别为填料与天然地层的总含水量(%);

W_{u1}、W_{u0}——分别为填料与天然地层的未冻水含量(%);

γ_{d1}、γ_{d0}——分别为填料与天然地层的干容重(kg/m^3)。

注:以上参数均采用按深度的加权平均值。

2)K'——朝向修正系数(无量纲),反映路堑边坡朝向对接受太阳辐射能的影响,按下表取值:

朝 向	空旷空地	阳 坡	阴 坡
坡 率	0	1:1.5 ~ 1:1.75	1:1.5 ~ 1:1.75
K'	1.00	1.15	0.95

注:主要考虑阳坡修正。

3)K'——表面状态修正系数(无量纲),按下表取值:

表面状态	草 皮	黏性土边坡	砂砾石边坡
K''	1.00	1.06	1.03

2. 基底季节最大融化深度 H_{rDmax}。

$$H_{rDmax} = K \cdot K'' \cdot K_D \cdot H_t \tag{E. 0. 1—4}$$

式中 H_{rDmax}——路暂基底的季节最大融化深度(人为上限)(m);

K_D——结构修正系数(无量纲),反映路堑断面形态对基底融深的影响,K_D = 1.10;

H_t、K、K''——含意同边坡计算公式。

3. 代表性地层应选择路堑所在地段草皮覆盖的空旷平地,最好选草皮覆盖良好、上限以上土质较均一的场地。

4. 当堑顶不设挡水埝时,按上式确定的保温(换填)厚度后,应在边坡中部以上增厚 ΔZ:

$$\Delta Z = (0.06 \sim 0.10)Z \tag{E.0.1—5}$$

5. 设计时应考虑气温波动对天然上限的影响,即以 H_{tmax} 代替 H_t

$$H_{tmax} = K_T \cdot H_t \tag{E.0.1—6}$$

$$K_T = 1 + A(K_P - K_H) \tag{E.0.1—7}$$

式中 K_T——气温波动修正系数系数(无量纲);

K_P——设计频率的年平均气温(℃),按 2% 的保证率取值;

K_H——勘察年(即设计选用年)的年平均气温(℃);

A——由气温、地层、植被等条件决定的气温波动上限变化率(%/℃),应由年均气温—融深变化规律确定。当无资料时可取以下统计值:

一般黏性土地层、无植被覆盖:A = 20%/℃ ~ 25%/℃

一般黏性土地层、植被覆盖良好:A = 7%/℃ ~ 10%/℃

根据青藏铁路多年冻土地区 50 年以上气温变化趋势预测,可按 $K_P - K_H$ = 1.0 ℃计算。

6. 天然地层季节最大融化深度(天然上限)H_t,可通过勘探、钎探、挖探、测温、近似计算、海拔高程相关的经验公式计算等方式取得。

E.0.2 低路堤基底换填厚度的计算

低路堤基底换填深度可比照路堑基底保温层厚度计算公式确定,但此时 K_D = 1.0。

E.0.3 路基采用轻型工业保温隔热板的板厚计算方式

1. 温度衰减法半经验验计算公式

$$\delta = (H_r - h_1)\sqrt{\frac{\lambda_C}{\lambda_{C_B}}}K \tag{E.0.3—1}$$

$$K = e - \left[\frac{h_1}{H_r}\right]^2 \tag{E.0.3—2}$$

式中 δ——保温隔热板厚度(m);

H_r——未设置隔热板时的人为上限深度(或换填厚度)(m);

h_1——保温隔热板埋置深度(m);

λ_B、λ——分别为保温隔热板和换填土的导热系数〔W/(m·℃)〕;

C_B、C——分别为保温隔热板和换填土的比热〔kJ/(kg·℃)〕;

K——修正系数:

说明:

1)该公式是按人为上限深度为($h_1 + \delta$)时假设计算的,即 δ 板厚的保温效果与($H_r - h_1 - \delta$)的土层等效,实际应用时,板下应设一定厚度的砂垫层作缓冲层。

2)以上计算在实际应用时应考虑轻型工业保温材料吸水后导热系数增大的影响。

2. 当量折算法计算公式

$$\delta = \delta_B \sqrt{K \frac{\lambda}{\lambda_B}} \qquad (E.0.3\text{—}3)$$

式中　δ——当量保温厚度(m),即在路基保温层中铺设的工业保温材料折算为土层的等效厚度;

δ_B——工业保温材料的设计厚度(m);

λ_B、λ——分别为工业保温材料和换填土的导热系数[W/(m·℃)];

K——经验折算修正系数。由反算法确定,建议值 $K = 3.0 \sim 3.5$。

当有多层或不同种工业保温材料铺设时:

$$\delta = \sum_{i=1}^{n} \delta_{Bi} \sqrt{K \frac{\lambda}{\lambda_{Bi}}} \qquad (E.0.3\text{—}4)$$

此时,人为上限 H 值可按下式计算:

$$H = h_T - \sum_{i=1}^{n} \delta_{Bi} \cdot \sqrt{K \frac{\lambda}{\lambda_{Bi}}} + \sum_{i=1}^{n} \delta_{Bi} \qquad (E.0.3\text{—}5)$$

式中　h_T——当地土换填时的季节最大融化深度(换填厚度)(m);

i——层序;

n——层数。

附录 G　热桩、热棒基础计算

G. 0. 1　液汽两相对流循环热虹吸在单位时间内的传热量,应根据热虹吸—地基系统的热状态分析所得热流程图确定。对于垂直埋于天然地基中热虹吸的热流程应符合图 G. 0. 1 规定。

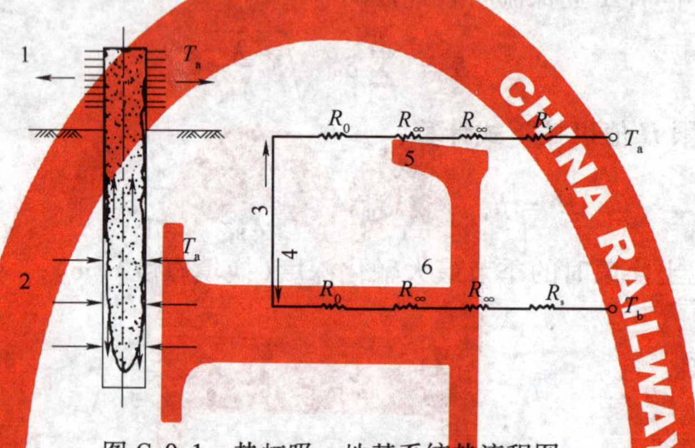

图 G. 0. 1　热虹吸—地基系统热流程图

1—热流流出;2—热流流入;3—绝热蒸汽流;4—绝热冷凝液体流;5—冷凝器;6—蒸发器

G. 0. 2　热虹吸单位时间内的传热量可按下列公式计算:

$$q=\frac{T_s-T_a}{R_f+R_{wc}+R_{cc}+R_c+R_e+R_{we}+R_s} \tag{G.0.2}$$

式中　R_f——冷凝器的放热热阻;

R_{wc}——冷凝器壁的热阻;

R_{cc}——冷凝器中冷凝液体膜的热阻;

R_c——冷凝器阻;

R_e——蒸发热阻;

R_{ce}——蒸发器中冷凝液体膜的热阻;

R_{we}——蒸发器壁的热阻;

R_s——土体热阻;

T_a——空气温度;

T_s——土体温度。

G. 0. 3　一般情况下,只计入冷凝器热阻和土体热阻,可按式(G. 0. 3)计算:

$$q=\frac{T_s-T_a}{R_f+R_s} \tag{G.0.3}$$

G. 0. 4　冷凝器的放热热阻 R_f 可以通过试验确定。当无条件试验时冷凝器的放热热阻可按下式计算:

$$R_f=\frac{1}{Aeh} \tag{G.0.4—1}$$

式中　A——冷凝器的散热面积;

h——冷凝器的放热系数；

e——冷凝器叶片的有效率。

1. 对于指定类型的冷凝器，可通过低温风洞试验确定有效放热系数（eh）与风速 v 的关系，得出关系曲线或计算公式；

2. 钢串片开式冷凝器，其有效放热系数（eh）值可按下式计算确定：

$$eh = 2.75 + 1.51v^{0.2} \tag{G.0.4—2}$$

式中　v——冷凝器所在处的风速。

G.0.5　热虹吸蒸发段周围土体的热阻 R_s 可按下列公式计算：

1. 对于垂直埋于地基中的热虹吸，传热影响范围内圆柱土体的热阻（图 G.0.5—1）

$$R_s = \frac{\ln(r_2/r_1)}{2\pi\lambda z} \tag{G.0.5—1}$$

式中　r_2——冻结期传热影响范围的平均半径；

r_1——热虹吸蒸发段的外半径；

λ——土体导热系数；

z——热虹吸的埋深。

图 C.0.5—1　正环形圆柱体热阻计算图式

2. 对于倾斜成组埋于地基中的热虹吸、任一热虹吸周围土体的热阻（图 G.0.5—2）

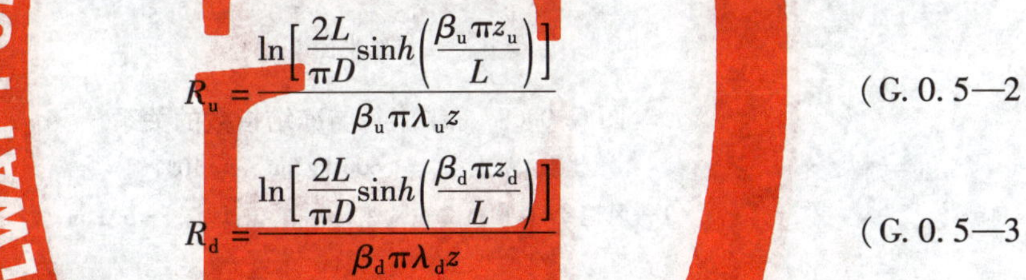

$$R_u = \frac{\ln\left[\frac{2L}{\pi D}\sinh\left(\frac{\beta_u \pi z_u}{L}\right)\right]}{\beta_u \pi \lambda_u z} \tag{G.0.5—2}$$

$$R_d = \frac{\ln\left[\frac{2L}{\pi D}\sinh\left(\frac{\beta_d \pi z_d}{L}\right)\right]}{\beta_d \pi \lambda_d z} \tag{G.0.5—3}$$

式中　L——热虹吸的中心间距；

D——热虹吸蒸发段的外直径；

z_u——热虹吸蒸发段的平均埋深；

λ_u——z_u 范围内土体的导热系数；

λ_d——z_d 范围内土体的导热系数；

z_d——热虹吸蒸发段平均埋深线至多年冻土年变化带深度线的距离；

z——热虹吸蒸发段长度；

β_u、β_d——比例系数。

3. 比例系数 β_u、β_d 应按下列公式计算：

$$\beta_u = \frac{2q_u}{q_u + q_d} \tag{G.0.5—4}$$

$$\beta_d = \frac{2q_d}{q_u + q_d} \tag{G.0.5—5}$$

式中　q_u——来自上部的热流；

q_d——来自下部的热流。

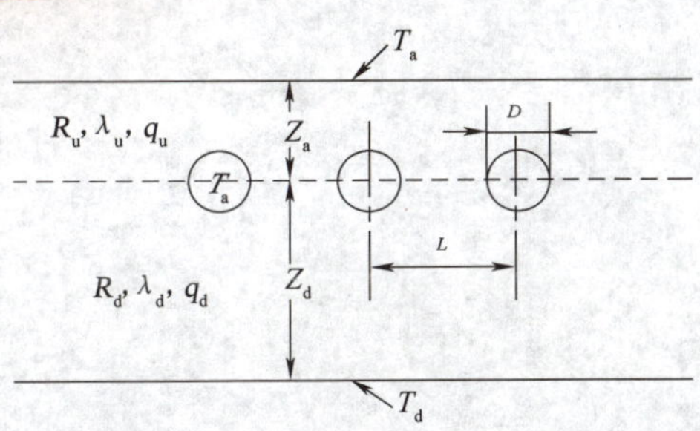

图 G.0.5—2　排式埋藏式圆柱热阻计算图式

G. 0. 6　热虹吸的冻结半径 r 可按下列公式计算(图 G. 0. 6):

$$\sum T_f = \frac{L}{24}\left[\pi z R_f(r_2 - r_0^2) + \frac{r^2}{4\lambda_s}\left(\ln\frac{r^2}{r_0^2} - 1\right) + \frac{r_0^2}{4\lambda_s}\right] \tag{G. 0. 6}$$

式中　$\sum T_f$——计算地点的冻结指数(℃ · d);

L——融土的体积潜热;

r_0——热虹吸蒸发段外半径;

λ_s——土体导热系数。

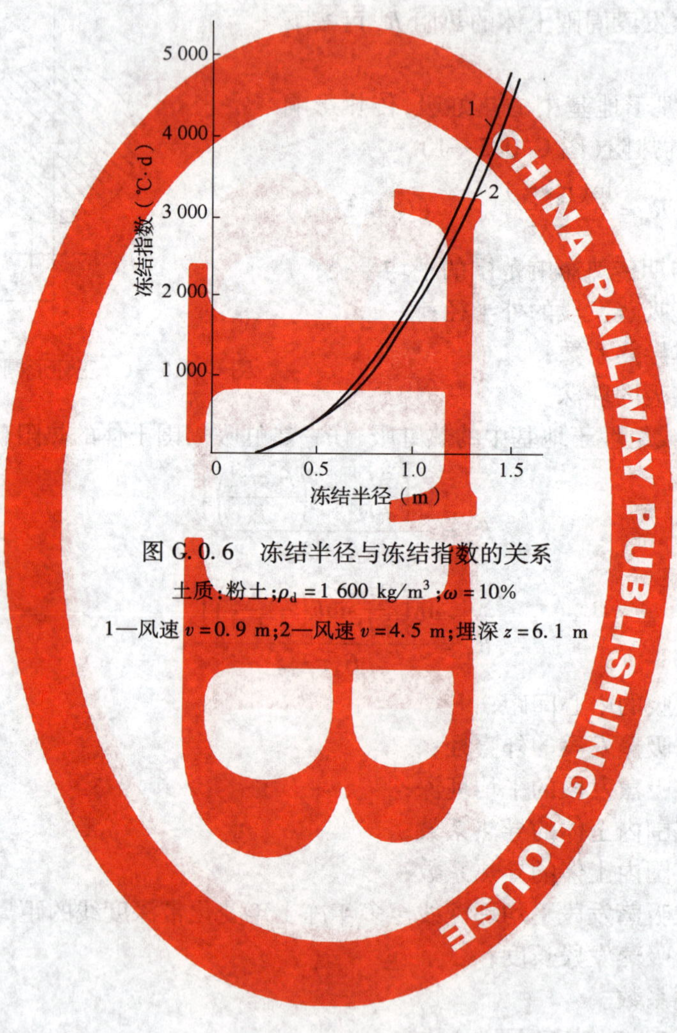

图 G. 0. 6　冻结半径与冻结指数的关系

土质:粉土;ρ_d = 1 600 kg/m^3;ω = 10%

1—风速 v = 0. 9 m;2—风速 v = 4. 5 m;埋深 z = 6. 1 m

附录 H　多年冻土的施工工程分级

表　H.0.1

施工工程分级	级　别	多年冻土类型及岩性特征
Ⅲ	硬　土	地层为粉砂、细砂、中砂、粗砂、砾砂、角砾土（圆砾土）、碎石土（卵石土）的少冰冻土
Ⅳ	软　石	地层为粉土、黏性土的各类冻土；地层为粉砂、细砂、中砂、粗砂、砾砂、角砾土（圆砾土）的多冰、富冰和饱冰冻土；地层为碎石土（卵石土）的多冰冻土；地层为块石（漂石土）的少冰冻土；各类地层的含土冰层及纯冰层
Ⅴ	次坚石	地层为碎石土（卵石土）的富冰、饱冰冻土；地层为块石土（漂石土）的多冰、富冰和饱冰冻土

注：多年冻土地区各类岩石的施工工程分级，仍采用“铁路工程地质勘察规范”附录 A 中的分级标准。

附录 J　铁路隧道围岩分级

J.1　围岩分级的基本因素

J.1.1　分级因素及其确定方法

1　围岩基本分级应由岩石坚硬程度和围岩完整程度两个因素确定;

2　岩石坚硬程度和岩体完整程度,应采用定性划分和定量指标两种方法确定。

J.1.2　岩石坚硬程度的划分

岩石坚硬程度应按表 J.1.2 划分。

表 J.1.2　岩石坚硬程度的划分

岩石类别		单轴饱和抗压强度 R_c(MPa)	代表性岩石
硬质岩	极硬岩	>60	花岗岩、闪长岩、玄武岩等浆岩硅岩; 硅岩、钙质胶结的砾岩及砂岩、石灰岩、白云岩等沉积岩; 片麻岩、石英岩、大理岩、板岩、片岩等变质岩
	硬　岩	30 ~ 60	
软质岩	较软岩	15 ~ 30	凝灰岩等喷出岩;砂砾岩、泥质砂岩、泥质页岩、炭质页岩、泥炭岩、泥岩、煤等沉积岩;云母片岩或千枚岩等变质岩
	软　岩	5 ~ 15	
	极软岩	<5	

J.1.3　岩体完整程度的划分

岩体完整程度应按表 J.1.3 划分。

表 J.1.3　岩体完整程度的划分

完整程度	结构面特征	结构类型	岩体完整性指数(K_v)
完　整	结构面 1 ~ 2 组,以构造型节理或层面为主,密闭型	巨块状整体结构	$K_v > 0.75$
较完整	结构面 2 ~ 3 组,以构造型节理、层面为主,裂隙多呈密闭型,部分为微张型,少有充填物	块状结构	$0.75 \geqslant K_v > 0.55$
较破碎	结构一般为 3 组,以节理及风化裂隙为主,在断层附近受构造影响较大,裂隙以微张型和张开型为主,多有充填物	层状结构、块石、碎石结构	$0.55 \geqslant K_v > 0.35$
破　碎	结构面大于 3 组,多以风化型裂隙为主,在断层附近受构造作用影响大,裂隙宽度以张开型为主,多有充填物	碎石角砾状结构	$0.35 \geqslant K_v > 0.15$
极破碎	结构面杂乱无序,在断层附近受断层作用影响大,宽张裂隙全为泥质或泥夹岩屑充填,充填物厚度大	散体状结构	$K_v \leqslant 0.15$

J.2　围岩基本分级及其修正

J.2.1　围岩基本分级应根据岩石坚硬程度和完整程度划分,按表 J.2.1 确定。

表 J.2.1 围岩基本分级

级别	岩体特征	土体特征	围岩弹性纵波速度(km/s)
Ⅰ	极硬岩,岩体完整		>4.5
Ⅱ	极硬岩,岩体较完整; 硬岩,岩体完整		3.5~4.5
Ⅲ	极硬岩,岩体较破碎; 硬岩或软硬岩互层,岩体较完整; 较软岩,岩体完整		2.5~4.0
Ⅳ	极硬岩,岩体破碎; 硬岩,岩体较破碎或破碎; 较软岩或软硬岩互层,且以软岩为主,岩体较完整或较破碎; 软岩,岩体完整或较完整	具压密或成岩作用的黏性土、粉土及砂类土,一般钙质、铁质胶结的碎(卵)石土、大块石土,黄土(Q_1、Q_2)	1.5~3.0
Ⅴ	软岩,岩体破碎或极破碎; 全部极软岩及全部极破碎岩(包括受构造影响严重的破碎带)	一般第四系坚硬、硬塑黏性土,稍密及以上、稍湿、潮湿的碎(卵)石土、圆砾土、角砾土、粉土及黄土(Q_3、Q_4)	1.0~2.0
Ⅵ	受构造影响很严重呈碎石、角砾及粉末、泥土状的断层带	软塑状黏性土、饱和的粉土、砂类土等	<1.0(饱和状态的土<1.5)

J.2.2 隧道围岩级别的修正应符合下列规定:

1 围岩级别应在围岩基本分级的基础上,结合隧道工程的特点,考虑地下水状态、初始地应力状态等必要的因素进行修正。

2 地下水状态的分级宜按表 J.2.2—1 确定。

表 J.2.2—1 地下水状态的分级

级别	状态	渗水量〔L/(min·10 m)〕
Ⅰ	干燥或湿润	<10
Ⅱ	偶有渗水	10~25
Ⅲ	经常渗水	25~125

3 地下水对围岩级别的修正,宜按表 J.2.2—2 进行。

表 J.2.2—2 地下水影响的修正

地下水状态分级 \ 围岩级别	Ⅰ	Ⅱ	Ⅲ	Ⅳ	Ⅴ	Ⅵ
Ⅰ	Ⅰ	Ⅱ	Ⅲ	Ⅳ	Ⅴ	—
Ⅱ	Ⅰ	Ⅱ	Ⅳ	Ⅴ	Ⅵ	—
Ⅲ	Ⅱ	Ⅲ	Ⅳ	Ⅴ	Ⅵ	—

4 围岩初始地应力状态,当无实测资料时,可根据隧道工程埋深、地貌、地形、地质、构造运动史、主要构造线和开挖过程中出现的岩爆、岩芯饼化等特殊地质现象,按表 J.2.2—3 作出评估。

表 J.2.2—3 初始地应力状态评估

初始地应力状态	主 要 现 象	评估基准(R_c/σ_{max})
极高应力	1. 硬质岩:开挖过程中时有岩爆发生,有岩块弹出,洞壁岩体发生剥离,新生裂缝多,成洞性差	<4
	2. 软质岩:岩芯常有饼化现象,开挖过程中洞壁岩体有剥离,位移极为显著,甚至发生大位移,持续时间长,不易成洞	
高应力	1. 硬质岩:开挖过程中可能出现岩爆,洞壁岩体有剥离和掉块现象,新生裂缝较多,成洞性较差	4~7
	2. 软质岩:岩芯时有饼化现象,开挖过程中洞壁岩体位移显著,持续时间长,成洞性差	

注:R_c——围岩单轴饱和抗压强度(MPa);σ_{max}——最大地应力值(MPa)。

5 初始地应力对围岩级别的修正宜按表 J2.2—4 进行。

表 J2.2—4 初始地应力影响的修正

围岩基本分级 修正级别 初始地应力状态	Ⅰ	Ⅱ	Ⅲ	Ⅳ	Ⅴ
极高应力	Ⅰ	Ⅱ	Ⅲ或Ⅳ①	Ⅴ	Ⅵ
高应力	Ⅰ	Ⅱ	Ⅲ	Ⅳ或Ⅴ②	Ⅵ

注:① 围岩岩体为较破碎的极硬岩、较完整的硬岩时,定为Ⅲ级;围岩岩体为完整的较软岩、较完整的软硬互层时,定为Ⅵ级;

② 围岩岩体为破碎的极硬岩、较破碎及破碎的硬岩时,定为Ⅳ级;围岩岩体为完整及较完整软岩、较完整及较破碎的较软岩时,定为Ⅴ级。

6 隧道洞身埋藏较浅,应根据围岩受地表的影响情况进行围岩级别修正。当围岩为风化层时应按风化层的围岩基本分级考虑。围岩仅受地表影响时,应较相应围岩降低1~2级。

J.2.3 隧道围岩级别的判定宜按表 J.2.3 的判定卡进行。

表 J.2.3 施工阶段围岩级别判定卡

工程名称			位置	里 程				评 定
				距洞口距离(m)				
岩性指标	岩石类型(名称)			黏聚力 C= MPa;ϕ=				极硬岩 硬岩 较软岩 软岩 极软岩土
	单轴饱和抗压强度 R_b = MPa			点荷载强度极限 I_x = MPa				
	变形模量 E = GPa			泊松比 μ =				
	天然重度 γ = kN/m³			其 他				
岩性完整状态	地质构造影响程度			轻 微	较 重	严 重	极严重	完 整
	地质结构面	间距(m)	>1.5	0.6~1.5	0.2~0.6	0.06~0.2	<0.06	较完整
		延伸性	极 差	差	中 等	好	极 好	较破碎
		粗糙度	明显台阶状	粗糙波纹状		平整光滑有擦痕	平整光滑	破 碎
		张开性(mm)	密闭<0.1	部分张开 0.1~0.5	张开 0.5~0.1	无充填张开 >1.0	黏土充填	
	风化程度		未风化	风化轻微	风化颇重	风化严重	风化极严重	极破碎
	简要说明							

续上表

工程名称		位置	里　程			评　定
			距洞口距离(m)			
地下水状态	渗水量〔$L/(\text{min}\cdot 10\ \text{m})$〕	<10 干燥或湿润	10~25 偶有渗水	25~125 经常渗水		干燥或湿润 偶有渗水 经常渗水
初始地应力状态	埋深 $H=$　　m					
	地质构造应力状态		其他			
围岩级别	Ⅰ	Ⅱ	Ⅲ	Ⅳ	Ⅴ	Ⅵ
备　注						
记录者		复核者		日期		

附录 K　多年冻土地区中、细砂、泥灰土地基系数的比例系数 m 和 m_0

表　K.0.1

冻土月最高平均温度(℃) m 和 m_0 (kPa/m^3) 桩的类型	−0.5	−1.0
钻孔插入桩	20 000	30 000
钻孔灌注桩	25 000	

本暂行规定用词说明

执行本暂行规定条文时,对于要求严格程度的用词说明如下,以便在执行中区别对待。

1 表示很严格,非这样做不可的用词

正面词采用"必须";

反面词采用"严禁"。

2 表示严格,在正常情况均应这样做的用词

正面词采用"应";

反面词采用"不应"或"不得"。

3 表示允许稍有选择,在条件许可时首先应这样做的用词

正面词采用"宜";

反面词采用"不宜"。

表示有选择,有一定条件下可以这样做的用词,采用"可"。

《青藏铁路高原多年冻土区工程设计暂行规定》(上册)条文说明

本条文说明系对重点条文的编制依据、存在问题以及执行中应注意事项等的说明。为减少篇幅,未抄原条文,只列条文号

1.0.1　青藏铁路自昆仑山北坡西大滩至唐古拉山南麓的安多河谷,约 550 km 范围通过多年冻土区。该冻土区分布面积约 2.45×10^4 km^2,海拔高程大部分在 4 440 m 以上,属中纬度高原多年冻土。

该多年冻土区具海拔高、气压低(544 ~ 600 mb)、气候严寒(年平均气温 -2 ℃ ~ -8.5 ℃)、冻结期长(全年达 7 个月以上,即使暖季夜间也有短暂的冻结)、多年冻土平均地温低(0 ~ -5 ℃)、积雪较薄,且保存时间不太长等特点。在高原多年冻土区修建铁路工程尚属首次,为适应青藏铁路建设需要,在总结本地区工程建设经验、本地区多年冻土科研成果一年来的工程实践及试验工程的阶段性成果的基础上,结合高原多年冻土区自然、生态、工程地质条件和铁路工程特点,制订本暂行规定。

1.0.5　青藏铁路多年冻土区路线长、工程类型多、工程地质条件复杂多变,加之在青藏高原上修建铁路尚属首次,并要求将青藏铁路建成"高起点、高标准、高质量的高原铁路",需要解决的问题是很多的。最主要的工程问题是冻土环境的保护和冻土的冻融问题。要把青藏铁路建成安全可靠的铁路,就必须将多年冻土的工程问题解决在工程设计中。工程设计人员在设计前熟悉工程场地冻土条件,对不同冻土条件引起的工程问题应有对应的工程处理设计方案。并在设计中推广成熟的先进技术、采用先进工艺和新型材料。

1.0.6　多年冻土区工程设计中应注意的环境问题包括两个方面。一方面应充分考虑工程建设对环境条件的影响。这是鉴于青藏高原多年冻土区自然环境条件特殊,生态环境脆弱,不注意工程建设对环境条件的影响,环境条件遭受破坏,势必导致多年冻土退化,危及工程的使用和安全。另一方面应考虑气候变化对多年冻土的影响,气候变暖是全球性问题,气候变暖导致多年冻土退化,将影响部分多年冻土变为季节冻土,使工程地质条件发生质的变化。为此工程设计中根据工程类型,充分考虑气候变化因素的影响也是十分必要的。

3.0.4、3.0.5、3.0.6　多年冻土区各类工程地基设计采取的设计原则是关系到工程安全和工程造价的重大问题。如果设计原则保守,工程过于安全,这部分工程会造成不必要的浪费。反之,设计原则考虑不周,则会给工程安全留下隐患。多年冻土区工程地基设计采取不同原则实质是在工程设计中如何考虑和处理引起地基融沉或冻胀的冻土体的环境条件。保护多年冻土的设计原则是在建筑物施工和使用期间,地基多年冻土始终保持冻结

状态,使冻土天然上限稳定或上升。延缓多年冻土融化速度的设计原则是在建筑物施工和使用期间,有效地延缓多年冻土的融化速度,使冻土天然上限基本稳定或将变形量控制在建筑物允许的变形范围内。其实质也是保护多年冻土,只不过是工程更强、更有效而已。破坏多年冻土的设计原则是一种不得已而为的措施,包括挖除换填、预先融化或允许自由融化等措施,它涉及的面很广,如:多年冻土的地温情况、含冰情况、冻土埋藏深度等对工程的影响,施工难易程度,对高原自然环境和生态环境的影响等,所以采用破坏多年冻土的原则要十分慎重。铁路工程设计中应同时考虑多年冻土地基的地温情况和冻土分类情况,若不然就不能恰当采用设计原则。例如路基设计时,地基土为低温稳定冻土场地,从地温情况应采用保护冻土设计原则,但地基土为少冰、多冰冻土,冻土融化到人为上限也不会产生大的融沉,综合考虑可采用允许地基土自由融化的设计原则,可对冻土地基不采取工程措施。若同为低温稳定冻土地基,地基土为高含冰量冻土,则必须根据填土高度,采用不同工程措施。保护基底冻土不融化的设计原则即保护冻土的设计原则。

4.1.1 本条目的是要求设计人员在高原多年冻土区选线时,十分注意多年冻土对工程的影响;尽量以路堤形式通过,以减少对多年冻土的影响;融区与多年冻土区接触带、融区与冻土岛间隔分布的地段都是冻土对气温变化最敏感的地段,人为活动、气温的波动极易引起多年冻土力学性质、强度指标和变形特征的较大变化,是极不稳定地段;不良冻土现象发育地段受工程建筑物的影响,易发生地基变形,影响建筑物的稳定,选线时应十分注意。

4.1.2 本暂行规定使用路堤最小设计高度的概念,它包括:按保护多年冻土的设计原则,保持基底多年冻土处于冻结状态的最小填土高度,即临界高度;基底季节融化层的融化压缩沉降;气温波动的增量以及工程设计的安全储备4个部分。临界高度是根据214国道、109国道、青藏铁路试验工程经验统计数值,公式经采用热参数折算修正计算、采用斯蒂芬公司近似解,三种方法确定的,基底季节融化层的压缩沉降按整个天然上限考虑,并给予预留;这次修订考虑了在高温极不稳定区,仅仅采用调整填土高的办法不一定有效,再考虑全球气温升高的影响,删去了高温极不稳定区一项。

4.1.6 在多年冻土区路堤地基的沉降可由二部分组成:基底季节融化层在施工期间及工后的融化固结沉降;基底多年冻土在施工期间由填筑土潜热引起融化固结沉降。当用恰当的工程措施和施工方法、施工季节时,基底多年冻土的融化固结沉降一般在30 cm范围内(高温冻土区可能会多一点),且在当年冬季都能回冻,一年多的工程实践证明,只要措施得当,冻土上限一般能保持稳定。所以,在计算地基沉降时压缩层厚度按1.3~1.5倍天然上限计算应该是可靠的,若采用工程措施、施工方法和施工季节不当,造成多年冻土,尤其是高含冰量冻土的融化,引起大量的沉降变形时,应采取更可靠的工程措施加以控制。这次修订,路基填土压实度是根据路内外专家意见与《青藏铁路高原多年冻土区工程暂行规定》一致修改的。

4.2 少冰、多冰冻土属弱融沉、弱冻胀土,其冻胀、融沉对路基影响不大,采用允许自由融化的设计原则是可行的,但是,当路堤基底、路堑路基面以下2倍上限范围内夹有少量高含冰量冻土时,应预留沉落量。

4.3.1、4.3.2 低温稳定区、基本稳定区的路基,地基多年冻土年平均地温在-1 ℃以下,采用保护多年冻土的设计原则设计是经济合理的,当路堤填土高度大于路堤最小设计高度时,可使多年冻土除有足够保温厚度外,还有一定的安全量,使冻土上限稳定或上升,使路堤稳定。这次修订中考虑了全球气温较大变化的影响,留有较多的安全诸备,在路堤两侧设碎、片石保温护道,试验工程阶段成果表明,较高的护道比较宽的护道效果更好。

位于斜坡上的路堤两侧边坡及高度大于6 m的高路堤,向阳坡与背阴坡受热情况大不相同,两侧边坡融化深度也不相同,造成人为上限不对称,这是引起路基面纵向裂缝的重要因素之一,所以在路堤向阳侧边坡,路堤下坡一侧边坡设保温护道或在路堤两侧边坡设不对称的保温护道,以纠正上限不对称给路基稳定带来的影响。

一年来的工程实践反映,填土高度大于3 m的路堤,当填料为细粒土时,路基面常出现纵向裂缝,从现有资料分析,原因较复杂,主要原因有①向阳坡和背阴坡,斜坡上高侧边坡与低侧边坡受热情况不同,两侧边坡融化深度不同,造成冻土核人为上限不对称,引起路基面纵向裂缝往往发生在向阳坡一侧或高侧边坡一侧。②斜坡路堤低边坡侧或背阴坡一侧,路基面出现纵向冻胀裂缝,往往出现在寒季,由冻胀应力引起。③路基改建帮宽路基,帮宽部分与路基边坡结合不佳,或是受冻融软弱面的影响,产生剪切应力。④地质构造影响等。路基纵向裂缝可能由其中一种原因引起,也可能由多种原因引起,为增加路基强度,防止路基面产生纵向裂缝,在路堤上部,铺设土工格栅,土工格栅抗拉强度可选用25 kN/m,铺设间距采用0.9 m。埋藏较浅的含土冰层较容易受气温的影响,而产生较大的变形,所以考虑全球气温上升可能较大的影响,留有较大的安全储备,规定可以根据工点的具体情况,必要时可在路基下部设碎、片石通风路基。

工业保温材料早已应用在道路工程中,都取得了较好的效果。本暂行规定要求,保温板必须设在路肩以下不小于0.80 m,是为了保证基床表层有足够的厚度、强度与刚度的要求,并使其尽可能靠近地表,以有效阻隔作用于路基面的垂直热流。随着路堤高度的增加,边坡坡面加大,作用于路堤边坡的侧向热流与作用于路基面的垂直热流相比,由次要地位逐渐变成主要地位,保温板的作用从阻隔垂直热流为主变成阻隔侧向热流为主,保温板的位置也应随之改变。“多年冻土区路基隔热材料应用技术试验研究”阶段成果表明:保温板的铺设位置在路堤工程中以地面以上0.5 m为好,铺设工作以在寒季末作业为好。当路堤填土高度较高,有条件采用碎、片石通风路基时,则不宜采用保温板隔热措施。

在以往的道路工程中对保温层的物理力学参数和热物理参数引起了高度重视,为保证工程的质量,对某些参数如:抗压强度、吸水率等指标必须加以规定,本暂行规定提出铺设在路基面以下或铺在路堤下的以及承受荷载作用的保温材料都应考虑荷载作用的影响。其压缩变形量为5%时抗压强度一般不宜小于0.3 MPa,吸水率一般不宜大于4%,当材料抗压强度太低时,其上覆土不能得到有效压密或在压路机械作用下破碎损坏等,影响保温效果。另外,保温材料含水量对材料保温性能影响极大,所以规定了材料的吸水率,至于材料导热系数影响材料的保温能力,可以通过材料厚度加以补偿,最后影响工程造价,可经比较后选用,故不作硬性规定。

4.3.4　在高温极不稳定区,仅靠提高路堤的填土高度使多年冻土上限稳定是十分困难的,必须采用更强有力的措施才有可能使多年冻土上限稳定或少量下移。根据在自然状态下,多年冻土退化时上限仅有少量下移,而下限逐渐上升,最后全部消失的退化规律及214国道,109国道整治工程和试验工程的经验,只要措施得当,施工方法,施工季节得当即使在高温极不稳区使冻土上限稳定,甚至有少量上升还是可以办到的。工程措施主要有设工业保温材料隔热层;在路堤下部埋设通风管;采用热棒降温措施;采用碎、片石通风路基;碎、片石通风护道等。路堤下部埋设通风管,碎、片石通风路基、碎、片石通风护道是利用自然通风使地基得到冷却,热棒则是利用热棒内部的热虹吸作用,将地基土中的热量传至上部散入大气中,使地基得以冷却。

4.4 冰椎、冻胀丘是由于地下水的地下通道受阻而聚集或地下水沿某一通道溢出地面冻结,使地表隆起变形,或在地表积冰,其原因是水的聚集,冬季冻结,夏季融化,所以当冰椎、冻胀丘在路基上侧形成时要考虑其融化后的水流对路基的影响。当路基在冰椎、冻胀丘上侧,截断地下水、地表水流时,必须考虑由于修筑路基,引起新的冰椎、冻胀丘设法将冻结层上水截排,使冰椎、冻胀丘在路基上侧发展,若地下水为冻结层下水、冻结层间水,或水量较大,截排有困难,则应设保温渗沟或设桥,使地下水顺利通过,使冰椎、冻胀丘不在路基两侧发育。

4.5 热融滑塌是由于地下冰或高含冰冻土融化,而引起上覆土体下滑,冰层暴露,路基工程必须根据工点的具体情况采用保护地下冰或高含冰冻土的措施,于冰层暴露处设保温护坡,使冻土得以保护,不再融化发展,使位于路基上的滑坍体,不再发展,以利保护环境,稳定位于路基下方的滑坍体,以利保护路基稳定。

4.7 在冻土沼泽(沼泽化湿地),由于地表水的存在及长期作用,维系着湿地的水热平衡,若排除或截断(有时采取排除与截断地表水也很困难)地表水,破坏了多年形成的热平衡状态,会引起新的病害,所以提出路堤采用渗水土填筑或抛填片石处理,而不采用排除地表水的措施,尽可能不改变原来的水热平衡。

4.8 多年冻土区支挡建筑物的修建,改变了原地面的热平衡,形成新的多年冻土上限,在挡土墙墙背形成季节融化层,在初冬季节,随着气温下降,墙背土体温度下降、土体收缩、土压力减小,在冻结力未出现之前,土压力减小至最小值。当稳定冻结出现后,冻胀力随冻结深度增加而增大,最后稳定在某一最大值,这时,冻胀力最大,土压力消失。夏季来临,冻土层逐渐融化,冻胀力减少直至消失,土压力逐渐增大,至季节融化层达到冻土上限,土压力达到最大值,土压力最大值与冻胀力最大值在不同的季节出现,两者不应迭加。

作用于墙背的水平冻胀力除与墙背填料的冻胀性有关外,还与墙体对冻胀的约束有关,试验证明,墙体稍有变形,水平冻胀力便可大为减小,所以,多年冻土区的支挡建筑物首先应选用预制拼装化的轻型、柔性结构。传统的重力式浆砌片石挡土墙,适应变形能力差,对冻胀约束严重,使冻胀土体产生较大的水平冻胀力,在经过多次冻融循环便可能破坏,所以不应采用。

4.9.1 本条目是要求设计人员对多年冻土地区路基排水给予足够的重视,尤其是路基两侧不得积水,因为由于带正温的水的渗入,将引起多年冻土天然上限的变化影响路基稳定。

4.9.3 根据214国道、109国道和青藏铁路试验工程的经验,多年冻土地区排水设施中,以挡水埝效果最佳,它对多年冻土的干扰破坏最小,如果挡水埝的断面选择得当,还可以使多年冻土天然上限上升,不仅对地表水,而且对冻结层上水形成有效阻截,所以在多年冻土地区,尤其是高含冰量冻土地段,应优先采用,挡水埝上侧的积水坑均应回填疏通。

4.9.6 排水沟、天沟的断面应选宽浅形式,深度不应大于0.4 m,深度大于0.4 m,可能会引起冻土上限过多下移,其至造成地面沉降。

5.1.7 冰椎、冻胀丘在青藏高原分布普遍,特别是山岳丘陵,河漫滩及山口附近。因此对桥涵工程的危害较严重,由于冰椎、冻胀丘的发生与发展主要与地下水活动情况有关,因此,人为活动常引起冰椎、冻胀丘现象发生和消失。桥头路堤修建堵塞地下水通路常在上游侧引起严重的冰椎、冻胀丘,这种现象在青藏公路十分普遍。秀水河、北麓河、查日尕河原桥涵孔径太小,在桥头路堤上游侧发生严重的冰椎、冻胀丘及河冰丘分布整个河滩,后改建加大桥孔设封闭式导流堤后,冰椎、冻胀丘大为减少了。因此,桥涵位置及桥的设计应充分考虑这一因素,山前宽浅河流桥渡位置尽可能避免设于冰椎、冻胀丘严重的地段。

5.1.8　青藏铁路多年冻土地区气候恶劣,拟采用新设计的维修量少,耐久性好的简支梁,根据专家《对青藏铁路多年冻土地区少维护,高耐久性铁路简支梁设计研究》的审查意见,24 m 跨度以下采用先张法预应力混凝土简支梁,32 m 采用后张法预应力混凝土简支梁。该类型的简支梁与标准图相比,梁高有所加高,梁宽度为 4 200 mm(外宽)。

5.1.9　涵洞的过水作用,一般要引起涵洞地基基础水热场的明显改变,为涵洞病害的发生提供了新的诱发因素。一般规律是径流期愈长、径流量愈大,涵洞的病害越严重。相反,间歇性过水的涵洞,则基本不发生病害或发生轻微病害。青藏公路唐古拉山顶径流连续 180 天左右,那里的 10 余座涵洞均发生严重病害,乃至遭受破坏的达 90% 左右。因此,涵洞的设计应充分考虑涵洞的过水作用影响。

5.1.12　多年冻土作地基时,由于在冻结与融化两种不同状态下,其力学性质、强度指标、变形特点相差悬殊,从冻结状态过渡到融化状态时,一般情况下将发生强度由大到小,变形由小到大的巨大突变。因此,必须根据冻土的冻结与融化状态,确定多年冻土地基的设计原则。

5.1.13　青藏铁路多年冻土地区涵洞,数量大、工程分散。研究表明,多年冻土区涵基础施工不当是造成涵洞病害的重要原因,主要表现在基坑暴露时间过长,地表水长时间浸泡基坑,使多年冻土遭受严重扰动与破坏。应研究合理的施工方法,以减少施工对地基的热挠动,使地基保持冻结状态。由于涵洞基础一般埋深较浅,基坑开挖以明挖为主,这种方法仍存在不少技术问题,开挖冻土基坑不仅劳动条件困难,效率低,而且对冻土地基的扰动很大,回冻时间长。

为了解决明挖基础的不利条件,采用"爆破开挖基坑快速施工"非常适合于青藏铁路多年冻土地区涵洞基础施工。从青藏铁路多年冻土地区的气候条件来看,全年只有暖季与寒季之分,施工季节从保护冻土的观点出发,以寒季施工为最好,但从施工机具和人员来说,在暖季最好。因此,应根据涵洞地基土的工程地质条件合理选择施工季节。对于地表干燥,地基良好的地段可在暖季 6 ~ 9 月份施工。对于地表松软湿润,地基土含冰量大的地段应尽量在暖、寒季交替时期 4 ~ 6 月或 9 ~ 10 月施工。对于厚层地下冰、地表沼泽化、地表径流大的地段应安排在冬季施工。无论何种施工方法,都应减少基坑暴露时间,一般不应超过 15 天,并应防止基坑暴晒和积雪、积水。整个涵洞的施工时间不宜超过 50 天。总之,合理安排涵洞基础的施工季节对提高施工质量,减少涵洞病害,提高工程质量有很大关系。

5.2.2　多年冻土地区桥梁三种桩基础类型各有其优缺点。钻孔灌注桩基础存在的问题主要为:钻孔过程及混凝土硬化过程对地基的热挠动和回冻时间,采用"低温早强耐久混凝土"可大大减少灌注桩热量和水化热对冻土的热挠动。青藏公路二期整治工程,多年冻土地区桥梁桩基础均采用钻孔灌注桩,从设计到施工均取得了成功的经验。钻孔插入桩基础对冻土的热挠动小,存在的问题主要为:插桩后回填土的密实度难以掌握,质量难以控制。钻孔打入桩基础对冻土的热挠动最小,但有时打入困难,在青藏铁路设计中没有采用在这次修订中删去钻孔打入桩的有关内容。

5.3.1 多年冻土地区涵洞应选用能够适应一定变形能力的封闭型结构,一般可采用钢筋混凝土圆涵、钢筋混凝土矩涵、钢筋混凝土框架箱涵、钢筋混凝土盖板涵等。考虑到青藏铁路多年冻土地区,高寒缺氧,环境恶劣,涵洞的施工应降低劳动强度,提高机械化程度。青藏铁路多年冻土区涵洞最大面广,应集中预制,采用拼装化。因此,首选的涵洞为拼装式钢筋混凝土矩涵。

波纹管涵洞在青藏铁路多年冻土区的使用问题,目前仍存在较大的分歧和争议,有的专家认为波纹管涵洞施工简单、快速,对冻土破坏较小,应大力推广使用。但另有专家则认为波纹管涵洞刚度小,地基下沉将导致涵洞变形过大,受水、酸碱性土壤侵蚀、泥砂磨蚀涵洞易锈蚀和损坏。20世纪50年代陇海铁路宝兰段大量的皱纹管涵洞出现严重变形、锈蚀等病害,已全部更换,因而部分专家认为波纹管涵洞属临时结构,维修、养护工作量很大,不宜在青藏铁路多年冻土区使用。

综合各方专家的意见,我们认为波纹管涵洞在铁路上的应用为新技术、新结构,在使用上应持慎重的态度,但应积极推广。由于青藏铁路多年冻土区涵洞量大面广,多年冻土工程地质差异很大,且青藏铁路设计周期短,施工工期短,需进行必要的实验研究。为此,拟在冻土试验段上设计孔径1～1.5 m的波纹管涵洞,进行实验观测,逐步积累经验。在其他路段根据多年冻土工程地质状况,并根据试验的情况,逐步推广应用。

涵洞设计中,防水非常重要,所以强调涵洞必须加强排水措施。

5.3.3 根据青藏公路多年冻土地区涵洞设计与施工经验,多年冻土区涵洞的病害绝大部分是由于涵洞基础埋置深度不足引起的。此外,对地基土冻胀性重视程度不够,忽视了涵洞水流对上限下降的影响,这些都是多年冻土区涵洞产生病害的主要因素。因此,必须对青藏铁路多年冻土区涵洞基础埋置深度给予高度重视,重点研究。涵洞基础埋置深度,应充分重视路堤填筑后上限上升或下降的规律,并根据冻土的工程地质特征,涵洞结构类型及孔径等因素确定。

涵洞的过水作用,引起地基基础水热场的改变,一般规律是径流期愈长,流量愈大,涵洞的病害越严重。而间歇性过水的涵洞则发生病害较轻微。因此,青藏铁路涵洞基础应根据实际状况决定。

本条基础埋置深度,主要针对基底有冻胀土而言,并根据涵洞的排水情况选择不同的基础埋置深度。对于基底为非冻胀的粗颗粒土层(如卵石土、粗砂等)基础埋置深度按一般要求处理。

6.1.3 在多年冻土层修建隧道后,由于受开挖爆破、人为活动、运营后热源散热及洞外气温的影响,改变了围岩的温度条件,使衬砌背后的多年冻土形成一个冻融交替的融化圈,融化圈厚度直接与受季节性洞内外气温变化的影响有关,一般近似于上限深度,具体应通过测试了解冻融圈的动态变化。由于冻融圈的存在,寒季时,融化圈中的地下水,由液态水变为固态水,体积变大、产生较大的冻胀力,故在多年冻土区隧道衬砌设计时,除应考虑围岩压力作用外,尚应考虑冻胀力对衬砌的往复作用影响。

冻胀力的大小及分布与围岩含水率、颗粒组成以及地温、冻结速度、围岩孔隙度等有关。冻胀力的计算,目前尚无通用的并经实际检验的计算方法。结合冻融圈的存在,衬砌与支护(含隔热层、防水板)呈复合型,作用于隧道衬砌的荷载计算边界可假定以冻融圈为界,其荷载分别按冻融圈内松驰压力或冻胀力计算确定,荷载分布可按均匀分布。

6.3.2、6.3.3　在多年冻土区修建隧道实践经验不多，本暂行规定隧道衬砌设计在专隧0012图(单线电化铁路隧道衬砌)的基础上，参考铁三院1987年编制的“严寒地区单线电化铁路隧道衬砌”(院通用图)，并结合多年冻土区年平均地温为负温，年平均气温为-5.2 ℃(最热月平均气温为5.6 ℃)等不利的场地及施工环境因素，各级围岩隧道衬砌均采用曲墙带仰拱的封闭结构，并适当加大边墙曲率，混凝土强度耐久性及抗渗性较一般地区予以提高。为防止隧道运营后产生冻害，衬砌内轮廓较标准断面适当放大，预留内置隔热层因故损坏失效，在衬砌内表面敷设隔热层。结合本线隧道工程设计对Ⅳ、Ⅴ级围岩隧道衬砌按冻胀力为0.5 MPa匀布作用进行结构核算和配置钢筋。

6.3.4　多年冻土隧道爆破开挖面暴露后，冻土易发生热融失稳，造成围岩剥落、滑坍，为此，支护形式应具有及时封闭、防水、减少热交换和为敷设隔热保护层及防水板提供园顺基面的特点，并作为隧道结构的组成部分。喷射混凝土具有上述特点，然而在受喷面地温为负温和气温为5 ℃左右的施工环境条件下，喷混凝土质量能否达到预期要求，尚无实验经验。为此，条文规定支护类型可采用模筑混凝土，其最小厚度为20 cm。若采用模喷混凝土或喷射混凝土应通过工程试验比较确定，并强调应采用湿喷工艺。在通过试验解决好喷锚支护施工技术和施工工艺的基础上，可取代模筑混凝土支护。多年冻土区模筑混凝土、模喷混凝土支护参数见表6—1，喷锚支护见表6—2。

表6—1　多年冻土区模筑(模喷)支护设计参数

围岩级别	模筑(模喷)支护				
	模筑(喷)混凝土(cm)	R25 锚杆			钢架(榀/m)
		位　置	长度(m)	间距(m)	
Ⅱ，Ⅲ	20	—	—	—	—
Ⅳ	20	拱墙	2.5	1.2	1/1.2
Ⅴ	25	拱墙	2.5	1.0	3/2
Ⅵ	30	拱墙	3.0	1.0	3/2

表6—2　多年冻土区喷锚支护设计参数

围岩级别	喷　锚　支　护							
	喷射混凝土(cm)	R25 锚杆			钢筋网			钢架(榀/m)
		位置	长度(m)	间距(m)	位置	直径(mm)	间距(mm)	
Ⅱ，Ⅲ	10	—	—	—	拱部	ϕ8/ϕ6	20	
Ⅳ	15	拱墙	2.5	1.2	拱墙	ϕ8/ϕ6	20	1/1
Ⅴ	20	拱墙	2.5	1.0	拱墙	ϕ8/ϕ6	20	3/2
Ⅵ	25	拱墙	3.0	1.0	拱墙	ϕ8/ϕ6	20	3/2

6.5.1、6.5.5　在多年冻土区隧道中做好隧道排水防冻设计是保证工程设计符合安全、适用、耐久的关键，针对多年冻土的特点，隧道内防排水设计原则除按一般地区采取“防、排、截、堵结合，因地制宜、综合治理”的原则外，结合对多年冻土进行保护和防冻的要求，增加了在衬砌与支护间设隔热保温层措施，以减少隧道周边围岩与隧道内空气的热交换，缩小冻融圈的范围，减少冻胀力对衬砌的作用。

隔热保温工业材料，目前应用较多的为聚苯乙烯(EPS)和聚氨脂(PU)泡沫塑料板。

泡沫玻璃是一种新型的无机保温材料,与前两种相比,具有吸水率低、耐久和抗压强度高等特点。上述三种材料在寒区隧道内应用实例不多,其隔热材料选型及施工工艺等需结合该线试验工程确定。

附录 A　根据青藏铁路多年冻土区工程勘察暂行规定表 3.1.2 编制。

附录 B　引自青藏铁路多年冻土区工程勘察暂行规定表 3.3.1 编制。

附录 C　引自青藏铁路多年冻土区工程勘察暂行规定附录 K.0.2。

附录 D　引自青藏铁路多年冻土区工程勘察暂行规定的附录 K.0.1。

附录 E.0.1　路堑保温层厚度的经验计算依据铁道部科学研究院西北科研所成果报告《确定青藏高原多年冻土地区路堑保温层厚度的经验公式》鉴定证书:铁科院技初 800015 号。

附录 E.0.3　路基采用轻型工业保温隔热板的板厚计算方法依据俄罗斯《运输工程》1974 年 No2B. H 加伊沃斯基保温层厚度的确定及铁道部科学研究院西北研究所科研成果报告《青藏高原多年冻土地区路堑人为上限的计算方法》鉴定证书:铁科院技初 82006 号,各种工业保温材料热物理指标值如无实测资料可参考下表选用表 E.0.3。

表 E.0.3　工业保温材料热物理指标值

材　　料	密度 P_d(kg/m³)	抗压强度 (MPa)	吸水率 (%)	导热系数 〔W/(m·℃)〕	比热 ×10³ 〔J/(kg·℃)〕
水泥珍珠岩块(有涂层)	400 ~ 500	0.2 ~ 0.6	重量 40 ~ 50	0.093 ~ 0.12	1.38
水泥珍珠岩块(无涂层)	380 ~ 540			0.12 ~ 0.15	0.88
加气混凝土块	450 ~ 550	2.3 ~ 3.6	体积 35	0.093 ~ 0.139	0.71
聚苯乙烯泡沫球混凝土	450 ~ 550	1.78 ~ 2.13		0.023 ~ 0163	1.00 ~ 1.47
聚氯乙烯泡沫塑料板	30 ~ 50	0.20 ~ 0.50	体积 < 1	0.029 ~ 0.042	1.38 ~ 1.47
聚苯乙烯泡沫塑料板	30 ~ 55			0.041 ~ 0.048	1.38
聚氨脂泡沫塑料板	40 ~ 60	≥0.2	重量 < 0.5	0.02 ~ 0.03	1.30
粉煤灰砖	458 ~ 589			0.12 ~ 0.22	1.30
砖砌体	1 800			0.76 ~ 0.81	0.02
气孔砖	1 000 ~ 1 200			0.55 ~ 0.47	
浆砌片石砌体	2 200			1.5 ~ 2.45	0.84
混凝土	2 300			1.28	0.84 ~ 1.13
钢筋混凝土	2 500			1.55	
矿渣棉	100 ~ 350			0.03 ~ 0.09	
玻璃棉	100 ~ 150			0.03 ~ 0.06	

附录 G　引用“冻土地区建筑地基基础设计规范”JGJ 118—98 附录 J 热桩、热棒基础计算。

附录 H　引自青藏铁路多年冻土区工程勘察暂行规定附录 N

附录 J　引自“铁路隧道设计规范”。

中华人民共和国行业标准

铁建设〔2006〕9号

青藏铁路高原多年冻土区工程设计暂行规定（下册）

（2005年局部修订版）

2006—01—25 发布　　　　2006—01—25 实施

中华人民共和国铁道部　发布

前　言

本暂行规定是根据铁道部建设管理司关于下达“《青藏铁路多年冻土区工程勘察暂行规定》和《青藏铁路高原多年冻土区工程设计暂行规定》的通知”（建技〔2000〕125 号）的要求，在《青藏铁路高原多年冻土区工程设计暂行规定（下册）》（建技〔2002〕79 号）和总结近三年的科研、试验和工程实践的基础上修订而成。

工程技术人员必须按照“以人为本、服务运输、强本简末、系统优化、着眼发展”的铁路建设理念，结合工程具体情况，因地制宜，充分发挥主观能动性，积极采用安全、可靠、先进、成熟、经济、适用的新技术，不能生搬硬套标准。勘察设计单位执行（或采用）单项或局部标准，并不免除设计单位及设计人员对整体工程和系统功能质量问题应承担的法律责任。

本暂行规定主要内容包括总则、基本规定、站场、机务设备、车辆设备、机械、通信、信号、电力、采暖通风共 10 章。

本次修订的主要内容：

机　务

乘务制度改为随乘制。

车　辆

将“红外线轴温探测、车号识别系统”改为“货车安全防范、预警系统及车号自动识别系统”，补充“货车安全防范、预警系统及车号自动识别系统电缆敷设”的规定。

机　械

线路维修养护设施改为设置大型机械化维修基地。

通　信

补充“GSM－R 天馈线的选择应考虑防塞、防紫外线辐射”、“通信设备接地”、“沿线区间蓄电池组配置和交流不间断电源设置”的规定；明确规定通信系统采用两路外供交流电源；取消“站间行车电话和闭塞通道应纳入光纤数字通信系统”的规定。

信　号

增加“区间闭塞采用虚拟自动闭塞”；“道岔融雪及加热装置”；“区间不设地面固定信号，在虚拟闭塞分区点设置信号标志牌”；“列车完整性检查采用故障—安全型列尾装置”等规定。明确“列控系统车—地信息传输方式采用无线通信”。取消“列车运行控制系统宜采用一次控制模式，采用人控为主的方式”。

电　力

补充“采用防腐、抗冻、耐风蚀的混凝土电杆及杆塔基础设计、施工方法”，“10 kV 承力型杆塔绝缘字串片数选择”，“多年冻土高温不稳定地区，采用热棒技术，提高杆塔基础的稳定性”，“高压电缆接续采用冷缩型式”，“在冻土区不得采用化学降组剂”，以及“青藏铁路配备电力试验车、抢修车”等规定。取消干式电力变压器采用电缆连接的规定。

采暖通风

取消“有条件利用地热的站区宜采用地热取暖”的条文。

在执行本暂行规定过程中,希望各单位结合工程实践,认真总结经验,积累资料,如发现需要修改和补充之处,请及时将意见和有关资料寄交铁道第一勘察设计院(兰州市和政路 75 号,邮编 730000),并抄送铁道部建设管理司(北京市复兴路 10 号,邮政编码 100844),供今后修订时参考。

本暂行规定由铁道部建设管理司负责解释。

本暂行规定主编单位:铁道第一勘察设计院

本暂行规定参编单位:铁道科学研究院
清华大学建筑学院
青海省新能源研究所
铁路第三勘察设计院
中铁工程设计咨询集团有限公司
兰州铁路局

本暂行规定主要起草人:

铁道第一勘察设计院

郑克洪　刘佐治　刘　文　张迎丰　邱道成　刘争平　张国兴　王　兰　员　虎
徐永刚　王立人　黄庆贵　骆友曾　陆鸿涛　逯宗田　李　凯　熊志勇　许　杰
李　晋　王建文　王　灏　马文义　周中杰　张新成　邓保顺　陈新焕

铁道科学研究院　范丽君　赵旭东　曹桂均

清华大学建筑学院　江　亿

青海省新能源研究所　张治民

铁道第三勘察设计院　朱建章

铁道专业设计院　周敏峰

兰州铁路局　李　刚

目　录

CHINA RAILWAY PUBLISHING HOUSE

1 总 则

1.0.1 为满足青藏铁路高原多年冻土区工程设计的需要,保障工程设计符合技术先进、经济合理、安全可靠、适用的要求,制定本暂行规定。

1.0.2 本暂行规定适用于青藏铁路格拉段站场、机务设备、车辆设备、机械、通信、信号、电力、采暖通风的工程设计。

1.0.3 各类工程设计应根据青藏铁路高原多年冻土区特殊的气候条件、高原环境、工程地质、水文地质条件和建筑环境对建筑物、构筑物、设备、材料、施工、运用和养护维修的要求,选用相应的设计原则。

1.0.4 各类工程设计方案应根据高原多年冻土区的特殊条件和环境要求经试验、验证和技术经济比较确定,并应采用成熟可靠的先进技术、先进工艺、新设备、新材料,使设计符合节约能源、安全耐用、免维护或少维修的要求。

1.0.5 车站分布及各项设备应满足客货运输能力、技术作业和养护维修等运营生产和管理的需要。

1.0.6 各类工程设计应满足高原冻土区环境保护、水土保持和劳动安全卫生的要求,并采取保护环境和保障人体健康的有效措施。

1.0.7 本暂行规定是对现行有关规范的补充,未作规定的仍按现行有关规范执行,与现行规范不一致的按本暂行规定执行。

2 基 本 规 定

2.0.1　高原多年冻土的地温分区,按多年冻土年平均地温 T_{cp},可分为以下四类:

1　高温极不稳定冻土区,$T_{\mathrm{cp}} \geq -0.5$ ℃;

2　高温不稳定冻土区,-0.5 ℃ $> T_{\mathrm{cp}} \geq -1.0$ ℃;

3　低温基本稳定冻土区,-1.0 ℃ $> T_{\mathrm{cp}} \geq -2.0$ ℃;

4　低温稳定冻土区,$T_{\mathrm{cp}} < -2.0$ ℃。

2.0.2　高原多年冻土按总含水率,可分为少冰冻土、多冰冻土、富冰冻土、饱冰冻土和含土冰层五类。其中富冰冻土、饱冰冻土和含土冰层又统称为高含冰量冻土。

2.0.3　各类工程设计的设计原则除应符合本暂行规定第 1.0.3 条~1.0.6 条规定外,尚应符合下列规定:

1　根据运输需要,合理布置车站;

2　减少布点,合理设置定员和设备,采用自动化程度高、安全可靠、维修量少、适应高原多年冻土环境条件的运营设备。

2.0.4　整个工程应做好总体设计,协调各项工程设计,处理好管线综合布置。

2.0.5　各类工程设计应充分考虑高原雷暴、太阳幅射、低压、缺氧等环境影响,采取有效措施,确保各项设备和运营的安全。

2.0.6　各类工程的防雷和接地设计,应根据多年冻土环境、高原雷电特征及频率和土壤性质等因素确定,并统一规划、合理布置。

2.0.7　与冻土相关的各类工程设计应考虑高原冻土环境的影响,采取防护措施,并减少对冻土的扰动。

2.0.8　多年冻土区工程地基设计原则应符合《青藏铁路高原多年冻土区工程设计暂行规定(上册)第 3.0.3 条~3.0.9 条的规定。

3 站 场

3.1 一 般 规 定

3.1.1 车站平面布置除应符合《铁路车站及枢纽设计规范》(GB 50091)的规定外,尚应结合多年冻土区的具体情况优化布置。站场各项工程应尽量避免设在高含冰量冻土区。

3.1.2 站场纵断面设计应符合《铁路车站及枢纽设计规范》(GB 50091)的规定;站线路堤最小设计高度应符合《青藏铁路高原多年冻土区工程设计暂行规定》(上册)第4.1.4条的规定。

3.1.3 车站范围内地下管、线、沟、槽布置应统一规划,合理选择径路、位置、高程,避免相互干扰,减少对冻土的扰动。

3.2 站场路基和排水

3.2.1 多年冻土区站场路基设计应符合《青藏铁路高原多年冻土区工程设计暂行规定》(上册)第4章路基工程的规定。

3.2.2 站场排水设计应符合下列规定:

1 多年冻土区站场路基排水系统应与当地排水系统及区间排水系统相配合,并应采取防渗措施。

2 排水设施的断面尺寸应根据流量计算确定,其防护措施和设置要求应按《青藏铁路高原多年冻土区工程设计暂行规定》(上册)第4.9节的有关规定执行。

3.3 站场客、货运设备

3.3.1 旅客站台的设计应符合下列规定:

1 办理客运业务的车站宜设置长度不少于150 m,宽度4 m的基本站台;不办理客运业务的车站宜设置长50 m,宽4 m的基本站台。

2 站台布置形式应根据地质条件和站房布置等因素确定。

3 旅客站台铺面宜采用联锁块或预制方砖。

4 旅客站台墙宜采用预制拼装式。

5 高含冰量冻土区不宜设站房平台。

3.3.2 车站可不设雨棚及客车上水设备,跨线设备宜设平过道。

3.3.3 多年冻土区货场的设计应符合下列规定:

1 货场应紧凑布置。

2 货物站台墙宜采用预制拼装式。

3 货物站台面宜采用联锁块。

3.3.4 货物装卸宜采用机械化作业。

3.4 站场道路

3.4.1 站场道路路基应与铁路路基统筹设计,并采取相应的加固防护措施。

3.4.2 站场道路路面可根据不同的地质条件采用不同类型的路面。会让站和中间站的道路路面宜采用级配碎(砾)石路面。

4 机务设备

4.1 一般规定

4.1.1 根据高原铁路机车构造及特点,机车运用及检修设施应采用工艺先进、成熟的环保节能型设备。

4.2 机车交路及乘务制度

4.2.1 机车交路应采用长交路。

4.2.2 乘务制度应采用随乘制。

4.3 整备设备

4.3.1 机车整备设备应符合下列规定:

1 机车整备待班线的长度应满足停留 3 ~4 组机车的要求。

2 配备宿营车时,整备场应设置宿营车的作业线和必要的整备设施。

4.3.2 站段分界处一度停车线的长度不应小于一组货运机车加 10 m。

4.4 救援设备及其他设施

4.4.1 青藏铁路应选择适当地点设置特等救援列车。有人值守车站宜配备适当的救援机具。

4.4.2 机务段(所)应设置机车故障检测场所和检测、诊断设备。

4.4.3 机务段(所)宜设置信息管理系统。

5 车 辆 设 备

5.1 一 般 规 定

5.1.1 车辆检修运用设备的布局,应适应青藏铁路的特点,选用技术先进成熟、作业效率高、劳动强度低的设备。

5.2 定期检修与运用维修

5.2.1 客车定期检修及运用维修设备应根据高原铁路客车的构造(集便、供氧设备等)、检修、运用及环保要求,配备相应的检修及维护设备。

5.2.2 客车技术整备所应设整备库,并配备检修地沟和客车运行故障诊断装置。

5.2.3 货车定期检修与运用维修应结合高原情况,配备检修设备。

5.2.4 列检所应配备带有架车及起重设备的专用维修车。

5.3 货车安全防范、预警系统及车号自动识别系统

5.3.1 列检所宜配备货车安全防范、预警系统,红外线轴温探测站间距宜为 30 km,车号自动识别设备宜布置在列检所。

5.3.2 根据青藏铁路的特点,应配备红外线轴温探测设备检测车。

5.3.3 列检所应配备红外线轴温探测设备专用维修汽车。

5.3.4 车辆段和列检所应配备车号自动识别系统的测试和维修设备。

5.3.5 货车安全防范、预警系统的电缆敷设应符合本暂行规定中第 7.3 节的有关规定。

6 机 械

6.0.1 线路应采用机械化维修。根据需要可设置大型机械化维修基地。

6.0.2 大型机械化维修基地应配备线路养护机械检修设施和宿营车等。

7 通　信

7.1 一般规定

7.1.1 通信设计应保证系统可靠性、可用性,并提供事故抢险救灾手段。

7.1.2 通信线路和通信设备应能在高原低气压、多年冻土和多雷暴等环境下正常工作。

7.1.3 设置综合监测系统。综合监测系统应包含电源环境监控、光纤监测、视频监视等功能。能实现对通信、信号等无人房屋的环境监控,能对通信、信号电源、光缆线路等资源进行集中监测和管理。

7.1.4 设置通信接地体及光缆绝缘自动检测系统。

7.1.5 信息化设计应以运输组织、客货营销、经营管理为建设重点,应贯彻以人为本,减少维护,集中设置,分步实施的设计思想。

7.2 传输网

7.2.1 传输网应利用光纤数字同步传输系统设备构成。骨干路由应利用其他部门的传输通道作为迂回通道。

7.2.2 传输网宜采用两层结构:骨干网和接入网。

7.2.3 传输网应少设骨干传输节点。

7.3 通信线路

7.3.1 光(电)缆径路的选择应符合下列规定:

1 径路应避开冰锥、冻胀丘、融冻泥流、热融滑塌、热融湖(塘)和冻土沼泽等不良冻土现象地段。

2 光(电)缆通过冻土区的河流时,应在铁路桥上电缆槽内通过。

3 光(电)缆通过隧道电缆槽时,应采取措施防止槽内积水,以免冻胀损伤光(电)缆。光(电)缆通过站台时,应敷设在站台上的电缆槽内。

7.3.2 光(电)缆的埋深应符合下列规定:

1 季节性冻土地段及冻土上限大于1.2 m的多年冻土地段的光(电)缆埋深应符合《铁路光(电)缆传输工程设计规范》(TB 10026)的有关规定。

2 多年冻土层上限小于1.2 m的地段,光(电)缆埋深按浅埋方式,并应埋设在多年冻土上限0.1 m以上。

7.3.3 直埋光(电)缆的机械保护应符合下列规定:

1 在季节性冻土深度超过光(电)缆正常埋深的地段,有金属护套的光(电)缆埋深可以在冻土层内,但应核算其金属护套的强度。

2 多年冻土地段,光(电)缆应选用机械强度较高的光(电)缆,防止因热融和冻胀损伤光(电)缆。

3 光(电)缆地下敷设时,应考虑防鼠害的措施。

7.3.4 光电缆的敷设应符合下列规定:

1 光(电)缆敷设时,应尽量缩短电缆沟的暴露时间,以防受气候影响造成的冻土上限下降,导致热融沉陷或滑塌。

2 光(电)缆的敷设季节应选择在融化系数最大的月份进行。

7.3.5 光缆线路应按下列规定预留:

1 缓开站接头处接续后预留 8 m,其他接头处接续后预留 5 m。

2 中间站通信机械室引入口处每侧各预留 5 m。

3 通信站每侧引入口各预留 7 m。

4 当用本缆穿越 30 m 以上的河流时,两岸各预留 7 m。

5 200 m 及以上的桥两端,各预留 7 m。

6 250~500 m 的隧道两端各预留 5 m,通过 500 m 及以上的隧道时,应在每隔 500 m 左右的大避车洞内各预留 3 m。

7 在滑坡、塌方、地质不良地段根据情况预留 5 m;穿越铁路及有展宽公路规划地段两侧各预留 2 m。

8 光缆接续完毕后,接头盒内光纤的收容余长应不小于 1.2~1.6 m。

7.4 铁路专用通信

7.4.1 专用通信由 GSM-R 数字移动通信系统及固定用户接入系统组成,应为运输生产提供调度电话、站场电话、站间行车电话以及其他专用电话业务,并提供移动数据承载业务和数据终端业务。

7.4.2 GSM-R 系统设计及其质量要求应符合全路 GSM-R 网络规划和《铁路 GSM-R 数字移动通信工程设计暂行规定》。

7.4.3 GSM-R 采用双网双覆盖网络结构。

7.4.4 固定用户接入系统设计应符合有关 GSM-R 固定用户接入系统技术要求,车站与调度所交换设备间应具有可靠的迂回保护传输通道。

7.4.5 GSM-R 天馈线的选择应考虑防寒、防紫外线辐射。

7.4.6 配置移动卫星通信终端设备作为机车应急通信手段。

7.5 通 信 电 源

7.5.1 中间站通信机械室应引入两路外供交流电源,并应配备电源自动投入装置。

7.5.2 区间通信机房外供交流电源应采用电力贯通线电源,电力贯通线电源应保证稳定可靠。

7.5.3 沿线区间蓄电池组的配置应符合下列规定:

1 蓄电池组应能适应高海拔、低气压、低温等环境的要求。

2 沿线区间蓄电池组容量大于 200 Ah 时,应采用 2 V/单只蓄电池系列电池。

3　中间站通信机械室蓄电池组容量应按 8 ~ 10 h 放电时间设计。蓄电池组可按 2 组配置。

4　区间通信机房蓄电池组容量应按 24 ~ 30 h 放电时间设计。蓄电池组应按 2 组配置。

7.5.4　通信用交流不间断电源(UPS)应集中设置。其蓄电池组,在通信站应设置 2 组,中间站应设置 1 组,蓄电池组容量根据外供交流电源稳定程度应从严控制。

7.5.5　设置应急发电机组时,应考虑高原功率折减系数。

7.6　通信系统的防雷及通信设备接地

7.6.1　通信系统的防雷应包括无线通信铁塔、交流电源供电线路和通信光(电)线路引入建筑物的入口端等。通信设备、通信电源系统和通信外线引入除应采取分级防护措施外,还应和建筑物的防雷、通信站(室)的接地及通信系统的电磁兼容要求进行综合考虑。

7.6.2　通信光缆线路的防雷应根据高原的雷电频率和土壤性质进行设计。雷暴日数大于 20 天的地段应设防雷屏蔽地线。当 10 m 深的大地电阻率为 100 ~ 500 Ω · m 时,布放一条;大于 500 Ω · m 时,布放两条。屏蔽地线不得与光缆的金属护套相连。

7.6.3　通信设备接地应采用综合接地体。通信机房、同一建筑内的动力装置、建筑物避雷装置及通信设备应共用一个接地网。

7.6.4　无线通信铁塔应设置单独的环形接地网,铁塔环形接地网与综合(设备)接地体的间距一般应大于 15 m。铁塔环形接地网与综合(设备)接地体应至少 2 点相连构成综合接地网。

7.6.5　铁塔及建筑物的防雷地与电力接地汇集母线排和通信、信号接地汇集线在综合接地网上接地点的间距宜大于 10 m。

7.6.6　通信站的接地电阻值不应大于 1 Ω,其他处所的通信设备接入综合接地体的接地电阻值不应大于 4 Ω。

7.6.7　各类设备接地汇集线(接地体引线)宜采用多股铜导线并采取绝缘措施,其截面一般为 25 ~ 95 mm^2。

8 信　　号

8.1 一般规定

8.1.1 信号系统工程设计应采用安全、可靠、先进、成熟的技术。

8.1.2 信号设备应采用计算机监测技术，实现设备在线监测和集中测试，为运营维修提供条件。

8.1.3 信号设备和器材的选型应适应高海拔、低气压、低温等环境的要求，并应经过高原验证。

8.1.4 信号安全信息的传输应采用可靠的专用传输通道。

8.1.5 区间列车动态跟踪宜采用卫星定位技术。

8.1.6 区间闭塞宜采用虚拟自动闭塞。

8.1.7 高原多年冻土区作业频繁的联锁道岔应采用融雪装置。

8.1.8 根据轨枕转辙机的技术要求，轨枕转辙机宜采用加热装置。

8.1.9 信号设备各子系统及相关系统的接口应采用标准接口。

8.2 地面固定信号

8.2.1 区间不设地面固定信号机，在虚拟闭塞分区点应设置信号标志牌。

8.2.2 采用计算机联锁的车站，应设置地面固定信号机。其余车站可采用信号标志牌。

8.2.3 地面固定信号机宜采用 LED 新光源信号机。

8.2.4 高柱信号机及标志牌的设置应适应冻土地区的要求，其基础处理和安装方式应采取特殊措施，困难地段可采用矮型。

8.3 联锁与调度集中

8.3.1 当中间站设备出现故障时，根据运输要求，应能封闭车站，开通正线。

8.3.2 转辙设备应具有现地手动操纵功能。

8.3.3 调度指挥系统应符合《分散自律调度集中系统技术条件（暂行修订稿）》（科技运函〔2004〕15 号）的规定。

8.3.4 计算机联锁应采用硬件安全冗余结构的设备。

8.4 列车运行控制

8.4.1 列车运行控制系统车—地信息传输，应采用基于无线通信的传输方式。

8.4.2 列车运行控制系统宜采用一次控制模式，应采用人控为主的方式。

8.4.3 列车运行以车载信号为行车凭证。在设置地面固定信号机的车站,车载信号与地面固定信号机显示含义不一致时,应以最高限制信号为行车凭证。

8.4.4 列车完整性检查装置应符合故障—安全的要求。

8.5 电线路

8.5.1 信号电缆应选用耐辐射、抗冻涨、防鼠、环保的电缆,其备用量可适当加长。

8.5.2 电缆线径的选择应满足被控设备电气参数的要求。

8.5.3 在站场施工时,应预留电缆槽和电缆过道。冻土区的车站,应适当加宽路肩,预留电缆沟的位置。

8.5.4 电缆敷设的相关规定应符合本暂行规定中第7.3节有关规定,用于道岔融雪的电力电缆不应与信号控制电缆同沟敷设。

8.6 供电

8.6.1 信号设备的供电应有两路可靠电源。当两路电源不具备实时在线供电条件时,应配备应急备用电源。

8.7 其他

8.7.1 信号系统防雷、接地、电磁兼容等应符合国家和铁道部现行有关规定及青藏线雷电环境对设备的技术要求。

8.7.2 车站信号设备的地线宜纳入车站综合接地体,接地电阻值应不大于4 Ω。

9 电 力

9.1 一般规定

9.1.1 电力工程设计应结合高原多年冻土的环境特点,处理好电气设备的绝缘配合及电力工程基础的稳定性。

9.1.2 冻土区杆塔基础设计应符合现行《冻土地区建筑地基基础设计规范》(JGJ 118)要求和环境保护要求。

9.1.3 电力工程环境技术条件的气象参数应按表9.1.3—1选用,导线覆冰厚度暂按格尔木至西大滩5 mm,西大滩至拉萨10 mm选取。电工产品的气候环境参数应符合表9.1.3—2的规定。

表9.1.3—1 青藏铁路格拉段气象参数

台站名称			格尔木	五道梁	沱沱河	安多	那曲	当雄	拉萨
高程(m)			2 808	4 612	4 533	4 800	4 507	4 201	3 649
代表里程			DK845 +900 ~ DK957 +640	DK957 +640 ~ DK1160 +344	DK1160 +344 ~ DK1419 +300	DK1419 +300 ~ DK1527 +850	DK1527 +850 ~ DK1744 +000	DK1744 +000 ~ DK1950 +000	DK1950 +000 ~ DK2006 +700
平均气压(mb)			724.9	578.9	585	574.0	587.4	604.4	652.2
气温(℃)	年平均		6.7	-5.2	-4.0	-2.9	-1.3	1.6	7.8
	极端	最	35.5	23.2	24.7	23.3	24.2	26.5	29.6
		最	-33.6	-37.7	-45.2	-36.7	-41.2	-35.9	-16.5
	最大月平均日		19.5	18.6	21.8	16.7	19.4	18.6	16.6
湿度	绝对(mb)	平	3.3	2.8	3	31.0	36	4.2	4.9
		最	15	11	11.5	115	142	13	16.4
		最	0	0	0	0	0	0	0
	相对(%)	平	32	57	53	51	54	54	45
		最	0	0	0	0	0	0	0
风速(m/s)	平均风速及主		2.6W	4.1W	3.9W	4.3NNE	4.1SW	2.4SW	2.0ESE
	各季平均风速及主导风向	春	3.1W	4.8W	4.8W	5.8WSW	4.3WSW	3.0SW	1.7E
		夏	2.9E	3.5E	3.5NE、E	3.6NE	2.8SSW	2.3NE	2.4ESE
		秋	2.2W,SW	3.4W,NE	3.1W	3.9NNE	2.6W	1.9SW	1.8ESE
		冬	2.2SW	5.1W	4.3W	5.3W	3.5W	2.4SW	1.6ESE
	年平均大风日		9.8 d	130.1 d	178 d	147.1 d	106 d	57.1 d	26 d
	最大风速及其风向	定	24W	31W	30WSW	35.0WSW	37.0SW	25WSW	16.3NNE
		瞬	43W	40W	40W	38.0W	40.0W		32.3W,W
降雪	降雪初终期		10.2 ~5.14	8.6 ~7.27	8.15 ~7.28	9.10 ~6.23	8.29 ~8.1	9.10 ~6.12	10.22 ~5.11
	最大积雪厚度		6.0	14.0	39	20.0	21	14.0	12
	平均雾天日数		无	10.9	8.8	1.2	4.8	0.7	无
	平均雷暴日数		3.3	36.7	47.8	74.8	80.6	75.7	68.1

表 9.1.3—2　电工产品不同高程气候环境参数

气候参数项目		高程(m)		
		3 000	4 000	5 000
气压(kPa)	平均	70.1	61.7	54.0
	最低	68.0	60.0	52.5
气温(℃)	最高	30	25	20
	最高日平均	20	15	10
	年平均	10	5	0
	最低	−15、−25、−40、−45		
最大日温差		15、25、30		
最湿月月平均最大相对湿度(%)		90	90	90
最湿月月平均最低温度(℃)		15	10	5
最干月月平均最小相对湿度(%)		15	15	15
最干月月平均最高温度(℃)		10	5	0
年平均绝对对湿度(g/m^3)		3.7	2.7	1.7
年平均绝对湿度最低值(g/m^3)		2.2	1.7	1.3
太阳直接辐射最大强度(W/m^2)		1 120	1 180	1 250
最大风速(m/s)		25、30、35、40		
最大 10 min 降水量(mm)		15、30		
1 m 深土壤最高温度(℃)		20	15	15

9.1.4　铁路沿线变、配电所应优先接引地方公用电网电源,有条件时应接引两路电源。

9.1.5　格尔木、拉萨车站按现行规范划分负荷等级,其余各站通信(含区间设备)、信号、行车及保障现场人员基本生存条件的负荷为重要负荷,其他负荷为一般负荷。

9.1.6　全线应设置 35 kV 电力贯通线向沿线负荷供电;重要负荷应设置备用电源;电源方便时,一般负荷也可设置备用电源。

9.1.7　当 35 kV 电力贯通线路越区供电质量不满足要求时,应在越区配电所和末端配电设置综合无功补偿装置。

9.1.8　电力线路应优先采用架空方式。

9.1.9　沿线供电方案尚应针对各负荷等级、外供电源条件(贯通电力线、地方电力、柴油发电机组、光伏电力)进行技术经济比较后确定。

9.2　变、配电所

9.2.1　沿线电力变压器选择应根据负荷情况统一规格,变压器选择应充分考虑高原环境的影响。

9.2.2　变、配电所室内、外配电装置的安装净距不应小于表 9.2.2—1、表 9.2.2—2 的规定。当室内、室外电气设备外绝缘体最低部位距地面小于表 9.2.2—1、表 9.2.2—2 的规定时应装设固定遮栏。

表 9.2.2—1 室内配电装置的安全净距(mm)

序号	适用范围 \ 额定电压(kV) \ 高程(m)	2 001 ~3 000			3 001 ~4 000			4 001 ~5 000		
		<1	10	35	<1	10	35	<1	10	35
A_1	带电部分至接地部分之间	26	160	385	30	185	440	35	210	500
	网状遮栏向上延伸线距地 2.3 m 处与遮栏上方带电部分之间	—			—			—		
A_2	不同相的带电部分之间	26	160	385	30	185	440	35	210	500
	断路器和隔离开关的断口两侧带电部分之间	—			—			—		
B_1	栅状遮栏至带电部分之间	—	910	1 140	—	935	1 190	—	960	1 250
	交叉的不同时停电检修的无遮栏带电部分之间									
B_2	网状遮栏至带电部分之间	126	260	485	130	285	540	135	310	600
	板状遮栏至带电部分之间	56	190	415	60	215	470	65	240	530
C	无遮栏裸导体至地(楼)面之间	2 500	2 500	2 700	2 500	2 500	2 750	2 500	2 500	2 800
D	平行的不同时停电检修的无遮栏裸导体之间	1 875	1 960	2 185	1 875	1 985	2 240	1 875	2 010	2 300
E	通向室外的出线套管至室外通道的路面	3 650	4 000	4 000	3 650	4 000	4 000	3 650	4 000	4 000

表 9.2.2—2 室外配电装置的安全净距(mm)

序号	适用范围 \ 额定电压(kV) \ 高程(m)	2 001 ~3 000			3 001 ~4 000			4 001 ~5 000		
		<1	10	35	<1	10	35	<1	10	35
A_1	带电部分至接地部分之间	80	240	480	80	260	535	85	285	600
	网状遮栏向上延伸线距地 2.5 m 处与遮栏上方带电部分之间	—			—			—		
A_2	不同相的带电部分之间	80	240	480	80	260	535	85	285	600
	断路器和隔离开关的断口两侧带电部分之间	—			—			—		
B_1	设备运输时,其外廓至无遮栏带电部分之间	—	990	1 250	—	1 010	1 285	—	1 035	1 350
	交叉的不同时停电检修的无遮栏带电部分之间									
	栅状遮栏至带电部分之间									
B_2	网状遮栏至带电部分之间	180	340	580	180	360	635	185	385	700
C	无遮栏导体至地面之间	2 500	2 740	2 980	2 500	2 760	3 035	2 500	2 785	3 100
	无遮栏导体至建筑物、构筑物顶部之间	—			—			—		
D	平行的不同时停电检修的无遮栏带电部分之间	2 000	2 600	2 600	2 000	2 600	2 600	2 000	2 600	2 600
	带电部分至建筑物、构筑物的边缘部分之间	—			—			—		

9.2.3 区间电力变压器应采用箱式变电站,车站电力变压器宜优先设置在室内或采用箱式变电站。

9.2.4 全线应设置远动系统。铁路变、配电所设计应采用综合自动化技术,实现微机保护、监控和无人值守。

9.3 架空电力线路

9.3.1 线路路径选择应方便运输、施工、维护、管理、不宜破坏植被。

9.3.2 电力线路导线宜采用铝包钢芯铝铰线,混凝土电杆应采用具有抗冻、防腐、耐风蚀的混凝土电杆。

9.3.3 设计时应根据不同海拔高度适当加强电力线路的绝缘强度。绝缘子片数按表9.3.3选择:

表 9.3.3 绝缘子串片数选择表

海拔高度(m)	绝缘子串片数(只)		
	35 kV 直线型杆塔	35 kV 承力型杆塔	10 kV 承力型杆塔
2 500 m < h < 3 500 m	4	5	3
3 500 m < h < 5 000 m	5	6	3

9.3.4 35 kV 线路绝缘子宜采用钢化玻璃绝缘子。耐张绝缘子宜采用防污型;直线绝缘子串最上面一片绝缘子宜采用大伞裙。

9.3.5 架空电力线路导线间的最小距离不应小于表9.3.5所规定的数值。

表 9.3.5 架空电力线路导线间的最小距离(m)

海拔高度(m)	导线排列方式		档距(m)											
			<40	50	60	70	80	90	100	110	120	150	200	300
2 001~4 000	架空电力线路电压(kV)	0.38(0.22)不论排列方式	0.3	0.4	0.45	0.5	—	—	—	—	—	—	—	—
		10 不论排列方式	0.65	0.7	0.75	0.8	0.9	0.95	1.05	1.1	1.2	1.45	—	—
		35 导线水平排列方式	—	—	—	—	—	—	—	—	—	2.15	2.65	3.15
		35 导线垂直排列方式	—	—	—	—	—	—	—	—	—	2.15	2.4	2.65
4 001~5 000		0.38(0.22)不论排列方式	0.3	0.4	0.45	0.5	—	—	—	—	—	—	—	—
		10 不论排列方式	0.7	0.75	0.8	0.85	0.95	1.0	1.1	1.15	1.25	1.5	—	—
		35 导线水平排列方式	—	—	—	—	—	—	—	—	—	2.2	2.7	3.2
		35 导线垂直排列方式	—	—	—	—	—	—	—	—	—	2.2	2.45	2.7

9.3.6 35 kV 线路带电部分与杆塔构件、拉线、脚钉的最小间隙按66 kV电压等级确定,即雷击过电压最小间隙0.65 m,内过电压最小间隙0.50 m,运行电压最小间隙0.2 m。

9.3.7 多年冻土区架空线路杆塔埋设应充分考虑基础的稳定性。冻土区电杆基础宜采用钻孔插入桩基础,铁塔基础宜采用钻孔灌注桩基础。

9.3.8 多年冻土区地势较高,土质干燥,土壤为粗颗粒土的地段可采用电杆直埋基础,电杆埋地部分应涂渣油或工业凡士林。

9.3.9 深季节冻土地区基础设计应符合下列规定:

1 铁塔宜采用钻孔灌注桩基础;

2 冻结深度在2 m以上的地段,电杆基础可采用直埋;

3 冻结深度在2 m以下的地段,宜采用钻孔插入桩基础,当地势较高,土质干燥,土壤为粗颗粒土时,可采用电杆直埋基础。

9.3.10 冻土区杆塔基坑不宜采取爆破和人工开挖作业方式,宜采用机械钻孔方式施工,基坑开挖后应及时回填,时间不宜超过24 h。

9.3.11 多年冻土区基础应在寒季施工。

9.3.12 环境最低温度低于-20 ℃时,各种受力钢构件的选用应按现行《钢结构设计规范》(GB 50017)第3.3条规定执行。

9.3.13 在多年冻土高温不稳定(Ⅰ、Ⅱ类)地区可采用热棒技术来提高杆塔基础的稳定性。

9.3.14 线路导线与地面、建筑物、树木、铁路、道路及各种架空线路间的距离,应按现行《铁路电力设计规范》(TB 10008)相关规定执行。

9.3.15 电力贯通线路应在车站设户内分段开关,并纳入运动控制系统。

9.3.16 当电缆与架空线路连接处需设隔离开关时,开关应采用便于操作、绝缘不受高海拔影响的、具有隔离功能的负荷开关。

9.4 电缆线路

9.4.1 当电力电缆敷设在阳光照射条件下时,护套应具有防紫外线特性。

9.4.2 当电力电缆敷设在多年冻土及季节性冻土区时,宜选用粗钢丝铠装防护的电缆。有条件时应考虑防寒措施。

9.4.3 冻土地区电缆直埋埋深应不小于0.7 m,高压电缆头的接续应采用冷缩型式。

9.5 低压配电及电气装置

9.5.1 室内低压配电线路应采用铜芯绝缘线,导线截面宜按载流量增大一级选择。

9.5.2 低压电器宜采用高一级电流等级的产品。

9.6 防雷和接地

9.6.1 35 kV配电所应在进线段1 km内架设避雷线。

9.6.2 接地保护系统宜采用TN-S系统

9.6.3 应充分利用建筑物结构钢筋和基础做接地连接线和接地体。

9.6.4 防雷接地、设备接地、保护接地等应采用共用接地体。

9.6.5 在冻土地区应采用物理降阻剂,不应采用化学降阻剂。

9.7 光伏发电

9.7.1 附近无第二路地方电源的无人值班车站设一座光伏电站,作为重要负荷的备用电源。

9.7.2 光伏发电系统的容量(包括太阳能电池板和蓄电池组的容量),应根据负荷性质、日用电量、蓄电池支持供电的天数、年日照时数等因素计算确定。

9.7.3 所有组件和光伏电池的支架应可靠接地。

9.7.4 光伏发电系统的逆变器应按高程每升高 1 000 m,增加 7% 进行修正。

9.7.5 储能蓄电池室应保证在严冬时室内温度在 5 ℃以上。

9.8 其　他

9.8.1 应根据青藏线特点设置必要的事故抢修、综合试验测试设备。

9.8.2 应根据青藏线特点设置必要的事故抢修交通工具。

10 采暖通风

10.1 一般规定

10.1.1 建筑气候及建筑热工设计分区应符合下列规定：

1 建筑气候区划分：

格尔木至南山口为VIA区，7月平均气温≥10 ℃；1月平均气温≤-10 ℃。

南山口(不含南山口)至桑雄为VIB区，7月平均气温<10 ℃；1月平均气温≤-10 ℃。

桑雄(不含桑雄)至拉萨为VIC区，7月平均气温≥10 ℃；1月平均气温>-10 ℃。

2 建筑热工设计分区：

格尔木至桑雄(不含桑雄)为严寒地区；桑雄至拉萨为寒冷地区。

10.1.2 暖通负荷计算及设备选型应考虑高原大气压、含氧量、空气密度等因素对设备性能和设计参数的影响。

10.1.3 采暖通风、热能动力、建筑给排水设计应综合考虑建筑规模、气象条件、能源状况、环保要求等因素，并结合试验工程经技术经济比较后确定。

10.1.4 采暖通风、热能动力、建筑给排水工程设计应选用安全可靠、高效节能、低噪声等适应性强的设备与材料。

10.1.5 高原地区的设备，特别是烟囱、高出建筑物的管线、水箱、太阳能接收设备等应加强防雷及接地保护措施。

10.2 采暖

10.2.1 采暖室外气象参数的确定及采暖负荷计算应符合下列规定：

1 采暖室外气象参数应按《采暖通风与空气调节设计规范》(GB 50019)确定；当气象台站无确切资料或无气象台站时，可就地调查采集资料，并与地理和气候条件相似的邻近气象台站的气象资料进行比较后确定。

2 计算采暖热负荷应考虑夜间天空背景辐射散热和太阳辐射的影响。

10.2.2 采暖范围的确定应符合以下规定：

1 有人作业值班的生产、生活房屋以及生产工艺对室内温度有特殊要求的无人作业值班的生产房屋应设采暖。

2 生产工艺对室内温度无特殊要求的工业建筑，根据需要可在工作地点设置局部采暖。

10.2.3 采暖房屋室内计算温度除应符合《采暖通风与空气调节设计规范》(GB 50019)及《铁路房屋暖通空调设计标准》(TB 10056)的规定外，沿线电采暖房屋还应符合下列规定：

1 与生产密切相关且经常有人停留,室内温度宜按 15 ℃ ~18 ℃选取。

2 一般性生产生活房屋,不经常有人停留时,室内温度宜按 14 ℃ ~15 ℃选取,无人停留时,可按 5 ℃ ~6 ℃选取。

3 在非工作时间或中断使用的时间内,必须保持室内温度大于 0 ℃的公共建筑和工业建筑,应按 5 ℃设置值班采暖。

10.2.4 采暖形式应根据建筑物的用途、供热情况、当地的自然资源和气候特点等条件,经试验工程及技术经济比较后确定,并按下列规定选择:

1 集中采暖房屋宜采用热水做热媒;当供热以工艺用蒸汽为主时,局部场所可采用蒸汽作热媒。

2 高大空间生产厂房可采用散热器加暖风机或辐射板。对于经常开启的外门,无门斗、无前室时宜设置热空气幕。

3 沿线房屋采暖方式,应在热水采暖、太阳能采暖和电采暖等方式经试验工程及技术经济比较后确定。电采暖的房屋宜采用电热地板辐射方式,并应设置温控装置。

10.2.5 建筑密封较好且采用带热回收换气设备的机械通风房屋可采用 0.3 ~0.5 次/h 的换气次数计算热负荷。

10.2.6 敷设在地沟、夹层、闷顶及管道井或易被冻结场所的采暖管道应采取保温措施。

10.3 通　风

10.3.1 尽量采用自然通风方式;当自然通风不能满足要求时,应采用机械通风或自然与机械的联合通风。

10.3.2 厨房、厕所、浴室等场所,宜设置机械通风。

10.3.3 机械通风设备宜采用带热回收换气的设备。

10.4 锅 炉 房

10.4.1 锅炉房的设计除执行国家现行有关标准、规范外,尚应符合下列规定:

1 锅炉房的设计容量必须考虑高原的影响。

2 确定锅炉台数和容量应考虑锅炉检修等因素。

3 燃油燃气锅炉宜采用单机组配套的全自动锅炉。

4 室内燃气管道使用的阀门应选用明杆阀或阀杆带有刻度的阀门。

5 燃油燃气管道宜采用无缝钢管。管道连接除与设备、阀门、附件等连接处采用法兰或丝扣连接外,均应采用焊接连接。

10.4.2 多年冻土区室外热水供应管道应采用架空敷设。其支架基础应考虑多年冻土区的特点。

10.4.3 非冻土区室外供热管道宜采用直埋敷设。地沟敷设宜采用半通行管沟或通行管沟。

10.4.4 直埋敷设的供热管道在伸缩器等需要操作或维修的管道附件处应设检查井室。

10.5 建筑给水排水

10.5.1 建筑物内的给水排水设施宜集中设置。

10.5.2 沿线车站宜采用太阳能热水器辅以电热制备热水,并宜采用电加热饮水器。

10.5.3 卫生设备应符合高原寒冷、多年冻土区等特殊要求,并应减少污废水的排放量。

10.5.4 建筑消防设施应符合《建筑设计防火规范》(GB 16)(2001 年版),《铁路工程设计防火规范》(TB 10063)及《建筑灭火器配置设计规范》(GBJ 140)的规定,并应结合高原多年冻土区的特点设置。

10.5.5 水泵选型应考虑高原低气压对吸程的影响。

本暂行规定用词说明

执行本暂行规定条文要求严格程度的用词说明如下:

1　表示严格,非这样做不可的用词

正面词采用“必须”;

反面词采用“严禁”。

2　表示严格,在正常情况均应这样做的用词

正面词采用“应”;

反面词采用“不应”或“不得”。

3　表示允许稍有选择,在条件许可时首先应这样做的用词

正面词采用“宜”;

反面词采用“不宜”。

表示有选择,在一定条件下可以这样做的,采用“可”。

《青藏铁路高原多年冻土区工程设计暂行规定》(下册)条文说明

3.3.1 由于青藏铁路格拉段通过高原多年冻土区的地段人烟稀少,一般旅客最高聚集人数为50人,为减少对冻土的扰动,对冻土区内的旅客站台长度和宽度做了最短、最窄的规定。旅客站台墙宜采用预制拼装式,站台铺面宜采用联锁块或预制方砖,主要是考虑高原冻土区气候寒冷,为避免混凝土结冰,保证施工质量,便于维修。

3.3.2 冻土区旅客不多,少量旅客可在站房内候车,因此不设雨棚。冻土区内的排水尤其重要,为减少因排水不畅造成的病害,所以不设客车上水设备。

3.3.3 冻土区内除不冻泉、沱沱河两站外均无货运作业。高原冻土区的货场为减少对冻土的扰动应布置紧凑。货物站台墙采用预制拼装式,站台面采用联锁块,有利于减少病害的产生,保证工程质量,便于维修。

3.3.4、3.3.5 由于高原缺氧的原因,人力难以完成货物装卸工作,为贯彻以人为本的设计思想,货物装卸作业均采用机械化。

4.2.1 格拉段全长1 140多公里,其中海拔4 000 m以上线路长960 km,多年冻土地段长550 km,线路整体的自然条件极为恶劣。机务设备的布点受自然条件的限制,只能利用既有的格尔木机务设备,并新建拉萨机务设备,因此机车交路宜采用一个长交路,尽量减少中间机务设备的布点。

4.2.2 采用长机车交路,乘务人员出乘一次时间较长,并且高原地区设置公寓等生活设施比较困难,因此乘务制度应采用随乘制。客运机车间休的乘务员在旅客列车休息,货运机车间休的乘务员在后位机车司机室或附挂的机车乘务员宿营车休息。

4.4.1 由于机务设备的布点较少,能设置救援列车的地点很少,超出《救规》的规定,因此提出适当加强有人值守车站的救援能力。

4.4.2 为弥补机车随车检测设备的不足,预防运用机车在途中的故障,提出在机务段(所)设置机车地面检测场所和设备。

5.1.1 高原多年冻土区生活、交通条件差,人的体力及抵抗疾病的能力下降,为在保障行车安全的前提下,为保护列检人员的劳动安全做此规定。

5.2.1 为保护高原多年冻土区的自然环境,保证旅客在高原上的旅行安全,铁路客车配备有相应的设施,客车定期检修及运用维修设备应与之配套。

5.2.4 由于高原多年冻土区人的劳动能力下降很多,已不适应采用手动的驾车设备,以及用人力去搬运笨重的车辆配件、轮对、车钩等,应配备能代替人的机械装置。

5.3.1 由于高原多年冻土区站间距离较大,开站较少,为使红外线轴温探测站布点符合规定,故条文明确按30 km左右布点。

5.3.3　本条文确定由设在沿线列检所的红外线轴温探测设备维修组承担红外线轴温探测设备临修工作,及相应的装备。

7.2.1　实践证明,在高原冻土区段采用光纤数字同步传输系统设备是合适且可行的。利用其他部门的传输通道与铁路传输系统组成相互可迂回的传输网可以提高其传输通道的可靠性。

7.2.2　根据青藏线铁路高原冻土区对传输系统的要求,可以将传统的三层网传输模式简化为二层网。

7.3.1~7.3.4　是根据青藏高原上建成和运营的电信部门光缆的设计、施工和运营的经验而编写的。该条光缆经过几年的运营,证明这些技术措施和规定是合适的。

多年冻土上限是指多年冻土在暖季表层融化的最大深度。决定多年冻土上限的因素很复杂,但与海拔高度关系极为明显。青藏铁路沿线多年冻土区多年冻土上限为0.8 m至数米不等。多年冻土上限破坏后,容易形成融冻泥流、热融滑塌等不良冻土现象,威胁光缆线路的安全。因此,根据兰西拉光缆的设计经验:多年冻土层上限小于1.2 m的地段,光(电)缆应埋设在多年冻土上限0.1 m以上。

光缆预留长度适当加长,主要是考虑到青藏高原多年冻土等特殊地理环境方面的因素,从维护角度考虑的。

7.4.3　双网双覆盖网络结构是指全线设两个GSM-R交换中心,在沿线每个GSM-R机房内设两套独立的基站设备、天馈系统,但共用铁塔和传输及电源设备。两个基站分为上下层网,以唐古拉山分界,分别挂接在格尔木和拉萨的上下层基站控制器上。

7.4.6　当沿线通信系统出现故障,可以发挥应紧通信作用。

7.5.1　中间站通信机械室外供交流电源有两路,其中一路应采用电力贯通线电源;另一路可采用柴油发电机组或光伏发电系统电源供电。

7.5.3　青藏铁路沿线海拔高、气压低,而且基础设施薄弱,电力中断后,很难保证房屋的采暖,因此提出"蓄电池应能适应在高原和低温环境下的正常使用"的条件。

区间基站外供电源只有电力贯通线一路电源,考虑到青藏线维修时间长,抢险困难等因素,并经过与电力有关部门的结合,认为电力贯通线的中断时间一般不会超过24 h。因此,区间基站蓄电池组容量按24~30 h设计是恰当的。

7.6.1　青藏铁路高原冻土区年平均雷暴日数在40~80 d之间,应遵循"综合考虑、整体防御、多重保护、层层设防"的综合防雷原则,采用屏蔽、等电位连接、共用地线系统、合理布线、加装电子避雷器(浪涌抑制器)等有效方法,联合使用、互相配合、各行其责,将雷电电磁脉冲的影响降低到通信设施可以承受的限度。

7.6.4　铁塔环形接地网与综合(设备)接地体的间距是考虑到雷电冲击会通过共用接地网对电子设备造成反击的影响。

7.6　本节的编写主要参考了《移动通信基站防雷与接地设计规范》(YD 5068—98)、《建筑物防雷设计规范》(GB 50057—94)和《建筑物电子信息系统防雷技术规范》(GB 50343—2004)。

8.1.2　格拉段地处青藏高原腹地,环境恶劣,采用集中检测和定期巡视的方式,可以减少定员,减轻劳动强度,提高生产效率,同时也是未来铁路维修体制的发展趋势。

8.1.4　传输列控、行车指挥等安全信息的通道,应采用专用传输通道,不得与其他信息通道合用。车站计算机检测、道岔融雪等非安全信息均纳入综合环境监控信息公共传输平台,实现通信传输资源共享。

8.1.6 青藏线格拉段采用基于无线通信技术(GSM－R)和卫星定位技术的信号控制系统,区间不设轨道电路和信号机,利用卫星对列车位置实施定位跟踪,列车的完整性检查采用具有故障—安全功能的列尾装置来保证,列车以车载信号显示作为行车凭证。系统可根据运输组织需要采用自动闭塞模式追踪行车,也可按照大区间自动站间闭塞模式行车。

8.2.2 本线作业繁忙的车站采用计算机联锁,设有轨道电路和列车与调车信号机。其他车站,根据该信号控制系统所具有的功能,按照运输需求,设置列车、调车标志牌,不设轨道电路和防护信号机,列车以车载信号显示作为行车凭证,车载设备只对调车速度实行监督。

8.2.4 多年冻土地段信号室外设备的安装,不应对冻土层的稳定产生扰动;标志牌机柱的基础处理应考虑特殊设计,埋深在冻土层之上,安装在隧道内、桥上的标志牌应有专门的安装方式设计。

8.3.1 设备故障包括信号器材出现故障、通信传输设备出现故障,列控失效、车站联锁失效或调度命令不能及时下达到车站等情况出现,此时,系统应转入相应的故障降级模式。

8.5.3 考虑青藏高原环境保护要求,信号的建筑工程尽可能与站场、线路施工同步,以降低施工对周围环境的影响。

9.1.1 青藏铁路格拉段地处高原,线路经过海拔4 000 m以上地段960 km,约占线路总长的84%,其中550 km的线路通过多年冻土区。由于高海拔供电设备存在着绝缘降低、熄弧能力下降、设备温升增加等问题,因此电力设计应重视高原、冻土对工程设计的影响。

9.1.3 表9.1.3—1按格尔木、五道梁、沱沱河、安多、那曲、当雄和拉萨气象站气象资料整理而成。

青藏线沿线没有覆冰厚度统计资料。覆冰厚度根据沿线气象资料分析,并参考青海电力设计院《青藏铁路格拉段青海境内供电可行性研究报告》所选取的数值,格尔木至西大滩覆冰厚度暂定为5 mm;西大滩至拉萨覆冰厚度暂定为10 mm。由于青藏线气候干燥,蒸发量小,实际覆冰厚度可能较小,设计采用时,应根据具体情况合理选择。表9.1.3—2引用《电工产品不同海拔的气候环境条件》(GB/T 14597—93)。适用于电工产品的高海拔适用性考核。

9.1.5 根据青藏线的负荷特点制定。青藏线条件十分艰苦,保证行车安全和保障现场人员基本生存条件的负荷均为重要负荷。

9.1.6 重要负荷应设置备用电源。青藏铁路一般负荷基本上与生活有关,为切实改善职工生活条件,在电源条件许可时,备用电源也应给一般负荷供电。

9.1.7 在一般的供电情况下,35 kV线路供电半径小于50 km,而在青藏线,即使在正常的运行方式下,最长的供电半径就会达到180 km,在35 kV贯通线跨所越区供电的情况下,贯通线最长供电距离超过300 km。根据35 kV长距离供电技术试验研究的初步结论,当35 kV供电距离小于200 km时,空载末端电压升高可由设置并联电抗予以消除,当35 kV代电距离大于200 km时,应设置并联电容、串联电容等补偿措施。

9.1.8 架空电力线路节省投资、便于检修、运营维护管理。

9.2.1 海拔增高,环境温度降低,可部分或全部补偿因海拔升高所引起的产品温升的增加值,环境空气温度的补偿值为海拔每升高 100 m,环境空气温度降低 0.5 ℃。若环境温度的降低值能够补偿产品散热不良而引起的温升增加值,则使用时产品额定容量或额定电流值可以保持不变;若产品温升的增加值不能被环境温度的降低值所补偿,则应降低容量使用或增加散热措施。

9.2.2 A 值根据原机械工业部行业标准《高原环境条件下电工产品通用技术条件》(JB/T 7573—94)电气间隙修正系数进行修改。B、C、D、E 值只修正参数中与 A 值有关的都分,即只修正 B、C、D、E 值中的 A 值部分。

9.2.3 室外气候条件恶劣,变压器置于室内或箱变中是从提高供电可靠性、维护方便考虑。

9.2.4 青藏线条件艰苦,变配电所采用这些新技术后,可大大减轻劳动强度,做到无人值守。

9.3.1 青藏高原生态极端脆弱,据调查 40 年前取土被破坏的植被至今尚未恢复,为保护环境资源,不宜破坏环境植被。

9.3.3 《66 kV 及以下架空电力线路设计规范》(GB 50061—97)第 5.0.2 条规定,悬垂绝缘子串的绝缘子数量,在海拔高度 1 000 m 以下空气清洁地区,线路电压 35 kV,绝缘子数量为 3 个。第 5.0.5 条,海拔高度 1 000 ~ 3 500 m 的地区,绝缘子串的绝缘子数量按 $n_h \geq n[1+0.1(H-1)]$确定。海拔高于 3 500 m 时无计算公式,因此根据绝缘配合专题研究成果计算确定。

9.3.5 参照原机械工业部行业标准《高原环境条件下电工产品通用技术条件》(JB/T 7573—94)电气间隙修正系数进行修改。修正值取高海拔地区屋外配电装置的安全净距 A1 值的修正增量。

9.3.11 从青藏线的气候条件来看,全年只有暖季和寒季之分,从保护冻土、减少对冻土的扰动的观点看,以 9 月 ~ 12 月和 1 月 ~ 5 月施工为最好。

9.3.13 根据相关科研成果,热棒对电力杆塔基础的冻土上限提升、负积温积累效果显著,对桩侧冻结力的形成起促进作用,且对降低桩周冻土地温非常有利,有利于杆塔基础稳定。

9.4.1 高原太阳紫外线辐射很强,明敷电缆应采用防紫外线辐射的护套绝缘。《电力工程电缆设计规范》(GB 50217—94),第 3.5.6 条"放射线作用场所的电缆,应具有适合耐受放射线辐照强度的取消氯乙烯、氯丁橡皮等防护外套。"

9.4.3 根据青藏线试验段运行经验确定。

9.5.1、9.5.2 考虑到高海拔地区导线和电气装置的温升增大,故导线截面和电气装置按放大一级电流等级选择。低压断路器应选择灭弧能力和分断能力强的电气产品。

9.7.1 光伏发电系统一般分为独立发电系统、配有柴油机的发电系统和与风力机配合使用的"风光"发电系统。根据青藏线环境特点,青藏线电力设计选用前两种光伏发电系统。主要在有电区段作为通信、信号等小容量负荷的备用电源。

另由于光伏发电系统投资高,所以不能向大容量的动力照明负荷供电。

9.7.2 光伏发电系统的投资单价约为 130 元/W,造价非常高。所以用电负荷要认真统计并按负荷性质及用电特点,详细地计算出日用电量,最终确定出合理的系统容量。蓄电池支持供电的天数是指连续阴天电池板无法向蓄电池充电的最长时间,一般定为 3 天。

9.7.3 本条主要从防直击雷考虑。

9.7.4 根据中科院安多100 kW光电伏电站的总结报告。

9.7.5 蓄电池额定容量的基准温度为25 ℃~30 ℃,电池环境温度低于基准温度时,大致每下降1 ℃,容量下降1%,当环境温度为+5 ℃时,其容量约为定额容量的80%。

9.8.1 事故抢修、综合试验测试设备宜采用车载型。

10.1.11 建筑气候区依据《建筑气候区划分标准》(GB 50178—93划分。建筑气候划分中南山口与桑雄二点按中国建筑气候区划图确定,南山口为VIA区,桑雄为VIB区。

2 建筑热工设计分区对照《民用建筑热工设计规范》(GB 50176—93)的全国建筑热工设计分区图确定。格尔木至妥如为严寒地区,桑雄至拉萨为寒冷地区。本条为建筑热工及民用建筑节能设计的依据。

严寒地区指累年最冷月平均温度即冬季通风室外计算温度低于或等于-10 ℃的地区。寒冷地区指累年最冷月平均温度低于或等于0 ℃但高于-10 ℃的地区。

10.1.2 格拉段海拔高度,大气压及含氧量参见说明表10.1.2—1、说明表10.1.2—2。

说明表10.1.2—1 海拔高度,大气压及含氧量

海拔高度(m)	0	1 000	2 000	2 500	3 000	4 000	5 000
年平均大气压(kPa)	101.3	90.0	79.5	74.4	70.1	61.7	54.0
年平均含氧量(g/m³)	280	257	232	218	203	181	160
空气密度(20 ℃)(kg/m³)	1.205	1.077	0.94	0.885	0.837	0.734	0.658

海拔高度与大气压力关系参照1988年西北五省区热能动力学术年会论文《高原地区对锅炉出力的影响》,海拔高度4 000 m及5 000 m年平均大气压力为推算值。

海拔高度与含氧量关系根据1976年铁道部为高原列车曾在青藏高原对空气含氧量进行了实测,表中所列年平均含氧量为该次实测数据。

说明表10.1.2—2 格拉段海拔高原(高程)

站 名	高程(m)	站 名	高程(m)	站 名	高程(m)
格尔木	2 828	日阿尺曲	4 584	那 曲	4 513
南山口	3 081	沱沱河	4 547	妥 如	4 578
甘 隆	3 309	通天河	4 598	桑 雄	4 673
纳赤台	3 575	雁石坪	4 712	古 露	4 673
小南川	3 832	布强格	4 823	乌马塘	4 502
玉珠峰	4 159	唐古拉	5 032	当 雄	4 293
望 昆	4 484	扎加藏布	4 886	达琼郭	4 327
不冻泉	4 611	托 居	4 892	羊八井	4 306
楚玛尔河	4 496	安 多	4 702	马 乡	3 924
五道梁	4 636	措那湖	4 594	拉萨西	3 664
秀水河	4 570	底吾玛	4 586	拉 萨	3 641
江克栋	4 778	岗 秀	4 646		

海拔高度参照青藏线格拉段站场施工图中车站中心高程。

10.1.4 青藏铁路高原冻土区,采暖通风的设备与材料的选用应适应大气压低、空气含氧量少,气候寒冷,采暖期长等气候特点。

10.1.5　青藏高原雷暴较多,建筑物内一般设备,包括电采暖、电开水器、电热水器、风机、水泵等用电设备应做好漏电保护或接地;高出建筑物的管线、水箱、太阳能接收设备及高耸的烟囱等应加强防雷及接地保护措施,防止雷暴的破坏。

10.2.1　本条文是对采暖参数确定方法的规定。青藏铁路格拉段只有格尔木、五道梁、沱沱河、安多、那曲、当雄、拉萨七个气象站资料(见说明表10.2.1)。全段共设59个车站,初期开通34个车站,其中有27个车站缺气象资料,需调查、分析比较后确定。

说明表10.2.1　室外气象资料表

站名	海拔高度(m)	室外冬季采暖计算温度(℃)	采暖期天数(天)	冬季室外平均风速(m/s)	室外冬季通风计算温度(℃)
格尔木	2 828	−15	189	2.6	−11
五道梁	4 637	−21	324	4.8	−17
沱沱河	4 547	−20	287	4.2	−17
安　多	4 686	−20	271	4.5	−16
那　曲	4 513	−20	278	3.0	−14
当　雄	4 300	−14	216	2.0	−11
拉　萨	3 641	−6	149	2.2	−2

10.2.2　本条文从节约能源和满足使用要求的前提下规定了采暖设置的范围。

10.2.3　本条文对室内采暖温度规定了范围。当夜间有人作业或休息时室内采暖温度可取上限。

10.2.4　采暖系统、采暖方式及热媒的选择,应从当地实际情况出发,从工程、运营以及环保等方面综合分析比较后确定。各种采暖方式的适用性,需在试验工程完成后确定。

10.2.5　本条文对计算采暖房屋热负荷室内换气次数进行了规定。青藏铁路房屋处在高原缺氧的环境中,室内应保证必要的换气次数。但是该地区除高原缺氧外冬季室外温度低,换气次数过多,会降低室内温度,增加房屋采暖热负荷,故需根据外窗密封程度、面数等因素兼顾考虑。

10.4.1　青藏高原空气稀薄,缺氧,锅炉燃料燃烧状况恶化,从而导致锅炉的热效率下降,高原地区的锅炉房设计容量应计入高原锅炉的热效率的降低。近似计算时,海拔每增加1 000 m,燃煤锅炉热效率降低10%(原一机部资料)。

青藏高原恶劣的生活环境,采暖时间较长,规定供热锅炉台数和容量在检修期间,满足最低的生产生活热负荷。

燃油燃气锅炉危险性较大,因操作不当或自动控制失灵均可能引起炉膛爆炸事故。为了确保安全,降低高原锅炉司炉工劳动强度,提高自动化程度,宜选单机组配套的全自动燃油燃气锅炉。

青藏铁路格拉段的生产、生活房屋主要集中于格尔木和拉萨,由燃油燃气锅炉房集中供热。本条对锅炉房的燃油燃气管道管材及阀门等作了规定,以确保锅炉燃油燃气系统安全运行。

10.4.2　多年冻土具有热融冻胀的特点,室外热水供应管道地沟敷设时,易造成冻土的热融冻胀,进而破坏管沟和管道,为了保护冻土,提高管道敷设的安全性,对其敷设方式作了必要规定。

另外,多年冻土对架空敷设管道支架的基础具有向上的冻胀力,当支架所承受的荷载小于冻土向上的冻胀力时,支架就会倾斜或倒塌,给管道的安全带来隐患。为此对管道支架设计做了规定。

10.4.3～10.4.4 青藏高原空气稀薄,缺氧,为了检修方便,减轻维修人员的劳动强度,对室外供热管网的敷设方式及管道附件(如阀门、仪表、伸缩器、疏水器等)处设检查井做了必要规定。

10.5.1 结合青藏线格拉段沿线车站大部分在高寒冻土地区,为配合室外给水排水设计,要求建筑用水点相对集中设置。

10.5.2 青藏高原空气稀薄,缺氧,燃料燃烧状况恶化,污染环境,因此对开水、热水制备方式做了规定。

中华人民共和国行业标准

铁建设〔2007〕152号

铁路建设项目预可行性研究、可行性研究和设计文件编制办法

TB 10504—2007

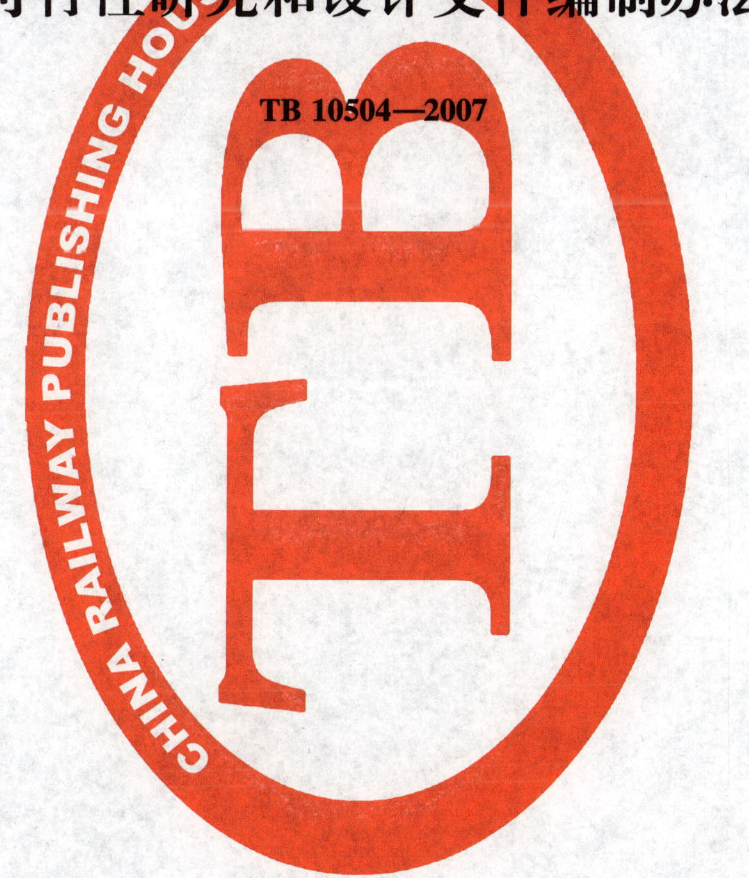

2007—08—04 发布　　　　2007—10—01 实施

中华人民共和国铁道部　发布

前　言

本办法是为贯彻落实科学发展观、适应铁路建设管理体制改革需要、贯彻“以人为本、服务运输、强本简末、系统优化、着眼发展”的建设理念、促进铁路技术进步，在《铁路基本建设项目预可行性研究、可行性研究和设计文件编制办法》(铁建设〔1999〕99号)基础上，总结原办法使用中的实践经验，并广泛征求有关单位和专家的意见后修编而成。

一、修编后的办法共有新建(改建)铁路的文件组成与内容、铁路枢纽(单独立项或单独编制文件)的文件组成与内容、铁路特大桥(单独立项或单独编制文件)的文件组成与内容等三个部分，另有总则和一个附录。适用于客货共线铁路、货运专线铁路、客运专线铁路、城际铁路、铁路枢纽、铁路特大桥等大、中型建设项目。

二、主要修编内容如下：

(一)将原《铁路基本建设项目预可行性研究、可行性研究和设计文件编制办法》改为《铁路建设项目预可行性研究、可行性研究和设计文件编制办法》。

(二)根据国家新颁发的法规政策、铁路建设理念、铁路主要技术政策等，对总则作了局部修订。

(三)将新建铁路、改建铁路两部分文件组成与内容合并为新建(改建)铁路的文件组成与内容。篇章组成涵盖客货共线铁路、货运专线铁路、客运专线铁路、城际铁路，增加了土地利用、信息、防灾安全监控、综合检测与维修、迁改与重点大型临时工程、安全施工等六篇，并在施工图阶段增加了总说明篇。

(四)将可行性研究及以后各阶段原线路、轨道及路基篇分设为四篇(线路、轨道、路基、土地利用)；原桥涵、隧道篇，机务、车辆篇各分设为两篇(桥涵、隧道、机务设备、车辆动车组设备)；原通信、信号篇分设为三篇(通信、信号、信息)。

三、在编制具体项目设计文件时，可根据项目的性质及特点，对有关篇章酌情调整。

四、修编工作的参加单位

主编单位：铁道第一勘察设计院。

参编单位：铁道第二、三、四勘察设计院，中铁工程设计咨询公司，中铁大桥勘测设计院，全路通信信号研究设计院，中铁电气化勘测设计研究院。

五、修编办法分工及主要编写人员名单

铁一院作为主编单位，负责新(改)建铁路文件组成与内容中可研、初步设计、施工图(不含客运专线、城际铁路站后专业各篇章的组成与内容)的编制工作；总则的修改；附录(加深地质工作的文件组成与内容)的编制工作；负责本办法的汇总、协调工作。主要编写人员有：

冉　理　应甘州　帅绪宽　任伍林　李一权　孙育新　李法昶　陈大公　赵厚生
王家骥　王毓芳　王立人　童森林　陆鸿涛　陈英武　王　兰　谢君泰　任建旭
宋　继　邢淑琴　邓宝顺　赖文宏　骆华德　孟存喜

铁二院、中铁设计咨询公司负责新(改)建铁路文件组成与内容中预可研部分的编制工作，由铁二院牵头。主要编写人员有：

张雪才　王国生　王　南　胡新明　刘　华　陈章明　吴麦奎　陈明华

铁三院、铁四院负责新（改）建铁路文件组成与内容的可研、初步设计、施工图中客运专线、城际铁路站后各专业篇章的组成与内容的编制工作，由铁四院牵头；铁路枢纽的文件组成与内容中预可、可研、初步设计、施工图的编制工作，由铁三院牵头。主要编写人员有：

沈建明　孟祥雷　杨岳勤　季惠梅　唐永政　张兴昭　鄢巨平　温建民　黄鹏翔　黄信基　耿　明　王华成

通号院、电化院配合有关信息化部分文件的编制工作。主要编写人员有：

贾　琨　张小莉　姜春林　李高翎

大桥院负责铁路特大桥（单独立项或单独编制文件）的文件组成与内容中预可、可研、初步设计、施工图的编制工作。主要编写人员有：

朱旭初　宁伯伟　李明华

六、本办法由铁道部建设管理司负责解释。

目　次

第二部分　铁路枢纽(单独立项或单独编制文件)的文件组成与内容

第三部分　铁路特大桥(单独立项或单独编制文件)的文件组成与内容

总　则

一、为贯彻“以人为本、服务运输、强本简末、系统优化、着眼发展”的建设理念，规范铁路建设项目预可行性研究、可行性研究和设计文件的组成与内容，使其达到所需的深度要求，依据《铁路建设管理办法》、《铁路建设工程勘察设计管理办法》制定本办法。

二、本办法包括新建（改建）铁路、铁路枢纽（单独立项或单独编制文件）、铁路特大桥（单独立项或单独编制文件）的预可行性研究、可行性研究、初步设计、施工图的文件组成三个部分和附录《加深地质工作的文件组成与内容》，适用于新建（改建）的客货共线铁路、货运专线铁路、客运专线铁路、城际铁路、铁路枢纽、铁路特大桥等大、中型建设项目。

铁路中型及以上站房设计文件比照建设部颁发的《建筑工程设计文件编制深度规定》编制。

三、铁路大中型建设项目应在项目决策阶段开展预可行性研究和可行性研究，在项目实施阶段开展初步设计和施工图。小型项目或工程简易的项目可适当简化，在决策阶段开展可行性研究，实施阶段开展施工图，其文件内容和深度应满足项目决策及实施的要求。

四、预可行性研究文件是项目立项的依据，根据国家批准的铁路中长期规划，收集相关资料，经社会、经济、运量调查及现场踏勘后编制。其内容和深度主要包括：客货运量预测；系统研究项目在路网、综合交通运输体系及社会经济发展中的作用；提出线路起迄点及线路走向方案和建设规模（改建铁路应对其运能与运量不相适应的薄弱环节拟定改建的初步方案，铁路枢纽应结合总图规划拟定研究年度的建设方案，铁路特大桥应结合工程地质、水文条件、线路方案初拟桥址方案和桥式方案）；初步提出铁路主要技术标准、各项主要技术设备设计原则及主要工程内容；对主要工程、相关工程、外部环境（包括邻近或穿越特殊环境功能区）、土地利用、协作条件做初步分析；提出建设工期、投资预估算及资金筹措设想；进行经济初步评价；从宏观上分析对各种保护区、集中噪声敏感区和社会环境的影响；论证项目建设的必要性、可能性。

五、可行性研究文件是项目决策的依据，根据国家批准的铁路中长期规划或项目建议书，进行社会、经济和运量调查，综合考虑运输能力和运输质量，从技术、经济、环保、节能、土地利用等方面进行全面深入的论证，采用初测资料进行基础性设计。其内容和深度主要包括：落实各研究年度的客货运量；确定铁路主要技术标准，稳定建设方案（包括邻近或穿越特殊环境功能区的线路方案）和主要技术设备的设计原则（改建铁路应解决扩能方案及重大施工过渡方案，铁路枢纽应解决主要站段方案和规模、枢纽内线路方案及其铁路主要技术标准、重大施工过渡方案，铁路特大桥应解决桥址方案、初步拟定桥式方案）；提出主要工程数量、主要设备概数、主要材料概数、拆迁概数、用地概数、施工组织方案、建设工期、投资估算、资金筹措方案；提出满足项目用地预审要求的土地利用资料；提出建设及运营管理体制的建议；阐明对环境与水土保持的影响和防治的初步方案以及节约能源的措施；进行财务评价和国民经济评价；论证建设项目的可行性。

可行性研究的工程数量和投资估算要有较高的准确度，环境保护、水土保持和土地利用的设计工作，应达到规定的深度。

国家或铁道部批复的可行性研究报告是建设项目规模和投资控制的依据，批准的投资估算是建设项目投资控制的法定限额。

六、初步设计文件是项目建设的主要依据，应根据批准的可行性研究报告进行现场调查，对局部方案进行比选，采用定测资料，依据批准的环境影响报告书、水土保持方案、地质灾害危险性评估、压覆矿产资源评估、地震安全性评价、防洪影响评价报告及通航论证报告等，进行比较详细的设计。其内容和深度主要包括：确定各项工程设计原则、设计方案和技术问题；提出工程数量、主要设备数量、主要材料数量、用地及拆迁数量、施工组织设计及总概算；确定环境保护和水土保持措施。初步设计文件经审查、修改、批准后，作为控制建设规模和总投资的依据，应满足征用土地、建筑物拆迁、进行施工准备及主要设备采购的需要。

初步设计总概算静态投资不应超过批复的可行性研究静态投资。因主要技术条件和重大工程方案变化等原因，初步设计总概算超过批复的可行性研究投资估算 5% 时，应报请铁道部研究确定；初步设计总概算超过批复投资估算 10% 时，需重新履行规定审批程序后批准执行。

七、施工图文件是工程实施和验收的依据，应根据初步设计审批意见，采用定测及补充定测资料编制，为施工提供需要的图表和设计说明，并依据施工图工程数量编制投资检算。施工图文件应详细说明施工注意事项和要求，说明运营管理中应注意的事项和安全施工的措施。施工图投资检算由建设单位进行审查后，按章节编制施工图预算。施工图总预算原则上应控制在批复的初步设计总概算之内，并报部核备。因特殊情况超出者，须经铁道部批准后方可实施。

八、勘察工作应为设计工作提供详实的地质资料，铁路工程勘察应充分、合理运用综合勘探手段，查明与工程有关的地质条件，尤其是影响线路方案选择的地段、工程地质条件复杂的地段、重点工程地段的地质条件必须详细查明。

影响线路走向方案选择的长距离、大面积地质条件复杂地区，应在预可行性研究中开展遥感工作，编制遥感地质报告（内容可参照附录《加深地质工作的文件组成与内容》中的“遥感工程地质解译报告”），对线路走向方案作出地质评价。

影响铁路安全或控制线路方案的复杂地质地段，应在预可行性研究中提出开展专题地质研究工作的具体意见，以指导后续地质工作。专题地质研究工作的文件编制可视具体情况确定。

地形地质特别复杂、线路可能方案较多、范围较大的地区，应在预可行性研究中提出加深地质工作的具体意见，经审查后，在初测前安排加深地质工作，以确定初测方案，指导后续地质工作。加深地质工作的文件组成与内容详见附录。

九、铁路勘察设计应高度重视基本农田保护、环境保护和水土保持工作，保护生态环境，防止水土流失，满足行洪、泄洪要求。要完善邻近或穿越特殊环境功能区的线路方案，注重沿线耕地补充、复垦和绿化，强化对自然保护区、水源保护区、风景名胜区、文物古迹、自然景观和高原高寒地区特殊环境的保护。对线路穿越的各类保护区，必须取得按法律法规规定的主管部门的批复意见。各项保护、防治措施应与主体工程同步实施。

十、勘察设计应依据地质灾害危险性评估、压覆矿产资源评估、地震安全性评价、防洪影响评价、通航论证等结果，做好防护和保护工作；应在初步设计前做好征地拆迁（含三电、地下管线）、交叉跨越等调查和方案设计。

十一、本办法涵盖了客货共线铁路、货运专线铁路、客运专线铁路、城际铁路等。个别篇、章、条只适用于改建铁路或客运专线铁路（城际铁路），若为新建铁路或客货共线铁路（货运专线铁路）时可取消该篇、章、条。对有些需补充说明的事项，则用加“（注）”予以说明。

十二、本办法是按一般情况制定的，具体应用时，各篇、章、条的组成与内容在不影响文件编制深度的原则下，可根据建设项目的实际情况酌情增减，增减后的篇、章序号不变。

十三、各篇（章）的组成与内容是按各专业的性质并考虑各专业篇（章）的完整性所做的统一规定，不涉及各设计单位的专业分工。

十四、各阶段的研究文件、设计文件均应有相应的电子文件。关于提供电子文件的事项，按铁道部及有关委托单位的规定或要求办理。

第一部分　新建(改建)铁路的文件组成与内容

I　预可行性研究

说明

第一章　概　　述

一、研究依据

二、研究范围

三、研究年度(分近、远期,按国家的五年规划年度拟定)

四、研究项目的地理位置和径路

五、研究工作概述(含项目的提出、规划,研究历史,本次研究经过,研究思路及特点)

六、研究的主要内容提要

(一)项目建设必要性

(二)近、远期运量和远景年输送能力的建议

(三)建设方案和线路走向方案的推荐意见

(四)铁路主要技术标准推荐意见

(五)运输组织和运输能力

(六)主要工程数量

(七)预估算总额和资金筹措

(八)经济评价主要指标

(九)研究结论

第二章　区域路网概况

一、区域路网概况

(一)区域路网现状

1. 区域路网构成

2. 区域路网的铁路主要技术标准

3. 区域路网的主要设施布局

4. 区域路网运营概况

(二)区域路网规划

二、既有线概况(改)(客)

(一)修建简历(建设年代以及历次改扩建概况)

(二)铁路主要技术标准

(三)主要技术设备概况

1. 线路、轨道、路基、桥涵、隧道

2. 枢纽(地区)及站场

3. 电气化

4. 机务、车辆、动车组设备

5. 给水排水

6. 通信、信号、信息

7. 电力

8. 房屋建筑

9. 其他

(四)运营特征

1. 客货运量(近几年的区段密度、客车对数及增长趋势)

2. 运输能力和列车运行速度

3. 存在的主要问题和薄弱环节(含现有环境问题)

第三章　经济与运量

一、社会经济特征

(一)研究区域界定

(二)区域社会经济特征(影响区域范围、社会和经济发展、资源分布和开发利用、产业结构特点等)

(三)沿线社会经济概况(沿线吸引范围行政区划、面积、人口;资源利用和开发,工农业现状和发展;主要城镇概况)

二、交通运输结构

(一)区域交通网(包括综合运输网现状和建设规划)

(二)区域交通运输量(社会总运量及各种运输方式合理市场占有份额分析)

(三)沿线交通运输概况

三、区域铁路网运量预测

(一)预测的主要依据(包括路网构成,预测思路及方法,影响运量的主要因素)

(二)区域铁路网运量预测(包括区域总量及流向、径路选择、相关线网运量分布态势)

四、建设项目运量预测

(一)货运量预测(地方运量、通过运量、区段密度,大宗货物品类、流量、流向)

(二)客运量预测(客流特点、区段密度、客车对数、起迄点及径路,客运专线、城际铁路预测高峰小时区段客流密度)

(三)全线区段货流密度、旅客列车对数汇总表(含上下行,改建铁路附现状资料)

五、远景年输送能力的建议

第四章　建设必要性研究

一、既有能力与预测客货运量适应情况分析(分析区段能力适应情况、差值和能力不足区间数等)(改)(客)

二、建设项目替代方案可能性研究(研究分析利用或改建既有线分流、修建新线分流

以及利用其他交通方式替代的可能性、合理性)

三、项目的功能和定位(根据项目的主要作用和客货运市场研究,提出本项目承担的主要运输任务,分析本项目功能和定位)

四、项目建设必要性(从完善路网布局、国土开发、解决运能紧张、满足运输需求、降低运输成本、节能环保、适应国民经济和社会发展需要以及国家防务等方面分析)

五、建设时机(根据需要和可能,提出项目合理建设的时机或分期建设的意见)

第五章 建设方案研究

一、线路经过地区概况

(一)自然特征(沿线地形、地貌、工程地质、水文地质条件及环境地质评价、气象、水文、风景名胜、自然保护区、基本农田保护区、水源保护区、文物古迹、国家重点保护的野生动植物等现状、规划对线路的影响等)

(二)影响线路走向的重要因素(重要政治经济据点、复杂越岭、大河桥渡、重大不良地质、特殊岩土、矿山、各种保护区、集中噪声敏感区及军事设施等)

二、建设方案研究(客货共线、客运专线、货运专线等及其他方案的比选和推荐意见)

三、线路走向方案研究

(一)接轨点和枢纽(地区)引入方案(含联络线及疏解线)

(二)通过主要城市和经济据点方案

(三)线路走向方案

(四)线路局部方案(包括重大桥渡、越岭隧道方案、邻近或穿越特殊环境功能区方案等)

(五)推荐方案综述(推荐方案的线路起迄点和走向,运营长度、建筑长度,必要时列出分省、市的长度,重大工程等)

四、分期建设方案意见

第六章 铁路主要技术标准

一、铁路主要技术标准的比选

(一)相邻线主要技术标准(含现状、规划或改建线路标准)

(二)主要技术标准比选

二、铁路主要技术标准的推荐意见

(一)铁路等级

(二)正线数目

(三)设计行车速度

(四)线间距

(五)最小曲线半径

(六)限制坡度或最大坡度

(七)牵引种类

(八)机车类型或动车组类型

(九)牵引质量

(十)到发线有效长度

(十一)闭塞类型或行车指挥方式、列车运行控制方式

(十二)建筑限界

第七章　运 输 组 织

一、车站分布

二、运输组织模式及运营管理方式

三、客货列车开行方案

四、设计的通过能力、输送能力

五、客货运需求的适应性分析

六、设计列车运行速度及客货运市场竞争优势分析

七、进一步提高运输能力的措施

第八章　主要技术设备设计原则和主要工程内容

一、线路、轨道

二、路基、土地利用

三、桥涵、隧道

四、枢纽(地区)及站场

五、电气化

六、机务设备及车辆、动车组设备

七、给水排水

八、通信、信号、信息

九、防灾安全监控

十、电力

十一、综合检测与维修

十二、房屋建筑

十三、环境保护、水土保持

十四、其他

第九章　相关工程及外部协作条件

一、相关工程

二、外部协作条件

第十章　工程实施对环境的影响

阐述工程实施对自然生态、社会人文环境的主要影响及应对措施。当地(省、市级)环(水)保部门的意见及存在的问题

第十一章　建设工期、预估算及资金筹措

一、主要工程数量(含桥隧比重)、控制工程及建设工期

二、预估算

(一)编制范围和单元划分

（二）编制依据

（三）预估算总额及指标

三、资金筹措

第十二章 经济评价

一、基础资料

二、财务评价

三、国民经济评价

四、结论

第十三章 研究结论

综合说明本项目的建设必要性、工程可行性和经济合理性，提出结论性意见

第十四章 省、市、自治区、军区及有关部门的意见

第十五章 有待进一步解决的问题

附件

一、文件组成、分发单位及份数总表（装订在说明书目录之前）

二、线路技术资料汇总表（装订在线路平纵断面示意图之后）

三、预估算诸表

四、经济评价诸表

五、有关纪要及公文

六、图纸目录

附图

一、线路地理位置图（装订在说明书目录之后）

二、线路平纵断面示意图（标注控制线路走向的主要不良地质和环境敏感区，装订在线路地理位置图之后）

三、线路平纵断面缩图（比例视具体情况选定）

四、线路方案平面图（标注控制线路走向的主要不良地质和环境敏感区），比例1∶10 000～1∶50 000

五、线路平面图（推荐方案和主要比较方案，标注控制线路走向的主要不良地质和环境敏感区），比例1∶10 000～1∶50 000

六、线路纵断面图（推荐方案和主要比较方案），比例横 1∶10 000～1∶50 000、竖1∶1 000

七、工程地质图，比例1∶50 000～1∶200 000

八、控制线路走向方案、地质复杂的特大桥、长隧道工程地质平纵断面示意图（装订在说明书正文内）

九、枢纽（地区）总布置示意图和接轨站、区段站及以上大站（含段、所）平面布置示意图（装订在站场正文内）

Ⅱ　可行性研究

第一篇　总 说 明 书

说明

一、概述

(一)研究依据

(二)研究范围(含相关工程)及研究年度

(三)预可行性研究(项目建议书)审批意见的主要内容及执行情况,加深地质工作、专题地质工作的审查意见及执行情况

(四)线路概况

1. 线路地理位置和径路

2. 自然特征(概述地形地貌、工程地质、水文地质、地震动参数区划、气象、水文、水土流失等,并说明有关水利、工矿企业、城市、交通、风景名胜区、自然保护区、基本农田保护区、水源保护区、文物古迹、国家重点保护的野生动植物等现状、规划对线路的影响)

(五)线路在国民经济与铁路网中的意义和作用以及建设的必要性(改建铁路应说明改建的必要性及改建目标)

(六)研究工作概述

二、经济与运量

(一)经济特征(线路吸引范围内国民经济、工农林牧业、交通、资源等现状及发展趋势概况)

(二)路网构成

(三)研究年度客货运量预测、区段货流密度及旅客列车对数(说明客货运量特点和流向;改建铁路、客运专线铁路、城际铁路附既有线或通道近两年统计资料,客运专线、城际铁路预测高峰小时区段客流密度)

(四)全线区段货流密度、旅客列车对数汇总表(含上下行,改建铁路附现状资料)

(五)远景年输送能力

三、线路方案

(一)新建铁路

(二)既有线改建

1. 改建线现状

(1)历史沿革

(2)铁路主要技术标准(铁路等级、正线数目、限制坡度、最小曲线半径、牵引种类、机车类型、牵引质量、到发线有效长度、闭塞类型、建筑限界等)

(3)技术设备概况(概述各项技术设备的分布、规模、标准、类型、运营使用情况及存在的主要问题等)

(4)通过能力和输送能力

(5)适应客货运量发展的主要薄弱环节

2. 扩能方案研究

(1)既有能力与预测运量适应情况分析

(2)扩能目标(运输能力、列车速度等)

(3)扩能方案比选及推荐意见

(4)分期实施意见

(三)客运专线(或城际)铁路

1. 既有线概况

2. 线路方案研究

四、铁路主要技术标准

(一)相邻线铁路主要技术标准(现状及规划)

(二)设计线铁路主要技术标准的选择(概述铁路等级、正线数目、设计行车速度、线间距、最小曲线半径、限制坡度或最大坡度、牵引种类、机车类型或动车组类型、牵引质量、到发线有效长度、闭塞类型或行车指挥方式与旅客列车运行控制方式、建筑限界等的选择及推荐意见)

五、运输组织

(一)车站分布

(二)运输组织模式及运营管理方式

(三)各研究年度客货列车对数及需要通过能力

(四)设计能力及分期扩能措施

(五)铁路局(公司)界划分的意见

六、主要技术方案比选

(一)线路方案(线路改建方案)比选

1. 接轨方案或引入枢纽(地区)方案

2. 重大线路方案(线路改建方案)

3. 通过环境保护或其他特殊地区线路选线(既有线改建)采取的对策

4. 推荐方案的拆迁工程和用地概况

(二)其他技术方案比选(枢纽客货运布局方案、大站的站位和站型方案、机车交路方案、牵引供电方案及其他主要技术方案等)

七、各项技术设备的主要工程内容

(一)轨道

轨道结构形式分布及轨道类型

(二)路基

1. 路基工程简况(含既有病害整治)

2. 路基面形状和宽度、路基基床及过渡段

3. 重点路基工程概述

(三)桥涵

1. 沿线桥涵分布和既有桥涵利用、加固及改建概况

2. 设计洪水频率、设计活载及桥梁建筑限界

3. 重点桥渡工程概述

(四)隧道

1. 沿线隧道分布和既有隧道改建概况

2. 隧道建筑限界及洞内轨道结构形式或类型

3. 重点隧道工程概述(重点隧道指特长隧道、控制或影响线路方案和技术复杂的隧道)

(五)站场

1. 全线枢纽(地区)概况(名称、范围、总图布置、总图审批情况、各主要站及联络线、迂回线、衔接线)

2. 既有线车站数目、性质、规模、布置形式及存在的主要问题(改)

3. 新建与改建车站的数目、性质、规模及布置形式

4. 新建与改建接轨站、区段站、编组站、集装箱中心站主要客运站及其他大站简述

(六)电气化

1. 牵引网供电方式

2. 外部电源情况及对牵引变电所的供电方案

3. 牵引变电所、开闭所、分区所、AT 所的分布及牵引变压器类型和容量

4. 电力调度所及调度管理自动化系统

5. 需要功率及用电量

6. 接触导线及接触网悬挂类型

7. 既有牵引供电设施的利用和改建简况

8. 维护管理简述

9. 受电气化影响的电力线路的处理

10. 路外(内)易燃、易爆品库及油、气管道的电磁干扰防护

(七)机务设备

1. 机车交路(改建铁路含既有机车交路)

2. 既有机务设备分布、性质及规模简述

3. 设计机务设备分布、性质及规模简述

4. 救援设备分布

(八)车辆、动车组设备

1. 既有车辆设备分布、性质及规模

2. 设计车辆设备分布、性质及规模

3. 车辆安全防范预警系统及车号识别系统设置

4. 动车组设备分布、性质及规模

(九)给水排水

1. 给水站设置和生活供水站、点数量(改建铁路含既有和新建)

2. 既有给排水设施利用及改建简况

3. 旅客列车卸污站的设置及卸污方式

4. 水源、水处理及污水处理、排除方案

5. 主要给排水构筑物、设备选择

(十)通信

1. 通信网构成原则(含相关工程)

2. 通信线路类型及容量选择

3. 通信网构成及主要通信系统的选择(包括传输及接入、数据通信、电话交换、移动通信系统、站间行车电话及其他专用通信系统、站或场通信系统、会议电视电话、应急通信等系统的概述)

4. 既有通信线路、设备利用及改建简况(改)

5. 路外通信、广播及其他设施的电磁干扰防护

(十一)信号

1. 信号系统的选择

2. 接轨站信号设备改建原则

3. 既有信号设备利用及改建概况(改)

(十二)信息

1. 系统构成概述(以铁路信息化规划为基础,提出信息系统的构成及主要功能)

2. 系统设置简况(各站、段、所信息系统的类型,各系统处理中心设备简况)

3. 系统主要软硬件配置原则(各应用系统处理中心设备、网络设备、安全平台、系统软件的配置、选型原则)

4. 既有信息系统的利用和改建简况(改)

(十三)防灾安全监控

1. 防灾安全监控系统构成概述

2. 系统设置概况

(十四)电力

1. 供电负荷的分布及电源概况

2. 供电原则及供电方案

3. 既有供电设备利用及改建简况(改)

(十五)综合检测与维修

1. 设计原则

2. 主要设计内容

(十六)房屋建筑

1. 机构设置的意见及定员总数、每正线公里定员数

2. 房屋配置原则、房屋建筑面积总量及每正线公里房屋面积

3. 站房建筑设计初步意见

4. 暖通空调卫生设备设计原则

八、土地利用

(一)铁路用地设计原则及全线用地总数、平均每公里用地数及占用地类说明

(二)铁路用地符合土地利用总体规划、土地管理法律法规以及符合国家供地政策的说明

(三)占用耕地、补充耕地(含复垦)方案可行性及资金保障的说明

九、地质灾害危害性、地震安全性、压覆矿产资源、防洪影响等评估(或评价)简述

十、环境保护、水土保持

(一)主要污染源和污染物

(二)工程建设引起的生态变化

(三)控制污染、保护生态环境及水土保持的原则

1. 控制污染的原则

2. 保护生态环境及水土保持的原则

十一、节约能源

(一)主要耗能点的分布与能耗分析

(二)节约能源措施

十二、相关工程

十三、外部协作条件

十四、建设工期

(一)建设总工期

(二)工期总体安排意见

十五、估算、资金筹措

(一)估算

1. 主要工程数量(含用地、拆迁概数)

2. 估算总额及每正线公里指标(附总估算汇总表)

(二)资金筹措

1. 资金来源

2. 资金筹措方案的建议

十六、建设及经营管理体制(合资铁路列)

十七、经济评价

(一)基础资料

(二)财务评价

(三)国民经济评价

(四)结论

十八、研究结论

十九、省(市)、自治区、军区及有关部门的意见(含环境特殊敏感区主管部门的意见)

二十、有待进一步解决的问题

附件

一、设计文件及电子文件组成、分发单位及份数总表(装订在说明书目录之前)

二、线路技术资料汇总表(含主要工程数量,装订在线路平纵断面示意图之后)

三、图纸目录

附图

一、线路地理位置图(装订在说明书目录之后)

二、线路平纵断面示意图(装订在线路地理位置图之后)

三、线路平纵断面缩图(选择适当比例,图幅长度不宜超过 3 m)

四、枢纽(地区)总布置示意图(装订在站场节正文内)

五、车站分布及区间通过能力图(装订在运输组织节正文内)

第二篇 经济与运量

说明

一、概述

(一)研究依据、范围及研究年度

(二)预可行性研究(项目建议书)审批意见的主要内容及执行情况

(三)路网构成

(四)远景年输送能力

(五)线路的地理位置及在国民经济与路网中的意义和作用

二、吸引范围内经济概况

(一)吸引范围的确定

(二)行政区划、面积、人口及产值

(三)资源分布及开发情况

(四)工农业现状及发展

(五)交通运输现状及发展

三、货运量

(一)预测方法及依据

(二)改建铁路现状货运量分析(区段货流密度构成的特点,近几年货运量增减趋势及存在的主要问题;客运专线铁路、城际铁路要对既有通道货运量增减趋势进行分析)(改)(客)

(三)地方运量

1. 主要品名和产、运、销分析

2. 主要站货物发到运量说明

(四)通过运量

1. 货流径路的选择

2. 主要品名的构成、流向及大宗货物的分析

(五)区段货流密度(说明地方、直通运量构成的特点及比重,主要货流方向及增长趋势;客运专线铁路、城际铁路预测通道总货运量并进行分配)

(六)货流波动系数

四、客运量

(一)预测方法及依据

(二)客流特点、主要流向及发展趋势的分析

1. 新建铁路(含路网客运量的分流及其他交通工具旅客转移量情况)

2. 改建铁路(含客运量构成的特点、旅客列车对数开行情况,近几年客运量增减的趋势及存在的主要问题)

3. 客运专线(或城际)铁路(含既有通道客运量分析等情况)

(三)主要站(大中城市所在地)旅客发送量及最高聚集人数

(四)客运量预测(说明上、下行客流密度构成的特点及增长情况;客运专线铁路、城际铁路需进行OD、出行调查、出行分布、交通量分配、全年和最大日及高峰小时区段客流

密度等说明)

(五)旅客列车对数及开行方案(含旅客列车种类、起迄点、径路、数量、配属、编组、载客量及行包专列对数等)

五、全线区段货流密度、旅客列车对数汇总表(含上下行,改建铁路附现状资料)

六、运量预测中不确定因素的分析

七、有待进一步解决的问题

附件(注)

一、大宗货物始发终到表

二、分站货物发到运量表

三、分站仓库运量及面积表

四、分站专用线发到运量表

五、分站旅客发送量及最高聚集人数表

六、各研究年度旅客列车对数及径路表

七、枢纽货物交流表(不单独编制铁路枢纽设计文件时附)

注:以上各项,改建铁路应附近两年实际统计资料。

八、图纸目录

附图

货流图(含主要品名,改建铁路应附实际货流图)

第三篇　运输组织

说明

一、概述

(一)研究依据、范围及研究年度

(二)预可行性研究(项目建议书)审批意见的主要内容及执行情况

(三)线路起迄点、经由及长度

(四)研究依据资料(经济运量及远景年输送能力等)

二、建设方案

(一)新建铁路(线路方案)

(二)既有线改建

1. 改建线(既有)运营现状

(1)铁路主要技术标准

(2)车流组织及工作量

(3)通过能力及利用程度

(4)存在的主要薄弱环节

2. 既有线改建

(1)既有能力与预测运量适应情况分析

(2)改建目标(运输能力、列车速度等)

(3)改建方案和分期扩能措施研究

(4)改建方案比选及推荐意见

(5)分期实施意见

(三)客运专线(或城际)铁路

1. 相关既有线概况

2. 线路方案

三、铁路主要技术标准的选择

(一)相邻线铁路主要技术标准(现状及规划)

(二)设计线铁路主要技术标准的选择(铁路等级、正线数目、设计行车速度、线间距、限制坡度或最大坡度、牵引种类、机车类型或动车组类型、牵引质量、到发线有效长度、闭塞类型或行车指挥方式与旅客列车运行控制方式等)

(三)铁路主要技术标准的推荐意见

四、车站分布

(一)车站分布原则

(二)车站分布概况(含站名、车站性质、数目等)

(三)满足客货运作业要求的说明

(四)满足技术作业要求的说明

(五)增开、封闭、改移既有车站的说明(改)

五、运输组织模式及运营管理方式(注)

(一)运输组织模式

(二)运营管理方式

注:客运专线铁路、城际铁路、货运专线铁路附运输组织模式,合资铁路附运营管理方式,其他不附。

六、车流组织(注)

(一)列车编组方案(旅客列车为定员标准、动车组类型、编组辆数等;货物列车为编组计划原则,编组站分工、空车调整、直通及地方车流组织等)

(二)旅客列车开行方案(各研究年度、不同起讫点、不同径路的各类旅客列车数量)

注:货运部分适用于客货共线铁路及货运专线铁路;客运部分适用于客货共线铁路及客运专线铁路、城际铁路。

七、行车量及车站工作量(注)

(一)列车对数(各研究年度、各区段的各类列车数量。说明计算依据、相关参数及分析采用情况)

(二)主要站工作量

1. 客站工作量(含分工原则、办理各方向始发终到及通过列车数)

2. 主要站货物装卸及调车作业量(含编组站、区段站、工业站、港湾站及作业量较大的车站;区段站以上按无调中转、有调中转、本站货物作业车分列)

(三)工业站、港湾站及较大工矿区所在车场的交接方式、取送方式及次数

(四)调机类型、台数及配属站

注:货运部分适用于客货共线铁路及货运专线铁路;客运部分适用于客货共线铁路及客运专线铁路、城际铁路。

八、通过能力及输送能力

(一)通过能力的计算方法及参数

(二)研究年度需要通过能力

(三)设计能力及分期扩能措施

(四)列车运行图(必要时附)

1. 运行图要素

2. 运行图编制

3. 运行图指标统计分析

九、施工干扰对运输能力的影响及运输组织措施的意见(改)

十、管理机构设置、管辖范围、运输机构定员、调度区划分(说明现状及设计的铁路局或公司界、调度区划分,车务段、列车段、客运段的设置,客货及行车定员、班制等)

十一、行车设备(列尾装置、货票传递系统等)

十二、有待进一步解决的问题

附件

图纸目录

附图

一、车站分布及区间通过能力图

二、列流图

三、列车运行图(必要时附)

四、机车交路图或动车组交路图(必要时附)

第四篇　地　　质

说明

一、概述

(一)研究依据、范围及研究年度

(二)预可行性研究审批意见的主要内容及执行情况

(三)勘测依据

(四)勘测范围

(五)勘测经过(含加深地质工作、专题地质工作的主要成果、审查意见及执行情况)

(六)初测工程地质勘察大纲的要点(勘察内容、方法、质量要求)及执行情况

(七)完成的勘探工作量

(八)主要参考资料

二、自然地理概况(含地理位置、地形地貌、气象特征、地震动参数区划等)

三、地层及构造

(一)地层岩性

(二)地质构造

四、水文地质特征

(一)地下水分布及特征

(二)沿线水质对混凝土侵蚀性评价

五、工程地质特征

(一)不良地质的评价及工程措施意见

(二)特殊岩土的评价及工程措施意见

(三)既有线病害的评价及工程措施意见(改)

(四)地质条件复杂、控制线路方案的路基、桥梁、隧道等重大工程的地质条件、评价

及工程措施意见

六、重点天然建筑材料场地的地质条件及对储量和质量的评价

七、地质灾害危险性评估、压覆矿产资源评估和地震安全性评价的主要结论

八、工程建设、天然建筑材料开采对环境地质条件的主要影响

九、线路方案(改建方案)的地质条件、评价及比选意见

(一)受地质因素控制的选线原则

(二)线路方案(改建方案)的压覆矿产资源情况和评价

(三)线路方案的地质条件和评价

(四)线路改建方案的地质条件和评价(改)

(五)比选意见

十、有待进一步解决的问题

附件

一、加深地质工作的主要文件(安排有加深地质工作地段时附)

二、专题地质工作报告(列有专题地质工作项目时附)

三、图纸目录

附图

一、全线工程地质图(含推荐方案及各主要比较方案),比例 1:10 000 ~ 1:200 000

二、区域地质构造纲要图(一般在"地质构造"说明内作小比例尺插图,当区域地质构造复杂,控制线路方案时,应作附图),比例 1:200 000 ~ 1:500 000

三、详细工程地质图(含推荐方案及主要比较方案。客运专线铁路、城际铁路含联络线、走行线等。改建铁路含绕行线),比例 1:2 000 ~ 1:10 000

四、工程地质纵断面图(含推荐方案及主要比较方案,客运专线铁路、城际铁路含联络线、走行线等。改建铁路含辅助纵断面图等),比例横 1:10 000,竖 1:100 ~ 1:1 000

五、重大工点的工程地质图件(含地质条件复杂、影响线路方案的重点桥梁、隧道、不良地质和特殊岩土工点的工程地质勘察报告或说明、工程地质图和有关的工程地质断面图及勘探测试资料),比例视具体情况确定

第五篇　线　　路

第一章　线　　路

说明

一、概述

(一)研究依据、范围及研究年度

(二)预可行性研究(项目建议书)审批意见(含加深地质工作、专题地质工作的有关审查意见)的主要内容及执行情况

(三)线路所经地区情况

1. 线路地理位置(含起迄点、经由点)

2. 自然特征(沿线地形地貌、地层、岩性、构造、水文、气象、地震动参数区划、水文地质、不良地质及特殊岩土等,重点说明对线路方案选择起控制作用的地形条件和不良地质现象)

(四)既有线概况(改)(客)(注)

1. 历史沿革

2. 铁路主要技术标准

3. 线路特征、运营特征和技术设备概况

(1)线路特征(线路平面:最小曲线半径、缓和曲线长度、最短夹直线长度、曲线、直线长度及曲线半径分布等情况。线路纵断面:限制坡度、加力坡度及纵断面坡度等情况,病害情况,车站分布、站坪长度及坡度,存在的主要问题)

(2)运营特征

(3)技术设备概况

注:客运专线铁路、城际铁路项目可酌情简述。

(五)有关水利、工矿企业、城市、交通及环境保护特殊地区(风景名胜区、自然保护区、基本农田保护区、水源保护区、文物古迹和国家重点保护的野生动植物等)现状、规划与铁路建设的相互影响及有关部门对线路设计的要求(并标注在线路方案平面图上)

二、铁路主要技术标准的选择

(一)相邻线铁路主要技术标准(现状及规划)

(二)铁路主要技术标准的比选

1. 铁路等级

2. 正线数目(根据远景年输送能力和各研究年度运量,结合牵引种类、机车类型等的选择、对正线数目进行研究选定。当正线数目采用双线时,还应分析运量增长情况,研究一次修建或分期实施的方案)

3. 设计行车速度、线间距及最小曲线半径(结合铁路性质、等级、地形、工程情况及运营条件等因素综合研究比选。改建铁路,结合改建后铁路性质、既有线线路特征综合研究比选。如保留既有线的限速地段及小半径曲线,应说明理由)

4. 限坡坡度或最大坡度(根据具体情况,结合重大线路方案以及牵引种类和机车类型的选择,并考虑相关路网坡度综合研究比选。改建铁路,结合改建后铁路性质、既有线线路特征、牵引种类和机车类型的选用,综合研究比选。如保留既有线动力坡应说明理由。客运专线铁路最大坡度要从路网标准、经济性、协调性等方面综合研究比选)

5. 牵引种类、机车类型或动车组类型

6. 牵引质量、到发线有效长度(考虑相关路网标准研究比选)

7. 闭塞类型或行车指挥方式与旅客列车运行控制方式

8. 建筑限界(改建铁路根据采用的牵引种类、通过超限货物等级、线间距、集装箱运输要求、既有建筑物限界情况和其他改建工程进行综合研究)

(三)铁路主要技术标准的推荐意见(含各种联络线、走行线等)

三、线路方案(线路改建方案)的比选(注)

(一)接轨方案或引入枢纽(地区)方案(从服务运输及技术、经济等方面进行比选。若接轨方案与重大线路方案关系密切,应合并综合比选。附示意图和技术经济比较表)

(二)重大线路方案(重大线路方案指地形、地质条件复杂、距离较长、影响较大的线路走向方案。方案比选内容应说明其概况、各方案的技术经济比较、方案评价、环境要求的相关内容及推荐意见,附示意图和技术经济比较表;线路改建方案应与运输组织篇中的改建方案综合进行研究比选,作出技术经济比较,结合对方案的运营评价,提出推荐意见,需要时附示意图和技术经济比较表)

(三)线路局部方案(附示意图和技术经济比较表。新(改)建铁路的线路局部方案应结合推荐方案进行比选,提出推荐意见。其中含既有线改建方案、增建第二线左右侧位置或预留第二线位置的选择、绕行线比选及各种改建局部方案)

注:技术经济比较表应含所有工程的工程量、估算指标、投资等,较大方案应有运营费比较。

(四)通过环境保护或其他特殊地区线路选线(既有线改建)采取的对策(附线路穿越风景名胜区、自然保护区、基本农田保护区、水源保护区、文物古迹、噪声、振动及环境敏感区等相对位置示意图)

四、线路平面及纵断面

(一)车站分布、车站性质、站坪长度及坡度

(二)平面(含双线或预留双线。结合路段设计行车速度说明,缓和曲线、圆曲线、夹直线选用标准及最小曲线半径分布情况等。改建铁路含改建既有线、增建第二线平面设计情况,需保留既有线较低标准时应说明理由)

(三)纵断面(含缓坡、竖曲线、坡段长度和最大坡度差的采用标准,以及坡度设计的其他要求。改建铁路含坡度抬高、降低及动力坡使用情况,需保留既有线较低标准时应说明理由)

(四)线路平面位置和沿线高程控制的说明

(五)利用既有线地段(客)

(六)与相关既有铁路联络线平、纵断面(客)

(七)动车组走行线平、纵断面(客)

五、通过正式运营列车便线的设计原则

六、重大改移道路、平(立)交道的设计原则及说明

七、拆迁工程概况

八、铁路线路安全设施设计原则(含安全保护区、防护栅栏、维修通道等)

九、省、市、自治区、军区、及有关部门的意见(含城市规划、环保、水保、压覆矿产资源等影响线路方案的重大问题时,地方政府及有关部门的意见)

十、有待进一步解决的问题

附件

一、线路技术资料汇总表(装订在线路平纵断面示意图之后)

二、增建第二线左右侧及线间距表(改)

三、拆迁建筑物表、拆迁建筑物汇总表(含其他各篇拆迁)

四、改移道路、平(立)交道表

五、有关协议、纪要及公文

六、图纸目录

注:除技术资料汇总表、重要协议、纪要及公文、图纸目录外,其他附表单独成册。

附图

一、线路地理位置图(装订在说明书目录之后)

二、线路平纵断面示意图(装订在线路地理位置图之后)

三、线路方案平面缩图(绘出推荐方案和各重大线路比较方案,填绘主要地质构造线和重大不良地质范围),比例一般 1:50 000

四、线路方案平面图(推荐方案和各重大线路比较方案、线路局部方案,填绘主要地质构造线和重大不良地质范围,并标出有关水利、城市、交通及环境保护特殊地区对线路设计的要求),比例一般 1:10 000

五、推荐方案和主要比较方案线路平面图(填绘主要地质构造线和不良地质范围),比例 1:2 000 或 1:5 000

六、改建既有线或增建第二线平面图(改)

七、绕行线平面图(改)

八、推荐方案和主要比较方案线路纵断面图,比例横 1:10 000,竖 1:500 ~ 1:1 000

九、增建第二线纵断面图(改)

十、辅助纵断面图(改)

十一、改建既有线纵断面图(改)

十二、联络线、动车组走行线等相关线路平、纵断面图,比例尺同正线(客)

十三、既有线放大纵断面图(附地质资料,成底图供审查用,不附入文件),比例横 1:10 000,竖 1:100 或 1:200(改)

十四、线路平面布置示意图(增建第二线需要时附,图中含线路绕行、第二线、左右侧、换边地点以及车站、桥梁、隧道等重点工程)(改)

十五、技术复杂的改移道路、平(立)交道附设计图,比例同线路平、纵断面图或与公路部门的有关规定相一致

第二章　工务有关设施

说明

一、研究依据、范围及研究年度

二、预可行性研究审批意见的主要内容及执行情况

三、工务机构

(一)运营管理方式、养护维修体制

(二)工务机构设置、作业组织形式、管辖范围及定员

(三)养路机械和线路检测设备的配置

四、采石场

(一)采石场的设置及场址选择或改建采石场的既有概况及改建的必要性(需新建采石场时,应对各可能方案的储量、质量、岔线情况以及开采条件等进行比选,并与改建既有采石场进行比较,提出初步意见)

(二)主要设计原则(含新建或改建采石场的设计规模、产量、品种和供应范围、开采方式、开采年限、定员等以及岔线的设计原则)

(三)环境保护措施(弃碴、粉尘、设备噪声、振动、污水等对环境的影响及采取的措施)

(四)节约能源措施

五、工务修配所设置(或改建)规模的意见及定员(不设综合维修中心时设置)

六、苗圃设置(或改建)的意见

七、绿化原则

八、有待进一步解决的问题

附件

一、工务有关设施定员汇总表(按各项设施分别列出)

二、主要工程数量表(按各项设施分别列出)

三、主要机械设备概数表(按各项设施分别列出)

四、拆迁数量表(按各项设施分别列出)

五、用地概数表(按各项设施分别列出)

六、有关协议、纪要及公文

七、图纸目录

附图(注)

一、采石场总平面布置图(填绘地质资料),比例 1∶2 000

二、采石场岔线线路平面图,比例 1∶2 000 或 1∶5 000

三、采石场岔线纵断面图,比例横 1∶10 000;竖 1∶500 或 1∶1000

四、采石场岔线放大纵断面图(改建时附,填地质资料,成底图供审查用,不附入文件)比例横 1∶10 000;竖 1∶100 或 1∶200

五、工务修配所总平面布置图(一般可绘在站场图上)比例 1∶2 000

注:附图二、三也可仅成底图,不附入文件内。

第六篇　轨　道

说明

一、概述

(一)研究依据、范围及研究年度

(二)预可行性研究审批意见的主要内容及执行情况

(三)铁路主要技术标准的推荐意见

(四)既有线轨道概况(改)(客)

(五)轨道技术特点、设计原则(客)

二、正线轨道(含新建、改建)

(一)轨道结构形式、轨道类型

(二)有砟轨道(钢轨、轨枕、扣件、道床、轨道高度等)

(三)无砟轨道

1. 无砟轨道的特点

2. 结构类型及结构方案

3. 无砟轨道工点选择

(四)其他新型轨下基础设计原则及选用意见

(五)无缝线路

1. 类型及铺设范围

2. 单元轨节布置

3. 设计锁定轨温

4. 桥上无缝线路

5. 道岔区无缝线路

6. 隧道地段无缝线路

三、其他线路轨道(客专、城际铁路的联络线、动车组走行线、通行正式运营列车的施工便线等)

四、轨道附属设备和常备材料

五、有待进一步解决的问题

附件

一、铺设无缝线路地段表

二、铺设无砟轨道或其他新型轨下基础地段表

三、轨道主要工程数量汇总表

第七篇 路 基

说明

一、概述

(一)研究依据、范围及研究年度

(二)预可行性研究审批意见的主要内容及执行情况

(三)沿线自然特征(地形地貌、工程地质、水文地质、地震动参数区划、气象、主要土工试验资料等)

(四)既有线路基工程概况(着重说明修建沿革,路基病害类型、长度、分布范围、发生和发展原因及对运营的影响、已采用的整治措施等)(改)

(五)设计的路基工程概况(路基、区间路基长度及占全线总长度的百分比、路基工点分布、土石方(含取弃土)、圬工、地基处理等主要工程数量及平均每公里数量等)

(六)沿线主要不良地质问题

二、主要设计原则

(一)、路基一般设计原则(路基面形状和宽度、路基基床、横断面形式、边坡坡率、过渡段、地基技术要求、填料及压实度要求、级配碎石(砂砾石)及改良土施工方法说明等)

(二)路基个别设计原则(按照工点类型分别说明)

(三)既有线路基改建一般设计原则

(四)既有线路基工点(或重大病害)整治设计原则

(五)主要加固及防护方案比选说明

(六)取弃土场及填料设计原则

(七)路基排水设计原则

(八)拟采用的新技术、新结构和需进行科学研究、观测、试验项目的意见

(九)路基修建对生态环境与水土保持(地表径流、植被、沙化、野生动物通道等)的影响及采取的措施

(十)与其他专业设计接口的原则

(十一)其他特殊问题的说明(如对工矿企业、水利、交通部门等某些特殊要求的考虑

等)

三、控制或影响线路方案、技术复杂的路基工程及施工严重干扰的路基工程设计(分工点说明)

四、地质灾害防治、防洪、压覆矿产资源、安全防灾的工程措施说明

五、有待进一步解决的问题

附件

一、路基个别设计工点表

二、路基主要工程数量表(按挡土墙、路基加固和防护、排水及改河改沟等分列)

三、路基土石方数量总表

四、有关协议、纪要及公文

五、图纸目录

附图

控制或影响线路方案、技术复杂、施工严重干扰的路基工程应附下列各图表

一、平面图(填绘地形、地质资料及工程建筑物位置)比例1:500 ~ 1:2 000

二、纵断面图(必要时附,填绘地质资料和工程建筑物位置以及主要结构轮廓尺寸),比例尺根据具体情况确定

三、横断面图(填绘地质资料及工程建筑物位置),比例1:200,特殊情况可用1:100或1:500

四、主要工程数量表

第八篇 土地利用

说明

一、概述

(一)研究依据、范围及研究年度

(二)预可行性研究审批意见的主要内容及执行情况

(三)线路经过地区及工程概况,所经地区(以区、县为单位)的土地类型、区间路基、全线用地(含其他各篇用地)总数及平均每公里用地数

(四)补充耕地方案(含复垦)说明(可行性、补充耕地资金计列原则、费用是否列入投资估算等)

二、设计说明

(一)铁路用地设计原则(含各专业用地宽度、取弃土场用地等)

(二)符合土地利用总体规则、土地管理法律、法规规定的说明

(三)符合国家供地政策的说明

(四)节约集约利用土地的说明

(五)用地标准和总规模符合有关规定的说明

(六)占用耕地、补充耕地(含复垦)方案可行性及资金保障的说明

三、有待进一步解决的问题

附件

一、用地概数汇总表(含其他各篇用地及用地类型)

二、有关协议、纪要及公文

三、图纸目录

附图

一、全线用地图(原则采用1:2 000平面图,荒漠、山岭地区可用1:50 000平面图)

二、全线用地范围的县级以上土地利用总体规划图,可用比例1:50 000或1:100 000等相关图件(城市区单独附图)

第九篇　桥　　涵

说明

一、概述

(一)研究依据、范围及研究年度

(二)预可行性研究审批意见的主要内容及执行情况

(三)沿线主要河流水系特征及地形地貌、水文、气象、工程地质、水文地质、地震动参数区划等自然情况

(四)沿线农田排灌、水利工程(含规划)及水工建筑物、水源保护区、国家重点保护的野生动植物区等对铁路桥涵的影响和要求

(五)沿线水陆交通、地下管线现状及规划对铁路桥涵的影响和要求

(六)城市规划对铁路桥涵布设的要求。客运专线铁路和城际铁路(或其他铁路)对景观设计的考虑

(七)既有线桥涵概况(修建沿革、设计标准、运营情况、病害及其原因分析,实际的载重能力和建筑限界等)(改)

(八)既有线水害情况(改)

(九)既有桥涵孔径的核对情况(改)

(十)大中桥水文勘测方法及计算说明

(十一)小流域水文参数选择、流量计算公式的采用及验证情况

(十二)沿线桥涵分布概况

二、主要设计原则

(一)采用洪水频率

(二)设计行车速度

(三)设计活载

(四)通航(含流筏)净空、立交净空及建筑限界

(五)桥梁桥面布置原则(如采用整孔箱梁可能导致桥面布置有变化时附)

(六)增建第二线左右侧及线间距的选择(改)

(七)对单绕或双绕方案及施工过渡方案的意见(改)

(八)既有桥涵利用、加固及改建的原则,以及对桥涵封闭的意见(改)

(九)新建桥涵式样、孔径、基础类型的选择及改建铁路接长涵洞的设计原则

(十)建筑材料选用的初步意见

(十一)拟采用的新技术、新结构和需进行科学研究及试验项目的意见

(十二)特殊地区桥涵的设计原则(如通过水库区、漫流区、地震区、软土区、岩溶区、

盐碱区、湿陷性黄土区、多年冻土区、高原冰川及泥石流区、膨胀土区、采空区、严寒及有承压水地区等)

(十三)改建桥涵施工过渡方案的意见(改)

(十四)桥涵修建对生态环境与水土保持(径流、水土流失及灌溉等)的影响及采取的措施

(十五)贯彻国防要求与安全防灾工程措施

(十六)与其他专业设计接口的原则

三、常用桥跨结构、施工方法的技术经济比较(必要时)

四、常用桥梁施工方法初步意见(必要时)

五、防洪影响评价简述

六、重点桥渡说明(分工点说明)(注)

(一)自然概况及主要控制因素

(二)桥位方案的比选

(三)桥孔决定的依据

(四)桥式方案的比选

(五)墩台及基础类型的选择

(六)水流导治及河道整治的意见(水文不控制者可不列)

(七)既有桥加固或改建方案(改)

(八)施工方法的初步意见

注:重点桥渡指:特大桥;技术复杂的桥;地形、地质、水文条件独特或系控制工程投资的代表性工点;墩高在 50 m 以上的高桥及复杂的立交桥等。后同。

七、工程数量说明及与预可研的对照分析

八、有待进一步解决的问题

附件

一、特大、大、中桥表

二、主要工程数量汇总表(特大、大、中桥按工点,小桥涵按类型、孔径分别汇总)

三、有关协议、纪要及公文

四、图纸目录

附图

一、沿线水系示意图,图中绘出特大桥、大桥分布情况(必要时附)

二、重点桥渡设计附以下各图

(一)桥位方案平面图(图中绘明河流情况,各桥位方案的线路中心线,既有线的中心线,桥梁位置及各水文断面的位置等),比例 1:2 000 ~ 1:5 000 或 1:10 000

(二)桥址平面图(一般利用线路平面,图中绘明新线与既有线的中心线、桥梁平面、导治建筑物平面、洪水泛滥线等。地质复杂时,加绘必要的地质资料),比例 1:500 ~ 1:5 000

(三)桥式方案比较图

图中绘明全桥立面、各种水位及必要的地质资料(含岩层分界线、岩性特征、基本承载力、地下水位等)、设计单桩承载力、结构主要变形与变位、勘测时水位等;各方案的主要工程数量表、总造价表;推荐方案加绘简单平面、主要结构轮廓尺寸。比例 1:200 ~

1:1 000

(四)桥址工程地质纵断面图,比例横 1:100～1:5 000,竖 1:50～1:500

(五)既有桥加固或改建方案比较图(必要时附),比例 1:500～1:1 000(改)

三、新技术、新结构设计略图

四、泥石流、漫流、岩溶等地区地形图(必要时附)

第十篇 隧 道

说明

一、概述

(一)研究依据、范围及研究年度

(二)预可行性研究审批意见的主要内容及执行情况

(三)地形地貌、工程地质、水文地质和地震动参数区划、气象等情况

(四)既有线隧道概况(修建沿革、建筑限界、设备及运营情况、病害和原因分析)(必要时)

(五)沿线隧道分布概况

二、主要设计原则

(一)路段旅客列车设计行车速度、建筑限界及轨面以上净空横断面面积

(二)既有隧道的利用和改建原则

(三)两隧道间的最小净距要求

(四)衬砌支护类型

(五)隧道洞门、洞口缓冲结构及救援通道

(六)结构的耐久性

(七)建筑材料的选择

(八)防水及排水(包含洞口地表水及洞内突涌水的防排水措施)

(九)抗震设计及国防要求

(十)运营通风(改建隧道含既有通风设施的利用或废弃)

(十一)隧道轨下基础类型及照明设置

(十二)拟采用的新技术、新结构和需进行科学研究及试验项目的意见

(十三)洞内附属工程设计原则

(十四)隧道修建对生态环境与水土保持(弃砟、污水、地下水资源、灌溉、居民生活水源等)的影响及采取的措施

(十五)施工组织设计方案的意见(必要时)

(十六)与其他专业的设计接口的原则

三、特长隧道、控制或影响线路方案和技术复杂的隧道说明(分工点说明)

(一)隧道线路方案或隧道改建方案比选(其中含新建或改建,单绕、双绕修建一座双线隧道或修建两座单线隧道以及分期投资方案的比选)

(二)隧道特征(含地形、工程地质及水文地质等)

(三)隧道方案设计

1. 隧道洞口位置的拟定

2. 隧道纵断面设计

3. 隧道横断面设计

4. 辅助坑道方案选择

5. 施工安全措施

6. 施工组织设计方案的意见(含施工工期分析、施工方法、超前地质预报、施工通风、施工排水、施工安全等)

7. 弃砟处理方案和对环保、水保影响及采取的措施

8. 风险评估与对策

(四)运营通风方案选择,运营通风机械设施(含主要机械设备的选择、既有设施的利用或废弃及节约能源措施等)

(五)隧道防灾救援设计

(六)特长隧道施工期间预防环境污染的措施

(七)新技术采用与主要科研项目

四、有待进一步解决的问题

附件

一、隧道表(含明洞。表中应有围岩分级统计、各级围岩支护措施、超前支护参数等内容。改建铁路说明既有隧道利用、改建或废弃及新建情况)

二、主要工程数量表

三、运营通风主要机械设备概数表

四、有关协议、纪要及公文

五、图纸目录

附图(注)

特长隧道、控制或影响线路方案和技术复杂的隧道附下列各图

一、隧道线路方案平面图,比例 1:2 000 ~ 1:50 000

二、隧道平面图,比例 1:2 000 或 1:5 000(特长隧道及 5 000 m 以上的长隧道洞顶部分的比例可用 1:10 000)

三、隧道纵断面图,比例横 1:500 ~ 1:5 000,竖 1:200 ~ 1:2 000(横竖比例也可一致)

四、隧道洞身横断面图(必要时附),比例 1:200 或 1:500

五、隧道洞口纵、横断面图及特长隧道的洞门设计图(必要时附),比例 1:200

六、辅助坑道洞身纵断面图

注:以上各图,除结构设计图外,均应绘注地质资料。

七、既有隧道改建或加固方案图(改)

八、既有隧道横断面图(必要时附),比例 1:50 或 1:100(改)

九、特长隧道施工通风方案布置图(必要时附)

十、特长隧道施工排水方案布置图(必要时附)

十一、特长隧道施工方法示意图(必要时附)

十二、特长隧道及 5 000 m 以上的长隧道施工进度示意图

十三、隧道弃砟设计方案图(必要时附)

十四、隧道运营通风方案布置图

第十一篇　站　场

第一章　站　场

说明

一、概述

(一)研究依据、范围及研究年度

(二)预可行性研究(项目建议书)审批意见的主要内容及执行情况

(三)全线枢纽(地区)概况(名称、范围、总图布置、总图审批情况、各主要站及联络线、迂回线、衔接线)

(四)全线车站概况(线路起讫点、全长、车站数目、性质、规模、布置形式)

二、铁路主要技术标准及站场设计原则

(一)铁路主要技术标准

1. 相邻线主要技术标准

2. 本线主要技术标准(列表说明铁路等级、正线数目、设计行车速度、线间距、最小曲线半径、限制坡度或最大坡度、牵引种类、机车类型或动车组类型、牵引质量、到发线有效长、闭塞类型或行车指挥方式与旅客列车运行控制方式、建筑限界、机车交路及动车组交路)

(二)站场设计原则(客货共线铁路、货运专线铁路说明车站布置形式、到发线进路、出站信号机类型、超限货物列车进路、岔线接轨、客货运设备等。客运专线铁路、城际铁路说明车站选址、客运联络线、车站平面、动车组走行线、养护维修列车走行线、纵断面、客运设备等)

三、会让站、越行站、中间站设计说明

(一)车站所在地自然、社会经济特征和交通运输结构(客)

(二)有关部门对车站设置与设计的要求

(三)车站工作量(客货列车对数及种类、旅客最高聚集人数、车站及铁路专用线分品类的货物装卸量等)

(四)既有站封闭、改移以及支线、岔线、专用线与既有线扩能的关系说明(改)

(五)车站设计概述(平面布置及主要客货运设备数量,复杂车站作方案比选)

(六)既有线复杂车站的施工过渡意见

四、主要客运站分站说明

(一)枢纽(地区)概况

1. 枢纽(地区)既有概况(主要概述既有客运系统)

2. 枢纽(地区)总图规划概况(主要概述客运系统规划、客站分工)

(二)城市总体规划、综合交通规划概况及有关部门对车站设计的要求

(三)客运作业量(旅客列车对数、旅客最高聚集人数)

(四)方案比选(含联络线或疏解线布置方案,附方案示意图)

(五)推荐方案说明(车站位置、股道及主要客运设备数量,车站平面布置及分期发展意见,联络线或疏解线布置,车站道路及排水设施与地方设施的协调配合,必要时附车站通过能力)

五、接轨站、区段站、编组站、集装箱中心站及其他大站分站说明

(一)自然特征(地形、地质、地震动参数区划、水文、气象以及与城市关系)

(二)既有设备概况及存在的主要问题

(三)有关部门对车站设计的要求(城市规划、工矿企业、港口等的配合和要求)

(四)车站工作量(客货列车对数和种类、车站作业车数、编组号数及辆数、旅客最高聚集人数、车站及铁路专用线分品类的货物装卸量等)

(五)方案比选(附方案示意图)

(六)推荐方案说明(股道、主要客货运设备与调车设备等类型和数量,车站平面布置及分期发展意见含铁路专用线、车场、机务、车辆、客货运设备及其他有关设施,联络线或疏解线布置、驼峰设计、车站道路及其与地方的协调配合、平立交道及排水设施,必要时附车站通过能力及作业能力的检算,既有线车站的施工过渡方案意见)

六、安全设备设计(避难线、安全线、隔开设备、防护栅栏等安全防护设施的设置情况)

七、站线轨道

(一)轨道结构形式、轨道类型

(二)既有轨道类型及改建

(三)有砟轨道(按到发线、驼峰下溜放部分线路、其他站线、次要站线分别说明钢轨、轨枕、扣件、道床等)

(四)无缝线路(说明铺设范围、单元轨节布置、设计锁定轨温及道岔区、桥上、隧道地段无缝线路等)

(五)道岔

八、站场路基

(一)路基一般设计原则(路基面宽度、路基基床、横断面形式、路基边坡)

(二)既有路基及加固防护情况

(三)路基工点及加固防护简要说明

(四)与其他专业接口的设计原则

(五)路基土石方调配原则

九、用地及拆迁

(一)用地(车站及绿化控制用地设计原则,取弃土及改移道路、沟渠等用地情况)

(二)拆迁

十、车站修建对环境的影响及治理措施

(一)车站修建对生态环境与水土保持的影响及治理措施

(二)车站运营后对生活环境的影响及治理措施

十一、站区绿化规划原则

十二、相关工程及其他

十三、有待进一步解决的问题

附件

一、线路技术资料汇总表(装订在线路平纵断面示意图之后)

二、车站表(含车站示意图、车站中心里程、站间距离、区间运行时分、站坪坡度标、主要工程数量等)

三、主要工程数量汇总表(含拆迁、用地、改移道路及沟渠、路基土石方及附属工程、轨道、道路、排水、环保、道口等)

四、无缝线路铺设地段表

五、主要设备数量汇总表(客运、货运、调车、安全设备等)

六、用地概数表

七、有关协议、纪要及公文

八、图纸目录

附图

一、线路地理位置图(装订在说明书目录之后)

二、线路平纵断面示意图(装订在线路地理位置图之后)

三、枢纽(地区)总布置图,比例 1∶10 000～1∶100 000

四、复杂的中间站平面布置图(含比较方案),比例 1∶2 000

五、接轨站、区段站、编组站、集装箱中心站、主要客运站及其他大站平面布置图(含比较方案),比例 1∶1 000 或 1∶2 000

六、联络线或疏解线平面布置图(简单的可与车站平面布置图合并),比例 1∶2 000

七、联络线或疏解线纵断面图(简单的可在车站平面布置图上用坡度标标注),比例横 1∶10 000、竖 1∶1 000

八、动车段、大型养路机械段、综合检测中心(或综合管理维修中心)平面布置图(简单的可与车站平面布置图合并),比例 1∶2000

九、路基个别设计图(控制或影响站址方案时附)

十、枢纽(地区)总布置示意图和接轨站、区段站及其他大站(含段、所)、疏解区平面布置示意图(装订在说明书正文内)

第二章　客货运机械设备及其他

说明

一、研究依据、范围及研究年度

二、预可行性研究审批意见的主要内容及执行情况

三、既有机械设备配置概况(客运、货运、调车及安全机械设备)

四、各种机械设备配置原则和方案比选(客运、货运、调车及安全机械设备)

五、维修设施设置的意见及其他

六、维修机构设置、管辖范围及定员(既有和新增)

七、环境保护及节约能源措施

八、有待进一步解决的问题

附件

一、主要工程数量表

二、主要机械设备概数表(既有和新增)

第十二篇 电 气 化

第一章 牵引供电系统

说明

一、概述

(一)研究依据、范围及研究年度

(二)预可行性研究审批意见的主要内容及执行情况

(三)线路概况

(四)设计铁路主要技术标准(线路等级、正线数目、限制坡度或最大坡度、设计行车速度、最小曲线半径、机车类型或动车组类型、牵引质量、闭塞类型或旅客列车运行控制方式与行车指挥方式、建筑限界等)

(五)相邻铁路电气化现状标准或规划(牵引网供电方式、供电设施分布、接触网主要技术标准)

(六)既有牵引供电系统设备状况(改)

二、供电方案比选

(一)供电计算基础资料

(二)供电计算

(三)方案比选及主要技术经济指标

(四)牵引网供电方式

(五)牵引变电所、开闭所、分区所、AT 所、电力调度所的分布方案

(六)外部电源选择

(七)牵引变压器类型和容量

(八)接触网悬挂类型

(九)牵引网导线的电流分配及各种导线选择

(十)牵引网正常运行和故障运行状态下的供电能力分析

(十一)电能质量分析及措施

三、外部电源

(一)有关外部电源情况

(二)外部电源供电方案设想

(三)需要功率及用电量(分省、区)

四、节约能源措施

五、有待进一步解决的问题

附件

一、有关协议、纪要及公文

二、图纸目录

附图

一、牵引供电设施示意图(带线路纵断面)

二、牵引网供电方式及供电分段示意图

第二章 牵引变电所、开闭所、分区所、AT 所及电力调度所

说明
一、研究依据、范围及研究年度
二、预可行性研究审批意见的主要内容及执行情况
三、既有牵引变电设施情况(改)
四、牵引变电设施设计(含利用、改建和新建)
(一)牵引变电所、开闭所、分区所、AT 所所址选择
(二)主接线及运行方式
(三)主要设备选择
(四)牵引变电所、开闭所、分区所、AT 所总平面及生产房屋布置
(五)保护配置及综合自动化系统
(六)自用电方案
五、电力调度所及调度管理自动化系统
(一)电力调度所位置选择及调度区划分
(二)远动系统
(三)安全监控系统
(四)维修管理系统
六、牵引变电设施的过渡原则
七、环境保护措施
八、节约能源措施
九、采用的新技术、新设备及特殊设计
十、有待进一步解决的问题
附件
一、主要工程数量表
二、图纸目录
附图
一、牵引变电所、开闭所、分区所主接线图
二、牵引变电所总平面布置图
三、牵引变电所生产房屋平面布置图
四、远动系统构成图
五、安全监控系统构成图

第三章 接 触 网

说明
一、研究依据、范围及研究年度
二、预可行性研究审批意见的主要内容及执行情况
三、特殊气象区、设计用气象条件及污秽区划分
四、接触网新建及改建范围(线路基本概况,沿线主要工点和工程说明)
五、接触网悬挂类型

六、线材规格及张力
七、主要技术数据
(一)导线高度及允许车辆装载高度
(二)结构高度
(三)跨距长度
(四)锚段长度
(五)侧面限界
(六)绝缘距离
八、支柱、支持装置、基础及绝缘子选择原则
九、站场雨棚、桥梁、隧道、跨线建筑物处的接触网悬挂安装类型
十、供电分段原则
十一、防护措施
(一)接地方式
(二)防雷保护
(三)支柱防护
十二、接触网工程的过渡设计原则
十三、接触网抢修、检修设备和规模
十四、采用的新技术、新设备及特殊设计
十五、有待进一步解决的问题
附件
一、主要工程数量表
二、图纸目录
附图
接触网电分段示意图

第四章 维护管理(注)

说明
一、研究依据、范围及研究年度
二、预可行性研究审批意见的主要内容及执行情况
三、概述
(一)相邻电气化铁路维护管理机构工作量及能力分析
(二)本线工作量
四、维护管理机构的设置及选址
五、维护管理机构的规模和主要设备
六、总平面布置
七、环境保护措施
八、节约能源措施
九、机构设置、管辖范围和定员
十、有待进一步解决的问题
附件

一、主要工程数量表
二、图纸目录
附图
维护管理机构总平面布置图
注:不设综合(管理)维修中心时列本章。

第五章　受电气化影响的电力线路的处理

说明
一、研究依据、范围及研究年度
二、预可行性研究审批意见的主要内容及执行情况
三、迁改原则及技术要求
四、电力线路影响情况及处理意见
五、有待进一步解决的问题
附件
有关电力线路情况汇总表

第六章　路外(内)易燃、易爆品库及油、气管道的电磁干扰防护

说明
一、研究依据、范围及研究年度
二、预可行性研究审批意见的主要内容及执行情况
三、概述
四、主要研究技术条件
(一)牵引网供电方式
(二)危险和干扰影响计算依据
(三)防护范围
五、初步防护方案(必要时附示意图)
六、有待进一步解决的问题
附件
一、主要工程数量表
二、有关协议、纪要及公文

第十三篇　机 务 设 备(注)

说明
一、概述
(一)研究依据、范围及研究年度
(二)预可行性研究审批意见的主要内容及执行情况
(三)设计有关资料
1. 有关的铁路主要技术标准(含铁路等级、正线数目、限制坡度及加力牵引坡度与地段、牵引种类、机车类型等)

2. 客货列车对数(附客货列流图)、牵引质量、旅行速度、各站调机类型和数量、空重车流向等

3. 改建或拟建段址的工程地质、水文地质、气象、水文资料(含计算温度、常年主导风向、土壤冻结深度、地震动参数区划、地下水位、洪水位、放射性物质污染情况、文物古迹状况等)

4. 相邻线有关资料(机车交路及机务设备分布、性质、规模、存在的薄弱环节等)

二、机车交路及机务设备的分布

(一)既有线现行机车交路及机务设备分布、性质和规模(含有关的机车交路、乘务制度,各段所性质、主要设备概况、存在的薄弱环节等)(改)

(二)设计的机车交路及机务设备分布、性质和规模

1. 机车交路比选

2. 机车配置意见(含近、远期)

3. 机务设备的分布、性质、规模及改建意见

4. 救援设备分布及等级(改建铁路含既有状况)

三、各段(所)工作量

(一)采用的主要指标(含各修程的检修公里、停修天数、不平衡系数、日车公里、燃料消耗指标等)

(二)工作量汇总表

四、各段(所)设置选择及其总平面布置(按主要方案和比较方案分别叙述)

(一)段(所)址选择及站段关系

(二)段(所)总平面布置

(三)主要整备设备类型及规模(含既有整备设备概况及利用改建措施)

(四)检修厂房组合形式及规模(含既有车库、主要车间概况及利用、改建措施)

五、采用新技术、新工艺及新设备的意见

六、环境保护措施(废气、废水、废油等废弃物的处理与循环使用以及设备噪声的处理等)

七、节约能源措施

八、机构设置、管辖范围和定员

九、有待进一步解决的问题

附件

一、主要机械设备概数表(含救援)

二、有关协议、纪要及公文

三、图纸目录

附图

一、机车交路图(各研究年度客货机车交路方案,必要时附相邻线相邻区段机车交路图;改建铁路含现行客货机车交路图,机车交路图亦可附在说明书内)

二、机务段(所)总平面布置图(含站段关系示意图、房屋表、股道表、室外主要设备及构筑物表、设计主要技术指标表,并标明股道间距。道路、围墙、绿化及风玫瑰图等)比例1:2 000或1:1 000

三、机车库及检修厂房组合平面图(主要方案、比较方案均附,不含设备平面布置)比

例1:100或1:200

注:本篇适用于客货共线铁路和货运专线铁路。客运专线铁路和城际铁路如涉及机务设备改建时,可参照使用。

第十四篇　车辆、动车组设备

第一章　车 辆 设 备(注)

说明

一、概述

(一)研究依据、范围及研究年度

(二)预可行性研究审批意见的主要内容及执行情况

(三)设计有关资料

1. 机车交路

2. 客货列车对数及种类、编挂辆数、旅行速度(含客车车底组数、配属地点、起迄点及径路等,附列流图)

3. 区段站、编组站(含工业站)的有调作业、无调作业车数及装卸车数

4. 主要装卸作业站的装卸车数

5. 罐车、机械保温车、矿石车、集装箱车及专用煤车的种类、数量、固定车组数、编挂辆数、配属情况、运行区段以及工矿企业自备车数量、检修车辆设备等

6. 长大坡道区段情况(长大坡段起讫里程、纵断面)

7. 改建或拟建段(所)址的工程地质、水文地质、气象、水文资料(含计算温度、常年主导风向、土壤冻结深度、地震动参数区划、地下水位、洪水位、放射性物质污染情况、文物古迹状况等)

二、采用的主要指标及检修工作量

(一)采用的主要指标

(二)检修工作量

三、车辆设备的分布、性质和规模

(一)相邻线有关车辆设备的现状、能力利用情况

(二)本线既有车辆设备现状、能力利用情况及存在问题(改)

(三)设计的车辆设备

1. 车辆设备的分布、性质和规模(含既有车辆设备的利用和改建,附示意图)

2. 主要车辆设备(车辆段、客车技术整备所、站修所等)位置的选择及站段(所)关系

3. 主要车辆设备的总平面布置

4. 主要检修生产车间(修车库、转向架间、主要辅助生产车间及其组合等)的平面布置(简要说明检修工艺流程,含既有设备概况和利用、改建的措施)

5. 全线车辆安全防范预警系统及车号识别系统的设置(含既有设备利用和改建的措施,附系统设备布点示意图)

6. 其他说明

四、采用新技术、新工艺及新设备的意见

五、环境保护措施(固废物与设备噪声处理等)

六、节约能源措施

七、机构设置、管辖范围和定员(含既有和新增)

八、有待进一步解决的问题

附件

一、主要机械设备概数表

二、有关协议、纪要及公文

三、图纸目录

附图

一、主要车辆设备总平面布置图(含站段关系示意图、房屋表、股道表、室外主要设备及构筑物表、设计主要技术指标表,并标明股道间距、道路、围墙、绿化及风玫瑰图等),比例1:1 000或1:2 000

二、主要检修生产车间组合平面布置图(不含设备平面布置,主要方案、比较方案均附),比例1:100或1:200

三、其他生产辅助房屋及办公房屋平面布置图(必要时附),比例1:50、1:100或1:200

注:本章适用于客货共线铁路和货运专线铁路。客运专线铁路和城际铁路如涉及车辆设备改建时,可参照使用。

第二章　动车组设备

说明

一、概述

(一)研究依据、范围及研究年度

(二)预可行性研究审批意见的主要内容及执行情况

(三)设计有关资料

1. 路网构成(客运网)

2. 有关的铁路主要技术标准(含铁路等级、正线数目、最大坡度、动车组类型等)

3. 运输组织模式(含动车组开行方式、旅客列车对数及径路、旅行速度、编挂辆数等)

4. 改建或拟建段(所)址的工程地质、水文地质、气象、水文资料(含计算温度、常年主导风向、土壤冻结深度、地震动参数区划、地下水位、洪水位、放射性物质污染情况、文物古迹状况等)

5. 相邻线有关资料(动车段、所的分布、性质、规模及存在的薄弱环节等)

二、动车组设备的分布、性质和规模(含利用、改扩建既有段、所说明)

三、救援设备的分布及等级(无机务篇章时叙述)

四、各段(所)工作量

(一)动车组配属原则和方案

(二)采用的主要技术指标

(三)工作量汇总表

五、各段(所)位置选择及总平面布置

(一)段(所)选址及站段关系

(二)段(所)总平面布置

(三)主要检查设备类型及规模

(四)主要检修厂房组合形式及规模

六、采用新技术、新工艺及新设备的意见

七、环境保护措施(固废物与设备噪声处理等)

八、节约能源措施

九、机构设置、管辖范围和定员

十、有待进一步解决的问题

附件

一、主要机械设备概数表

二、有关协议、纪要及公文

三、图纸目录

附图

一、动车段(所)总平面布置图(含站段关系示意图、房屋表、股道表、室外主要设备及构筑物表、设计主要技术指标表,并标明股道间距、道路、围墙、绿化及风玫瑰图等),比例1:1 000或1:2 000

二、检查车库及检修厂房组合平面图(不含设备平面布置,主要方案、比较方案均附),比例1:500

三、其他生产辅助房屋及办公房屋平面布置图(必要时附),比例:1:50、1:100或1:200

四、动车组周转图(必要时附)

第十五篇　给 水 排 水

说明

一、概述

(一)研究依据、范围及研究年度

(二)预可行性研究审批意见的主要内容及执行情况

(三)有关的铁路主要技术标准

(四)沿线自然特征及水文地质概况

二、给水站的位置和生活供水站、点数量

三、供水水质、水量标准和污水处理原则(含回用水)

四、旅客列车卸污站的设置和卸污方式

(一)旅客列车卸污站的设置

(二)卸污方式

五、给水站分站说明

(一)车站性质、研究年度日用水量和排水量估算

(二)水源方案

(三)既有给水构筑物、设备现状及其利用和加强、改建措施

(四)主要给水构筑物和设备(含给水机械、水处理设备、贮配水构筑物类型及规格等)

(五)消防方式及设施

(六)给水自动控制设施说明

(七)既有排水构筑物、设备现状及其利用和加强、改建措施

(八)污水处理和排除方案

(九)主要排水构筑物和设备(含污水处理设备类型、规格、自控等)

六、生活供水站、点说明(说明采用各类水源、各类贮配水构筑物的站数,需进行水处理和污水处理的站数,干旱缺水地区的供水方案、消防方式。改建铁路应包括既有给排水设施现状和利用情况)

七、节约能源措施及相关工程内容

八、机构设置、管辖范围和定员

九、有待进一步解决的问题

附件

一、主要工程数量表

二、主要设备概数表

三、用地概数表(站场用地范围以外部分)

四、有关协议、纪要及公文

五、图纸目录

附图

全线给水排水工程设计图(表)(含车站名称、车站性质、用水量、水源类型及设备,给水机械及动力、给水自动控制系统、贮配水构筑物类型及规格、水处理设备、消防设备、给水管道、排水管道、污水处理设备及自动控制系统等)

第十六篇　通　　信

第一章　通　　信(注)

说明

一、概述

(一)研究依据、范围及研究年度

(二)预可行性研究审批意见的主要内容及执行情况

(三)工程概况及运营管理概述

1. 工程概况(改建铁路为既有线改建概况)

2. 运营管理概述

(四)相邻线、既有线及相关工程主要通信设备、线路概况

1. 相邻线主要通信设备、线路概况

2. 既有线主要通信设备及线路概况(改)

3. 相关工程配合改造的意见

二、通信网构成及主要通信设备类型、容量的选择

(一)通信业务需求分析

(二)通信站的设置地点及性质

(三)通信网构成及主要通信系统类型、容量的选择

1. 传输及接入系统(含传输系统容量预测、传输技术及系统组网方案比选、传输节点的设置及推荐方案等)

2. 数据通信系统(含带宽预测、技术方案比选、网络节点的设置、推荐方案以及与相关数据通信网的互通等)

3. 电话交换系统

4. 调度通信系统

5. 移动通信系统(含技术体制的选择、系统的组成及主要功能、弱场区的处理措施以及与相关通信网的互通等)

6. 站间行车电话及其他专用通信系统

7. 车站(场)通信系统(含站场有线通信、站场无线通信等)

8. 会议电视、电话系统

9. 应急通信系统

10. 其他业务系统(含通信支撑网及以上章节未包括的业务系统)

三、通信电源设备类型、容量的选择和防雷、接地

(一)交流电源及供电方式

(二)电源设备类型、容量的选择

(三)电源及环境监控系统

(四)接地装置

(五)防雷

四、通信线路

(一)长途通信线路的建设方案(含长途通信线路的制式、容量,改建铁路须含既有干线通信线路利用等)

(二)长途通信线路的防护及维护设施

(三)地区及站场通信线路

(四)路外弱电线路的拆迁原则(非电气化铁路)

五、与其他专业设计接口的原则

六、采用新技术的意见

七、环保及节能措施

八、机构设置、管辖范围及房屋、定员(通信站、通信机械室及通信网管中心的设置,维护(修)及机构设置意见等)

九、有待进一步解决的问题

附件

一、主要工程数量表

二、主要设备、材料概数表

三、既有主要通信设备利用一览表(改)

四、有关协议、纪要及公文

五、图纸目录

附图

通信网图(可分系统出图)

注:客运专线可根据具体工程情况划分通信系统中各子系统并进行说明。

第二章 路外通信、广播及其他设施的电磁干扰防护

说明

一、研究依据、范围及研究年度

二、预可行性研究审批意见的主要内容及执行情况

三、沿线路外通信、广播线路设备及其他设施概况

(一)有线电视设施

(二)无线台站

(三)雷达站及机场等设施

四、主要研究技术条件

(一)牵引网供电方式

(二)执行的主要技术标准及规范

(三)危险和干扰影响计算依据

五、初步防护方案

(一)防护原则

(二)防护改造方案

六、有待进一步解决的问题

附件

一、主要工程数量表

二、有关协议、纪要及公文

第十七篇 信 号(注)

说明

一、概述

(一)研究依据、范围及研究年度

(二)预可行性研究审批意见的主要内容及执行情况

(三)线路概况

1. 线路起讫点、全长、铁路等级、列车对数、牵引种类、限制坡度或最大坡度,到发线有效长度、设计行车速度等。

2. 有关地形、地貌、地质、气象等对信号设备和信号器材选型的影响

3. 接轨站及相邻区间既有信号设备类型

(四)既有线改建概况(改)

1. 既有信号设备类型

2. 既有区段站、编组站到发线布置情况、股道数量及到发线有效长度

3. 区间和站内正线无缝线路铺设情况、信号机械室占用情况等

二、站前工程设计情况(概述区段站、编组站及其他大站的布置形式、股道数量、到发线有效长及桥梁、隧道、线路情况)

三、电力及电力牵引情况(含牵引方式、牵引电流等。非电气化可不说明电力牵引情况)

四、信号设计
(一)信号系统的选型及方案比选
1. 行车调度指挥系统
2. 列控方式(主要描述技术方案)(客)
3. 区间及闭塞系统(主要描述设备配置)
4. 车站联锁系统
5. 信号集中监测系统
6. 环境保护和节约能源措施
7. 与其他专业设计接口的原则
(二)采用新技术的意见
(三)接轨站、区段站、编组站既有信号设备的利用、改建原则及过渡方案的意见。
五、相关工程设计范围及设计原则
六、信号设备防护措施
(一)电力牵引区段对信号设备的强电干扰及防护
(二)信号设备防雷、接地
(三)计算机系统安全防护
七、机构设置、管辖范围和定员
八、有待进一步解决的问题
附件
一、主要工程数量表
二、主要设备、材料概数表
三、有关协议、纪要及公文
四、图纸目录
附图
一、设计区段信号设备总布置示意图
二、接轨站既有信号设备略图及改建方案(必要时附)
三、改建区段既有信号设备布置示意图(必要时附)(改)

注:驼峰调速设备及其动力设备,按《铁路枢纽的文件组成与内容》可行性研究第十七篇第二章的内容编制,并单独成章。

第十八篇　信　　息

说明
一、概述
(一)研究依据、范围及研究年度
(二)预可行性研究审批意见的主要内容及执行情况
(三)工程概况
(四)相关信息系统概况
1. 既有铁路信息系统概况(改)
2. 相关信息系统概况

二、信息系统主要研究原则及采用的技术标准

(一)主要设计原则

(二)信息系统建设采用的主要技术标准

三、信息系统需求分析

(一)车站、段、所的分布情况及性质

(二)信息系统需求分析

四、信息系统的构成及主要功能(以应用构成为主线,对新建或改建的信息系统按总体规划要求分领域、分系统描述主要应用和每个应用的主要功能以及各系统相互关系和互联要求)

五、信息系统的技术方案

(一)应用系统构成

1. 总体结构(说明新、改建铁路的信息化构成及总体结构等)

2. 各分系统结构及相互关系

3. 信息采集和系统集成方案

4. 信息资源共享方案

(二)网络框架

1. 总体结构

2. 广域网连接

3. 局域网构成

4. 数据传输方案

5. 网络管理

(三)计算机硬、软件配置原则

1. 硬件配置原则(含主机、存储、网络设备、终端设备及其他外设等)

2. 软件配置原则(含系统软件及应用软件)

(四)网络、信息安全及系统安全保障方案

(五)系统运行环境

(六)相关信息系统配合改造方案与相关信息系统或既有信息系统的整合方案

(七)与其他专业设计接口的原则

六、机构设置、管辖范围和定员(主要指设备维护机构设置、管辖范围、定员要求及培训等)

七、有待进一步解决的问题

附件

一、主要工程数量表

二、主要硬件设备、软件及材料概数表

三、系统功能表

四、有关协议、纪要及公文

五、图纸目录

附图

一、信息系统总体结构图

二、信息系统网络结构图

第十九篇 防灾安全监控(注)

说明

一、概述

(一)研究依据、范围及研究年度

(二)预可行性研究审批意见的主要内容及执行情况

(三)工程概况及主要技术标准

(四)沿线地形、地貌、地质、地震、气候概况

(五)既有线和相邻线防灾安全监控系统设置及使用概况

二、防灾安全监控系统的功能及总体构成

(一)风监测系统

(二)雨量及洪水检测系统

(三)地震监测系统

(四)轨温及火灾检测系统

(五)突发事故、异物侵限及非法侵入的防护

1. 防护网监测报警设备

2. 列车防护开关报警设备

3. 电视监控及其他设备

(六)信息传输与网络结构

1. 信息流程的描述

2. 网络结构及与其他系统网络的关系

三、设备选型和系统集成方案

(一)设备选型意见

(二)系统集成方案(含防灾安全监控系统集成方案以及与其他信息系统的集成方案,如综合调度系统)

四、电源及接地

五、相关工程的设计及与其他专业设计接口的原则

六、系统设备防护措施

(一)电力牵引对设备的干扰及防护措施

(二)系统设备对雷电及过电压的防护

七、机构设置、管辖范围和定员

八、有待进一步解决的问题

附件

一、主要工程数量表

二、主要设备材料概数表

三、图纸目录

附图

一、防灾安全监控系统总体构成图

二、外场检测设备布置图

三、防灾安全监控系统信息流程(向)图

四、防灾安全监控系统网络结构图

注:新建或改建客货共线铁路、货运专线铁路的防灾安全监控内容很少时,可纳入信息专业篇文件中。

第二十篇 电　　力

说明

一、概述

(一)研究依据、范围及研究年度

(二)预可行性研究审批意见的主要内容及执行情况

(三)有关主体工程概况

二、电源情况

(一)沿线地方电网的构成

(二)既有电源及供电设备

(三)其他电源(电源匮乏区段说明)

三、供电负荷分布及电源选择

(一)供电负荷分布、负荷等级及负荷估算

(二)电源选择

四、供电原则及供电方案

五、主要技术标准

(一)电力线路

(二)发、变(配)电所机组、开关柜类型及保护配置

(三)站场照明及控制方式

(四)大型建筑物、构筑物的供电及照明

(五)无功补偿标准及原则

(六)备用变压器及其他备品备件配备原则

(七)电力远动系统

(八)机电设备监控系统

六、节约能源措施

(一)合理用电原则

(二)节能设备造型

七、采用新技术的意见

八、相关工程改建意见

九、机构设置、管辖范围及定员

十、施工供电永久和临时工程结合的意见

十一、非电气化铁路影响铁路建设的电力线路等处理

(一)迁改原则及技术要求

(二)电力线路影响情况及处理情况

十二、有待进一步解决的问题

附件

一、主要工程数量表

二、主要设备概数表

三、非电气化铁路电力线路迁改工程数量汇总表

四、有关协议、纪要及公文

五、图纸目录

附图

一、全线供电示意图(注明有关车站、中继站、主要桥梁、隧道名称和里程,地方和铁路发、变、配电所的位置、名称、类型、容量和电压,高压电力线路的长度等)

二、电力远动系统示意图(注明远动范围与综合调度的关系、远动信息内容、设备配置和通道形式等)

三、机电设备监控系统示意图(注明监控范围、监控对象、设备配置和通信协议等)(客)

第二十一篇　综合检测与维修

说明

一、概述

(一)研究依据、范围及研究年度

(二)预可行性研究审批意见的主要内容及执行情况

(三)地质、气象资料

(四)铁路主要技术标准

二、主要工作内容

三、维修机构设置

(一)设置原则

(二)维修机构设置意见及管辖范围

四、综合检测有关设施

(一)综合检测中心管辖范围

(二)组织机构及定员

(三)综合检测设备及其附属车辆

(四)综合检测中心设置意见

(五)综合检测中心基地设施

五、综合维修段

(一)管辖范围

(二)组织机构及定员

(三)总平面布置

(四)主要设备配置

六、综合工区

(一)组织机构及定员

(二)主要设备配置

七、大型养路机械及相关设施

(一)线路维修指标

(二)维修工作量

(三)大型养路机械选型意见

(四)组织机构及定员

(五)大型养路机械检修设施

八、信息系统

(一)用户需求

(二)主要信息系统的构成

九、环境保护措施

十、节约能源措施

十一、有待进一步解决的问题

附件

一、综合维修定员汇总表

二、主要机械设备概数表

三、有关协议、纪要及公文

四、图纸目录

附图

一、综合维修机构分布图

二、综合检测中心工艺总平面布置图

三、综合维修段工艺总平面布置图

四、综合工区平面示意图

五、大型养路机械段工艺总平面布置图

第二十二篇　房屋建筑

第一章　房屋建筑

说明

一、概述

(一)研究依据、范围及研究年度

(二)预可行性研究审批意见的主要内容及执行情况

(三)线路概况(简述线路起迄点、建筑长度、铁路等级、车站数目及主要大站名称、数目等)

(四)自然特征(简述各大站及沿线的地形地貌,工程地质、水文地质、水文、地震动参数区划、气象等)

二、机构设置、管辖范围及定员

(一)机构设置、管辖范围及其变动情况(各主要生产、运输、管理机构及房屋维修、公安系统的机构设置和管辖范围)

(二)定员(全线新增定员及每正线公里定员数)

三、房屋配备

(一)生产、生活房屋配备的依据

(二)全线生活房屋的分布及配备原则

四、公安房屋、桥隧守护房屋、军运房屋、人防工程的设置原则

五、站区规划、中型(含)以上站房建筑方案初步意见及房屋建筑标准

(一)站区规划(主要车站所在地区城市总体规划、交通规划、区域规划情况说明、站区规划设计原则及地方政府对站前广场的意见)

(二)中型(含)以上站房建筑方案初步意见(反映出"功能性、系统性、文化性、先进性、经济性"的设计理念。客货共线铁路简述主要旅客站房的规模、形式,客运专线铁路、城际铁路进行站型分析、并附简略图)

(三)房屋建筑标准、结构类型、装修标准的说明

(四)沿线主要的新建或扩建房屋地基处理原则

六、既有路内房屋的利用、改建的初步意见

七、房屋建筑面积总量(全线生产、生活房屋建筑面积总量,平均每正线公里房屋建筑面积,人均生活房屋建筑面积)

八、环境保护措施(含生活区绿化)

九、节约能源措施

十、有待进一步解决的问题

附件

一、机构设置及管辖范围表

二、全线定员汇总表(分站、分专业列出)

三、房屋表(含主要站场设备构筑物,分站、分专业列出)

四、有关协议、纪要及公文

五、图纸目录

附图

典型车站站房的建筑概念设计图(客)

第二章　暖通空调卫生设备

说明

一、概述

(一)研究依据、范围及研究年度

(二)预可行性研究审批意见的主要内容及执行情况

(三)有关主体工程概况

(四)沿线有关水质、燃料、气象、城市供热、当地环保要求等情况概述

(五)既有暖通空调卫生设备、消防设施使用情况(改)

二、集中采暖设置标准及供热规划原则

(一)采暖设置标准及采暖方式

(二)热源设置原则

(三)室外热网设置原则

三、空气调节设置标准及冷(热)源的选择原则

(一)空气调节设置标准及空调方式

(二)冷(热)源设置原理

四、通风与防排烟设计原则

(一)生产过程有害气体、粉尘通风净化回收设备的设置原则

(二)热加工车间降温设计原则

(三)防排烟设计原则

五、室内给水、排水及热水供应设置标准

六、室内消防设置标准

七、环境保护措施(采取联片集中供热,锅炉消烟、除尘、脱硫,选用符合排放标准及低噪声的设备与噪声的防护措施等)

八、节约能源措施

九、有待进一步解决的问题

附件

一、主要设备数量表(采暖锅炉,热水供应设备,空调、制冷机组,通风除尘设备,水泵、消防设施等)

二、有关协议、纪要及公文

第二十三篇 环境保护、水土保持

说明

一、概述

(一)研究依据、范围及研究年度

(二)预可行性研究审批意见的主要内容及执行情况

(三)主体工程概况(主要线路方案、主要技术标准、客货列车对数、主要工程内容,征地数量及类型、填挖土石方数量)

(四)自然、社会及环境质量概况(地形地貌、工程地质、水文地质、地震动参数区划、水文、气象、行政区划、人口、土地、交通运输、动植物、水土流失与水土保持;水环境、声环境、振动环境、环境空气质量)

(五)重要环境保护目标(说明各主要线路方案可能直接影响到的自然保护区、风景名胜区、水源保护区、文物保护单位、地质公园、森林公园等的名称、保护级别、保护类型、批建时间、与线路的相对位置关系;沿线环境功能区划、水土保持概况等)

(六)沿线(省、市级)环保、水保等主管部门的意见及设计采用的规范和技术标准

二、环境影响初步分析

(一)生态环境(含重要生态敏感区、土地资源、文物古迹、动植物资源、水资源、景观资源、规划相容性、水土保持分析等,工程类别包括桥、隧等主体工程和取弃土场、弃砟场等临时工程)

(二)声环境(含噪声种类及源强、典型路段不同距离的昼、夜等效声级、典型声环境敏感点处的昼、夜等效声级范围值)

(三)振动环境(含振动源种类及源强、典型路段不同距离的昼、夜振级、典型环境敏感点处的昼、夜振级范围值)

(四)水环境(分站、段、所说明污水来源、污水量、污水性质、受纳水体功能)

(五)环境空气(环境空气污染来源、锅炉类型及使用燃料种类)

(六)固体废物(固体废物种类、来源及排放量)

(七)电磁辐射(电磁辐射来源、场强及典型距离的场强值)

(八)综合评价

三、环境影响减缓措施初步方案

(一)环保选线的原则及对策(说明线路经过自然保护区、风景名胜区、水源保护区、文物保护单位、地质公司、森林公园等特殊生态保护区的环保选线原则及相应对策)

(二)生态保护设计原则及初步方案(说明对土地资源、动植物资源、水资源、景观资源、水土保持等要素的保护原则,包括主体工程及临时工程的工程防护和植被防护措施)

(三)声环境保护设计原则及设计方案(含噪声源、传播途径、受声点等声环境保护措施选用原则,各类典型保护措施的设计方案及噪声防治措施汇总表)

(四)振动环境保护设计原则及设计方案(含防护标准、振动源、传播途径、受振点等振动环境保护措施选用原则,各类典型保护措施的设计方案)

(五)水环境保护设计原则及设计方案(说明污水处理原则及处理方案)

(六)环境空气保护设计原则及设计方案(说明防护标准、废气处理原则及处理方案)

(七)固体废物收集、转运、处置设计原则及设计方案

(八)电磁辐射防护原则及设计方案(重点说明电气化铁路对沿线电视接收影响的防护原则及方案)

四、环境保护、水土保持的工程措施及投资估算(需明确水保工程投资)

五、结论与建议

六、有待进一步解决的问题

附件

有关协议、纪要及公文(涉及重大环境敏感问题时必须附)

第二十四篇　节 约 能 源

说明

一、概述

(一)研究依据、范围及研究年度

(二)预可行性研究审批意见的主要内容及执行情况

(三)主要耗能点的分布情况及数量(含生产与生活所需动力、供热、牵引、发、变配电)

(四)采用的节约能源设计标准

二、能源消耗指标及分析

(一)能源品种的组成、能量平衡及负荷分析(含分品种实物能耗总量、综合能耗总量、单位产品能耗、单位正线公里能耗指标、牵引动力能耗指标和生产、生活辅助能耗指标)

(二)能耗分析(采用的主要设备及工艺能耗指标与国内同行业先进水平的对比分析)

三、节约能源措施综述

(一)推荐的线路方案(或扩能方案)、牵引种类、机车类型、动车组类型对节能的影响

(二)牵引供电系统采取的节能措施

(三)主要站、段、场(厂)采取的节能措施

(四)房屋建筑工程的节能措施

(五)余热、余压、废油、废汽、废水的回收利用措施,采用新能源和可再生能源情况

(六)其他工程的动力设备节能措施

四、节约能源工程措施概况(列表)

五、结论及建议

第二十五篇 施工组织方案意见

说明

一、概述

(一)研究依据、范围及研究年度

(二)预可行性研究(项目建议书)审批意见的主要内容及执行情况

(三)工程概况

1. 线路概况(起迄点、里程、正线长度、地形条件及工程复杂情况)

2. 既有线改建情况(改)

3. 全线主要工程分布情况

二、建设项目所在地区特征

(一)自然特征(概述高原、严寒、风沙、盐碱、沼泽、海洋、软土、黄土等的范围及特征,以及气温、风向、降雨量、台风等级等气象特征)

(二)交通运输情况(既有铁路、水运、公路等可资利用的情况)

(三)沿线水源、电源、燃料等可利用的情况(含缺水、电简况)

(四)当地建筑材料的分布情况(含缺砂、石、填料简况)

(五)地区卫生防疫情况

三、施工组织方案的比选及推荐意见

(一)施工组织方案(简述主要内容)

(二)各方案施工总工期及其依据

(三)各方案铺轨及控制工期工程的进度与措施

(四)材料运输方案

(五)各方案优缺点分析、比选及推荐意见

(六)施工工期总体安排意见(附施工进度示意图)

(七)施工区段划分意见

(八)主要大型临时设施项目、数量及所需主要工装设备数量

(九)分年度完成的主要工程量及总投资

(十)分年度需要的主要材料数量

注:以上第(六)~第(十)条按推荐方案说明。

四、施工准备工作(概述施工准备、砂石备料、道砟备料、临时设施意见)

五、主要工程及控制工程

(一)主要工程的施工方法、顺序、进度、工期和采取的措施(重点土石方工点、特大桥、复杂大桥、高桥、高架桥、长隧道、有砟轨道的铺砟及铺轨、无砟轨道的刚性混凝土道床

及支承层、铺轨及四电等)

(二)解决控制工程的工期及施工关键问题的意见

六、行车干扰地段的安全施工措施意见(改)

七、材料供应计划

(一)主要材料的来源与供应

(二)主要砂、石、道砟场和砖、瓦、石灰等来源与供应

(三)利用拆除工程材料的意见(改)

八、临时工程

(一)铁路便线、便桥的修建地点,标准和工程量

(二)汽车运输便道方案的意见(含运梁便道)

(三)大型临时辅助设施的设置意见(如材料厂、成品厂、改良土拌和站、级配碎石拌和站、沥青混凝土搅拌站、混凝土搅拌站、混凝土成品预制厂、制梁场、存梁场、钢梁拼装场、无砟轨道构件预制场、轨道梁制造厂、轨节拼装场、铺轨基地、存砟场、换装站等。说明设置原则、位置、规模、场外岔线、供应总量、供应范围及占地数量等)

(四)临时通信

(五)施工供水方案的意见(实地调查和进行必要的设计)

(六)施工供电方案的意见(实地调查和进行必要的设计)

(七)过渡工程方案的意见(便线、便桥、车站、通信、信号、电力、电气化等)(改)

(八)永久工程和临时工程结合的意见

九、施工环保措施

十、施工安全措施

十一、有待进一步解决的问题

注:以上第四~第十一条按推荐方案说明。

附件

一、主要工程数量表(含大型临时设施数量)

二、主要劳动力、材料、成品及施工机具台班数量表

三、有关协议、纪要及公文

四、图纸目录

附图

一、施工组织进度示意图

二、施工总平面布置示意图

第二十六篇　投资估算、资金筹措

第一章　投 资 估 算

说明

一、概述

(一)研究依据、范围及研究年度

(二)预可行性研究(项目建议书)审批意见的主要内容及执行情况

(三)编制范围(建设名称、起讫点、里程、正线长度、相关工程)

（四）估算分段

二、编制依据

（一）一般规定（说明编制估算依据的规章、办法、定额、协议、纪要及公文等）

（二）人工单价（采用的基期工费标准）

（三）料价（采用的材料基期价格标准及依据）

（四）机械台班单价（采用的机械台班单价的依据）

（五）水、电单价（采用的基期水、电单价及依据）

（六）运输及装卸费单价（采用的各种运输单价、装卸费单价及依据）

三、各项工程静态投资估算及费用的编制

（一）征地拆迁（采用资料的来源及分析指标的情况）

（二）正式工程

1. 编制单元

2. 编制深度

3. 价差（编制年度、编制期的价格及依据）

4. 施工措施费（采用的费率及依据）

5. 特殊施工增加费（采用的费率及依据）

6. 间接费（采用的费率及依据）

7. 税金（采用的费率及依据）

8. 设备购置费（采用的设备原价标准及依据）

（三）大型临时设施和过渡工程费（计算分析资料及依据）

（四）安全生产费（采用的费率及依据）

（五）其他费用（采用的费率及依据）

四、基本预备费（采用的费率及依据）

五、动态估算费用

（一）工程造价增长预留费（采用的费率及依据）

（二）建设期贷款利息（采用的费率及依据）

六、机车车辆购置费、动车组购置费（费用计算依据）

七、铺底流动资金（采用的费用标准及依据）

八、投资估算总额及技术经济指标分析

（一）估算总额及每正线公里指标

（二）对项目投资的合理性分析说明（含对各类工程费用所占比重及主要技术经济指标的简要分析、对突出偏低、偏高的工程费用和指标应说明其原因）

九、有待进一步解决的问题

附件：

一、总估算汇总表

二、可行性研究总估算与预可行性研究总预估算对照表

三、总估算表

四、综合估算汇总表

五、可行性研究综合估算与预可行性研究综合预估算对照表

六、综合估算表

七、主要材料平均运杂费单价分析表(供审查用,不附在文件内)

八、补充单价分析汇总表及补充单价分析表

九、主要材料预算价格表

十、补充材料单价表

十一、技术经济指标统计表

十二、有关协议、纪要及公文

第二章　资金筹措

说明

一、研究依据、范围及研究年度

二、预可行性研究(项目建议书)审批意见的主要内容及执行情况

三、资金来源

四、资金筹措方案

(一)资金筹措方式分析(分析专项基金、国内银行贷款、发行股票和债券、外资等各种资金可利用情况,研究提出不同的资金筹措方式)

(二)资金筹措方案的提议

1. 资本金(数量、占总投资的比重)

2. 贷款(国内外贷款额度、年限、利息及还本付息办法)

第二十七篇　经济评价

说明

第一章　评价依据、原则及基础

一、评价依据

二、评价原则

三、评价基础(建设期、计算期、评价基年、评价主体及范围、投资估算、资金筹措、客货运量)

第二章　财务评价

一、基本参数

(一)运营成本

(二)运价率

(三)其他(税种、税率、其他收入率、营业外净支出率、折旧及摊销等)

二、主要指标及分析

三、不确定性分析

(一)敏感性分析

(二)盈亏平衡分析

四、结论

第三章　国民经济评价

一、基本参数
二、国民经济评价费用及效益的识别
三、国民经济费用计算
四、国民经济效益计算
五、主要指标及分析
六、敏感性分析
七、结论

第四章　结　　论

附件
一、辅助报表
(一)运量预测表
(二)工程投资估算表
二、财务评价基本报表(据项目具体情况增减)
(一)财务现金流量表(全部投资)
(二)财务现金流量表(自有资金)
(三)损益表
(四)资金来源与运用表
(五)资产负债表
(六)借款还本付息估算表
三、国民经济评价基本报表
(一)全部投资国民经济效益费用流量表
(二)国内投资国民经济效益费用流量表

Ⅲ　初 步 设 计

第一篇　总 说 明 书

说明

一、概述

(一)设计依据

(二)设计范围(含相关工程)及设计年度

(三)可行性研究及环境影响报告书(表)、水土保持方案报告审批意见的主要内容及执行情况,地震安全性评价报告要点及执行情况,防洪影响评价报告要点及执行情况,土地预审要点及执行情况

(四)线路概况

1. 线路地理位置和径路及其在国民经济与铁路网中的意义和作用

2. 自然特征(概述地形地貌、工程地质、水文地质、地震动参数区划、气象、水文、水土流失及有关风景名胜区、自然保护区、基本农田保护区、水源保护区、文物古迹、国家重点保护的野生动植物等)

(五)既有线概况(改)(客)(注)

1. 历史沿革

2. 铁路主要技术标准(铁路等级、正线数目、限制坡度、最小曲线半径、牵引种类、机车类型、牵引质量、到发线有效长度、闭塞类型、建筑限界等)

3. 运营特征及存在的主要薄弱环节

注:客运专线铁路、城际铁路项目的既有线概况可酌情简述。

(六)勘测设计经过

二、经济与运量

(一)经济特征(线路吸引范围内国民经济、工农林牧业、交通、资源等现状及发展趋势概况)

(二)路网构成

(三)设计年度客货运量(含区段客货流密度及旅客列车对数,说明客货流构成特点和流向;改建铁路、客运专线铁路、城际铁路附既有线或通道近两年统计资料,客运专线、城际铁路预测高峰小时区段客流密度)

(四)全线区段货流密度、旅客列车对数汇总表(含上下行,改建铁路附现状资料)

(五)远景年输送能力

三、铁路主要技术标准

(一)相邻线铁路主要技术标准

(二)设计线铁路主要技术标准(铁路等级、正线数目、设计行车速度、线间距、最小曲线半径、限制坡度或最大坡度、牵引种类、机车类型或动车组类型、牵引质量、到发线有效

长度、闭塞类型或行车指挥方式与旅客列车运行控制方式、建筑限界等)

四、运输组织

(一)车站分布

(二)运输组织模式及运营管理方式(注)

注:客运专线铁路、城际铁路、货运专线铁路附运输组织模式,合资铁路附运营管理方式,其他不附。

(三)旅客列车开行方案(客)

(四)各设计年度客货列车对数及需要通过能力

(五)设计能力及分期扩能措施

(六)行政区划分与调度区划分

五、线路

(一)可行性研究批准的线路方案(改建方案)及局部改善方案简况

(二)线路平、纵断面特征(改建铁路含保留较低标准的处数和长度,增建第二线时左、右线分列,含既有线利用、改建、第二线并行及绕行等的长度和处数)

(三)道路交叉设计原则,重要道(公)路交叉及改移情况

六、轨道

(一)轨道结构形式及轨道类型

(二)有砟轨道设计

(三)无砟轨道设计

(四)无缝线路设计

七、路基

(一)路基工程概况(含既有病害整治)

(二)路基面形状和宽度、路基基床、过渡段

(三)重点路基工程概述

八、土地利用

(一)本项目用地预审意见要点及执行情况

(二)用地概况及全线用地总数、平均每公里用地数及占用地类说明

(三)补充耕地(含复垦)措施

九、桥涵

(一)沿线桥涵分布和既有桥涵利用、加固、改建概况

(二)设计洪水频率、设计活载及桥梁建筑限界

(三)桥涵选型及建材选用概述

(四)重点桥渡工程概述

十、隧道

(一)沿线隧道分布和既有隧道改建概况

(二)隧道建筑限界、衬砌类型、洞内轨道结构形式或类型

(三)重点隧道工程概述

(四)隧道运营通风

十一、站场

(一)全线枢纽(地区)概况(名称、范围、总图布置、总图审批准情况、各主要站及联络线、迂回线、衔接线)

(二)既有线车站数目、性质、规模及布置形式(改)
(三)新建与改建车站的数目、性质、规模及布置形式
(四)新建与改建接轨站、区段站、编组站、主要客运站及其他大站简述(分站说明)
(五)站线轨道类型简述
(六)站场路基及用地简述
(七)车站主要设备简述
十二、电气化
(一)牵引供电系统
1. 既有牵引供电网供电方式、牵引供电设施和外部电源概况(改)
2. 牵引网供电方式
3. 牵引变电所、开闭所、分区所、AT 所及电力调度所的分布(含利用、改建和新建)
4. 牵引变压器类型及容量(含既有设备的利用)
5. 电能质量分析及措施
6. 外部电源对牵引变电所的供电方案
7. 需要功率及用电量(分省、区)
(二)牵引变电所、开闭所、分区所、AT 所及电力调度所
1. 既有牵引变电设施概况
2. 主接线及总平面
3. 保护配置及综合自动化系统
4. 电力调度所及调度管理自动化系统
(三)接触网
1. 既有接触网概况
2. 新建和改建范围与悬挂类型
3. 导线及主要设备选择(含既有设备利用)
(四)维护管理
1. 既有维护管理机构概况
2. 新建或改建维护管理机构的位置和规模
3. 主要设备选择
(五)受电气化影响的电力线路的处理
(六)路外(内)易燃、易爆品库及油、气管道的电磁干扰防护
十三、机务设备
(一)机车交路(改建铁路含既有机车交路)
(二)机务设备的分布、性质及规模(改建铁路含既有机务设备概况)
(三)救援设备分布及等级
十四、车辆、动车组设备
(一)车辆设备
1. 车辆设备分布、性质及规模(改建铁路含既有车辆设备概况)
2. 车辆安全防范预警系统及车号识别系统设置
(二)动车组设备(运用检修设备分布、性质及规模)
十五、给水排水

(一)旅客列车上水站分布(改建铁路含既有和新建)

(二)旅客列车卸污站分布,卸污方式和数量

(三)给水站设置和生活供水站、点数量(改建铁路含既有和新建)

(四)既有给排水设施利用及改建概况(改)

(五)水源设备概述

(六)水处理和主要给水设施概述

(七)污水处理设施及排除方案概述

(八)消防方式选择

十六、通信

(一)通信网的构成

(二)通信线路类型及容量

(三)通信系统的构成及设备类型的选定(包括传输及接入、数据通信、电话交换、移动通信系统、站间行车电话及其他专用通信系统、站场通信系统、会议电视电话、应急通信等系统的概述)

(四)既有通信线路、设备利用及改建简况(改)

(五)路外通信、广播及其他设施的电磁干扰防护

十七、信号

(一)信号设备的选型

(二)接轨站信号设备改建原则

(三)既有信号设备利用及改建概况(改)

十八、信息

(一)系统构成概述(信息系统所包括的内容,设计应用系统的系统结构等)

(二)网络构成概述

(三)系统设置简况

(四)系统主要软硬件配置要求

(五)既有信息系统、设备利用及改建简况(改)

十九、防灾安全监控

(一)防灾安全监控系统设置概述(系统的主要内容、主要功能,新设计系统的系统结构)

(二)网络构成概述

二十、电力

(一)既有电源及供电设备概况(改)

(二)供电负荷的分布及电源选择

(三)供电原则及方案设计

(四)电力远动系统、机电设备和火灾自动报警系统

(五)主要设备类型(含既有供电设备的利用)

二十一、综合检测与维修

(一)设计原则

(二)主要设计内容

二十二、房屋建筑

(一)机构设置、管辖范围及定员数量、每正线公里定员数

(二)房屋配备、房屋建筑面积总量及每正线公里房屋面积

(三)站房建筑方案设计

(四)房屋建筑结构标准

(五)暖通、空调卫生设备概述

二十三、环境保护、水土保持

(一)主要站、段(所)污染源、污染物的分布、排放方式及排放量

(二)工程活动引起的生态环境、水土保持的变化程度及数量

(三)工程对周围环境的主要影响、防治、控制污染以及整治生态环境与水土保持的主要措施及预期效果

二十四、节约能源措施

二十五、安全施工

(一)保证施工和安全的技术措施意见

(二)防范安全事故的指导性意见

(三)改善安全作业环境和安全施工的措施意见

(四)在营业线施工期间保证安全运营的措施意见

(五)采用新结构、新材料、新工艺时,保障施工作业人员安全和预防安全事故的措施意见。

二十六、迁改与重点大型临时工程

(一)迁改

(二)重点大型临时工程

二十七、施工组织

(一)施工总工期及施工组织设计的简要说明(附主要工程数量表)

(二)控制工期工程、施工条件困难工程与特别复杂的工程所采取主要措施

(三)解决施工与行车干扰的主要措施(改)

二十八、总概算

(一)概算总额及每正线公里指标(附总概算汇总表)

(二)设计总概算与批准的可研估算总额的对照分析

二十九、建设及经营管理体制(合资铁路列)

附件

一、设计文件及电子文件组成、分发单位及份数总表(装订在说明书目录之前)

二、线路技术资料汇总表(含主要工程数量,装订在平、纵断面示意图之后)

三、图纸目录

附图

一、线路地理位置图(装订在说明书目录之后)

二、线路平纵断面示意图(装订在线路地理位置图之后)

三、线路平纵断面缩图(选择适当比例,图幅长度不宜超过 3 m)

四、枢纽(地区)总布置示意图(装订在站场节正文内)

第二篇　经济与运量

说明

一、概述

（一）设计依据、范围及设计年度

（二）可行性研究审批意见的主要内容及执行情况

（三）路网构成

（四）远景年输送能力

（五）线路的地理位置及其在国民经济与路网中的意义和作用

二、吸引范围内经济概况

（一）行政区划、面积、人口及产值

（二）资源分布及开发情况

（三）工农业现状及发展

（四）交通运输现状及发展

三、货运量

（一）改建铁路现状货运量说明（近几年货运量增减的趋势及存在的主要问题；客运专线铁路、城际铁路要对既有通道货运量进行说明）（改）（客）

（二）地方运量

1. 全线货物发到运量及流向

2. 主要站货物发到运量

（三）通过运量（主要品名的运量、流向及大宗货流说明）

（四）区段货流密度（可行性研究批准的，客运专线铁路、城际铁路还需对既有铁路区段货流密度进行说明）

注：货运量若与可行性研究批准有较大变化时，应说明原因。

（五）货流波动系数

四、客运量

（一）改建铁路现状客运量说明（近几年客运量增减的趋势及存在的主要问题；客运专线铁路、城际铁路要对既有通道客运量进行说明）（改）（客）

（二）客流特点及主要流向

（三）主要站（大中城市所在地）旅客发送量及最高聚集人数

（四）客运量（可行性研究批准的，客运专线铁路、城际铁路还需对出行调查、出行分布、交通量分配、全年和最大日及高峰小时区段客流密度等进行简要说明）

（五）旅客列车对数及开行方案（可行性研究批准的，含旅客列车种类、起讫点、径路、数量、配属、编组、载客量及行包专列、集装箱专列及其他专列数量等）

注：旅客列车对数若与可行性研究批准有较大变化时，应说明原因。

五、全线区段货流密度、旅客列车对数汇总表（含上下行，改建铁路附现状资料）

附件（注）

一、大宗货物始发终到表

二、分站货物发到运量表

三、分站仓库运量及面积表

四、分站专用线发到运量表

五、各设计年度旅客列车对数及径路表

六、分站旅客发送量及最高聚集人数表

七、枢纽货物交流表(不单独编制铁路枢纽设计文件时附)

注:以上各项改建铁路应附近两年实际统计资料。

八、图纸目录

附图

货流图(含主要品名,改建铁路附实际货流图)

第三篇　运输组织

说明

一、概述

(一)设计依据、范围及设计年度

(二)可行性研究审批意见的主要内容及执行情况

(三)设计依据资料(经济运量、远景年输送能力、采用的线路方案、列车编组、列车开行方案、机车交路图等)

(四)改建线(既有线)运营现状(注)

1. 铁路主要技术标准

2. 车流组织及工作量(列车编组计划、行车量、主要站作业量等)

3. 通过能力及利用程度(含相关数据、指标、控制区间等)

4. 存在的主要薄弱环节

注:改建铁路采用改建线运营现状,客运专线铁路、城际铁路采用既有线运营现状。

(五)改建方案和分期扩能措施(可行性研究批准的。如有变更,需说明原因)及补充方案的说明(改)

二、铁路主要技术标准

(一)相邻线铁路主要技术标准(现状及规划)

(二)铁路主要技术标准(可行性研究批准的。如有变更,需说明原因)

三、车站分布

(一)车站分布原则

(二)车站分布概况

(三)满足客货运作业要求的说明

(四)满足各种技术作业要求的说明

(五)增开、封闭、改移车站的说明

四、运输组织模式及运营管理方式(注)

(一)运输组织模式

(二)运营管理方式

注:客运专线铁路、城际铁路、货运专线铁路附运输组织模式,合资铁路附运营管理方式,其他不附。

五、车流组织(注)

(一)列车编组计划(旅客列车为定员标准、动车组类型、编组辆数等;货物列车为列车编组计划,编组站分工、空车调整、直通及地方车流组织、各类列车的始发站、改编站等)

(二)旅客列车开行方案(各设计年度、不同起讫点、不同径路的各类旅客列车数量)

注:货运部分适用于客货共线铁路及货运专线铁路;客运部分适用客货共线铁路及客运专线铁路、城际铁路。

六、行车量及车站工作量 33333

(一)列车对数(各设计年度、各区段的各类列车数量。说明计算依据、相关参数及分析采用情况)

(二)主要站工作量

1. 客站工作量(含分工原则及办理各方向列车数)

2. 主要站货物装卸及调车作业量(含编组站、区段站、工业站、港湾站及作业量较大的车站;区段站以上按无调中转、有调中转、本站到达、出发的货物作业车分列;有双向改编设备的车站需计算转场车数)

(三)工业站、港湾站及较大工矿区所在车场的交接方式、取送方式及次数

(四)调机类型、台数及配属站

注:货运部分适用于客货共线铁路及货运专线铁路。

七、通过能力及输送能力

(一)通过能力的计算方法及参数

(二)设计年度需要通过能力

(三)设计能力及分期扩能措施

八、施工干扰对运输能力的影响及运输组织措施的意见

九、管理机构设置、管辖范围、运输机构定员、调度区划分(说明现状及设计的铁路局或公司界、调度区划分,车务段、列车段、客运段的设置,客货运及行车定员、班制等)

十、安全施工的意见(考虑营业线运营等因素,提出安全运营的意见)

附件

图纸目录

附图

一、车站分布及区间通过能力图

二、客货列流图

三、机车交路图或动车组交路图(必要时附)

第四篇 地　　质

说明

一、概述

(一)设计依据、范围及设计年度

(二)可行性研究审批意见的主要内容及执行情况

(三)勘测依据

(四)勘测范围

(五)勘测经过

(六)定测工程地质勘察大纲的要点(勘察内容、方法、质量要求)及执行情况

(七)完成的勘探工作量

二、自然地理概况(含地理位置、地形地貌、交通概况、气象特征、季节性冻土深度段落划分及地震动参数区划等)

三、地层及构造

(一)地层岩性

(二)地质构造

四、水文地质特征

(一)地下水分布及特征

(二)沿线水质对混凝土的侵蚀性评价

五、工程地质特征

(一)详细阐述不良地质分布、特征及工程措施意见

(二)详细阐述特殊岩土分布、特征及工程措施意见

(三)详细阐述既有线病害分布、特征、施工中曾发生的地质问题及工程措施意见(改)

六、地质灾害危险性评估、压覆矿产资源评估和地震安全性评价的主要结论

七、建设项目工程地质条件评价

(一)详细阐述重要路基工程的地质条件、评价及工程措施意见

(二)详细阐述重要桥梁的地质条件、评价及工程措施意见

(三)详细阐述重要隧道的地质条件、评价及工程措施意见

(四)详细阐述其他重大工程的分布、地质条件、评价及工程措施意见

(五)详细阐述主要天然建筑材料场地的地质条件及对储量和质量的评价

(六)工程建设、天然建筑材料开采对环境地质条件的主要影响

(七)建设项目工程地质条件的总体评价

八、安全施工的意见(根据地质条件、风险等级、周边环境、邻近工程、重点部位和环节等因素,提出施工超前地质预报的措施意见和方法)

九、下阶段工作中和施工中应重视的地质问题及注意事项

附件

一、地震安全性评价报告

二、图纸目录

附图

一、全线工程地质图,比例1:10 000～1:200 000

二、详细工程地质图(客运专线铁路、城际铁路含联络线、走行线等。改建铁路含绕行线等),比例1:2 000～1:10 000

三、详细工程地质纵断面图(客运专线铁路、城际铁路含联络线、走行线等。改建铁路含辅助纵断面图等),比例横1:10 000,竖1:100～1:1 000

四、工点工程地质图件(含工程地质勘察报告或说明、工程地质图和有关的工程地质断面图及勘探测试资料;所有工点均应单独编制成册,其中地质条件简单、工程规模较小的工点可以合订成册),比例视具体情况确定

第五篇　线　　路

第一章　线　　路

说明

一、概述

（一）设计依据、范围及设计年度

（二）可行性研究审批意见的主要内容及执行情况

（三）线路所经地区情况

1. 线路地理位置（含起讫点、经由点）

2. 自然特征（沿线地形地貌、地层岩性、构造、水文、气象、地震动参数区划、水文地质、不良地质及特殊岩土和有关风景名胜区、自然保护区、水源保护区、文物古迹及国家重点保护的野生动植物等）

（四）既有线概况（改）（客）

1. 历史沿革

2. 主要技术标准

3. 线路特征、运营特征和技术设备概况

（1）线路特征（线路平面：最小曲线半径、缓和曲线长度、最短夹直线长度、曲线与直线长度及曲线半径分布等情况。线路纵断面：限制坡度、加力坡度及纵断面坡度情况，病害情况，车站分布、站坪长度及坡度，存在的主要问题）

（2）运营特征

（3）技术设备概况

二、铁路主要技术标准

（一）相邻线路主要技术标准（现状及规划）

（二）铁路主要技术标准（可行性研究批准的。如有变更，说明原因。客运专线铁路、城际铁路含联络线、走行线等其他线路）

三、线路采用方案或改建方案简述（可行性研究批准的。如有变更，说明原因）与局部方案的比选（附示意图和技术经济比较表。技术经济比较表应作全部工程内容的比较，全面反映工程数量、指标、费用等内容）

四、线路平面及纵断面

（一）车站分布、车站性质及站坪长度

（二）平面（含双线或预留双线。结合路段设计行车速度说明缓和曲线、圆曲线、夹直线等选用标准及最小曲线半径分布情况、平面控制点情况等。改建铁路含改建既有线、增建第二线平面设计情况，需保留既有线较低标准时应说明理由）

（三）纵断面（含缓坡、竖曲线、坡段长度和最大坡度差的选用标准，足坡使用率，路基、桥涵控制高程以及坡度设计的其他要求。改建铁路含坡度抬高、降低及动力坡使用情况，需保留既有线较低标准时应说明理由）

（四）利用既有线地段（客）

（五）与相关既有铁路联络线的平、纵面（客）

（六）动车组走行线平、纵面（客）

五、通过正式运营列车便线

(一)便线起讫点、修建理由及施工组织措施的概述

(二)限制速度

(三)线路平面、纵断面

六、改移道路及平(立)交道

(一)改移道路及平(立)交道概况

(二)改移等级公路(按公路有关规范和标准设计)

(三)改移乡村道路(一般可列设计汇总表,复杂工点要有设计图)

七、拆迁工程说明

八、铁路线路安全设施(含安全保护区、防护栅栏、维修通道等)

九、安全施工的意见(考虑周边环境、邻近工程、重点部位和环节、营业线运营、新结构、新材料、新工艺等因素,提出安全施工及安全运营的意见)

附件

一、线路技术资料汇总表(装订在线路平纵断面示意图之后)

二、增建第二线左右侧及线间距表(改)

三、既有线改线地段表(含改移既有线平面 2 m 以上及其影响地段)(改)

四、既有线改坡地段表(含抬高路基或切削路基及其影响地段)(改)

五、拆迁建筑物、构筑物汇总表

六、砍伐树木及挖树根表

七、改移公(道)路表

八、线路安全设施表

九、有关协议、纪要及公文

十、图纸目录

注:除技术资料汇总表、重要协议、纪要及公文、图纸目录外,其他附表单独成册。

附图

一、线路地理位置图(装订在说明书目录之后)

二、线路平纵断面示意图(装订在线路地理位置图之后)

三、线路方案平面图(含采用方案和局部比较方案,填绘主要的地质构造线和重大不良地质范围),比例 1∶10 000 和 1∶50 000,平原地区附1∶50 000

四、线路平面图(包括客运专线铁路、城际铁路及其联络线、动车组走行线等。改建铁路含绕行线等。填绘不良地质范围及性质。平面图应贯通,包括车站枢纽),比例 1∶2 000或 1∶5 000

五、线路详细纵断面图(包括客运专线铁路、城际铁路及其联络线、动车组走行线等。改建铁路含辅助详细纵断面图等,均填绘地质资料,钻孔、观测点等可适量标注),比例横 1∶10 000,竖 1∶500 或 1∶1 000

六、既有线放大纵断面图(附地质资料,成底图供审查用,不附入文件),比例横 1∶10 000,竖 1∶100 或 1∶200(改)

七、线路平面布置示意图(增建第二线需要时附,图中含线路左右侧、换边地点、车站、桥梁、隧道等重点工程)(改)

八、通过正式运营列车便线线路平面图(酌情填绘地质。亦可与线路平面图合并绘

制),比例1:2 000

九、通过正式运营列车便线详细纵断面图(酌情填绘地质),比例横1:10 000,竖1:1 000

十、改移道路及平(立)交道设计图

(一)改移等级公路设计图(如要送公路部门审查,宜单独成册,包括:路线平、纵面图,路基横断面图及工点设计图,桥涵设计图,标志、标线设计表,工程数量表,概算等。图中按要求填绘地质)

(二)改移乡村道路设计图(复杂工点时附)

(三)改移道路及平(立)交道设计汇总表

第二章　工务有关设施

说明

一、概述

(一)设计依据、范围及设计年度

(二)可行性研究审批意见的主要内容及执行情况

二、工务机构

(一)养护维修体制、工作量、工务机构设置、管辖范围和定员

(二)养路机械和线路检测设备的配置

三、采石场

(一)采石场的设置及场址选定或既有采石场概况

1. 自然特征和地质简况

2. 储量及质量

3. 岔线

4. 其他(含交通、电源、水源、弃土、弃砟条件等)

5. 方案比选(结合各方案的储量、质量、岔线工程及开采条件等比选确定,并与改建既有采石场作比选)

(二)设计或改建规模、产量、品种和供应范围及开采年限

(三)平面布置及设备

1. 原石开采、输送工艺及设备

2. 道砟、片石生产工艺及设备

3. 道砟、片石储存、装车方式及设备

4. 废砟处理设备及再利用措施

5. 机修及辅助设施的设备

6. 爆炸材料种类、储存及其安全设施

(四)岔线

1. 主要技术标准

2. 平、纵断面设计

3. 路基

4. 轨道

5. 桥涵

(五)机构设置和定员(改建含既有和新增)

(六)环境保护及水土保持措施(弃砟、粉尘、设备噪声、振动、污水等对环境的影响及采取的措施)

(七)节约能源措施

四、工务修配所(不设综合维修中心时设置)

(一)主要生产车间及总平面布置

(二)机构设置及定员

(三)既有概况及改建的必要性(改)

(四)改建原则、规模、新增定员(改)

(五)环境保护措施

(六)节约能源措施

五、苗圃

(一)设置意见(或改建意见)

(二)位置及平面布置

(三)主要设备及定员

六、绿化

(一)沿线自然环境概况

(二)绿化设计(含范围、整地、草种及树种的选择、平面布置、栽植技术、管理要求等)

七、安全施工的意见(考虑周边环境、邻近工程、重点部位和环节、营业线运营、新结构、新材料、新工艺等因素,提出安全施工及安全运营的意见)

附件

一、工务机构设置、管辖范围和定员表及各项设施定员汇总表(含既有和新增)

二、养路机械设备数量表

三、采石场主要工程数量表(与可研进行工程内容和工程数量对照分析)

四、采石场主要材料数量表

五、采石场主要机械设备数量表

六、采石场岔线工程数量汇总表(与可研进行工程内容和工程数量对照分析)

七、苗圃主要设备数量表

八、绿化主要工程数量表(与可研进行工程内容和工程数量对照分析)

九、用地数量表(按各项设施分别列出)

十、甲供物资、设备一览表

十一、有关协议、纪要及公文

十二、图纸目录

附图

一、采石场

(一)采石场总平面布置图(填绘地质资料),比例1:2 000

(二)采石场岔线线路平面图,比例1:2 000或1:5 000

(三)采石场岔线纵断面图,比例横1:10 000,竖1:500或1:1 000

(四)采石场岔线放大纵断面图(需改建时附、填地质资料、底图供审查用,不附入文件)比例横1:10 000;竖1:100或1:200

(五)采石场岔线路基、桥涵设计图(必要时附)

(六)采石场生产流程示意图
(七)主要生产车间(破碎、筛分车间)平面、剖面布置图
(八)辅助生产车间平面布置图
(九)片石生产工艺设备布置图
(十)生产办公房屋平面图
(十一)爆炸材料库区及安全设施布置图
(十二)用地及排水系统图
二、工务修配所
(一)工务修配所总平面布置图
(二)各生产车间平面布置图
(三)生产、辅助办公房屋平面示意图
三、苗圃平面布置图(含与车站关系示意图)
四、绿化
(一)绿化代表性平面布置图
(二)绿化代表性横断面图

第六篇　轨　　道

说明
一、概述
(一)设计依据、范围及设计年度
(二)可行性研究审批意见的主要内容及执行情况
(三)铁路主要技术标准
(四)既有线轨道情况(改)(客)
(五)轨道技术特点、设计原则(客)
(六)轨道结构形式分布情况
二、正线轨道(含新建、改建)
(一)轨道结构形式、轨道类型
(二)有砟轨道(钢轨、轨枕、扣件、道床、轨道高度等)
(三)无砟轨道
1. 结构选型
2. 铺设范围
3. 结构设计
(四)其他新型轨下基础
(五)无缝线路
1. 类型及铺设范围
2. 单元轨节布置
3. 设计锁定轨温
4. 桥上无缝线路
5. 道岔区无缝线路

6. 隧道地段无缝线路

7. 位移观测桩

三、其他线路轨道(客专、城际铁路的联络线、动车组走行线、通行正式列车的施工便线等)

四、轨道附属设备和常备材料

(一)轨道附属设备

(二)常备材料

五、安全施工的意见(考虑周边环境、邻近工程、重点部位和环节、营业线运营、新结构、新材料、新工艺等因素,提出安全施工及安全运营的意见)

附件

一、铺设无缝线路地段表

二、单元轨节布置表

三、铺设无砟轨道地段表

四、铺设宽枕及其他新型轨下基础地段表

五、轨道工程数量汇总表(与可研进行工程内容和工程数量对照分析)

六、线路标志及信号标志工程数量表及线路安全保护区标桩工程数量表

七、有关协议、纪要及公文

八、图纸目录

附图

一、无砟轨道结构方案设计图(含路、桥、隧、站地段无砟轨道结构图、典型和特殊平面布置图及过渡段布置图)

二、其他个别设计图

第七篇　路　　基

说明

一、概述

(一)设计依据、范围及设计年度

(二)可行性研究审批意见的主要内容及执行情况

(三)沿线自然特征及主要不良地质问题(地形地貌、工程地质、水文地质、地震动参数区划、气象、土工试验资料等)

(四)既有线路基工程概况(着重说明路基病害类型、长度、分布范围、发生和发展原因及对运营的影响、已采用的整治措施等)(改)

(五)设计的路基工程概况(路基、区间路基长度,占全线比例,路基、路堑长度,填、挖方及取弃土数量,路基工点类型分布、土石方和圬工数量及平均每公里数量等)

(六)取弃土场设置概况

二、设计内容说明

(一)路基一般设计原则(路基面形状和宽度、路基基床、横断面形式、边坡坡率、预留设计沉降量、侧沟尺寸和边坡平台宽度、护道宽度、机械化养路作业平台、过渡段、地基技术要求、填料及压实度要求、级配碎石(砂砾石)及改良土施工方法、改建铁路时通过正式

运营列车便线路基设计等）

（二）既有线路基改建一般设计原则（改）

（三）路基个别设计说明（按照工点类型分别说明）

（四）主要加固及防护方案比选说明（必要时附）

（五）路基施工严重干扰行车、控制工期地段的施工过渡措施和设计原则（改）

（六）取弃土场及填料设计说明

（七）路基土石方调配和路基排水设计的设计原则及说明

（八）与其他专业设计接口的说明

（九）采用新技术、新结构的设计说明和需进行科学研究、观测、试验项目的目的、必要性、内容及经费的说明

（十）路基修建对生态环境与水土保持（地表径流、植被、沙化、野生动物通道等）的影响及采取的措施

三、重点路基个别设计（含工程地质、水文地质条件复杂的工点、采用特殊施工方法的路基、高大挡土墙、新技术工点，既有线重大病害整治工点等）的设计内容说明（分工点说明）

四、地质灾害防治、防洪、压覆矿产资源及安全防灾的工程措施说明

五、工程数量对照表（列可研及初步设计区间路基主要工程数量，分析其增减原因并予以说明）

六、安全施工及过渡的意见（考虑周边环境、邻近工程、重点部位和环节、营业线运营、新结构、新材料、新工艺等因素，提出安全施工及安全运营的意见）

附件

一、路基工点表

二、挡土墙表

三、路基加固和防护工程数量表（与可研进行工程内容和工程数量对照分析）

四、稳定性分析和沉降量分析成果一览表（分工点列出计算采用的主要参数、计算方法和分析结果。有需要进行稳定性分析和工后沉降量分析的工点时作）

五、改河改沟（渠）表

六、路基地面排水工程数量表（与可研进行工程内容和工程数量对照分析）

七、路基土石方数量总表

八、路基土石方数量调配汇总表

九、取弃土场设计汇总表

十、路基稳定性监测断面布设一览表（含路基面、本体、基底等监测类型）

十一、有关协议、纪要及公文

十二、图纸目录

附图

一、重点路基个别设计附以下各图

（一）平面图（图中填绘地形、地质资料及工程建筑物位置），比例 1∶500 ~ 1∶2 000

（二）纵断面图（必要时附，图中填绘地质资料及工程建筑物位置），比例根据具体情况确定

（三）横断面图（图中填绘地质资料及工程建筑物位置），比例 1∶200（特殊情况可用

1∶100或1∶500)

(四)结构设计图(必要时附),比例根据具体情况确定

(五)取弃土场位置图,比例1∶10 000

(六)工程数量表

(七)设计说明

二、各类代表性路基设计图(内容参照重点路基个别设计附图)

第八篇　土　地　利　用

说明

一、设计依据、范围及设计年度

二、可行性研究审批意见的主要内容及执行情况,本项目用地预审意见要点及执行情况

三、用地设计说明

四、线路所经地区用地概况,区间路基、全线用地(含其他各篇用地)总数、平均每公里用地数及占用地类说明

五、补充耕地措施说明

六、土地复垦设计说明(含设计原则、土地利用前状况、土地面积、措施及土地用途等)

附件

一、用地数量表(含土地类别、数量和所属单位)

二、用地数量汇总表(含其他各篇用地,列出土地类别、数量等,并分省、局或公司界汇总)

三、复垦土地数量表(含里程、数量等)

四、用地界桩数量表

五、有关协议、纪要及公文

六、图纸目录

附图

申购用地图(图中绘明线路中心线、用地界、土地所属单位及土地类别等),比例同线路平面图

第九篇　桥　　涵(注)

说明

一、概述

(一)设计依据(含执行的主要规范、标准)、范围及设计年度

(二)可行性研究审批意见的主要内容及执行情况,防洪影响评价报告要点及结论意见

(三)沿线主要河流水系特征及地形地貌、水文、气象、工程地质、水文地质、地震动参数区划等自然情况

(四)沿线农田排灌、水利工程(含规划)及水工建筑物、水源保护区、国家重点保护的野生动植物区等对铁路桥涵的影响和要求

(五)沿线水陆交通、地下管线现状及规划对铁路桥涵的影响和要求

(六)城市规划对铁路桥涵布设及建筑的要求,客运专线铁路、城际铁路(或其他铁路)对景观设计的考虑

(七)既有线桥涵概况(设计标准、运营情况,病害及其原因分析,实际的载重能力和建筑限界等)(改)

(八)既有线水害情况(改)

(九)大中桥流量计算及成果分析

(十)小流域流量计算公式的说明

(十一)沿线桥涵分布概况(按特大桥、大、中、小桥及涵洞分别统计座数及总延长米。改建铁路按改建前后分列,既有桥涵中的临时结构分类另列)

二、采用的洪水频率、设计行车速度、设计活载、通航(含流筏)净空、立交净空及建筑限界

三、设计内容说明

(一)新建桥涵的设计原则

(二)既有桥涵利用、加固及改建的设计原则(改)

(三)防洪评价、航道论证、重要道路立交协议落实情况

(四)桥涵水文计算及孔径式样的确定(含方案比选)

(五)墩台及基础设计(根据列车行车设计速度分别说明,含方案比选)

(六)桥梁上部建筑及特殊结构的设计(根据列车行车设计速度分别说明,含方案比选)

(七)采用新技术、新结构的设计说明和需进行科学研究及试验项目的目的、内容及经费

(八)导治建筑物及其他附属工程的设计

(九)结构耐久性措施及建筑材料选用

(十)特殊地区桥涵的设计(如水库区、漫流区、地震区、软土区、岩溶区、盐碱区、湿陷性黄土区、多年冻土区、高原冰川及泥石流区、膨胀土区、采空区、强风沙区、严寒及有承压水地区等)

(十一)桥涵修建对生态环境与水土保持(径流、水土流失及灌溉等)的影响及采取的措施

(十二)贯彻国防要求与安全防灾工程措施

(十三)桥涵照明、通信、信号、电力、电气化等专业设计接口的说明

(十四)施工方法简述

四、重点桥渡的设计内容说明(分工点说明)

(一)可行性研究方案简述、审批意见及执行情况

(二)自然概况及主要控制因素

(三)主要技术条件(是否无缝线路及单双线、曲线半径、坡度等)

(四)桥式方案(孔跨、梁部、基础)比选及推荐意见

(五)水流导治及河道整治的意见(水文不控制者可不列)

(六)既有桥加固或改建方案(改)

(七)施工方法的初步意见

(八)采用新技术、新结构的说明,需进行科研或试验项目的简介(必要时附)

五、工程数量说明及与可研的对照分析

六、安全施工及过渡的意见(考虑周边环境、邻近工程、重点部位和环节、营业线运营、新结构、新材料、新工艺等因素,提出安全施工及安全运营的意见)

附件

一、特大、大、中桥表(改建铁路含既有桥梁与新建或改建桥梁对照,并注明利用原桥情况)

二、小桥表(改建铁路含既有桥梁与新建或改建桥梁对照,并注明原桥利用情况)

三、涵洞表(改建铁路含既有涵洞与新建、改建或接长涵洞对照,并注明原涵利用情况)

四、道路桥涵表

五、工程数量汇总表(特大、大、中桥按工点,小桥涵按类型、孔径分别汇总;并与可研进行工程内容和工程数量对照分析)

六、有关协议、纪要及公文

七、图纸目录

附图

一、重点桥渡

(一)桥址平面图(图中绘明新线与既有线的中心线、桥梁平面、导治建筑物平面、地形、洪水泛滥线及必要的地质资料),比例 1∶500 ~1∶5 000

(二)桥址工程地质图(地质复杂的桥附),比例 1∶500 ~1∶5 000

(三)桥址工程地质纵断面图,比例横 1∶100 ~1∶5 000,竖 1∶50 ~1∶500

(四)全桥总布置图(含加固、改建或新建,图中绘明全桥立面及平面,立面直观标注地质柱状示意图、岩层分界线、岩性特征、基本承载力、地下水位、常水位、勘测时水位等地质及水位资料,并附含设计桩基承载力,主要结构变形与变位,墩台设计线刚度、冲刷情况等设计说明及主要工程数量表。地形、地质复杂者另附墩台地质横断面图。主要方案及比较方案分别绘制),比例 1∶100 ~1∶1 000

(五)墩台及基础设计图(加固、改建或新建,图中注简要说明,有标准图、通用图时不附),比例 1∶50 ~1∶500。铺设无缝线路的高墩柔性基础桥梁提供墩台抗推刚度

(六)特殊结构设计图(如非标准设计的基础、梁部结构、桥面布置、地基加固等),比例 1∶10 ~1∶500

(七)新技术、新结构设计图(图中附设计说明和工程数量表),比例 1∶10 ~1∶500

(八)导治建筑物及其他附属工程设计图,比例 1∶50 ~1∶2 000

(九)复杂的施工防护设计略图,比例 1∶50 ~1∶500

(十)重点铁路便桥设计略图

(十一)个别桥涵的指导性施工组织设计图(必要时附)

二、各类代表性大中桥设计图(内容参照重点桥渡附图)

注:简单的特大桥、一般大中桥设计底图不附入文件,审查时备用。

三、小桥涵

(一)复杂的小桥涵设计图(情况相同时只附代表性的,图中绘注地质资料,必要时附地形图,特殊设计或新结构应附设计图),比例 1∶50 ~1∶500

(二)复杂小桥涵加固或改建设计图(情况相同时只附代表性的,图中绘注地质资料),比例 1∶50 ~1∶500(改)

四、道路桥涵设计图(参照铁路桥涵办理)

注:立交桥、泄水隧洞、渡槽、倒虹吸管等,按类型及孔径分别列入大中桥及小桥涵项目内,道路桥涵列在铁路桥涵之后。

第十篇 隧 道

第一章 隧 道

说明

一、概述

(一)设计依据、范围及设计年度

(二)可行性研究审批意见的主要内容及执行情况

(三)沿线地形地貌、工程地质、水文地质、地震动参数区划、气象等情况

(四)既有隧道改建概况(建筑限界、运营情况、病害和原因分析等)(改)

(五)隧道方案比选情况(特长隧道、重点隧道应说明)

(六)沿线隧道分布概况

二、路段设计行车速度、建筑限界及轨面以上净空横断面面积

三、设计内容说明

(一)隧道位置、洞口位置的选定(含地表水的防排水措施)及洞口段预加固措施

(二)衬砌支护类型的确定

(三)隧道洞门及洞口缓冲结构

(四)结构的耐久性

(五)建筑材料的确定

(六)防水及排水措施

(七)抗震设计与国防要求

(八)运营通风(含方案比选。改建铁路含既有通风设施的利用或废弃)

(九)洞内附属工程设计

(十)辅助坑道设计(含方案比选)

(十一)采用新技术、新结构的设计说明和需进行科学试验的目的、内容与经费

(十二)既有隧道改建及加固设计(改)

(十三)施工方法(包括盾构)及施工安全说明

(十四)隧道修建对生态环境与水土保持(弃砟、污水、地下水资源、灌溉、居民生活水源等)的影响及采取的措施

(十五)施工组织设计方案的说明(特长隧道及5 000 m以上的长隧道应说明,其他重点隧道必要时说明)

(十六)隧道轨下基础类型、照明、通信、信号、电力、电气化、防灾报警、消防设施等专业设计接口说明

(十七)隧道安全应急预案(针对不同情况)

(十八)其他有关说明(如曲线加宽、施工量测等)

四、重点隧道(特长隧道、长隧道、喇叭口隧道、三线及以上的多线隧道、地质复杂的隧道、改建困难的隧道)的设计说明(分工点说明)

(一)隧道概况(工点所处地形、地貌概况。隧道起讫里程、长度、线路坡度、平面曲线

等情况及洞口交通情况。与既有线较近的工点还应该说明既有工程概况及与新建隧道平面、线间距的关系等)

(二)工程地质和水文地质特征

1. 工程地质特征(含地质构造)

2. 水文地质特征

(三)不良地质

(四)地震动参数区划及气象资料

1. 地震动参数区划

2. 气象资料(年平均气温、最冷月平均气温、最热月平均气温、年平均降水量、年最大降水量、年平均蒸发量、土壤最大冻结深度等)

(五)洞口位置的确定及洞门型式的选择(含洞口缓冲结构)

(六)衬砌支护设计

(七)既有隧道改建及加固(改)

(八)监控量测

(九)防排水设计

(十)辅助坑道设计

1. 辅助坑道方案比选

2. 辅助坑道断面的拟定及衬砌支护设计

3. 辅助坑道在隧道主体工程竣工后的处理措施

(十一)洞内设备及救援通道设计

(十二)建筑材料

(十三)结构耐久性设计

(十四)运营通风设计

(十五)防灾救援设计(特长隧道和客运专线隧道附)

(十六)施工方法(超前预报的措施及方法)

(十七)施工注意事项(施工安全及事故逃逸措施)

(十八)风险评估与对策

(十九)弃砟及环保

(二十)其他

五、安全施工及过渡的意见(根据地质条件、风险等级、周边环境、邻近工程、重点部位和环节、营业线运营、新结构、新材料、新工艺等因素,提出安全施工及安全运营的意见)

附件

一、隧道表(含明洞。表中应有围岩分级统计、各级围岩临时措施、超前支护参数等内容。说明既有隧道利用、改建或废弃及新建情况)

二、工程数量表(与可研进行工程内容和工程数量对照分析)

三、采用标准图、通用图一览表

四、有关协议、纪要及公文

五、图纸目录

附图

一、重点隧道附以下各图(注)

(一)隧道位置方案平面图(必要时附),比例 1∶2 000

(二)隧道平面图,比例 1∶2 000 或 1∶5 000(特长隧道及 5 000 m 以上的长隧道洞顶部分的比例可用 1∶10 000)

(三)隧道纵断面图,比例横 1∶500 ~ 1∶5 000,竖 1∶200 ~ 1∶2 000(横竖比例也可一致)

(四)隧道洞身横断面图(必要时附),比例 1∶200 或 1∶500

(五)隧道洞口平面图(既有隧道改建时附),比例 1∶200 或 1∶500

(六)隧道洞口纵、横断面图(既有隧道改建时附),比例 1∶200

(七)辅助坑道设计图(含平面、纵、横断面及结构设计图,必要时应附比较方案)

注:以上各图,除结构设计图外,均应绘注地质资料。

(八)隧道运营通风设计图(必要时应附比较方案)

(九)特长隧道施工通风设计图(必要时附)

(十) 特长、长隧道施工排水设计图(长隧道必要时附)

(十一)特殊设计图(如洞门、衬砌、支护、防水、排水和新技术、新结构设计等)

(十二)既有隧道改建或加固设计图及施工过渡设计图(改)

(十三)既有隧道断面图,比例 1∶50 或 1∶100(改)

(十四)其他设计图(如改沟、防护、弃砟设计等)

(十五)施工组织设计图(特长隧道及 5 000 m 以上的长隧道附,其他重点隧道必要时附)

二、一般隧道附以下各图(注)

(一)隧道纵断面图(图中应绘注地质资料),比例同重点隧道

(二)隧道洞门设计图(必要时附)

(三)既道洞门设计图(必要时附)

(四)隧道衬砌结构设计图(必要时附)

(五)既有隧道衬砌结构设计图(必要时附)

(六)既有隧道改建或加固设计图(改)

注:不附入文件的一般隧道其他设计底图,审查时备用。

第二章　隧道通风机械设施

说明

一、设计依据、范围及设计年度

二、可行性研究审批意见的主要内容及执行情况

三、设计说明(总的工程情况、设计内容、采用的先进技术及其他必要的说明)

四、核算电动机功率及其选型和安装说明

五、动力配备(无电源时根据风机功率选配柴油机)

六、节约能源措施

七、安全施工及过渡的意见(考虑周边环境、邻近工程、重点部位和环节、营业线运营、新结构、新材料、新工艺等因素,提出安全施工及安全运营的意见)

附件

一、工程数量表(与可研进行工程内容和工程数量对照分析)

二、主要机械设备数量表

三、主要材料数量表

四、甲供物资、设备一览表

五、有关协议、纪要及公文

六、图纸目录

附图

一、通风机房、通风机组平面布置图(无电源时含柴油机部分)

二、通风机组安装图(无电源时含柴油机安装)

三、通风机组及其他设备基础图(无电源时含柴油机基础)

四、柴油机辅助系统(燃油、润滑、冷却水)平面布置图、安装图及管系图

五、通风机和柴油机共同底盘安装图

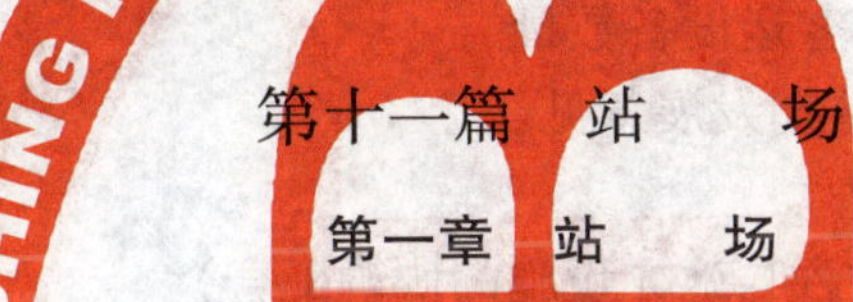

第十一篇 站 场

第一章 站 场

说明

一、概述

(一)设计依据、范围及设计年度

(二)可行性研究审批意见的主要内容及执行情况

(三)全线枢纽(地区)概况(名称、范围、总图布置、总图审批情况、各主要站及联络线、迂回线、衔接线)

(四)全线车站概况(线路起迄点、全长、车站数目、性质、规模、布置形式)

二、铁路主要技术标准及站场设计原则

(一)铁路主要技术标准

1. 相邻线主要技术标准

2. 本线主要技术标准(列表说明铁路等级、正线数目、设计行车速度、线间距、最小曲线半径、限制坡度或最大坡度、牵引种类、机车类型或动车组类型、牵引质量、到发线有效长、闭塞类型或行车指挥方式与旅客列车运行控制方式、建筑限界、机车交路及动车组交路等)

(二)战场设计原则(客货共线铁路、货运专线铁路说明车站布置形式、到发线进路、出站信号机类型、超限货物列车进路、岔线接轨、客货运设备及可能接轨的专用线等。客运专线铁路、城际铁路说明车站选址、客运联络线、车站平面、动车组走行线、养护维修列车走行线、纵断面、客运设备等)

三、本线引入(或既有线扩能)引起枢纽(地区)的扩能工程

四、会让站、越行站、中间站设计说明

(一)车站所在地自然、社会经济特征和交通运输结构

(二)有关部门对车站设置与设计的要求

(三)车站工作量(客货列车对数和种类、旅客最高聚集人数、车站及铁路专用线分品类的货物装卸量等)

（四）车站设计概述（平面布置及客货运设备数量，车站平面布置优化方案的比选）

（五）既有站封闭、改移情况（改）

（六）既有站设备概况（改）

（七）车站道路、平（立）交道及排水设计

（八）用地及拆迁

（九）既有线复杂车站的施工过渡意见（客）

五、主要客运站分站说明（客）

（一）枢纽（地区）既有概况（主要概述既有客运系统）

（二）枢纽（地区）总图规划概况（主要概述客运系统规划、客站分工）

（三）城市总体规划、综合交通规划概况及有关部门对车站设计的要求

（四）客运作业量（旅客列车对数、旅客最高聚集人数）

（五）可行性研究批复方案与局部改善方案的比选（含联络线或疏解线布置方案）

（六）车站位置、股道及主要客运设备数量

（七）车站平纵断面设计及分期发展意见

（八）联络线或疏散线布置

（九）车站道路及排水设计（含与地方设施的协调配合）

（十）车站通过能力

（十一）大型客运站接发列车仿真模拟及分析

（十二）接轨站施工过渡指导性方案（必要时附）

六、接轨站、区段站、编组站、集装箱中心站及其他大站分站说明

（一）既有设备概况及存在的主要问题

（二）有关部门对车站设计的要求和相互配合情况

（三）车站工作量（客货列车对数和种类、车站作业车数、编组号数及辆数、旅客最高聚集人数、车站及铁路专用线分品类的货物装卸量等）

（四）可行性研究批复方案与局部改善方案的比选

（五）股道及客货运、调车设备等类型和数量的确定

（六）车站平、纵断面设计及分期发展意见（铁路专用线、车场、机务、车辆、客货运设备、铁路物流基地建设规划及其他有关设施）

（七）联络线或疏解线布置

（八）驼峰设计

（九）车站道路及其与地方的协调配合、平（立）交道及排水设施

（十）车站通过能力及作业能力的检算（必要时附）

（十一）用地及拆迁

（十二）施工过渡方案

七、安全设备设计（避难线、安全线、隔开设备、防护栅栏等安全防护设施的设置情况）

八、站线轨道

（一）轨道结构形式、轨道类型

（二）既有轨道类型及改建

（三）有砟轨道（按到发线、驼峰下溜放部分线路、其他站线、次要站线分别说明钢轨、

轨枕、扣件、道床等)

(四)无缝线路(说明铺设范围、单元轨节布置、设计锁定轨温及道岔区、桥上、隧道地段无缝线路、位移观测桩等)

(五)道岔

九、站场路基

(一)路基一般设计原则(路基面宽度、路基基床、横断面形式、路基边坡、侧沟和边坡平台宽度、护道宽度等)

(二)既有路基及加固防护情况

(三)路基工点及加固防护简要说明

(四)与其他专业设计接口的说明

(五)路基土石方调配原则及与区间土石方调配的协调情况

十、用地、拆迁及主要工程数量说明

(一)用地(车站及绿化控制用地设计原则,取弃土及改移道路、沟渠等用地情况)

(二)拆迁

(三)主要工程数量及与可研对比说明

十一、车站修建对环境的影响及治理措施

(一)车站修建对生态环境与水土保持的影响及治理措施

(二)车站运营后对生活环境的影响及治理措施

十二、站区绿化规划原则

十三、安全施工的意见(考虑周边环境、邻近工程、重点部位和环节、营业线运营、新结构、新材料、新工艺等因素,提出安全施工及安全运营的意见)

十四、相关工程及其他

十五、改移沟渠说明(改移依据及原则、地点、起讫点里程及长度、工程量)

十六、改移道路说明(改移依据及原则、地点、起讫点里程及长度、工程量)

附件

一、线路技术资料汇总表(装订在线路平纵断面示意图之后)

二、车站表(含车站示意图、车站中心里程、站间距离、区间运行时分、站坪坡度标、主要工程数量等)

三、工程数量汇总表(含拆迁、用地、改移沟渠、改移道路、路基土石方及附属工程、轨道、道路、排水、环保、道口等,并与可研进行工程内容和工程数量对照分析)

四、无缝线路铺设地段表

五、单元轨节布置表

六、宽枕铺设地段表

七、设备数量汇总表(客运、货运、调车、安全设备等)

八、土石方数量调配汇总表

九、用地数量汇总表

十、拆迁建筑物、构筑物表

十一、甲供物资、设备一览表

十二、有关协议、纪要及公文

十三、图纸目录

附图

一、线路地理位置图(装订在说明书目录之后)

二、线路平纵断面示意图(装订在线路地理位置图之后)

三、枢纽(地区)总布置图,比例 1:10 000 ~ 1:100 000

四、会让站、越行站、中间站平面布置图(含比较方案),比例 1:1 000 或 1:2 000

五、接轨站、区段站、编组站、集装箱中心站、主要客运站及其他大站平面布置图(含比较方案),比例 1:1 000 或 1:2 000

六、联络线或疏解线平面布置图(简单的可与车站平面布置图合并),比例 1:2 000

七、联络线或疏解线纵断面图(简单的可在车站平面布置图上用坡度标标注),比例横 1:10 000、竖 1:500 或 1:1 000

八、动车段、大型养路机械段、综合检测中心(或综合管理维修中心)平面布置图(简单的可与车站平面布置图合并),比例 1:2 000

九、驼峰设计图(简易的可与车站平面布置图合并)

(一)驼峰线路平面图,比例 1:500 或 1:1 000

(二)驼峰线路纵断面与能高线图,比例横 1:1 000,竖 1:20

(三)驼峰线路车辆溜放间隔检查图

十、站场重点路基个别设计图

十一、避难线新建或改建设计图,比例 1:2 000

十二、站区绿化设计图(可与车站平面布置图合并)

十三、复杂车站的施工过渡方案图,比例 1:1 000 或 1:2 000

十四、其他个别设计图

十五、枢纽(地区)总布置示意图和接轨站、区段站及其他大站(含段、所)、疏解区平面布置示意图(装订在说明书正文内)

第二章　客货运机械设备及其他

说明

一、设计依据、范围及设计年度

二、可行性研究审批意见的主要内容及执行情况

三、既有机械设备配置概况(客运、货运、调车及安全机械设备)

四、新增机械设备类型、数量及配置地点

五、维修设施设置的意见及其他

六、维修机构设置、管辖范围和定员(既有和新增)

七、环境保护及节约能源措施

八、安全施工及过渡的意见(考虑周边环境、邻近工程、营业线运营、新结构、新材料、新工艺等因素,提出安全施工及安全运营的意见)

附件

一、工程数量表(与可研进行工程内容和工程数量对照分析)

二、机械设备表(既有和新增)

三、甲供物资、设备一览表

四、图纸目录

附图

一、维修设施总平面布置图(单独设置时附),比例 1∶1 000 或 1∶2 000

二、各生产车间设备平面布置图,比例 1∶50～1∶200

三、其他个别设计图

第十二篇　电　气　化

第一章　牵引供电系统

说明

一、概述

(一)设计依据、范围及设计年度

(二)可行性研究审批意见的主要内容及执行情况

(三)线路概况

(四)设计铁路主要技术标准(线路等级、正线数目、限制坡度或最大坡度、设计行车速度、最小曲线半径、机车类型和动车组类型、牵引质量、闭塞方式或列车运行控制方式与行车指挥方式、建筑限界等)

(五)相邻铁路电气化现状标准或规划(牵引网供电方式、供电设施分布、接触网主要技术标准)

(六)既有牵引供电系统设备状况(改)

二、供电方案

(一)供电计算基础资料

(二)牵引网供电方式

(三)牵引变电所、开闭所、分区所、AT 所、电力调度所分布

(四)牵引网电气参数计算

(五)牵引变压器类型与容量

(六)接触网悬挂类型

(七)牵引网导线的电流分配及各种导线选择

(八)牵引网电压水平及补偿措施

(九)牵引能耗及电能损失计算

(十)接触网的供电及运行方式

(十一)牵引网正常运行和故障运行状态下的供电能力分析

(十二)电能质量分析及措施

(十三)设计方案主要技术经济指标

三、外部电源(电力公司正式公文)对牵引变电所的供电方案

四、需要功率及用电量(分省、区)

五、提高供电可靠性措施

六、节约能源措施

七、安全施工及过渡的意见(考虑营业线运营、新结构、新材料、新工艺等因素,提出安全施工及安全运营的意见)

附件

一、有关协议、纪要及公文
二、图纸目录
附图
一、牵引供电设施示意图(带线路纵断面)
二、牵引供电方式及供电分段示意图

第二章　牵引变电所、开闭所、分区所、AT 所及电力调度所

说明
一、设计依据、范围及设计年度
二、可行性研究审批意见的主要内容及执行情况
三、牵引变电所、开闭所、分区所、AT 所所址选定
四、主接线及运行方式
五、设备选择
六、总平面及生产房屋配置
七、架构类型及计算条件
八、保护配置及综合自动化系统
九、自用电系统
十、防雷与接地
十一、电力调度所及调度管理自动化系统
(一)电力调度所及调度区划分
(二)调度所平面布置
(三)远动系统及通道装置
(四)调度管理自动化系统构成
(五)安全监控系统构成
(六)维修管理系统构成
十二、提高可靠性的措施
十三、环境保护措施
十四、节约能源措施
十五、采用的新技术、新设备及特殊设计
十六、定员
十七、安全施工及过渡的意见(考虑周边环境、邻近工程、重点部位和环节、营业线运营、新结构、新材料、新工艺等因素,提出安全施工及安全运营的意见)
附件:
一、主要设备数量表
二、主要材料数量表
三、主要工程数量表(与可研进行工程内容和工程数量对照分析)
四、甲供物资、设备一览表
五、图纸目录
附图
一、主接线图

二、总平面布置图
三、生产房屋平面布置图
四、保护配置图
五、交直流自用电系统图
六、防雷与接地平面布置图
七、调度所平面布置图
八、远动系统构成图
九、综合自动化系统构成图
十、安全监控系统构成图

第三章 接 触 网

说明
一、设计依据、范围及设计年度
二、可行性研究审批意见的主要内容及执行情况
三、特殊气象区、设计用气象条件及污秽区划分
(一)特殊气象区、设计用气象条件
(二)污秽区划分及绝缘元件泄漏距离
四、接触网新建及改建范围、悬挂类型
(一)接触网新建及改建范围(线路基本概况,沿线主要工点和工程说明)
(二)接触网悬挂类型
五、线材及主要设备选择
(一)线材及张力
(二)主要设备选择
六、站场雨棚、桥梁、隧道、跨线建筑物处的接触网悬挂安装类型
七、技术数据
(一)接触线高度
(二)结构高度
(三)跨距长度
(四)锚段长度、补偿方式、中心锚结
(五)侧面限界
(六)绝缘距离
(七)锚段关节
(八)道岔区接触网交叉设计形式
(九)电分相
八、接触网安装主要设计原则
九、接触网支柱基础处理(不良地质地段、高填方路堤地段等)
十、防雷与接地
十一、供电分段原则
十二、防护措施
十三、采用的新技术、新设备及特殊设计

十四、接触网工程的过渡设计原则

十五、提高可靠性措施

十六、接触网抢修、检修设备和规模

十七、安全施工及过渡的意见（考虑周边环境、邻近工程、重点部位和环节、营业线运营、新结构、新材料、新工艺等因素，提出安全施工及安全运营的意见）

附件

一、主要设备数量表

二、主要材料数量表

三、主要工程数量表（与可研进行工程内容和工程数量对照分析）

四、甲供物资、设备一览表

五、图纸目录

附图

一、供电分段示意图

二、典型站场接触网支柱布置图

三、复杂地段（桥、隧、路堑密集区段）支柱布置图

四、隧道及下承式桁梁桥悬挂示意图

五、典型支柱安装示意图

六、特殊地质地段支柱基础示意图

第四章　维 护 管 理（注）

说明

一、设计依据、范围及设计年度

二、可行性研究审批意见的主要内容及执行情况

三、既有维护管理机构情况

四、维护管理机构的设置（含改建或新建）

（一）维护管理机构的工作内容

（二）维护管理机构选址方案

（三）总平面布置

（四）车间平面布置

（五）主要设备选择

五、环境保护措施

六、节约能源措施

七、机构设置、管辖范围和定员

八、安全施工及过渡的意见（考虑周边环境、邻近工程、重点部位和环节、营业线运营、新结构、新材料、新工艺等因素，提出安全施工及安全运营的意见）

附件

一、主要设备数量表

二、主要材料数量表

三、主要工程数量表（与可研进行工程内容和工程数量对照分析）

四、甲供物资、设备一览表

五、图纸目录

附图

一、维护管理机构总平面布置图(含绿化)

二、各车间平面布置图

三、办公及辅助房屋平面图

注:不设综合(管理)维修中心时列本章。

第五章　受电气化影响的电力线路的处理

说明

一、设计依据、范围及设计年度

二、可行性研究审批意见的主要内容及执行情况

三、迁改原则及技术要求

四、有关电力线路影响情况及处理意见

五、安全施工及过渡的意见(考虑周边环境、邻近工程、重点部位和环节、营业线运营等因素,提出安全施工及安全运营的意见)

附件

一、电力线路迁改工程数量汇总表(与可研进行工程内容和工程数量对照分析)

二、有关协议、纪要及公文

第六章　路外(内)易燃、易爆品库及油、气管道的电磁干扰防护

说明

一、概述

(一)设计依据、范围及设计年度

(二)可行性研究审批意见的主要内容及执行情况

(三)牵引网供电方式及牵引变电所分布

二、沿线可能受影响的易燃、易爆品库及油、气管道设施概况

三、影响计算及分析

(一)影响计算采用的标准及参数取值

(二)防护范围

四、防护方案

五、安全施工及过渡的意见(考虑周边环境、邻近工程、重点部位和环节、营业线运营、新结构、新材料、新工艺等因素,提出安全施工及安全运营的意见)

附件

一、主要工程数量表(含迁改。并与可研进行工程内容和工程数量对照分析)

二、有关协议、纪要及公文

第十三篇　机 务 设 备(注)

说明

一、概述

(一)设计依据、范围及设计年度

(二)可行性研究审批意见的主要内容及执行情况

(三)设计有关资料

1. 有关的铁路主要技术标准(含铁路等级、正线数目、限制坡度和加力牵引坡度与地段、牵引种类、机车类型等)

2. 客货列车对数(附客货列流图)、牵引质量、旅行速度、各站调机类型和数量、空重车流向等

3. 改建或拟建段址的工程地质、水文地质、气象、水文资料(含计算温度、常年主导风向、土壤冻结深度、地震动参数区划、地下水位、洪水位、放射性物质污染情况、文物古迹状况等)

4. 相邻线有关资料(机车交路及机务设备分布、性质、规模、存在的薄弱环节等)

(四)相关工程的说明

二、机车交路及机务设备的分布

(一)既有线现行机车交路及机务设备分布、性质及规模(含机车交路、乘务制度,各段所性质、主要设备概况、存在的薄弱环节等)(改)

(二)设计的机车交路及机务设备的分布、性质和规模

1. 机车交路的选定

2. 机车配置意见(含近、远期)

3. 机务设备的分布、性质、规模及改建意见

4. 救援设备的分布及等级(改建铁路含既有状况)

三、各段(所)工作量

(一)采用的主要指标(含各修程的检修公里、停修天数、不平衡系数、日车公里、燃料消耗指标等)

(二)工作量汇总表

四、各段(所)位置、总平面布置及设备的选定(按各段所分别叙述)

(一)段(所)址选定及站、段关系(含主要方案及比较方案)

(二)段(所)总平面布置(含机车整备作业流程、各车间相互位置)

(三)整备设备(含设备类型、规格、数量及其布置,改建段所含既有整备设备概况、利用改建情况)

(四)检修设备(含车库、车间类型、数量、组成、主要工艺流程、设备配置及其布置,改建段所含既有车库、主要车间概况、利用改建情况)

(五)锅炉设备(含型号、规模、数量等。改建段含既有锅炉型号、规模、数量及改建措施)

(六)生产辅助房屋及办公房屋(改建段所含利用及改建房屋)

五、采用新技术、新工艺及新设备的说明

六、环境保护措施(废气、废水、废油等废弃物的处理与循环使用以及设备噪声的处理等)

七、节约能源措施

八、机构设置、管辖范围和定员(改建铁路含既有和新增)

九、安全施工及过渡的意见(考虑周边环境、邻近工程、重点部位和环节、营业线运营、新结构、新材料、新工艺等因素,提出安全施工及安全运营的意见)

附件

一、机械设备数量表(按车间、场、所、救援分列)

二、甲供物资、设备一览表

三、有关协议、纪要及公文

四、图纸目录

附图

一、机车交路图(含各设计年度客、货机车交路方案。改建铁路含现行客、货机车交路图,机车交路图亦可附在说明书内)

二、机务段(所)总平面布置图(含站段关系示意图、房屋表、股道表、室外主要设备及构筑物表、设计主要技术指标表,并标明股道间距、坡度、高程、房屋位置与开向、道路、围墙、绿化及风玫瑰图等),比例1:1 000或1:2 000

三、整备主要车间设备平面布置图比例,1:50～1:100或1:200

四、车库及其他车间设备平面布置图(有起重设备车间,必要时附剖面图,含设备外形、相互尺寸、操作位置、操作范围及设备表等),比例1:50、1:100或1:200

五、生产辅助房屋及办公房屋平面布置图(或示意图),比例1:1 000或1:2 000

注:本篇适用于客货共线铁路和货运专线铁路。客运专线铁路和城际铁路如涉及机务设备改建时,也可参照使用。

第十四篇　车辆、动车组设备

第一章　车 辆 设 备(注)

说明

一、概述

(一)设计依据、范围及设计年度

(二)可行性研究审批意见的主要内容及执行情况

(三)设计有关资料

1. 机车交路

2. 客货列车对数及种类、编挂辆数、旅行速度(含客车车底组数、配属地点、起迄点及径路等,附列流图)

3. 区段站、编组站(含工业站)的有调作业、无调作业车数及装卸车数

4. 主要装卸作业站的装卸车数

5. 罐车、机械保温车、矿石车、集装箱车及专用煤车的种类、数量、固定车组数、编挂辆数、配属情况,运行区段以及工矿企业自备车数量,有否检修车辆设备等

6. 长大坡道区段情况(长大坡段起迄里程、纵断面)

7. 改建或拟建段(所)址的工程地质、水文地质、气象、水文资料(含计算温度、常年主导风向、土壤冻结深度、地震动参数区划、地下水位、洪水位、放射性物质污染情况、文物古迹状况等)

二、采用的主要指标及检修工作内容

(一)采用的主要指标

(二)检修工作量

三、车辆设备的分布、性质和规模

(一)相邻线有关车辆设备的现状、能力利用情况

(二)本线既有车辆设备的现状、能力利用情况及存在问题(改)

(三)设计的车辆设备

1. 车辆设备的分布、性质和规模(含既有车辆设备的利用和改建,附示意图)

2. 主要车辆设备(车辆段、客车技术整备所、站修所等)位置的确定

3. 主要车辆设备的总平面布置

4. 主要检修生产车间及各生产分间设备平面布置(含既有设备概况和利用、改建的措施)

5. 生产辅助房屋及办公房屋平面布置

6. 主要机械设备类型的选择及数量的确定

7. 全线车辆安全防范预警系统及车号识别系统的设置(含既有设备利用和改建措施,附系统设备布点示意图)

8. 其他必要的说明

四、采用新技术、新工艺及新设备的说明

五、环境保护措施(固废物与设备噪声处理等)

六、节约能源措施

七、机构设置、管辖范围和定员(含既有和新增)

八、安全施工及过渡的意见(考虑周边环境、邻近工程、重点部位和环节、营业线运营、新结构、新材料、新工艺等因素,提出安全施工及安全运营的意见)

附件

一、机械设备数量表

二、甲供物资、设备一览表

三、有关协议、纪要及公文

四、图纸目录

附图

一、主要车辆设备总平面布置图(含站段关系示意图、房屋表、股道表、室外主要设备及构筑物表、设计主要技术指标表,并标明股道间距、坡度、高程、房屋位置与开向、道路、围墙、绿化及风玫瑰图等),比例 1∶1 000 或 1∶2 000

二、主要检修生产车间及各生产分间设备平面布置图(必要时加绘剖面图),比例 1∶50、1∶100 或 1∶200

三、生产辅助房屋及办公房屋平面布置图(必要时附),比例 1∶50、1∶100 或 1∶200

四、列检所位置及室外列检设备平面布置图,比例 1∶1 000 或 1∶2 000

五、列检所房屋及室内设备平面布置图,比例 1∶50 或 1∶100

六、车辆安全防范预警系统网络传输示意图(必要时附)

注:本章适用于客货共线铁路和货运专线铁路。客运专线铁路和城际铁路如涉及车辆设备改建时,也可参照使用。

第二章　动车组设备

说明:

一、概述

(一)设计依据、范围及设计年度

(二)可行性研究审批意见的主要内容及执行情况

(三)设计有关资料

1. 路网构成(客运网)

2. 有关的铁路主要技术标准(含铁路等级、正线数目、最大坡度、动车组类型等)

3. 运输组织模式(含动车组开行方式、旅客列车对数及径路、旅行速度、编挂辆数等)

4. 改建或拟建段(所)址的工程地质、水文地质、气象、水文资料(含计算温度、常年主导风向、土壤冻结深度、地震动参数区划、地下水位、洪水位、放射性物质污染情况、文物古迹状况等)

5. 相邻线有关资料(动车段、所的分布、性质、规模及存在的薄弱环节等)

二、动车组设备的分布、性质和规模(含利用、改扩建既有段、所说明)

三、救援设备的分布及等级(无机务篇章时叙述)

四、各段(所)工作量

(一)动车组配属

(二)采用的主要指标

(三)工作量汇总表

五、各段(所)位置、总平面布置及设备的选定

(一)段(所)址选定及站段关系

(二)段(所)总平面布置(含动车检查作业流程、各车间相互位置)

(三)检查设备(含设备类型、规模、数量及其布置)

(四)检修设备(含车库、车间类型、数量、组成、主要工艺流程,设备配置及其布置等)

(五)生产辅助房屋及办公房屋

六、采用新技术、新工艺及新设备的说明

七、环境保护措施(固废物与设备噪声处理等)

八、节约能源措施

九、机构设置、管辖范围和定员

十、安全施工及过渡的意见(考虑周边环境、邻近工程、重点部位和环节、营业线运营、新结构、新材料、新工艺等因素,提出安全施工及安全运营的意见)

附件

一、机械设备数量表(按车间、场、所分列)

二、甲供物资、设备一览表

三、有关协议、纪要及公文

四、图纸目录

附图

一、动车段(所)总平面布置图(含站段关系示意图、房屋表、股道表、室外主要设备及构筑物表、设计主要技术指标表,并标明股道间距、坡度、高程、房屋位置与开向、道路、围墙、绿化及风玫瑰图等),比例 1∶1 000 或 1∶2 000

二、车库及其他车间设备平面布置图(必要时附剖面图),比例 1∶500

三、生产辅助房屋及办公房屋平面布置图,比例 1∶50、1∶100 或 1∶200

四、动车组周转图(必要时附)

第十五篇 给 水 排 水

说明

一、概述

(一)设计依据、范围及设计年度

(二)可行性研究审批意见的主要内容及执行情况

(三)有关的铁路主要技术标准(铁路等级、牵引种类、机车交路等)

(四)沿线自然特征及水文地质概况

二、给水站的设置和生活供水站、点数量

三、供水水质、水量标准和污水处理(含回用水)说明

四、旅客列车卸污站的设置及卸污方式

(一)旅客列车卸污站设置

(二)卸污方式

五、给水站分站说明

(一)车站性质、设计年度日用水量

(二)既有给水设备现状及其利用和加强、改建措施

(三)水文地质条件及水源位置的选定

(四)主要给水构筑物及设备类型、规格的确定

1. 取水构筑物及设备
2. 给水处理工艺选择
3. 给水所及给水机械、设备、动力
4. 贮配水构筑物
5. 输、配水管道
6. 配水管网平差计算成果及计算示意图(适用于新建铁路且为环状管网)
7. 自动控制设施说明(可用原理图表述)

(五)污水性质、设计年度日排水量

(六)既有排水设备现状及其利用和加强、改建措施

(七)污水处理和排除方案的确定

(八)主要排水构筑物及设备类型、规格的确定

1. 排水管道及排出口
2. 污水抽升站及机械、动力(含立交排水泵站)
3. 污水处理构筑物、设备

(九)消防设备类型、规格的确定(含油库消防)

六、生活供水站、点说明

(一)水源类型选择(说明采用各类水源的站数)

(二)贮配水构筑物(说明采用各类贮配水构筑物的站数)

(三)消防方式及相关说明(含采用水消防的隧道)

(四)水处理设备(对原水需处理的站说明处理工艺及采用的设备)

(五)缺水、苦咸水地区供水设计说明

(六)污水处理和污水排除方案

七、节约能源措施及相关工程内容

八、机构设置、管辖范围和定员

九、给水排水管路迁改

十、安全施工及过渡的意见(考虑周边环境、邻近工程、重点部位和环节、营业线运营、新结构、新材料、新工艺等因素,提出安全施工及安全运营的意见)

附件

一、水源水质化验单

二、主要工程数量表(含管路迁改。并与可研进行工程内容和工程数量对照分析)

三、主要设备数量表

四、用地数量表(站场用地范围以外部分)

五、甲供物资、设备一览表

六、有关协议、纪要及公文

七、图纸目录

附图

一、给水站给水、排水总平面图,比例1:1 000或1:2 000

二、扬水、导水、排水管道平面图(站场平面布置图以外部分),比例1:1 000~1:5 000

三、水源地区平面图(取地表水工程且地形复杂时附),比例1:200或1:500

四、河床取地下水、地表取水口地质断面图

五、给水处理、污水处理、油库消防等平面布置图,比例1:200或1:500

六、动车段(所)、客车技术整备所旅客列车卸污系统布置图(客)

七、生活供水站、点设计图(表)(含车站名称、车站性质、用水量、水源类型及设备,给水机械及动力、给水自动控制系统、贮配水构筑物类型及规格、水处理设备、消防设备、给水管道、排水管道、污水处理设备、自动控制系统及消防方式和设备等)

八、给水站综合水文地质图(水文地质条件简单的可不附),比例1:10 000~1:50 000

九、水源钻探抽水试验综合成果图

第十六篇　通　　信

第一章　通　　信

说明

一、概述

(一)设计依据、范围及设计年度

(二)可行性研究审批意见的主要内容及执行情况

(三)工程概况及运营管理概述

1. 工程概况(包括线路长度、走向、站段设置以及与通信有关的其他内容。改建铁路为既有线改建概况)

2. 运营管理概述

(四)相邻线、既有线及相关工程主要通信设备、线路概况

1. 相邻线主要通信设备、线路概况

2. 既有线主要通信设备、线路概况(改)

3. 相关工程配合改造的意见

二、通信网的设计原则及构成

(一)通信网的设计原则

(二)通信网的构成

三、主要通信设备类型的选定

(一)传输及接入系统(含系统组成、网络结构、传输设备类型的选定、配置以及与相关传输系统的互通、既有传输系统的利用等)

(二)数据通信系统(含系统组成、网络结构、设备类型选定及配置、与相关数据通信网的互通等)

(三)电话交换系统(含系统组成、网络结构、编号计划及中继方式、与相关电话交换网的互通等)

(四)调度通信系统(含系统组成、网络结构、设备类型的选定以及与相关通信网的互通等)

(五)移动通信系统(含系统制式的选择、系统组成、网络结构、覆盖场强预测及弱场区的处理,对 GSM-R 系统还应说明话务量的预测、设备配置、GPRS、IN 和 SIM 卡管理、频率干扰防护以及与相关通信网的互通等)

(六)站间行车电话及其他专用通信系统

(七)车站(场)通信系统(含站场有线通信、站场无线通信等)

(八)会议电视、电话系统(含系统组成、网络结构、设备配置以及与既有会议电视、电话网的互通等)

(九)应急通信系统(含系统组成、网络结构、设备配置以及与应急处理中心的连接等)

(十)其他业务系统(含通信支撑网及以上章节未包括的业务系统)

四、通信电源、防雷及接地

(一)通信电源(含交流电源、供电方式、直流电源设备类型、容量选定等)

(二)接地方式和接地装置

(三)电源及环境监控系统

(四)防雷

五、通信线路

(一)长途通信线路类型、径路及防护措施、维护设施及既有通信线路的利用(改)

(二)地区及站场通信线路类型、引入配线及维护设施

(三)电气化影响分析(电气化铁路)

(四)路外弱电线路的拆迁原则(非电气化铁路)

六、与其他专业设计接口的说明

七、采用新技术的意见

八、采用的环保及节能措施

九、机构设置、管辖范围及房屋、定员(通信站、通信机械室及通信网管中心的设置,维护(修)机构的设置,通信房屋及定员等)

十、安全施工及过渡的意见(考虑周边环境、邻近工程、重点部位和环节、营业线运营、新结构、新材料、新工艺等因素,提出安全施工及安全运营的意见)

附件

一、主要工程数量表(与可研进行工程内容和工程数量对照分析)

二、主要设备、材料数量表

三、既有通信设施利用一览表

四、主要仪器、仪表及交通工具配置表

五、通信线路迁改表(非电气化铁路附)

六、甲供物资、设备一览表

七、有关协议、纪要及公文

八、图纸目录

附图(注)

一、通信网图

二、电话交换中继方式图

三、铁路调度通信系统图

四、移动通信系统图

五、数据通信网图

六、应急通信系统图

七、会议电视、电话系统图

八、同步时钟系统图

九、网管系统图

十、干线通信线路径路示意图

十一、典型站、段所通信机械室设备平面布置图

十二、通信站通信设备平面布置图

十三、站场通信网图(区段站及大型客站以上附)

十四、站场通信线路径路示意图(区段站及大型客站以上附)

十五、传输系统 2 Mb/s 及以上通道分配图

注:根据项目具体情况可适当增减或归并附图的内容。

第二章　路外通信、广播及其他设施的电磁干扰防护

说明

一、概述

(一)设计依据、范围及设计年度

(二)可行性研究审批意见的主要内容及执行情况

(三)牵引网供电方式及牵引变电所分布

二、沿线可能受影响的设施概况

(一)有线电信系统

(二)无线台站

(三)雷达站及机场等设施

三、影响计算及分析

(一)影响计算采用的标准及参数取值

(二)影响计算及分析

四、防护方案

(一)铁路方面

(二)路外设施方面

1. 有线电信及广播线路

2. 无线台站

3. 其他

五、安全施工及过渡的意见(考虑周边环境、邻近工程、重点部位和环节、营业线运营、新结构、新材料、新工艺等因素,提出安全施工及安全运营的意见)

附件

一、沿线电信线路等设施表

二、主要工程数量表(含迁改。并与可研进行工程内容和工程数量对照分析)

三、有关协议、纪要及公文

四、图纸目录

附图

有关防护计算数据图

第十七篇　信　号(注)

说明

一、概述

(一)设计依据、范围及设计年度

(二)可行性研究审批意见的主要内容及执行情况

(三)线路概况

1. 线路起迄点、全长、铁路等级、列车对数、牵引种类、限制坡度或最大坡度、到发线有效长度、设计行车速度等

2. 有关地形、地貌、地质、气象等对信号设备和信号器材选型的影响

3. 接轨站及相邻区间既有信号设备类型

(四)既有线改建概况(改)

1. 既有信号设备类型

2. 既有区段站、编组站到发线布置情况、股道数量及到发线有效长度

3. 区间和站内正线无缝线路铺设情况、信号机械室占用情况等

二、站前工程设计情况(概述区段站、编组站及其他大站的布置形式、股道数量、到发线有效长度及桥梁、隧道、线路情况)

三、电力及电力牵引情况(含牵引方式、牵引电流等。非电气化可不说明电力牵引情况)

四、信号设计

(一)信号系统的选型及方案比选

1. 行车调度指挥系统

2. 列控方式(主要描述技术方案)(客)

3. 区间及闭塞系统(主要描述设备配置)

4. 车站联锁系统

5. 信号集中监测系统

6. 环境保护和节约能源的措施

7. 与其他专业设计接口的说明

(二)采用新技术的意见

(三)接轨站、区段站、编组站既有信号设备的利用、改建原则及过渡方案

(四)特殊设计的说明

五、相关工程设计范围及设计原则

六、信号设备防护措施

(一)电力牵引区段对信号设备的强电干扰及防护

(二)信号设备防雷、接地

(三)计算机系统安全防护

七、机构设置、管辖范围、定员和信号用房

八、信号电缆迁改

九、安全施工及过渡的意见(考虑周边环境、邻近工程、重点部位和环节、营业线运营、新结构、新材料、新工艺等因素,提出安全施工及安全运营的意见)

附件

一、主要工程数量表(含电缆迁改。并与可研进行工程内容和工程数量对照分析)

二、主要设备、材料数量表

三、甲供物资、设备一览表

四、有关协议、纪要及公文

五、图纸目录

附图

一、设计区段信号设备总布置示意图(含车站信号设备平面布置图、站中心和有关信号机的正线公里坐标及有关情况说明)

二、区间信号平面布置示意图(含道口信号、闭塞分区实际长度及有关情况说明)

三、调度集中系统结构示意图(含总机、分机、中继设备、传输通道、回线构成方式及与行车调度指挥系统联网等)

四、接轨站、区段站、编组站及其他大站信号设备平面布置图

五、列车运行控制系统结构示意图(客)

六、动车段、停车场信号设备平面布置图(客)

七、室内信号设备平面布置示意图

八、调度所室内信号平面布置示意图

九、信号显示及码序关系图

十、计算机设备系统结构及设备布置示意图

十一、信号设备防雷、接地系统示意图

注:驼峰调速设备及其动力设备,按《铁路枢纽的文件组成与内容》初步设计第十七篇第二章的内容编制,并单独成章。

第十八篇　信　　息

说明

一、概述

（一）设计依据、范围及设计年度

（二）可行性研究审批意见的主要内容及执行情况

（三）相关信息系统概况（改建铁路为既有信息系统概况）

二、信息系统主要设计原则及采用的主要技术标准

（一）主要设计原则

（二）采用的主要技术标准

三、信息系统的构成及主要功能

（一）系统构成（以铁路信息化总体规划的系统划分原则提出新建铁路拟建信息系统的构成或改建铁路信息系统的构成情况）

（二）系统功能（以应用构成为主线对新建或改建的主要应用和每个应用系统的功能以及各系统相互关系和互联要求进行说明）

四、信息系统类型选定

（一）车站、段、所分布情况及性质

（二）信息系统应用类型选定

五、信息系统设计

（一）应用系统设计

1. 总体结构

2. 各分系统（包括运营调度系统、客运服务系统和其他系统）结构及相互关系

3. 信息采集和系统集成设计

4. 信息资源共享设计

（二）计算机网络设计

1. 总体结构

2. 广域网连接

3. 局域网构成

4. 数据传输设计

5. 网络管理

6. 地址、域名分配

（三）计算机硬、软件配置

1. 硬件配置（含主机、存储、网络设备、终端设备及其他外设的配置，改建铁路须说明既有设备的利用等）

2. 软件配置（含系统软件和应用软件。系统软件含操作系统、数据库、工具软件、通信软件、管理和监控软件等；应用软件含成熟软件、二次开发软件等）

（四）网络、信息安全及系统安全保障

（五）系统运行环境

（六）相关信息系统的配合改造

(七)与其他专业设计接口的说明

六、机构设置、管辖范围和房屋、定员

七、安全施工及过渡的意见(考虑周边环境、邻近工程、重点部位和环节、营业线运营、新结构、新材料、新工艺等因素,提出安全施工及安全运营的意见)

附件

一、主要工程数量表(与可研进行工程内容和工程数量对照分析)

二、主要硬件、软件设备数量表

三、主要材料数量表

四、软件开发工程数量表

五、主要仪器仪表配置表

六、系统功能表

七、甲供物资、设备一览表

八、有关协议、纪要及公文

九、图纸目录

附图

一、信息系统总体结构图

二、网络结构图

三、各应用分系统结构图(根据设置的信息系统而定)

四、设备平面布置图

五、网络综合布线图

六、电源供电系统图

第十九篇　防灾安全监控(注)

说明

一、概述

(一)设计依据、范围及设计年度

(二)可行性研究审批意见的主要内容及执行情况

(三)工程概况及主要技术标准

(四)沿线地形、地貌、地质、地震、气候概况及气象、地质灾害综述

(五)既有线和相邻线防灾安全监控系统设置及使用概况

二、车站、段、所设计情况

(一)车站设计情况

(二)段、所设计情况

三、防灾安全监控系统的设计

(一)风监测系统

(二)雨量及洪水监测系统

(三)地震监测系统

(四)轨温及火灾监测系统

1. 轨温监测系统

2. 大型车站(段)火灾自动报警系统

3. 列车火灾、轴温灾害诊断系统

(五)突发事故、异物侵限及非法侵入的防护

1. 防护网监测报警设备

2. 列车防护开关报警设备

3. 电视监控及其他报警设备

四、信息传输、网络设计及设备类型的选定

(一)信息传输

1. 本系统内部信息传送

2. 本系统与其他系统信息传送

(二)网络设计及设备类型选定

1. 调度中心设备

2. 站段级设备

3. 现场信息采集设备

4. 广域网设备

5. 局域网设备

五、电源及接地

六、相关工程配合设计的意见和与其他专业设计接口的说明

七、系统设备防护措施

(一)电力牵引对设备的干扰及防护措施

(二)系统设备对雷电及过电压的防护

八、机构设置、管辖范围和定员

九、安全施工及过渡的意见(考虑周边环境、邻近工程、重点部位和环节、营业线运营、新结构、新材料、新工艺等因素,提出安全施工及安全运营的意见)

附件

一、主要工程数量表(与可研进行工程内容和工程数量对照分析)

二、主要设备及材料数量表

三、甲供物资、设备一览表

四、图纸目录

附图

一、桥梁状况监测设备布置点图

二、区间设备布置图(含风、雨、洪水位、轨温、异物侵限、地震)

三、火灾自动报警系统布置图

四、防灾安全监控系统网络结构图

五、信息采集系统构成图

六、地震监测系统构成图

七、轨温监测系统构成图

八、防灾安全监控系统信息流向图

九、车站设备布置示意图

十、列车防护开关电气图

十一、异物侵限外场设备布置示意图

十二、风向风速计、雨量计、轨温计平面布置图。

注:新建或改建的客货共线铁路、货运专线铁路的防灾安全监控设计内容很少时,可纳入信息专业篇文件中。

第二十篇　电　　力

说明

一、概述

(一)设计依据、范围及设计年度

(二)可行性研究审批意见的主要内容及执行情况

(三)有关主体工程概况

二、电源情况

(一)沿线地方电网的构成

(二)既有电源及供电设备

(三)其他电源(电源匮乏区段)

三、供电负荷的分布及电源选择

(一)供电负荷的分布及负荷计算

(二)负荷等级及电源选择

四、供电设计及主要技术标准

(一)供电原则及方案设计

(二)变、配电所

(三)电力远动系统

(四)电力线路

(五)站场照明及控制方式

(六)复杂动力设备的供电、控制和保护方式

(七)机电设备监控系统

(八)火灾自动报警系统

(九)大型建筑物、构筑物的供电及照明

(十)防雷及接地

五、节约能源及环境保护措施

(一)合理用电原则

(二)节能设备选型

(三)环保设备选型及工程措施

六、相关工程意见

(一)主体工程概况

(二)电源选择

(三)供电原则

七、机构设置、管辖范围及定员

八、非电气化铁路影响铁路建设的电力线路等处理

(一)迁改原则及技术要求

（二）电力线路影响情况及处理情况

九、施工供电永久和临时工程结合的意见

十、安全施工及过渡的意见（考虑周边环境、邻近工程、重点部位和环节、营业线运营、新结构、新材料、新工艺等因素，提出安全施工及安全运营的意见）

附件

一、全线负荷计算表

二、相关工程负荷计算表

三、主要工程数量表（与可研进行工程内容和工程数量对照分析）

四、主要设备数量表

五、主要材料数量表

六、相关工程主要工程数量表

七、相关工程主要设备数量表

八、相关工程主要材料数量表

九、非电气化铁路电力线路迁改工程数量汇总表

十、甲供物资、设备一览表

十一、有关协议、纪要及公文

十二、图纸目录

附图

一、全线供电示意图（注明有关车站、中继站、主要桥梁、隧道的名称和里程，站房位置，地方和铁路发、变、配电所的位置、名称、类型、容量和电压，电源、贯通线路及其他高压线路的电压、导线型号、规格和线路长度等）

二、发、变（35 kV 及以上）、配电所总平面布置图，比例 1∶200 或 1∶500

三、发、变、配电所电气主接线图（含保护配置）

四、发、变、配电所设备平面布置图及必要的断面图，比例 1∶50～1∶200

五、变、配电所综合自动化装置系统构成图

六、电力调度中心（或主站）远动装置系统构成图

七、电力调度中心（或主站）平面布置图。

八、全线远动系统及通道示意图（注明远动范围、调度关系、远动信息内容和通道形式）

九、大型建筑物（构筑物）机电设备监控系统示意图

十、大型建筑物（构筑物）火灾报警系统示意图

十一、区段站及以上大站高压电力线路平面示意图和系统图

第二十一篇　综合检测与维修

说明

一、概述

（一）设计依据、范围及设计年度

（二）可行性研究审批意见的主要内容及执行情况

（三）地质、气象资料

(四)铁路主要技术标准

二、主要设计内容

三、维修机构设置

(一)维修设施设置意见

(二)维修机构及管辖范围

四、综合检测有关设施

(一)综合检测中心管辖范围

(二)组织机构及定员

(三)综合检测设备及其附属车辆

(四)综合检测中心设置意见

(五)综合检测中心基地设施

五、综合维修段

(一)段址选择

(二)组织机构及定员

(三)总平面布置及主要生产车间

(四)主要设备配置

六、综合工区

(一)定员

(二)总平面布置

(三)检测维修内容及设备配备

七、大型养路机械及相关设施

(一)线路维修指标

(二)维修工作量

(三)组织机构及定员

(四)大型养路机械数量

(五)大型养路机械检修设施

八、信息系统

(一)用户需求

(二)主要信息系统的构成

(三)主要设备类型的配备

九、环境保护措施

十、节约能源措施

十一、安全施工及过渡的意见(考虑周边环境、邻近工程、重点部位和环节、营业线运营、新结构、新材料、新工艺等因素,提出安全施工及安全运营的意见)

附件

一、综合维修定员汇总表

二、机械设备数量表

三、甲供物资、设备一览表

四、有关协议、纪要及公文

五、图纸目录

附图

一、综合维修机构分布图

二、综合检测中心

(一)综合检测中心工艺总平面布置图

(二)生产车间设备平面布置图

(三)办公及辅助房屋布置图

三、综合维修段

(一)综合维修段工艺总平面布置图

(二)生产车间设备平面布置图

(三)办公及辅助房屋布置图

四、综合工区

(一)综合工区平面布置图

(二)生产车间设备平面布置图

(三)办公及辅助房屋布置图

五、大型养路机械段

(一)大型养路机械段工艺总平面布置图

(二)生产车间设备平面布置图

(三)办公及辅助房屋布置图

第二十二篇 房屋建筑

第一章 房屋建筑

说明

一、概述

(一)设计依据、范围及设计年度

(二)可行性研究审批意见的主要内容及执行情况

(三)线路概况(概述线路起讫点、建筑长度、铁路等级、车站数目及主要大站名称、数目)

(四)自然特征(概述各大站及沿线地形地貌、工程地质、水文地质、水文、地震动参数区划、气象等)

二、机构设置、管辖范围和定员

(一)机构设置、管辖范围及其变动情况(各主要生产、运输、管理机构及房屋维修、公安系统的机构设置和管辖范围)

(二)定员(全线新增定员及每正线公里定员数)

三、房屋配备

(一)生产、生活房屋配备的依据

(二)全线生活房屋的分布及配备情况

(三)路内既有房屋的利用、改建情况

四、公安房屋、桥隧守护房屋、军运房屋、人防工程的设置情况

五、房屋建筑面积总量(全线生产、生活房屋建筑面积总量,平均每正线公里房屋建筑面积,人均生活房屋建筑面积)

六、房屋总平面布置

(一)站区总图规划说明(含主要站区规划原则、设计方案以及站区规划与车站所在地的城市总体规划、交通规划、区域规划结合的情况)

(二)地区生产办公房屋、生活房屋合并集中修建的情况(分地区)

(三)段、所总平面布置

七、站房建筑方案设计(分站说明)

(一)车站概述

(二)中型(含)以上站房建筑设计意见(反映出"功能性、系统性、文化性、先进性、经济性"的设计理念)

(三)站房建筑设计方案(含站场设备构筑物方案,分别说明总平面设计、建筑设计、结构设计)

八、房屋建筑标准、结构类型及装修标准

(一)建筑标准

(二)结构类型

(三)装修标准

(四)沿线主要的新建或扩建房屋地基处理方案

九、环境保护措施(生活区与有害气体、烟雾、粉尘、噪声、振动等污染之间的隔离及卫生防护措施,生活区绿化设计原则等)

十、节约能源措施(执行国家及地方有关节能设计规范及标准,如房屋朝向、建筑保温、隔热等建筑热工设计。采用新型、高效建筑材料的情况等)

十一、特殊问题的处理措施(如地震、雷击、风沙、多年冻土、盐碱、湿陷性黄土、膨胀土、岩溶、高填土、松软土等)

十二、安全施工及过渡的意见(考虑周边环境、邻近工程、重点部位和环节、营业线运营、新结构、新材料、新工艺等因素,提出安全施工及安全运营的意见)

附件

一、机构设置及管辖范围表

二、全线定员汇总表(分站、分专业列出)

三、房屋表(含相关工程房屋,分站、分专业列出)

四、桥隧守护房屋、军运房屋表(工点少的可并入房屋工点表内)

五、站场设备构筑物表(分站、分专业列出,数量少的可并入房屋工点表内)

六、主要建筑设备数量表

七、甲供物资、设备一览表

八、有关协议、纪要及公文

九、图纸目录

附图

一、房屋总平面布置图

二、典型的站房方案设计图(含功能、流线、主要经济技术指标及建筑、结构设计说明)

三、主要生产房屋的建筑平、立、剖面图(含主要经济技术指标和建筑、结构设计说明)

第二章　暖通空调卫生设备

说明

一、概述

(一)设计依据(建设方要求、采用的主要规范标准,其他专业提供的设计资料等)、范围及设计年度

(二)可行性研究审批意见的主要内容及执行情况

(三)有关主体工程概况

(四)有关燃料、气象等情况概述

二、既有暖通空调设备使用情况、劳动环境状况及可利用或改建的意见(改)

三、集中供热及采暖方式

(一)集中供热方式

(二)采暖方式

(三)室外热网设置

四、空调制冷(热)方式及设置情况

(一)空气调节设置

(二)制冷(热)方式

五、通风与防排烟设计

(一)生产过程有害气体、粉尘通风净化回收方式

(二)热加工车间降温方式

(三)防排烟设计

六、室内给水、排水及热水供应方式

七、室内消防设计

八、环境保护措施(采取联片集中供热,锅炉消烟、除尘、脱硫,选用符合排放标准及低噪声的设备与噪声的防护措施等)

九、节约能源措施

十、新技术、新设备的采用及效果

十一、安全施工及过渡的意见(考虑周边环境、邻近工程、重点部位和环节、营业线运营、新结构、新材料、新工艺等因素,提出安全施工及安全运营的意见)

附件

一、主要设备数量表(按站或概算段落分列)

二、暖通空调、给排水等电、热消耗量

三、甲供物资、设备一览表

四、有关协议、纪要及公文

五、图纸目录

附图

一、规模较大的室外热网布置图

二、大型采暖锅炉房和制冷机房设备布置图

第二十三篇　环境保护、水土保持

说明

一、概述

(一)设计依据、范围及设计年度

(二)可行性研究审批意见的主要内容及执行情况

(三)环境影响报告书(表)、水土保持方案报告审批意见及执行情况

(四)主体工程概况(线路采用方案、主要技术标准、客货列车对数、主要工程内容、征地数量及类型、土石方数量及调配情况)

(五)自然、社会及环境质量概况(地形地貌、工程地质、水文地质、地震动参数区划、水文、气象;行政区划、人口、土地、交通运输、动植物、水土流失与水土保持;水环境、声环境、振动环境、环境空气质量)

(六)重要环境保护目标(列表说明线路采用方案影响到的自然保护区、风景名胜区、水源保护区、文物保护单位、地质公园、森林公园等的名称、保护级别、保护类型、批建时间、与线路的相对位置关系;沿线环境功能区划、水土保持概况等)

(七)沿线(省、市级)环保、水保等主管部门的意见及设计采用的技术规范和标准

二、环境影响分析

(一)生态环境(含重要生态敏感区、土地资源、文物古迹、动植物资源、水资源、景观资源、水土保持等)

(二)声环境(含噪声种类及源强、典型路段不同距离的昼、夜等效声级、典型声环境敏感点处的昼、夜等效声级范围值)

(三)振动环境(含振动源种类及源强、典型路段不同距离的昼、夜振级、典型环境敏感点处的昼、夜振级范围值)

(四)水环境(分站、段、所说明污水来源、污水量、污水性质、受纳水体功能)

(五)环境空气(环境空气污染来源、锅炉类型及使用燃料种类)

(六)固体废物(固体废物种类、来源及排放量)

(七)电磁辐射(电磁辐射来源、场强及典型距离的场强值)

三、环境保护措施

(一)生态保护设计(含主体工程及临时工程的工程防护和植被防护措施)

(二)声环境保护设计(说明声屏障设计:声学设计、结构设计、基础类型、吸声材料选择,隔声窗设计等。附声屏障设计工点统计表:里程、左右侧、长度、高度、结构形式、材料类别、基础形式等,噪声源降噪设计:列出由轨道、工务、机械等专业设计的相关专业篇文件号)

(三)振动环境保护设计(含振动源减振设计,列出由轨道、工务、机械等专业设计的相关专业篇文件号,说明受振点功能置换措施等)

(四)水环境保护设计(列出由给排水专业设计的相关专业篇文件号及图号)

(五)环境空气保护设计(列出由工务、动车组、车辆、机械、暖通等专业设计的相关专业篇文件号)

(六)固体废物收集、转运、处置设计原则及设计方案(说明收集、转运、处置设施规

模,构筑物及设备类型、规格、数量等)

(七)电磁辐射防护原则及设计方案(重点说明电气化铁路对沿线电视接收影响的防护措施)

(八)其他环境管理、水土保持措施

四、环境保护、水土保持工程措施及投资估算

(一)环境保护、水土保持工程措施表(分生态保护、声环境保护、振动环境保护、水环境保护、环境空气保护、固体废物设施、电磁辐射防护措施等)

(二)环境保护、水土保持投资概算

五、安全施工及过渡的意见(考虑周边环境、邻近工程、重点部位和环节、营业线运营、新结构、新材料、新工艺等因素,提出安全施工及安全运营的意见)

附件

一、铁道部及环境保护、水行政主管部门对环境影响报告书、水土保持方案报告书的审批意见

二、有关协议、纪要及公文

三、图纸目录

附图

一、声屏障设计图

二、垃圾转运站平面布置图

三、水土保持工程设计图

四、其他环保措施图件

第二十四篇　安 全 施 工

一、概述

(一)设计依据、范围及设计年度

(二)沿线重点工程概况

(三)有关安全施工的标准、规范及规定

二、影响沿线安全作业环境和安全施工因素的分析

三、安全施工的措施意见

(一)针对施工安全操作、防护的需要及项目周边环境对施工和安全的影响,提出保证施工和安全的措施意见

(二)根据地质条件、风险等级,提出施工超前地质预报的措施意见和方法(含施工方法、施工机具的配置、风险防范预案和事故逃逸措施意见)

(三)施工安全的重点部位、环节和防范安全事故的指导性意见

(四)改善安全作业环境和安全施工的措施意见

(五)营业线施工过度方案及施工期间确保安全运营的措施意见

(六)完善、改造和维护安全防护、检测、探测设备和设施的措施意见

(七)对重大危险源、重大事故隐患的评估、整改和监控的措施意见

(八)采用新结构(含特殊结构)、新材料、新工艺工程项目的保障施工作业人员安全和预防安全事故的措施意见

(九)其他与安全施工直接相关的措施意见

四、有待进一步解决的问题

第二十五篇　迁改与重点大型临时工程

第一章　迁　　改

说明

一、概述

(一)设计依据、范围及设计年度

(二)沿线重点迁改工程概况

二、影响铁路建设的电力线路的处理

(一)迁改原则及要求

(二)有关电力线路影响情况及处理

三、影响铁路建设的通信、广播及其他设施的迁改或防护

(一)铁路土建工程引起通信、广播及其他设施的迁改或防护

1. 沿线受影响情况

2. 迁改原则及方案

(二)电气化铁路路外通信、广播及其他设施的防护

1. 沿线可能受影响情况

2. 防护原则及方案

四、信号电缆迁改

(一)受影响情况

(二)实施意见

五、油、气管道迁改和防护

(一)路外(内)易燃、易爆品库及油、气、其他管道迁改

1. 迁改原则及要求

2. 迁改方案及实施意见

(二)电气化铁路路外(内)易燃、易爆品库及油、气管道的电磁干扰防护

1. 沿线可能受影响的设施概况

2. 防护原则及方案

六、给水排水管路迁改

(一)迁改原则及要求

(二)迁改方案及实施意见

七、河、沟(渠)迁改

(一)迁改依据及原则

(二)迁改方案及实施意见

八、道路迁改

(一)迁改原则

1. 迁改等级公路(按公路有关规范和标准设计,设计图按工点单独成册,附线路专业篇内)

2. 迁改乡村道路(参照有关规范及纪要设计,复杂工点要有设计图,附线路专业篇内)

(二)实施意见

九、建筑物、构筑物及其他迁改

(一)迁改原则

(二)实施意见

附件

一、电力线路迁改工程数量表

二、路外通信等设施电磁防护工程数量表

三、路外通信等设施迁改工程数量表

四、信号电缆迁改工程数量表

五、油、气管道(库)电磁防护工程数量表

六、油、气管道(库)迁改工程数量表

七、给水排水管路迁改工程数量表

八、改河改沟(渠)表

九、改移公(道)路表

十、拆迁建筑物、构筑物汇总表

第二章 重点大型临时工程

说明

一、设计依据、范围及设计年度

二、可行性研究审批意见的主要内容及执行情况

三、重点大型临时工程的设计原则

四、重点大型临时工程的分布情况

五、重点大型临时工程(说明设计原则及位置、规模、场外岔线、供应总量、供应范围、工程数量、占地数量等)

(一)制梁场

(二)铺轨基地

(三)客运专线轨枕板(块)制造场

(四)其他

附件

重点大型临时工程数量表(与可研进行工程内容和工程数量对照分析)

附图

一、制梁场平面布置图

二、铺轨基地平面布置图

三、轨枕板(块)制造场平面布置图

第二十六篇 施工组织设计

说明

一、概述

(一)设计依据、范围及设计年度

(二)可行性研究审批意见的主要内容及执行情况

(三)工程概况

1. 线路概况(起迄点、里程、正线长度、地形条件及工程复杂情况)

2. 既有线改建情况(改)

3. 全线主要工程分布情况

二、建设项目所在地区特征

(一)自然特征(说明高原、严寒、风沙、盐碱、沼泽、海洋、软土、黄土等的范围及特征，以及气温、风向、降雨量、台风等级等气象特征)

(二)交通运输情况(新建铁路项目说明既有铁路、水运、公路等可资利用的情况。改建铁路项目补充说明既有铁路的通过能力、控制区间及可资利用的情况)

(三)当地建筑材料的分布情况(缺砂、缺石、缺填料地段应着重说明)

(四)沿线水源、电源、燃料等可资利用的情况(缺水、缺电地段的情况应加以说明)

(五)其他与施工有关的情况

三、施工总工期、分期修建意见及施工区段的划分

(一)施工总工期及其依据

(二)工期保证措施

(三)分期、分段修建意见(根据可行性研究审批意见的建设工期和实施进度及分段开通要求等提出)

(四)施工区段划分意见

(五)控制工期工程、施工条件困难工程及特别复杂的工程所采取的措施

(六)分年度完成的主要工程量及总投资(表格说明)

(七)分年度需要的主要劳动力、材料及机具数量(表格说明)

四、施工准备工作(施工准备、砂石备料、特级道砟备料、临时建筑物及设施等与主要工程配合的措施。客运专线铁路、城际铁路补充说明大型施工设备的准备情况)

五、主要工程的施工方法、顺序、进度、工期及措施

(一)路基

(二)桥涵

(三)隧道(含明洞)

(四)铺架(有砟轨道的铺轨及铺砟、无砟轨道混凝土道床及架梁)

(五)房屋

(六)通信、信号、信息、电力、电气化和其他运营生产设备及建筑物(可视情况分项说明)

六、解决施工与行车干扰的措施(改)

(一)解决施工对通过能力影响所采取的必要措施

(二)充分利用行车间隙时间(含封闭线路时间)合理组织施工的意见

(三)保证行车和施工安全所采取的防护措施

七、材料供应计划

(一)采用的运输方案

(二)主要材料的数量、来源及运输方法

(三)当地材料的数量、来源、运输方法及供应范围

(四)设备采供计划(客)

八、临时工程

(一)大型临时工程设计原则

(二)铁路便线、便桥的修建地点、标准及工程量

(三)汽车运输便道方案设计(含运梁便道)

(四)大型临时辅助设施的设置意见(如材料厂、成品厂、改良土拌和站、级配碎石拌和站、沥青混凝土搅拌站、混凝土搅拌站、混凝土成品预制厂、制梁场、存梁场、钢梁拼装场、无砟轨道构件预制场、轨道梁制造厂、轨节拼装场、铺轨基地、存砟场、换装站等。说明设置原则及位置、规模、场外岔线、供应总量、供应范围、占地数量等,并附方案比选资料、重点设施附场内布置示意图)

(五)临时通信

(六)施工供水方案

(七)施工供电方案

(八)过渡工程措施(便线、便桥、车站、通信、信号、电力、电气化等,说明修建理由、地点、标准及工程数量)

(九)永久工程和临时工程结合的意见

九、施工环保措施

十、施工安全措施

附件

一、主要工程数量表(含大型临时设施数量)

二、主要劳动力、材料、成品及施工机具台班数量表

三、有关协议、纪要及公文

四、图纸目录

附图

一、施工组织进度示意图

二、施工总平面布置示意图

第二十七篇　总　概　算

说明

一、概述

(一)设计依据、范围及设计年度

(二)可行性研究审批意见的主要内容及执行情况

(三)编制范围(建设名称、起迄点、里程、正线长度及相关工程)

(四)概算分段

二、编制依据

(一)一般规定(说明编制概算依据的规章、办法、协议、纪要及公文等,以及可行性研究审批的投资估算)

(二)定额(各类工程采用的定额及补充定额的采用)

(三)人工单价(采用的基期工费标准)
(四)料价(采用的材料基期价格标准及依据)
(五)机械台班单价(采用的机械台班单价的依据)
(六)水、电单价(采用的基期水、电单价及依据)
(七)运输及装卸费单价(采用的各种运输单价、装卸费单价及其依据)
三、各项工程静态概算及费用的编制
(一)征地拆迁(采用资料的来源及分析指标的情况)
(二)正式工程
1. 编制单元
2. 编制深度
3. 价差(编制年度、编制期的价格及依据)
4. 施工措施费(采用的费率及依据)
5. 特殊施工增加费(采用的费率及依据)
6. 间接费(采用的费率及依据)
7. 税金(采用的费率及依据)
8. 设备购置费(采用的设备原价标准及依据)
(三)大型临时设施和过渡工程费(计算分析资料及依据)
(四)安全生产费(采用的费率及依据)
(五)其他费用(计算的资料来源和采用的费率、费用标准及依据)
四、基本预备费(采用的费率及依据)
五、动态概算费用
(一)工程造价增长预留费(采用的费率及依据)
(二)建设期贷款利息(采用的利率及依据)
六、机车车辆购置费、动车组购置费(费用计算依据)
七、铺底流动资金(采用的费用标准及依据)
八、概算总额及技术经济指标分析
(一)概算总额及每正线公里指标
(二)主要技术经济指标分析(说明各类工程费用所占比重,对一些突出偏低、偏高的费用的指标应说明原因)
(三)与批准的可行性研究投资估算总额的对照分析(按章节与可研对照说明,说明费用、工程措施、数量或单价变化原因及依据)
附件
一、总概算汇总表(编有几个总概算表时附)
二、初步设计总概算与可行性研究总估算对照表
三、总概算表
四、综合概算汇总表
五、初步设计综合概算与可行性研究综合估算对照表
六、综合概算表
七、单项概算表
八、安全施工费用表

九、主要材料平均运杂费单价分析表(供审查用,不附在文件内)
十、补充单价分析汇总表及补充单价分析表
十一、主要材料预算价格表
十二、补充材料单价表
十三、甲供物资、设备汇总表
十四、技术经济指标统计表
十五、有关协议、纪要及公文

Ⅳ　施　工　图

第一篇　总　说　明(注)

说明

一、概述

(一)设计依据

(二)设计范围(含相关工程)及设计年度

(三)初步设计审批意见的主要内容及执行情况

(四)线路概况

1. 线路地理位置和径路及其在国民经济与铁路网中的意义与作用

2. 自然特征简述

(五)项目立项决策及勘测设计经过(含立项、决策及历次审批情况及文号)

(六)既有线简述(改)(客)

1. 历史沿革

2. 铁路主要技术标准

3. 运营特征及存在的主要薄弱环节

二、经济与运量

(一)沿线经济特征简述

(二)路网构成

(三)设计年度客货运量(列表说明全线区段货流密度及旅客列车对数)

(四)远景年输送能力

三、铁路主要技术标准

(一)相邻线铁路主要技术标准

(二)设计线铁路主要技术标准

四、运输组织

(一)车站分布

(二)各设计年度客货列车对数、需要通过能力及设计能力

(三)行政区划分与调度区划分

五、线路

六、轨道

七、路基

八、土地利用

九、桥涵

十、隧道

十一、站场

十二、电气化

十三、机务设备

十四、车辆、动车组设备

十五、给水排水

十六、通信

十七、信号

十八、信息

十九、防灾安全监控

二十、电力

二十一、综合检测与维修

二十二、房屋建筑

二十三、环境保护、水土保持

二十四、安全施工

二十五、迁改与重点大型临时工程

二十六、预算或投资检算

附件

一、设计文件及电子文件组成、分发单位及份数表(装订在说明书目录之前)

二、线路技术资料汇总表(含主要工程数量,装订在线路平纵断面示意图之后)

三、图纸目录

附图

一、线路地理位置图(装订在说明书目录之后)

二、线路平、纵断面示意图(装订线路地理位置图之后)

三、线路平、纵断面缩图(选择适当比例,图幅长度不宜超过 3 m)

注:1. 根据实际情况,本篇可分为三册发送文件,第一册为一~十一、第二册为十二~二十五、第三册为二十六;

2. 本篇五~二十五主要说明设计内容及工程情况。

第二篇　线　　路

第一章　线　　路

说明

一、初步设计审批意见的主要内容及执行情况

二、线路概况(起点、经由、终点、全长等。客运专线铁路、城际铁路含引入枢纽概况等)

三、铁路主要技术标准

四、设计说明(总的工程情况、设计内容、工程数量、采用的先进技术及其他必要的说明)

五、施工注意事项

六、运营注意事项

七、安全施工的措施(考虑周边环境、邻近工程、重点部位和环节、营业线运营、新结构、新材料、新工艺等因素,提出安全施工及安全运营的措施)

附件

一、线路诸表

(一)曲线表

(二)坡度表

(三)水准点表

(四)断链表

(五)断高表

(六)控制桩表(含外移桩)

(七)增建第二线左右侧及线间距表(改)

(八)既有线改线地段表(改)

(九)既有线改坡地段表(改)

(十)改移道路及平(立)交道、人行过道表

(十一)拆迁建筑物、构筑物汇总表

(十二)砍伐树木及挖树根表

(十三)线路安全设施表

(十四)控制测量成果表(必要时附)

二、采用标准图、通用图一览表

三、有关协议、纪要及公文

四、图纸目录

附图

一、线路平面图(填绘不良地质范围及性质。客专、城际铁路含联络线、动车组走行线等。改建铁路含绕行线等),比例一般 1:2 000 或 1:5 000

二、线路详细纵断面图(适量填绘地质。客专、城际铁路含联络线、动车组走行线等。改建铁路含辅助详细纵断面图等)比例横 1:10 000,竖 1:500 或 1:1 000

三、线路平面布置示意图(图中含线路左右侧,换边地点、控制线间距、车站、桥梁、隧道等重点工程。增建第二线必要时附,也可根据需要只附重点地段)(改)

四、通过正式运营列车便线线路平面图(酌情填绘地质。亦可与线路平面图合并绘制),比例 1:2 000

五、通过正式运营列车便线详细纵断面图(酌情填绘地质),比例横 1:10 000,竖 1:1 000

六、改移道路及平(立)交道、人行过道设计图

(一)改移等级公路设计图(如要送公路部门审查,宜单独成册,包括:路线平、纵面图,路基横断面图及工点设计图,桥涵设计图,标志、标线设计表,工程数量表,概算等。图中按要求填绘地质)

(二)改移乡村道路及平(立)交道设计图(复杂工点附)

(三)改移道路及平(立)交道设计汇总表

七、安全设施布设图(必要时附,可与线路平面图合并绘制)

八、详细工程地质图(客运专线铁路、城际铁路含联络线、走行线等。改建铁路含绕行线等),比例 1:2 000 ~ 1:10 000

九、详细工程地质纵断面图(客运专线铁路、城际铁路含联络线、走行线等。改建铁

路含辅助纵断面等)，比例横 1∶10 000，竖 1∶200～1∶1 000

第二章　工务有关设施

说明

一、初步设计审批意见的主要内容及执行情况

二、设计说明(总的工程情况、设计内容、采用的先进技术及其他必要的说明)

(一)工务机构设置、管辖范围和定员(含既有和新增)

(二)采石场(含主要工程数量说明)

(三)工务修配所

(四)苗圃

(五)绿化(含主要工程数量说明)

三、环境保护与水土保持措施

四、节约能源措施

五、施工注意事项

六、运营注意事项

七、安全施工的措施(考虑周边环境、邻近工程、重点部位和环节、营业线运营、新结构、新材料、新工艺等因素，提出安全施工及安全运营的措施)

附件

一、工务机构设置、管辖范围和定员表及各项设施定员汇总表(含既有和新增)

二、养路机械设备数量表

三、采石场工程数量汇总表

四、采石场材料数量汇总表

五、采石场机械设备数量表

六、采石场岔线工程数量汇总表

七、工务修配所机械设备数量表

八、苗圃设备数量表

九、绿化工程数量表

十、用地数量表(按各项设施分别列出)

十一、采用标准图、通用图一览表

十二、甲供物资、设备一览表

十三、有关协议、纪要及公文

十四、图纸目录

附图

一、采石场

(一)采石场总平面布置图(填绘地质资料)，比例 1∶1 000 或 1∶2 000

(二)采石场岔线线路平面图，比例 1∶2 000 或 1∶5 000

(三)采石场岔线纵断面图，比例横 1∶10 000，竖 1∶500 或 1∶1 000

(四)采石场岔线放大纵断面图(填地质资料、成底图不附入文件)，比例横 1∶10 000，竖 1∶100 或 1∶200

(五)采石场岔线路基、桥涵设计图

(六)采石场开采范围及开采终了图

(七)开采场机械设备布置图,比例1:1 000或1:2 000

(八)道砟、片石生产及装运设备布置图

(九)各主要车间平面、剖面图(含破碎、筛分等车间)

(十)室外主要机械设备布置及安装图

(十一)辅助生产车间平面图(含材料库(棚)、车库、推土机库、油库等)

(十二)生产、办公等房屋平面图

(十三)室外管道平面、纵断面图

(十四)各生产车间管线平面、立面图

(十五)场内管线综合图(必要时附),比例1:500

(十六)爆炸材料库区平面图

(十七)用地及排水系统图

(十八)环境保护与水土保持有关设计图

二、工务修配所

(一)总平面布置图

(二)各生产车间设备平面布置图

(三)室内外生产管路图

(四)专用设备图

(五)机械设备基础图

三、苗圃

苗圃平面布置图(含与车站关系示意图)

四、绿化

(一)绿化代表性平面布置图(绿化工程数量表能表示清楚的,可不再出图)

(二)绿化代表性横断面图(绿化工程数量表能表示清楚的,可不再出图)

第三篇　轨　　道

说明

一、初步设计审批意见的主要内容及执行情况

二、线路概况

三、设计说明(总的工程情况、设计内容、工程数量、采用的先进技术及其他必要的说明)

四、施工注意事项

五、运营注意事项

六、安全施工的措施(考虑周边环境、邻近工程、重点部位和环节、营业线运营、新结构、新材料、新工艺等因素,提出安全施工及安全运营的措施)

附件

一、加强地段表

二、制动地段表

三、铺设无缝线路地段表

四、单元轨节布置表(含位移观测桩等)

五、铺设无砟轨道地段表

六、铺设宽枕及其他新型轨下基础地段表

七、有砟轨道铺设钢筋混凝土枕、木枕地段表

八、轨道工程数量汇总表

九、线路标志及信号标志工程数量表、线路安全保护区标桩等工程数量表

十、线路基标表(客)

十一、采用标准图、通用图一览表

十二、有关协议、纪要及公文

十三、图纸目录

附图

一、无缝线路设计图(单元轨节布置表能表示清楚的,可不再出图)

二、无砟轨道结构设计图(含路、桥、隧、站地段无砟轨道结构图、典型和特殊平面布置图及过渡段布置图)

三、其他个别设计图

第四篇　路　　基

说明

一、初步设计审批意见的主要内容及执行情况

二、设计说明(总的工程情况、一般及个别设计工点设计内容、取弃土场及填料说明、与其他专业设计接口说明、采用的先进技术及其他必要的说明)

三、环境保护与水土保持措施

四、工点目录表

五、工程数量对照表(列初步设计与施工图区间路基主要工程数量并进行说明)

六、施工注意事项

七、运营注意事项

八、安全施工的措施(考虑周边环境、邻近工程、重点部位和环节、营业线运营、新结构、新材料、新工艺等因素,提出安全施工及安全运营的措施)

附件

一、挡土墙表

二、路基加固及防护工程数量表

三、改河、改沟(渠)表

四、路基地面排水工程数量表

五、路基土石方数量总表

六、路基土石方数量调配汇总表(附调配说明)

七、路基土石方数量调配明细表(或图)

八、机械化养路作业平台设置表(土石方数量列入路基土石方数量表内)

九、路基面宽度及填挖高度表

十、无砟轨道路基面高程设计表

十一、取弃土场设计汇总表

十二、采用标准图、通用图一览表

十三、有关协议、纪要及公文

十四、图纸目录

附图

一、路基一般设计横断面图(图中填绘线路中心线、地面高程、路肩高程、路基面宽度、边坡坡率、设计水位高程、中心填挖高、侧沟断面尺寸、路基断面面积等并绘地质资料;改建铁路图中填绘线路中心线、既有轨顶高程、设计轨顶高程、路基面宽度、边坡坡率、设计水位高程、改建既有线或增建第二线中心填挖高、线间距、侧沟断面尺寸及断面面积等,并填绘地质资料,绕行线按新线办理),比例1:200(特殊情况可用1:100或1:500)

二、路基个别设计图

(一)一般的高路堤、深路堑、陡坡路堤工点横断面图(图纸内容同路基一般设计横断面图,并加注必要的设计说明),比例1:200(特殊情况可用1:100或1:500)

(二)除上述一般路基工点外,其余的路基个别设计工点均应单独出图,纳入路基个别设计图册内,其内容如下:

1. 平面图(必要时附,图中填绘地形、地质资料及工程建筑物的位置),比例1:500~1:2 000

2. 纵断面图(必要时附,图中填绘地质资料及工程建筑物的位置),比例根据具体情况确定

3. 横断面图(图中填绘地质资料及工程建筑物的位置),比例1:200(特殊情况可用1:100或1:500)

4. 工程建筑物结构设计详图及有关监测方面的设计图(必要时附),比例根据具体情况确定

5. 个别工点的施工组织设计图(必要时附)

6. 工程数量表

7. 设计说明

三、改建铁路通过正式运营列车便线路基设计图(改)

四、路基排水系统图(区间部分,图中填绘线路中心线、地形、路基坡脚坡顶线、取弃土位置、桥涵位置及出入口高程、设计天沟、排水沟、侧沟等中线、长度、水流方向,各段水沟断面及加固类型,注明与农田、水利排灌系统的衔接关系,复杂的排水地段除在图中注明外,另绘工点设计图,列入路基个别设计图),比例同线路平面图

五、路基环境保护与水土保持工程设计图(必要时附,列入路基个别设计图)

六、取弃土场位置图,比例1:2 000~1:10 000

第五篇　土 地 利 用

说明

一、初步设计审批意见的主要内容及执行情况

二、用地设计说明

三、区间路基及全线用地(含其他各篇用地)总数及平均每公里用地数

四、补充耕地(含复垦)措施说明

附件

一、用地数量表(含土地类别、数量和所属单位)

二、用地数量汇总表(含其他各篇用地,列出土地类别、数量等,并分省、局或公司界汇总)

三、复垦土地数量表(含里程、数量等)

四、用地界桩数量表

五、有关协议、纪要及公文

六、图纸目录

附图

用地图(可与路基排水系统图合并,图中填绘线路中心线、既有及新征用地界、土地所属单位及土地类别等),比例同线路平面图

第六篇 桥 涵(注)

说明

一、初步设计审批意见的主要内容及执行情况

二、设计说明(总的工程情况、设计内容、工程数量与其他专业设计接口说明、采用的先进技术及其他必要的说明)

三、景观设计、环境保护与水土保持措施

四、施工注意事项(施工方法及其他)

五、运营注意事项(含大型或特殊结构桥梁使用、养护、维修及运营等)

六、安全施工的措施(考虑周边环境、邻近工程、重点部位和环节、营业线运营、新结构、新材料、新工艺等因素,提出安全施工及安全运营的措施)

附件:

一、特大、大、中桥表(既有桥梁与新建或改建桥梁对照,并注明利用原桥情况)

二、小桥表(既有桥梁与新建或改建桥梁对照,并注明利用原桥情况)

三、涵洞表(既有涵洞与新建、改建或接长涵洞对照,并注明利用原涵情况)

四、道路桥涵表

五、工程数量汇总表(特大、大、中桥按工点,小桥涵按类型、孔径分别汇总)

六、采用标准图、通用图、参考图一览表

七、有关协议、纪要及公文

八、图纸目录

附图

一、特大、大、中桥

(一)复杂工点(含新技术、新结构)的工点设计说明:审查意见的执行情况;自然概况;主要技术条件;执行的主要规范、标准;各主要构件的控制应力;控制因素(立交、通航、管线、文物、军事设施等);方案概述;施工、环保、运营、科研;特殊地基处理措施(中桥可不附)

(二)桥址平面图(图中绘明新线与既有线的中心线、桥梁平面、导治建筑物平面、洪

水泛滥线及必要的地质资料),比例1:500~1:2 000(必要时附大比例的局部地形图)

(三)桥址工程地质图(地质复杂时附),比例1:500~1:2 000

(四)桥址工程地质纵断面图(重点桥渡均须附,地质复杂的桥必要时附),比例横1:100~1:2 000,竖1:50~1:500

(五)全桥总布置图(加固、改建或新建,图中绘明全桥立面及平面,立面加绘必要的地质资料及各种水位,并附设计说明和工程数量表及采用图号,在曲线上的桥应附曲线上桥梁布置图,地形、地质复杂者另附墩台工程地质横断面图),比例1:100 ~1:1 000。无缝线路上的高墩柔性基础桥梁列举墩台抗推刚度

(六)墩台及基础设计详图(加固、改建或新建,图中注简要说明),比例1:50~1:500

(七)地基加固设计图(必要时附)

(八)特殊结构设计图(如非标准设计的基础、梁部结构、桥面布置等),比例1:10~1:500

(九)新技术、新结构设计图(图中附设计说明:含重要技术参数、主要检算成果、主要计算软件和工程数量表等),比例1:10~1:500

(十)新型部件(如减震装置等)安装图。新材料选型或配方设计。新工艺操作流程图

(十一)非标设计指导性施工步骤图,必要的工艺过程图(如悬臂法施工的预应力混凝土梁的施工过程挠度图等)

(十二)旧线加固设计,运营预留措施设计图

(十三)关联科研项目的落实措施设计

(十四)导治建筑物及其他附属工程设计图,比例1:50~1:1 000

(十五)既有线加固及复杂的施工防护设计图,比例1:50~1:500

(十六)铁路便桥设计图(改)

(十七)桥梁照明、通信、信号、电力、电气化、无砟轨道轨下基础等有关设计图(或附在有关专业文件内)

二、小桥涵

(一)小桥涵址平面图(有改沟合并及导治建筑物和地形、地质、水文复杂时附,图中绘明改沟及建筑物位置,并加绘必要的地质资料),比例1:500或1:1 000

(二)小桥涵设计图(加固、改建或新建,图中绘明地质资料、水文资料、设计说明及工程数量表,在曲线上的小桥应附曲线上桥梁布置图),比例1:50~1:500

(三)特殊结构,新技术及新结构设计图,比例1:10~1:500

(四)地基加固设计图(必要时附)

(五)导治建筑物及其他附属工程设计图,比例1:50~1:2 000

(六)漫流、岩溶、高原冰川及泥石流等地区的桥涵布置图(必要时附)

三、汇水面积图(全线或全段连续或分几段绘制,仅送运营单位)

四、道路桥涵设计图(参照铁路桥涵办理)

注:立交桥、泄水隧洞、渡槽、倒虹吸管等,按类型及孔径分别列入大中桥或小桥涵项目内,道路桥涵列在铁路桥涵之后。

第七篇 隧　　道

第一章 隧　　道

说明

一、初步设计审批意见的主要内容及执行情况

二、设计说明(总的工程情况、设计内容、工程数量与其他专业设计接口说明、采用的先进技术及其他必要的说明)

三、环境保护与水土保持措施

四、施工注意事项(施工方法、地质超前预报措施及其他)

五、运营注意事项(特长隧道设备使用、养护、维修及事故逃逸措施)

六、安全施工的措施(根据地质条件、风险等级、周边环境、邻近工程、重点部位和环节、营业线运营、新结构、新材料、新工艺等因素,提出安全施工及安全运营的措施)

附件

一、隧道表(含明洞,说明既有隧道利用、改建或废弃与新建情况,双线分修时按上、下行分列)

二、工程数量汇总表

三、采用的标准图、通用图、参考图一览表

四、有关协议、纪要及公文

五、图纸目录

附图

一、隧道平面图,比例 1∶2 000 或 1∶5 000(特长隧道及 5 000 m 以上的长隧道洞顶部分的比例可用 1∶10 000)

二、隧道纵断面图,比例横 1∶500～1∶5 000,竖 1∶200～1∶2 000

三、隧道洞身横断面图,比例 1∶200 或 1∶500

四、隧道洞口平面图,比例 1∶200 或 1∶500

五、隧道洞口纵、横断面图,比例 1∶200

六、辅助坑道设计图(含平面、纵、横断面及结构设计图)

注:以上各图,除结构设计图外,均应绘注地质资料。

七、隧道运营通风设计图

八、特殊设计图(如洞门、衬砌、支护、防水、排水设计等,含细部结构设计图,必要时附施工工艺图)

九、隧道弃砟设计图

十、既有隧道改建或加固设计图及施工过渡设计图(改)

十一、既有隧道断面图(含隧底、水沟),比例 1∶50 或 1∶100(改)

十二、特长隧道、长隧道施工通风设计图

十三、特长隧道、长隧道施工排水设计图

十四、其他设计图(如改沟、防护等)

十五、施工组织设计图(特长隧道及5 000 m 以上的长隧道及重点隧道附)

第二章　隧道通风机械设施

说明

一、初步设计审批意见的主要内容及执行情况

二、设计说明(总的工程情况、设计内容、工程数量、采用的先进技术及其他必要的说明)

三、节约能源措施

四、施工注意事项(施工方法及其他)

五、运营注意事项(含特长隧道机械设备使用、养护、维修)

六、安全施工措施及应急预案工程设计(针对不同情况并考虑周边环境、邻近工程、重点部位和环节、营业线运营、新结构、新材料、新工艺等因素,提出安全施工及安全运营的措施)

附件

一、工程数量表

二、机械设备数量表

三、材料数量表

四、甲供物资、设备一览表

五、有关协议、纪要及公文

六、图纸目录

附图

一、通风机房、通风机组平面布置图(无电源时含柴油机部分)

二、通风机组安装图(无电源时含柴油机安装)

三、通风机组及其他设备基础图(无电源时含柴油机基础)

四、柴油机辅助系统(燃油、润滑、冷却水)平面布置图、安装图及管系图

五、通风机和柴油机共同底盘安装图

第八篇　站　　场

第一章　站　　场

说明

一、初步设计审批意见的主要内容及执行情况

二、设计说明

(一)全线车站概况

(二)站场主要设计原则(客运专线铁路、城际铁路说明车站平面、纵断面、客运设备,客货共线铁路、货运专线铁路说明车站布置形式、到发线进路、出站信号机类型、超限货物列车进路、客货运设备等)

(三)接轨站、区段站、编组站、主要客运站及其他大站分站说明(车站位置、布置形式、股道、主要客货运设备、道路及排水、用地及拆迁)

(四)站线轨道

(五)站场路基

（六）主要工程数量说明

（七）与其他专业接口的设计说明

三、环境保护及水土保持措施

四、节能措施

五、施工注意事项

六、运营注意事项

七、安全施工的措施（考虑周边环境、邻近工程、重点部位和环节、营业线运营、新结构、新材料、新工艺等因素，提出安全施工及安全运营的措施）

八、改移沟渠说明

九、改移道路说明

附件

一、车站表（含车站示意图、车站中心里程、站间距离、区间运行时分、站坪坡度标、主要工程数量等）

二、土石方数量计算表

三、土石方数量汇总表（按土、石分类）

四、土石方数量调配明细表

五、土石方数量调配汇总表

六、工程数量汇总表（含拆迁、用地、改移沟渠、改移道路路基土石方及附属工程、轨道、道路、排水、环保、道口等）

七、无缝线路铺设地段表

八、单元轨节布置表（含位移观测桩等）

九、宽枕铺设地段表

十、客货运设备数量汇总表

十一、拆迁建筑物、构筑物表

十二、伐树、移栽树木表

十三、用地数量（分各种地类）表

十四、站内改移道路及立交道表

十五、采用标准图、通用图一览表

十六、甲供物资、设备一览表

十七、有关协议、纪要及公文

十八、图纸目录

附图

一、会让站、越行站、中间站平面布置图，比例1:2 000

二、接轨站、区段站、编组站、集装箱中心站、主要客运站及其他大站平面布置图，比例1:1 000或1:2 000

三、联络线或疏解线平面布置图（简单的可与车站平面布置图合并），比例1:2 000

四、联络线或疏解线纵断面图（简单的可在车站平面布置图上用坡度标标注），比例横1:10 000竖1:500或1:1 000

五、站场路基横断面图，比例1:200

六、动车段、大型养路机械段、综合检测中心（或综合管理维修中心）平面布置图（简

单的可与车站平面布置图合并),比例1:2 000

七、取、弃土场平面布置图(在车站地形范围内可与车站平面布置图合并),比例1:2 000

八、驼峰设计图(简易的可与车站平面布置图合并)

(一)驼峰线路平面图,比例1:500或1:1 000

(二)驼峰线路纵断面与能高线图,比例横1:1 000,竖1:20

(三)驼峰线路车辆溜放间隔检查图

(四)减速顶布置图(可与驼峰线路平面图合并)

(五)驼峰管线综合布置图(简单的可与驼峰线路平面图合并),比例1:500或1:1 000

九、区段站、编组站及其他大站用地、道路及排水系统图(简单的可与车站平面布置图合并),比例1:1 000或1:2 000

十、区段站、编组站、集装箱中心站、主要客运站及其他大站的车场管线综合布置图(简单的可与车站平面布置图合并),比例1:500或1:1 000

十一、站场路基个别设计图

十二、避难线新建或改建设计图,比例1:1 000或1:2 000

十三、站区绿化设计图(可与车站平面布置图或车站用地、道路及排水系统图合并)

十四、复杂车站的施工过渡方案图,比例1:1 000或1:2 000

十五、其他个别设计图

第二章　客货运机械设备及其他

说明

一、初步设计审批意见的主要内容及执行情况

二、设计说明(既有、新增机械设备类型、数量、配置地点及维修机构设置地点、管辖范围、定员)

三、环境保护及节约能源措施

四、施工注意事项

五、运营注意事项

六、安全施工的措施(考虑周边环境、邻近工程、营业线运营、新结构、新材料、新工艺等因素,提出安全施工及安全运营的措施)

附件

一、工程数量表

二、机械设备数量汇总表

三、甲供物资、设备一览表

四、图纸目录

附图

一、维修设施总平面布置图(单独设置时附),比例1:1 000

二、各生产车间设备平面布置图(必要时加绘剖面图)

三、室内、外生产管路布置图(平、剖面图、复杂管系绘原理图及立体图),比例1:50~1:200

四、设备基础图

五、其他个别设计图

第九篇　电　气　化

第一章　牵引变电所、开闭所、分区所、AT 所及电力调度所

说明

一、初步设计审批意见的主要内容及执行情况

二、设计说明（总的工程情况、设计内容、工程数量、设备数量、采用先进技术及其他必要的说明）

三、环境保护措施

四、节约能源措施

五、施工注意事项

六、运营注意事项

七、安全施工的措施（考虑营业线运营、新结构、新材料、新工艺等因素，提出安全施工及安全运营的措施）

附件

一、工程数量表

二、主要设备数量表

三、主要材料数量表

四、采用标准图、通用图一览表

五、甲供物资、设备一览表

六、有关协议、纪要及公文

七、图纸目录

附图

一、主接线图

二、总平面布置图

三、生产房屋平面布置图

四、生产房屋设备及网栅布置图

五、生产房屋母线布置图

六、间隔断面图

七、设备安装图

八、防雷与接地平面布置图

九、生产房屋预埋件位置图

十、交直流自用电系统图

十一、二次回路接线图

十二、盘面布置图及控制盘盘面布置总图

十三、主控制室配电盘布置及小母线配置图

十四、端子排接线图

十五、断路器机构箱安装接线图

十六、电缆敷设图

十七、电缆清册

十八、基础平面布置图

十九、架构组装图及零部件图

二十、调度所平面布置和远动装置接地系统图

二十一、远动对象表

二十二、远动装置系统图

二十三、远动装置外部接线图

二十四、综合自动化系统构成图

二十五、安全监控系统构成、设备布置及接线图

二十六、调度盘、台面布置图、电源盘盘面布置图

二十七、远动设备安装图及房屋预埋件位置图

二十八、远动装置、调度盘、台端子排接线图

二十九、继电保护整定计算

第二章 接 触 网

说明

一、初步设计审批意见的主要内容及执行情况

二、设计说明(总的工程情况、设计内容(含当行车速度≥200 km/h 时接触线预留弛速设计)、工程数量、设备数量、采用的先进技术、接口配合说明、过渡工程说明及其他的必要说明)

三、施工注意事项

四、运营注意事项

五、安全施工的措施(考虑周边环境、邻近工程、重点部位和环节、营业线运营、新结构、新材料、新工艺等因素,提出安全施工及安全运营的措施)

附件

一、工程数量表

二、主要设备数量表

三、主要材料数量表

四、采用的标准图、通用图一览表

五、甲供物资、设备一览表

六、有关协议、纪要及公文

七、图纸目录

附图

一、站场接触网平面布置图

二、区间接触网平面布置图

三、隧道内悬挂平面布置图

四、供电线平面布置图

五、接触网与土建部分接口设计安装图

六、接触网支柱基础设计图

七、支柱设计图

八、单腕臂安装图

九、双腕臂安装图

十、隧道内悬挂安装图

十一、下锚补偿安装图

十二、设备安装图

十三、悬挂安装图

十四、接地预埋设施及其回流端子设备安装图

十五、硬横跨安装图

十六、零件图

十七、供电分段示意图

十八、其他

第三章　维 护 管 理(注)

说明

一、初步设计审批意见的主要内容及执行情况

二、设计说明(总的工程情况、设计内容、工程数量、设备数量、采用的先进技术及其他必要的说明)

三、环境保护措施

四、节约能源措施

五、施工注意事项

六、运营注意事项

七、安全施工的措施(考虑周边环境、邻近工程、重点部位和环节、营业线运营、新结构、新材料、新工艺等因素,提出安全施工及安全运营的措施)

附件

一、工程数量表

二、主要设备数量表

三、主要材料数量表

四、采用标准图、通用图一览表

五、甲供物资、设备一览表

六、有关协议、纪要及公文

七、图纸目录

附图

一、维护管理机构总平面布置图及室外管线综合布置图,比例 1:500 或 1:1 000

二、生产房屋设备平面布置图

三、办公及辅助房屋平面布置图

四、设备基础图

五、房屋预埋件位置图

六、设备安装图

七、工艺零件图

八、专用设备图

注:在不设综合(管理)维修中心时设本章。

第四章　受电气化影响的电力线路的处理

说明

一、初步设计审批意见的主要内容及执行情况

二、电力线路新增情况及处理意见

三、必要的设计说明(含工程数量说明)

四、施工注意事项

五、安全施工的措施(考虑周边环境、邻近工程、重点部位和环节、营业线运营等因素,提出安全施工及安全运营的措施)

附件

一、电力线路迁改工程数量汇总表

二、有关协议、纪要及公文

第五章　路外(内)易燃、易爆品库及油、气管道的电磁干扰防护

说明

一、初步设计审批意见的主要内容及执行情况

二、路外易燃、易爆品库及油、气管道新增情况及处理概况

三、必要的设计说明(含工程数量说明)

四、施工注意事项

五、安全施工的措施(考虑周边环境、邻近工程、重点部位和环节、营业线运营、新结构、新材料、新工艺等因素,提出安全施工及安全运营的措施)

附件

一、工程数量表(含迁改)

二、有关协议、纪要及公文

第十篇　机务设备(注)

说明

一、初步设计审批意见的主要内容及执行情况

二、设计说明(总的工程情况、设计内容、设备数量、采用的先进技术及其他必要说明)

三、环境保护措施

四、节约能源措施

五、施工注意事项

六、运营注意事项

七、安全施工的措施(考虑周边环境、邻近工程、重点部位和环节、营业线运营、新结构、新材料、新工艺等因素,提出安全施工及安全运营的措施)

附件

一、机械设备数量表(按各段所、所属车间、场、所、救援分列,利用既有设备应注明)

二、采用标准图、通用图一览表

三、甲供物资、设备一览表

四、有关协议、纪要及公文

五、图纸目录

附图

一、机务段(所)总平面布置图(含站段关系示意图、房屋表、股道表、室外主要设备及构筑物表、设计主要技术指标表,并标明股道间距、坡度、高程、房屋位置与开向、室内高程、道路、围墙、绿化及风玫瑰图等),比例1:1 000

二、整备各车间设备平面布置图(含设备和基础外形尺寸、相互间距、设备表、房屋开向及供水、风、蒸汽、电的位置等),比例1:50或1:100

三、车库及其他车间设备平面布置图(有起重设备的车间附剖面图,其他车间必要时附。含设备及基础外形尺寸、相互间距、设备表、房屋开向及供水、风、蒸汽、电的位置等),比例1:50或1:100

四、室内、外生产管路图(含平、剖面图,复杂管系应绘原理图及立体图),比例1:100或1:200

五、室外管线综合布置图(复杂时附,管线交叉处应绘大样图,并标明相互尺寸),比例1:500或1:1 000

注:本篇适用于客货共线铁路和货运专线铁路。客运专线铁路和城际铁路如涉及机务设备改建时,也可参照使用。

第十一篇　车辆、动车组设备

第一章　车 辆 设 备(注)

说明

一、初步设计审批意见的主要内容及执行情况

二、设计说明(总的工程情况、设计内容、设备数量、采用的先进技术及其他必要的说明)

三、环境保护措施

四、节约能源措施

五、施工注意事项

六、运营注意事项

七、安全施工的措施(考虑周边环境、邻近工程、重点部位和环节、营业线运营、新结构、新材料、新工艺等因素,提出安全施工及安全运营的措施)

附件

一、机械设备数量表

二、采用标准图、通用图一览表

三、甲供物资、设备一览表

四、有关协议、纪要及公文

五、图纸目录

附图

一、主要车辆设备总平面布置图(含站段关系示意图、房屋表、股道表、室外主要设备及构筑物表、设计主要技术指标表,并标明股道间距、坡度、高程、房屋位置与开向、室内高程、道路、围墙、绿化及风玫瑰图等),比例1:500或1:1 000

二、主要检修生产车间及各生产分间设备平面布置图(必要时加绘剖面图),比例1:50、1:100或1:200

三、其他生产辅助房屋及办公房屋平面布置图,比例1:50、1:100或1:200

四、室内、外生产管路布置图(复杂管系必要时加绘管系原理图、立体示意图等),比例1:100或1:200

五、列检所位置及室外列检设备平面布置图,比例1:1 000或1:2 000

六、列检所房屋及室内设备平面布置图,比例1:50或1:100

七、室外管线综合布置图(管线交叉处必要时加绘大样图,并标明相互尺寸等),比例1:500或1:1 000

八、车辆安全防范预警系统、车号识别系统设备布点及网络传输示意图

九、车辆安全防范预警系统、车号识别系统探测站位置图

十、车辆安全防范预警系统、车号识别系统室内设备平面布置图(必要时附),比例1:50或1:100

注:本章适用于客货共线铁路和货运专线铁路。客运专线铁路和城际铁路如涉及车辆设备改建时,也可参照使用。

第二章　动车组设备

说明:

一、初步设计审批意见的主要内容及执行情况

二、设计说明(总的工程情况、设计内容、设备数量、采用的先进技术及其他必要的说明)

三、环境保护措施

四、节约能源措施

五、施工注意事项

六、运营注意事项

七、安全施工的措施(考虑周边环境、邻近工程、重点部位和环节、营业线运营、新结构、新材料、新工艺等因素,提出安全施工及安全运营的措施)

附件

一、机械设备数量表(按车间、场、所分列)

二、采用标准图、通用图一览表

三、甲供物资、设备一览表

四、有关协议、纪要及公文

五、图纸目录

附图

一、动车段(所)总平面布置图(含站段关系示意图、房屋表、股道表、室外主要设备及构筑物表、设计主要技术指标表,并标明股道间距、坡度、高程、房屋位置与开向、室内高

程、道路、围墙地、绿化及风玫瑰图等),比例 1:500 或 1:1 000

二、车库及其他车间设备平面布置图(必要时附剖面图),比例 1:500

三、其他生产辅助房屋及办公房屋平面布置图,比例 1:50、1:100 或 1:200

四、室内、外生产管路布置图(复杂管系必要时加绘管系原理图、立体示意图等),比例 1:100 或 1:200

五、室外管线综合布置图(管线交叉处必要时加绘大样图,并标明相互尺寸等),比例 1:500 或 1:1 000

第十二篇 给水排水

说明

一、初步设计审批意见的主要内容及执行情况

二、设计说明(总的工程情况、设计内容、工程数量、设备数量、采用的先进技术、管路迁改及其他必要的说明)

三、环境保护措施

四、节约能源措施

五、施工注意事项

六、运营注意事项

七、安全施工的措施(考虑周边环境、邻近工程、重点部位和环节、营业线运营、新结构、新材料、新工艺等因素,提出安全施工及安全运营的措施)

附件

一、水源水质化验单

二、设计年度日用水量、日排水量表

三、主要工程数量表(含管路迁改)

四、主要设备数量表

五、采用标准图、通用图一览表

六、甲供物资、设备一览表

七、有关协议、纪要及公文

八、图纸目录

附图

一、给水站给水、排水总平面图,比例 1:1 000 或 1:2 000

二、给水站给水、排水管网系统图(简单者可用结点大样表示)

三、扬水、导水、排水管道平面图(站场平面布置图以外部分),比例 1:1 000 ~ 1:5 000

四、扬水、导水、排水管道纵断面图(站场平面布置图以外部分,如地形平坦且项目简单也可用结点大样表示),比例横 1:2 000 或 1:5 000,竖 1:200

五、水源地平面布置图,比例 1:200 或 1:500

六、地表水取水设备纵断面图(绘注地质资料),比例 1:100 或 1:200

七、管井结构图(附地质柱状图等)

八、山上给水池平、剖面图,比例平面且 1:500、剖面 1:100 或 1:200

九、给水所、直饮水站、给水处理、污水处理、卸污站污水抽升泵站、油库消防、有水泵

站、水电段等平面布置图,比例1∶50～1∶200

十、给水所、直饮水站、给水处理、污水处理、卸污站污水抽升泵站、油库消防、给水泵站、水电段等机械设备安装图

十一、动车段(所)、客车技术整备所旅客列车卸污系统设计图(客)

十二、自动控制设计图

十三、沿线生活供水站、点的给水、排水设计图(参照给水站有关图纸办理)

十四、其他个别设计图

第十三篇　通　信

第一章　通　信(注)

说明

一、初步设计审批意见的主要内容及执行情况

二、设计说明(总的工程情况及设计内容、工程数量、设备数量说明,含传输及接入系统、电话交换系统、数据通信系统、调度通信及移动通信系统、车站(场)通信、应急通信、电源及接地、通信线路等各系统的设计内容,与其他专业设计接口说明,采用的先进技术及其他必要的说明)

三、环境保护措施

四、节约能源措施

五、施工注意事项

六、运营注意事项

七、安全施工及过渡的措施(考虑周边环境、邻近工程、重点部位和环节、营业线运营、新结构、新材料、新工艺等因素,提出安全施工及安全运营的措施)

附件

一、工程数量表

二、设备数量表

三、材料数量表

四、主要仪器、仪表及交通工具配备表

五、采用标准图、通用图一览表

六、甲供物资、设备一览表

七、有关协议、纪要及公文

八、图纸目录

附图

一、总图

(一)通信网图

(二)程控电话交换网图

(三)铁路调度通信系统图

(四)移动通信系统图

(五)数据网系统图

(六)电视会议系统图

（七）应急通信系统图
（八）同步时钟系统图
（九）网管系统图
（十）传输系统通道分配图
（十一）时隙分配图
（十二）数据网业务通道分配图
（十三）电源及环境监控系统图
（十四）光纤（缆）监测系统图
（十五）CTC 系统业务通道构成图
（十六）微机监测业务通道构成图
（十七）综合调度系统业务通道构成图
（十八）防灾安全监控系统业务通道构成图
（十九）综合视频监控系统图
（二十）电气化视频及远动业务通道构成图
（二十一）电力远动及视频业务通道构成图
（二十二）同步及时钟分配系统图
（二十三）票务管理信息系统业务通道构成图
（二十四）公安信息系统业务通道构成图
（二十五）信息管理信息业务通道构成图
二、长途通信线路
（一）长途通信线路径路示意图
（二）光纤运用图
（三）电缆回线运用图
（四）光缆接续系统图
（五）光、电缆接头盒安装示意图
（六）接头/余留孔光缆铁架示意图
三、通信站
（一）通信设备运用图
（二）通信设备平面布置图
（三）沟、槽、管、洞平面布置图
（四）走线架、槽道平面布置图
（五）光、电缆引入室引入装置结构安装图
（六）通信设备配线计划图
（七）ODF 架盘面布置图
（八）ODF 架接线图
（九）DDF 架组架及盘面布置图
（十）DDF 架接线图
（十一）中间配线柜盘面布置图
（十二）中间配线柜端子板分配图
（十三）通信回线径路图

(十四)电话交换机中继方式图
(十五)MDF 架组架及盘面布置图
(十六)MDF 架接线图
(十七)电源系统图
(十八)告警信号系统布线图
(十九)地线系统图
(二十)电源及地线配线计划图及回路分配图
四、地区及站场(区段站及以上大站)
(一)地区及站场通信网图
(二)地区及站场电缆通信线路径路图
(三)地区及站场光电缆系统
(四)地区及站场光、电缆管道平纵断面图
(五)地区及站场光电缆芯线分配图
(六)重要房屋通信设计图(调度所、会议机械室、站调楼、信号楼、综合工区楼)
(七)通信设备平面布置图
(八)沟槽管洞图
(九)通信设备配线计划图
(十)光电综合柜 ODF、DDF 子架接线图
(十一)光电综合柜音频配线子架端子板分配图
(十二)通信回线径路图
(十三)大型房屋室内通信系统、设备平面布置图
(十四)大型房屋、配线(综合布线)及沟、槽、管、洞图
五、中间站、会让站、越行站
(一)站场通信网图
(二)站内电缆通信线路径路、电缆系统图
(三)通信机械室通信设备平面布置图
(四)通信机械室沟槽管洞图
(五)通信机械室通信设备配线计划图
(六)光电综合柜 ODF、DDF 子架接线图
(七)光电综合柜音频配线子架端子板分配图
(八)通信回线径路图
(九)大型房屋室内通信系统图
(十)大型房屋室内通信设备布置、配线(综合布线)及沟、槽、管、洞图
六、GSM—R 数字移动通信系统
(一)GSM—R 系统网络结构图
(二)GSM—R 网络管理子系统构成图
(三)GSM—R 无线子系统网络构成图
(四)GSM—R 系统频率规划图
(五)无线网络号码/地址分配表
(六)GSM—R 交换中心连接图

(七)GSM—R 网络管理中心连接图
(八)GSM—R 无线子系统中心连接图
(九)GSM—R 基站系统连接图
(十)光纤直放站(无线中继站)系统连接图
(十一)GSM—R 交换中心配线计划图
(十二)GSM—R 网络管理中心配线计划图
(十三)GSM—R 无线子系统中心配线计划图
(十四)GSM—R 基站系统配线计划图
(十五)光纤直放站(无线中继站)系统配线计划图
(十六)机车无线通信设备配线计划图
(十七)GSM—R 交换中心设备平面布置图
(十八)GSM—R 网络管理中心设备平面布置图
(十九)GSM—R 无线子系统中心设备平面布置图
(二十)GSM—R 基站设备平面布置图
(二十一)光纤直放站(无线中继站)内设备平面布置图
(二十二)隧道内无线设备平面布置图
(二十三)机房内走线槽布置图
(二十四)机车无线通信设备布置及安装图
(二十五)基站全向天线安装图
(二十六)基站定向天线安装图
(二十七)直放站天线安装图
(二十八)基站馈线布放示意图
(二十九)机车无线通信设备天馈安装图
(三十)隧道内漏缆安装示意图
(三十一)隧道内漏缆架设侧向示意图
(三十二)隧道内漏缆安装零件加工图
(三十三)隧道内漏缆支架和接头安装示意图
(三十四)隧道内架设漏缆膨胀螺栓施工工序图
(三十五)隧道外漏缆安装图
(三十六)隧道外漏缆安装杆上支撑件安装图
(三十七)隧道外漏缆安装路堑处支撑件安装图
(三十八)隧道外漏缆安装杆上钢绞线固定件安装图
(三十九)隧道外漏缆安装零件加工图
(四十)隧道内外漏缆安装连接图
(四十一)洞内无线设备与漏缆间连接图
(四十二)洞外无线设备漏缆间连接图
(四十三)铁塔基础图
(四十四)铁塔结构图
(四十五)平台结构图
(四十六)天线支架安装图

(四十七)铁塔防雷设施安装图

七、无线列调及站场无线通信

(一)无线列调组织系统图

(二)无线列调车站设备平面布置图

(三)无线列调车站设备安装及配线图

(四)无线列调机车设备平面布置及配线图

(五)无线列调机车设备安装图

(六)无线列调中继设备平面布置及安装图

(七)漏泄电缆安装图

(八)天线及馈线安装图

(九)站场无线通信组织系统图

(十)站场无线通信设备平面布置、安装及配线图

(十一)站场无线通信天线及防雷接地安装图

(十二)无线检修新设备平面布置及沟、槽、管、洞图

八、地线系统图

注:1. 根据工程具体情况,图纸可以分册编制,可以增减或归并图纸内容;

2. 各工程、各专业间的工程分工界面,可在相关图纸中标明,必要时可单独出工程及专业分工界面图。

第二章　路外通信、广播及其他设施的电磁干扰防护

说明

一、初步设计审批意见的主要内容及执行情况

二、路外通信、广播及其他设施新增情况及处理概况

三、必要的设计说明(含工程数量说明)

四、施工注意事项

五、安全施工的措施(考虑周边环境、邻近工程、重点部位和环节、营业线运营、新结构、新材料、新工艺等因素,提出安全施工及安全运营的措施)

附件

一、工程数量表(含迁改)

二、有关协议、纪要及公文

第十四篇　信　　号(注)

说明

一、初步设计审批意见的主要内容及执行情况

二、设计说明(工程情况、设计内容、工程数量、设备数量与其他专业设计接口说明、采用的先进技术、电缆迁改及其他必要的说明)

三、环境保护措施

四、节约能源措施

五、施工注意事项

六、运营注意事项

七、安全施工及过渡的措施（考虑周边环境、邻近工程、重点部位和环节、营业线运营、新结构、新材料、新工艺等因素，提出安全施工及安全运营的措施）

附件

一、工程数量表（含电缆迁改）

二、设备及主要材料数量表

三、采用标准图、通用图一览表

四、甲供物资、设备一览表

五、有关协议、纪要及公文

六、图纸目录

附图

一、车站联锁及列控中心

（一）信号设备平面布置图

（二）室内信号设备布置图

（三）双线轨道电路图

（四）电缆网络图

（五）室外电缆布置及防护图

（六）联锁表

（七）各种表示盘及其他盘面布置图（采用控制台时需附控制台盘面布置图）

（八）组合排列表和零散组合类型表

（九）电路图

（十）室内配线图

（十一）室外配线图

（十二）信号显示及码序关系图

（十三）非标准设备安装图

（十四）计算机设备系统结构及设备配置图

（十五）信号综合防雷图

二、区间信号

（一）区间信号平面布置图（含应答器）

（二）车站（中继站）室内信号设备平面布置图

（三）区间电缆径路及防护图（含贯通地线综合接地图）

（四）列控中心设备系统结构图（客）

（五）电路图

（六）配线图

（七）非标准设备安装图

三、调度集中

（一）调度集中系统结构图（含总机、分机、中继设备、传输通道、回线构成方式及与行车调度指挥系统联网等）

（二）调度所室内设备布置图

（三）调度区段按序位排列站形图

（四）调度所表示盘面与操纵箱盘面布置图（采用显示屏或显示器时不附）

(五)编码图
(六)分机与车站联锁及列控中心结合电路图
(七)非标准电路图
(八)配线图
(九)非标准设备安装图
四、信号集中检测系统
(一)信号集中监测系统结构图
(二)信号监测机柜组合排列图
(三)与车站联锁及列控中心结合电路图
(四)配线图
(五)非标准设备安装图
五、其他信号设备
(一)道口信号设备布置图
(二)桥、隧道防护信号设备布置图
(三)信号检修、测试设备室内布置图
(四)列控车载设备及机车信号检修、测试设备室内布置图
(五)电路图
(六)配线图
(七)非标准设备安装图

注:驼峰调速设备及其动力设备,按《铁路枢纽的文件组成与内容》施工图第十四篇第二章的内容编制,并单独成章。

第十五篇　信　　息

说明
一、初步设计审批意见的主要内容及执行情况
二、设计说明(工程情况、设计内容、工程数量、设备数量与其他专业设计接口说明、采用的先进技术及其他必要的说明)
三、施工注意事项
四、运营注意事项
五、安全施工的措施(考虑周边环境、邻近工程、重点部位和环节、营业线运营、新结构、新材料、新工艺等因素,提出安全施工及安全运营的措施)
附件
一、工程数量表
二、软件、硬件设备及材料数量表
三、软件开发工程数量表
四、维修仪器、仪表配备表
五、网络设备端口表
六、综合布线端口表
七、系统功能表
八、甲供物资、设备一览表

九、有关协议、纪要及公文

十、图纸目录

附图

一、信息系统总体结构图

二、网络结构图

三、分系统结构图

四、设备平面布置图(含沟槽管洞等)

五、机柜端子及机柜布置图

六、各楼宇信息源点分布图

七、电源供电系统图

八、设备配线图

九、站场平面及主干网络(光缆)布线图(可与通信专业图纸合并)

第十六篇　防灾安全监控(注)

说明

一、初步设计审批意见的主要内容及执行情况

二、设计说明(总的工程情况、设计内容、工程数量、设备数量与其他专业设计接口说明、采用的先进技术及其他必要的说明)

三、施工注意事项

四、运营注意事项

五、安全施工的措施(考虑周边环境、邻近工程、重点部位和环节、营业线运营、新结构、新材料、新工艺等因素,提出安全施工及安全运营的措施)

附件

一、工程数量表

二、设备及主要材料数量表

三、甲供物资、设备一览表

四、图纸目录

附图

一、总图

(一)防灾安全监控系统网络结构图

(二)防灾安全监控系统网络接线图

(三)区间监测点分布图(风向风速计、雨量计、水位计、轨温计等)

(四)地震监测点分布图

(五)火灾自动报警监测点分布图

(六)异物侵限监测点分布图

(七)区间电(光)缆径路图

(八)桥梁横断面探测设备布置位置图

(九)路堤横断面探测设备布置位置图

二、风监测系统

(一)风向风速计监测点设备平面布置图
(二)风向风速计安装图
(三)铁塔及基础安装图
(四)传输设备连接图
三、雨量洪水监测系统
(一)雨量洪水监测点设备平面布置图
(二)雨量计安装图
(三)水位计安装图
(四)传输设备连接图
四、地震监测系统
(一)感震房设备平面布置图
(二)地震计安装图
(三)摆房及基础安装图
(四)传输设备连接图
(五)接触网开闭装置连接图
五、轨温监测系统
(一)轨温计安装图
(二)传输设备连接图
六、火灾自动报警系统
(一)火灾自动报警系统结构图
(二)各层设备平面布置图
(三)区域报警器安装图
(四)集中报警器安装图
(五)楼内综合布线图
(六)电气设备接图
七、突发事故、异物侵限期及非法侵入的防护
(一)防护工程设施设备安装图
(二)监测报警网安装图
(三)监测报警网接线图
(四)电视监视系统接线图
(五)列车防护开关安装图
(六)列车防护开关电气连接图
八、其他
(一)综合调度中心设备平面布置图
(二)车站室内设备平面布置图
(三)区间通信基站室内设备布置图
(四)电源配置图
(五)设备接地图

注:1. 根据具体情况,可增减或归并图纸的内容;
2. 对于新建或改建的客货共线铁路、货运专线铁路,当防灾安全监控内容很少时,可纳入信息专业篇文件中。

第十七篇　电　　力

说明

一、初步设计审批意见的主要内容及执行情况

二、设计说明(含供电方案、变配电所、电力远动系统、工程数量、设备数量、电力线路采用的先进技术及其他必要说明)

三、环境保护措施

四、节约能源措施

五、非电气化铁路影响铁路建设的电力线路等处理

六、施工供电永久和临时工程结合

七、施工注意事项

八、运营注意事项

九、安全施工的措施(考虑周边环境、邻近工程、重点部位和环节、营业线运营、新结构、新材料、新工艺等因素,提出安全施工及安全运营的措施)

附件

一、工程数量表

二、主要设备数量表

三、主要材料数量表

四、非电气化铁路电力线路迁改工程数量汇总表

五、采用标准图、通用图一览表

六、甲供物资、设备一鉴表

七、有关协议、纪要及公文

八、图纸目录

附图

一、发、变、配电所

(一)总平面布置图,比例 1:200 或 1:500

(二)电气主接线图

(三)室内设备平面布置图,比例 1:50 ~ 1:200

(四)室内设备布置断面图,比例 1:20 ~ 1:100

(五)室外变、配电设备平面布置图,比例 1:100 ~ 1:500

(六)室外变、配电设备布置断面图,比例 1:20 ~ 1:100

(七)设备基础平面布置图,比例 1:100 或 1:200

(八)架构组装图及零部件图,比例 1:20 或 1:50

(九)二次接线图

(十)端子排线图

(十一)屏面布置图

(十二)自动化装置配置图

(十三)所用交、直流电源系统图

(十四)电缆布置及电缆清册图

(十五)照明及动力配线图

(十六)防雷、接地图

二、电力远动系统

(一)远动系统构成图

(二)电力调度中心(主站)网络结构图

(三)电力调度中心(主站)平面布置图

(四)电力调度中心(主站)供电系统图

(五)电力调度中心(主站)供电平面图

(六)电力调度中心(主站)防雷、接地平面图

(七)远动装置外部接线图

(八)远动装置端子排接线图

(九)远动装置供电及接地图

三、站内电力线路

(一)线路平面图,比例1∶1 000或1∶2 000

(二)线路供电系统图

(三)复杂地段电缆敷设图

(四)非标准杆塔、灯塔、灯桥图

(五)室外开关箱图

(六)站场照明控制系统图

四、供电线路(电源、贯通线路及区间其他高压电力线路)

(一)线路平面图

(二)复杂地段断面图

(三)复杂地段电缆敷设图

(四)非标准杆塔图

(五)导线安装曲线或安装表

(六)设备安装图(绝缘子、防震、柱上设备)

(七)防雷、接地图

五、动力配线

(一)平面布置图

(二)配电系统图

(三)复杂动力设备电气主接线及控制接线图

(四)设备安装图

(五)防雷、接地图

六、室内、外照明(不含超高层建筑)

(一)平面布置图

(二)配电系统图及控制接线图

(三)防雷、接地图

七、自动控制

(一)控制系统图或框图(机电设备监控、火灾报警、消防,风机、水泵等电气传动装置及设备)

(二)机电设备监控系统监控信息点配置表
(三)控制室设备平面布置图
(四)供电及接地系统图
(五)控制设备外部接线图
(六)各控制系统相关楼层平面布置图

第十八篇　综合检测与维修

说明
一、初步设计审批意见的主要内容及执行情况
二、设计说明(维修机构设置及管辖范围、综合检测中心、综合维修段、综合工区、大型养路机械段、信息系统、工程数量、设备数量及其他必要的说明)
三、环境保护措施
四、节约能源措施
五、施工注意事项
六、运营注意事项
七、安全施工的措施(考虑周边环境、邻近工程、重点部位和环节、营业线运营、新结构、新材料、新工艺等因素,提出安全施工及安全运营的措施)
附件
一、综合维修定员汇总表
二、机械设备数量表
三、采用标准图、通用图一览表
四、甲供物资、设备一鉴表
五、有关协议、纪要及公文
六、图纸目录
附图
一、综合检测中心
(一)综合检测中心工艺总平面布置图
(二)生产车间设备平面布置图
(三)室内外生产管路图
二、综合维修段
(一)综合维修段工艺总平面布置图
(二)生产车间设备平面布置图
(三)室内外生产管路图
三、综合工区
(一)综合工区总平面布置图
(二)生产车间设备平面布置图
(三)室内外生产管路图
四、大型养路机械段
(一)大型养路机械段工艺总平面布置图

(二)生产车间设备平面布置图

(三)室内外生产管路图

第十九篇　房 屋 建 筑

第一章　房 屋 建 筑

说明

一、初步设计审批意见的主要内容及执行情况

二、设计说明(总的工程情况、设计内容、工程数量、设备数量、采用的先进技术及其他必要说明)

三、环境保护及水土保持措施

四、节约能源措施

五、施工注意事项

六、运营注意事项

七、安全施工的措施(考虑周边环境、邻近工程、重点部位和环节、营业线运营、新结构、新材料、新工艺等因素,提出安全施工及安全运营的措施)

附件

一、全线定员汇总表

二、房屋工点表(含桥隧守护房屋、军运房屋、相关工程房屋等全部房屋工点,分站、分专业列出)

三、站场设备构筑物表(分站、分专业列出,数量少的可并入房屋工点表内)

四、建筑设备数量表

五、采用标准图、通用图一览表

六、甲供物资、设备一览表

七、有关协议、纪要及公文

八、图纸目录

附图

一、房屋总平面布置图(注)

(一)大中型站、段房屋布置图、生活区房屋布置图(各幢房屋和构筑物根据测量坐标网或车站中心里程确定其位置、室内高程、进出口朝向、房屋层数,围墙、道路、绿化、排水沟、护坡、挡土墙等室外工程的位置、高程及详图),比例 1∶500 或 1∶1 000,房屋数量少的可用 1∶2 000

(二)车站生产及生活区的竖向布置图及土方图(地形特别复杂时附)

(三)生产及生活区管线综合图(范围较大、房屋数量较多时附),比例 1∶500

注:可比照建设部颁发的《建筑工程设计文件编制深度规定》办理。

二、房屋单体、站场设备构筑物工点设计图(执行《建筑工程设计文件编制深度规定》有关施工图的内容)

第二章　暖通空调卫生设备

说明

一、初步设计审批意见的主要内容及执行情况

二、设计说明(总的工程情况、设计内容、工程数量、设备数量、采用的先进技术及其必要的说明)

三、需报消防部门审批的文件内容(水消防设计平面图、系统图,灭火设备设计图等)

四、环境保护措施

五、节约能源措施

六、施工注意事项

七、运营注意事项

八、安全施工的措施(考虑周边环境、邻近工程、重点部位和环节、营业线运营、新结构、新材料、新工艺等因素,提出安全施工及安全运营的措施)

附件

一、各站设备数量表

二、各站暖通空调卫生设备工点表

三、采用标准图、通用图一览表

四、甲供物资、设备一览表

五、有关协议、纪要及公文

六、图纸目录

附图

一、室外热网布置图

二、工点设计图(注)

(一)室内采暖、通风、空调、制冷、给水、排水、热水供应、室内消防、燃气工程设计图

(二)采暖锅炉房和制冷机房设备及工艺设计图

注:可比照建设部颁发的《建筑工程设计文件编制深度规定》办理。

第二十篇 环境保护、水土保持(注)

说明

一、初步设计审批意见的主要内容及执行情况

二、设计说明(设计范围、工程概况、设计内容、工程数量、设备数量的说明)

三、施工注意事项

四、运营注意事项

五、安全施工的措施(考虑周边环境、邻近工程、重点部位和环节、营业线运营、新结构、新材料、新工艺等因素,提出安全施工及安全运营的措施)

附件

一、环境保护与水土保持工程明细表

二、环境保护的投资检算与总概算对照表

三、图纸目录

附图

一、声屏障设计图

二、垃圾转运站设计图(也可列入其他篇内)

三、水土保持工程设计图

注:其他各专业环保施工图纸分别编入各专业施工图册内(附图册、图名、图号清单)。

第二十一篇　安全施工

一、概述

(一)设计依据、范围及设计年度

(二)沿线重点工程概况

(三)有关安全施工的标准、规范及规定

二、影响沿线安全作业环境和安全施工因素的分析

三、安全施工的措施

(一)针对施工安全操作、防护的需要及项目周边环境对施工和安全的影响,提出保证施工和安全的措施

(二)根据地质条件、风险等级,提出施工超前地质预报的措施和方法(含施工方法、施工机具的配置、风险防范预案和事故逃逸措施)

(三)施工安全的重点部位、环节和防范安全事故的指导性意见

(四)改善安全作业环境和安全施工的措施

(五)营业线施工过度方案及施工期间确保安全运营的措施

(六)完善、改造和维护安全防护、检测、探测设备和设施的措施

(七)对重大危险源、重大事故隐患的评估、整改和监控的措施

(八)采用新结构(含特殊结构)、新材料、新工艺工程项目的保障施工作业人员安全和预防安全事故的措施

(九)其他与安全施工直接相关的措施

第二十二篇　迁改与重点大型临时工程

第一章　迁　改

说明

一、概述

(一)设计依据、范围及设计年度

(二)初步设计审批意见的主要内容及执行情况

(三)沿线重点迁改工程概况

二、影响铁路建设的电力线路等处理

(一)电力线路新增情况与处理情况

(二)必要的设计说明

三、影响铁路建设的通信、广播及其他设施的迁改或防护

(一)铁路土建工程引起的通信、广播及其他设施的迁改或防护

1. 沿线受影响情况

2. 迁改实施情况

(二)电气化铁路路外通信、广播及其他设施的防护

1. 沿线可能受影响情况

2. 防护实施情况

四、信号电缆迁改

(一)信号电缆新增情况与处理情况

(二)实施情况

五、油、气管道迁改和防护

(一)路外(内)易燃、易爆品库及油、气、其他管道迁改

1. 迁改原则及要求

2. 迁改实施情况

(二)电气化铁路路外(内)易燃、易爆品库及油、气管道的电磁干扰防护

1. 沿线可能受影响的设施概况

2. 防护实施情况

六、给水排水管路迁改

(一)迁改原则及要求

(二)迁改实施情况

七、河、沟(渠)迁改

(一)迁改依据及原则

(二)迁改实施情况

八、道路迁改

(一)迁改原则

1. 改移等级公路(按公路有关规范和标准设计,设计图按工点单独成册,附线路篇内)

2. 改移乡村道路(参照有关规范及纪要设计,复杂工点要有设计图,附线路篇内)

(二)实施情况

九、建筑物、构筑物及其他迁改

(一)迁改原则

(二)实施情况

附件

一、电力线路迁改工程数量表

二、路外通信等设施电磁防护工程数量表

三、路外通信等设施迁改工程数量表

四、信号电缆迁改工程数量表

五、油、气管道(库)电磁防护工程数量表

六、油、气管道(库)迁改工程数量表

七、给水排水管路迁改工程数量表

八、改河改沟(渠)表

九、改移公(道)路表

十、拆迁建筑物、构筑物汇总表

第二章　重点大型临时工程

说明

一、设计依据、范围及设计年度

二、初步设计审批意见的主要内容及执行情况

三、重点大型临时工程的设计原则

四、重点大型临时工程的分布情况

五、重点大型临时工程(说明设置原则及位置、规模、场外岔线、供应总量、供应范围、工程数量、占地数量等)

(一)制梁场

(二)铺轨基地

(三)客运专线轨构板(块)制造场

(四)其他

附件

大型临时工程数量表

附图

一、制梁场平面布置图

二、铺轨基地平面布置图

三、轨枕板(块)制造场平面布置图

第二十三篇　投资检算或总预算

投资检算

说明

一、初步设计审批意见的主要内容及执行情况

二、设计说明(编制依据、原则、范围及单元,均按批准的总概算编制,含安全生产费。并说明施工图与初步设计工程量对比情况、投资检算结果与批准的总概算对比分析情况)

附件

一、施工图与初步设计主要工程数量对照表

二、总投资检算与初步设计总概算对照表

三、综合投资检算与初步设计综合概算对照表(按主要工程数量、费用、指标对照)

四、总投资检算汇总表

五、综合投资检算汇总表

六、综合投资检算表

七、单项投资检算表

八、安全施工费用表

九、甲供物资、设备汇总表

总 预 算

说明

一、概述

(一)初步设计审批意见的主要内容及执行情况

(二) 编制范围(建设名称、起迄点、里程、正线长度及相关工程)

(三)预算分段

二、编制依据

(一)一般规定(编制依据的规章、办法、协议 、纪要及公文等,以及初步设计审批的概算)

(二)定额(各类工程采用的定额及补充定额的采用)

(三)人工单价(采用的基期工资标准)

(四)料价(采用的材料基期价格标准及依据)

(五)机械台班单价(采用的机械台班单价的依据)

(六)水、电单价(采用的基期水、电单价及依据)

(七)运输及装卸费单价(采用的各种运输单价、装卸费单价及依据)

三、各项工程静态概算及费用的编制

(一)征地拆迁(采用资料的来源及分析指标的情况)

(二)正式工程

1. 编制单元

2. 编制深度

3. 价差(编制年度、编制期的价格及依据)

4. 施工措施费(采用的费率及依据)

5. 特殊施工增加费(采用的费率及依据)

6. 间接费(采用的费率及依据)

7. 税金(采用的费率及依据)

8. 设备购置费(采用的设备原价标准及依据)

(三)大型临时设施和过渡工程费(计算分析资料及依据)

(四)安全生产费(采用的费率及依据)

(五)其他费用(计算资料来源和采用的费率及依据)

四、基本预备费(采用的费率及依据)

五、动态概算费用

(一)工程造价增长预留费(采用的费率及依据)

(二)建设期贷款利息(采用的利率及依据)

六、机车车辆购置费、动车组购置费(费用计算依据)

七、铺底流动资金(采用的费用标准及依据)

八、投资预算总额及技术经济指标分析

(一)总额及每正线公里指标

(二)主要技术经济指标分析(说明各类工程费用所占比重,对一些突出偏低、偏高的费用的指标应说明原因。)

(三)与批准的初步设计概算总额的对照分析

附件

一、总预算汇总表(编有几个总预算表时附)

二、施工图总预算与初步设计总概算对照表

三、总预算表

四、综合预算汇总表

五、施工图综合预算与初步设计综合概算对照表

六、综合预算表

七、单项预算表

八、安全施工费用表

九、主要材料平均运杂费单价分析表(供审查用,不附在文件内)

十、补充单价分析汇总表及补充单价分析表

十一、主要材料预算价格表

十二、补充材料单价表

十三、甲供物资、设备汇总表

十四、技术经济指标统计表

十五、有关协议、纪要及公文

第二部分　铁路枢纽(单独立项或单独编制文件)的文件组成与内容

I　预可行性研究

说明

第一章　概　　述

一、研究依据

二、研究范围(含枢纽范围及研究年度建设范围)

三、研究年度(分近、远期,按国家的五年规划年度拟定)

四、枢纽地理位置及在国民经济与路网中的意义和作用

五、历史沿革(含枢纽总图规划主要演变及历次改扩建概况)

六、枢纽在(拟)建项目概况

七、研究工作概述(含研究工作经过、有关背景、本次主要研究思路及特点)

八、研究的主要内容提要

(一)枢纽建设的必要性(简述枢纽建设的主要功能、在路网布局规划及促进经济发展等方面的意义)

(二)近、远期运量和远景枢纽总运输量的建议

(三)铁路主要技术标准推荐意见

(四)运输组织和运输能力

(五)推荐方案及规模(含新线引入、既有线扩能、枢纽内环线、联络线及其疏解方案,主要站、段方案及规模等)

(六)主要工程数量及预估算总额

(七)研究结论

第二章　枢纽地区现状

一、自然特征(枢纽地区地形、地貌、工程地质、水文地质、地震动参数区划、气象、水文等,并说明严重不良地质、特殊岩土以及枢纽地区有关风景名胜区、自然保护区、基本农田保护区、水源保护区、文物古迹、噪声与振动等环境敏感点的现状、规划对车站、线路的影响)

二、社会经济特征(区域社会经济特征概况,枢纽内主要工矿企业、人口和国民经济的情况)

三、交通特征(区域交通特征概况,枢纽内各种交通运输方式的情况)

四、铁路运营特征

(一)既有衔接线路及枢纽内线路概况

(二)主要站、段技术设备及分工(含路网分工及枢纽内分工)

(三)编组站性质、站型及能力

(四)客货运站性质及设备能力

五、运营特征及存在的主要薄弱环节

第三章　枢纽建设的必要性

一、研究年度路网构成

二、全社会交通运输量预测(社会客货总运量及各种运输方式合理市场占有份额的分析)

三、研究年度枢纽内及各方向客货运量增长因素分析

四、枢纽客货运量预测

(一)货运量预测(地方运量、通过运量、总运输量构成分析,大宗货物品类、流量、流向)

(二)客运量预测(客流构成特点、主要车站旅客发送量、最高聚集人数、旅客列车对数、起迄点及径路等)

(三)枢纽货物运输量、旅客列车对数汇总表(含上下行,改建铁路附现状资料)

(四)远景枢纽总运输量的建议

五、枢纽建设的综合性分析

(一)枢纽在路网中的地位和作用(含相关枢纽布局。根据铁路运输生产力布局调整,阐述本枢纽编组站、客运站、动车段、综合管理维修中心、集装箱中心站等主要站、段在路网中的地位的作用)

(二)枢纽现有设备能力的适应状况(根据预测的客货运量,分别对研究年度进行能力分析)

(三)枢纽建设与城市、工矿企业、其他交通现状及发展规划的相互配合情况

(四)枢纽建设必要性(从路网构成、运输需求、合理分工、并结合城市规划、工矿企业发展规划等综合分析论证枢纽新建或改建的必要性)

第四章　枢纽总布置方案

一、已审批的枢纽总图规划方案

二、枢纽所在城市的总体规划及交通专项规划

三、相关线路的铁路主要技术标准及其规划的输送能力(一般铁路的主要技术标准含铁路等级、正线数目、设计行车速度、线间距、最小曲线半径、限制坡度、牵引种类、机车类型、牵引质量、到发线有效长度、闭塞类型、建筑限界等;客运专线、城际铁路的主要技术标准含铁路等级、正线数目、设计行车速度、线间距、最小曲线半径、最大坡度、牵引种类、列车类型、到发线有效长度、行车指挥方式、列车运行控制方式、建筑限界等)

(一)既有、研究年度和远景规划枢纽衔接线路的铁路主要技术标准及其规划的输送能力

(二)枢纽内既有线路(含正线、迂回线、联络线)的铁路主要技术标准及其规划的输送能力

（三）研究年度和远景规划枢纽内有关线路（含正线、迂回线、联络线）的铁路主要技术标准选择及其规划的输送能力

四、运输组织

（一）旅客运输组织

（二）货物运输组织

1. 与相邻编组站分工及编组计划原则

2. 车流组织及货物列车对数

3. 集装箱班列开行方案

4. 枢纽内各主要车站的分工及其工作量

（三）枢纽内线路区间通过能力及加强措施（含动车底出入段线）

（四）机车（动车组）交路（附插图）

五、枢纽总图布置方案比选及推荐意见（凡需要修改已审查的枢纽总图方案时，说明变化情况并进行方案比选）

六、相关工程研究

（一）与枢纽建设直接相关的工程方案研究

（二）相关枢纽、线路的薄弱环节及加强措施意见

（三）主要客货站疏站交通方案及城市配套工程

七、分期建设方案意见

第五章　研究年度枢纽主要技术设备设计原则和主要工程内容

一、编组站、客运站、货运站（含集装箱中心站）、工业站、港湾站、动车段、综合管理维修中心等主要站、段新建或改建的类型、规模及能力

二、干、支线及主要疏解线、联络线、迂回线

三、机务设备及车辆、动车组设备

四、电气化

五、轨道、路基、土地利用、桥涵、隧道、通信、信号 、信息、给水排水、防灾安全监控、电力 、综合管理维修及房屋建筑等。

六、环境保护、水土保持

第六章　外部协作条件

一、影响枢纽建设的主要外部环境和协作条件（地方政府、有关部门对枢纽建设的征地拆迁、施工供电供水及合资合作等方面所表达的意向）

二、需与枢纽建设同步实施的路外工程项目（如电源、市政建设等）

三、电气化铁路应着重说明外部电源条件、与路外设施相互干扰及处理的补偿原则以及需由有关部门协作配合的意见

第七章　工程实施对环境的影响

阐述工程实施以自然生态、社会人文环境的主要影响及应对措施 。当地（省、市级）环（水）保部门的意见及存在的问题

第八章　建设工期、预估算及资金筹措

一、主要工程数量、控制工程及建设工期

二、预估算

(一)编制范围和单元划分

(二)编制依据

(三)预估算总额及指标

三、资金筹措

第九章　研究结论

综合以上分析与论证,说明项目建设的必要性、工程可行性和经济合理性,提出建设项目的结论性意见

第十章　省、市、自治区、军区及有关部门的意见

第十一章　有待进一步解决的问题

附件

一、文件组成、分发单位及份数总表(装订在说明书目录之前)

二、大宗货物运量表(插入相关章节内)

三、枢纽货物交流表(插入相关章节内)

四、总预估算汇总表

五、总预估算表

六、综合预估算汇总表

七、综合预估算表

八、有关协议、纪要及公文

九、图纸目录

附图

一、枢纽地理位置图(装订在说明书目录之后)

二、枢纽总布置示意图(装订在枢纽地理位置图之后)

三、客货列流图

四、枢纽总布置图(附主要比较方案、城市规划,并填绘对线路、车站方案有影响的主要地质构造线、不良地质与特殊岩土的类型及其范围),比例1:10 000～1:100 000

五、主要大站布置图(新建或改建工程复杂者附)及联络线或疏解线布置图(简单的,可与车站布置图合并),比例1:2 000～1:10 000

六、枢纽内正线、联络线、迂回线线路平面图(必要时附),比例1:10 000～1:50 000

七、枢纽内正线、联络线、迂回线线路纵断面图(必要时附),比例横1:50 000,竖1:1 000～1:2 000

八、控制车站或线路方案的重大不良地质、特殊岩土地段和地质复杂的特大桥、长隧道的地质纵断面示意图(装订在说明书正文内)

九、接轨站、区段站及其他大站(含段、所)、疏解区平面布置示意图(装订在站场正文内)

Ⅱ 可行性研究

第一篇 总说明书

说明

一、概述

(一) 研究依据

(二)研究范围(含相关工程)及研究年度

(三)预可行性研究(项目建议书)审批意见的主要内容及执行情况

(四)枢纽地理位置及在国民经济与路网中的意义和作用

(五)枢纽建设(新建或改建)的必要性

(六)枢纽在(拟)建项目概况

(七)研究工作概述

二、枢纽既有概况

(一)历史沿革(枢纽总图规划主要演变及历次改扩建概况)

(二)枢纽地区自然特征(地形、地貌、工程地质、水文地质、地震动参数区划、气象、水文等,重点说明不良地质、特殊岩土、压覆矿产资源及有关水利、工矿企业、城市、交通、风景名胜区、自然保护区、基本农田保护区、水源保护区、文物古迹、噪声与振动等敏感点的现状、规划对枢纽建设的影响)

(三)枢纽内主要车站设备及运用情况(车站性质、分工、技术设备、作业能力等)

(四)枢纽内其他各项技术设备现状

(五)运营特征及存在的主要薄弱环节

三、经济与运量

(一)经济特征(城市、主要工矿企业、人口、国民经济、交通等现状及发展规划)

(二)路网构成

(三)研究年度客货运量预测(含地方、通过、总运输量和旅客列车总对数,说明客货流构成特点和流向等)

(四)枢纽货物运输量、旅客列车对数汇总表(含上下行,改建铁路附现状资料)

(五)远景枢纽总运输量

四、铁路主要技术标准

(一)既有和研究年度枢纽衔接线路及枢纽内线路的铁路主要技术标准(铁路等级、正线数目、设计行车速度、线间距、最小曲线半径、限制坡度、牵引种类、机车类型、牵引质量、到发线有效长度、闭塞类型、建筑限界等)

(二)既有和研究年度枢纽衔接的客运专线、城际铁路的铁路主要技术标准(铁路等级、正线数目、设计行车速度、线间距、最小曲线半径、最大坡度、牵引种类、动车组类型、到发线有效长度、行车指挥方式、旅客列车运行控制方式、建筑限界等)

五、运输组织

(一)旅客运输组织

(二)货物运输组织

1. 与相邻编组站分工及编组计划原则

2. 车流组织及货物列车对数

3. 集装箱、快运及特货运输等开行方案

4. 枢纽内各主要车站的分工及其工作量

(三)枢纽内线路区间通过能力及加强措施(含动车底出入段线)

六、枢纽总图与站场

(一)枢纽总图规划方案及本次修改说明(含枢纽主要线路、站段位置、布置形式、作业能力和分期建设项目等)

(二)编组站、客运站、机务段、车辆段、动车段、综合管理维修中心等主要站段设计方案比选(分站段说明位置、布置形式、作业分工及其工作量、设计规模等)

(三)联络线或疏解线布置

(四)主要客货站疏站交通方案及城市配套工程

(五)一般车站概述

七、枢纽内线路方案比选

(一) 新建线路

(二)改建既有线

(三)增建第二线

八、枢纽各项技术设备的主要工程内容

(一)轨道

1. 既有轨道改建加强

2. 新建线轨道设计结构形式分布及轨道类型

(二)路基

1. 路基工程简况(含既有病害整治)

2. 路基面形状和宽度、路基基床及过渡段

3. 重点路基工程概述

(三)桥涵

1. 桥涵分布和既有桥涵利用、加固、改建概况

2. 设计洪水频率、设计活载及桥梁建筑限界

3. 重点桥渡工程概述

(四)隧道

1. 隧道分布和既有隧道改建概况

2. 隧道建筑限界及洞内轨道结构形式或类型

3. 重点隧道工程概述(重点隧道指特长隧道、控制或影响线路方案和技术复杂的隧道)

(五)电气化

1. 牵引供电系统

(1)外部电源情况

(2)牵引网供电方式
(3)牵引供电设施的分布、既有设施的利用及改建简况
(4)牵引变电所的外部电源供电方案
(5)牵引变压器类型和容量
(6)需要功率及用电量
2. 牵引变电所
(1)主接线及总平面
(2)电力调度所及调度管理自动化系统
3. 接触网
(1)既有接触网设备主要技术标准和运营状况
(2)接触网悬挂类型
(3)线材及主要设备选择
(4)主要技术数据
4. 新建或改建维护管理机构简况
5. 受电气化影响的电力线路的处理
6. 路外(内)易燃、易爆品库及油、气管道的电磁干扰防护
(六)机务设备
1. 设计机车交路(推荐方案附机车交路插图)
2. 既有机务设备分布、性质及规模简述
3. 设计机务设备分布、性质及规模简述
4. 既有机务设备利用及改建简况
(七)车辆、动车组设备
1. 车辆设备
(1)既有车辆设备分布、性质及规模简述
(2)设计车辆设备分布、性质及规模简述
(3)既有车辆设备利用及改建简况
(4)车辆安全防范预警系统及车号识别系统设置
2. 动车组设备
(1)既有动车组设备利用情况
(2)设计动车组设备分布、性质及规模
(八)给水排水
1. 新建和既有旅客列车上水站分布
2. 旅客列车卸污站分布、卸污方式及数量
3. 给水站和生活供水站、点数量(含新建和既有)
4. 既有给排水构筑物设备利用及改建简况
5. 水源、水处理及污水排除方案概述(水处理含给水处理及污水处理)
6. 主要给排水构筑物、设备选择
7. 消防方式选择
(九)通信
1. 通信网构成原则(含相关工程)

2. 通信线路类型及容量

3. 主要通信设备选型

4. 既有通信线路、设备利用及改建简况

5. 路外通信、广播及其他设施的电磁干扰防护

(十)信号

1. 信号系统选择

2. 既有信号设备利用及改建概况

(十一)信息

1. 主要设计原则

2. 信息系统总体规划(确定各领域所包括具体应用系统的类型及主要功能)

3. 各应用系统构成(包括各应用系统分级构成模式、设备设置概况、各级处理中心主要设备选型原则)

4. 既有信息系统设备利用及改建概况

(十二)防灾安全监控

1. 防灾安全监控系统构成概述

2. 系统设置概述

(十三)电力

1. 电源概况

2. 用电负荷情况(包括新增负荷分布、大小、等级及供电方式)

3. 供电原则及供电方案(包括电源选择和既有供电设备利用及改建简况)

(十四)综合维修

1. 综合维修体制及设置原则

2. 综合维修机构分布(含既有和新建)

(十五)房屋建筑

1. 机构设置、管辖范围及新增定员

2. 房屋配备原则

3. 公安房屋、桥隧守护房屋、军运房屋及人防工程的设置原则

4. 房屋建筑面积总量

5. 既有路内房屋利用及改建简况

6. 房屋建筑标准、结构类型及装修标准简述

7. 暖通、空调及卫生设备设计原则

九、土地利用

(一)铁路用地设计原则及用地总数

(二)铁路用地符合土地利用总体规划、土地管理法律法规以及符合国家供地政策的说明

(三)占用耕地补充方案可行性及资金保障的说明

十、地质灾害危险性、地震安全性、压覆矿产资源、防洪影响等评估(或评价)简述

十一、环境保护、水土保持

(一)主要污染源、污染物概述

(二)工程建设引起的生态变化

(三)控制污染、保护生态环境及水土保持的原则

1. 控制污染的原则

2. 保护生态环境及水土保持的原则

十二、节约能源

(一)新增工程主要耗能点分布情况及数量(含生产与生活所需动力、供热、牵引、发电、变配电)

(二)节约能源的措施简述

十三、相关工程

十四、外部协作条件

十五、建设工期

(一)建设总工期

(二)工期安排总体意见

十六、估算、资金筹措

(一)估算

1. 主要工程数量(包括用地、拆迁概数)

2. 估算总额及技术经济指标(附总估算汇总表)

(二)资金筹措

1. 资金来源

2. 资金筹措方案的建议

十七、研究结论

十八、省(市)、自治区、军区及有关部门的意见(含环境特殊敏感区主管部门的意见)

十九、有待进一步解决的问题

附件

一、设计文件及电子文件组成、分发单位及份数总表(装订在说明书目录之前)

二、图纸目录

附图

一、枢纽地理位置图(装订在说明书目录之后)

二、枢纽总布置示意图(装订在枢纽地理位置图之后)

三、枢纽总布置图,比例 1∶10 000 ~ 1∶100 000

四、接轨站、区段站及其他大站(含段、所)、疏解区平面布置示意图(装订在站场正文内)

第二篇　经济与运量

说明

一、概述

(一)研究依据、范围及研究年度

(二)预可行性研究(项目建议书)审批意见的主要内容及执行情况

(三)路网构成

(四)远景枢纽总运输量

(五)枢纽地理位置及在国民经济与路网中的意义和作用

二、吸引范围内经济概况

(一)吸引范围的确定

(二)行政区划、面积、人口及产值

(三)资源分布及开发情况

(四)工农业现状及发展

(五)城市经济发展方向及特点

(六)交通运输现状及发展

三、货运量

(一)预测方法及依据

(二)改建枢纽现状货运量分析(地方、通过、总运输量构成的特点,近几年货运量增减趋势及存在的主要问题;客运专线铁路、城际铁路的建设要对既有枢纽货运量进行分析)(改)(客)

(三)地方运量

1. 主要工矿企业运量说明

2. 分站运量说明(说明主要品名的发到运量及流向)

(四)通过运量

1. 货流径路的选择

2. 主要品名的构成、流向和大宗货物的分析

(五)枢纽总运输量(构成特点、各类运量比重、主要货流方向及增长趋势)

(六)货流波动系数

四、客运量

(一)预测方法及依据

(二)改建枢纽现状客运量分析(枢纽客运量构成的特点、旅客列车对数及开行情况,近几年客运量增减趋势及存在的主要问题;客运专线铁路、城际铁路的建设要对既有枢纽客运量进行分析)(改)(客)

(三)客流特点、主要流向及发展趋势的分析

(四)主要站旅客发送量及最高聚集人数

(五)枢纽客运量预测(说明客运量构成的特点及增长情况,客运专线铁路、城际铁路的建设要对普通客流和跨线客流进行分配说明)

(六)旅客列车对数及开行方案(含旅客列车种类、起迄点、径路、数量、配属、编组、载客量及行包专列对数等)

五、枢纽货物运输量、旅客列车对数汇总表(含上下行,改建铁路附现状资料)

六、运量预测中不确定因素的分析

七、有待进一步解决的问题

附件(注)

一、枢纽货物交流表

二、大宗货物始发终到表

三、分站货物发到运量表

四、分站仓库运量及面积表

五、分站专用线发到运量表

六、分站旅客发送量及最高聚集人数表

七、旅客列车对数及径路表

注:以上各项,改建枢纽应附近两年实际统计资料。

八、图纸目录

附图

枢纽货流图(含主要品名,改建铁路应附实际货流图)

第三篇　运 输 组 织

说明

一、概述

(一)研究依据、范围及研究年度

(二)预可行性研究(项目建议书)审批意见的主要内容及执行情况

(三)枢纽衔接线路(含既有、新建、改建)和枢纽内既有线路的铁路主要技术标准

(四)研究依据资料(有关经济资料和远景枢纽总运输量等)

二、枢纽现状

(一)枢纽在路网中的地位和作用

(二)枢纽内主要车站分工及设备运用情况(车站性质、作业分工、设备设置及作业能力等)

(三)枢纽内主要线路区间通过能力及利用情况

(四)枢纽运营工作量及分析(列车对数、解编作业量、无调中转车流比重、空车调整、专用车组使用等)

(五)存在的主要薄弱环节

三、枢纽内主要线路的铁路主要技术标准的选择

四、枢纽运输组织方案研究

(一)枢纽既有编组站解编能力与预测作业量适应情况分析

(二)枢纽运输组织方案研究(着重研究加强通过能力及解编能力的措施)

五、客货运输组织

(一)旅客运输组织

1. 客站分工方案

2. 旅客列车开行方案

(二)货物运输组织

1. 与相邻枢纽或编组站的分工(含分工方案的选择及列车编组计划等)

2. 枢纽内主要车站分工及封闭、改移既有车站的说明

3. 行车量、车流组织及车站工作量

(1)枢纽车流计算

(2)车流分析(主要车流方向、空车调整、专用车组使用、通过车流、折角车流与地方车流的比重等)

(3)列流组织(含始发直达、技术直达、直通、区段、零摘、小运转、集装箱、快运及特货运输等列车的组织方法、径路选择、始发终到站、解编作业站等)

(4)货物列车对数(说明计算采用数据,列车种类和数量、牵引质量、编挂辆数等)

(5)主要站作业量

(6)工业站、港湾站及较大工矿区等货车交接、取送方式及次数

(7)调机台数(分站说明调车作业分工、调机类型及数量)

六、枢纽内主要线路区间通过能力及加强措施

(一)研究年度需要的通过能力

(二)设计能力及分期加强措施

七、机构设置、管辖范围、运输机构定员及调度区划分(说明现状及设计的局或公司界、调度区划分,车务段、列车段、客运段的设置,行车定员、班制等)

八、有待进一步解决的问题

附件

一、枢纽车流表(必要时附在文件后)

二、图纸目录

附图

一、列流图

二、枢纽内线路区间通过能力图(必要时附)

第四篇　地　　质

一、概述

(一)研究依据、范围及研究年度

(二)预可行性研究审批意见的主要内容及执行情况

(三)勘测依据

(四)勘测范围

(五)勘测经过

(六)初测工程地质勘察大纲的要点(勘察内容、方法、质量要求)及执行情况

(七)完成的勘探工作量

(八)主要参考资料

二、自然地理概况(含地理位置、地形地貌、气象特征、地震动参数区划等)

三、地层及构造

(一)地层岩性

(二)地质构造

四、水文地质特征

(一)地下水分布及特征

(二)沿线水质对混凝土侵蚀性的评价

五、工程地质特征

(一)不良地质的评价及工程措施意见

(二)特殊岩土的评价及工程措施意见

(三)既有线病害的评价及工程措施意见(改)

(四)地质条件复杂、控制方案的重大工程的地质条件、评价及工程措施意见

六、重点天然建筑材料场地的地质条件及对储量和质量的评价

七、地质灾害危险性评估、压覆矿产资源评估和地震安全性评价的主要结论

八、工程建设、天然建筑材料开采对环境地质条件的主要影响

九、枢纽内车站、线路各方案的地质条件和评价及比选意见

十、有待进一步解决的问题

附件

图纸目录

附图

一、枢纽工程地质图(含枢纽内车站、线路的推荐方案和主要比较方案,地质条件简单时也可与枢纽总布置图合并绘制),比例 1:10 000 ~1:100 000

二、详细工程地质图(含枢纽内车站、线路的推荐方案及主要比较方案,地质条件简单时也可与线路平面图合并绘制),比例 1:2 000 ~1:10 000

三、工程地质纵断面图(含推荐方案及主要比较方案,改建铁路含辅助纵断面图等),比例横 1:10 000,竖 1:100 ~1:1 000

四、重大工点的工程地质图件(含地质条件复杂、影响枢纽内线路方案的重点桥梁、隧道、不良地质和特殊岩土工点的工程地质勘察报告或说明、工程地质图和有关的工程地质断面图及勘探测试资料),比例视具体情况确定

第五篇　站　场

第一章　站　场

说明

一、概述

(一)研究依据、范围及研究年度

(二)预可行性研究(项目建议书)审批意见的主要内容及执行情况

(三)枢纽布局概况(含枢纽范围、车站数目、性质 、布置形式及分工等)

(四)枢纽地区自然特征(含地形、地貌、地质、地震动参数区划、水文及气象等)

(五)城市规划、工矿企业分布及远期规划

(六)既有和研究年度枢纽衔接线路以及枢纽内线路的铁路主要技术标准

二、枢纽总图方案比选

(一)已编制的枢纽总图规划方案(经审批的)

(二)运输组织(为相关专业的研究结论,需同精度比较时,含相关专业的比较方案研究结论)

1. 与相邻编组站的分工及编组计划

2. 车流组织及货物列车对数

3. 旅客列车对数及开行方案

4. 枢纽内各主要车站的分工及其工作量

5. 枢纽内区间通过能力及加强措施

6. 机车交路或动车组交路(附图)

(三)方案比选(主要说明与过去编制的枢纽总图方案的变化部分及方案比选)

三、站场设计原则(含车站布置形式、到发线进路、出站信号机类型、超限货物列车进路、岔线接轨、客货运设备等。如有客运专线铁路、城际铁路引入,须说明车站选址、客运联络线、车站平面、动车组走行线、养护维修列车走行线、纵断面、客运设备等)

四、会让站、越行站、中间站设计说明

(一)既有站封闭、改移的说明

(二)既有设备概况及存在的主要问题

(三)有关部门对车站设计的要求

(四)车站工作量(客货列车对数及种类、旅客最高聚集人数、车站及专用线分品类的货物装卸量等)

(五)车站平面布置及主要客货运设备数量的确定(复杂车站作方案比选)

(六)复杂车站的施工过渡意见

五、区段站、编组站、集装箱中心站、客运站及其他大站分站说明

(一)既有设备概况及存在的主要问题

(二)有关部门对车站设计的要求

(三)车站工作量(客货列车对数及种类、车站作业车数、编组号数及辆数、旅客最高聚集人数、车站及专用线分品类的货物装卸量等)

(四)方案比选及推荐意见(附方案示意图)

(五)推荐方案说明

1. 股道数量及主要客货运设备类型和数量
2. 调车设备类型及驼峰方向选择
3. 车站平面布置及分期发展意见
4. 联络线或疏解线布置
5. 驼峰设计
6. 车站道路、平(立)交道及排水设施(含与地方的协调配合)
7. 车站通过能力及作业能力的检算(必要时附)
8. 施工过渡方案意见
9. 主要客货站疏站交通方案及城市配套工程

六、安全设备设计说明

七、站线轨道

(一)轨道结构形式、轨道类型

(二)既有轨道类型及改建

(三)有砟轨道(按到发线、驼峰下溜放部分线路、其他站线、次要站线分别说明钢轨、轨枕、扣件、道床等)

(四)无缝线路(说明铺设范围、单元轨节布置、设计锁定轨温及道岔区、桥上、隧道地段无缝线路等)

(五)道岔

八、站场路基

(一)路基一般设计原则(路基面宽度、路基基床、横断面形式、路基边坡)

（二）既有路基和加固防护情况

（三）路基工点及加固防护简要说明

（四）路基土石方调配原则

（五）与其他专业接口设计原则

九、用地及拆迁

（一）用地（车站及绿化控制用地设计原则，取弃土和改移道路、沟渠等用地情况）

（二）拆迁

十、车站修建对环境的影响及治理措施

（一）车站修建对生态环境与水土保持的影响及治理措施

（二）车站运营后对生活环境的影响及治理措施

十一、站区绿化情况、规划原则及意见

十二、相关工程及其他

十三、有待进一步解决的问题

附件

按《新建（改建）铁路的文件组成与内容》可行性研究第十一篇第一章附件二～附件八的内容编制

附图

一、枢纽地理位置图（装订在说明书目录之后）

二、枢纽总布置示意图（装订在枢纽地理位置图之后，注明各站站中心里程等）

三、枢纽总布置图，比例 1∶10 000～1∶100 000

四、其他附图按《新建（改建）铁路的文件组成与内容》可行性研究第十一篇第一章附图四～附图九的内容编制

五、接轨站、区段站及其他大站（含段、所）、疏解区平面布置示意图（装订在说明书正文内）

第二章　客货运机械设备及其他

按《新建（改建）铁路的文件组成与内容》可行性研究第十一篇第二章的内容编制

第六篇　线　　路

第一章　线　　路

说明

一、概述

（一）研究依据、范围及研究年度

（二）预可行性研究（项目建议书）审批意见的主要内容及执行情况

（三）枢纽地区铁路概况

1. 历史沿革

2. 自然特征（地形、地貌、地质、水文、气象、地震动参数区划等）

3. 枢纽衔接线路（含既有、新建、改建）和枢纽内既有线路的铁路主要技术标准

4. 既有线路概况（含区间线路和车站的平面、纵断面及病害情况）

5. 枢纽总图规划概况

(四)有关城市、交通、水利、工矿企业及环境保护特殊地区(风景名胜区、自然保护区、水源保护区、文物古迹等)现状、规划与枢纽建设的相互影响及有关部门对枢纽设计的要求(应在枢纽总布置示意图中标识)

二、枢纽内主要线路(含正线、迂回线、联络线)铁路主要技术标准的选择(枢纽内线路的铁路等级、正线数目、设计行车速度、线间距、最小曲线半径、限制坡度或最大坡度、牵引种类、机车类型或动车组类型、到发线有效长度、闭塞类型或行车指挥方式与旅客列车运行控制方式、建筑限界等)

三、线路方案比选(根据枢纽内线路所承担的任务和地形、地质条件并结合城市建设规划,分别研究不同的线路方案,提出推荐意见,需要时附示意图和技术经济比较表。技术经济比较表应作全部工程内容的比较,全面反映数量、指标、费用等内容)

(一)新建线路

(二)改建既有线

(三)增建第二线(含二线左右侧位置或预留二线位置的选择,双绕或单绕地段方案比选)

(四)通过各种环境保护等特殊地区采取的对策(附线路穿越风景名胜区、自然保护区、基本农田保护区、水源保护区、文物古迹、噪声、振动、环境敏感区等相对位置示意图)

四、线路平面及纵断面

(一)车站分布、车站性质及站坪长度

(二)平面(含新建、改建既有线、增建第二线等曲线半径、缓和曲线、圆曲线及夹直线长度、线间距等采用标准,需保留既有线较低标准时应说明理由)

(三)纵断面(含缓坡、竖曲线、坡段长度和最大坡度差的采用标准以及坡度设计的其他要求,需保留既有线较低标准时应说明理由)

(四)线路平面位置和沿线高程控制的说明

五、重大改移道路、平(立)交道的设计原则及说明

六、通过正式运营列车便线的设计原则

七、拆迁工程概况及对工程实施的影响程度说明

八、铁路线路安全设施设计原则(含安全保护区、防护栅栏、维修通道等)

九、省、市、自治区、军区及有关部门的意见

十、有待进一步解决的问题

附件

一、增建第二线左右侧及线间距表

二、拆迁建筑物表、拆迁建筑物汇总表(含其他各篇拆迁)

三、有关协议 、纪要及公文

四、图纸目录

附图

一、枢纽地理位置图(装订在说明书目录之后)

二、枢纽总布置示意图(装订在枢纽地理位置图之后)

三、线路平面图(含重大线路比较方案,改建铁路含改建既有线或增建第二线平面图。填绘主要地质构造线和不良地质范围),比例1:2 000或1:5 000

四、线路纵断面图（含重大线路比较方案，改建铁路含辅助纵断面图），比例横1∶10 000，竖1∶500或1∶1 000

五、既有线放大纵断面图（附地质资料，成底图供审查用，不附入文件），比例横1∶10 000，竖1∶100或1∶200

六、线路平面布置示意图（有第二线或多线需要时附图中含线路左右侧、换边地点、车站、桥梁、隧道等重点工程）

七、重大改移道路、平（立）交道设计图，比例同线路平、纵断面图或与公路部门的有关规定相一致

第二章 工务有关设施

参照《新建（改建）铁路的文件组成与内容》可行性研究第五篇第二章内容编制

第七篇 轨 道

说明

一、研究依据、范围及研究年度

二、预可行性研究审批意见的主要内容及执行情况

三、枢纽衔接线路（含既有、新建、改建）和枢纽内既有线路的铁路主要技术标准

四、枢纽内既有线轨道概况

五、轨道设计说明

（一）既有线轨道改建加强的原则及设计（轨道类型、钢轨、轨枕、扣件、道床、旧料利用及分线工程情况等）

（二）新建线路轨道（当项目中有高速铁路或客运专线引入时，要增加高速铁路或客运专线轨道技术特点说明以及联络线、动车组走行线等线路的轨道设计）

1. 有砟轨道（轨道类型、钢轨、轨枕、扣件、道床及分线工程情况等）

2. 无砟轨道（轨道类型、钢轨、无砟轨道结构选型、无砟轨道工点选择、无砟轨道结构方案设计及分线工程情况）

3. 其他新型轨下基础

六、无缝线路

（一）类型及铺设范围

（二）单元轨节布置

（三）设计锁定轨温

（四）桥上无缝线路

（五）道岔区无缝线路

（六）隧道地段无缝线路

七、轨道附属设备和常备材料

（一）轨道附属设备

（二）常备材料

八、通行正式运营列车的施工便线轨道

九、有待进一步解决的问题

附件

一、铺设无缝线路地段表

二、铺设无砟轨道或其他新型轨下基础地段表

三、轨道主要工程数量汇总表

第八篇　路　基

参照《新建(改建)铁路的文件组成与内容》可行性研究第七篇内容编制

第九篇　土 地 利 用

参照《新建(改建)铁路的文件组成与内容》可行性研究第八篇内容编制

第十篇　桥　涵

参照《新建(改建)铁路的文件组成与内容》可行性研究第九篇内容编制

第十一篇　隧　道

参照《新建(改建)铁路的文件组成与内容》可行性研究第十篇内容编制

第十二篇　电　气　化

参照《新建(改建)铁路的文件组成与内容》可行性研究第十二篇内容编制

第十三篇　机 务 设 备

说明

一、概述

(一)研究依据、范围及研究年度

(二)预可行性研究审批意见的主要内容及执行情况

(三)设计有关资料

1. 枢纽内及衔接线路的铁路主要技术标准(含铁路性质,如客运专线铁路或客货共线铁路的铁路等级、正线数目、行车速度、线间距、最大坡度或限制坡度、加力牵引坡度与地段、牵引种类、机车类型等)

2. 旅客列车对数及径路表(含起讫点、列车种类、旅行速度、主要径路、设计年度的对数)或客运列流图(含起讫点、列车种类、旅行速度、主要径路、设计年度的对数)

3. 货运列流图(标明货运列流性质、对数、牵引质量、旅行速度、空重车流向等)

4. 各站调机类型和数量

5. 改建或拟建段址的气象、水文、工程地质资料(含计算温度、常年主导风向、土壤冻

结深度、地震动参数区划、地下水位、洪水位、放射性物质污染情况、文物古迹状况等）

6. 衔接线路相邻机务设备情况

二、机车交路与机务工作量计算

（一）现行机车交路（含枢纽内及衔接线路各个方向的机车交路、乘务制度等）

（二）研究的机车交路

1. 机车交路设计方案（含枢纽衔接线路各个方向设计年度的机车交路、乘务制度等）

2. 机车交路方案比选

（三）机务工作量计算

1. 采用的主要指标（含各修程的检修公里、停修天数、不平衡系数、日车公里、燃料消耗指标等）

2. 机务工作量汇总表（引入枢纽各线各段、所分别计算，综合汇总列表，包括近、远期各交路方案的机务工作量）

三、既有机务设备及存在的薄弱环节

（一）既有的机务设备分布、性质和规模（各段、所分别叙述，并绘制枢纽内机务设备分布示意图，附在说明书内，图中应有枢纽内线路走向示意及机务段、所分布位置等）

（二）存在的薄弱环节

四、设计的机务设备分布、性质和规模（设计交路推荐方案及主要比较方案分别叙述，均应包括既有机务设备的改建意见及新建机务设备设计方案）

五、救援设备的分布及等级（既有、设计分述）

六、各段（所）位置选择及其总平面布置（按推荐方案叙述新建与改建段、所的以下内容）

（一）段（所）址选择及站段关系

（二）段（所）总平面布置

（三）主要整备设备类型、规模（含既有整备设备概况及利用、改建措施）

（四）检修厂房组合型式、规模（含既有车库、主要车间概况及利用、改建措施。绘出各机务段既有、主要方案、比较方案的检修车库组合平面布置图，附在说明书内）

七、采用新技术、新工艺及新设备的意见

八、环境保护措施（废气、废水、废油等废弃物的处理与循环使用以及设备噪声的处理等）

九、节约能源措施

十、机构设置、管辖范围和定员（含既有和新增）

十一、有待进一步解决的问题

附件

一、主要机械设备概数表（含救援）

二、有关协议、纪要及公文

三、图纸目录

附图

一、现行、各研究年度设计的机车交路图（亦可附在说明书内）

二、机务段（所）总平面布置图（含站段关系示意图、房屋表、股道表、室外主要设备及构筑物表、设计主要技术指标表，并标明股道间距、道路、围墙、绿化及风玫瑰图等），比例

1∶1 000 或 1∶2 000

三、机车库及检修厂房组合平面图(不含设备平面布置,主要方案、比较方案均附),比例 1∶100 或 1∶200

第十四篇　车辆、动车组设备

第一章　车 辆 设 备

说明

一、概述

(一)研究依据、范围及研究年度

(二)预可行性研究审批意见的主要内容及执行情况

(三)设计有关资料

1. 机车交路

2. 客货列车对数及种类、编挂辆数、旅行速度(含客车车底组数、配属地点、起讫点及径路等,附列流图)

3. 编组站及其他大站有调作业、无调作业车数及装卸车数

4. 主要装卸作业站的装卸车数

5. 罐车、机械保温车、矿石车、集装箱车及专用煤车的种类、数量、固定车组数、编挂辆数、配属情况、运行区段以及工矿企业自备车数量、检修车辆设备等

6. 改建或拟建段(所)址的工程地质、水文地质、气象、水文资料(含计算温度、常年主导风向、土壤冻结深度、地震动参数区划、地下水位、洪水位、放射性物质污染情况、文物古迹状况等)

二、采用的主要指标及检修工作量

(一)采用的主要指标

(二)检修工作量

三、车辆设备的分布、性质和规模

(一)枢纽内及衔接线路有关车辆设备的现状、能力利用情况及存在问题

(二)设计的车辆设备

1. 车辆设备的分布、性质和规模(含既有车辆设备的利用和改建,附示意图)

2. 主要车辆设备(车辆段、客车技术整备所、站修所等)位置的选择及站段(所)关系

3. 主要车辆设备的总平面布置

4. 主要检修生产车间(修车库、转向架间、主要辅助生产车间及其组合等)的平面布置(简要说明检修工艺流程,含既有设备概况和利用、改建措施)

5. 车辆安全防范预警系统及车号识别系统的设置(含既有设备利用和改建措施,附系统设备布点示意图)

6. 其他说明

四、采用新技术、新工艺及新设备的意见

五、环境保护措施(固废物与设备噪声处理等)

六、节约能源措施

七、机构设置、管辖范围和定员(含既有和新增)

八、有待进一步解决的问题

附件

一、主要机械设备概数表

二、有关协议、纪要及公文

三、图纸目录

附图

一、主要车辆设备总平面布置图(含站段关系示意图、房屋表、股道表、室外主要设备及构筑物表、设计主要技术指标表,并标明股道间距、道路、围墙、绿化及风玫瑰图等),比例1∶1 000或1∶2 000

二、主要检修生产车间组合平面布置图(不含设备平面布置,主要方案、比较方案均附),比例1∶100或1∶200

三、其他生产辅助房屋及办公房屋平面布置图(必要时附),比例1∶50、1∶100或1∶200

第二章　动车组设备

说明

一、概述

(一)研究依据、范围及研究年度

(二)预可行性研究审批意见的主要内容及执行情况

(三)设计有关资料

1. 路网构成(客运网)

2. 有关的铁路主要技术标准(含铁路等级、正线数目、最大坡度、动车组类型等)

3. 运输组织模式(含动车组开行方式、旅客列车对数及径路、旅行速度、编挂辆数等)

4. 改建或拟建段(所)址的工程地质、水文地质、气象、水文资料(含计算温度、常年主导风向、土壤冻结深度、地震动参数区划、地下水位、洪水位、放射性物质污染情况、文物古迹状况等)

5. 枢纽内与衔接线有关资料(动车段、所的分布、性质、规模及存在的薄弱环节等)

二、动车组设备的分布、性质和规模(含利用、改扩建既有段、所说明)

三、救援设备的分布及等级(无机务篇章时叙述)

四、各段(所)工作量

(一)动车组配属原则和方案

(二)采用的主要技术指标

(三)工作量汇总表

五、各段(所)位置选择及总平面布置

(一)选址及站段关系

(二)总平面布置

(三)主要检查设备类型及规模

(四)主要检修厂房组合型式及规模

六、采用新技术、新工艺及新设备的意见

七、环境保护措施(固废物与设备噪声处理等)

八、节约能源措施

九、机构设置、管辖范围和定员
十、有待进一步解决的问题
附件
一、主要机械设备概数表
二、有关协议、纪要及公文
三、图纸目录
附图
一、动车段(所)总平面布置图(含站段关系示意图、房屋表、股道表、室外主要设备及构筑物表、设计主要技术指标表,并注明股道间距、道路、围墙、绿化及风玫瑰图等),比例1:1 000或1:2 000

二、检查车库及检修厂房组合平面图(不含设备平面布置,主要方案、比较方案均附),比例1:500

三、其他生产辅助房屋及办公房屋平面布置图(必要时附),比例1:50、1:100或1:200

四、动车组周转图(必要时附)

第十五篇 给水排水

说明
一、概述
(一)研究依据、范围及研究年度
(二)预可行性研究审批意见的主要内容及执行情况
(三)采用的主要规范和标准
(四)枢纽衔接线路的铁路主要技术标准(牵引种类、机车交路等)
(五)枢纽地区自然地理及水文地质概况
二、主要给排水方案研究
三、给水站设置和生活供水站、点数量(含既有和新建)
(一)旅客列车上水站设置
(二)旅客列车卸污站设置及卸污方式
(三)给水站、生活供水站、点数量
四、主要设计标准和设计原则
(一)供水水质、水量标准
(二)水源性质和类型
(三)给水处理原则
(四)污水排放标准及污水处理(含回用水)原则
(五)给水机械、自动化设置原则
(六)贮配水构筑物
(七)消防方式
(八)雨水排放原则
(九)缺水、苦咸水地区供水设计说明
(十)机构设置、管辖范围和定员

五、给水站分站说明

(一)车站性质、研究年度日用水量和排水量估算

(二)既有给水构筑物、设备现状及其利用、加强措施

(三)水源方案

(四)主要给水构筑物和设备(改建枢纽含既有给水机械、水处理设备、贮配水构筑物的类型及规格等)

(五)既有排水构筑物、设备现状及其利用和加强措施

(六)污水处理和排除方案

(七)主要排水沟筑物和设备(含卸污及改建和新建的污水处理设备、规格等)

(八)消防方式及设施

(九)给水自动控制设备说明

六、枢纽内生活供水站、点说明(既有给水排水设施现状和利用情况、新建和改建的主要工程内容,干旱缺水地区的供水方案)

(一)水源方案

(二)贮配水构筑物

(三)水处理及设备

(四)污水处理及排除方案

(五)干旱缺水地区的供水方案

七、节约能源措施及相关工程内容

八、机构设置、管辖范围和定员(改建枢纽含既有)

九、有待进一步解决的问题

附件

一、主要工程数量表

二、主要设备概数表

三、用地概数表(站场用地范围以外部分)

四、有关协议、纪要及公文

五、图纸目录

附图

一、新建大型客运站给水排水总平面图,1∶1 000 或 1∶2 000

二、新建区段站及以上大站给水排水总平面图,1∶1 000 或 1∶2 000(既有站视改建规模,必要时附)

三、全线给水排水工程设计表(含车站名称、车站性质、用水量、水源类型及设备、给水机械及动力、给水自动控制系统、贮配水构筑物类型及规格、水处理设备、消防设备、给水管道、排水管道、污水处理设备及自动控制系统等)

第十六篇 通 信

第一章 通 信

说明

一、概述

(一)研究依据、范围及研究年度

(二)预可行性研究审批意见的主要内容及执行情况

(三)枢纽及既有通信概况

1. 枢纽总布置概况

2. 枢纽内既有主要通信线路及设备概况

(四)相邻铁路既有主要通信线路及设备概况

(五)相关工程配合改造的意见

二、通信网构成及主要通信设备类型、容量的选择(含利用、改建和新建)

(一)通信业务需求分析

(二)通信站的设置地点和性质

(三)通信网构成及主要通信设备类型、容量的选择

1. 传输及接入系统

2. 电话交换系统

3. 调度通信系统

4. 移动通信系统

5. 站间行车电话及其他专用通信系统

6. 车站(场)通信系统

7. 数据通信系统

8. 会议电视、电话系统

9. 应急通信系统

10. 其他业务系统

三、通信电源设备类型、容量的选择和防雷、接地

(一)交流电源及供电方式

(二)电源设备类型、容量的选择

(三)电源及环境监控系统

(四)接地装置

(五)防雷

四、通信线路(含利用、改建和新建)

(一)长途通信线路类型、容量的选择及引入方式的方案比选

(二)枢纽地区和站场通信线路类型、容量的选择

(三)通信线路的防护措施(含强电、防雷、防蚀等)和维护设施

(四)路外弱电线路的拆迁原则(非电气化铁路)

五、与其他专业设计接口的原则

六、采用新技术的意见

七、环保及节能措施

八、机构设置、管辖范围及房屋、定员

九、有待进一步解决的问题

附件

一、主要工程数量表

二、主要设备、材料概数表

三、既有主要通信设备利用一览表

四、有关协议、纪要及公文

五、图纸目录

附图

一、通信网图

二、电话交换网图(必要时附)

三、无线通信系统构成图(必要时附)

第二章　路外通信、广播及其他设施的电磁干扰防护

参照《新建(改建)铁路的文件组成与内容》可行性研究第十六篇第二章内容编制

第十七篇　信　　号

第一章　信　　号

说明

一、概述

(一)研究依据、范围及研究年度

(二)预可行性研究审批意见的主要内容及执行情况

(三)枢纽概况

1. 枢纽范围内车站分布、主要作业分工及站场分期发展情况(新线、岔线、铁路专用线引入情况,行车指挥系统,列流数量,主要编组站作业量及牵引种类等)

2. 有关地形、地貌、地质、气象等对信号设备和信号器材选型的影响

3. 既有设备概况(既有站场概况及信号设备类型、枢纽相邻区间闭塞类型等)

二、站前工程设计情况(概述枢纽内主要车站性质及布置形式、股道数量、到发线有效长度、作业情况及桥梁、隧道、线路情况)

三、电力及电力牵引情况(含牵引方式、牵引电流等。非电气化可不说明电力牵引情况)

四、信号设计

(一)信号系统的选型及方案比选

1. 行车调度指挥系统

2. 列控方式(主要描述技术方案)(客)

3. 区间及闭塞系统(主要描述设备配置)

4. 车站联锁系统

5. 驼峰信号

6. 信号集中监测系统

7. 与其他专业设计接口的原则

(二)采用新技术的意见

(三)环境保护和节约能源措施

(四)既有信号设备的利用、改建原则与过渡方案的意见

五、相关工程设计范围及设计原则

六、信号设备防护措施

(一)电力牵引区段对信号设备的强电干扰及防护

(二)信号设备防雷、接地

(三)计算机系统安全防护

七、机构设置、管辖范围和定员

八、有待进一步解决的问题

附件

一、主要工程数量表

二、主要设备、材料概数表

三、有关协议、纪要及公文

四、图纸目录

附图

一、枢纽信号设备总布置示意图

二、枢纽既有信号设备布置示意图(必要时附)

第二章　驼峰调速设备及其动力设备

说明

一、研究依据、范围及研究年度

二、预可行性研究审批意见的主要内容及执行情况

三、驼峰概述(驼峰类型、车辆溜放方式、机车推峰速度、调速器类型、数量及其位置)

四、动力设备选型

五、机修间主要设备选型

六、采用新技术的意见

七、环境保护和节约能源措施

八、定员

九、有待进一步解决的问题

附件

一、主要工程数量表

二、主要机械设备、材料概数表

三、有关协议、纪要及公文

第十八篇　信　　息

说明

一、概述

(一)研究依据、范围及研究年度

(二)预可行性研究审批意见的主要内容及执行情况

(三)枢纽内既有信息系统概况(主要包括路局信息系统构成及主要设备设置情况、既有线相关车站信息系统设置情况)

(四)枢纽主要工程概况(主要包括枢纽工程的调度指挥方式、运营管理模式;相关车

站、车、机、工、电、辆等段所机构及其他运营管理机构的设置、分布情况；主要设计技术标准等）

二、主要设计原则和采用的技术标准

三、用户需求分析（根据调度指挥方式、运营管理模式，结合各类业务用户的分布及数量、所需开展的业务种类、主要业务流程、业务性质、业务关联程度，进行具体的用户需求分析、应用需求以及网络需求分析）

四、信息系统的构成及主要功能（以应用构成为主线，对拟建的信息系统按总体规划要求分领域、分系统描述主要应用和每个应用的主要功能以及各系统相互关系与互联要求）

五、信息系统的技术方案

（一）应用系统的构成

1. 总体构成（说明新、改建铁路枢纽信息化的构成以及总体结构等）

2. 各应用分系统的构成方式及相互关系

3. 信息采集和系统集成方案

4. 信息资源共享方案

（二）网络框架

1. 总体构成（分别按区域划分的广域网和局域网，按层次划分的骨干网和基层网，按应用划分的生产网和服务网等进行说明）

2. 局域网构成（各级局域网的具体构成，包括核心交换机、边缘交换机设备配置要求、各楼宇之间通信线路、局域网速率、通信协议等）

3. 广域网连接（说明广域网连接的要求，包括路由设备的配置要求、通道要求、接口标准等）

4. 数据传输方案（数据传输平台和传输中间要求）

5. 网络管理（路局或公司一级建立网络管理平台，包括网络管理设备和软件等要求）

（三）计算机硬、软件配置原则

1. 硬件配置原则

2. 软件配置原则

（四）网络、信息安全及系统安全保障方案（网络安全建设要求。包括安全生产网、内部服务网、外部服务网之间的隔离要求、VPN 技术、身份认证、入侵检测、病毒防护以及漏洞扫描等网络安全措施及对系统、数据库、应用以及环境监测控制的手段和措施）

（五）系统运行环境（含机房环境要求、机房监测系统建设、供电环境要求以及接地和防雷措施等内容）

（六）相关信息系统配合改造方案和与相关（既有）信息系统的整合方案

（七）与其他专业设计接口的原则

六、机构设置、管辖范围和定员（主要指设备维修维护机构设置、管辖范围、定员要求及培训等）

七、有待进一步解决的问题

附件

一、主要工程数量表

二、主要硬件设备、软件及材料概数表

三、系统功能表

四、利用既有设备一览表

五、有关协议、纪要和公文

六、图纸目录

附图

信息系统总体结构图(图中主要包括枢纽工程内各站、段、所名称,与所在路局的关系,各站、段、所所建信息系统的类型,各系统处理中心管辖范围,主机设备类型,维护管理范围等内容)

第十九篇　防灾安全监控(注)

说明

一、概述

(一)研究依据、范围及研究年度

(二)预可行性研究审批意见的主要内容及执行情况

(三)枢纽概况

1. 枢纽概况

2. 枢纽范围地形、地貌、地质、地震、气候概况

(四)枢纽既有防灾安全监控设施概况

二、防灾安全监控系统的功能及总体构成

(一)风监测系统

(二)雨量及洪水监测系统

(三)地震监测系统

(四)轨温及火灾监测系统

(五)突发事故、异物侵限及非法侵入的防护

1. 防护网监测报警设备

2. 列车防护开关报警设备

3. 电视监控及其他设备

(六)信息传输与网络结构

1. 信息流程的描述

2. 网络结构及与其他系统网络的关系

三、设备选型和系统集成方案

(一)设备选型意见

(二)系统集成方案

四、电源及接地

五、相关工程的设计及与其他专业设计接口的原则

六、系统设备防护措施

(一)电力牵引对设备的干扰及防护措施

(二)系统设备对雷电及过电压的防护

七、机构设置、管辖范围和定员

八、有待进一步解决的问题

附件

一、主要工程数量表

二、主要设备材料概数表

三、图纸目录

附图

一、防灾安全监控系统总体构成图

二、外场监测设备布置图

三、防灾安全监控系统信息流程(向)图

四、防灾安全监控系统网络结构图

注:新建或改建铁路枢纽的防灾安全监控内容很少时,可纳入信息专业篇文件中。

第二十篇　电　　力

说明

一、概述

(一)研究依据、范围及研究年度

(二)预可行性研究审批意见的主要内容及执行情况

(三)有关主体工程概况

二、既有电源及既有供电设备

三、供电原则及供电方案

(一)用电负荷情况(改建工程包括新增和既有负荷)

(二)供电方案(含新建、改建电源、发、变、配电所配置,电力远动系统,机电监控系统等)

(三)主要设备选型

四、节约能源措施

(一)合理用电原则

(二)节能设备选型

五、采用新技术的意见

六、相关工程改建意见

七、机构设置、管辖范围和定员

八、施工供电和永久、临时工程结合的意见

九、非电气化铁路影响铁路建设的电力线路等处理

(一)迁改原则及技术要求

(二)电力线路影响情况及处理情况

十、有待进一步解决的问题

附件

一、主要工程数量表

二、主要设备概数表

三、非电气化铁路电力线路迁改工程数量汇总表

四、有关公文、纪要及电源调查报告

五、图纸目录

附图

枢纽供电示意图(注明有关车站、主要桥梁、隧道的名称和里程,发、变、配电所的位置、名称、类型、容量和电压,高压电力线的电压、长度等)

第二十一篇　综合检测与维修

参照《新建(改建)铁路的文件组成与内容》可行性研究第二十一篇内容编制

第二十二篇　房 屋 建 筑

参照《新建(改建)铁路的文件组成与内容》可行性研究第二十二篇内容编制

第二十三篇　环境保护、水土保持

说明

一、概述

(一)研究依据、范围及研究年度

(二)预可行性研究审批意见的主要内容及执行情况

(三)自然、社会及环境质量现状(含枢纽方案比选的环境影响综述,推荐方案的环境影响评述)

(四)枢纽方案与城镇规划相容性分析

(五)枢纽方案的环境敏感性分析

(六)新增工程活动引起生态环境质与量的变化概况(含高填、深挖、取弃土规划与利用及水土流失与植被保护)

(七)新增主要污染源(物)及污染因素背景资料(含污染源、物分布、排放方式、地点、性质、浓度、数量及平衡表)

(八)采用的技术规范和标准(含环境保护设计、排放与环境标准及水土保持设计标准与技术规范)

二、环境影响分析,控制、防治及整治措施的初步方案

(一)分析既有相关工程主要污染源(物)对环境的影响,采取的防护措施、效果与存在的问题

(二)分析新增主要污染源(物)对环境的影响,根据环境污染因素特征,确定控制及防治措施初步方案(含既有污染源、物防治措施的改造或改型)

(三)阐述新增工程对生态环境的影响,确定整治的初步方案及主要工程数量(含水土保持、绿化规划、复垦、挡护、取弃土规划)

三、环(水)保工程措施及投资估算、资金(含利用外资)筹措的建议

四、结论及建议

五、有待进一步解决的问题

附件

有关协议、纪要及公文

第二十四篇　节 约 能 源

说明

一、概述

（一）研究依据、范围及研究年度

（二）预可行性研究审批意见的主要内容及执行情况

（三）新增及既有工程主要耗能点的分布情况及数量（含生产与生活所需动力、供热、牵引、发、变配电）

（四）采用的节约能源设计标准

二、能源消耗指标及分析

（一）能源品种的组成、能量平衡及负荷分析（含新增与既有工程分品种实物能耗总量、综合能量总量、单位产品能耗和生产、生活辅助能耗指标）

（二）能源分析（含新增、既有工程采用的低能耗主要设备及工艺能耗指标与国内同行业先进水平的对比分析）

三、节约能源措施综述

（一）主要站、段、所、场（厂）采取的节能措施（含新增、既有工程集中与区域供热、供气、供电、供水的管网及其保温、防漏等）

（二）房屋建筑工程的节能措施（含新增、既有相关工程隔热、保温、供热、空调制冷等生活能耗量及单位建筑面积能耗指标与现行国家、行业标准的对比分析）

（三）余热、余压、废油、废气、废水的回收利用措施，采用新能源（太阳能、沼气、地热等）、中水情况（含新增、既有相关工程）

（四）其他运营设备的节能措施（含驼峰减速器、桥灯、桥吊等）

四、节约能源工程措施概况表（含新增、既有相关工程）

五、结论及建议

第二十五篇　施工组织方案意见

参照《新建（改建）铁路的文件组成与内容》可行性研究第二十五篇内容编制

第二十六篇　投资估算、资金筹措

参照《新建（改建）铁路的文件组成与内容》可行性研究第二十六篇内容编制

Ⅲ　初 步 设 计

第一篇　总 说 明 书

说明

一、概述

(一)设计依据

(二)设计范围(含相关工程)及设计年度

(三)可行性研究及环境影响报告书(表)、水土保持方案报告审批意见的主要内容及执行情况

(四)枢纽既有概况

1. 枢纽地理位置及在国民经济与路网中的意义和作用

2. 自然特征(地形地貌、工程地质、水文地质、压覆矿产资源、地震动参数区划、气象、水文及有关风景名胜区、基本农田保护区、水源保护区、文物古迹等)

3. 既有设备概况、运营特征及存在的主要薄弱环节

(五)枢纽在(拟)建项目概况

(六)勘测设计经过

二、经济与运量

(一)经济特征(城市、主要工矿企业、人口、国民经济、交通等现状及发展规划)

(二)路网构成

(三)设计年度客货运量(地方、通过、总运输量和主要车站旅客发送量、最高聚集人数及旅客列车总对数,说明客货流构成特点和流向等;改建枢纽、客运专线铁路、城际铁路建设附既有枢纽近两年统计资料)

(四)枢纽货物运输量、旅客列车对数汇总表(含上下行,改建铁路附现状资料)

(五)远景枢纽总运输量

三、铁路主要技术标准

(一)既有和设计年度枢纽衔接线路及枢纽内线路的铁路主要技术标准(铁路等级、正线数目、设计行车速度、线间距、最小曲线半径、限制坡度、牵引种类、机车类型、牵引质量、到发线有效长度、闭塞类型及建筑限界等)

(二)既有和设计年度枢纽衔接的客运专线、城际铁路的铁路主要技术标准(铁路等级、正线数目、设计行车速度、线间距、最小曲线半径、最大坡度、牵引种类、列车类型、到发线有效长度、行车指挥方式、旅客列车运行控制方式及建筑限界等)

(三)既有及设计的机车或动车组交路(附机车或动车组交路图)

四、运输组织

(一)旅客运输组织

(二)货物运输组织

1. 与相邻编组站分工及编组计划原则

2. 车流组织及货物列车对数

3. 集装箱、快运及特货运输等列车开行方案

4. 枢纽内各主要车站的分工及其工作量

(三)枢纽内线路区间通过能力及加强措施(含动车组出入段线)

五、枢纽总图与站场

(一)枢纽总图规划方案及本次修改说明

(二)既有车站概况

(三)改建与新建车站概述

(四)主要大站、段概述(分站、段说明位置、布置形式、作业分工及其工作量、设计规模等)

(五)车站的主要设备设置概述

(六)联络线或疏解线布置概述

六、线路

(一)可行性研究批准的枢纽内主要线路方案及局部改善方案简况

(二)线路平、纵断面特征(含保留较低标准的处数和长度)

(三)道路交叉设计原则、重要道(公)路交叉及改移情况

七、轨道

(一)轨道结构形式及轨道类型

(二)有砟轨道设计

(三)无砟轨道设计

(四)无缝线路设计

八、路基

(一)路基工程概况(含既有病害整治)

(二)路基面形状和宽度、路基基床及过渡段

(三)重点路基工程概述

九、土地利用

(一)本项目用地预审意见要点及执行情况

(二)用地概况及用地总数

(三)补充耕地(含复垦)措施

十、桥涵

(一)桥涵分布和既有桥涵利用、加固、改建概况

(二)设计洪水频率、设计活载及桥梁建筑限界

(三)桥涵选型及建材选用概述

(四)重点桥渡工程概述

十一、隧道

(一)隧道分布和既有隧道改建概况

(二)隧道建筑限界、衬砌类型、洞内轨道结构形式或类型

(三)重点隧道工程概述

(四)隧道运营通风

十二、电气化

(一)牵引供电系统

1. 既有牵引供电设施和外部电源概况

2. 牵引网供电方式

3. 牵引供电设施的分布方案(含利用、新建、改建)

4. 牵引变电所的外部电源供电方案

5. 牵引变压器类型及容量

6. 电能质量及措施

7. 需要功率及用电量

(二)牵引变电所、开闭所、分区所、AT 所及电力调度所

1. 既有牵引变电设施概况

2. 主接线及总平面

3. 主要设备选型

4. 电力调度所及调度管理自动化系统

(三)接触网

1. 既有接触网设备概况

2. 接触网架设范围

3. 接触网悬挂类型

4. 线材及主要设备的选择

5. 主要技术数据

(四)维护管理

1. 既有维护管理机构概况

2. 新建或改建维护管理机构的位置和规模

3. 主要设备选择

(五)受电气化影响的电力线路的处理

(六)路外(内)易燃、易爆品库及油、气管道的电磁干扰防护

十三、机务设备

(一)既有机车交路(枢纽各衔接线路的既有机车交路,附既有机车交路插图)

(二)设计的机车交路(附设计的机车交路插图)

(三)既有机务设备分布、性质及规模

(四)设计的机务设备分布、性质及规模

(五)既有机务设备利用及改建情况

(六)救援设备分布及等级

十四、车辆、动车组设备

(一)车辆设备

1. 既有车辆设备分布、性质及规模

2. 设计的车辆设备分布、性质及规模

3. 既有车辆设备利用及改建情况

4. 车辆安全防范预警系统及车号识别系统设置

(二)动车组设备

1. 动车组运行交路

2. 既有动车组设备概况

3. 设计的动车组设备分布、性质及规模

十五、给水排水

（一）旅客列车上水站分布（含新建和既有）

（二）旅客列车卸污站分布、卸污方式及数量

（三）给水站和生活供水站、点数量（含新建和既有）

（四）既有给排水构筑物设备利用和改建简况

（五）水源设备概况（含新建和既有）

（六）水处理方案及主要给水构筑物、设备选择（含既有构筑物和设备的利用）

（七）污水处理和排水方案及主要排水构筑物、设备选择（含既有构筑物和设备的利用）

（八）消防方式选择

十六、通信

（一）既有通信线路及设备概况

（二）通信网构成原则（含相关工程）

（三）通信线路等级、类型（含既有线路的利用）

（四）通信站分布、性质

（五）主要通信设备类型（含既有设备的利用）

（六）既有通信线路及设备利用和改建简况

（七）路外通信、广播及其他设施的干扰防护及处理

十七、信号

（一）既有信号设备概况

（二）信号设备类型的选择（含既有设备的利用）

十八、信息

（一）信息系统总体规划（确定各领域所包括具体应用系统的类型及主要功能）

（二）各应用系统构成（含各应用系统分级构成模式、设备设置概况及各级处理中心主要设备选型原则）

（三）计算机网络构成（含各级局域网的具体构成、广域网连接、网络隔离方案、主要网络设备的选型及配置原则等）

（四）既有信息系统设备利用及改建简况

十九、防灾安全监控

（一）防灾安全监控系统设置概述

（二）网络构成概述

二十、电力

（一）既有电源情况

（二）用电负荷情况（包括新增负荷分布、大小、等级及供电方式）

（三）新建、改建供电方案（包括电源选择和发变配电所的容量及数量）

（四）主要设备选型

二十一、综合维修

(一)既有及相关综合维修机构概况

(二)设计的综合维修机构分布、性质和规模

二十二、房屋建筑

(一)机构设置、管辖范围及新增定员

1. 机构设置及管辖范围

2. 新增定员

(二)房屋配备

1. 生产、生活房屋配备的依据

2. 生活房屋建筑面积(仅配备职工单身宿舍、食堂、浴室)指标的采用

3. 生活房屋(单身宿舍等)集中设置选址情况

4. 既有路内房屋的利用、改建及拆除情况

5. 公安房屋、桥隧守护房屋、军运房屋及人防工程设置情况

(三)房屋建筑面积总量

(四)房屋总平面布置

(五)中型及以上站房方案设计

(六)暖通、空调及卫生设备概述

二十三、环境保护、水土保持

(一)主要站、段(所)污染源、污染物的分布、排放方式及排放量

(二)工程活动引起的生态环境、水土保持的变化程度及数量

(三)评述工程对周围环境的主要影响、防治、控制污染以及整治生态环境与水土保持的主要措施及预期效果

二十四、节约能源

二十五、安全施工

(一)保证施工和安全的技术措施意见

(二)防范安全事故的指导性意见

(三)改善安全作业环境和安全施工的措施意见

(四)在营业线施工期间保证安全运营的措施意见

(五)采用新结构、新材料、新工艺时,保障施工作业人员安全和预防安全事故的措施意见

二十六、迁改与重点大型临时工程

(一)迁改

(二)重点大型临时工程

二十七、施工组织

(一)施工总工期及施工组织设计的简要说明(附主要工程数量表)

(二)控制工期工程及施工条件困难工程与特别复杂的工程所采取的主要措施

(三)解决施工与行车干扰的主要措施

二十八、总概算

(一)概算总额及技术经济指标(附总概算汇总表)

(二)设计总概算与批准的可研估算总额的对照分析

附件

一、设计文件及电子文件组成、分发单位及份数总表(装订在说明书目录之前)

二、图纸目录

附图

一、枢纽地理位置图(装订在说明书目录之后)

二、枢纽总布置示意图(装订在枢纽地理位置图之后)

三、枢纽总布置图,比例 1∶10 000 ~ 1∶100 000

四、接轨站、区段站及其他大站(含段、所)、疏解区平面布置示意图(装订在站场节正文内)

第二篇 经济与运量

说明

一、概述

(一)设计依据、范围及设计年度

(二)可行性研究审批意见的主要内容及执行情况

(三)路网构成

(四)远景枢纽总运输量

(五)枢纽的地理位置及其在国民经济与路网中的意义和作用

二、吸引范围内经济概况

(一)行政区划、面积、人口及产值

(二)资源分布及开发情况

(三)工农业现状及发展

(四)城市经济发展方向及特点

(五)交通运输现状及发展

三、货运量

(一)改建枢纽现状货运量分析(地方、通过、总运输量构成的特点,近几年货运量增减趋势及存在的主要问题;客运专线铁路和城际铁路的建设要对既有枢纽货运量进行分析)(改)(客)

(二)地方运量(分站主要品名的发到运量及流向)

(三)通过运量(主要品名、流向及大宗货流)

(四)枢纽总运输量(可行性研究批准的,并说明构成特点、各类运量比重、主要货流方向等)

四、客运量

(一)改建枢纽现状客运量分析(枢纽客运量构成的特点,近几年客运量增减趋势及存在的主要问题;客运专线铁路和城际铁路的建设要对既有枢纽客运量进行分析)(改)(客)

(二)客流特点及主要流向

(三)主要站旅客发送量及最高聚集人数

(四)枢纽客运量(可行性研究批准的,并说明构成特点,客运专线铁路和城际铁路的建设要对普通客流和跨线客流进行分配说明)

(五)旅客列车对数及开行方案(可行性研究批准的,含旅客列车种类、起迄点、径路、数量、配属、编组、载客量及行包专列对数等)

五、枢纽货物运输量、旅客列车对数汇总表(含上下行,改建铁路附现状资料)

附件(注)

一、枢纽货物交流表

二、大宗货物始发终到表

三、分站货物发到运量表

四、分站仓库运量及面积表

五、分站专用线发到运量表

六、分站旅客发送量及最高聚集人数表

七、各设计年度旅客列车对数及径路表

注:以上各项改建枢纽应附近两年实际统计资料。

八、图纸目录

附图

枢纽货流图(含主要品名,改建铁路应附实际货流图)

第三篇　运输组织

说明

一、概述

(一)设计依据、范围(含相关工程)及设计年度

(二)可行性研究审批意见的主要内容及执行情况

(三)衔接线路(含既有、新建、改建)和枢纽内既有线路的铁路主要技术标准

(四)设计依据资料(有关经济资料和枢纽远景总运量等)

二、枢纽现状

(一)与相邻枢纽或编组站的分工

(二)枢纽内车站分工及工作量

(三)车流组织及工作量

(四)存在的主要薄弱环节

三、枢纽内主要线路采用的铁路主要技术标准(可行性研究批准的)

四、枢纽运输组织方案(着重说明加强通过能力及解编能力的措施)

五、客货运输组织

(一)旅客运输组织

1. 客站分工方案

2. 旅客列车开行方案

(二)货物运输组织

1. 与相邻枢纽或编组站的分工(含分工方案的选定及列车编组计划等)

2. 枢纽内主要车站分工及封闭、改移既有车站的说明

3. 行车量、车流组织及车站工作量

(1)枢纽车流计算

(2)枢纽车流分析(主要车流方向、空车调整、专用车组使用、通过车流、折角车流与地方车流的比重等)

(3)列流组织(含始发直达、技术直达、直通、区段、零摘、小运转、集装箱、快运及特货运输等列车的组织方法、径路、始发终到站、改编作业站等)

(4)货物列车列数(说明计算数据,列车种类和数量、牵引质量、编挂辆数等)

(5)主要车站作业量

(6)工业站、港湾站及较大工矿区等货车交接、取送方式及次数

(7)调机台数(分站说明调车作业分工、调机类型及数量)

六、枢纽内区间通过能力及加强措施

(一)设计年度需要通过能力

(二)设计能力及分期加强措施

七、机构设置、管辖范围、运输机构定员及调度区划分(说明现状及设计的铁路局或公司界、调度区划分,车务段、列车段、客运段的设置,客货运及行车定员、班制等)

八、安全施工的意见(考虑营业线运营等因素,提出安全运营的意见)

附件

一、枢纽车流表(必要时附在文件内)

二、图纸目录

附图

一、列流图

二、枢纽内线路区间通过能力图(必要时附)

第四篇　地　质

说明

一、概述

(一)设计依据、范围及设计年度

(二)可行性研究审批意见的主要内容及执行情况

(三)勘测依据、范围及经过

(四)定测工程地质勘察大纲的要点(勘察内容、方法、质量要求)及执行情况

(五)完成的勘探工作量

二、自然地理概况(含地理位置、地形地貌、交通概况、气象特征、季节性冻土深度段落划分及地震动参数区划等)

三、地层及构造

(一)地层岩性

(二)地质构造

四、水文地质特征

(一)地下水分布及特征

(二)沿线水质对混凝土的侵蚀性评价

五、工程地质特征

(一)详细阐述不良地质分布、特征及工程措施意见

(二)详细阐述特殊岩土分布、特征及工程措施意见

(三)详细阐述既有线病害分布、特征、施工中曾发生的地质问题及工程措施意见(改)

六、地质灾害危险性评估、压覆矿产资源评估和地震安全性评价的主要结论

七、枢纽工程地质条件评价

(一)详细阐述枢纽内重要路基、桥梁、隧道工程的地质条件、评价及工程措施意见

(二)详细阐述枢纽内其他重大工程的分布、地质条件、评价及工程措施意见

(三)详细阐述主要天然建筑材料场地的地质条件及对储量和质量的评价

(四)工程建设、天然建筑材料开采对环境地质条件的主要影响

(五)枢纽工程地质条件的总体评价

八、安全施工的意见(根据地质条件、风险等级、周边环境、邻近工程、重点部位和环节等因素,提出施工超前地质预报的措施意见和方法)

九、下阶段工作中和施工中应重视的地质问题及注意事项

附件

一、地震安全性评价报告

二、图纸目录

附图

一、枢纽工程地质图(地质条件简单时也可与枢纽总布置图合并绘制),比例1∶10 000～1∶100 000

二、详细工程地质图(地质条件简单时也可与线路平面图合并绘制),比例 1∶2 000～1∶10 000

三、详细工程地质纵断面图(地质条件简单时也可与线路详细纵断面图合并绘制),比例横 1∶10 000,竖 1∶100～1∶1 000

四、辅助详细工程地质纵断面图(地质条件简单时也可与线路辅助详细纵断面图合并绘制),比例横 1∶10 000,竖 1∶100～1∶1 000

五、工点工程地质图件(重点的桥梁、隧道、不良地质、特殊岩土地段附,含工程地质勘察报告或说明、工程地质图和有关的工程地质断面图及勘探测试资料;所有工点均应单独编制成册,其中地质条件简单、工程规模较小的工点可以合订成册),比例视具体情况确定

第五篇　站　　场

第一章　站　　场

说明

一、概述

(一)设计依据、范围及设计年度

(二)可行性研究审批意见的主要内容及执行情况

(三)枢纽布局概况(含枢纽总图规划概要、枢纽范围、车站数目、性质、布置形式及分工等)

(四)枢纽地区自然特征(含地形、地貌、地质、地震动参数区划、水文及气象等)

(五)城市规划、工矿企业分布及规划

（六）既有和设计年度枢纽衔接线路以及枢纽内线路的铁路主要技术标准

二、站场设计原则（含车站布置形式、到发线进路、出站信号机类型、超限货物列车进路、岔线接轨、客货运设备等。如有客运专线铁路、城际铁路引入，须说明车站选址、客运联络线、车站平面、动车组走行线、养护维修列车走行线、纵断面、客运设备等）

三、会让站、越行站、中间站设计说明

（一）既有站封闭、改移情况

（二）既有设备概况及存在的主要问题

（三）有关部门对车站设计的要求

（四）车站工作量（客货列车对数及种类、旅客最高聚集人数、车站及专用线分品类的货物装卸量等）

（五）车站平面布置及客货运设备数量的确定（含车站平面布置优化方案的比选）

（六）车站道路、平（立）交道及排水设计

（七）用地及拆迁

（八）复杂车站的施工过渡方案

四、区段站、编组站、集装箱中心站、客运站及其他大站分站说明

（一）既有设备概况及存在的主要问题

（二）有关部门对车站设计的要求及相互配合情况

（三）车站工作量（客货列车对数及种类、车站作业车数、编组号数及辆数、旅客最高聚集人数、车站及专用线分品类的货物装卸量等）

（四）可行性研究批复方案与局部改善方案的比选

（五）股道、客货运设备、调车设备等类型及数量的确定

（六）车站平、纵断面设计及分期发展的意见

（七）大型客运站接发列车仿真模拟及分析

（八）驼峰设计

（九）车站道路、平（立）交道及排水设施（含与地方的协调配合）

（十）车站通过能力及作业能力的检算（必要时附）

（十一）用地及拆迁

（十二）施工过渡方案

五、联络线或疏解线布置

六、安全设备设计

七、站线轨道

（一）轨道结构形式、轨道类型

（二）有砟轨道（按到发线、驼峰下溜放部分线路、其他站线、次要站线分别说明钢轨、轨枕、扣件、道床等）

（三）无缝线路（说明铺设范围、单元轨节布置、设计锁定轨温及道岔区、桥上、隧道地段无缝线路位移观测桩等）

（四）道岔

八、站场路基

（一）路基一般设计原则（路基面宽度、路基基床、横断面形式、边坡坡度、侧沟和边坡平台宽度、护道宽度等）

(二)既有路基及加固防护情况

(三)路基工点设计及加固防护简要说明

(四)路基土石方调配说明

(五)与其他专业接口设计说明

九、用地、拆迁及主要工程数量说明

(一)用地(车站及绿化控制用地设计原则,取弃土和改移道路、沟渠等用地情况)

(二)拆迁

(三)主要工程数量及与可研对比说明

十、车站修建对环境的影响及治理措施

(一)车站修建对生态环境与水土保持的影响及治理措施

(二)车站运营后对生活环境的影响及治理措施

十一、节约措施

十二、站区绿化情况、规划原则及意见

十三、安全施工的意见(考虑周边环境、邻近工程、重点部位和环节、营业线运营、新结构、新材料、新工艺等因素,提出安全施工及安全运营的意见)

十四、相关工程及其他

十五、改移沟渠说明(改移依据及原则、地点、起讫里程及长度、工程量)

十六、改移道路说明(改移依据及原则、地点、起讫里程及长度、工程量)

附件

按《新建(改建)铁路的文件组成与内容》初步设计第十一篇第一章附件二～附件十二的内容编制

附图

一、枢纽地理位置图(装订在说明书目录之后)

二、枢纽总布置示意图(装订在枢纽地理位置图之后)

三、接轨站、区段站及其他大站(含段、所)、疏解区平面布置示意图(装订在说明书正文内)

四、其他附图按《新建(改建)铁路的文件组成与内容》初步设计第十一篇第一章附图三～附图十四的内容编制

第二章　客货运机械设备及其他

参照《新建(改建)铁路的文件组成与内容》初步设计第十一篇第二章的内容编制

第六篇　线　　路

第一章　线　　路

说明

一、概述

(一)设计依据、范围及设计年度

(二)可行性研究审批意见的主要内容及执行情况

(三)枢纽地区铁路概况

1. 历史沿革

2. 自然特征（地形、地貌、地质、水文、气象、地震动参数区划和有关风景名胜区、自然保护区、基本农田保护区、水源保护区、文物古迹等）

3. 枢纽衔接线路（含既有、新建、改建）和枢纽内既有线路的铁路主要技术标准

4. 既有线路概况（含区间线路和车站的平面、纵断面及病害情况）

二、枢纽内主要线路（含正线、迂回线、联络线）采用的铁路主要技术标准（可行性研究批准的）

三、枢纽内主要线路采用方案简述（可行性研究批准的）与局部改善方案比选（从技术、经济、运营、枢纽内承担的任务、城市规划的要求等方面说明，附示意图和技术经济比较表。技术经济比较表应作全工程内容的比较，全面反映数量、指标、费用等内容）

四、线路平面及纵断面

（一）车站分布、车站性质、站坪长度及坡度

（二）平面（含新线、改建既有线、增建第二线等曲线半径、缓和曲线、圆曲线及夹直线长度、线间距等采用标准，需保留既有线较低标准时应说明理由）

（三）纵断面（含缓坡、竖曲线、坡段长度和最大坡度差的采用标准，以及路基、桥涵控制高程等坡度设计的其他要求。改建铁路含坡度抬高、降低及动力坡使用情况，需保留既有线较低标准时应说明理由）

五、通过正式运营列车便线

（一）便线起迄点、修建理由及施工组织措施的概述

（二）限制速度

（三）线路平面、纵断面

六、改移道路及平（立）交道

七、拆迁工程说明

八、铁路线路安全设施（含安全保护区、防护栅栏、维修通道等）

九、安全施工的意见（考虑周边环境、邻近工程、重点部位和环节、营业线运营、新结构、新材料、新工艺等因素，提出安全施工及安全运营的意见）

附件

一、增建第二线左右侧及线间距表

二、既有线改线地段表（含既有线拨距小于2 m的改移改拨地段及既有线拨距2 m及以上的拆除重铺或新建地段）

三、既有线改坡地段表（含用道砟起落道、用土抬道或切削路基落道地段）

四、拆迁建筑物、构筑物汇总表

五、砍伐树木及挖树根表

六、改移公（道）路表

七、线路安全设施表

八、有关协议、纪要及公文

九、图纸目录

附图

一、枢纽地理位置图（装订在说明书目录之后）

二、枢纽总布置示意图（装订在枢纽地理位置图之后）

三、线路平面图(填绘不良地质范围、性质及主要地质构造线),比例1:2 000

四、线路详细纵断面图(填绘地质资料,钻孔、观测点等可适量标注。改建铁路含辅助详细纵断面图等),比例横1:10 000,竖1:500或1:1 000

五、既有线放大纵断面图(附地质资料,成底图供审查用,不附入文件,比例横1:10 000,竖1:100或1:200

六、线路平面布置示意图(有第二线或多线需要时附,图中含线路左右侧、换边地点、车站、桥梁、隧道等重点工程)

七、通过正式运营列车便线线路平面图(酌情填绘地质。亦可与线路平面图合并绘制),比例1:2 000

八、通过正式运营列车便线详细纵断面图(酌情填绘地质),比例横1:10 000,竖1:1 000

九、改移道路及平(立)交道设计图(含汇总表,复杂工点附设计图)

第二章　工务有关设施

参照《新建(改建)铁路的文件组成与内容》初步设计第五篇第二章内容编制

第七篇　轨　　道

说明

一、设计依据、范围及设计年度

二、可行性研究审批意见的主要内容及执行情况

三、枢纽内线路的铁路主要技术标准

四、枢纽地区既有线轨道情况

五、轨道设计说明

(一)既有线轨道改建加强的原则及设计(轨道类型、钢轨、轨枕、扣件、道床、旧料利用及分钱工程情况等)

(二)新建线路轨道(当项目中有高速铁路或客运专线引入时,要增加高速铁路或客运专线轨道技术特点说明以及联络线、动车组走行线机套线路的设计)

1. 有砟轨道(轨道类型、钢轨、轨枕、扣件、道床、轨道高度及分线工程情况等)

2. 无砟轨道(轨道类型、钢轨、无砟轨道结构选型、无砟轨道铺设范围、无砟轨道结构设计及分线工程情况)

3. 其他新型枕下基础

六、无缝线路

(一)类型及铺设范围

(二)单元轨节布置

(三)设计锁定轨温

(四)桥上无缝线路

(五)道岔区无缝线路

(六)隧道地段无缝线路

(七)位移观测桩

七、轨道附属设备和常备材料

(一)轨道附属设备

(二)常备材料

八、通行正式运营列车的施工便线轨道

九、安全施工的意见(考虑周边环境、邻近工程、重点部位和环节、营业线运营、新结构、新材料、新工艺等因素,提出安全施工及安全运营的意见)

附件

一、铺设无缝线路地段表

二、单元轨节布置表

三、铺设无砟轨道地段表

四、铺设宽枕及其他新型轨下基础地段表

五、轨道工程数量汇总表(与可研进行工程内容和工程数量对照分析)

六、线路标志及信号标志工程数量表及线路安全保护区标桩工程数量表

七、有关协议、纪要及公文

八、图纸目录

附图

一、无砟轨道结构方案设计图(含路、桥、隧、站地段无砟轨道结构图、典型和特殊平面布置图及过渡段布置图)

二、其他个别设计图

第八篇　路　基

说明

一、概述

(一)设计依据、范围及设计年度

(二)可行性研究审批意见的主要内容及执行情况

(三)枢纽地区自然特征及主要不良地质问题(地形地貌、工程地质、水文地质、地震动参数区划、气象、土工试验资料等)

(四)既有路基工程概况(着重说明路基病害类型、长度、分布范围、发生和发展原因及对运营的影响、已采用的整治措施等)

(五)设计的路基工程概况(路基、区间路基长度,占全线比例,路基、路堑长度,填、挖方及取弃土数量,路基工点类型与分布情况、土石方数量、加固及防护数量等)

(六)取弃土场设置概况

二、设计内容说明

(一)路基一般设计说明(路基面形状和宽度、路基基床、横断面形式、边坡坡率、预留设计沉降量、侧沟尺寸和边坡平台宽度、护道宽度、机械化养路作业平台、过渡段、地基技术要求、填料及压实度要求、级配碎石(砂砾石)及改良土施工方法、改建铁路时通过正式运营列车便线路基设计等)

(二)既有线路基改建一般设计原则

(三)路基个别设计说明(按照工点类型分别说明)

(四)主要加固及防护方案比选说明(必要时附)

(五)路基施工严重干扰行车、控制工期地段的施工过渡措施和设计原则

(六)取弃土场及填料设计说明

(七)路基土石方调配和路基排水设计的设计原则及说明

(八)与其他专业设计接口的说明

(九)采用新技术、新结构的设计说明和需进行科学研究、观测、试验项目的目的、内容及经费的说明

(十)路基修建对生态环境与水土保持(地表径流、植被、沙化等)的影响及采取的措施

三、重点路基个别设计(含工程地质、水文地质条件复杂的工点、采用特殊施工方法的路基、高大挡土墙、新技术工点、既有线重大病害整治工点等)的设计内容说明(分工点说明)

四、地质灾害防治、防洪、压覆矿产资源及安全防灾的工程措施说明

五、工程数量对照表(列可研及初步设计枢纽范围内路基主要工程数量,分析其增减原因并予以说明)

六、安全施工的意见(考虑周边环境、邻近工程、重点部位和环节、营业线运营、新结构、新材料、新工艺等因素,提出安全施工及安全运营的意见)

附件

一、路基工点表

二、挡土墙表

三、路基加固及防护工程数量表(与可研进行工程内容和工程数量对照分析)

四、稳定性分析和沉降量分析成果一览表(分工点列出计算采用的主要参数、计算方法和分析结果。有需要进行稳定性分析和工后沉降量分析的工点时作)

五、改河改沟(渠)表

六、路基地面排水工程数量表(与可研进行工程内容和工程数量对照分析)

七、路基土石方数量总表

八、路基土石方数量调配汇总表

九、取弃土场设计汇总表

十、路基稳定性监测断面布设一览表(含路基面、本体、基底等监测类型)

十一、有关协议、纪要及公文

十二、图纸目录

附图

一、重点路基个别设计附以下各图

(一)平面图(图中填绘地形、地质资料,既有路基及工程建筑物的位置),比例1:500~1:2 000

(二)纵断面图(必要时附,图中填绘地质资料及工程建筑物位置),比例根据具体情况确定

(三)横断面图(图中填绘地质资料及工程建筑物位置),比例 1:200(特殊情况可用1:100 或 1:500)

(四)结构设计图(必要时附),比例根据具体情况确定

（五）取弃土场位置图，比例 1∶10 000

（六）工程数量表

（七）设计说明

二、各类代表性路基设计图（内容参照重点路基个别设计附图）

第九篇 土 地 利 用

说明

一、设计依据、范围及设计年度

二、可行性研究审批意见的主要内容及执行情况

三、用地设计说明

四、枢纽地区用地概况及用地总数（含其他各篇用地）

五、补充耕地措施说明

六、土地复垦设计说明（含设计原则、土地利用前状况、土地面积、措施及土地用途等）

附件

一、用地数量表（含土地类别、数量和所属单位）

二、用地数量汇总表（含其他各篇用地，列出土地类别、数量等）

三、复垦土地数量表（含里程、数量等）

四、用地界桩数量表

五、有关协议、纪要及公文

六、图纸目录

附图

申购用地图（图中绘明线路中心线、用地界、土地所属单位及土地类别等）比例同枢纽内各线的线路平面图

第十篇 桥 涵(注)

说明

一、概述

（一）设计依据（含执行的主要规范、标准）、范围及设计年度

（二）可行性研究审批意见的主要内容及执行情况，防洪影响评价报告要点及结论意见

（三）枢纽地区主要河流水系特征及地形地貌、水文、气象、工程地质、水文地质、地震动参数区划等自然情况

（四）枢纽地区农田排灌、水利工程（含规划）及水工建筑物等对铁路桥涵的影响和要求

（五）枢纽地区水陆交通现状、地下管线现状及规划对铁路桥涵的影响和要求

（六）城市规划对铁路桥涵布设及建筑的要求，客运专线铁路、城际铁路（或其他铁路）对景观设计的考虑

(七)既有桥涵概况(设计标准、运营情况、病害及其原因分析,实际的载重能力和建筑限界等)

(八)枢纽内水害情况

(九)大中桥流量计算及成果分析

(十)小流域流量计算公式的说明

(十一)枢纽内桥涵分布概况(按特大桥、大、中、小桥及涵洞分别统计座数及总延长米数。改建铁路对改建前后分列,既有桥涵中的临时结构分类另列)

二、采用的洪水频率、设计行车速度、设计活载、通航(含流筏)净空、立交净空及建筑限界

三、设计内容说明

(一)新建桥涵及接长涵洞的设计原则

(二)枢纽内客运专线、城际铁路(含疏解线、联络线、动车组走行线等)桥涵设计特殊要求

(三)既有桥涵利用、加固及改建的设计原则

(四)桥涵水文计算及式样孔径的确定(含方案比选)

(五)墩台及基础设计(根据列车设计行车速度分别说明,含方案比选)

(六)桥梁上部建筑及特殊结构的设计(根据列车设计行车速度分别说明,含方案比选)

(七)采用新技术、新结构的说明,需进行科学研究或试验的目的、内容与经费

(八)导治建筑物及其他附属工程的设计

(九)结构耐久性措施及建筑材料的选用

(十)特殊地区桥涵设计(如通过水库区、漫流区、地震区、软土区、岩溶区、盐碱区、泥石流区、膨胀土区及湿陷性黄土区等)

(十一)桥涵修建对生态环境与水土保持(径流、水土流失及灌溉等)的影响及采取的措施

(十二)桥梁照明、通信、信号、电力、电气化等专业设计接口的说明

(十三)施工方法简述

四、重点桥渡的设计内容说明(分工点说明)

(一)可行性研究方案简述、审批意见及执行情况

(二)自然概况及主要控制因素

(三)主要技术条件(是否无缝线路及单双线、曲线半径、坡度等)

(四)桥式方案(孔跨、梁部、基础)比选及推荐意见

(五)水流导治及河道整治的意见(水文不控制者可不列)

(六)既有桥加固或改建方案

(七)施工方法的初步意见

(八)采用新技术、新结构的说明,需进行科研或试验项目的简介(必要时附)

五、安全施工的意见(考虑周边环境、邻近工程、重点部位和环节、营业线运营、新结构、新材料、新工艺等因素,提出安全施工及安全运营的意见)

附件

一、特大、大、中桥表(既有桥梁与新建或改建桥梁对照,并注明利用原桥情况)

二、小桥表(既有桥梁与新建或改建桥梁对照,并注明原桥利用情况)

三、涵洞表(既有涵洞与新建、改建或接长涵洞对照,并注明利用原涵洞情况)

四、道路桥涵表

五、工程数量汇总表(特大、大、中桥按工点,小桥涵按类型、孔径分别汇总,并与可研进行工程内容和工程数量对照分析)

六、有关协议、纪要及公文

七、图纸目录

附图

一、重点桥渡

(一)桥址平面图(图中绘明新线与既有线的中心线、桥梁平面、导治建筑物平面,地形、洪水泛滥线及必要的地质资料),比例 1:500 ~ 1:5 000

(二)桥址工程地质图(地质复杂的桥附),比例 1:500 ~ 1:5 000

(三)桥址工程地质纵断面图,比例横 1:100 ~ 1:5 000,竖 1:50 ~ 1:500

(四)全桥总布置图(含加固、改建或新建,图中绘明全桥立面及平面,立面直观标注地质柱状示意图、岩层分界线、岩性特征、基本承载力、地下水位、常水位、勘测时水位等地质及水位资料,并附含设计桩基承载力,主要结构变形、变位,墩台设计线刚度、冲刷情况等设计说明及主要工程数量表。地形、地质复杂者另附墩台地质横断面图。主要方案及比较方案分别绘制),比例 1:100 ~ 1:1 000

(五)墩台及基础设计图(加固、改建或新建,图中注简要说明,有标准图、通用图时不附),比例 1:50 ~ 1:500。铺设无缝线路的高墩柔性基础桥梁提供墩台抗推刚度

(六)特殊结构设计图(如非标准设计的基础、梁部结构、桥面布置、地基加固等),比例 1:10 ~ 1:500

(七)新技术、新结构设计图(图中附设计说明和工程数量表),比例 1:10 ~ 1:500

(八)导治建筑物及其他附属工程设计图,比例 1:50 ~ 1:2 000

(九)复杂的施工防护设计略图(必要时附),比例 1:50 ~ 1:500

(十)重点铁路便桥设计略图(必要时附)

(十一)个别桥涵的指导性施工组织设计图(必要时附)

二、各类代表性大中桥设计图(内容参照重点桥渡附图)

注:简单的特大桥、一般大中桥设计底图不附入文件,审查时备用。

三、小桥涵

(一)复杂的小桥涵设计图(情况相同时只附代表性的,图中绘注地质资料,必要时附地形图;特殊设计或新结构应附设计图),比例 1:50 ~ 1:500

(二)复杂小桥涵加固或改建设计图(情况相同时只附代表性的,图中绘注地质资料),比例 1:50 ~ 1:500

四、道路桥涵设计图(参照铁路桥涵办理)

注:立交桥、泄水隧洞、渡槽、倒虹吸管等,按类型及孔径分别列入大中桥及小桥涵项目内,道路桥涵列在铁路桥涵之后。

第十一篇 隧 道

参照《新建(改建)铁路的文件组成与内容》初步设计第十篇内容编制

第十二篇　电　气　化

第一章　牵引供电系统

说明

一、概述

(一)设计依据、范围及设计年度

(二)可行性研究审批意见的主要内容及执行情况

(三)枢纽内线路和车站设计概况

(四)有关线路的铁路主要技术标准

二、与枢纽衔接的电气化铁路牵引供电系统情况

(一)牵引网供电方式及供电设施分布

(二)建成年代及设备状况

三、枢纽内既有牵引供电系统情况

(一)牵引网供电方式及供电设施分布

(二)建成年代及设备状况

(三)牵引变电所外部电源供电方案

四、供电方案

(一)供电计算基础资料

(二)牵引网供电方式

(三)牵引变电所、开闭所、分区所、AT 所、电力调度所等供电设施的分布

(四)牵引网电气参数计算

(五)牵引变压器类型和容量

(六)牵引网导线的电流分配及各种导线选择

(七)牵引网电压水平及补偿措施

(八)牵引能耗及电能损失计算

(九)接触网的供电及运行方式

(十)牵引网正常运行和故障运行状态下的供电能力分析

(十一)电能质量分析及措施

(十二)推荐方案主要技术经济指标

五、外部电源

(一)既有外部电源情况及规划

(二)外部电源对牵引变电所的供电方案

六、需要功率及用电量

七、提高供电可靠性措施

八、节约能源措施

九、安全施工及过渡的意见(考虑营业线运营、新结构、新材料、新工艺等因素,提出安全施工及安全运营的意见)

附件

一、有关协议、纪要及公文

二、图纸目录

附图

一、牵引供电设施示意图(带线路纵断面)

二、牵引网供电方式及供电分段示意图

第二章 牵引变电所、开闭所、分区所、AT 所及电力调度所

说明

一、设计依据、范围及设计年度

二、可行性研究审批意见的主要内容及执行情况

三、既有牵引变电设施的情况

四、牵引变电设施设计(含利用、改建和新建)

(一)所址选定

(二)主接线及运行方式

(三)设备选择

(四)总平面及生产房屋配置

(五)架构类型及计算条件

(六)保护配置及综合自动化系统

(七)自用电系统

(八)防雷与接地

五、电力调度所及调度管理自动化系统改建方案

(一)调度区划分

(二)调度所平面布置

(三)远动系统及通道配置

(四)调度管理自动化系统构成

(五)安全监控系统构成

(六)维护管理系统构成

六、提高可靠性措施

七、牵引供电设施过渡方案的意见

八、环境保护措施

九、节约能源措施

十、采用的新技术、新设备及特殊设计

十一、定员

十二、安全施工及过渡的意见(考虑周边环境、邻近工程、重点部位和环节、营业线运营、新结构、新材料、新工艺等因素,提出安全施工及安全运营的意见)

附件

一、主要设备数量表

二、主要材料数量表

三、主要工程数量表(与可研进行工程内容和工程数量对照分析)

四、甲供物资、设备一览表

五、图纸目录

附图
一、主接线图
二、总平面布置图(含绿化)
三、生产房屋平面布置图
四、保护配置图
五、交直流自用电系统图
六、防雷与接地平面布置图
七、调度所平面布置图
八、远动系统构成图
九、综合自动化系统构成图
十、安全监控系统构成图

第三章　接　触　网

说明
一、设计依据、范围及设计年度
二、可行性研究审批意见的主要内容及执行情况
三、既有接触网设备状况及运行情况
四、特殊气象区、设计用气象条件及污秽区划分
五、接触网架设范围(含新建、改建及相关工程)
六、接触网悬挂类型
七、线材及主要设备选择
(一)接触线及承力索线材选择
(二)附加导线线材选择
(三)主要材料选择
1. 支柱
2. 支持装置
3. 软横跨
4. 下锚补偿装置
5. 吊弦
6. 接触网零部件及其他设备
八、站场雨棚、桥梁、隧道、跨线建筑物处的接触网悬挂安装类型
九、技术数据
(一)导线高度及允许车辆装载高度
(二)结构高度
(三)跨距长度
(四)锚段长度
(五)侧面限界
(六)绝缘距离
(七)拉出值
(八)导线坡度

(九)绝缘子

十、特殊设计的技术原则

(一)锚段关节

(二)中心锚结

(三)电分相

(四)道岔区接触网交叉设计形式

(五)受电弓动态包络线及定位装置设计

(六)附加导线的安装形式

十一、接触网支柱基础处理

(一)腕臂柱基础

(二)桥支柱基础

(三)下锚拉线基础

十二、接触网与路基、桥梁、隧道、大型高架候车室、跨线桥、干线通信电缆等的协调及配合

十三、供电分段原则

十四、提高可靠性措施

(一)接地方式

(二)防雷保护

(三)跨线建筑物等防护

(四)支柱号码及标识、标志牌

(五)其他提高可靠性措施

十五、采用的新技术、新设备及特殊设计

十六、机构设置、管辖范围及定员

十七、施工过渡措施及利旧原则

十八、安全施工及过渡的意见(考虑周边环境、邻近工程、重点部位和环节、营业线运营、新结构、新材料、新工艺等因素,提出安全施工及安全运营的意见)

附件

一、主要设备数量表

二、主要材料数量表

三、主要工程数量表(与可研进行工程内容和工程数量对照分析)

四、甲供物资、设备一览表

五、图纸目录

附图

一、供电分段示意图

二、典型站场接触网支柱布置图

三、复杂地段(桥、隧、路堑密集区段)支柱布置图

四、特殊隧道及下承式桁梁桥内悬挂示意图

五、典型支柱安装示意图

六、特殊地质地段支柱基础示意图

第四章　维 护 管 理

说明

一、设计依据、范围及设计年度

二、可行性研究审批意见的主要内容及执行情况

三、既有维护管理机构概况

四、新建和改建维护管理机构的设置

(一)维护管理机构的工作内容

(二)维护管理机构选址方案

(三)总平面布置

(四)车间平面布置

(五)主要设备选择

五、环境保护措施

六、节约能源措施

七、机构设置、管辖范围及定员(包括维护管理机构本部、领工区及工区等)

八、安全施工及过渡的意见(考虑周边环境、邻近工程、重点部位和环节、营业线运营、新结构、新材料、新工艺等因素,提出安全施工及安全运营的意见)

附件

一、主要设备数量表

二、主要工程数量表(与可研进行工程内容和工程数量对照分析)

三、甲供物资、设备一览表

四、图纸目录

附图

一、维护管理机构总平面布置图

二、各车间平面布置图

三、办公及辅助房屋平面布置图

第五章　受电气化影响的电力线路的处理

参照《新建(改建)铁路的文件组成与内容》初步设计第十二篇第五章的内容编制

第六章　路外(内)易燃、易爆品库及油、气管道的电磁干扰防护

说明

一、概述

(一)设计依据、范围及设计年度

(二)可行性研究审批意见的主要内容及执行情况

(三)牵引网供电方式及牵引变电所分布

(四)沿线油、气管道及其他设施概况

二、影响计算

(一)影响计算采用的标准、参数取值

(二)电磁危险影响计算

(三)地电位影响计算

(四)火花干扰影响计算

三、受影响情况

(一)油、气管道

(二)其他设施

四、防护方案意见(按系统分列)

五、防护工程协议、纪要情况(按系统分列)

六、概算

(一)编制原则和依据

(二)投资分摊原则

(三)概算费用的说明

(四)概算总额(按系统分列)

七、安全施工及过渡的意见(考虑周边环境、邻近工程、重点部位和环节、营业线运营、新结构、新材料、新工艺等因素,提出安全施工及安全运营的意见)

附件

一、主要工程数量表(与可研进行工程内容和工程数量对照分析)

二、有关协议、纪要及公文

三、图纸目录

附图

一、受影响的油、气管道与铁路相对位置图

二、受影响的其他设施与铁路相对位置图

三、有关防护计算数据图(含牵引网供电方式、牵引电流短路电流、沿线大地导电率等)

第十三篇 机务设备

说明

一、概述

(一)设计依据、范围及设计年度

(二)可行性研究审批意见的主要内容及执行情况

(三)设计有关资料

1. 枢纽内及各衔接线路的铁路主要技术标准(含铁路性质、铁路等级、行车速度、正线数目、限制坡度和加力牵引坡度与地段、牵引种类、机车类型等)

2. 旅客列车对数及径路表或客运列流图(含起迄点、列车种类、旅行速度、主要径路、设计年度的对数)

3. 货运列流图(标明货运列流性质、对数、牵引质量、旅行速度、空重车流向等)

4. 各站调机类型和数量

5. 改建或拟建段址的气象、水文、工程地质资料(含计算温度、常年主导风向、土壤冻结深度、地震动参数区划、地下水位、洪水位、放射性物质污染情况、文物古迹状况等)

二、机车交路的选定及机务工作量计算

(一)现行机车交路(含枢纽衔接线路各个方向的机车交路、乘务制度等)

(二)机车交路的选定

1. 机车交路设计方案(含枢纽衔接线路各个方向设计年度的机车交路、乘务制度等)

2. 机车交路方案选定

(三)机务工作量计算

1. 采用的主要指标(含各修程的检修公里、停修天数、不平衡系数、日车公里、燃料消耗指标等)

2. 工作量汇总表(引入枢纽各线各段、所分别计算,综合汇总列表。列出机车交路方案比选时设计近、远期各交路方案的机务工作量汇总表)

三、既有机务设备及存在的薄弱环节

(一)既有的机务设备分布、性质及规模(各段所分别叙述,并绘制枢纽内线路走向示意图,图中标注出机务段、所分布位置,做成插图附在说明书内)

(二)存在的薄弱环节

四、设计的机务设备分布、性质及规模(针对机车交路的推荐方案叙述既有机务设备的改建意见及新建机务设备设计方案)

五、救援设备的分布及等级(既有、设计分述)

六、各段(所)位置选择及其总平面布置(按推荐方案叙述新建与改建段、所的以下内容)

(一)段(所)址选择及站段关系(含主要方案及比较方案)

(二)段(所)总平面布置(含既有与新建段所各方案比选的总平面布置、机车整备作业流程、各车间相对位置等)

(三)整备设备(含新建与改建整备设备概况、规格、数量及其布置)

(四)检修设备(含新建或改建车库、车间的类型、数量、主要工艺流程、设备配置及其布置)

(五)锅炉设备(含既有锅炉型号、规格、数量及改建措施)

(六)生产辅助房屋及办公房屋(含既有利用和改建房屋)

七、采用新技术、新工艺及新设备的说明

八、环境保护措施(废气、废水、废油等废弃物的处理与循环使用以及设备噪声的处理等)

九、节约能源措施

十、机构设置、管辖范围和定员(含既有及新增)

十一、安全施工的意见(考虑周边环境、邻近工程、重点部位和环节、营业线运营、新结构、新材料、新工艺等因素,提出安全施工及安全运营的意见)

附件

一、机械设备数量表(按车间、场、所、救援分列)

二、甲供物资、设备一览表

三、有关协议、纪要及公文

四、图纸目录

附图

一、现行、各设计年度设计的机车交路图(亦可附在说明书内)

二、机务段(所)总平面布置图(含站段关系示意图、房屋表、股道表、室外主要设备及构筑物表、设计主要技术指标表,并标明股道间距、坡度、高程、房屋位置与开向、道路、围墙、绿化及风玫瑰图等),比例1:1 000或1:2 000

三、整备主要车间设备平面布置图,比例1:50、1:100或1:200

四、车库及其他车间设备平面布置图(有起重机设备的车间,必要时附剖面图,含设备外形、相互尺寸、操作位置、操作范围及设备表等),比例1:50、1:100或1:200

五、生产辅助房屋及办公房屋平面布置图(或示意图),比例1:1 000或1:2 000

第十四篇　车辆、动车组设备

第一章　车 辆 设 备

说明

一、概述

(一)设计依据、范围及设计年度

(二)可行性研究审批意见的主要内容及执行情况

(三)设计有关资料

1. 机车交路

2. 客货列车对数及种类、编挂辆数、旅行速度(含客车车底组数、配属地点、起迄点及径路等,附列流图)

3. 编组站及其他大站有调作业、无调作业车数及装卸车数

4. 主要装卸作业站的装卸车数

5. 罐车、机械保温车、矿石车、集装箱车及专用煤车的种类、数量、固定车组数、编挂辆数、配属情况、运行区段以及工矿企业自备车数量、有否检修车辆设备等

6. 改建或拟建段(所)址的工程地质、水文地质气象、水文资料(含计算温度、常年主导风向、土壤冻结深度、地震动参数区划、地下水位、洪水位、放射性物质污染情况、文物古迹状况等)

二、采用的主要指标及检修工作量

(一)采用的主要指标

(二)检修工作量

三、车辆设备的分布、性质和规模

(一)枢纽内及衔接线路有关车辆设备的现状、能力利用情况及存在问题

(二)设计的车辆设备

1. 车辆设备的分布、性质及规模(含既有车辆设备的利用和改建,附示意图)

2. 主要车辆设备(车辆段、客车技术整备所、站修所等)位置的确定

3. 主要车辆设备的总平面布置

4. 主要检修生产车间及各生产分间设备平面布置(含既有设备概况和利用、改建措施)

5. 生产辅助房屋及办公房屋平面布置

6. 主要机械设备类型的选择及数量的确定

7. 车辆安全防范预警系统及车号识别系统的设置(含既有设备利用、改建措施,附系

统设备布点示意图)

8. 其他必要的说明

四、采用新技术、新工艺及新设备的说明

五、环境保护措施(固废物与设备噪声处理等)

六、节约能源措施

七、机构设置、管辖范围及定员(含既有和新增)

八、安全施工的意见(考虑周边环境、邻近工程、重点部位和环节、营业线运营、新结构、新材料、新工艺等因素,提出安全施工及安全运营的意见)

附件

一、机械设备数量表

二、甲供物资、设备一览表

三、有关协议,纪要及公文

四、图纸目录

附图

一、主要车辆设备总平面布置图(含站段关系示意图、房屋表、股道表、室外主要设备及构筑物表、设计主要技术指标表,并标明股道间距、坡度、高程、房屋位置与开向、道路、围墙、绿化及风玫瑰图等)比例 1:1 000 或 1:2 000

二、主要检修生产车间及各生产分间设备平面布置图(必要时加绘剖面图),比例 1:50、1:100 或 1:200

三、生产辅助房屋及办公房屋平面布置图(必要时附),比例 1:50、1:100 或 1:200

四、列检所位置及室外列检设备平面布置图,比例 1:1 000 或 1:2 000

五、列检所房屋及室内设备平面布置图,比例 1:50 或 1:100

六、枢纽内车辆安全防范预警系统网络传输示意图(必要时附)

七、车辆安全防范预警系统、车号识别系统探测站位置图(必要时附)

第二章　动车组设备

说明

一、概述

(一)设计依据、范围及设计年度

(二)可行性研究审批意见的主要内容及执行情况

(三)设计有关资料

1. 路网构成(客运网)

2. 有关的铁路主要技术标准(含铁路等级、正线数目、限制坡度、牵引种类、动车类型等)

3. 运输组织模式(含动车组开行方式、旅客列车对数及径路、旅行速度、编挂辆数等)

4. 改建或拟建段(所)址的气象、水文、工程地质、水文地质资料(含计算温度、常年主导风向、土壤冻结深度、地震动参数区划、地下水位、洪水位、放射性物质污染情况、文物古迹状况等)

5. 枢纽内与衔接线有关资料(动车段、所的分布、性质、规模及存在的薄弱环节等)

二、动车组设备的分布、性质和规模(含利用、改扩建既有段、所说明)

三、救援设备的分布及等级(无机务篇章时叙述)

四、各段(所)工作量

(一)动车组配属

(二)采用的主要指标

(三)工作量汇总表

五、各段(所)位置、总平面布置及设备的选定

(一)段(所)址选定及站段关系

(二)段(所)总平面布置(含动车检查作业流程、各车间相互位置)

(三)检查设备(含设备类型、规模、数量及其布置)

(四)检修设备(含车库、车间类型、数量、组成、主要工艺流程,设备配置及其布置等)

(五)生产辅助房屋及办公房屋

六、采用新技术、新工艺及新设备的说明

七、环境保护措施(固废物与设备噪声处理等)

(一)烟尘及废气处理

(二)噪声及震动治理措施

(三)废水、废油、废渣处理

八、节约能源措施

九、机构设置、管辖范围及定员(含既有和新增)

十、安全施工的意见(考虑周边环境、邻近工程、重点部位和环节、营业线运营、新结构、新材料、新工艺等因素,提出安全施工及安全运营的意见)

附件

一、主要机械设备数量表

二、甲供物资、设备一览表

三、有关协议、纪要及公文

四、图纸目录

附图

一、动车段(所)总平面布置图(含站段关系示意图、房屋表、股道表、室外主要设备及构筑物表、设计主要技术指标表,并标明股道间距、坡度、高程、房屋位置与开向、道路、围墙地、绿化及风玫瑰图等,比例 1:1 000 或 1:2 000

二、车库及其他车间设备平面布置图(必要时附剖面图),比例 1:500

三、生产辅助房屋及办公房屋平面布置图,比例 1:50、1:100 或 1:200

四、动车组周转图(必要时附)

第十五篇　给 水 排 水

说明

一、概述

(一)设计依据、范围及设计年度

(二)可行性研究审批意见的主要内容及执行情况

(三)采用的主要规范及标准

(四)枢纽衔接线路有关的铁路主要技术标准(牵引种类、机车交路等)

(五)枢纽地区自然地理及水文地质概况

二、给水站设置和生活供水站、点数量(含既有和新建)

(一)旅客列车上水站的设置

(二)旅客列车卸污站设置及卸污方式

(三)给水站、生活供水站、点数量

三、主要设计标准和设计原则

(一)供水水质、水量标准

(二)水源性质和类型

(三)给水处理原则

(四)污水排放标准及污水处理(含回用水)说明

(五)给水机械、自动化设置原则

(六)贮配水构筑物

(七)消防方式

(八)雨水排放原则及暴雨强度计算公式

(九)缺水、苦咸水地区供水设计说明

(十)机构设置、管辖范围及定员

四、给水站分站说明

(一)车站性质、设计年度日用水量

(二)既有给水设备现状、存在问题及利用、加强措施

(三)水文地质条件及水源位置的确定

(四)主要给水构筑物及设备类型、规格的确定

1. 取水构筑物及设备

2. 给水处理工艺选择

3. 给水所及给水机械、设备、动力

4. 贮配水构筑物

5. 输、配水管道

6. 配水管网平差计算成果及水力计算简图

(五)污水性质、设计年度日排水量

(六)既有排水设备现状、存在问题及利用、加强措施

(七)污水处理及排除方案的确定

(八)主要排水构筑物及设备(含卸污设备)

1. 排水管道及排出口

2. 污水抽升站及机械、动力

3. 污水处理构筑物、设备

(九)消防设备类型、规格的确定(含油库消防、动车所)

(十)自动控制方式及设施(可用原理图表示)

五、生活供水站、点设计说明

(一)水源类型选择(说明采用各类水源的站名、站数)

(二)贮配水构筑物(说明采用各类贮配水构筑物的站名、站数)

（三）水处理设备（原水需处理的站、点说明处理工艺及采用的设备）

（四）缺水、苦咸水地区供水设计说明

（五）消防方式及设施

（六）污水处理及排除方案

六、节约能源措施及相关工程内容

七、机构设置、管辖范围及定员（含既有和新增）

八、给水排水管路迁改

九、安全施工的意见（考虑周边环境、邻近工程、重点部位和环节、营业线运营、新结构、新材料、新工艺等因素，提出安全施工及安全运营的意见）

附件

一、水源水质化验单

二、主要工程数量表（含管路迁改。并与可研进行工程内容和工程数量对照分析）

三、主要设备数量表

四、用地数量表（站场用地范围以外部分）

五、甲供物资、设备一览表

六、有关协议、纪要及公文

七、图纸目录

附图

一、给水站给水排水总平面图（含雨水），比例 1∶1 000 或 1∶2 000

二、扬水、导水、排水管道平面图（含雨水、站场平面布置图以外部分）比例 1∶1 000 ~ 1∶5 000

三、水源地区平面图（取地表水工程且地形复杂时附），比例 1∶200 或 1∶500

四、河床取地下水、地表取水口地质断面图

五、给水、污水处理工艺流程图

六、给水、污水处理、卸污平面图，比例 1∶200 或 1∶500

七、油库消防平面布置图，比例 1∶200 或 1∶500

八、生活供水站、点设计表（含车站名称、车站性质、用水量、水源类型、取水构筑物、给水自动控制、给水机械、输配水管道、贮配水构筑物、水处理设备、消防设备、排水管道、排放标准及污水处理设备等）

九、水源钻探抽水试验综合成果图

十、复杂构筑物方案设计图

第十六篇　通　　信

第一章　通　　信

说明

一、概述

（一）设计依据、范围及设计年度

（二）可行性研究审批意见的主要内容及执行情况

（三）枢纽及既有通信线路、设备概况

（四）相关工程的配合说明

二、通信网的设计原则及构成

（一）通信网的设计原则

（二）通信网的构成

三、主要通信设备类型及容量的选定（含利用、改建和新建）

（一）传输及接入系统

（二）电话交换系统

（三）调度通信系统

（四）移动通信系统

（五）站间行车电话及其他专用通信系统

（六）车站（场）通信系统

（七）数据通信系统

（八）会议电视、电话系统

（九）应急通信系统

（十）其他业务系统

四、通信电源、防雷及接地（含利用、改建和新建）

（一）通信电源

1. 交流电源及供电方式

2. 直流电源设备类型及容量的选定

3. 电源环境监控系统的构成及设备类型选定

（二）接地方式及接地装置

（三）防雷

五、通信线路

（一）长途通信线路

1. 原有线路的技术状态

2. 电气化影响计算结果

3. 引入枢纽及枢纽内通信线路类型、容量的选定（含利用、改建和新建）

4. 通信线路径路

5. 通信线路的防护措施（含强电、防雷、防蚀等）、维护设施和附属设备

（二）枢纽地区及站场通信线路

1. 原有线路的技术状态

2. 电气化影响计算结果

3. 通信线路类型、容量的选定（含利用、改建和新建）

4. 通信线路的防护措施（含强电、防雷、防蚀等）、维护设施和附属设备

（三）路外弱电线路拆迁原则（非电气化铁路）

六、与其他专业设计接口的说明

七、采用新技术的说明

八、采用环保、节能措施的说明

九、机构设置、管辖范围及房屋、定员（含既有和新增）

十、安全施工及过渡的意见（考虑周边环境、邻近工程、重点部位和环节、营业线运

营、新结构、新材料、新工艺等因素，提出安全施工及安全运营的意见）

附件

一、主要工程数量表（与可研进行工程内容和工程数量对照分析）

二、主要设备、材料数量表

三、既有设备利用一览表(改)

四、主要仪器、仪表配备表

五、必要的计算资料

六、通信线路迁改表（非电气化铁路附）

七、甲供物资、设备一览表

八、有关协议、纪要及公文

九、图纸目录

附图(注)

一、通信网图

二、电话交换网图

三、调度通信系统图

四、移动通信系统图

五、站间行车电话及其他专用通信系统图

六、数据通信系统图

七、会议电视系统图

八、站场通信系统图（区段站及以上站附）

九、干线通信线路径路示意图

十、枢纽地区及站场通信线路径路示意图（区段站及以上站附）

十一、通信站设备平面布置图

十二、通信站电源系统图

十三、传输系统 2 Mb/s 及以上通道分配图

十四、同步及时钟分配系统图

注：根据具体情况，可增减或归并附图内容。

第二章　路外通信、广播及其他设施的电磁干扰防护

说明

一、概述

（一）设计依据、范围及设计年度

（二）可行性研究审批意见的主要内容及执行情况

（三）牵引网供电方式及牵引变电所分布

二、影响计算及执行标准

（一）影响计算采用的标准、参数

（二）影响计算及分析

三、受影响情况

（一）电信系统

（二）部队通信系统

(三)厂、矿企业及乡以下通信系统

(四)广播电视系统

(五)其他通信系统

四、防护方案意见(按系统说明)

五、防护工程协议、纪要情况(按系统说明)

六、概算

(一)编制原则和依据

(二)投资分摊原则

(三)概算费用的说明

(四)概算总额(按系统说明)

七、安全施工及过渡的意见(考虑周边环境、邻近工程、重点部位和环节、营业线运营、新结构、新材料、新工艺等因素,提出安全施工及安全运营的意见)

附件

一、主要工程数量表(与可研进行工程内容和工程数量对照分析)

二、必要的计算资料(含牵引网供电方式、牵引电流、短路电流、沿线大地导电率等)

三、有关协议、纪要及公文

四、图纸目录

附图

一、受影响的主要通信线路与铁路相对位置图

二、受影响的主要广播线路与铁路相对位置图

三、受影响的其他设施与铁路相对位置图

第十七篇 信 号

第一章 信 号

说明

一、概述

(一)设计依据、范围及设计年度

(二)可行性研究审批意见的主要内容及执行情况

(三)枢纽概况

1. 枢纽范围车站分布、主要作业分工及站场分期发展情况(新线、岔线、铁路专用线引入情况,行车指挥系统,列流数量,主要编组站作业量,牵引种类等)

2. 有关地形、地貌、地质、气象等对信号设备和信号器材选型的影响

3. 既有设备概况(既有站场概况及信号设备类型、枢纽相邻区间闭塞类型等)

二、站前设计情况(概述枢纽内主要车站性质及布置形式、股道数量、到发线有效长度、作业情况及桥梁、隧道、线路情况)

三、电力及电力牵引情况(含牵引方式、牵引电流等。非电气化可不说明电力牵引情况)

四、信号设计

(一)信号系统的选型及方案比选

1. 行车调度指挥系统
2. 列控方式(主要描述技术方案)(客)
3. 区间及闭塞系统(主要描述设备配备)
4. 车站联锁系统
5. 驼峰信号
6. 信号集中监测系统
7. 与其他专业设计接口的说明
(二)采用新技术的意见
(三)环境保护和节约能源措施
(四)既有信号设备的利用、改建原则及过渡方案
(五)特殊设计的说明
五、相关工程设计范围及设计原则
六、信号设备防护措施
(一)电力牵引区段对信号设备的强电干扰及防护
(二)信号设备防雷、接地
(三)计算机系统安全防护
七、机构设置、管辖范围、定员及信号用房
八、信号电缆迁改
九、安全施工及过渡的意见(考虑周边环境、邻近工程、重点部位和环节、营业线运营、新结构、新材料、新工艺等因素,提出安全施工及安全运营的意见)
附件
一、主要工程数量表(含电缆迁改。与可研进行工程内容和工程数量对照分析)
二、主要设备、材料数量表
三、甲供物资、设备一览表
四、有关协议、纪要及公文
五、图纸目录
附图
一、枢纽信号设备总布置示意图
二、枢纽区间信号设备平面布置图(含道口信号)
三、枢纽调度集中系统(CTC)或列车调度指挥系统(TDCS)结构示意图(含调度中心设备、车站设备及网络设备等)
四、枢纽各站、场信号平面布置图(必要时附)
五、室内信号设备平面布置示意图
六、调度所室内信号设备平面布置示意图(必要时附)
七、列车运行控制系统结构示意图(客)
八、信号显示及码序关系图
九、计算机设备系统结构及设备布置示意图
十、信号设备防雷、接地系统示意图

第二章　驼峰调速设备及其动力设备

说明

一、设计依据、范围及设计年度

二、可行性研究审批意见的主要内容及执行情况

三、驼峰概述(驼峰类型、车辆溜放方式、调速器类型、数量及其位置)

四、动力室与机修间布置及设备选型

五、采用新技术的意见

六、环境保护和节约能源措施

七、定员

八、安全施工及过渡的意见(考虑周边环境、邻近工程、重点部位和环节、营业线运营、新结构、新材料、新工艺等因素,提出安全施工及安全运营的意见)

附件

一、主要工程数量表(与可研进行工程内容和工程数量对照分析)

二、主要机械设备及主要材料数量表

三、甲供物资、设备一览表

四、有关协议、纪要及公文

五、图纸目录

附图

一、驼峰调速设备及其动力设施总平面布置图

二、动力室设备及管路平面布置图

三、室外动力管路平面布置图

四、机修间平面布置图

第十八篇　信　　息

说明

一、概述

(一)设计依据、范围及设计年度

(二)可行性研究审批意见的主要内容及执行情况

(三)枢纽内既有信息系统概况(主要包括路局信息系统构成及主要设备设置情况,既有线相关车站信息系统设置情况)

(四)枢纽主要工程概况(主要包括枢纽工程的调度指挥方式、运营管理模式;相关车站、车、机、工、电、辆等段所机构及其他运营管理机构的设置、分布情况;主要设计技术标准等)

二、信息系统主要设计原则及采用的主要技术标准

三、信息系统的构成及功能

(一)系统构成

(二)系统功能

四、信息系统技术方案

(一)应用系统设计

1. 总体结构

2. 各分系统(包括运营调度系统、客运服务系统和其他系统)结构及相互关联

3. 信息采集和系统集成方案

4. 信息资源共享方案

5. 与枢纽外信息系统的互联

(二)计算机网络设计

1. 总体构成

2. 广域网连接

3. 局域网构成

4. 数据传输方案

5. 网络管理

6. IP 地址规划及域名分配原则(地址、域名分配符合“关于统一铁路计算机网络 IP 地址有关问题的通知”和“铁路计算机网络 IP 地址分配办法”的要求)

(三)计算机硬件配置方案

(四)计算机软件配置方案

1. 系统软件平台(含操作系统、数据库、工具软件、通信软件、管理与监控软件等)

2. 应用软件

(五)网络信息安全及系统安全保障方案

(六)系统运行环境

(七)现有计算机设备的利旧方案

(八)与其他专业设计接口的说明

五、机构设置、管辖范围及房屋、定员

六、安全施工及过渡的意见(考虑周边环境、邻近工程、重点部位和环节、营业线运营、新结构、新材料、新工艺等因素,提出安全施工及安全运营的意见)

附件

一、主要工程数量表(与可研进行工程内容和工程数量对照分析)

二、主要硬件、软件设备及材料数量表

三、利用既有计算机设备一览表

四、仪器仪表配备表

五、系统功能表

六、甲供物资、设备一览表

七、有关协议、纪要和公文

八、图纸目录

附图(注)

一、信息系统总体结构图

二、分系统结构图

三、网络结构网

四、各机房设备平面布置图

五、网络综合布线系统图

六、站场平面及信息点分布图(区段站以上)
七、电源系统图(UPS后供电系统)
八、接地系统图
注:根据具体情况,可增减或归并附图的内容。

第十九篇　防灾安全监控(注)

说明
一、概述
(一)设计依据、范围及设计年度
(二)可行性研究审批意见的主要内容及执行情况
(三)枢纽概况
1. 枢纽概况
2. 枢纽地形、地貌、地质、地震、气候概况
(四)枢纽地质及气象灾害综述
(五)枢纽既有防灾安全监控设施现状
二、防灾安全监控系统设计
(一)风监测系统
(二)雨量及洪水监测系统
(三)地震监测系统
(四)轨温及火灾监测系统
1. 轨温监测系统
2. 大型站、段火灾自动报警系统
3. 列车火灾、轴温灾害诊断系统
(五)突发事故、异物侵限及非法侵入的防护
1. 防护网监测报警设备
2. 列车防护开关报警设备
3. 电视监控及其他报警设备
三、信息传输、网络设计及设备类型选定
(一)信息传输
1. 本系统内部信息传送
2. 本系统与其他系统信息传送
(二)网络设计及设备类型选定
1. 调度中心设备
2. 站段级设备
3. 现场信息采集设备
4. 广域网设备
5. 局域网设备
四、电源及接地
五、相关工程配合设计的意见及与其他专业设计接口的说明

六、系统设备防护措施

(一)电力牵引对设备的干扰及防护措施

(二)系统设备对雷电及过电压的防护

七、机构设置、管辖范围和定员

八、安全施工及过渡的意见(考虑周边环境、邻近工程、重点部位和环节、营业线运营、新结构、新材料、新工艺等因素,提出安全施工及安全运营的意见)

附件

一、主要工程数量表(与可研进行工程内容和工程数量对照分析)

二、主要设备及材料数量表

三、甲供物资、设备一览表

四、图纸目录

附图

一、桥梁状况监测设备布置点图

二、区间设备布置图(含风、雨、洪水位、轨温、异物侵限、地震监测等)

三、火灾自动报警系统布置图

四、防灾安全监控系统网络结构图

五、信息采集系统构成图

六、地震监测系统构成图

七、轨温监测系统构成图

八、防灾安全监控系统信息流向图

九、车站设备布置示意图

十、列车防护开关电气图

十一、异物侵限外场设备布置示意图

十二、风向风速计、雨量计、轨温计平面布置图。

注:对于新建或改建的铁路枢纽,当防灾安全监控设计内容很少时,可纳入信息专业篇文件中。

第二十篇　电　　力

说明

一、概况

(一)设计依据、范围及设计年度

(二)可行性研究审批意见的主要内容及执行情况

(三)有关主体工程概况

二、既有电源及既有供电设备

三、新建(改建)用电负荷的情况

(一)用电负荷分布(改建工程包括新增和既有负荷)

(二)负荷等级

四、新建、改建供电方案

(一)供电方案

(二)发、变、配电所(位置、容量、机组及开关柜类型、电压、设备布置、运行和保护方

式)

(三)电力远运系统及机电监控系统

(四)高压电力线路(电压、径路、架敷设方式、杆塔、导线、运行和保护方式)

(五)站场照明及控制方式

(六)复杂动力设备的供电、控制及保护方式

(七)大型建筑物、构筑物的供电、照明方式及光源选择(不含超高层建筑)

(八)防雷、接地

五、节约能源及环境保护措施

(一)合理用电原则

(二)节能设备选型

(三)环境设备选型及工程措施

六、相关工程改建意见

七、机构设置、管辖范围及定员(含既有和新增)

八、非电气化铁路影响铁路建设的电力线路等处理

(一)迁改原则及技术要求

(二)电力线路影响情况及处理情况

九、安全施工及过渡的意见(考虑周边环境、邻近工程、重点部位和环节、营业线运营、新结构、新材料、新工艺等因素,提出安全施工及安全运营的意见)

附件

一、负荷计算表

二、主要工程数量表(发、变、配电所、架空电力线路、电缆线路、灯桥、灯塔等,并与可研进行工程内容和工程数量对照分析)

三、主要设备数量表(发电所机组及辅助设备,变压器、开关柜、控制保护屏、远动及自动化设备,高压开关、避雷器、电容器及检测设备)

四、主要材料数量表(电线、电缆、电杆、投光灯等)

五、非电气化铁路电力线路迁改工程数量汇总表

六、甲供物资、设备一鉴表

七、有关公文、纪要及电源调查报告

八、图纸目录

附图

一、枢纽供电示意图(注明有关车站、主要桥梁、隧道的名称和里程,发、变、配电所的位置、名称、类型、容量和电压,电源、贯通线路及其他高压电力线路的电压、导线型号、规格和线路长度等。标明发、变、配电所的地理位置)

二、发、变(35 kV 及以上)、配电所平面布置图,比例 1:200 或 1:500

三、发、变(35 kV 及以上)、配电所电气主接线图

四、发、变(35 kV 及以上)、配电所设备平面布置图及必要的断面图,比例 1:50 ~ 1:200

五、发、变(35 kV 及以上)、配电所保护配置图

六、电力运动系统或机电临控系统配置图

七、电力调度中心平面布置图

八、主要 10 kV 室内变电所电气主接线图、设备平面布置图

九、大站高压电力线路平面示意图和系统图

第二十一篇　综合检测与维修

参照《新建(改建)铁路的文件组成与内容》初步设计第二十一篇内容编制

第二十二篇　房 屋 建 筑

参照《新建(改建)铁路的文件组成与内容》可行性研究第二十二篇内容编制

第二十三篇　环境保护、水土保持

说明

一、概述

(一)设计依据、范围及设计年度

(二)可行性研究审批意见的主要内容及执行情况

(三)环境影响报告书、水土保持方案审批意见及执行情况

(四)主体工程概况(枢纽方案、主要工程内容、征地数量及类型、土石方数量及调配情况)

(五)自然、社会及环境质量概况(地形地貌、工程地质、水文地质、地震动参数区划、水文、气象;行政区划、人口、土地、交通运输、动植物、水土流失与水土保持;水环境、声环境、振动环境、环境空气质量)

(六)重要环境保护目标(列表说明枢纽方案影响到的自然保护区、风景名胜区、水源保护区、文物保护单位、地质公园、森林公园等的名称、保护级别、保护类型、批建时间、枢纽内的相对位置关系;枢纽地区环境功能区划、水土保持概况等)

(七)沿线(省、市级)环保、水保等主管部门的意见及设计采用的技术规范和标准

二、环境影响分析

(一)生态环境(包括重要生态敏感区、土地资源、动植物资源、水资源、景观资源、水土保持等)

(二)声环境(包括噪声种类及源强、典型路段不同距离的昼夜等效声级、典型声环境敏感点处的昼夜等效声级范围值,枢纽内主要站、段对城市市区、规划区、敏感建筑物的影响)

(三)振动环境(包括振动源种类及源强、典型路段不同距离的昼夜振级、典型环境敏感点处的昼夜振级范围值)

(四)水环境(分站、段、所说明污水来源、污水量、污水性质、受纳水体功能)

(五)环境空气(环境空气污染来源、锅炉类型及使用燃料种类)

(六)固体废物(固体废物种类、来源及排放量)

(七)电磁辐射(电磁辐射来源、场强及典型距离的场强值)

三、环境保护措施

(一)生态保护设计(包括主体工程及临时工程的工程防护和植被防护措施)

(二)声环境保护设计(说明声屏障设计:声学设计、结构设计、基础类型、吸声材料选择,隔声窗设计等。附声屏障设计工点统计表:里程、左右侧、长度、高度、结构形式、材料类别、基础形式等。噪声源降噪设计:列出由轨道、工务、机械等专业设计的相关专业篇文件号)

(三)振动环境保护设计(包括振动源减振设计:列出由轨道、工务、机械等专业设计的相关专业篇文件号,并说明受振点功能置换措施等)

(四)水环境保护设计(列出由给排水专业设计的相关专业篇文件的节号及图号)

(五)环境空气保护设计(货场、煤场采取的防治粉尘措施及预期效果,列出由工务、动车组、车辆、机械、暖通等专业设计的相关专业篇文件号)

(六)固体废物收集、转运、处置设计原则及设计方案(说明收集、转运、处置设施规模,构筑物及设备类型、规格、数量等)

(七)电磁辐射防护原则及设计方案(重点说明电气化铁路对枢纽内电视接收影响的防护措施)

(八)其他环境管理、水土保持措施

四、环境保护、水土保持工程措施及投资估算

(一)环境保护、水土保持工程措施表(分生态保护、声环境保护、振动环境保护、水环境保护、环境空气保护、固体废物设施、电磁辐射防护措施等)

(二)环境保护、水土保持工程投资概算

五、安全施工的意见(考虑周边环境、邻近工程、重点部位和环节、营业线运营、新结构、新材料、新工艺等因素,提出安全施工及安全运营的意见)

附件

一、铁道部及环境保护、水行政主管部门对环境影响报告书、水土保持方案报告书的审批意见

二、有关协议、纪要及公文

三、图纸目录

附图

一、声屏障设计图

二、垃圾转运站平面布置图

三、水土保持工程设计图

四、其他环保措施图件

第二十四篇　安 全 施 工

参照《新建(改建)铁路的文件组成与内容》初步设计第二十四篇内容编制

第二十五篇　迁改与重点大型临时工程

参照《新建(改建)铁路的文件组成与内容》初步设计第二十五篇内容编制

第二十六篇　施工组织设计

参照《新建(改建)铁路的文件组成与内容》初步设计第二十六篇内容编制

第二十七篇　总　概　算

参照《新建(改建)铁路的文件组成与内容》初步设计第二十七篇内容编制

Ⅳ 施　工　图

第一篇　总　说　明(注)

说明

一、概述

(一)设计依据

(二)设计范围(含相关工程)及设计年度

(三)初步设计及环境影响报告书(表)、水土保持方案报告审批意见的主要内容及执行情况,地震安全性评价报告及防洪影响评价报告的要点及执行情况

(四)枢纽概况

1. 枢纽地理位置和径路及其在国民经济与铁路网中的意义与作用

2. 自然特征(概述地形地貌、工程地质、水文地质、地震动参数区划、气象、水文、水土流失及有关风景名胜区、自然保护区、基本农田保护区、水源保护区、文物古迹、国家重点保护的野生动植物等)

(五)枢纽在(拟)建项目概况

(六)勘测设计经过

二、经济与运量

(一)枢纽内经济特征简述

(二)路网构成

(三)枢纽货物运输量、旅客列车对数汇总表

(四)远景枢纽总运输量

三、铁路主要技术标准

(一)枢纽衔接线路及枢纽内线路的铁路主要技术标准(铁路等级、正线数目、设计行车速度、线间距、最小曲线半径、限制坡度、牵引种类、机车类型、牵引质量、到发线有效长度、闭塞类型、建筑限界等)

(二)枢纽衔接的客运专线、城际铁路的铁路主要技术标准(铁路等级、正线数目、设计行车速度、线间距、最小曲线半径、最大坡度、牵引种类、列车类型、到发线有效长度、行车指挥方式、列车运行控制方式及建筑限界等)

四、运输组织

(一)客运组织(客站分工、旅客列车开行方案)

(二)货运组织(与相邻编组站分工、行车量、车站工作量)

(三)枢纽内区间通过能力

(四)机构、管辖范围及定员

五、站场

(一)枢纽概况

(二)枢纽内车站概况
(三)站场主要设计原则
(四)接轨站、区段站、编组站、主要客运站及其他大站分站说明
(五)联络线或疏解线布置
(六)站线轨道
(七)站场路基
(八)站场用地
六、线路
七、轨道
八、路基
九、土地利用
十、桥涵
十一、隧道
十二、电气化
十三、机务设备
十四、车辆、动车组设备
十五、给水、排水
十六、通信
十七、信号
十八、信息
十九、防灾安全监控
二十、电力
二十一、综合检测与维修
二十二、房屋建筑
二十三、环境保护、水土保持
二十四、安全施工
二十五、迁改与重点大型临时工程
二十六、预算或投资检算
附件
一、设计文件及电子文件组成、分发单位及份数表(装订在说明书目录之前)
二、图纸目录
附图
一、枢纽地理位置图(装订在说明书目录之后)
二、枢纽总布置示意图(装订在枢纽地理位置图之后)

注:1. 根据实际情况,本篇可分为三册发送文件,第一册为一~十一、第二册为十二~二十五、第三册为二十六;
2. 本篇五~二十五主要说明设计内容及工程情况。

第二篇 站 场

第一章 站 场

说明

一、初步设计审批意见的主要内容及执行情况

二、设计说明

（一）枢纽及车站概况

（二）站场主要设计原则

（三）接轨站、区段站、编组站、集装箱中心站、客运站及其他大部分站说明

（四）联络线或疏解线布置

（五）站线轨道

（六）站场路基

（七）站场用地

（八）主要工程数量说明

（九）与其他专业接口设计说明

三、环境保护与水土保护措施

四、施工注意事项

五、运营注意事项

六、安全施工的措施（考虑周边环境、邻近工程、重点部位和环节、营业线运营、新结构、新材料、新工艺等因素，提出安全施工及安全运营的措施）

七、改移沟渠说明

八、改移道路说明

附件、附图

按《新建（改建）铁路的文件组成与内容》施工图第八篇第一章附件、附图的内容编制

第二章　客货运机械设备及其他

参照《新建（改建）铁路的文件组成与内容》施工图第八篇第二章的内容编制

第三篇　线　　路

第一章　线　　路

说明

一、初步设计审批意见的主要内容及执行情况

二、枢纽内线路概况（枢纽范围、衔接枢纽的线路名称等）

三、枢纽内主要线路（含正线、迂回线、联络线等）的铁路主要技术标准

四、设计说明（总的工程情况、设计内容、采用的先进技术及其他必要的说明）

五、施工注意事项

六、运营注意事项

七、安全施工的措施（考虑周边环境、邻近工程、重点部位和环节、营业线运营、新结构、新材料、新工艺等因素，提出安全施工及安全运营的措施）

附件、附图

按《新建（改建）铁路的文件组成与内容》施工图第二篇第一章附件、附图的内容编制

第二章 工务有关设施

参照《新建(改建)铁路的文件组成与内容》施工图第二篇第二章的内容编制

第四篇 轨 道

说明

一、初步设计审批意见的主要内容及执行情况

二、枢纽地区线路概况(枢纽范围、衔接枢纽的改建、新建线路、既有轨道情况)

三、设计说明(总的工程情况、设计内容、工程数量、采用的先进技术及其他必要的说明)

四、施工注意事项

五、运营注意事项

六、安全施工的措施(考虑周边环境、邻近工程、重点部位和环节、营业线运营、新结构、新材料、新工艺等因素,提出安全施工及安全运营的措施)

附件、附图

按《新建(改建)铁路的文件组成与内容》施工图第三篇附件、附图的内容编制

第五篇 路 基

说明

一、初步设计审批意见的主要内容及执行情况

二、设计说明(总的工程情况、一般及个别设计工点设计内容、取弃土场及填料说明、工程数量说明、与其他专业设计接口说明、采用的先进技术及其他必要的说明)

三、环境保护与水土保持措施

四、工点目录表

五、工程数量对照表(列初步设计与施工图枢纽内路基主要工程数量,并进行说明)

六、施工注意事项

七、运营注意事项

八、安全施工的措施(考虑周边环境、邻近工程、重点部位和环节、营业线运营、新结构、新材料、新工艺等因素,提出安全施工及安全运营的措施)

附件、附图

按《新建(改建)铁路的文件组成与内容》施工图第四篇附件、附图的内容编制

第六篇 土 地 利 用

说明

一、初步设计审批意见的主要内容及执行情况

二、用地设计说明

三、枢纽地区用地概况、用地总数

四、补充耕地(含复垦)措施说明

附件、附图

按《新建(改建)铁路的文件组成与内容》施工图第五篇附件、附图的内容编制

第七篇　桥　　涵

说明

一、初步设计审批意见的主要内容及执行情况

二、设计说明(总的工程情况、设计内容、工程数量与其他专业接口设计说明、采用的先进技术及其他必要的说明)

三、景观设计、环境保护及水土保持措施

四、施工注意事项(施工方法及其他)

五、运营注意事项(含大型或特殊结构桥梁使用、养护、维修及运营)

六、安全施工的措施(考虑周边环境、邻近工程、重点部位和环节、营业线运营、新结构、新材料、新工艺等因素,提出安全施工及安全运营的措施)

附件、附图

按《新建(改建)铁路的文件组成与内容》施工图第六篇附件、附图的内容编制

第八篇　隧　　道

参照《新建(改建)铁路的文件组成与内容》施工图第七篇内容编制

第九篇　电　气　化

参照《新建(改建)铁路的文件组成与内容》施工图第九篇内容编制

第十篇　机 务 设 备

参照《新建(改建)铁路的文件组成与内容》施工图第十篇内容编制

第十一篇　车辆、动车组设备

参照《新建(改建)铁路的文件组成与内容》施工图第十一篇内容编制

第十二篇　给 水 排 水

参照《新建(改建)铁路的文件组成与内容》施工图第十二篇内容编制

第十三篇 通 信

第一章 通 信

说明

一、初步设计审批意见的主要内容及执行情况

二、设计说明(总的工程情况、设计内容、工程数量、设备数量与其他专业设计接口说明、采用的新技术及其他必要的说明)

三、环境保护措施

四、节约能源措施

五、施工注意事项

六、运营注意事项

七、安全施工及过渡的措施(考虑周边环境、邻近工程、重点部位和环节、营业线运营、新结构、新材料、新工艺等因素,提出安全施工及安全运营的措施)

附件

一、工程数量表

二、设备数量表

三、材料数量表

四、利用原有设备、器材一览表

五、主要仪器、仪表配备表

六、各种电话装设一览表

七、通信线路迁改表(非电气化铁路附)

八、采用标准图、通用图一览表

九、甲供物资、设备一览表

十、有关协议、纪要及公文

十一、图纸目录

附图(注)

一、总图

(一)通信网图

(二)电话交换网图

(三)调度通信系统图

(四)移动通信系统图

(五)其他专用通信系统图

(六)数据通信系统图

(七)会议电视系统图

(八)应急通信系统图

(九)电信管理网及同步网图

(十)STM 系统 2 MB/s 及以上通道分配图

(十一)时隙分配图

二、长途通信线路

(一)光、电缆线路径路示意图(含必要的地貌,如河流、公路、铁路、城镇等)
(二)光、电缆基本型式及分歧接续图
(三)光、电缆维护及监测系统图
三、通信站
(一)通信设备运用图
(二)通信设备平面布置图
(三)沟、槽、管、洞平面布置图
(四)走线架、槽道平面布置图
(五)引入架塞孔分配图
(六)试验架塞孔分配图
(七)中间配线柜(架)端子板分配图
(八)音频配线架端子分配图
(九)数字配线架端子板分配图
(十)通信回线径路图(含备用话路径路图)
(十一)通信设备配线计划图
(十二)电话交换机中继方式图
(十三)总配线架端子板分配图
(十四)光、电缆引入室引入装置结构安装图
(十五)光、电缆成端及气路分配图
(十六)电源系统图
(十七)电源配线计划图
(十八)接地装置总布置图
(十九)接地系统及配线计划图
(二十)备用发电机房设备平面布置及沟、槽、管、洞图
四、地区及站场(区段站及以上站)
(一)地区及站场通信网图
(二)地区及站场通信线路径路图
(三)地区及站场光、电缆系统图
(四)地区及站场通信电缆芯线分配图
(五)地区及站场光、电缆管道平、纵断面图
(六)光、电缆维护及监测系统图
(七)重要房屋通信设计图(高度所、会议机械室、站调楼、信号楼等)
1. 平面布置图
2. 回线径路图
3. 引入架、试验架塞孔分配图
4. 中间配线柜(架)端子板分配图
5. 配线计划图(含电源)
(八)小型房屋室内通信设备布置及电缆引入示意图
(九)大型房屋室内通信设备布置、配线(综合布线)及沟、槽、管、洞图
五、中间站(含会让站、越行站)

（一）站内通信组织系统图
（二）站内通信线路径路及电缆系统图
（三）行车运转室、通信机械室通信设备布置及沟、槽、管、洞图
（四）行车运转室、通信机械室通信设备配线计划图
（五）调度通信回线径路图
（六）站场通信回线径路图
（七）光、电数字回线径路图
（八）大型房屋室内通信设备布置、配线（综合布线）及沟、槽、管、洞图
六、无线通信
（一）无线列调
1. 无线列调组织系统图
2. 无线列调车站设备平面布置、安装及配线图
3. 无线列调机车设备平面布置、安装及配线图
4. 无线列调中继器、区间设备平面布置图
5. 无线列调天线布置及安装图
6. 漏泄电缆、中继器、功分器接续及安装图
7. 天线防雷及接地装置图
（二）站场无线
1. 站场无线通信组织系统图
2. 站场无线通信设备平面布置、安装及配线图
3. 站场无线通信天线布置及安装图
4. 无线检修所设备平面布置及沟、槽、管、洞图
5. 天线防雷及接地装置图
（三）GSM—R 移动通信
1. GMS—R 系统网络结构图
2. GSM—R 移动交换中心设备连接示意图
3. GSM—R 移动交换中心设备平面布置、安装及配线图
4. GSM—R 系统基站、直放站平面布置、安装及配线图
5. 机车通信设备布置、安装及配线图
6. 天线、馈线安装图
7. 漏泄电缆、中继器及功分器接续安装图
8. 铁塔结构及基础图
9. GSM—R 系统频率规划图
10. 无线网线号码地址分配表
（四）数字微波
1. 微波传输系统图
2. 微波传输径路平、纵断面图
3. 微波通信设备平面布置及配线图
4. 微波铁塔位置图
5. 天线安装图（含馈线）

(五)卫星通信

1. 卫星通信系统图

2. 通信设备平面布置及配线图

3. 天线安装图(含馈线)

注:根据具体情况,图纸可以分册编制,可以增减或归并图纸内容。

第二章　路外通信、广播及其他设施的电磁干扰防护

参照《新建(改建)铁路的文件组成与内容》施工图第十三篇第二章内容编制

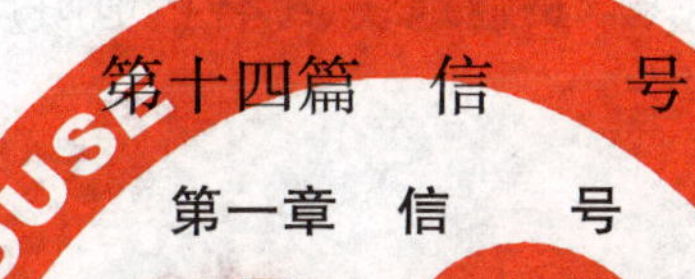

第十四篇　信　　号

第一章　信　　号

说明

一、初步设计审批意见的主要内容及执行情况

二、设计说明(工程情况、设计内容、工程数量、设备数量与其他专业设计接口说明、采用的先进技术、电缆迁改及其他必要的说明)

三、环境保护措施

四、节约能源措施

五、施工注意事项

六、运营注意事项

七、安全施工及过渡的措施(考虑周边环境、邻近工程、重点部位和环节、营业线运营、新结构、新材料、新工艺等因素,提出安全施工及安全运营的措施)

附件

一、工程数量表(含电缆迁改)

二、设备及主要材料数量表

三、采用标准图、通用图一览表

四、甲供物资、设备一览表

五、有关协议、纪要及公文

六、图纸目录

附图

一、车站联锁(含驼峰控制系统)

(一)信号设备平面布置图

(二)信号室内设备布置图

(三)双线轨道电路图

(四)电缆网路图

(五)室外电缆布置及防护图

(六)联锁表

(七)各种表示盘及其他盘面布置图(采用控制台时需附控制台盘面布置图)

(八)组合排列表和零散组合类型表

(九)电路图

（十）室内配线图

（十一）室外配线图

（十二）信号显示及码序关系图

（十三）非标准设备安装图

（十四）计算机设备系统结构及设备配置图

（十五）信号设备防雷、接地系统图

二、区间信号

（一）区间信号平面布置图（含应答器）

（二）区间电缆径路及防护图（含贯通地线、综合接地图）

（三）列控中心设备系统结构图

（四）电路图

（五）配线图

（六）非标准设备安装图

三、调度集中或列车调度指挥系统

（一）枢纽调度集中系统（CTC）或列车调度指挥系统（TDCS）系统结构图（含调度中心设备、车站设备、中继设备、传输通道、回线构成方式及联网设备等）

（二）调度所室内设备布置图

（三）调度区段按序位排列站形图

（四）调度所表示盘面及操纵箱盘面布置图（采用显示屏或显示器时不附）

（五）编码图

（六）分机与车站联锁及列控中心结合电路图

（七）配线图

（八）非标准设备安装图

四、其他信号设备

（一）微机监测（含环境监测）系统结构图

（二）道口信号设备布置图

（三）桥涵、隧道防护信号设备布置图

（四）信号检修、测试设备室内布置图

（五）列控车载设备及机车信号检修、测试设备室内布置图

（六）电路图

（七）配线图

（八）非标准设备安装图

第二章　驼峰调速设备及其动力设备

说明

一、初步设计审批意见的主要内容及执行情况

二、设计说明（工程情况、设计内容、工程数量、设备数量、采用的先进技术及其他必要的说明）

三、环境保护措施

四、节约能源措施

五、施工注意事项

六、运营注意事项

七、安全施工及过渡的措施(考虑周边环境、邻近工程、重点部位和环节、营业线运营、新结构、新材料、新工艺等因素,提出安全施工及安全运营的措施)

附件

一、机械设备及主要材料数量表

二、采用标准图、通用图一览表

三、甲供物资、设备一览表

四、有关协议、纪要及公文

五、图纸目录

附图

一、驼峰调速设备及其动力设备总平面布置图

二、动力室设备及管路安装图(含平面布置、立体示意图及局部大样)

三、室外管路安装图(含平面布置、立体示意图及局部大样)

四、机修间设备安装图

五、调速器基础图(必要时附)

第十五篇　信　　息

说明

一、初步设计审批意见的主要内容及执行情况

二、设计说明(总的工程情况、设计内容、工程数量、设备数量及其他必要的说明)

三、施工注意事项

四、运营注意事项

五、安全施工及过渡的措施(考虑周边环境、邻近工程、重点部位和环节、营业线运营、新结构、新材料、新工艺等因素,提出安全施工及安全运营的措施)

附件

一、工程数量表

二、软件、硬件设备数量及材料表

三、软件开发工程数量表

四、利用既有设备一览表

五、仪器仪表配备表

六、网络设备端口表

七、综合布线端口表

八、系统功能表

九、甲供物资、设备一览表

十、有关协议、纪要和公文

十一、图纸目录

附图(注)

一、信息系统总体结构图

二、分系统结构图
三、网络结构图
四、各机房设备平面布置图（含沟、槽、管、洞等）
五、机柜端子及机柜布置图
六、站场平面及主干网络（光缆）布线图（可与通信专业图纸合并）
七、各楼宇信息源点分布图（可与通信专业图纸合并）
八、电源系统图
九、设备配线图
十、接地系统及配线图
注：根据具体情况，可增减或归并附图的内容。

第十六篇　防灾安全监控

参照《新建（改建）铁路的文件组成与内容》施工图第十六篇内容编制

第十七篇　电　　力

参照《新建（改建）铁路的文件组成与内容》施工图第十七篇内容编制

第十八篇　综合检测与维修

参照《新建（改建）铁路的文件组成与内容》施工图第十八篇内容编制

第十九篇　房 屋 建 筑

参照《新建（改建）铁路的文件组成与内容》施工图第十九篇内容编制

第二十篇　环境保护、水土保持

参照《新建（改建）铁路的文件组成与内容》施工图第二十篇内容编制

第二十一篇　安 全 施 工

参照《新建（改建）铁路的文件组成与内容》施工图第二十一篇内容编制

第二十二篇　迁改与重点大型临时工程

参照《新建（改建）铁路的文件组成与内容》施工图第二十二篇内容编制

第二十三篇　投资检算或总预算

参照《新建(改建)铁路的文件组成与内容》施工图第二十三篇内容编制

第三部分 铁路特大桥(单独立项或单独编制文件)的文件组成与内容

I 预可行性研究

说明

一、概述

(一)研究依据、范围及研究年度

(二)研究工作概述

(三)主要研究结论综述

二、现状及建桥环境概述

(一)河流现状和桥渡河段的过问条件及其发展前景

(二)桥渡河段的自然特征(河道特征、水文、地形、工程地质、气象、地震、地质灾害及压覆矿产资源、航道等)及其对建桥的适应性和对工程的影响程度(对影响桥址方案的复杂地质条件地段,在认真搜集研究桥渡区域地质资料的基础上,开展必要的遥感工作后,配合现场踏勘及必要的地质勘探工作,作出工程地质评价)

(三)建桥处的社会情况(地理位置、村镇居民点、重大建筑物、文物古迹、水利电力设施、农林用地、工业布局和对桥梁建设有影响的建筑物现状、规划等区域环境资料,以及对风景名胜区、自然保护区、水源保护区、国家重点保护的野生动物植物等资料)

(四)与邻近的交通方式(公路、铁路、水运、航空等)的衔接状况及可能的相互影响。

三、建设的必要性

(一)铁路建设项目(和跨河地段建桥)对发展国民经济及其在路网中的意义、作用和地位(含邻近区域内城乡经济发展和客货运量的影响)

(二)未来路网发展对拟建桥梁通过能力需求的预测

(三)比较方案(轮渡、水下隧道)的可能性研究(按项目具体情况确定)

(四)建桥必要性和优越性的综合论证及建设时机

四、主要技术标准和建设规模(根据铁路项目的类别,论证主要技术标准、建设规模,含根据项目的具体情况,研究公铁合建方案,并提出主要设计原则的初步意见)

五、桥址选择与初拟建桥方案(根据建桥环境及条件进行桥址选择,并根据桥梁的功能与作用初拟建桥方案。含主要工程数量、配套工程名称及工程数量)

六、建桥方案的初步实施意见

七、相关工程

八、外部协作条件

九、环境保护与水土保持措施

十、投资预估算、资金筹措及工期

(一)投资预估算(参照《新建(改建)铁路文件组成与内容》中的有关篇章编制)

(二)资金筹措

(三)工期

十一、经济评价(不单独进行经济评价,将有关指标汇入全线,由全线总体单位对全线建设项目提出综合评价)

十二、研究结论

十三、有关部门的意见和承诺(当地政府、经济团体、防务部门、运营部门及其他部门)

十四、有待进一步解决的问题

附件

一、各方案主要工程数量汇总表

二、各方案投资预估算表

三、与预可行性研究结论有关的初步论证及研究资料

四、图纸目录

附图

一、桥址地理位置图(示出线路走向方案和主要控制点)

二、桥址位置图(图中标明各桥址比较方案的位置与两岸线路接线方式和有关水工建筑、交通、电讯设施、文化古迹、风景名胜区、自然保护区、水源保护区及其他重要工农业建筑的关系)比例 1:10 000 ~ 1:50 000

三、水文、工程地质等基础资料的简略成果图

四、初拟桥式方案示意图(供决定技术方案和估价用)与配套的相关工程示意图

Ⅱ 可行性研究

说明

一、概述

（一）研究依据、范围及研究年度

（二）预可行性研究（项目建议书）审批意见的主要内容及执行情况

（三）项目建设的历史背景

（四）研究工作概况

（五）研究的主要结论

1. 建桥的必要性

2. 技术上的可行性（包括建议桥址，主要技术标准、建设规模、主要设计原则、主要桥式方案和采用的新技术）

3. 投资估算及合理工期

二、需求预测和拟建规模的评述

（一）既有铁路网的构成、区域交通网运输现状及对铁路运输的需求

（二）铁路建设项目所经地区和桥渡区域的经济特征（工农业建设和社会经济现状及其发展趋势，并说明在路网发展中的地位及建成后对地区经济发展的作用）

（三）铁路建设项目的客货运量

（四）建桥的必要性

（五）建议的建设规模和建桥标准的合理性

三、建桥条件与桥位选择（如在预可行性研究中或项目建议书中已确定桥址，可在已定的桥址范围内进行桥位选择）

（一）各桥位方案的综述（概述各桥位的地理位置与线路走向及环境敏感区的关系，比较详尽地搜集有关桥渡河段河道、水文、地形、工程地质、气象、地震、地质灾害、压覆矿产资源、航道和附近对桥渡有影响的农田、水利设施和重要的建筑物现状与规划等环境状况资料）

1. 河道（流域面积，河流特点、桥渡河段河床稳定程度和流量变化情况，堤防标准、防洪要求及其在防汛中所处的地位等）

2. 水文（断面、水位、流量、流速、流向、冰凌、潮汐影响，冲刷深度，农田水利设施和上下游是否有影响桥渡的水工建筑物及其运用条件等资料。在对河道、水文具体研究后要对桥渡河段的河道稳定性、含河床演变可能性、和建桥与河道内相关建筑物的相互影响作出评价，一般应进行防洪影响评价，必要时应做河床演变分析或水工模型试验）

3. 工程地质（区域地质构造、经初测查明的岩层产状、地层岩性及其物理力学性质以及对桥位选择起控制作用的地质因素和对桥梁基础类型选择有影响的因素）

4. 气象（风向、风力、风速、年、月、日最高、最低和平均气温以及温度、雨量、有雾天数、霜冻期等）

5. 地震(除按中国地震动参数区划图提供外,还应按《地震安全性评价管理条例》有关要求对桥梁工程进行地震危险性分析)

6. 地质灾害,压覆矿产资源(泥石流、滑坡、地面塌陷、地面沉降、岩溶、崩岸及压覆矿产资源的种类、范围、程度)

7. 航运(航道等级、通航条件、船舶种类、上下水航线分布,必要时应做通航论证报告或进行船舶航行模型试验)

8. 环境敏感区(风景名胜区、自然保护区、水源保护区、文物古迹、国家重点保护的野生动物植物等)

(二)各桥位方案社会情况(各桥位处附近的城市、村、镇分布、工农业建设和经济现状及发展规划,重要建筑物、农、林布局与文化古迹等对桥位选择的制约程度和征用难度,预测建桥后可能发生的变化)

(三)各桥位方案交通运输情况(分析各桥位处水陆交通运输现状、衔接状况与发展趋势,预测建桥后可能扩展的道路规划、交通吸引范围和运输量)

(四)有关部门的意见和要求(水利、航运、公路、城市规划、土地、矿产、文物、环境保护和地方政府、军区等对桥位的意见和要求)

(五)桥位方案比较和建议桥位(评述各桥位处建桥对政治、经济、国防、施工、运营、管理、环境保护、地质灾害、压覆矿产资源等方面的影响和优缺点,并就水文、工程地质、通航、桥长、孔跨布置、工程难易、工程数量、两岸接线长短等条件,结合桥梁功能要求与经济效益进行比较)

四、主要设计原则和主要桥式方案比选

(一)主要设计原则

(二)主要桥式方案比选和建议意见(根据桥位处水文、工程地质条件、通航要求和科技发展政策,具体分析与处理有关单位意见后,初步拟定桥梁总体设计和可供比较的、能控制造价的主要桥式方案、墩台基础类型的选择和相关配套工程)

(三)对电力、通信、信号、电气化等过桥方式和临时与永久供电、供水的建议

五、防灾安全监控

六、相关工程

七、外部协作条件

八、环境保护与水土保护措施(施工期及建桥后对周围环境的影响及拟采取的措施)

九、节约能源(资源利用和降低能源消耗分析)

十、施工组织方案意见(建筑材料的分布情况及采运条件、土地利用,制约整个工程工期、质量、造价的关键环节,提出合理的施工工期以及实施方案)

十一、投资估算及资金筹措

(一)主要工程数量和主要劳、材、机数量

(二)用地和拆迁概数

(三)投资估算(参见《新建(改建)铁路的文件组成与内容》的有关篇章)

(四)资金筹措

十二、经济评价(不单独进行经济评价,将指标汇入全线,由全线总体单位对全线提出经济评价)

十三、拟采用的新技术、新结构、新工艺、新材料和需进行科学研究及试验项目的意见

十四、研究结论

十五、有关部门的意见和承诺（当地政府、经济团体、防务部门、运营部门及其他部门）

十六、有待进一步解决的问题

附件

一、主要工程数量表

二、主要劳、材、机数量汇总表

三、砂、石料产地及单价调查与运输方案表

四、征地、拆迁概数表

五、配套工程估算表

六、主要施工机具设备表

七、投资估算表

八、防洪影响评价、河床演变分析或水工模型试验及通航论证报告、船舶航行模型试验等研究成果资料

九、地震安全性评价和压覆矿产资源评估的结论意见

十、其他有关的论证和研究资料

十一、初测工程地质勘察报告

十二、有关协议、纪要及公文

十三、图纸目录

附图

一、桥渡位置图（标明线路走向、重要控制点，桥址位置及其与邻近的其他建筑物或水利、航运、航空、电力、通信等设施布局的关系）比例 1∶10 000 ~ 1∶50 000

二、桥址平面图（标明桥渡河段比较和建议桥位的位置，两岸线路的联接方式，河流流向及历年河道变迁情况，上下游现有或规划的水工建筑物和其他港口，码头设施位置以及线、桥工程分界点等关系）

三、水文成果汇总图

四、水位涨落图

五、不同水位时的水流流向和船舶走行线图

六、桥址工程地质纵断面图，比例横 1∶100 ~ 1∶5 000，竖 1∶50 ~ 1∶500，必要时附地质平面图或基岩地质图，比例 1∶200 ~ 1∶10 000

七、主要桥式比较和建议方案图，比例 1∶1 000 或 1∶2 000

八、主要结构施工方案图（必要时附）

九、施工场地布置概图（含大型临时工程，必要时附），比例 1∶5 000 ~ 1∶10 000

十、施工网络概图（必要时附）

Ⅲ　初 步 设 计

说　明　书(单独成册)

说明

一、概述

(一)设计依据、范围及设计年度

(二)可行性研究审批意见的主要内容及执行情况

(三)勘测设计经过

(四)采用的线路方案、桥位位置、建设规模、铁路主要技术标准(公铁两用时还有公路主要技术标准)、设计原则和有关规范

(五)与有关部门商定、落实的情况

二、基础资料

(一)地理位置、河流特征、社会情况资料(桥位的地理位置与线路方案、环境敏感区的关系及协调情况,河流流域、河段特征,建桥与邻近城镇、农田、水利、交通设施及规划、重要建筑物等关系)

(二)水文资料(经进一步调查、勘测、分析、协调、计算后,需修改、增补可行性研究报告中的成果资料、河床演变分析研究,及水工模型试验研究成果需要调整的水文数据)

(三)工程地质资料(经定测详细查明的河床及墩位附近的地质构造、地层岩性及其物理力学性质。对可行性研究中的地质资料,如地质构造、地质特征、承载能力和地震液化深度等结论需研究、完善、调整和重新评定的资料)

(四)科研、试验资料(新技术、新结构、新工艺、新材料的理论、试验研究、论证、验证等资料以及科研成果与使用要求)

(五)其他补充资料(补充新获得的气象、地震、航运、航空、水利规划,城市规划等资料)

三、桥梁总体设计(根据线路方案,建设规模、桥梁的功能要求,有关的铁路主要技术标准和设计原则,结合桥渡区域的客观条件,论述桥梁的总体设计原则、布局、方案,新技术、新工艺、新结构、新材料的采用,外部条件含环境保护的协调、处理和配套以及与人民群众生产、生活需要相适应的情况,论证选定的布局、桥长、孔跨布置、导治建筑物与防护工程包括防治地质灾害措施和抗震措施的合理性和正确性)

四、桥式方案比较(各方案的选择、布置、和不同桥式的上、下部结构的比较、优化)

五、建议方案的评述

(一)桥式布置及平纵断面

(二)墩台及基础

(三)上部结构及特殊结构

(四)新技术、新结构、新工艺、新材料(含内容、作用及应采取的工艺和措施)

(五)导治建筑物、其他水工设施和防护措施(含地质灾害的防治措施)

六、其他设计

(一)电力、通信、信号、电气化等过桥方案、综合接地及桥上照明

(二)工务、公安房屋(房屋布置、结构设计、给排水及污水处理方案)

(三)检查维修设计

(四)防灾监控设计

七、环境保护与水土保持措施(包括必要时的声屏障设计)

八、安全施工的意见(考虑周边环境、邻近工程、重点部位和环节、营业线运营、新结构、新材料、新工艺等因素,提出安全施工及安全运营的意见)

九、迁改与重点大型临时工程

十、施工组织设计

(一)全桥施工场地总平面布置(桥址地形、桥梁中线、河道流向、施工分区及队伍布置、大型临时工程、中心混凝土工厂、砂石堆放场、制梁场、存梁场、预拼场、施工场内运输动力、供水系统及与场外已有公路、铁路、码头、货场、动力网、供水网等的衔接情况)

(二)主要工程或主要结构施工方案(含施工方法和步骤、控制主体结构受力要求的大型施工辅助设施、施工机具的配备和布局,指定加载的条件和允许的变动幅度,安全设施,容许的外界条件和对工人操作的要求及注意事项)

(三)砂石料源、土源和成品、半成品的产地、产量、质量及运输方法

(四)施工总工期和关键工程的控制因素及安排

附件

一、主要工程数量表

二、主要劳动力、材料数量、成品或半成品数量、主要施工机具设备等数量表

三、征、租用地表(包括复垦数量)

四、拆迁建筑物数量表和电力、通信及其他管线设施表

五、辅助工程数量表(包括水土保持、地质灾害防护工程数量)

六、新技术及重大科研试验项目表

七、砂、石料源及土源调查表

八、已有或采用的科研成果资料

九、定测工程地质勘察报告

十、有关协议、纪要及公文

十一、图纸目录

附图(单独成册)

一、桥位平面图(绘明线路中心线、桥梁平面、导治建筑物或其他防护工程平面、地形、附近重要建筑物设施位置及其他控制点位置,有文物遗迹者示出文物的可能位置、范围,涉及环境敏感区的要标出环境敏感区的位置、范围)比例1:1 000~1:10 000

二、修正水文成果图

三、桥位工程地质图,比例1:1 000~1:10 000

四、桥位工程地质纵断面图,比例横1:100~1:5 000,竖1:50~1:500

五、桥式方案比较图,比例1:1 000或1:2 000

六、建议桥式方案图(图上标出采用新结构的部位),比例1:1 000或1:2 000

七、上、下部结构的比较方案和建议方案图,比例 1∶50～1∶150

八、特殊结构设计图,比例 1∶10～1∶150

九、新技术、新结构设计图(含新结构安装图及施工步骤图),比例 1∶10～1∶150

十、导治建筑物、地质灾害防治建筑物或其他附属工程设计图

十一、桥梁照明、电力、通信、信号、电气化等有关设计图

十二、工务、公安房屋布置图(含排水、污水处理方案,不含职工宿舍、生活区,但含单身职工宿舍)

十三、施工场地总平面布置图,比例 1∶500～1∶1 000

十四、征、租用地及拆迁建筑物平面图(含电力、通信等设施),比例 1∶500～1∶10 000

十五、防灾监控设计图

十六、检查维修设计图

十七、主桥及重点工程施工网络图

总　概　算(单独成册)

说明

一、编制范围

二、编制依据(一般规定、定额、人工单价、料价、水价、电价、运输及装卸费单价等)

三、各项工程静态投资概算及费用的编制(施工准备、正式工程、编制单元、编制深度、价差、施工措施费、特殊地区施工增加费、间接费、税金、设备购置费,含安全施工费用)

四、动态概算费用(工程造价增长预留费、建设期贷款利息)、铺底流动资金等的编制

五、概算指标分析(对各类工程费用所占比重及主要技术经济指标扼要分析,对一些突出偏高、偏低费用和指标应说明原因)

六、概算总额,技术经济指标分析,概算总额与批准的可行性研究投资估算总额的对照分析

附件

一、总概算表、综合概算表、单项概算表、安全施工费用表、补充单价分析表、甲供物资、设备一览表,以及初步设计总概算和综合概算与可行性研究总估算和综合估算对照表

二、有关协议、纪要及公文

Ⅳ 施 工 图

说 明 书(单独成册)

说明

一、概述

(一)初步设计审批意见的主要内容及执行情况

(二)全桥工程概况

(三)主要技术标准和规范

(四)采用特殊结构或新结构的设计要点和批准的特殊设计指示或细则

二、基础资料

(一)水文资料(经试验验证或进一步需要修改初步设计成果时或施工中需增加考虑的水文条件时才附)

(二)地质资料(经补充定测详细查明的河床与墩位所在处的地质构造、地层岩性及其物理力学性质和从地质角度建议的持力层部位与高程,以及对初步设计中提供的地质成果资料需要补充、完善或重新评定的资料)

(三)科研试验资料(如结构试验、工艺试验、理论推演等科研成果及其认证资料和使用要求)

三、桥梁上部结构

四、桥梁下部结构

五、科研项目落实情况

六、导治建筑物和地质灾害防治构筑物(必要时附)

七、永久用水、用电及桥梁照明、电力、通信、信号、电气化的设计概况

八、工务、公安房屋及设施

九、环境保护与水土保持措施

十、施工、养护注意事项(包括施工监测安排或建议及运营期维修检查设备)

十一、安全施工的措施(考虑周边环境、邻近工程、重点部位和环节、营业线运营、新结构、新材料、新工艺等因素,提出安全施工及安全运营的措施)

十二、迁改与重点大型临时工程

附件

一、有关协议、纪要及公文

二、采用标准图、通用图一览表

三、图纸目录

附图(单独成册)

一、全桥平面布置图,比例1∶1 000～1∶5 000

二、全桥总布置图,比例1∶1 000或1∶2 000

三、桥位工程地质图(修正,心要时附),比例1∶1 000～1∶5 000

四、桥位工程地质纵断面图(修正),比例横 1∶100～1∶5 000,竖 1∶50～1∶500

五、桥墩、台工程地质图(视具体情况附)

六、桥位三角网和水准网图

七、上部结构详图

八、桥墩、台结构详图

九、桥墩、台基础结构详图

十、新技术、新结构设计图

十一、桥梁照明、电力、通信、信号、电气化等有关设计图

十二、导治、防护建筑物(含地质灾害防治、声屏障设计)及其他附属工程(含检查、维修设施)设计图(必要时附)

十三、桥头建筑物设计图(必要时附)

十四、主要结构施工方法及步骤示意图

十五、大临工程(便桥、索道、特型支架等)概图(必要时附)

十六、防灾监控设计图

十七、检查维修设计图

十八、工务、公安房屋设计及给排水、污水处理设计图

投资检算或总预算(单独成册)

参照本编制办法《新建(改建)铁路的文件组成与内容》中的有关篇章内容编制

附　　录
加深地质工作的文件组成与内容

一、线路方案研究报告

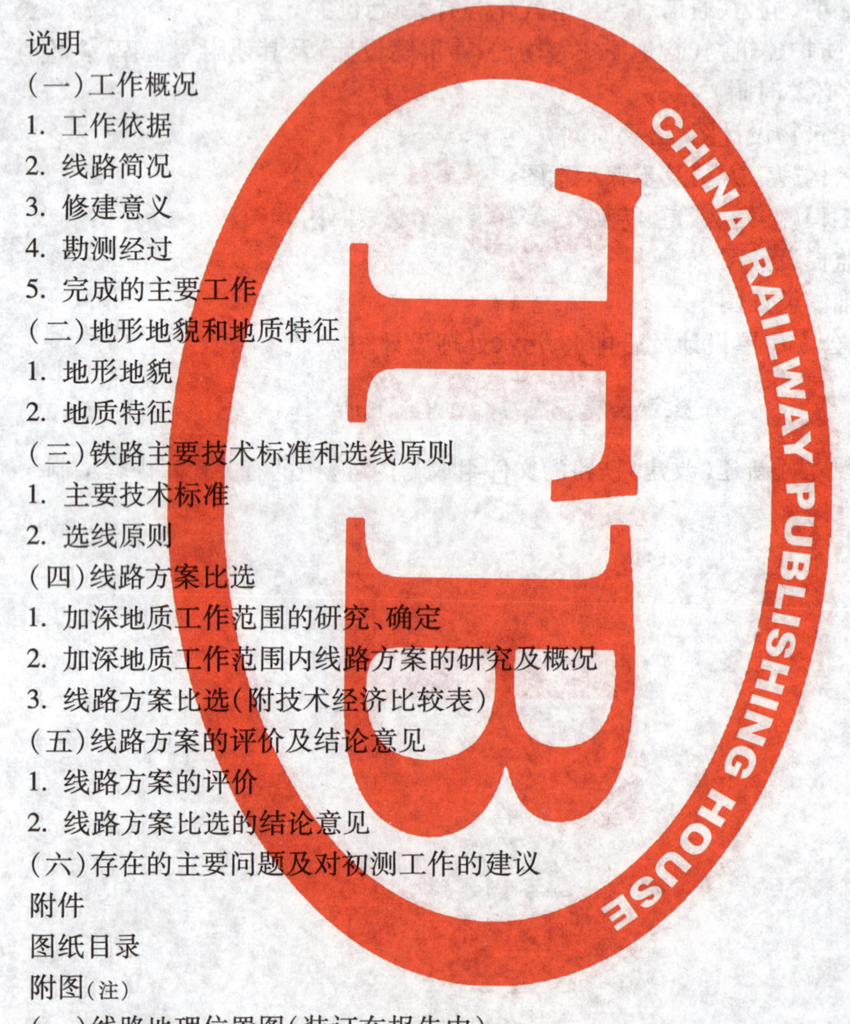

说明

(一)工作概况

1. 工作依据

2. 线路简况

3. 修建意义

4. 勘测经过

5. 完成的主要工作

(二)地形地貌和地质特征

1. 地形地貌

2. 地质特征

(三)铁路主要技术标准和选线原则

1. 主要技术标准

2. 选线原则

(四)线路方案比选

1. 加深地质工作范围的研究、确定

2. 加深地质工作范围内线路方案的研究及概况

3. 线路方案比选(附技术经济比较表)

(五)线路方案的评价及结论意见

1. 线路方案的评价

2. 线路方案比选的结论意见

(六)存在的主要问题及对初测工作的建议

附件

图纸目录

附图(注)

(一)线路地理位置图(装订在报告内)

(二)线路方案示意图(装订在报告内)

(三)线路平纵断面缩图(可仅绘制加深地质工作地段适当范围的线路主要方案和主要比较方案,图幅长度不宜超过 3 m)

注:线路方案研究采用的地形图比例一般为 1:10 000,其平面图和纵断面图底图不附入报告内,供审查时用。

二、工程地质勘察总报告

说明

（一）勘测工作概况
1. 工作依据及范围
2. 组织形式
3. 勘测方法
4. 勘测经过
5. 完成的主要工作量
6. 完成的主要成果资料
7. 主要参考资料
（二）自然地理概况
1. 地理位置
2. 地形地貌
3. 气象特征
4. 地震动参数区划
（三）地层及构造
1. 地层岩性
2. 地质构造
（四）水文地质特征
（五）主要工程地质问题及工程措施意见
（六）线路方案的地质条件评价及结论意见
1. 线路方案的地质条件和评价
2. 结论意见
（七）存在的主要问题及初测中应注意事项
附件
（一）水文地质报告
1. 勘测概况
2. 区域水文地质条件
（1）地下水的补给、径流和排泄条件
（2）含水岩组分类
（3）富水性分区
3. 水文地质测试方法的选择及测试成果
4. 长大隧道涌水量预测
5. 重点工程的水文地质条件评价及结论意见
（1）重点工程的水文地质条件评价
（2）结论意见
（二）遥感工程地质解译报告
1. 勘测概况
（1）勘测经过
（2）片种选择及工作方法
（3）完成的主要工作量及取得的主要成果
2. 断裂构造解译情况

3. 不良地质、特殊岩土解译情况

4. 地层岩性解译情况

5. 线路方案的遥感地质条件评价及结论意见

(1)线路方案的遥感地质条件评价

(2)结论意见

(三)地球物理勘探报告

1. 勘测概况

2. 物探方法的选择

3. 物探剖面的布置

(1)主剖面的布置

(2)辅助剖面的布置

(3)控制性物探点的布置

4. 物探主要成果

(1)区域性物探成果

(2)地面物探成果

(3)综合测井成果

5. 测区宏观地质条件及重点工程地质条件评价

(1)测区宏观地质条件评价

(2)测区重点工程地质条件评价

(四)图纸目录

附图(注)

(一)工程地质图,比例1:20 000~1:50 000

(二)水文地质图,比例1:20 000~1:50 000

(三)卫星影像图,比例1:100 000或1:200 000

(四)遥感工程地质解译图,比例1:20 000~1:100 000

(五)地质复杂、控制线路方案的特大桥、长隧道的工程地质纵断面图(含综合物性纵断面图),比例视需要确定

(六)深钻孔(大于100 m)综合柱状图(含各种测井成果)

注:配合线路方案研究的详细工程地质图、比例一般为1:10 000,其平面图底图不附入报告内,供审查时用。

中华人民共和国行业标准

铁建设〔2009〕209 号

高速铁路设计规范(试行)

Code for Design of High Speed Railway

TB 10621—2009

2009—12—01 发布　　　　2009—12—01 实施

中华人民共和国铁道部　发布

前　言

本规范是根据铁道部《关于印发2008年铁路工程建设标准编制计划的通知》(铁建设函〔2007〕1374号)的要求，在《新建时速300~350公里客运专线铁路设计暂行规定》(铁建设〔2007〕47号)等规范的基础上，吸纳京津、武广、郑西、合宁、合武、石太等高速铁路(客运专线)的建设、运营经验以及京广、浙赣、胶济、郑徐等第六次大面积提速工作经验编制而成。

本规范的编制工作紧紧把握高速铁路总体技术路线，坚持高起点、高标准，通过原始创新、集成创新和引进消化吸收再创新，形成了符合我国国情、路情，具有自主知识产权的中国高速铁路设计规范。

本规范由22章组成，其内容包括总则、术语和符号、总体设计、运输组织、线形、路基、桥涵、隧道、轨道、站场、电力牵引供电、电力、通信、信号、信息、防灾安全监控、动车组设备、综合维修、给水排水、房屋建筑、综合接地、环境保护，另有5个附录。

本规范的主要技术内容如下：

1. 对规范的编制目的、适用范围、设计理念、设计年度、设计活载等进行了规定。明确了本规范适用于旅客列车设计行车速度250~350 km/h的高速铁路，设计最高速度按照高速车、跨线车匹配原则进行选择。

2. 对主要技术标准的选择、系统集成、综合选线设计、安全设计、工期安排、投资控制、环境保护等方面进行了原则性规定。明确了高速铁路总体设计应围绕旅行时间与运行速度、旅客舒适度、节能和环保、安全与防灾监控、旅客列车开行方案和运输组织五大要求，实现高速度、高舒适、高密度、高安全的目标。

3. 运输组织包括旅客列车开行的一般原则，列车运行图编制方法、线路通过能力与输送能力等方面。根据我国的国情、路情，明确了采用不同速度等级列车共线运行的模式或相同速度等级列车共线运行的模式，给出了基本的运行图编制参数，提出了适应我国高速铁路的能力计算办法。

4. 根据研究确定的高速车、跨线车匹配原则，规定了线形设计平面曲线半径、缓和曲线长度、线路纵断面最大坡度、坡段长度、竖曲线半径等主要平纵断面设计标准。

5. 明确了路基设计使用年限为100年的要求；优化了基床结构、基床填料及压实标准、路堤填料及压实标准、路基稳定及沉降控制标准；规定了过渡段设计方式、路基地表水及地下水排水设施设置，路堤及路堑边坡防护和沉降观测及评估等相关要求。

6. 明确了桥梁结构变形、变位、梁端转角和自振频率、墩台刚度、墩台沉降的限值标准，完善了站区内桥梁制动力、牵引力的取值标准和动力系数的计算公式，规定了桥梁救援疏散通道的设计标准。

7. 明确了隧道断面内轮廓设计方法和消减空气动力学效应所采取的措施，规定了隧道防灾救援考虑的方式、规模、主要计算参数(如临界风速)等，增加了隧道接口设计有关标准。

8. 规定了有砟、无砟轨道及道岔平顺度铺设精度标准，明确了无砟轨道主体结构设计使用年限应不小于60年以及不同轨道结构与线下工程、站后工程的接口设计要求。

9. 对车站采用的布置图形、车站到发线数量的确定、安全线设置、车站咽喉区布置、道岔号数的选择及道岔配列要求等方面进行了规定，规定了车站到发线及有关站线的平纵断面设计标准，纳入了对大型及特大型客运站线路编号及车站名称的有关规定。

10. 规定了接触网的供电电压技术指标和供电方式、牵引变电主接线方案、二次保护要求以及供电调度系统和接触网等内容，明确了越区供电能力、27.5 kV专用电缆设计、接口设计等规定。

11. 明确了高速铁路供配电系统的构成，规定了供电可靠性、火灾自动报警系统(FAS)、特大型站房供电、箱式变电所、接口设计等规定，细化和完善了电力线路设计等方面的内容。

12. 明确了通信线路、传输及接入、数据网、GSM－R、综合视频监控、会议电视等通信子系统的技术制式、功能、构成、设置规定、接口等要求。

13. 规定了运输调度指挥、列车运行控制、计算机联锁、信号集中监测等子系统以及相关子系统的集成要求，明确了不同速度下的CTCS列控系统适用等级、道岔融雪、车站信号机、轨道电路、应答器和RBC、电源、信号电缆及防护等设计标准。

14. 规定了运营调度、动车组管理、综合维修管理、票务、旅客服务、市场营销策划、公安管理、办公自动化、呼叫中心等应用信息系统，明确了各系统间的互联及信息共享的要求，明确了各系统的功能、层级结构、设置要求等方面的要求。

15. 明确了高速铁路防灾安全监控系统风、雨、雪、地震等监控设备的设置原则，规定了防灾安全监控系统与运营调度系统、CTC系统、供电调度系统、综合视频监控系统等互联要求。

16. 规定了动车段（所、场）的工作范围、设置原则、总平面布置及运用整备和检修设施的配置等要求，并对修车库的设备配置分别按三、四、五级修分别进行了规定。

17. 规定了检测、维修的工作内容及基础设施维修基地、综合维修车间、综合工区的工作范围、构成层级、设计原则、设备配置、接口等要求。

18. 结合高速铁路列车运输组织特点，明确了旅客列车给水站设置标准，明确了旅客列车上水与卸污作业规定，增加了自建水源卫生防护、给水排水管道穿越铁路设置防护措施的规定。

19. 根据站房设计的“五性”原则，明确了高速铁路站房规模的确定应按最高聚集人数和高峰小时发送量综合确定的要求，明确了高速铁路站房的流线模式，提出了合理设置站房、布置内外流线的要求。

20. 明确了综合接地系统的构成，确定了综合接地系统接入范围和接地电阻值的规定，提出了利用建筑物内钢筋作为自然接地体的设计原则，规定了接地端子、接地连接及贯通地线敷设方式等内容。

21. 明确了环保选线、生态保护和水土保持、噪声和振动污染治理、污水和废气治理、固体废物处置、电磁干扰防护等设计内容的基本原则，规定了高速铁路声屏障、垃圾转运设施、绿化及绿色通道建设等设计内容。

以黑体字标志的条文为强制性条文，必须严格执行。

在执行本规范过程中，希望各单位结合工作实践，认真总结经验，积累资料。如发现需要修改和补充之处，请及时将意见和有关资料寄交铁道第三勘察设计院集团有限公司（天津市河北区中山路 10 号，邮政编码：300142）、中铁第四勘察设计院集团有限公司（武汉市和平大道 745 号，邮政编码：430063）和中国铁道科学研究院（北京市西直门外大柳树路 2 号，邮政编码：100081），并抄送铁道部经济规划研究院（北京市海淀区北蜂窝路乙 29 号，邮政编码：100038），供今后修订时参考。

本规范由铁道部建设管理司负责解释。

技术总负责人：何华武、郑　健、耿志修、张曙光、安国栋。

主编单位：铁道第三勘察设计院集团有限公司、中铁第四勘察设计院集团有限公司、中国铁道科学研究院。

参编单位：中铁第一勘察设计院集团有限公司、中铁二院工程集团有限责任公司、中铁电气化勘测设计研究院有限公司、北京全路通信信号研究设计院。

主要起草人和主要审定人：

章　节	主要起草人	主要审定人
第 1 章　总则	吴彩兰、孙树礼、李树德、王玉泽、邱绍峰	何华武、安国栋、苏全利、米　隆、吴明友、倪光斌
第 2 章　术语和符号	吴彩兰、黄小钢	吴明友、王哲浩、桑翠江、尹福康、周诗广
第 3 章　总体设计	吴彩兰、孙树礼、李树德、王玉泽、黄小钢、邱绍峰	何华武、安国栋、苏全利、米　隆、吴明友、康高亮、傅选义、张海军、苏顺虎、程先东、杨绍清、季学胜、张　梅、周孝文
第 4 章　运输组织	李鸿战、谢　敏、赵长江、李庆生	张海军、傅选义、米　隆、任润堂
第 5 章　线形	白宝英、李秉涛、袁爱庆、杜通道	何华武、米　隆、吴明友、康高亮、吴克俭、任润堂、沈　榕、倪光斌
第 6 章　路基	崔维孝、吴连海、崔俊杰、王兴荣	苏全利、吴明友、康高亮、张志方、周诗广
第 7 章　桥涵	苏　伟、杜宝军、周四思、王召祜、田万俊、牛　斌、胡所亭、文望青	米　隆、吴明友、康高亮、盛黎明、傅　峰、薛吉岗、周诗广
第 8 章　隧道	杨贵生、王立暖、马志富	康高亮、张　梅、钱征宇、倪光斌
第 9 章　轨道	江　成、闫红亮、曾树谷、孙　立、管吉波、韩国兴	何华武、康高亮、吴明友、付建斌、曾宪海、吴细水、胡华锋、周诗广
第 10 章　站场	李庆生、赵　斗、李荣华、郑子涛、黎家戎、韩国兴	何华武、傅选义、吴明友、胡友生
第 11 章　电力牵引供电	温建民、张华志、李丽雅、李红梅、张育明	杨绍清、王哲浩、周　伟、尹福康

续上表

章　节	主要起草人	主要审定人
第 12 章　电力	孙建明、余心沪	王保国、王哲浩、周　伟、尹福康
第 13 章　通信	张　健、刘子文	刘朝英、王哲浩、程先东、马　芳、尹福康
第 14 章　信号	沈志凌、谢静高、石先明	刘朝英、王哲浩、程先东、覃　燕、张季良、莫志松、袁湘鄂
第 15 章　信息	张　健、孙　峰	谷晓明、苏顺虎、程先东、刘卫国、倪光斌、尹福康
第 16 章　防灾安全监控	李　伟、石先明、李乾社	季学胜、康高亮、程先东、张季良、周诗广
第 17 章　动车组设备	黄小钢、傅八路、邱绍峰、王　峻	刘　刚、杨　京、桑翠江
第 18 章　综合维修	陈　萍、张　浩	任润堂、沈　榕、傅　峰、曾宪海、桑翠江
第 19 章　给水排水	邹　红、蒋金辉、柯　宁	吴克俭、王哲浩、桑翠江
第 20 章　房屋建筑	马小红、郭占一	周孝文、吴明友、桑翠江
第 21 章　综合接地	黄　荣、黄足平、刘立峰	程先东、王哲浩、薛吉岗、周诗广
第 22 章　环境保护	龚　平、王忠合	杨忠民、吴明友、付建斌、桑翠江

参加编写人员：

刘向云、左　峰、王　祯、施　威、李胜利、张千里、孙红林、黄永柳、王应铭、魏永幸、王立军、蔡德构、李　成、李肖伦、魏　峰、王华成、刘　洋、罗照新、张孟彬、刘正自、陈　梅、胡晓红、苏　枚、陈学民、余颜丽

参加审定人员：

蔡申夫、徐鹤寿、卢祖文、韩启孟、黄建冉、叶阳升、殷宁俊、冉　理、李承根、薛新功、吴少海、朱　颖、许佑顶、张雪才、顾湘生、崔庆生、吴麦奎、张立国、杜寅堂、王其昌、罗　强、薛育秀、刘　华、肖　苹、朱飞雄、陈　军、秦永平、俞祖法、景德炎、刘丽华、张　锐、谭月仁、沈东升、辛维克、郝小亮、韩文雷、林传年

目　次

1 总 则

1.0.1 为统一高速铁路设计技术标准，使高速铁路设计符合安全适用、技术先进、经济合理的要求，制定本规范。

1.0.2 本规范适用于旅客列车设计行车速度250～350 km/h的高速铁路，近期兼顾货运的高速铁路还应执行相关规范。

1.0.3 高速铁路设计应遵循下列原则：

1 贯彻“以人为本、服务运输、强本简末、系统优化、着眼发展”的建设理念。

2 采用先进、成熟、经济、实用、可靠的技术。

3 体现高速度、高密度、高安全、高舒适的技术要求。

4 符合数字化铁路的需求。

1.0.4 高速铁路设计速度应按高速车、跨线车匹配原则进行选择，并应考虑不同速度共线运行的兼容性。

1.0.5 高速铁路设计年度宜分近、远两期。近期为交付运营后第十年；远期为交付运营后第二十年。

对铁路基础设施及不易改、扩建的建（构）筑物和设备，应按远期运量和运输性质设计，并适应长远发展要求。

易改、扩建的建（构）筑物和设备，可按近期运量和运输性质设计，并预留远期发展条件。

随运输需求变化而增减的运营设备，可按交付运营后第五年运量进行设计。

1.0.6 高速铁路建筑限界轮廓及基本尺寸应符合图1.0.6的规定，曲线地段限界加宽应根据计算确定。

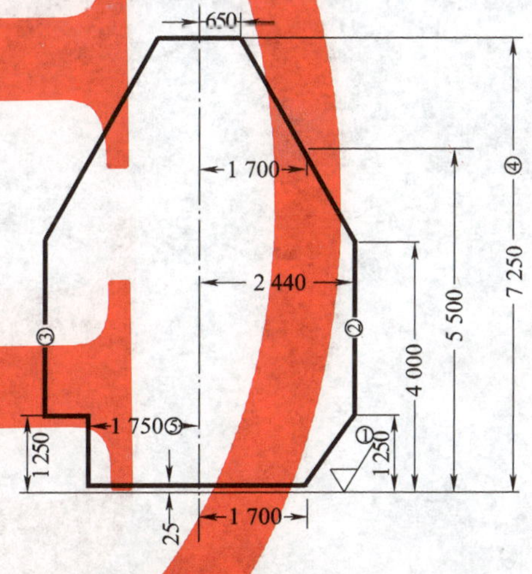

图1.0.6 高速铁路建筑限界轮廓及基本尺寸（单位：mm）

1—轨面；2—区间及站内正线（无站台）建筑限界；3—有站台时建筑限界；4—轨面以上最大高度；5—线路中心线至站台边缘的距离（正线不适用）

1.0.7 高速铁路列车设计活载应采用ZK活载。

ZK活载为列车竖向静活载，ZK标准活载如图1.0.7—1所示，ZK特种活载如图1.0.7—2所示。

1.0.8 高速铁路应按全封闭、全立交设计。

1.0.9 高速铁路设计应执行国家节约能源、节约用水、节约材料、节省用地、保护环境等有关法律、法规。

1.0.10 高速铁路结构物的抗震设计应符合《铁路工程抗震设计规范》（GB 50111）及国家现行有关标准的规定。

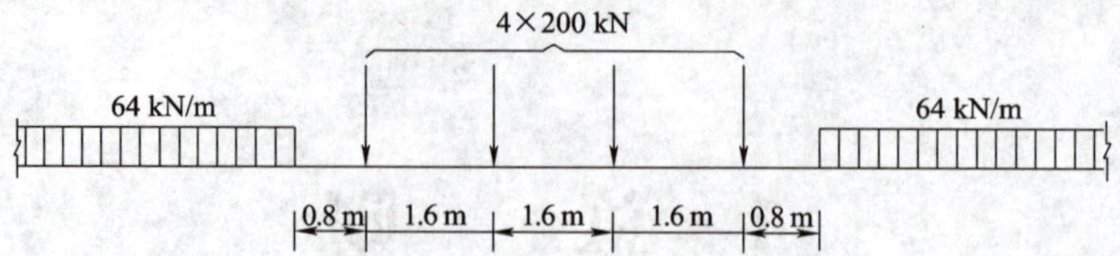

图 1.0.7—1　ZK 标准活载图式

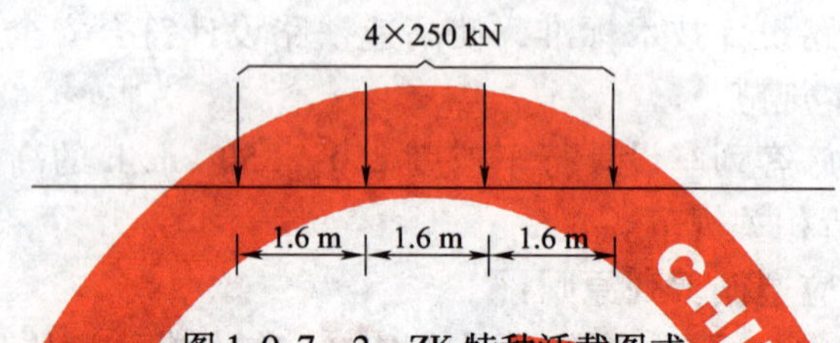

图 1.0.7—2　ZK 特种活载图式

1.0.11　高速铁路设计除应符合本规范外，尚应符合国家现行有关标准的规定。

2 术语和符号

2.1 术 语

2.1.1 高速铁路 high - speed railway

新建铁路旅客列车设计最高行车速度达到250 km/h及以上的铁路。

2.1.2 总体设计 general design

总体设计是指完成铁路工程建设项目的总体目标和实现目标的技术路径的设计过程，包含合理选定主要技术标准、线路走向和建设方案，明确系统构成并选定系统集成方案，明确工期、投资和其他控制目标以及系统可靠性与内部控制设计等工作内容。

2.1.3 系统集成 system Integration

系统集成是在系统工程科学方法的指导下，根据项目需求，优选各种技术和产品，将各个分离的子系统连接成为一个完整可靠经济和有效的整体，并使之能彼此协调工作，发挥整体效益，达到整体性能最优。

2.1.4 综合维修天窗 comprehensive maintenance window

在列车运行图中，对某一区间、某一时段终止列车运行并停电，用于线路、接触网等设备检修的时间。

2.1.5 通过能力 passing capacity

在一定的行车组织条件下，区段内各种固定设备，在一昼夜中所能通过或接发的最多列车数（或列车对数）。

2.1.6 输送能力 carrying capacity

在一定技术设备和行车组织的条件下，一列车一昼夜内能够运送的旅客人数。

2.1.7 工后沉降 settlement after civil works

铺轨工程完成以后，基础设施产生的沉降量。

2.1.8 ZK活载 ZK-live load

中国高速铁路列车设计活载。

2.1.9 设计使用年限 designed service life

设计人员用以作为结构耐久性设计依据并具有足够安全度或保证率的目标使用年限。设计使用年限应由业主或用户与设计人员共同确定，并满足有关法规的要求。

2.1.10 隧道洞口缓冲结构 the buffer structure of tunnel portal

隧道两端洞口有建筑物或有特殊环境要求时，为缓解空气动力学效应，减小声震危害在洞口设置的结构。

2.1.11 动车组 multiple unit（EMU）

具有牵引动力、固定编组、在日常运用维修中不摘钩的一组列车。

2.1.12 动车组走行线 running line for multiple units

出入动车段（所、场）专用的动车组走行线路。

2.1.13　养护维修列车走行线　running track for maintenance and repair train

专门用于养护维修列车走行的线路。

2.1.14　综合接地系统　integrated earthing system

将铁路沿线的牵引供电、电力供电、通信、信号及其他电子信息系统、建筑物、轨道、车站、桥梁、隧道、声屏障等需接地的装置通过公用地线连成一体的接地系统。

2.1.15　中国列车运行控制系统 2 级　Chinese train control system level 2

基于轨道传输信息的列控系统，由轨道电路结合应答器发送列控信息。

2.1.16　中国列车运行控制系统 3 级　CTCS level 3

基于无线传输信息并采用轨道电路等方式检查列车占用情况的列控系统。

2.1.17　无线闭塞中心　radio block center（RBC）

采用无线通信方式实现列车间隔控制的地面设备。系统接收所有列车的位置信息，向所有列车发出行车许可并提供列车间隔控制功能。

2.1.18　列控中心　train control center

用于 CTCS－2 级列控系统的列车控制、产生进路命令、速度信息设备的总称。

2.1.19　临时限速　temporary speed restriction

临时情况下的速度限制。

2.1.20　应答器　balise

存储和发送报文的高速数据传输设备。

2.1.21　无源应答器　fixed balise

发送已存储的固定报文的传输设备。

2.1.22　有源应答器　active balise

通过专用电缆与地面电子单元连接，发送实时可变报文的传输设备。

2.1.23　地面电子单元　line－side electric unit

数据采集与处理单元，通过串行通信接口或其他接口方式与列控中心连接，周期接收列控中心发送的实时变化的信息，并连续向有源应答器发送报文的电子设备。

2.1.24　用户平均总停电次数　average power failure interruption to customer

每个用户在每单位时间内的平均停电次数。停电包括故障停电次数和计划停电次数。

2.1.25　用户平均总停电时间　average outage duration for customer

每个用户在单位时间内的平均停电持续时间，包括故障停电时间和计划检修停电时间。

2.1.26　供电可靠率　power supply reliability ratio

一年中用户经受的不停电小时总数与用户要求的总供电小时数之比。

2.2　缩略语

AN　Access Network　接入网

AS　Autonomous System　自治域

BAS　Building Automation System　机电设备监控系统

BITS　Building Integrated Timing Supply　大楼综合定时供给设备

BSC　Base Station Controller　基站控制器

C/I　Carry/Interfere　同频干扰保护比

C/A　Carry/Adjacent　邻频干扰保护比

CIR　Cab Integrated Radio communication equipment　机车综合无线通信设备

DDF　Digital Distribution Frame　数字配线架

DDN　Digital Data Network　数字数据网

FAS　Fire Alarm System　火灾自动报警系统

FE　Fast Ethernet　快速以太网

GE　Gigabit Ethernet　千兆以太网

GK　Gate Keeper 网守

GW　Gate Way 网关

ISDN　Integrated Services Digital Network　综合服务数字网

LEU　Line – side Electric Unit　地面电子单元

MCU　Multi – point Control Unit　多点控制设备

MPLS　Multi – Protocol Label Switching　多协议标记交换

MSC　Mobilc Switching Center　移动交换中心

MSTP　Multi – Service Transfer Platform　多业务传送平台

ODF　Optical Distribution Frame　光纤配线架

POS　Packet Over SDH　承载在同步传输网的数据包

POTS　Plain Old Telephone Service　普通电话业务

QOS　Quality of Service　服务质量

SCADA　Supervisory Control and Data Acquisition　数据采集与控制系统

SDH　Synchronous Digital Hierarchy　同步数字系列

TCP/IP　Transmission Control Protocol　传输控制协议/IP Internet Protocol 互联网协议

TRAU　Transcoder/Rate Adapter Unit　编译码和速率适配器单元

VPN　Virtual Private Network　虚拟专用网

VDF　Voice Distribution Frame　语音配线架

CTC　Centralized Traffic Control　调度集中

CTCS　Chinese Train Control System　中国列车运行控制系统

VC　Vital Computer　车载安全计算机

RAMS　Reliability，Availability，Maintainability，Safety　可靠性，可用性，可维护性，安全性

RBC　Radio Block Center　无线闭塞中心

TCC　Train Control Center　列控中心

TSR　Temporary Speed Restriction　临时限速

TSRS　Temporary Speed Restriction Server　临时限速服务器

TSRT　Temporary Speed Restriction Terminal　临时限速操作终端

2.3 符　号

V——设计行车速度（km/h）

V_{sj}——设计最高速度（km/h）

R——平面曲线半径（m）

R_{sh}——竖曲线半径（m）

K_{30}——地基系数（MPa/m）

E_{Vd}——动态变形模量（MPa）

E_{V2}——二次变形模量（MPa）

K——压实系数

L_{φ}——桥梁结构的有效加载长度（m）

n_0——简支梁竖向自振频率的限值（Hz）

F——离心力（kN）

N——ZK 标准活载图式中的集中荷载（kN）

f——离心力折减系数

3 总体设计

3.1 一般规定

3.1.1 高速铁路设计应统一规划、整体构思、逐步深化，以总体设计统筹专业设计，科学合理地实现建设意图。

3.1.2 高速铁路总体设计应在充分研究项目需求和各种相关因素的基础上，合理选定主要技术标准、线路走向和建设方案；确定系统构成并选定系统集成方案；确定工期、投资和其他控制目标。

3.1.3 高速铁路总体设计应符合旅行时间与最高运行速度、旅客舒适度、节能与环保、安全与防灾、旅客列车开行原则与开行方案等目标要求。

3.2 主要技术标准

3.2.1 高速铁路主要技术标准应根据其在铁路网中的作用、沿线地形、地质条件、输送能力和运输需求等，在设计中按系统优化的原则经综合比选确定。

高速铁路设计应包含下列主要技术标准：

——设计速度；

——正线线间距；

——最小平面曲线半径；

——最大坡度；

——到发线有效长度；

——动车组类型；

——列车运行控制方式；

——行车指挥方式；

——最小行车间隔。

3.2.2 设计速度应根据项目在铁路快速客运网中的作用、运输需求、工程条件，进行综合技术经济比较确定，应符合旅行时间目标值的要求。

3.2.3 高速铁路应按一次建成双线电气化铁路设计，正线应按双方向行车设计。

3.2.4 正线线间距、最小平面曲线半径、最大坡度应根据设计行车速度、运输组织模式、安全和舒适度要求等因素确定。

3.2.5 到发线有效长度应采用650 m。

3.2.6 动车组类型应与旅客列车行车速度相适应。

3.2.7 高速铁路列车运行控制方式应采用基于轨道电路传输的 CTCS－2 级列控系统或基于 GSM－R 无线通信传输的 CTCS－3 级列控系统。当采用 CTCS－3 级列控系统时，CTCS－2 级列控系统作为后备模式。

时速 250 km/h 高速铁路列车运行控制方式采用 CTCS－2 级列控系统。

3.2.8 行车指挥方式应采用调度集中控制系统。

3.2.9 最小行车间隔按照运输需求研究确定，宜采用 3 ~4 min。

3.2.10 设计速度、线间距、线路平面和线路纵断面等标准应系统设计、协调匹配。

3.3 系统集成设计

3.3.1 高速铁路系统应由土建工程、牵引供电、列车运行控制、高速列车、运营调度、客运服务等子系统构成。

3.3.2 高速铁路系统集成应注重各系统间标准匹配协调、接口设计协调、固定和移动设施匹配兼容，实现系统优化。

3.3.3 高速铁路接口设计应遵循下列原则：

1 注重土建工程之间设计的协调。路基、桥涵及隧道等各类构筑物的设计应注意各构筑物间变形协调，应尽量避免不同构筑物间的频繁过渡，应重视轨道刚度均匀性和不同轨道结构间的刚度过渡。

2 注重土建工程与相关专业之间设计的协调。路基、桥涵和隧道附属工程设计应符合电缆槽、接触网、声屏障、综合接地线、线路标志、站区过轨管线，以及牵引变电、电力、通信、信号电缆过轨等设备设置要求。

3 注重项目各设计阶段之间、分段设计的项目各段之间、项目与外部相关工程之间以及与相邻铁路之间的接口协调。

3.4 综合选线

3.4.1 高速铁路选线设计应遵循下列原则：

1 符合铁路网总体规划。

2 提高工程质量和运输效率，降低维护成本。

3 行经主要城市吸引客流、方便旅客出行。

4 与城市总体规划、地方交通、农田水利和其他工程建设相协调，做到布局合理。

5 铁路选线和总体设计应从系统工程角度统筹考虑边坡防护及防排水工程，优化线路平、纵断面，做好工程方案比较，合理确定工程类型。

6 应绕避各类不良地质体，对于难以绕避的不良地质体应在详细地质勘察的基础上做好工程整治措施，确保运营安全。

7 路基工程应避免高填、深挖和长路堑，特殊岩土、不良地质区段应严格控制路基填挖高度。

8 复杂地形地貌、地质不良条件下的深切冲沟地段，线路平、纵断面应符合桥梁或涵洞设置要求。

9 符合环境保护、水土保持、土地节约及文物保护的要求。

3.4.2 引入铁路枢纽及大型城市客运站设计应遵循下列原则：

1 结合城市及铁路枢纽总体规划，逐步形成“客货分线、客内货外”的总格局。

2 综合研究确定客运站数量。

3 客运站站址选择结合城市总体规划和引入方向，形成综合交通枢纽。

4 统筹考虑动车段（所）的设置向集中化、大型化方向发展，并预留远期发展条件。

5 有多条线路引入的大型客运站根据运输需要，按主要线路疏解、次要线路换乘的原则设置联络线。

3.4.3 高速铁路定线设计应结合自然与工程条件，并遵循下列原则：

1 线路空间曲线按列车运行速度及速差设计。

2 车站分布应满足沿线客流分布及城镇居民的旅行需要、优化开行方案的需要、设计能力并考虑养护维修的需要，以及大中城市、重要交通枢纽和旅游胜地等旅客出行的需要。

3 路基、桥涵及隧道等工程分布应综合技术经济比选后确定。

4 轨道的结构形式应根据线下工程、环境条件等具体情况，经技术经济比较后合理选择。

5 选线设计应考虑钢轨伸缩调节器与桥梁孔跨、结构的关系。

6 应综合布置动车段（所）、综合维修设施。

3.5 其　　他

3.5.1 高速铁路设计应注重质量、安全、工期、投资、环保和科技创新的综合优化。

3.5.2 高速铁路应建立勘测设计、施工、运营维护三网合一的精密测量网。

3.5.3 高速铁路勘察设计应加强地质调绘和勘探、试验工作，地质勘察工作应符合路基、桥梁、隧道、建筑等主体结构沉降计算要求，必要时开展区域地面沉降对高速铁路工程影响及对策研究。

3.5.4 高速铁路应加强安全性设计，应将安全设计、安全评估贯穿于设计全过程。

3.5.5 高速铁路特殊结构设计应进行车、线、桥（或路基、隧道）动力仿真计算，使车、线、桥（或路基、隧道）耦合动力响应符合行车安全性和乘坐舒适度要求。

3.5.6 高速铁路路基、桥涵及隧道等主体结构设计使用年限为 100 年，无砟轨道主体结构设计使用年限应不小于 60 年。

3.5.7 高速铁路设计应重视保护生态环境、自然景观和人文景观；重视水土保持、生态环境敏感区、湿地的保护和防灾减灾及污染防治工作。

3.5.8 高速铁路工期安排应遵循下列原则：

1 突出高速铁路建设技术标准高、系统复杂的特点，抓住精密测量、线形控制及沉降变形观测、无砟轨道、系统集成、联调联试及试运行等影响建设质量的关键环节，系统规划，统筹安排，符合各项技术要求。

2 立足于现有铁路施工技术装备水平和技术发展水平，并积极推广采用新技术、新工艺、新材料和新设备，体现社会平均先进水平。

3 突出施工准备、路基桥梁隧道等线下工程、箱梁架设、轨道工程、大型站房、站后配套工程、联调联试及试运行等控制工期的关键工程，符合各主要工程间技术和接口要求。

4 贯彻对劳动力、大型专有设备、周转性材料等施工资源进行综合优化的原则，并应符合动态设计的要求及减少不稳定因素的影响。

3.5.9 加强轮轨系统噪声、弓网系统噪声、机电系统噪声、空气动力学噪声等减震降噪设计，并采取适宜的工程措施。

3.5.10 投资控制应从技术标准、方案和工程措施选择等多方案比选，贯彻科学定标、适度从紧、强本简末、节省投资的原则。

4 运输组织

4.1 一般规定

4.1.1 运输组织可采用不同速度等级列车共线运行的模式或相同速度等级列车共线运行的模式。

4.1.2 旅客列车开行应遵循下列原则：

1 列车开行方案应以大站间客运需求交流（OD）为依据，按流、车对应原则进行设计；应提高全线各车站，特别是大、中型车站旅客列车停站的服务频率；应结合旅客出行时段需求，在高峰时段加大列车密度；主要车站间列车的始发、终到时间应规律化。

2 客运需求较大的站间，应组织开行不停站直达和交错停站方式的旅客列车。

4.1.3 高速铁路的车站分布应满足下列需求：

1 沿线客流分布及城镇居民的旅行需要。

2 优化开行方案的需要。

3 设计能力及养护维修的需要。

4 在大中城市、重要交通枢纽和重要旅游胜地等处设置车站。

4.2 运行图

4.2.1 列车运行图编制应符合下列规定：

1 各种追踪列车间隔时间应根据列车牵引制动性能、列车控制方式和车站到发线数量、道岔配置等情况具体计算确定。

2 列车区间运行时间应采用牵引计算结果。

3 列车起停车附加时分应采用牵引计算结果，但起车附加时分不应大于2.5 min，停车附加时分不应大于1.5 min。

4 综合维修天窗时间不应少于240 min。

5 立即折返动车组折返时间不宜大于24 min；入段（所）作业时间宜采用120 min。

4.3 线路通过能力与输送能力

4.3.1 区间通过能力应按客运区段计算，并以最高速度等级的列车对（列）数表示。采用图解法或分析计算法对下列通过能力进行计算：

1 全高速平行运行图区间通过能力。

2 全高速非平行运行图区间通过能力和高峰小时区间通过能力。

3　不同速度等级列车共线运行的区间通过能力。

4　线路输送能力应分别计算全高速列车运行及不同速度等级列车共线运行的输送能力。

4.3.2　车站通过能力计算应遵循下列原则：

1　车站通过能力应根据车站设备配置和作业组织方案，按照最大限度利用平行进路和均衡、合理使用股道的原则，计算全日及高峰时段到发线通过能力、咽喉通过能力。

2　各项作业占用车站设备的时间标准应根据车站布置形式、列车运行控制方式、道岔型号等分步骤详细计算确定。

5 线 形

5.1 一般规定

5.1.1 线路平、纵断面设计应重视线路空间曲线的平顺性，提高旅客乘坐舒适度。

5.1.2 全部列车均停站的车站两端减加速地段，可采用与设计速度相应的标准；部分列车停站的车站两端减加速地段，应根据速差条件，采用相适应的技术标准，符合舒适度要求。

5.1.3 线路平、纵断面设计应符合轨道铺设精度要求。

5.2 线路平面

5.2.1 正线的线路平面曲线半径应因地制宜，合理选用。与设计行车速度匹配的平面曲线半径，如表5.2.1所示。

表5.2.1 平面曲线半径表（m）

设计行车速度（km/h）	350/250	300/200	250/200	250/160
有砟轨道	推荐8 000～10 000；一般最小7 000；个别最小6 000	推荐6 000～8 000；一般最小5 000；个别最小4 500	推荐4500～7 000；一般最小3 500；个别最小3 000	推荐4 500～7 000；一般最小4 000；个别最小3 500
无砟轨道	推荐8 000～10 000；一般最小7 000；个别最小5 500	推荐6 000～8 000；一般最小5 000；个别最小4 000	推荐4 500～7 000；一般最小3 200；个别最小2 800	推荐4 500～7 000；一般最小4 000；个别最小3 500
最大半径	12 000	12 000	12 000	12 000

注：个别最小半径值需进行技术经济比选，报部批准后方可采用。

5.2.2 正线不应设计复曲线。

5.2.3 区间正线宜按线间距不变的并行双线设计，并宜设计为同心圆。

5.2.4 线间距设计应符合下列规定：

1 区间及站内正线线间距不应小于表5.2.4的标准，曲线地段可不加宽。

表5.2.4 区间及站内正线线间距

设计行车速度（km/h）	350	300	250
最小线间距（m）	5.0	4.8	4.6

2 正线与联络线、动车组走行线并行地段的线间距，应根据相邻一侧线路的行车速度及其技术要求和相邻线的路基高程关系，考虑站后设备、路基排水设备、声屏障、桥涵等建（构）筑物以及保障技术作业人员安全的作业通道等有关技术条件综合研究

确定，最小不应小于 5.0 m。

3　正线与既有铁路或客货共线铁路并行地段线间距不应小于 5.3 m。当两线不等高或线间设置其他设备时，最小线间距应根据相关技术要求计算确定。

4　隧道双洞地段两线间距应根据地质条件、隧道结构及防灾与救援要求，综合分析研究确定。

5.2.5　直线与圆曲线间应采用缓和曲线连接。缓和曲线采用三次抛物线线形。缓和曲线长度应根据设计行车速度、曲线半径和地形条件按表 5.2.5 合理选用，正常情况应选用（1）栏值。

表 5.2.5　缓和曲线长度（m）

设计行车速度（km/h） 曲线半径（m）	350			300			250		
	（1）	（2）	（3）	（1）	（2）	（3）	（1）	（2）	（3）
12 000	370	330	300	220	200	180	140	130	120
11 000	410	370	330	240	210	190	160	140	130
10 000	470	420	380	270	240	220	170	150	140
9 000	530	470	430	300	270	250	190	170	150
8 000	590	530	470	340	300	270	210	190	170
7 000	670	590	540	390	350	310	240	220	190
	680*	610*	550*						
6 000	670	590	540	450	410	370	280	250	230
	680*	610*	550*						
5 500	670	590	540	490	440	390	310	280	250
	680*	610*	550*						
5 000	—	—	—	540	480	430	340	300	270
4 500				570	510	460	380	340	310
				585*	520*	470*			
4 000	—	—	—	570	510	460	420	380	340
				585*	520*	470*			
3 500	—	—	—				480	430	380
3 200	—	—	—	—	—	—	480	430	380
3 000	—	—	—	—	—	—	480	430	380
							490*	440*	400*
2 800	—	—	—				480	430	380
							490*	440*	400*

注：1　表中（1）栏为舒适度优秀条件值，（2）栏为舒适度良好条件值，（3）栏为舒适度一般条件值；

2　*号标志，表示为曲线设计超高 175mm 时的取值。

5.2.6　相邻两曲线间的夹直线和两缓和曲线间的圆曲线最小长度应根据下列公式计算确定，并应符合表 5.2.6 的规定。

表 5.2.6 圆曲线或夹直线最小长度

设计行车速度（km/h）	350	300	250
圆曲线或夹直线最小长度（m）	280（210）	240（180）	200（150）

注：括号内为困难条件下采用的最小值。

一般条件下：$L \geqslant 0.8V$ （5.2.6—1）

困难条件下：$L \geqslant 0.6V$ （5.2.6—2）

式中 L——夹直线和圆曲线长度（m）；

V——设计速度数值（km/h）。

5.2.7 连续梁、钢梁及较大跨度的桥梁宜设在直线上。困难条件下，经技术经济比选，也可设在曲线上。

5.2.8 隧道宜设在直线上。因地形、地质等条件限制可设在曲线上，但不宜设在反向曲线上。

5.2.9 站坪长度应根据远期车站布置要求确定。

5.2.10 车站应设在直线上。

5.2.11 正线上缓和曲线与道岔间的直线段长度应根据下列公式计算确定，并应符合表5.2.11的规定。

一般条件下：$L \geqslant 0.6V$ （5.2.11—1）

困难条件下：$L \geqslant 0.5V$ （5.2.11—2）

式中 L——直线段长度（m）；

V——设计速度数值（km/h）。

表 5.2.11 正线缓和曲线与道岔间的直线段最小长度

设计行车速度（km/h）	350	300	250
直线段最小长度（m）	210（170）	180（150）	150（120）

注：括号内为困难条件下采用的最小值。

5.2.12 钢轨伸缩调节器不应设在曲线上。

5.3 线路纵断面

5.3.1 区间正线的最大坡度，不宜大于20‰，困难条件下，经技术经济比较，不应大于30‰。

动车组走行线的最大坡度不应大于35‰。

5.3.2 正线宜设计为较长的坡段，最小坡段长度应符合表5.3.2的规定。一般条件的最小坡段长度不宜连续采用。困难条件的最小坡段长度不得连续采用。

表 5.3.2 最小坡段长度

设计行车速度（km/h）	350	300	250
一般条件（m）	2 000	1 200	1 200
困难条件（m）	900	900	900

注：困难条件的最小坡段长度需进行技术经济比选，报部批准后方可采用。

5.3.3 坡段间的连接应符合下列规定:

1 正线相邻坡段的坡度差大于或等于1‰时，应采用圆曲线型竖曲线连接，最小竖曲线半径应根据所处区段设计行车速度按表5.3.3—1选用，最大竖曲线半径不应大于30 000 m。最小竖曲线长度不得小于25 m。

表5.3.3—1 最小竖曲线半径

设计行车速度(km/h)	350	300	250
最小竖曲线半径(m)	25 000	25 000	20 000

2 竖曲线(或变坡点)与缓和曲线、道岔及钢轨伸缩调节器均不得重叠设置。

3 竖曲线与平面圆曲线不宜重叠设置，困难条件下，应符合表5.3.3—2的规定。

表5.3.3—2 竖曲线与平面圆曲线重叠设置的曲线半径最小值

设计行车速度(km/h)		350	300	250
平面最小圆曲线半径(m)	有砟轨道	7 000	5 000	3 500
	无砟轨道	6 000	4 500	3 000
最小竖曲线半径(m)		25 000	25 000	20 000

4 动车组走行线相邻坡段坡度差大于3‰时设置圆曲线型竖曲线，竖曲线半径一般5 000m，困难条件3 000 m。

5.3.4 正线两线并行时，两线轨面高程宜按等高(曲线地段为内轨面等高)设计。

正线与联络线、动车组走行线、既有线并行时，其轨面设计高程应根据路基横断面设计情况综合研究确定。

5.3.5 连续梁、钢梁及较大跨度梁的桥上纵断面设计应符合桥梁设计的技术要求。

5.3.6 隧道内的坡道可设置为单面坡道或人字坡道，地下水发育的长隧道宜采用人字坡，其坡度不应小于3‰。

路堑地段线路坡度不宜小于2‰。

5.3.7 跨越排洪河道的特大桥和大中桥的桥头路基、水库和滨河地段、行洪及滞洪区的浸水路堤，其路肩设计高程应按有关设计规范并结合国家防洪标准设计。

5.3.8 站坪宜设在平道上；困难条件下，可设在不大于1‰的坡道上；特别困难条件下，可设在不大于2.5‰的坡道上；越行站可设在不大于6‰的坡道上。到发线有效长度范围内宜采用一个坡段。

车站咽喉区的正线坡度宜与站坪坡度一致；困难条件下可适当加大，但不宜大于2.5‰；特别困难条件下不应大于6‰。

5.4 交叉、附属设施及其他

5.4.1 铁路与公(道)路交叉，应按全立交设计。

5.4.2 跨越通航河流的桥梁纵断面设计除应符合水文条件、桥梁结构要求外，还应符合通航净空的要求。

5.4.3 区间线路应采用防护栅栏进行贯通封闭，防护栅栏选型应符合有关规定。路基地段和平原微丘区及城镇附近旱桥地段应设置贯通的防护栅栏，防护栅栏设置在铁路用地界内侧 0.5 m 处。防护栅栏在维修人员进出口及每隔 200 m 处左右设警示标志。

在综合工区（保养点）及车站等处应设置维修养护车辆进出口通道；区间地段应根据地面道路的交通情况及其他维修养护要求，设置维修用进出口通道。

5.4.4 正线及车站用地界标（桩）应埋设在铁路地界线上和地界拐点处，埋设间距直线宜为 150 m，曲线宜为 40 m。

5.4.5 铁路线路两侧安全保护区边界应设置安全保护区标桩，标桩的设置应符合《铁路运输安全保护条例》的有关规定。

5.4.6 当公路和高速铁路并行且公路路面标高高于铁路，或低于铁路 1.5m 以内，应在公路与高速铁路间适宜位置设置防护栏及监测设备。

6 路 基

6.1 一般规定

6.1.1 路基主体工程应按土工结构物进行设计。路基工程应加强地质调绘和勘探、试验工作，查明基底、路堑边坡、支挡结构基础等的岩土结构及其物理力学性质，查明不良地质情况，查明填料性质和分布等，在取得可靠地质资料的基础上开展设计。

6.1.2 路基主体工程设计使用年限为 100 年。路基排水设施结构设计使用年限为 30 年，路基边坡防护结构设计使用年限为 60 年。

6.1.3 路基工程应保障列车高速行驶的安全性和舒适性。路基基床表层的刚度应满足列车运行时产生的弹性变形能控制在一定范围内的要求；其强度应能承受列车荷载的长期作用；其厚度应使扩散到其底层面上的动应力不超过基床底层土的长期承载能力。基床表层填料应具有优良的级配、较高的密实度、强度及良好的水稳性；能够防止地表水侵入导致基床软化及产生翻浆冒泥、冻胀等基床病害。

6.1.4 路基填料的材质、级配、水稳性等应符合高速铁路的技术要求，填筑压实应符合相关标准的规定。

6.1.5 路基填料最大粒径在基床底层内应小于 60 mm，在基床以下路堤内应小于 75 mm。

6.1.6 路堤填筑前应进行现场填筑试验。

6.1.7 路基与桥台、横向结构物、隧道及路堤与路堑、有砟轨道与无砟轨道等连接处均应设置过渡段，保证刚度及变形在线路纵向的均匀变化。

6.1.8 路基工后沉降值应控制在允许范围内，地基处理措施应根据地形和地质条件、路堤高度、填料及工期等进行计算分析确定。对路基与桥台及路基与横向结构物过渡段、地层变化较大处和不同地基处理措施连接处，应采取逐渐过渡的地基处理方法，减少不均匀沉降。路基施工应进行系统的沉降观测，铺轨前应根据沉降观测资料进行分析评估，确定路基工后沉降符合要求后方可进行轨道铺设。

6.1.9 路基支挡、加固、防护工程应符合高速铁路路基安全稳定的要求，路基边坡宜采用绿色植物防护，并兼顾景观与环境保护、水土保持、节约土地等要求。

6.1.10 路基防排水工程应系统规划，满足防排水要求，并及时实施。

6.1.11 **路基设计应符合防灾减灾要求，提高路基抵抗连续强降雨、洪水及地震等自然灾害的能力。**

6.1.12 路基上的轨道及列车荷载换算土柱高度和分布宽度应符合表 6.1.12 的规定。

6.1.13 车站两端正线、利用既有铁路地段、联络线、动车组走行线和养护维修列车走行线等路基设计标准按其设计最高速度确定，路基基床结构变化处应设置长度不小于 10 m 的渐变段。

6.1.14 路基工程应加强接口设计，合理设置电缆槽、电缆过轨、接触网支柱基础、声屏障基础及综合接地等相关工程，避免因相关工程影响路基防排水系统、路基强度及稳定。

表 6.1.12 轨道和列车荷载换算土柱高度及分布宽度

列车活载种类	设计轴重（kN）	轨道形式	分布宽度（m）	计算高度（m）土的重度（kN/m^3）				
				18	19	20	21	22
ZK 活载	200	CRTS Ⅰ型板式无砟轨道	3.0	3.1	2.9	2.8	2.6	2.5
		CRTS Ⅰ型双块式无砟轨道	3.4	2.8	2.7	2.6	2.4	2.3
		CRTS Ⅱ型板式无砟轨道	3.25	2.9	2.7	2.6	2.5	2.3
		有砟轨道	3.4	3.0	2.8	2.7	2.6	2.4

6.2 路基面形状及宽度

6.2.1 无砟轨道支承层（或底座）底部范围内路基面可水平设置，支承层（或底座）外侧路基面两侧设置不小于4%的横向排水坡。有砟轨道路基面形状应为三角形，由路基中心向两侧设置不小于4%的横向排水坡。曲线加宽时，路基面仍应保持三角形。

6.2.2 有砟轨道路基两侧的路肩宽度，双线不应小于1.4 m，单线不应小于1.5 m。

6.2.3 直线地段标准路基面宽度应符合表6.2.3的规定。

表 6.2.3 路基面标准宽度

轨道类型	设计最高速度（km/h）	双线线间距（m）	路基面宽度 单线（m）	路基面宽度 双线（m）
无砟轨道	250	4.6	8.6	13.2
	300	4.8		13.4
	350	5.0		13.6
有砟轨道	250	4.6	8.8	13.4
	300	4.8		13.6
	350	5.0		13.8

6.2.4 路基面在无砟轨道正线曲线地段一般不加宽，当轨道结构和接触网支柱等设施的设置有特殊要求时，根据具体情况分析确定；有砟轨道正线曲线地段加宽值应在曲线外侧按表6.2.4的规定加宽。曲线加宽值应在缓和曲线内渐变。

表 6.2.4 有砟轨道曲线地段路基面加宽值

设计最高速度（km/h）	曲线半径 R（m）	路基外侧加宽值（m）	设计最高速度（km/h）	曲线半径 R（m）	路基外侧加宽值（m）
250	$R \geq 10\ 000$	0.2	300	$9\ 000 > R \geq 7\ 000$	0.4
	$10\ 000 > R \geq 7\ 000$	0.3		$7\ 000 > R \geq 5\ 000$	0.5
	$7\ 000 > R \geq 5\ 000$	0.4		$R < 5\ 000$	0.6
	$5\ 000 > R \geq 4\ 000$	0.5	350	$R > 12\ 000$	0.3
	$R < 4\ 000$	0.6		$12\ 000 \geq R > 9\ 000$	0.4
300	$R \geq 14\ 000$	0.2		$9\ 000 \geq R \geq 6\ 000$	0.5
	$14\ 000 > R \geq 9\ 000$	0.3		$R < 6\ 000$	0.6

6.2.5　路基标准横断面如图 6.2.5—1 ~ 6.2.5—8 所示。

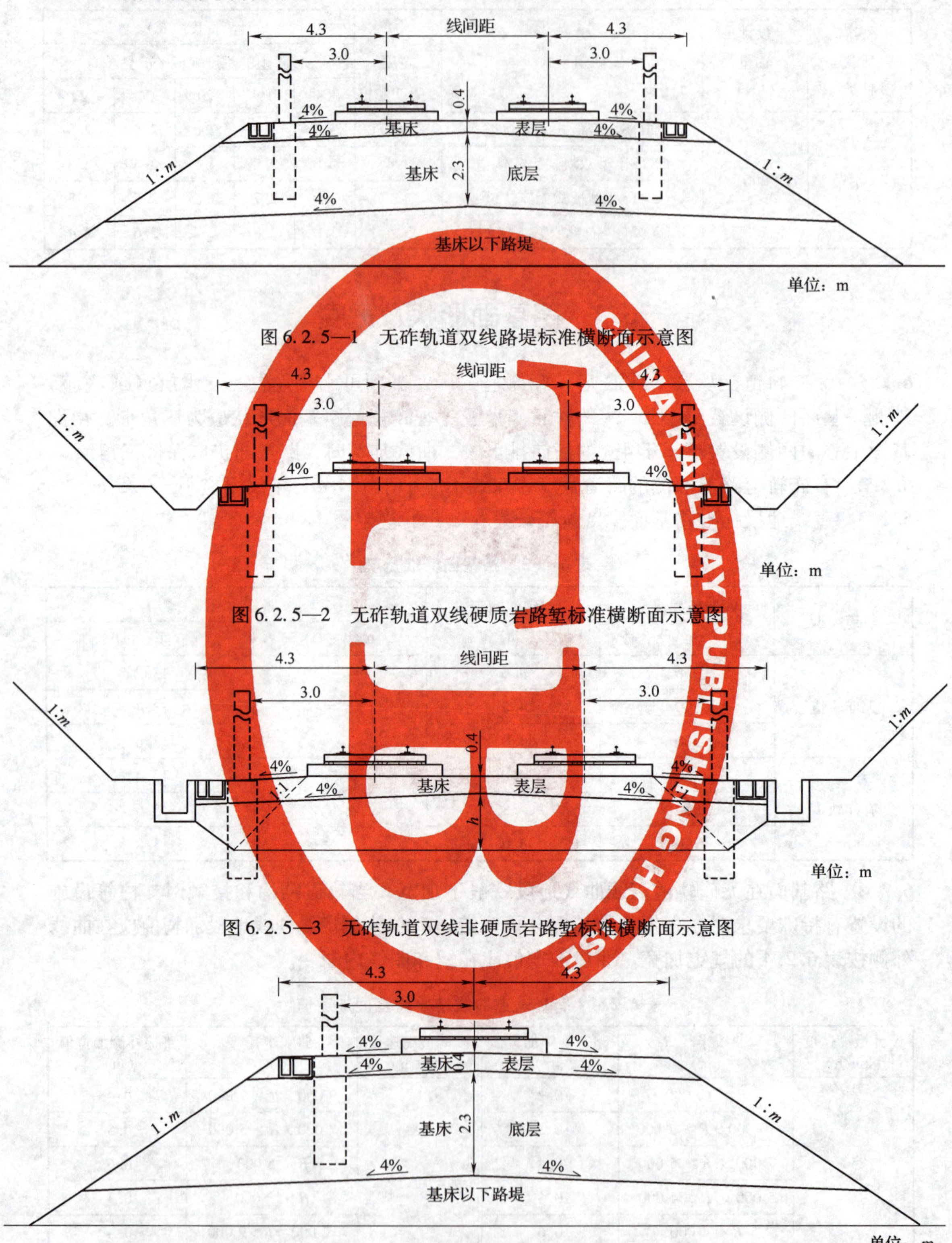

图 6.2.5—1　无砟轨道双线路堤标准横断面示意图

图 6.2.5—2　无砟轨道双线硬质岩路堑标准横断面示意图

图 6.2.5—3　无砟轨道双线非硬质岩路堑标准横断面示意图

图 6.2.5—4　无砟轨道单线路堤标准横断面示意图

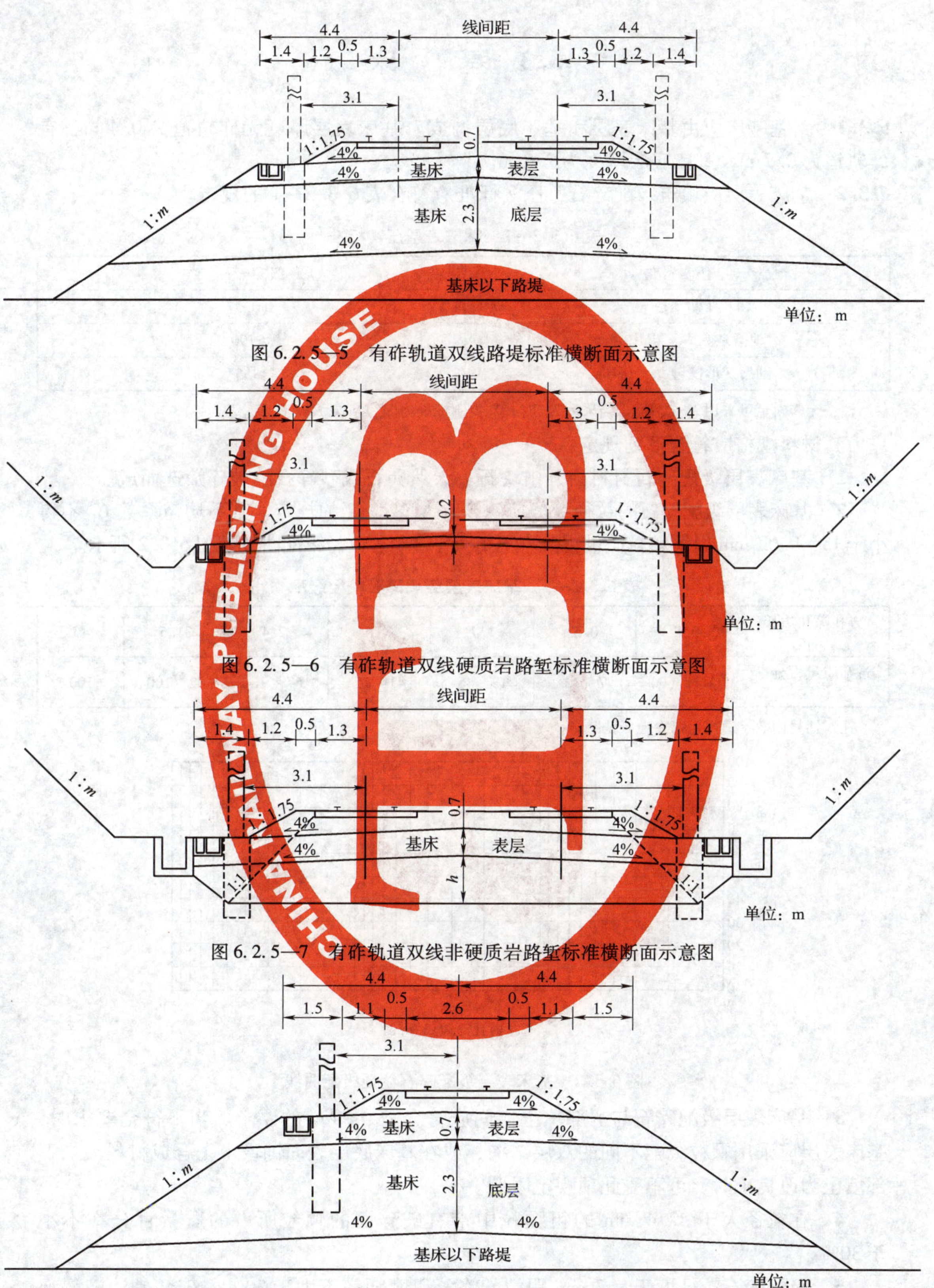

图 6.2.5—5 有砟轨道双线路堤标准横断面示意图

图 6.2.5—6 有砟轨道双线硬质岩路堑标准横断面示意图

图 6.2.5—7 有砟轨道双线非硬质岩路堑标准横断面示意图

图 6.2.5—8 有砟轨道单线路基标准横断面示意图

6.3 基 床

6.3.1 路基基床应由基床表层和基床底层构成。基床表层厚度无砟轨道为0.4 m，有砟轨道为0.7 m，基床底层厚度为2.3 m。

6.3.2 基床表层应填筑级配碎石，压实标准应符合表6.3.2—1的规定。

表6.3.2—1 基床表层压实标准

压实标准	级配碎石
压实系数 K	≥0.97
地基系数 K_{30}（MPa/m）	≥190
动态变形模量 E_{vd}（MPa）	≥55

注：无砟轨道可采用 K_{30} 或 E_{v2}。当采用 E_{v2} 时，其控制标准为 E_{v2} ≥120 MPa 且 E_{v2}/E_{v1} ≤2.3。

其材料规格应符合下列规定：

1 基床表层级配碎石材料由开山块石、天然卵石或砂砾石经破碎筛选而成。

2 基床表层级配碎石的粒径级配应符合表6.3.2—2的规定。其不均匀系数 C_u 不得小于15，0.02 mm以下颗粒质量百分率不得大于3%。粒径级配曲线如图6.3.2所示。

表6.3.2—2 基床表层级配碎石粒径级配

方孔筛孔边长（mm）	0.1	0.5	1.7	7.1	22.4	31.5	45
过筛质量百分率（%）	0～11（5）	7～32	13～46	41～75	67～91	82～100	100

注：括号内数字适用于寒冷地区铁路。

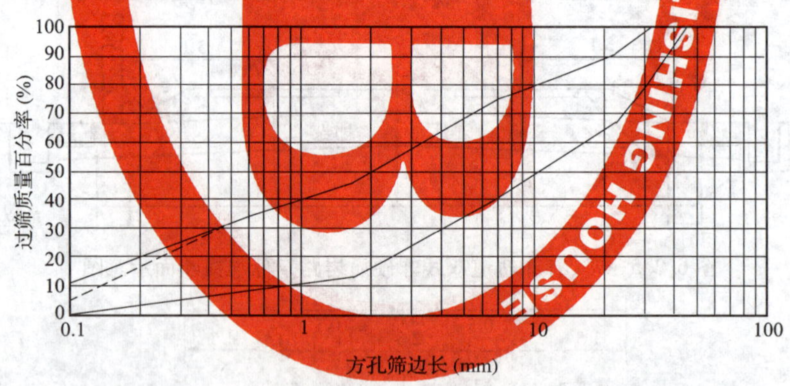

图6.3.2 基床表层级配碎石粒径级配曲线

3 基床表层级配碎石与下部填土之间应符合 $D_{15} < 4d_{85}$ 的要求。当不符合要求时，基床表层应采用颗粒级配不同的双层结构，或在基床底层表面铺设土工合成材料。当下部填土为改良土时，可不受此项规定限制。

4 在粒径大于22.4 mm的粗颗粒中带有破碎面的颗粒所占的质量百分率不小于30%。

5 级配碎石粒径大于1.7 mm颗粒的洛杉矶磨耗率不大于30%，硫酸钠溶液浸泡损失率不大于6%。粒径小于0.5 mm的细颗粒的液限不大于25%，塑性指数小于6。不得含有黏土及其他杂质。

6.3.3 基床底层应采用A、B组填料或改良土，A、B组填料粒径级配应符合压实性能要求，寒冷地区冻结影响范围填料应符合防冻胀要求。基床底层压实标准应符合表6.3.3的规定。

表6.3.3 基床底层填料及压实标准

压实标准	化学改良土	砂类土及细砾土	碎石类及粗砾土
压实系数 K	≥0.95	≥0.95	≥0.95
地基系数 K_{30}（MPa/m）	—	≥130	≥150
动态变形模量 E_{vd}（MPa）	—	≥40	≥40
7d饱和无侧限抗压强度（kPa）	≥350（550）	—	—

注：1 无砟轨道可采用 K_{30} 或 E_{v2}。当采用 E_{v2} 时，其控制标准为 E_{v2} ≥80 MPa且 E_{v2}/E_{v1} ≤2.5。

2 括号内数字为寒冷地区化学改良土考虑冻融循环作用所需强度值。

6.4 路 堤

6.4.1 基床以下路堤宜选用A、B组填料和C组碎石、砾石类填料，其粒径级配应符合压实性能要求；当选用C组细粒土填料时，应根据填料性质进行改良。基床以下路堤压实标准应符合表6.4.1的规定。

表6.4.1 基床以下路堤填料及压实标准

压实标准	化学改良土	砂类土及细砾土	碎石类及粗砾土
压实系数 K	≥0.92	≥0.92	≥0.92
地基系数 K_{30}（MPa/m）	—	≥110	≥130
7d饱和无侧限抗压强度（kPa）	≥250	—	—

注：无砟轨道可采用 K_{30} 或 E_{v2}。当采用 E_{v2} 时，其控制标准为 E_{v2} ≥45 MPa且 E_{v2}/E_{v1} ≤2.6。

6.4.2 路基工后沉降应符合下列规定：

1 无砟轨道路基工后沉降应符合扣件调整能力和线路竖曲线圆顺的要求。工后沉降不宜超过15 mm；沉降比较均匀并且调整轨面高程后的竖曲线半径符合式6.4.2的要求时，允许的工后沉降为30 mm。

$$R_{sh} \geq 0.4\,V_{sj}^2 \tag{6.4.2}$$

路基与桥梁、隧道或横向结构物交界处的工后沉降差不应大于5 mm，不均匀沉降造成的折角不应大于1/1 000。

2 有砟轨道路基工后沉降应符合表6.4.2要求。

表6.4.2 路基工后沉降控制标准

设计行车速度（km/h）	一般地段工后沉降（cm）	桥台台尾过渡段工后沉降（cm）	沉降速率（cm/年）
250	≤10	≤5	≤3
300、350	≤5	≤3	≤2

6.4.3 路基的稳定安全系数考虑列车荷载作用时不应小于1.25。

6.4.4 软土地基沉降可按本规范附录B计算，沉降计算值应经实际工程观测资料检验修正。

6.4.5 软土及松软土路基应结合工程实际，选择代表性地段提前修筑试验段。

6.4.6 受洪水或河流冲刷及受水浸泡的路堤部位，应采用水稳性好的渗水性材料填筑，并应放缓边坡坡率、设置边坡平台、加强边坡防护。

6.4.7 雨季滞水及排水不畅的低洼地段，浸水影响范围应以渗水性材料填筑，并应采取排水疏导措施。

6.4.8 在高地下水位（地下水位距地表不大于0.5 m）的黏性土地基上填筑路堤时，路堤底部应填筑渗水性材料。有条件时，宜采取降低地下水位的措施。

6.4.9 路堤边坡坡率可根据路基填料、路堤高度、地震力、基底地质条件、水文气候条件等因素综合分析确定。

6.4.10 地震区路堤应选用震动稳定性较好的填料，基底垫层材料应采用碎石（卵石）或粗砂夹碎（卵）石，不得采用细砂或中砂。

6.4.11 在可液化地基上填筑路堤时，应根据具体情况，采取换填、设置反压护道或地基加固等抗震措施。

6.4.12 黄土地段路基应加强防排水措施，采取封闭防水、拦截、疏导的处理原则，设置防冲刷、防渗漏和有利于水土保持的综合排水设施及防护工程，并妥善处理农田水利设施与路基的相互干扰。

当黄土具湿陷性或压缩性较高时，应根据地基土层性质、路堤填高、路基变形控制要求，确定湿陷性黄土处理措施。采用无砟轨道时，应采取可靠措施，消除地基湿陷性的影响。

6.4.13 岩溶地段路基应结合工程实际（岩溶地表形态、地表径流、地下水活动等）判别岩溶对路基工程的危害性，选择适宜的处理措施。

6.4.14 人为坑洞地段路基应根据坑洞的形成年代、埋深、坑洞高度、顶板岩性及力学性质、水文地质、工程地质条件等综合分析，分别采用明挖回填或钻孔充填、注浆等工程措施。

6.4.15 膨胀土路基应分析膨胀土作为地基的变形特性，可采取挖除换填等处理措施，并加强防排水及边坡防护工程。

6.5 路 堑

6.5.1 不易风化的硬质岩基床应按下列规定进行处理：

1 铺设无砟轨道时，开挖至路基面，直接在开挖面上施做支承层或底座。

2 铺设有砟轨道时，开挖至路基面以下0.2 m处，开挖面由路基中心向两侧设4%的横向排水坡，其上填筑级配碎石。

3 开挖面上的松动岩石应予清除。开挖面不平整处应采用强度等级不低于C25的混凝土嵌补。

6.5.2 软质岩及土质基床应满足本规范第6.3.2、6.3.3条的要求；基床范围内的地基应无 $P_s<1.5$ MPa或 $\sigma_0<0.18$ MPa的土层。不能满足时，应进行加固处理，并符合下列规定：

1 基床表层应换填级配碎石，并符合第6.3.2条要求。

2 天然地基符合基床底层土质要求时，可采取翻挖回填或加强碾压夯实的措施。

3 天然地基不符合基床底层土质要求时，可采取换填、地基改良或加固措施，换填范围应根据具体情况计算分析确定。

4 基床翻挖、换填或改良、加固处理时，应采取加强排水和防渗措施，分层压实应执行基床相应部位标准。

6.5.3 膨胀土、湿陷性黄土等特殊土的基床部分应视具体情况进行挖除换填、设置隔水防渗等措施，基床以下的膨胀土、湿陷性黄土等应在路基变形分析的基础上，采取封闭防水、排水或地基处理措施。

6.5.4 半填半挖路基轨道下横跨挖方与填方时，挖方部分可通过换填调整与填方部分的强度及刚度差异，换填厚度宜根据填方部分高度及地基条件确定。

6.5.5 路堑均应设置侧沟平台，平台宽度不宜小于1.0 m。在土石分界处、透水和不透水层交界面处及路堑边坡高度较大时，均应设置边坡平台，平台宽度不宜小于2.0 m，并应符合路堑边坡稳定性要求，边坡平台上应做好防水及加固措施。

6.5.6 路堑边坡形式和坡率应根据地层的工程地质、水文地质、气象条件、防排水措施及施工方法等因素通过力学分析综合确定。

6.6 过渡段

6.6.1 路堤与桥台连接处应设置过渡段，可采用沿线路纵向倒梯形过渡形式，如图6.6.1所示，并应符合下列规定：

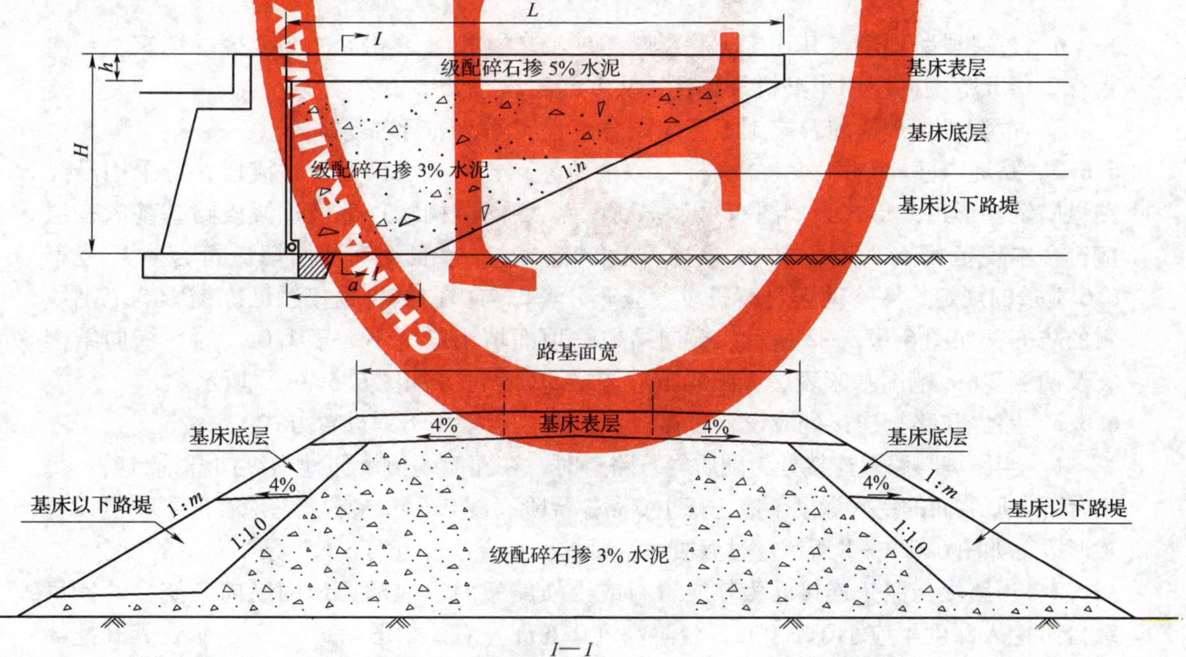

图6.6.1 台尾过渡段设置示意图

1 过渡段长度按式6.6.1确定，且不小于20 m。

$$L = a + (H - h) \times n \tag{6.6.1}$$

式中　L——过渡段长度（m）；

H——台后路堤高度（m）；

h——基床表层厚度（m）；

a——倒梯形底部沿线路方向长度，取 3 ~ 5 m；

n——常数，取 2 ~ 5。

2　过渡段路基基床表层应符合本规范第 6.3.2 条的要求，并掺入 5% 水泥。基床表层以下倒梯形部分分层填筑掺入 3% 水泥的级配碎石，级配碎石的级配范围应符合表 6.6.1 的规定，压实标准应符合压实系数 $K \geqslant 0.95$、地基系数 $K_{30} \geqslant 150$ MPa/m、动态变形模量 $E_{vd} \geqslant 50$ MPa。

3　过渡段桥台基坑应以混凝土回填或以碎石、灰土分层填筑并用小型机具碾压密实，混凝土应满足设计强度要求，碎石、灰土填筑应满足 $E_{vd} \geqslant 30$ MPa。

4　过渡段地基需要加固时应考虑与相邻地段协调渐变。

5　过渡段还应符合轨道特殊结构的要求。

表 6.6.1　碎石级配范围

级配编号	通过筛孔（mm）质量百分率（%）									
	50	40	30	25	20	10	5	2.5	0.5	0.075
1	100	95 ~ 100	—	—	60 ~ 90	—	30 ~ 65	20 ~ 50	10 ~ 30	2 ~ 10
2	—	100	95 ~ 100	—	60 ~ 90	—	30 ~ 65	20 ~ 50	10 ~ 30	2 ~ 10
3	—	—	100	95 ~ 100	—	50 ~ 80	30 ~ 65	20 ~ 50	10 ~ 30	2 ~ 10

注：颗粒中针状、片状碎石含量不大于 20%；质软、易破碎的碎石含量不得超过 10%。

6　过渡段路堤应与其连接的路堤同时施工，并按大致相同的高度分层填筑。距离台背 2.0 m 范围内应用小型机具碾压密实并适当减小分层填筑厚度。

7　过渡段处理措施及施工工艺应结合工程实际，进行现场试验。

6.6.2　路堤与横向结构物（立交框构、箱涵等）连接处，应设置过渡段，可采用沿线路纵向倒梯形过渡形式，如图 6.6.2—1 所示。横向结构物顶部及过渡段路基基床表层应符合本规范第 6.3.2 条要求；过渡段填料、压实标准及基坑回填应符合本规范第 6.6.1 条的规定，寒冷地区过渡段设置应充分考虑与横向结构物接触区冻结影响范围填料的防冻，如图 6.6.2—2 所示。横向结构物顶面填土厚度不大于 1.0 m 时，横向结构物及两侧 20 m 范围基床表层级配碎石应掺加 5% 水泥，如图 6.6.2—3 所示。

6.6.3　路堤与路堑连接处应设置过渡段。过渡段可采用下列设置方式：

1　当路堤与路堑连接处为硬质岩石路堑时，在路堑一侧顺原地面纵向开挖台阶，每级台阶自原坡面的挖入深度不应小于 1.0 m，台阶高度 0.6 m 左右。并应在路堤一侧设置过渡段，如图 6.6.3—1 所示。过渡段填筑要求应符合本规范第 6.6.1 条第 2 款的规定。

2　当路堤与路堑连接处为软质岩石或土质路堑时，应顺原地面纵向开挖台阶，每级台阶挖入深度不应小于 1.0 m，台阶高度 0.6 m 左右。如图 6.6.3—2 所示，其开挖部分填筑要求应与路堤相应位置相同。

6.6.4　土质、软质岩路堑与隧道连接地段，应设置过渡段，并采用渐变厚度的混凝土或掺入 5% 水泥的级配碎石填筑。

6.6.5　无砟轨道与有砟轨道连接处路基应设置过渡段，并符合轨道形式过渡要求。

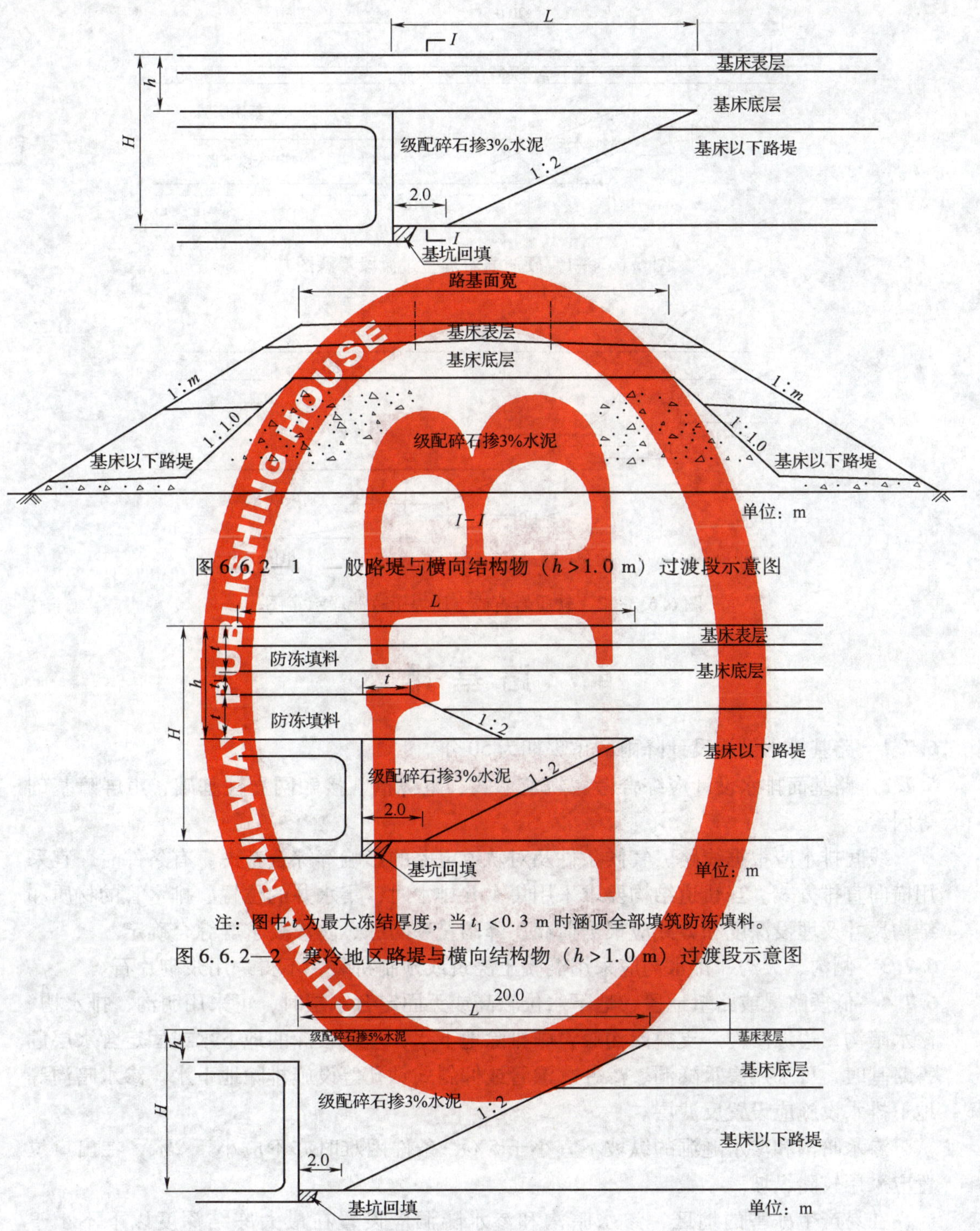

图 6.6.2—1 一般路堤与横向结构物（$h>1.0$ m）过渡段示意图

注：图中 t 为最大冻结厚度，当 $t_1<0.3$ m 时涵顶全部填筑防冻填料。

图 6.6.2—2 寒冷地区路堤与横向结构物（$h>1.0$ m）过渡段示意图

图 6.6.2—3 路堤与横向结构物（$h\leqslant1.0$ m）过渡段示意图

6.6.6 两桥之间、桥隧之间及两隧之间的短路基宜采取适宜措施，平顺过渡；当两桥间为小于150m 非硬质岩路堑时，路基基础可采用桩板结构或保证刚度平顺过渡的工程措施。

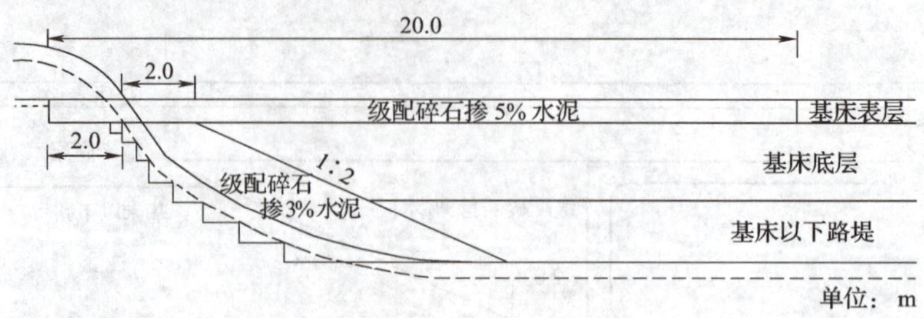

图 6.6.3—1　硬质岩石堤堑过渡段示意图

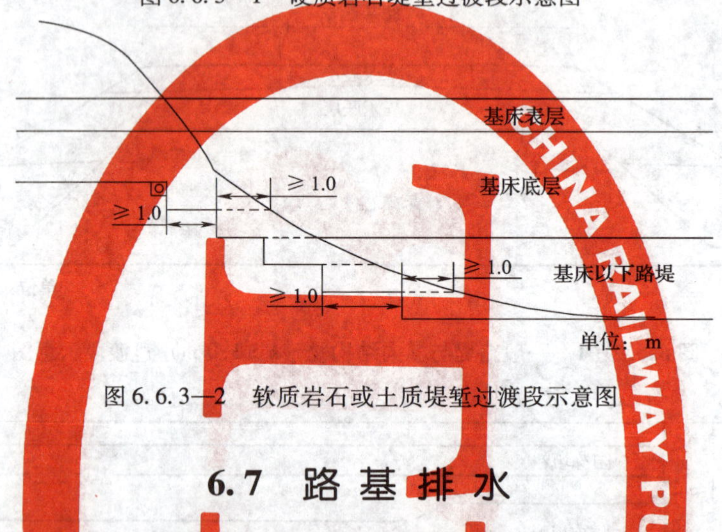

图 6.6.3—2　软质岩石或土质堤堑过渡段示意图

6.7　路基排水

6.7.1　路基排水设施设计降雨的重现期为 50 年。

6.7.2　路基面排水设计应综合考虑轨道形式、电缆槽、接触网立柱基础、声屏障基础等因素。

线间排水应根据线路、气候条件及对轨道电路的影响等综合考虑，有条件时，宜采用横向直排方式。当轨道结构要求采用集水井排水时，集水井的位置、排水管的材质和结构尺寸及埋设深度和方式应根据荷载、降雨量和防冻、防渗要求等综合确定。

6.7.3　侧沟、天沟、排水沟应采用混凝土浇筑或预制拼装，不得采用浆砌片石。

6.7.4　低矮路堤或路堑地段，地下水位较高或无固定含水层时，可采用明沟、排水槽、渗水暗沟、边坡渗沟、支撑渗沟等设施排除地下水；埋藏较深的地下水或固定含水层危害路基时，可采用渗水隧洞、渗井、渗管或仰斜式钻孔等设施排除地下水。渗水暗沟等地下排水设施应设置反滤层。

渗水暗沟和渗水隧洞的纵坡不宜小于 5‰，条件困难时亦不应小于 2‰，在出口位置应采用较陡纵坡。

在易产生冻害的地区，渗水暗沟和渗水隧洞应设置在最大冻结深度以下不小于 0.25 m 处，或采用必要的防冻设施。严寒地区出水口应采取防冻措施。

6.7.5　路基排水设备应与桥涵、隧道、车站等排水设施衔接配合，与水土保持及农田水利设施的综合利用相结合。排水设施布置应符合下列规定：

1　路堤地段在天然护道外，单侧或双侧设置排水沟。

2　路堑地段应于路肩两侧设置侧沟，堑顶以外单侧或双侧设置天沟。

3 年降水量大于等于400 mm地区，路堑边坡平台宜设置截水沟。

4 地面横坡明显地段的排水沟、天沟可在横坡上方一侧设置。当地面横坡不明显时，宜在路基两侧设置。

5 地面排水设施的纵坡不应小于2‰。

6 排水沟沟顶应高出设计水位不小于0.2 m。

7 天沟不应向路堑侧沟排水，受地形限制需排入侧沟时，必须设置急流槽，并根据流量调整下游侧沟截面尺寸。

6.7.6 路基排水宜根据所处地点排水条件纳入相关排水工程系统设计。

6.8 路基防护

6.8.1 路堤边坡应设置坡面防护工程，根据周围环境、填料性质、气候条件、边坡高度、浸水及冲刷等具体情况因地制宜确定防护形式，并符合下列规定：

1 当路堤边坡适宜进行植物防护，且能保证路基边坡的稳定时，宜采用绿色植物防护措施，不宜采用全坡面圬工防护。

2 当路堤边坡高度较高时，可在两侧边坡内分层铺设宽度不小于3m的土工格栅等土工合成材料。

3 浸水地段受水流冲刷的路基边坡应根据流速、流向及冲刷深度，采用抗冲刷能力强的防护措施。

6.8.2 土质、软质岩路堑的边坡坡面（含边坡平台、侧沟平台）均应进行防护或加固，并符合下列规定：

1 土质路堑边坡可采用植物防护措施，较高的土质路堑边坡视地层性质可采取骨架或锚杆框架梁等措施。

2 软质岩路堑应根据岩体结构、结构面产状、风化程度、地下水及气候条件等确定边坡加固措施，可采用喷混植生、锚杆框架梁内喷混或客土植生等措施防护。

6.8.3 较完整的硬质岩路堑边坡应采用预裂、光面爆破并结合嵌补及锚杆框架梁防护。当边坡岩体破碎、节理发育时，根据边坡高度可采用喷混植生、锚杆框架内梁内喷混或客土植生等措施防护，边坡较高时可在锚杆框架梁内打设锚杆挂钢绳网防护。

6.8.4 骨架护坡一般应采用带截水槽的结构，骨架埋置深度应大于0.6 m，间距不宜大于3 m。

6.8.5 地下水发育及膨胀土路堑边坡宜结合边坡防护，采用边坡支撑渗沟加固，必要时结合深层排水孔加强地下水排泄。

6.9 路基支挡

6.9.1 在陡坡路基、深路堑、临近城镇等地段，为保证路基边坡稳定，降低边坡高度，减少拆迁和占地，可设置支挡结构。

6.9.2 支挡结构物计算时，列车及轨道荷载换算土柱高度及分布宽度可按表6.1.12进行设计，当路肩墙高度较低时，可采用路基面满铺荷载模式计算。运架梁车通过时，路堤及路肩支挡结构应考虑运架梁车等特殊荷载的影响。

6.9.3 运架梁车荷载宜换算为双土柱，采用式 6.9.3 进行荷载换算：

$$H_0 = \frac{NG}{\gamma B_0 L} \tag{6.9.3}$$

式中 N——横向分布的车辆数，取 1；

G——1 辆车的重量，按重车计算（kN）；

B_0——横向分布车辆轮胎中心之间的宽度加单侧轮胎外缘之间的距离（m）；

L——前后轴距加轮胎纵向着地长度（m）；

γ——土的重度（kN/m^3）。

6.9.4 在城市及风景区周边宜根据现场条件，采用与周围景观协调的悬臂式、扶壁式、桩板式及加筋土挡墙等轻型支挡结构。地震区宜采用加筋土挡墙等柔性支挡结构。

6.9.5 重力式支挡结构高度，路堤墙不宜大于 6 m，路肩墙不宜大于 8 m。

6.9.6 重力式挡土墙应采用混凝土砌筑，墙背反滤层宜采用袋装砂夹卵砾石或土工合成材料。

6.10 路基变形观测及评估

6.10.1 在路基上铺设轨道前，应对路基变形作系统的评估，以保证路基变形符合相关要求。

路基填筑完成或施加预压荷载后应有不少于 6 个月的观测和调整期，观测数据不足以评估或工后沉降评估不能符合要求时，应继续观测或者采取必要的加速或控制沉降的措施。

6.10.2 路基沉降观测应以路基面沉降和地基沉降观测为主，可设置沉降板、观测桩或剖面沉降观测装置等，并应符合下列规定：

1 路基沉降观测断面的设置及观测断面的观测内容应根据沉降控制要求、地形地质条件、地基处理方法、路堤高度、堆载预压等具体情况并结合施工工期确定。

2 沉降观测断面的间距一般不宜大于 50 m；地势平坦、地基条件均匀良好、高度小于 5 m 的路堤及路堑可放宽到 100 m；过渡段和地形地质条件变化较大的地段应适当加密。

6.10.3 观测仪器可采用精密水准仪、剖面沉降仪和经纬仪，应满足测量精度控制要求。

6.10.4 路基沉降观测的频次不应低于表 6.10.4 的规定。当环境条件发生变化时应及时观测。

表 6.10.4 路基沉降观测频次

填筑或堆载	一般	1 次/天
	沉降量突变	2～3 次/天
	两次填筑间隔时间较长	1 次/3 天
堆载预压或路基填筑完成	第 1～3 个月	1 次/周
	第 4～6 个月	1 次/2 周
	6 个月以后	1 次/月
轨道铺设后	第 1 个月	1 次/2 周
	第 2～3 个月	1 次/月
	3 个月以后	1 次/3 月

6.10.5 沉降水准测量的重复精度不低于 ±1 mm，读数取位至 0.1 mm；剖面沉降观测的重复精度不低于 ±4 mm/30 m。

6.10.6 路基评估应根据有关设计、施工和监理的资料及交接检验和复检的结果进行综合分析。

6.10.7 路基沉降预测应采用曲线回归法，并符合下列规定：

1 根据实际观测数据做多种曲线的回归分析，确定沉降变形的趋势，曲线回归的相关系数不应低于 0.92。

2 沉降预测的可靠性应经过验证，间隔 3～6 个月的两次预测的偏差不应大于 8 mm。

3 轨道铺设前最终的沉降预测应符合其预测准确性的基本要求，即从路基填筑完成或堆载预压以后沉降和沉降预测的时间 t 应符合式 6.10.7。

$$s(t)/s(t=\infty)\geqslant 75\% \tag{6.10.7}$$

式中 $s(t)$ ——评估时实际发生的沉降；

$s(t=\infty)$ ——预测总沉降。

6.10.8 路基工后沉降的评估应结合路基各断面之间的相互关系以及相邻桥隧的沉降情况进行综合分析，路基的工后沉降以及各断面之间、路基与相邻桥隧之间的不均匀沉降应符合本规范第 6.4.2 条的要求。

6.11 接口设计

6.11.1 路基上的各种预埋设备及基础应与路基填筑统筹规划、系统设计、分步实施，保证路基强度、稳定性及防排水性能。

6.11.2 电缆槽可设置于接触网支柱外侧路肩上，并应注意与桥梁、隧道及电缆井在平面上的平顺连接。

6.11.3 声屏障基础应设置于路肩外侧，并与路基面排水系统协调。

6.11.4 路基地段贯通地线应按本规范第 21 章相关条款要求，设置于电缆槽下方。接地设备接入分支缆线宜通过预埋管路接入贯通地线。

6.11.5 电缆槽及排水沟盖板应采用工厂化生产，并优先采用活性粉末混凝土（RPC）等强度较高的材料。

7 桥　涵

7.1 一 般 规 定

7.1.1 桥涵的洪水频率标准，应符合现行《铁路桥涵设计基本规范》TB 10002.1 中Ⅰ级铁路干线的规定。

7.1.2 桥涵结构应构造简洁、美观、力求标准化、便于施工和养护维修，结构应具有足够的竖向刚度、横向刚度和抗扭刚度，并应具有足够的耐久性和良好的动力特性，符合轨道稳定性、平顺性的要求，符合高速列车运行安全性和旅客乘座舒适度的要求。

7.1.3 桥涵主体结构的设计使用年限为100年。

7.1.4 桥涵结构所用工程材料应符合现行国家及行业标准的相关规定。

7.1.5 应根据桥梁的使用功能、河流水文条件、工程地质情况、轨道类型以及施工设备等因素综合考虑和选择桥梁上部结构形式。

桥梁上部结构宜采用预应力混凝土结构，也可采用钢筋混凝土结构、钢结构和钢—混凝土结合结构。

预应力混凝土简支梁宜选用箱形截面，也可根据具体情况选用整体性好、结构刚度大的其他截面形式。

7.1.6 桥梁结构应设计为正交。当斜交不可避免时，桥梁轴线与支承线夹角不宜小于60°，斜交桥台的台尾边线应与线路中线垂直，否则应采取特殊的与路基过渡措施。

7.1.7 桥面布置应符合轨道类型、桥面设施的设置及其养护维修的要求。

7.1.8 涵洞宜采用钢筋混凝土矩形框架涵。

7.1.9 应综合考虑高速列车运行的平顺性要求、路桥（涵）过渡段的施工工艺要求以及经济造价等因素，合理确定相邻桥涵之间路堤长度。两桥台尾之间路堤长度不应小于150 m，两涵（框构）之间以及桥台尾与涵（框构）之间路堤长度不应小于30 m，对于特殊情况路堤长度不符合上述长度要求时，路基应特殊处理。

7.1.10 桥涵设置应做好和自然水系、地方排灌系统的衔接，并符合铁路路基排水的要求。

7.1.11 当线路位于深切冲沟等特殊地形地貌、地质条件地区时应进行桥梁、涵洞方案比较确定跨越方式。

7.1.12 无砟轨道桥涵变形及基础沉降应设立观测基准点进行系统观测与分析，其测点布置、观测频次、观测周期应符合无砟轨道铺设条件评估的有关规定。

7.1.13 桥涵混凝土结构尚应符合铁路混凝土结构耐久性设计有关规定。

7.2 设 计 荷 载

7.2.1 桥涵结构应根据结构的特性和检算内容，按表 7.2.1 所列荷载并以其最不利组合情况进行设计。

表 7.2.1 桥 涵 荷 载

荷载分类		荷 载	荷载分类	荷 载
主力	恒载	结构构件及附属设备自重 预加应力 混凝土收缩和徐变的影响 土压力 静水压力及水浮力 基础变位的影响	附加力	制动力或牵引力 风力 流水压力 冰压力 温度变化的影响 冻胀力
	活载	列车竖向静活载 公路竖向静活载（需要时） 列车竖向动力作用 长钢轨伸缩力、挠曲力 离心力 横向摇摆力 列车活载所产生的土压力 人行道及栏杆的荷载 气动力	特殊荷载	列车脱轨荷载 船只或排筏的撞击力 汽车撞击力 施工荷载 地震力 长钢轨断轨力

注：1 如杆件的主要用途为承受某种附加力，在计算此杆件时，该附加力应按主力考虑；

2 长钢轨伸缩力、挠曲力、断轨力及其与制动力或牵引力等的组合，应符合铁路桥上无缝线路设计的有关规定；CRTSⅡ型板式无砟轨道作用力应根据实际情况另行研究；

3 流水压力不与冰压力组合，两者也不与制动力或牵引力组合；

4 列车脱轨荷载、船只或排筏的撞击力、汽车撞击力以及长钢轨断轨力，只计算其中的一种荷载与主力相组合，不与其他附加力组合；

5 地震力与其他荷载的组合应符合现行国家标准《铁路工程抗震设计规范》GB 50111 的相关规定。

7.2.2 结构设计应考虑主力与一个方向（顺桥或横桥方向）的附加力组合。

7.2.3 结构设计时，材料基本容许应力和地基容许承载力应根据荷载组合情况乘以不同的提高系数。对预应力混凝土结构中的强度和抗裂性计算，应采用不同的安全系数。具体按相关规范的规定办理。

7.2.4 计算结构构件及附属设备自重时，一般常用材料的容重应符合现行《铁路桥涵设计基本规范》（TB 10002.1）的有关规定。

7.2.5 作用于墩台上的土的侧压力应按现行《铁路桥涵设计基本规范》（TB 10002.1）的规定计算。台后填土的内摩擦角应根据台后过渡段填筑的设计情况确定。

7.2.6 列车竖向静活载应采用 ZK 活载（如图 1.0.7—1、1.0.7—2 所示），并符合下列规定：

1 对于单线或双线的桥涵结构，各线均应计入 ZK 活载作用。

2 对于多于两线的桥涵结构，应按下列最不利情况考虑：

1）按两条线路在最不利位置承受 ZK 活载，其余线路不承受列车活载；

2）所有线路在最不利位置承受 75% 的 ZK 活载。

3 设计加载时，活载图式可以任意截取。对多符号影响线，在同符号影响线各区段进行加载，异符号影响线区段分以下两种情况考虑：

1）异符号影响线区段长度不大于 15 m 时可不加活载；

2）异符号影响线区段长度大于 15 m 时，按空车静活载 10 kN/m 加载。

4 用空车检算桥梁各部分构件时，其竖向活载应按10 kN/m计算。

5 桥跨结构或墩台尚应按其实际使用的施工机械和维修养护可能作用的荷载进行检算。

7.2.7 考虑列车活载竖向动力作用时，列车竖向活载等于列车竖向静活载乘以动力系数（1 +μ），（1 +μ）应按下列公式计算：

ZK 活载作用下：

1 桥跨结构：

$$1+\mu=1+\left(1.44/\left(L\varphi^{0.5}-0.2\right)-0.18\right) \quad (7.2.7\text{—}1)$$

式中，$L\varphi$ 为加载长度（m），其中 $L\varphi<3.61$ m 时按 3.61 m 计；简支梁时为梁的跨度；n 跨连续梁时取平均跨度乘以下列系数：

$n=2$	1.20
$n=3$	1.30
$n=4$	1.40
$n\geqslant5$	1.50

当计算 $L\varphi$ 小于最大跨度时，取最大跨度。

（1 +μ）计算值小于 1.0 时取 1.0。

2 涵洞及结构顶面有填土的承重结构，当顶面填厚土 $H_C>3$ m时，不计列车动力作用，当 $H_C\leqslant3$ m 时按下式计算：

$$1+\mu=1+\left(1.44/\left(L\varphi^{0.5}-0.2\right)-0.18\right)-0.1\left(H_C-1.0\right) \quad (7.2.7\text{—}2)$$

式中 $L\varphi$——加载长度（m），其中 $L\varphi<3.61$ m 时按 3.61 m 计；

H_C——为涵洞及结构顶至轨底的填料厚度（m），（1 +μ）计算值小于 1.0 时取 1.0。

3 计算实体墩台、基础和土压力时，不计动力作用系数。

4 支座动力系数的计算公式应采用相应的桥跨结构动力系数（1 +μ）的计算公式。

7.2.8 曲线桥梁应考虑列车竖向静活载产生的离心力作用，离心力计算应符合下列规定：

1 离心力应按下列公式计算：

对集中活载 N：

$$F=\frac{V^2}{127R}\left(f\cdot N\right) \quad (7.2.8\text{—}1)$$

对分布活载 q：

$$F=\frac{V^2}{127R}\left(f\cdot q\cdot L\right) \quad (7.2.8\text{—}2)$$

式中 N——ZK 活载图式中的集中荷载（kN）；

q——ZK 活载图式中的分布荷载（kN/m）；

V——设计速度（km/h）；

R——曲线半径（m）；

f——竖向活载折减系数：当 $L\leqslant2.88$ m 或 $V\leqslant120$ km/h 时，f 值取 1.0；当计算 f 值大于 1.0 时取 1.0；当 $L>150$ m 时，取 $L=150$ m 计算 f 值。当设计速度 $V>300$ km/h 时，取 $V=300$ km/h 计算 f 值。

$$f=1.25-\frac{V-120}{800}\left(\frac{814}{V}+1.75\right)\left(1-\sqrt{\frac{2.88}{L}}\right) \quad (7.2.8\text{—}3)$$

式中 L——桥上曲线部分荷载长度（m）。

2 离心力按水平向外作用于轨顶以上 1.8 m 处。

3 当计算设计速度大于 120 km/h 时，离心力和竖向活载组合时应考虑下列三种情况：

1）不折减的 ZK 活载和按 120 km/h 速度计算的离心力（$f=1.0$）；

2）折减的 ZK 活载（$f\cdot N$, $f\cdot q\cdot L$）和按设计速度计算的离心力（$f<1.0$）；

3）曲线桥梁还应考虑没有离心力时列车活载作用的情况。

7.2.9 横向摇摆力应取 100 kN，作为一个集中荷载取最不利位置，以水平方向垂直线路中线作用于钢轨顶面。

多线桥梁只计算任一线上的横向摇摆力。

7.2.10 桥上列车制动力或牵引力应按列车竖向静活载的 10% 计算。但当与离心力或列车竖向动力作用同时计算时，制动力或牵引力应按列车竖向静活载的 7% 计算，具体作用位置应符合现行《铁路桥涵设计基本规范》TB 10002.1 的相关规定。

区间双线桥应采用单线的制动力或牵引力，车站内双线桥梁应根据其结构形式考虑制动和启动同时发生的情况进行设计；三线或三线以上的桥梁应采用双线的制动力或牵引力。

7.2.11 列车竖向静活载在桥台后破坏棱体上引起的侧向土压力，应按活载换算为当量均布土层厚度计算，如图 7.2.11 所示。

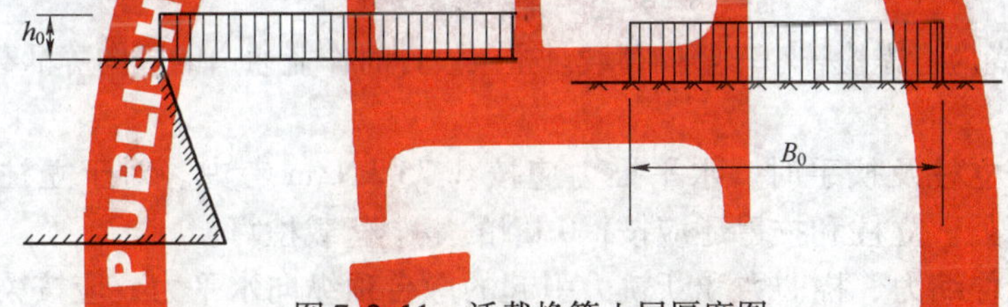

图 7.2.11　活载换算土层厚度图

活载换算当量均布土层厚度 h_0（m），可按下式计算：

$$h_0=\frac{q}{\gamma} \tag{7.2.11}$$

式中　q——轨底平面上活载竖向压力强度（kPa）；计算活载竖向压力强度时：横向分布宽度按 3.0 m 计；纵向分布宽度，当采用集中轴重时为轴距；当采用每延米荷重时为 1.0 m。

γ——土的重度（kN/m^3）。

每线台后活载计算宽度 B_0 可取 3.0 m 。

7.2.12 长度大于 15 m 的桥梁应考虑列车脱轨荷载。列车脱轨荷载不计动力系数。

多线桥上，只考虑单线脱轨荷载，且其他线路上不作用列车活载。列车脱轨荷载应按下列两种情况考虑：

1 列车脱轨后一侧车轮仍停留在桥面轨道范围内的情况：

两条平行于线路中线、相距为 1.4 m 的线荷载，作用于线路中线一侧 2.2 m 范围以内且不超过防护墙内侧的最不利位置上。该线荷载在长度为 6.4 m 的一段上为 50 kN/m，前后各接以25 kN/m，如图 7.2.12—1 所示。

2 列车脱轨后已离开轨道范围，但没有坠落桥下，仍停留在桥面边缘的情况：

一条长度为 20 m，平行于线路中线，作用于防护墙内侧的线荷载，其值为 64 kN/m，如图 7.2.12—2 所示。

7.2.13 当桥面上布置有作业通道时，作业通道设计时竖向静活载应采用 5 kN/m^2。当桥上

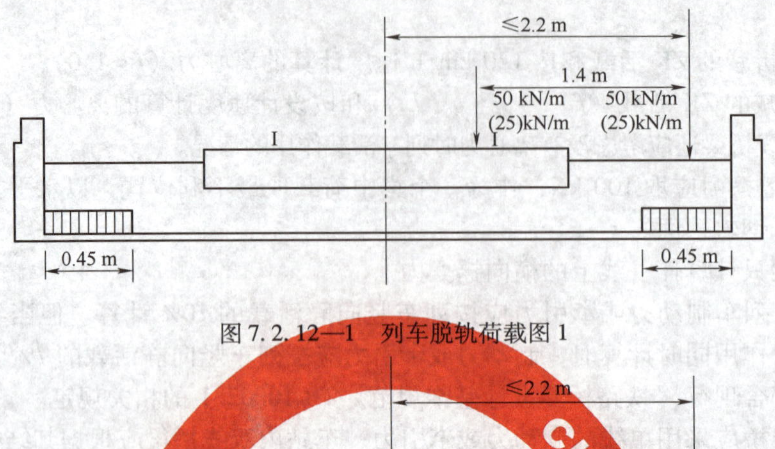

图 7.2.12—1　列车脱轨荷载图 1

≤2.2 m
64 kN/m
I
I

图 7.2.12—2　列车脱轨荷载图 2

走行检查小车时尚应考虑检查小车竖向荷载。主梁设计时作业通道的竖向静活载不应与列车活载同时计算。

在检算栏杆立柱及扶手时，水平推力应按 0.75 kN/m 考虑。对于立柱，水平推力作用于立柱顶面处。立柱和扶手还应按1.0 kN的集中荷载检算。

7.2.14　长钢轨伸缩力、挠曲力和断轨力引起的墩台顶纵向水平力，应按梁轨共同作用进行计算。

断轨力为特殊荷载，单线桥和多线桥均只应计一根钢轨的断轨力。

7.2.15　作用于桥梁上的风力、流水压力、水浮力、冰压力、冻胀力、船只或排筏的撞击力、施工荷载，应按现行《铁路桥涵设计基本规范》（TB 10002.1）规定计算。

7.2.16　当墩柱有可能受到汽车撞击时，应设置坚固的防护工程。当无法设置防护工程时，必须考虑汽车对墩柱的撞击力。撞击力顺行车方向应采用 1 000 kN，横行车方向应采用 500 kN，两个等效力不同时考虑，作用在路面以上 1.20 m 高度处。

7.2.17　温度变化（如整体温升、整体温降、日照、寒潮）的作用，应按现行《铁路桥涵设计基本规范》（TB 10002.1）、《铁路桥涵钢筋混凝土和预应力混凝土结构设计规范》（TB 10002.3）的规定计算。

结构构件应考虑截面的不同侧面或内外面温差产生的应力和位移。

7.2.18　地震力的作用，应按现行国家标准《铁路工程抗震设计规范》（GB 50111）的规定计算。

7.2.19　气动力计算应符合下列规定：

由驶过列车引起的气动压力和气动吸力，应由一个 5 m 长的移动面荷载 $+q$ 及一个 5 m 长的移动面荷载 $-q$ 组成。

气动力应分为水平气动力 q_h 和垂直气动力 q_v。水平气动力作用在轨顶之上的最大高度为 5 m。水平气动力 q_h 可由图 7.2.19 的曲线查取。垂直气动力 q_v 应按下式计算：

$$q_v = 2q_h \cdot \frac{7D+30}{100}\ (\mathrm{kN/m^2}) \qquad (7.2.19)$$

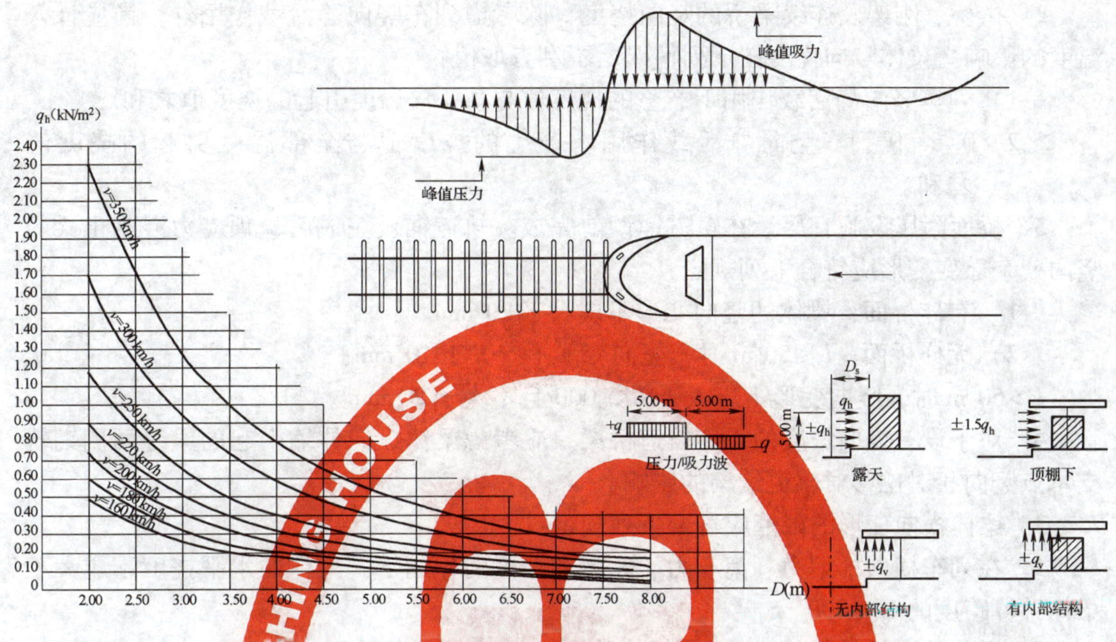

图 7.2.19 驶过的列车对建筑物或构件的气动力

式中 q_h——水平气动力（kN/m²）；

D——作用线至线路中心距离（m）。

对顶盖下的建筑物或构件，q_h 与 q_v 应乘以 1.5 的阻挡系数。声屏障设计时面荷载 q_h 和 q_v 应与有车的风荷载叠加。

对于因气动力可能引起自振的结构，其气动力还应考虑动力放大系数，该系数通过研究确定。

7.3 结构变形、变位和自振频率的限值

7.3.1 本节规定的桥梁梁部及墩台刚度的限值，仅适用于跨度小于 96 m 的混凝土结构。

7.3.2 梁体竖向变形、变位限值应符合下列规定：

1 梁部结构在 ZK 竖向静活载作用下，梁体的竖向挠度不应大于表 7.3.2 限值。

表 7.3.2 梁体的竖向挠度限值

跨度范围 / 设计速度	$L\leqslant40$ m	40 m $<L\leqslant$ 80 m	$L>80$ m
250 km/h	L/1 400	L/1 400	L/1 000
300 km/h	L/1 500	L/1 600	L/1 100
350 km/h	L/1 600	L/1 900	L/1 500

注：1 表中限值适用于 3 跨及以上的双线简支梁；对于 3 跨及以上一联的连续梁，梁体竖向挠度限值按表中数值的 1.1 倍取用；对于 2 跨一联的连续梁、2 跨及以下的双线简支梁，梁体竖向挠度限值按表中数值的 1.4 倍取用。

2 对于单线简支或连续梁，梁体竖向挠度限值按相应双线桥限值的 0.6 倍取用。

2 拱桥、刚架及连续梁桥的竖向挠度，除考虑列车竖向静活载作用外，尚应计入温度的影响。梁体竖向挠度按下列情况之不利者取值：

1）列车竖向静活载作用下产生的挠度值与0.5倍温度引起的挠度值之和。

2）0.63倍列车竖向静活载作用下产生的挠度值与全部温度引起的挠度值之和。

3 桥面附属设施宜尽量在轨道铺设前完成。轨道铺设完成后，预应力混凝土梁的竖向残余徐变变形应符合下列规定：

1）有砟桥面：梁体的竖向变形不应大于20 mm。

2）无砟桥面：$L \leqslant 50$ m时，竖向变形不应大于10 mm；

$L > 50$ m时，竖向变形不应大于$L/5\,000$且不大于20 mm。

4 对于设有纵向坡度的无砟轨道桥梁，应考虑梁体纵向伸缩引起的梁缝两侧钢轨支承点竖向相对位移对轨道结构的影响。

7.3.3 梁体横向变形的限值应符合下列规定：

1 在列车横向摇摆力、离心力、风力和温度的作用下，梁体的水平挠度不应大于梁体计算跨度的1/4 000。

2 无砟轨道桥梁相邻梁端两侧的钢轨支点横向相对位移不应大于1 mm。

7.3.4 ZK静活载作用下梁体扭转引起的轨面不平顺限值，以一段3 m长的线路为基准，一线两根钢轨的竖向相对变形量不应大于1.5 mm。

7.3.5 简支梁竖向自振频率限值应符合下列规定：

1 简支梁竖向自振频率不应低于下列限值：

$$L \leqslant 20\ \text{m} \qquad n_0 = 80/L \tag{7.3.5—1}$$

$$20 < L \leqslant 96\ \text{m} \qquad n_0 = 23.58L^{-0.592} \tag{7.3.5—2}$$

式中 n_0——简支梁竖向自振频率限值（H_Z）；

L——简支梁跨度（m）。

2 对于运行车长24~26 m的动车组、$L \leqslant 32$ m混凝土及预应力混凝土双线简支箱梁，当梁体自振频率不低于表7.3.5的限值要求时，梁部结构设计可不再进行车桥耦合动力响应分析。

7.3.6 对于不符合表7.3.5要求的简支梁及其他桥梁，结构设计除进行静力分析外，尚应按实际运营客车通过桥梁情况（最大检算速度应按1.2倍设计速度取值）进行车桥耦合动力响应分析，并符合下列规定：

表7.3.5 常用跨度双线简支箱梁不需进行动力检算的竖向自振频率限值

跨度（m）＼设计速度	250 km/h	300 km/h	350 km/h
12	100/L	100/L	120/L
16	100/L	100/L	120/L
20	100/L	100/L	120/L
24	100/L	120/L	140/L
32	120/L	130/L	150/L

1 脱轨系数、轮重减载率、轮对横向水平力、车体竖向和横向振动加速度、旅客乘坐舒适度指标应符合下列要求：

脱轨系数：　　$Q/P\leqslant 0.8$

轮重减载率：　　$\Delta P/P\leqslant 0.6$

轮对横向水平力：$Q\leqslant 10+P_0/3$（P_0 为静轴重；单位 kN）

车体竖向振动加速度：$a_z\leqslant 0.13\ g$（半峰值）（g 为重力加速度）

车体横向振动加速度：$a_y\leqslant 0.10\ g$（半峰值）

斯佩林舒适度指标：$W\leqslant 2.50$　优

$2.50<W\leqslant 2.75$　良

$2.75<W\leqslant 3.00$　合格

2 桥面板在 20 Hz 及以下强振频率作用下竖向振动加速度限值：

1）有砟桥面：$\leqslant 0.35\ g$；

2）无砟桥面：$\leqslant 0.50\ g$。

7.3.7 在 ZK 竖向静活载作用下，桥梁梁端竖向转角限值应符合表 7.3.7 的规定。梁端竖向转角如图 7.3.7 所示。

表 7.3.7　梁端转角限值

桥上轨道类型	位　置	限值（rad）	备　注
有砟轨道	桥台与桥梁之间	$\theta\leqslant 2.0‰$	
	相邻两孔梁之间	$\theta_1+\theta_2\leqslant 4.0‰$	
无砟轨道	桥台与桥梁之间	$\theta\leqslant 1.5‰$	梁端悬出长度≤0.55 m
		$\theta\leqslant 1.0‰$	0.55 m ＜梁端悬出长度≤0.75 m
	相邻两孔梁之间	$\theta_1+\theta_2\leqslant 3.0‰$	梁端悬出长度≤0.55 m
		$\theta_1+\theta_2\leqslant 2.0‰$	0.55 m ＜梁端悬出长度≤0.75 m

注：相邻两孔梁的转角之和（$\theta_1+\theta_2$）除应符合本条规定的限值外，每孔梁的转角尚应符合本条中“桥台与桥梁间转角限值”规定。

图 7.3.7　梁端转角示意图

7.3.8 位于有砟轨道无缝线路固定区的混凝土简支梁，墩台顶部纵向水平线刚度应符合表 7.3.8 限值要求。

表 7.3.8　墩台顶纵向水平线刚度限值

桥墩/桥台	跨度（m）	最小水平线刚度（kN/ cm）	
		双线	单线
桥 墩	≤12	100	60
	16	160	100
	20	190	120
	24	270	170

续上表

桥墩/桥台	跨度（m）	最小水平线刚度（kN/ cm）	
		双线	单线
桥 墩	32	350	220
	40	550	340
	48	720	450
桥 台		3 000	1 500

注：高架车站到发线有效长度范围内双线桥梁墩台的最小水平线刚度限值按表内单线桥梁墩台的最小水平线刚度限值的2.0倍取值。

7.3.9 墩台横向水平线刚度应符合高速行车条件下列车安全性和旅客乘车舒适度要求，并应对最不利荷载作用下墩台顶横向弹性水平位移进行计算。

在ZK活载、横向摇摆力、离心力、风力和温度的作用下，墩顶横向水平位移引起的桥面处梁端水平折角应不大于1.0‰弧度。梁端水平折角如图7.3.9所示。

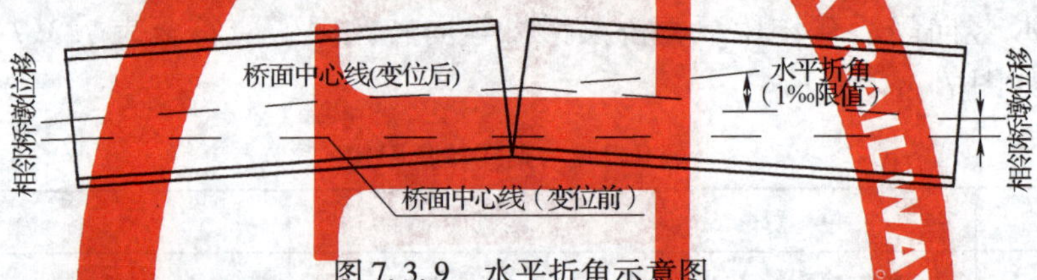

图7.3.9　水平折角示意图

7.3.10 墩台基础的沉降应按恒载计算，其工后沉降量不应超过表7.3.10限值：

表7.3.10　静定结构墩台基础工后沉降限值

沉降类型	桥上轨道类型	限　值
墩台均匀沉降	有砟轨道	30 mm
	无砟轨道	20 mm
相邻墩台沉降差	有砟轨道	15 mm
	无砟轨道	5 mm

注：超静定结构相邻墩台沉降量之差除应符合上述规定外，尚应根据沉降差对结构产生的附加应力的影响确定。

7.3.11 涵洞工后沉降限值应与相邻路基工后沉降限值一致。

7.4　结构计算与构造

7.4.1 桥涵结构的计算及构造要求应符合本规范的规定，对于本规范未具体规定的内容尚应按现行《铁路桥涵设计基本规范》（TB 10002.1）、《铁路桥梁钢结构设计规范》（TB 10002.2）、《铁路桥涵钢筋混凝土和预应力混凝土结构设计规范》（TB 10002.3）、《铁路桥涵混凝土和砌体结构设计规范》（TB 10002.4）、《铁路桥涵地基和基础设计规范》（TB 10002.5）的相关规定执行。

7.4.2 钢筋混凝土及预应力混凝土结构的计算与构造应符合下列规定：

1 箱梁

1）箱梁内净空高度不宜小于1.6 m，并应根据需要设置进人孔，进人孔宜设置在两孔梁梁缝处或梁端附近的底板上。

2）梁端桥轴方向的受拉预应力钢筋应不少于1/2伸过支点并锚固。

3）对箱梁梁端各倒角部位、吊点下方顶板与梗胁交界部位、梁端底板、进人孔等部位应进行预加应力、存梁、运架梁等施工阶段的局部应力分析，在上述部位构造应适当加强以防裂纹产生。

4）宽跨比较大的箱梁，在截面设计时应考虑剪力滞的影响，有效宽度折减系数可按附录D取值。

5）有砟、无砟轨道箱梁设计应考虑铺砟前（无砟轨道铺设前）施工阶段及成桥后各种工况时温度梯度对箱梁受力的影响。

6）预制（现浇）箱梁尚应根据施工组织需要考虑运架设备通过时对箱梁的影响。

7）双线箱梁横向内力分析宜采用整体计算。

2 T梁

1）T梁端隔板高度应比梁底向上减小10 cm。

2）多片式T梁横向应形成整体截面，使各片主梁之间能共同分担活载，在分片架设后必须将横隔板和翼缘连成整体，并施加横向预应力。

3）多片式T形梁可作为由主梁及横隔梁组成的格子结构进行分析。

4）分片架设预制T梁，湿接缝宽度不宜小于300 mm；湿接缝处钢筋构造应符合整体截面受力要求。

3 预应力钢筋或管道

1）预应力钢筋管道间的净距，当管道直径小于或等于55 mm时，不应小于40 mm；当管道直径大于55 mm时，不应小于管道直径。

2）预应力钢筋或管道表面与结构表面之间的保护层厚度，在结构的顶面和侧面不应小于1.0倍的管道直径并不小于50 mm，结构底面不应小于60 mm。

4 当要求严格控制结构的徐变变形时，恒载作用下，混凝土应力不宜大于0.4倍的混凝土轴心抗压强度，并应分阶段按相应的混凝土龄期计算混凝土的徐变变形。

5 预应力混凝土梁的封锚及接缝处，应在构造上采取防水措施，防止雨水渗入。各种接缝应尽量避开最不利环境作用的部位。对于结构有可能产生裂纹的部位，应适当增设普通钢筋防止裂纹发生。

7.4.3 支座设计应符合下列规定：

1 桥梁支座宜采用盆式橡胶支座或钢支座，橡胶支座应水平设置。对于沉降难以控制区段的桥梁，经技术经济比较，可采用可调高支座。

2 横向宽度较大的梁，其支座部分必须能横向移动及转动，否则在计算支座时应考虑端横梁和末端横框架固端弯矩在支承线上所引起的约束作用。

3 对斜交梁，支座纵向位移方向应与梁轴线或切线一致。

4 支座设置应符合检查、维修和更换的要求。支承垫石到墩台边缘距离及垫石高度应考虑顶梁的空间。

5 支座垫板纵向和横向最外边缘到墩台边缘的距离应大于表7.4.3的规定。

表 7.4.3　支座板边缘至墩台边缘的距离

跨度（m）	$L<16$	$16\leq L<20$	$20\leq L<32$	$32\leq L<40$	$L\geq40$
距离（cm）	15	20	25	35	40

7.4.4　桥梁墩台设计应符合下列规定：

1　桥梁墩台宜采用混凝土或钢筋混凝土结构。

2　承台桩基布置在符合刚性角的情况下，承台底部应布置一层钢筋网，当钻孔桩桩径为 1.00 m 时，钢筋直径不应小于20 mm；当钻孔桩桩径为 1.25 m 或 1.50 m 时钢筋直径不应小于25 mm；钢筋间距不宜大于 10 cm。

3　混凝土实体桥墩应设置护面钢筋，竖向护面钢筋直径不宜小于 14 mm，间距不大于 15 cm；环向箍筋直径不小于 10 mm，间距不大于 20 cm，墩底加密区采用 10 cm。空心桥墩的箍筋间距，在固端干扰区为 10 cm，其他区段不大于 20 cm。

4　桥墩台顶面尺寸应符合架设、检查、养护、维修和支座更换及顶梁的要求，并应设排水坡。

7.4.5　涵洞设计应符合下列规定：

1　涵洞顶至轨底的高度不宜小于 1.5 m。

2　涵洞可布置成斜交，但斜交涵洞的斜交角度不宜大于45°。

3　涵洞宜采用钢筋混凝土框架箱涵，沉降缝不应设在轨枕或无砟轨道板下方，可设在两线中间，轨下涵节长度不宜小于5 m。

4　软弱地基上的涵洞，涵洞地基处理方式应与两侧路基地基处理方式相协调。

7.5　桥面布置及附属设施

7.5.1　桥面的布置应符合下列规定：

1　桥上有砟轨道轨下枕底道砟厚度不应小于 0.35 m。

2　桥上应设置挡砟墙或防护墙，其高度采用与相邻轨道轨面等高。直线和曲线，曲线内侧和外侧可采用不同的高度。

有砟轨道桥梁，直线上时线路中心线至挡砟墙内侧净距不应小于 2.2 m。

3　曲线地段桥上建筑限界加宽按本规范附录 A 办理。

4　桥面应为主要设备的安装预留位置。

5　桥上栏杆高度不应小于 1.0 m。

6　强风口地段应设置防风设施。当设置防风设施时，桥上栏杆或声屏障与防风设施要结合考虑，同时要考虑旅客观光需要。

7　线路中心线距接触网支柱内侧边缘最小距离不应小于 3.0 m。曲线地段接触网支柱内侧边缘至线路中心距离应符合建筑限界加宽的要求。当接触网支柱设置在桥面上时，不宜设在梁跨跨中。

8　主梁翼缘悬臂板端部宜设遮板。

9　桥面宽度应按照建筑限界、作业维修通道及电缆槽、接触网立柱构造宽度的要求计算确定。

7.5.2　桥长超过 3 km 时，应结合地面道路条件，在线路两侧交错设置可上下桥的救

援疏散通道。每隔 3 km（单侧 6 km）左右设 1 处。救援疏散通道侧对应的桥上栏杆或声屏障位置应预留出口。

7.5.3 桥涵结构构造应便于检查和养护，根据需要设置检查设施。

7.5.4 桥梁应设置性能良好的防、排水设施，并符合下列规定：

1 梁部或墩台的表面形状应有利于排水，对于可能受雨淋或积水的水平面做成斜面。桥梁顶面宜设置不小于 2% 的横向排水坡。桥梁墩台的顶面应设置不小于 3% 的排水坡。

2 桥梁端部应采取有效防水构造措施，防止污水回流污染支座和梁端表面。

3 有砟轨道、CRTS Ⅰ型双块式无砟轨道桥面应为两列排水方式，CRTS Ⅰ型板式、CRTS Ⅱ型板式无砟轨道桥面应为三列排水方式。

7.6 高架车站桥梁结构

7.6.1 高架车站桥梁结构除符合车站使用功能要求外，并应符合美观及环境保护的要求，处理好铁路车站与城市交通及城市规划的关系。

7.6.2 道岔区桥梁结构应符合道岔对结构的相对变形和变位的要求。

7.6.3 道岔区（警冲标以外）多线桥应按两条线路在最不利位置承受列车活载、其他线路不承受列车活载计算。站内（警冲标以内）多线桥符合本规范第 7.2.6、7.2.10 条有关规定。

7.6.4 高架车站结构可采用站、桥分离式结构，当采用分离式结构时车站正线梁体结构的变形、变位和自振频率等应符合本规范第 7.3 节的规定；站线梁体由静活载所引起的竖向挠度应符合现行《铁路桥涵钢筋混凝土和预应力混凝土结构设计规范》（TB 10002.3—2005）第 4.1 节的规定。采用整体的高架结构应考虑其组合变形的影响。

7.7 接口设计

7.7.1 桥梁和有关专业间的接口设计应符合下列原则：

1 桥梁与其他专业的接口设计应统筹考虑。

2 桥梁设计应考虑和轨道的梁轨相互作用及构造协调。

3 桥梁设计应综合考虑声屏障、接触网、桥梁综合接地、沉降观测标、救援疏散通道等设施的设置要求。

4 桥梁设计应考虑通信、信号、电力牵引供电、电力等专业电缆上下桥的要求。

5 桥梁设计必须考虑环境保护的要求。

7.7.2 桥梁与有关专业的接口设计应符合下列规定：

1 桥梁设计时应根据轨道形式进行系统性设计。桥上伸缩调节器的设置应进行充分的经济和技术比较论证后慎重确定。当桥上设置伸缩调节器时应符合轨道技术要求。

2 桥梁救援疏散通道的设置应和桥下维修通道、绿色通道及地面道路统筹考虑。

3 桥梁设计应做好与路基的衔接过渡。

4 桥上应根据环保专业的要求预留声屏障基础。桥上救援疏散通道设置宜避开声屏障范围。

5 桥梁应根据信号及综合接地专业的要求，在基础、墩台和梁部设置综合接地装置。

6 桥梁设计应根据通信、信号、电力和电气化专业要求预留设置电缆槽道、电缆上下桥设备、接触网支柱等设施条件。

7 对于车站范围内的桥梁，桥梁设计应根据信号专业的要求预留转辙机等室外设备安装位置；站内桥墩的设计应符合建筑总体设计的要求。

8 上跨高速铁路的公路桥应设置防落物网和防护墙，当防灾专业在公路桥上设置坠落物监测报警装置时，应在公路桥上预留相应条件。

8 隧　　道

8.1 一般规定

8.1.1 隧道设计必须考虑列车进入隧道诱发的空气动力学效应对行车、旅客舒适度、隧道结构和环境等方面的不利影响。

8.1.2 隧道衬砌内轮廓应符合建筑限界、设备安装、使用空间、结构受力和缓解空气动力学效应等要求。

8.1.3 隧道结构应满足耐久性要求，主体结构设计使用年限为100年。

8.1.4 隧道主体工程完工后，应对其特殊岩土及不良地质地段基底的变形进行观测。

8.1.5 隧道辅助坑道的设置应综合考虑施工、防灾救援疏散和缓解空气动力学效应等功能的要求。

8.1.6 隧道结构防水等级应达到一级标准。

8.2 衬砌内轮廓

8.2.1 隧道衬砌内轮廓的确定应考虑下列因素：

1 隧道建筑限界；

2 股道数及线间距；

3 隧道设备空间；

4 空气动力学效应；

5 轨道结构形式及其运营维护方式。

8.2.2 隧道净空有效面积应符合下列规定：

1 设计行车速度目标值为300 km/h、350 km/h时，双线隧道不应小于100 m^2，单线隧道不应小于70 m^2。

2 设计行车速度目标值为250 km/h时，双线隧道不应小于90 m^2，单线隧道不应小于58 m^2。

8.2.3 曲线上的隧道衬砌内轮廓可不加宽。

8.2.4 **隧道内应设置救援通道和安全空间，并符合下列规定：**

1 **救援通道**

1）隧道内应设置贯通的救援通道。单线隧道单侧设置，双线隧道双侧设置，救援通道距线路中线不应小于2.3 m。

2）救援通道的宽度不宜小于1.5 m，在装设专业设施处可适当减少；高度不应小于2.2 m。

3）救援通道走行面不应低于轨面，走行面应平整、铺设稳固。

2 **安全空间**

1）安全空间应设在距线路中线 3.0 m 以外，单线隧道在救援通道一侧设置，多线隧道在双侧设置。

2）安全空间的宽度不应小于 0.8 m，高度不应小于2.2 m。

8.2.5　双线、单线隧道衬砌内轮廓如图 8.2.5—1 ~ 8.2.5—4 所示。

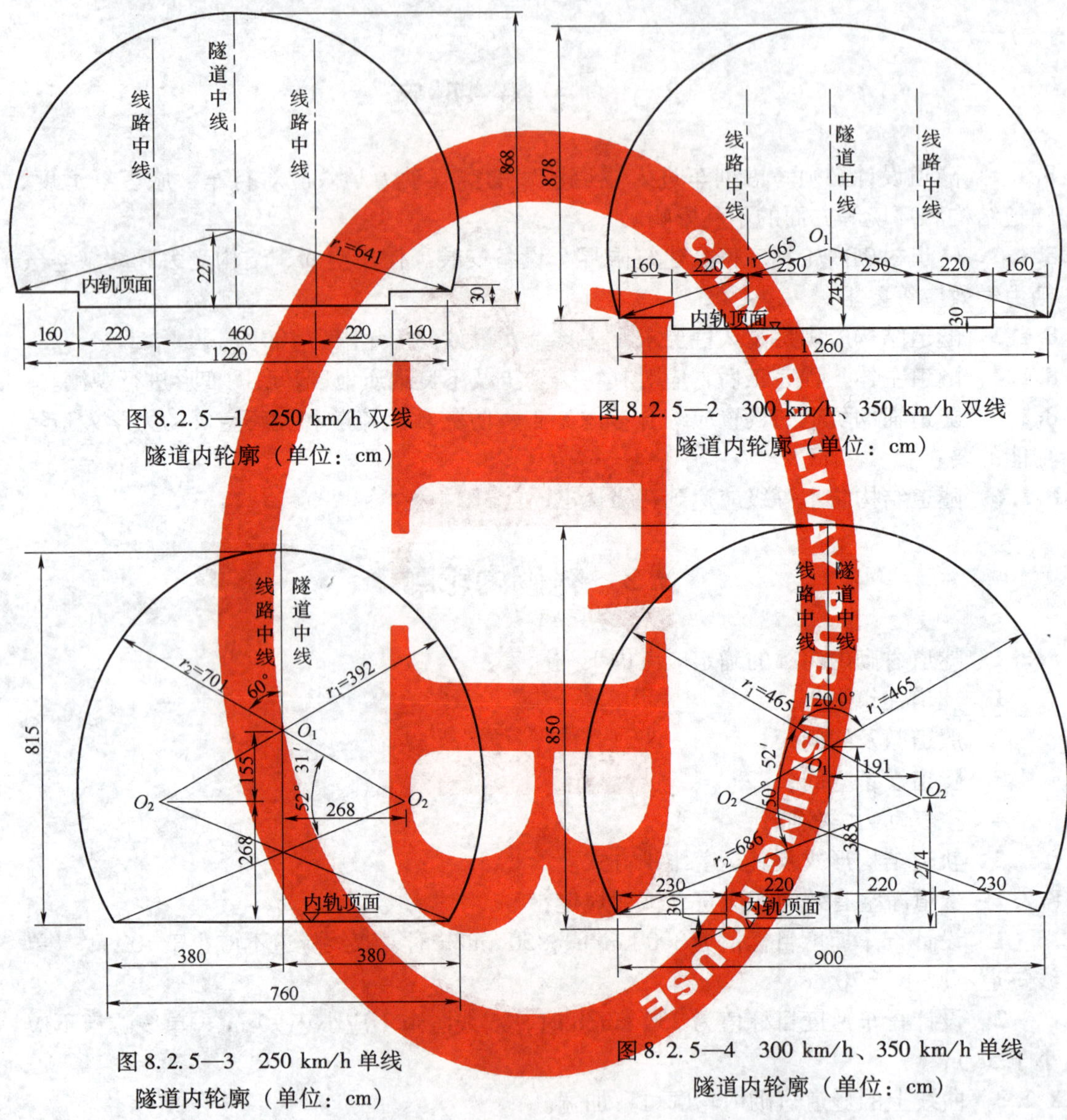

图 8.2.5—1　250 km/h 双线隧道内轮廓（单位：cm）

图 8.2.5—2　300 km/h、350 km/h 双线隧道内轮廓（单位：cm）

图 8.2.5—3　250 km/h 单线隧道内轮廓（单位：cm）

图 8.2.5—4　300 km/h、350 km/h 单线隧道内轮廓（单位：cm）

8.3　隧 道 衬 砌

8.3.1　暗挖隧道应采用复合式衬砌，明挖隧道应采用整体式衬砌。

8.3.2　防水型隧道二次衬砌应考虑静水压力对结构受力的影响。

8.3.3　Ⅰ、Ⅱ级围岩隧道衬砌宜采用曲墙带底板的结构形式，Ⅲ ~ Ⅵ级围岩隧道衬砌应采用曲墙有仰拱的结构形式。

8.3.4　隧道衬砌内轮廓宜采用圆形断面，单线隧道可采用三心圆断面，边墙与仰拱应圆顺连接。

8.3.5 隧道衬砌混凝土强度等级不应低于C30，钢筋混凝土强度等级不应低于C35。Ⅰ、Ⅱ级围岩隧道衬砌底板厚度不应小于30 cm，混凝土强度等级不应低于C35，并应配置双层钢筋。仰拱填充混凝土强度等级不应低于C20。

8.3.6 隧道二次衬砌Ⅳ～Ⅵ级围岩地段宜采用钢筋混凝土；Ⅰ～Ⅲ级围岩地段宜采用混凝土，并可掺加一定比例的纤维。

8.4 洞内附属构筑物

8.4.1 隧道内设备专用洞室应根据相关专业要求设置。可不设置供维修人员使用的避车洞。

8.4.2 隧道内应设置双侧电缆槽，电缆槽盖板应平整，铺设稳固。

8.4.3 水沟或电缆槽结构外缘至同侧轨道中线的距离，不应小于2.20 m，靠近道床一侧的沟（槽）身应增设构造钢筋。

8.4.4 隧道长度大于500 m时，应在洞内设置余长电缆腔，并应与专用洞室结合设置。余长电缆腔应沿隧道两侧交错布置，每侧间距宜为500 m。长度为500～1 000 m的隧道，可只在其中部设置一处。

8.4.5 当隧道长度大于2 000 m时，可根据接触网设计要求在洞内设置下锚区段。下锚区段宜布置在地质条件较好的地段。

当隧道内接触网固定结构采用预埋滑槽时，隧道衬砌结构应采取必要的加强措施。

8.4.6 隧道衬砌结构应按照有关专业要求预埋综合接地系统相关的设施。电缆过轨通道宜采用预埋过轨管方式。

8.4.7 隧道内附属构筑物设计应考虑高速列车通过隧道时所产生的压力变化和列车风对附属构筑物结构及安装件的附加受力影响，设计时应按照最不利情况组合考虑。

8.5 洞口结构

8.5.1 隧道洞口设计应结合地形、地质和环境条件，综合考虑景观要求，贯彻执行“早进晚出”的设计原则。隧道洞门优先选用斜切式和帽檐式结构形式。

8.5.2 当洞口附近有建筑物或特殊环境要求时，宜设置洞口缓冲结构，并符合表8.5.2要求。

表8.5.2 洞口缓冲结构设置要求

建筑物至洞口距离	建筑物有无特殊环境要求	基准点	微气压波峰值
<50 m	有	建筑物	按要求
	无		≤20Pa
≥50 m	有	距洞口20 m处	<50Pa

8.5.3 隧道洞口缓冲结构设置应考虑列车类型及长度、隧道长度、隧道净空有效面积、隧道轨道类型、隧道洞口附近地形和居民情况等因素。

8.5.4 洞口缓冲结构设计应符合下列规定：

1 缓冲结构形式应从实用美观角度出发，结合洞口附近的地形环境条件确定，宜采用与隧道衬砌内轮廓形状相似的开孔式结构，也可采用其他结构形式。

2 缓冲结构当横断面不变时，侧面或顶面应开减压孔，减压孔面积可根据实际情况确定，宜为隧道净空有效面积的1/5~1/3。

3 缓冲结构宜采用钢筋混凝土结构。

4 预留设置缓冲结构条件的洞口，当有路基挡土墙时，其位置应在缓冲结构之外。

8.5.5 隧道洞口上方有公路跨越时，公路应设置防撞护栏及监测设备。

8.5.6 两座隧道洞口距离小于30 m时，宜采用明洞形式将两座隧道连接。

8.6 防排水

8.6.1 隧道防排水设计方案应结合隧道洞身水环境要求和水文地质条件确定。隧道防排水应采取“防、堵、截、排，因地制宜，综合治理”的原则。地下水环境保护要求高、埋深浅的隧道应采用全断面封闭防水。

8.6.2 初期支护与二次衬砌之间应铺设防水板，防水板厚度不得小于1.5 mm。

8.6.3 新建铁路双线隧道应设置双侧水沟和中心水沟，中心水沟应与双侧水沟相连通。干燥无水或排放量很小的隧道，可不设中心水沟。

8.6.4 隧道衬砌背后应设置与排水沟连通的环、纵向排水盲管。环、纵向排水盲管应直接引水入侧沟。

8.6.5 水沟断面应根据水量大小确定。水沟的设置应考虑清理和检查要求；暗埋中心排水沟应设检查井。检查井间距不宜大于50 m，其盖板面宜与隧底填充面齐平。

8.6.6 侧沟在边墙衬砌侧应预留进水孔，间距不宜大于4 m。侧沟与中心水沟间应设置排水管，间距不大于50 m。

8.6.7 隧道衬砌结构的施工缝、变形缝应按一级防水要求采取可靠的防水措施。

8.6.8 隧道洞内排水系统应与洞外排水系统顺接，必要时设置具有检修、维护功能的缓冲井（池）。

8.6.9 洞外排水设施应符合下列规定：

1 应避开不良、不稳定地质体，以较短途径引排到自然稳定的沟谷中；经路堑侧沟、涵洞排放时，应采用无缝顺接，并保证过水能力满足要求，防止壅水。

2 对洞口范围威胁施工及运营安全的地表径流、坑洞、漏斗、陷穴、裂缝等，应采取封闭、引排、截流等工程措施消除安全隐患。

3 对横跨洞口的自然冲沟、水渠，当沟底高程大于隧道洞顶高程时，优先采用明洞顶设渡槽排水方案。

8.7 运营通风

8.7.1 隧道运营通风应根据隧道长度、隧道平面与纵断面、道床类型、行车密度、自然条件、气象条件及两端洞口地形条件等因素综合确定，长度大于20 km的隧道宜设置运营通风。

8.7.2 紧急救援站应设置防灾通风设施，避难所和有紧急出口的隧道应设置应急通风

设施；防灾通风应在火灾情况下能控制烟雾扩散方向，与人员疏散相反方向的风速不应小于2.0 m/s；防灾通风应与运营通风结合考虑。

8.7.3 隧道通风方式应根据技术、经济条件，考虑工务维修、防灾救援等因素，综合比选确定。

8.8 防灾救援疏散

8.8.1 隧道防灾救援疏散应贯彻"以人为本，应急有备，方便自救，安全疏散"的工作方针。健全防灾救援疏散系统，预防灾害发生，将列车发生灾害事故后所产生的影响减少到最低程度。

8.8.2 长度大于10 km的隧道宜采用两个单线隧道方案。

8.8.3 长度为20 km及以上的隧道应设置紧急救援站，紧急救援站之间的距离不应大于20 km；长度10～20 km之间的隧道应设置避难所；长度10～3 km之间的隧道可结合辅助坑道情况设置紧急出口。

8.8.4 隧道内的紧急救援站应符合下列规定：

1 紧急救援站长度应根据旅客列车编组长度加一定富余量确定，一般情况下可采用450～500 m。

2 紧急救援站内的疏散横通道间距不宜大于60 m。横通道内应设置两道防护密闭门，门通行宽度不应小于3.4 m。

3 紧急救援站内应设置疏散站台，站台宽度宜为2.3 m，站台高度应满足旅客安全疏散需要，并不得侵入基本建筑限界。

4 紧急救援站内满足人员等待的空间应按0.5 m^2/人设计。

5 紧急救援站内应设置防灾通风、应急照明、应急通信、消防等设施。

8.8.5 隧道内避难所应设置应急通风、应急照明、应急通信等设施，其面积按0.5 m^2/人考虑。

8.8.6 隧道内紧急出口应优先考虑采用平行导坑和横洞，其宽度不应小于3.0 m、高度不应小于2.2 m。当采用斜井作紧急出口时，水平长度不宜大于500 m、纵向坡度不宜大于12%。

8.8.7 救援通道、紧急救援站、避难所、紧急出口、横通道应设置疏散引导标识。

8.9 抗震设计

8.9.1 隧道洞口、浅埋和偏压地段以及断层破碎带地段应按现行国家标准《铁路工程抗震设计规范》（GB 50111）有关规定进行抗震设防，其衬砌结构应加强。对活动断层破碎带地段，必要时可根据实际情况预留断面净空。洞口设防段的长度可根据地形、地质条件及设防烈度确定，并不得小于2.5倍的隧道开挖宽度。

8.9.2 隧道抗震设防段应采用曲墙有仰拱的复合式衬砌结构，并应设置变形缝。

8.9.3 地震区隧道洞口应避免高边坡，边仰坡宜采用柔性防护措施，并适当接长明洞。

8.10 接口设计

8.10.1 隧道设计应考虑相关专业在隧道内设施的布置要求。各种设施在隧道内的布置应综合考虑，减少设备洞室数量。隧道与相关专业的接口应有良好的过渡和衔接。

8.10.2 隧道与路基、桥梁接口设计应符合下列规定：

1 隧道洞口边坡防护应与路基边坡协调设计。

2 隧道与路基分界处应设置过渡段。

3 隧道洞内排水沟与路基排水沟应顺畅衔接，保证隧道内地下水能顺利排出。

4 隧道内的电缆槽向路基、桥梁范围的电缆槽过渡时其转弯半径应满足电缆铺设要求。

5 隧道与桥梁相连时，隧道内的救援通道与桥梁人行道应平顺连接。

8.10.3 隧道与接触网、通信、信号、综合接地等专业的接口设计应符合下列规定：

1 隧道衬砌结构应考虑接触网下锚、综合接地等专业的安装要求。设备安装不应对隧道结构安全和防水效果产生不良影响。

2 隧道内过轨管应采用预埋方式，管径不宜大于 100 mm，并应埋入隧道底部混凝土内足够深度以下，避免受力变形或损坏。

8.10.4 隧道与无砟轨道接口设计应符合下列规定：

1 隧道底板、仰拱填充应与无砟轨道底座结合设置。

2 隧道施工完成后应对隧道结构的沉降与变形进行观测，并对隧道底部结构进行检测。

3 无砟轨道铺设前应对隧道底部结构进行全面的综合评估，评估合格后方可铺设无砟轨道。

9 轨 道

9.1 一般规定

9.1.1 正线及到发线轨道应按一次铺设跨区间无缝线路设计。

9.1.2 正线应根据线路速度等级和线下工程条件，经技术经济论证后合理选择轨道结构类型，轨道结构宜采用无砟轨道。无砟轨道与有砟轨道应集中成段铺设，无砟轨道与有砟轨道之间应设置轨道结构过渡段。

9.1.3 无砟轨道的结构型式应根据线下工程、环境条件等具体情况，经技术经济比较后合理选择。同一线路可采用不同无砟轨道结构型式，同一型式的无砟轨道结构宜集中铺设。

9.1.4 轨道结构部件及所用工程材料应符合国家和行业的相关标准要求。

9.1.5 无砟轨道主体结构的设计使用年限应不小于60年。

9.1.6 轨道结构设计应考虑减振降噪要求。

9.1.7 轨道结构应设置性能良好的排水系统。严寒地区排水设计应考虑防冻措施。

9.2 钢轨及配件

9.2.1 正线轨道应采用100 m定尺长的60 kg/m无螺栓孔新钢轨，其质量应符合相应速度等级的钢轨相关要求。

9.2.2 有砟轨道采用与轨枕配套的弹性扣件，其轨下弹性垫层静刚度宜为（60±10）kN/mm。

9.2.3 无砟轨道采用与轨道板或双块式轨枕相配套的弹性扣件，其轨下弹性垫层静刚度宜为（25±5）kN/mm。

9.3 轨道铺设精度（静态）

9.3.1 正线轨道静态铺设精度标准应符合表9.3.1—1、9.3.1—2和9.3.1—3的规定。

表9.3.1—1 有砟轨道静态铺设精度标准

序号	项 目	容许偏差	备 注
1	轨 距	±1 mm	相对于标准轨距1 435 mm
		1/1 500	变化率
2	轨 向	2 mm	弦长10 m
		2 mm/5 m 10 mm/150 m	基线长30 m 基线长300 m

续上表

序号	项　目	容许偏差	备　注
3	高　低	2 mm	弦长 10 m
		2 mm/5 m 10 mm/150 m	基线长 30 m 基线长 300 m
4	水　平	2 mm	不包含曲线、缓和曲线上的超高值
5	扭　曲	2 mm	基长 3 m 包含缓和曲线上由于超高顺坡所造成的扭曲量
6	与设计高程偏差	10 mm	站台处的轨面高程不应低于设计值
7	与设计中线偏差	10 mm	

表 9.3.1—2　无砟轨道静态铺设精度标准

序号	项　目	容许偏差	备　注
1	轨　距	±1 mm	相对于标准轨距 1 435 mm
		1/1 500	变化率
2	轨　向	2 mm	弦长 10 m
		2 mm/测点间距 8a（m） 10 mm/测点间距 240a（m）	基线长 48a（m） 基线长 480a（m）
3	高　低	2 mm	弦长 10 m
		2 mm/测点间距 8a（m） 10 mm /测点间距 240a（m）	基线长 48a（m） 基线长 480a（m）
4	水　平	2 mm	不包含曲线、缓和曲线上的超高值
5	扭　曲	2 mm	基长 3 m 包含缓和曲线上由于超高顺坡所造成的扭曲量
6	与设计高程偏差	10 mm	站台处的轨面高程不应低于设计值
7	与设计中线偏差	10 mm	

注：表中 a 为扣件节点间距，m。

表 9.3.1—3　道岔（直向）静态铺设精度标准

	高低	轨向	水平	扭曲（基长 3 m）	轨　距	
幅值（mm）	2	2	2	2	±1	变化率 1/1 500
弦长（m）	10		—			

9.3.2　站线道岔静态铺设精度标准应符合表 9.3.2 的规定。

表 9.3.2　站线道岔静态铺设精度标准

	高低	轨向		水平	轨距
		直线	支距		
到发线（mm）	4	4	2	4	+3/－2
其他站线（mm）	6	6	2	6	+3/－2

9.4 无砟轨道

9.4.1 无砟轨道结构设计应符合下列规定：

1 无砟轨道设计荷载应包括列车荷载、温度荷载、牵引/制动荷载等，同时应考虑下部基础变形对轨道结构的影响。

2 列车荷载

1）竖向设计荷载应按下式计算：

$$P_d = \alpha \cdot P_j \quad (9.4.1—1)$$

式中 P_d——竖向设计荷载；

α——动载系数，对于设计 300 km/h 及以上线路取 3.0，设计 250 km/h 线路取 2.5；

P_j——静轮载。

2）横向设计荷载应按下式计算：

$$Q = 0.8 \cdot P_j \quad (9.4.1—2)$$

式中 Q——横向设计荷载。

3 结构疲劳检算荷载

1）竖向疲劳检算荷载应按下式计算：

$$P_f = 1.5 \cdot P_j \quad (9.4.1—3)$$

式中 P_f——竖向疲劳检算荷载。

2）横向疲劳检算荷载应按下式计算：

$$Q_f = 0.4 \cdot P_j \quad (9.4.1—4)$$

式中 Q_f——横向疲劳检算荷载。

4 温度荷载及混凝土收缩影响

1）露天区间（包括隧道洞口 200 m 范围）年温差根据当地气象条件取值。

2）温度梯度取 45 ℃/ m。

3）混凝土收缩以等效降温 10 ℃取值。

5 扣件节点间距不宜大于 650 mm，特殊情况下超过650 mm时，应进行设计检算，且不宜连续设置。

9.4.2 CRTS Ⅰ型板式无砟轨道结构设计应符合下列规定：

1 轨道结构可由钢轨、弹性扣件、轨道板、水泥乳化沥青砂浆充填层、底座、凸形挡台及其周围填充树脂等组成。

2 结构及型式尺寸

1）轨道板结构类型可分为预应力混凝土平板、预应力混凝土框架板和钢筋混凝土框架板。轨道板类型应根据环境条件和下部基础合理选用。

标准轨道板长度宜为 4 962 mm，轨道板宽度宜为 2 400 mm，厚度不宜小于 190 mm。轨道板两端设半圆形缺口，半径宜为 300 mm。

2）水泥乳化沥青砂浆充填层厚度为 50 mm；对于减振型板式轨道，厚度为 40 mm。水泥乳化沥青砂浆及原材料的性能应符合相关规定。水泥乳化沥青砂浆应采用袋装灌注法施工。

3）底座结构设计应根据列车荷载、温度荷载及混凝土收缩等的共同作用，进行强度和裂缝宽度检算，同时应考虑下部基础变形的影响，进行结构强度检算。

底座采用钢筋混凝土结构，混凝土强度等级为C40。底座的外形尺寸根据设计荷载计算确定，曲线地段底座内侧厚度不应小于100 mm。

4）凸形挡台按固定于混凝土底座上的悬臂构件设计，形状分圆形和半圆形，混凝土强度等级为C40。凸形挡台和轨道板之间填充树脂材料，设计厚度为40 mm。填充树脂应采用袋装灌注法施工，其性能应符合相关规定。

3 曲线超高在底座上设置。超高设置以内轨顶面为基准，采用外轨抬高方式，并在缓和曲线范围内线性过渡。

4 轨道板外侧的底座顶面应设置横向排水坡。

5 路基地段CRTS Ⅰ型板式无砟轨道如图9.4.2—1所示，设计应符合下列规定：

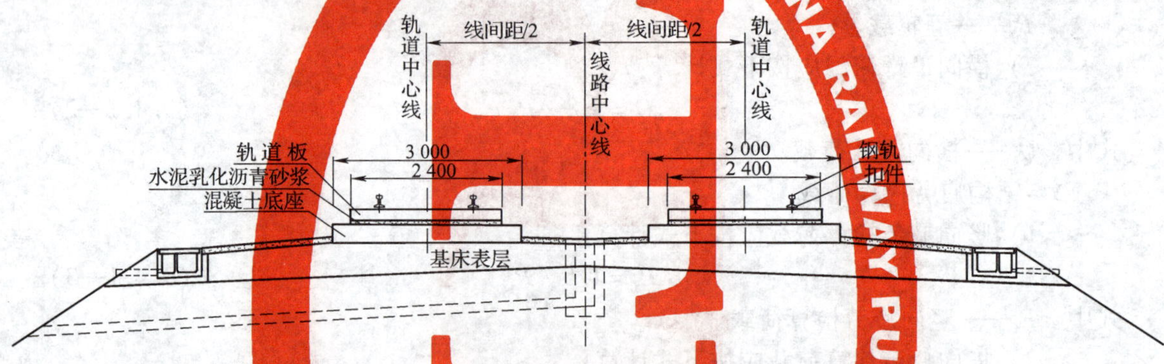

图9.4.2—1 路基地段CRTS Ⅰ型板式无砟轨道标准横断面示意图（单位：mm）

1）底座应在路基基床表层上设置。

2）底座每隔一定长度，对应凸形挡台中心位置，应设置横向伸缩缝。

3）线间排水应结合线路纵坡、桥涵等线路条件和环境条件具体设计。采用集水井方式时，集水井设置间隔应根据汇水面积和当地气象条件计算确定。

4）线路两侧及线间路基面应进行防水处理。

6 桥梁地段CRTS Ⅰ型板式无砟轨道如图9.4.2—2所示，设计应符合下列规定：

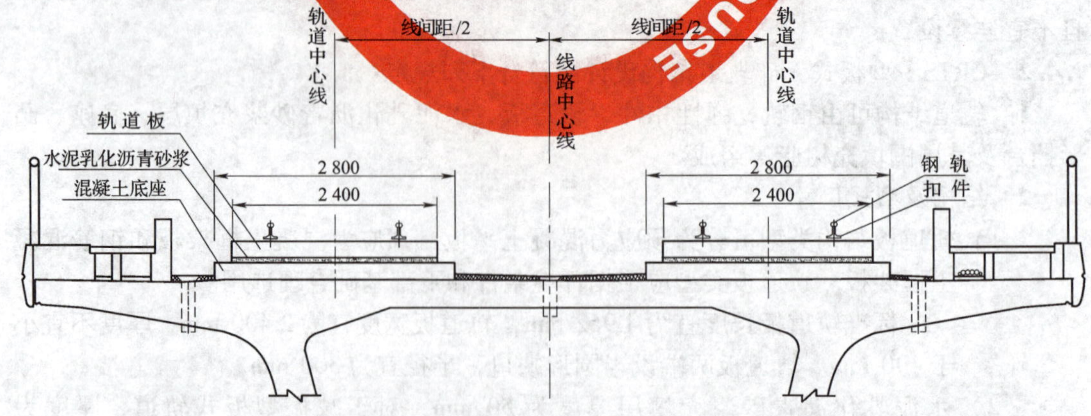

图9.4.2—2 桥梁地段CRTS Ⅰ型板式无砟轨道标准横断面示意图（单位：mm）

1）底座在梁面上设置，通过梁体预埋套筒植筋或预埋钢筋方式与桥梁连接。轨道中心线 2.6 m 范围内，梁面应进行拉毛处理。

2）底座对应每块轨道板，在凸形挡台中心位置应设置横向伸缩缝。

3）底座范围内，梁面不设防水层和保护层。

4）桥上扣件纵向阻力及梁端扣件结构型式应根据计算确定。

5）桥面应采用三列排水方式。

7 隧道地段 CRTS Ⅰ 型板式无砟轨道如图 9.4.2—3 所示，设计应符合下列规定：

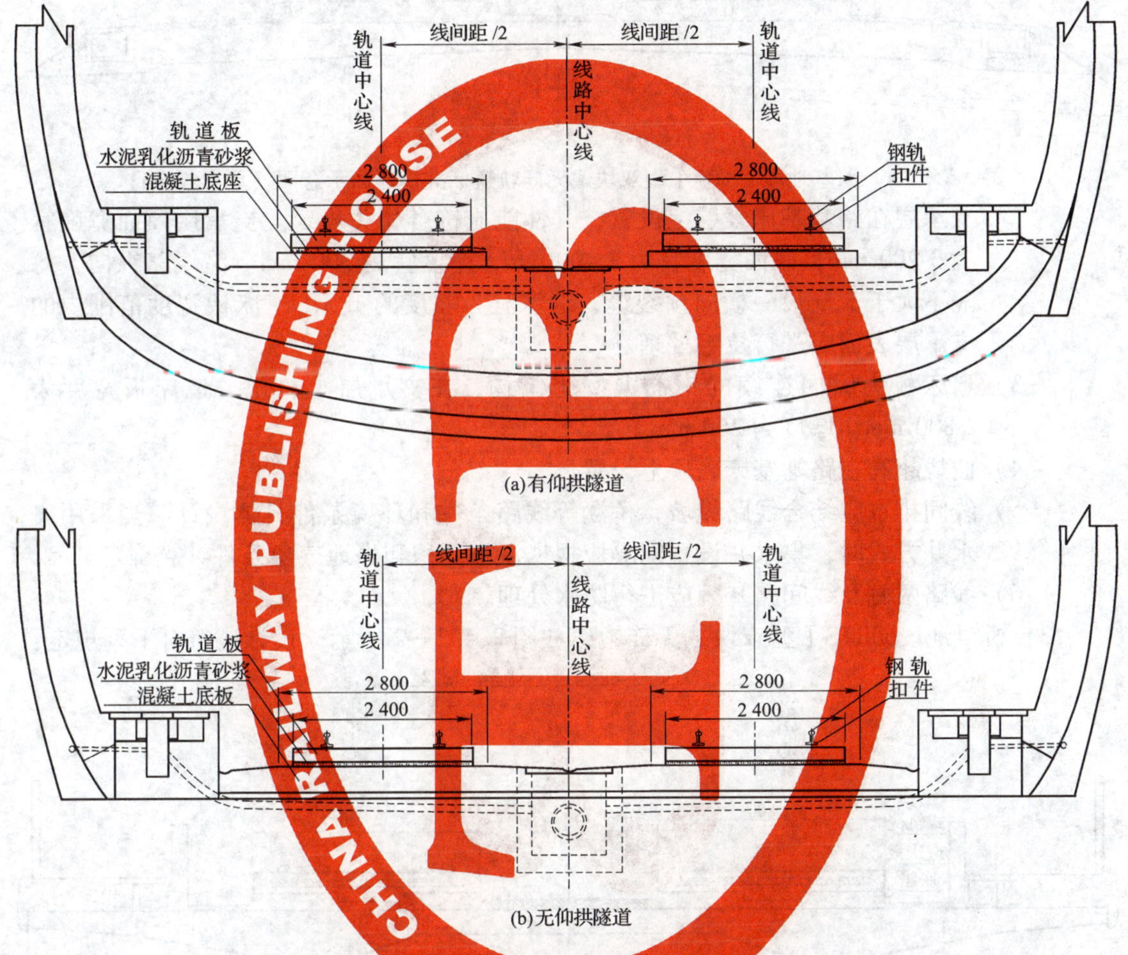

图 9.4.2—3 隧道地段 CRTS Ⅰ 型板式无砟轨道标准横断面示意图（单位：mm）

1）有仰拱隧道内，底座在仰拱回填层上构筑。沿线路纵向，底座每隔一定长度，对应凸形挡台中心位置，应设置横向伸缩缝。底座在隧道沉降缝位置，应设置伸缩缝。底座宽度范围内，仰拱回填层表面应进行拉毛处理。

2）无仰拱隧道内，底座与隧道底板应合并设置并连续铺设。当位于曲线地段时，超高一般在隧道底板上设置。

3）距隧道洞口 100 m 范围，仰拱回填层应设置钢筋与底座连接。

9.4.3 CRTS Ⅰ 型双块式无砟轨道结构设计应符合下列规定：

1 道床板采用钢筋混凝土结构，现场浇筑成型，混凝土强度等级为 C40。

2 路基地段 CRTS Ⅰ 型双块式无砟轨道如图 9.4.3—1 所示，设计应符合下列规定：

1）由钢轨、弹性扣件、双块式轨枕、道床板、支承层等组成。

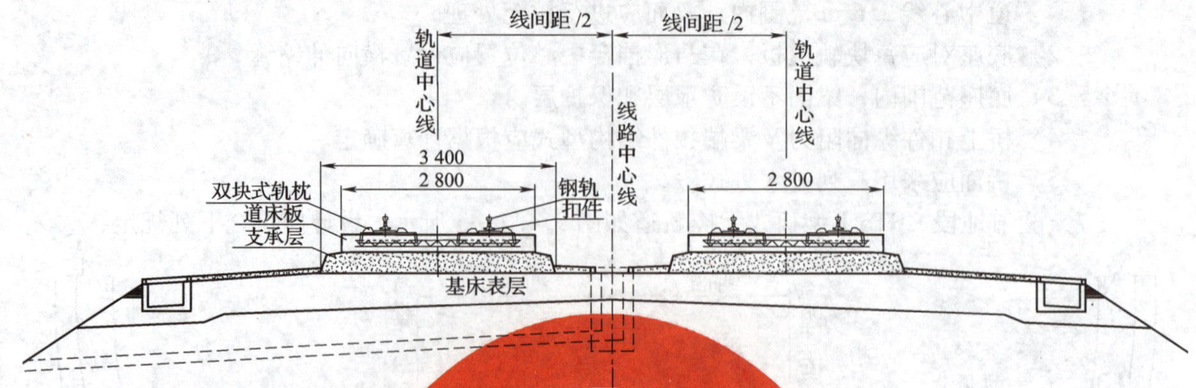

图 9. 4. 3—1　路基地段 CRTS Ⅰ型双块式无砟轨道标准横断面示意图（单位：mm）

2）支承层在路基基床表层上设置，其性能应符合相关规定。支承层顶面宽度宜为 3 200 mm，底面宽度宜为 3 400 mm，厚度宜为 300 mm。沿线路纵向，每隔不大于 5 m 设一横向预裂缝，缝深宜为厚度的 1/3。道床板宽度范围内的支承层表面应进行拉毛处理。

3）道床板为纵向连续的钢筋混凝土结构，在支承层上构筑。道床板宽度为 2 800 mm，厚度为 260 mm。

4）曲线超高在路基基床表层上设置。

5）线间排水应结合线路纵坡、桥涵等线路条件和环境条件具体设计。当采用集水井方式时，集水井设置间隔应根据汇水面积和当地气象条件计算确定。

6）线路两侧及线间路基面应进行防水处理。

3　桥梁地段 CRTS Ⅰ型双块式无砟轨道如图 9. 4. 3—2 所示，设计应符合下列规定：

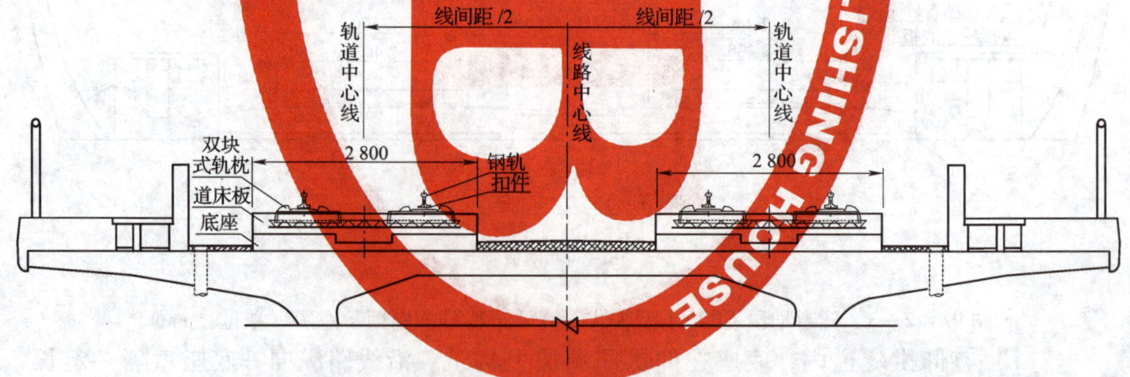

图 9. 4. 3—2　桥梁地段 CRTS Ⅰ型双块式无砟轨道标准横断面示意图（单位：mm）

1）由钢轨、弹性扣件、双块式轨枕、道床板、隔离层、底座及凹槽周围弹性垫层等组成。

2）道床板、底座沿线路纵向在梁面上分块构筑，分块长度宜在 5.0 ~ 7.0 m 范围，相邻道床板及底座的间隔缝为 100 mm。道床板宽度宜为 2 800 mm，厚度宜为 260 mm。底座宽度宜为 2 800 mm，直线地段底座厚度不宜小于 210 mm，曲线地段底座内侧厚度不应小于 100 mm。

3）底座通过梁体预埋套筒植筋或预埋钢筋与桥梁连接，轨道中心线 2.6 m 范围内，梁面应进行拉毛处理。

4）曲线超高在底座上设置。

5）底座顶面应设置隔离层。对应每块道床板，底座设置限位凹槽，凹槽的形式尺寸应根据设计荷载计算确定，凹槽侧面设弹性垫层。

6）底座范围内，梁面不设防水层和保护层。

7）桥上扣件纵向阻力及梁端扣件结构型式应根据计算确定。

8）桥面应采用两列排水方式。

4 隧道地段 CRTS Ⅰ 型双块式无砟轨道如图 9.4.3—3 所示，设计应符合下列规定：

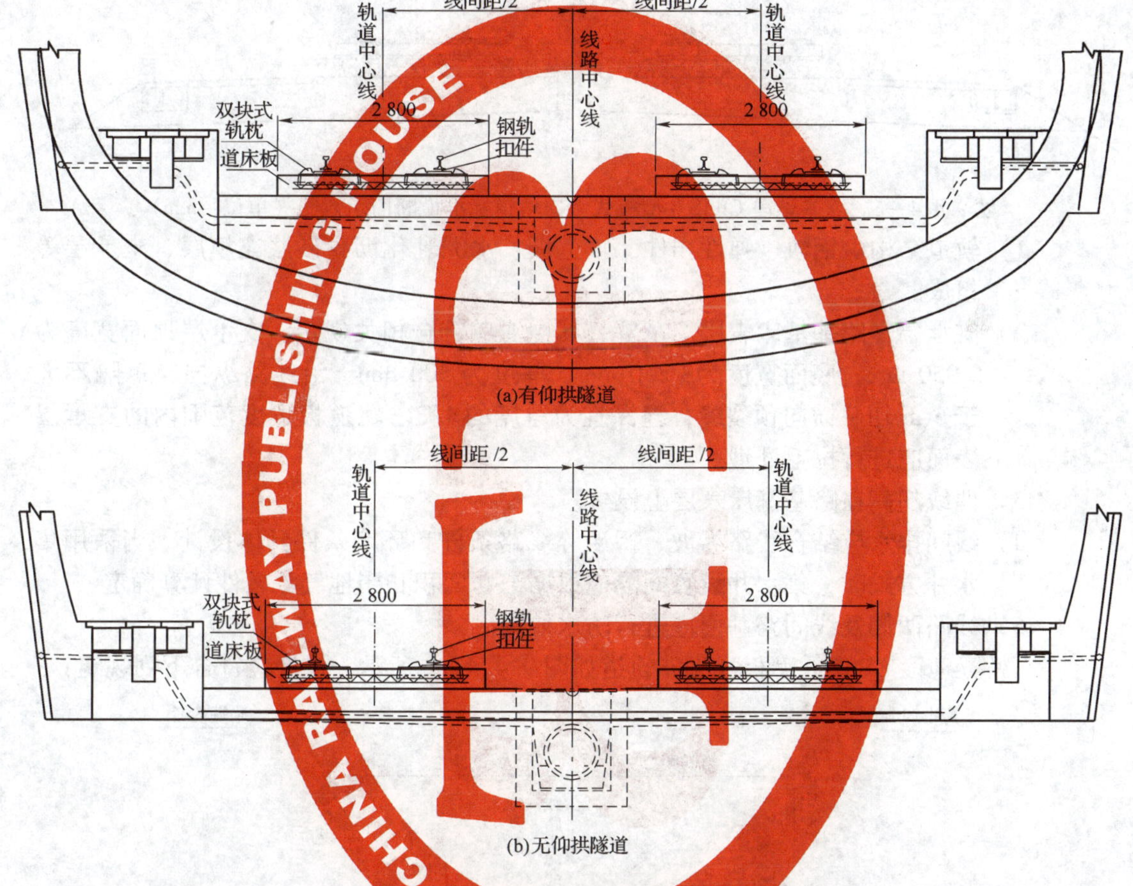

图 9.4.3—3 隧道地段 CRTS Ⅰ 型双块式无砟轨道标准横断面示意图（单位：mm）

1）由钢轨、弹性扣件、双块式轨枕、道床板等组成。

2）道床板为纵向连续的钢筋混凝土结构，直接在隧道仰拱回填层（有仰拱隧道）或底板（无仰拱隧道）上构筑。道床板宽度宜为2 800 mm，厚度宜为260 mm，其宽度范围内，仰拱回填层或底板表面应进行拉毛处理。

3）曲线超高在道床板上设置。

4）距洞口 200 m 范围，隧道内道床板结构与路基地段相同。其余地段的道床板结构设计应根据相应的设计荷载确定。

9.4.4 CRTS Ⅱ 型板式无砟轨道结构设计应符合下列规定：

1 轨道板采用预应力混凝土结构，混凝土强度等级为 C55。标准轨道板长度为 6 450 mm，宽度为 2 550 mm，厚度为 200 mm，补偿板和特殊板根据具体条件配置。

2 水泥乳化沥青砂浆充填层厚度为 30 mm，水泥乳化沥青砂浆及原材料性能应符合相关规定。

3 路基地段 CRTS Ⅱ型板式无砟轨道如图 9. 4. 4—1 所示，设计应符合下列规定：

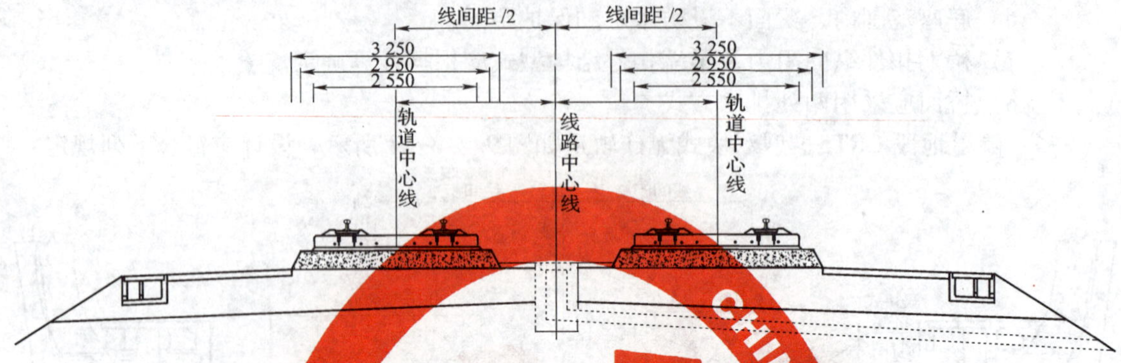

图 9. 4. 4—1　路基地段 CRTS Ⅱ型板式无砟轨道标准横断面示意图（单位：mm）

1）轨道结构由钢轨、弹性扣件、轨道板、水泥乳化沥青砂浆充填层、支承层等组成。

2）支承层在路基基床表层上设置，其性能应符合相关规定。支承层顶面宽度为 2 950 mm，底面宽度为3 250 mm，厚度为 300 mm。沿线路纵向，每隔不大于 5 m 切一横向预裂缝，缝深宜为厚度的 1/3。轨道板宽度范围内的支承层表面应进行拉毛处理。

3）曲线超高在路基基床表层上设置。

4）线间排水应结合线路纵坡、桥涵等线路条件和环境条件具体设计。当采用集水井方式时，集水井设置间隔应根据汇水面积和当地气象条件计算确定。

5）线路两侧及线间路基面应进行防水处理。

4 桥梁地段 CRTS Ⅱ型板式无砟轨道如图 9. 4. 4—2 所示，设计应符合下列规定：

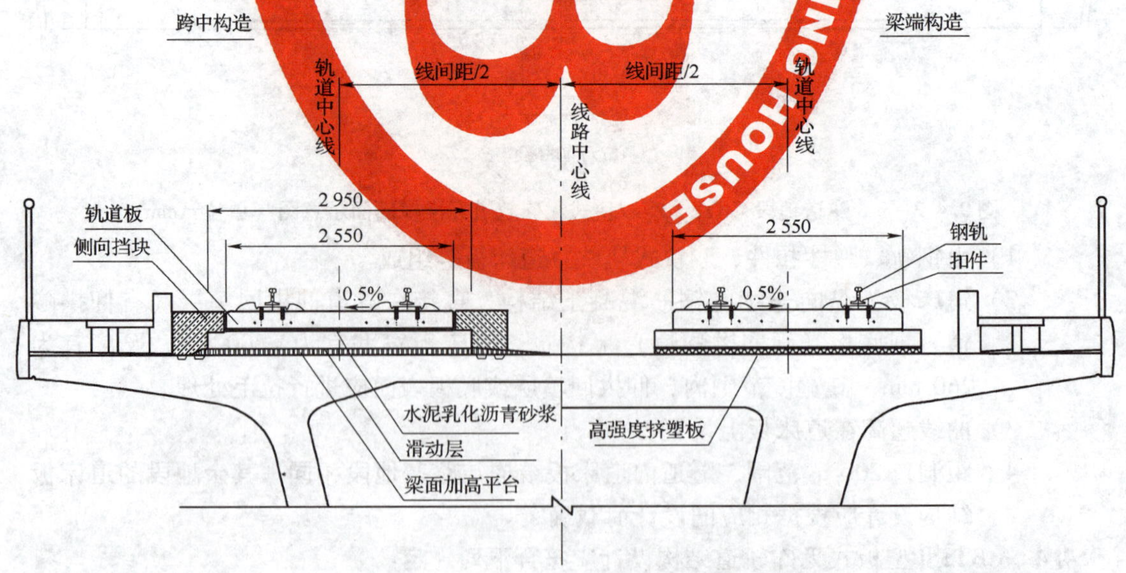

图 9. 4. 4—2　桥梁地段 CRTS Ⅱ型板式无砟轨道标准横断面示意图（单位：mm）

1）由钢轨、弹性扣件、轨道板、水泥乳化沥青砂浆充填层、底座板、滑动层、高强度挤塑板、侧向挡块、台后锚固结构等组成。

2）底座板采用纵向连续的钢筋混凝土结构，混凝土强度等级为 C30。底座板宽度宜为 2 950 mm；直线区段的底座板厚度不宜小于 190 mm；曲线超高在底座板上设置，曲线内侧的底座板厚度不应小于 175 mm。

3）底座板结构中可根据施工组织安排设置一定数量的混凝土后浇带及钢板连接器。

4）底座板宽度范围内，梁面设置滑动层，滑动层结构及性能应符合相关规定。

5）在桥梁固定支座上方，梁体设置底座板纵向限位机构，相应位置设置抗剪齿槽及锚固筋连接套筒，形式尺寸及数量应根据计算确定。

6）底座板两侧隔一定距离设置侧向挡块，梁体相应位置设置钢筋连接套筒。侧向挡块与底座板间应设置弹性限位板，其性能应符合相关规定。

7）距梁端一定范围，梁面设置高强度挤塑板，厚度宜为 50 mm，其性能应符合相关规定。

8）轨道板外侧的底座板顶面应设置横向排水坡，桥面应采用三列排水方式。

9）台后路基应设置锚固结构及过渡板，其结构及型式尺寸应根据计算确定。

5 隧道地段 CRTS Ⅱ 型板式无砟轨道如图 9. 4. 4—3 所示，设计应符合下列规定：

1）由钢轨、弹性扣件、轨道板、水泥乳化沥青砂浆充填层、支承层等组成。

2）当支承层采用混凝土结构时，曲线超高可在支承层设置。
当支承层采用水硬性混合料时，曲线超高应在仰拱回填层（有仰拱隧道）或底板（无仰拱隧道）上设置。

3）其他规定与路基地段相同。

9. 4. 5 道岔区轨枕埋入式无砟轨道结构设计应符合下列规定：

1 由道岔钢轨件、弹性扣件、岔枕、道床板及底座等组成。

2 道岔区扣件间距宜为 600 mm，特殊位置的扣件间距应根据道岔结构确定。

3 道床板采用钢筋混凝土结构，混凝土强度等级为 C40，道床板结构应根据设计荷载计算确定。

4 底座采用钢筋混凝土结构，混凝土强度等级为 C30。底座厚度宜为300 mm，宽度根据道岔结构尺寸确定。对应转辙器及辙叉区段，底座应设置与道床板的连接钢筋。

5 道床板表面应设置横向排水坡。

6 道岔区范围内的轨道刚度设计应均匀，并与区间轨道刚度相匹配。

7 无砟轨道结构设计应符合信号室外道岔及轨道电路等设备的安装要求。

9. 4. 6 道岔区板式无砟轨道结构设计应符合下列规定：

1 由道岔钢轨件、弹性扣件、道岔板、底座等组成。

2 道岔区扣件间距宜为 600 mm，特殊位置的扣件间距根据道岔结构设计确定。

3 道岔板采用钢筋混凝土结构，混凝土强度等级为 C50。道岔板厚度宜为 240 mm，宽度根据道岔结构尺寸确定。道岔板表面应设横向排水坡。

4 底座采用钢筋混凝土结构，混凝土强度等级为 C40，厚度不宜小于 180 mm，宽度根据道岔结构尺寸确定。

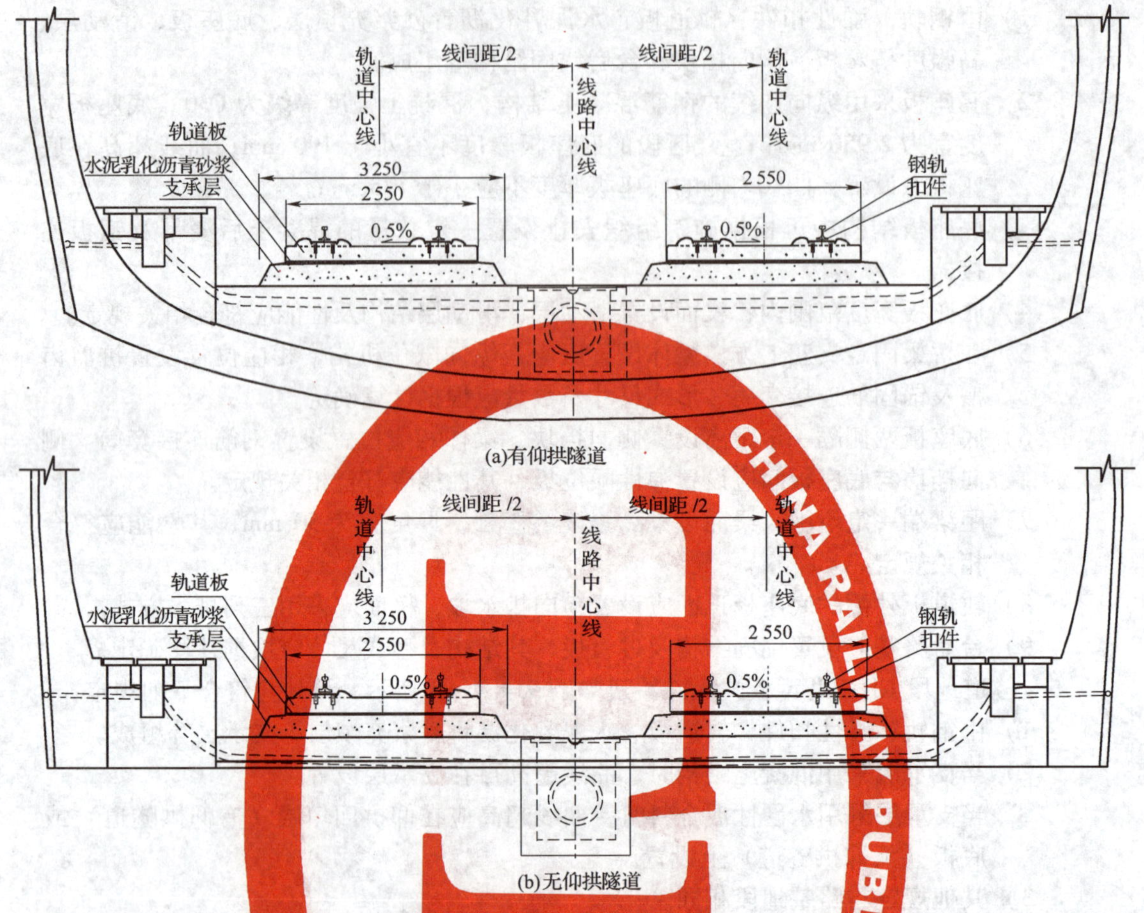

图 9.4.4—3　隧道地段 CRTS Ⅱ 型板式无砟轨道横断面示意图（单位：mm）

5　道岔区范围内的轨道刚度设计应均匀，并与区间轨道刚度相匹配。

6　无砟轨道结构设计应符合信号室外道岔及轨道电路等设备的安装要求。

9.5　正线有砟轨道

9.5.1　正线有砟轨道应采用 2.6 m 长混凝土轨枕，每千米铺设 1 667 根。道岔区段应铺设混凝土岔枕。

9.5.2　道床设计应符合下列规定：

1　应采用特级碎石道砟，道砟的物理力学性能应符合有关规定。道砟上道前应进行清洗，清洁度应符合有关要求。

2　道床顶面应低于轨枕承轨面 40 mm，且不应高于轨枕中部顶面。

3　路基地段单线道床顶面宽度 3.6 m，道床厚度 0.35 m，道床边坡 1∶1.75，砟肩堆高 0.15 m。双线道床顶面宽度应分别按单线设计。石质路堑地段应采用弹性轨枕或铺设砟下弹性垫层。

4　桥上道床标准应与路基地段相同，应采用弹性轨枕或铺设砟下弹性垫层。砟肩至挡砟墙之间以道砟填平。

5　隧道内道床标准应与路基地段相同，应采用弹性轨枕或铺设砟下弹性垫层。砟肩至边墙（或高侧水沟）间以道砟填平。

6 线路开通前，道床密度不应小于 1.75 g/cm³，轨枕支承刚度不应小于 120 kN/mm，纵向阻力不应小于 14 kN/枕，横向阻力不应小于 12 kN/枕。

9.6 轨道结构过渡段

9.6.1 轨道结构过渡段设计应符合下列规定：

1 不同轨道结构应在相同下部基础上进行过渡。

2 不同轨道结构间的过渡段区域不应设置工地焊接接头。

9.6.2 无砟轨道与有砟轨道结构间的过渡应符合下列规定：

1 无砟轨道结构的底座或支承层应从过渡点开始向有砟轨道延伸长度不应小于 10 m，同时应符合有砟轨道区段最小道床厚度的要求。

2 过渡段无砟轨道一定范围内，应保证轨道板或道床板与支承层的可靠连接。

3 过渡段应设置 60 kg/m 的辅助轨及配套扣件，辅助轨长度 25 m（其中无砟轨道内约 5 m，有砟轨道内约 20 m）。辅助轨的设置不应影响大型养路机械维修作业。

4 过渡段范围的轨道刚度应按分级过渡设计。

5 过渡段有砟轨道一定范围可采用道砟胶对碎石道床不同部位进行粘结。

9.6.3 不同无砟轨道结构间的过渡设计应考虑无砟轨道结构高度差异。

9.7 钢轨伸缩调节器

9.7.1 桥梁、线路和轨道之间应进行系统设计，减少钢轨伸缩调节器的设置。平面曲线和竖曲线地段应避免设置钢轨伸缩调节器。

9.7.2 钢轨调节器基本轨始端和尖轨跟端焊接接头的位置距梁缝不应小于 2 m。

9.7.3 钢轨伸缩调节器范围的轨道刚度应均匀，并与区间轨道刚度相匹配。

9.8 接 口 设 计

9.8.1 轨道设计应考虑与相关工程的接口技术要求，统筹规划，系统设计。

9.8.2 轨道结构与路基、桥梁、隧道等土建工程的接口设计应符合下列规定：

1 轨道设计应提出路基、桥梁和隧道等工程结构物预埋件、平整度及高程等相关要求。

2 轨道结构排水设计应与路基、桥梁和隧道等土建工程的排水系统统筹考虑。

3 桥上道岔区轨道结构应与桥梁、道岔结构进行系统设计。

9.8.3 轨道与信号系统及综合接地系统的接口设计应符合下列规定：

1 轨道结构设计应考虑信号室外设备及综合接地系统的安装要求。

2 有砟轨道的道床漏泄电阻不应小于2.0 Ω·km，无砟轨道的道床漏泄电阻不应小于3.0 Ω·km。

3 无砟轨道绝缘处理设计应符合下列规定：

1）CRTS Ⅰ型板式无砟轨道轨道板内钢筋网片宜进行绝缘处理，并应设置综合接地钢筋和接地端子。

2) CRTSⅡ型板式无砟轨道轨道板内钢筋网片及相邻轨道板间张拉锁件宜进行绝缘处理，轨道板内应设置综合接地钢筋和接地端子。

3) CRTSⅠ型双块式无砟轨道道床板内钢筋网宜进行绝缘处理，并应设置接地钢筋和接地端子。

4) 道岔区无砟轨道道床板或道岔板内钢筋网宜进行绝缘处理，并应设置接地钢筋和接地端子。

5) 一般情况下，无砟轨道底座钢筋不进行绝缘处理。

9.9 站线轨道

9.9.1 正线为无砟轨道时，与正线相邻的两条到发线宜采用无砟轨道，其他可采用混凝土宽枕的有砟轨道；高架车站或站台范围设架空层的车站到发线区段宜采用无砟轨道。

9.9.2 站线采用有砟轨道时，轨道结构设计应符合下列规定：

1 到发线应采用60 kg/m无螺栓孔新钢轨；其他站线宜铺设50 kg/m钢轨。

2 到发线应采用混凝土轨枕，每千米铺设1 667根；当铺设混凝土宽枕时，每千米铺设1 760根。其他站线每千米铺设1 440根。

3 站线应采用一级碎石道砟。到发线道床顶宽3.4 m，道床厚度0.35 m，边坡为1∶1.75；其他站线道床顶宽2.9 m，道床厚度0.25 m，边坡为1∶1.5。

4 站线混凝土轨枕宜采用弹条Ⅱ型扣件。

9.10 轨道附属设备及常备材料

9.10.1 正线应设置线路基桩。

9.10.2 正线应设置线路标志、用地界标及行政区界标等标志。线路标志包括公里标、半公里标、曲线标、桥梁标、隧道标、涵渠标、坡度标及设备管理单位的界标等。线路标志的设置应符合下列规定：

1 线路标志应设置在最近的接触网支柱上，实际位置应在钢轨轨腰或无砟轨道结构上标注。

2 公里标、半公里标的标志牌底边距轨面3.0 m，曲线标、坡度标、桥梁标的标志牌底边距轨面0.5 m。

3 桥梁地段的曲线标、坡度标、桥梁标可设置在线路一侧的防护墙上，标志牌顶边距防护墙顶面距离为0.1 m。

4 隧道地段的标志应设在边墙上，高度距轨面3.0 m。

5 车站无接触网支柱地段，线路标志的相关内容应标志在站台侧面。

9.10.3 正线有砟轨道和无砟轨道常备材料可分别按表9.10.3—1和表9.10.3—2规定的数量设计。

表 9.10.3—1　正线有砟轨道常备材料数量

材料名称		备料数量
混凝土枕		每单线千米 2 根
扣件及其垫板		每单线千米 5 套
断轨急救器		每单线千米 1 套
臌包夹板		每单线千米 1 套
25 m 无孔轨		每个综合工区 6 根
6 m 有孔短轨		每个综合工区 6 根
6.25 m 有孔胶接绝缘轨		每个综合工区 6 根
25 m 无孔胶接绝缘轨		每个综合工区 6 根
接头螺栓及垫圈		每个综合工区 36 套
接头夹板		每个综合工区 24 块
道岔	整组道岔（含配件及岔枕）	单开道岔每种型号每 1 000 延展公里备 1 组
	岔枕	每 1～100 组备 1 组
	辙叉（含配套扣配件）	新建车站每站新增道岔每种型号每 1～20 组备 1 个
		改、扩建车站每站新增 30 组道岔备 1 个
	尖轨（含配套扣配件）	新建车站每站新增道岔每种型号每 1～20 组备 1 对
		改、扩建车站每站新增 30 组道岔备 1 对
	基本轨（含配套扣配件）	新建车站每站新增道岔每种型号每 1～20 组备 1 对
		改、扩建车站每站新增 30 组道岔备 1 对
钢轨伸缩调节器	整组钢轨伸缩调节器（含配件及轨枕）	每种型号每 1 000 延展公里备 1 组
	轨枕	每 1～100 组备 1 组
	尖轨（含配套扣配件）	每种型号每 1～20 组备 1 对
	基本轨（含配套扣配件）	每种型号每 1～20 组备 1 对

表 9.10.3—2　正线无砟轨道常备材料数量

材料名称		备料数量
CRTS Ⅰ 型板式轨道	水泥乳化沥青砂浆修补材料	每单线千米 0.1 m^3
	凸台树脂修补材料	每单线千米 0.01 m^3
CRTS Ⅱ 型板式轨道	水泥乳化沥青砂浆修补材料	每单线千米 0.1 m^3
过渡段	过渡段辅助轨扣件及垫板	每 1～20 处 5 套
	过渡段基本轨扣件及垫板	每 1～20 处 5 套
	过渡段轨枕	每 1～20 处 2 根

注：无砟轨道用扣件及其垫板、断轨急救器、臌包夹板、25 m 无孔轨、6 m 有孔短轨、6.25 m 有孔胶接绝缘轨、25 m 无孔胶接绝缘轨、接头夹板以及道岔与钢轨伸缩调节器钢轨件等常备材料按表 9.10.3—1 的规定数量设计。

9.10.4　到发线轨道常备材料数量应按正线标准执行，站线轨道（有缝线路）常备材料可按表 9.10.4 规定的数量设计。

表 9.10.4 站线轨道(有缝线路)常备材料数量

材料名称	备料数量	材料名称		备料数量
钢轨	每单线千米 0.5 根 (25 m 轨)	道岔	岔枕	每 1 ~ 100 组备 1 组
钢轨接头配件	每单线千米 2 套		辙叉 (含配套扣配件)	每 1 ~ 20 组备 1 个
接头螺栓及垫圈	每单线千米 2 套		尖轨 (含配套扣配件)	每 1 ~ 20 组备 1 对
混凝土枕	每单线千米 1 根		基本轨 (含配套扣配件)	每 1 ~ 20 组备 1 对
混凝土枕扣件及其垫板	每单线千米 2 套			

10 站 场

10.1 一般规定

10.1.1 车站设计应符合系统功能要求，符合运输需要，便于运营管理，方便旅客乘降，并应留有进一步发展的条件。

10.1.2 枢纽内客运站的数量应根据枢纽客运量、引入线路数量、客车开行方案、既有设备配置、枢纽客运布局及城市总体规划等因素综合确定。

10.1.3 客运站站址选择应结合引入线路走向、既有客站位置和条件、城市总体规划、地形地质条件等因素经综合比选确定。一般应优先选择引入既有客运站或深入市区。当设置两个及以上客运站时，客站间宜有便捷的联系通路。

10.1.4 当枢纽内有两个及以上客运站时，应根据客车经路顺畅、点线能力协调、旅客乘降方便等原则，按引入方向、客车类别、客车开行方案等方式进行客站分工。

10.1.5 大型铁路枢纽客货运布局，宜采用“客货分线、客内货外”的布置方式。大型客运站应与城市交通系统有机结合，宜构建为综合交通枢纽，实现旅客便捷换乘。

10.1.6 有多条线路引入的大型客运站，宜根据引入线路不同的功能定位按线路别分场布置；在困难条件下，也可采用分线分场立体交叉布置；并应根据运输需要，按主要线路跨线，次要线路换乘的原则设置跨线车联络线。仅有第三方向引入的客运站，也可按方向别合场布置。

10.1.7 车站按技术作业性质可分为越行站、中间站和始发站；按客运量大小可分为特大型、大型、中型及小型车站。

10.1.8 车站到发线有效长度应为650 m，并应按双方向进路设计。

10.1.9 疏解线、联络线应在站内与正线或到发线接轨，当必须在区间内与正线接轨时，应在接轨处设置线路所，并应根据列车运行需要设置安全线。

岔线、段管线应在站内与到发线接轨，并应设置安全线，当站内有平行进路及隔开道岔并有联锁装置时，可不设安全线。

中间站有列车长时间停留的到发线两端应设置安全线，当站内有其他线路及道岔与正线隔开并有联锁装置时，可不设安全线。

10.1.10 在进站信号机外制动距离内进站方向为超过6‰的下坡道的车站，应在正线或到发线的接车方向末端设置安全线。

10.1.11 安全线设置应符合下列规定：

1 安全线的有效长度不应小于50 m。

2 安全线的纵坡应设计为平道或面向车挡的上坡道。

3 安全线末端均应设置缓冲装置。

4 安全线应设置双侧护轨。当安全线位于路基上时，应设置止轮土基。

5 曲线型安全线末端与相邻线的间距应能确保机车、车辆侧翻时不影响相邻线的安全。

6 安全线不宜设置在桥上、隧道内。

10.1.12 车站内线路的直线地段，主要建筑物和设备至线路中心线的距离应符合表 10.1.12 的规定。

表 10.1.12 主要建筑物和设备至线路中心线的距离

序号	建筑物和设备名称			至线路中心线的距离（mm）
1	跨线桥柱、天桥柱、电力照明和雨棚等杆柱边缘	位于正线一侧		≥2 440
		位于站线一侧		≥2 150
		位于站场最外线路的外侧		≥3 100
2	旅客站台边缘	位于站线一侧		1 750
3	连续墙体、栅栏、声屏障边缘	位于正线或站线外侧（无人员通行）		路基面外
4	接触网柱边缘	位于正线一侧	无砟	≥3 000
			有砟	≥3 100
		位于站线一侧		≥2 500
		位于站场最外线路的外侧		≥3 100

注：1 有砟轨道线路考虑大型养路机械作业时，序号 1 主要建筑物和设备至线路中心的距离采用 3 100 mm；

2 接触网柱边缘至线路中心的距离，困难条件下，位于正线一侧不应小于2 500 mm，位于站线一侧不应小于 2 150 mm。

10.1.13 车站内线路的曲线地段，各类建筑物和设备至线路中心线的距离应按本规范附录 A 的规定加宽。

10.1.14 在线路的直线地段，站内两相邻线路中心线的线间距应符合下列规定：

1 两正线间的线间距应与区间正线相同。

2 当两线路间无建筑物或设备时，正线与相邻到发线间、到发线间或到发线与其他线间不应小于 5.0 m。

3 当两线路间设有建筑物或设备时，按表 10.1.12 中的建筑物和设备至线路中心线的距离和建筑物及设备的结构宽度计算确定。

10.1.15 动车段（所）宜靠近车站设置并留有发展余地，宜纵列配置于车站到发列车较少一端的咽喉区外方。

10.1.16 车站及段（所）内动车组进入的到发线、折返线、出入段（所）线路、存车线、检修线、洗车线及安全线等线路应架设接触网。综合维修段（工区）内的线路可不架设接触网。

10.1.17 车站、段（所）内跨越电气化铁路的跨线桥，其梁底距桥下线路轨面的高度在直线地段应符合下列规定：

1 跨越高速正线的跨线桥不应小于 7 250 mm。

2 跨越折返线及动车段（所）内线路的跨线桥不应小于6 550 mm；困难条件下不应小于 6 200 mm；有充分依据时，既有跨线桥不应小于 5 800 mm。

跨线桥梁底位于曲线设置超高地段时，立交桥净高应根据计算另行加高。

10.1.18 有较大降雪地区的车站，正线和到发线上的道岔应设置融雪装置。

10.1.19 车站道路与正线平行地段，道路路肩应低于铁路路肩不少于0.7 m。当不符合要求时，应在其间设置安全防护设施。

10.1.20 车站绿化应结合车站所在地周边环境、车站建筑风格、噪声防治等因素设计。

10.1.21 车站名称的确定应符合下列规定：

1 车站名称应与车站所在地地名一致，且在全国范围内不应有相同的车站名称。

2 车站位于城市城区或近郊区的，应使用该城市的名称命名。当车站位于县、乡（镇）或村所在地时，应以当地县、乡（镇）或村庄的名称命名。

3 城市城区或近郊区内设置多个车站时，其中办理客运业务最主要的车站使用该城市的名称命名，其他主要车站可使用该城市名称加该站实际地理位置的方位词（东、南、西、北）命名，也可使用车站当地小地名命名。

4 城市内非主要或位于城市远郊区的车站，不应使用城市名称或城市名称加地理方位词的方式命名。

10.2 车站布置

10.2.1 车站平面布置应根据引入线路数量、线路输送能力、客车作业量及开行方案、车站性质及运营要求确定。

10.2.2 车站到发线数量越行站应设2条，中间站可设2～4条。始发站和有立折作业的中间站到发线数量应根据车站最终承担的旅客列车对数及其性质、列车开行方案、引入线路数量和车站技术作业过程等因素确定，并应符合高峰时段列车密集到发的要求。

10.2.3 车站咽喉区布置应符合固定列车到发径路和固定使用到发线的要求。

10.2.4 车站咽喉区布置应紧凑，并应减少正线上道岔数量。当有动车段（所）出入线引入时，其引入端咽喉区布置应符合列车到、发，动车出、入段（所）平行作业数量的要求。

10.2.5 车站可在两端各设一条单渡线组成八字渡线。个别与相邻站间距较近的车站，可不设渡线。始发站的两端和有始发作业的中间站有发车作业端，应设一组八字渡线。

10.2.6 当正线长度为100 km左右时，宜在车站内设置一条施工作业车停留线；每200 km左右还应增设一个大型养路机械、卸砟车和换轨车停留基地。停留线或停留基地内的线路有效长度应为650 m。

10.2.7 车站正线及到发进路上的道岔宜采用可动心轨道岔，并应与正线和到发线的轨型相同。

10.2.8 道岔号数的选择应符合下列规定：

1 正线道岔的直向通过速度不应小于路段设计行车速度。

2 正线与跨线列车联络线连接的单开道岔应根据列车设计通过速度确定，选用侧向允许通过速度为160 km/h或侧向允许通过速度为220 km/h的高速道岔。跨线列车联络线接轨于车站且列车均停站时，可采用侧向允许通过速度为80 km/h的18号高速道岔。

3 车站咽喉区两正线间渡线采用侧向允许通过速度为80 km/h的高速道岔。困难条件下，改扩建大型站可采用12号道岔。

4 正线与到发线连接的单开道岔应采用侧向允许通过速度为 80 km/h 的 18 号高速道岔。

5 到发线与到发线连接应采用侧向允许通过速度为80 km/h的 18 号单开道岔。困难条件下，全部或绝大多数列车均停车的个别车站以及改扩建大型站可采用 12 号道岔。

6 动车、养护维修列车等走行线在到发线上连接时应采用不小于 12 号道岔。段管线、维修线在到发线上出岔时，可采用 9 号道岔。

7 位于动车段（所）内到发停车场到达（出发）端的道岔，宜采用 12 号道岔，困难条件下可采用 9 号道岔；其他道岔采用 9 号道岔。

10.2.9 相邻道岔间插入钢轨长度应符合下列规定：

1 正线上道岔对向设置，有列车同时通过两侧线时，应插入不小于 50 m 长度的钢轨；受站坪长度限制时，应插入不小于 33 m 长度的钢轨。无列车同时通过两侧线时或道岔顺向布置时，可插入不小于 25 m 长度的钢轨。

2 到发线上两道岔间，有列车同时通过两侧线时，应插入不小于 25 m 长度的钢轨；特殊困难条件下，应插入不小于12.5 m长度的钢轨。无列车同时通过两侧线时，应插入不小于 12.5 m 长度的钢轨。

10.3 站线平、纵断面

10.3.1 车站咽喉采用 18 号道岔时，列车到发进路上的曲线半径不应小于 800 m；采用 12 号道岔时，按现行国家标准《铁路车站及枢纽设计规范》（GB 50091）的有关规定执行。

10.3.2 列车到发进路上的曲线应设外轨超高，曲线超高值根据平面曲线半径以及列车通过速度计算确定，并应符合允许欠超高、允许过超高以及过、欠超高之和允许值的规定，且不应小于 20 mm。

10.3.3 列车到发进路上的曲线应设缓和曲线，缓和曲线长度应根据列车通过速度、曲线设计超高、（欠）超高时变率、超高顺坡率计算确定，且不应小于 20 m。当曲线半径大于等于 1 200 m 时，可不设缓和曲线。

10.3.4 列车到发进路上的曲线设缓和曲线时，圆曲线和两曲线间夹直线长度不应小于 25 m。不设缓和曲线时，两曲线间应符合无超高直线段长度不小于 20 m 的要求。

10.3.5 列车到发进路上的道岔至曲线超高顺坡终点之间的直线长度不应小于 20 m，岔后直线段还应符合道岔跟端至末根岔枕的距离（L'）。其他线路道岔距曲线的距离按现行国家标准《铁路车站及枢纽设计规范》（GB 50091）的有关规定办理。

10.3.6 车站到发线有效长范围内宜设计为一个坡段，困难条件下站台范围内的坡段长度不应小于 450 m。

到发线上相邻坡段的坡度差大于 3‰时，应以竖曲线连接，竖曲线半径可采用 10 000 m。竖曲线与缓和曲线不应重叠设置。

10.3.7 车站道岔不应与竖曲线和变坡点重叠；正线道岔两端距竖曲线起、终点或变坡点不宜小于 20 m。

10.3.8 正线与到发线、到发线与到发线的轨顶宜按等高设计。咽喉区轨面有高差时，其轨面高差的顺接，应根据路基面横向坡度和道床厚度等因素设计。到发线的顺接坡道范围应为道岔终端后普通轨枕至停车标起点。顺接坡道的坡度不宜大于6‰，且相邻坡段的坡度差不宜大于3‰，坡段长度不应小于50 m。

其他站线上的顺接坡道按现行国家标准《铁路车站及枢纽设计规范》GB 50091的有关规定办理。

10.3.9 有大量立即折返列车作业的车站，宜在接车方向末端设置折返线。正线通过列车较多时，应设置立交折返线。折返线的设置应符合下列规定：

1 折返线有效长度不应小于480 m。

2 折返线宜设在直线上，困难条件下可设在曲线半径不小于600 m的曲线上。

3 折返线宜设在平道上，困难条件下可设在不大于6‰的坡道上。

4 折返线用于走行部分线路的平面曲线半径不宜小于400 m，坡度不宜大于30‰。

10.3.10 动车段（所）平面布置应符合下列规定：

1 车场应设在直线上。

2 道岔后连接曲线半径不应小于相邻道岔导曲线半径，且不应小于250 m。

3 道岔至曲线的直线段长度，岔前不应小于6.0 m；岔后不应小于道岔跟端至末根岔枕的距离与设置曲线轨距加宽和曲线超高所需的最小直线段长度之和。

4 轨距加宽递减率不应大于2‰，困难条件下不应大于3‰。曲线超高顺坡率不应人于2‰。

5 曲线地段可不设缓和曲线。

10.3.11 综合工区（保养点）的平面设计标准应符合现行国家标准《铁路车站及枢纽设计规范》（GB 50091）的有关规定。

10.3.12 动车段（所）、综合工区（保养点）、大型养路机械段内的线路宜设在平道上，困难条件下可设在不大于1‰的坡道上。咽喉区可设在不大于2.5‰的坡道上，困难条件下，可设在不大于6‰的坡道上。

养护维修列车走行线的坡度，困难条件下不应大于30‰；牵出线的坡度不宜大于6‰。

10.4 客运设备

10.4.1 旅客站台的设计应符合下列规定：

1 站台长度应按450 m设置。只停留8辆编组动车组的车站站台长度按230 m设置，困难条件下不应小于220 m。

2 站台高度应高出轨面1.25 m。

3 站台宽度应根据车站性质、站台类型、客流密度、安全退避距离、站台出入口宽度等因素确定，可按表10.4.1采用。

表10.4.1 旅客站台宽度

名称	特大及大型站（m）	中型站（m）	小型站（m）
站房（行车室）突出部分边缘至站台边缘距离	15.0~20.0	12.0~15.0	≥8.0 通道正对站房处≥10.0
岛式中间站台	11.5~12.0	10.5~12.0	10.0~11.0
侧式中间站台	8.5~9.0	7.5~8.0	7.0~8.0

注：基本站台宽度：当通道出入口设于基本站台站房范围以外地段时，其宽度不应小于侧式中间站台标准。

4　有旅客列车通过的正线两侧不应设置站台。站台位于到发线一侧时，站台安全标线与站台边缘距离为1.0 m。安全标线宜采用黄颜色，并应与提示盲道合并铺设，宽度不大于250 mm，不小于17 mm。

5　站台宜设在直线上；站台设在曲线上时，曲线半径不宜小于800 m；采用12号道岔时，困难条件下，曲线半径不应小于600 m。

6　站台端部最小宽度不宜小于5.0 m。

7　站台两端应设置台阶或坡道及防护栅栏，设宽度不小于1.0 m的栅栏门，并标有禁行标志。

8　站台上应设置停车位置标，具体位置由铁路局规定。

10.4.2　旅客进出站通道的设置应根据旅客站房设计、旅客进出站流线等情况综合考虑，并应符合下列规定：

1　旅客站台的出入口，应设计为双向出入口，其宽度应符合表10.4.2的要求；通道出入口设有自动扶梯或升降电梯时，其宽度应根据升降设备的数量和要求加宽。

2　高速铁路引入既有客站时，在符合使用功能和安全的前提下，可利用既有旅客进出站通道。

表10.4.2　旅客站台出入口宽度

名　　称	特大及大型站（m）	中型站（m）	小型站（m）
基本站台、岛式中间站台	5.0～5.5	4.0～5.0	3.5～4.0
侧式中间站台	5.0	4.0	3.5～4.0

注：特大及大型站的旅客进出站通道出入口宽度已包括设置一部自动扶梯的宽度。

10.4.3　靠线路侧旅客站台边缘至站台出入口或建筑物边缘的距离不应小于3.0 m，困难条件下，中、小型站不应小于2.5 m；改建既有站，其中一侧不应小于2.0 m。

10.4.4　车站办理行邮作业时，应设置行邮通道。行邮通道设置应符合下列规定：

1　通道数量：大型站宜设2处；中小型站不应少于1处。

2　通道宽度：通道宽度不应小于5.2 m。

3　通道的净高不宜小于3.0 m。

4　通道通向旅客站台的出、入口，宜设计为单向出、入口，其宽度不应小于4.5 m。

5　通道应设置在站台的端部。

10.4.5　有高速列车通过的车站内不应设平过道。

10.4.6　车站两侧应设防护栅栏，并应与区间防护栅栏相衔接。防护栅栏应设于用地界内0.5 m处。

10.4.7　大型及特大型客运站线路编号应符合下列规定：

1　客运车场的正线及到发线编号应由站房侧起，按"1、2、3……"依次向外连续编号；当分场横列布置时也应连续编号。

2　客运车场两侧均设有站房时，线路编号应以主站房侧的线路起顺序向辅助站房侧编号。

3　客运车场内其他线路的编号，应在正线及到发线编号后，再按先上行端、后下行端的顺序，由站房侧向对侧依次编号。

4 衔接客运车场的其他场、段（所）应分场编号，并冠以场号或场名。

5 到发线及站线采用阿拉伯数字编号，正线采用大写罗马数字编号。

10.4.8 大型及特大型客运站旅客站台应以站台面编号，并应与线路编号一致。线路不邻靠站台时，站台可不连续编号。

10.5 站场路基、排水及其他

10.5.1 车站内线路中心线至路基面边缘的距离应符合下列要求：

1 站内正线与区间正线标准相同。

2 车场最外侧到发线不应小于4.4 m，其他线路不应小于3.5 m，且最小路肩宽度不应小于0.6 m。

10.5.2 站场路基基床设计应符合下列规定：

1 车站内正线路基基床标准应与区间正线相同。

2 到发线与正线处于同一路基时，到发线路基应与正线标准相同。到发线与正线间设有纵向排水槽、站台等设施时，到发线路基可与正线路基分开设置。

3 到发线路基与正线路基分开设置时，到发线的路基填料和压实标准应按客货共线Ⅱ级铁路标准设计，路基基床表层厚度为0.6 m，基床底层厚度为1.9 m，基床总厚度为2.5 m。

4 到发线以外的站线、动车段（所）及综合工区（保养点）内的线路路基填料和压实标准应按Ⅱ级铁路标准设计，路基基床表层厚度为0.3 m，基床底层厚度为0.9 m，基床总厚度为1.2 m。

5 利用既有铁路车站改扩建地段应根据列车的最高通过速度确定车站正线路基的加固措施。

6 在高速铁路路基基床上修建排水沟、站台墙等，路基的回填应符合其相应部位的压实标准。

10.5.3 到发线路基基床表层顶面、基床底层顶面及底面均应设置4%的横向排水坡。其他站线路基面排水横坡应结合各地区年降雨量具体确定，但不宜小于2%。

10.5.4 站场排水槽的设置应符合下列规定：

1 车站站台范围内纵向排水槽宜设于到发线与到发线、到发线与站台之间。困难条件下，也可设于到发线与正线之间。

2 在纵向排水槽凹型纵坡变坡点处，宜设置横向排水槽，横向排水槽不宜穿越正线。

3 站、场、段内排水槽应设置盖板。

4 纵向排水槽底宽宜采用0.4 m，深度大于1.2 m时，底宽应采用0.6 m。

5 一个坡面上的线路数量不宜超过2条。

6 站场排水设施不应与接触网柱、雨棚柱基础等交叉。困难条件下可绕行，但不得降低排水能力。

7 水管、风管等管线应系统设计，避免与排水设施相互干扰。

8 无砟道岔区，应采取措施避免积水。

9 其他有关排水设施应符合现行国家标准《铁路车站及枢纽设计规范》（GB

50091）的有关规定。

10.5.5 车站范围内天沟不应向路堑侧沟排水；受地形限制需要排入侧沟时，必须设置急流槽，并根据天沟流量调整下游侧沟截面尺寸。

10.5.6 车站范围内的侧沟、天沟、排水沟应采用混凝土浇筑或预制拼装，混凝土强度等级不应低于C25。侧沟、天沟、排水沟应进行基础、接缝和防渗设计。

10.6 接口设计

10.6.1 站场范围的柱、网及综合管线布局应系统设计、综合考虑，并与站场布置相协调。

10.6.2 站内路基与区间路基接口处设计宽度应有机衔接，车站与区间路基防护及绿化标准应协调统一。

10.6.3 站内与区间、路基地段与桥梁或涵洞地段电缆槽，应根据电缆槽铺设的技术要求合理衔接。

10.6.4 电缆沟槽、管线过轨、检查孔等站后设施应与站场路基同步设计，同步施工。

10.6.5 站内路基宽度应符合电缆沟槽和声屏障等设施的设置要求。

10.6.6 站场内基础为金属结构的车站站台面、雨棚、栅栏等应根据有关技术要求，接入综合贯通地线。

10.6.7 站场排水接口设计应符合下列规定：

1 站场排水应与区间排水设施有机衔接。

2 站场排水系统应结合桥涵设置、铁路排水管网、城市排水系统综合设计。

3 站场排水引入桥涵时，入口高程应高于桥涵处的排水出口高程。

4 接触网及雨棚等支柱设置在站内有排水槽（沟）的线间时，有关支柱基础与排水槽（沟）应统一设计。

10.6.8 道岔配列应符合有砟与无砟轨道、有缝与无缝线路设置过渡段的要求。道岔不宜设在路桥（涵）、路隧、堤堑等过渡段上。

10.6.9 旅客进出站通道应与站内路基同步设计、同步施工，通道的位置及高程应符合设置站内排水槽、电缆槽等管线铺设的技术要求。

11　电力牵引供电

11.1　一 般 规 定

11.1.1　牵引供电系统能力应与本线的线路能力、路网中的定位相匹配。

11.1.2　牵引供电系统应保证可靠性、独立性和完整性。在确保高速铁路安全可靠供电和运营方便的前提下，有条件时可对相邻线和枢纽供电。

11.1.3　牵引供电系统正常运行或故障时，应保证人员及设备安全。

11.2　牵 引 供 电

11.2.1　牵引负荷为一级负荷；牵引变电所应采用两回独立进线，并互为热备用；供电电源应采用220 kV或以上电压等级，电力系统供电质量应符合国家相关规定。

11.2.2　接触网的标称电压为25 kV，长期最高电压为27.5 kV，短时（5 min）最高电压为29 kV，设计最低电压为20 kV。

11.2.3　正线牵引网应采用2×25 kV供电方式；枢纽地区跨线列车联络线、动车组走行线和动车段（所、场）等可采用1×25 kV供电方式。

11.2.4　牵引变电所分布应按本线最高设计速度的动车组以行车组织确定的列车编组和追踪运行间隔进行设计。

11.2.5　动车段（所）应采用两回电源供电，其中至少应有一回为独立电源。

11.2.6　牵引变压器结线型式优先采用单相结线，困难时可采用其他结线型式。

11.2.7　牵引变压器、自耦变压器应采用固定备用方式；正常运行时，牵引变压器一台（组）运行，另一台（组）备用。

11.2.8　牵引变压器安装容量按交付运营后第五年运量确定，并按远期运量预留条件；牵引变压器、自耦变压器过负荷能力应符合高峰小时牵引负荷的需要。

11.2.9　牵引变压器短路阻抗选择应在符合电压要求前提下，兼顾降低短路电流。

11.2.10　牵引网采用同相单边供电。自耦变压器所、分区所处应具备上、下行并联供电条件。

11.2.11　在正常供电布局的前提下校核牵引变电所的越区供电能力。越区供电能力至少应保证该区间有一对动车组按设计速度运行。

11.2.12　接触电压长期持续值不应高于60 V，瞬时（0.1 s）值不应高于842 V。

11.2.13　牵引变电所一次侧平均功率因数应按不低于0.9设计，牵引供电应减少负序及谐波对电力系统的影响。

11.2.14　27.5 kV单芯电力电缆线路正常感应电势最大值应符合下列要求：

1　未采取能有效防止人员任意接触金属护层的安全措施时，不得大于60 V。

2　除上述情况外，不得大于300 V。

11.3 牵引变电

11.3.1 牵引变电所电源侧主接线应结合外部电源条件确定，宜采用线路变压器组接线或分支接线；馈线侧接线宜采用上下行断路器互为备用的接线形式，并符合上、下行分别供电和并联供电的运行方式要求。

11.3.2 分区所主接线应按同一供电臂的上、下行并联供电及非正常供电运行的越区供电设计。上、下行并联供电应采用断路器接线方式，越区供电应采用隔离开关接线方式。

11.3.3 自耦变压器所主接线应按上、下行并联供电设计，并应采用断路器接线方式。

11.3.4 牵引变压器应采用无载调压方式，无载调压开关应纳入远程监控。

11.3.5 220 kV 配电装置一般采用户外单体式布置，在地形困难或重污秽的地区及重要城市，可采用 GIS 组合电器。

时速 300 公里及以上高速铁路的 27.5 kV 配电装置宜采用 GIS 开关柜。

11.3.6 220 kV GIS 组合电器宜采用屋内布置，各元件间的布置应根据安装、检修、试验和运行维护等的需要确定，其室外带电部分的最小安全净距应符合现行《铁路电力牵引供电设计规范》（TB 10009）的有关规定。

11.3.7 27.5 kV GIS 开关柜室内布置应符合下列规定：

1 操作、维护通道最小宽度应符合表 11.3.7 的要求。

表 11.3.7 GIS 开关柜操作、维护通道的最小宽度表

单排布置		双排布置	
操作通道	维护通道	操作通道	维护通道
1.5 m	0.8 m	2.0 m	1.0 m

注：1 通道宽度在建筑物的墙柱个别突出处允许缩小 0.2 m；

2 为方便搬运，通道宽度应不小于最大设备的外形尺寸加 0.4 m。

2 开关柜靠墙布置时，柜背离墙距离宜取 0.05 m。

3 27.5 kV 高压室、自用变压器室等应设电缆夹层。

11.3.8 牵引变电所、开闭所、分区所、自耦变压器所应采用具有远动终端的综合自动化系统。

综合自动化系统由当地监控及通信处理单元、保护测控单元、安全监控单元组成，并应有与交直流系统监控等其他智能设备接口功能，通过远动通道实现远程监控。

11.3.9 牵引变电所、开闭所、分区所、自耦变压器所应按无人值班设计。牵引变电所应考虑有人值守条件。

11.3.10 继电保护的配置应符合下列规定：

1 牵引变电所的电源进线设失压保护；牵引变压器设差动、过负荷、高低压侧分别带低电压启动的过电流保护、瓦斯、油温保护；馈线设阻抗、过电流、电流增量保护。

2 分区所馈线设失压、阻抗、过电流、电流增量保护。

3 自耦变压器所馈线设失压保护。

4 自耦变压器设差动、过负荷、过电流、瓦斯、油温保护。

11.3.11 自动装置设置应符合下列规定：

1 牵引变电所、开闭所互为备用的电源进线设自动投入装置。

2 互为备用的牵引变压器和自耦变压器设自动投入装置。

3 牵引变电所馈线设一次自动重合闸装置。

4 分区所、自耦变压器所馈线设检压合闸装置。

5 牵引变电所馈线设故障测距装置。

11.3.12 接地装置应符合下列规定：

1 牵引变电所、开闭所、分区所、自耦变压器所应设置以水平接地体为主的网格式电气设备接地装置，其接地装置应纳入综合接地系统。

2 牵引变电所、分区所、自耦变压器所室外应设集中接地回流箱，室内设接地母排，箱内接地回流母排和室内接地母排应分别与所内接地装置相连。

3 室外接地装置的接地体应采用铜材质。

11.3.13 回流设置应符合下列要求：

1 牵引变电所、分区所、自耦变压器所应设回流导体，分别与接触网回流线和信号扼流线圈中点相连接。

2 回流导体可采用电缆或裸导体。

11.3.14 27.5 kV 专用电缆选择应符合下列规定：

1 采用交流、单芯、铜导体交联聚乙烯绝缘电缆。

2 外护层应选用非磁性金属铠装层。

3 牵引变电所 27.5 kV 馈线每回路电缆宜采用 $n+1$ 备用方式。

11.3.15 27.5 kV 专用电缆敷设方式应符合下列规定：

1 所内、所内至铁路路基或桥梁区段 27.5 kV 专用电缆宜采用电缆沟敷设方式。27.5 kV 专用电缆不同回路应分设在不同层电缆支架上。

2 所内 27.5 kV 专用电缆与控制电缆宜分沟敷设，同沟时应分层敷设。变电所至路基或桥梁区段 27.5 kV 专用电缆宜按上、下行分沟敷设，分区所、自耦变压器所至路基或桥梁区段上、下行可同沟敷设。

3 27.5 kV 专用电缆在桥上或路基上局部水平敷设时，可与电力电缆沟同槽敷设，但应采取隔离措施。

4 27.5 kV 专用电缆在隧道内敷设时，应沿隧道壁设置电缆爬架或穿管敷设，电缆爬架应符合防火防潮防腐要求。

11.3.16 27.5 kV 专用电缆金属护层接地方式应符合下列规定：

1 当线路不长时宜采用单点直接接地方式；线路较长时宜划分适当的区段，且在每个区段应实施电缆金属护层的绝缘分隔，实现线路采用单点直接接地方式。

2 采用单点直接接地方式时，另一端宜设置护层电压限制器。

11.3.17 27.5 kV 专用电缆终端头选择与配置应符合下列规定：

1 电缆与导体相连时，电缆终端头宜选用预制式电缆终端头，机械强度应符合安装处引线拉力、风力和地震作用力要求。

2 电缆与电器相连且具有整体式插接功能时，电缆终端头应选用可分离式（插接式）电缆终端头。

11.3.18 牵引变电所、开闭所27.5 kV专用电缆应设置温度在线监测系统，并能实现远程监视。

11.3.19 当接触网隔离（负荷）开关的电动操作机构的电源由牵引变电所、开闭所、分区所、自耦变压器所供电时，其电源电缆在所内应设置电涌保护器（SPD）。

11.4 供电调度系统

11.4.1 高速铁路应设置供电调度系统。供电调度系统作为运营调度系统的独立子系统，其设计应符合铁路信息化总体规划，符合铁路运输的需要，综合考虑系统功能和与运营调度等相关系统实现业务功能的衔接及信息共享。

11.4.2 供电调度系统由远动系统、供电维护管理系统等子系统组成。各子系统宜设置专用信息处理平台，各子系统之间的通信承载平台宜采用铁路数据通信网。远动系统应采用牵引供电、电力调度合一的方式。

11.4.3 远动系统由设在调度所的控制站和设在牵引变电所、开闭所、分区所、自耦变压器所、接触网开关控制站、电力变（配）电所、开关站等地的被控站及复示设备、传输通道等构成，其结构方式宜采用1对n的集中监控方式；对于规模较大的远动系统，远动信息的通道宜采用分层或分群。

远动监控对象应由遥控（调）、遥信和遥测三部分组成，具体监控对象应符合运营的需要。

11.4.4 供电维护管理系统由设在维修基地中的维护管理主站及其终端、综合维修车间及工区的终端及通道组成，按照分层设计和分级管理的方式构成一个计算机维护管理系统。

11.5 接 触 网

11.5.1 接触网主要基础数据应符合下列规定：

1 接触网设计的温度、覆冰厚度等气象条件，应根据现行国家标准《建筑气候区划标准》（GB 50178）和最近记录年限25年及以上的沿线气象资料计算。接触网系统正常工作时的最大温度变化范围宜取100K。

2 运行基本风速应按正常行车风速确定，无确切资料时应按现行《电力牵引供电设计规范》（TB 10009）确定。结构基本风速应根据现行国家标准《建筑结构荷载规范》（GB 50009），按50年一遇基本风压计算确定。计算运行设计风速和结构设计风速时，应根据地区、地形、高度对相应基本风速进行修正使用，并保证接触网主要构件在结构设计风速下不被破坏。隧道内结构应考虑驶过列车引起的气动力的影响。

3 污秽等级的选用和划分应考虑地理环境并结合具体工作条件的特点确定。25 kV绝缘子爬电距离不应小于1 400 mm。

4 接触网设计应符合机车车辆限界和受电弓动态包络线的要求。

5 接触网悬挂类型应考虑与动车组上相应位置和间距的单弓、双弓或多弓运行匹配。

6 接触网系统设计使用年限不应小于30年。接触线寿命应根据磨耗确定，或不少于200万弓架次。

7 接触网在自然环境中应符合可靠性、安全性的要求，有足够的机械、电气强度和安全性能。

11.5.2 高速接触网的系统设计应进行接触网—受电弓系统的高速运行动态性能匹配的仿真评估，多个受电弓升弓运行时应对每个受电弓的受流情况进行仿真评估，评估标准应符合下列规定：

1 动态接触压力应符合表11.5.2的要求。

表11.5.2 动态接触压力标准

速 度（km/h）	250	300	350
平均接触压力 F_m（N）	≤130	≤150	≤180
最大接触压力 F_{max}（N）	≤250	≤250	≤350
最小接触压力 F_{min}（N）	0	0	0

2 仿真计算离线率不应大于1%。

3 最高设计速度与接触线波动传播速度之比不应大于0.7。

4 弹性链型悬挂的弹性不均匀度不应大于10%；简单链型悬挂的弹性不均匀度250 km/h、300m/h时不宜大于40%，350 km/h时不宜大于25%。

5 受电弓动态包络线的横向摆动量及动态最大抬升量宜根据弓网仿真数据或不少于10年的运营检测数据分析确定。受电弓横向摆动量宜按直线区段250 mm、曲线区段350 mm设计，动态最大抬升量不应小于150 mm。

11.5.3 接触网系统设计应符合下列规定：

1 接触网悬挂类型采用全补偿简单链形悬挂或全补偿弹性链形悬挂。双弓或多弓取流时宜采用弹性链型悬挂。

2 接触线、承力索应采用铜合金材质。设计速度300~350 km/h的接触线宜采用高强度铜合金材质。

3 接触线、承力索的额定工作张力应符合下列规定：

1）接触线、承力索的额定工作张力应符合许用工作应力的安全要求。

2）接触线额定工作张力应符合波动传播速度的要求，并经系统仿真评估后确定，安全系数不应小于2.0。在考虑接触线、承力索允许工作温度、接触线最大磨耗、风和冰载、补偿装置精度和效率等因素引起的折减系数后，接触线、承力索允许工作应力不应大于其抗拉强度或拉断力的65%。

3）设计速度250 km/h、300 km/h时，接触线、承力索截面和工作张力应根据实际工况，通过供电计算及弓网仿真计算后确定。当采用铜合金150 mm^2 接触线时，额定工作张力一般不应小于25 kN；当采用铜合金120 mm^2 接触线时，额定工作张力一般不应小于15 kN。

4）设计速度350 km/h时，铜合金150 mm^2 接触线额定工作张力不应小于28.5 kN。

4 接触线悬挂点高度不宜小于5 300 mm，最低点高度不宜小于5 150 mm。除锚段关节外，接触线悬挂点高度的设计坡度，速度大于250 km/h时应为0，速度为250 km/h时应小于等于1‰，坡度变化率应小于等于0.5‰。

5　结构高度宜选用1.6 m。特殊情况下，速度在300～350 km/h区段，最短吊弦长度不小于600 mm，结构高度不得小于1.1 m；速度在250 km/h 区段，最短吊弦长度不小于500 mm。

6　跨距宜经系统仿真评估后确定，可按表11.5.3—1 选用。

表11.5.3—1　跨距选用表

设计速度		250 km/h	300 km/h	350 km/h
简单链型悬挂	标准跨距（m）	50	50	50
	最大跨距（m）	55	55	55
弹性链型悬挂	标准跨距（m）	60	60	55
	最大跨距（m）	65	65	60

7　空气绝缘间隙应符合表11.5.3—2 规定。

表11.5.3—2　空气绝缘间隙表

序号	项　目	正常工况下最小值（mm）
1	接触网、供电线、正馈线等带电部分至接地体的间隙	300
2	接触网带电部分至机车车辆的间隙	350
3	接触网、供电线、正馈线等带电部分至跨线建筑物的间隙	500
4	受电弓振动至极限位置和导线被抬起的最高位置距接地体的瞬间间隙	200
5	25 kV 带电绝缘子接地侧裙边距接地体间隙	100
6	43.3 kV 绝缘间隙（120°相位电分相间，如分相关节）	400
7	50 kV 绝缘间隙（180°相位电分相间，如AT 区段正馈线与接触网间）	540

8　道岔及锚段关节处受电弓始触区范围应为距受电弓中心600～1 050 mm 及抬升150 mm（300 km/h 及以上为200 mm）构成的空间区域。

9　高速铁路车站、自然风景区段应考虑人文、地域等特点，依据平衡、形状、形式、色彩、运动等要素，进行接触网与整体系统协调的景观设计。

1）正线接触网支柱宜采用单腕臂柱形式，站台区宜选用线间立柱、与雨棚柱合柱、高架站房吊柱方案，无站台柱雨棚的车站站台应避免立杆，咽喉区可采用轻型硬横跨。

2）腕臂柱宜采用H 型钢柱等视觉轻型支柱，250 km/h 的线路腕臂柱路基段工程中一般采用钢筋混凝土等径圆支柱，桥梁上、车站线间立杆采用热浸镀锌热轧H 型钢柱。300、350 km/h 线路腕臂柱工程中一般采用热浸镀锌热轧H 型钢柱。钢筋混凝土等径圆支柱直径不应大于350 mm，H 型钢支柱垂直线路方向宽度不应大于300 mm。

3）区间接触网支柱轨面以上高度宜统一，支柱顶部距接触悬挂安装上底座露头高度一般不大于300 mm。

4）接触网腕臂结构、绝缘子等宜采用低纯度色调并与景观协调。

10　接触网设计应符合可靠性、可用性、可维修性和安全性（RAMS）的要求，进行可靠性的系统分配设计，确定各部分合理的、可控制的、可量化的可靠性指标。

11 重污染或重雷区以及高路基、高架桥、隧道口等重点地段的接触网应增设氧化锌避雷器，接触网下锚绝缘子、分段绝缘子采用复合棒形绝缘子等防雷措施；接地装置、接地引下和连接措施应符合系统绝缘匹配、热稳定性校验、机械强度和抗腐蚀等要求。

11.5.4 接触网主要设备零部件的选型应符合下列规定：

1 关键受力件及其构架的联结宜采用螺栓、销钉等连接方式，并应有止动垫圈等防松措施。

2 腕臂用绝缘子应采用抗弯强度 12 kN 及以上的瓷棒形绝缘子，速度 300 km/h、350 km/h 时宜采用抗弯强度 16 kN 瓷棒形绝缘子。下锚绝缘子、分段绝缘子采用复合棒形绝缘子。

3 吊弦应采用载流型整体吊弦。弹性吊索宜选用铜合金绞线 JTMH35。接触线电连接线夹应采用无螺栓型线夹。

4 腕臂应采用耐腐蚀能力强的可旋转平腕臂结构。正线定位器宜采用带等电位连接线的铝合金限位定位器。定位装置宜采用防风支撑加防风拉线方式。

5 分段绝缘器应采用带消弧功能的分段绝缘器。

6 正线应采用成熟可靠的棘轮或滑轮组补偿装置，传动效率应不小于 97%，传动比宜为 1∶3，采用铁坠陀。正线中心锚结应采用防断式结构。

7 支柱、下锚及拉线、吊柱等的基础应采用土建预埋。隧道内安装基础应采用安全、可靠、耐受动荷载、防火、经济、便于调整的预埋结构。

11.5.5 接触网供电分段设计应符合下列规定：

1 接触网供电分段应符合维修天窗的检修条件，同时应符合双向行车及事故抢修的要求，在车站两端、长大隧道的出入口宜设置绝缘锚段关节及电动隔离开关。

2 电分相应设在进站信号机 500 m 以外或经行车检算确认，应避免设在变坡点、大电流和加速区段，宜设置在 6‰及以下坡度的区段。

3 电分相应采用带中性段的绝缘锚段关节形式，中性段应设电动负荷隔离开关并与前进侧接触网相连。

4 供电线宜采用架空方式，地形困难处及上网处可采用电缆方式，上网开关应采用电动隔离开关。

5 大型及以上旅客车站的接触网应根据行车组织及运营维护需要，按行车组织或站台分区分束供电，应符合基本站台独立停电检修的要求。当旅客车站设有牵引变电所或开闭所时，每束接触网应设独立供电线。分束供电时，应设电动隔离开关并纳入远动系统。

11.5.6 接触网平面布置应符合下列要求：

1 正线接触线在最大风速时对受电弓中心的偏移不宜大于 450 mm，困难情况下直线地段不得大于 500 mm。

2 相邻跨距之差不应大于 10 m。

3 正线接触网锚段长度不宜大于 2×700 m，隧道内不应大于 2×700 m。

4 锚段关节宜采用五跨或四跨形式，速度 300 km/h、350 km/h时宜采用五跨形式。

5　正线道岔上方的接触网布置宜采用无交叉定位方式，对侧线通过速度120 km/h及以上的道岔区可采用带辅助悬挂的无交叉关节定位方式。

6　悬挂定位点处相邻跨接触线顺线路方向夹角变化不宜大于4°。

11.5.7　接触网安装设计应符合下列规定：

1　接触网任何设备安装均不得侵入受电弓动态包络线。

2　悬挂点处安装设计应按不小于1.5倍的动态最大抬升量进行安全校验，没有限位装置工作时，应按不小于2倍的动态最大抬升量进行。

3　在始触区范围内不得安装除吊弦线夹外的其他线夹或设备零件。

4　接触网支柱距正线的侧面限界在无砟轨道地段不应小于3.0 m；有砟轨道地段不应小于3.1 m；车站内困难条件下直线地段不应小于2.5 m。

11.5.8　接触网结构设计应符合下列规定：

1　接触网结构设计应按照现行国家标准《建筑结构荷载规范》GB 50009进行荷载分析，并应符合系统设计寿命需求。

2　接触网结构设计应考虑永久荷载、可变荷载和偶然荷载效应，并应符合荷载效应组合的正常使用极限状态和承载能力极限状态要求。

3　基础设计应考虑土壤承载力、地下水浮力的作用。基础及支柱限界的设计应考虑支持结构挠度和斜率的影响。在设计运行风速时的可变荷载作用下，接触线悬挂点高度处的支柱挠度不应大于25 mm。

4　接触网结构设计的荷载分项系数宜按下列参数选取：

1）永久荷载分项系数（γG）为1.35，当荷载对结构有利时可取1.0；

2）可变荷载分项系数（γQ）为1.4。

11.5.9　接触网的回流与接地设计应符合下列规定：

1　接触网接地应纳入综合接地系统，有效降低钢轨电位，保证人身设备安全。

2　牵引网应设置作为钢轨工作回流的并联通道。回流线或保护线可兼作闪络保护接地的作用。

3　上、下行回流线或保护线应根据计算确定的距离设过轨并联，并与综合接地系统相连；回流线或保护线应通过信号扼流圈中点与钢轨连接，间隔一般不宜大于1500 m，并接入综合接地系统。牵引供电专业配合信号专业对具体接入点和间隔进行检算。

4　行人较多的车站站台应采取保障旅客生命安全的综合接地措施。

11.5.10　受施工及维修影响的接触网系统设计参数，应根据相关标准考虑误差控制的要求。

11.6　电磁干扰防护

11.6.1　牵引供电系统对有线通信设施的危险影响、杂音干扰影响的计算方法及容许值，应符合国家及行业现行相关技术标准的规定。同时，杂音干扰影响的计算还应考虑动车组产生的谐波特性。

11.6.2　高速铁路与电视差转台、调幅广播收音台、短波和超短波收信台、机场导航台和定向台、对空情报雷达站、短波无线电测向台及地震台等无线电台站间，净空、场地、距离、信噪比或干扰电压等应符合国家及行业现行相关技术标准的规定。在计算分析时，还需综合考虑列车不同运行速度时的电磁辐射强度。

11.6.3　牵引供电系统对油气管道的电磁影响，高速铁路与油库、液化气库等易燃易爆品库的安全距离，应符合国家现行相关技术标准的规定。

11.6.4　在分析、计算电磁感应影响时，应考虑高架桥梁、城市环境等屏蔽效果。

11.6.5　高速铁路设置电磁干扰防护措施时，不得影响行车安全，不得改变、降低系统或设施的原功能及性能。

11.6.6　选择线路方案时，遇重要无线台站及国防设施时应符合防护距离等指标要求；对一般的无法绕避台站，经经济技术比较后，可采取整体或部分搬迁、改进接收天线、提高接收信号能力或架设导线列阵等技术措施。

11.7　接 口 设 计

11.7.1　牵引供电专业接口设计应符合下列规定：

应向国家电力部门提供牵引负荷、牵引变压器安装容量、年用电量等资料，以便电力部门完成牵引变电所接入系统方案。国家电力部门应提供铁路部门归算至牵引变电所一次侧的系统短路容量等接口资料，以便完成保护整定计算。

11.7.2　牵引变电专业接口设计应符合下列规定：

1　牵引变电专业应配合通信专业完成牵引变电所、开闭所、分区所、自耦变压器所等通信设备房屋等接口设计。

2　牵引变电专业应配合房屋建筑专业完成牵引变电所、开闭所、分区所、自耦变压器所等的设备房屋、场坪、通所公路、设备基础支架、电缆夹层、沟槽管洞等的接口设计。

3　牵引变电专业应向通信专业提供供电调度系统通道设计要求，包括通道的结构构成，主备通道的配置方式，信息传输通道的接口形式、带宽和通道的性能要求等。

11.7.3　接触网专业与相关专业的接口设计应符合下列规定：

1　接触网专业应配合桥梁专业完成桥支柱基础、下锚拉线基础预留、桥梁综合接地（电力牵引供电部分）设置与预埋、跨线建筑物净空要求、接触网特殊桥支柱、沟槽管洞预留的接口设计。

2　接触网专业应配合隧道专业完成隧道内接触网安装预埋件及其布置、隧道内综合接地（电力牵引供电部分）设置与预留、隧道内锚段关节及关节洞、下锚洞设置与预留、隧道内接触网设备安装洞预留、沟槽管洞预留的接口设计。

3　接触网专业应配合地路、结构专业完成接触网预留基础对路基的影响、预留基础位置尺寸与电缆沟槽间的关系配合、接触网预留基础及其平面布置、沟槽管洞预留、综合接地在路基上设置与预埋的接口设计。

4　接触网专业应配合站场、房屋建筑专业完成接触网立柱对线间距要求、预留基础及其平面布置、站台雨棚合架、雨棚及高架站房的综合接地（电力牵引供电部分）设置与预埋、反向行车时接触网对车站八字渡线、单渡线设置的要求等接口设计。

5　结构专业应负责完成接触网特殊硬横梁、吊柱、支柱设计要求、跨线建筑物下安装预埋件、接触网支柱基础、拉线基础等的接口设计。

6　接触网专业应配合沿线桥梁、路基、跨线构筑物、无砟轨道、站房、站台、雨棚、接触网预留基础等建构筑物，完成闪络保护等电位的接口设计。配合综合接地专业，完成电力牵引供电接地纳入综合接地的接口设计。

7 接触网专业应与动车运用检修专业确认动车受电弓型号规格、取流受电弓个数及间距、对受电弓配备的具体要求、动车段（所、场）内接触网运行的接口设计。

8 接触网专业应与信号专业配合确定接触网关节位置对信号机设置的要求、电分相布置的接受信号设备及列控信息配置、钢轨回流连接设置的接口设计。

9 接触网专业应与综合维修专业确定综合维修机构的设置、维修天窗的设置、利用方式等接口设计。

10 接触网专业应配合防灾安全监控专业完成防灾减灾措施、防灾监控设施与接触网合架的接口设计；应配合通信等专业完成漏缆与接触网合架的接口设计；应结合精测网设置情况完成精测设备与接触网合架的接口设计。

11 接触网专业在各相关专业的接口设计中，应明确本专业控制误差要求，便于接口专业施工采用合理的施工工艺。

12 电 力

12.1 一 般 规 定

12.1.1 电力设计应保证高速铁路电力供电的安全性、可靠性、可用性和可维护性。在符合供电可靠和运营管理方便的情况下，高速铁路可与相邻线共用电力设施。

12.1.2 高速铁路供配电系统主要应由外部电源、变配电所、沿线两回高压电力贯通线路、站场电力线路构成。

12.1.3 高速铁路供配电系统应保证各级供配电系统的相互匹配，除发生不可抗拒因素外，其可靠性应符合每天24 h的运输需要（含“维修天窗”时间），并应符合不同负荷等级的供电要求。

12.2 供配电系统

12.2.1 电力负荷应根据对供电可靠性的要求及中断供电在政治、经济和铁路运输上所造成损失或影响的程度分为一、二、三级，其中：

一级负荷应包括：与行车密切相关的通信、信号、信息、防灾安全监控设备；动车段（所）运用设备；电力及电力牵引供电各所操作电源；大型、特大型站公共区照明、应急照明及隧道应急照明；大型及重要建筑物火灾自动报警系统设备；特长隧道消防设备等。

二级负荷主要包括：为通信、信号主要设备配置的专用空调；接触网远动开关操作电源；动车组检修设备；综合检测、工务机械、综合维修、给排水设施等设备；中间站公共区照明；区间视频监控设备；道岔融雪设备；除一级负荷外的其他信息等负荷。

其余用电设备的负荷等级应符合现行《铁路电力设计规范》（TB 10008）及其他相关规程、规范的要求。

12.2.2 一级负荷应由两路相互独立电源分别供电至用电设备或低压双电源切换装置处，当两路电源中一路电源发生故障时，另一路电源不应同时受到损坏。

12.2.3 高速铁路供电电源应优先采用公共电网中可靠的外部电源，经综合技术经济比选合理时，可与牵引变电所共用电源。

12.2.4 动车段（所）应采用两路相互独立可靠的外部电源供电。

12.2.5 有变配电所的车站宜按两路相互独立可靠的外部电源设计；无变配电所的车站其电源数量可根据负荷性质及容量、外部电源及贯通线路的供电能力经技术经济比较后确定。

12.2.6 车站及区间通信、信号等与行车有关的一级负荷应由电力一级负荷、综合负荷贯通线路提供两路相互独立电源供电，高压接引方式宜为环网接线，并宜独立设置变电所；当供电能力允许时，贯通线路可对难以取得外部电源的其他用电负荷供电。

12.2.7 特大型旅客站房应设应急备用发电机组。

12.2.8 高速铁路供配电系统的无功补偿应以配电变压器低压侧集中补偿为主、高压补偿为辅。补偿后在用户高峰负荷时变压器高压侧功率因数不宜低于0.90；以电缆为主的高压电力贯通线路，应根据电缆长度配置相应的感性无功补偿装置。

12.2.9 经调压器供电的10 kV电力贯通线路，其系统中性点接地方式应综合考虑供电可靠性、线路形式、设备绝缘水平、继电保护要求和通信信号线路的抗干扰要求等因素确定，并应符合下列规定：

1 当系统单相接地故障电容电流不大于30 A时，中性点可采用不接地系统，故障电容电流通过中性点接地的电抗器补偿。

2 当系统单相接地故障电容电流不大于150 A时，可采用低电阻接地方式或消弧线圈接地方式；当系统电容电流大于150 A时，宜采用低电阻接地方式。

3 全电缆线路宜采用低电阻接地方式。

4 低电阻接地方式的接地电阻宜按单相接地电流200～400 A、接地故障瞬时跳闸方式选择。

12.2.10 贯通线系统中性点经消弧线圈接地时，宜采用接地变压器构成中性点；贯通线系统中性点经小电阻接地时，可采用调压器副边中性点经低电阻接地方式，用于无功补偿的电抗器宜采用中性点不接地接线形式。

12.3 变、配电所

12.3.1 电力变、配电所位置经综合技术经济比较后，电力变、配电所可与牵引变电所所址合建。

12.3.2 两路电源供电的10（6）kV变、配电所应采用单母线分段接线，向区间10（6）kV贯通线路供电的变、配电所应设有载调压器及专用母线段。

12.3.3 变配电所宜采用免维护、少维修设备。110 kV变电所宜采用户外装置，在用地困难情况下可采用户内气体绝缘配电装置（GIS）；35（10）kV变（配）电所宜采用户内成套配电装置。

12.3.4 当干式变压器单台容量小于1 000 kVA、油浸变压器单台容量小于800 kVA时，可采用负荷开关－熔断器组合电器保护。

12.3.5 出线回路较少、受场地限制无法建设室内变电所的场所宜采用箱式变电所。

12.3.6 箱式变电所设计应符合下列规定：

1 一座箱式变电所宜设一台变压器；当一座箱式变电所设有两台变压器时，一台变压器供电单元故障时，不得影响另一台变压器供电。

2 箱式变电所基础标高不得低于由其供电的设备房屋的室内地坪标高，箱式变电所基础通风口标高不得低于室外场坪标高。

12.4 电力线路

12.4.1 高压电力贯通线路和站场电力线路宜采用铜芯电缆线路；全电缆电力贯通线宜采用单芯电缆。

12.4.2 电力电缆金属屏蔽层的有效截面，应符合在可能的短路电流作用下温升值不超过绝缘与外护层的短路允许最高温度平均值。

12.4.3 交流系统单芯电缆应采用非磁性金属铠装层，不得选用未经非磁性有效处理的钢制电缆。交流单相电缆以单根穿管时，不得采用未分隔磁路的钢管。

12.4.4 交流单芯电力电缆宜采用“品”字型敷设或三相全换位敷设方式。

12.4.5 10 kV 电力贯通线电缆金属护层宜采用在线路一端或中央部位单点直接接地方式，电缆金属护层连续长度不宜大于3 km，且电缆线路的金属护层上任一点的正常感应电压最大值应符合下列规定：

1 未采取能有效防止人员任意接触金属护层的安全措施时，不得大于60 V。

2 除上述情况外，不得大于300 V。

12.4.6 10 kV 贯通线电力电缆槽的最小宽度不宜小于 200 mm。10 kV 贯通线电力电缆与通信信号电缆并行敷设时，两者之间应设实体隔断。

12.4.7 长及特长隧道沿电缆槽内敷设的电力电缆宜采用阻燃材料或采取阻燃防护措施。

12.5 电力远动

12.5.1 电力远动应作为铁路供电调度系统的一部分，应具有对铁路电力供电系统运行设备进行遥控、遥测、遥信及调度管理等主要功能。

12.5.2 电力远动应对变配电所的高压电气设备、交直流操作电源及与行车密切相关的变电所的高、低压电气设备等进行监控管理。

12.5.3 电力远动的设计应符合现行《铁路供电调度系统设计规范》TB 10117 的相关规定。

12.6 机电设备监控系统及火灾自动报警系统

12.6.1 车站、段（所）及长大隧道等重要建（构）筑物宜设置机电设备监控系统（简称 BAS）。

12.6.2 BAS 一般应由监控主机、现场控制器、就地仪表以及通信网络构成。隧道机电设备监控系统监控主机宜设在综合维修车间或工区。

12.6.3 BAS 监控对象宜包括空调通风、给排水、电（扶）梯、电气照明及 10（6）/0.4 kV 综合变电所变配电设备等。BAS 的设计应符合现行国家标准《智能建筑设计标准》GB/T 50314 等有关规定。

12.6.4 各站、段（所）等建（构）筑物应根据现行国家标准《火灾自动报警系统设计规范》（GB 50116）及有关防火设计规范设置火灾自动报警系统（简称 FAS）。

12.6.5 当防排烟系统与正常通风系统合用的设备由 BAS 统一监控时，FAS、BAS 之间应采用高可靠性通信通道，火灾工况由 FAS 发布火灾模式指令，BAS 优先执行相应的控制程序，但必须保证火灾时 BAS 的通信网络和供电的可靠性。

12.7 照　　明

12.7.1 站房照明设计应符合下列规定：

1 照明设计应符合照度及其均匀度、眩光限制、显色性、功率密度等主要技术指标要求，并应与建筑物的总体规划、建筑风格、室内装修、自然采光及当地历史文化等相适应。

2 大型、特大型站房宜设置景观照明；中小型站房可结合城市规模、投资等条件决定是否设置景观照明。

3 候车室、售票厅、进站大厅、雨棚等高大空间场所的一般照明宜选择金属卤化物灯等高效节能光源；其他净空较低的房间宜采用三基色细管径直管荧光灯或紧凑型荧光灯；各类标志灯的光源宜优先采用LED。

4 疏散照明的地面最低水平照度不应低于下列数值：

1）疏散通道0.5 lx；

2）进出站大厅、候车室、售票厅、换乘厅等人员密集场所1.0 lx；

3）楼梯间内5.0 lx。

5 一般场所备用照明的水平照度值不应小于正常照明照度值的10%，其中车站综合控制室、消防控制室，特大型、大型站的售票室、配电室，中型及以上车站的消防水泵房、防烟排烟机房等应急指挥和应急设备应用场所的备用照明不应小于正常照明照度值的50%。

6 照明设计应综合考虑节电措施，白天应充分利用自然光；一般空间宜优先采用直接照明；候车室、售票厅、进站大厅、雨棚等大面积场所照明灯具应能分组控制；大型及以上站房宜采用智能照明控制系统。

7 行包托取厅及行包库照明灯具的外壳防护等级不应低于现行国家标准《外壳防护等级（IP代码）》（GB 4208）IP2X级。

8 照明灯具及其他相关设备的安装位置和安装方式应符合运营维护的要求。

12.7.2 隧道照明分为固定检修照明和应急照明，其设置应符合下列规定：

1 长度500 m以上的隧道内应设置固定检修照明。

2 长度5 km以上或有紧急出口的隧道内应设置应急照明。

3 应急照明设备应设置在紧急出口及其通道；应急照明在疏散通道的地面最小水平照度不应低于0.5 lx；疏散指示照明标志安装间距不宜大于30 m，并应安装在距地面1 m以下的墙上。

4 照明灯具及配电线路应具有防潮、防风压、防腐蚀、防震动功能；其灯具的外壳防护等级不宜低于现行国家标准《外壳防护等级（IP代码）》（GB 4208）IP65级。

5 应急照明应选用能快速点燃的光源。

6 备用电源的连续供电时间不应小于2.0 h。

7 隧道应急照明宜由贯通线路提供两路相互独立电源供电；设有通风的隧道，其应急照明尚应设置应急电源装置（EPS）。

12.8　接地及安全

12.8.1　高速铁路电力系统电气设备和设施接入贯通地线的范围及其设计相关要求应符合本规范第21章的相关规定。

12.9　供电可靠性

12.9.1　高速铁路供配电系统供电可靠性应符合下列规定：

1　当供电网络中的一路外部电源停电时，不能影响一级负荷供电。

2　当供电网络中的一条供电线路停电时，不能影响一级负荷供电。

12.9.2　高速铁路对一级负荷供电的配电网络可靠性主要技术指标宜符合表12.9.2的要求。

表12.9.2　高速铁路10 kV用户供电可靠性指标

用户平均总停电次数（次/年）	0.3
用户平均总停电时间（小时/年）	0.3
供电可靠率（%）	99.95

12.10　接口设计

12.10.1　电力专业应配合相关专业完成下列接口设计：

1　路基两侧应设置电力电缆槽，电力电缆槽宜设于路肩上。

2　路基地段应预埋电力电缆过轨管，电力电缆过轨处路基两侧应设置电缆手孔井，并符合电力电缆弯曲半径要求。

3　隧道两侧应设置电力电缆槽。

4　隧道内各综合洞室、变压器洞室或其他设备洞室处应预埋电力电缆过轨管，并应符合电力电缆弯曲半径要求。

5　长度大于3 km的隧道应在隧道中心里程或每隔3 km设置变电洞室。

6　桥梁两侧应设置电力电缆槽，电力电缆从桥梁上引下时应预留安装电缆爬架的条件。

7　站场内应设置电力电缆沟、槽。

12.10.2　对于同一个变电所低压回路既由供电调度系统监控又由BAS监视时，由供电调度系统专业提供监控功能要求，BAS完成监控单元设计，供电调度系统完成RTU设计。

12.10.3　电力与区间防灾安全监控的接口位置应为无线通信基站配电箱低压出线开关下端头，低压开关下端头以后的供电线路由安全防灾专业设计。

12.10.4　在外部电源设计中应协助业主向当地供电部门提出用电需求，明确接口界面。

13　通　信

13.1　一般规定

13.1.1　高速铁路通信网应为运输生产和经营管理提供稳定、可靠、畅通的语音、数据和图像通信业务。

13.1.2　高速铁路通信网应设置通信线路、传输及接入网、数据通信、电话交换、数字调度通信、GSM－R数字移动通信、会议电视、综合视频监控、应急通信、综合布线、数字同步及时间分配、通信综合网络管理、电源及环境监控、通信电源等系统。

13.1.3　高速铁路通信是铁路通信网的一部分，应与既有铁路通信网实现互联互通，并合理利用既有通信资源。

13.1.4　高速铁路通信网的设计应预留发展，符合可靠性、可用性、可维护性的要求。

13.2　通信线路

13.2.1　高速铁路应在线路两侧预制的电缆槽内各设置一条长途通信光缆。

13.2.2　长途通信光缆纤芯数量除了符合通信业务需要之外，还应符合信号等相关系统对光纤的需要，并宜预留50%的余量。

13.2.3　长途通信光缆应为阻燃型。

13.2.4　长途通信光缆引入车站通信机房、区间无线基站和信号中继站等重要节点宜采用不同的物理径路。

13.2.5　综合视频监控和光纤直放站等系统所需区间光缆应统筹设计，单独敷设。

13.3　传输及接入

13.3.1　传输系统应采用同步数字系列（SDH）技术体制构建多业务传送（MSTP）平台。

13.3.2　传输系统应符合通信各系统和信号、电力、牵引供电、信息等相关系统对通道类型、业务接口类型和带宽等要求。

13.3.3　传输系统应采用层次化结构，宜由骨干层、中继层和接入层组成，高速铁路传输系统骨干层应与中继层合并设计。

13.3.4　骨干及中继层应利用分设在线路两侧的光缆构成1＋1复用段多业务传输系统。

13.3.5　骨干及中继层应采用SDH 2.5 Gb/s及以上速率系统。

13.3.6　接入层应利用分设在线路两侧的光缆组网，并根据需要构成一个或多个二纤自愈环。

13.3.7 接入层节点宜采用 SDH 622 Mb/s 及以上速率多业务传输系统，站内其他接入节点宜采用 SDH 155 Mb/s 及以上速率多业务传输系统。

13.3.8 接入网（AN）应提供 POTS 接口、ISDN 接口、DDN 接口（速率为 64 K 或 64 K 以下子速率）、2/4 线音频接口等。

13.3.9 传输系统的容量应考虑一定的余量。骨干及中继层通道预留不宜小于 50%，接入层通道预留不宜小于 40%。

13.3.10 重要的传送业务宜利用既有的传输系统进行迂回保护。

13.3.11 传输及接入网主控板、交叉板、时钟板、电源板等应采用 1+1 热备，群路口宜分布在不同板卡上，支路板应采用 $N+1$ 备用，支路板配备宜符合关键业务分布在不同支路板上的要求。

13.3.12 业务接口板件应根据接口类型及用途配置，并考虑预留，其数量应不少于 30%。

13.4 数据通信网

13.4.1 数据通信网应采用 TCP/IP 协议。

13.4.2 数据通信网应为信息、GSM－R、综合视频监控及会议电视等系统提供数据承载业务。

13.4.3 数据通信网广域网包括骨干网络、区域网络。

13.4.4 区域网络包括核心节点、汇聚节点、接入节点，应按铁路局管辖分别组网，其设置应符合下列规定：

1 在调度所应设置核心节点。

2 铁路局辖内业务汇聚地点应设置汇聚节点。

3 铁路局及业务需求量较多的车站、段（所）等地点宜设置接入节点。

13.4.5 区域网络核心节点应配置 2 台核心路由器，汇聚转发本区域网络业务，应采用 2 条及以上链路上联至骨干网络。

13.4.6 区域网络汇聚节点应配置 2 台汇聚路由器，汇聚本节点连接的业务，应采用 2 条及以上链路上联至核心节点；汇聚节点间根据需要互联。

13.4.7 区域网络接入节点根据需要配置 1 台或 2 台路由器，采用 2 条及以上链路上联至汇聚节点或核心节点。

13.4.8 节点设备间的互联带宽应根据网络流量确定，在符合业务近期需求的情况下预留一定余量。

13.4.9 数据通信网应提供 V.35、E1、FE、GE、POS155 Mb/s、CPOS155 Mb/s 及以上速率等接口。

13.4.10 数据通信网宜采用 MPLS VPN 技术，符合业务系统 QoS、安全性要求。

13.4.11 数据通信网 IP 地址、AS 自治域设置应符合铁道部的相关规定。

13.5 电 话 交 换

13.5.1 高速铁路电话业务宜利用既有铁路电话交换网。

13.5.2 有人值守的地点应设置自动电话。

13.6 数字调度通信

13.6.1 数字调度通信系统应提供调度电话、车站（场）电话、站间行车电话以及其他专用电话业务。

13.6.2 数字调度通信系统由调度交换机、调度台、值班台、电话分机、录音设备及网管设备构成。

13.6.3 调度所至站段间网络应采用环型或星型结构，按铁路局维修管界组网；调度所至站段调度交换机间的中继链路应具备迂回保护功能。

13.6.4 调度所调度交换机应与GSM－R系统的移动交换中心（MSC）互联，宜配置2条及以上不同径路的中继链路。

13.6.5 调度所调度交换机应按同城异地容灾备份设计。

13.6.6 数字调度系统的设置及设备配置应符合下列规定：

1 调度所应设置调度所调度交换机。

2 车站、综合维修基地、动车段（所）等处应设置车站调度交换机。

3 调度所值班员处应设置调度台，站段值班员处应设置值班台。

4 调度交换机应具有多通道数字录音功能，也可通过数字接口外置集中式录音设备。

5 调度交换机的主控部分、交换网络及电源板应采用1＋1热备份，其他盘（板）宜采用$N+1$备份。

13.7 GSM－R数字移动通信

13.7.1 GSM－R数字移动通信系统（以下简称GSM－R系统）业务应提供话音业务、数据业务、与呼叫相关的业务和铁路特定业务，应具有基本业务功能、移动性操作的功能、呼叫处理附加功能和其他功能。

13.7.2 GSM－R系统由网络子系统、无线子系统、业务与运营支撑子系统和终端设备等组成。

13.7.3 无线子系统基站控制器（BSC）应结合容量、性能以及业务控制范围统一设置，码速适配单元（TRAU）宜与MSC同址设置。BSC设置应避免移动终端频繁跨BSC切换，并兼顾相邻线路的接入条件。

13.7.4 无线场强覆盖的设计应符合下列规定：

1 根据CTCS－3列控信息区段与其他等级列控转换区段应用业务需求，实现无线场强冗余覆盖。

2 无线场强覆盖重叠区长度应符合机车综合无线通信设备（CIR）/列控车载通信设备（MT）能够完成两次越区切换的需要。越区切换位置宜设置在传播条件较好地段。

3 枢纽地区、相邻线路无线覆盖和频率配置应统筹考虑，优先满足列控区段要求。

4 无线场强最小可用接收电平、同频干扰保护比（C/I）和邻频干扰保护比（C/A）等系统指标，以及无线覆盖范围的其他要求应符合现行铁路GSM－R数字移动通信系统工程设计相关标准的规定。

13.7.5　在传送 CTCS－3 列控信息区段，GSM－R 应采用系统冗余设计方案。

13.7.6　根据具体实施条件，在弱场区段宜采用基站、直放站加漏泄同轴电缆，或基站、直放站加天线的方式实现无线覆盖。在传送 CTCS－3 列控信息区段，直放站设计应符合无线场强冗余覆盖要求。

13.7.7　GSM－R 系统服务质量指标（QoS）应符合现行铁路 GSM－R 数字移动通信系统工程设计相关标准的规定。

13.7.8　GSM－R 系统主要设备配置应符合下列规定：

1　核心网设备的设置地点及其配置应符合铁道部相关规定，容量应符合近期各相关线路的接入需求。基站子系统的设备容量需符合其覆盖区域内各类 GSM－R 用户通信的话务量需求。

2　GSM－R 系统设备的主控、时钟、电源、载频等关键板件或模块应按热备用工作模式冗余配置。

3　应根据铁路运输需求，配备各类用户终端、GSM－R 铁路应用系统和接口设备。

13.7.9　在传送 CTCS－3 级列控信息区段宜设置 GSM－R 系统接口监测设备。

13.7.10　隧道内设备及安装应符合隧道内温度、湿度、防尘以及高速列车通过引起的风压和震动等环境的要求。

13.8　会议电视

13.8.1　高速铁路会议电视系统可采用 H.320、H.323 协议，并与既有会议电视系统连接。

13.8.2　会议电视系统主要由多点控制单元（MCU）、网守（GK）、网关（GW）、会议电视终端、网管等设备构成。

13.8.3　H.323 会议电视系统应采用铁路数据网承载，逻辑上按照星型结构组网。

13.8.4　会议电视系统纳入既有会议电视系统时可采用 MCU 级联的方式。

13.8.5　会议电视系统设置应符合下列规定：

1　MCU、GK、GW、网管等设备宜设置在调度所。

2　根据需要，管理机构可设置主会场，在综合维修基地、动车段、车站等处所可设置分会场。

3　会场主要配置会议电视终端、摄像机、图像显示、话筒、音响等设备。

13.8.6　会议电视系统主要设备配置应符合下列规定：

1　GK 可注册容量应不少于会议电视终端的 2 倍。

2　MCU 的数量根据工程实际情况确定，MCU 端口数量应不少于会议电视终端数量的 1.5 倍；MCU 核心单板、模块应实现备份。

3　每一会场应配置 1 台会议电视终端，重要会场宜备用 1 台会议电视终端。

13.9　综合视频监控

13.9.1　高速铁路综合视频监控系统（以下简称综合视频系统）应采用数字网络视频

监控技术，支持 MPEG－4、H.264、AVS、视频压缩编解码标准，支持 G.711/G.723.1/G.729 音频编解码标准，并符合相关技术标准的规定。

13.9.2 综合视频系统应具有视频图像的实时监视、存储、回放、云镜控制、视频分发/转发、系统间的互联和联动、多级管理等功能；符合调度、运维及公安等业务部门视频监控需求；可提供远程实时图像监控功能。

13.9.3 综合视频系统由铁道部核心节点、调度所视频区域节点、车站（段）视频接入节点、视频采集点、视频网络和用户终端构成。

13.9.4 综合视频系统包括图像采集设备、视频编解码设备、视频分发/转发设备、视频存储设备、安全管理设备、网络设备、监视终端设备等。

13.9.5 重点监视目标和重点治安防范区域等处，宜具有图像内容分析和报警功能，宜采用前端分析方式。

13.9.6 综合视频系统应实现与电源及环境监控、SCADA、旅客服务信息等系统的互联或联动，并考虑相应的接口网关设置。

13.9.7 综合视频系统区域节点、接入节点设备配置应符合下列规定：

1 区域节点应设置视频分发/转发服务器及存储设备，接入节点宜设置视频分发/转发服务器及存储设备。服务器的并发输入输出能力应符合用户使用需要；存储设备应符合重要图像和告警图像的存储要求。

2 区域节点应设置网管系统设备，实现综合视频系统的集中管理；接入节点可配置管理终端，对本节点及所辖前端设备运行状态进行维护。

13.9.8 视频采集点的数量、位置及设备功能应根据工程的实际情况，统筹考虑、合理确定，并应符合下列规定：

1 桥梁救援疏散通道、路基地段治安复杂区、公跨铁地点、隧道洞口及其他需要重点监控的区域；GSM－R 通信铁塔；通信、信号、牵引供电、电力设备房屋内外；旅客车站进出站集散厅、候车区、售票区、楼梯电梯、安检通道、求助及寄存设施附近，站前广场、进出站通道、站台、车站咽喉；动车段（所）的存车场、股道咽喉区、各库门两端及检查库、检修库等场所应设置视频采集点。

2 视频采集点设备应根据现场环境照度等条件，选择支持低照度、宽动态功能的摄像机。

3 对于桥梁救援疏散通道、路基地段涵洞穿越处、区间设备机房室外、公跨铁地点、隧道洞口以及车站咽喉区等重点监视及治安防范处所，视频采集点设备应具有昼夜监控功能。

13.9.9 视频监视终端宜按用户数量和辖区内视频图像路数进行配置，每台用户监视终端的本地图像调用并发路数应根据业务需求进行设计，远程图像调用并发路数宜不大于4路。沿线公安部门根据规模单独设置多屏监视终端。

13.9.10 各类视频信息的存储时间和质量应符合下列要求：

1 普通视频图像宜按3天进行存储，图像分辨率不低于 CIF。

2 重点目标及重点治安防范区域的视频图像宜按15天进行存储，图像分辨率不低于4CIF。

3 告警图像及告警信息宜按30天进行存储，图像分辨率不低于4CIF。

13.10 应急通信

13.10.1 应急通信系统应为应急中心与事故现场提供语音、数据及图像的通信服务。

13.10.2 应急通信系统应根据实际情况选择多种传输方式，提供多种通信业务手段，并符合现行《铁路应急通信接入技术条件》（TB/T 3204）的相关规定。

13.10.3 应急通信系统由应急中心设备、通信网络、应急通信现场接入设备组成。

13.10.4 应急中心系统设置应符合下列规定：

1 铁道部、铁路局应设置应急中心设备，包括应急中心通信主设备、应急指挥调度台、应急操作台、值班台、音视频终端、网管终端等。

2 根据运营维修管界、应急响应时间及交通条件，配置应急通信现场接入设备。

13.10.5 应急中心通信设备应实现与综合视频系统及会议电视系统的互联。

13.10.6 设置紧急救援站的长大隧道内应设置适用的应急通信设施。

13.11 综合布线

13.11.1 综合布线系统由建筑群子系统、工作区子系统、水平子系统、垂直子系统、设备间子系统、管理子系统组成。

13.11.2 车站站房、段（所）等处应设置综合布线系统。

13.11.3 综合布线系统设置及设备配置应符合下列规定：

1 每个建筑物至少设置 1 处管理子系统。

2 办公区信息点每 5 m^2 不少于 2 个；站房信息点每 10 m^2 不少于 1 个。

3 垂直布线采用光缆和双绞线缆，水平布线采用 6 类及以上双绞线缆、光缆等。

13.12 数字同步及时间分配

13.12.1 数字同步网为传输、交换、GSM-R 等系统提供频率同步信号。

13.12.2 高速铁路数字同步网应利用既有铁路数字同步网资源。

13.12.3 数字同步网由基准时钟、大楼综合定时供给设备（BITS）及时钟同步信息传输链路构成。系统采用主从同步的方式，采用数字传输系统链路逐级传送。

13.12.4 数字同步网的功能应符合现行通信行业标准《数字同步网工程设计规范》（YD/T 5089）、《SDH 本地网光缆传输工程设计规范》（YD/T 5024）的相关规定。

13.12.5 时间同步网为铁路运输各业务时钟系统提供统一的标准时间信号。高速铁路时间同步网应纳入既有铁路时间同步网。

13.12.6 时间同步网由铁道部调度中心、调度所及沿线车站和段所三级构成，采用主从同步方式。

13.12.7 时间同步系统的功能应符合铁道部相关标准的规定。

13.12.8 时间同步网的设置及设备配置应符合下列规定：

1 铁道部调度中心设置一级时间同步设备，由卫星接收设备、母钟设备、时间显示设备、网管设备组成。

2 调度所设置二级时间同步设备，由卫星接收设备、母钟设备、时间显示设备、网管设备组成。

3 铁路沿线车站和段所设置三级时间同步设备，由母钟设备、时间显示设备、网管设备组成。

13.13 通信综合网络管理

13.13.1 通信综合网络管理系统（以下简称综合网管系统）分为铁道部综合网管系统及调度所综合网管系统两层结构。

13.13.2 综合网管系统所管理的通信系统应包括传输及接入网、数据通信网、电话交换系统、数字调度通信系统、GSM－R 系统、会议电视系统、综合视频监控系统、电源及环境监控系统、数字同步及时间分配系统等。

13.13.3 通信各系统应设网元级网管或监控系统，完成安全、配置、故障和性能管理，应提供与综合网管的北向接口。

13.13.4 综合网管系统由服务器、磁盘阵列、光纤交换机、网络交换机、路由器、防火墙、协议转换器和终端等硬件构成。

13.13.5 综合网管系统的维护终端应设置在相应的管理机构。

13.14 电源及环境监控

13.14.1 电源及环境监控系统应对通信电源设备，通信、信息及信号机房环境等进行集中监控和管理，应与综合视频及相关系统实现告警联动功能。

13.14.2 电源及环境监控系统由监控中心（含监控终端）、监控站组成。

13.14.3 电源及环境监控系统设置应符合下列规定：

1 监控中心宜设在通信维护机构。

2 监控站应设在被监控的机房内，在监控站应设置监控单元。

3 监控终端设置在通信、信号、信息相应的维护机构。

13.14.4 对于机房集中的处所，宜合设一个监控单元。

13.15 通信电源设备

13.15.1 通信电源设备包括－48 V 直流电源和交流不间断电源。

13.15.2 通信直流电源设备由高频开关电源设备和阀控式蓄电池组组成。高频开关电源整流模块采用 $N+1$ 备份，蓄电池按 2 组设置；通信站及车站蓄电池后备时间按 1 h 设置，区间基站通信电源蓄电池后备时间按 3 h 设置。

13.15.3 交流不间断电源设置 1 组蓄电池，通信站及车站蓄电池后备时间按 1 h 设置，区间点蓄电池后备时间按 3 h 设置，区间直放站蓄电池后备时间应根据地理环境情况适当延长。

13.15.4 牵引变电所、配电所等通信设备与其他专业合设机房处，可利用相关专业的电源设备。

13.16 设备房屋、防雷、电磁兼容及接地

13.16.1 通信设备房屋设计应符合相关技术标准的规定，并符合防雷及电磁屏蔽、防震、防尘、防潮、防火、防鼠等要求。

13.16.2 区间基站可与区间信号中继站等房屋合设，宜采用箱式通信机房。区间通信设备机房处应设置防护围墙。

13.16.3 根据运营维护要求配置相应的维护用房。

13.16.4 通信电磁兼容设计应符合现行《铁路通信设计规范》（TB 10006）、本规范第11.6节及铁路防雷、电磁兼容及接地有关技术标准的规定。

13.16.5 通信接地应符合下列规定：

1 通信机械室设备接地应利用房屋建筑接地装置。

2 铁塔应单独设置接地装置。

3 接地装置距离综合接地系统的贯通地线 20 m 以内时，应接入综合接地系统。

13.16.6 通信防雷应符合下列规定：

1 通信系统防雷应进行系统性设计。

2 当通信机械室在站房内，通信防雷接地可与建筑防雷接地合用一组接地体。

13.17 接 口 设 计

13.17.1 通信专业为相关系统提供光纤、通道时，接口界面应符合下列规定：

1 为信号系统提供专用光纤时，其工程界面设在信号机房的光纤配线架（ODF）架（盒）外线侧。

2 为电力、牵引供电等系统提供专用光纤时，其工程界面宜设在通信机房的 ODF 架（盒）用户侧。

3 为信息、信号、电力、牵引供电等系统提供 2 M 或10 M/100 M 通道时，接口界面宜设在通信机房的数字配线架（DDF）用户侧、RJ－45 配线架用户侧或通信设备业务端口侧。

4 为各监测系统提供音频通道时，接口界面宜设在通信机房语音配线架（VDF）架用户侧。

13.17.2 通信专业要求站前专业预留沟槽管洞时，接口设计应符合下列规定：

1 通信专业向路基专业提出在线路两侧提供通信电缆槽（含盖板）、过轨管材、接头手孔及引下设施等要求。

2 通信专业向隧道专业提出在隧道两侧提供通信电缆槽（含盖板）、过轨管材、余长腔、设备洞室等要求。

3 通信专业向桥梁专业提出在桥梁两侧提供通信电缆槽（含盖板），并在桥墩处预留电缆引下的锯齿孔要求。如需在桥梁增设漏泄同轴电缆支柱，应结合桥梁上的接触网支柱统筹考虑。

4 通信专业向站场专业提出在站场两侧设置电缆槽要求；并向房建专业提出在站台设置电缆槽的要求，站场至站台电缆槽间应平滑连接。

13.17.3　通信专业要求其他专业配套相关设施时，接口设计应符合下列规定：

1　通信专业向房建专业提出通信设备机房要求；在基站、直放站房屋附近预留铁塔基础及接地网的要求。

2　通信专业向电力专业提出通信设备用电负荷等级及负荷容量。

3　通信专业向暖通专业提出通信设备通风、空调及消防设施等要求。

4　当漏泄同轴电缆与接触网同杆架设时，通信专业向接触网提交漏泄同轴电缆挂高、负荷等要求，由接触网专业统一设计接触网支柱杆型。

5　通信专业向综合接地专业提出接地端子设置要求，通信专业设置引接线并接入综合接地系统中。

14 信 号

14.1 一般规定

14.1.1 信号系统设计应符合本线最高运行速度的列车运行，并兼顾跨线列车共线运行的要求。

14.1.2 信号系统设计应符合双线、双方向运行的要求。正方向运行应采用自动闭塞，反方向宜采用自动站间闭塞。

14.1.3 信号系统设计应符合规定的列车追踪运行间隔时分的要求。

14.1.4 信号系统设计应采用先进、成熟、经济、适用、安全、可靠的技术和设备，并符合现行国家标准《轨道交通 可靠性、可用性、可维修性和安全性规范及示例》(GB/T 21562) 的相关规定。

14.1.5 **涉及行车安全的信号系统及电路设计，必须符合故障－安全的要求。**

14.1.6 信号系统整机设备应包含关键器件的备品、备件，备品、备件数量宜为10%。其他涉及安全的关键设备或器材，在设备集中设置处所按满足“故障修”的原则计算备用量。

14.1.7 根据运营维护体制配置相应的信号维护设备。

14.2 地面固定信号

14.2.1 车站（含区间无配线站）应设进站、出站信号机。根据需要，作业量较大的车站可设进路信号机、调车信号机和复示信号机。作业较为单一的中间站、越行站列车进路上可不设调车信号机。

14.2.2 动车段（所）宜设进站、出站及调车信号机。

14.2.3 车站进站信号机及接车进路信号机应采用现行《铁路信号设计规范》TB 10007 规定的进站信号机机构。桥、隧地段信号机以及高柱信号机构外缘与接触网带电部分不符合安全距离要求时可采用七灯位矮型信号机。

14.2.4 车站出站信号机及发车进路信号机采用“红、绿、白”三灯位矮型信号机。出站开放引导信号时，点亮红色灯光和月白色灯光。机构如图 14.2.4 所示。

图 14.2.4 出站信号机

14.2.5 调车信号机应采用现行《铁路信号设计规范》(TB 10007) 所规定的矮型调车信号机。尽头到发线上阻挡列车运行的调车信号机应采用出站信号机机构并封闭绿色灯光。

14.2.6 线路所应设通过信号机，其信号机构与进站信号机相同，开放引导信号时，点亮红色灯光和月白色灯光。

14.2.7　在区间闭塞分区的分界点的线路左侧应设停车标志牌，标志牌宜安装在接触网支柱上，如图14.2.7所示。

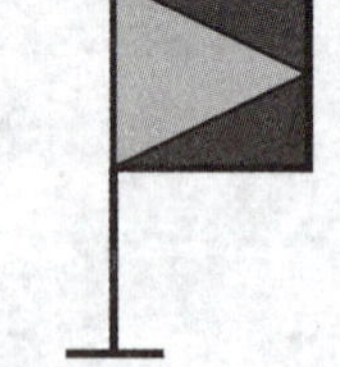

图14.2.7　标志牌

14.2.8　车站进站信号机及防护区间道岔的通过信号机不设预告信号机，但应设置预告标志牌。预告标志牌应设置在进站信号机及防护区间道岔的通过信号机外方900 m、1 000 m、1 100 m处。预告标志牌宜就近安装在接触网支柱上。

14.2.9　车站及线路所列车信号机应常态灭灯。列车未安装列控车载设备或列控车载设备停用时，相应的列车信号机应经人工确认后转为点灯状态。

14.2.10　地面信号机显示允许信号时，仅表示允许列车或车列越过该信号机，出站信号不区分进路方向。

14.2.11　调车信号机及动车段（所）列车信号机应常态点灯。

14.2.12　区间不设置通过信号机的客运专线与区间设置通过信号机的客运专线的衔接车站，应按照股道的主要接发车方向分别设置信号机构。主要接发车方向为区间设置通过信号机的股道应采用普通信号机构并常态点灯，主要接发车方向为区间不设置通过信号机的股道应采用客专信号机构并常态灭灯。

14.2.13　信号机设置地点应符合下列规定：

1　进站信号机的设置应符合现行《铁路技术管理规程》的相关规定。

2　出站信号机应设在距警冲标不小于55 m（含过走防护距离50 m）的地点，或距最近的对向道岔尖轨尖端不小于50 m的地点。

3　动车组运行径路上的调车信号机应设在距警冲标不小于5 m处。其他径路上的调车信号机应设在距警冲标不小于3.5 m处。设有调车危险应答器的调车信号机应尽量远离警冲标或防护道岔。

4　进站信号机及区间闭塞分区标志牌，不应设置在电分相区及附近一定范围内。

14.2.14　同一方向相邻列车信号机之间的距离应符合列车按规定速度安全停车制动距离的要求。站内列车信号机的显示关系还应符合下列规定：

1　办理了接车进路，接车进路终端的出站或进路信号机应点亮红色灯光，若该信号机红灯不能点亮时，防护接车进路的信号机则应点亮红色灯光。

2　办理了通过进路，进路上的出站或进路信号机应点亮相应允许灯光，若允许灯光灯丝断丝，则其前方信号机显示应相应降级。

14.3　运输调度指挥

14.3.1　高速铁路调度所、车站、线路所及动车段（所）应设置调度集中系统（CTC）。其中动车段调度集中应含调车辅助管理功能。

14.3.2　CTC系统宜与运营调度系统统一规划，应统一接口、独立组网。

14.3.3　CTC系统由调度所子系统、车站级子系统和网络子系统组成。

14.3.4　调度所子系统设计应符合下列规定：

1　应配置数据库服务器、应用服务器、通信前置服务器、接口服务器、对外信息提供服务器等，根据需要配置复示终端查询服务器。

2 应配置调度员工作站、助理调度员工作站、值班主任工作站、控制工作站、计划员工作站、综合维修工作站、网管工作站、系统维护工作站、仿真培训工作站以及 $N+1$ 备份工作站等，根据需要也可为其他工种调度台设置相应终端。

3 应配置局域网设备和广域网设备，其中局域网应配置以太网交换机，广域网应配置路由器、远程通信设备、通道质量监督设备等。

4 应配置安全集中管理中心、防火墙、入侵检测、防病毒、身份鉴别、漏洞评估、安全接入控制、安全审计和软件补丁分发等网络安全设备。

5 根据运输需要并结合调度所房屋条件，宜设置大屏幕投影显示设备，并可与其他系统合并设置。

6 应配置时钟校核设备、电源设备、防雷设备，根据需要可配备绘图仪、打印机等设备。

14.3.5 车站级子系统设计应符合下列规定：

1 各站应设置车站自律机、采集及控制设备。

2 各站应设置 CTC 终端。

3 各站应设置电源、防雷、接口等设备。

4 车站级子系统与其他系统间应采用串行通信接口。

14.3.6 CTC 系统关键设备应冗余配置，调度所及车站网络应采用双网结构。

14.3.7 应根据行车调度区设置 CTC 调度台设备。

14.3.8 CTC 系统与相邻线路的 CTC 或列车调度指挥系统（TDCS）之间应能交换信息、分界明确、控制范围不重叠。

CTC 系统应能与铁道部调度中心交换信息。

CTC 系统与其他信息系统间的信息交换应全部集中在调度所。

14.3.9 CTC 系统的主要功能应包括列车进路及调车进路的控制、列车运行监视、车次号追踪、列车运行计划调整、临时限速设置等。

14.3.10 CTC 系统应具备分散自律控制和非常站控两种模式。分散自律控制模式下应提供自动控制和人工控制两种进路控制方式。

14.4 列车运行控制

14.4.1 高速铁路应采用中国列车运行控制系统（CTCS），并应符合下列基本要求：

1 300 km/h 及以上的线路，地面应按 CTCS－3 级列控系统设计。

2 250 km/h 的线路，地面应按 CTCS－2 级列控系统设计。

3 动车走行线宜采用列车作业方式，动车走行线及动车段（所）内选择相应的 CTCS 等级。根据运输需求，也可采用调车作业方式。

4 动车组车载列控设备应与地面列控系统等级相适应。

5 列控系统车载设备应采用目标距离连续速度控制模式监控列车安全运行。

6 列控系统关键设备应采用硬件安全冗余结构，安全等级应达到现行国家标准《轨道交通可靠性、可用性、可维修性和安全性规范及示例》（GB/T 21562）中规定的安全等级 SIL4 级。

7 列控车载信号作为列车运行的凭证。列车未装设列控设备或列控设备停用时，按相关行车组织办法的规定行车。

8 列控车载设备应能根据列控地面设备提供的分相区固定信息，向动车组发送过分相指令，实现自动过分相功能。

14.4.2 CTCS－2 级列控系统设计应符合下列规定：

1 地面设备由临时限速服务器（TSRS）、列控中心（TCC）、ZPW－2000（UM）系列轨道电路、应答器和地面电子单元（LEU）以及相关的网络设备等组成。

2 车载设备由车载安全计算机（VC）、轨道电路信息接收读取器（TCR）、应答器信息接收单元（BTM）、测速传感器（SDU）、记录单元（JRU）、人机界面（DMI）、列车接口单元（TIU）、轨道电路信息接收天线、应答器接收天线等组成。

3 地面设备与车载设备间的信息应采用轨道电路加应答器的传输方式。

14.4.3 CTCS－3 级列控系统设计应符合下列规定：

1 CTCS－3 级地面设备应由 TSRS、RBC、TCC、ZPW－2000（UM）系列轨道电路、应答器和 LEU、GSM－R 通信接口设备以及相关网络设备等组成。

2 CTCS－3 级车载设备应由 VC、GSM－R 无线通信单元（RTU）、TCR、BTM、SDU、JRU、DMI、TIU、轨道电路信息接收天线、应答器接收天线、GSMS－R 无线接收天线等组成。

3 CTCS－3 级地面设备与车载设备间的信息应采用 GSM－R 无线传输方式和轨道电路加应答器的传输方式。其中轨道电路按照 CTCS－2 级列控系统的要求传输信息；应答器除传输 CTCS－2 级列控系统的有关信息外，还应传输 CTCS－3 级列控系统所需的列车定位、与 RBC 链接等信息；RBC 与车载设备之间通过 GSM－R 系统相互传输行车许可、线路数据、应答器链接、临时限速、列车参数等信息。

14.4.4 临时限速设计应符合下列规定：

1 临时限速服务器宜集中设置于靠近调度所的沿线车站，根据需要可共线使用。临时限速服务器应分别向 TCC 及 RBC 传递临时限速信息。

2 临时限速设置应符合相应 CTCS 等级列控系统的要求。

3 区间及站内正线临时限速区域应按实际里程（单位为 m）设置，临时限速值分辨率应为 5 km/h，最低限速应为45 km/h。

4 车站侧线限速应以咽喉区及到发线为基本单元分区设置，临时限速等级应设 45 km/h一档，18 号以上（不含）道岔临时限速应增设 80 km/h 限速档。

5 同方向临时限速管辖范围内可同时设置不大于 3 处临时限速。

14.4.5 列控中心设计应符合下列规定：

1 车站、区间信号中继站应设置列控中心。

2 无配线站、线路所以及与 CTCS－2 级铁路相衔接的 CTCS－0 级车站可根据需要设列控中心。

3 列控中心应实现 ZPW－2000（UM）轨道电路发送设备低频编码、载频的控制，发送/接收端方向的控制；实现有源应答器报文的实时组帧、编码和发送；实现信号机点灯控制及站间安全信息的传输。

4 列控中心设备应采用硬件安全冗余结构。

14.4.6 轨道电路设置应符合下列规定：

1 区间应采用 ZPW－2000（UM）系列电气绝缘轨道电路，用于列车占用检查和向列车提供前方闭塞分区空闲信息。

2 越行站、中间站站内宜采用与区间同制式的机械绝缘轨道电路，复杂大站正线及到发线股道宜采用与区间同制式的机械绝缘轨道电路。

3 ZPW－2000（UM）轨道电路的设计长度应符合列控车载设备可靠接收及邻线干扰防护的要求，用于站内时还应符合车站联锁系统可靠工作的要求。其中 ZPW－2000A 轨道电路设计长度应符合附录 E 的规定。

4 站内轨道电路最小设计长度

1）站内无岔区段需要提供列控信息时，其最小长度 $L_{\min}$ 应同时符合公式（14.4.6—1）和（14.4.6—2）的要求。

$$L_{\min}=V_{\max}\times 2.5s+L_{常} \quad (14.4.6\text{—}1)$$

$$L_{\min}=L_{自} \quad (14.4.6\text{—}2)$$

2）站内无岔区段不需提供列控信息时，其最小长度 $L_{\min}$ 应同时符合公式（14.4.6—2）和（14.4.6—3）的要求。

$$L_{\min}=V_{\max}\times T_{落}-L_{车} \quad (14.4.6\text{—}3)$$

式中 $V_{\max}$——该区段的最高允许速度，当站场条件不能符合要求时，可按 CTCS－2 运用环境允许的最高速度（m/s）；

$L_{常}$——轨道电路余量 20 m；

$T_{落}$——轨道电路接收设备的最大落下时间（s）；

$L_{车}$——车长（m）；

$L_{自}$——轨道电路设备自身允许的最小长度（m）。

3）道岔区段应根据其直向或侧向是否需要提供列控信息而分别按上述方法确定其最小长度。

5 区间、车站轨道电路载频应统筹设计。闭塞分区分界点处绝缘两侧应采用不同载频，其中，上行正线、上行侧到发线采用 2 000 Hz、2 600 Hz；下行线正线、下行侧到发线采用1 700 Hz、2 300 Hz。

6 ZPW－2000（UM）轨道电路发送器的低频、载频等信息编码接口宜采用计算机通信方式。

7 区间轨道电路的正常码序应为 L5－L4－L3－L2－L－LU－U－HU。车站接、发车进路轨道电路低频信息应与其接近的信号机防护的进路条件相符。

8 ZPW－2000 系列轨道电路传输电缆的长度不应大于10 km，300 km/h 及以上的高速铁路不宜大于 7.5 km。当该电缆长度超过上述规定时，宜设区间信号中继站。

9 站内渡线、工区线路等区域宜采取措施改善轨道电路分路性能。

14.4.7 应答器组由 1～8 个应答器组成。组内相邻应答器间的最小距离应为 5.0 m＋0.5 m。

14.4.8 CTCS－2 级应答器按下列要求设置：

1 区间可间隔一个闭塞分区设置由两个及以上无源应答器构成的区间无源应答器组（Q）。区间无源应答器组应设置在闭塞分区入口处外方，并距闭塞分区入口最近的调谐单元（BA）或机械绝缘节 200 m±0.5 m（从靠近调谐单元或机械绝缘节的应答器计算）。

2 区间信号中继站处，宜按上下行线分别设置有源应答器和无源应答器构成的中继站应答器组（ZJ），中继站应答器组之间的距离应为100 m ±0.5 m。

3 在进站信号机（含反方向进站）外方30 m ±0.5 m（从靠近绝缘节的应答器计算）处应设置有源应答器和无源应答器构成的进站应答器组（JZ）。

4 在车站到发线和有图定转线作业的正线出站信号机处应设置由一个有源应答器和一个无源应答器构成的出站应答器组（CZ）。到发线出站信号机处的应答器组应安装在出站信号机绝缘节前方20 m ±0.5 m（从靠近绝缘节的应答器计算）处，正线出站信号机处的应答器组应安装在出站信号机绝缘节前方30 m ±0.5 m（从靠近绝缘节的应答器计算）处。

5 在进路信号机外方30 m ±0.5 m（从靠近绝缘节的应答器计算）处应设置由有源和无源应答器构成的进路应答器组（JL）。当该进路信号机防护的进路为唯一进路时，该有源应答器可改用无源应答器代替。

6 对于有调车作业并有可能危及列车运行安全的调车信号机外方适当地点应设置由一个有源应答器和一个无源应答器构成的调车应答器组（DC）。

7 车站进站信号机（含反向）外方200 m ±0.5 m处、车站各股道中间应设置由单个应答器构成的定位应答器组（DW）。

8 在18号（不含）以上道岔外方第二个闭塞分区入口200 m ±0.5 m处应设置由有源应答器和无源应答器组成的大号码道岔应答器组（DD）。

9 采用应答器提供过分相信息时，根据需要可在自动过分相区域设置过分相区预告应答器组和分相区定位应答器组（DW－F）。预告、定位应答器组也可利用其他区间应答器组或车站应答器组。

10 在长短链边界宜设置长短链专用的单个应答器构成的断链应答器组（DL）。

11 CTCS级间转换应答器设置要求

1）CTCS－2级区段与CTCS－0级区段的分界处应分别设置具有预告（YG0/2）、执行（ZX0/2）功能的应答器组，CTCS－0/2级间预告应答器组及执行应答器组应由两个无源应答器组成。如图14.4.8所示。

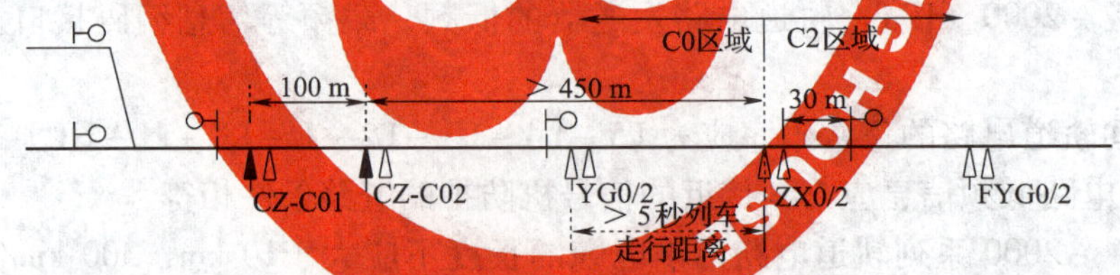

图14.4.8　CTCS－0/2级间转换应答器布置

2）等级转换执行点宜设置在区间列车较少实施制动的区段，且不宜设置在过分相区附近。

3）等级转换执行应答器组（ZX0/2）应设置在距闭塞分区入口30 m ±0.5 m处。

4）转换预告点与执行点之间的距离应大于列车按等级转换点处线路最高允许速度运行5 s的走行距离。

5）当CTCS－0级向CTCS－2级转换时，应在邻近执行点的CTCS－0级车站的出站口（含反向）设置两组由有源应答器和无源应答器构成的C0站应答器组（CZ－C0），两个应答器组之间的距离为100 m ±0.5 m，距离等级转换点最近的应答器组距转换边界应大于450 m。

12 不同功能的应答器组宜合并使用。

14.4.9 CTCS－3 级应答器设置除符合 CTCS－2 级列控系统的要求外，尚应符合下列要求：

1 区间每个闭塞分区入口处均设置由两个及以上无源应答器构成的区间应答器组（Q）。

2 当区间相邻两个应答器组之间的距离大于 1 500 m 时，在两个应答器组中间应增加由单个应答器构成的定位应答器组（DW）。

3 对于车站无接发车作业的正线股道出站信号机外方 30 m ±0.5 m 处设置由两个无源应答器构成的定位应答器组（DW）。

4 CTCS－2/CTCS－3 级转换设置要求（图 14.4.9—1）

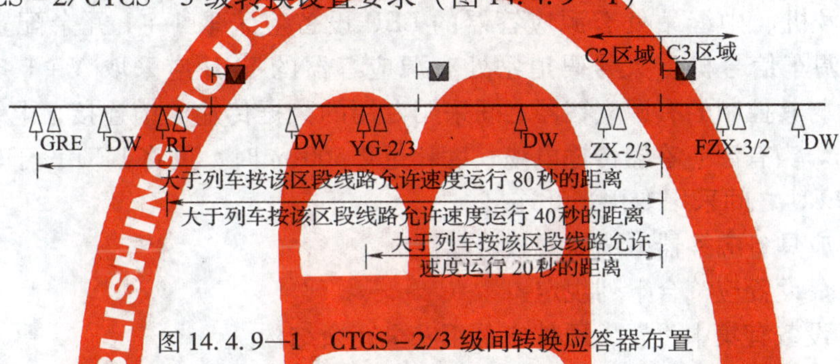

图 14.4.9—1 CTCS－2/3 级间转换应答器布置

1）从 CTCS－2 级转为 CTCS－3 级时，在转换区入口处设置 RBC 连接应答器组（RL），该应答器组至 CTCS－2/CTCS－3 等级转换点的距离应大于列车按该区段线路允许的最高速度运行 40 s 的距离。

2）在 CTCS－2/CTCS－3 等级转换边界（闭塞分区边界）外方，且其内方的 CTCS－3 进路为唯一进路时，应设置由无源应答器构成的等级转换预告应答器组（YG－2/3），用于列车定位。该应答器组至 CTCS－2/CTCS－3 等级转换点的距离应大于列车按该区段线路允许的最高速度运行 20 s 的距离。该应答器组应冗余设置。

3）在距 CTCS－2/CTCS－3 等级转换边界处，应设置转换执行应答器组（ZX－2/3）。

4）在 GSM－R 覆盖区域 CTCS－2 至 CTCS－3 等级转换边界外方，根据需要可设置 GSM－R 网络注册应答器组（GRE）。

5）应答器组 RL、YG、GRE、ZX 可与设置在闭塞分区入口处的应答器组共用。

5 当列车已经与 RBC 建立联系并且经联络线驶向非CTCS－3 级区段时，在靠近联络线道岔处应设置 RBC 连接取消应答器组（RL－Q）以及等级转换预告取消应答器组（YG－Q），如图 14.4.9—2 所示，RL－Q 和 YG－Q 由两个无源应答器构成。

6 RBC 切换要求

1）在 RBC 切换边界（闭塞分区边界）外方大于列车按该区段线路允许速度运行不小于 20 s 的距离处应冗余设置两组 RBC 切换预告应答器组。

2）在 RBC 切换边界（闭塞分区边界）外方和内方 30 m ±0.5 m 应设置 RBC 切换执行应答器组。

3）RBC 切换区与 GSM－R 的移动交换中心（MSC）的切换区域宜错开设置。

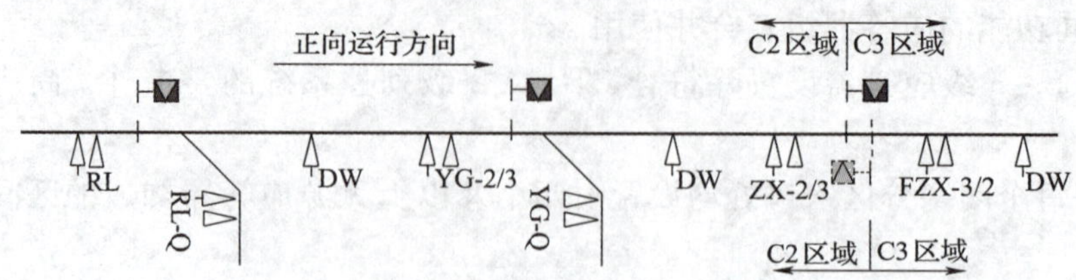

图 14.4.9—2　取消应答器组布置

14.4.10　有源应答器通过连接地面 LEU 实现对变化数据的传输，LEU 设置应符合下列规定：

1　地面电子单元（LEU）宜集中设置在信号机械室内。控制进站信号机、线路所通过信号机、中继站处有源应答器的 LEU 设备应采取 1+1 冗余配置，控制出站信号机、调车信号机、大号码道岔处有源应答器的 LEU 应采取 $N+1$ 备用方式。

2　LEU 与其控制的有源应答器之间采用专用的数据传输电缆连接，电缆长度不应大于 2 500 m。当有源应答器传输电缆长度超过 2 500 m 时，可将 LEU 设于轨旁，此时列控中心与 LEU 之间采用专用光纤连接。

3　LEU 应具备应答器电缆断线检测功能。

14.4.11　RBC 设置应符合下列规定：

1　RBC 设备宜集中设置，硬件应采用安全冗余结构。

2　RBC 控制范围的边界应设置在闭塞分区分界点处，并与维护边界统筹考虑。

3　RBC 控车数量宜按 RBC 管辖范围内所需的最大列车数量计算。计算 RBC 控车数量时，应考虑车站股道、正线（含 RBC 切换覆盖范围）、衔接线路等需要与 RBC 链接的列车数量。列车数量的计算可参照如下公式：

$$T_{总}=T_{股}+\left(\left\lceil\frac{L+L_1}{I}\right\rceil\right)\times n+T_{支}+T_{其他} \qquad (14.4.11—1)$$

$$T_{总}+T_{余}\leqslant T_{系统} \qquad (14.4.11—2)$$

式中　$T_{总}$——单个 RBC 控制范围内同时与其链接的列车总数；

$T_{股}$——单个 RBC 控制范围内各车站侧线股道存放的同时与 RBC 链接的列车数；

$T_{支}$——单个 RBC 控制范围内支线出入口处同时与 RBC 链接的列车数；

$T_{其他}$——单个 RBC 控制范围内特殊区段内同时与 RBC 链接的列车数；

$T_{系统}$——单个 RBC 系统设计允许的同时链接的列车数；

$T_{余}$——单个 RBC 控制范围内预留的可同时与 RBC 链接的列车数，取值范围为 $T_{系统}$ 的 10% ~15%；

L——单个 RBC 控制范围单条正线的长度；

L_1——RBC 切换预告点与切换执行点之间的长度；

I——列车运行间隔；

n——单个 RBC 控制范围内铁路正线数量；

$\lceil\rceil$——数学符号，表示向上取整数。

4　同一车站设置多个车场，且各车场均采用 CTCS-3 级列控系统时，如有转场列车作业，车站各场宜共用一套 RBC。

14.4.12　反向运行设计应符合下列规定：

1 反向运行区间轨道电路应按追踪码序贯通发码，并采用与正方向相同的发码原则。

2 反向运行设计应满足车载设备完全监控模式运行的要求。

14.5 车站联锁

14.5.1 车站、线路所、动车段（所）应采用计算机联锁设备。

14.5.2 车站、线路所计算机联锁设备应采用硬件安全冗余结构，安全等级应符合现行国家标准《轨道交通可靠性、可用性、可维修性和安全性规范及示例》GB/T 21562 中规定的安全等级 SIL4 级的要求。

14.5.3 设有多个车场的车站宜分场设置联锁设备。

14.5.4 区间道岔宜纳入邻近车站联锁系统集中控制，工区内道岔宜纳入车站联锁系统集中控制。当动车运用所与车站距离很近时，动车运用所的道岔可纳入车站集中控制。

14.5.5 地面信号机的接近区段长度应保证该信号关闭后，以最高速度运行的列车列控车载设备不会在此距离外的区段上触发制动。

14.5.6 集控站的联锁设备宜设置现地控制终端，不设本地控制台。

14.5.7 车站计算机联锁设备可与其他信号系统设备集成为一体化结构，也可单独设置。

14.5.8 根据站场道岔设计，应配置相应的交流道岔转辙装置。道岔控制应采取断电保护措施。

14.5.9 18 号及以上号码道岔应设置外锁闭及密贴检查装置，采用多机牵引、分线控制、分动控制的方式，并实现挤岔监督报警功能。联锁系统选排进路宜分时分组转换道岔。

14.5.10 高速道岔下拉装置应纳入车站计算机联锁控制。

14.5.11 联锁系统应能办理进站、出站及线路所通过信号机引导进路。

14.5.12 常态灭灯的车站（含无配线车站）出站信号机和防护区间道岔的通过信号机开放允许信号时应检查站间空闲条件。

14.5.13 列车信号机应设有灯丝断丝报警电路。

14.5.14 联锁设备应具有与 CTC、TCC 和监测设备接口的功能，CTCS－3 级区段，还应具有与 RBC 设备接口的功能。

14.6 信号检测及监测

14.6.1 信号主要系统设备（含车载设备）应具有自诊断、检测、报警、信息储存、状态再现等功能，并符合高速铁路技术特点和运营维护要求。

14.6.2 高速铁路应设置实现全程联网、可远程监测的信号集中监测系统，并包括下列主要内容：

1 监测电源电压、电流、频率、功率、对地漏泄电流等。

2 监测转辙机电流、动作时间等。

3 监测电缆芯线全程对地绝缘。

4 监测列车信号机点灯回路电流。

5 监测 ZPW－2000 系列轨道电路设备（含站内电码化发送设备）发送端功出电压、发送电流、载频及低频频率，接收端限入电压、载频及低频频率等；监测站内其他轨道电路的电压等。

6 监测进路操作状态、进路表示状态、信号表示状态、关键继电器状态、信号主灯丝状态、熔断器状态等开关量。

7 监测 RBC、TCC、计算机联锁、CTC、信号安全数据网等信号设备的工作状态。

14.6.3 信号集中监测系统应由段级主机、站级分机、终端以及数据传输网络等部分组成。段级主机应具备与综合维修管理信息系统联网的接口条件。

14.6.4 信号集中监测系统应与 CTC、RBC、列控中心、计算机联锁、信号安全数据网网管服务器、区间轨道电路、智能电源屏、智能灯丝报警单元等系统接口，采集相应的监测信息。

14.6.5 在动车段（所）应配置车载信号系统的检修、测试设备。

14.6.6 高速铁路应配置列控数据管理系统，包括应答器报文数据管理、列控设备动态监测、列控数据下载分析等。

14.7 数据传输网络

14.7.1 RBC、TCC、TSRS、联锁系统之间数据传输应采用信号安全数据网，CTC 系统及信号集中监测系统应采用数据通信广域网。

14.7.2 信号安全数据网设置应符合下列规定：

1 应采用工业以太网网络设备构成冗余双环网，网络设备间应采用专用单模光纤连接。

2 两环网设备间互联光纤应采用不同物理路径；同一环网络设备间互联光纤与迂回通道使用光纤应采用不同物理路径。

3 连接相邻网络设备的光纤长度不应超过 70 km，光纤长度不符合要求时应增加中继器设备。

4 每一独立环网中接入的交换机、中继器等网络设备超过 40 个或铁路线路长度超过 600 km 时，应将网络环路分割成不同子环网。各相邻子环网间应采用三层工业以太网交换机进行连接。

5 应设置单独的网络管理系统。

14.7.3 CTC 数据通信广域网设置应符合下列规定：

1 调度所与车站之间的广域网应采用双机双通道组网方式，宜采用不同物理路径专用链路的数据网进行组网。

2 根据现场实际情况可采用星型、环型或星型与环型相结合的结构。采用环型结构时，应每隔 5～10 个信源点，增加一条迂回通道与调度所相连。

3 通道带宽不应小于 2 Mbit/s。

14.7.4 信号集中监测数据通信广域网应采用通信数据网，传输速率不应低于2 Mbit/s。传输通道应采用迂回、环状、抽头等冗余方式，采用环型结构时，应每隔 8～15 个信源点，增加一条迂回通道与监测服务器相连。

14.8 信号电源

14.8.1 调度所、车站、线路所、区间信号中继站、动车段（所）均应采用综合智能电源屏，为列控、联锁、CTC、信号集中监测、信号安全数据网络等所有信号设备提供电源。

14.8.2 电源屏应采用模块化、冗余化结构并具有自检功能。电源屏应能提供信号集中监测系统所需的电源监测信息。

14.8.3 调度所、车站、线路所、区间信号中继站、动车段（所）应设置双套不间断电源（UPS），其容量应符合下列要求：

1 UPS负荷容量应按照除转辙机外的其他所有信号设备用电量计算。

2 有维护人员值守处所UPS供电时间不应小于30 min。

3 无维护人员值守处所UPS供电时间不宜小于2 h。

4 维修基地、综合维修车间、维修工区的信号监测设备配置单套UPS，UPS供电时间不应小于10 min。

14.9 光电缆线路

14.9.1 信号传输线路应采用与设备需求相适应的电缆或光缆。

14.9.2 信号电缆的使用应符合下列要求：

1 ZPW－2000系列轨道电路电缆要求

1）两个频率相同的发送与接收不得采用同一根电缆。

2）两个频率相同的发送不得设置在同一屏蔽四芯组内。

3）两个频率相同的接收不得设置在同一屏蔽四芯组内。

4）电缆中有两个及以上相同频率的发送或有两个及以上相同频率的接收时，该电缆应采用内屏蔽数字信号电缆。

5）电缆中各发送、各接收频率均不相同时，宜采用非内屏蔽数字信号电缆，但线对应按四线组对角线成对使用。

2 每台有源应答器宜单独采用4芯应答器数据传输电缆，主用2芯，备用2芯。

3 其他信号设备应根据计算采用铝护套或综合护套信号电缆。

14.9.3 室外信号电缆芯线备用量应符合现行《铁路信号设计规范》（TB 10007）的相关规定。

14.9.4 隧道、综合站房内信号电缆应采用无卤低烟阻燃型电缆。对易产生火源的车站站台等处电缆应采取填砂、密封电缆槽盖板等防火措施。

14.9.5 区间信号电缆宜按上、下行线分槽敷设。

14.9.6 信号所需光纤宜与通信光纤合缆。

14.9.7 区间及站内信号干线光电缆应采用电缆槽防护。双线区段区间及站内信号干线电缆槽应在其线路两侧分别设置并贯通。信号电缆槽宜与通信光电缆槽合设。信号光电缆与10 kV贯通线电力电缆并行敷设时，两者之间应设实体隔断。区间路桥、路隧过渡段内的电缆槽应采用现浇混凝土方式进行顺接。

14.9.8　电缆过轨应采用预埋管道并集中防护，并根据需要设置电缆井或手孔。铁路正线线间不宜设置电缆井，站场范围内的电缆井宜设置在到发线或站台端部电缆集中过轨处。由电缆槽至设备间的电缆应采用管槽防护。

14.9.9　室内光（电）线路应设置槽管防护，并采取防鼠、防火措施。

14.10　防雷、电磁兼容及接地

14.10.1　电力牵引供电区段，信号设备外缘距接触网带电部分的距离不得少于2 m。距接触网带电部分5 m范围内的信号金属结构和设备均应接地。

14.10.2　电力牵引供电系统对信号电缆的危险影响不应超过规定的允许标准。计算时应分别计算接触网在正常状态和短路状态下的危险影响。

14.10.3　受电力牵引供电系统的电磁影响，在信号电缆的同一芯线上，任何两点间的感应纵电动势（有效值）应符合下列规定：

　1　接触网正常供电条件下不应大于60 V。

　2　接触网故障状态下不应大于电缆直流耐压试验的60%或交流耐压试验的85%。

14.10.4　室外电缆钢带（铝护套）应采取分段单端接地方式。

14.10.5　沿线信号设备接地应纳入综合接地系统。

14.10.6　信号设备及信号房屋防雷、电磁兼容及接地设计应符合现行铁路防雷、电磁兼容及接地工程相关标准的规定。

14.11　信号房屋

14.11.1　车站信号设备房屋与其他生产房屋宜合并设置。区间信号中继站、线路所信号设备用房可与通信基站等房屋合设，宜采用箱式信号机房。区间信号设备机房处应设置防护围墙。

14.11.2　信号设备房屋面积应根据设备制式、设备数量和远期预留发展等因素设计，信号楼及设有信号设备的综合房屋应考虑设备大修倒换的需要。

14.11.3　信号设备机房设计应符合相关技术标准的规定，并符合防雷及电磁屏蔽、防震、防尘、防潮、防火、防鼠等要求。

14.11.4　根据运营维护模式要求配置相应的维护用房。

14.12　道岔融雪

14.12.1　在我国0度等温线（秦岭—淮河）以北地区，且20年年平均降雪日在10天及以上的车站，接、发动车组列车进路上的道岔应设置道岔融雪系统。

14.12.2　道岔融雪系统宜由控制终端、控制柜、电加热元件、钢轨温度传感器、雪量监测仪等组成。

14.12.3　道岔融雪系统应具备手动和自动控制功能。设置道岔融雪系统不得影响道岔和轨道电路的正常动作。

14.12.4　控制终端宜设于车站，根据需要可在调度所设远程控制终端。

14.12.5 控制柜根据供电方式可设于室内或室外，接受车站控制终端指令，并经隔离设备控制室外电加热元件开启和关闭。

14.12.6 电加热元件应设于道岔尖轨（心轨）和基本轨（翼轨）的轨腰或底部、滑床板以及其他可利用位置。电加热元件的功率应根据道岔辙叉号的大小选定。

14.12.7 钢轨温度传感器可按每咽喉区设一处或多处。

14.12.8 控制柜至轨旁融雪装置宜采用电力电缆。

14.12.9 道岔融雪装置的供电等级应为二级负荷。

14.13 接口设计

14.13.1 信号专业应与站场专业共同确定联锁道岔及非联锁道岔的范围。信号专业根据联锁道岔类型配套转辙设备。

14.13.2 信号与轨道专业接口设计应符合下列规定：

1 信号专业对轨道专业提出站内配轨要求。

2 信号专业对轨道专业提出无砟轨道钢筋绝缘处理要求。

14.13.3 信号专业向桥、隧、路基、站场、房屋建筑等专业提出信号电缆槽道、电缆井、手孔及过轨防护管槽等设计要求。

14.13.4 信号与房屋建筑、暖通专业接口设计应符合下列规定：

1 信号专业向房屋建筑专业提出信号设备用房及信号办公用房设计要求。

2 信号专业向暖通专业提出信号设备及信号办公用房通风、空调及消防设施等设计要求。

14.13.5 信号与通信专业接口设计应符合下列规定：

1 信号专业向通信专业提出信号专用光纤和传输通道配置要求。

2 区间信号中继站设备与通信基站、直放站设备同室布置时，应与通信专业共同协商设备布局。

3 信号专业向通信专业提出 CTCS－3 列控区段与其他列控等级转换区段无线场强覆盖范围的要求。

14.13.6 信号专业向电力专业提出信号设备用电等级及负荷要求。

14.13.7 信号与电力牵引供电专业接口设计应符合下列规定：

1 区间信号标志牌应结合接触网支柱里程统筹设置。

2 信号专业应根据牵引供电方式、牵引电流等资料选择轨道电路扼流变压器类型。

3 采用应答器提供过分相信息时，信号专业应根据电力牵引供电专业提供的分相区位置，设置自动过分相应答器。受条件限制，应答器布置不能符合规定时，应与电力牵引供电专业协商调整分相区的设置位置。

4 高柱信号机设置地点应与接触网设计协调，确保信号机上方的信号机构外缘与接触网带电部分的距离不得小于规定的要求。

5 吸上线及轨道电路完全横向连接设置应与电力牵引供电专业协调设计。

14.13.8 信号与行车组织专业接口设计应符合下列规定：

1 信号专业应根据行车组织专业提供的闭塞方式、牵引计算及布点资料设计区间信号设备。

2 信号专业应根据行车组织专业提供的调度区划分资料设计行车调度台设备。

14.13.9 信号与动车专业接口设计应符合下列规定：

1 动车段（所）信号用房及电缆管线的布置应在动车专业的协调下统筹安排。

2 动车段（所）存车场股道信号机布置应符合动车专业对相关股道存车的要求。

14.13.10 信号与防灾安全监控专业接口设计应符合下列规定：

1 信号系统以继电接口的方式与异物侵限系统接口。

2 对于风、雨、雪等灾害，宜采用人工设置临时限速的方法，通过列控系统保证列车运行安全。

15 信 息

15.1 一般规定

15.1.1 信息系统设计应遵循统一规划、统一标准、资源共享的原则，应符合安全、可靠、先进、可扩展的要求。

15.1.2 与运输生产密切相关的信息系统设计应考虑分系统、分站段独立运行。

15.1.3 高速铁路信息系统设计应考虑与既有信息系统的衔接融合。

15.2 总体架构

15.2.1 信息系统设置应符合高速铁路运输组织、客运营销、经营管理的需要，主要包括运营调度、客运服务、动车组管理、综合维修管理、办公、公安管理、建设项目管理等信息系统和公共基础平台。

15.2.2 公共基础平台应包括网络基础平台、信息共享平台、信息安全平台。

15.2.3 信息系统的架构应与高速铁路运营管理模式相适应。

15.3 运营调度系统

15.3.1 高速铁路运营调度系统应具备计划编制、运行管理、车辆管理、供电管理、客运调度等功能，并符合铁道部相关标准的规定。

15.3.2 铁道部调度中心、调度所、动车段（所）、综合维修基地、车站应设置运营调度系统。

15.3.3 运营调度系统设计应符合下列规定：

1 系统应采用铁道部调度中心、调度所、站段分级架构。

2 铁道部调度中心、调度所应设置数据库服务器、应用服务器、通信服务器、存储设备、调度台终端、网络设备、网络安全及维护管理设备、大屏幕显示设备等。

3 调度台包括计划调度台、列车调度台、动车组调度台、供电调度台、综合维修调度台、客运调度台等。

4 根据运输作业的需要，在车站、动车段（所）、综合维修基地设置调度终端和网络设备。

15.3.4 运营调度系统的设备配置应符合下列规定：

1 主机处理能力、数据存储容量和网络传输能力应适度超前，留有裕量。

2 铁道部调度中心、调度所的数据库服务器应选用高性能小型机，应用服务器可选用小型机，存储设备应采用基于存储区域网络（SAN）架构的存储系统。

15.3.5 运营调度系统应采用统一的基础数据编码；系统软件应选用通用的开放平台；

应用软件应符合系统的功能需求且具备相适应的处理能力。

15.3.6 运营调度系统的网络设计应符合下列规定:

1 应采用双网配置，列车运行子系统、供电调度子系统按照独立子网设计。

2 相关调度所运营调度系统之间广域网互联通道应采用专线。

15.3.7 运营调度系统的灾备设计应符合下列规定:

1 铁道部调度中心应能成为客专调度所的异地备用中心，可根据需要实现对调度所调度指挥功能的接管。

2 铁道部调度中心应采用异地灾备方式，客专调度所与备用中心调度所之间设置直接保护通道，保证在铁道部调度中心失效的情况下，备用中心调度所应能够接管铁道部的调度指挥业务。

15.3.8 运营调度系统与相关系统的互联应符合下列规定:

1 运营调度系统与调度集中系统（CTC）互联，接口应设在调度所。

2 运营调度系统与供电调度系统中的远动系统互联，接口应设在调度所。

3 运营调度系统在铁道部调度中心与铁道部票务中心系统互联。

4 运营调度系统在调度所与客服区域中心旅客服务系统互联。

5 运营调度系统与动车组管理信息系统、综合维修管理信息系统互联，接口宜设在调度所。

6 运营调度系统与防灾安全监控系统互联，接口宜设在调度所。

7 运营调度系统与相邻相关调度系统互联，接口应设在铁道部调度中心或调度所。

15.4 客运服务系统

15.4.1 客运服务系统包括票务系统、旅客服务系统、市场营销策划系统、综合服务平台、数据平台及安全保障平台，各系统的功能应符合铁道部相关标准的规定。

15.4.2 票务系统设计应符合下列规定:

1 系统设置要求

1）系统由铁道部票务中心、车站票务系统分级架构。

2）系统票制采用磁质纸票，根据需要也可辅助采用其他票制。

3）铁道部票务中心系统应设置数据库服务器、应用服务器、存储设备、网络设备、网络安全及监控维护管理终端等设备，主要完成客票的发售与预订、席位集中管理、交易实时处理等功能。

4）区域中心应设置网络设备、管理终端及监控终端，完成所辖区域车站级票务系统的网络汇聚，以及售检票业务的管理、票务系统的监控等功能。

5）车站级票务系统应设置服务器、管理终端、自动售票机、窗口售票机、进站自动检票机、出站自动检票机、补票机等设备，主要完成售票、检票、补票、退票、改签等功能。

6）车站售票设备应具备离线售票功能，检票终端应具备通道断电释放、手动释放等紧急疏散功能。

2 售检票终端数量确定原则

1）售检票终端数量的计算应根据站型与规模、候乘空间布局、客流组织模式的不同，采用不同的计算模型及相关参数。

2）售票终端的数量计算应以购票便捷为原则，综合考虑客流量、设备能力、售票建筑空间布局、站内外售票比例、自动售票和窗口售票分担比例等因素。

3）检票终端的数量计算应以适应快速通过为原则，综合考虑客流量、设备能力、检票模式、到发线与站台布局、候乘空间布局等因素。

3 网络设置要求

1）铁道部票务中心、车站局域网主干网络应采用千兆双网结构。

2）广域网互联通道应采用专线。

15.4.3 旅客服务系统设计应符合下列规定：

1 系统设置要求

1）系统由区域中心、车站两级构成。

2）区域中心应设置中心级集成管理平台，主要实现基础数据维护、旅客服务策略的制定及发布，以及对管辖范围内车站旅客服务系统的集中监控及管理。

3）车站应设置车站级集成管理平台，实现对旅客服务各子系统的信息共享及统一管理。根据车站规模及需要，设置综合显示、客运广播、视频监视、查询、时钟、求助、旅客携带物品安全检查设施、小件寄存、站台票等子系统。

2 区域中心级、车站级系统之间宜通过公用数据网互联。

3 设备配置要求

1）大型及以上旅客车站进站集散厅列车运行信息集中显示屏宜采用全彩 LED 显示屏，显示候乘、引导、公告、资讯等信息。

2）大型及以上旅客车站应采用数字广播系统。广播系统的声场设计应与建筑声学设计相结合。

3）视频监视系统摄像机的设置应符合客运服务及公安管理的需求，并应接入综合视频监控系统。

4）车站旅客服务系统各终端应根据车站规模、车站平面布置、旅客流线、功能需求设置，并应结合静态标识统筹考虑。

15.4.4 市场营销策划系统设计应符合下列规定：

1 系统由铁道部、客服区域中心两级构成。

2 铁道部级系统应具有市场调查分析与客流预测、销售策略制定、票价策略制定、开行方案设计、客户关系管理等功能。

3 区域中心级系统应具有管辖范围内的客流统计、分析与预测、营销信息发布等功能，完成数据收集整理并上传至铁道部。

4 市场营销策划系统应设置数据库和数据仓库服务器、应用服务器、存储设备、网络设备、监控维护管理终端等设备。

15.4.5 综合服务平台设计应符合下列规定：

1 综合服务平台应提供呼叫中心系统的语音、短信息及互联网服务业务，为旅客提供查询、咨询、订票、投诉等服务功能。

2 呼叫中心系统采用集中分布式架构，由铁道部、客服区域中心两级构成。

3 区域呼叫中心通过与票务系统、旅客服务系统及路外相关信息系统的互联，完成数据的采集和编辑，并提供区域业务呼叫接入和信息发布服务；铁道部呼叫中心汇总相关业务信息，提供相关的业务呼叫接入和信息发布服务；由铁道部呼叫中心统一设置门户网站。

4 铁道部、客服区域中心、车站可根据业务需要及规模设置人工座席。

15.4.6 客运服务系统与相关系统的互联应符合下列规定：

1 票务系统应在铁道部中心与既有客票发售与预订系统互联。

2 票务系统应在铁道部中心与运营调度系统互联。

3 旅客服务系统应在客服区域中心级与运营调度系统互联。

4 旅客服务系统、市场营销策划系统、综合服务平台应在铁道部及客服区域中心互联。

5 车站级旅客服务系统和票务系统应互联。

15.5 动车组管理信息系统

15.5.1 动车组管理信息系统主要完成动车组运用管理、维修管理、技术管理、配件物流管理、设备管理、安全质量管理、成本管理、统计与分析等功能。

15.5.2 动车组管理信息系统设计应符合下列规定：

1 系统采用铁道部、动车段、动车运用所分级架构。

2 铁道部、动车段、动车运用所应设置数据库服务器、应用服务器、通信服务器、存储设备、各种终端及维护管理工作站等设备。

3 动车段调度室应设置值班调度、行车调度、运用调度、检修调度、运转调度等终端实现对段内动车运行和检修作业的集中调度及监控；在检查库、检修库配置生产调度台、作业监控站等终端，实现分区作业调度与监控。

4 动车运用所调度室应设置计划调度、运转调度、生产调度等终端。

5 在检查库、临修库、检修库、转向架库、轮对踏面诊断间、外皮清洗库、备品备件库等场所，以及边跨范围内各检修车间应设置工位终端，检查库、检修库库内每列位不宜少于3套，车间每工种不应少于1套。

6 轮对踏面诊断设备、不落轮镟车床、转向架更换设备、空心轴探伤设备等自动化检修检测设备的主控台附近应设置以太网接口或其他数据采集接口设备。

7 根据需要，在检查库、检修库等大跨度空间设置无线局域网，检修人员配置无线手持终端。

8 在动车段、动车运用所应配置车载检测数据读取设备。

15.5.3 动车组管理信息系统设备配置应符合下列规定：

1 铁道部、动车段数据库服务器应采用小型机，应用服务器可采用小型机，其他服务器宜采用微机服务器；存储设备应采用基于存储区域网络（SAN）架构的存储系统。

2 动车运用所数据库服务器、应用服务器宜采用微机服务器；存储设备可采用基于直接附加存储（DAS）架构的存储系统。

15.5.4 动车组管理信息系统应采用统一的应用软件，系统软件应采用统一、通用的开放平台。

15.5.5 动车段、动车运用所局域网主干网络应采用千兆网络构架，网络节点间宜采用光纤连接。

15.5.6 动车组管理信息系统与运营调度系统互联，接口宜设在调度所。

15.5.7 在动车段动车组管理信息系统宜设置与调度集中系统（CTC）的接口。

15.6 综合维修管理信息系统

15.6.1 综合维修管理信息系统主要完成对高速铁路线路、桥隧、路基、轨道、通信、信号、供配电等设施设备的维修计划、维修调度、维修作业等管理功能。

15.6.2 综合维修管理信息系统设计应符合下列规定：

1 系统采用铁道部、综合维修基地、综合维修车间、综合工区分级架构。

2 铁道部系统主要完成设施设备改造及大修计划审定管理等功能。

3 综合维修基地系统主要完成基础设施的性能状态检测及维修信息的收集与分析、维修计划编制、维修调度管理、维修作业监控等功能。

4 综合维修车间系统主要完成基础设施检测及维修信息的收集与处理、维修与养护计划编制、维修与养护调度管理、维修作业监控、维修装备管理与备品备件管理等功能。

5 综合工区系统主要完成维修与养护作业监控、实绩数据反馈等功能。

15.6.3 综合维修管理信息系统设备配置应符合下列规定：

1 综合维修基地、综合维修车间应设置数据库服务器、应用服务器、接口服务器、存储设备及网络设备。

2 综合维修基地调度室应设置总调度台、计划调度台、维修调度台等终端，并按工种设置数据分析终端。

3 综合维修基地大型机械检修库边跨及每个台位边、电修计量综合间、大机配件立体仓库等处应设置工位终端；配备自动化检修检测设备车间应配置以太网接口或其他数据采集接口设备。

4 综合维修车间调度室应设置计划调度台、维修调度台等终端；设置供电调度、电务监测、动力环境监控、防灾监控复示终端，并按工种设置数据分析终端；检修间和轨道车棚设置工位终端，按照班组设置管理终端。

5 综合工区可设置网络设备及维修调度台，设置供电调度、电务监测、动力环境监控、防灾安全监控等系统的复示终端，并按照工种设置工位终端，完成维修养护作业单传递、维修养护实绩信息的录入。

15.6.4 综合维修管理信息系统设备配置应符合下列规定：

1 维修基地数据库服务器应采用小型机，应用服务器可采用小型机，接口服务器宜采用微机服务器；存储设备应采用基于存储区域网络（SAN）架构的存储系统。

2 综合维修车间数据库服务器可采用小型机，应用服务器、接口服务器宜采用微机服务器；存储设备可采用基于直接附加存储（DAS）架构的存储系统。

15.6.5 综合维修管理信息系统宜采用统一的应用软件，系统软件应采用统一、通用的开放平台。

15.6.6 维修基地、综合维修车间主干网络应采用千兆网络架构。

15.6.7 综合维修管理信息系统与相关系统的互联应符合下列规定：

1 综合维修管理信息系统与运营调度系统互联，接口宜设在客运专线调度所。

2 综合维修管理信息系统与防灾及安全监控系统互联，接口宜设在综合维修车间。

15.7 其他信息系统及辅助设施

15.7.1 调度所、车站、动车段（所）、综合维修基地、综合维修车间、综合工区等处应设置办公信息系统，系统应按照行政管辖分级架构。

15.7.2 调度所、车站、动车段（所）、综合维修基地等处应设置统计、财务等系统，系统应按照行政管辖分级架构。

15.7.3 高速铁路建设应设置建设项目管理信息系统。

15.7.4 公安处、派出所、乘警队、刑警队等公安机构应设置公安管理信息系统；公安管理信息系统按照铁道部公安局、铁路公安局、铁路公安处、基层所队分级架构；公安管理信息系统应独立组网。

15.7.5 调度所、车站、动车段（所）、综合维修基地、综合维修车间、综合工区等处可设置门禁系统等辅助设施，重点部位应设置周界安全防范设施。

15.8 网络基础平台

15.8.1 网络基础平台根据各信息系统的构架及互联要求完成客运专线信息系统的信息传送，包括广域网和局域网。网络带宽及服务质量应符合各信息系统信息传送的要求。

15.8.2 信息系统的广域网互联应符合下列规定：

1 运营调度系统中的运行调度子系统、供电调度子系统和票务系统、公安管理信息系统应采用专线专网的方式实现系统层级间的广域网互联。

2 相关调度所运营调度系统之间，运营调度系统与票务系统间应采用专线方式实现互联。

3 其他信息系统应采用铁路数据通信网实现系统层级间及与相关系统的广域网互联。

15.8.3 信息系统的局域网设计应符合下列规定：

1 运营调度系统、票务系统局域网主干网络应采用千兆双网结构，各系统构成独立的网段。

2 公安管理信息系统局域网主干网络可采用千兆双网构成独立网段。

3 其他信息系统可共用局域网段；调度所、动车段、综合维修基地、综合维修车间局域网主干网络可采用千兆双网结构，动车运用所、综合维修工区、车站局域网主干网络可采用千兆网络。

15.9 信息共享平台

15.9.1 信息共享平台应利用统一、规范的共享机制、接口和协议，实现运输组织、客运营销、经营管理领域信息系统的互联互通及信息共享。

15.9.2 在调度所、区域中心等宜设置信息共享平台，实现数据库级和应用级共享。在信息共享平台中根据需要部署公用基础编码、运输基础信息、铁路空间信息等公用基础信息。

15.9.3 在站段级根据需要可设置信息共享平台，实现相关系统及内部各个子系统间的信息共享。

15.10 信 息 安 全

15.10.1 高速铁路信息系统应按国家、铁路有关信息系统安全等级划分和安全保护措施的要求进行安全设计。

15.10.2 高速铁路信息系统安全设计应包括环境安全、数据安全、网络与系统安全等方面，并应符合下列规定：

1 环境安全应保护信息系统中的设备实体和通信链路免受入侵和破坏，包括机房位置与布局、机房出入控制、入侵报警、管线安全防护等设计。

2 数据安全应包括系统数据存储、本地数据备份、异地数据备份等设计。

3 网络与系统安全包括访问控制及病毒防范，访问控制用于防范网络入侵攻击，包括防火墙、网闸、入侵检测、加密、身份认证等设计；病毒防范应在各级信息系统分别部署网络防病毒系统，病毒库的更新应按照信息系统业务管理归属统一更新与分发。

15.11 机房、电源、防雷与接地

15.11.1 铁道部调度中心、票务中心及调度所信息设备机房标准应达到《电子信息系统机房设计规范》（GB 50174）规定的 A 级标准；动车段、综合维修基地、大型客站信息设备主机房应达到 B 级标准；其他站段级信息设备机房标准应达到 C 级标准。

15.11.2 各信息系统宜合设机房。

15.11.3 机房装修、空调、电源、监控、管线等配套设施应采用集成化设计。

15.11.4 信息系统关键设备应配置不间断电源，备用时间可根据设备用途与外部电源条件确定。

15.11.5 信息系统电源系统及室外通信线路应进行防雷设计。

15.11.6 信息系统防雷及接地应符合现行国家标准《建筑物电子信息系统防雷技术规范》GB 50343 及铁路防雷、电磁兼容及接地工程有关技术标准的规定。

15.12 接 口 设 计

15.12.1 互联信息系统之间接口设计应符合各个信息系统的独立性与安全性要求，应尽量采用接口服务器、协议转换设备等专用接口设备。

15.12.2 集成信息系统内接口设计在符合各个信息系统的独立性的前提下，应尽量采用开放性的接口类型与接口规约。

15.12.3 信息系统与其他专业接口设计应符合下列规定：

1 向房建专业提出信息系统房屋需求，包括机房布局、装修要求，安装件、管槽

预留预埋要求，结构荷载要求、综合管线等，应满足信息系统设备对机房标准的要求。

2 向电力专业提出信息设备用电负荷等级、负荷容量、接地等要求。

3 向暖通专业提出信息设备环境及消防设施等设计要求。

4 向通信专业提出信息系统通道要求，包括通道类型、通道组网要求等；提出信息设备机房的环境监控要求。

5 向站场专业提出站场管槽设置要求。

16　防灾安全监控

16.1　一般规定

16.1.1　防灾安全监控系统是风、雨、雪监测以及地震、异物侵限监控等子系统的集成系统，具体工程应根据高速铁路沿线的气象、地质条件以及线路环境、运营速度，选用相应的监控系统，合理构建高速铁路防灾安全监控系统。

16.1.2　防灾安全监控系统设备应布设于铁路用地界内，现场监控设备的安装不得侵入高速铁路的建筑限界。

16.1.3　防灾安全监控系统由现场监控设备、监控数据处理设备和调度所设备等组成。

现场监控设备应包含现场监测传感器、监控单元等。监控单元设备宜设于邻近的通信机房或信息机房。

监控数据处理设备应包含服务器、维护终端、网络设备、电源设备等，可设于综合维修车间所在的车站内。

调度所设备由防灾安全监控终端、通信接口设备等组成。

16.1.4　防灾安全监控系统现场设备应符合无人值守的要求。系统设备具有较完善的故障自诊断和维护功能。

16.1.5　防灾安全监控系统应具备与灾害资料数据库的接口条件。

16.1.6　防灾安全监控系统应具备与国家气象、地震部门的接口条件。

16.1.7　根据现场实际情况，防灾安全监控系统设备应接入综合接地系统或牵引变电系统接地网或建筑物共用接地系统。

16.1.8　防灾安全监控系统的主要硬件设备宜按双套冗余配置。现场监控设备的选用以寿命长、稳定可靠、少维护并且维修简便、低成本为原则。

16.2　风　监　测

16.2.1　极大风速值超过 15 m/s 的地区应设置风速风向监测点。

16.2.2　山区垭口、峡谷、河谷等区段，风速风向监测点的平均间距 1 ~ 5 km；桥梁、高路堤等区段，风速风向监测点的平均间距 5 ~ 10 km。

16.2.3　风速风向监测点装设风速风向计，风速风向计的设置应符合下列规定：

1　每个监控点按双套配置风速风向计；风速风向计具备气压、气温等参数的监测功能。

2　风速风向计应设于接触网支柱上，安装高度距轨面 4 m。

3　风速风向计的安装位置应避免周围构筑物对监测数据的影响。

16.3　雨　监　测

16.3.1　年降水量大于 200 mm 地区应设置雨量监测点。

16.3.2　连续路基区段，有砟轨道线路，雨量监测点的布设间距一般为 15 ~ 20 km；无砟轨道线路，雨量监测点的布设间距一般为 20 ~ 25 km。根据沿线地形、地貌以及地质、植被等情况，合理调整雨量监测点的设置。

位于高路堤、高路堑地段、隧道口等特殊地段应重点考虑并根据需要增设雨量监测点。

16.3.3　雨量监测点装设雨量计，雨量计的设置应符合下列规定：

1　每个监测点按单套配置雨量计。

2　雨量计应安装在无遮掩、宽敞的场所，宜与风速风向计同处设置。

16.4　雪　监　测

16.4.1　降雪频繁地区，10 年最大积雪深度 36 cm 以上地段应设置雪量监测点。

16.4.2　雪量监测点的设置原则上按 50 km 设置一处，一般设置于车站内、综合维修车间、工区等处所。

雪量监测点应装设雪量监测仪，雪量监测仪应安装在无遮掩、宽敞的场所。

16.4.3　雪量监测仪应按单套配置。

16.5　地 震 监 控

16.5.1　沿线地震动峰值加速度大于等于 0.1 g 的地区应设置地震监控点，地震监控点应具有 S 波监控功能，有条件时宜具备 P 波预警功能。

16.5.2　地震监控点根据需要可设置于牵引变电所、AT 所、分区所等处所，设置间隔宜为 20 km，地震监控点应装设地震仪。

16.5.3　地震监控点地震仪宜按两台设置，间隔宜为 40 m。

16.6　异物侵限监控

16.6.1　公路跨越本线的公跨铁桥梁以及可能存在危险的隧道口、公铁并行地段等地点应设置异物侵限监控装置。

16.6.2　异物侵限监控子系统监测侵入铁路限界的异物，触发列控系统使列车自动停车。

16.7　电　源

16.7.1　防灾安全监控系统设备用电按一级负荷供电。

16.7.2　监控数据处理设备应设置双套不间断电源（UPS）。UPS 供电时间不应小于

30 min。

16.7.3 监控单元设备采用 UPS 供电，供电时间不小于 2 h。

16.8 接口设计

16.8.1 防灾安全监控系统与调度集中系统（CTC）、运营调度系统、综合维修管理信息系统以及国家气象、地震部门等的通信接口，采用以太网接口、TCP/IP 协议。

16.8.2 防灾安全监控系统与铁路时间同步网二级母钟设备的接口采用 NTP 协议。

16.8.3 防灾安全监控系统与列控系统的接口，采用 AX 型继电器接口并符合故障 - 安全原则。

16.8.4 防灾安全监控系统与牵引供电系统的接口，采用继电接口电路。

16.8.5 桥梁专业在公跨铁立交桥上设计预留异物侵限监控装置的安装接口；隧道、线路等相关专业根据现场危险程度分别提出需要设置异物侵限监控装置的隧道口、公铁并行地段地点，并预留异物侵限监控装置的安装接口。

17 动车组设备

17.1 一 般 规 定

17.1.1 动车组运用检修设备应按动力分散式动车组设计。动车组检修修程宜分为一、二、三、四、五级。动车组检修周期应按配置车型确定。

17.1.2 动车组设备设置应符合下列规定:

1 动车组设备设置应符合铁路网规划,贯彻集中检修、分散存放的原则,符合动车组“快速检修、安全可靠、高效运营”的检修运营要求。

2 动车组检查设施应以符合动车段(所)配属的主型动车组检查、整备作业要求为主,兼顾其他车型作业,实现对动车组的快速检查,提高动车组周转与使用效率。动车组检修设施宜采用状态修与定期修相结合的检修制度,检修方式以换件修为主,主要零部件采用专业修、集中修。

17.1.3 动车段(所、场)规模应根据列车对数、列车编组、管辖范围内配属动车组数量、检修周期和检修时间计算确定。

17.1.4 动车段(所、场)应按下列工作范围设计:

1 动车段:配属动车组,承担动车组的一二级修和三级及以上修程、临修作业以及整备(含客运整备)和存放任务。

2 动车运用所:承担所在客运站始发、终到动车组的客运整备、一二级修、临修和存放作业。

3 动车存车场:承担动车组的存放,根据需要可设置整备(含客运整备)设备。

17.1.5 动车段(所、场)的选址应符合下列规定:

1 动车段(所、场)宜靠近始发终到动车组较多的客运站设置,采用与车站顺列式的布局。动车组出入段(所、场)对车站作业干扰最少,并应适应站型和运输发展的需要,出入段线与正线宜采用立体交叉。

2 动车段(所、场)宜避开工程地质和水文地质不良的地段,应有良好的排水条件。

17.1.6 动车段(所、场)产生的废弃物和噪声应进行综合治理,并符合国家和地方现行有关环境保护标准的规定。

17.2 总平面布置

17.2.1 动车段(所、场)总平面布置应符合下列规定:

1 总平面布置应按远期规模一次规划,检修库、厂房组合、建筑物和其他设备等可按近期规模实施。

2 总平面布置应根据生产工艺、环保、防火、卫生、通风、采光等方面的要求,结合地形、地质、水文、气象等自然条件，布置段（所、场）内建筑物、线群、道路、管线及绿化设施，并预留发展条件。

3 动车段（所）宜采用纵列式布置，存车场和存车规模在10组以下的运用所或受地形条件限制时，可采用横列式布置。

4 动车段（所、场）股道应采用自动化集中控制管理。

5 动车组检修、检查作业宜分线。检查应采用定位作业，检修可采用定位或流水作业。

6 动车段（所、场）内道路应设置汽车回转场地。

17.2.2 动车段（所、场）内线路配置应符合下列规定：

1 动车段应配置出入段线、走行线、牵出线、存车线、车体外皮清洗线、轮对踏面诊断线、检查库线、检修库线、不落轮镟轮线、临修线，根据需要可设材料运输线、静调调试线、动态试验线、卸污线、解编线。

2 动车运用所应配置出入段线、走行线、存车线、车体外皮清洗线、轮对踏面诊断线、检查库线、不落轮镟轮线、临修线、卸污线。卸污线宜与检查库线或整备线合设。

3 动车存车场应配置出入段线、走行线、存车线，根据需要可设置卸污线、客运整备线，卸污线与客运整备线应合并设置。

17.2.3 动车段（所、场）内线路应符合下列规定：

1 动车段出入段线不应少于2条；当衔接多个车站时，应分别检算通往各车站的出入段线数量。动车运用所、存车场宜设2条出入段线，存车规模小于或等于10套动车组时，可设1条出入段线。

2 存车线数量根据动车组周转图确定，段（所）内检查库线数量应计入存车线数量。

存车线有效长应符合存放整列动车组长度加安全距离的要求。

存车线线间距有作业时不应小于4.6 m，无作业且符合信号机设置要求时应为4.2 m，设有接触网立柱或灯桥柱的存车线线间距不应小于6.5 m，整备线线间距不应小于6.0 m。

存车线上方应挂接触网，并应设照明设施和消防设施。

3 车体外皮清洗线宜采用贯通式布置。当采用固定式布置时，清洗装置两端股道有效长度应符合各停放一列动车组的要求。当场地受限制时，可采用移动式清洗设备。

4 轮对踏面诊断装置两端股道宜设置一节车长的直线段。

5 卸污线应根据作业需要设置，亦可与检查库线或整备线合设。

6 临修库线、不落轮镟库线可采用贯通式或尽头式布置，有效长应按2列车长加库长设置，其中直线段长度应为库长加库前后各1节车体长度。

17.2.4 动车段应设置静态调试线和动态试验线，并符合下列规定：

1 静态调试线长度应符合整列车静止调试停放需要。

2 动态试验线宜为平道，其长度应根据动车组性能、加速及制动距离、技术参数以及试验要求综合确定，并采取封闭措施。

3 动态试验线应配备列控车载设备测试及试验的地面设备。

17.2.5 动车段（所、场）内检修（检查）库线、整备线、存放线应为平道。

17.2.6 动车段（所、场）内线路，最小曲线半径不宜小于250 m；长时间停留动车组的线路，曲线半径不应小于400 m。线路信号及道岔应采用自动化集中控制管理。

17.3 运用整备设施

17.3.1 动车组运用设施应按存车、整备、一二级修、临修、镟轮要求设计。

17.3.2 动车组整备、一二级修设施应按下列工作范围进行设计：

1 动车组走行部、制动系统、受电弓、电气系统、空调系统、列控装置、列车网络控制系统的检查及检修。

2 车载运行信息的采集、转储及处理，润滑油脂补充，上水排水，车厢内部清洁及消耗品补充，厕所污物排放及处理，车体外皮清洗，车内垃圾收集及转运等。

3 根据需要，可配置上砂和餐饮补给作业设备。

17.3.3 动车运用所应设置检查库及辅助车间（包括检测设备、电器备品、电子元件备品、车内设备备品、制动设备备品存放间、客运整备间等）、临修库、不落轮镟轮库、车体外皮清洗设备、轮对踏面诊断设备、受电弓动态检测设备、存车线等。

17.3.4 检查库设计应符合下列规定：

1 检查库长度应根据动车组长度、检修工艺流程、运输通道宽度、厂房组合情况和建筑、结构设计要求等因素确定。1 线 2 列位短编组动车组（1 线 1 列位长编组）检查库长度宜为468 m，1 线 1 列位短编组动车组检查库长度宜为 246 m。

2 检查库高度应根据检修作业人员在车顶作业高度加安全距离及接触网导线高度综合确定，屋架下弦高程宜采用 7.8 m。

3 检查库宽度应根据库线数量、线间距、检查作业时作业场地、设备尺寸、人行及运输通道等计算确定，检查库线间距宜为 7.0～8.0 m，股道中心距车库侧墙距离宜为 4.0～5.5 m。

4 检查库库前直线段长度不宜小于 20 m。

17.3.5 检查库设备设计应符合下列规定：

1 检查库前应设置接触网分段绝缘器、带接地的隔离开关，库内应设与隔离开关联锁的声光警示装置。检查库采用 1 线 2 列位布置形式时，两列位之间亦应设置接触网分段绝缘器。

2 库内股道宜采用轨道桥布置形式，并设检查地沟，库内设立体检查作业平台及作业人员安全防护设施，中层作业平台通过台处设置盥洗设施并与库内给排水系统连通，满足动车组车内整备作业要求，平台下、地沟内应设照明设备。

3 库内各作业点应设信息化系统终端设备和接口。

4 库内应设压缩空气管、给水排水管、卸污管、电源线等管线。管线应整齐、美观、标识清楚、便于维护。

5 库内应设置安全监控系统及轮辐轮辋探伤设备，其数据应纳入动车组管理信息系统。

6 库内根据需要可设置动车组地面测试用电源。

17.3.6 检查库辅助车间宜在检查库边跨内集中设置，配备走行部检测设备、轮对及轮轴探伤设备、零部件立体存储设备、受电弓检测设备、空调检测设备、制动系统检测设备、行车安全装置检测设备等。

17.3.7 临修库设计应符合下列规定：

1 临修库的长度宜按完成单节车临修作业时能符合更换单个转向架及一辆车体作业需要确定；临修库宽度及高度应根据检修工艺、动车组限界、运输作业通道、车顶作业需要、起重机结构尺寸等因素计算确定。接触网引入库内时，还应考虑接触网高度加安全距离。

2 临修库应配备转向架（轮对）更换设备、起重设备，库内应有备用转向架及大部件存放位置。

3 临修线上方可设置活动式刚性接触网侧移及控制设备，该设备应与库内起重设备联锁。

4 库内宜设与单节车长度等长的作业平台。

5 接触网引入库内时，库内应设置安全监控系统，其数据应纳入段（所）信息系统。

17.3.8 不落轮镟轮库应符合下列规定：

1 库内应设置不落轮镟轮设备及牵车定位装置；作业量大时，宜设置双轴不落轮镟床。

2 不落轮镟轮设备基础前后宜各设一节车长度的整体道床。

3 不落轮镟床与轮对踏面诊断装置间应设数据传输通道。

17.3.9 车体外皮清洗设备应设置清洗水处理及循环使用系统。严寒地区或寒冷地区车体外皮清洗设备可设带烘干装置的清洗库。

17.3.10 轮对踏面诊断设备应采用贯通式布置，轮对踏面诊断数据应通过运用检修管理信息系统输送至不落轮镟库，轮对踏面诊断设备宜与受电弓动态检测设备合设在一处。

17.3.11 动车段（所）应设置固定式地面卸污系统，宜与客运整备设施及一二级检查设备设置在同一地点；存车场宜设置移动式卸污设施。

17.3.12 动车组存车线应设视频监控装置、照明、消防设施，必要时设置动车组外接电源。

17.4 检修设施

17.4.1 动车组检修设施应根据动车组三、四、五级检修及走行部、制动系统、受电弓、电气系统、空调系统、车钩连接装置、电机及传动装置、高低压电器、车内设备、车体、车载网络系统、门窗机构、控制系统等检修要求设计。

17.4.2 动车段检修厂房应包括检修库、转向架（轮对、轴承轴箱、构架等）检修库、车体检修库、车体油漆库、调试（整备）库、部件检修库等。

检修厂房应集中布置，主要检修库宜联跨布置，工艺关系密切的生产车间宜布置在检修库边跨内。检修厂房组合应确保工艺顺畅合理，流程最短，并应考虑供热、供风、供水、供电、供汽等管网设计的合理性。

17.4.3 动车组检修作业可采用定位修或流水修。检修库设计应符合下列要求：

1 检修库长度应根据动车组长度、检修工艺流程、运输通道宽度、厂房组合情况和建筑、结构设计要求等因素确定。

2 检修库宽度应根据库线数量、线间距、检查作业时作业场地、设备尺寸、人行及运输通道、起重量要求及起重设备跨度等计算确定，其中，线间距宜为 10 ~ 12 m，库内外侧股道中心距离库侧墙轴线宜为 5.0 ~6.5 m。

3 检修库高度应根据检修工艺、动车组限界、车顶作业、起重机结构尺寸等因素综合确定，接触网引入库内时，还应考虑接触网高度加安全距离，库内起重机走行轨顶高程宜为 8.4 ~10.2 m，库内地面宜与轨顶等高。

4 库内管线应整齐、美观、标识清楚、便于维护。

5 库内应设信息化系统设备终端及接口。

6 库前直线段长度不宜小于 20 m。

17.4.4 承担动车组三级检修作业的检修库除应符合本规范第 17.4.3 条规定外，尚应符合下列规定：

1 库内应设同步架车机、转向架转盘、起重设备，根据检修需要设置作业平台及地面试验电源。

2 库内宜设置活动式刚性接触网侧移设备及安全监控系统。

3 库内或库外宜设通过式轮重检测设备。

17.4.5 承担动车组四、五级检修作业的检修库除应符合本规范第 17.4.3 条规定外，尚应符合下列要求：

1 库内应设置车体分解、组装台位，并配套检查作业平台或地沟。

2 库内应设车体移动设备、转向架及大部件的拆装设备、起重设备、车体气密性试验设备。

3 库内宜设静态轮重检测设备。

17.4.6 转向架检修库应符合下列规定：

1 检修库规模应根据转向架检修任务量、作业方式和检修时间计算确定。作业量大时，宜采用流水线检修方式。

2 库内应设有转向架分解、组装、试验设备，并配备轮对、轮轴、轴箱、构架等零部件的清洁、检修、探伤、油漆、试验和起重运输设备。

3 轮对、轮轴等的存储宜采用立体存储方式。

4 转向架检修库宜靠近检修库布置，两库间转向架的运输宜采用轨道运输方式。

17.4.7 车体检修库应符合下列规定：

1 车体检修库规模应根据检修工作量、检修工艺和检修时间计算确定。

2 车体检修库应配备符合车体部件的分解、检修、组装、试验作业需要的设备，包括车体及部件运输设备。

17.4.8 车体油漆库应采用有利于降低污染的先进喷漆工艺，油漆库规模应根据车体检修作业量确定，作业量大时宜采用流水作业方式。库内设备应按防爆要求配置。

17.4.9 动车段应设置调试（整备）库，库内应配备轨道桥、作业平台、地面调试电源、安全监控系统、动车组功能试验设备。调试线上宜配备轮重检测设备。

17.4.10 动车组部件可采用本段修理和委托修理相结合的检修方式。采用本段修理方式时，应设置部件检修库，部件检修库宜靠近检修库布置，并配备相应检修设备；采用委托修理方式时，可在动车段设置作业场地。

17.5 其　　他

17.5.1 动车组运用检修管理信息系统设计应符合本规范第 15.5 节的规定。

17.5.2 动车段（所）应根据检修工作量设置材料备品贮存设施。

17.5.3 动车段（所、场）内生产、生活、采暖等用气（汽）宜集中供应，并应设置变配电设施。

17.5.4 动车组救援设备应根据路网规划统一设置。

17.5.5 动车段（所、场）应设置消防设施、污水处理设施和垃圾收集贮运设施。

17.5.6 动车段应配备对乘务员、检修作业人员进行培训的设施。

17.5.7 动车段根据需要设置蓄电池充电及存放间、危险品库等房屋。

18 综合维修

18.1 一般规定

18.1.1 高速铁路应建立固定设施的综合维修体系，承担线路、轨道、路基、桥涵、隧道、牵引供电、电力、通信、信号等设施的维修。综合维修应贯彻“强化检测，预防为主，防治结合”的方针，积极采用先进的检测、监测技术和维修手段。

18.1.2 根据运营状态和管理目标，高速铁路固定设施的维修应包括日常保养、预防性维修和矫正性维修。

18.1.3 综合维修应按在天窗时间内统一安排进行设计。

18.1.4 综合维修设施可由维修基地、综合维修车间及综合工区等组成，其布局及规模应结合路网规划统一设置。

18.1.5 高速铁路应建立综合维修管理信息系统。系统应具有固定设施检测、监测和维修的信息数据采集和分析处理、养护维修计划制定及作业调度等功能，实现维修管理的数字化、信息化。综合维修管理信息系统设计应符合本规范第15.6节的规定。

18.2 检 测

18.2.1 高速铁路可根据本线条件采用动态检测、静态检测、巡检等检测方式。检测以动态检测为主，动、静态检测相结合。

18.2.2 轨道、接触网、通信、信号等设施应采用综合检测列车进行检测。

18.2.3 基础设施应利用铁路精密工程测量控制网进行静态检测。

18.2.4 维修基地应配置综合检测列车、钢轨探伤车、轨道检测车、接触网检测车等。

18.2.5 综合工区宜配置轨道状态确认车、钢轨探伤仪、轨道状态检测小车、接触网几何参数测量仪、接触网磨耗测量仪等设备。

18.2.6 根据机械化巡检设备的作业效率、频度，综合维修车间或综合工区宜配置巡检设备。

18.2.7 维修基地、综合维修车间应设置检测车辆停放线、整备线。

18.3 维 修

18.3.1 综合维修设施宜按照“专业修、机械修、集中修”进行设计，并应符合下列规定：

1 维修基地、综合维修车间、综合工区选址应靠近车站，避开工程地质和水文地质不良地段，并应有良好的排水条件。

2 总平面布置应根据生产工艺、环境保护、消防、卫生、通风、采光等要求，结合地形、地质、水文、气象等自然条件，因地制宜布置建筑物、线路、道路、管线及绿化设施。

18.3.2 维修基地设计应符合下列规定：

1 维修基地应具有固定设施的大中修功能，大型养路机械及其他维修设备的整备、检修功能，零配件储备及配送功能，信息管理功能等。

2 维修基地应设置于高速铁路路网区域中心所在地。

3 维修基地总平面布置应确保工艺流程顺畅，避免流程交叉，相互干扰。在节约用地的前提下，近远期结合，预留发展条件。

4 维修基地规模应根据管内固定设施的类型、数量、检修周期和时间，以及配属维修车辆类型、数量等计算确定。

5 大型养路机械、轨道车辆、接触网作业车辆的配备应根据管内线路类型、管内供电设备类型、维修作业内容、作业量、维修周期、机械作业能力、维修“天窗”等因素综合确定。

6 维修基地应根据配备的机械类型、修制、修程、检修内容、工艺及工作量等配置相应的检修厂房、辅助生产房屋（如办公楼、料库等）及检修、检测试验设备等。

7 维修基地线路设置应符合下列规定：

1）维修基地内应设置出入段线、走行线、整备线、停放线、检修线、转向线、标定线、试验线、牵出线、材料装卸线等。

2）基地内维修车辆整备、停放、检修线数量应根据维修车辆检修、停放需要确定。

3）室外线间距不宜小于5.0 m；困难条件下，不宜小于4.2 m，曲线处线间距不宜小于4.6 m；有整备作业或试验线路的股道线间距不宜小于6.5 m。

4）维修基地线路应设为平道。困难情况下，室外车辆停放线坡度不应大于1‰。

5）维修基地内宜单独设置大型养路机械试验线、钢轨探伤车试验线和接触网作业车辆试验线。

大型养路机械试验线应设置S曲线及300 m直线段；钢轨探伤车试验线的设置应根据车组性能、加速及制动距离和试验要求综合确定，配备符合测试及试验要求的地面设备、标准伤损钢轨等。

6）维修基地内线路最小曲线半径不应小于300 m；道岔应集中控制。

18.3.3 综合维修车间设计应符合下列规定：

1 综合维修车间应按承担管内固定设施的日常管理和维修作业组织、物资的存储和调配，配合线路维修机组、大修机组的作业，承担保养维修后的质量验收管理，组织紧急抢修，电气设备的绝缘试验，管内转辙机的入所修等工作范围进行设计。

2 综合维修车间管辖单线的线路正线长度宜为150～250 km，总正线长度宜为600～1 000 km。

3 综合维修车间应设在所辖线路的中心地段、大型车站所在地，管理范围应兼顾区域内其他线路。

4 综合维修车间规模应根据管内固定设施的类型、数量、检修周期和时间，以及配属维修车辆计算确定。

5 综合维修车间总平面布置应有利于检修作业，工艺流程顺畅，避免流程交叉和相互干扰。

6　综合维修车间应设置综合维修信息管理系统，承担管内固定设施检测及维修信息的收集、处理、存储和转发。

7　综合维修车间应根据固定设施检修需要配置相应专业设备。

8　综合维修车间线路设置应符合下列规定：

1）综合维修车间内宜设置出入段线、走行线、停放线、材料装卸线等。

2）停放线的数量应根据维修车辆整备、保养、停放需要确定，有效长应满足存放整列维修机组长度加 10 m 安全距离的要求。

3）室外线间距不宜小于5.0 m。困难条件下不宜小于4.2 m，曲线处线间距不宜小于4.6 m；有整备作业的股道线间距不宜小于6.5 m；综合维修车间线路应设为平道。困难情况下，室外车辆停放线坡度可设为1‰。

4）综合维修车间内线路最小曲线半径不应小于 300 m。

9　装卸线侧的材料场地应考虑高速道岔存放和运输条件，应适当设置轨道和弓网备料的存放场地；以及考虑设置相关专业材料、仪器、仪表和机具等的存放料库。

10　应充分利用既有设施存储材料。

18.3.4　综合工区设计应符合下列规定：

1　综合工区应按承担管内固定设施的日常巡检与保养、临时补修和小型抢修等作业，配合大型养路机械完成线路的维修作业等进行设计。

2　综合工区应设在管内配套设施相对较为完善的车站。在动车段、动车运用所内可设置其下属的专业维修作业部门，配置相应的房屋、人员和机具。

3　综合工区应配备工务作业车或轨道车、接触网作业车等轨道车辆和汽车；配备养护、临修作业所需的专用工具及设备。根据需要可配置备品备件。

4　综合工区应设置综合维修信息管理系统终端，承担管内固定设施静态检测及监测信息的采集、上传工作。

5　综合工区线路设置应符合下列规定：

1）综合工区应根据管内线路轨道类型、数量，配置相应的大型养路机械及附属车辆的停放线、轨道车辆停放线、接触网作业车（包括作业车、水冲洗车）停放线以及材料装卸线。

2）大型养路机械停放线、轨道车辆停放线数量应根据维修车辆保养、停放需要确定。大型养路机械停放线长度，有砟轨道线路区段应根据维修机组及其附属车辆的停放长度确定，无砟轨道线路区段应根据钢轨打磨列车的停放长度确定，停放线有效长应按存放整列维修机组长度加 10 m 安全距离确定。

3）室外线间距不宜小于5.0 m。困难条件下，不宜小于4.2 m。有整备作业的股道线间距不宜小于6.5 m。

4）综合工区内线路应设为平道，困难情况下，室外车辆停放线坡度可设为1‰。

5）综合工区内线路最小曲线半径不应小于 300 m。

6　综合工区应根据检测、养护机具设备的类型、数量等，配置相应机具库、轨道车库、综合楼等生产房屋，并应考虑材料的存放及运输场地和条件。工区宜按管内轨道的备料要求以及一个锚段的弓网备料率设置存放场地及条件。

7　大型养路机械停放线宜设置维修车辆供水、供电设施。

18.3.5 综合维修设计除应符合本规范第18.3.1～18.3.4条规定外，尚应符合下列规定：

1 接触网作业工班的设置，应根据抢修人员在30 min内能够到达故障地点的要求确定。

2 接触网抢修车设置间隔宜按在90 min到达事故地点的要求确定。

3 沿线大型养路机械及轨道车辆停放线应设于综合工区内。当相邻综合工区距离大于80 km时，宜在其间车站设停放线。

4 未设置综合工区的车站，宜设置保养房屋，并宜与车站站房统筹考虑。

18.4 接口设计

18.4.1 综合维修应考虑线路、轨道、路基、桥梁、隧道、牵引供电、接触网、防灾安全监控、综合接地、声屏障、暖通、给水排水、综合调度、信息化、通信、信号等专业的接口设计，并应协调高速铁路基础设施维修基地与既有维修相关部门的接口设计。

18.4.2 综合维修与通信、信号、信息接口设计应符合下列规定：

1 综合维修各级机构维修基地、综合维修车间、综合工区应设置维修调度的终端，接收调度所综合维修调度发出的维修命令、发生灾害或重大事故时下达的应急抢修命令。

2 维修基地、综合维修车间、综合工区应设置综合维修管理信息子系统，对综合维修计算机过程管理，提出检测、监测以及维修作业对通信联络、信息传递职能要求，由通信专业提供信道。

3 维修调度、信号的设置、关联方式应满足综合维修区间作业安全防护通道、设施条件要求。

18.4.3 综合维修与防灾安全监控专业接口设计应符合下列规定：
防灾安全监控系统对与高速铁路运行安全密切相关设备、设施进行监测，并对综合维修开放接口，由综合维修相应机构接收其信息，分析设施的趋势变化，根据调度命令采取对应措施。

18.4.4 综合维修与线路、轨道、桥梁、隧道接口设计应符合下列规定：

1 根据轨道结构形式，按照有砟和无砟轨道的规模和沿线分布情况，设置维修设施并进行设备配置。

2 根据养护维修需要，线路、桥梁、隧道等专业综合设置维修道路、出入口。

3 综合维修根据桥梁结构形式、监测及检查要求，提出设置墩台、梁体检查、维修通道。

4 根据隧道情况、结合逃生通道的设置，提出隧道内设置隧道检查、维修通道的要求。

19 给水排水

19.1 一般规定

19.1.1 动车段（所）宜设旅客列车给水和卸污设施。车站正线与到发线之间不应设置旅客列车给水和卸污设施。

19.1.2 给水排水管道穿越铁路时宜集中布置垂直通过，并应设防护涵洞。防护涵洞应与主体工程统筹考虑。

19.1.3 给水排水管道的设计宜与站区综合管沟、排洪涵、交通涵统筹考虑。

19.1.4 车站给水排水设备应采用集中监控。

19.2 给 水

19.2.1 旅客列车给水站宜设在大型及以上车站、有动车段（所）的车站及有始发终到旅客列车的车站。

19.2.2 生产用水量、水质应根据生产工艺、设备用水要求确定，并宜采用循环用水、一水多用和回用水。

19.2.3 水源设计应符合下列规定：

1 铁路给水水源宜采用城镇自来水，并应根据其水质、水量、水压和供水保证程度设置加压、贮水和水处理设备。

2 自建水源时应按国家要求进行水资源论证。生活饮用水水源卫生防护应符合现行环境保护行业标准《饮用水水源保护区划分技术规范》（HJ/T 338）的相关规定。供水水质应符合现行国家标准《生活饮用水卫生标准》（GB 5749）的相关规定。

19.2.4 特大型、大型旅客车站宜设直饮水系统，其设计应符合现行城乡建设行业标准《管道直饮水系统技术规程》（CJJ 110）的有关规定。

19.2.5 旅客列车给水栓设置应符合下列规定：

1 旅客列车给水栓宜按一井单栓设置。

2 旅客列车给水栓栓室间距宜为 20～25 m。

3 旅客列车给水栓宜采用上水软管自动回卷装置，严寒和寒冷地区应有防冻措施。

19.3 排 水

19.3.1 旅客列车卸污站（点）的设置应符合铁路路网规划，合理布局。

19.3.2 车站、动车段（所）内的卸污量应根据旅客列车的污物箱容积及其数量计算确定。其他生产排水量也应根据生产工艺特点确定。

19.3.3 旅客列车在库内卸污时，宜采用固定式卸污方式；在车站和库外卸污时，可采用固定式或移动式卸污方式。采用固定式真空卸污方式时，宜配置不少于2辆备用卸污车；采用固定式重力卸污方式时，可不配置卸污车。

19.3.4 固定式真空卸污系统设计应符合下列规定：

1 真空卸污系统卸污能力应符合旅客列车最大编组、整备时间或停站时间和日整备列车数量的要求。

2 卸污单元布置间距应符合整备不同车型的要求。

3 卸污管道设置应符合下列规定：

1）真空卸污干管可铺设在工作平台下、检修地沟内或线路间，其长度应符合最大编组列车的卸污要求。

2）卸污干管管径不应小于*DN*100 mm。

3）卸污管道应向下坡向真空站，其坡度不宜小于1‰。

4 真空机组应有备用能力，并应保证其中一台故障检修时仍能符合系统真空度的要求。

5 设有真空污物贮罐的真空泵机组设备房屋宜设除臭设施。

19.3.5 固定式重力卸污系统的干管管径应计算确定，但不应小于*DN*300 mm。管道坡度不应小于5‰，并应有防淤、清淤、通气措施。

19.3.6 采用移动式卸污方式时，卸污车数量应根据同时整备动车组数量及卸污时间计算确定。

19.3.7 卸污单元应与旅客列车给水栓分开设置，其净距不宜小于2 m，并应设置明显的标志。寒冷和严寒地区的卸污设备应有防冻措施。

19.3.8 旅客列车卸污污水和生产污水应进行处理，处理后的污水应达到现行国家及地方排放标准的相关规定。

19.4 接口设计

19.4.1 当给水排水管道穿越铁路线路时，应向桥梁专业提供防护涵洞的设置要求。

19.4.2 当给水排水管道在站区平行铁路线路设置时，应向站场、桥梁、建筑专业提供给水排水管道布置、旅客列车给水栓及卸污单元等设施预留孔洞的设置要求。

20 房屋建筑

20.1 一般规定

20.1.1 房屋建筑设计应采用安全、节能和符合环境保护要求的先进技术，并符合经济、适用、美观的要求，并根据铁路运输生产需要合理、合并布置。

20.1.2 房屋建筑设计除应符合建筑形式和功能要求外，还应符合结构技术先进、形式合理的要求，并符合现行国家标准《建筑抗震设计规范》（GB 50011）的相关规定。

20.1.3 房屋建筑节能设计应符合现行国家标准《公共建筑节能设计标准》（GB 50189）和现行《铁路工程节能设计规范》（TB 10016）的相关规定。

20.1.4 旅客车站广场流线应符合安全、快捷的要求，采用人车分流的布局模式，并应与站房的布局模式相匹配。

20.1.5 客车站布局应符合城镇发展和运输要求，并根据当地经济、交通发展条件，合理确定建筑规模。

20.1.6 旅客车站建筑应根据高速铁路线路形式、场地条件、管理模式等特点合理确定建筑形式。

20.1.7 旅客车站建筑设计应符合现行国家标准《铁路旅客车站建筑设计》GB 50226，现行《铁路旅客车站无障碍设计规范》（TB 10083）和《城市道路和建筑物无障碍设计规范》（JGJ 50）的相关规定。

20.1.8 旅客车站设置的各种动态和静态客运服务信息标志应符合现行《铁路旅客车站客运信息系统设计规范》（TB 10074）和国家有关标准的规定。

20.2 车站建筑

20.2.1 车站建筑应包含站房和站场客运建筑，以及与站房合并布置的房屋、换乘空间和其他交通、商业空间。

20.2.2 站房建筑规模应根据现行国家标准《铁路旅客车站建筑设计规范》（GB 50226）最高聚集人数和高峰小时发送量计算确定。

20.2.3 站房内按功能划分为公共区、办公区和设备区，其设计应符合下列规定：

1 各区应划分合理，功能明确，便于管理。

2 公共区空间应开敞、通透、明亮，旅客服务设施齐备、流线清晰、组织有序。

3 办公区宜集中设置于站房次要部位，并与公共区有良好的联系条件，与运营有关的用房应靠近站台。

4 设备区应远离公共区设置，并充分利用地下空间。

20.2.4 进站旅客流线设计应与客运服务相结合，并采取以通过式为主、或等候与通过式相结合的流线方式。

20.2.5 旅客候车区总使用面积应根据最高聚集人数按不小于1.2 m^2/人确定，卫生洁具的数量应按最高聚集人数计算确定，并符合现行国家标准《铁路旅客车站建筑设计规范》（GB 50226）的相关规定。

20.2.6 站房的进出站通道、换乘通道、楼梯、自动扶梯宽度应根据车站高峰小时发送量按表20.2.6计算确定，并应符合消防疏散要求。

表20.2.6 车站各部位最大通过能力表

部位名称		每小时通过人数
每米宽楼梯	下行	2 500
	上行	2 300
	双向混行	2 000
每米宽通道	单向	3 000
	双向混行	2 400
每米宽自动扶梯（0.65 m/s）	—	5 800

20.2.7 严寒地区站房主入口处应设防风门斗，其他地区站房主入口处宜设防风门斗，门斗应轻盈通透。

20.2.8 旅客车站应根据运输组织要求，按旅客进出站流线分别设置行李托取处。

20.2.9 旅客车站建筑可根据客流特点，合理设置为旅客服务的商业配套设施。

20.2.10 位于线路上方的候车区及通道，其栏板上缘或可开启窗下缘高度不应小于2.2 m。当开启窗下缘高度小于2.2 m时，应设可靠的防坠物设施。

20.2.11 线正下式车站的候车区、售票区应采取减震、隔声、降噪措施，其他形式的车站公共区宜采取减震、隔声、降噪措施。

20.2.12 严寒和寒冷地区站房室内应设置采暖或舒适性空气调节系统；夏热冬冷和夏热冬暖地区应设置舒适性空气调节系统。

20.2.13 严寒和寒冷地区的特大型和大型站房公共区盥洗间应设置热水供应设备。

20.2.14 站房公共区应设置冷、热饮用水供应点。

20.2.15 进出站天桥、地道的最小净宽度和最小净高度应符合表20.2.15的规定。

表20.2.15 天桥、地道最小净宽度和最小净高度（m）

项目	旅客天桥、地道	
	特大型、大型站	中型、小型站
最小净宽度	10	6
最小净高度	3.6	3.0

20.2.16 旅客天桥、地道踏步高度不宜大于0.14 m，踏步宽度不宜小于0.32 m。当楼梯一侧设并行的自动扶梯作为主要提升设施时，可采用宽0.30 m，高0.15 m的踏步。

20.2.17 旅客主要活动区域上、下行高差大于6 m时，大型及特大型站应设自动扶梯，中小型站宜设自动扶梯。自动扶梯宜采用30°倾角，当与楼梯并行时宜采用27.3°倾角。

20.2.18 站房内两台相对布置的自动扶梯工作点间距不得小于16 m；自动扶梯工作点至前方影响通行的固定设施间距不得小于8 m；自动扶梯与人行楼梯相对布置时，自动扶梯工作点至楼梯第一级踏步的间距不得小于12 m。

20.2.19 应合理控制无站台柱雨棚的净高和屋顶漏空部分的面积，当线路上方雨棚不封闭时，雨棚边缘应有阻挡雨水和积雪融化后的导流措施。

20.3 生产及附属房屋

20.3.1 旅客车站站区范围内的通信、信号、信息、电力等房屋宜与站房合并设置，并按功能分区相对集中布置。特殊困难情况下，应根据工程的实际情况合理确定。

20.3.2 动车段（所）检修库外应设置环形消防车道。当有困难时应确保两长边对应设置消防车道，并在尽端设置符合消防车转弯半径的场地。

20.3.3 动车段（所）检修库内应设置横向通道，横向通道可结合跨线检修连接通道设置，间距应按现行国家标准《建筑设计防火规范》（GB 50016）厂房安全疏散要求经计算确定，其通道宽度不宜小于1.1 m。

20.3.4 动车段（所）的信息处理中心机房应设置恒温恒湿机房专用空调设备。

20.4 接口设计

20.4.1 房屋建筑设计应与采暖通风与空气调节、给水排水、消防、通信、信号、电力、电力牵引供电、信息等专业进行协调，并应符合综合管线功能要求和规整有序的美观要求。

20.4.2 站房设计应与城市规划设计部门协调，符合车站广场布局、流线与站房相匹配的要求。

20.4.3 站房与城市轨道交通结构合建时，应符合结构体系布置和荷载传递要求。

20.4.4 站房设计应与相关专业协调，满足站房进出站口与地道布置位置对应连通的要求，站房与地道结构合建部位应符合结构体系布置和荷载传递要求。

20.4.5 站房为线侧下式车站且站房、雨棚结构与站台挡土墙合建时，应符合结构体系布置和荷载传递要求。

20.4.6 站房为线正下式车站，且站房、雨棚结构与桥梁合建时，站房设计应与桥梁专业在柱位、荷载、预埋件方面协调设计。

20.4.7 线上式站房、站台雨棚、天桥在线间立柱时，柱位应符合限界要求。站房、雨棚、天桥与接触网共用结构体系时，应做好与站场、接触网的限界、荷载和安装构造设计。

21 综合接地

21.1 一般规定

21.1.1 高速铁路应设置综合接地系统。综合接地系统由贯通地线、接地极、接地端子及接地连接线等构成。

21.1.2 综合接地系统应遵循等电位连接的原则。

21.1.3 接触网带电体 5 m 范围以内的铁路电气设备和金属构件应接入综合接地系统。

21.1.4 线路两侧 20 m 范围以内的铁路建（构）筑物的接地装置应纳入综合接地系统。

21.1.5 避雷针的接地应设独立接地装置，当接地装置与贯通地线的距离小于 15 m 时应接入综合接地系统，其接入点与通信、信号及其他电子设备的接地连接点的间距宜大于 15 m，有困难时应大于 5 m。

21.1.6 综合接地系统的接地电阻不应大于 1 Ω。

21.1.7 综合接地系统应利用桥梁、隧道、接触网支柱基础结构物内的非预应力结构钢筋作为接地钢筋。

21.2 贯通地线、引接线及横向连接线

21.2.1 高速铁路应沿线路两侧分别敷设贯通地线。

21.2.2 贯通地线的敷设应符合下列规定：

1 桥梁地段的贯通地线应敷设在梁体上线路两侧的电缆槽内，每一条贯通地线均应在梁体端部通过接地端子与桥梁接地极连接一次。

2 隧道地段的贯通地线应敷设在隧道内线路两侧的电缆槽内，每一条贯通地线应每间隔约 100 m，通过接地端子与隧道接地极连接一次。

3 路基地段的贯通地线应敷设在线路两侧的电缆槽下方；路堤、土质及软质岩路堑地段，贯通地线埋在距基床底层顶面 -300 ~ -400 mm 处；硬质岩路堑地段，将贯通地线埋设于路肩电缆槽下约 -200 mm 的沟中，并回填细粒土。

21.2.3 贯通地线截面积的选择应符合下列规定：

1 应按照远期的牵引电流计算。

2 满足正常情况下流过贯通地线最大牵引回流的需要。

3 应满足接触网短路（短路时间按不大于 100 ms 计）通过瞬间大电流时热稳定的要求。

4 应根据不同区段牵引回流的分布情况每段合理考虑。

21.2.4 贯通地线的材质应耐腐蚀。

21.2.5 路基地段，对应接触网支柱的同一里程处，设贯通地线的引接线，该引接线应

与贯通地线同材质、同截面。

21.2.6 线路两侧贯通地线应进行横向连接。路基地段宜每间隔约500 m设一处横向连接线，横向连接线应与贯通地线同材质、同截面；桥梁地段利用梁端接地钢筋、隧道地段利用隧道接地钢筋实现横向连接。

21.3 接地极和接地端子

21.3.1 桥梁、隧道地段应设综合接地系统接地极，路基地段应利用接触网支柱基础作为接地极。

21.3.2 桥梁接地极设置应符合下列规定：

1 桩基础桥墩：在基础外围的每根桩中应选用通长结构钢筋，并在承台中环接构成接地极。

2 明挖基础桥墩：在基底底面设一层钢筋网格作为水平接地极，通过桥墩中的结构钢筋与梁体接地钢筋相接。

3 梁体：无砟轨道桥梁和道砟厚度小于0.3 m的有砟轨道桥梁，在梁体上表层适当位置处应利用结构钢筋作为纵向和横向接地钢筋。桥梁上钢轨两侧的防护墙上，利用其表面的纵向结构钢筋作为接地钢筋。

21.3.3 隧道接地极设置应符合下列规定：

1 接地极应利用隧道初期支护锚杆、钢架、钢筋网或底板钢筋。

2 锚杆接地极每一个台车位设置一处，用作接地极的锚杆环向间距要求为2倍锚杆长度。

3 底板接地极按照1 m间隔选用底板结构钢筋，接地极按照一个台车位的长度考虑，间隔一个台车位设置一处。

4 二次衬砌中有钢筋网的隧道和明洞，应利用二次衬砌的内层纵、环向结构钢筋作为接地钢筋；二次衬砌无钢筋时，仅考虑设环向接地钢筋与接触网基础连接。

5 在两侧通信信号电缆槽的线路侧外缘应各选取一根纵向结构钢筋，与隧道锚杆接地极或底板接地极及二次衬砌内的防闪络接地结构钢筋可靠焊接。

21.3.4 路基接地极设置应利用接触网支柱基础内结构钢筋作为接地极并可靠连接。

21.3.5 桥梁接地端子设置应符合下列规定：

1 在桥墩墩帽设置接地端子，供桥墩接地极与梁体接地装置的连接；接地端子与桥墩接地钢筋可靠焊接。

2 在每跨梁上部两端设置接地端子，用于贯通地线及轨旁设备、设施等的接地连接。

3 在每跨梁底部两端设置接地端子，用于梁体与桥墩间的接地连接。

4 梁体上的接地端子均应在梁体内与其接地钢筋可靠焊接。

5 在每个垂直于线路方向的桥墩侧面、距地面 -200 mm处设置接地端子，用于测试和栓接附加接地极。

21.3.6 隧道接地端子设置应符合下列规定：

1 在两侧通信信号电缆槽靠线路侧外缘上约每50 m设置接地端子，供轨旁设备、设施的接地连接。

2 在每个隧道洞室垂直线路的两侧壁下方设置接地端子，供洞室内设备、设施接地连接。

3 隧道内所有接地端子均应通过连接钢筋与电缆槽外缘的纵向接地钢筋连接。

21.3.7 路基地段接地端子设置应符合下列规定：

1 接触网支柱基础侧面应预制接地端子，并通过分支引接线直接与贯通地线可靠连接，接地端子应与接触网支柱基础内接地的结构钢筋可靠焊接。

2 根据需要可在电缆槽内适当位置设置接地端子，并通过分支引接线与贯通地线可靠连接。

21.3.8 接地端子采用不锈钢材质，并应直接灌注在混凝土制品中。

21.4 接地及等电位连接

21.4.1 建（构）筑物接地装置与综合接地系统的距离小于20 m时，其接地装置应与综合接地系统等电位连接。

21.4.2 无砟轨道每约100 m段落内的轨道板之间的纵向接地钢筋通过接地端子进行等电位连接，并与靠近的线路侧预埋的接地端子单点T形连接一次。

21.4.3 站台范围的接地连接应符合下列规定：

1 站台墙的台面上层靠线路侧0.6 m范围内的纵向结构钢筋与站台墙内的部分横向、竖向结构钢筋及接地端子连接构成站台墙接地装置，并与综合接地系统间隔约100 m连接一次。

2 站台上纵向长度超过2 m的所有金属构件应可靠接地，有条件时应接入综合接地系统。

3 车站雨棚应与综合接地系统可靠连接。

21.4.4 牵引供电系统的接地应符合下列规定：

1 贯通地线与完全横向连接线连接点、PW线或NF线的引下线与扼流变压器或空芯线圈中性点连接点宜在同一里程。

2 牵引网中的防雷接地装置在贯通地线上的接入点与其他设备在贯通地线的接入点间距不应小于15 m。

3 距综合接地系统20 m范围内的牵引变电所、开闭所、AT所和分区所均应单独设置接地装置，并与综合接地系统等电位连接。

4 桥上的接触网支柱基础内的钢构件应与桥梁接地钢筋可靠连接。

5 隧道、明洞内的接触网预埋件应与接地钢筋可靠连接。

6 路基地段的接触网支柱基础接地端子应与贯通地线可靠连接。

21.4.5 声屏障接地应符合下列规定：

1 由导电材料制成的声屏障及支架应就近接入综合接地系统。

2 声屏障采用非导电材料时，应在顶部安装保护导体，并与综合接地系统可靠连接。

3 声屏障除其两端分别与综合接地系统连接外，必要时在中间适当位置增加接地连接点。

21.4.6 室外其他设施的接地应符合下列规定：

1 铁路沿线 20 m 范围内电力电缆中间接头和终端头、变压器、开关等设备的接地应就近接入综合接地系统。

2 轨旁的通信漏缆支柱基础应接入综合接地系统。

3 隔离栅栏的金属部件应可靠接地。

4 上跨铁路的立交桥，应利用线路上方梁体底面的表层结构钢筋构成防护网或新增金属防护网，防护网应与桥上金属护栏等电位连接，并接入综合接地系统，困难时可单独接地。

5 铁路上方接触网闪络保护范围内的其他构筑物应设接地防护设施，并接入综合接地系统。

21.4.7 外部设施接入贯通地线时，均应通过接地端子连接。

22 环境保护

22.1 一般规定

22.1.1 高速铁路选线、选址设计应符合下列环境保护规定：

1 高速铁路选线、选址应符合国家和地方法律法规的相关规定。工程选线、选址应绕避自然保护区、风景名胜区、饮用水源保护区、重点文物保护单位等法定环境敏感区。

2 经多方案比选后，工程选线、选址确需经过法定环境敏感区时，应依法取得相关主管部门的批准，同时应采取适宜的减缓不利影响的防护措施。

3 工程选线、选址应符合当地城市总体规划和环境保护规划。

4 工程选线应避免线路中间穿过城镇建成或在建、规划的集中居民区。

22.1.2 生态保护和水土保持设计应符合下列规定：

1 高速铁路设计应重视生态保护和水土保持，节约用地，少占耕地，保护植被。

2 大型临时工程设计应不占或少占耕地。

3 高速铁路应结合植物防护措施和绿化工程进行绿色通道设计。

4 高速铁路设计应重视主体工程和自然景观、人文景观的协调。

22.1.3 环境污染治理工程设计的内容应包括噪声和振动污染治理、污水和废气治理、固体废物处置、电磁干扰防护等，并应符合下列规定：

1 环境保护工程设计应有明确的防护或治理目标和标准，污染物的排放应符合国家或地方相关标准的规定。

2 环境保护工程宜按近期建设规模确定，预留远期治理技术条件。

3 铁路噪声和振动污染治理应根据敏感建筑和敏感点的规模、分布、环境要求等，采用综合治理措施。

4 污水、废气治理和固体废物处置措施应与节能减排相结合，减少污染物排放，提高清洁生产水平。

5 根据牵引变电所和移动通信基站电磁干扰（辐射）影响范围，选址时应与居民住宅、学校、幼儿园等保持适当距离，并根据环境影响评价结果，进行防护设计。

22.1.4 环境保护工程应根据环境影响评价提出的环境保护目标和原则开展设计，落实环保措施，并应与主体工程同时设计。

22.2 声屏障

22.2.1 声屏障设计应符合下列规定：

1 铁路两侧噪声敏感区（建筑物）环境噪声因铁路声源影响超过国家铁路噪声排放标准以及其他相关标准时，可设置声屏障或采取综合治理措施。声屏障设计时应与其他治理方案进行经济技术比选。

2　声屏障设计应符合安全适用、技术先进、经济合理、景观美化的要求。

3　声屏障应进行景观设计。声屏障的造型、色彩、几何尺寸、材质、图案等除应与主体工程相协调外，还应与当地的自然环境、建筑风格、人文环境相协调。

22.2.2　声屏障设置位置应符合下列规定：

1　路堤声屏障应设于路肩上，并应符合工务作业要求。

2　路堑声屏障宜设于堑顶外侧。

3　桥梁声屏障应设于作业通道栏杆处。

4　严禁对铁路可视信号形成遮蔽。

5　设置在其他位置的声屏障应符合铁路建筑限界的规定，并应符合铁路设施检修和维护的要求。

22.2.3　声屏障结构形式应符合下列规定：

1　台风地区宜采用整体式。

2　其他地区宜采用柱板式。

3　景观要求高的地段可配合使用透明材料。

22.2.4　声屏障应根据噪声源强和保护目标的噪声限值进行声学设计，并应符合下列规定：

1　声屏障插入损失设计目标值应根据噪声源影响和保护目标的噪声限值要求合理确定。当设计目标值大于 10 dB（A）时，应结合其他降噪措施进行技术经济综合比选，采取适宜的噪声治理措施。

2　声屏障插入损失宜按倍频带中心频率 63～4 000 Hz 进行分频计算。

3　声屏障长度为敏感点长度加两端附加长度，附加长度不宜小于 50 m。

4　声屏障的高度不宜超过轨面以上 2 050 mm，特殊地段声屏障高度超过轨面以上 2 050 mm 部分宜采用透明材料。

22.2.5　声屏障的结构设计应符合下列规定：

1　声屏障结构设计应符合国家现行有关标准的规定。

2　声屏障结构形式应根据工程和环境要求确定，吸声式复合结构宜采用整体构件。

3　声屏障结构设计应考虑自重、风荷载、列车脉动力以及其他荷载，声屏障的设计荷载应根据使用过程中可能同时作用的荷载进行组合，并应按最不利条件进行设计。

4　桥梁声屏障与桥梁梁部、路基声屏障与基础的连接宜采用现浇混凝土连接或螺栓（锚筋、锚栓）连接形式。

5　声屏障应设置伸缩缝，并必须作密封处理；桥梁声屏障应考虑摆动楔、阶梯形连接的密封方式；桥梁声屏障的伸缩缝应设置在梁的接缝处。

22.2.6　在列车速度大于 250 km/h 的区间设置声屏障时，必须对声屏障结构的最大变形、共振效应和疲劳强度进行列车风压动态荷载动力学（脉动力）检算。

22.2.7　列车脉动力检算应包括下列主要内容：

1　单元板和立柱的挠度限值。

2　声屏障系统的固有频率。

3　声屏障系统的疲劳检算。

22.2.8　声屏障吸、隔声材料的性能及选用应符合下列规定：

1　吸声材料的平均吸声系数应大于0.6，吸声特性宜与铁路声源特性相吻合。

2　非透明隔声材料的计权隔声量（R_W）应大于25 dB，透明隔声材料的计权隔声量不宜小于20 dB。

3　透明隔声材料的透光率不应小于90%，使用十年后透光率不应小于85%，并应有防眩目、防鸟撞的措施。

4　声屏障材料的力学性能指标、吸声材料与隔声材料连接性能指标应符合结构设计的要求。

5　声屏障材料的防火等级应符合现行国家标准《建筑材料及制品燃烧性能分级》GB 8624 规定的 B 级及以上的要求。

6　声屏障声学构件的抗冲击、耐候、防腐蚀性能和外观技术要求应符合现行《铁路声屏障声学构件技术要求和测试方法》（TB/T 3122）的要求。

7　声屏障中的外露金属配件表面应进行防腐蚀处理。

22.2.9　声屏障附属设施设计应符合下列规定：

1　路基声屏障应设排水设施，外侧排水出口应避免对路基边坡产生冲刷，并防止漏声。

2　路桥连接段或路基声屏障连续长度大于500 m时，应根据疏散和检修要求统一设置安全门（抢修门），门的净宽度不应小于1.0 m。门外路基边坡处应有安全通行条件。

3　桥梁声屏障安全门的设置位置应与救援疏散通道相结合。

4　安全门应由线路内侧向外开启，并不得影响声屏障的降噪效果。

22.2.10　声屏障接口设计应符合下列规定：

1　声屏障基础应与路基基础协调设计。路基专业进行基础处理时应考虑声屏障基础的设置条件，声屏障基础设计时也应考虑路基专业的基础处理方式。

2　桥梁声屏障的安装应与桥梁的预埋件相匹配，并符合桥梁专业的定位条件。

3　根据综合接地要求，声屏障应利用结构钢筋或金属构件形成电气贯通，并与综合接地端子进行连接。

22.3　垃圾转运设施

22.3.1　车站或动车段（所）宜设站车垃圾转运点，站台上和站内应设置垃圾分类收集、转运设施。

22.3.2　根据铁路车站环境管理要求，动车段所在的站区应设置垃圾转运站。垃圾转运站可采用分类转运或分类、压缩转运。垃圾转运站应根据垃圾转运方式和转运量配备垃圾转运车。

22.4　绿化及绿色通道

22.4.1　绿化及绿色通道设计宜在铁路用地范围内。当地方政府提供绿化用地时，可适当扩展到铁路用地界外。

22.4.2　绿化及绿色通道设计应以因地制宜为原则，并根据气象、水文、土壤、地形、植被现状等情况，优先选择当地适生植物品种，宜草则草、宜灌则灌、宜乔则乔。

22.4.3　绿化及绿色通道应与路基边坡防护、隧道洞口仰坡加固设计相结合。路基两侧应采用内灌外乔的形式，形成立体复层的绿化带，兼顾美观与景观效果。

22.4.4　站、段、所绿化设计可采用园林绿化形式，并应兼顾环境保护功能，站区绿地率指标应符合现行国家标准的相关规定。

22.4.5　对线路经过城镇、风景名胜区等景观要求较高的地段，绿化设计应考虑与景观的协调和美化效果。

22.4.6　桥下绿化不得影响维修通道的设置，并宜采用耐荫草、灌木植物，乔木应控制成年树高，其倾覆后不得影响桥梁和行车安全。

附录 A　曲线地段建筑限界加宽

A. 0. 1　曲线地段的建筑限界，应考虑因超高产生车体倾斜对曲线内侧的限界加宽。其加宽量应按下式计算：

$$W = H \cdot h/1\ 500 \tag{A.0.1}$$

式中　W——曲线内侧加宽值（mm）；

H——轨顶面至计算点的高度（mm）；

h——外轨超高值（mm）。

A. 0. 2　曲线上建筑限界的加宽范围，包括全部圆曲线、缓和曲线和部分直线，采用如图 A. 0. 2 所示阶梯加宽方法。

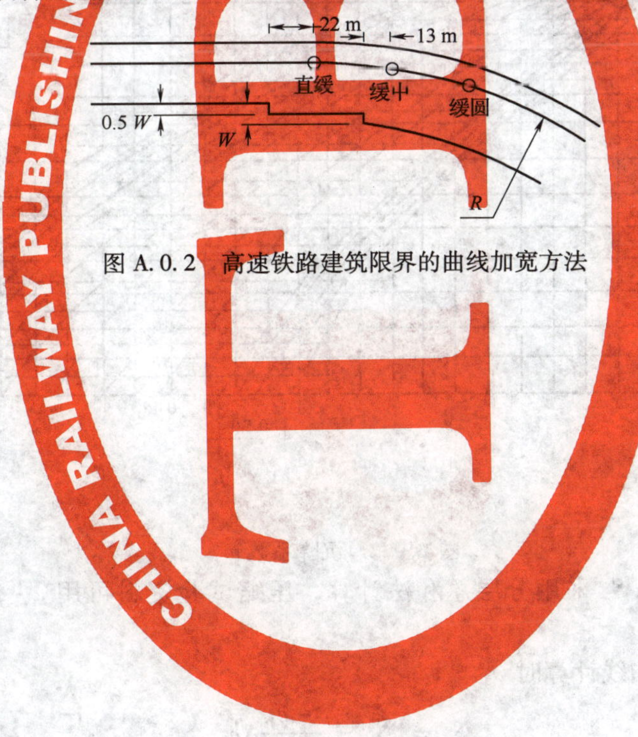

图 A. 0. 2　高速铁路建筑限界的曲线加宽方法

附录 B　软土地基沉降计算

B. 0. 1　地基沉降量计算其压缩层厚度按附加应力等于0.1倍自重应力确定。

B. 0. 2　地基的总沉降量S，一般情况下可由瞬时沉降S_d与主固结沉降S_c之和计算。对泥炭土、富含有机质黏土或高塑性黏土地层可视情况考虑计算次固结沉降S_s。

图 B. 0. 2　沉降系数 m

1　主固结沉降 S_c 采用分层总和法计算，压缩试验资料可用 $e-p$ 曲线或 $e-\lg p$ 曲线。

1）用 e—p 曲线计算时

$$S_c = \sum_{i=1}^{n} \frac{e_{0i} - e_{1i}}{1 + e_{0i}} \Delta h_i \qquad (\text{B. 0. 2—1})$$

式中　n——地基分层层数；

Δh_i——第 i 层厚度（m）；

e_{0i}——第 i 层中点自重应力所对应的孔隙比；

e_{1i}——第 i 层中点自重应力与附加应力之和对应的孔隙比。

2）用 e—$\lg p$ 曲线计算时

正常固结、欠固结土层：

$$S_c = \sum_{i=1}^{n} \frac{\Delta h_i}{1 + e_{0i}} C_{ci} \lg\left(\frac{p_{0i} + \Delta p_i}{p_{ci}}\right) \qquad (\text{B. 0. 2—2})$$

式中　C_{ci}——土层的压缩指数；

P_{0i}——第 i 层中点的自重应力（kPa）；

e_{0i}——第 i 层中心处的初始孔隙比；

P_{ci}——前期固结压力，正常固结时 $P_{ci}=P_{0i}$；

P_i——填土荷重附加应力（kPa）。

超固结土层：

$$S_c=S'_c+S''_c \tag{B.0.2—3}$$

对 $\Delta P>P_c-P_0$ 的土层

$$S'_c=\sum_{i=1}^{n}\frac{\Delta h_i}{1+e_{0i}}\left[C_{si}\lg\left(\frac{P_{ci}}{P_{0i}}\right)+C_{ci}\lg\left(\frac{P_{0i}+\Delta P_i}{P_{ci}}\right)\right] \tag{B.0.2—4}$$

对 $\Delta P\leqslant P_c-P_0$ 的土层

$$S''_c=\sum_{i=1}^{n}\frac{\Delta h_i}{1+e_{0i}}\left[C_{si}\lg\left(\frac{P_{0i}+\Delta P_i}{P_{0i}}\right)\right] \tag{B.0.2—5}$$

式中　C_s——回弹指数。

2　瞬时沉降 S_d 可按弹性理论公式计算，即

$$S_d=\frac{PB}{E}m \tag{B.0.2—6}$$

式中　P——路堤底面垂直荷载（kPa）；

E——土的弹性模量（可由无侧限抗压试验得到，取分层厚度的加权平均值）；

m——沉降系数，由图 B.0.2 查得；

μ——泊松比，当缺少试验资料时，可取 $\mu=0.4\sim0.5$。

3　次固结沉降 S_s

采用次固结系数计算时，次固结沉降可按下式计算。

$$S_s=\sum_{i=1}^{n}\frac{C_{ai}}{1+e_{0i}}\lg\left(\frac{t_2}{t_1}\right)h_i \tag{B.0.2—7}$$

式中　C_{ai}——次固结系数；为 $e-\lg p$ 曲线在主固结完成后直线段的斜率，C_a 无试验资料时，可参考表 B.0.2 经验值或按式（B.0.2—8）估算；

t_1——相当于主固结完成 100% 的时间；

t_2——需要计算主固结的时间。

$$C_a=0.018\,w \tag{B.0.2—8}$$

式中　w——土的天然含水量（按小数点取值）。

表 B.0.2　次固结系数

软土类型	泥 炭	富含有机质黏土	高塑性黏土	超固结黏土
特征	纤维结构手感如海绵	有机质含量大于 30%	塑性指数 >25	OCR >2
C_a	0.1 ~ 0.3	0.005 ~ 0.03	>0.03	<0.001

B.0.3　地基的总沉降量也可采用沉降系数（m）与主固结沉降（S_C）计算：

$$S=m\cdot S_C \tag{B.0.3}$$

沉降系数 m 为一经验系数，与地基条件、荷载强度、加荷速率等有关，对正常固结土 $m=1.1\sim1.4$。

B.0.4　沉降计算时，列车荷载按单线有载计算。

附录 C　ZK 活载的换算均布荷载值

表 C　ZK 活载的换算均布荷载值（kN/m）

L（m）	K（0. 000）	K（0. 125）	K（0. 250）	K（0. 375）	K（0. 500）
2. 0	240. 00	217. 14	210. 45	205. 18	201. 28
4. 0	180. 00	182. 88	148. 59	141. 23	140. 00
6. 0	160. 28	144. 76	132. 37	133. 93	130. 18
8. 0	145. 76	133. 99	125. 97	127. 89	125. 12
10. 0	133. 99	124. 41	119. 28	120. 51	118. 73
12. 0	124. 87	116. 79	113. 23	114. 09	112. 85
14. 0	117. 73	110. 76	108. 14	108. 77	107. 86
16. 0	112. 04	105. 90	103. 89	104. 37	103. 68
18. 0	107. 41	101. 92	100. 34	100. 72	100. 17
20. 0	103. 58	98. 62	97. 34	97. 65	97. 20
24. 0	97. 62	93. 47	92. 57	92. 79	92. 48
28. 0	93. 20	89. 63	88. 98	89. 13	88. 91
32. 0	89. 81	86. 67	86. 17	86. 29	86. 12
36. 0	87. 12	84. 33	83. 93	84. 02	83. 89
40. 0	84. 93	82. 42	82. 09	82. 17	82. 06
44. 0	83. 13	80. 83	80. 57	80. 63	80. 54
48. 0	81. 60	79. 50	79. 28	79. 33	79. 25
52. 0	80. 31	78. 36	78. 17	78. 22	78. 15
56. 0	79. 19	77. 38	77. 22	77. 25	77. 20
60. 0	78. 21	76. 52	76. 38	76. 41	76. 36
64. 0	77. 35	75. 77	75. 64	75. 67	75. 63
68. 0	76. 59	75. 10	74. 99	75. 02	74. 98
72. 0	75. 91	74. 50	74. 40	74. 43	74. 39
76. 0	75. 30	73. 97	73. 88	73. 90	73. 87
80. 0	74. 75	73. 48	73. 40	73. 42	73. 40
84	74. 25	73. 04	72. 97	72. 99	72. 96
88	73. 80	72. 64	72. 58	72. 59	72. 57
92	73. 38	72. 28	72. 22	72. 23	72. 21
96	73. 00	71. 94	71. 89	71. 90	71. 88
102	72. 48	71. 49	71. 44	71. 45	71. 43
128	70. 79	69. 99	69. 96	69. 97	69. 96
160	69. 45	68. 81	68. 79	68. 80	68. 79
180	68. 85	68. 28	68. 27	68. 27	68. 27
200	68. 37	67. 86	67. 85	67. 85	67. 85

附录D 箱梁有效宽度折减系数

D.0.1 不同宽跨比简支箱梁有效宽度折减如表D.0.1所示。简支箱梁宽跨比（$\lambda_i=b_i/L$）有关符号如图D.0.1所示。

表D.0.1 简支箱梁有效宽度折减表

$\lambda_i=b_i/L$	有效宽度折减系数 λ		
	跨中	四分之一跨	支点
0.000	1.0	1.0	1.0
0.020	0.99	0.99	0.93
0.050	0.98	0.98	0.84
0.100	0.95	0.93	0.70
0.200	0.81	0.77	0.52
0.300	0.65	0.60	0.40
0.400	0.50	0.46	0.32
0.500	0.38	0.36	0.27

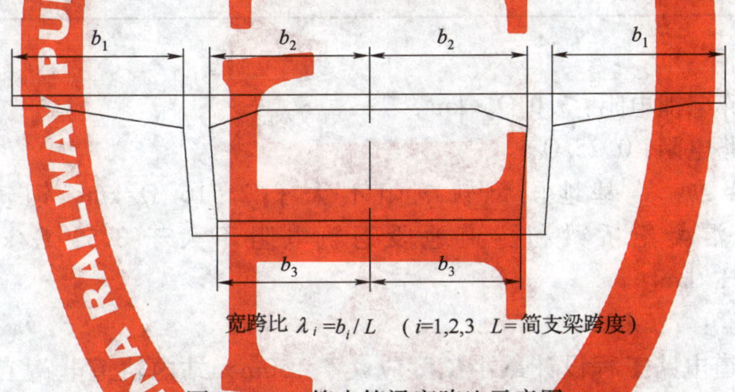

宽跨比 $\lambda_i=b_i/L$ （i=1,2,3 L=简支梁跨度）

图D.0.1 简支箱梁宽跨比示意图

D.0.2 连续箱梁各跨的翼缘有效宽度，对于端跨，可按边跨跨径的0.9倍的简支箱梁进行计算；各中间跨的翼缘有效宽度折减如表D.0.2所示。

表D.0.2 连续箱梁各中间跨有效宽度折减表

$\lambda_i=b_i/L$	有效宽度折减系数 λ		
	跨中	四分之一跨	支点
0.000	1.0	1.0	1.0
0.020	0.99	0.94	0.77
0.050	0.96	0.85	0.58
0.100	0.86	0.68	0.41
0.200	0.58	0.42	0.24
0.300	0.38	0.30	0.15
0.400	0.24	0.21	0.12
0.500	0.20	0.16	0.11

附录 E　ZPW－2000 A 轨道电路设计长度

E. 0. 1　区间无砟轨道区段轨道电路工程设计最大长度如表 E. 0. 1 所示。

表 E. 0. 1　无砟轨道轨道电路工程设计长度表

轨道结构类型			工程设计长度（m）
路　基		轨道层下无钢筋混凝土底座	1 400
		轨道层下有钢筋混凝土底座	1 000
隧道	长度 300 m 以下	轨道层下无钢筋混凝土底座	1 400
		轨道层下有钢筋混凝土底座	1 000
	长度 300～2 000 m	轨道层下无钢筋混凝土底座	1 000
		轨道层下有钢筋混凝土底座	800
	长度 2 000 m 以上	轨道层下无钢筋混凝土底座	700
		轨道层下有钢筋混凝土底座	600
混凝土桥梁			1 000

设计条件如下：

1　最小道砟漏泄电阻：3. 0 Ω · km。

2　标准分路电阻：0. 25 Ω。

3　钢轨参数：路基地段钢轨电阻不大于 2. 516 Ω/km，钢轨电感 1 194～1 387 μH /km；混凝土桥梁和隧道地段钢轨电阻不大于 3. 52 Ω/km，钢轨电感 1 194～1 356 μH /km。

4　电缆长度：7. 5 km 。

E. 0. 2　区间轨道电路工程设计最小长度应大于 150m，站内轨道电路工程设计最小长度应大于 60m。

E. 0. 3　站内轨道电路工程设计最大长度应符合下列规定：

1　站内股道轨道电路长度不应大于 650 m（道床漏泄电阻不小于 3. 0 Ω · km、分路电阻不大于 0. 25 Ω 或道床漏泄电阻不小于 2. 0 Ω · km、分路电阻不大于 0. 15 Ω，且线间距不小于 5 m 时）。

2　道岔区段轨道电路长度应小于 400 m，特殊情况不应大于 600 m。每个道岔区段不宜超过 2 组道岔。当区段只有一组道岔时，无受电分支长度（即岔心至无受电分支轨道电路绝缘节间的长度）不应大于 160 m。当区段有两个道岔时每个无受电分支长度分别不应大于 80 m 和 160 m。

本规范用词说明

执行本规范条文时，对于要求严格程度的用词说明如下，以便在执行中区别对待。

(1) 表示很严格，非这样做不可的用词：

正面词采用“必须”；

反面词采用“严禁”。

(2) 表示严格，在正常情况下均应这样做的用词：

正面词采用“应”；

反面词采用“不应”或“不得”。

(3) 表示允许稍有选择，在条件许可时首先应这样做的用词：

正面词采用“宜”；

反面词采用“不宜”。

表示有选择，在一定条件下可以这样做的，采用“可”。